7급 PSAT

상황판단

필수기출 500제
+ 최신기출

SD에듀
(주)시대고시기획

머리말

합격자 출신 연구진의 Talk! Talk!
이미 시행되고 있는 PSAT의 기출문제를 통해 7급 PSAT의 핵심 Key 찾기!

2004년 외무고등고시에 처음 도입된 공직적격성평가(이하 PSAT)는 이후 2005년 행정고등고시와 입법고등고시, 그리고 2011년 민간경력자 시험에도 도입되면서 그 중요성이 점차 강조되어 왔습니다. 이제 PSAT는 적용범위를 더 확대하여 7급 공무원 채용시험에도 도입되는 등 그야말로 공무원 시험의 핵심요소로 자리 잡았습니다.

PSAT는 언어논리, 자료해석, 상황판단 등 크게 세 가지 영역으로 분류되는데, 각 영역 내에서도 여러 세부 유형들로 다시 나뉩니다. 수험생마다 언어논리, 자료해석, 상황판단 중 자신이 더 잘하는 영역이 존재하고, 각 영역 내에서도 조금 더 수월하게 해결하는 세부 유형이 존재합니다. PSAT의 기출문제가 축적되고 이를 준비하는 수험생들의 실력이 증가하면서 1~2문제를 더 맞히느냐 못 맞히느냐의 차이로도 당락이 결정되는 상황에서 자신이 약한 유형을 포기하고 강한 부분만 집중적으로 준비할 수 없는 시험이 되었습니다. 이에 따라 수험생들은 스스로 자신이 강한 유형과 약한 유형을 파악하고, 강한 유형보다는 약한 유형을 보완하는 방식으로 준비하셔야 합니다.

이에 본서는 언어논리, 자료해석, 상황판단이라는 큰 분류 내에서 수험생들이 가장 어려워하고 까다롭다고 느끼는 세부 유형을 분석하여 해당 유형을 철저하게 대비할 수 있는 교재를 출간했습니다. 본서가 다루고 있는 세부 유형은 대부분의 수험생들이 어려움을 느끼는 유형이므로 해당 유형을 집중적으로 공부한다면 다른 수험생들이 많이 틀리는 문제를 맞힘으로써 경쟁력을 확보할 수 있을 것입니다.

PSAT의 효율적인 대비를 위해서는 기출문제를 무작정 풀어보는 것이 아니라 과목별 기출유형을 꼼꼼히 파악하고 정리해 두는 습관이 필요합니다. 또한 이를 통해 자신이 약한 세부 유형을 파악하고 이를 집중적으로 대비하여 자신만의 풀이 방법을 찾는 과정이 필요합니다.

본서는 이러한 점에 주안점을 두고 해당 세부 유형에 대한 가장 효과적인 접근법과 남들보다 10점을 더 맞출 수 있는 포인트를 제시하고자 노력했습니다. 자신이 생각하고 있는 접근법과 해설에 기재되어 있는 접근법이 일치하는지를 확인하고, 만약 일치하지 않는다면 어떤 방법이 더 신속하고 본인에게 맞는 방법인지를 정리하는 학습을 하시기를 바랍니다.

SD에듀는 수험생 여러분의 지치지 않는 노력을 응원하며 합격에 도달하는 가장 빠르고 정확한 길을 제시하고자 힘쓰고 있습니다. 수험생 여러분이 합격의 결승선에 도달하는 그날까지 언제나 함께 응원하겠습니다.

SD PSAT연구소

 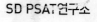

자격증 · 공무원 · 금융/보험 · 면허증 · 언어/외국어 · 검정고시/독학사 · 기업체/취업
이 시대의 모든 합격! SD에듀에서 합격하세요!
www.youtube.com ➡ SD에듀 ➡ 구독

공직적격성평가 PSAT

도입 배경

21세기 지식기반사회가 필요로 하는 공직자는 정치 · 경제 · 사회 · 문화 등 각 분야에서 일어나는 급속한 변화에 신속히 적응하고 새롭게 발생하는 문제들에 대처할 수 있어야 합니다. 이러한 시대적 요구에 부응하기 위해 단순히 암기된 지식이 아닌 잠재적 학습능력과 문제해결능력을 측정하기 위한 PSAT 시험을 도입, 공직자로서 갖추어야 할 소양과 자질을 평가하고 있습니다.

평가 영역

공직적격성평가(Public Service Aptitude Test)는 공직자에게 필요한 소양과 자질을 측정하는 시험으로, 논리적 · 비판적 사고능력, 자료의 분석 및 추론능력, 판단 및 의사 결정능력 등 종합적 사고력을 평가합니다.

❶ PSAT의 평가영역은 언어논리 · 자료해석 · 상황판단 세 영역으로 구성됩니다.

언어논리	글의 이해, 표현, 추론, 비판과 논리적 사고 등의 능력을 평가
자료해석	수치 자료의 정리와 이해, 처리와 응용계산, 분석과 정보 추출 등의 능력을 평가
상황판단	상황의 이해, 추론 및 분석, 문제 해결, 판단과 의사 결정 등의 능력을 평가

❷ PSAT는 특정한 지식의 정도를 측정하는 것이 아니라 능력을 측정하는 시험이기 때문에 대학입시 수학능력시험과 유사한 측면이 있습니다. 그러나 수학능력시험은 학습능력을 측정하고 있는 데 반해, PSAT는 새로운 상황에서 적응하는 능력과 문제해결, 판단능력을 주로 측정하고 있기 때문에 학습능력보다는 공직자로서 당면하게 될 업무와 문제들에 대한 해결능력과 종합적이고 심도 있는 사고력을 요하는 문제가 중점적으로 출제됩니다.

PSAT 실시 시험 개관

구분	시행 형태		
	1차시험	2차시험	3차시험
5급 공개경쟁채용시험	PSAT · 헌법	직렬별 필수/선택과목 (논문형)	면접
입법고시			
외교관후보자 선발시험		전공평가/통합논술 (논문형)	
지역인재 7급 수습직원 선발시험		서류전형	
7급 공개경쟁채용시험	PSAT	전문과목(선택형)	
5 · 7급 민간경력자 선발시험		서류전형	

7급 공무원 공개채용 개편과 PSAT 도입

PSAT 도입

2021년 국가직 7급 공무원 공채시험부터 개편이 실시되었습니다. 기존의 영어 과목은 토익, 지텔프 등의 검정시험으로, 국어 과목은 PSAT로 대체되었습니다. 지방직 7급 공무원의 경우 확실한 발표가 나타나진 않았으나, 국가직과 동일하게 인사혁신처가 출제기관을 담당한다는 점, 국가직과 동떨어진 시험을 치를 가능성이 적다는 점을 고려할 때, 국가직 개편 이후 가까운 시일 내에 도입될 가능성이 높습니다. 7급 PSAT는 누적 시험 횟수가 많지 않은 만큼 적절한 난도로 선별된 민간경력자, 5급 행시 등을 공부한다면 고득점에 유리할 것으로 예상됩니다.

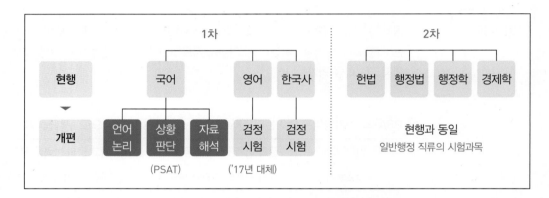

1차 시험 과목은 국어, 영어, 한국사로, 이 중 국어 과목은 PSAT로, 영어 과목은 토익, 지텔프, 텝스 등으로 대체되며, 한국사 과목은 한국사능력검정시험으로 대체됩니다.

시험 단계

구분	1차	2차	3차
현행	필기시험 (1.5배수 선발)		면접 (최종 선발)
개편	PSAT (10배수 선발)	전문과목 (1.5배수 선발)	면접 (최종 선발)

기존 시험은 1·2차 시험을 연계해 필기시험으로 진행했으나, 개편 이후 1·2차 시험이 구분되어 진행됩니다.

1차 시험

영역	문항수	시간
언어논리	영역별 25문항 (총 75문항)	언어논리 · 상황판단 과목별 시간 구분없이 120분, 자료해석 60분
상황판단		
자료해석		

시험경향분석 2022년 7급 PSAT

상황판단 총평

전체적으로 크게 까다롭지 않았으나 언어논리에서 얼마나 시간을 확보할 수 있었는지에 따라 상대적인 체감난이도가 다르게 느껴졌을 것으로 생각됩니다.

단골로 출제되는 법조문 유형은 예외항목만 잘 체크하면 쉽게 풀이가 가능하게끔 출제되었고, 곡식의 재배를 다룬 설명문 유형 문제 역시 제시문이 어렵지 않고 등장하는 항목도 많지 않았습니다. 항상 과도한 시간소모를 유발하는 계산형 문제는 증원요청 인원문제를 제외하고는 까다롭지 않게 풀이가 가능했으며, 규정과 실제 대상들의 데이터를 판단하는 대상선정 유형 역시 규정들이 짧게 제시되어 무난하게 출제되었습니다.
항상 변수가 되는 세트문제는 예상과 다르게 제시문의 이해와 간단한 계산만으로 2문제 모두 쉽게 풀이가 가능했습니다. 특히, 증가율이 25%라는 매우 쉬운 수치로 제시되어 관련된 수치들을 큰 고민 없이 이끌어 낼 수 있었습니다.

상황판단의 꽃인 퍼즐형은 수험생에 따라 편차가 심했을 것이라 생각됩니다. 신입사원 선발시험 문제는 문제의 구조가 매우 참신했던 반면 난도는 높지 않았고 3점 슛 문제는 문제 자체는 어렵지 않았으나 가능한 경우를 바로 떠올리지 못했다면 멈칫했을 가능성이 높습니다. 반면, 생년월일 문제는 복잡하게 논리적인 틀을 만들려고 했던 수험생의 경우 매우 고전했을 가능성이 높지만, 반대로 직관적으로 접근했다면 의외로 매우 쉽게 풀이가 가능했을 것입니다. 마지막으로 두 명이 복도에서 마주치는 상황이 주어진 문제는 간단하게 생각하면 매우 쉽지만 극도의 긴장감 속에서 치러지는 시험장에서 특히나 종료시간이 임박한 후반부 문제로 출제되었다는 점에서 빠른 접근법을 찾아내기가 쉽지 않았을 것으로 생각됩니다.

구성과 특징

2022~2021년 시행 기출문제 & 2020년 시행 모의평가

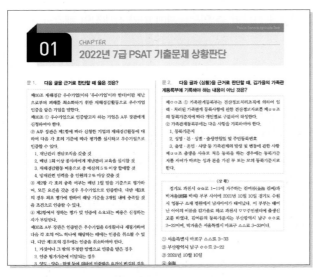
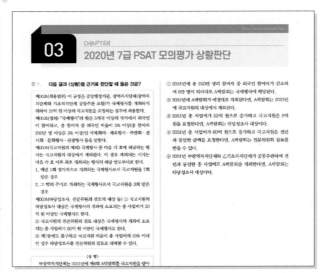

7급 PSAT 기출문제&모의평가 문제와 해설 수록

2022년 7월 23일과 2021년 7월 10일 시행된 7급 PSAT 시험의 기출문제와 해설, 그리고 2020년 11월에 시행된 모의평가의 문제와 해설을 수록했습니다. 누적 시험 횟수가 많지 않은 만큼 앞으로의 시험 향방도 점쳐볼 수 있습니다.

Check! PSAT 기본 이론

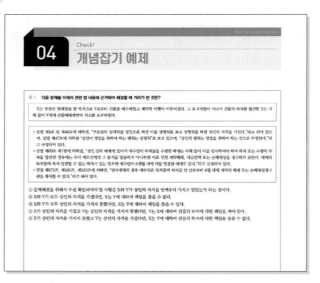

What is 상황판단 & 정부 예시문제 파헤치기   필수 스킬 Top 10 & 개념잡기 예제

상황판단 영역에 대한 설명을 정리하여 소개하였으며, 예시문제와 합격자 출신 연구진이 집필한 해설을 수록하였습니다. 또한, 주로 출제되는 유형과 그에 맞는 예제를 분석하여 실전에서 활용 가능한 접근법과 함께 수록하였으며, 기출에 앞서 확실하게 실력을 다지고 갈 수 있는 개념잡기 예제를 구성하였습니다. 필수 이론으로 문제에 대한 접근법과 출제 유형을 익혀 보세요.

문제편

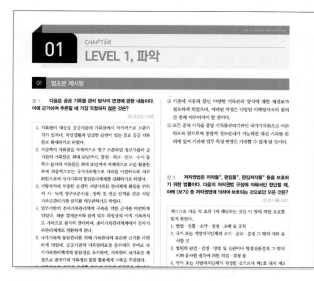

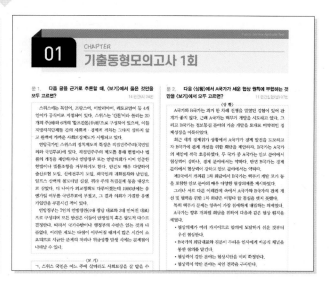

기출문제 및 기출동형모의고사

7급 PSAT 대비를 위해 최근 13년간의 5급 공채, 민간경력자 PSAT 기출문제를 유형별 · 난도별로 선별하여 수록하였습니다. 합격자 출신 연구진이 정부 예시문제를 분석하여 구성한 기출문제와 기출동형모의고사를 경험해 보세요.

해설편

상세한 해설

정답에 그치지 않고 출제자의 출제의도까지 파악하여 해설을 구성하였습니다. 합격자 출신 연구진의 노하우가 담긴 깔끔한 해설을 통해 PSAT 풀이 실력을 향상시켜 보세요.

목차

7급 PSAT 기출문제 및 모의평가편

문 1. 다음 글을 근거로 판단할 때 옳은 것은?

제00조 재해경감 우수기업(이하 '우수기업'이라 한다)이란 재난으로부터 피해를 최소화하기 위한 재해경감활동으로 우수기업 인증을 받은 기업을 말한다.

제00조 ① 우수기업으로 인증받고자 하는 기업은 A부 장관에게 신청하여야 한다.

② A부 장관은 제1항에 따라 신청한 기업의 재해경감활동에 대하여 다음 각 호의 기준에 따라 평가를 실시하고 우수기업으로 인증할 수 있다.

　1. 재난관리 전담조직을 갖출 것
　2. 매년 1회 이상 종사자에게 재난관리 교육을 실시할 것
　3. 재해경감활동 비용으로 총 예산의 5 % 이상 할애할 것
　4. 방재관련 인력을 총 인원의 2 % 이상 갖출 것

③ 제2항 각 호의 충족 여부는 매년 1월 말을 기준으로 평가하며, 모든 요건을 갖춘 경우 우수기업으로 인증한다. 다만 제3호의 경우 최초 평가에 한하여 해당 기준을 3개월 내에 충족할 것을 조건으로 인증할 수 있다.

④ 제3항에서 정하는 평가 및 인증에 소요되는 비용은 신청하는 자가 부담한다.

제00조 A부 장관은 인증받은 우수기업을 6개월마다 재평가하여 다음 각 호의 어느 하나에 해당하는 때에는 인증을 취소할 수 있다. 다만 제1호의 경우에는 인증을 취소하여야 한다.

　1. 거짓이나 그 밖의 부정한 방법으로 인증을 받은 경우
　2. 인증 평가기준에 미달되는 경우
　3. 양도·양수·합병 등에 의하여 인증받은 요건이 변경된 경우

① 처음 우수기업 인증을 받고자 하는 甲기업이 총 예산의 4 %를 재해경감활동 비용으로 할애하였다면, 다른 모든 기준을 충족하였더라도 우수기업으로 인증받을 여지가 없다.

② A부 장관이 乙기업을 평가하여 2022. 2. 25. 우수기업으로 인증한 경우, A부 장관은 2022. 6. 25.까지 재평가를 해야 한다.

③ 丙기업이 우수기업 인증을 신청하는 경우, 인증에 소요되는 비용은 A부 장관이 부담한다.

④ 丁기업이 재난관리 전담조직을 갖춘 것처럼 거짓으로 신청서를 작성하여 우수기업으로 인증을 받은 경우라도, A부 장관은 인증을 취소하지 않을 수 있다.

⑤ 우수기업인 戊기업이 己기업을 흡수합병하면서 재평가 당시 일시적으로 방재관련 인력이 총 인원의 1.5 %가 되었더라도, A부 장관은 戊기업의 인증을 취소하지 않을 수 있다.

문 2. 다음 글과 〈상황〉을 근거로 판단할 때, 김가을의 가족관계등록부에 기록해야 하는 내용이 아닌 것은?

제○○조 ① 가족관계등록부는 전산정보처리조직에 의하여 입력·처리된 가족관계 등록사항에 관한 전산정보자료를 제□□조의 등록기준지에 따라 개인별로 구분하여 작성한다.

② 가족관계등록부에는 다음 사항을 기록하여야 한다.

　1. 등록기준지
　2. 성명·본·성별·출생연월일 및 주민등록번호
　3. 출생·혼인·사망 등 가족관계의 발생 및 변동에 관한 사항

제□□조 출생을 사유로 처음 등록을 하는 경우에는 등록기준지를 자녀가 따르는 성과 본을 가진 부 또는 모의 등록기준지로 한다.

─── 〈상 황〉 ───

경기도 과천시 ☆☆로 1-11에 거주하는 김여름(金海 김씨)과 박겨울(密陽 박씨) 부부 사이에 2021년 10월 10일 경기도 수원시 영통구 소재 병원에서 남자아이가 태어났다. 이 부부는 태어난 아이의 이름을 김가을로 하고 과천시 ▽▽주민센터에 출생신고를 하였다. 김여름의 등록기준지는 부산광역시 남구 ◇◇로 2-22이며, 박겨울은 서울특별시 마포구 △△로 3-33이다.

① 서울특별시 마포구 △△로 3-33
② 부산광역시 남구 ◇◇로 2-22
③ 2021년 10월 10일
④ 金海
⑤ 남

문 3. 다음 글을 근거로 판단할 때 옳은 것은?

제00조 정비사업이란 도시기능을 회복하기 위하여 정비구역에서 정비사업시설을 정비하거나 주택 등 건축물을 개량 또는 건설하는 주거환경개선사업, 재개발사업, 재건축사업 등을 말한다.
제00조 특별자치시장·특별자치도지사·시장·군수·구청장(이하 '시장 등'이라 한다)은 노후불량건축물이 밀집하는 구역에 대하여 정비계획에 따라 정비구역을 지정할 수 있다.
제00조 시장 등이 아닌 자가 정비사업을 시행하려는 경우에는 토지 등 소유자로 구성된 조합을 설립해야 한다.
제00조 ① 시장 등이 아닌 사업시행자가 정비사업 공사를 완료한 때에는 시장 등의 준공인가를 받아야 한다.
② 제1항에 따라 준공인가신청을 받은 시장 등은 지체 없이 준공검사를 실시해야 한다.
③ 시장 등은 제2항에 따른 준공검사를 실시한 결과 정비사업이 인가받은 사업시행 계획대로 완료되었다고 인정되는 때에는 준공인가를 하고 공사의 완료를 해당 지방자치단체의 공보에 고시해야 한다.
④ 시장 등은 직접 시행하는 정비사업에 관한 공사가 완료된 때에는 그 완료를 해당 지방자치단체의 공보에 고시해야 한다.
제00조 ① 정비구역의 지정은 공사완료의 고시가 있는 날의 다음 날에 해제된 것으로 본다.
② 제1항에 따른 정비구역의 해제는 조합의 존속에 영향을 주지 않는다.

① 甲특별자치시장이 직접 정비사업을 시행하려는 경우에는 토지 등 소유자로 구성된 조합을 설립해야 한다.
② A도 乙군수가 직접 시행하는 정비사업에 관한 공사가 완료된 때에는 A도지사에게 준공인가신청을 해야 한다.
③ 丙시장이 사업시행자 B의 정비사업에 관해 준공인가를 하면, 토지 등 소유자로 구성된 조합은 해산된다.
④ 丁시장이 사업시행자 C의 정비사업에 관해 공사완료를 고시하면, 정비구역의 지정은 고시한 날 해제된다.
⑤ 戊시장이 직접 시행하는 정비사업에 관한 공사가 완료된 때에는 그 완료를 戊시의 공보에 고시해야 한다.

문 4. 다음 글을 근거로 판단할 때 옳은 것은?

제00조 ① 선박이란 수상 또는 수중에서 항행용으로 사용하거나 사용할 수 있는 배 종류를 말하며 그 구분은 다음 각 호와 같다.
  1. 기선: 기관(機關)을 사용하여 추진하는 선박과 수면비행선박(표면효과 작용을 이용하여 수면에 근접하여 비행하는 선박)
  2. 범선: 돛을 사용하여 추진하는 선박
  3. 부선: 자력(自力) 항행능력이 없어 다른 선박에 의하여 끌리거나 밀려서 항행되는 선박
② 소형선박이란 다음 각 호의 어느 하나에 해당하는 선박을 말한다.
  1. 총톤수 20톤 미만인 기선 및 범선
  2. 총톤수 100톤 미만인 부선
제00조 ① 매매계약에 의한 선박 소유권의 이전은 계약당사자 사이의 양도합의만으로 효력이 생긴다. 다만 소형선박 소유권의 이전은 계약당사자 사이의 양도합의와 선박의 등록으로 효력이 생긴다.
② 선박의 소유자(제1항 단서의 경우에는 선박의 매수인)는 선박을 취득(제1항 단서의 경우에는 매수)한 날부터 60일 이내에 선적항을 관할하는 지방해양수산청장에게 선박의 등록을 신청하여야 한다. 이 경우 총톤수 20톤 이상인 기선과 범선 및 총톤수 100톤 이상인 부선은 선박의 등기를 한 후에 선박의 등록을 신청하여야 한다.
③ 지방해양수산청장은 제2항의 등록신청을 받으면 이를 선박원부(船舶原簿)에 등록하고 신청인에게 선박국적증서를 발급하여야 한다.
제00조 선박의 등기는 등기할 선박의 선적항을 관할하는 지방법원, 그 지원 또는 등기소를 관할 등기소로 한다.

① 총톤수 80톤인 부선의 매수인 甲이 선박의 소유권을 취득하기 위해서는 매도인과 양도합의를 하고 선박을 등록해야 한다.
② 총톤수 100톤인 기선의 소유자 乙이 선박의 등기를 하기 위해서는 먼저 관할 지방해양수산청장에게 선박의 등록을 신청해야 한다.
③ 총톤수 60톤인 기선의 소유자 丙은 선박을 매수한 날부터 60일 이내에 해양수산부장관에게 선박의 등록을 신청해야 한다.
④ 총톤수 200톤인 부선의 소유자 丁이 선적항을 관할하는 등기소에 선박의 등기를 신청하면, 등기소는 丁에게 선박국적증서를 발급해야 한다.
⑤ 총톤수 20톤 미만인 범선의 매수인 戊가 선박의 등록을 신청하면, 관할 법원은 이를 선박원부에 등록하고 戊에게 선박국적증서를 발급해야 한다.

문 5. 다음 글을 근거로 판단할 때 옳은 것은?

조선 시대 쌀의 종류에는 가을철 논에서 수확한 벼를 가공한 흰색 쌀 외에 밭에서 자란 곡식을 가공함으로써 얻게 되는 회색 쌀과 노란색 쌀이 있었다. 회색 쌀은 보리의 껍질을 벗긴 보리쌀이었고, 노란색 쌀은 조의 껍질을 벗긴 좁쌀이었다.

남부 지역에서는 보리가 특히 중요시되었다. 가을 곡식이 바닥을 보이기 시작하는 봄철, 농민들의 희망은 들판에 넘실거리는 보리뿐이었다. 보리가 익을 때까지는 주린 배를 움켜쥐고 생활할 수밖에 없었고, 이를 보릿고개라 하였다. 그것은 보리를 수확하는 하지, 즉 낮이 가장 길고 밤이 가장 짧은 시기까지 지속되다가 사라지는 고개였다. 보리 수확기는 여름이었지만 파종 시기는 보리 종류에 따라 달랐다. 가을철에 파종하여 이듬해 수확하는 보리는 가을보리, 봄에 파종하여 그해 수확하는 보리는 봄보리라고 불렸다.

적지 않은 농부들은 보리를 수확하고 그 자리에 다시 콩을 심기도 했다. 이처럼 같은 밭에서 1년 동안 보리와 콩을 교대로 경작하는 방식을 그루갈이라고 한다. 그렇지만 모든 콩이 그루갈이로 재배된 것은 아니었다. 콩 수확기는 가을이었으나, 어떤 콩은 봄철에 파종해야만 제대로 자랄 수 있었고 어떤 콩은 여름에 심을 수도 있었다. 한편 조는 보리, 콩과 달리 모두 봄에 심었다. 그래서 봄철 밭에서는 보리, 콩, 조가 함께 자라는 것을 볼 수 있었다.

① 흰색 쌀과 여름에 심는 콩은 서로 다른 계절에 수확했다.
② 봄보리의 재배 기간은 가을보리의 재배 기간보다 짧았다.
③ 흰색 쌀과 회색 쌀은 논에서 수확된 곡식을 가공한 것이었다.
④ 남부 지역의 보릿고개는 가을 곡식이 바닥을 보이는 하지가 지나면서 더 심해졌다.
⑤ 보리와 콩이 함께 자라는 것은 볼 수 있었지만, 조가 이들과 함께 자라는 것은 볼 수 없었다.

문 6. 다음 글을 근거로 판단할 때, 〈보기〉에서 옳은 것만을 모두 고르면?

甲의 자동차에 장착된 내비게이션 시스템은 목적지까지 운행하는 도중 대안경로를 제안하는 경우가 있다. 이때 이 시스템은 기존경로와 비교하여 남은 거리와 시간이 어떻게 달라지는지 알려준다. 즉 목적지까지의 잔여거리(A)가 몇 km 증가 · 감소하는지, 잔여시간(B)이 몇 분 증가 · 감소하는지 알려준다. 甲은 기존경로와 대안경로 중 출발지부터 목적지까지의 평균속력이 더 높을 것으로 예상되는 경로를 항상 선택한다.

〈보 기〉

ㄱ. A가 증가하고 B가 감소하면 甲은 항상 대안경로를 선택한다.
ㄴ. A와 B가 모두 증가하면 甲은 항상 대안경로를 선택한다.
ㄷ. A와 B가 모두 감소할 때 甲이 대안경로를 선택하는 경우가 있다.
ㄹ. A가 감소하고 B가 증가할 때 甲이 대안경로를 선택하는 경우가 있다.

① ㄱ, ㄴ
② ㄱ, ㄷ
③ ㄴ, ㄷ
④ ㄴ, ㄹ
⑤ ㄷ, ㄹ

문 7. 다음 글을 근거로 판단할 때 옳은 것은?

甲은 정기모임의 간식을 준비하기 위해 과일 가게에 들렀다. 甲이 산 과일의 가격과 수량은 아래 표와 같다. 과일 가게 사장이 준 영수증을 보니, 총 228,000원이어야 할 결제 금액이 총 237,300원이었다.

구분	사과	귤	복숭아	딸기
1상자 가격(원)	30,700	25,500	14,300	23,600
구입 수량(상자)	2	3	3	2

① 한 과일이 2상자 더 계산되었다.
② 두 과일이 각각 1상자 더 계산되었다.
③ 한 과일이 1상자 더 계산되고, 다른 한 과일이 1상자 덜 계산되었다.
④ 한 과일이 1상자 더 계산되고, 다른 두 과일이 각각 1상자 덜 계산되었다.
⑤ 두 과일이 각각 1상자 더 계산되고, 다른 두 과일이 각각 1상자 덜 계산되었다.

문 8. 다음 글과 〈상황〉을 근거로 판단할 때, 甲~戊 중 휴가지원사업에 참여할 수 있는 사람만을 모두 고르면?

〈2023년 휴가지원사업 모집 공고〉

□ 사업 목적
• 직장 내 자유로운 휴가문화 조성 및 국내 여행 활성화

□ 참여 대상
• 중소기업·비영리민간단체·사회복지법인·의료법인 근로자. 단, 아래 근로자는 참여 제외
  – 병·의원 소속 의사
  – 회계법인 및 세무법인 소속 회계사·세무사·노무사
  – 법무법인 소속 변호사·변리사
• 대표 및 임원은 참여 대상에서 제외하나, 아래의 경우는 참여 가능
  – 중소기업 및 비영리민간단체의 임원
  – 사회복지법인의 대표 및 임원

〈상 황〉

甲~戊의 재직정보는 아래와 같다.

구분	직장명	직장 유형	비고
간호사 甲	A병원	의료법인	근로자
노무사 乙	B회계법인	중소기업	근로자
사회복지사 丙	C복지센터	사회복지법인	대표
회사원 丁	D물산	대기업	근로자
의사 戊	E재단	비영리민간단체	임원

① 甲, 丙
② 甲, 戊
③ 乙, 丁
④ 甲, 丙, 戊
⑤ 乙, 丙, 丁

※ 다음 글을 읽고 물음에 답하시오. [9~10]

'국민참여예산제도'는 국가 예산사업의 제안, 심사, 우선순위 결정과정에 국민을 참여케 함으로써 예산에 대한 국민의 관심도를 높이고 정부 재정운영의 투명성을 제고하기 위한 제도이다. 이 제도는 정부의 예산편성권과 국회의 예산심의·의결권 틀 내에서 운영된다.

국민참여예산제도는 기존 제도인 국민제안제도나 주민참여예산제도와 차이점을 지닌다. 먼저 '국민제안제도'가 국민들이 제안한 사항에 대해 관계부처가 채택 여부를 결정하는 방식이라면, 국민참여예산제도는 국민의 제안 이후 사업심사와 우선순위 결정과정에도 국민의 참여를 가능하게 함으로써 국민의 역할을 확대하는 방식이다. 또한 '주민참여예산제도'가 지방자치단체의 사무를 대상으로 하는 반면, 국민참여예산제도는 중앙정부가 재정을 지원하는 예산사업을 대상으로 한다.

국민참여예산제도에서는 3~4월에 국민사업제안과 제안사업 적격성 검사를 실시하고, 이후 5월까지 각 부처에 예산안을 요구한다. 6월에는 예산국민참여단을 발족하여 참여예산 후보사업을 압축한다. 7월에는 일반국민 설문조사와 더불어 예산국민참여단 투표를 통해 사업선호도 조사를 한다. 이러한 과정을 통해 선호순위가 높은 후보사업은 국민참여예산사업으로 결정되며, 8월에 재정정책자문회의의 논의를 거쳐 국무회의에서 정부예산안에 반영된다. 정부예산안은 국회에 제출되며, 국회는 심의·의결을 거쳐 12월까지 예산안을 확정한다.

예산국민참여단은 일반국민을 대상으로 전화를 통해 참여의사를 타진하여 구성한다. 무작위로 표본을 추출하되 성·연령·지역별 대표성을 확보하는 통계적 구성방법이 사용된다. 예산국민참여단원은 예산학교를 통해 국가재정에 대한 교육을 이수한 후, 참여예산 후보사업을 압축하는 역할을 맡는다. 예산국민참여단이 압축한 후보사업에 대한 일반국민의 선호도는 통계적 대표성이 확보된 표본을 대상으로 한 설문을 통해, 예산국민참여단의 사업선호도는 오프라인 투표를 통해 조사한다.

정부는 2017년에 2018년도 예산을 편성하면서 국민참여예산제도를 시범 도입하였는데, 그 결과 6개의 국민참여예산사업이 선정되었다. 2019년도 예산에는 총 39개 국민참여예산사업에 대해 800억 원이 반영되었다.

문 9. 윗글을 근거로 판단할 때 옳은 것은?

① 국민제안제도에서는 중앙정부가 재정을 지원하는 예산사업의 우선순위를 국민이 정할 수 있다.

② 국민참여예산사업은 국회 심의·의결 전에 국무회의에서 정부 예산안에 반영된다.

③ 국민참여예산제도는 정부의 예산편성권 범위 밖에서 운영된다.

④ 참여예산 후보사업은 재정정책자문회의의 논의를 거쳐 제안된다.

⑤ 예산국민참여단의 사업선호도 조사는 전화설문을 통해 이루어진다.

문 10. 윗글과 〈상황〉을 근거로 판단할 때, 甲이 보고할 수치를 옳게 짝지은 것은?

― 〈상 황〉 ―

2019년도 국민참여예산사업 예산 가운데 688억 원이 생활밀착형사업 예산이고 나머지는 취약계층지원사업 예산이었다. 2020년도 국민참여예산사업 예산 규모는 2019년도에 비해 25% 증가했는데, 이 중 870억 원이 생활밀착형사업 예산이고 나머지는 취약계층지원사업 예산이었다. 국민참여예산제도에 관한 정부부처 담당자 甲은 2019년도와 2020년도 각각에 대해 국민참여예산사업 예산에서 취약계층지원사업 예산이 차지한 비율을 보고하려고 한다.

	2019년도	2020년도
①	13 %	12 %
②	13 %	13 %
③	14 %	13 %
④	14 %	14 %
⑤	15 %	14 %

문 11. 다음 글을 근거로 판단할 때, 네 번째로 보고되는 개정안은?

△△처에서 소관 법규 개정안 보고회를 개최하고자 한다. 보고회는 아래와 같은 기준에 따라 진행한다.

• 법규 체계 순위에 따라 법 – 시행령 – 시행규칙의 순서로 보고한다. 법규 체계 순위가 같은 개정안이 여러 개 있는 경우 소관 부서명의 가나다순으로 보고한다.

• 한 부서에서 보고해야 하는 개정안이 여럿인 경우, 해당 부서의 첫 번째 보고 이후 위 기준에도 불구하고 그 부서의 나머지 소관 개정안을 법규 체계 순위에 따라 연달아 보고한다.

• 이상의 모든 기준과 무관하게 보고자가 국장인 경우 가장 먼저 보고한다.

보고 예정인 개정안은 다음과 같다.

개정안명	소관 부서	보고자
A법 개정안	예산담당관	甲사무관
B법 개정안	기획담당관	乙과장
C법 시행령 개정안	기획담당관	乙과장
D법 시행령 개정안	국제화담당관	丙국장
E법 시행규칙 개정안	예산담당관	甲사무관

① A법 개정안

② B법 개정안

③ C법 시행령 개정안

④ D법 시행령 개정안

⑤ E법 시행규칙 개정안

문 12. 다음 글과 〈상황〉을 근거로 판단할 때, 甲이 선택할 사업과 받을 수 있는 지원금을 옳게 짝지은 것은?

○○군은 집수리지원사업인 A와 B를 운영하고 있다. 신청자는 하나의 사업을 선택하여 지원받을 수 있다. 수리 항목은 외부(방수, 지붕, 담장, 쉼터)와 내부(단열, 설비, 창호)로 나누어진다.

〈사업 A의 지원기준〉

• 외부는 본인부담 10 %를 제외한 나머지 소요비용을 1,250만 원 한도 내에서 전액 지원
• 내부는 지원하지 않음

〈사업 B의 지원기준〉

• 담장과 쉼터는 둘 중 하나의 항목만 지원하며, 각각 300만 원과 50만 원 한도 내에서 소요비용 전액 지원
• 담장과 쉼터를 제외한 나머지 항목은 내·외부와 관계없이 본인부담 50 %를 제외한 나머지 소요비용을 1,200만 원 한도 내에서 전액 지원

─── 〈상 황〉 ───

甲은 본인 집의 창호와 쉼터를 수리하고자 한다. 소요비용은 각각 500만 원과 900만 원이다. 甲은 사업 A와 B 중 지원금이 더 많은 사업을 선택하여 신청하려고 한다.

	사업	지원금
①	A	1,250만 원
②	A	810만 원
③	B	1,250만 원
④	B	810만 원
⑤	B	300만 원

문 13. 다음 글을 근거로 판단할 때, 〈보기〉에서 옳은 것만을 모두 고르면?

이번 주 甲의 요일별 기본업무량은 다음과 같다.

요일	월	화	수	목	금
기본업무량	60	50	60	50	60

甲은 기본업무량을 초과하여 업무를 처리한 날에 '칭찬'을, 기본업무량 미만으로 업무를 처리한 날에 '꾸중'을 듣는다. 정확히 기본업무량만큼 업무를 처리한 날에는 칭찬도 꾸중도 듣지 않는다.

이번 주 甲은 방식1~방식3 중 하나를 선택하여 업무를 처리한다.

방식1: 월요일에 100의 업무량을 처리하고, 그다음 날부터는 매일 전날 대비 20 적은 업무량을 처리한다.

방식2: 월요일에 0의 업무량을 처리하고, 그다음 날부터는 매일 전날 대비 30 많은 업무량을 처리한다.

방식3: 매일 60의 업무량을 처리한다.

─── 〈보 기〉 ───

ㄱ. 방식1을 선택할 경우 화요일에 꾸중을 듣는다.
ㄴ. 어느 방식을 선택하더라도 수요일에는 칭찬도 꾸중도 듣지 않는다.
ㄷ. 어느 방식을 선택하더라도 칭찬을 듣는 날수는 동일하다.
ㄹ. 칭찬을 듣는 날수에서 꾸중을 듣는 날수를 뺀 값을 최대로 하려면 방식2를 선택하여야 한다.

① ㄱ, ㄷ
② ㄱ, ㄹ
③ ㄴ, ㄷ
④ ㄴ, ㄹ
⑤ ㄴ, ㄷ, ㄹ

문 14. 다음 글을 근거로 판단할 때, 〈보기〉에서 옳은 것만을 모두 고르면?

○○부의 甲국장은 직원 연수 프로그램을 마련하기 위하여 乙주무관에게 직원 1,000명 전원을 대상으로 연수 희망 여부와 희망 지역에 대한 의견을 수렴할 것을 요청하였다. 이에 따라 乙은 설문조사를 실시하였고, 甲과 乙은 그 결과에 대해 대화를 나누고 있다.

甲: 설문조사는 잘 시행되었나요?

乙: 예. 직원 1,000명 모두 연수 희망 여부에 대해 응답하였습니다. 연수를 희망하는 응답자는 43 %였으며, 남자직원의 40 %와 여자직원의 50 %가 연수를 희망하는 것으로 나타났습니다.

甲: 연수 희망자 전원이 희망 지역에 대해 응답했나요?

乙: 예. A지역과 B지역 두 곳 중에서 희망하는 지역을 선택하라고 했더니 B지역을 희망하는 비율이 약간 더 높았습니다. 그리고 연수를 희망하는 여자직원 중 B지역 희망 비율은 연수를 희망하는 남자직원 중 B지역 희망 비율의 2배인 80 %였습니다.

〈보 기〉

ㄱ. 전체 직원 중 남자직원의 비율은 50 %를 넘는다.
ㄴ. 연수 희망자 중 여자직원의 비율은 40 %를 넘는다.
ㄷ. A지역 연수를 희망하는 직원은 200명을 넘지 않는다.
ㄹ. B지역 연수를 희망하는 남자직원은 100명을 넘는다.

① ㄱ, ㄷ
② ㄴ, ㄷ
③ ㄴ, ㄹ
④ ㄱ, ㄴ, ㄹ
⑤ ㄱ, ㄷ, ㄹ

문 15. 다음 글을 근거로 판단할 때, 〈보기〉에서 甲이 지원금을 받는 경우만을 모두 고르면?

• 정부는 자영업자를 지원하기 위하여 2020년 대비 2021년의 이익이 감소한 경우 이익 감소액의 10 %를 자영업자에게 지원금으로 지급하기로 하였다.
• 이익은 매출액에서 변동원가와 고정원가를 뺀 금액으로, 자영업자 甲의 2020년 이익은 아래와 같이 계산된다.

구분	금액	비고
매출액	8억 원	판매량(400,000단위)×판매가격(2,000원)
변동원가	6.4억 원	판매량(400,000단위)×단위당 변동원가(1,600원)
고정원가	1억 원	판매량과 관계없이 일정함
이익	0.6억 원	8억 원 − 6.4억 원 − 1억 원

〈보 기〉

ㄱ. 2021년의 판매량, 판매가격, 단위당 변동원가, 고정원가는 모두 2020년과 같았다.
ㄴ. 2020년에 비해 2021년에 판매가격을 5 % 인하하였고, 판매량, 단위당 변동원가, 고정원가는 2020년과 같았다.
ㄷ. 2020년에 비해 2021년에 판매량은 10 % 증가하고 고정원가는 5 % 감소하였으나, 판매가격과 단위당 변동원가는 2020년과 같았다.
ㄹ. 2020년에 비해 2021년에 판매가격을 5 % 인상했음에도 불구하고 판매량이 25 % 증가하였고, 단위당 변동원가와 고정원가는 2020년과 같았다.

① ㄴ
② ㄹ
③ ㄱ, ㄴ
④ ㄴ, ㄷ
⑤ ㄷ, ㄹ

문 16. 다음 글과 〈상황〉을 근거로 판단할 때 옳지 않은 것은?

> □□시는 부서 성과 및 개인 성과에 따라 등급을 매겨 직원들에게 성과급을 지급하고 있다.
> - 부서 등급과 개인 등급은 각각 S, A, B, C로 나뉘고, 등급별 성과급 산정비율은 다음과 같다.
>
> | 성과 등급 | S | A | B | C |
> |---|---|---|---|---|
> | 성과급 산정비율(%) | 40 | 20 | 10 | 0 |
>
> - 작년까지 부서 등급과 개인 등급에 따른 성과급 산정비율의 산술평균을 연봉에 곱해 직원의 성과급을 산정해왔다.
>
> 성과급 = 연봉 × {(부서 산정비율 + 개인 산정비율) / 2}
> - 올해부터 부서 등급과 개인 등급에 따른 성과급 산정비율 중 더 큰 값을 연봉에 곱해 성과급을 산정하도록 개편하였다.
>
> 성과급 = 연봉 × max{부서 산정비율, 개인 산정비율}
>
> ※ max{a, b} = a와 b 중 더 큰 값

〈상 황〉

> 작년과 올해 □□시 소속 직원 甲~丙의 연봉과 성과 등급은 다음과 같다.
>
> | 구분 | 작년 연봉 (만 원) | 작년 성과 등급 부서 | 작년 성과 등급 개인 | 올해 연봉 (만 원) | 올해 성과 등급 부서 | 올해 성과 등급 개인 |
> |---|---|---|---|---|---|---|
> | 甲 | 3,500 | S | A | 4,000 | A | S |
> | 乙 | 4,000 | B | S | 4,000 | S | A |
> | 丙 | 3,000 | B | A | 3,500 | C | B |

① 甲의 작년 성과급은 1,050만 원이다.

② 甲과 乙의 올해 성과급은 동일하다.

③ 甲~丙 모두 작년 대비 올해 성과급이 증가한다.

④ 올해 연봉과 성과급의 합이 가장 작은 사람은 丙이다.

⑤ 작년 대비 올해 성과급 상승률이 가장 큰 사람은 乙이다.

문 17. 다음 글을 근거로 판단할 때 옳은 것은?

> 甲부처 신입직원 선발시험은 전공, 영어, 적성 3개 과목으로 이루어진다. 3개 과목 합계 점수가 높은 사람순으로 정원까지 합격한다. 응시자는 7명(A~G)이며, 7명의 각 과목 성적에 대해서는 다음과 같은 사실이 알려졌다.
> - 전공시험 점수: A는 B보다 높고, B는 E보다 높고, C는 D보다 높다.
> - 영어시험 점수: E는 F보다 높고, F는 G보다 높다.
> - 적성시험 점수: G는 B보다도 높고 C보다도 높다.
>
> 합격자 선발 결과, 전공시험 점수가 일정 점수 이상인 응시자는 모두 합격한 반면 그 점수에 달하지 않은 응시자는 모두 불합격한 것으로 밝혀졌고, 이는 영어시험과 적성시험에서도 마찬가지였다.

① A가 합격하였다면, B도 합격하였다.

② G가 합격하였다면, C도 합격하였다.

③ A와 B가 합격하였다면, C와 D도 합격하였다.

④ B와 E가 합격하였다면, F와 G도 합격하였다.

⑤ B가 합격하였다면, B를 포함하여 적어도 6명이 합격하였다.

문 18. 다음 글을 근거로 판단할 때, 〈보기〉에서 옳은 것만을 모두 고르면?

- 甲과 乙이 아래와 같은 방식으로 농구공 던지기 놀이를 하였다.
  - 甲과 乙은 각 5회씩 도전하고, 합계 점수가 더 높은 사람이 승리한다.
  - 2점 숫과 3점 숫을 자유롭게 선택하여 도전할 수 있으며, 성공하면 해당 점수를 획득한다.
  - 5회의 도전 중 4점 숫 도전이 1번 가능한데, '4점 도전'이라고 외친 후 뒤돌아서서 숫을 하여 성공하면 4점을 획득하고, 실패하면 1점을 잃는다.
- 甲과 乙의 던지기 결과는 다음과 같았다.

(성공: ○, 실패: ×)

구분	1회	2회	3회	4회	5회
甲	○	×	○	○	○
乙	○	○	×	×	○

〈보 기〉

ㄱ. 甲의 합계 점수는 8점 이상이었다.

ㄴ. 甲이 3점 숫에 2번 도전하였고 乙이 승리하였다면, 乙은 4점 숫에 도전하였을 것이다.

ㄷ. 4점 숫뿐만 아니라 2점 숫, 3점 숫에 대해서도 실패 시 1점을 차감하였다면, 甲이 승리하였을 것이다.

① ㄱ

② ㄴ

③ ㄱ, ㄴ

④ ㄱ, ㄷ

⑤ ㄴ, ㄷ

문 19. 다음 글을 근거로 판단할 때, A군 양봉농가의 최대 수는?

- A군청은 양봉농가가 안정적으로 꿀을 생산할 수 있도록 양봉농가 간 거리가 12 km 이상인 경우에만 양봉을 허가하고 있다.
- A군은 반지름이 12 km인 원 모양의 평지이며 군 경계를 포함한다.
- A군의 외부에는 양봉농가가 존재하지 않는다.

※ 양봉농가의 면적은 고려하지 않음

① 5개

② 6개

③ 7개

④ 8개

⑤ 9개

문 20. 다음 글을 근거로 판단할 때, ㉠에 해당하는 수는?

甲: 그저께 나는 만 21살이었는데, 올해 안에 만 23살이 될 거야.

乙: 올해가 몇 년이지?

甲: 올해는 2022년이야.

乙: 그러면 네 주민등록번호 앞 6자리의 각 숫자를 모두 곱하면 ㉠ 이구나.

甲: 그래, 맞아!

---

① 0

② 81

③ 486

④ 648

⑤ 2,916

문 21. 다음 글과 〈상황〉을 근거로 판단할 때, 올해 말 A검사국이 인사부서에 증원을 요청할 인원은?

농식품 품질 검사를 수행하는 A검사국은 매년 말 다음과 같은 기준에 따라 인사부서에 인력 증원을 요청한다.

- 다음 해 A검사국의 예상 검사 건수를 모두 검사하는 데 필요한 최소 직원 수에서 올해 직원 수를 뺀 인원을 증원 요청한다.
- 직원별로 한 해 동안 수행할 수 있는 최대 검사 건수는 매년 정해지는 '기준 검사 건수'에서 아래와 같이 차감하여 정해진다.
  - 국장은 '기준 검사 건수'의 100 %를 차감한다.
  - 사무 처리 직원은 '기준 검사 건수'의 100 %를 차감한다.
  - 국장 및 사무 처리 직원을 제외한 모든 직원은 매년 근무시간 중에 품질 검사 교육을 이수해야 하므로, '기준 검사 건수'의 10 %를 차감한다.
  - 과장은 '기준 검사 건수'의 50 %를 추가 차감한다.

〈상 황〉

- 올해 A검사국에는 국장 1명, 과장 9명, 사무 처리 직원 10명을 포함하여 총 100명의 직원이 있다.
- 내년에도 국장, 과장, 사무 처리 직원의 수는 올해와 동일하다.
- 올해 '기준 검사 건수'는 100건이나, 내년부터는 검사 품질 향상을 위해 90건으로 하향 조정한다.
- A검사국의 올해 검사 건수는 현 직원 모두가 한 해 동안 수행할 수 있는 최대 검사 건수와 같다.
- 내년 A검사국의 예상 검사 건수는 올해 검사 건수의 120 %이다.

---

① 10명

② 14명

③ 18명

④ 21명

⑤ 28명

문 22. 다음 글을 근거로 판단할 때, 〈보기〉에서 옳은 것만을 모두 고르면?

- 甲, 乙, 丙 세 사람은 25개 문제(1~25번)로 구성된 문제집을 푼다.
- 1회차에는 세 사람 모두 1번 문제를 풀고, 2회차부터는 직전 회차 풀이 결과에 따라 풀 문제가 다음과 같이 정해진다.
  - 직전 회차가 정답인 경우: 직전 회차의 문제 번호에 2를 곱한 후 1을 더한 번호의 문제
  - 직전 회차가 오답인 경우: 직전 회차의 문제 번호를 2로 나누어 소수점 이하를 버린 후 1을 더한 번호의 문제
- 풀 문제의 번호가 25번을 넘어갈 경우, 25번 문제를 풀고 더 이상 문제를 풀지 않는다.
- 7회차까지 문제를 푼 결과, 세 사람이 맞힌 정답의 개수는 같았고 한 사람이 같은 번호의 문제를 두 번 이상 푼 경우는 없었다.
- 4, 5회차를 제외한 회차별 풀이 결과는 아래와 같다.

(정답: ○, 오답: ×)

구분	1	2	3	4	5	6	7
甲	○	○	×			○	×
乙	○	○	○			×	○
丙	○	×	○			○	×

〈보 기〉

ㄱ. 甲과 丙이 4회차에 푼 문제 번호는 같다.
ㄴ. 4회차에 정답을 맞힌 사람은 2명이다.
ㄷ. 5회차에 정답을 맞힌 사람은 없다.
ㄹ. 乙은 7회차에 9번 문제를 풀었다.

① ㄱ, ㄴ
② ㄱ, ㄷ
③ ㄴ, ㄷ
④ ㄴ, ㄹ
⑤ ㄷ, ㄹ

문 23. 다음 글을 근거로 판단할 때 옳지 않은 것은?

△△팀원 7명(A~G)은 새로 부임한 팀장 甲과 함께 하는 환영식사를 계획하고 있다. 모든 팀원은 아래 조건을 전부 만족시키며 甲과 한 번씩만 식사하려 한다.

- 함께 식사하는 총 인원은 4명 이하여야 한다.
- 단둘이 식사하지 않는다.
- 부팀장은 A, B뿐이며, 이 둘은 함께 식사하지 않는다.
- 같은 학교 출신인 C, D는 함께 식사하지 않는다.
- 입사 동기인 E, F는 함께 식사한다.
- 신입사원 G는 부팀장과 함께 식사한다.

① A는 E와 함께 환영식사에 참석할 수 있다.
② B는 C와 함께 환영식사에 참석할 수 있다.
③ C는 G와 함께 환영식사에 참석할 수 있다.
④ D가 E와 함께 환영식사에 참석하는 경우, C는 부팀장과 함께 환영식사에 참석하게 된다.
⑤ G를 포함하여 총 4명이 함께 환영식사에 참석하는 경우, F가 참석하는 환영식사의 인원은 총 3명이다.

문 24. 다음 글을 근거로 판단할 때, ㉠에 해당하는 수는?

甲과 乙은 같은 층의 서로 다른 사무실에서 근무하고 있다. 각 사무실은 일직선 복도의 양쪽 끝에 위치하고 있으며, 두 사람은 복도에서 항상 자신만의 일정한 속력으로 걷는다.

甲은 약속한 시각에 乙에게 서류를 직접 전달하기 위해 자신의 사무실을 나섰다. 甲은 乙의 사무실에 도착하여 서류를 전달하고 곧바로 자신의 사무실로 돌아올 계획이었다.

한편 甲을 기다리고 있던 乙에게 甲의 사무실 쪽으로 가야 할 일이 생겼다. 그래서 乙은 甲이 도착하기로 약속한 시각보다 ㉠ 분 일찍 자신의 사무실을 나섰다. 乙은 출발한 지 4분 뒤 복도에서 甲을 만나 서류를 받았다. 서류 전달 후 곧바로 사무실로 돌아온 甲은 원래 예상했던 시각보다 2분 일찍 사무실로 복귀한 사실을 알게 되었다.

① 2
② 3
③ 4
④ 5
⑤ 6

문 25. 다음 글과 〈상황〉을 근거로 판단할 때 옳은 것은?

제00조 ① 재외공관에 근무하는 공무원(이하 '재외공무원'이라 한다)이 공무로 일시귀국하고자 하는 경우에는 장관의 허가를 받아야 한다.

② 공관장이 아닌 재외공무원이 공무 외의 목적으로 일시귀국하려는 경우에는 공관장의 허가를, 공관장이 공무 외의 목적으로 일시귀국하려는 경우에는 장관의 허가를 받아야 한다. 다만 재외공무원 또는 그 배우자의 직계존·비속이 사망하거나 위독한 경우에는 공관장이 아닌 재외공무원은 공관장에게, 공관장은 장관에게 각각 신고하고 일시귀국할 수 있다.

③ 재외공무원이 공무 외의 목적으로 일시귀국할 수 있는 기간은 연 1회 20일 이내로 한다. 다만 다음 각 호의 어느 하나에 해당하는 경우에는 이를 일시귀국의 횟수 및 기간에 산입하지 아니한다.

　1. 재외공무원의 직계존·비속이 사망하거나 위독하여 일시귀국하는 경우

　2. 재외공무원 또는 그 동반가족의 치료를 위하여 일시귀국하는 경우

④ 제2항에도 불구하고 다음 각 호의 어느 하나에 해당하는 경우에는 장관의 허가를 받아야 한다.

　1. 재외공무원이 연 1회 또는 20일을 초과하여 공무 외의 목적으로 일시귀국하려는 경우

　2. 재외공무원이 일시귀국 후 국내 체류기간을 연장하는 경우

〈상 황〉

A국 소재 대사관에는 공관장 甲을 포함하여 총 3명의 재외공무원(甲~丙)이 근무하고 있다. 아래는 올해 1월부터 7월 현재까지 甲~丙의 일시귀국 현황이다.

• 甲: 공무상 회의 참석을 위해 총 2회(총 25일)
• 乙: 동반자녀의 관절 치료를 위해 총 1회(치료가 더 필요하여 국내 체류기간 1회 연장, 총 17일)
• 丙: 직계존속의 회갑으로 총 1회(총 3일)

① 甲은 일시귀국 시 장관에게 신고하였을 것이다.

② 甲은 배우자의 직계존속이 위독하여 올해 추가로 일시귀국하기 위해서는 장관의 허가를 받아야 한다.

③ 乙이 직계존속의 회갑으로 인해 올해 3일간 추가로 일시귀국하기 위해서는 장관의 허가를 받아야 한다.

④ 乙이 공관장의 허가를 받아 일시귀국하였더라도 국내 체류기간을 연장하였을 때에는 장관의 허가를 받았을 것이다.

⑤ 丙이 자신의 혼인으로 인해 올해 추가로 일시귀국하기 위해서는 공관장의 허가를 받아야 한다.

02

문 1. 다음 글과 〈상황〉을 근거로 판단할 때 옳은 것은?

제00조 ① 다음 각 호의 어느 하나에 해당하는 사람은 주민등록지의 시장(특별시장·광역시장은 제외하고 특별자치도지사는 포함한다. 이하 같다)·군수 또는 구청장에게 주민등록번호(이하 '번호'라 한다)의 변경을 신청할 수 있다.

1. 유출된 번호로 인하여 생명·신체에 위해를 입거나 입을 우려가 있다고 인정되는 사람

2. 유출된 번호로 인하여 재산에 피해를 입거나 입을 우려가 있다고 인정되는 사람

3. 성폭력피해자, 성매매피해자, 가정폭력피해자로서 유출된 번호로 인하여 피해를 입거나 입을 우려가 있다고 인정되는 사람

② 제1항의 신청 또는 제5항의 이의신청을 받은 주민등록지의 시장·군수·구청장(이하 '시장 등'이라 한다)은 ○○부의 주민등록번호변경위원회(이하 '변경위원회'라 한다)에 번호변경 여부에 관한 결정을 청구해야 한다.

③ 주민등록지의 시장 등은 변경위원회로부터 번호변경 인용결정을 통보받은 경우에는 신청인의 번호를 다음 각 호의 기준에 따라 지체 없이 변경하고 이를 신청인에게 통지해야 한다.

1. 번호의 앞 6자리(생년월일) 및 뒤 7자리 중 첫째 자리는 변경할 수 없음

2. 제1호 이외의 나머지 6자리는 임의의 숫자로 변경함

④ 제3항의 번호변경 통지를 받은 신청인은 주민등록증, 운전면허증, 여권, 장애인등록증 등에 기재된 번호의 변경을 위해서는 그 번호의 변경을 신청해야 한다.

⑤ 주민등록지의 시장 등은 변경위원회로부터 번호변경 기각결정을 통보받은 경우에는 그 사실을 신청인에게 통지해야 하며, 신청인은 통지를 받은 날부터 30일 이내에 그 시장 등에게 이의신청을 할 수 있다.

〈상 황〉

甲은 주민등록번호 유출로 인해 재산상 피해를 입게 되자 주민등록번호 변경신청을 하였다. 甲의 주민등록지는 A광역시 B구이고, 주민등록번호는 980101-23456□□이다.

① A광역시장이 주민등록번호변경위원회에 甲의 주민등록번호 변경 여부에 관한 결정을 청구해야 한다.

② 주민등록번호변경위원회는 번호변경 인용결정을 하면서 甲의 주민등록번호를 다른 번호로 변경할 수 있다.

③ 주민등록번호변경위원회의 번호변경 인용결정이 있는 경우, 甲의 주민등록번호는 980101-45678□□으로 변경될 수 있다.

④ 甲의 주민등록번호가 변경된 경우, 甲이 운전면허증에 기재된 주민등록번호를 변경하기 위해서는 변경신청을 해야 한다.

⑤ 甲은 번호변경 기각결정을 통지받은 날부터 30일 이내에 주민등록번호변경위원회에 이의신청을 할 수 있다.

문 2. 다음 글을 근거로 판단할 때 옳은 것은?

제00조 ① 각 중앙관서의 장은 그 소관 물품관리에 관한 사무를 소속 공무원에게 위임할 수 있고, 필요하면 다른 중앙관서의 소속 공무원에게 위임할 수 있다.

② 제1항에 따라 각 중앙관서의 장으로부터 물품관리에 관한 사무를 위임받은 공무원을 물품관리관이라 한다.

제00조 ① 물품관리관은 물품수급관리계획에 정하여진 물품에 대하여는 그 계획의 범위에서, 그 밖의 물품에 대하여는 필요할 때마다 계약담당공무원에게 물품의 취득에 관한 필요한 조치를 할 것을 청구하여야 한다.

② 계약담당공무원은 제1항에 따른 청구가 있으면 예산의 범위에서 해당 물품을 취득하기 위한 필요한 조치를 하여야 한다.

제00조 물품은 국가의 시설에 보관하여야 한다. 다만 물품관리관이 국가의 시설에 보관하는 것이 물품의 사용이나 처분에 부적당하다고 인정하거나 그 밖에 특별한 사유가 있으면 국가 외의 자의 시설에 보관할 수 있다.

제00조 ① 물품관리관은 물품을 출납하게 하려면 물품출납공무원에게 출납하여야 할 물품의 분류를 명백히 하여 그 출납을 명하여야 한다.

② 물품출납공무원은 제1항에 따른 명령이 없으면 물품을 출납할 수 없다.

제00조 ① 물품출납공무원은 보관 중인 물품 중 사용할 수 없거나 수선 또는 개조가 필요한 물품이 있다고 인정하면 그 사실을 물품관리관에게 보고하여야 한다.

② 물품관리관은 제1항에 따른 보고에 의하여 수선이나 개조가 필요한 물품이 있다고 인정하면 계약담당공무원이나 그 밖의 관계 공무원에게 그 수선이나 개조를 위한 필요한 조치를 할 것을 청구하여야 한다.

① 물품출납공무원은 물품관리관의 명령이 없으면 자신의 재량으로 물품을 출납할 수 없다.

② A중앙관서의 장이 그 소관 물품관리에 관한 사무를 위임하고자 할 경우, B중앙관서의 소속 공무원에게는 위임할 수 없다.

③ 계약담당공무원은 물품을 국가의 시설에 보관하는 것이 그 사용이나 처분에 부적당하다고 인정하는 경우, 그 물품을 국가 외의 자의 시설에 보관할 수 있다.

④ 물품수급관리계획에 정해진 물품 이외의 물품이 필요한 경우, 물품관리관은 필요할 때마다 물품출납공무원에게 물품의 취득에 관한 필요한 조치를 할 것을 청구해야 한다.

⑤ 물품출납공무원은 보관 중인 물품 중 수선이 필요한 물품이 있다고 인정하는 경우, 계약담당공무원에게 수선에 필요한 조치를 할 것을 청구해야 한다.

④ 이동통신사업자 甲이 乙의 단말기를 개통하기 위하여 단말기기 고유번호를 제공받은 경우, 1년의 징역에 처해질 수 있다.

⑤ 甲이 乙과 丙 사이의 우편물을 불법으로 검열한 경우, 2년의 징역과 3년의 자격정지에 처해질 수 있다.

문 3. 다음 글을 근거로 판단할 때 옳은 것은?

제○○조 ① 누구든지 법률에 의하지 아니하고는 우편물의 검열·전기통신의 감청 또는 통신사실확인자료의 제공을 하거나 공개되지 아니한 타인 상호간의 대화를 녹음 또는 청취하지 못한다.

② 다음 각 호의 어느 하나에 해당하는 자는 1년 이상 10년 이하의 징역과 5년 이하의 자격정지에 처한다.

1. 제1항에 위반하여 우편물의 검열 또는 전기통신의 감청을 하거나 공개되지 아니한 타인 상호간의 대화를 녹음 또는 청취한 자

2. 제1호에 따라 알게 된 통신 또는 대화의 내용을 공개하거나 누설한 자

③ 누구든지 단말기기 고유번호를 제공하거나 제공받아서는 안 된다. 다만 이동전화단말기 제조업체 또는 이동통신사업자가 단말기의 개통처리 및 수리 등 정당한 업무의 이행을 위하여 제공하거나 제공받는 경우에는 그러하지 아니하다.

④ 제3항을 위반하여 단말기기 고유번호를 제공하거나 제공받은 자는 3년 이하의 징역 또는 1천만 원 이하의 벌금에 처한다.

제□□조 제○○조의 규정에 위반하여, 불법검열에 의하여 취득한 우편물이나 그 내용, 불법감청에 의하여 지득(知得) 또는 채록(採錄)된 전기통신의 내용, 공개되지 아니한 타인 상호간의 대화를 녹음 또는 청취한 내용은 재판 또는 징계절차에서 증거로 사용할 수 없다.

① 甲이 불법검열에 의하여 취득한 乙의 우편물은 징계절차에서 증거로 사용할 수 있다.

② 甲이 乙과 정책용역을 수행하면서 乙과의 대화를 녹음한 내용은 재판에서 증거로 사용할 수 없다.

③ 甲이 乙과 丙 사이의 공개되지 않은 대화를 녹음하여 공개한 경우, 1천만 원의 벌금에 처해질 수 있다.

문 4. 다음 글과 〈지원대상 후보 현황〉을 근거로 판단할 때, 기업 F가 받는 지원금은?

□□부는 2021년도 중소기업 광고비 지원사업 예산 6억 원을 기업에 지원하려 하며, 지원대상 선정 및 지원금 산정 방법은 다음과 같다.

• 2020년도 총매출이 500억 원 미만인 기업만 지원하며, 우선 지원대상 사업분야는 백신, 비대면, 인공지능이다.

• 우선 지원대상 사업분야 내 또는 우선 지원대상이 아닌 사업분야 내에서는 '소요 광고비×2020년도 총매출'이 작은 기업부터 먼저 선정한다.

• 지원금 상한액은 1억 2,000만 원이나, 해당 기업의 2020년도 총매출이 100억 원 이하인 경우 상한액의 2배까지 지원할 수 있다. 단, 지원금은 소요 광고비의 2분의 1을 초과할 수 없다.

• 위의 지원금 산정 방법에 따라 예산 범위 내에서 지급 가능한 최대 금액을 예산이 소진될 때까지 지원대상 기업에 순차로 배정한다.

〈지원대상 후보 현황〉

기업	2020년도 총매출(억 원)	소요 광고비 (억 원)	사업분야
A	600	1	백신
B	500	2	비대면
C	400	3	농산물
D	300	4	인공지능
E	200	5	비대면
F	100	6	의류
G	30	4	백신

① 없음

② 8,000만 원

③ 1억 2,000만 원

④ 1억 6,000만 원

⑤ 2억 4,000만 원

문 5. 다음 글의 ㉠과 ㉡에 해당하는 수를 옳게 짝지은 것은?

> 甲담당관 : 우리 부서 전 직원 57명으로 구성되는 혁신조직을 출범시켰으면 합니다.
> 乙주무관 : 조직은 어떻게 구성할까요?
> 甲담당관 : 5~7명으로 구성된 10개의 소조직을 만들되, 5명, 6명, 7명 소조직이 각각 하나 이상 있었으면 합니다. 단, 각 직원은 하나의 소조직에만 소속되어야 합니다.
> 乙주무관 : 그렇게 할 경우 5명으로 구성되는 소조직은 최소 (㉠)개, 최대 (㉡)개가 가능합니다.

	㉠	㉡
①	1	5
②	3	5
③	3	6
④	4	6
⑤	4	7

문 6. 다음 글을 근거로 판단할 때, 甲이 통합력에 투입해야 하는 노력의 최솟값은?

> - 업무역량은 기획력, 창의력, 추진력, 통합력의 4가지 부문으로 나눈다.
> - 부문별 업무역량 값을 수식으로 나타내면 다음과 같다.
>
> | 부문별 업무역량 값 |
> |---|
> | =(해당 업무역량 재능×4)+(해당 업무역량 노력×3) |
>
> ※ 재능과 노력의 값은 음이 아닌 정수이다.
>
> - 甲의 부문별 업무역량의 재능은 다음과 같다.
>
> | 기획력 | 창의력 | 추진력 | 통합력 |
> |--------|--------|--------|--------|
> | 90 | 100 | 110 | 60 |
>
> - 甲은 통합력의 업무역량 값을 다른 어떤 부문의 값보다 크게 만들고자 한다. 단, 甲이 투입 가능한 노력은 총 100이며 甲은 가능한 노력을 남김없이 투입한다.

① 67
② 68
③ 69
④ 70
⑤ 71

문 7. 다음 글을 근거로 판단할 때, 마지막에 송편을 먹었다면 그 직전에 먹은 떡은?

> 원 쟁반의 둘레를 따라 쑥떡, 인절미, 송편, 무지개떡, 팥떡, 호박떡이 순서대로 한 개씩 시계방향으로 놓여 있다. 이 떡을 먹는 순서는 다음과 같은 규칙에 따른다. 특정한 떡을 시작점(첫 번째)으로 하여 시계방향으로 떡을 세다가 여섯 번째에 해당하는 떡을 먹는다. 떡을 먹고 나면 시계방향으로 이어지는 바로 다음 떡이 새로운 시작점이 된다. 이 과정을 반복하여 떡이 한 개 남게 되면 마지막으로 그 떡을 먹는다.

① 무지개떡
② 쑥떡
③ 인절미
④ 팥떡
⑤ 호박떡

문 8. 다음 글을 근거로 판단할 때, 甲이 구매하려는 두 상품의 무게로 옳은 것은?

> ○○마트에서는 쌀 상품 A~D를 판매하고 있다. 상품 무게는 A가 가장 무겁고, B, C, D 순서대로 무게가 가볍다. 무게 측정을 위해 서로 다른 두 상품을 저울에 올린 결과, 각각 35kg, 39kg, 44kg, 45kg, 50kg, 54kg으로 측정되었다. 甲은 가장 무거운 상품과 가장 가벼운 상품을 제외하고 두 상품을 구매하기로 하였다.

※ 상품 무게(kg)의 값은 정수이다.

① 19kg, 25kg
② 19kg, 26kg
③ 20kg, 24kg
④ 21kg, 25kg
⑤ 22kg, 26kg

문 9. 다음 글을 근거로 판단할 때, A 괘종시계가 11시 정각을 알리기 위한 마지막 종을 치는 시각은?

A 괘종시계는 매시 정각을 알리기 위해 매시 정각부터 일정한 시간 간격으로 해당 시의 수만큼 종을 친다. 예를 들어 7시 정각을 알리기 위해서는 7시 정각에 첫 종을 치기 시작하여 일정한 시간 간격으로 총 7번의 종을 치는 것이다. 이 괘종시계가 정각을 알리기 위해 2번 이상 종을 칠 때, 종을 치는 시간 간격은 몇 시 정각을 알리기 위한 것이든 동일하다. A 괘종시계가 6시 정각을 알리기 위한 마지막 6번째 종을 치는 시각은 6시 6초이다.

① 11시 11초
② 11시 12초
③ 11시 13초
④ 11시 14초
⑤ 11시 15초

문 10. 다음 글을 근거로 판단할 때, 현재 시점에서 두 번째로 많은 양의 일을 한 사람은?

A부서 주무관 5명(甲~戊)은 오늘 해야 하는 일의 양이 같다. 오늘 업무 개시 후 현재까지 한 일을 비교해 보면 다음과 같다.
甲은 丙이 아직 하지 못한 일의 절반에 해당하는 양의 일을 했다. 乙은 丁이 남겨 놓고 있는 일의 2배에 해당하는 양의 일을 했다. 丙은 자신이 현재까지 했던 일의 절반에 해당하는 일을 남겨 놓고 있다. 丁은 甲이 남겨 놓고 있는 일과 동일한 양의 일을 했다. 戊는 乙이 남겨 놓은 일의 절반에 해당하는 양의 일을 했다.

① 甲
② 乙
③ 丙
④ 丁
⑤ 戊

문 11. 다음 글과 〈대화〉를 근거로 판단할 때, 丙이 받을 수 있는 최대 성과점수는?

• A과는 과장 1명과 주무관 4명(甲~丁)으로 구성되어 있으며, 주무관의 직급은 甲이 가장 높고, 乙, 丙, 丁 순으로 낮아진다.
• A과는 프로젝트를 성공적으로 마친 보상으로 성과점수 30점을 부여받았다. 과장은 A과에 부여된 30점을 자신을 제외한 주무관들에게 분배할 계획을 세우고 있다.
• 과장은 주무관들의 요구를 모두 반영하여 성과점수를 분배하려 한다.
• 주무관들이 받는 성과점수는 모두 다른 자연수이다.

───── 〈대 화〉 ─────

甲 : 과장님이 주시는 대로 받아야죠. 아! 그렇지만 丁보다는 제가 높아야 합니다.
乙 : 이번 프로젝트 성공에는 제가 가장 큰 기여를 했으니, 제가 가장 높은 성과점수를 받아야 합니다.
丙 : 기여도를 고려했을 때, 제 경우에는 상급자보다는 낮게 받고 하급자보다는 높게 받아야 합니다.
丁 : 저는 내년 승진에 필요한 최소 성과점수인 4점만 받겠습니다.

① 6
② 7
③ 8
④ 9
⑤ 10

문 12. 다음 글을 근거로 판단할 때, 아기 돼지 삼형제와 각각의 집을 옳게 짝지은 것은?

- 아기 돼지 삼형제는 엄마 돼지로부터 독립하여 벽돌집, 나무집, 지푸라기집 중 각각 다른 한 채씩을 선택하여 짓는다.
- 벽돌집을 지을 때에는 벽돌만 필요하지만, 나무집은 나무와 지지대가, 지푸라기집은 지푸라기와 지지대가 재료로 필요하다. 지지대에 소요되는 비용은 집의 면적과 상관없이 나무집의 경우 20만 원, 지푸라기집의 경우 5만 원이다.
- 재료의 1개당 가격 및 집의 면적 1m²당 필요 개수는 아래와 같다.

구 분	벽돌	나무	지푸라기
1개당 가격(원)	6,000	3,000	1,000
1m²당 필요 개수	15	20	30

- 첫째 돼지 집의 면적은 둘째 돼지 집의 2배이고, 셋째 돼지 집의 3배이다. 삼형제 집의 면적의 총합은 11m²이다.
- 모두 집을 짓고 나니, 둘째 돼지 집을 짓는 재료 비용이 가장 많이 들었다.

	첫째	둘째	셋째
①	벽돌집	나무집	지푸라기집
②	벽돌집	지푸라기집	나무집
③	나무집	벽돌집	지푸라기집
④	지푸라기집	벽돌집	나무집
⑤	지푸라기집	나무집	벽돌집

문 13. 다음 〈A기관 특허대리인 보수 지급 기준〉과 〈상황〉을 근거로 판단할 때, 甲과 乙이 지급받는 보수의 차이는?

〈A기관 특허대리인 보수 지급 기준〉

- A기관은 특허출원을 특허대리인(이하 '대리인')에게 의뢰하고, 이에 따라 특허출원 건을 수임한 대리인에게 보수를 지급한다.
- 보수는 착수금과 사례금의 합이다.
- 착수금은 대리인이 작성한 출원서의 내용에 따라 〈착수금 산정 기준〉의 세부항목을 합산하여 산정한다. 단, 세부항목을 합산한 금액이 140만 원을 초과할 경우 착수금은 140만 원으로 한다.

〈착수금 산정 기준〉

세부항목	금액(원)
기본료	1,200,000
독립항 1개 초과분(1개당)	100,000
종속항(1개당)	35,000
명세서 20면 초과분(1면당)	9,000
도면(1도당)	15,000

※ 독립항 1개 또는 명세서 20면 이하는 해당 항목에 대한 착수금을 산정하지 않는다.

- 사례금은 출원한 특허가 '등록결정'된 경우 착수금과 동일한 금액으로 지급하고, '거절결정'된 경우 0원으로 한다.

〈상 황〉

- 특허대리인 甲과 乙은 A기관이 의뢰한 특허출원을 각각 1건씩 수임하였다.
- 甲은 독립항 1개, 종속항 2개, 명세서 14면, 도면 3도로 출원서를 작성하여 특허를 출원하였고, '등록결정'되었다.
- 乙은 독립항 5개, 종속항 16개, 명세서 50면, 도면 12도로 출원서를 작성하여 특허를 출원하였고, '거절결정'되었다.

① 2만 원
② 8만 5천 원
③ 123만 원
④ 129만 5천 원
⑤ 259만 원

문 14. 다음 글과 〈상황〉을 근거로 판단할 때, 〈보기〉에서 옳은 것만을 모두 고르면?

> □□부서는 매년 △△사업에 대해 사업자 자격 요건 재허가 심사를 실시한다.
> - 기본심사 점수에서 감점 점수를 뺀 최종심사 점수가 70점 이상이면 '재허가', 60점 이상 70점 미만이면 '허가 정지', 60점 미만이면 '허가 취소'로 판정한다.
>   - 기본심사 점수 : 100점 만점으로, ㉮~㉰의 4가지 항목(각 25점 만점) 점수의 합으로 한다. 단, 점수는 자연수이다.
>   - 감점 점수 : 과태료 부과의 경우 1회당 2점, 제재 조치의 경우 경고 1회당 3점, 주의 1회당 1.5점, 권고 1회당 0.5점으로 한다.

─────────────〈상 황〉─────────────

2020년 사업자 A~C의 기본심사 점수 및 감점 사항은 아래와 같다.

사업자	기본심사 항목별 점수			
	㉮	㉯	㉰	㉱
A	20	23	17	?
B	18	21	18	?
C	23	18	21	16

사업자	과태료 부과횟수	제재 조치 횟수		
		경고	주의	권고
A	3	–	–	6
B	5	–	3	2
C	4	1	2	–

─────────────〈보 기〉─────────────

ㄱ. A의 ㉱ 항목 점수가 15점이라면 A는 재허가를 받을 수 있다.
ㄴ. B의 허가가 취소되지 않으려면 B의 ㉱ 항목 점수가 19점 이상이어야 한다.
ㄷ. C가 2020년에 과태료를 부과받은 적이 없다면 판정 결과가 달라진다.
ㄹ. 기본심사 점수와 최종심사 점수 간의 차이가 가장 큰 사업자는 C이다.

① ㄱ
② ㄴ
③ ㄱ, ㄴ
④ ㄴ, ㄷ
⑤ ㄷ, ㄹ

문 15. 다음 글과 〈상황〉을 근거로 판단할 때, 수질검사빈도와 수질기준을 둘 다 충족한 검사지점만을 모두 고르면?

> □□법 제00조(수질검사빈도와 수질기준) ① 기초자치단체의 장인 시장·군수·구청장은 다음 각 호의 구분에 따라 지방상수도의 수질검사를 실시하여야 한다.
> 1. 정수장에서의 검사
>   가. 냄새, 맛, 색도, 탁도(濁度), 잔류염소에 관한 검사 : 매일 1회 이상
>   나. 일반세균, 대장균, 암모니아성 질소, 질산성 질소, 과망간산칼륨 소비량 및 증발잔류물에 관한 검사 : 매주 1회 이상
>   단, 일반세균, 대장균을 제외한 항목 중 지난 1년간 검사를 실시한 결과, 수질기준의 10퍼센트를 초과한 적이 없는 항목에 대하여는 매월 1회 이상
> 2. 수도꼭지에서의 검사
>   가. 일반세균, 대장균, 잔류염소에 관한 검사 : 매월 1회 이상
>   나. 정수장별 수도관 노후지역에 대한 일반세균, 대장균, 암모니아성 질소, 동, 아연, 철, 망간, 잔류염소에 관한 검사 : 매월 1회 이상
> 3. 수돗물 급수과정별 시설(배수지 등)에서의 검사
>   일반세균, 대장균, 암모니아성 질소, 동, 수소이온 농도, 아연, 철, 잔류염소에 관한 검사 : 매 분기 1회 이상
> ② 수질기준은 아래와 같다.

항목	기준	항목	기준
대장균	불검출/100mL	일반세균	100CFU/mL 이하
잔류염소	4mg/L 이하	질산성 질소	10mg/L 이하

─────────────〈상 황〉─────────────

甲시장은 □□법 제00조에 따라 수질검사를 실시하고 있다. 甲시 관할의 검사지점(A~E)은 이전 검사에서 매번 수질기준을 충족하였고, 이번 수질검사에서 아래와 같은 결과를 보였다.

검사지점	검사대상	검사결과	검사빈도
정수장 A	잔류염소	2mg/L	매일 1회
정수장 B	질산성 질소	11mg/L	매일 1회
정수장 C	일반세균	70CFU/mL	매월 1회
수도꼭지 D	대장균	불검출/100mL	매주 1회
배수지 E	잔류염소	2mg/L	매주 1회

※ 제시된 검사대상 외의 수질검사빈도와 수질기준은 모두 충족한 것으로 본다.

① A, D
② B, D
③ A, D, E
④ A, B, C, E
⑤ A, C, D, E

문 16. 다음 글과 〈상황〉을 근거로 판단할 때 옳은 것은?

- 민원의 종류
  법정민원(인가·허가 등을 신청하거나 사실·법률관계에 관한 확인 또는 증명을 신청하는 민원), 질의민원(법령·제도 등에 관하여 행정기관의 설명·해석을 요구하는 민원), 건의민원(행정제도의 개선을 요구하는 민원), 기타민원(그 외 상담·설명 요구, 불편 해결을 요구하는 민원)으로 구분함
- 민원의 신청
  문서(전자문서를 포함, 이하 같음)로 해야 하나, 기타민원은 구술 또는 전화로 가능함
- 민원의 접수
  민원실에서 접수하고, 접수증을 교부하여야 함(단, 기타민원, 우편 및 전자문서로 신청한 민원은 접수증 교부를 생략할 수 있음)
- 민원의 이송
  접수한 민원이 다른 행정기관의 소관인 경우, 접수된 민원문서를 지체 없이 소관 기관에 이송하여야 함
- 처리결과의 통지
  접수된 민원에 대한 처리결과를 민원인에게 문서로 통지하여야 함(단, 기타민원의 경우와 통지에 신속을 요하거나 민원인이 요청하는 경우, 구술 또는 전화로 통지할 수 있음)
- 반복 및 중복 민원의 처리
  민원인이 동일한 내용의 민원(법정민원 제외)을 정당한 사유 없이 3회 이상 반복하여 제출한 경우, 2회 이상 그 처리결과를 통지하였다면 그 후 접수되는 민원에 대하여는 바로 종결 처리할 수 있음

─〈상 황〉─

- 甲은 인근 공사장 소음으로 인한 불편 해결을 요구하는 민원을 A시에 제기하려고 한다.
- 乙은 자신의 영업허가를 신청하는 민원을 A시에 제기하려고 한다.

① 甲은 구술 또는 전화로 민원을 신청할 수 없다.
② 乙은 전자문서로 민원을 신청할 수 없다.
③ 甲이 신청한 민원이 다른 행정기관 소관 사항인 경우라도, A시는 해당 민원을 이송 없이 처리할 수 있다.
④ A시는 甲이 신청한 민원에 대한 처리결과를 전화로 통지할 수 있다.
⑤ 乙이 동일한 내용의 민원을 이미 2번 제출하여 처리결과를 통지받았으나 정당한 사유 없이 다시 신청한 경우, A시는 해당 민원을 바로 종결 처리할 수 있다.

문 17. 다음 글과 〈상황〉을 근거로 판단할 때 옳지 않은 것은?

제00조 ① 건축물을 건축하거나 대수선하려는 자는 특별자치시장·특별자치도지사 또는 시장·군수·구청장의 허가를 받아야 한다. 다만 21층 이상의 건축물이나 연면적 합계 10만 제곱미터 이상인 건축물을 특별시나 광역시에 건축하려면 특별시장이나 광역시장의 허가를 받아야 한다.
② 허가권자는 제1항에 따른 허가를 받은 자가 다음 각 호의 어느 하나에 해당하면 허가를 취소하여야 한다. 다만 제1호에 해당하는 경우로서 정당한 사유가 있다고 인정되면 1년의 범위에서 공사의 착수기간을 연장할 수 있다.
1. 허가를 받은 날부터 2년 이내에 공사에 착수하지 아니한 경우
2. 제1호의 기간 이내에 공사에 착수하였으나 공사의 완료가 불가능하다고 인정되는 경우
제00조 ① ○○부 장관은 국토관리를 위하여 특히 필요하다고 인정하거나 주무부장관이 국방, 문화재보존, 환경보전 또는 국민경제를 위하여 특히 필요하다고 인정하여 요청하면 허가권자의 건축허가나 허가를 받은 건축물의 착공을 제한할 수 있다.
② 특별시장·광역시장·도지사(이하 '시·도지사'라 한다)는 지역계획이나 도시·군계획에 특히 필요하다고 인정하면 시장·군수·구청장의 건축허가나 허가를 받은 건축물의 착공을 제한할 수 있다.
③ ○○부 장관이나 시·도지사는 제1항이나 제2항에 따라 건축허가나 건축허가를 받은 건축물의 착공을 제한하려는 경우에는 주민의견을 청취한 후 건축위원회의 심의를 거쳐야 한다.
④ 제1항이나 제2항에 따라 건축허가나 건축물의 착공을 제한하는 경우 제한기간은 2년 이내로 한다. 다만 1회에 한하여 1년 이내의 범위에서 제한기간을 연장할 수 있다.

─〈상 황〉─

甲은 20층의 연면적 합계 5만 제곱미터인 건축물을, 乙은 연면적 합계 15만 제곱미터인 건축물을 각각 A광역시 B구에 신축하려고 한다.

① 甲은 B구청장에게 건축허가를 받아야 한다.
② 甲이 건축허가를 받은 경우에도 A광역시장은 지역계획에 특히 필요하다고 인정하면 일정한 절차를 거쳐 甲의 건축물 착공을 제한할 수 있다.
③ B구청장은 주민의견을 청취한 후 건축위원회의 심의를 거쳐 건축허가를 받은 乙의 건축물 착공을 제한할 수 있다.
④ 乙이 건축허가를 받은 날로부터 2년 이내에 정당한 사유 없이 공사에 착수하지 않은 경우, A광역시장은 건축허가를 취소하여야 한다.
⑤ 주무부장관이 문화재보존을 위하여 특히 필요하다고 인정하여 요청하는 경우, ○○부 장관은 건축허가를 받은 乙의 건축물에 대해 최대 3년간 착공을 제한할 수 있다.

제00조 ① 정보공개심의회(이하 '심의회'라 한다)는 다음 각 호의 구분에 따라 10인 이내의 위원으로 구성한다.
1. 내부 위원 : 위원장 1인(○○실장)과 각 부서의 정보공개담당관 중 지명된 3인
2. 외부 위원 : 관련분야 전문가 중에서 총 위원수의 3분의 1 이상 위촉
② 위원은 특정 성별이 다른 성별의 2분의 1 이하가 되지 않도록 한다.
③ 위원장을 비롯한 내부 위원의 임기는 그 직위에 재직하는 기간으로 하며, 외부 위원의 임기는 2년으로 하되 2회에 한하여 연임할 수 있다.
④ 심의회는 위원장이 소집하고, 회의는 위원장을 포함한 재적위원 3분의 2 이상의 출석으로 개의하고 출석위원 3분의 2 이상의 찬성으로 의결한다.
⑤ 위원은 부득이한 이유로 참석할 수 없는 경우에는 서면으로 의견을 제출할 수 있다. 이 경우 해당 위원은 심의회에 출석한 것으로 본다.

① 외부 위원의 최대 임기는 6년이다.
② 정보공개심의회는 최소 6명의 위원으로 구성된다.
③ 정보공개심의회 내부 위원이 모두 여성일 경우, 정보공개심의회는 7명의 위원으로 구성될 수 있다.
④ 정보공개심의회가 8명의 위원으로 구성되면, 위원 3명의 찬성으로 의결되는 경우가 있다.
⑤ 위원장을 포함한 위원 5명이 직접 출석하여 이들 모두 안건에 찬성하고, 위원 2명이 부득이한 이유로 서면으로 의견을 제출한 경우, 제출된 서면 의견에 상관없이 해당 안건은 찬성으로 의결된다.

2021년에 적용되는 ○○인재개발원의 분반 허용 기준은 아래와 같다.

• 분반 허용 기준
– 일반강의 : 직전 2년 수강인원의 평균이 100명 이상이거나, 그 2년 중 1년의 수강인원이 120명 이상
– 토론강의 : 직전 2년 수강인원의 평균이 60명 이상이거나, 그 2년 중 1년의 수강인원이 80명 이상
– 영어강의 : 직전 2년 수강인원의 평균이 30명 이상이거나, 그 2년 중 1년의 수강인원이 50명 이상
– 실습강의 : 직전 2년 수강인원의 평균이 20명 이상
• 이상의 기준에도 불구하고 직전년도 강의만족도 평가점수가 90점 이상이었던 강의는 위에서 기준으로 제시한 수강인원의 90% 이상이면 분반을 허용한다.

〈보 기〉

ㄱ. 2019년과 2020년의 수강인원이 각각 100명과 80명이고 2020년 강의만족도 평가점수가 85점인 일반강의 A는 분반이 허용된다.
ㄴ. 2019년과 2020년의 수강인원이 각각 10명과 45명인 영어강의 B의 분반이 허용되지 않는다면, 2020년 강의만족도 평가점수는 90점 미만이었을 것이다.
ㄷ. 2019년 수강인원이 20명이고 2020년 강의만족도 평가점수가 92점인 실습강의 C의 분반이 허용되지 않는다면, 2020년 강의의 수강인원은 15명을 넘지 않았을 것이다.

① ㄴ
② ㄷ
③ ㄱ, ㄴ
④ ㄱ, ㄷ
⑤ ㄴ, ㄷ

문 20. 다음 글과 〈상황〉을 근거로 판단할 때, 〈사업 공모 지침 수정안〉의 밑줄 친 ㉮~㉺ 중 '관계부처 협의 결과'에 부합한 것만을 모두 고르면?

- '대학 캠퍼스 혁신파크 사업'을 담당하는 A주무관은 신청 조건과 평가지표 및 배점을 포함한 〈사업 공모 지침 수정안〉을 작성하였다. 평가지표는 I~IV의 지표와 그 하위 지표로 구성되어 있다.

〈사업 공모 지침 수정안〉

㉮ □ 신청 조건
  최소 1만m² 이상의 사업부지 확보. 단, 사업부지에는 건축물이 없어야 함
□ 평가지표 및 배점

평가지표	배점	
	현행	수정
㉯ I. 개발 타당성	20	25
– 개발계획의 합리성	10	10
– 관련 정부사업과의 연계가능성	5	10
– 학습여건 보호 가능성	5	5
㉰ II. 대학의 사업 추진 역량과 의지	10	15
– 혁신파크 입주기업 지원 방안	5	5
– 사업 전담조직 및 지원체계	5	5
– 대학 내 주체 간 합의 정도	–	5
㉱ III. 기업 유치 가능성	10	10
– 기업의 참여 가능성	7	3
– 참여 기업의 재무건전성	3	7
㉲ IV. 시범사업 조기 활성화 가능성	10	삭제
– 대학 내 주체 간 합의 정도	5	이동
– 부지 조기 확보 가능성	5	삭제
합계	50	50

〈상 황〉

A주무관은 〈사업 공모 지침 수정안〉을 작성한 후 뒤늦게 '관계부처 협의 결과'를 전달받았다. 그 내용은 다음과 같다.
- 대학이 부지를 확보하는 것이 쉽지 않으므로 신청 사업부지 안에 건축물이 포함되어 있어도 신청 허용
- 도시재생뉴딜사업, 창업선도대학 등 '관련 정부사업과의 연계 가능성' 평가비중 확대
- 시범사업 기간이 종료되었으므로 시범사업 조기 활성화와 관련된 평가지표를 삭제하되 '대학 내 주체 간 합의 정도'는 타 지표로 이동하여 계속 평가
- 논의된 내용 이외의 하위 지표의 항목과 배점은 사업의 안정성을 위해 현행 유지

① ㉮, ㉯
② ㉮, ㉱
③ ㉯, ㉱
④ ㉰, ㉲
⑤ ㉯, ㉰, ㉲

문 21. 다음 글과 〈대화〉를 근거로 판단할 때, ㉠에 들어갈 丙의 대화내용으로 옳은 것은?

주무관 丁은 다음과 같은 사실을 알고 있다.
- 이번 주 개업한 A식당은 평일 '점심(12시)'과 '저녁(18시)'으로만 구분해 운영되며, 해당 시각 이전에 예약할 수 있다.
- 주무관 甲~丙은 A식당에 이번 주 월요일부터 수요일까지 서로 겹치지 않게 예약하고 각자 한 번씩 다녀왔다.

〈대 화〉

甲 : 나는 이번 주 乙의 방문후기를 보고 예약했어. 음식이 정말 훌륭하더라!
乙 : 그렇지? 나도 나중에 들었는데 丙은 점심 할인도 받았대. 나도 다음에는 점심에 가야겠어.
丙 : 월요일은 개업일이라 사람이 많을 것 같아서 피했어.
  ┌─────────┐
  │   ㉠   │
  └─────────┘
丁 : 너희 모두의 말을 다 들어보니, 각자 식당에 언제 갔는지를 정확하게 알겠다!

① 乙이 다녀온 바로 다음날 점심을 먹었지.
② 甲이 먼저 점심 할인을 받고 나에게 알려준 거야.
③ 甲이 우리 중 가장 늦게 갔었구나.
④ 월요일에 갔던 사람은 아무도 없구나.
⑤ 같이 가려고 했더니 이미 다들 먼저 다녀왔더군.

문 22. 다음 글과 〈상황〉을 근거로 판단할 때, 날씨 예보 앱을 설치한 잠재 사용자의 총수는?

> 내일 비가 오는지를 예측하는 날씨 예보시스템을 개발한 A청은 다음과 같은 날씨 예보 앱의 '사전테스트전략'을 수립하였다.
> - 같은 날씨 변화를 경험하는 잠재 사용자의 전화번호를 개인의 동의를 얻어 확보한다.
> - 첫째 날에는 잠재 사용자를 같은 수의 두 그룹으로 나누어, 한쪽은 "비가 온다"로 다른 한쪽에는 "비가 오지 않는다"로 메시지를 보낸다.
> - 둘째 날에는 직전일에 보낸 메시지와 날씨가 일치한 그룹을 다시 같은 수의 두 그룹으로 나누어, 한쪽은 "비가 온다"로 다른 한쪽에는 "비가 오지 않는다"로 메시지를 보낸다.
> - 이후 날에도 같은 작업을 계속 반복한다.
> - 보낸 메시지와 날씨가 일치하지 않은 잠재 사용자를 대상으로도 같은 작업을 반복한다. 즉, 직전일에 보낸 메시지와 날씨가 일치하지 않은 잠재 사용자를 같은 수의 두 그룹으로 나누어, 한쪽은 "비가 온다"로 다른 한쪽에는 "비가 오지 않는다"로 메시지를 보낸다.

─── 〈상 황〉 ───

> A청은 사전테스트전략대로 200,000명의 잠재 사용자에게 월요일부터 금요일까지 5일간 메시지를 보냈다. 받은 메시지와 날씨가 3일 연속 일치한 경우, 해당 잠재 사용자는 날씨 예보 앱을 그날 설치한 후 제거하지 않았다.

① 12,500명
② 25,000명
③ 37,500명
④ 43,750명
⑤ 50,000명

※ 다음 글을 읽고 물음에 답하시오. [23~24]

> - 국가는 지방자치단체인 시·군·구의 인구, 지리적 여건, 생활권·경제권, 발전가능성 등을 고려하여 통합이 필요한 지역에 대하여는 지방자치단체 간 통합을 지원해야 한다.
> - △△위원회(이하 '위원회')는 통합대상 지방자치단체를 발굴하고 통합방안을 마련한다. 지방자치단체의 장, 지방의회 또는 주민은 인근 지방자치단체와의 통합을 위원회에 건의할 수 있다. 단, 주민이 건의하는 경우에는 해당 지방자치단체의 주민투표권자 총수의 50분의 1 이상의 연서(連書)가 있어야 한다. 지방자치단체의 장, 지방의회 또는 주민은 위원회에 통합을 건의할 때 통합대상 지방자치단체를 관할하는 특별시장·광역시장 또는 도지사(이하 '시·도지사')를 경유해야 한다. 이 경우 시·도지사는 접수받은 통합건의서에 의견을 첨부하여 지체 없이 위원회에 제출해야 한다. 위원회는 위의 건의를 참고하여 시·군·구 통합방안을 마련해야 한다.
> - ㅁㅁ부 장관은 위원회가 마련한 시·군·구 통합방안에 따라 지방자치단체 간 통합을 해당 지방자치단체의 장에게 권고할 수 있다. ㅁㅁ부 장관은 지방자치단체 간 통합권고안에 관하여 해당 지방의회의 의견을 들어야 한다. 그러나 ㅁㅁ부 장관이 필요하다고 인정하여 해당 지방자치단체의 장에게 주민투표를 요구하여 실시한 경우에는 그렇지 않다. 지방자치단체의 장은 시·군·구 통합과 관련하여 주민투표의 실시 요구를 받은 때에는 지체 없이 이를 공표하고 주민투표를 실시해야 한다.
> - 지방의회 의견청취 또는 주민투표를 통하여 지방자치단체의 통합의사가 확인되면 '관계지방자치단체(통합대상 지방자치단체 및 이를 관할하는 특별시·광역시 또는 도)'의 장은 명칭, 청사 소재지, 지방자치단체의 사무 등 통합에 관한 세부사항을 심의하기 위하여 공동으로 '통합추진공동위원회'를 설치해야 한다.
> - 통합추진공동위원회의 위원은 관계지방자치단체의 장 및 그 지방의회가 추천하는 자로 한다. 통합추진공동위원회를 구성하는 각각의 관계지방자치단체 위원 수는 다음에 따라 산정한다. 단, 그 결과값이 자연수가 아닌 경우에는 소수점 이하의 수를 올림한 값을 관계지방자치단체 위원 수로 한다.

> 관계지방자치단체 위원 수=[(통합대상 지방자치단체 수)×6+(통합대상 지방자치단체를 관할하는 특별시·광역시 또는 도의 수)×2+1]÷(관계지방자치단체 수)

> - 통합추진공동위원회의 전체 위원 수는 위에 따라 산출된 관계지방자치단체 위원 수에 관계지방자치단체 수를 곱한 값이다.

문 23. 윗글을 근거로 판단할 때 옳은 것은?

① □□부 장관이 요구하여 지방자치단체의 통합과 관련한 주민투표가 실시된 경우에는 통합권고안에 대해 지방의회의 의견을 청취하지 않아도 된다.

② 지방의회가 의결을 통해 다른 지방자치단체와의 통합을 추진하고자 한다면 통합건의서는 시·도지사를 경유하지 않고 △△위원회에 직접 제출해야 한다.

③ 주민투표권자 총수가 10만 명인 지방자치단체의 주민들이 다른 인근 지방자치단체와의 통합을 △△위원회에 건의하고자 할 때, 주민 200명의 연서가 있으면 가능하다.

④ 통합추진공동위원회의 위원은 □□부 장관과 관계지방자치단체의 장이 추천하는 자로 한다.

⑤ 지방자치단체의 장은 해당 지방자치단체의 통합을 △△위원회에 건의할 때, 지방의회의 의결을 거쳐야 한다.

문 24. 윗글과 〈상황〉을 근거로 판단할 때, '통합추진공동위원회'의 전체 위원 수는?

─〈상 황〉─

甲도가 관할하는 지방자치단체인 A군과 B군, 乙도가 관할하는 지방자치단체인 C군, 그리고 丙도가 관할하는 지방자치단체인 D군은 관련 절차를 거쳐 하나의 지방자치단체로 통합을 추진하고 있다. 현재 관계지방자치단체장은 공동으로 '통합추진공동위원회'를 설치하고자 한다.

① 42명

② 35명

③ 32명

④ 31명

⑤ 28명

문 25. 다음 글과 〈상황〉을 근거로 판단할 때, 괄호 안의 ㉠과 ㉡에 해당하는 것을 옳게 짝지은 것은?

- 행정구역분류코드는 다섯 자리 숫자로 구성되어 있다.
- 행정구역분류코드의 '처음 두 자리'는 광역자치단체인 시·도를 의미하는 고유한 값이다.
- '그 다음 두 자리'는 광역자치단체인 시·도에 속하는 기초자치단체인 시·군·구를 의미하는 고유한 값이다. 단, 광역자치단체인 시에 속하는 기초자치단체는 군·구이다.
- '마지막 자리'에는 해당 시·군·구가 기초자치단체인 경우 0, 자치단체가 아닌 경우 0이 아닌 임의의 숫자를 부여한다.
- 광역자치단체인 시에 속하는 구는 기초자치단체이며, 기초자치단체인 시에 속하는 구는 자치단체가 아니다.

─〈상 황〉─

○○시의 A구와 B구 중 B구의 행정구역분류코드의 첫 네 자리는 1003이며, 다섯 번째 자리는 알 수 없다.

甲은 ○○시가 광역자치단체인지 기초자치단체인지 모르는 상황에서, A구의 행정구역분류코드는 ○○시가 광역자치단체라면 (㉠), 기초자치단체라면 (㉡)이/가 가능하다고 판단하였다.

	㉠	㉡
①	10020	10021
②	10020	10033
③	10033	10034
④	10050	10027
⑤	20030	10035

03

2020년 7급 PSAT 모의평가 상황판단

문 1. 다음 글과 〈상황〉을 근거로 판단할 때 옳은 것은?

> 제00조(적용범위) 이 규정은 중앙행정기관, 광역자치단체(광역자치단체와 기초자치단체 공동주관 포함)가 국제행사를 개최하기 위하여 10억 원 이상의 국고지원을 요청하는 경우에 적용한다.
>
> 제00조(정의) "국제행사"라 함은 5개국 이상의 국가에서 외국인이 참여하고, 총 참여자 중 외국인 비율이 5% 이상(총 참여자 200만 명 이상은 3% 이상)인 국제회의·체육행사·박람회·전시회·문화행사·관광행사 등을 말한다.
>
> 제00조(국고지원의 제외) 국제행사 중 다음 각 호에 해당하는 행사는 국고지원의 대상에서 제외된다. 이 경우 제외되는 시기는 다음 각 호 이후 최초 개최되는 행사의 해당 연도부터로 한다.
> 1. 매년 1회 정기적으로 개최하는 국제행사로서 국고지원을 7회 받은 경우
> 2. 그 밖의 주기로 개최하는 국제행사로서 국고지원을 3회 받은 경우
>
> 제00조(타당성조사, 전문위원회 검토의 대상 등) ① 국고지원의 타당성조사 대상은 국제행사의 개최에 소요되는 총 사업비가 50억 원 이상인 국제행사로 한다.
> ② 국고지원의 전문위원회 검토 대상은 국제행사의 개최에 소요되는 총 사업비가 50억 원 미만인 국제행사로 한다.
> ③ 제1항에도 불구하고 국고지원 비율이 총 사업비의 20% 이내인 경우 타당성조사를 전문위원회 검토로 대체할 수 있다.

〈상 황〉

> 甲광역자치단체는 2021년에 제6회 A박람회를 국고지원을 받아 개최할 예정이다. A박람회는 매년 1회 총 250만 명이 참여하는 행사로서 20여 개국에서 8만 명 이상의 외국인들이 참여해 왔다. 2021년에도 동일한 규모의 행사가 예정되어 있다. 한편 2020년에 5번째로 국고지원을 받은 A박람회의 총 사업비는 40억 원이었으며, 이 중 국고지원 비율은 25%였다.

① 2021년에 총 250만 명의 참여자 중 외국인 참여자가 감소하여 6만 명이 되더라도 A박람회는 국제행사에 해당된다.

② 2021년에 A박람회가 예정대로 개최된다면, A박람회는 2022년에 국고지원의 대상에서 제외된다.

③ 2021년 총 사업비가 52억 원으로 증가하고 국고지원은 8억 원을 요청한다면, A박람회는 타당성조사 대상이다.

④ 2021년 총 사업비가 60억 원으로 증가하고 국고지원은 전년과 동일한 금액을 요청한다면, A박람회는 전문위원회 검토를 받을 수 있다.

⑤ 2021년 甲광역자치단체와 乙기초자치단체가 공동주관하여 전년과 동일한 총 사업비로 A박람회를 개최한다면, A박람회는 타당성조사 대상이다.

제○○조(진흥기금의 징수) ① 영화위원회(이하 "위원회"라 한다)는 영화의 발전 및 영화·비디오물산업의 진흥을 위하여 영화상영관에 입장하는 관람객에 대하여 입장권 가액의 100분의 5의 진흥기금을 징수한다. 다만, 직전 연도에 제△△조 제1호에 해당하는 영화를 연간 상영일수의 100분의 60 이상 상영한 영화상영관에 입장하는 관람객에 대해서는 그러하지 아니하다.

② 영화상영관 경영자는 관람객으로부터 제1항의 규정에 따른 진흥기금을 매월 말일까지 징수하여 해당 금액을 다음 달 20일까지 위원회에 납부하여야 한다.

③ 위원회는 영화상영관 경영자가 제2항에 따라 관람객으로부터 수납한 진흥기금을 납부기한까지 납부하지 아니하였을 때에는 체납된 금액의 100분의 3에 해당하는 금액을 가산금으로 부과한다.

④ 위원회는 제2항에 따른 진흥기금 수납에 대한 위탁 수수료를 영화상영관 경영자에게 지급한다. 이 경우 수수료는 제1항에 따른 진흥기금 징수액의 100분의 3을 초과할 수 없다.

제△△조(전용상영관에 대한 지원) 위원회는 청소년 관객의 보호와 영화예술의 확산 등을 위하여 다음 각 호의 어느 하나에 해당하는 영화를 연간 상영일수의 100분의 60 이상 상영하는 영화상영관을 지원할 수 있다.

1. 애니메이션영화·단편영화·예술영화·독립영화
2. 제1호에 해당하지 않는 청소년관람가영화
3. 제1호 및 제2호에 해당하지 않는 국내영화

① 영화상영관 A에서 직전 연도에 연간 상영일수의 100분의 60 이상 청소년관람가 애니메이션영화를 상영한 경우 진흥기금을 징수한다.

② 영화상영관 경영자 B가 8월분 진흥기금 60만 원을 같은 해 9월 18일에 납부하는 경우, 가산금을 포함하여 총 61만 8천 원을 납부하여야 한다.

③ 관람객 C가 입장권 가액과 그 진흥기금을 합하여 영화상영관에 지불하는 금액이 12,000원이라고 할 때, 지불 금액 중 진흥기금은 600원이다.

④ 연간 상영일수가 매년 200일인 영화상영관 D에서 직전 연도에 단편영화를 40일, 독립영화를 60일 상영했다면 진흥기금을 징수하지 않는다.

⑤ 영화상영관 경영자 E가 7월분 진흥기금과 그 가산금을 합한 금액인 103만 원을 같은 해 8월 30일에 납부한 경우, 위원회는 E에게 최대 3만 원의 수수료를 지급할 수 있다.

민사소송의 1심을 담당하는 법원으로는 지방법원과 지방법원지원(이하 "그 지원"이라 한다)이 있다. 지방법원과 그 지원이 재판을 담당하는 관할구역은 지역별로 정해져 있는데, 피고의 주소지를 관할하는 지방법원 또는 그 지원이 재판을 담당한다. 다만 금전지급청구소송은 원고의 주소지를 관할하는 지방법원 또는 그 지원도 재판할 수 있다.

한편, 지방법원이나 그 지원의 재판사무의 일부를 처리하기 위해서 그 관할구역 안에 시법원 또는 군법원(이하 "시·군법원"이라 한다)이 설치되어 있는 경우가 있다. 시·군법원은 지방법원 또는 그 지원이 재판하는 사건 중에서 소송물가액이 3,000만 원 이하인 금전지급청구소송을 전담하여 재판한다. 즉, 이러한 소송의 경우 원고 또는 피고의 주소지를 관할하는 시·군법원이 있으면 지방법원과 그 지원은 재판할 수 없고 시·군법원만이 재판한다.

※ 소송물가액: 원고가 승소하면 얻게 될 경제적 이익을 화폐 단위로 평가한 것

〈상 황〉

• 甲은 乙에게 빌려준 돈을 돌려받기 위해 소송물가액 3,000만 원의 금전지급청구의 소(이하 "A청구"라 한다)와 乙에게서 구입한 소송물가액 1억 원의 고려청자 인도청구의 소(이하 "B청구"라 한다)를 각각 1심 법원에 제기하려고 한다.

• 甲의 주소지는 김포시이고 乙의 주소지는 양산시이다. 이들 주소지와 관련된 법원명과 그 관할구역은 다음과 같다.

법원명	관할구역
인천지방법원	인천광역시
인천지방법원 부천지원	부천시, 김포시
김포시법원	김포시
울산지방법원	울산광역시, 양산시
양산시법원	양산시

① 인천지방법원 부천지원은 A청구를 재판할 수 있다.
② 인천지방법원은 A청구를 재판할 수 있다.
③ 양산시법원은 B청구를 재판할 수 있다.
④ 김포시법원은 B청구를 재판할 수 있다.
⑤ 울산지방법원은 B청구를 재판할 수 있다.

다음 글과 〈상황〉을 근거로 판단할 때 옳은 것은?

발명에 대해 특허권이 부여되기 위해서는 다음의 두 가지 요건 모두를 충족해야 한다.

첫째, 발명은 지금까지 세상에 없는 새로운 것, 즉 신규성이 있는 발명이어야 한다. 이미 누구나 알고 있는 발명에 대해서 독점권인 특허권을 부여하는 것은 부당하기 때문이다. 이때 발명이 신규인지 여부는 특허청에의 특허출원 시점을 기준으로 판단한다. 따라서 신규의 발명이라도 그에 대한 특허출원 전에 발명 내용이 널리 알려진 경우라든지, 반포된 간행물에 게재된 경우 특허출원 시점에는 신규성이 상실되었기 때문에 특허권이 부여되지 않는다. 그러나 발명자가 자발적으로 위와 같은 신규성을 상실시키는 행위를 하고 그날로부터 12개월 이내에 특허를 출원하면 신규성이 상실되지 않은 것으로 취급된다. 이를 '신규성의 간주'라고 하는데, 신규성을 상실시킨 행위를 한 발명자가 특허출원한 경우에만 신규성이 있는 것으로 간주된다.

둘째, 여러 명의 발명자가 독자적인 연구를 하던 중 우연히 동일한 발명을 완성하였다면, 발명의 완성 시기에 관계없이 가장 먼저 특허청에 특허출원한 발명자에게만 특허권이 부여된다. 이처럼 가장 먼저 출원한 발명자에게만 특허권이 부여되는 것을 '선출원주의'라고 한다. 따라서 특허청에 선출원된 어떤 발명이 신규성 상실로 특허권이 부여되지 못한 경우, 동일한 발명에 대한 후출원은 선출원주의로 인해 특허권이 부여되지 않는다.

〈상 황〉

- 발명자 甲, 乙, 丙은 각각 독자적인 연구개발을 수행하여 동일한 A발명을 완성하였다.
- 甲은 2020. 3. 1. A발명을 완성하였지만 그 발명 내용을 비밀로 유지하다가 2020. 9. 2. 특허출원을 하였다.
- 乙은 2020. 4. 1. A발명을 완성하자 2020. 6. 1. 간행되어 반포된 학술지에 그 발명 내용을 논문으로 게재한 후, 2020. 8. 1. 특허출원을 하였다.
- 丙은 2020. 7. 1. A발명을 완성하자마자 바로 당일에 특허출원을 하였다.

① 甲이 특허권을 부여받는다.
② 乙이 특허권을 부여받는다.
③ 丙이 특허권을 부여받는다.
④ 甲, 乙, 丙이 모두 특허권을 부여받는다.
⑤ 甲, 乙, 丙 중 어느 누구도 특허권을 부여받지 못한다.

문 5. 다음 글과 〈상황〉을 근거로 판단할 때, 〈보기〉에서 옳은 것만을 모두 고르면?

제00조 ① "주택담보노후연금보증"이란 주택소유자가 주택에 저당권을 설정하고 금융기관으로부터 제2항에서 정하는 연금 방식으로 노후생활자금을 대출(이하 "주택담보노후연금대출"이라 한다)받음으로써 부담하는 금전채무를 주택금융공사가 보증하는 행위를 말한다. 이 경우 주택소유자 또는 주택소유자의 배우자는 60세 이상이어야 한다.
② 제1항의 연금 방식이란 다음 각 호의 어느 하나에 해당하는 방식을 말한다.
1. 주택소유자가 생존해 있는 동안 노후생활자금을 매월 지급받는 방식
2. 주택소유자가 선택하는 일정한 기간 동안 노후생활자금을 매월 지급받는 방식
3. 제1호 또는 제2호의 어느 하나의 방식과, 주택소유자가 다음 각 목의 어느 하나의 용도로 사용하기 위하여 일정한 금액(단, 주택담보노후연금대출 한도의 100분의 50 이내의 금액으로 한다)을 지급받는 방식을 결합한 방식
   가. 해당 주택을 담보로 대출받은 금액 중 잔액을 상환하는 용도
   나. 해당 주택의 임차인에게 임대차보증금을 반환하는 용도

〈상 황〉

A주택의 소유자 甲(61세)은 A주택에 저당권을 설정하여 주택담보노후연금보증을 통해 노후생활자금을 대출받고자 한다. 甲의 A주택에 대한 주택담보노후연금대출 한도액은 3억 원이다.

〈보 기〉

ㄱ. 甲은 A주택의 임차인에게 임대차보증금을 반환하는 용도로 1억 원을 지급받고, 생존해 있는 동안 노후생활자금을 매월 지급받을 수 있다.
ㄴ. 甲의 배우자의 연령이 60세 이상이어야 주택담보노후연금보증을 통해 노후생활자금을 대출받을 수 있다.
ㄷ. 甲은 A주택을 담보로 대출받은 금액 중 잔액을 상환하는 용도로 1억 5천만 원을 지급받고, 향후 10년간 노후생활자금을 매월 지급받을 수 있다.

① ㄱ
② ㄴ
③ ㄱ, ㄷ
④ ㄴ, ㄷ
⑤ ㄱ, ㄴ, ㄷ

문 6. 다음 글과 〈상황〉을 근거로 판단할 때 옳은 것은?

제00조(지역개발 신청 동의 등) ① 지역개발 신청을 하기 위해서는 지역개발을 하고자 하는 지역의 총 토지면적의 3분의 2 이상에 해당하는 토지의 소유자의 동의 및 지역개발을 하고자 하는 지역의 토지의 소유자 총수의 2분의 1 이상의 동의를 받아야 한다.

② 지역개발 신청을 하기 위해서 필요한 동의자의 수는 다음 각 호의 기준에 따라 산정한다.

1. 토지는 지적도 상 1필의 토지를 1개의 토지로 한다.

2. 1개의 토지를 여러 명이 공동소유하는 경우에는 다른 공동소유자들을 대표하는 대표 공동소유자 1인만을 해당 토지의 소유자로 본다.

3. 1인이 여러 개의 토지를 소유하고 있는 경우에는 소유하는 토지의 수와 무관하게 1인으로 본다.

4. 지역개발을 하고자 하는 지역에 국유지가 있는 경우 국유지도 포함하여 토지면적을 산정하고, 그 토지의 재산관리청을 토지 소유자로 본다.

〈상 황〉

• X지역은 100개의 토지로 이루어져 있고, 토지면적 합계가 총 6km²이다.

• 동의자 수 산정 기준에 따라 산정된 X지역 토지의 소유자는 모두 82인(이하 "동의대상자"라 한다)이고, 이 중에는 국유지 재산관리청 2인이 포함되어 있다.

• 甲은 X지역에 토지 2개를 소유하고 있고, 해당 토지면적 합계는 X지역 총 토지면적의 4분의 1이다.

• 乙은 X지역에 토지 10개를 소유하고 있고, 해당 토지면적 합계는 총 2km²이다.

• 丙, 丁, 戊, 己는 X지역에 토지 1개를 공동소유하고 있고, 해당 토지면적은 1km²이다.

① 乙이 동의대상자 31인의 동의를 얻으면 지역개발 신청을 위한 X지역 토지의 소유자 총수의 2분의 1 이상의 동의 조건은 갖추게 된다.

② X지역에 대한 지역개발 신청에 甲~己 모두 동의한 경우, 나머지 동의대상자 중 38인의 동의를 얻으면 신청할 수 있다.

③ X지역에 토지 2개 이상을 소유하는 자는 甲, 乙뿐이다.

④ X지역의 1필의 토지면적은 0.06km²로 모두 동일하다.

⑤ X지역 안에 있는 국유지의 면적은 1.5km²이다.

문 7. 다음 글과 〈상황〉을 근거로 판단할 때, 甲~丁 가운데 근무계획이 승인될 수 있는 사람만을 모두 고르면?

〈유연근무제〉

■ 개념

• 주 40시간을 근무하되, 근무시간을 유연하게 관리하여 1주일에 5일 이하로 근무하는 제도

■ 복무관리

• 점심 및 저녁시간 운영

 − 근무 시작과 종료 시각에 관계없이 점심시간은 12:00~13:00, 저녁시간은 18:00~19:00의 각 1시간으로 하고 근무시간으로는 산정하지 않음

• 근무시간 제약

 − 근무일의 경우, 1일 최대 근무시간은 12시간으로 하고 최소 근무시간은 4시간으로 함

 − 하루 중 근무시간으로 인정하는 시간대는 06:00~24:00로 한정함

〈상 황〉

다음은 甲~丁이 제출한 근무계획을 정리한 것이며 위의 〈유연근무제〉에 부합하는 근무계획만 승인된다.

직원＼요일	월	화	수	목	금
甲	08:00 ~ 18:00	08:00 ~ 18:00	09:00 ~ 13:00	08:00 ~ 18:00	08:00 ~ 18:00
乙	08:00 ~ 22:00	08:00 ~ 22:00	—	08:00 ~ 22:00	08:00 ~ 12:00
丙	08:00 ~ 24:00	08:00 ~ 24:00	—	08:00 ~ 22:00	—
丁	06:00 ~ 16:00	08:00 ~ 22:00	—	09:00 ~ 21:00	09:00 ~ 18:00

① 乙

② 甲, 丙

③ 甲, 丁

④ 乙, 丙

⑤ 乙, 丁

문 8. 다음 글을 근거로 판단할 때, ㉠과 ㉡에 들어갈 수를 옳게 짝지은 것은?

올림픽은 원칙적으로 4년에 한 번씩 개최되는 세계 최대 규모의 스포츠 대회이다. 제1회 하계 올림픽은 1896년 그리스 아테네에서, 제1회 동계 올림픽은 1924년 프랑스 샤모니에서 개최되었다. 그런데 두 대회의 차수(次數)를 계산하는 방식은 서로 다르다.

올림픽 사이의 기간인 4년을 올림피아드(Olympiad)라 부르는데, 하계 올림픽의 차수는 올림피아드를 기준으로 계산한다. 이전 대회부터 하나의 올림피아드만큼 시간이 흐르면 올림픽 대회 차수가 하나씩 올라가게 된다. 대회가 개최되지 못해도 올림피아드가 사라지는 것은 아니기 때문에 대회 차수에는 영향을 미치지 않는다. 실제로 하계 올림픽은 제1·2차 세계대전으로 세 차례(1916년, 1940년, 1944년) 개최되지 못하였는데, 1912년 제5회 스톡홀름 올림픽 다음으로 1920년에 벨기에 안트베르펜에서 개최된 올림픽은 제7회 대회였다. 마찬가지로 1936년 제11회 베를린 올림픽 다음으로 개최된 1948년 런던 올림픽은 제(㉠)회 대회였다. 반면에 동계 올림픽의 차수는 실제로 열린 대회만으로 정해진다. 동계 올림픽은 제2차 세계대전으로 두 차례(1940년, 1944년) 열리지 못하였는데, 1936년 제4회 동계 올림픽 다음 대회인 1948년 동계 올림픽은 제5회 대회였다. 이후 2020년 전까지 올림픽이 개최되지 않은 적은 없다.

1992년까지 동계·하계 올림픽은 같은 해 치러졌으나 그 이후로는 IOC 결정에 따라 분리되어 2년 격차로 개최되었다. 1994년 노르웨이 릴레함메르에서 열린 동계 올림픽 대회는 이 결정에 따라 처음으로 하계 올림픽에 2년 앞서 치러진 대회였다. 이를 기점으로 동계 올림픽은 지금까지 4년 주기로 빠짐없이 개최되고 있다.

대한민국은 1948년 런던 하계 올림픽에 처음 출전하여, 1976년 제21회 몬트리올 하계 올림픽과 1992년 제(㉡)회 알베르빌 동계 올림픽에서 각각 최초로 금메달을 획득하였다.

	㉠	㉡
①	12	16
②	12	21
③	14	16
④	14	19
⑤	14	21

문 9. 다음 글을 근거로 판단할 때, 〈보기〉에서 옳은 것만을 모두 고르면?

기상예보는 일기예보와 기상특보로 구분할 수 있다. 일기예보는 단기예보, 중기예보, 장기예보 등 시간에 따른 것이고, 기상특보는 주의보, 경보 등 기상현상의 정도에 따른 것이다.

일기예보 중 가장 짧은 기간을 예보하는 단기예보는 3시간 예보와 일일예보로 나뉜다. 3시간 예보는 오늘과 내일의 날씨를 예보하며, 매일 0시 발표부터 시작하여 3시간 간격으로 1일 8회 발표한다. 일일예보는 오늘과 내일, 모레의 날씨를 1일 단위(0시~24시)로 예보하며 매일 5시, 11시, 17시, 23시에 발표한다. 다음으로 중기예보에는 주간예보와 1개월 예보가 있다. 주간예보는 일일예보를 포함하여 일일예보가 예보한 기간의 다음 날부터 5일간의 날씨를 추가로 예보하며 매일 발표한다. 1개월 예보는 앞으로 한 달간의 기상전망을 발표한다. 마지막으로 장기예보는 계절예보로서 봄, 여름, 가을, 겨울의 각 계절별 기상전망을 발표한다.

기상특보는 주의보와 경보로 나뉜다. 주의보는 재해가 일어날 가능성이 있는 경우에, 경보는 중대한 재해가 예상될 때 발표하는 것이다. 주의보가 발표된 후 기상현상의 경과가 악화된다면 경보로 승격 발표되기도 한다. 또한 기상특보의 기준은 지역마다 다를 수도 있다. 대설주의보의 예보 기준은 24시간 신(新)적설량이 대도시일 때 5cm 이상, 일반지역일 때 10cm 이상, 울릉도일 때 20cm 이상이다. 대설경보의 예보 기준은 24시간 신적설량이 대도시일 때 20cm 이상, 일반지역일 때 30cm 이상, 울릉도일 때 50cm 이상이다.

─────〈보 기〉─────

ㄱ. 월요일에 발표되는 주간예보에는 그다음 주 월요일의 날씨가 포함된다.

ㄴ. 일일예보의 발표 시각과 3시간 예보의 발표 시각은 겹치지 않는다.

ㄷ. 오늘 23시에 발표된 일일예보는 오늘 5시에 발표된 일일예보보다 18시간 더 먼 미래의 날씨까지 예보한다.

ㄹ. 대도시 A의 대설경보 예보 기준은 울릉도의 대설주의보 예보 기준과 같다.

① ㄱ, ㄴ
② ㄱ, ㄷ
③ ㄷ, ㄹ
④ ㄱ, ㄴ, ㄹ
⑤ ㄴ, ㄷ, ㄹ

문 10.　다음 글과 〈사무용품 배분방법〉을 근거로 판단할 때, 11월 1일 현재 甲기관의 직원 수는?

> 甲기관은 사무용품 절약을 위해 〈사무용품 배분방법〉으로 한 달 동안 사용할 네 종류(A, B, C, D)의 사무용품을 매월 1일에 배분한다. 이에 따라 11월 1일에 네 종류의 사무용품을 모든 직원에게 배분하였다. 甲기관이 배분한 사무용품의 개수는 총 1,050개였다.

> 〈사무용품 배분방법〉
>
> • A는 1인당 1개씩 배분한다.
> • B는 2인당 1개씩 배분한다.
> • C는 4인당 1개씩 배분한다.
> • D는 8인당 1개씩 배분한다.

① 320명
② 400명
③ 480명
④ 560명
⑤ 640명

문 11.　다음 글을 근거로 판단할 때, 예약할 펜션과 워크숍 비용을 옳게 짝지은 것은?

> 甲은 팀 워크숍을 추진하기 위해 펜션을 예약하려 한다. 팀원은 총 8명으로 한 대의 렌터카로 모두 같이 이동하여 워크숍에 참석한다. 워크숍 기간은 1박 2일이며, 甲은 워크숍 비용을 최소화하고자 한다.
>
> • 워크숍 비용은 아래와 같다.
>   워크숍 비용=왕복 교통비+숙박요금
> • 교통비는 렌터카 비용을 의미하며, 렌터카 비용은 거리 10km당 1,500원이다.
> • 甲은 다음 펜션 중 한 곳을 1박 예약한다.

구분	A 펜션	B 펜션	C 펜션
펜션까지 거리(km)	100	150	200
1박당 숙박요금(원)	100,000	150,000	120,000
숙박기준인원(인)	4	6	8

> • 숙박인원이 숙박기준인원을 초과할 경우, A~C 펜션 모두 초과 인원 1인당 1박 기준 10,000원씩 요금이 추가된다.

	예약할 펜션	워크숍 비용
①	A	155,000원
②	A	170,000원
③	B	215,000원
④	C	150,000원
⑤	C	180,000원

문 12.　다음 글을 근거로 판단할 때, 〈보기〉에서 옳은 것만을 모두 고르면?

> • 甲국은 매년 X를 100톤 수입한다. 甲국이 X를 수입할 수 있는 국가는 A국, B국, C국 3개국이며, 甲국은 이 중 한 국가로부터 X를 전량 수입한다.

국가	1톤당 단가	관세율	1톤당 물류비
A국	12달러	0%	3달러
B국	10달러	50%	5달러
C국	20달러	20%	1달러

> • 1톤당 수입비용은 다음과 같다.
>   1톤당 수입비용=1톤당 단가+(1톤당 단가×관세율)+1톤당 물류비
> • 특정 국가와 FTA를 체결하면 그 국가에서 수입하는 X에 대한 관세율이 0%가 된다.
> • 甲국은 지금까지 FTA를 체결한 A국으로부터만 X를 수입했다. 그러나 최근 A국으로부터 X의 수입이 일시 중단되었다.

> 〈보 기〉
>
> ㄱ. 甲국이 B국과도 FTA를 체결한다면, 기존에 A국에서 수입하던 것과 동일한 비용으로 X를 수입할 수 있다.
> ㄴ. C국이 A국과 동일한 1톤당 단가를 제시하였다면, 甲국은 기존에 A국에서 수입하던 것보다 저렴한 비용으로 C국으로부터 X를 수입할 수 있다.
> ㄷ. A국으로부터 X의 수입이 다시 가능해졌으나 1톤당 6달러의 보험료가 A국으로부터의 수입비용에 추가된다면, 甲국은 A국보다 B국에서 X를 수입하는 것이 수입비용 측면에서 더 유리하다.

① ㄱ
② ㄴ
③ ㄷ
④ ㄱ, ㄴ
⑤ ㄱ, ㄷ

문 13. 다음 글을 근거로 판단할 때, 올바른 우편번호의 첫자리와 끝자리 숫자의 합은?

> 다섯 자리 자연수로 된 우편번호가 있다. 甲과 乙은 실수로 '올바른 우편번호'에 숫자 2를 하나 추가하여 여섯 자리로 표기하였다. 甲은 올바른 우편번호의 끝자리 뒤에 2를 추가하였고, 乙은 올바른 우편번호의 첫자리 앞에 2를 추가하였다. 그 결과 甲이 잘못 표기한 우편번호 여섯 자리 수는 乙이 잘못 표기한 우편번호 여섯 자리 수의 3배가 되었다. 올바른 우편번호와 甲과 乙이 잘못 표기한 우편번호는 아래와 같다.
>
> • 올바른 우편번호: □□□□□
> • 甲이 잘못 표기한 우편번호: □□□□□②
> • 乙이 잘못 표기한 우편번호: ②□□□□□

① 11
② 12
③ 13
④ 14
⑤ 15

문 14. 다음 글을 근거로 판단할 때, 甲의 승패 결과는?

> 甲과 乙이 10회 실시한 가위바위보에 대해 다음과 같은 사실이 알려져 있다.
> • 甲은 가위 6회, 바위 1회, 보 3회를 냈다.
> • 乙은 가위 4회, 바위 3회, 보 3회를 냈다.
> • 甲과 乙이 서로 같은 것을 낸 적은 10회 동안 한 번도 없었다.

① 7승 3패
② 6승 4패
③ 5승 5패
④ 4승 6패
⑤ 3승 7패

문 15. 다음 글을 근거로 판단할 때, 甲과 인사교류를 할 수 있는 사람만을 모두 고르면?

> • 甲은 인사교류를 통해 ○○기관에서 타 기관으로 전출하고자 한다. 인사교류란 동일 직급간 신청자끼리 1 : 1로 교류하는 제도로서, 각 신청자가 속한 두 기관의 교류 승인 조건을 모두 충족해야 한다.
> • 기관별로 교류를 승인하는 조건은 다음과 같다.
>   ○○기관 : 신청자간 현직급임용년월은 3년 이상 차이 나지 않고, 연령은 7세 이상 차이나지 않는 경우
>   □□기관 : 신청자간 최초임용년월은 5년 이상 차이 나지 않고, 연령은 3세 이상 차이나지 않는 경우
>   △△기관 : 신청자간 최초임용년월은 2년 이상 차이 나지 않고, 연령은 5세 이상 차이나지 않는 경우
> • 甲(32세)의 최초임용년월과 현직급임용년월은 2015년 9월로 동일하다.
> • 甲과 동일 직급인 인사교류 신청자(A~E)의 인사 정보는 다음과 같다.

신청자	연령(세)	현 소속 기관	최초임용년월	현직급임용년월
A	30	□□	2016년 5월	2019년 5월
B	37	□□	2009년 12월	2017년 3월
C	32	□□	2015년 12월	2015년 12월
D	31	△△	2014년 1월	2014년 1월
E	35	△△	2017년 10월	2017년 10월

① A, B
② B, E
③ C, D
④ A, B, D
⑤ C, D, E

문 16. 다음 글을 근거로 판단할 때 옳지 않은 것은?

> 1에서부터 5까지 적힌 카드가 각 2장씩 10장이 있다. 5가 적힌 카드 중 하나를 맨 왼쪽에 놓고, 나머지 9장의 카드를 일렬로 배열하려고 한다. 카드는 왼쪽부터 1장씩 놓는데, 각 카드에 적혀 있는 수는 바로 왼쪽 카드에 적혀 있는 수보다 작거나, 같거나, 1만큼 커야 한다.
> 이 규칙에 따라 카드를 다음과 같이 배열하였다.

5	1	2	3	A	3	B	C	D	E

① A로 가능한 수는 2가지이다.
② B는 4이다.
③ C는 5가 아니다.
④ D가 2라면 A, B, C, E를 모두 알 수 있다.
⑤ E는 1이나 2이다.

문 17. 다음 글과 〈상황〉을 근거로 판단할 때, 2021년 포획·채취 금지 고시의 대상이 되는 수산자원은?

매년 A~H 지역에서 포획·채취 금지가 고시되는 수산자원은 아래 〈기준〉에 따른다.

〈기 준〉

수산자원	금지기간	금지지역
대구	5월 1일 ~ 7월 31일	A, B
전어	9월 1일 ~ 12월 31일	E, F, G
꽃게	6월 1일 ~ 7월 31일	A, B, C
소라	3월 1일 ~ 5월 31일	E, F
소라	5월 1일 ~ 6월 30일	D, G
새조개	3월 1일 ~ 3월 31일	H

〈상 황〉

정부는 경제상황을 고려해서 2021년에 한하여 다음 중 어느 하나에 해당하는 경우, 〈기준〉에 따른 포획·채취 금지 고시의 대상에서 제외한다.
• 소비장려 수산자원 : 전어
• 소비촉진 기간 : 4월 1일~7월 31일
• 지역경제활성화 지역 : C, D, E, F

① 대구
② 전어
③ 꽃게
④ 소라
⑤ 새조개

문 18. 다음 글과 〈상황〉을 근거로 판단할 때, A~C 자동차 구매 시 지불 금액을 비교한 것으로 옳은 것은?

• 甲국은 전기차 및 하이브리드 자동차 보급을 장려하기 위해 다음과 같이 보조금과 세제 혜택을 제공한다.
  – 정부는 차종을 고려하여 자동차 1대당 보조금을 정액 지급한다. 중형 전기차에 대해서는 1,500만 원, 소형 전기차에 대해서는 1,000만 원, 하이브리드차에 대해서는 500만 원을 지급한다.
  – 정부는 차종을 고려하여 아래 〈기준〉에 따라 세제 혜택을 제공한다. 자동차 구입 시 발생하는 세금은 개별소비세, 교육세, 취득세뿐이며, 개별소비세는 자동차 가격의 10%, 교육세는 2%, 취득세는 5%의 금액이 책정된다.

〈기 준〉

• 자동차 구매 시 지불 금액은 다음과 같다.
지불 금액=자동차 가격－보조금＋세금

구분	개별소비세	교육세	취득세
중형 전기차	비감면	전액감면	전액감면
소형 전기차	전액감면	전액감면	전액감면
하이브리드차	전액감면	전액감면	비감면

〈상 황〉

(단위 : 만 원)

자동차	차종	자동차 가격
A	중형 전기차	4,000
B	소형 전기차	3,500
C	하이브리드차	3,500

① A<B<C
② B<A<C
③ B<C<A
④ C<A<B
⑤ C<B<A

다음 글을 근거로 판단할 때, △△부가 2021년에 국가인증 농가로 선정할 곳만을 모두 고르면?

- △△부에서는 2021년 고품질·안전 농식품 생산을 선도하는 국가인증 농가를 3곳 선정하려고 한다. 선정 기준은 다음과 같다.
  - 친환경인증을 받으면 30점, 전통식품인증을 받으면 40점을 부여한다. 단, 두 인증을 모두 받은 경우 전통식품인증 점수만을 인정한다.
  - (나)와 (다) 지역 농가에는 친환경인증 또는 전통식품인증 유무에 의한 점수와 도농교류 활성화 점수 합의 10%를 가산점으로 부여한다.
  - 친환경인증 또는 전통식품인증 유무에 의한 점수, 도농교류 활성화 점수, 가산점을 합산하여 점수가 높은 순으로 선정한다.
  - 도농교류 활성화 점수가 50점 미만인 농가는 선정하지 않는다.
  - 동일 지역의 농가를 2곳 이상 선정할 수 없다.
- 2021년 선정후보 농가(A~F) 현황은 다음과 같다.

농가	친환경 인증 유무	전통식품 인증 유무	도농교류 활성화 점수	지역
A	○	○	80	(가)
B	×	○	60	(가)
C	×	○	55	(나)
D	○	○	40	(다)
E	○	×	75	(라)
F	○	○	70	(라)

① A, C, F
② A, D, E
③ A, E, F
④ B, C, E
⑤ B, D, F

다음 글을 근거로 판단할 때, 〈보기〉에서 옳은 것만을 모두 고르면?

- 甲주무관은 A법률 개정안으로 (가), (나), (다) 총 세 가지를 준비하고 있다.
- 이해관계자, 관계부처, 입법부의 수용가능성 및 국정과제 관련도의 4개 평가항목에 따라 평가점수를 부여하고 평가점수 총합이 가장 높은 개정안을 채택한다. 단, 다음의 사항을 고려한다.
  - 평가점수 총합이 동일한 경우, 국정과제 관련도 점수가 가장 높은 개정안을 채택한다.
  - 개정안의 개별 평가항목 점수 중 어느 하나라도 2점 미만인 경우, 해당 개정안은 채택하지 않는다.
- 수용가능성 평가점수를 높일 수 있는 추가 절차는 아래와 같다. 단, 각 절차는 개정안마다 최대 2회 진행할 수 있다.
  - 이해관계자 수용가능성: 관계자간담회 1회당 1점 추가
  - 관계부처 수용가능성: 부처간회의 1회당 2점 추가
  - 입법부 수용가능성: 국회설명회 1회당 0.5점 추가
- 수용가능성 평가항목별 점수를 높일 수 있는 추가 절차를 진행하지 않은 상태에서 개정안별 평가점수는 아래와 같다.

〈A법률 개정안 평가점수〉

개정안	수용가능성			국정과제 관련도	총합
	이해관계자	관계부처	입법부		
(가)	5	3	1	4	13
(나)	3	4	3	3	13
(다)	4	3	3	2	12

〈보 기〉

ㄱ. 추가 절차를 진행하지 않는 경우, (나)가 채택된다.
ㄴ. 3개 개정안 모두를 대상으로 입법부 수용가능성을 높이는 절차를 최대한 진행하는 경우, (가)가 채택된다.
ㄷ. (나)에 대한 부처간회의를 1회 진행하고 (다)에 대한 관계자간담회를 2회 진행하는 경우, (다)가 채택된다.

① ㄱ
② ㄷ
③ ㄱ, ㄴ
④ ㄴ, ㄷ
⑤ ㄱ, ㄴ, ㄷ

문 21. 다음 글을 근거로 판단할 때, 〈보기〉에서 옳은 것만을 모두 고르면?

- △△부는 적극행정 UCC 공모전에 참가한 甲~戊의 영상을 심사한다.
- 총 점수는 UCC 조회수 등급에 따른 점수와 심사위원 평가점수의 합이고, 총 점수가 높은 순위에 따라 3위까지 수상한다.
- UCC 조회수 등급에 따른 점수는 조회수에 따라 5등급(A, B, C, D, E)으로 나누어 부여된다. 최상위 A를 10점으로 하며 인접 등급 간의 점수 차이는 0.3점이다.
- 심사위원 평가점수는 심사위원 (가)~(마)가 각각 부여한 점수(1~10의 자연수)에서 최고점 및 최저점을 제외한 3개 점수의 평균으로 계산한다. 이때 최고점이 복수인 경우에는 그 중 한 점수만 제외하여 계산한다. 최저점이 복수인 경우에도 이와 동일하다.
- 심사 결과는 다음과 같다.

참가자	조회수 등급	심사위원별 평가점수				
		(가)	(나)	(다)	(라)	(마)
甲	B	9	(㉠)	7	8	7
乙	B	9	8	7	7	7
丙	A	8	7	(㉡)	10	5
丁	B	5	6	7	7	7
戊	C	6	10	10	7	7

〈보 기〉

ㄱ. ㉠이 5점이라면 乙의 총 점수가 甲의 총 점수보다 높다.
ㄴ. 丁은 ㉠과 ㉡에 상관없이 수상하지 못한다.
ㄷ. 戊는 조회수 등급을 D로 받았더라도 수상한다.
ㄹ. ㉠>㉡이면 甲의 총 점수가 丙의 총 점수보다 높다.

① ㄱ, ㄴ
② ㄱ, ㄷ
③ ㄴ, ㄷ
④ ㄴ, ㄹ
⑤ ㄷ, ㄹ

※ 다음 글을 읽고 물음에 답하시오. [22~23]

독립운동가 김우전 선생은 일제강점기 광복군으로 활약한 인물로, 광복군의 무전통신을 위한 한글 암호를 만든 것으로 유명하다. 1922년 평안북도 정주 태생인 선생은 일본에서 대학에 다니던 중 재일학생 민족운동 비밀결사단체인 '조선민족 고유문화 유지계몽단'에 가입했다. 1944년 1월 일본군에 징병돼 중국으로 파병됐지만 같은 해 5월 말 부대를 탈출해 광복군에 들어갔다.

1945년 3월 미 육군 전략정보처는 일본이 머지않아 패망할 것으로 보아 한반도 진공작전을 계획하고 중국에서 광복군과 함께 특수훈련을 하고 있었다. 이 시기에 선생은 한글 암호인 W-K(우전킴) 암호를 만들었다. W-K 암호는 한글의 자음과 모음, 받침을 구분하여 만들어진 암호체계이다. 자음과 모음을 각각 두 자리 숫자로, 받침은 자음을 나타내는 두 자리 숫자의 앞에 '00'을 붙여 네 자리로 표시한다.

W-K 암호체계에서 자음은 '11~29'에, 모음은 '30~50'에 순서대로 대응된다. 받침은 자음 중 ㄱ~ㅎ을 이용하여 '0011'부터 '0024'에 순서대로 대응된다. 예를 들어 '김'은 W-K 암호로 변환하면 'ㄱ'은 11, 'ㅣ'는 39, 받침 'ㅁ'은 0015이므로 '11390015'가 된다. 같은 방식으로 '1334001114390016'은 '독립'으로, '134024300012133400111439001615300012 1742'는 '대한독립만세'로 해독된다. 모든 숫자를 붙여 쓰기 때문에 상당히 길지만 네 자리씩 끊어 읽으면 된다.

하지만 어렵사리 만든 W-K 암호는 결국 쓰이지 못했다. 작전 준비가 한창이던 1945년 8월 일본이 갑자기 항복했기 때문이다. 이 암호에 대한 기록은 비밀에 부쳐져 미국 국가기록원에 소장되었다가 1988년 비밀이 해제되어 세상에 알려졌다.

※ W-K 암호체계에서 자음의 순서는 ㄱ, ㄴ, ㄷ, ㄹ, ㅁ, ㅂ, ㅅ, ㅇ, ㅈ, ㅊ, ㅋ, ㅌ, ㅍ, ㅎ, ㄲ, ㄸ, ㅃ, ㅆ, ㅉ 이고, 모음의 순서는 ㅏ, ㅑ, ㅓ, ㅕ, ㅗ, ㅛ, ㅜ, ㅠ, ㅡ, ㅣ, ㅐ, ㅒ, ㅔ, ㅖ, ㅘ, ㅙ, ㅚ, ㅝ, ㅞ, ㅟ, ㅢ 이다.

문 22. 윗글을 근거로 판단할 때, 〈보기〉에서 옳은 것만을 모두 고르면?

〈보 기〉

ㄱ. 김우전 선생은 일본군에 징병되었을 때 무전통신을 위해 W-K 암호를 만들었다.
ㄴ. W-K 암호체계에서 한글 단어를 변환한 암호문의 자릿수는 4의 배수이다.
ㄷ. W-K 암호체계에서 '183000152400'은 한글 단어로 해독될 수 없다.
ㄹ. W-K 암호체계에서 한글 '궤'는 '11363239'로 변환된다.

① ㄱ, ㄴ
② ㄴ, ㄷ
③ ㄷ, ㄹ
④ ㄱ, ㄴ, ㄹ
⑤ ㄱ, ㄷ, ㄹ

문 23. 윗글과 다음 〈조건〉을 근거로 판단할 때, '3·1운동!'을 옳게 변환한 것은?

〈조 건〉

숫자와 기호를 표현하기 위하여 W-K 암호체계에 다음의 규칙이 추가되었다.

- 1~9의 숫자는 차례대로 '51~59', 0은 '60'으로 변환하고, 끝에 '00'을 붙여 네 자리로 표시한다.
- 온점(.)은 '70', 가운뎃점(·)은 '80', 느낌표(!)는 '66', 물음표(?)는 '77'로 변환하고, 끝에 '00'을 붙여 네 자리로 표시한다.

① 5300800051001836001213340018600
② 5300800051001836001213350018600
③ 5300700051001836001213340018700
④ 537000511836001213340017600
⑤ 538000511836001213350017700

① ㄱ
② ㄴ
③ ㄱ, ㄴ
④ ㄱ, ㄷ
⑤ ㄴ, ㄷ

문 24. 다음 글과 〈상황〉을 근거로 판단할 때, 〈보기〉에서 옳은 것만을 모두 고르면?

甲국에서는 4개 기관(A~D)에 대해 전기, 후기 두 번의 평가를 실시하고 있다. 전기평가에서 낮은 점수를 받은 기관이 후기평가를 포기하는 것을 막기 위해 다음과 같은 최종평가점수 산정 방식을 사용하고 있다.

최종평가점수＝Max[0.5×전기평가점수＋0.5×후기평가점수,
　　　　　　0.2×전기평가점수＋0.8×후기평가점수]

여기서 사용한 Max[X, Y]는 X와 Y 중 큰 값을 의미한다. 즉, 전기평가점수와 후기평가점수의 가중치를 50 : 50으로 하여 산정한 점수와 20 : 80으로 하여 산정한 점수 중 더 높은 것이 해당 기관의 최종평가점수이다.

〈상 황〉

4개 기관의 전기평가점수(100점 만점)는 다음과 같다.

기관	A	B	C	D
전기평가점수	60	70	90	80

4개 기관의 후기평가점수(100점 만점)는 모두 자연수이고, C기관의 후기평가점수는 70점이다. 최종평가점수를 통해 확인된 기관 순위는 1등부터 4등까지 A-B-D-C 순이며 동점인 기관은 없다.

〈보 기〉

ㄱ. A기관의 후기평가점수는 B기관의 후기평가점수보다 최소 3점 높다.
ㄴ. B기관의 후기평가점수는 83점일 수 있다.
ㄷ. A기관과 D기관의 후기평가점수 차이는 5점일 수 있다.

문 25. 다음 글과 〈대화〉를 근거로 판단할 때, 乙~丁의 소속 과와 과 총원을 옳게 짝지은 것은?

- A부서는 제1과부터 제4과까지 4개 과, 총 35명으로 구성되어 있다.
- A부서 각 과 총원은 과장 1명을 포함하여 7명 이상이며, 그 수가 모두 다르다.
- A부서에 '부여'된 내선번호는 7001번부터 7045번이다.
- 제1과~제4과 순서대로 연속된 오름차순의 내선번호가 부여되는데, 각 과에는 해당 과 총원 이상의 내선번호가 부여된다.
- 모든 직원은 소속 과의 내선번호 중 서로 다른 번호 하나를 각자 '배정'받는다.
- 각 과 과장에게 배정된 내선번호는 해당 과에 부여된 내선번호 중에 제일 앞선다.
- 甲~丁은 모두 A부서의 서로 다른 과 소속이다.

〈대 화〉

甲 : 홈페이지에 내선번호 알림을 새로 해야겠네요. 저희 과는 9명이고, 부여된 내선번호는 7016~7024번입니다.
乙 : 甲주무관님 과는 총원과 내선번호 개수가 같네요. 저희 과 총원이 제일 많은데, 내선번호는 그보다 4개 더 있어요.
丙 : 저희 과는 총원보다 내선번호가 3개 더 많아요. 아, 丁주무관님! 제 내선번호는 7034번이고, 저희 과장님 내선번호는 7025번이에요.
丁 : 저희 과장님 내선번호 끝자리와 丙주무관님 과의 과장님 내선번호 끝자리가 동일하네요.

	직원	소속 과	과 총원
①	乙	제1과	10명
②	乙	제4과	11명
③	丙	제3과	8명
④	丁	제1과	7명
⑤	丁	제4과	8명

CHAPTER
04 2022년 7급 PSAT 기출문제 상황판단_정답 및 해설

01	02	03	04	05	06	07	08	09	10
⑤	①	⑤	①	②	②	③	④	②	③
11	12	13	14	15	16	17	18	19	20
①	②	③	⑤	①	③	④	②	③	③
21	22	23	24	25					
⑤	④	①	④	④					

01 　　　　　　　　　　　　　　　정답 ⑤

난도 하

정답해설

⑤ 합병 등에 의하여 인증받은 요건이 변경된 경우에는 인증을 취소할 수 있을 뿐 반드시 취소해야 하는 것은 아니다.

오답해설

① 재해경감활동 비용 조건은 최초 평가에 한하여 3개월 내에 충족할 것을 조건으로 인증할 수 있다.
② 우수기업에 대한 재평가는 의무적으로 실시해야 하는 것이 아니다.
③ 평가 및 인증에 소요되는 비용은 신청하는 자가 부담한다.
④ 거짓으로 인증을 받은 경우 A부 장관은 인증을 취소하여야 한다.

02 　　　　　　　　　　　　　　　정답 ①

난도 하

정답해설

① 가족관계등록부에는 등록기준지가 기록되어야 한다. 그런데 김가을은 김여름의 성과 본을 따르므로 김여름의 등록기준지인 '부산광역시 남구 ◇◇로 2-22'가 기록되어야 한다.

오답해설

② ①의 해설과 같다.
③ · ④ · ⑤ 가족관계등록부에는 출생연월일, 본, 성별이 기록되어야 한다.

03 　　　　　　　　　　　　　　　정답 ⑤

난도 하

정답해설

⑤ 시장 등은 직접 시행하는 정비사업에 관한 공사가 완료된 때에는 그 완료를 해당 지방자치단체의 공보에 고시해야 한다.

오답해설

① 토지 등 소유자로 구성된 조합을 설립하는 경우는 시장 등이 아닌자가 정비사업을 시행하려는 경우이다.

② 준공인가신청이 필요한 경우는 시장 등이 아닌자가 정비사업 공사를 완료한 때이다.
③ · ④ 준공인가 후 공사완료의 고시가 있는 날의 다음 날에 정비구역이 해제되지만 이는 조합의 존속에 영향을 주지 않는다.

04 　　　　　　　　　　　　　　　정답 ①

난도 하

정답해설

① 총톤수 100톤 미만인 부선은 소형선박에 해당하며, 소형선박 소유권의 이전은 계약당사자 사이의 양도합의와 선박의 등록으로 효력이 생긴다.

오답해설

② 총톤수 20톤 이상인 기선은 선박의 등기를 한 후에 선박의 등록을 신청하여야 한다.
③ 선박의 신청은 선적항을 관할하는 지방해양수산청장에게 한다.
④ 선박국적증서는 등기가 아니라 등록신청을 한 후에 지방해양수산청장이 발급하는 것이다.
⑤ 등록 신청을 받은 후 이를 선박원부에 등록하는 것은 지방해양수산청장이다.

05 　　　　　　　　　　　　　　　정답 ②

난도 하

정답해설

② 봄보리는 봄에 파종하여 그해 여름에 수확하며, 가을보리는 가을에 파종하여 이듬해 여름에 수확하므로 봄보리의 재배기간이 더 짧다.

오답해설

① 흰색 쌀은 가을, 여름에 심는 콩은 가을에 수확한다.
③ 흰색 쌀은 논에서 수확한 벼를 가공한 것이며, 회색 쌀은 밭에서 자란 보리를 가공한 것이다.
④ 보릿고개는 하지까지이므로 그 이후에는 보릿고개가 완화된다.
⑤ 봄철 밭에서는 보리, 콩, 조가 함께 자라는 것을 볼 수 있었다고 하였다.

06 　　　　　　　　　　　　　　　정답 ②

난도 하

정답해설

출발지부터 대안경로의 시점까지의 평균속력은 모든 경우에서 동일하므로 대안경로에서의 평균속력($\frac{거리(A)}{시간(B)}$)으로 판단해보자.

ㄱ. 분자가 커지고 분모가 작아지므로 전체 값은 커진다. 따라서 대안경로를 선택한다.

ㄷ. 분자와 분모가 모두 작아지는 경우 분모의 감소율이 분자의 감소율보다 더 클 경우 전체 값은 증가한다. 이 경우에 해당한다면 대안경로를 선택한다.

오답해설

ㄴ. 분자와 분모가 모두 커진다면 전체 값의 방향을 알 수 없다. 따라서 대안경로를 선택할 지의 여부를 알 수 없다.

ㄹ. 분자가 작아지고 분모가 커진다면 전체 값은 작아진다. 따라서 대안경로를 선택하지 않는다.

07   정답 ③

난도 하

정답해설

③ 총액의 차이가 9,300원이므로 이를 만족하는 경우를 찾으면 된다. 딸기 한 상자가 더 계산되고, 복숭아 한 상자가 덜 계산된 경우가 이에 해당한다.

08   정답 ④

난도 하

정답해설

• 甲 : 의료법인 근로자에 해당하므로 참여 가능하다.
• 乙 : 회계법인 소속 노무사에 해당하므로 참여 불가능하다.
• 丙 : 대표는 참여 대상에서 제외되지만 사회복지법인의 대표이므로 참여 가능하다.
• 丁 : 대기업 근로자에 해당하므로 참여 불가능하다.
• 戊 : 임원은 참여 대상에서 제외되지만 비영리민간단체의 임원이므로 참여 가능하다.

09   정답 ②

난도 하

정답해설

② 국민참여예산사업은 국무회의에서 정부예산안에 반영된 후 국회에 제출된다.

오답해설

① 국민제안제도에서는 국민들이 제안을 할 수 있을 뿐이며 우선순위 결정과정에는 참여하지 못한다.
③ 국민참여예산제도는 정부의 예산편성권 내에서 운영된다.
④ 결정된 참여예산 후보사업이 재정정책자문회의의 논의를 거쳐 국무회의에서 정부예산안에 반영되므로 순서가 반대로 되었다.
⑤ 예산국민참여단의 사업선호도는 오프라인 투표를 통해 조사한다.

10   정답 ③

난도 하

정답해설

제시된 자료를 토대로 자료를 정리하면 다음과 같다.

2019년도			2020년도		
생활밀착형 사업	취약계층 지원사업	계	생활밀착형 사업	취약계층 지원사업	계
688억 원	112억 원	800억 원	870억 원	130억 원	1,000억 원

따라서 2019년도와 2020년도 각각에서 국민참여예산사업에서 취약계층지원사업이 차지한 비율은 14%($=\dfrac{112}{800}$), 13%($=\dfrac{130}{1,000}$)이다.

11   정답 ①

난도 하

정답해설

① 보고자가 국장인 경우에는 가장 먼저 보고하므로 D법 시행령 개정안이 가장 먼저 보고되며, 법규 체계 순위에 따라 법이 다음으로 보고되어야 한다. 그런데 법에는 A법과 B법 두 개가 존재하므로 소관부서명의 가나다 순에 따라 B법 개정안이 두 번째로 보고된다. 세번째로는 소관부서가 기획담당관으로 같은 C법 시행령 개정안이 보고되어야 하며, 네 번째로는 다시 법규 체계 순위에 따라 A법 개정안이 보고되어야 한다.

12   정답 ②

난도 하

정답해설

• A사업 : 창호(내부)는 지원하지 않으므로 쉼터 수리비용만 해당된다. 따라서 본인부담 10%를 제외한 810만 원을 지원받을 수 있다
• B사업 : 쉼터 수리비용은 50만 원 한도내에 지원 가능하므로 한도액인 50만 원을 지원받을 수 있으며, 창호 수리비용은 본인부담 50%를 제외한 250만 원을 지원받을 수 있다. 따라서 총 300만 원을 지원받을 수 있다.

甲은 둘 중 지원금이 더 많은 사업을 선택하여 신청한다고 하였으므로 A사업을 신청하게 되며, 이때 지원받게 되는 금액은 810만 원이다.

13   정답 ③

난도 하

정답해설

방식 1~방식 3을 정리하면 다음과 같다.
1) 방식 1

	월	화	수	목	금
기본업무량	60	50	60	50	60
처리업무량	100	80	60	40	20
칭찬/꾸중	칭찬	칭찬	–	꾸중	꾸중

2) 방식 2

	월	화	수	목	금
기본업무량	60	50	60	50	60
처리업무량	0	30	60	90	120
칭찬/꾸중	꾸중	꾸중	–	칭찬	칭찬

3) 방식 3

	월	화	수	목	금
기본업무량	60	50	60	50	60
처리업무량	60	60	60	60	60
칭찬/꾸중	–	칭찬	–	칭찬	–

ㄴ. 위 표에 의하면 수요일에는 어느 방식을 선택하더라도 칭찬도 꾸중도 듣지 않는다.

ㄷ. 위 표에 의하면 어떤 방식을 선택하더라도 칭찬을 듣는 날수는 2일이다.

[오답해설]

ㄱ. 위 표에 의하면 화요일에는 칭찬을 듣는다.

ㄹ. 방식 1은 0, 방식 2는 0, 방식 3은 2이므로 방식 3을 선택하여야 한다.

14

[난도] 중

[정답해설]

제시된 자료를 정리하면 다음과 같다.(비희망 인원은 문제풀이에 필요 없음)

남자 700명		여자 300명	
희망 280명		희망 150명	
A지역	B지역	A지역	B지역
168명(60%)	112명(40%)	30명(20%)	120명(80%)

ㄱ. 전체 직원 중 남자직원의 비율은 70%이다.

ㄷ. A지역 연수를 희망하는 직원은 198명이다.

ㄹ. B지역 연수를 희망하는 남자직원은 112명이다.

[오답해설]

ㄴ. 전체 연수 희망인원은 430명이므로 이의 40%는 172명인데, 여자 희망인원은 150명에 불과하므로 40%를 넘지 않는다.

15

[난도] 중

[정답해설]

ㄴ. 판매가격을 5% 인하했다면 매출액이 0.4억 원만큼 감소하며, 나머지 항목이 같으므로 이익 역시 0.4억원 감소한다.

[오답해설]

ㄱ. 모든 항목이 같다면 2021년의 이익과 2020년의 이익은 같다.

ㄷ. 판매량이 10% 증가했다면 매출액에서 변동원가를 뺀 수치가 10% 즉, 0.16억 원 증가하였으나 고정원가는 0.05억 원 감소하는 데 그치므로 전체 이익은 증가한다.

ㄹ. 판매가격과 판매량이 모두 증가했다면 매출액에서 변동원가를 뺀 수치는 증가하게 되는데 고정원가가 불변이므로 전체 이익은 증가한다.

16

[난도] 하

[정답해설]

甲~丙의 작년과 올해 성과급을 구하면 다음과 같다.

	작년	올해
甲	1,050만 원(=3,500만 원×30%)	1,600만 원(=4,000만 원×40%)
乙	1,000만 원(=4,000만 원×25%)	1,600만 원(=4,000만 원×40%)
丙	450만 원(=3,000만 원×15%)	350만 원(=3,500만 원×10%)

③ 丙은 작년에 비해 올해 성과급이 감소한다.

[오답해설]

① 甲의 작년 성과급은 1,050만 원이다.

② 甲과 乙의 올해 성과급은 1,600만 원으로 모두 같다.

④ 丙의 올해 연봉과 성과급의 합은 800만 원으로 셋 중 가장 작다.

⑤ 丙은 성과급이 감소하였으므로 제외하고 甲과 乙을 비교해보면 올해의 성과급은 같은 반면 작년의 성과급은 乙이 작다. 따라서 상승률은 乙이 더 크다.

17

[난도] 중

[정답해설]

④ 제시된 조건을 정리하면 다음과 같다.

전공시험 점수 : A > B > E, C > D

영어시험 점수 : E > F > G

적성시험 점수 : G > B, G > C

B와 E가 합격하였다면 전공시험 점수가 높은 A가 합격하였을 것이고, 적성시험 점수가 높은 G도 합격하였을 것이다. G가 합격하였다면 영어시험 점수가 높은 F도 합격하였을 것이다.

[오답해설]

① A의 합격여부만을 가지고 B의 합격여부를 판단할 수는 없다.

② G가 합격하였다면 영어시험 점수가 더 높은 E와 F도 합격하였을 것이고 E가 합격하였다면 전공시험 점수가 더 높은 A와 B도 합격하였을 것이다. 또한 B가 합격하였다면 적성시험 점수가 높은 G도 합격하였을 것이다. 하지만 C는 합격여부를 판단할 수 없다.

③ A와 B가 합격하였다면 적성시험 점수가 높은 G가 합격하였을 것이고, G가 합격하였다면 영어시험 점수가 높은 E와 F도 합격하였을 것이다. 또한 E가 합격하였다면 전공시험 점수가 높은 A와 B도 합격하였을 것이다. 하지만 C와 D는 합격여부를 판단할 수 없다.

⑤ B가 합격하였다면 전공시험 점수가 높은 A와 적성시험 점수가 높은 G 합격하였을 것이다. G가 합격하였다면 영어시험 점수가 높은 E와 F도 합격하였을 것이므로 적어도 5명이 합격하였을 것이다.

18

[난도] 중

[정답해설]

ㄴ. 만약 乙이 4점 슛에 도전하지 않은 상태라면 이 때 얻을 수 있는 최대 득점은 1, 2, 5회차에 모두 3점 슛을 성공시킨 9점이다. 甲이 3점 슛에 2번 도전하였을 경우의 최소 득점은 3점 슛을 1번 성공하고 2점 슛을 3번 성공시킨 9점이다. 따라서 乙이 4점 슛에 도전하지 않은 상태라면 甲에게 승리할 수 없으므로 만약 乙이 甲에게 승리하였다면 반드시 4점 슛에 도전했을 것이다.

19

정답 ③

난도 상

정답해설

③ 양봉농가 간 거리가 12km 이상인 경우라고 하였으므로 양봉농가를 최대한 배치하기 위해서는 아래의 그림과 같은 경우가 되어야 한다. 따라서 최대 7개가 가능하다.

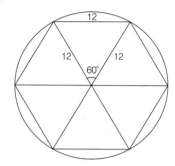

20

정답 ③

난도 상

정답해설

만약 대화 중인 날이 7월 3일이라고 해보자. 그렇다면 어제는 7월 2일이고 그저께는 7월 1일이 되는데, 7월 1일의 만 나이가 21살이고, 같은 해의 어느 날의 만 나이가 23살이 되는 것은 불가능하다. 이는 대화 중인 날이 7월 3일 이후 어느 날이 되었든 마찬가지이므로 이번에는 앞으로 날짜를 당겨보자.

대화 중인 날이 1월 2일이라고 해보자(1월 3일은 7월 3일과 같은 현상이 발생하므로 제외한다). 그렇다면 어제는 1월 1일이고, 그저께는 12월 31일이 되는데, 1월 1일과 1월 2일, 그리고 같은 해의 어느 날의 만나이가 모두 다르게 되는 것은 불가능하다.

이번에는 대화 중인 날이 1월 1일이라고 해보자. 그렇다면 어제는 12월 31일이고 그저께는 12월 30일이 되는데 만약 12월 31일이 생일이라면 대화의 조건을 모두 충족한다.

따라서 甲의 생일은 12월 31일이며, 만 나이를 고려한 출생연도는 1999년이다. 그렇다면 甲의 주민등록번호 앞 6자리는 991231이 되어 각 숫자를 모두 곱하면 4860이 된다.

합격자의 SKILL

이와 같이 두뇌 테스트 같은 문제들이 종종 출제되곤 한다. 이런 문제를 만나게 되면 논리적으로 풀기보다는 이 문제의 해설과 같이 직관적인 수치를 직접 대입해서 판단하는 것이 훨씬 빠르고 정확하다. 실전에서 사용할 수도 없는 논리적인 틀을 굳이 찾아내려고 하지 말자.

21

정답 ⑤

난도 상

정답해설

주어진 상황을 토대로 자료를 정리하면 다음과 같다.

1) 올해 최대 검사 건수 : $(9 \times 100 \times 40\%) + (80 \times 100 \times 90\%) = 360 + 7,200 = 7,560$건

2) 내년 예상 검사 건수 : $7,560 \times 120\% = 9,072$건

3) 내년 최대 검사 건수(현재 인원으로 검사 가정) : $(9 \times 90 \times 40\%) + (80 \times 90 \times 90\%) = 324 + 6,480 = 6,804$건

4) 내년 부족 건수 : $9,070 - 6,804 = 2,268$건

5) 증원 요청 인원 : $2,268 \div 81 = 28$명

여기서 81로 나누는 이유는 필요한 최소 직원 수에서 올해 직원 수를 뺀 인원을 증원 요청한다고 했기 때문이다. 즉, 최대 검사 건수가 가장 많은 직원들로 충원한다고 가정해야 이것이 가능한데, 이에 해당하는 직원 그룹은 국장, 사무처리 직원, 과장을 제외한 나머지 직원들이다. 이들의 내년도 기준 검사건수는 90건이지만 품질 검사 교육 이수로 인해 10%를 차감한 81건으로 나누게 되는 것이다.

22

정답 ④

난도 중

정답해설

주어진 조건을 토대로 4, 5회차를 제외한 세 사람의 문제 풀이 결과를 정리하면 다음과 같다.

구분	1	2	3	4	5	6	7
甲	1 ○	3 ○	7 ×	4		○	×
乙	1 ○	3 ○	7 ○	15		×	○
丙	1 ○	3 ×	2 ○	5		○	×

• 甲이 4회차에 4번 문제를 틀렸다면 5회차에 3번을 풀어야 하는데, 이는 같은 문제를 두 번 풀지 않는다는 조건에 위배된다. 따라서 甲은 4번을 맞추었다.

• 乙이 4회차에 15번 문제를 맞추었다면 5회차에 25번을 풀고 그 이후로는 문제를 풀지 않아야 한다는 조건에 위배된다. 따라서 乙은 15번을 틀렸다.

• 丙이 4회차에 5번 문제를 틀렸다면 5회차에 3번을 풀어야 하는데, 이는 같은 문제를 두 번 풀지 않는다는 조건에 위배된다. 따라서 丙은 5번을 맞추었다.

여기까지의 결과를 정리하면 다음과 같다.

구분	1	2	3	4	5	6	7
甲	1 ○	3 ○	7 ×	4 ○	9	○	×
乙	1 ○	3 ○	7 ○	15 ×	8	×	○
丙	1 ○	3 ×	2 ○	5 ○	11	○	×

乙이 5회차에 8번 문제를 틀렸다면 6회차에 5번, 7회차에 3번을 풀어야 하는데, 이는 같은 문제를 두 번 풀지 않는다는 조건에 위배된다. 따라서 乙은 8번을 맞추었다. 그런데 7회차까지 세 사람이 맞힌 정답의 개수가 같다고 하였으므로 甲과 丙 역시 해당되는 문제를 맞추었음을 알 수 있다.

이제 위의 결과를 최종적으로 정리하면 다음과 같다.

구분	1	2	3	4	5	6	7
甲	1 ○	3 ○	7 ×	4 ○	9 ○	○	×
乙	1 ○	3 ○	7 ○	15 ×	8 ○	×	○
丙	1 ○	3 ×	2 ○	5 ○	11 ○	○	×

ㄴ. 4회차에는 甲과 丙 두 명이 정답을 맞췄다.

ㄹ. 위 표를 토대로 판단해보면 乙은 6회차에 17번, 7회차에 9번을 풀었다.

오답해설

ㄱ. 4회차에 甲은 4번, 丙은 5번을 풀었다.

ㄷ. 5회차에는 세 명 모두 정답을 맞췄다.

난도 상

정답해설

① A가 E와 함께 참석한다면, F도 같이 참석해야 한다. 그런데 식사인원은 최대 4명이므로 (갑, A, E, F)를 한 조로 묶을 수 있다. 다음으로 C와 D는 함께 식사하지 않는다고 하였으므로 C가 들어간 조와 D가 들어간 조로 나누어 생각해보자. 남은 사람은 B와 G인데 G는 부팀장과 함께 식사한다고 하였으므로 B와 G는 하나의 세트로 묶을 수 있다. 그렇다면, 갑, B, G가 고정된 상태에서 C 혹은 D를 추가로 묶어 한 조가 됨을 알 수 있다. 그런데 이렇게 될 경우 C 혹은 D 중 한명은 갑과 단 둘이 식사를 해야 하는 상황이 되고 만다. 이를 표시하면 아래와 같다.

갑	A	B	C	D	E	F	G
○	○	×	×	×	○	○	×
○	×	○	○/×	×/○	×	×	○
○	×	×	×/○	○/×	×	×	×

오답해설

② 가능한 경우를 판단해보면 (갑, B, C), (갑, E, F), (갑, A, D, G)가 가능하다.

③ 가능한 경우를 판단해보면 (갑, A, C, G), (갑, B, D), (갑, E, F)가 가능하다.

④ D와 E가 함께 참석한다면 F도 함께 참석해야 하므로 (갑, D, E, F)를 한 조로 묶을 수 있다. 그런데 부팀장 A와 B는 함께 식사할 수 없으므로 A와 B는 각각 다른 조에 편성이 되어야 한다. 전체 인원으로 인해 남은 조는 2개 뿐이므로 C는 부팀장인 A 또는 B와 같은 조에 편성될 수 밖에 없다.

⑤ G는 부팀장 A 또는 B와 함께 식사해야 하므로 갑, 부팀장1, G의 3명을 일단 묶을 수 있는데 E와 F는 같이 식사해야 하므로 이들은 이 조에 편성될 수 없다. 그렇다면 남은 것은 부팀장2, C, D인데 부팀장2는 같이 식사를 할 수 없으므로 이 조가 4명이 되기 위해서는 C 혹은 D중 한명이 이 조에 편성되어야 한다. 다음으로 갑과 E, F가 묶여진 조를 생각해볼 수 있는데 이 조에는 더 이상 다른 인원이 들어갈 수 없다. 왜냐하면 남은 사람은 B와 D뿐인데 이들이 나뉘게 될 경우 (갑, E, F)조에 들어가지 않은 사람 갑과 단 둘이 식사를 해야 하기 때문이다. 따라서 (갑, E, F)가 하나의 조로 묶이게 되며, 이를 표시하면 아래와 같다.

갑	A	B	C	D	E	F	G
○	○	×	○	×	×	×	○
○	×	×	×	×	○	○	×
○	×	○	×	○	×	×	×

난도 상

정답해설

복잡하게 생각하면 머릿 속에서 정리가 쉽게 되지 않지만, 단순하게 생각하면 이보다 간단할 수 없는 문제이다.

먼저 두 사람은 자신만의 일정한 속력으로 걷는다고 하였으므로 동일한 거리를 왕복하는데 걸리는 시간은 동일하다는 것을 알 수 있다. 따라서 甲이 예상했던 시각보다 2분 일찍 사무실로 복귀했다는 것은 가는데 1분, 오는데 1분의 시간만큼 예상보다 빨랐다는 것을 의미한다.

다음으로 문제와는 다르게 만약 甲이 예상했던 시각에 맞추어 사무실로 복귀했다고 해보자. 그렇다면 실제 소요시간과 예상 소요시간이 같으므로 甲은 4분 일찍 자신의 사무실을 떠났을 것이다(예상 소요시간이 4분이므로 4분 전에 나가야 함은 너무나 당연하다). 그런데 문제에서는 2분 일찍(편도로는 1분) 일찍 도착하였으므로 甲은 원래 5분이 걸릴 것을 예상했는데 실제로는 4분밖에 걸리지 않았다는 결론이 나오게 된다.

난도 하

정답해설

④ 재외공무원이 일시귀국 후 국내 체류기간을 연장하는 경우에는 장관의 허가를 받아야 한다.

오답해설

① 재외공무원이 공무로 일시귀국하고자 하는 경우에는 장관의 허가를 받아야 한다.

② 공관장이 공무 외의 목적으로 일시귀국하려는 경우에는 장관의 허가를 받아야 하나, 배우자의 직계존속이 위독한 경우에는 장관에게 신고하고 일시귀국할 수 있다.

③ 재외공무원이 연 1회를 초과하여 공무 외의 목적으로 일시귀국하려는 경우에는 장관의 허가를 받아야 하나, 동반가족의 치료를 위하여 일시귀국하는 경우에는 일시귀국의 횟수에 산입하지 않는다.

⑤ 재외공무원이 연 1회를 초과하여 공무 외의 목적으로 일시귀국하기 위해서는 장관의 허가를 받아야 한다.

05

CHAPTER

2021년 7급 PSAT 기출문제 상황판단_정답 및 해설

01	02	03	04	05	06	07	08	09	10
④	①	⑤	④	④	①	①	③	②	③
11	12	13	14	15	16	17	18	19	20
②	⑤	③	④	③	④	③	④	⑤	⑤
21	22	23	24	25					
②	⑤	①	②	②					

01

정답 ④

난도 중

정답해설

④ 옳다. 제4항에 따르면 제3항의 번호변경 통지를 받은 신청인은 운전면허증 등에 기재된 번호의 변경을 위해서는 그 번호의 변경을 신청해야 한다. 그러므로 甲의 주민등록번호가 변경된 경우, 甲이 운전면허증에 기재된 주민등록번호를 변경하기 위해서는 변경신청을 해야 한다.

오답해설

① 옳지 않다. 제1항에 따라 유출된 번호로 인하여 재산에 피해를 입었고 주민등록번호 변경을 신청하고자 하는 사람은 주민등록지의 광역시장 등을 제외한 시장, 군수 또는 구청장에게 신청해야 한다. 제2항에 따라 제1항의 신청을 받은 주민등록지의 시장 등은 주민등록변경위원회에 번호 변경 여부에 관한 결정을 청구해야 한다. 상황에 따르면 주민등록번호 유출로 인해 재산상 피해를 입은 甲의 주민등록지는 A광역시 B구이다. 따라서 甲은 변경신청을 A광역시장이 아닌 B구청장에게 해야 하고, B구청장이 주민등록번호변경위원회에 관련 청구를 해야 한다.

② 옳지 않다. 제3항에 따르면 변경위원회로부터 번호변경 인용결정이 통보된 경우 주민등록지의 시장 등은 신청인의 번호를 변경한다. 따라서 주민등록번호 변경의 주체는 시장 등이다. 그러므로 주민등록번호변경위원회는 번호변경 인용결정을 하면서 甲의 주민등록번호를 다른 번호로 변경할 수 없다.

③ 옳지 않다. 제3항 각 호에 따르면 주민등록번호 변경시 번호 앞 6자리 및 뒤 7자리 중 첫째 자리는 변경할 수 없다. 상황에 따르면 甲의 기존 주민등록번호는 980101-23456□□이다. 따라서 '980101-2'까지는 변경된 번호도 동일해야한다. 그러므로 甲의 주민등록번호는 980101-45678□□으로 변경될 수 없다.

⑤ 옳지 않다. 제5항에 따르면 변경위원회로부터 번호변경 기각결정이 있는 경우 신청인은 통지를 받은 날로부터 30일 이내에 시장 등에게 이의신청을 할 수 있다. 상황에 따르면 甲의 주민등록지는 A광역시 B구이다. 따라서 甲은 이의신청을 B구청장에게 할 수 있다.

합격자의 SKILL

다양한 사무 주체가 등장하는 법조문의 경우, 각 조항별 사무가 어디에 귀속되는지 명확하게 파악할 필요가 있다. 예컨대 제시된 법조문의 경우 번호 변경 결정 청구 및 번호 변경, 통지, 이의신청 접수는 시장 등에게 귀속되고, 번호 변경의 결정은 변경위원회로 귀속되고 있다는 점을 제시문 독해 과정에서 미리 정리해두는 것이 좋다.

02

정답 ①

난도 중

정답해설

① 옳다. 네 번째 조문 제2항에 따르면 물품출납공무원은 동조 제1항의 물품관리관에 따른 명령이 없으면 물품을 출납할 수 없다. 그러므로 물품출납공무원은 물품관리관의 명령이 없으면 자신의 재량으로 물품을 출납할 수 없다고 할 수 있다.

오답해설

② 옳지 않다. 첫 번째 조문 제1항에 따르면 각 중앙관서의 장은 그 소관 물품관리에 관한 사무를 소속 공무원에게 위임할 수 있고, 필요하면 다른 중앙관서의 소속 공무원에게 위임할 수 있다. 그러므로 A중앙관서의 장이 그 소관 물품관리에 관한 사무를 위임하고자 할 경우, B중앙관서의 소속 공무원에게 위임할 수 있다.

③ 옳지 않다. 세 번째 조문 단서에 따르면 물품관리관이 물품을 국가의 시설에 보관하는 것이 물품의 사용이나 처분에 부적당하다고 인정하는 경우 국가 외의 자의 시설에 보관할 수 있다. 그러나 계약담당공무원이 인정하는 경우에 대한 정보는 제시되어 있지 않다.

④ 옳지 않다. 두 번째 조문 제1항에 따르면 물품관리관은 물품수급관리계획 밖의 물품에 대하여 필요할 때마다 계약담당공무원에게 물품의 취득에 관한 필요한 조치를 할 것을 청구하여야 한다. 그러나 물품출납공무원에게 필요한 조치를 청구해야 한다는 정보는 제시되어 있지 않다.

⑤ 옳지 않다. 다섯 번째 조문에 따르면 물품출납공무원은 보관 중인 물품 중 수선이 필요한 물품이 인정되는 경우 물품관리관에게 보고하여야 하고, 해당 보고를 받은 물품관리관은 계약담당공무원 등에게 필요한 조치를 할 것을 청구하여야 한다. 그러나 물품출납공무원이 동일한 경우 계약담당공무원에게 청구할 수 있는지에 대한 정보는 제시되어 있지 않다.

합격자의 SKILL

물품관리과, 계약담당공무원, 물품출납공무원 등 다양한 주체가 법조문에 등장하는 만큼 각각의 주체를 명확히 구별 후 선지 해결에 들어가는 것이 문제풀이에 좋다고 생각한다.

03

정답 ⑤

난도 하

정답해설

⑤ 옳다. 제○○조 제1항에 따르면 누구든지 법률에 의하지 아니하고는 우편물의 검열 등을 하지 못한다. 동조 제2항 제1호에 따르면 제1항에 위반하여 우편물의 검열 등을 한 자는 1년 이상 10년 이하의 징역과 5년 이하의 자격정지에 처한다. 그러므로 甲이 乙과 丙 사이의 우편물을 불법으로 검열한 경우, 법정형의 범위 내인 2년의 징역과 3년의 자격정지에 처해질 수 있다.

① 옳지 않다. 제ㅇㅇ조 제1항에 따르면 누구든지 법률에 의하지 아니하고는 우편물의 검열 등을 하지 못한다. 제ㅁㅁ조에 따르면 제ㅇㅇ조에 위반하여 불법검열에 의하여 취득한 우편물 등은 징계 절차에서 증거로 사용할 수 없다.

② 옳지 않다. 제ㅇㅇ조 제1항에 따르면 누구든지 법률에 의하지 아니하고는 타인 상호간의 대화를 녹음 또는 청취하지 못한다. 그러나 본인과 타인 간의 대화에 대한 정보는 제시되지 않았다. 그러므로 甲이 乙과 정책용역을 수행하면서 乙과의 대화를 녹음한 내용은 재판에서 증거로 사용할 수 없다고 할 수 없다.

③ 옳지 않다. 제ㅇㅇ조 제2항 및 제2항 제2호에 따르면 타인 상호간의 대화를 녹음하여 공개한 자는 1년 이상 10년 이하의 징역과 5년 이하의 자격정지에 처한다. 그러나 동일한 내용에 대하여 벌금에 처해질 수 있다는 정보는 제시되어 있지 않다.

④ 옳지 않다. 제ㅇㅇ조 제3항 단서에 따르면 이동통신사업자 등이 개통처리 등을 위한 경우 단말기기 고유번호를 제공할 수 있다.

> **합격자의 SKILL**
>
> 놓치기 쉬운 조건 중 하나인 제ㅇㅇ조 제1항의 '타인 상호 간' 등에 조심해서 선지에 접근한다면 큰 어려움없이 해결할 수 있는 문제라고 생각한다. 또한 징역, 자격정지 등 법정형 범위를 잘 확인해서 선지 정오 판단시 헷갈리지 않도록 주의가 필요하다.

04

정답 ④

난도 중

정답해설

④ 주어진 조건에 따라 지원 순위와 지원금을 나타내면 다음과 같다. 이때 첫 번째 조건에 따라 2020년도 총매출이 500억 원 이상인 A, B는 제외되며, 세 번째 조건에 따라 지원 1순위인 G는 소요 광고비의 2분의 1인 2억 원을 받는다.

기업	2020 총매출	광고비	총매출 ×광고비	우선 지원대상	순위	지원금
A	600	1	–	–	–	–
B	500	2	–	–	–	–
C	400	3	1200	X	5	0
D	300	4	1200	○	3	1억 2천
E	200	5	1000	○	2	1억 2천
F	100	6	600	X	4	1억 6천
G	30	4	120	○	1	2억

> **합격자의 SKILL**
>
> 이처럼 지원금을 나누는 과정에서 조건을 적용하는 문제를 풀 때, 답 도출 이후 사용되지 않은 조건이 없는지 확인하는 것이 중요하다. 대다수의 기출문제들이 조건 적용 유형에 있어서 제시한 모든 조건을 활용한다는 점에서 구체적인 검산 대신 모든 조건을 활용했는지 점검하는 것이 더 효율적인 확인 방법이 될 수 있다.

05

정답 ④

난도 중

정답해설

5명으로 구성된 소조직이 a개, 6명으로 구성된 소조직이 b개 있다고 가정하자. 이때 조건에 따라 7명으로 구성된 소조직은 10-a-b개이다. 이를 바탕으로 전 직원으로 구성되는 혁신조직의 수에 대한 조합을 나타내면 다음과 같다.

$5a+6b+7(10-a-b)=57 \Leftrightarrow 2a+b=13$

$\therefore (a, b)=(4, 5), (5, 3), (6, 1)$ (where $a+b<10$)

따라서 5명으로 구성되는 소조직은 최소 4개, 최대 6개가 가능하다.

> **합격자의 SKILL**
>
> 더 빠른 풀이를 위해 주어진 선지의 숫자를 직접 대입해서 해결하는 것이 좋다고 할 수 있다. 그러나 그 과정에서 문제의 주요 조건들이 빠짐없이 반영되도록 주의가 필요하다.

06

정답 ①

난도 중

정답해설

① 업무역량 값에 대한 해결을 위해 계산식에 따라 각 재능에 4를 곱한 값은 다음과 같다. 이때 최대값인 추진력과 통합력 사이의 차이는 2000이며, 그에 따라 甲의 통합력의 업무역량 값이 다른 어떤 부문의 값보다 크게 만들고자 한다면 적어도 (통합력 노력×3)의 값이 200을 초과해야 한다. 이를 만족시키는 노력의 최솟값은 67이다. (67×3=201)

기획력	창의력	추진력	통합력
360	400	440	240

통합력 노력의 최솟값 67이 투입되는 경우 잔여하고 있는 노력의 값 33을 적절히 분배하여 통합력을 최대로 만들 수 있는지 확인이 필요하다. 앞서와 마찬가지 방식으로 각 기획력과 추진력의, 그리고 창의력과 추진력의 (재능×3) 값 차이는 각각 80과 400이라는 점을 알 수 있으며 그 합 120을 3으로 나누는 경우 400이 도출되는데 이는 잔여하고 있는 노력의 값 33보다 크다. 그러므로 통합력에 투입해야 하는 노력의 최솟값이 67이라는 점을 확인할 수 있다.

> **합격자의 SKILL**
>
> 업무역량 값이 최대가 되기 위해서는 두 번째로 큰 업무역량 값을 가진 영역보다 단 1이라도 크기만 하면 된다. 그러한 점에 착안하여 제일 커 보이는 추진력의 값보다 1이라도 크게 만들기 위해 필요한 값을 구하면 답을 도출할 수 있을 것이다.

07

난도 중

정답해설

① 시작점을 기준으로 각 위치의 떡을 1~6까지 숫자로 매긴다면 먹는 순서는 다음과 같다. 이에 따라 4번 위치의 떡이 가장 마지막으로 먹히는 바, 이를 기준으로 주어진 순서에 따라 송편이 마지막에 먹히도록 4번 위치에 배치할 수 있다.

떡의 위치	먹히는 순서	조건에 맞는 배치
1	2	호박떡
2	4	쑥떡
3	3	인절미
4	6	송편(마지막 먹힘)
5	5	무지개떡
6	1	팥떡

▶ 합격자의 SKILL

경우의 수가 한정되는 만큼 최적의 문제 풀이 방법보다 그림을 그리든 나머지를 활용하든 떠오르는 방식대로 직접 도출해보는 게 신속한 해결에 도움이 되는 문제라고 볼 수 있다.

08

난도 중

정답해설

③ A, B, C, D의 무게를 각각 a, b, c, d(kg)라고 하자. 제시문의 조건에 따라 $a+b$는 54kg, $a+c$는 50kg이 성립한다는 것을 알 수 있다. 마찬가지로 $c+d$는 35kg, $b+d$는 39kg일 것이다. 이에 따라 b와 c의 차이는 4kg이라는 사실을 알 수 있다. 나아가 차이가 짝수라는 점에서 b와 c의 합 역시 짝수라는 것을 알 수 있다. 그러므로 b와 c의 합은 44kg이다. 이를 바탕으로 b, c를 다음과 같이 도출할 수 있다.

$b=c+4$
$b+c=44$
$∴ (b, c)=(24, 20)$

▶ 합격자의 SKILL

차이가 4kg, 합이 44kg이라는 정보 중 적어도 하나만 찾더라도 이를 바탕으로 일부 선지를 삭제할 수 있다. 예컨대 차이가 4kg이라는 정보를 찾았다면 ①, ②를 지울 수 있고 반대로 합이 44kg이라는 정보를 찾았다면 ④, ⑤를 지울 수 있다. 이처럼 활용할 수 있는 정보를 바탕으로 선지를 지워나가면 정답률을 높일 수 있다.

09

난도 중

정답해설

② 제시문에 따르면 6시 정각을 알리기 위한 마지막 6번째 종을 치는 시각은 6시 6초이다. 이때 첫 종은 정각에 치기 시작하므로 일정한 간격으로 5번 종을 치기까지 걸리는 시간이 6초라는 점을 알 수 있다. 11시 정각을 알리기 위해 종을 치는 횟수는 11회이다. 마찬가지로 첫 종은 정각에 치기 시작하므로 이후 일정한 간격으로 10번 종을 추가로 쳐야 하고 그 시간은 6초의 2배인 12초가 걸린다. 그러므로 11시 정각을 알리기 위한 마지막 종을 치는 시각은 11시 12초이다.

▶ 합격자의 SKILL

종을 치는 시각을 정확히 계산하는 데 필요한 것은 종을 치는 횟수보다 종 간 시간 간격의 횟수에 의존한다는 사실을 파악하는 것이다. 종 횟수에 매몰된다면 쉬운 문제임에도 '6시=6초' 등의 함정에 빠져 오답을 고르게 될 우려가 있다.

10

난도 중

정답해설

③ A부서 주무관들이 오늘 해야 하는 일의 양을 1, 현재까지 한 일을 각각 a, b, c, d, e라고 가정하자. 제시문에 따라 일한 양을 정리하면 다음과 같다.

주무관	甲	乙	丙	丁	戊
현재까지 한 일	a	b	c	d	e
조건	$a=\frac{1}{2}(1-c)$	$b=2(1-d)$	$1-c=\frac{1}{2}c$	$d=1-a$	$e=\frac{1}{2}(1-b)$
1			$c=\frac{2}{3}$		
2	$a=\frac{1}{6}$				
3				$d=\frac{5}{6}$	
4		$b=\frac{1}{3}$			
5					$e=\frac{1}{3}$
결론	$a=\frac{1}{6}$	$b=\frac{1}{3}$	$c=\frac{2}{3}$	$d=\frac{5}{6}$	$e=\frac{1}{3}$

▶ 합격자의 SKILL

丙에 대한 조건으로만 일의 상대적인 크기를 직접 도출할 수 있다는 점에 주목해서 문제풀이를 시작할 필요가 있다. 이를 바탕으로 나머지 주무관들이 한 일의 상대적 크기에 대해서도 도출한다면 쉽게 문제에서 요구하는 정답을 도출할 수 있다.

난도 중

정답해설

주어진 대화의 조건들에 따라 성과점수의 크기는 乙>甲>丙>丁 순이다. 나아가 丁의 점수는 4점이며, 네 번째 조건에 따라 성과점수는 모두 다른 자연수인바, 성과점수를 모두에게 최소한으로 배정하면 다음과 같다.

乙	甲	丙	丁	합계
7	6	5	4	22

이때 잔여 점수 8에 대해서 甲, 乙, 丙에게 조건에 따라 배분할 경우 丙이 받을 수 있는 추가 점수는 최대 2점이다. 대소관계를 지키기 위해 丙에게 추가 점수를 배분하는 경우 적어도 같은 점수만큼은 甲과 乙에게 배정해야 되기 때문이다. 그러므로 丙에게 최대 성과점수를 배분하는 경우는 다음과 같다.

乙	甲	丙	丁	합계
10	9	7	4	30
11	8	7	4	30

따라서 丙이 받을 수 있는 최대 성과점수는 7점이다.

합격자의 SKILL

대소관계가 명확히 제시되어 있다는 점에서 성과점수만 적절히 대입한다면 큰 어려움 없이 해결할 수 있는 문제이다. 丙이 최대 점수를 배분받는 경우가 2가지 나오는데, 하나로 확정되지 않더라도 조건과 모순이 없다면 도출 후 빠르게 넘어가는 판단이 중요하다고 할 수 있다.

난도 중

정답해설

③ 상황에 따라 甲과 乙이 지급 받는 보수 총액은 다음과 같다. 이때 세 번째 조건의 단서에 따라 乙의 착수금은 140만 원으로 한다.

(단위 : 원)

세부항목	금액	甲	乙
기본료	1,200,000	1,200,000	1,200,000
독립항 1개 초과분 (1개당)	100,000	–	400,000
종속항(1개당)	35,000	70,000	560,000
명세서 20면 초과분 (1면당)	9,000	–	270,000
도면(1도당)	15,000	45,000	180,000
착수금 총액		1,315,000	1,400,000
사례금	–	1,315,000	0
총액		2,630,000	1,400,000

합격자의 SKILL

만 원 단위에 주목한다면 갑의 착수금만을 계산한 후 구할 수 있다. 乙의 착수금 산정 기준에 따른 착수금이 140만 원을 초과한다는 것을 독립항 초과분 계산 이후 알 수 있는바, 둘 사이 보수 총액의 차이의 만 원 단위는 3만 원이라는 것을 알 수 있다. 그러므로 답이 될 수 있는 선지는 ③뿐이다.

난도 중

정답해설

주어진 조건에 따라 각 아기돼지의 집 종류별 비용은 다음과 같다.

(단위 : 만 원)

집의 종류	첫째(6m²)	둘째(3m²)	셋째(2m²)
벽돌집	54	27	18
나무집	56	38	32
지푸라기집	23	14	11

따라서 조건에 따라 둘째 돼지 집을 짓는 재료 비용이 가장 많이 든 경우는 첫째가 지푸라기집, 둘째가 나무집, 셋째가 벽돌집을 짓는 경우뿐이다.

합격자의 SKILL

첫째가 나무집이나 벽돌집을 짓는 경우가 정답 선지에서 제외된다는 점을 직관적으로 파악하는 것이 중요하다. 또한 나무집 지지대 20만 원이 여타 재료 비용들과 비교했을 때 상당히 큰 값이므로 셋째가 나무집을 짓는 경우 역시 둘째보다 클 수 있다는 사실을 유념해 문제에 접근한다면 더 정확한 문제풀이에 도움이 된다고 생각한다.

난도 중

정답해설

ㄴ. 옳다. B의 ⓐ 항목 점수가 19점이라고 가정하자. B의 기본심사 점수는 76점이며 감점 점수는 15.5점이므로, 최종심사 점수는 60.5점이다. 조건에 따라 각 기본심사 항목 점수는 자연수이므로 ⓐ 항목 점수가 19점보다 낮다면 B의 최종심사 결과는 허가 취소이다. 그러므로 B의 허가가 취소되지 않으려면 B의 ⓐ 항목 점수가 19점 이상이어야 한다고 할 수 있다.

ㄷ. 옳다. 상황에 따른 C의 기본심사 점수는 78점, 감점 점수는 14점으로 최종심사 점수는 64점 심사결과는 허가정지이다. C의 과태료 부과횟수가 0이라고 가정하자. 이 경우 C의 감점 점수는 6점으로 감소한다. 따라서 최종심사 점수는 72점 심사결과는 재허가이다. 그러므로 C가 2020년에 과태료를 부과받은 적이 없다면 판정 결과가 달라진다고 할 수 있다.

오답해설

ㄱ. 옳지 않다. ⓐ 항목 점수가 15점이라면 A의 기본심사 점수는 75점이며 감점 점수는 9점이므로, 최종심사 점수는 66점이다. 따라서 A의 심사 결과는 '허가 정지'로 재허가를 받을 수 있다고 할 수 없다.

ㄹ. 옳지 않다. 조건에 따라 기본심사 점수와 최종심사 점수 간의 차이는 감점 점수이다. 각 사업자의 감점점수는 A 9점, B 15.5점, C 14점으로 B가 제일 높다. 그러므로 기본심사 점수와 최종심사 점수 간의 차이가 가장 큰 사업자는 C가 아닌 B이다.

15 정답 ③

난도 중

오답해설

B. 제○○조 제2항에 따르면 질산성 질소에 대한 수질기준은 10mg/L 이하이다. 상황에 따르면 정수장 B에서의 질산성 질소 검사 결과는 11mg/L이므로, 정수장 B는 수질기준을 충족하지 못했다.

C. 제○○조 제1항 제1호 나목에 따르면 일반세균에 대한 수질검사빈도는 매주 1회 이상이다. 검사빈도를 매월 1회 이상으로 할 수 있는 단서 규정의 경우 대상 항목에서 일반세균과 대장균을 제외하고 있다. 상황에 의하면 정수장 C는 일반세균을 매월 1회 검사한 것으로 제시하고 있으므로, 수질검사빈도를 충족하지 못했다.

16 정답 ④

난도 하

정답해설

④ 옳다. 다섯 번째 항목에 따르면 민원 처리결과의 통지는 문서로 함이 원칙이나 접수된 민원이 기타 민원인 경우 구술 또는 전화로 통지할 수 있다. 첫 번째 항목에 따르면 법정민원, 질의민원, 건의민원에 해당하지 않으며 상담·설명 요구, 불편 해결을 요구하는 민원을 기타민원이라고 한다. 상황에 따르면 甲은 인근 공사장 소음으로 인한 불편 해결을 요구하는 민원을 제기한바 기타민원이다. 그러므로 A시는 甲이 신청한 민원에 대한 처리결과를 전화로 통지할 수 있다.

오답해설

① 옳지 않다. 첫 번째 항목에 따르면 법정민원, 질의민원, 건의민원에 해당하지 않으며 상담·설명 요구, 불편 해결을 요구하는 민원을 기타민원이라고 한다. 두 번째 항목에 따르면 민원의 신청은 문서로 해야 하나, 기타 민원은 구술 또는 전화로 가능하다. 상황에 따르면 甲은 인근 공사장 소음으로 인한 불편 해결을 요구하는 민원을 제기한바 기타민원이다. 그러므로 甲은 구술 또는 전화로 민원을 신청할 수 있다.

② 옳지 않다. 두 번째 항목에 따르면 민원의 신청은 기타 민원을 제외하고 문서로 해야 하며 전자문서로 하는 것 역시 가능하다. 그러므로 乙은 전자문서로 민원을 신청할 수 있다.

③ 옳지 않다. 네 번째 항목에 따르면 접수한 민원이 다른 행정기관의 소관인 경우, 접수된 민원문서를 지체 없이 소관 기관에 이송하여야 한다. 그러므로 甲이 신청한 민원이 다른 행정기관 소관 사항인 경우 A시는 해당 민원을 이송 없이 처리할 수 없다.

⑤ 옳지 않다. 여섯 번째 항목에 따르면 동일한 내용의 민원이 정당한 사유 없이 반복 제출된 경우에 따라 규정을 두고 있으나, 그 대상에서 법정민원은 제외된다. 첫 번째 항목에 따르면 인가·허가 등을 신청하거나 사실·법률관계에 관한 확인 또는 증명을 신청하는 민원을 법정민원이라고 한다. 상황에 따르면 乙은 자신의 영업허가를 신청하는 민원을 A시에 제기한바 법정민원이다. 그러므로 乙의 민원은 여섯 번째 항목상 반복 및 중복 민원의 처리에 관한 규정이 적용되지 않는바, A시는 해당 민원을 바로 종결 처리할 수 없다.

17 정답 ③

난도 중

정답해설

③ 옳지 않다. 두 번째 제○○조 제3항에 따르면 주민의견 청취 후 건축위원회의 심의를 거쳐 건축허가를 받은 건축물의 착공을 제한할 수 있는 주체는 ○○부 장관이나 시·도지사이다. 그러므로 ○○부 장관이나 시·도지사가 아닌 B구청장은 주민의견을 청취한 후 건축위원회의 심의를 거쳐 건축허가를 받은 乙의 건축물 착공을 제한할 수 없다.

오답해설

① 옳다. 첫 번째 제○○조 제1항에 따르면 건축물을 건축하려는 자는 특별자치시장·특별자치도지사 또는 시장·군수·구청장의 허가를 받아야 하나, 21층 이상의 건축물이나 연면적 합계 10만 제곱미터 이상이면 단서 조항이 적용된다. 상황에 따르면 甲이 지으려는 건축물은 A광역시 B구에 위치하며 20층의 연면적 합계 5만 제곱미터이다. 그러므로 甲은 B구청장에게 건축허가를 받아야 한다.

② 옳다. 두 번째 제○○조 제2항에 따르면 시·도지사는 지역계획이나 도시·군계획에 특히 필요하다고 인정하면 시장·군수·구청장의 건축허가나 허가를 받은 건축물의 착공을 제한할 수 있다. 상황에 따르면 甲이 건축하려는 건축물은 A광역시 B구에 있어 건축허가권자는 B구청장이다. 그러므로 A광역시장은 지역계획에 특히 필요하다고 인정하면 일정한 절차를 거쳐 甲의 건축물 착공을 제한할 수 있다고 할 수 있다.

④ 옳다. 첫 번째 제○○조 제1항 단서에 따르면 21층 이상의 건축물이나 연면적 합계 10만 제곱미터 이상인 건축물을 특별시나 광역시에 건축하려면 특별시장이나 광역시장의 허가를 받아야 한다. 상황에 따르면 乙은 연면적 합계 15만 제곱미터인 건축물을 A광역시 B구에 신축하려고 한다. 따라서 乙의 건축물에 대한 허가권자는 A광역시장이다. 첫 번째 제○○조 제2항 및 그 제1호에 따르면 1항에 따른 허가를 받은 자가 허가를 받은 날부터 2년 이내에 공사에 착수하지 아니한 경우 허가를 취소하여야 한다. 그러므로 乙이 건축허가를 받은 날로부터 2년 이내에 정당한 사유 없이 공사에 착수하지 않은 경우, 乙의 건축물에 대한 허가권자인 A광역시장은 건축허가를 취소하여야 한다.

⑤ 옳다. 두 번째 제○○조 제1항에 따르면 ○○부 장관은 주무부장관이 문화재 보존을 위하여 특히 필요하다고 인정하여 요청하면 허가권자의 건축허가나 허가를 받은 건축물의 착공을 제한할 수 있다. 동조 제4항에 따르면 착공 제한 조치의 제한기간은 2년 이내로 하나, 1회에 한하여 1년 이내의 범위에서 제한기간을 연장할 수 있다. 그러므로 주무부장관이 문화재보존을 위하여 특히 필요하다고 인정하여 요청하는 경우, ○○부 장관은 건축허가를 받은 乙의 건축물에 대해 최대 3년간 착공을 제한할 수 있다.

18

정답 ④

난도 중

정답해설

④ 옳지 않다. 제4항에 따르면 회의는 위원장을 포함한 재적위원 3분의 2 이상의 출석으로 개의하고 출석위원 3분의 2 이상의 찬성으로 의결한다. 정보공개심의회가 8명의 위원으로 구성됐다고 가정하자. 개의를 위한 최소 출석위원 수는 6명이다. 6명 출석 시 의결되기 위한 찬성 위원 수는 4명이다. 그러므로 정보공개심의회가 8명의 위원으로 구성되면 의결을 위해 최소 위원 4명의 찬성이 필요하기 때문에 3명의 찬성으로 의결되는 경우는 없다.

오답해설

① 옳다. 제3항에 따르면 외부 위원의 임기는 2년으로 하되 2회에 한하여 연임할 수 있다. 그러므로 연임 2회를 포함하여 총 3회의 임기를 지내게 되는 경우 외부 위원의 임기는 최대로 6년이다.

② 옳다. 제1항에 따르면 정보공개심의회는 10인 이내의 위원으로 구성되며 내부 위원은 4인이고, 외부 위원은 총 위원수의 3분의 1 이상 위촉한다. 외부 위원 수를 x라고 가정하자. 내부 위원 수와 외부 인원 수를 합친 4+x의 3분의 1보다 x가 커야 한다. 그러므로 외부 위원은 적어도 2명이 위촉되는 바, 정보공개심의회는 최소 6명의 위원으로 구성된다.

$$\frac{1}{3}(4+x) \leq x \Leftrightarrow 2 \leq x$$

③ 옳다. 제1항에 따르면 내부 위원은 4명이고 외부 위원은 2명 이상 6명 이하이다. 제2항에 따르면 위원은 특정 성별이 다른 성별의 2분의 1 이하가 되지 않도록 구성해야 한다. 그러므로 남자인 위원이 적어도 3명 이상 있어야 하므로 남자인 외부 위원 3명을 포함하여 7명의 위원으로 정보공개심의회가 구성될 수 있다.

⑤ 옳다. 제4항에 따르면 회의는 위원장을 포함한 재적위원 3분의 2 이상의 출석으로 개의하고 출석위원 3분의 2 이상의 찬성으로 의결한다. 제5항에 따르면 서면으로 의견을 제출한 위원의 경우 심의회에 출석한 것으로 본다. 위원장 포함하여 5명이 직접 출석하고 위원 2명이 부득이한 이유로 서면으로 의견을 제출했다고 하자. 총 위원 수는 알 수 없지만 7명의 위원이 심의회에 출석한바 제1항에 따른 최대 인원수인 10명인 경우라도 재적위원 3분의 2 이상이 출석했다고 할 수 있다. 또한 적어도 5명이 찬성함에 따라 출석위원의 3분의 2 이상의 찬성이 있다고 할 수 있다. 그러므로 선지의 조건에 따른 안건은 찬성으로 의결된다.

19

정답 ⑤

난도 중

정답해설

ㄴ. 옳다. 평가점수가 90점 이상인 영어강의에 대한 분반 허용 기준은 직전 2년 수강인원의 평균이 27명 이상이거나, 그 2년 중 1년의 수강인원이 45명 이상이다. 영어강의 B의 2019년과 2020년의 수강인원은 각각 10명과 45명으로 2년 평균은 27.5명이고, 2020년 수강인원은 45명 이상으로 분반 허용 기준을 만족한다. 그러나 B에 대한 분반이 허용되지 않았다. 그러므로 B의 2020년 강의만족도 평가점수는 90점 미만이었을 것이다.

ㄷ. 옳다. 평가점수가 90점 이상인 실습강의에 대한 분반 허용 기준은 직전 2년 수강인원의 평균이 18명 이상이다. 평가점수가 92점인 실습강의 C의 2019년 수강인원이 20명이고 C의 분반이 허용되지 않는다면, 2019년과 2020년 수강인원의 평균이 18명 미만이어야 한다. 이는 2019년과 2020년 수강인원의 합이 36명 미만인 경우와 같다. 그러므로 2019년과 2020년 수강인원의 합은 35명을 넘지 않았을 것이며, 2020년 강의의 수강인원은 15명을 넘지 않았을 것이다.

오답해설

ㄱ. 옳지 않다. 평가점수가 90점 미만인 일반강의의 분반 허용 기준은 직전 2년 수강인원의 평균이 100명 이상이거나 2년 중 1년의 수강인원이 120명 이상이다. 평가점수가 85점인 일반강의 A의 2019년과 2020년 수강인원이 각각 100명과 80명이다. A의 직전 2년 수강인원 평균은 90명이고 2개년 모두 120명 이내의 수강인원을 기록한바, A에 대한 분반은 허용되지 않는다.

20

정답 ⑤

난도 하

정답해설

㉴ 부합한다. 상황 두 번째 내용에 따르면 관련 정부사업과의 연계가능성 평가 비중이 확대되어야 한다. ㉴ 이하의 관련 정부사업과의 연계가능성의 배점에 따르면 현행 5점에서 10점으로 확대되었다. 그러므로 관계부처 협의 결과에 부합한다고 할 수 있다.

㉵ 부합한다. 상황 세 번째 내용에 따르면 시범사업 조기 활성화와 관련된 대학 내 주체 간 합의 정도에 대한 지표를 이동하여 계속 평가하여야 한다. ㉵ 이하의 대학 내 주체 간 합의 정도 항목은 현행에는 존재하지 않으나 수정안에서 배점 5점으로 추가되었다. 그러므로 관계부처 협의 결과에 부합한다고 할 수 있다.

ⓓ 부합한다. 상황 세 번째 내용에 따르면 시범사업 조기 활성화와 관련된 평가 지표를 삭제하되 대학 내 주체 간합의 정도는 타 지표로 이동하여 계속 평가 해야 한다. ⓓ 및 그 이하의 하위 지표에 따르면 ⓓ 지표는 삭제되며 '대학 내 주체 간 합의 정도는 Ⅱ. 대학의 사업 추진 역량과 의지 이하로 이동되어 계속 평가하고, 부지 조기 확보 가능성은 삭제된다. 그러므로 관계부처 협의 결과에 부합한다고 할 수 있다.

오답해설

㉮ 부합하지 않는다. 상황 첫 번째 내용에 따르면 신청 사업 부지 안에 건축물이 포함되어 있어도 신청을 허용해야 한다. 그러나 ㉮의 단서에서는 건축물이 없어야 한다고 정하고 있다. 그러므로 '관계부처 협의 결과'에 부합한다고 할 수 없다.

㉱ 부합하지 않는다. 상황 네 번째 내용에 따르면 논의된 내용 이외의 하위 지표의 항목과 배점은 사업의 안정성을 위해 현행 유지해야 한다. 그러나 ㉱ 이하의 기업의 참여 가능성, 참여 기업의 재무건전성의 배점은 현행에서 각각 수정됐다. 그러므로 관계부처 협의 결과에 부합한다고 할 수 없다.

합격자의 SKILL

각 상황에 따라 확인해야 할 지표들이 1대1 대응에 가깝게 제시되어 있어 쉽게 풀 수 있는 문제라고 할 수 있다. 세 번째 내용에 대한 수정사항이 다수 등장하고 있는 만큼 풀이 과정에서 유의한다면 오답의 가능성을 상당히 낮출 수 있다고 생각한다.

21
정답 ②

난도 중

정답해설

② 옳다. 甲의 발언에 따르면 甲은 乙보다 늦게 다녀왔다. 乙의 발언에 따르면 乙은 저녁에 다녀왔고, 丙은 점심에 다녀왔다. 丙의 발언에 따르면 丙은 월요일에 다녀오지 않았다. 이에 따라 가능한 조합은 다음과 같다. (甲, 乙, 丙) = (화저, 월저, 화점), (수점, 월저, 화점), (수저, 월저, 화점), (수점, 화저, 화점), (수저, 화저, 화점), (화점, 월저, 수점), (화점, 월저, 수점), (수저, 월저, 수점), (수저, 화저, 수점) (총 9가지). 선지의 조건에 따라 甲이 점심에 다녀왔고, 丙보다 먼저 다녀왔다고 가정하자. 그때 가능한 조합은 (甲, 乙, 丙) = (화점, 월저, 수점)뿐이다.

오답해설

① 옳지 않다. 주어진 조건에 따르면 (甲, 乙, 丙) = (화저, 월저, 화점), (수점, 월저, 화점), (수저, 월저, 화점), (수점, 화저, 화점), (수저, 화저, 화점), (화점, 월저, 수점), (화점, 월저, 수점), (수저, 월저, 수점), (수저, 화저, 수점) 총 9가지 경우가 가능하다. 선지의 조건을 줬을 때 가능한 경우는 (화저, 월저, 화점), (수점, 월저, 화점), (수저, 월저, 화점), (수저, 화저, 수점) 4가지이다.

③ 옳지 않다. 주어진 조건에 따르면 (甲, 乙, 丙) = (화저, 월저, 화점), (수점, 월저, 화점), (수저, 월저, 화점), (수점, 화저, 화점), (수저, 화저, 화점), (화점, 월저, 수점), (화점, 월저, 수점), (수저, 월저, 수점), (수저, 화저, 수점) 총 9가지 경우가 가능하다. 선지의 조건을 줬을 때 가능한 경우는 (화저, 월저, 화점), (수점, 월저, 화점), (수저, 월저, 화점), (수점, 화저, 화점), (수저, 화저, 화점), (수저, 월저, 수점), (수저, 화저, 수점) 7가지이다.

④ 옳지 않다. 주어진 조건에 따르면 (甲, 乙, 丙) = (화저, 월저, 화점), (수점, 월저, 화점), (수저, 월저, 화점), (수점, 화저, 화점), (수저, 화저, 화점), (화점, 월저, 수점), (화점, 월저, 수점), (수저, 월저, 수점), (수저, 화저, 수점) 총 9가지 경우가 가능하다. 선지의 조건을 줬을 때 가능한 경우는 (수점, 화저, 화점), (수저, 화저, 화점), (수저, 화저, 수점) 3가지이다.

⑤ 옳지 않다. 주어진 조건에 따르면 (甲, 乙, 丙) = (화저, 월저, 화점), (수점, 월저, 화점), (수저, 월저, 화점), (수점, 화저, 화점), (수저, 화저, 화점), (화점, 월저, 수점), (화점, 월저, 수점), (수저, 월저, 수점), (수저, 화저, 수점) 총 9가지 경우가 가능하다. 선지의 조건을 줬을 때 가능한 경우는 (화저, 월저, 수점), (화점, 월저, 수점) 2가지이다.

합격자의 SKILL

제시된 조건만으로 가능한 경우의 수가 많을 때는 가장 정답일 가능성이 높은 선지부터 골라내는 것이 중요하다고 생각한다. 정답일 가능성이 높은 선지를 찾기 위해서 경우의 수가 적은 대상부터 공략하는 것이 효과적이다. 예컨대 위 문제의 경우 조건에 따라 가장 경우의 수가 많은 것은 甲인 반면, 乙은 월요일 저녁과 화요일 저녁, 丙은 화요일 점심과 수요일 점심 각 2가지 경우만이 가능하다. 따라서 ㉠에 들어갈 내용이 이 둘 중 하나라도 확정시킬 수 있다면 답이 될 가능성이 가장 크다고 판단할 수 있다. 정답이 되는 ②는 丙의 가능성을 하나로 줄이는 것은 물론 甲의 위치까지 확정시킨다. 이러한 접근법을 다른 비슷한 문제에도 적용을 통해 숙달시킨다면 훨씬 더 쉽게 해당 유형을 해결할 수 있다고 생각한다.

구분	월	화	수
점심			丙
저녁	乙		

22
정답 ⑤

난도 상

정답해설

⑤ 상황에 따르면 3일 연속 일치한 경험을 한 잠재 사용자는 날씨 예보 앱을 설치한다. 사전테스트전략에 따르면 날씨 일치 여부와 관계 없이 잠재 사용자 집단의 절반에게는 "비가 온다"로 다른 절반에게는 "비가 오지 않는다"로 메시지를 보낸다. 따라서 개별 사용자가 예보와 날씨가 일치하는 경험을 할 확률은 $\frac{1}{2}$ 이라고 할 수 있다. 이에 따라 설치하게 되는 경우는

1) 첫째 날부터 셋째 날까지 일치한 경우
2) 첫째 날 불일치 이후 둘째 날부터 넷째 날까지 일치한 경우
3) 첫째 날 일치 후 둘째 날 불일치, 셋째 날부터 다섯째 날까지 일치한 경우
4) 첫째 날, 둘째 날 불일치, 셋째 날부터 다섯째 날까지 일치한 경우 총 4가지뿐이다.

그러므로 상황에 따른 실험 결과는 다음과 같이 도출될 수 있다.

(설치한 사용자 수) = $200,000 \times ((\frac{1}{2})^3 + (\frac{1}{2})^4 + (\frac{1}{2})^5 + (\frac{1}{2})^5) = 200,000 \times (\frac{1}{2})^2$ = 50,000

합격자의 SKILL

제시문이 길게 제시되어 있어 상황이 이해가 가지 않아 틀릴 위험이 있는 문제라고 생각한다. 이해가 안되는 경우 도식화를 하는 것이 가장 빠른 방법이 될 수 있다고 생각한다.

23

난도 하

정답해설

① 옳다. 세 번째 내용에 따르면 ㅁㅁ부 장관은 지방자치단체 간 통합권고안에 관하여 해당 지방의회의 의견을 들어야 하나, ㅁㅁ부 장관이 필요하다고 인정하여 해당 지방자치단체의 장에게 주민투표를 요구하여 실시한 경우에는 그렇지 않다. 그러므로 ㅁㅁ부 장관이 요구하여 지방자치단체의 통합과 관련한 주민투표가 실시된 경우에는 통합권고안에 대해 지방의회의 의견을 청취하지 않아도 된다고 할 수 있다.

오답해설

② 옳지 않다. 두 번째 내용에 따르면 지방의회 또는 주민은 위원회에 통합을 건의할 때 통합대상 지방자치단체를 관할하는 특별시장·광역시장 또는 도지사(시·도지사)를 경유해야 한다.

③ 옳지 않다. 두 번째 내용에 따르면 주민이 인근 지방자치단체와의 통합을 위원회에 건의하는 경우 해당 지방자치단체의 주민투표권자 총수의 50분의 1 이상의 연서(連書)가 있어야 한다. 따라서 주민투표권자 총수가 10만 명인 지방자치단체의 주민들이 통합을 건의하고자 할 때, 그 50분의 1인 2,000명 이상의 연서가 있어야 한다.

④ 옳지 않다. 다섯 번째 내용에 따르면 통합추진공동위원회의 위원은 관계지방자치단체의 장 및 그 지방의회가 추천하는 자로 한다. 그러나 ㅁㅁ부 장관의 추천에 대한 정보는 제시되어 있지 않다.

⑤ 옳지 않다. 두 번째 내용에 따르면 지방자치단체의 장, 지방의회 또는 주민은 위원회에 통합을 건의할 때 통합대상 지방자치단체를 관할하는 특별시장·광역시장 또는 도지사(이하 시·도지사)를 경유해야 한다. 그러나 지방의회의 의결을 거쳐야 한다는 정보는 제시되어 있지 않으므로, 지방자치단체의 장은 해당 지방자치단체의 통합을 △△위원회에 건의할 때, 지방의회의 의결을 거쳐야 한다고 할 수 없다.

> **합격자의 SKILL**
>
> 제시문이 길지만 단순한 정보확인 유형인 만큼, 발췌독을 통해 신속히 해결할 수 있다. 이제 출제 빈도가 상당히 낮아졌지만 상황판단에서의 정보확인 유형은 언어논리의 일치부합에 비해 훨씬 간단한 만큼 빠르게 풀고 넘어가는 것이 좋다고 생각한다.

24

난도 중

정답해설

② 여섯 번째 내용에 따르면 통합추진공동위원회의 위원 수는 관계지방자치단체 위원 수에 관계지방자치단체 수를 곱하여 도출한다. 다섯 번째 내용에 따르면 관계지방자치단체 위원 수는 다음과 같이 도출한다. 관계지방자치단체 위원 수=[(통합대상 지방자치단체 수)×6+(통합대상 지방자치단체를 관할하는 특별시·광역시 또는 도의 수)×2+1]÷(관계지방자치단체 수). 〈상황〉에 따르면 관계지방자치단체 수는 甲도, A군, B군, 乙도, C군, 丙도, D군 등 7개이다. 따라서 관계지방자치단체 위원 수는 5명이다.
(관계자치단체위원 수)=[4×6+3×2+1]÷7=4.42857…≒5
그러므로 통합추진공동위원회의 위원 수는 관계지방자치단체 위원 수에 관계지방자치단체 수를 곱한 35명이다.

> **합격자의 SKILL**
>
> 제시문을 바탕으로 상황에 적용하는 간단한 문제라고 할 수 있다. 관계지방자치단체 수를 정확히 셀 수만 있다면 틀리기 어려운 만큼, 제시문에서 관계지방자치단체가 무엇을 의미하는 지 파악하는 한편, ④와 같이 식에 따라 답이 될 가능성이 전혀 없는 선지들을 미리 지우는 것이 좋다고 생각한다.

25

난도 상

정답해설

② 옳다. 주어진 조건에 따라 B구의 행정구역분류코드를 해석한다면 다음과 같다.

분류코드	1	0	0	3	?
의미	광역자치단체		기초자치단체		기타
㉠	○○시		B구(자치구)		0
㉡	임의의 광역		○○시		B구 (임의의 수)

이에 따라 ㉠의 경우 A구의 행정구역분류코드는 처음 두 자리가 10으로 같고 그다음 두 자리는 03과 달라야 하며, 마지막 자리는 00이어야 한다. ㉡의 경우 A구의 행정구역분류코드는 처음 두 자리와 그다음 두 자리가 B와 같고 마지막 자리만 00이 아닌 B와 다른 숫자여야 한다. 그러므로 ㉠ : 10020, ㉡ : 10033은 해석된 조건을 만족시킨다고 할 수 있다.

오답해설

① 옳지 않다. 조건에 따르면 ㉡의 경우 A구의 행정구역분류코드는 처음 두 자리와 그다음 두 자리가 B와 같고 마지막 자리만 00이 아닌 B와 다른 숫자여야 한다. 그러나 ㉡ : 10021의 경우 그다음 두 자리가 B의 행정구역분류코드와 다르다.

③ 옳지 않다. 조건에 따르면 ㉠의 경우 A구의 행정구역분류코드는 처음 두 자리가 10으로 같고 그 다음 두 자리는 03과 달라야 하며, 마지막 자리는 00이어야 한다. ㉡의 경우 A구의 행정구역분류코드는 처음 두 자리와 그다음 두 자리가 B와 같고 마지막 자리만 00이 아닌 B와 다른 숫자여야 한다. 그러나 ㉠ : 10033의 마지막 자리는 00이 아니며, 그다음 두 자리는 B와 같다.

④ 옳지 않다. 조건에 따르면 ㉡의 경우 A구의 행정구역분류코드는 처음 두 자리와 그다음 두 자리가 B와 같고 마지막 자리만 00이 아닌 B와 다른 숫자여야 한다. 그러나 ㉡ : 10027의 경우 그다음 두 자리가 B의 행정구역분류코드와 다르다.

⑤ 옳지 않다. 조건에 따르면 ㉠의 경우 A구의 행정구역분류코드는 처음 두 자리가 10으로 같고 그다음 두 자리는 03과 달라야 하며, 마지막 자리는 00이어야 한다. ㉡의 경우 A구의 행정구역분류코드는 처음 두 자리와 그다음 두 자리가 B와 같고 마지막 자리만 00이 아닌 B와 다른 숫자여야 한다. 그러나 ㉠ : 20030의 경우 B와 처음 두 자리가 다르다.

> **합격자의 SKILL**
>
> 상황에서 명확하게 경우의 수를 둘로 나눠주고 있는 만큼, 제시문의 조건을 독해하는 과정에서 둘로 분류해서 접근하는 것이 좋다. '시'가 중의적일 수 있다는 점을 주요 장치로써 활용하고 있다는 점에서 조건 해석에 더욱 유의가 필요해 보인다.

06

2020년 7급 PSAT 모의평가 상황판단_정답 및 해설

01	02	03	04	05	06	07	08	09	10
④	⑤	⑤	⑤	③	②	①	③	④	④
11	12	13	14	15	16	17	18	19	20
②	⑤	②	④	③	③	⑤	②	①	③
21	22	23	24	25					
③	②	①	①	⑤					

01

정답 ④

난도 하

정답해설

④ 2021년 60억 원의 총사업비에 대해 전년과 동일한 국고지원인 25%를 요구하는 경우 12억 원이다. 따라서 제00조(타당성조사, 전문위원회 검토의 대상 등) 제3항에 의해 국고지원 비율이 총 사업비의 20%(12억 원) 이내인 경우라면 타당성 조사를 전문위원회의 검토로 대체할 수 있다.

오답해설

① 제00조(정의)에 의하면 "국제행사"라 함은 5개국 이상의 국가에서 외국인이 참여하고, 총 참여자 중 외국인 비율이 5% 이상(총 참여자 200만 명 이상은 3% 이상)인 행사를 말한다. 따라서 상황에서 총 250만 명의 3%는 7만 5천 명이므로 2021년에 총 250만 명의 참여자 중 외국인 참여자가 감소하여 6만 명이 된 경우라면 A박람회는 국제행사가 아니다.

② 2021년에 A박람회가 개최된다면 제6회이고 2022년에는 제7회가 된다. 제00조(국고지원의 제외) 제1항에 의해 매년 1회 정기적으로 개최하는 국제행사로서 국고지원을 7회 받은 경우 2023년 8회부터는 국고지원대상에서 제외된다.

③ 2021년 총사업비가 52억 원이라면 타당성 조사의 대상이며 국고지원비율이 20% 이내(10.4억 원인 경우)라면 타당성조사를 전문위원회의 검토로 대체할 수 있다.

⑤ 국고지원의 타당성 조사 대상은 국제행사의 개최에 소요되는 총 사업비 50억 이상인 국제행사이므로 2021년 甲광역자치단체와 乙기초자치단체가 공동주관하여 전년과 동일한 총 사업비(40억 원)로 A박람회를 개최할 경우 A박람회는 타당성 조사의 대상이 아니다.

02

정답 ⑤

난도 하

정답해설

⑤ '영화상영관 경영자는 관람객으로부터 규정에 따른 진흥기금을 매월 말일까지 징수하여 해당금액을 다음 달 20일까지 위원회에 납부해야 하며 관람객으로부터 수납한 진흥기금을 납부기한까지 납부하지 않은 경우 체납된 금액의 3%를 가산금으로 부과한다. 위원회는 진흥기금 수납에 대한 위탁수수료를 영화상영관 경영자에게 지급하며 수수료는 진흥기금 징수액의 100분의 3을 초과할 수 없다.'고 규정한다. 따라서 1,000만 원의 진흥기금과 3만 원의

가산금을 합한 금액을 납부한 영화상영관 경영자가 받을 수 있는 위탁수수료 상한은 3만 원이다.

오답해설

① 직전 연도에 제△△조 제1호(애니메이션영화·단편영화·예술영화·독립영화)에 해당하는 영화를 연간 상영일수의 100분의 60 이상 상영한 영화상영관에 입장하는 관람객에 대해서는 진흥기금을 징수하지 않는다.

② 8월분 진흥기금 60만 원은 다음 달인 9월 20일까지 납부하면 가산금을 부과받지 않는다.

③ 진흥기금은 입장권의 5%이다. 따라서 입장권가액에는 진흥기금이 포함되어 있다.

④ 청소년관객의 보호와 영화예술의 확산 등을 위해 직전연도에 애니메이션 영화, 단편영화, 예술영화, 독립영화를 연간 상영일수의 100분의 60 이상 상영하는 경우 진흥기금을 따로 징수하지 않는다. 따라서 연간 상영일수 200일인 경우 직전연도에 120일 이상 앞의 영화들을 상연한 경우에 면제되는 것이므로 직전연도에 단편영화를 40일, 독립영화를 60일 상영했다하여 진흥기금을 징수하지 않는 것은 아니다.

03

정답 ⑤

난도 하

정답해설

⑤ B청구는 소송물가액이 1억 원이고 원고는 甲 피고는 乙이다. 피고 乙은 양산시를 주소로 하고 있으며 양산시를 관할 구역으로 하는 것은 양산시법원과 울산지방법원이다. 시·군법원은 지방법원 또는 그 지원이 재판하는 사건 중에서 소송물가액이 3,000만 원 이하인 금전지급청구소송을 전담하여 재판하므로 B청구처럼 물건인도청구는 그 대상이 아니다. 또한 B사건은 금전지급청구소송이 아니므로 원고의 주소지를 관할하는 법원은 재판을 할 수 없다. 따라서 B사건은 울산지방법원에서 관할한다.

오답해설

①, ② A청구는 금전지급청구이며 소송물가액이 3,000만 원 이하이므로 원고, 피고의 시·군법원이 전담한다. 원고 甲은 주소가 김포이고 피고 乙은 주소가 양산이므로 김포시법원, 양산시 법원에 관할권이 있다.

③, ④ B청구는 소송물가액이 1억 원이므로 시·군법원 관할 사건이 아니다.

04

정답 ⑤

난도 하

정답해설

⑤ 甲, 乙, 丙 중 가장 빨리 특허신청을 한 丙이 특허권을 취득하는가가 관건이다. 우선 丙은 2020년 7월 1일에 발명을 완수했고 그날 특허신청을 했으나 2020년 6월 1일 乙이 학술지에 丙이 발명한 내용을 먼저 논문게재했으므로 丙의 발명은 신규성을 인정받을 수 없고 따라서 丙은 특허권을 취득하지 못한다. 乙은 신규성을 훼손한 당사자이며 1년 이내에 등록하는 경우 신규성의 간주를 받을 수 있는가를 검토해 보면 이 경우도 丙이 먼저 특허를 제출했기에 '특허청에 선출원된 어떤 발명이 신규성 상실로 특허권이 부여되지 못한 경우, 동일한 발명에 대한 후출원은 선출원주의로 인해 특허권이 부여되지 않는다.'는 요건에 따라서 甲의 출원도 특허를 얻지 못하므로 결과적으로 甲, 乙, 丙 모두 특허를 얻지 못한다.

05

정답 ③

난도 중

정답해설

우선 주택담보노후연금을 이용할 수 있는 자격은 주택소유자 또는 주택소유자의 배우자, 즉 둘 중 하나가 60세 이상이면 된다. 따라서 ㄴ은 틀린 지문이며, ②, ④, ⑤은 제외되고 남은 ㄱ, ㄷ의 진위만 검토하면 해결된다. ㄱ은 ①, ③에 공통이므로 ㄷ의 진위만을 검토하면 된다.

ㄱ. 甲은 제00조 제2항 제3호 나목에 따라 총 한도액 3억 원 중 50%인 1억 5천만 원 범위 내에서 해당 주택의 임차인에게 임대차보증금을 반환하는 용도와 동조 동항 1호의 방식을 결합한 방식을 선택할 수 있다.

ㄷ. 甲은 제00조 제2항 제3호 가목에 따라 총 한도액 3억 원 중 50%인 1억 5천만 원 범위 내에서 해당 주택을 담보로 대출받은 금액 중 잔액을 상환하는 용도와 동조 동항 제2호의 방식을 결합한 방식을 선택할 수 있다.

오답해설

ㄴ. 甲 또는 배우자의 연령이 60세 이상이면 주택담보노후연금보증을 통해 노후생활자금을 대출받을 수 있다.

06

정답 ②

난도 중

정답해설

② 지역개발 신청 동의를 받기 위해서는 개발하고자 하는 지역의 총 토지면적의 3분의 2 이상에 해당하는 토지 소유자의 동의 및 지역개발을 하고자 하는 지역 토지의 소유자 총수의 2분의 1 이상의 동의를 얻어야 한다. X지역은 100개의 토지로 이뤄져 있고 면적합계가 총 6km²이므로 4km² 이상의 토지 소유자의 동의와 82인의 2분의 1인 41인 이상의 동의를 얻어야 한다. 甲이 소유한 면적은 X지역 전체면적의 4분의 1이므로 6×0.25=1.5km², 乙은 2km², 丙, 丁, 戊, 己는 공동소유하며 소유면적은 1km²이므로 甲~己의 소유면적은 1.5+2+1=4.5km²이며 이는 전체의 3분의 2인 4km² 이상이다. 甲이 두 개의 토지를 소유해도 동의를 필요로 하는 소유자 수 산정에는 1인으로 평가되므로 甲과 乙은 모두 1명으로 평가되고 토지의 공동소유자 간에는 대표 공동소유자 1인만이 소유자로 평가되므로 甲, 乙, [丙~己] 1인은 총 3인에 해당하는 평가를 받으며 38명의 동의를 추가로 얻으면 동의를 얻은 수가 41명이므로 전체 소유자 82의 2분의 1에 해당한다.

오답해설

① 乙이 10개의 토지를 갖고 있어도 1인이 여러 개의 토지를 소유하는 경우 소유하는 토지의 수와 무관하게 1인으로 보므로 틀리다.

③, ④, ⑤ 주어진 조건으로 단정 지을 수 없다.

07

정답 ①

난도 중

정답해설

乙. 월요일 12시간, 화요일 12시간, 목요일 12시간, 금요일 4시간으로 총 40시간을 근무했으며 조건에 부합한다.

오답해설

甲. 1일 최소 근무시간은 4시간이므로 갑의 수요일 근무는 09~13시까지로 4시간이나 12~13시까지는 점심시간이므로 인정 근무는 3시간으로 총 근무시간은 39시간이다. 따라서 근무계획은 승인될 수 없다.

丙. 월요일 08~24시까지 시간은 16시간이며 점심과 저녁시간 2시간을 제외한 인정근무 시간은 14시간이나 1일 근무시간은 12시간을 넘을 수 없으므로 근무계획은 승인될 수 없다.

丁. 월요일 9시간, 화요일 12시간, 목요일 10시간, 금요일 8시간으로 총 39시간이므로 40시간을 근무하지 않아 근로계획은 승인될 수 없다.

08

정답 ③

난도 하

정답해설

③ ㉠ 1936년 제11회 베를린 올림픽 이후로 1940년, 1944년 두 번은 올림픽이 개최되지 못했으나 개최 차수에는 들어가므로 1948년은 제14회 대회가 된다.

㉡ 1948년은 제5회 동계 대회이고 1992년까지는 총 44년이 흘렀으므로 총 11회의 동계 올림픽이 개최되었음을 알 수 있다. 따라서 1992년 대회는 제16회가 된다.

09

정답 ④

난도 중

정답해설

ㄱ. 월요일에 발표되는 주간예보는 일일예보를 포함하여 일일예보가 예보한 기간(월요일에 발표된 일일예보는 월요일 당일, 화요일, 수요일까지 예보한다)인 수요일 다음 날(목요일)부터 5일간을 예보하므로 예보의 종점은 다음 주 월요일이다. 따라서 '월요일에 발표되는 주간예보에는 그다음 주 월요일의 날씨가 포함된다.'는 옳은 지문이다.

ㄴ. 3시간 예보는 매일 0시부터 시작하여 3시간 간격으로 8회 발표하므로 0, 3, 6, 9, 12, 15, 18, 21, 24시 정각에 발표하며 일일예보는 매일 5, 11, 17, 23시에 발표하므로 양자가 겹치지 않는다.

ㄹ. 대도시 A의 대설경보 예보기준은 24시간 신적설량이 대도시일 때 20cm 이상이며 대설주의보의 예보기준은 24시간 신적설량이 울릉도일 때 20cm 이상으로 서로 같다.

오답해설

ㄷ. 일일예보는 매일 5시, 11시, 17시, 23시에 발표하며 1일 단위로 예보한다. 따라서 23시에 발표하는 예보 역시 5시에 발표하는 예보와 같은 내용이며 새로운 내용의 예보는 다음 날 5시에 새롭게 발표된다.

10

난도 하

정답해설

④ 일차방정식으로 해결할 수 있는 문제이다.

甲기관에서 일하는 전체인원을 x라고 하고 A, B, C, D가 배분하는 물건의 개수를 각각 a, b, c, d라고 하면

$a=x$, $b=\dfrac{x}{2}$, $c=\dfrac{x}{4}$, $d=\dfrac{x}{8}$이며

$a+b+c+d=\dfrac{(8+4+2+1)x}{8}=1050$

$15x=1050\times8$

$x=\dfrac{1050}{15}\times8$

$x=70\times8$

$x=560$

甲기관에서 일하는 직원은 560명이다.

11

정답 ②

난도 하

정답해설

1인당 워크숍 비용을 구해 보면 렌터카 비용은 10km당 1,500원이므로 1km는 150원이다.

A=100×150=15,000원이고 편도이므로 왕복은 30,000원,

B=150×150=22,500원, 왕복은 45,000원,

C=200×150=30,000원, 왕복은 60,000원이다.

구분	A펜션	B펜션	C펜션
펜션까지의 거리 (km)	100	150	200
1박당 숙박요금 (원)	100,000	150,000	120,000
1인당 워크숍 비용	3만 원+10만 원 =13만 원	4만 5천 원 +15만 원 =19만 5천 원	6만 원+12만 원 =18만 원
숙박기준인원(인)	4	6	8
추가인원 (인당 1만 원/1일)	4	2	0
총 비용	17만 원	21만 5천 원	18만 원

따라서 총 워크숍 비용이 가장 적게 드는 것은 A펜션이다.

12

정답 ⑤

난도 중

정답해설

ㄱ. 甲국이 B국과 FTA를 체결하는 경우

A국에서 수입하는 1톤당 비용=12+12×0+3=15달러,

B국에서 수입하는 1톤당 비용=10+10×0+5=15달러로 동일하다.

따라서 甲국이 B국과도 FTA를 체결한다면, 기존에 A국에서 수입하던 것과 동일한 비용으로 X를 수입할 수 있다.

ㄷ. A국에서 수입하는 1톤당 비용=12+12×0+3+6=21달러,

B국에서 수입하는 1톤당 비용=10+10×0.5+5=20달러

따라서 'A국으로부터 X의 수입이 다시 가능해졌으나 1톤당 6달러의 보험료가 A국으로부터의 수입비용에 추가된다면, 甲국은 A국보다 B국에서 X를 수입하는 것이 수입비용 측면에서 더 유리하다.'는 옳은 지문이다.

오답해설

ㄴ. 'C국이 A국과 동일한 1톤당 단가를 제시하였다면, C국에서 수입하는 1톤당 비용=12+12×0.2+1=15.4달러인데 A국에서 수입하는 1톤당 비용= 12+12×0+3=15달러이므로 甲국은 기존에 A국에서 수입하던 것보다 저렴한 비용으로 C국으로부터 X를 수입할 수 있다.'는 틀린 지문이다.

13

정답 ②

난도 중

정답해설

올바른 다섯 자리의 우편번호를 X라고 가정하면,

甲이 잘못 표기한 우편번호는 $10\times X+2$이고,

乙이 잘못 표기한 우편번호는 $200,000+X$이다.

제시문에서 '甲이 잘못 표기한 우편번호 여섯 자리 수는 乙이 잘못 표기한 우편번호 여섯 자리 수의 3배가 되었다.'고 했으므로

$3(200,000+X)=10\times X+2$

$600,000-2=7X$

$7X=599,998$

$X=85,714$

따라서 올바른 우편번호의 첫 자리와 끝자리 숫자의 합은 12이다.

14

정답 ④

난도 하

정답해설

갑이 가위를 6번 내는 경우 을은 같은 것을 낼 수 없으므로 바위나 보를 내었다.

갑	가위	가위	가위	가위	가위	가위
을	바위	바위	바위	보	보	보

6번의 게임 결과 갑은 3승 3패이다.

이번에는 갑이 바위를 내는 경우 을은 이미 보 3번을 썼고 갑과 동일한 바위를 낼 수는 없으므로 가위만 낼 수 있다.

갑	바위
을	가위

7번째 게임 결과는 갑 1승이며 총 4승 3패이다.

마지막으로 갑은 보 3번을 내었고 을도 남은 가위 3번을 내었다.

갑	보	보	보
을	가위	가위	가위

8~10번째 게임은 모두 을의 승리이다.

이상을 정리하면 갑은 4승 6패를 했음을 알 수 있다.

난도 중

정답해설

C (○) ㅁㅁ기관과 ㅇㅇ기관은 각각 3세, 7세 이상 나이 차이가 나면 안 되며 甲과 C는 동갑이므로 나이 조건은 무관하다. 최초 임용연월과 현직급 임용연월 모두 3개월 차이로 조건에 위배되지 않아 교류이동이 가능하다.

D (○) △△기관과 ㅇㅇ기관의 이동조건인 나이 면에서 각각 5세, 7세가 기준인데 甲과 D는 1세 차이이므로 조건에 위반되지 않는다. 최초 임용연월은 甲이 2015년 9월이고 D가 2014년 1월이므로 1년 8개월 차이이며 甲이 ㅁㅁ기관으로 이동할 수 있으려면 최초 임용연월이 5년 이내여야 하는데 조건을 충족하고, D의 현직급 임용연월은 2014년 1월이고 甲은 2015년 9월로 1년 8개월 차이가 나고 D가 ㅇㅇ기관으로 이동하려면 현직급 임용연월이 3년 이내여야 하며 이 조건을 충족하므로 甲과 D는 서로 교류 이동할 수 있다.

오답해설

A (×) 30세이므로 ㅁㅁ기관과 ㅇㅇ기관은 각각 나이가 3세 이상, 7세 이상 차이 나면 교류가 안되는데 甲과 A는 32세, 30세로 나이의 제한은 없다. A의 최초 임용연월은 2016년 5월로 甲과는 8개월 차이이므로 甲이 ㅁㅁ조직으로 이동하는 데 제한은 없으나 A의 현직급 임용연월은 2019년 5월로 甲의 현직급 임용연월인 2015년 9월과는 3년 8개월 차이가 나므로 A는 ㅇㅇ기관으로 이동할 수 없다.

B (×) 甲이 ㅁㅁ기관으로 이동하려면 B와의 나이 차이가 3세 미만이어야 하는데 5세 차이가 나므로 이동할 수 없다.

E (×) △△기관과 ㅇㅇ기관의 이동조건인 나이 면에서 각각 5세, 7세가 기준인데 甲과 E는 3세 차이이므로 조건에 위반되지 않는다. 최초 임용연월은 甲이 2015년 9월이고 E가 2017년 10월이므로 2년 1개월 차이이며 △△기관으로 이동하려면 최초 임용연월이 2년 이상 차이 나지 않아야 하는데 이 조건에 위반되어 둘은 서로 교류이동할 수 없다.

난도 중

정답해설

5	1	2	3	A	3	B	C	D	E

① A에는 3보다 작거나 4가 온다. 3이 이미 두 번 사용되었으므로 따라서 후보군 수는 [1, 2, 4]이며, A에 1이 오면 그다음 수가 3이 올 수 없으므로 A에 올 수 있는 경우의 수는 [2, 4]이다.

② B에는 [1, 2, 4] 중 하나가 올 수 있는데 A에 2가 오는 경우 [1, 4]를 고려할 수 있지만 B에 1이 온다면 C에는 2가 와야 하므로 이 경우 2가 총 3번 사용되어 B에는 1이 올 수 없다. B에 4가 오는 경우는 C에 [1, 2]가 올 수 있으므로 조건을 충족한다.

만일 A에 4가 오는 경우 B에는 [1, 2, 4]를 생각해볼 수 있는데 이 경우 B에 1이 오면 C에는 2가 올 수 있으나 D에 3 또는 1이 올 수 없으므로(두 번씩 사용) 결과적으로 B에 1이 못 온다. B에 2가 오는 경우 역시 C에 1이 올 수 있으나 D에 2가 올 수 없으므로(두 번씩 이미 사용) 결과적으로 B에 2도 못 오며 B에 올 수 있는 수는 4이다.

(오른쪽 위 표)

5	1	2	3	A 2	3	B 1(×) 2(×) 4(○)	C (2 ×) 1보다 작은 수×	D	E

5	1	2	3	A 4	3	B 1(○) 2 4(○)	C (2 ○) 1	D 3(×) (×)	E

③ 위 결과를 정리하면 가능한 수의 조합은

〈case ①〉

5	1	2	3	A 2	3	B 4	C	D	E

〈case ②〉

5	1	2	3	A 4	3	B 4	C	D	E

case ①에서 C에 5가 오는 경우 D 4, E 1이 가능하다. 따라서 'C는 5가 아니다.'라는 진술은 틀리다.

5	1	2	3	A 2	3	B 4	C 5	D 4	E 1

④

5	1	2	3	A 2	3	B 4	C	D	E

에서 만일 D가 2라면

5	1	2	3	A 2	3	B 4	C	D 2	E

C에는 [1, 5] 중 5가 가능하고 E는 1이다.

⑤ E가 1인 경우는 ④에서 보았고 만일 E가 2라고 한다면

5	1	2	3	A 2	3	B 4	C	D	E 2

D에는 [1, 5]가 가능하고 이 경우 C에 5가 오면 조건 충족한다. 따라서 'E는 1 또는 2이다.'는 옳은 진술이다.

5	1	2	3	A 4	3	B 4	C 5	D 1	E 2

난도 하

정답해설

기준에 따른 포획·채취금지 고시의 대상에서 제외되는 경우를 표에서 음영으로 표시해 보면

① 전어는 제외되며

② 4월 1일~7월 31일은 제외되고(대구, 전어, 꽃게, 소라의 금지기간과 소비촉진기간 중 일부가 중첩된다)

③ 지역경제활성화 지역인 C, D, E, F가 제외된다.

〈기준〉

수산자원	금지기간	금지지역
대구	5월 1일 ~ 7월 31일	A, B
전어	9월 1일 ~ 12월 31일	E, F, G
꽃게	6월 1일 ~ 7월 31일	A, B, C
소라	3월 1일 ~ 5월 31일	E, F
소라	5월 1일 ~ 6월 30일	D, G
새조개	3월 1일 ~ 3월 31일	H

따라서 아무런 제외 사유가 없는 것은 새조개이다.

18

난도 하

정답해설

자동차	자동차 가격	보조금	개별소비세	교육세	취득세
A	4,000만 원	1,500만 원	비감면 (차값의 10%) 400만 원	전액감면	전액감면
B	3,500만 원	1,000만 원	전액감면		전액감면
C	3,500만 원	500만 원	전액감면		비감면 (차값의 5% 175만 원)

지불 금액

A=4,000−1,500+400=2,900만 원

B=3,500−1,000=2,500만 원

C=3,500−500+175만 원=3,175만 원

따라서 B<A<C 순으로 크다.

19

정답 ①

난도 하

정답해설

농가	친환경 인증 유무 (30점)	전통식품 인증 유무 (40점)	도농교류 활성화 점수	지역	총점
A	○	○	80	(가)	40+80= 120
B	×	○	60	(가)	40+60= 100
C	×	○	55	(나)	40+55+ 9.5=104.5
D	○	○	40	(다)	40+40+8 =88
E	○	×	75	(라)	30+75= 105
F	○	○	70	(라)	40+70= 110

도농교류 활성화 점수가 50점 미만인 농가는 선정하지 않으므로 D는 제외된다. 제외대상을 고려해서 높은 점수부터 나열하면 A(120점), F(110점), E(105점), C(104.5점), B(100점), D(88점)이며 E와 F는 동일한 (라)지역이므로 F만이 선정되고 그다음 최고점수인 C가 선정되어 상위 3개 농가는 A, C, F이다.

20

정답 ③

난도 하

정답해설

〈A법률 개정안 평가점수〉

개정안	수용가능성			국정과제 관련도	총합
	이해관계자	관계부처	입법부		
(가)	5	3	1	4	13
(나)	3	4	3	3	13
(다)	4	3	3	2	12

ㄱ. (나)의 점수는 13점으로 (가)와 동점이나 (가)는 입법부 항목의 점수가 1점이므로 '개정안의 개별 평가항목 점수 중 어느 하나라도 2점 미만인 경우, 해당 개정안은 채택하지 않는다.'는 규칙에 따라 채택될 수 없다. 따라서 추가절차를 진행하지 않는 경우 (나)가 채택된다.

ㄴ. 3개 개정안 모두를 대상으로 입법부 수용가능성을 높이는 절차를 최대한 진행하는 경우 입법부 수용가능성은 최대 2회 진행할 수 있고 이 경우 총 1점의 가점을 받게 된다. 3개의 개정안에 대해 입법부 수용가능성 절차를 최대로 진행하면,

개정안	수용가능성			국정과제 관련도	총합
	이해관계자	관계부처	입법부		
(가)	5	3	1+1	4	14
(나)	3	4	3+1	3	14
(다)	4	3	3+1	2	13

(가)와 (나)가 총 14점으로 동점이나 국정과제 관련도가 높은 (가)가 선택된다.

ㄷ. (나)에 대한 부처 간 회의를 1회 진행하고 (다)에 대한 관계자간담회를 2회 진행하는 경우, (나)가 채택된다.

개정안	수용가능성			국정과제 관련도	총합
	이해관계자	관계부처	입법부		
(가)	5	3	1	4	13
(나)	3	4+2	3	3	15
(다)	4+2	3	3	2	14

21

정답 ③

난도 하

정답해설

ㄴ.

참가자	조회수 등급	심사위원별 평가점수					
		(가)	(나)	(다)	(라)	(마)	평균
甲	B	9	(㉠)	7	8	7	
乙	B	9	8	7	7	7	$\frac{22}{3}≒7.3$
丙	A	8	7	(㉡)	10	5	
丁	B	5	6	7	7	7	$\frac{20}{3}≒6.6$
戊	C	6	10	10	7	7	$\frac{24}{3}=8$

①, ⓒ을 제외하고 이미 주어진 자료를 바탕으로 총 점수를 구하면

甲	
乙	≒7.3+B
丙	
丁	≒6.6+B
戊	≒8+B

이므로 戊>乙>丁이며 甲이 ①에서 최댓값(10점)을 받는 경우 또는 ①이 최솟값을 갖는 경우에도 평가점수평균은 $\frac{9+8+7}{3}=\frac{24}{3}=8$이며, 최댓값, 최솟값이 아닌 경우에도 평균을 구하는 분모는 24보다 크므로 결과적으로 甲의 총점은 ①과 무관하게 丁보다는 크다.

甲	8+B
乙	≒7.3+B
丙	
丁	≒6.6+B
戊	8+B

마찬가지로 丙이 ⓒ에서 최댓값, 최솟값을 갖는 경우는 모두 평균산정시 ⓒ이 제외되는 경우이며, 남은 10, 8, 7 즉 $\frac{10+8+7}{3}=\frac{25}{3}$이고 조회수 등급도 A이므로 결과적으로 丙>甲이다.

따라서 丁보다 큰 점수를 갖는 경우가 상위 3개 이상이므로 정은 ①, ⓒ에 상관없이 수상하지 못한다.

ㄷ. (ㅇ) 戊가 조회수 등급을 D로 받았더라도 점수를 모두 알 수 있는 乙과 丁보다 점수가 더 높으므로 수상하게 된다.

(오답해설)

ㄱ. (×) ①이 5점이라면 갑의 총 점수는 $\frac{7+8+7}{3}=\frac{22}{3}$ ≒6.6+B(9.7)≒16.30이고 을의 점수는 $\frac{7+8+7}{3}=\frac{22}{3}$ ≒6.6+B(9.7)≒16.30이므로 서로 같다(결과값을 구하지 않아도 구성 요소가 같으므로 같다는 것을 알 수 있다).

ㄹ. (×) ①>ⓒ이면 甲의 총 점수가 丙의 총 점수보다 높다.
만일 甲과 戊의 심사위원별 평가점수(최댓값과 최솟값을 제외한 3개 값의 평균)가 같은 경우라면 甲은 B등급이고 戊는 A등급이므로 甲<戊이다. 이런 경우를 만족하는 ①>ⓒ인 경우가 있는지를 살펴보자. 예를 들어 ①이 100이고 ⓒ이 9인 경우 ①>ⓒ이나 총 점수는 甲<戊이다.

참가자	조회 수 등급	심사위원별 평가점수					
		(가)	(나)	(다)	(라)	(마)	총 점수
甲	B 9.7	9	(10)	7	8	7	$\frac{9+8+7}{3}=\frac{24}{3}=8$, 총 점수=8+B
丙	A 10	8	7	(9)	10	5	$\frac{9+8+7}{3}=8$, 총 점수=8+A

난도 하

정답해설

ㄴ. (ㅇ) '모든 숫자를 붙여 쓰기 때문에 상당히 길지만 네 자리씩 끊어 읽으면 된다.'를 통해 W-K 암호체계에서 한글 단어를 변환한 암호문의 자릿수는 4의 배수라는 것을 알 수 있다.

ㄷ. (ㅇ) 1830/0015/2400에서

18〈자음〉	30〈모음〉	0015〈받침〉	24〈자음〉	00〈모음〉
ㅇ	ㅏ	ㅁ	ㅎ	대응어 없음

모음은 '30~50'에 순서대로 대응하며 '24' 뒤에는 모음이 와야 하는데 '00'이 왔으므로 한글 단어로 대응되지 않는다. 따라서 W-K 암호체계에서 '183000152400'은 한글 단어로 해독될 수 없다.

(오답해설)

ㄱ. (×) 선생은 1944년 1월 일본군에 징병돼 중국으로 파병됐지만 같은 해 5월 말 부대를 탈출해 광복군에 들어갔고 1945년 3월 중국에서 광복군과 함께 특수훈련을 하고 있었으며 이 시기에 선생은 한글 암호인 W-K(우전킴) 암호를 만들었다.

ㄹ. (×) W-K 암호체계에서 한글 '궤'는 '11363239'이 아니라 '1148'이다.

11〈자음〉	48〈모음〉	3239
ㄱ	ㅞ	×

난도 하

정답해설

① 우선 '3·1운동!' 중 마지막 부호는 느낌표이고 조건에서 느낌표는 '6600'이라고 했으므로 보기 중 6600으로 끝나는 경우는 ①, ②, ④이다. '3·1'에서 가운뎃점은 8000이므로 ①, ②가 후보가 된다. 따라서 ①, ②만 검토하면 된다. 두 수를 비교할 때 차이가 나는 부분은(음영부분) '동'의 모음부분인 'ㅗ'이다. 'ㅗ'는 '34'이므로 ①이 옳다.

보기 ① 5300/8000/5100/1836/0012/1334/0018/6600
보기 ② 5300/8000/5100/1836/0012/1335/0018/6600

특징적인 부분만 먼저 비교하고 소거법으로 해결하는 것이 빠르고 정확하게 찾는 방법임을 주의하자.

난도 중

정답해설

주어진 조건에 따르면 전기평가점수가 후기평가점수보다 높은 경우에는 가중치를 50:50으로 산정한 경우(X)가 최댓값이 되고, 후기평가점수가 더 높은 경우에는 가중치를 20:80으로 산정한 경우의 점수(Y)가 최댓값이 된다.

ㄱ. A기관과 B기관이 2점 차이 난다고 가정할 때, A기관의 후기평가점수가 $X+2$, B기관의 후기평가점수가 X라고 한다면, C기관의 최종평가점수인(전기 90점, 후기 70점을 대입한 최종값이 80이다) 80점보다 A기관과 B기관의 최종평가점수가 더 높기 위해서는 A, B 두 기관의 전기점수가 C기관보다 각각 20점, 10점이 낮음에도 최종값은 A, B가 C보다 크다는 것은 전기보다는 후기에 점수를 잘 받았다는 의미임을 생각할 때 A기관과 B기관 모두 전기평가점수보다 후기평가점수가 더 높아야 한다.

A와 B의 최종값이 2점 차이라는 전제에서 Y값에 해당하는 20:80의 비율로 최종값을 구해 보면

$$A = \frac{20 \times 60 + 80 \times (X+2)}{100} = \frac{1,360 + 80X}{100}$$

$$B = \frac{20 \times 70 + 80 \times X}{10} = \frac{1,400 + 80X}{100}$$

인데, 이는 B의 최종평가점수가 더 높으므로 A=B+2라는 즉 A>B라는 전제와 모순된다. 따라서 A는 B보다 최소 3점 많음을 알 수 있다(아래 같은 방식으로 검산해 보면 알 수 있다).

$$A = \frac{20 \times 60 + 80 \times (X+3)}{100} = \frac{1,440 + 80X}{100}$$

$$B = \frac{20 \times 70 + 80 \times X}{10} = \frac{1,400 + 80X}{100}$$

A>B의 전제를 충족한다.

따라서 'A기관의 후기평가점수는 B기관의 후기평가점수보다 최소 3점 높다.'는 옳은 진술이다.

ㄴ. ㄱ에서 A, B, D기관의 최종평가점수 모두가 C기관의 최종점수인 80점을 초과하기 위해서는 후기평가점수가 전기평가점수보다 높아야 함을 알 수 있다. 따라서 Max[X, Y]는 Y식으로 값을 구할 수 있으며 이는 최종평가점수를 산정하는 가중치는 20:80임을 의미한다.

A와 B의 값이 전기평가점수가 10점 차이 나는 경우이며 최종평가점수는 최소 3점 차이 남을 ㄱ에서 확인했으므로 D가 주어진 순위를 만족하는 가장 낮은 점수인 81점을 맞더라도, B기관의 후기평가점수는 최소 84점이라는 것을 알 수 있다.

ㄷ. ㄱ을 통해 A, B, D 각 기관의 최종평가점수가 C기관의 최종점수인 80점을 초과하기 위해서는 후기평가점수가 전기평가점수보다 높아야 한다. ㄴ에서 20:80의 가중치로 계산할 때는 전기평가점수가 10점 차이 나는 경우에 주어진 순위를 만족하기 위해 후기평가점수의 차이가 최소 3점 이상이다. B기관은 D기관 보다 후기평가점수가 최소 3점 높고, A기관은 B기관보다 후기평가점수가 최소 3점 높으므로 A기관과 D기관의 후기평가점수 차이는 최소 6점이며 따라서 'A기관과 D기관의 후기평가점수 차이는 5점일 수 있다.'는 틀린 지문이다.

난도 중

정답해설

⑤ 甲이 소속된 과는 총 9명이고 내선번호는 7016~7024번이다. 내선번호는 7001~7045까지 이므로 甲이 소속된 과보다 앞선 번호는 7001~7015이다. 따라서 甲과는 제1과는 아니다.

각 과는 최소 7명 이상이므로 내선번호도 7개 이상의 연번을 갖는다. 또 甲이 제1과가 아니므로 甲 앞에 乙, 丙, 丁 중 하나가 제1과로 온다. 이에 경우를 나눠 살펴보면,

乙이 제1과인 경우, 乙은 정원보다 4개의 내선번호를 더 가지고 총원이 가장 많다고 했으므로 甲의 9보다 많은 수이어야 하며 4개 여유분을 뺀 최대 11명을 가질 수 있다. 이 경우를 염두에 두고 계산해 보자.

乙 : 7001~7015(乙이 소속된 과의 정원은 11명+4개의 여유분 번호)

甲 : 7016~7024(정원 9명, 정원과 내선번호의 개수는 같다)

丙 : 7025~7034(번호 10개, 정원은 번호보다 3개 적으므로 정원은 7명)

丁 : 丙이 소속된 과의 과장 내선번호는 5이며 동일한 다음 수는 7035이므로 丁이 소속된 과의 과장은 7035번이며 7035~7045의 숫자가 배정된다.

이상의 정보를 종합하면 우선 정원 면에서 총원은 35명이고,

乙(11명), 甲(9명), 丙(7명) 따라서 丁은 8명이다.

앞 번호부터 제1~제4과이므로 乙(제1과) → 甲(제2과) → 丙(제3과) → 丁(제4과)이다.

이상을 표로 정리하면

구분	소속	내선번호	정원
乙	제1과	7001~7015	11
甲	제2과	7016~7024	9
丙	제3과	7025~7034	7
丁	제4과	7035~7045	8

7급 PSAT 기본이론 및 문제편

상황판단 기본이론

PART 01   LEVEL UP!

PART 02   STEP UP!

PSAT

Public Service Aptitude Test

상황판단

상황판단 기본이론

01

What is 상황판단

1 영역의 정의

- 상황판단 영역은 구체적으로 주어진 상황을 이해 · 적용하여 문제점을 발견하는 능력 및 이러한 문제를 해결하기 위하여 다양한 가능성(대안)을 제시하고, 일정한 기준에 의해서 최선의 대안을 선택하는 능력을 측정하는 영역이다.
- 상황판단 영역은 상황의 이해능력, 추론 및 분석능력, 문제해결능력, 판단 및 의사결정능력 등을 검정한다.

2 문항 구성의 소재

1. 출제 가능 분야

상황판단 영역은 특정분야를 한정하지 않고 인문과학, 사회과학, 자연과학 등 다양한 분야를 문항 구성의 소재로 삼는다. 이러한 분야에서 공직자들이 실무에서 접하게 될 실제적인 상황, 구체적인 사회적 이슈, 공공정책 등을 제시하는 방식으로 문항이 출제된다.

2. 상황대처능력을 평가하기 위한 소재

문항의 소재를 다양화한 것은 수험자들의 학습 부담을 늘리기 위한 것이 아니라 다양한 상황에 접근할 수 있는 논리적 · 비판적 사고 능력과 문제해결능력 등을 함양하여 그 능력을 새롭고 다양한 분야에 적용할 수 있도록 하기 위해서이다.

3. 대학교양수준의 지문

교양 수준을 넘는 전문적인 개념이 사용되었을 경우에는 각주 등을 사용하여 그 개념의 의미를 이해할 수 있도록 설명한다.

3 평가항목의 주요내용

다음은 상황판단 영역에서 평가하고자 하는 능력에 대한 일반적인 특성을 진술한 것이다. 그러나 실제 출제되는 문제는 다양하게 변형되기 때문에 요구되는 능력을 파악하고 적절히 활용해야 해결할 수 있다.

평가항목	측정내용
이해력	• 제시된 상황의 주요 쟁점 및 문제점을 이해할 수 있는 능력 • 주어진 개념, 원리 등을 새로운 상황이나 구체적인 사례에 적용할 수 있는 능력
추론력	상황을 대안으로 설정하기 위한 주요 요인을 추리하여 대안을 설정하고 그 대안의 실행전략을 유추할 수 있는 능력
분석력	여러 형태의 대안을 비교분석하고, 그에 따른 결과를 예측하는 능력
평가력	문제해결을 위한 다양한 형태의 대안을 평가하는 기준을 설정하고, 비교평가하여, 합리적 대안을 선택하는 판단 및 의사결정능력

※ 추론력, 분석력, 평가력은 각각 이전 단계를 전제로 하는 점증적 과정이므로 하나의 문제에서 여러 평가항목을 동시에 사용할 수 있음

4 학습방법

1. 지식의 학습은 불필요

상황판단 영역은 기본적으로 특정분야의 지식을 필요로 하지 않는다. 특정분야의 지식을 습득·암기하려고 하기보다는 정보와 지식을 자신의 <u>논리적·비판적 사고력으로 판단·분석하여 문제를 해결하려는 능력을 함양하는 데 주력</u>하는 것이 바람직하다.

2. 이해력

이해력 항목은 주어진 정보 속에 숨어 있는 문제와 그 문제의 본질을 찾는 능력을 측정한다. 평소 우리 주변에서 일어나는 <u>이슈나 상황에는 어떤 것들이 있는지, 어떤 흐름으로 흘러가는지에 관심</u>을 갖는다면 이해력 함양에 많은 도움이 될 것이다. 이는 공직자로서 마땅히 갖추어야 할 자세이기도 하다.

3. 추론력

추론력 항목은 우리가 해결하기로 정한 문제의 대안을 찾아나가는 능력을 측정한다. 이 항목에서는 복합적인 문제가 주어졌을 때, 이를 해결하기 위해 고려해야 할 요인이 무엇이며, 어떠한 요인이 결과에 어떻게 영향을 미치는지 추론하는 능력을 측정한다. 이러한 능력을 기르기 위해서는 독서, 뉴스 등 <u>다양한 매체를 통해 정보 속에 숨어 있는 요인들을 끌어내고, 이들 간의 논리적 관계에 대한 추론을 통해 이를 모델화하는 훈련</u>을 반복해 보는 것이 좋다.

4. 분석력

분석력 항목은 다양한 기법을 통해 대안을 분석하고 이를 토대로 대안이 가져올 결과를 예측하여, 최적(최선)의 대안을 선택함에 있어 정보 제공 등으로 도움을 줄 수 있는 능력을 측정한다. 다양한 기법의 세부적인 내용은 모르더라도 기법에 대한 개념과 논리는 이해하는 것이 바람직하다. 또한 이러한 <u>기법이 주는 정보를 이해하고 이를 자신의 통찰력과 연결하여 미래를 예측하는 훈련</u>을 반복해 보는 것이 좋다.

5. 평가력

평가력 항목은 최종적으로 대안을 비교·평가하여 최적(최선)의 대안을 도출해내고 대안의 시행결과를 평가·환류하는 능력을 측정한다. <u>각 대안의 장점과 단점을 비교해보고, 여러 기준을 통해 대안을 비교·평가하는 방식의 훈련</u>을 권한다. 이러한 훈련은 타 항목과 마찬가지로 평소 주변의 현상에 대해 분석적·평가적인 시각에서 관심을 가지고 이해하려는 노력을 통해 효율적으로 성장시킬 수 있다.

02

Check!
정부 예시문제 파헤치기

다음 글을 근거로 판단할 때, (A)~(E)의 요건과 〈상황〉의 ㉮~㉲를 옳게 짝지은 것은?

민법 제00조는 "고의 또는 과실로 인한 위법행위로 타인에게 손해를 가한 자는 그 손해를 배상할 책임이 있다."고 규정하고 있다. 이는 가해자의 불법행위로 피해자가 손해를 입은 경우, 가해자의 손해배상책임을 인정하는 규정이다. 이 규정에 따라 손해배상책임이 인정되기 위해서는 다음의 (A)~(E) 다섯 가지 요건을 모두 충족하여야 한다.

(A) 가해자에게 고의 또는 과실이 있어야 한다. 고의란 가해자가 불법행위의 결과를 인식하고 받아들이는 심리상태이며, 과실이란 가해자에게 무엇인가 준수해야 할 의무가 있음에도 부주의로 그 의무의 이행을 다하지 아니한 것을 말한다.

(B) 피해자의 손해를 야기할 수 있는 가해자의 행위(가해행위)가 있어야 한다.

(C) 가해행위가 위법한 행위이어야 한다. 일반적으로 법규에 어긋나는 행위는 위법한 행위에 해당한다.

(D) 피해자에게 손해가 발생해야 한다.

(E) 가해행위와 손해발생 사이에 인과관계가 있어야 한다. 가해행위가 없었더라면 손해가 발생하지 않았을 경우에 인과관계가 인정된다.

─ **상 황** ─

甲이 차량을 운전하다가 보행자 교통신호의 지시에 따라 횡단보도를 건너던 乙을 치어 乙에게 부상을 입혔다. 이 경우, ㉮ 甲이 차량으로 보행자 乙을 친 것, ㉯ 甲의 차량이 교통신호를 지키지 않아 도로교통법을 위반한 것, ㉰ 甲이 교통신호를 준수할 의무를 부주의로 이행하지 않은 것, ㉱ 횡단보도를 건너던 乙이 부상을 입은 것, ㉲ 甲의 차량이 보행자 乙을 치지 않았다면 乙이 부상을 입지 않았을 것이 (A)~(E) 요건을 각각 충족하기 때문에 甲의 손해배상책임이 인정된다.

① (A) - ㉱
② (B) - ㉮
③ (C) - ㉲
④ (D) - ㉯
⑤ (E) - ㉯

정답해설

② (B)는 피해자의 손해를 야기할 수 있는 가해자의 행위(가해행위)가 있어야 하는 것인데, ㉮의 '甲이 차량으로 보행자 乙을 친 것'이 가해행위에 해당하므로 옳게 연결된 것이다.

오답해설

① (A)는 가해자에게 고의 또는 과실이 있어야 한다는 것인데, ㉰의 '甲이 교통신호를 준수할 의무를 부주의로 이행하지 않은 것'이 이에 해당하므로 옳지 않게 연결된 것이다.
③ (C)는 가해행위가 위법한 행위이어야 한다는 것인데, ㉯의 '甲의 차량이 교통신호를 지키지 않아 도로교통법을 위반한 것'이 이에 해당하므로 옳지 않게 연결된 것이다.
④ (D)는 피해자에게 손해가 발생해야 한다는 것인데, ㉱의 '횡단보도를 건너던 乙이 부상을 입은 것'이 이에 해당하므로 옳지 않게 연결된 것이다.
⑤ (E)는 가해행위와 손해발생 사이에 인과관계가 있어야 한다는 것인데, ㉲의 '甲의 차량이 보행자 乙을 치지 않았다면 乙이 부상을 입지 않았을 것'이 이에 해당하므로 옳지 않게 연결된 것이다.

정답 ②

다음 글과 〈○○시 지도〉를 근거로 판단할 때, ㉠에 들어갈 수 있는 것만을 〈보기〉에서 모두 고르면?

> ○○시는 지진이 발생하면 발생지점으로부터 일정 거리 이내의 시민들에게 지진발생문자를 즉시 발송하고 있다. X등급 지진의 경우에는 발생지점으로부터 반경 1km, Y등급 지진의 경우에는 발생지점으로부터 반경 2km 이내의 시민들에게 지진발생문자를 발송한다. 단, 수신차단을 해둔 시민에게는 지진발생문자를 보내지 않는다.
>
> 8월 26일 14시 정각 '가'지점에서 Y등급 지진이 일어났을 때 A~E 중 2명만 지진발생문자를 받았다. 5분 후 '나'지점에서 X등급 지진이 일어났을 때에는 C와 D만 지진발생문자를 받았다. 다시 5분 후 '나'지점에서 정서 쪽으로 2km 떨어진 지점에서 Y등급 지진이 일어났을 때에는 (㉠)만 지진발생문자를 받았다. A~E 중에서 지진발생문자 수신차단을 해둔 시민은 1명뿐이다.

〈○○시 지도〉

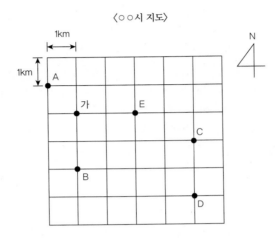

┌─ 보기 ───┐
ㄱ. A   ㄴ. B   ㄷ. E
ㄹ. A와 E   ㅁ. B와 E   ㅂ. C와 E
└──┘

① ㄱ, ㄷ   ② ㄱ, ㄹ
③ ㄹ, ㅂ   ④ ㄴ, ㄷ, ㅁ
⑤ ㄴ, ㅁ, ㅂ

[정답해설]

제시문의 내용을 정리하면 아래 그림과 같다('나'지점에서 정서쪽으로 2km 떨어진 지점은 편의상 '다'로 표시). 먼저 첫 번째 지진의 경우 반경 2km 내에 위치한 시민은 A, B, E의 3명인데 실제 지진발생문자를 받은 시민은 2명이라고 하였다. 따라서 A, B, E 중 1명이 지진발생문자 수신차단을 해두었다는 것을 알 수 있다. 그런데 A~E 중에서 지진발생문자 수신차단을 해둔 시민은 1명뿐이라고 하였으므로 나머지 C와 D는 차단을 하지 않았다는 것도 알 수 있다.

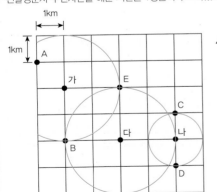

ㄴ. 만약 수신차단을 해둔 사람이 E라면 B만 지진발생문자를 받게 되므로 옳다.
ㄷ. 만약 수신차단을 해둔 사람이 B라면 E만 지진발생문자를 받게 되므로 옳다.
ㅁ. 만약 수신차단을 해둔 사람이 A라면 B와 E가 지진발생문자를 받게 되므로 옳다.

[오답해설]

ㄱ, ㄹ. A는 '다'지진의 반경범위 밖에 있으므로 수신차단여부와 무관하게 문자를 받지 못한다.
ㅂ. C는 '다'지진의 반경범위 밖에 있으므로 수신차단여부와 무관하게 문자를 받지 못한다.

답 ④

다음 글과 〈상황〉을 근거로 판단할 때, 과거에 급제한 아들이 분재 받은 밭의 총 마지기 수는?

> 조선 시대의 분재(分財)는 시기가 재주(財主) 생전인지 사후인지에 따라 구분할 수 있다. 별급(別給)은 재주 생전에 과거급제, 생일, 혼인, 출산, 감사표시 등 특별한 사유로 인해 이루어지는 분재였으며, 깃급(衿給)은 특별한 사유 없이 재주가 임종이 가까울 무렵에 하는 일반적인 분재였다.
>
> 재주가 재산을 분배하지 못하고 죽는 경우 재주 사후에 그 자녀들이 모여 재산을 분배하게 되는데, 이를 화회(和會)라고 했다. 화회는 재주의 3년 상(喪)을 마친 후에 이루어졌다. 자녀들이 재산을 나눌 때 재주의 유서나 유언이 남아 있으면 이에 근거하여 분재가 되었으나, 그렇지 못한 경우에는 합의하여 재산을 나누어 가졌다. 조선 전기에는 『경국대전』의 규정에 따랐는데, 친자녀 간 균분 분재를 원칙으로 하나 제사를 모실 자녀에게는 다른 친자녀 한 사람 몫의 5분의 1이 더 분재되었다. 그러나 이때에도 양자녀에게는 차별을 두도록 되어 있었다. 조선 중기 이후에는 『경국대전』의 규정이 그대로 지켜지지 못하고 장남에게 많은 재산이 우선적으로 분재되었다. 깃급과 화회 대상 재산에는 별급으로 받은 재산이 포함되지 않았다.

※ 1) 분재 : 재산을 나누어 줌
2) 재주 : 분재되는 재산의 주인

┌─[상황]
│ • 유서와 유언 없이 사망한 재주 甲의 분재 대상자는 아들 2명과 딸 2명이며, 이 중 딸 1명은 양녀이고 나머지 3명은 친자녀이다.
│ • 甲이 별급한 재산은 과거에 급제한 아들 1명에게 밭 20마지기를 준 것과 두 딸이 시집갈 때 각각 밭 10마지기씩을 준 것이 전부였다.
│ • 화회 대상 재산은 밭 100마지기이며 화회는 『경국대전』의 규정에 따라 이루어졌다.
│ • 과거에 급제한 아들이 제사를 모시기로 하였으며, 양녀는 제사를 모시지 않는 친자녀 한 사람이 화회로 받은 몫의 5분의 4를 받았다.

① 30
② 35
③ 40
④ 45
⑤ 50

정답해설

〈상황〉의 내용을 정리하면 다음과 같다.

구분	아들 1(과거급제)	아들 2	딸 1	딸 2(양녀)
별급받은 재산	20마지기	–	10마지기	10마지기
분재비율 (총 100마지기)	6/5A	A	A	4/5A
화회로 받은 몫	30마지기	25마지기	25마지기	20마지기
합계	50마지기	25마지기	35마지기	30마지기

이때 A는 제사를 모시지 않는 자녀에게 돌아갈 몫이다. 『경국대전』에서는 원래 친자녀 간 균분 분재를 원칙으로 하였으나, 주어진 〈상황〉에서는 양자녀도 친자녀 몫의 5분의 4를 받는다고 하였으므로, 제사를 모시지 않는 자녀에게 돌아갈 기본 몫을 계산할 때 자녀의 수를 4명으로 하는 것에 유의한다.

합격자의 SKILL

상황판단에서는 이와 같이 제시문에서 여러 가지의 경우가 주어지고 그 중 한 개의 상황이 제시되는 경우가 많다. 이 문제의 경우 제시문에서는 조선 전기와 조선 후기가 나누어 서술되고 있지만 실제 〈상황〉은 『경국대전』을 따르는 것이다. 따라서 제시문을 읽을 때 모든 경우를 깊이 있게 읽는 것보다는 제시되는 상황을 같이 보면서 필요한 부분만 발췌해서 읽는 전략이 필요하다. 물론, 이는 한순간에 이루어지는 것이 아니며 많은 기출문제를 풀어보면서 이른바 '시선 오르내리기'에 익숙해져야 하는 것이다.

정답 ⑤

다음 글을 근거로 판단할 때, 〈보기〉에서 옳은 것만을 모두 고르면?

여행을 좋아하는 甲은 ○○항공의 마일리지를 최대한 많이 적립하기 위해, 신용카드 이용금액에 따라 ○○항공의 마일리지를 제공해주는 A, B 두 신용카드 중 하나의 카드를 발급받기로 하였다. 각 신용카드의 ○○항공 마일리지 제공 기준은 다음과 같다.

〈A신용카드의 ○○항공 마일리지 제공 기준〉

1) 이용금액이 월 50만 원 이상 100만 원 이하일 경우
   - 이용금액 1,000원당 1마일리지를 제공함
2) 이용금액이 월 100만 원 초과 200만 원 이하일 경우
   - 100만 원 이하 이용금액은 1,000원당 1마일리지를, 100만 원 초과 이용금액은 1,000원당 2마일리지를 제공함
3) 이용금액이 월 200만 원을 초과할 경우
   - 100만 원 이하 이용금액은 1,000원당 1마일리지를, 100만 원 초과 200만 원 이하 이용금액은 1,000원당 2마일리지를, 200만 원 초과 이용금액은 1,000원당 3마일리지를 제공함

〈B신용카드의 ○○항공 마일리지 제공 기준〉

1) 이용금액이 월 50만 원 이상 100만 원 이하일 경우
   - 이용금액 1,000원당 1마일리지를 제공함
2) 이용금액이 월 100만 원 초과 200만 원 이하일 경우
   - 100만 원 이하 이용금액은 1,000원당 2마일리지를, 100만 원 초과 이용금액은 1,000원당 1마일리지를 제공함
3) 이용금액이 월 200만 원을 초과할 경우
   - 70만 원 이하 이용금액은 1,000원당 3마일리지를, 70만 원 초과 이용금액은 1,000원당 1마일리지를 제공함

※ 마일리지 제공 시 이용금액 1,000원 미만은 버림

보 기

ㄱ. 신용카드 이용금액이 월 120만 원이라면, A신용카드가 B신용카드보다 마일리지를 더 많이 제공한다.
ㄴ. 신용카드 이용금액이 월 100만 원을 초과할 경우, A신용카드가 제공하는 마일리지와 B신용카드가 제공하는 마일리지가 같은 경우가 발생할 수 있다.
ㄷ. 신용카드 이용금액이 월 200만 원을 초과할 경우, B신용카드가 A신용카드보다 마일리지를 더 많이 제공한다.

① ㄱ
② ㄴ
③ ㄷ
④ ㄱ, ㄴ
⑤ ㄴ, ㄷ

정답해설

ㄴ. 아래 ㄷ에서 풀이한 것처럼 신용카드 이용금액이 220만 원인 경우 A신용카드가 제공하는 마일리지와 B신용카드가 제공하는 마일리지가 같다. 따라서 옳은 내용이다.

오답해설

ㄱ. 신용카드 이용금액이 월 120만 원인 경우,
 - A신용카드 마일리지 : 1,000마일리지+400마일리지=1,400마일리지
 - B신용카드 마일리지 : 2,000마일리지+200마일리지=2,200마일리지
따라서 B신용카드가 A신용카드보다 마일리지를 더 많이 제공하므로 옳지 않은 내용이다.

ㄷ. 신용카드 이용금액을 200만 원+x로 나타내면,
 - A신용카드 마일리지 : 1,000마일리지+2,000마일리지+($x/1,000×3$)
 - B신용카드 마일리지 : 2,100마일리지+1,300마일리지+($x/1,000$)
두 식을 같다고 놓고 풀면 x가 20(즉, 신용카드 이용금액이 220만 원)인 경우에는 두 카드의 마일리지가 같지만, 220만 원보다 작은 경우는 B신용카드가, 220만 원보다 큰 경우는 A신용카드가 더 많은 마일리지를 제공함을 알 수 있다. 따라서 옳지 않은 내용이다.

정답 ②

03 Check! 필수 스킬 TOP 10

유형 1 법조문 제시

1 유형의 이해

상황판단에서는 법령이나 조약을 구체적으로 제시하고 이를 해석할 수 있는지, 혹은 사례에 적용할 수 있는지를 묻는 문제가 다수 출제된다. 법조문에 익숙하지 않은 수험생에게는 이 유형의 문제를 처음 접했을 때 어렵게 느껴질 수도 있지만, 자세히 들여다보면 법조문 문제 역시 형태를 달리한 '내용일치 문제'에 해당한다. 오히려 일반적인 텍스트와 달리 법조문은 구조가 짜임새 있기 때문에 익숙해지면 더 쉽게 답을 찾을 수 있는 유형이기도 하다.

2 접근법

1. 세부적인 내용의 처리방법

법조문형 문제는 시간이 무한정 주어진다면 모든 수험생이 다 풀 수 있는 문제이다. 하지만 현실은 그렇지 않기에 어느 정도의 요령이 필요하다. 가장 대표적으로 세부적인 항목이 제시되는 법조문은 세부적인 내용을 꼼꼼하게 읽지 말고 선택지를 판단할 때 찾아가는 식으로 풀이해야 한다. 단, 그 세부항목들이 어떤 것에 대한 것인지, 즉 상위범주에 대해서는 확실하게 정리를 하고 선택지를 읽어야 한다. 세부적인 내용은 꼼꼼하게 읽는다고 해서 모두 외워지는 것도 아니고 실제 선택지에서는 그중 한 개만 다뤄지기 때문이다. 선택지를 보고 역으로 올라오라는 의미는 바로 이런 세부사항을 처리하는 방법을 의미하는 것이지 조문 자체를 아예 읽지도 않고 선택지부터 보라는 의미가 아니다.

2. 법률과 시행령이 주어지는 경우

법률과 시행령이 같이 제시되는 경우는 법률의 특정 용어를 시행령에서 세부적으로 규정하는 것이 일반적이다. 그런데 주의할 점은, 시행령의 내용에는 선택지에서 다뤄지지 않는 부분까지 규정하고 있는 경우가 많다는 점이다. 따라서 시행령을 체크할 때에는 전체 내용을 정리하려고 하지 말고 법률의 어느 용어가 시행령에서 구체화되었는지만 체크하고 넘어가는 것이 효과적이다.

3. 각각의 조문에 제목이 붙어있는 경우

이 경우는 대개 조문의 길이가 길게 출제되는 것이 보통이므로 이 조문들을 찬찬히 읽으면서 이해하는 것은 거의 도움이 되지 않는다. 제목을 체크해두고 그 제목을 통해서 법이 어떻게 구성되어 있는지 자기 나름대로의 스토리를 머릿속에 넣은 후에 선택지를 보기 바란다. 간혹 제목에 체크하는 것까지만 하고 그 제목을 통해서 법이 어떻게 구성되어 있는지를 머릿속에 넣지 않고 풀이하는 경우가 많은데 그것은 별 효과가 없다.

3 생각해 볼 부분

만약 제시된 법조문에 별다른 특성이 없다면 수험생의 입장에서는 참 곤혹스럽기 마련이다. 차근차근 읽어가기도 그렇고 선택지부터 보기에도 그런 애매한 유형인데, 이런 유형을 만나면 각 조문의 '주어'가 무엇인가와 익숙한 법률용어들에만 체크해두고 선택지로 넘어가는 것이 좋다. 특성이 없는 조문이라는 것은 결국 출제의 포인트가 한정적이라는 얘기인데, 결국 그것은 주어와 법률용어를 섞어놓는 것 이외에는 별다른 포인트가 없다는 의미가 된다. 이런 유형을 풀 때 가장 위험한 것은 처음부터 차근차근 숙지하며 읽는 것이다. 하나하나의 조문이 별개의 내용으로 구성되어 있는 경우가 대부분이어서 흐름을 잡기가 쉽지 않아 괜한 시간낭비가 될 가능성이 높기 때문이다.

다음 글을 근거로 판단할 때, 〈보기〉에서 규정을 위반한 행위만을 모두 고르면?

제00조(청렴의 의무) ① 공무원은 직무와 관련하여 직접적이든 간접적이든 사례·증여 또는 향응을 주거나 받을 수 없다.

② 공무원은 직무상의 관계가 있든 없든 그 소속 상관에게 증여하거나 소속 공무원으로부터 증여를 받아서는 아니 된다.

제00조(정치운동의 금지) ① 공무원은 정당이나 그 밖의 정치단체의 결성에 관여하거나 이에 가입할 수 없다.

② 공무원은 선거에서 특정 정당 또는 특정인을 지지 또는 반대하기 위한 다음의 행위를 하여서는 아니 된다.

1. 투표를 하거나 하지 아니하도록 권유 운동을 하는 것

2. 기부금을 모집 또는 모집하게 하거나, 공공자금을 이용 또는 이용하게 하는 것

3. 타인에게 정당이나 그 밖의 정치단체에 가입하게 하거나 가입하지 아니하도록 권유 운동을 하는 것

③ 공무원은 다른 공무원에게 제1항과 제2항에 위배되는 행위를 하도록 요구하거나, 정치적 행위에 대한 보상 또는 보복으로서 이익 또는 불이익을 약속하여서는 아니 된다.

제00조(집단행위의 금지) ① 공무원은 노동운동이나 그 밖에 공무 외의 일을 위한 집단행위를 하여서는 아니 된다. 다만, 사실상 노무에 종사하는 공무원은 예외로 한다.

② 제1항 단서에 규정된 공무원으로서 노동조합에 가입된 자가 조합 업무에 전임하려면 소속 장관의 허가를 받아야 한다.

보 기

ㄱ. 공무원 甲은 그 소속 상관에게 직무상 관계없이 고가의 도자기를 증여하였다.

ㄴ. 사실상 노무에 종사하는 공무원으로서 노동조합에 가입된 乙은 소속 장관의 허가를 받아 조합 업무에 전임하고 있다.

ㄷ. 공무원 丙은 동료 공무원 丁에게 선거에서 A정당을 지지하기 위한 기부금을 모집하도록 요구하였다.

ㄹ. 공무원 戊는 국회의원 선거기간에 B후보를 낙선시키기 위해 해당 지역구 지인들을 대상으로 다른 후보에게 투표하도록 권유 운동을 하였다.

① ㄱ, ㄴ

② ㄴ, ㄷ

③ ㄷ, ㄹ

④ ㄱ, ㄴ, ㄹ

⑤ ㄱ, ㄷ, ㄹ

ㄱ. 첫 번째 조 제2항에서 공무원은 직무상의 관계가 있든 없든 그 소속 상관에게 증여하거나 소속 공무원으로부터 증여를 받아서는 아니 된다고 하였으므로 규정을 위반한 행위이다.

ㄷ. 두 번째 조 제2항에서 공무원은 선거에서 특정 정당을 지지하기 위해 기부금을 모집 또는 모집하게 하는 행위를 하여서는 아니 된다고 하였으므로 규정을 위반한 행위이다.

ㄹ. 두 번째 조 제2항에서 공무원은 선거에서 특정인을 반대하기 위해 투표를 하거나 하지 아니하도록 권유 운동을 하여서는 아니 된다고 하였으므로 규정을 위반한 행위이다.

답 ⑤

발문, 제시문 스캐닝

먼저 규정을 위반한 행위를 고르는 문제이므로 '위반'이라는 단어에 동그라미를 쳐둔다. 이제 법조문을 검토해보면 각 조문별로 제목이 붙어있는 형태이므로 각각의 제목에 표시를 하면서 전체 법조문의 구조를 정리해둔다. 특히 두 번째 항목 중 ②항은 세부항목이 3개나 나열되어 있다는 점을 체크해둔다.

선택지 스캐닝

서로 연결되지 않은 독립된 4개의 사례들이 제시되어 있다. 이러한 경우는 특별한 상황이 아닌 한 ㄱ부터 순서대로 판단하기로 한다.

체크할 부분

법조문에서 특징적인 것은 두 번째 조의 ②항이다. 이러한 항목은 모든 내용을 다 읽을 필요가 없다. 따라서 '공무원이 선거에서 해서는 안 되는 행위'라는 점만 파악하고 곧바로 ③항으로 넘어가야 한다. 또한 세 번째 조의 ①항은 '다만, ~'으로 시작하는 예외규정을 체크해둔다. 지금까지의 모든 기출문제를 검토해보면 예외규정은 반드시 사례를 통해 선택지로 구성되기 때문이다.

1 유형의 이해

법조문을 법학교과서형으로 변형한 유형이며 매년 2~3문제는 꼭 출제되는 유형이다. 이 유형은 제시문의 형태를 띠고 있으나 실상은 법률형 문제와 동일하다. 따라서 법률형 문제에서 주로 출제되는 스킬. 특히 예외규정에 대한 포인트는 이 유형에서도 여전히 유효하다.

2 접근법

1. 법조문 형태로 재구성

설명문의 형식으로 구성된 법조문 유형의 문제는 단순히 내용을 이해하고 끝날 것이 아니라 글 자체를 법조문의 형태로 재구성하며 문제를 풀이할 수 있어야 한다. 예를 들어 첫 단락을 1조, 두 번째 단락을 2조와 같이 내용을 분리해서 읽어야 한다는 것이다. 그렇게 되면 불필요하게 덧붙여있는 수식어구들이 사라지면서 핵심적인 내용만 남게 되는데 이렇게 풀이할 수 있으려면 상당히 많은 연습이 있어야 가능하다.

2. 법률지식

심화된 법률지식을 가지고 있을 필요는 없지만 일부 용어들은 출제의 포인트로 자주 등장하므로 미리 익혀두면 좋다. 예를 들어 뒤의 예제에서 등장한 직권 vs 신청. 벌금 vs 과태료와 같은 용어들은 일단 문제에 등장하면 체크해두는 것이 좋다. 난도가 낮은 문제일수록 이런 경향이 강하다.

3 생각해 볼 부분

법학교과서형 문제는 외형은 일치·부합형과 유사하지만 실제 출제되는 것은 사례와 연결 짓는 유형이 대부분이다. 따라서 선택지 스캔 시 반복되는 키워드 내지는 중요해 보이는 단어에 체크를 해두는 것이 좋다. 그리고 그 단어들을 중심으로 제시문을 읽어나가는 것이 효율적이다. 즉, 그 어느 유형보다 입체적인 풀이가 필요한 것이 바로 이 유형인 것이다.

다음 글과 〈상황〉을 근거로 판단할 때 옳은 것은?

> 매매목적물에 하자가 있는 경우, 하자가 있는 사실을 과실 없이 알지 못한 매수인은 매도인에 대하여 하자담보책임을 물어 계약을 해제하거나, 손해배상을 청구할 수 있다. 이때 매도인이 하자를 알았는지 여부나 그의 과실 유무를 묻지 않는다. 매매목적물의 하자는 통상 거래상의 관념에 비추어 그 물건이 지니고 있어야 할 품질·성질·견고성·성분 등을 갖추지 못해서 계약의 적합성을 갖지 못한 경우를 말한다. 가령 진품인 줄 알고 매수한 그림이 위작인 경우가 그렇다. 매수인은 이러한 계약해제권·손해배상청구권을 하자가 있는 사실을 안 날로부터 6개월 내에 행사하여야 한다.
>
> 한편 계약의 중요 부분에 착오가 있는 경우, 착오에 중대한 과실이 없는 계약당사자는 계약을 취소할 수 있다. 여기서 착오는 계약을 맺을 때에 실제로 없는 사실을 있는 사실로 잘못 알았거나 아니면 실제로 있는 사실을 없는 사실로 잘못 생각하듯이, 계약당사자(의사표시자)의 인식과 그 실제 사실이 어긋나는 경우를 가리킨다. 가령 위작을 진품으로 알고 매수한 경우가 그렇다. 이러한 취소권을 행사하려면, 착오자(착오로 의사표시를 한 사람)가 착오 상태에서 벗어난 날(예 진품이 위작임을 안 날)로부터 3년 이내에, 계약을 체결한 날로부터 10년 이내에 행사하여야 한다. 착오로 인한 취소는 매도인의 하자담보책임과 다른 제도이다. 따라서 매매계약 내용의 중요 부분에 착오가 있는 경우, 매수인은 매도인의 하자담보책임이 성립하는지와 상관없이 착오를 이유로 매매계약을 취소할 수 있다.

─ 상황 ─

> 2018년 3월 10일 매수인 甲은 매도인 乙 소유의 '나루터그림'을 과실 없이 진품으로 믿고 1,000만 원에 매매계약을 체결한 당일 그림을 넘겨받았다. 그 후 2018년 6월 20일 甲은 나루터그림이 위작이라는 사실을 알게 되었다.

① 2018년 6월 20일 乙은 하자를 이유로 甲과의 매매계약을 해제할 수 있다.

② 2019년 6월 20일 甲은 乙에게 하자를 이유로 손해배상을 청구할 수 있다.

③ 2019년 6월 20일 甲은 착오를 이유로 乙과의 매매계약을 취소할 수 없다.

④ 乙이 매매계약 당시 위작이라는 사실을 과실 없이 알지 못하였더라도, 2019년 6월 20일 甲은 하자를 이유로 乙과의 매매계약을 해제할 수 있다.

⑤ 乙이 위작임을 알았더라도 2019년 6월 20일 甲은 하자를 이유로 乙과의 매매계약을 해제할 수 없지만, 착오를 이유로 취소할 수 있다.

---

⑤ 하자로 인한 매매계약 해제권은 매수자에게 있지만 착오로 인한 해제는 계약당사자 모두가 가능하다. 또한 2019년 6월 20일은 하자로 인한 계약해제를 할 수 있는 6개월이 지난 시점이므로 하자를 이유로는 매매계약을 해제할 수 없지만, 착오를 이유로 계약을 해제할 수 있는 기간에는 해당하므로 옳은 내용이다.

答 ⑤

발문, 제시문 스캐닝

별도의 〈상황〉이 주어진 3단 구성의 문제라는 것을 알 수 있으며, '옳은'이라는 단어에 동그라미를 쳐둔다.

선택지 스캐닝

제시문을 읽지 않은 상황에서 〈상황〉을 미리 읽는 것은 큰 도움이 되지 않는다. 하지만 〈상황〉을 통해 제시문의 얼개를 대략적으로 파악할 수 있으므로 눈에 띄는 단어들을 체크해둔다. 이 문제의 경우는 '과실 없이', '당일', '위작' 정도가 될 것이다. 이 단어들이 실제 문제 풀이과정에서 유의미한 역할을 할 것인지는 중요하지 않다. 단지, 이렇게 단어를 잡아두고 제시문을 읽으면 독해의 능률이 높아지기 때문이지 이를 통해 정답을 찾고자 함이 아니기 때문이다. 선택지에서는 '하자'와 '착오'라는 단어가 반복되고 있으므로 이 단어들에 체크해둔다. 이와 같은 선택지들은 외형상 경중을 가리기가 불가능하므로 ①부터 순차적으로 검토하기로 한다.

체크할 부분

제시문을 다 읽었을 때 머릿속에 정리가 되어야 하는 것은 이 제시문은 '매매목적물에 하자가 있는 경우'와 '계약의 중요 부분에 착오가 있는 경우'로 나뉜다는 것이다. 그리고 제시문에 등장하는 '6개월', '3년', '10년'이라는 기간이 어떻게 적용되는지도 확실하게 구분되어 있어야 한다. 만약 제시문을 다 읽었음에도 이것이 정리되지 않았다면 아직 〈상황〉과 선택지를 분석할 준비가 되어 있지 않은 것이다. 이때는 제시문을 다시 읽을 것인지 다음 문제로 넘어갈 것인지 확실히 결정해야 한다. 또한, 이 문제와 같이 등장인물이 복수로 등장하는 경우 이를 정확히 구분해야 한다. 통상 등장인물을 서로 뒤섞어놓은 선택지가 답이 되는 경우가 많기 때문이다.

1 유형의 이해

통상 설명문이 제시되고 그 내용에 부합하는 것을 찾게 하는 유형으로 외형상으로는 언어논리의 일치·부합형과 유사하다. 하지만 언어논리의 경우 전체적인 주제를 얼마나 제대로 이해하고 있는지가 출제의 포인트인데 반해 상황판단에서 출제되는 문제들은 주제와는 직접 연결이 되지 않는, 그야말로 전방위적으로 출제되는 편이다. 또한, 제시문에서 던져주는 정보의 양도 매우 많은 편이므로 상당히 많은 시간이 소요되는 유형이기도 하다. 여기서는 일반적인 유형보다는 특별히 유념해야 할 부분을 중심으로 소개하고자 한다.

2 접근법

1. 연도·숫자가 제시되는 경우

흔히 연도가 제시된 글은 연도를 중심으로 읽어야 한다는 일종의 원칙 같은 것이 있다. 물론 그것이 어느 정도는 맞는 말이지만 제시문 전체가 연도로 도배가 되어있다시피 한 경우에는 예외이다. 즉, 연도가 머릿속에서 정리가 가능한 양을 넘어선다면 이는 연도 중심의 독해가 아니라 내용 중심의 독해를 해야 한다. 굳이 이런 당연한 이야기를 하는 이유는 수험생들 사이에는 이런 풀이법을 너무 기계적으로 받아들이는 경우가 많기 때문이다. 풀이법이라는 것은 어디까지나 표준화된 유형으로 출제되었을 경우에 적용 가능한 것이지 그것이 변형되었을 때에는 풀이법도 바뀌어야 한다.

2. 소거법 활용 시 주의사항

내용일치 문제가 ㄱ, ㄴ, ㄷ, ㄹ 선택형 문제로 출제되는 경우, 소거법을 이용해서 빠르게 해결할 수 있지만 이때에는 실수의 가능성을 염두에 두어야 한다. 특히 숫자가 핵심적인 요소인 경우 이를 빠르게 풀다 보면 실수하기 쉽다. 이 경우 대부분 순서를 뒤집거나 다른 항목과 연결지어 선택지를 구성하는 경우가 많으므로 주의하기 바란다.

3. 각주

특히 이 유형에서는 각주가 주어지는 경우가 많다. 각주는 크게 3종류로 나눌 수 있는데 첫 번째는 평소 사용하지 않는 어려운 용어들을 풀어서 설명해주는 것이고 두 번째는 이 예제와 같이 특정한 정보를 제공하는 것이다. 통상 전자의 경우는 선택지를 판단하는 데 결정적인 영향을 미치지 않지만 후자는 핵심이 되는 정보인 경우가 많다. 마지막 유형은 그야말로 이의제기를 방지하기 위해 단서를 제공하는 것인데 이것은 정답을 선택하는 데에 거의 영향을 주지 않는다.

3 생각해 볼 부분

일치·부합형 문제는 시간만 충분하다면 누구나 맞출 수 있는 유형이다. 따라서 단순히 맞고 틀리고가 중요한 것이 아니며, 문제화되지 않은 출제포인트를 찾아 자기 나름대로의 선택지를 만들어보는 연습이 필요하다. 언어논리에서는 굳이 이 과정까지는 하지 않아도 되지만 상황판단은 제시문의 모든 부분이 출제 가능한 만큼 꼭 자신만의 선택지를 만들어보도록 하자.

다음 글을 근거로 판단할 때 옳은 것은?

다산 정약용은 아전의 핵심적인 직책으로 향승(鄕丞)과 좌수(座首), 좌우별감(左右別監)을 들고 있다. 향승은 지방관서장인 현령의 행정보좌역이고, 좌수는 지방자치기관인 향청의 우두머리로 이방과 병방의 직무를 관장한다. 좌우별감은 좌수의 아랫자리인데, 좌별감은 호방과 예방의 직무를 관장하고, 우별감은 형방과 공방의 직무를 관장한다.

다산은 향승이 현령을 보좌해야 하는 자리이기 때문에 반드시 그 고을에서 가장 착한 사람, 즉 도덕성이 가장 높은 사람에게 그 직책을 맡겨야 한다고 하였다. 또한 좌수는 그 자리의 중요성을 감안하여 진실로 마땅한 사람으로 얻어야 한다고 강조하였다. 좌수를 선발하기 위해 다산이 제시한 방법은 다음과 같다. 먼저 좌수후보자들에게 모두 종사랑(從仕郞)의 품계를 주고 해마다 공적을 평가해 감사나 어사로 하여금 식년(式年)에 각각 9명씩을 추천하게 한다. 그리고 그 가운데 3명을 뽑아 경관(京官)에 임명하면, 자신을 갈고 닦아 명성이 있고 품행이 바른 사람이 그 속에서 반드시 나올 것이라고 주장했다. 좌우별감을 선발할 때에도 역시 마땅히 쓸 만한 사람을 골라 정사를 의논해야 한다고 했다.

다산은 아전을 임명할 때, 진실로 쓸 만한 사람을 얻지 못하면 그저 자리를 채우기는 하되 정사는 맡기지 말라고 했다. 아울러 아첨을 잘하는 자는 충성스럽지 못하므로 이를 잘 살피도록 권고했다. 한편 다산은 문관뿐만 아니라 무관의 자질에 대해서도 언급하였다. 그에 따르면 무관의 반열에 서는 자는 모두 굳세고 씩씩해 적을 막아낼 만한 기색이 있는 사람으로 뽑되, 도덕성을 첫째의 자질로 삼고 재주와 슬기를 다음으로 해야 한다고 강조하였다.

※ 식년(式年) : 과거를 보는 시기로 정한 해

① 관직의 서열로 보면 좌우별감은 좌수의 상관이다.
② 다산이 주장하는 좌수 선발방법에 따르면, 향승은 식년에 3명의 좌수후보자를 추천한다.
③ 다산은 아전으로 쓸 만한 사람이 없을 때에는 자리를 채우지 말아야 한다고 하였다.
④ 다산은 경관 가운데 우수한 공적이 있는 사람에게 종사랑의 품계를 주어야 한다고 주장했다.
⑤ 다산은 무관의 자질로 재주와 슬기보다 도덕성이 우선한다고 보았다.

발문 자체로는 특별한 내용이 없으므로 '옳은'이라는 단어에만 동그라미를 쳐둔다. 제시문 역시 외형으로는 특별히 눈에 띄는 것이 없다. 다만 한자로 된 단어들이 다수 등장하고 있으며 중간 부분에 9명, 3명이라는 수치가 제시되고 있다. 이 부분은 선택지로 활용될 가능성이 높으므로 일단 체크해둔다. 마지막으로 각주가 제시되어 있으나 단순한 용어설명에 대한 것이므로 이 부분은 크게 개의치 않고 풀이하도록 한다.

외형상으로 눈에 띄는 부분은 ②의 '3명'이라는 부분이다. 앞서 제시문 스캐닝 시에도 이 수치가 언급되었으므로 기억해두도록 하자. 나머지 선택지는 크게 특징지을 것이 없으므로 넘어가도록 하자.

일치·부합형 제시문에서는 체크해야 할 단어가 많은 것이 특징이다. 이때 이를 모두 체크하면 다 읽은 후에 어떤 것이 중요한 것인지를 구분하기 어렵다. 따라서 나름대로의 전략이 필요한데, 통상 첫 번째 단락에서 단어가 많이 제시되는 경우에는 그 다음 단락부터 이 단어들을 구체적으로 설명하는 경향이 강하다. 따라서 일단 첫 번째 단락에서는 '향승', '좌수', '좌우별감'에만 체크해두자. 그리고 이 단어들이 어떠한 관계를 가지는지, 즉 상하관계인지 대등관계인지를 파악하는 것이 좋다. 일반적인 제시문의 형태라면 그 다음 단락에서 매우 자세한 내용들이 서술되며, 마지막 단락에서는 정보의 양은 줄어드는 대신 뭔가 묵직한 느낌의 내용이 들어있는 편이다. 세부 항목을 정리하기 벅차다면 일단 마지막 단락을 먼저 읽은 후 두 번째 단락으로 넘어오는 것도 하나의 방법이다.

⑤ 다산은 무관의 반열에 서는 자는 도덕성을 첫째의 자질로 삼고 재주와 슬기를 다음으로 해야 한다고 하였으므로 옳은 내용이다.

🖐 ⑤

1 유형의 이해

생소한 규칙을 제시하고 그것을 실제 사례에 적용하는 유형은 규칙 자체를 처음부터 이해하려고 하면 곤란하다. 규칙 자체가 쉬운 경우라면 모를까 그렇지 않은 경우에는 규칙을 이해하는 데 너무 많은 시간을 소모하기 마련이다. 따라서 처음 읽을 때에는 흐름만 파악하고 선택지를 직접 대입하면서 풀이하는 것이 좋다. 또한 규칙이 난해한 경우에는 예를 제시하는 경우도 있는데 그런 경우에는 제시된 예를 먼저 보면서 규칙을 역으로 파악하는 전략도 필요하다.

2 접근법

1. 규칙의 마지막 부분에 주목

규칙의 난도를 떠나서 규칙 자체가 생소한 경우에는 마지막에 실제 적용례를 들어주는 것이 일반적이다. 사례가 주어진 문제라면 굳이 고집스럽게 원칙만 들여다보지 말고 사례를 통해 직관적으로 규칙을 이해하는 것이 더 효율적이다. 의외로 사례를 안 들여다보고 주어진 조건만으로 풀이하려는 수험생들이 많은데 효율적이지 못하다고 할 수 있다.

2. 풀이법의 전환

규칙을 적용하는 문제에는 크게 2가지의 접근법이 있다. 하나는 단순하게 직접 대입하여 수치를 구하는 것이고, 또 하나는 계산 없이 규칙의 구조를 이용하여 정오를 판별하는 것이다. 여기에 정석은 없다. 문제를 풀어가면서 '이것은 복잡하게 논리를 따질 것이 아니라 그냥 계산하는 것이 빠르겠다'라는 생각이 든다면 전자를, '주어진 규칙 등을 적절히 변형하면 계산이 필요 없을 것 같다'는 생각이 든다면 후자를 선택하면 된다. 즉, 문제를 풀어가는 과정에서 풀이법을 변경할 수 있는 능력, 다시 말해 빠른 태세전환이 필요한 유형이 바로 이러한 유형이다.

3 생각해 볼 부분

'출장비, 여행경비' 등을 계산하는 문제는 상황판단 영역에서 매년 적어도 한 문제 이상 출제되는데, 비슷한 유형으로 '놀이공원이나 박물관 입장료 계산, 식당이나 카페의 메뉴 가격 계산' 등이 출제되고 있다. 이러한 유형은 계산하는 데 시간이 오래 걸릴 뿐만 아니라 장소, 시간, 추가비용, 예외 조건 등이 항목별로 모두 다르고 복잡해서 조금만 방심해도 실수하기 쉽다. 따라서 효율적인 시간 관리를 위해 이러한 유형의 문제는 일단 패스하고 시간이 남는다면 마지막에 풀이하는 것이 효율적이다.

다음 글을 근거로 판단할 때, 국제행사의 개최도시로 선정될 곳은?

> 甲사무관은 대한민국에서 열리는 국제행사의 개최도시를 선정하기 위해 다음과 같은 〈후보도시 평가표〉를 만들었다. 〈후보도시 평가표〉에 따른 점수와 〈국제해양기구의 의견〉을 모두 반영하여, 합산점수가 가장 높은 도시를 개최도시로 선정하고자 한다.

〈후보도시 평가표〉

구분	서울	인천	대전	부산	제주
1) 회의 시설 1,500명 이상 수용가능한 대회의장 보유 등	A	A	C	B	C
2) 숙박 시설 도보거리에 특급 호텔 보유 등	A	B	A	A	C
3) 교통 공항접근성 등	B	A	C	B	B
4) 개최 역량 대규모 국제행사 개최 경험 등	A	C	C	A	B

※ A : 10점, B : 7점, C : 3점

┌─ 국제해양기구의 의견 ─┐
- 외국인 참석자의 편의를 위해 '교통'에서 A를 받은 도시의 경우 추가로 5점을 부여해 줄 것
- 바다를 끼고 있는 도시의 경우 추가로 5점을 부여해 줄 것
- 예상 참석자가 2,000명 이상이므로 '회의 시설'에서 C를 받은 도시는 제외할 것

① 서울
② 인천
③ 대전
④ 부산
⑤ 제주

발문, 제시문 스캐닝

발문 자체로는 특징적인 것이 없으므로 넘어가도록 하고, 제시문을 살펴보면 각 도시별로 등급이 매겨져 있고 각주에 각 등급별 점수가 제시되어 있음을 확인할 수 있다. 이를 통해 A, B, C로 제시되어 있는 등급을 점수로 변환하는 문제라는 것을 유추해볼 수 있다. 다음으로 〈의견〉에서는 예외적인 규칙들을 제시하고 있다. 결국은 이를 모두 이용해야 정답을 끌어낼 수 있다는 것을 짐작하게 한다.

체크할 부분

이 유형이 아니더라도 다양한 변수들 중 일부를 제거할 수 있는 조건이 있다면 이를 가장 먼저 반영해야 한다. 이 문제의 경우 〈의견〉의 마지막 항목이 그것이다.

먼저, 회의시설에서 C를 받은 도시는 제외한다고 하였으므로 대전과 제주를 제외한 서울과 인천, 부산만을 놓고 판단하자.

구분	서울	인천	부산
회의 시설	10	10	7
숙박 시설	10	7	10
교통	7	10	7
개최 역량	10	3	10
*가산점	–	10	5
합산점수	37	40	39

따라서 합산점수가 가장 높은 인천이 개최도시로 선정된다.

답 ②

1 유형의 이해

앞장에서 설명한 '규칙의 적용'을 변형한 형태로서 단순히 제도 자체를 이해하는 것을 넘어 개정 전의 내용과 개정 후의 내용을 비교해야 하는 유형이다. 민간경력자 시험은 출제빈도가 낮은 편이지만 5급 PSAT 내지는 입법고시에서 많은 문제들이 출제된 바 있다.

2 접근법

제도의 변경을 다루는 유형의 문제는 어떤 식으로 선택지가 구성되든지 간에 정답은 변경 후를 다룬 것이 될 수밖에 없다. 물론 제시된 문제와 같이 변경 후의 내용만을 묻는 경우보다는 변경 전과 후를 비교하는 경우가 더 많이 출제되고 있으나 그 경우에도 포인트는 변경 후의 내용이다. 만약 시간이 부족하여 선택지를 모두 판단할 수 없는 상황이라면 이 점을 잘 활용하기 바란다.

3 생각해 볼 부분

통상 제도의 변경을 다룬 문제의 경우 정답은 중반부 이하에서 결정되는 경우가 대부분이었다. 그럴 수밖에 없는 것이 첫 부분에서는 변경사항 중 총괄적인 것을 다루는 경우가 일반적인데, 그 부분의 내용은 필연적으로 간단한 것일 수밖에 없다. 자신이 출제자라고 생각해보자. 과연 그 부분에서 정답을 만들 것인지 아니면 그 이후에 등장하는 세부적인 내용을 뒤섞어 출제할 것인지를 판단해보자.

다음 글을 근거로 판단할 때 옳지 않은 것은?

> 정부는 저출산 문제 해소를 위해 공무원이 안심하고 일과 출산·육아를 병행할 수 있도록 관련 제도를 정비하여 시행 중이다.
>
> 먼저 임신 12주 이내 또는 임신 36주 이상인 여성 공무원을 대상으로 하던 '모성보호시간'을 임신 기간 전체로 확대하여 임신부터 출산시까지 근무시간을 1일에 2시간씩 단축할 수 있게 하였다.
>
> 다음으로 생후 1년 미만의 영아를 자녀로 둔 공무원을 대상으로 1주일에 2일에 한해 1일에 1시간씩 단축근무를 허용하던 '육아시간'을, 만 5세 이하 자녀를 둔 공무원을 대상으로 1주일에 2일에 한해 1일에 2시간 범위 내에서 사용할 수 있도록 하였다. 또한 부부 공동육아 실현을 위해 '배우자 출산휴가'를 10일(기존 5일)로 확대하였다.
>
> 마지막으로 어린이집, 유치원, 초·중·고등학교에서 공식적으로 주최하는 행사와 공식적인 상담에만 허용되었던 '자녀돌봄휴가'(공무원 1인당 연간 최대 2일)를 자녀의 병원진료·검진·예방접종 등에도 쓸 수 있도록 하고, 자녀가 3명 이상일 경우 1일을 가산할 수 있도록 하였다.

① 변경된 현행 제도에서는 변경 전에 비해 '육아시간'의 적용 대상 및 시간이 확대되었다.

② 변경된 현행 제도에 따르면, 초등학생 자녀 3명을 둔 공무원은 연간 3일의 '자녀돌봄휴가'를 사용할 수 있다.

③ 변경된 현행 제도에 따르면, 임신 5개월인 여성 공무원은 산부인과 진료를 받기 위해 '모성보호시간'을 사용할 수 있다.

④ 변경 전 제도에서 공무원은 초등학교 1학년인 자녀의 병원진료를 위해 '자녀돌봄휴가'를 사용할 수 있었다.

⑤ 변경된 현행 제도에 따르면, 만 2세 자녀를 둔 공무원은 '육아시간'을 사용하여 근무시간을 1주일에 총 4시간 단축할 수 있다.

---

④ 변경 전에는 '자녀돌봄휴가'를 사용할 수 있는 사유가 초·중·고등학교에서 공식적으로 주최하는 행사와 공식적인 상담에 국한되었던 반면, 변경 후에는 자녀의 병원진료 등에도 쓸 수 있도록 하였으므로 옳은 내용이다.

정답 ④

발문, 제시문 스캐닝

발문 자체로는 특별한 것이 없으므로 '않은'이라는 부분에 ×표시를 해둔다. 다음으로 제시문은 크게 4단락으로 구성되어 있음을 알 수 있는데, 각 단락의 첫 머리에 '먼저', '다음으로', '마지막으로'라는 문구가 삽입되어 있다. 따라서 개정사항은 크게 3가지임을 판단할 수 있다.

선택지 스캐닝

특색 있는 선택지는 보이지 않으나 ' ' 안에 들어있는 용어들이 '육아시간', '자녀돌봄휴가', '모성보호시간'의 3가지라는 점을 알 수 있다. 제시문을 읽을 때 이 용어들에 특히 유념해야 할 것이다.

체크할 부분

결과적으로 이 문제는 변경 전의 제도를 묻는 선택지가 정답이 되었다. 하지만 그 내용을 찾는 과정을 살펴보면 결국 변경 후의 내용을 통해 역으로 변경 전의 내용을 찾아내는 방식이었다. 따라서 변경 후의 내용이 정답포인트가 된다는 원칙은 여전히 유효하다.

1 유형의 이해

언어논리에서도 논리퍼즐 유형의 문제가 출제되고 있다. 하지만 언어논리의 문제들은 대개 형식논리학의 내용을 이용해 참 거짓이 명확히 가려지는 경우가 많은 반면, 상황판단의 문제들은 그보다는 경우의 수를 이용한 대상들의 배치를 묻는 경우가 많다. 즉, 언어논리에서는 주어진 조건들을 정확하게 기호화할 수 있는지가 관건이라면, 상황판단에서는 경우의 수를 최소화할 수 있는 조건을 찾는 것이 관건이라고 할 수 있다.

2 접근법

1. 발문의 중요성

대부분 상황판단의 발문은 옳은/틀린 것을 알려주는 데 그치지만 퍼즐형 문제의 경우는 발문에서 이른바 킬러조건을 제시하는 경우가 상당히 많다. 또한 퍼즐의 결론이 필연적으로 하나만 생기는 것인지 아니면 여러 가능한 상황이 생기는 것인지를 암시하는 경우도 있으니 발문의 문구 하나하나를 허투루 넘겨서는 안 될 것이다.

2. 길이가 긴 조건

제시된 조건의 길이와 유용성은 비례한다. 즉, 길이가 긴 조건일수록 제약되는 내용이 많아 경우의 수를 줄이는 데 큰 도움을 주는 반면, 길이가 짧은 조건일수록 경우의 수를 크게 줄이지 못한다는 것이다. 이는 조건의 판단순서를 정하는 데 기준이 된다. 다시 말해, 외형상 길이가 긴 조건과 짧은 조건이 혼재되어 있는 경우라면 일단 길이가 긴 조건을 먼저 적용해보라는 것이다.

3. 선택지의 활용

만약 논리퍼즐 문제가 주관식이라고 가정하면 문제에 따라 십수 분이 걸리는 경우도 존재할 수 있을 것이다. 그만큼 논리퍼즐은 문제를 어떻게 구성하느냐에 따라 경우의 수가 기하급수적으로 늘어날 수 있다. PSAT가 초창기와 달라진 부분이 바로 이 측면인데, 과거에는 경우의 수가 3개 내외로 결정되는 문제들이 많아 굳이 선택지를 이용할 필요가 없었던 반면, 최근에는 경우의 수가 10개 이상으로 확장된 문제도 종종 출제되고 있다. 이 문제들은 현실적으로 선택지를 이용해 판단하지 않으면 풀이가 불가능하므로 반드시 선택지를 이용한 소거법을 활용해야 할 것이다.

3 생각해 볼 부분

논리퍼즐형 문제의 경우 무시할 수 없을 정도의 중요성을 차지하는 것이 바로 도식화 능력이다. 어쩌면, 주어진 조건을 얼마나 간결하고 정확하게 도식화할 수 있느냐가 전체 문제 풀이의 성패를 좌우한다고 해도 과언이 아닐 것이다. 대부분의 논리퍼즐형 문제는 문제의 하단 부분에 충분히 많은 여백을 주고 있다. 그런데 간혹 수험생 중에는 여백이 많다고 해서 가운데 부분에 큼지막하게 그림을 그려 풀이하는 경우가 있다. 하지만, 그림을 그려 풀이하다가 이런저런 이유로 그림을 다시 그려야 하는 경우가 매우 빈번하게 발생한다. 따라서 가급적 문제의 바로 아랫부분에 적당한 크기로 도식화하는 것이 좋다.

다음 글을 근거로 판단할 때, B구역 청소를 하는 요일은?

> 뿌레스토랑은 매주 1회 휴업일(수요일)을 제외하고 매일 영업한다. 뿌레스토랑의 청소시간은 영업일 저녁 9시부터 10시까지이다. 이 시간에 A구역, B구역, C구역 중 하나를 청소한다. 청소의 효율성을 위하여 청소를 한 구역은 바로 다음 영업일에는 하지 않는다. 각 구역은 매주 다음과 같이 청소한다.
> - A구역 청소는 일주일에 1회 한다.
> - B구역 청소는 일주일에 2회 하되, B구역 청소를 한 후 영업일과 휴업일을 가리지 않고 이틀간은 B구역 청소를 하지 않는다.
> - C구역 청소는 일주일에 3회 하되, 그중 1회는 일요일에 한다.

① 월요일과 목요일
② 월요일과 금요일
③ 월요일과 토요일
④ 화요일과 금요일
⑤ 화요일과 토요일

발문, 제시문 스캐닝

발문에서는 'B구역'이라는 단어에 체크를 해두는 것 이외에 특별한 것이 없으므로 제시문을 살펴보자. 조건을 살펴보면 세 개의 조건이 주어져 있다는 것을 알 수 있고 두 번째 조건의 길이가 매우 길다는 것을 알 수 있다. 따라서 일단 이 조건을 먼저 활용한다는 전략을 세워본다.

체크할 부분

앞서 길이가 긴 조건을 먼저 적용해야 한다고 하였다. 하지만 이는 스캐닝 시 세우는 1차 전략이며 실제 문제를 풀이하는 과정에서 이 순서는 조정될 수 있다. 결론적으로 이 문제의 세 번째 조건의 경우 '일요일'이라는 확정적인 조건이 주어져 있으므로 이를 가장 먼저 판단해야 한다.

먼저 청소 횟수가 가장 많은 C구역을 살펴보면, 이틀을 연달아 같은 구역을 청소하지 않는다고 하였으므로 다음의 경우만 가능함을 알 수 있다.

일	월	화	수	목	금	토
C		C	×	C		

다음으로 B구역을 살펴보면, B구역은 청소를 한 후 이틀간은 청소를 할 수 없다고 하였으므로 토요일은 불가능함을 알 수 있다. 만약 토요일에 B구역을 청소하게 된다면 남은 1회는 월요일 혹은 목요일에 진행해야 하는데 어떤 경우이든 다음 청소일과의 사이에 이틀을 비우는 것이 불가능하기 때문이다.

일	월	화	수	목	금	토
C	B	C	×	B		

그렇다면 남은 A구역은 토요일에 청소하는 것으로 확정되어 다음과 같은 일정표가 만들어지게 된다.

일	월	화	수	목	금	토
C	B	C	×	B	C	A

따라서, B구역 청소를 하는 요일은 월요일과 목요일이다.

답 ①

1 유형의 이해

크게 보아 계산형 문제에 속하고 결국은 이 유형도 논리퍼즐의 일종이지만 세부적인 풀이과정에서 수리적인 추론과정이 개입되는 유형을 의미한다. 실상 이 유형의 계산이라는 것은 산수의 수준을 벗어나지 않지만 그 산식을 이끌어내기까지의 과정이 만만치 않은 편이다. 주로 대소관계 및 숫자의 중복사용 금지와 같은 조건이 사용된다. 가장 대표적인 것이 학창시절 많이 해보았을 숫자야구이다.

2 접근법

1. 대소관계

주어진 조건을 활용하여 대상들의 크기를 비교하는 유형이며 가장 대표적인 유형이다. 다만 일부 대상은 대소관계가 명확하지 않아 경우의 수를 따져야 하는 상황이 발생한다. 이를 풀이할 때에는 올바른 도식화가 필수적이며 각각의 경우의 수 중 모순이 발생하는 상황을 빠르게 제거하는 것이 관건이다(예 해당 경우의 수를 따라가다 보면 2가 3보다 크다는 결론에 이르게 되는 경우 등).

2. 연립방정식

두 식을 서로 차감하여 변수의 값을 찾아내는 유형이다. 최근에는 연립방정식 자체를 풀이하게끔 하는 경우보다 이와 같이 식과 식의 관계를 통해 문제를 풀어야 하는 경우가 종종 출제된다. 가장 중요한 것은 변수의 수를 최소화하는 것이다.

3. 응용

미지수가 포함된 두 수치의 대소비교가 필요한 경우 두 산식을 차감하여 이의 부호를 확인하는 것이 가장 정확한 방법이다. 물론, 임의의 수를 대입하여 계산하는 방법도 있을 수 있으나 분기점을 기준으로 대소관계가 바뀌는 경우도 존재할 수 있으므로 가급적 위와 같이 판단하는 것을 추천한다.

3 생각해 볼 부분

위에서 수리퍼즐의 풀이를 위해 올바른 도식화가 필수적이라고 하였다. 그런데 도식화를 하다보면 어느 것을 기준으로 삼아 나머지 항목들을 배치할 것인지가 애매한 경우가 종종 있다(예 대소관계에 맞게 항목들을 좌우로 배치하는 경우). 이 경우에는 일단 조건에서 가장 많이 등장하는 것을 중심에 놓고 대소관계를 판단해보는 것을 추천한다.

다음 〈상황〉과 〈대화〉를 근거로 판단할 때 6월생은?

상황

- 같은 해에 태어난 5명(지나, 정선, 혜명, 민경, 효인)은 각자 자신의 생일을 알고 있다.
- 5명은 자신을 제외한 나머지 4명의 생일이 언제인지는 모르지만, 3월생이 2명, 6월생이 1명, 9월생이 2명이라는 사실은 알고 있다.
- 아래 〈대화〉는 5명이 한 자리에 모여 나눈 대화를 순서대로 기록한 것이다.
- 5명은 〈대화〉의 진행에 따라 상황을 논리적으로 판단하고, 솔직하게 대답한다.

대화

민경 : 지나야, 네 생일이 5명 중에서 제일 빠르니?

지나 : 그럴 수도 있지만 확실히는 모르겠어.

정선 : 혜명아, 네가 지나보다 생일이 빠르니?

혜명 : 그럴 수도 있지만 확실히는 모르겠어.

지나 : 민경아, 넌 정선이가 몇 월생인지 알겠니?

민경 : 아니, 모르겠어.

혜명 : 효인아, 넌 민경이보다 생일이 빠르니?

효인 : 그럴 수도 있지만 확실히는 모르겠어.

---

① 지나
② 정선
③ 혜명
④ 민경
⑤ 효인

발문, 제시문 스캐닝

발문 자체만으로는 특별한 사항이 없으므로 넘어가고 〈상황〉과 〈대화〉를 살펴보면 5명의 등장인물에 대한 대화가 주어져 있음을 알 수 있다. 하지만 외형적으로는 특징적인 부분이 없으므로 다음으로 넘어가기로 하자.

체크할 부분

〈상황〉에서 제시된 내용 중 아래의 두 개는 별 의미가 없는 내용들이다. 이런 허수정보들은 빠르게 읽고 넘겨야 할 것이다. 통상 대화로 주어지는 내용들은 외형적으로는 매우 가볍게 느껴지지만 단어, 문구 하나하나가 의미를 지니는 경우가 많다. 이 문제의 경우는 '그럴 수도 있지만 확실히는 모르겠어'라는 내용이 그것이다.

주어진 질문과 대답을 순서대로 살펴보면 다음과 같다.

ⅰ) 민경과 지나 : 생일이 5명 중에서 가장 빠를 가능성이 있다고 하였으므로 지나의 생일은 3월이 되어야 한다. 다만 다른 3월생의 날짜를 알지 못하므로 가장 빠른지의 여부를 확신하지 못하는 것이다.

ⅱ) 정선과 혜명 : 앞의 대화에서 지나가 3월생이라고 하였는데 정선의 생일이 그보다 빠를 가능성이 있다고 하였다. 따라서 나머지 3월생은 혜명이 된다.

ⅲ) 지나와 민경 : 이제 남은 자리는 6월(1명)과 9월(2명)이다. 만약 민경이 6월생이라면 나머지 정선과 효인은 9월이 되어야 하므로 몇 월생인지는 알 수 있다. 하지만 그렇지 않다고 하였으므로 민경은 9월생이 되어야 한다.

ⅳ) 혜명과 효인 : 민경이 9월생인데 효인은 자신이 민경보다 생일이 빠른지를 확신할 수 없다고 하였다. 만약 효인이 6월생이었다면 당연히 자신의 생일이 빠르다는 것을 알 수 있지만 그렇지 않다고 하였으므로 효인은 9월생이어야 한다.

ⅴ) 따라서 남은 6월생의 자리에는 정선이 들어가게 된다.

目 ②

1 유형의 이해

상황판단 문제를 풀다보면 운동경기 내지는 게임의 결과를 통해 순위를 결정하거나 우승팀을 찾아내는 유형을 종종 만나게 된다. 이러한 문제들은 크게는 앞서 설명한 '규칙의 적용' 유형에 해당하지만 경우의 수를 따져야 한다는 점에서 '논리퍼즐' 유형으로 볼 수도 있다. 물론, 이러한 문제들은 승점은 어떻게 계산되는지, 또 동점자의 경우는 어떻게 처리해야 하는지에 대한 규칙이 주어진다. 하지만 이 유형은 그러한 규칙이 정형화되어 있는 편이다. 따라서 여기서는 그중 미리 알아두면 좋을 정보를 제시하고자 한다.

2 접근법

1. 승점계산

대부분의 경우에 승리팀이 얻는 승점은 3점이며, 무승부인 경우 1점, 패할 경우는 0점을 얻게 된다. 하지만 간혹 승리할 경우 2점이 주어지는 경우도 존재한다. 이 유형은 승점제도가 변경되었을 때 우승팀이 바뀌는지의 여부를 묻는 문제로 종종 출제되곤 한다.

2. 승-패-무승부

이는 자료해석에서도 종종 발생하는 상황인데, 모든 참가팀의 경기 수가 동일하다면 모든 팀의 승수의 합은 패수의 합과 동일하며 무승부의 합은 반드시 짝수가 되어야 한다. 이를 좀 더 생각해보면 득점의 합은 실점의 합과 동일하다는 것도 알 수 있을 것이다.

3. 승점이 같은 경우

크게 득실차가 많은 팀, 득점이 많은 팀 중 하나로 제시된다.

3. 리그전

만약 n개의 팀이 다른 모든 팀들과 1번씩 경기하는 경우 전체 경기의 수는 $(n-1)+(n-2)+\cdots+1$이다.

4. 토너먼트

만약 n개의 팀이 참가하는 토너먼트가 있다고 하면, 이 토너먼트 대회의 총 경기 수는 $n-1$이다.

3 생각해 볼 부분

물론 위의 산식들은 예외가 없는 일반적인 경우에만 가능하다. 대부분의 문제에서는 일반적인 경우를 토대로 문제를 구성하지만 간혹 부전승과 같이 예외적인 경우가 등장하기도 한다. 이런 경우는 아쉽게도 직접 경우를 따져보는 방법 이외에는 지름길이 없다.

다음 〈규칙〉을 근거로 판단할 때, 〈보기〉에서 옳은 것만을 모두 고르면?

규칙

- △△배 씨름대회는 아래와 같은 대진표에 따라 진행되며, 11명의 참가자는 추첨을 통해 동일한 확률로 A부터 K까지의 자리 중에서 하나를 배정받아 대회에 참가한다.

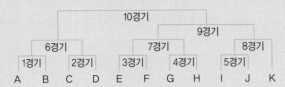

- 대회는 첫째 날에 1경기부터 시작되어 10경기까지 순서대로 매일 하루에 한 경기씩 쉬는 날 없이 진행되며, 매 경기에서는 무승부 없이 승자와 패자가 가려진다.
- 각 경기를 거듭할 때마다 패자는 제외시키면서 승자끼리 겨루어 최후에 남은 두 참가자 간에 우승을 가리는 승자 진출전 방식으로 대회를 진행한다.

보기

ㄱ. 이틀 연속 경기를 하지 않으면서 최소한의 경기로 우승할 수 있는 자리는 총 5개이다.

ㄴ. 첫 번째 경기에 승리한 경우 두 번째 경기 전까지 3일 이상을 경기 없이 쉴 수 있는 자리에 배정될 확률은 50% 미만이다.

ㄷ. 총 4번의 경기를 치러야 우승할 수 있는 자리에 배정될 확률이 총 3번의 경기를 치르고 우승할 수 있는 자리에 배정될 확률보다 높다.

① ㄱ
② ㄴ
③ ㄷ
④ ㄱ, ㄷ
⑤ ㄴ, ㄷ

발문, 제시문 스캐닝

발문 자체로는 특별한 것이 없으므로 넘어가도록 하고 제시문을 살펴보자. 제시문의 대진표에서 마지막의 K가 1라운드를 건너뛰고 2라운드에 진출하는 것을 확인할 수 있다. 이것이 결국은 문제 풀이에 중요한 단서가 될 것으로 예상할 수 있다.

선택지 스캐닝

선택지를 외형으로만 파악하면 특징적인 것이 없다. 단, 여기서 주목할 것은 선택지가 ㄱ, ㄴ, ㄷ 3개만 주어져 있다는 것이다. 이러한 유형은 세 개의 선택지 모두를 판단해야 한다. 만약 선택지가 ㄱ, ㄴ, ㄷ, ㄹ의 4개로 주어졌다면 풀이 순서의 변화를 통해 선택지 1~2개 정도는 생략할 수 있지만 3개가 주어지는 경우는 그런 일이 절대로 발생하지 않는다.

체크할 부분

〈규칙〉을 분석해보면 전체 내용 중 문제 풀이에 의미가 있는 것은 대진표와 두 번째 조건뿐이라는 것을 알 수 있다. 첫 번째와 세 번째 조건은 그야말로 당연한 내용으로 전형적인 허수정보에 해당한다. 또한 대진표를 살펴보면, 나머지 경기의 진행방향과 9경기의 방향이 반대라는 점을 확인할 수 있다. 이런 부분은 반드시 출제포인트가 되므로 놓치지 말자.

ㄷ. 총 4번의 경기를 치러야 우승할 수 있는 자리는 E~J까지의 6개이고, 총 3번의 경기를 치르고 우승할 수 있는 자리는 A~D, K의 5개이므로 전자에 배정될 확률이 더 높다.

답 ③

1 유형의 이해

상황판단과목에서 무엇인가를 계산해야 하는 문제는 절반을 훨씬 넘는 비중을 차지하는데 이 문제들은 사칙연산에 약한 수험생에게는 시간을 잡아먹는 문제가 될 수 있고, 평소에 조건이나 단서를 놓치는 등의 실수가 잦은 수험생에게는 오답을 체크할 확률이 높은 문제이다. 따라서 평소 기출문제를 최대한 많이 풀어 자신의 강점과 약점을 파악한 후, 풀 수 없는 문제는 패스하고 풀 수 있는 문제에 집중하여 정답률을 높이는 것이 핵심 전략이라고 할 수 있다. 한 가지 확실한 것은 아무리 계산 문제에 자신이 없다고 하여도 이 문제들을 모두 스킵해서는 절대로 합격할 수 없다는 사실이다.

2 접근법

1. 복잡한 수식

상황판단의 문제들 중에는 복잡한 수식이 제시된 것들이 종종 등장하는 편이다. 여기서 확실히 알아두어야 할 것은 출제자는 무조건 그 수식을 직접 계산하여 구체적인 수치를 도출하게끔 문제 구성을 하지 않는다는 것이다. 여러분들이 준비하는 시험은 공학수학이 아니라 PSAT임을 명심하자.

2. 단위의 통일

공간적인 개념을 통해 계산을 해야 하는 문제는 풀이의 편의를 위해 그림으로 그려 직관적으로 판단하는 것이 좋다. 단, 그림을 그릴 때 기준에 일관성이 있어야 한다. 통상 이러한 문제는 주어지는 자료가 많은 편인데 어느 부분은 시간단위로, 다른 부분은 분단위로 제시된 경우에 이것을 하나로(가급적 분단위) 통일하는 것이 좋다는 의미이다. 풀이하면서 바꾸면 된다고 생각할 수 있으나 실전에서는 그것이 말처럼 쉽지 않다. 그림으로 정리가 끝난 후에는 기계적인 풀이만 할 수 있게끔 정리하는 것이 좋다.

3. 연립방정식

상황판단의 문제를 풀다보면 연립방정식의 원리를 이용한 문제들이 상당히 많이 출제된다는 사실을 알 수 있다. 하지만 PSAT의 상황판단에서 단순히 연립방정식을 이용해 특정 변수의 값을 구하라는 문제가 출제되지는 않을 것을 생각해본다면 반드시 다른 방법이 있을 것이라는 의문을 가져야 한다. 물론 실전에서 이러한 접근법이 떠오르는 것은 하루아침에 이루어지지 않는다. 평소 문제를 풀 때 단순히 산수만으로 풀이해야 하는 것은 없다는 생각을 가지고 의식적으로 접근하는 습관이 필요하다. 그런데 만약 실전에서 연립방정식으로 푸는 것 이외의 방법이 떠오르지 않는다면 바로 연립방정식으로 풀어야 한다. 앞에서 서술한 내용은 어디까지나 평소에 공부할 때의 접근법이지 시험장에서도 연구를 하라는 의미가 아니다.

3 생각해 볼 부분

상황판단의 계산 문제는 자료해석과는 접근 방식이 조금 달라서 대부분 대소비교만을 요구하는 편이다. 따라서 주어진 자료를 모두 계산하려고 하기보다는 공통적으로 포함되는 항목이 있다면 이 부분은 과감히 제거하고 계산하는 것이 바람직하다. 해당 부분은 관련된 기출문제들의 해설에서 설명하고 있으니 참고하기 바란다.

다음 글과 〈상황〉을 근거로 판단할 때, 甲이 납부해야 할 수수료를 옳게 짝지은 것은?

> 특허에 관한 절차를 밟는 사람은 다음 각 호의 수수료를 내야 한다.
> 1. 특허출원료
>   가. 특허출원을 국어로 작성된 전자문서로 제출하는 경우 : 매건 46,000원. 다만 전자문서를 특허청에서 제공하지 아니한 소프트웨어로 작성하여 제출한 경우에는 매건 56,000원으로 한다.
>   나. 특허출원을 국어로 작성된 서면으로 제출하는 경우 : 매건 66,000원에 서면이 20면을 초과하는 경우 초과하는 1면마다 1,000원을 가산한 금액
>   다. 특허출원을 외국어로 작성된 전자문서로 제출하는 경우 : 매건 73,000원
>   라. 특허출원을 외국어로 작성된 서면으로 제출하는 경우 : 매건 93,000원에 서면이 20면을 초과하는 경우 초과하는 1면마다 1,000원을 가산한 금액
> 2. 특허심사청구료 : 매건 143,000원에 청구범위의 1항마다 44,000원을 가산한 금액

상황

> 甲은 청구범위가 3개 항으로 구성된 총 27면의 서면을 작성하여 1건의 특허출원을 하면서, 이에 대한 특허심사도 함께 청구한다.

	국어로 작성한 경우	외국어로 작성한 경우
①	66,000원	275,000원
②	73,000원	343,000원
③	348,000원	343,000원
④	348,000원	375,000원
⑤	349,000원	375,000원

발문, 제시문 스캐닝

발문 자체만으로는 특별한 것이 없으므로 넘어가도록 하고, 제시문을 살펴보면 크게 특허출원료와 특허심사청구료로 나누어져 있다는 것을 알 수 있다. 특히 첫 번째 항목인 특허출원료는 국어/외국어, 전자문서/서면의 각각의 경우에 따라 4가지로 나뉘어 있음을 알 수 있다. 따라서 해당 단어들에 표시를 해두고 넘어가도록 한다. 〈상황〉은 외견상으로는 특별한 것이 없으므로 넘어가도록 한다.

선택지 스캐닝

국어로 작성한 경우와 외국어로 작성한 경우로 나뉘어져 있다. 위의 제시문 스캐닝 과정을 통해서 국어와 외국어 각각에 대해 전자문서와 서면 제출로 나뉘어 있다는 점을 이미 확인하였다. 따라서 위의 〈상황〉을 다시 확인하여 어느 것에 해당하는지를 파악한다. 주어진 〈상황〉은 '서면'으로 제출하는 경우임을 확인하고 해당되는 항목인 나. 라 항목만 검토하도록 하자.

체크할 부분

위의 스캐닝과정에서는 흔히 'up & down'이라고 불리는 풀이법을 이용해 분석하였다. 이는 문제를 한번 풀어본 상태에서 다시 분석하는 것이 아니라 필자가 이 문제를 처음 접했을 때 사용했던 방법이다. 즉, 문제를 효율적으로 풀이하기 위해서는 위에서부터 순차적으로 묵묵히 내려와서는 안 된다. 물론, 그렇게 해도 문제는 풀 수 있다. 하지만 '가'와 '다'의 세부항목을 읽기 위해 불필요하게 소모되었던 시간은 다시 되돌릴 수 없다는 점을 명심하자.

제시된 〈상황〉에서는 전자문서가 아닌 서면으로 제출하였으므로 특허출원료 산정 시 '나'와 '라' 조항이 적용된다.

> ⅰ) 국어로 작성한 경우
> - 특허출원료 : 66,000원+(7×1,000원)=73,000원
> - 특허심사청구료 : 143,000원+(44,000×3)=275,000원
> - 수수료 총액 : 348,000원
>
> ⅱ) 외국어로 작성한 경우
> - 특허출원료 : 93,000원+(7×1,000원)=100,000원
> - 특허심사청구료 : 275,000원
> - 수수료 총액 : 375,000원

답 ④

1 유형의 이해

상황판단이 언어논리나 자료해석과 큰 차이를 보이는 부분은 바로 '유형화'가 힘들다는 데에 있다. 사실 앞에서 살펴본 9개의 유형 역시 전체 상황판단의 유형들을 모두 커버하지는 못한다. 단지 그나마 자주 등장하는 유형들을 수험가에서 통용되는 분류를 이용해 정리한 것일 뿐이다. 여기서는 별도의 유형으로 분리하기는 곤란하지만 알아두면 좋을 접근법들을 일부 소개한다.

2 접근법

1. 분산된 정보들

문제를 집중해서 풀다보면 시야가 좁아지기 마련인데 핵심적인 정보인 본문 내용에 집중하다보면 정작 발문에서 제시하는 정보를 놓치는 경우가 종종 있다. 상황판단에서는 이렇게 정보가 분산되어 제시되는 경우가 상당히 많다. 자료가 여러 개 주어졌다면 의식적으로 초반에 중요한 정보가 하나쯤은 심어져 있다는 것을 생각하자.

2. 꼬아놓은 선택지

언어논리와 다르게 상황판단은 선택지 자체가 짧은 편이다. 때문에 출제자는 선택지의 문장을 한 번 내지는 두 번 꼬아서 출제하는 경우가 많다. 이는 생각해보면 아무것도 아닌 것이지만 이렇게 한 번 꼬아놓은 문장은 시험장에서 실수하기 좋다. 따라서 선택지를 읽었을 때 해석과정에서 약간이라도 혼동이 있었다면 곧바로 정오를 판단하지 말고 다시 한번 그 의미를 정확하게 확정지은 후에 판단하기 바란다.

3. 설계도 그리기

제시문에서 구성요소를 세부적으로 설명하는 경우 간략하게 도식화를 시켜보는 것이 좋다. 도식화에 걸리는 시간이 아까울 수도 있으나 도식화만 제대로 되어있다면 선택지의 정오를 판단하는 데 걸리는 시간은 수초로 단축되므로 크게 보면 이게 더 이득이다.

4. 초일불산입

각주에서 당일은 일수에 산입하지 않는다는 조건이 주어지는 경우가 종종 있다. 이를 '초일불산입'이라고 하는데, 이런 조건이 주어질 경우에는 복잡하게 생각하지 말고 그냥 기간을 더해주면 된다.

5. 등장인물이 많은 문제

많은 수험생들이 실수하기 쉬운 유형이다. 시간제한 없이 차근히 풀 때는 당연히 틀리지 않겠지만 극도의 긴장감 속에서 치러지는 실전에서는 터무니없는 실수로 인해 당락이 뒤바뀌곤 한다. 여력이 된다면 색이 다른 펜을 준비하는 것도 도움이 된다. 간혹 색깔이 다른 형광펜을 이용해 풀이하는 경우도 있는데 이는 주위 사람에게 과도한 소음을 유발할 수 있으므로 가급적 피하는 것이 좋다.

6. 창의적인 복습

문제를 풀다보면 '만약 이 조건이 이렇게 주어졌다면 어떻게 될까?' 이런 의문을 가질 수 있다. 이는 아주 좋은 현상이다. 물론, 기존의 문제들은 해당 선택지를 위해 가공된 것이기에 가상의 조건을 대입하기 위해서는 추가적인 자료가 필요할 수 있다. 그럼 자신이 한번 그 자료를 만들어보자. 복잡하지 않아도 되며 깔끔하게 그릴 필요도 없다. 이와 같이 문제의 조건이 달라짐에 따라 문제가 어떻게 변모하는지를 살펴본다면 문제를 보는 시각이 한층 넓어지게 될 것이다.

7. 허수정보

상황판단에서는 문제의 논점을 흐리는 허수정보들이 포함된 선택지가 많이 등장한다. 특히 법률조문형 문제에서 이 현상이 심한 편인데 이러한 문제를 만나게 되면 최대한 빨리 문제를 단순화시켜야 한다. 예를 들어 '주인공 甲', '매수인 乙', '계약일 1월 1일'과 같은 정보만 추출해 내는 것이다. '乙이 운영 중인 회사의 사정으로 인해 계약금을 늦게 지불했다'는 문장이라면 '乙이 계약금을 늦게 지불했다'는 내용만 파악하면 그만이지 그 앞의 수식어구는 전혀 의미가 없는 것이다. 선택지의 스토리에 매몰되면 정작 필요한 자료가 무엇인지를 놓칠 수밖에 없다.

문 1. 다음 문제를 아래의 관련 법 내용에 근거하여 해결할 때 거리가 먼 것은?

X는 부동산 임대업을 할 목적으로 Y로부터 건물을 매수하였고 계약의 이행이 이루어졌다. 그 후 6개월이 지나서 건물의 하자를 발견한 X는 지체 없이 Y에게 건물매매계약의 취소를 요구하였다.

- 상법 제5조 및 제46조에 의하면, "부동산의 임대차를 영업으로 하면 이를 상행위로 보고 상행위를 하면 상인의 자격을 가진다."라고 되어 있으며, 상법 제47조에 의하면 "상인이 영업을 위하여 하는 행위는 상행위"로 보고 있으며, "상인의 행위는 영업을 위하여 하는 것으로 추정한다."라고 규정되어 있다.
- 상법 제69조 제1항에 의하면, "상인 간의 매매에 있어서 매수인이 목적물을 수령한 때에는 지체 없이 이를 검사하여야 하며 하자 또는 수량의 부족을 발견한 경우에는 즉시 매도인에게 그 통지를 발송하지 아니하면 이로 인한 계약해제, 대금감액 또는 손해배상을 청구하지 못한다. 매매의 목적물에 즉시 발견할 수 없는 하자가 있는 경우에 매수인이 6개월 내에 이를 발견한 때에도 같다."라고 규정되어 있다.
- 민법 제575조, 제580조, 제582조에 의하면, "민사매매의 경우 매수인은 목적물의 하자를 안 날로부터 6월 내에 계약의 해제 또는 손해배상청구권을 행사할 수 있다."라고 되어 있다.

① 문제해결을 위해서 우선 확인되어야 할 사항은 X와 Y가 상인의 자격을 언제부터 가지고 있었는가 하는 점이다.

② X와 Y가 모두 상인의 자격을 가졌다면, X는 Y에 대하여 책임을 물을 수 없다.

③ X와 Y가 모두 상인의 자격을 가지지 못했다면, X는 Y에 대하여 책임을 물을 수 있다.

④ X가 상인의 자격을 가졌고 Y는 상인의 자격을 가지지 못했다면, Y는 X에 대하여 건물의 하자에 대한 책임을 져야 한다.

⑤ X가 상인의 자격을 가지지 못했고 Y는 상인의 자격을 가졌다면, X는 Y에 대하여 건물의 하자에 대한 책임을 물을 수 없다.

[정답해설]

⑤ X가 상인이 아니라면 민사매매이고 민법에 따라 하자를 안 날로부터 6개월 내에 책임을 물을 수 있다.

[오답해설]

① 양 당사자의 상인자격 확인이 우선되어야 문제해결이 가능하다.

② 상법 제69조에 따라 상인간의 매매이고 매매 후 6개월이 경과하여 X는 Y에 대해 책임을 물을 수 없다.

③ X, Y 모두 상인이 아니면 민사매매로 책임을 물을 수 있다.

④ Y가 상인의 자격을 가지지 못했다면 민사매매로 민법의 적용을 받는다. 따라서 Y는 민법에 따라 X에게 책임을 져야 한다.

답 ⑤

문 2. 다음에 나타난 조직운영원리와 가장 거리가 먼 것은?

식사 후 우리가 샛길을 따라가 보니 연못이 하나 나타났다. 큰 비가 온 직후이긴 때문인지, 연못의 물은 넘쳐흐르고 있었고, 간혹 물속에 잠긴 나무도 있었다. 나무 사이에 비버※들이 만든 댐은, 비로 인해 무너진 나뭇가지와 진흙 등으로 엉망이 되어 있었다. 우리가 연못가에서 비버들의 댐을 관찰하기 시작한 지 얼마 후, 젖은 털로 뒤덮인 갈색 머리 하나가 수면 위로 나타났다. 비버가 움직이기 시작한 것이다. 이윽고 몇 마리가 더 모습을 드러내더니 댐 복구 공사를 시작했다.

비버들은 쉬지 않고 일했다. 수위가 높아진 덕에 나무를 구하는 것은 그다지 어려운 것 같지 않았다. 비버들은 시끄러운 소리를 내면서, 직접 벤 나무를 물속으로 끌고 가 댐을 오르내리며 나뭇가지를 고정시킬 곳을 찾았다. 가끔씩 물이 넘쳐 어렵게 끌고 온 나뭇가지가 물에 휩쓸려가기도 했지만 비버들은 그런 일은 대수롭지 않다는 듯이 다시 나뭇가리를 가지러 돌아가곤 했다.

나는 비버들의 지치지 않는 열정과 에너지에 매료되어 넋을 놓고 그들을 바라보았다. 이때 내 곁에 섰던 앤디가 조용히 말을 꺼냈다. "여기서 누가 우두머리처럼 보이나요?" 그제서야 나는 어느 놈이 우두머리인가를 살피며 한참을 관찰했지만 누가 우두머리인지 도무지 알 수가 없었다. 목표를 설정하고 일을 배분하는 총지휘관 비버는 없었다. 오히려 비버들은 제각기 보수할 곳을 정하고, 적당한 나뭇가지들을 찾아 작업을 수행하고 있었다.

※ 비버 : 겉모습은 큰 다람쥐와 비슷하지만 뒷발에 물갈퀴가 발달되어 있음. 하천이나 늪에 사는데, 하천과 가까운 곳의 나무를 갉아서 넘어뜨린 다음 흙이나 돌을 보태서 댐을 만드는 것으로 유명함

① 총액배분예산제도는 부처의 예산 배분 및 활용에 관한 자율성을 신장시키고자 도입되었다.

② 소방방재청은 신속한 의사결정과 재난재해에 대한 효과적 대응을 위해 통합재난관리시스템을 도입하였다.

③ 정부혁신지방분권위원회는 부처가 각자의 필요에 따라 민간전문가를 채용하고, 개방형 직위를 확대하도록 하는 부처자율채용제도안을 확정하였다.

④ 교육인적자원부에서 추진하는 수도권대학 특성화 사업은 기존의 재정지원 사업과는 달리 개별대학이 특성화 목표와 추진 일정을 제시하도록 하였다.

⑤ 산업자원부는 공무원 자신이 한 해 동안 추진할 업무를 계획하고 목표를 설정하여 이를 내용으로 기관의 장과 협약을 체결하는 직무성과계약제를 실시하고 있다.

정답해설

제시문은 자율성을 강조한 '분권형 조직운영원리'를 보여주는 예인데, ② 의사결정과 재난재해에 효과적으로 대응하기 위해 통합재난관리시스템을 도입하는 것은 중앙에 의한 통제 조정을 따른다는 점에서 집권형 조직운영원리와 합치한다. 따라서 제시문과 거리가 멀다.

오답해설

① 총액배분예산제도는 예산의 총규모를 정해주고, 정해진 범위 내에서 각 부처별로 자율적인 활용이 이루어지게 하는 것으로, 분권형 조직운영원리와 합치된다고 볼 수 있다.
③ 각 부처별로 자율적으로 인재를 채용하도록 하는 부처자율채용제도안은 조직운영의 자율성과 연계되며, 이는 분권적 조직운영원리에 합치된다고 볼 수 있다.
④ 대학특성화 전략이 교육인적자원부에 의하여 주도되던 것에 비하여 최근 각 대학별로 대안과 전략을 마련하고 있는데, 이는 분권형 자율적 조직운영원리에 합치된다.
⑤ 조직업무와 관련되어 공무원 자신이 목표를 설정하는 것은 분권형, 자율적 조직운영원리에 합치된다. 기관의 장과 협약을 체결하는 것이 직무성과 계약제의 본질적 성격에 영향을 주는 것은 아니다.

정답 ②

문 3.   다음의 내용에서 추론될 수 있는 것으로 가장 적절하지 <u>않은</u> 것은?

> 피그말리온은 그리스 신화에 나오는 조각가의 이름이다. 여자에 냉담하면서 뛰어난 조각 기술을 가졌던 그는 자신이 만든 여자 조각상을 너무 사랑한 나머지 신에게 조각상에 생명을 불어넣어 주기를 간청했다. 그리고 신은 그의 간절한 소망에 감동해 결국 그의 부탁을 들어 주었다. 이 이야기를 빗대 누군가를 향한 기대나 예측이 그대로 실현되는 것을 '피그말리온 효과'라 한다.
> 경영 관점에 피그말리온 효과를 적용해 보면 다음과 같다. 종업원들이 관리자가 자신들에 대해 긍정적인 기대를 가지고 있다고 판단하면, 목표 달성을 위한 동기가 부여되고 성과를 향상시킴으로써 관리자의 예측을 현실화할 수 있다. 그러나 현실성이 결여된 관리자의 기대는 종업원으로 하여금 내적인 동기부여를 제공하지 못하고 성과 달성의 가능성을 감소시킨다. 한편, 종업원들이 관리자가 자신들에 대해 부정적인 기대를 하고 있다고 판단하게 되면, 관리자가 아무리 이를 노출시키지 않으려 했어도 종업원들은 민감하게 반응하게 되고 결국 성과에 좋지 않은 영향을 가져온다.

① 연수성적이 우수하다고 평가받은 신입사원이 긍정적인 직무태도를 내재화하여 업무능력을 발휘하였다.

② 목표실적에 따라 성과급을 지급하겠다는 계획을 발표한 해의 영업연도 말에 대다수 영업사원은 목표를 상회하는 실적을 올렸다.

③ 회사의 생산 할당량이 너무 높게 책정된 종업원들은 목표달성 노력을 포기하거나 달성할 수 있는 정도보다 작은 성과에 만족하게 되어 실제 생산량이 감소하였다.

④ 본사로부터 실적이 우수하다고 인정받은 보험대리점이 실적이 저조한 대리점에 비해 실적의 성장 속도가 빨랐고, 신규보험 사원들은 그들의 영업 적성점수와 관계없이 실적 우수 대리점에 배정될 때 상대적으로 월등한 성과를 달성했다.

⑤ 높은 대출손실로 인해 전년도에 비하여 목표실적이 낮게 책정된 지점의 은행원들은 소극적인 영업태도를 취하게 되어 지점의 예금액과 이윤이 감소되었고 결과적으로 업무성과는 부진을 벗어나지 못하였다.

[정답해설]

② 제시문상의 피그말리온 효과에 의하면, 성과유무의 차이는 사후보상 내지 그 약속의 영향을 받는 것이 아니라 관리자의 (사전)기대로부터 영향을 받게 된다. 따라서 사전에 제시된 인센티브에 의한 성과향상 사례는 제시문에 나타난 논리와는 확연히 구분된다. 따라서 본 선택지의 내용은 제시문으로부터 추론할 수 있는 내용으로 보기 어렵다.

[오답해설]

① 입사초기 연수과정에서 우수한 평가를 받게 되면 일반적으로 그 사원은 회사(관리자)로부터 긍정적인 기대를 받고 있다고 판단하여 그로 인해 긍정적인 근무태도를 갖게 되고 그를 통하여 높은 업무능력이 발휘된다면, 이는 제시문에서 주장하는 피그말리온 효과에 해당한다고 볼 수 있다.

③ 제시문에 의하면, 관리자의 긍정적인 기대가 종업원의 목표달성 동기를 제공하기는 하지만, 현실성이 결여된 관리자의 기대는 동기부여나 성과달성에 긍정적인 영향을 주지 못한다. 따라서 관리자가 현실성이 결여된 과도한 목표생산량을 책정한 경우, 긍정적인 효과를 기대하기 어렵다는 것은 제시문의 내용과 부합하는 것이다.

④ 관리자의 기대가 긍정적인가 부정적인가가 종업원의 동기부여 및 성과에 영향을 미친다는 제시문의 내용으로부터 본인의 능력여부와 관계없이 관리자의 기대에 따라 그 근무태도(동기) 및 성과(영업실적)에 영향을 주었다는 것을 합리적으로 추론할 수 있을 것이다.

⑤ 실적부진으로 인해 목표실적이 전년도에 비해 낮게 책정되었다는 것은 회사(관리자)의 기대가 상대적으로 부정적이라는 인식을 심어줄 것이며 이것이 영업태도를 소극적으로 만들고 그로 인해 성과에 부정적인 영향을 주었다면, 이는 제시문의 논리에 적절히 부합하는 것이다.

답 ②

문 4. 다음 글에 제시된 내용과 같은 제도를 도입하려고 할 때, 그 제도를 구체화하기 위해 준비해야 하는 업무내용으로 가장 적절하지 <u>못한</u> 것은?

> 부유세는 일정 액수 이상의 순자산을 보유하고 있는 자에 대하여 그 초과 순자산액의 일정비율에 대해 비례적 혹은 누진적으로 과세하는 세제로 정의된다. 예컨대 한 사람이 가지고 있는 재산이 빚을 제외하고 총액수가 일정 액수 이상일 때, 그 초과액에 대해 일정한 세율을 곱한 금액을 세금으로 부과하는 것이다. 현재 부유세는 유럽의 노르웨이, 룩셈부르크, 스웨덴, 스위스, 스페인, 아이슬란드, 프랑스, 핀란드 등의 국가를 중심으로 시행되고 있다.
>
> 부유세는 빈부격차를 해소하고 이를 통하여 확보된 재원으로 사회복지를 확충함을 그 목적으로 하며, 이러한 면에서 국가의 세입을 늘리기 위한 목적 이외에 국민들 간에 부를 공평하게 분배해 보려는 수단으로 볼 수 있다.
>
> 따라서 부유세의 과세 대상은 모든 사람이 아니라, 일정 액수 이상의 순자산을 소유하고 있는 사람들이다. 자산평가대상으로는 토지나 건물 등의 부동산, 예금이나 주식 등의 금융자산, 선박이나 항공기, 고급승용차 등의 고가의 동산, 골프장 회원권, 골동품, 사치품 등을 들 수 있다.

① 부유세의 개념정의에 따라 근로, 상속, 투기 등의 자산취득방법별로 과세비율을 다르게 하는 방안을 강구한다.
② 부유세를 도입할 경우 부유층의 조세저항 및 자본의 해외 도피가 예상되므로 이로 인한 세수감소 효과를 산정해 본다.
③ 부유세의 개념정의에 따라 정확한 자산 평가가 선행되어야 하므로 효과적인 자산 평가 관련 제도의 정비방안을 모색한다.
④ 부유세를 도입할 경우 부의 공평한 분배가 얼마나 실현될 수 있는지를 파악하기 위하여 부유세를 도입한 국가의 도입 전·후의 소득불평등도를 비교한다.
⑤ 부유세를 도입할 경우 '이중과세금지의 원칙'에 반하는 문제가 우려되므로 부유세를 도입한 외국의 사례를 조사하여 어떤 논리로 이러한 문제를 해결하였는지 확인한다.

정답해설
① 일정 액수 이상의 재산에 부과한다는 부유세의 개념정의에 비추어 볼 때, 자산취득방법별로 세율을 다르게 하는 것은 적절치 못하다.

오답해설
② 부유세로 인한 이중과세 또는 중과세 문제는 부유층의 조세저항 및 자본의 해외도피에 따른 세수감소가 발생할 수 있으므로 부유세의 구체화 과정에서 준비해야 하는 사안이다.
③ 부유세 부과를 위해서는 과세대상의 선정, 선정된 과세대상에 대한 정확한 또는 납득 가능한 평가방법, 평가주체, 평가에서 준거할 법령 등이 정비될 필요가 있어 그에 대한 방안을 모색함은 타당하다.
④ 부유세의 주된 도입목적 중 하나가 부의 공평분배라고 할 때, 부유세 취지의 달성 여부는 부유세 도입 전과 후의 소득불평등도를 통해서 확인된다는 점에서 필수적으로 다루어야 할 사안이다.
⑤ 이미 소득세, 재산세 등의 세제를 통해 취득 또는 보유 자산에 대한 과세가 이루어지고 있어 부유세는 이중과세 논란을 불러일으킬 수 있다. 해외 벤치마킹을 통해 이들 국가의 경험을 조사하는 것은 새로운 제도 도입에서 준비해야 할 사안으로 볼 수 있다.

답 ①

다음 설명을 읽고 〈보기〉 중 옳은 것을 모두 고르면?

○○지방자치단체는 지역 내 생활체육 활성화를 위하여 아마추어 축구단을 대상으로 축구대회를 개최하기로 하였다. '팀당 참가비'는 '팀당 예선 경기 횟수×15만 원'이다. 그리고 '경기당 축구장 대여료 및 음료수 제공 등의 경비'(비용 A)는 7만 원, '팀별로 제공되는 기념품 구입비'(비용 B)는 팀당 5만 원이다. 비용 A와 비용 B는 ○○지방자치단체가 부담하는 것이며, 그 외에 소요되는 경비는 없다고 가정한다. 한편 지역 내 활용 가능한 축구장은 3곳이며, 각각 하루에 최대 4경기를 치룰 수 있다(한 팀이 하루에 두 경기 이상을 할 수도 있다고 가정함). ○○지방자치단체의 담당 사무관은 다음과 같은 다섯 개의 대안을 고안하였다.

구분	참가팀 수	예선진행 방식	본선진출 방식	본선진행 방식
		각 조당 예선경기 수		본선경기 수
대안 1	24	각 조 3개 팀 풀리그	각 조 1위 팀 8강 진출	토너먼트
		3		7
대안 2	32	각 조 4개 팀 풀리그	각 조 1, 2위 팀 16강 진출	토너먼트
		6		15
대안 3	48	각 조 3개 팀 풀리그	각 조 1위 팀 16강 진출	토너먼트
		3		15
대안 4	48	각 조 6개 팀 풀리그	각 조 1, 2위 팀 16강 진출	토너먼트
		15		15
대안 5	64	각 조 4개 팀 풀리그	각 조 1, 2위 팀 32강 진출	토너먼트
		6		31

※ 1) 모든 대안에 있어서 3, 4위전은 치루지 않음
2) 이 대회에서 풀리그란 참가한 각 팀이 같은 조에 있는 다른 팀과 각기 한 번씩 대전하는 방식이며, 토너먼트는 각 경기마다 패자는 탈락하고 최후에 남는 두 팀이 우승을 겨루는 방식임

─ 보 기 ─

ㄱ. 5개의 대안 중 팀별로 내야 하는 참가비가 최소인 것은 대안 1과 대안 3이며 그 경우 팀별 참가비는 45만 원이다.
ㄴ. 대안 2의 경우 ○○지방자치단체가 받는 참가비 수입은 1,440만 원이며, 소요경비는 601만 원이다.
ㄷ. 대안 4의 경우 대회 기간은 10일을 초과한다.
ㄹ. 대안 5의 경우 대안 4보다 많은 경기를 치러야 한다.

① ㄱ, ㄴ
② ㄱ, ㄹ
③ ㄴ, ㄷ
④ ㄱ, ㄴ, ㄷ
⑤ ㄴ, ㄷ, ㄹ

정답해설

ㄴ. 대안 2의 경우, 팀당 예선 경기 횟수는 3회이고, 참가비는 45만 원(=3×15만 원)이다. 따라서 지방자치단체의 참가비 수입은 1,440만 원(=참가팀 수×참가비=32×45만 원)이 된다. 대안 2의 총 경기 수는 예선 경기 수+토너먼트 경기 수=48+15=63경기이므로, 소요비용은 비용 A로 441만 원(=63×7만 원)과 비용 B로 160만 원(=32×5만 원)이 지출되어 총 601만 원이다.
ㄷ. 대안 4의 경우, 총 경기 수는 135경기[예선 120경기(8×15), 토너먼트 15경기]이고 이는 하루에 소화할 수 있는 최대 경기 수가 12경기임을 감안하면 10일을 초과한다.

오답해설

ㄱ. 대안 1과 대안 3의 경우, 팀당 예선 경기 수는 2회이고 참가비는 30만 원(=2×15만 원)이므로 옳지 않은 내용이다.
ㄹ. 대안 5의 경우, 총 경기 수는 127경기[예선 96경기(8×15), 토너먼트 31경기]이므로, 대안 4의 135경기보다 적다. 따라서 옳지 않은 내용이다.

예선	32강	16강	8강	4강	결승
96경기(16×6)	16경기	8경기	4경기	2경기	1경기

답 ③

문 6. 공정거래위원회의 김 사무관은 '독점규제 및 공정거래에 관한 법률'상의 '시장 지배적 사업자' 추정조항과 관련하여 아래 설명에서 제시되고 있는 HHI지수(허핀달－허쉬만 지수)를 추가하는 방안을 모색 중이다. 〈보기〉 중 올바른 설명을 모두 고른 것은?

독점규제 및 공정거래에 관한 법률(이하 '법률'이라 함)에서 규정하는 시장 지배적 사업자를 판단함에 있어서는 시장점유율, 진입장벽의 존재 및 정도, 경쟁사업자의 상대적 규모 등을 종합적으로 고려한다. 이러한 취지로 법률은 시장 지배적 사업자의 추정조항을 규정하고 있는데, 일정한 거래분야에서 1개 사업자의 시장점유율이 100분의 50 이상이거나 3개 이하의 사업자의 시장점유율의 합계가 100분의 75 이상(단, 이 경우에 시장점유율이 100분의 10 미만인 자는 제외)인 경우에 해당하는 사업자는 시장 지배적 사업자로 추정한다. 한편, 학계에서는 시장의 집중도를 표현하는 지수로서 HHI지수를 이론적 분석에 널리 사용하고 있으며, 미국의 합병가이드라인에서도 20년 전부터 산업 집중도의 척도로서 HHI지수를 사용하였다. HHI지수는 산업 내 모든 기업의 점유율을 제곱하여 합계한 값으로 정의된다. 예컨대, 시장을 두 개 기업이 같은 비율로 양분하고 있는 경우 HHI지수는 '0.5×0.5+0.5×0.5=0.5'가 된다.

━━ 보 기 ━━
ㄱ. 1, 2, 3, 4위 사업자의 시장점유율이 각각 40%, 30%, 8%, 5%인 상황의 경우 3위 사업자는 현행 법률의 규정상 시장 지배적 사업자로 추정되지 않는다.
ㄴ. 'ㄱ'의 경우에서 3위 사업자가 4위 사업자와 합병하게 되면 3위 사업자는 시장 지배적 사업자로 추정된다.
ㄷ. 'ㄴ'에서 합병 전보다 합병 후에 HHI지수는 크다.
ㄹ. 1, 2, 3, 4위 사업자의 시장점유율이 각각 40%, 40%, 10%, 10%인 상황(상황 1)과 30%, 30%, 30%, 10%인 상황(상황 2)이 있을 때, HHI지수에 따르면 상황 1의 시장 경쟁의 정도가 큰 것으로 나타난다.
ㅁ. 1개 기업의 시장점유율이 100%인 경우 HHI지수는 가장 큰 값을 갖는다.

① ㄱ, ㄴ, ㄷ
② ㄴ, ㄷ, ㅁ
③ ㄷ, ㄹ, ㅁ
④ ㄱ, ㄴ, ㄷ, ㅁ
⑤ ㄱ, ㄴ, ㄹ, ㅁ

[정답해설]
ㄱ. 시장점유율이 8%인 3위 사업자는 단서 조항의 100분의 10 미만에 해당하여 시장점유율 합계가 100분의 75 이상인 경우를 따질 때 아예 포함될 수 없으므로 시장 지배적 사업자에서 제외된다.
ㄴ. 시장점유율 3, 4위가 합병하면 13%가 되는데, 3개 이하 사업자의 시장점유율 합계가 100분의 75 이상인 경우, 시장 지배적 사업자가 되므로, 40+30+13=83%가 되어, 1위, 2위, 3위는 시장 지배적 사업자가 된다.
ㅁ. 집중도가 가장 클 경우의 값은 1이며, 1개 기업이 시장을 독점할 때 나타난다.

[오답해설]
ㄹ. •상황 1의 HHI지수 : (0.4×0.4)+(0.4×0.4)+(0.1×0.1)+(0.1×0.1)=0.34
  •상황 2의 HHI지수 : (0.3×0.3)+(0.3×0.3)+(0.3×0.3)+(0.1×0.1)=0.28
상황 2의 HHI지수가 더 낮다. HHI지수가 더 낮다는 것은 시장이 한두 개 기업에 집중되어 있지 않고, 여러 기업이 경쟁하고 있다는 것을 의미한다. 따라서 상황 1보다 상황 2의 시장 경쟁 정도가 더 크다고 할 수 있으므로, 옳지 않은 내용이다.

답 ④

문 7. A시에서는 시내 교통량 증가에 대비하여 도시 고속화 도로 건설을 계획하고 있다. 이 건설사업은 민간기업인 B회사가 담당하기로 되어 있다. 아래의 〈자료〉로부터 도출할 수 있는 적절한 결론이 **아닌** 것은?

도시 고속화 도로 건설비용은 100억 원으로 예상되며 완공 이후 B사의 수익은 장래에 예상되는 A시의 교통량 증가와 투자방식에 영향을 받는 것으로 알려져 있다. B사에서는 교통량 증가와 투자 방식에 따라 자사의 이익을 아래와 같이 예상하였다.

교통량이 향후 20년 동안 50% 이상 증가하고 B사에서 도로 건설비용을 전액 부담할 경우 150억 원의 수익이 예상되며, 30%의 외국자본 투자를 활용했을 경우 130억 원의 수익이 예상된다. 또한 교통량이 향후 20년 동안 50% 미만 증가하고 B사에서 도로 건설비용을 전액 부담할 경우 100억 원의 수익이, 30%의 외국자본 투자를 활용했을 경우 120억 원의 수익이 예상된다. 그리고 교통량이 감소하고 B사에서 도로 건설비용을 전액 부담할 경우 400억 원의 손실이, 30%의 외국자본 투자를 활용했을 경우 200억 원의 손실이 예상된다.

[자료]

• 교통 전문가가 예상한 A시의 향후 교통량 증가 확률
 − 교통량이 향후 20년 동안 50% 이상 증가할 확률＝0.6
 − 교통량이 향후 20년 동안 50% 미만 증가할 확률＝0.35
 − 교통량이 향후 20년 동안 감소할 확률＝0.05
• B사의 순이익 계산식
 − 순이익＝B사의 수익−B사의 투자비용

---

① 향후 교통량이 50% 미만 증가하면 외국자본을 유치하는 방안의 순이익이 B사에서 전액 부담하는 순이익보다 많다.

② 향후 교통량이 50% 이상 증가하면 B사에서 전액 부담하는 방안일 때의 B사의 순이익이 외국자본을 유치하는 방안일 때의 그것보다 적다.

③ 향후 교통량이 감소하면 양 투자 방안 모두 B사의 순이익은 부(−)의 값을 지닌다.

④ B사에서 전액 부담하는 방안일 때의 B사의 기대되는 순이익이 외국자본을 유치하는 방안일 때의 그것보다 많다.

⑤ B사에서 전액 부담하는 방안일 때 B사의 기대되는 순이익은 5억 원이다.

문 8. **다음 상황들 중에서 이익을 극대화하는 결정을 한 사람을 모두 고르면?**

┌─ 상황 A ───
'갑'은 3년 전에 1,000만 원을 들여 기계를 구입하였으나 현재 이 기계는 노후 되어 정상적으로 사용하기 위해서는 수리가 필요한 실정이다. 현재 시장상황을 확인하여 보니 선택 가능한 대안은 다음과 같았고, '갑'은 대안 '다'를 선택하였다.
가. 500만 원을 지불하고 일부 수리할 경우 기계를 이용하여 100만 원짜리 상품 10개를 생산하여 판매할 수 있다. 생산이 끝난 기계는 200만 원의 가격으로 중고상에게 팔 수 있다.
나. 기계를 전혀 수리하지 않으면 800만 원의 가격으로 중고상에게 팔 수 있다.
다. 1,000만 원을 들여 기계를 완벽하게 수리할 경우 1,900만 원의 가격으로 중고상에게 팔 수 있다.
──

┌─ 상황 B ───
'을'은 여의도 증권가에서 10년째 식당을 운영하고 있다. 어느 날 인근 증권사에서 매월 150그릇의 설렁탕을 한 그릇당 1만 원에 판매해 줄 것을 요청하였다. 관련 비용을 확인해 본 결과, 재료비는 그릇당 2,000원이며 설렁탕을 추가 준비하기 위해서는 월급이 50만 원인 종업원을 새로 고용해야 하고, 현재 점포 임대료로 매월 100만 원을 지불하고 있다. '을'은 다음 대안들 중 '나'를 선택하였다.
가. 신규주문을 수락한다.
나. 신규주문을 거절한다.
──

┌─ 상황 C ───
'병'은 목재 450만 원어치 중 3분의 1로 의자 10개를 생산하고 나머지로는 식탁 10개를 생산하였다. 시장에서 의자 가격은 개당 5만 원, 식탁 가격은 개당 40만 원으로 형성되어 있다. 만약 의자와 식탁에 각각 개당 3만 원과 5만 원의 비용을 추가로 들여 장식하면, 의자 판매가격은 12만 원, 식탁 판매가격은 50만 원이 된다. '병'은 다음 대안들 중 '다'를 선택하였다.
가. 의자와 식탁 모두 추가장식 없이 판매한다.
나. 의자와 식탁 모두 추가장식을 하여 판매한다.
다. 의자는 추가장식 없이 팔고 식탁은 추가장식을 하여 판매한다.
라. 의자는 추가장식을 하여 팔고 식탁은 추가장식 없이 판매한다.
──

① 갑
② 을
③ 갑, 을
④ 갑, 병
⑤ 을, 병

[정답해설]

〈상황 A〉
• 3년 전 기계구입비용 1,000만 원은 이익극대화 의사결정에서 고려하지 않아도 무방하다.
• 가 : (100만 원×10개)+기계판매대금 200만 원−수리비용 500만 원=700만 원
• 나 : 기계판매대금 800만 원
• 다 : 기계판매대금 1,900만 원−수리비용 1,000만 원=900만 원
따라서 '다'를 선택하는 것이 이익극대화 결정이다.

〈상황 B〉
• 150그릇×1만 원−(2,000원×150그릇)−인건비 50만 원=70만 원
• 이익이 0보다 크므로 추가주문을 수락하는 것(가)이 이익극대화 결정이다.

〈상황 C〉
• 추가장식 없음
   (5만원 ×의자10개)−(450만 원×1/3)=−100만 원(손해)
   (40만 원×식탁10개)−(450만 원×2/3)=100만 원(이익)
• 추가장식 있음
   (12만 원×의자10개)−(150만 원+3만 원×10개)=−60만 원(손해)
   (50만 원×식탁10개)−(300만 원+5만 원×10개)=150만 원(이익)
• 추가장식을 하면 손해액이 감소(의자), 이익이 증가(식탁)한다. 따라서 추가장식을 선택하는 '나'가 이익극대화 의사결정이다.

답 ①

문 9. 다음의 내용이 모두 사실이라고 가정할 때, 제시문의 내용을 근거로 유추할 수 있는 것 중 가장 적절한 것은?

인간은 흡연하지 않으면 폐암에 걸리지 않는다. 일정 시점의 담배소비량은 25년 후의 폐암 발생률과 비례한다. 폐암은 전 세계적으로 19세기 말까지도 매우 드문 질환이었으나, 20세기에 들어서자마자 그 발생률이 급격히 증가하였다. 결국 1950년대 후반부터 선진국에서는 폐암이 남성에게 발생하는 암 중 발생률 1위를 차지했으며, 이후 1990년대에 들어서면서 발생률 감소가 시작되기 직전까지 1위를 고수했다. 반면, 여성의 경우에 폐암은 1980년대 중반에 유방암을 추월하여 발생률 1위를 차지하게 되었다. 우리나라는 2000년에 들어서면서 폐암발생률이 급격히 증가한 이후 2005년 현재까지 꾸준히 증가하고 있다. 2005년의 보건복지부 암 등록환자 조사통계에 따르면, 등록된 전체 암 환자 중 폐암환자의 비율은 10%로 위암, 자궁암, 유방암에 이어 4위이며, 특히 남성에게 있어서는 2위이다.

① 1970년대 중반에 우리나라의 담배소비량이 급격히 증가했다.
② 2005년 현재 우리나라 남성 암 환자 가운데 위암환자가 가장 많다.
③ 1960년 이후 선진국에서는 여성의 흡연율이 남성보다 더 높아졌다.
④ 2005년 현재 우리나라 여성 암 환자 중 폐암환자의 비율은 네 번째로 높다.
⑤ 전 세계적으로 흡연자의 숫자는 19세기 말까지 매우 적었으나 20세기에 들어서면서 급증했다.

정답해설

① 제시문에 따르면 담배 소비량이 25년 후의 폐암 발생률과 비례한다. 또한 우리나라의 경우에는 2000년에 들어서면서 폐암 발생률이 급격히 증가하였다. 따라서 25년 전인 1975년부터 흡연자의 숫자가 급증하였다고 유추할 수 있다.

오답해설

② 제시문의 내용으로는 남성과 여성 중 어느 쪽이 폐암 환자가 더 많은지, 각각의 비율은 어떻게 다른지를 알 수 없는 상황이다. 따라서 전체 암 환자 중 위암 환자가 가장 많고 남성 암 환자 중 폐암 환자의 숫자가 두 번째로 많다는 사실만으로는 남성 암 환자 중 위암 환자가 가장 많다고 확실하게 추론할 수 없다.
③ 제시문의 내용으로는 선진국에서 여성의 흡연율이 남성에 비해 높은지를 확인할 수 없다. 즉 1960년 이후에 선진국에 성별 흡연율은 물론이고 1985년 이후의 성별 폐암 발생률에 대한 어떠한 정보도 없다.
④ 2005년 현재 우리나라의 전체 암 환자 중 폐암 환자의 비율은 10%로 위암, 자궁암, 유방암에 이어 4위이며, 여성 암 환자(특히 폐암 환자)에 대한 정보는 제시되어 있지 않다.
⑤ 제시문에 따르면 담배소비량이 25년 후의 폐암발생률과 비례하는데 폐암은 전 세계적으로 19세기까지만 하더라도 매우 드문 질환이었으나, 20세기 들어서자마자 그 발생률이 급격히 증가한 것으로 되어 있다. 따라서 흡연자의 숫자는 1875년 이후 급격히 증가한 것이기에 19세기 후반부터 흡연자의 숫자가 급증한 것으로 보아야 한다.

답 ①

다음 글을 읽고 올바르게 설명되지 않은 것을 고르면?

'유사동맹(類似同盟)'이란 '두 국가가 서로 동맹을 맺지는 않지만 제3국을 공동의 동맹국으로 지니고 있는 관계'를 뜻한다. 유사동맹 모델은 갈등과 협력을 되풀이하는 두 국가의 행위를 설명하기 위해 두 가지 가설을 제시하고 있다.

〈가설 1〉 양자 관계에 있는 두 나라가 느끼는 '방기(放棄 : Abandonment)'*와 '연루(連累 : Entrapment)'*의 측면에서 서로 차이가 있을 때, 양국 사이에는 갈등이 나타날 것이다.

〈가설 2〉 삼자 내지는 다자 관계에서 두 나라가 서로에 대해서나 제3국에 대해서 느끼는 방기와 연루에 대한 불안 정도가 비슷할 때, 양국은 서로 협조할 것이다.

유사동맹 모델과 기존의 동맹 모델들은 국가의 동맹행위를 인과적으로 설명하는 방식 면에서 서로 다르다. 기존의 동맹연구에서는 동맹의 형성을 외부 위협의 직접적, 인과적 산물로 보고 있다. 외부의 위협이 있을 때 그에 대항하기 위하여 국가는 동맹을 형성한다는 것이다. 그러나 유사동맹 모델에서는 외부의 위협과 동맹행위 사이에 직접적인 인과관계가 있다고 보지 않는다. 두 국가 사이의 제휴는 적대국의 위협뿐만 아니라 양국이 공유하고 있는 동맹국의 행위에 의해서도 일어날 수 있다. 다시 말해 동맹형성에서 적대국의 위협도 중요하지만 공통된 동맹국의 약속과 그에 대해 양국이 느끼는 방기와 연루에 대한 불안감의 균형 정도도 그에 못지않게 중요하다는 것이다.

※ 1) 방기(放棄 : Abandonment) : 버리고 돌아보지 않음
　 2) 연루(連累 : Entrapment) : 자신의 의사와는 상관없이 남이 행한 행위의 결과에 영향을 받음

① 기존의 동맹모델들의 논리에 의하면, 두 국가가 적대국으로부터 공통의 강력한 위협에 직면하는 경우 동맹을 형성하는 것이 적절한 대안이 된다.

② 유사동맹 모델의 논리에 의하면, 두 국가가 적대국으로부터 공통의 강력한 위협에 직면하는 경우에도 공동의 동맹국이 공약을 확고히 지킨다면 동맹을 맺지 않는 것이 적절한 대안이 될 수 있다.

③ 기존의 동맹모델들의 논리에 의하면, 두 국가가 적대국으로부터 느끼는 위협의 수준이 낮다면 동맹을 형성하지 않는 것이 적절한 대안이 될 수 있다.

④ 유사동맹 모델의 논리에 의하면, 두 국가가 적대국으로부터 공통의 강력한 위협에 직면하지 않는 경우에도 두 국가가 공동의 동맹국으로부터 느끼는 방기의 불안이 모두 높다면 동맹을 맺는 것이 적절한 대안이 된다.

⑤ 유사동맹 모델의 논리에 의하면, 두 국가가 적대국으로부터 공통의 강력한 위협에 직면하지 않는 경우에는 두 국가가 공동의 동맹국으로부터 느끼는 방기의 불안과 연루의 불안이 불일치하는 경우 동맹을 맺는 것이 적절한 대안이 된다.

[정답해설]
⑤ 〈가설 1〉에 의해서 두 국가가 적대국으로부터 공통의 강력한 위협에 직면하지 않은 경우에는 두 국가가 공동의 동맹국으로부터 느끼는 '방기'의 불안과 '연루'의 불안이 불일치하는 경우 양국 간에는 '갈등'이 발생하므로 옳지 않은 내용이다.

[오답해설]
① 제시문 후반부에 있는 기존의 동맹연구에 관한 설명을 참조할 경우 옳은 내용이다.
② 기존 동맹연구와는 달리 외부의 위협이 두 국가 사이의 동맹을 자동적으로 형성시키는 것이 아니라 공통의 동맹국의 행위가 어떠한가에 의해서 동맹형성이 결정된다. 따라서 외부의 위협이 있어도 공통 동맹국의 약속이 유지된다면 동맹형성의 필요성이 없을 수 있다. 따라서 옳은 내용이다.
③ 기존의 동맹모델은 외부 국가의 위협이 동맹형성의 중요한 요인이므로 위협이 없다면 동맹이 형성되지 않을 수 있다. 따라서 옳은 내용이다.
④ 〈가설 2〉에 의하면 두 나라가 '방기'와 '연루'에 대해서 느끼는 불안정도가 비슷하다면 서로 협조한다고 가정하므로 만약 두 국가 모두 방기의 불안이 높다면 동맹을 형성하는 것이 적절한 대안이 된다는 것은 지문을 통해 유추할 수 있다. 따라서 옳은 내용이다.

답 ⑤

문 11. 다음은 주택매매를 둘러싼 '갑'과 '을' 간의 협상과정을 보여준다. 협상 결과가 (가)에서 (나)로 바뀌는 데 영향을 미친 요인들을 〈보기〉에서 고른 것은?

(가) '갑'은 시세가 2억 원짜리인 아파트를 사고 싶어 한다. 그러나 그만큼의 돈을 지불하고 싶은 생각이 없었기에 1억 6천만 원에 팔라고 집주인인 '을'에게 제의한다. 반면 '을'은 싼 가격에 급하게 팔 이유는 없다고 생각한다. 그리고 1억 8천만 원이라는 가격을 제시한다. 결국 '갑'은 이 금액을 받아들여 계약 날짜를 정하고 헤어졌다.

(나) 약속한 계약일에 다시 만난 자리에서 '갑'은 '을'에게 한 달 안에 이사하고 싶다고 했다. '갑'은 현재 여관에 투숙하고 있기 때문에 불편할 뿐만 아니라 비용도 만만치 않게 들어 가급적 빨리 이사하고 싶었기 때문이다. '을'의 경우 일찍 집을 비우는 것은 그다지 큰 문제는 아니었지만 애초에는 석 달 정도 더 머물고 이사할 계획이었다고 한다. 따라서 일찍 비워줄 경우 예상치 않은 비용이나 노력이 들어갈 것이 틀림없었다. 이에 '갑'은 두 달 정도 후에 이사할 수 있으면 5백만 원을 더 지불하겠다고 하였고 '을'이 이를 받아들여 결국 계약은 1억 8천 5백만 원에 체결된다.

┌─ 보 기 ─┐
ㄱ. 상대방이 최대한 얼마만큼 양보할 수 있는가에 대한 정보
ㄴ. 상대방의 요구를 수용할 때 발생하는 비용과 이익에 대한 인지
ㄷ. 5백만 원은 '갑'의 노력과 '을'의 편리성을 보상하는 데에 적절한 액수라는 인식
ㄹ. 협상과정에서 상대방의 요구를 충족시킬만한 새로운 대안의 제시

① ㄱ, ㄴ
② ㄱ, ㄷ
③ ㄴ, ㄷ
④ ㄴ, ㄹ
⑤ ㄷ, ㄹ

[정답해설]
ㄴ. (가) 상황이 (나) 상황으로 바뀌는 데 있어 쌍방이 상황전환에 따라 얼마나 많은 비용과 이익이 발생하는지 잘 알고 있다.
ㄹ. (가) 상황이 (나) 상황으로 바뀌는 데 있어 쌍방은 협상과정에서 상대요구를 충족시킬 새로운 대안을 제시하고 있다.

[오답해설]
ㄱ. (가) 상황이 (나) 상황으로 바뀌는 데 있어 상대방이 최대한 양보할 수 있는가에 대한 정보(능력)는 제시되어 있지 않다.
ㄷ. 5백만 원은 갑의 편리성과 을의 노력을 보상하는 액수로서 갑과 을의 요구가 뒤바뀌었다.

답 ④

(가)의 입장을 견지한 국회의원이 (나)의 민법조항과 관련하여 호주제 존치결정으로 야기될 수 있는 문제점에 대해 예측한 것으로 적절치 못한 것은?

(가) 헌법 제36조 제1항에는 "혼인과 가족생활은 개인의 존엄과 양성의 평등을 기초로 성립되고 유지되어야 하며 국가는 이를 보장한다."라고 규정되어 있다.

(나) 민법 제984조에 의하면 호주승계의 순위는 ① 피승계인의 직계비속 남자(아들, 손자), ② 피승계인의 가족인 직계비속 여자(딸), ③ 피승계인의 처(아내), ④ 피승계인의 가족인 직계존속 여자(어머니), ⑤ 피승계인의 가족인 직계비속의 처(며느리)로 되어 있다. 민법 제826조 제3항은 "처는 부(夫)의 가(家)에 입적한다. 그러나 처가 친가의 호주 또는 호주승계인인 때에는 부(夫)가 처의 가(家)에 입적할 수 있다."라고 규정하고, 민법 제781조 제1항은 "자(子)는 부(父)의 성(姓)과 본(本)을 따르고 부가(父家)에 입적한다. 다만, 부(父)가 외국인인 때에는 모(母)의 성(姓)과 본(本)을 따를 수 있고 모가(母家)에 입적한다."라고 규정하고 있다. 민법 제784조에는 부(夫)의 혈족이 아닌 처의 직계비속의 입적에 관하여 규정하고 있는데 제1항에서는 "처가 부(夫)의 혈족이 아닌 직계비속이 있는 때에는 부(夫)의 동의를 얻어 그 가(家)에 입적하게 할 수 있다."라고 되어 있다.

① 재혼가정의 자녀가 계부의 성을 따르기 위해 편법으로 새로이 출생신고를 하는 현상이 생겨날 수도 있다.

② 이혼한 어머니와 사는 자녀의 경우 어머니와 호적을 함께 쓰지 못하고 주민등록상 동거인으로 기록될 수 있다.

③ 아버지가 외국인인 경우 그 자녀는 아버지의 호적에 입적할 수 없으므로 일가(一家)창설을 해야 하는 번거로움이 발생한다.

④ 남성 우선의 호주승계 순위로 인하여 남아선호 사상의 확산 및 고착을 야기하고 이로 인해 성비 불균형 현상이 심화될 수 있다.

⑤ 처의 혼인 외 자녀의 호적 입적 시 남편의 동의가 없을 경우 그 자녀가 입적할 호적이 없을 수 있어 아동의 인권 침해 우려가 있다.

정답해설

③ 아버지가 외국인인 경우 모가에 입적이 가능하므로(민법 제781조 제1항) 굳이 일가창설을 할 필요가 없다.

오답해설

① 민법 제784조 제1항에 따르면 부의 혈족이 아닌 처의 직계비속의 입적은 부의 동의를 얻어서 가능하나, 성은 바꿀 수 없으므로(민법 제781조 제1항 - 성은 출생 시 생부의 성을 따른다) 성을 바꾸기 위해서는 새로이 출생신고를 하는 수밖에 없다.

② 자녀는 이혼 전의 남편의 호적에 속해 있는데(민법 제781조 제1항)이혼한 어머니는 그 호적에서 제적되므로(민법 제826조 제3항) 호적은 다르고, 다만 같이 산다면 주민등록상의 동거인의 형태가 된다.

④ 민법 제984조에 따르면 호주 승계가 남성을 우선으로 이루어지므로 상대적으로 남아선호가 유지되고 성비불균형을 심화시킬 수 있다.

⑤ 민법 제784조 제1항에서는 처의 혼인 외 자녀의 호적 입적 시 부의 동의를 전제하므로 그 자녀의 생부를 모를 경우에는 아동이 입적할 호적이 없는 현상이 일어날 수 있다.

정답 ③

문 13. 다음은 두 국가의 정부정책과 기업전략 상황을 예측한 것이다. 이 중 가장 옳지 <u>않은</u> 것은?

> A기업('가' 국가의 기업)은 중형 항공기 시장에 진입하기 위해 시장 분석을 하고 있다. 중형 항공기의 수요국은 '가' 국가와 '나' 국가이며, 현재 중형 항공기 시장은 B기업('나' 국가의 기업)이 독점력을 유지하고 있다. 각각의 국가에서 한 개의 기업이 독점력을 행사하면 그 기업들은 각 국가에서 9억 달러씩의 이익을 얻을 수 있다. 한편 한 국가 내에서 두 기업이 경쟁을 하면 각각의 기업은 해당 국가에서 3억 달러씩의 이익을 얻으며, 해당 국가의 항공 서비스 소비자는 낮아진 항공 요금 등으로 인해 7억 달러의 이익을 얻게 된다. A기업은 두 국가에서 취할 수 있는 기업이익의 합이 비용보다 큰 경우 시장에 진입하기로 결정한다. 시장에 진입하기로 결정할 때 투입되는 비용은 10억 달러이다. 각국 정부는 자국 기업을 보호하는 정책, 즉 독점력을 행사할 수 있도록 하는 정책을 시행할 수 있다.

① '가' 국가만 보호정책을 실시한다면 A기업은 시장에 진입할 것이다.
② A기업이 시장에 진입한다면 B기업의 이익은 각국 정부의 보호 정책 시행 여부와 관계없이 감소할 것이다.
③ '가' 국가의 정부가 자국 기업에 대한 보호 정책을 시행하지 않을 것이 예상되면 A기업은 시장에 진입하지 않을 것이다.
④ '나' 국가의 정부가 보호 정책을 시행할 것이 예상될지라도 '가' 국가가 보호 정책을 시행할 것이 확실시 된다면 A기업은 시장에 진입할 것이다.
⑤ A기업이 항공기 시장에 진입하고 '가' 국가의 정부가 보호 정책을 시행한다면 '가' 국가의 소비자는 진입 이전과 이후 동일한 후생을 누리게 된다.

[정답해설]
④ '가', '나' 국가 모두 보호정책을 실시하면 A기업의 이익은 9억 달러가 되고, 따라서 개발비용에 못 미치므로 시장에 진입하지 않는다.

[오답해설]
① '가' 국가만 보호정책을 실시하고 '나' 국가는 보호정책을 실시하지 않을 경우, A기업의 이익은 '가' 국가에서 9억, '나' 국가에서 3억이 되어 총 12억이 되므로, 이익의 합이 비용보다 크다. 따라서 A기업은 시장에 진입할 것이므로, 옳은 내용이다.
② A기업 진입 전 B기업의 이익은 18억 달러이고, A기업 진입 후 B기업의 최대 이익은 6억 달러이므로 옳은 내용이다.
③ '나' 국가에서 A기업이 독점력을 행사하는 것은 불가능하므로 초과이익이 10억 달러를 초과할 수 없다.
⑤ 시장은 계속 독점적 상황이므로 소비자 후생은 동일하다.

目 ④

문 14. 사건 A, B, C, D, E가 일어났다. 이 사건들이 어떤 순서로 일어났는지에 대해 알아보기 위해 다음 다섯 사람에게 조언을 구했다. 이 조언이 참이라면, 네 번째로 일어난 사건은?

> • 일휘 : B가 D보다 먼저 일어났다면, C가 E보다 먼저 일어났을 것이다.
> • 이종 : A는 B와 E(또는 E와 B) 사이에 일어났다.
> • 삼용 : C는 A와 D(또는 D와 A) 사이에 일어났다.
> • 사영 : D가 가장 마지막에 일어나지 않았다.
> • 오훈 : A와 C는 연이어 일어나지 않았다.

① A   ② B
③ C   ④ D
⑤ E

[정답해설]
① 다섯 사람의 진술에 부합하는 사건의 순서는 DCBAE와 DCEAB이므로 네 번째 일어난 사건은 A이다.

[오답해설]
② 만약 B가 네 번째에 일어났다면, '이종'에 의해 A, E는 B 앞에 존재해야 한다. 그런데 '사영'에 따르면 D가 마지막에 일어나지 않으므로 D도 B 앞에 존재한다. 따라서 C가 마지막에 와야 되는데 그렇다면 '삼용'의 진술에 어긋난다. 그러므로 B는 네 번째에 일어날 수 없다.
③ 만약 C가 네 번째에 일어났다면, C는 A와 D 사이이고 D가 마지막에 올 수 없으므로 사건이 CA순서로 일어나야 한다(즉, A가 다섯 번째로 올 수밖에 없음). 이렇게 되면 CA가 연속으로 일어나게 되는데, '오훈'의 진술에 의해 C는 네 번째에 일어날 수 없다.
④ 만약 D가 네 번째에 일어났다면, '삼용'에 따르면 C와 A는 D 앞에 와야 하고, A와 C는 연속해서 올 수 없으므로 A가 첫 번째 사건이 되고 C는 세 번째 사건이 된다. 그러면 B와 E가 두 번째 혹은 다섯 번째 사건이 되어야 하는데 이는 '이종'의 진술에 어긋난다. 따라서 D는 네 번째에 일어날 수 없다.
⑤ 만약 E가 네 번째에 일어났다면, A가 B와 E 사이에 일어나야 하므로 A와 B는 E 앞에 일어나야 한다. D가 마지막에 올 수 없으므로 D 역시 E 앞에 일어나야 한다. 따라서 C가 마지막에 와야 하는데 이는 '삼용'의 진술에 어긋난다. 따라서 E는 네 번째에 일어날 수 없다.

目 ①

문 15. 다음과 같은 상황에서 타국을 기만하지 않는다는 전제 하에 중국의 행위에 의해 나타날 수 있는 최종적인 결과를 〈보기〉에서 모두 고르면?

북한 핵문제의 해결과 경제지원을 논의하기 위한 6자회담 이후 북한을 제외한 나머지 국가들 – 한국, 미국, 러시아, 일본, 중국 – 은 북한의 전력문제를 해결하고 원자력 발전소 건립을 지원하기 위한 구체적 절차를 만들기 위해 임시위원회를 따로 설치하기로 하였다. 이 위원회에는 5개국 모두가 가급적 참여하는 것이 바람직한 상황인데 미국과 러시아는 이미 참여를 결정하였다. 이때 회담 의장국인 중국은 나머지 국가인 한국과 일본이 회담에 참여할 수 있는 자격을 부여하는 지명권을 가졌다. 다만 중국은 지명된 국가라도 지명에 대한 수락 여부를 분명히 밝히지 않는 국가에 대해서는 지명을 철회하겠다는 원칙을 천명했다. 그런데 한국과 일본은 독도문제와 역사교과서 왜곡문제로 대화채널이 막혀 상호 의사소통이 불가능하여 서로의 의사를 알 수 없는 상태이다.

중국의 지명권 행사에 앞서 한국은 일본이 위원회에 참여하는지를 알지 못한다면 수락 여부를 결정할 수 없다는 의사를 중국 측에 전달한다. 일본 또한 한국이 위원회에 참여하는지를 알지 못한다면 수락 여부를 결정할 수 없다는 의사를 중국 측에 전달한다.

보 기

ㄱ. 한국, 일본 두 국가 모두 참여한다.
ㄴ. 한국, 일본 두 국가 중 한 국가만 참여한다.
ㄷ. 한국, 일본 두 국가 모두 불참한다.
ㄹ. 논리적으로 일어날 수 없는 상황이어서 어떤 결과가 도출될지 알 수 없다.

---

① ㄴ
② ㄹ
③ ㄱ, ㄴ
④ ㄱ, ㄷ
⑤ ㄴ, ㄷ

정답해설

이 경우는 한국과 일본 두 국가가 모두 참여할 것인지를 먼저 결정할 수 있는 상황이 아니다. 따라서 참여 결정은 지명권을 가지고 있는 중국의 행위로부터 시작한다. 물론 중국의 지명권은 지명을 받은 국가의 수락 여부가 있어야 최종참여가 결정되는 제한적 지명권이다.

이때 중국은 두 국가를 모두 참여시킬 수 있는 결과를 얻지 못한다. 왜냐하면 한국과 일본 모두 상대방의 참여여부를 알지 못한다면 수락여부를 밝힐 수 없다는 의사를 전달했기 때문이다. 더군다나 상대방의 참여여부는 상호의사소통이 막혀 있기 때문에 알 수 있는 방법이 없다. 따라서 중국의 결정은 한국과 일본 두 국가 중 한 국가에 대해 지명권을 포기하고 나머지 국가에게 그 사실(즉, 상대국가가 참여하지 않는다는 사실)을 알리면서 지명권을 행사하는 것이다.

이때 지명된 국가는 비로소 상대국의 참여여부를 알게 되었기 때문에 참여여부를 결정할 수 있다. 즉 이 국가가 수락을 하면 한 국가만 참여하고 수락하지 않으면 두 국가 모두 참여하지 않는 결과가 얻어지게 된다.

ㄴ. 한 국가는 참여할 수 있기 때문에 가능한 상황이다.
ㄷ. 한 국가마저 수락하지 않는 경우 두 국가 모두 불참하게 되기 때문에 가능한 상황이다.

오답해설

ㄱ. 두 국가 모두 참여할 수 있는 결과는 얻어질 수 없다.
ㄹ. 논리적으로 가능한 상황이므로 결과를 도출할 수 있다.

답 ⑤

문 16. 다음 〈그림〉과 같이 동일한 크기의 단층 건물 10개가 두 줄로 나란히 서 있고, 각 건물에는 1부터 10까지 번호가 붙어 있다. 또 각 건물에는 10개의 사무실 또는 상점(변호사 사무실, 회계사 사무실, 법무사 사무실, 세무사 사무실, 감정평가사 사무실, 옷가게, 편의점, 노래방, 복사가게, 호프집) 중의 하나가 있고, A, B, C, D, E, F, G, H, I, J 10명이 각각 한 곳에서 일하고 있다. 〈보기〉의 조건이 성립할 때, 반드시 참인 것은?

〈그림〉

1	2	3	4	5
6	7	8	9	10

※ 다만, 1과 6, 2와 7, 3과 8, 4와 9, 5와 10번 건물은 각각 정면으로 마주보고 있음

─── 보 기 ───

(가) 전문직종 사무실, 즉 변호사 · 회계사 · 법무사 · 세무사 · 감정평가사 사무실은 짝수 번호 건물에 들어 있고, 나머지는 홀수 번호 건물에 들어 있다.

(나) 변호사 사무실과 법무사 사무실은 같은 줄에 있고, 세무사 · 회계사 · 감정평가사 사무실은 변호사 · 법무사 사무실과 다른 쪽 줄에 있다.

(다) D와 J는 1~5번 사이의 짝수 번호 건물에서 일하는데, D가 일하는 건물과 정면으로 마주보는 건물에 옷가게가 있고, 옷가게에서 큰 번호 쪽으로 다음다음 건물은 노래방이다.

(라) 감정평가사 사무실은 노래방 바로 옆이 아니고, 복사가게가 감정평가사 사무실과 정면으로 마주보는 건물에 있다.

(마) 법무사 사무실에서 감정평가사 사무실까지의 거리가 변호사 사무실에서 감정평가사 사무실까지의 거리보다 가깝다.

(바) 편의점은 법무사 사무실 바로 옆이 아니고, 편의점과 정면으로 마주보는 건물에 회계사 사무실이 있다.

(사) B는 옷가게에서 일한다.

(아) C는 전문직종 사무실에서 일하지 않으며, F가 일하는 건물과 G가 일하는 건물 사이에는 C가 일하는 건물만 있다.

① A는 감정평가사 사무실에 일한다.
② C는 노래방에서 일한다.
③ D는 변호사 사무실에서 일한다.
④ F는 회계사 사무실에서 일한다.
⑤ J는 호프집에서 일한다.

─── 정답해설 ───

(가)에서 변호사, 회계사, 법무사, 세무사, 감정평가사 사무실이 짝수(2 · 4 · 6 · 8 · 10)번호 건물임을 제시하였다.

그리고 (나)에서 변호사, 법무사 사무실이 2 또는 4번 건물이고, 회계사, 세무사, 감정평가사 사무실이 6 · 8 · 10번 건물 중 하나임을 알 수 있다. 왜냐하면 1~5 사이에 짝수가 2개, 6~10 사이에 짝수가 3개이기 때문이다.

다음으로 (다)에서 D와 J가 변호사 사무실 또는 법무사 사무실에서 일하고 있음을 알 수 있다. (다)에서 옷가게와 노래방이 6~10번 건물에 있고[(가)에 의해 7 또는 9번 건물], 노래방이 옷가게의 다음다음 큰 번호의 건물이므로 옷가게가 7번, 노래방이 9번 건물임을 알 수 있다. 따라서 옷가게와 마주보고 있는 건물, 즉 D가 일하는 건물은 2번임을 알 수 있다.

그리고 (라)에서 감정평가사 사무실을 6번, 복사가게는 1번 건물임을 알 수 있으며, (마)에서 법무사 사무실이 2번, 변호사 사무실이 4번임을 알 수 있다. 계속해서 (바)에서 편의점이 5번, 회계사 사무실이 10번임을 알 수 있으며, (사)에서 B가 일하는 건물이 7번(옷가게)임을 알 수 있다.

지금까지의 내용을 정리하면 다음과 같다.

1 복사가게	2 법무사	3 (호프집)	4 변호사	5 편의점
6 감정평가사	7 옷가게	8 (세무사)	9 노래방	10 회계사

마지막으로 (아)에서 C는 양 옆에 전문직종 사무실을 끼고 있는 비전문직종 상점에서 일한다고 하였는데 F와 G가 일하는 건물 사이에 있다고 하였으므로 9번 건물이 이 조건을 만족시킨다.

답 ②

문 17. **갑은 을에게 A상품을 보내기 위해 병과 운송계약을 체결하였다. 다음 조건들을 근거로 판단할 때 가장 적절하지 않은 것은?**

> ㄱ. 송하인*은 운송인*에 대하여 운송의 중지, 운송물의 반환, 기타의 처분을 청구할 수 있다.
> ㄴ. 운송물이 도착지에 도착한 때에는 수하인*은 송하인과 동일한 권리를 취득한다.
> ㄷ. 운송물이 도착지에 도착한 후 수하인이 그 인도를 청구한 때에는 수하인의 권리가 송하인의 권리에 우선한다.
> ㄹ. 운송물이 도착지에 도착한 후에 수하인이 운송물의 수령을 거부하거나 수령할 수 없는 경우에 운송인이 송하인에 대하여 상당한 기간을 정하여 운송물의 처분에 대한 지시를 최고*하여도 그 기간 내에 지시를 하지 아니한 때에는 운송인은 운송물을 경매할 수 있다.
> ㅁ. 수하인이 운송물을 수령한 때에는 운송인에 대하여 운임, 기타 운송에 관한 비용 등을 지급할 의무를 부담한다.

※ 1) 송하인(送荷人) : 운송물의 운송을 의뢰하는 발송인
  2) 운송인(運送人) : 물품 또는 여객의 운송을 영업으로 하는 자
  3) 수하인(受荷人) : 운송물의 수령인으로 지정된 자
  4) 최고(催告) : 타인에게 일정한 행위를 할 것을 요구하는 통지

① 운송물이 도착하기 전에는 갑과 을 중 갑이 A상품에 대한 권리를 가진다.
② 운송물이 도착지에 도착하고 을이 인도청구하기 전에는 을은 갑과 동일한 권리를 가진다.
③ 운송물이 도착지에 도착한 후 을의 소재를 알 수 없는 경우 갑은 운송물의 처분을 병에게 지시할 수 있다.
④ 운송물이 도착지에 도착한 후 을이 운송물의 인도를 청구한 경우 갑의 권리는 소멸한다.
⑤ 을이 운송물을 수령하면 병은 을에게 운송비용을 청구할 수 있다.

[정답해설]
④ ㄷ에서 '운송물이 도착지에 도착한 후 수하인이 그 인도를 청구한 때에는 수하인의 권리가 송하인의 권리에 우선한다'고 하였으므로 수하인이 인도를 청구하였다고 하더라도 송하인의 권리가 사라지는 것이 아님을 알 수 있다. 따라서 옳지 않은 내용이다.

[오답해설]
① ㄴ에서 '운송물이 도착지에 도착한 때에는 수하인은 송하인과 동일한 권리를 취득한다'고 하였으므로 도착하기 전에는 송하인이 운송물에 대한 권리를 가진다는 것을 알 수 있다. 따라서 옳은 내용이다.
② ㄷ에서 '운송물이 도착지에 도착한 후 수하인이 그 인도를 청구한 때에는 수하인의 권리가 송하인의 권리에 우선한다'고 하였으므로 인도를 청구하기 전에는 수하인과 송하인이 동일한 권리를 가진다는 것을 알 수 있다. 따라서 옳은 내용이다.
③ ㄹ에서 '운송물이 도착지에 도착한 후에 수하인이 운송물을 수령할 수 없는 경우에 운송인이 송하인에 대하여 상당한 기간을 정하여 운송물의 처분에 대한 지시를 최고하여도'라고 하였으므로 송하인은 운송인에게 운송물의 처분에 대한 지시를 할 수 있다는 것을 알 수 있다. 따라서 옳은 내용이다.
⑤ ㅁ에서 '수하인이 운송물을 수령한 때에는 운송인에 대하여 운임 등을 지급할 의무를 부담한다'고 하였으므로 옳은 내용이다.

정답 ④

문 18. 다음 상황에 대해 옳게 기술한 것을 〈보기〉에서 모두 고르면?

어느 지하철역에서 화재가 발생하여 많은 사람들이 사망하는 사고가 발생하였다. 경찰은 허위 신고 등의 오류를 고려하여 다음과 같이 조사 결과를 발표하였다.

집단	상황	신고자 수(명)	사고로 사망했을 확률(%)
(가)	시체 또는 유골에서 DNA가 확인된 사망자	200	100
(나)	시체는 확인되지 않았지만 감시 카메라, 휴대폰 위치 추적 또는 통화 내역 등으로 사고를 당한 지하철에 탑승했음이 확인된 실종자	50	90
(다)	(가), (나) 집단에 해당되지 않지만 유품이 확인된 실종자	50	80
(라)	(가), (나), (다) 집단에 해당되지 않고 실종 신고가 접수된 사람	100	50

※ 신고 되지 않은 사망자는 없는 것으로 가정함

사고 수습의 일환으로 유족에 대한 보상 심의를 하는 과정에서 보상 대상의 범위를 어디까지 인정할 것인가 하는 문제가 제기되어 다음과 같은 방안이 제시되었다.
• (가) 집단만 보상하는 방안
• (가), (나) 집단만 보상하는 방안
• (가), (나), (다) 집단만 보상하는 방안
• (가), (나), (다), (라) 집단 모두 보상하는 방안

실제로 화재로 사망한 사람 1인이 보상을 받지 못하는 경우 생기는 문제의 크기를 'A'라고 하고, 허위로 실종 신고된 사람 1인이 보상을 받는 경우 생기는 문제의 크기를 'B'라고 한다. A를 1이라고 할 때, B를 각각 1, 0.5, 0.2, 0.1로 할 것인지 논란이 있지만 전체 문제의 크기를 최소화하여야 한다는 것에는 이의가 없었다.

┌─ 보 기 ─┐
ㄱ. (가) 집단만을 보상 대상으로 할 경우 부당하게 보상금을 지급하는 사례는 발생하지 않는다.
ㄴ. A를 B보다 상대적으로 크게 평가할수록 보상 범위를 확대하는 것이 바람직한 방향으로 결론이 나온다.
ㄷ. B를 A의 0.1배로 볼 때 문제의 크기를 최소화하는 방안은 위에서 제시된 방안 중 (가), (나), (다), (라)의 모든 집단을 보상하는 방안이다.
ㄹ. A와 B를 동일하게 볼 때 (가) 집단만을 보상하는 방안이 위의 네 가지 방안 중에서 전체 문제의 크기가 제일 크다.

① ㄱ, ㄷ
② ㄴ, ㄹ
③ ㄱ, ㄴ, ㄷ
④ ㄱ, ㄴ, ㄹ
⑤ ㄱ, ㄴ, ㄷ, ㄹ

정답해설

제시된 표를 대안별로 정리하면 다음과 같다.

대안	진짜 희생자	가짜 희생자	문제의 크기
(가)집단만 보상	200명	0명	135A
(가), (나)집단만 보상	45명	5명	90A+5B
(가), (나), (다)집단만 보상	40명	10명	50A+15B
(가), (나), (다), (라)집단만 보상	50명	50명	65B

ㄱ. 위 표에 의하면 (가)집단만을 보상대상으로 할 경우 부당하게 보상금을 지급하는 B문제는 발생하지 않으므로 옳은 내용이다.
ㄴ. A를 B보다 상대적으로 크게 평가하면 A문제를 포함하고 있는 (가), (나), (다) 집단까지 보상하는 방안들은 문제의 크기가 상대적으로 점점 커질 수밖에 없다. 따라서 A문제가 없는 (라)집단까지 보상하는 방안이 가장 문제의 크기가 작은, 바람직한 방향의 대안이 된다. 따라서 옳은 내용이다.
ㄷ. B를 A의 0.1배로 하면 각각 문제의 크기는 (가)집단을 보상하는 경우 135, (나)집단까지 보상하는 경우 90.5, (다)집단까지 보상하는 경우 51.5, (라)집단까지 보상하는 경우 6.5가 되므로 (가), (나), (다), (라)의 모든 집단을 보상하는 방안이 문제가 최소화되므로 옳은 내용이다.
ㄹ. A, B를 동일하게 보면 (가)집단만을 보상할 때 문제점은 135A, (나)집단까지 보상할 때는 95A, (다)집단까지 보상할 때 65A, (라)집단까지 보상할 때는 65A이므로 옳은 내용이다.

답 ⑤

문 19. A국은 자동차 수출을 확대하기 위해 새로운 해외시장을 개척하려 하고 있다. 현재 A국은 해외시장 개척 대상으로 B국과 C국을 고려하고 있으며 B국과 C국은 자동차의 환경친화도를 나타내는 환경점수와 성능우수성을 나타내는 성능점수를 기준으로 자동차 수입을 규제하고 있다. 다음 자료를 기준으로 볼 때 올바른 설명을 〈보기〉에서 모두 고른 것은?(단, 현재 기준으로 A국의 기술력은 환경점수 65점, 성능점수 64점을 획득할 수 있는 수준이고, 환경친화도를 높이는 연구와 성능향상을 위한 연구가 동시에 추진될 수 없는 상황이며, 두 연구는 연구기간에 상관없이 각각 한 번만 추진됨)

〈B국과 C국의 자동차 수입 허용 기준〉

구분	환경점수	성능점수
B국	69	78
C국	73	69

〈연구기간에 따른 예상 도달점수〉

구분	3개월	6개월	9개월
환경점수	70	74	78
성능점수	69	74	79

보 기

ㄱ. 성능점수 5점을 향상시키기 위한 기회비용※은 연구기간과 무관하게 일정하다.
ㄴ. 두 국가 중 한 국가에 진출하는 것을 목표로 하는 경우 B국보다는 C국에 진출하는 것을 목표로 연구를 진행하는 것이, 새로운 해외시장 개척에 소요되는 연구기간을 단축시키는 데 유리하다.
ㄷ. 두 국가에 모두 진출하는 것을 목표로 연구를 진행하는 경우 최소한 12개월의 연구기간이 소요된다.
ㄹ. 두 국가에 모두 진출하는 것을 목표로 연구를 진행하는 경우 환경친화도 연구보다는 성능우수성 연구를 선행하는 것이 한 국가 진출 후 나머지 국가에 진출하기 위해 필요한 연구기간을 단축시키는 데 유리하다.
ㅁ. 두 국가에 모두 진출하는 것을 목표로 연구를 진행하는 경우 C국 진출을 위한 준비가 먼저 완료되도록 연구를 진행하면 C국 진출 후 3개월의 연구기간이 더 필요하다.

※ 기회비용 : 어떤 행위를 하지 않고 다른 행위를 했을 때 포기해야 하는 재화나 기회의 가치

① ㄱ, ㄷ
② ㄴ, ㄹ
③ ㄱ, ㄴ, ㄷ
④ ㄱ, ㄷ, ㄹ
⑤ ㄴ, ㄹ, ㅁ

정답해설

ㄴ. 두 국가 중 한 국가에 진출하는 것을 목표로 할 때,
• B국 진출 목표 : 환경점수 도달 3개월＋성능점수 도달 9개월＝12개월
• C국 진출 목표 : 환경점수 도달 6개월＋성능점수 도달 3개월＝9개월
ㄹ. 두 국가에 진출하는 것을 목표로 할 때
• 성능우수성 연구 선행 시 : 9개월 후 성능점수 78점에 도달하고 환경친화도 연구를 시작하여 3개월 후 환경점수 70점을 만족하는 B국에 진출한다. 이후 환경점수를 70점에서 74점까지 올려야만 C국에 진출할 수 있으므로, 나머지 C국에 진출하기 위해 추가로 필요한 시간은 3개월이다.
• 환경친화도 연구 선행 시 : 6개월 후 환경점수 74점에 도달하고 성능우수성 연구를 시작하여 3개월 후 성능점수 69점을 만족하는 C국에 진출한다. 이후 성능점수를 69점에서 78점까지 올려야만 B국에 진출할 수 있으므로, 나머지 B국에 진출하기 위해 추가로 필요한 시간은 6개월이다.

오답해설

ㄱ. 성능점수를 5점 향상시키기 위한 기회비용은 연구기간에 따라 다음과 같이 변화하므로 옳지 않은 내용이다.

연구기간	3개월	6개월	9개월
기회비용(환경점수)	5점	4점	4점

ㄷ. 두 국가 모두 진출하기 위한 최소 연구기간을 구하면,
• 환경점수 : 두 국가 모두 진출하기 위해서는 73점을 얻어야 하며 6개월이 필요하고,
• 성능점수 : 두 국가 모두 진출하기 위해서는 78점을 얻어야 하며 9개월이 필요하므로 총 15개월의 연구기간이 필요하다.
ㅁ. 두 국가에 진출하는 것을 목표로 하는 경우 환경점수의 허용기준에서 C국이 B국보다 높고, 성능점수 허용기준에서는 B국이 높으므로 C국 진출을 위한 준비가 먼저 완료되도록 하기 위해서는 환경친화도 연구가 선행되어야 한다. 이것은 위 ㄹ의 두 번째 설명에 해당하므로 6개월의 연구기간이 더 필요하다.

답 ②

문 20. 아래의 두 가지 조건을 모두 충족시키는 상황은 다음 중 어느 것인가?

> (조건 1) 첫 번째 목표의 달성률이 높아질수록 두 번째 목표의 달성률은 낮아진다.
> (조건 2) 두 번째 목표의 달성이 첫 번째 목표의 달성에 저해가 되지 않는다.

※ 다만, 첫 번째 목표를 달성하기 위해 사용된 수단만이 두 번째 목표를 달성하는 데 사용됨

① 정부는 담배 소비를 억제하기 위해 담배 가격을 대폭 인상하였다. 한편 정부는 추가 이익금을 인체에 무해한 담배를 개발하기 위한 연구 기금으로 사용하기로 하였다.

② 어느 우체국에서 고객의 급행우편배달 수요를 억제하기 위해 급행우편에 대해 매우 비싼 할증금을 부과하였다. 한편 그 우체국은 할증금을 급행우편배달 서비스 수준의 향상을 위해 사용하기로 하였다.

③ 정부는 고가의 외제 승용차의 구매를 억제하기 위해 수입 외제차에 대한 관세를 높이기로 하였다. 한편 정부는 이를 통해 거두어들인 세금을 결식아동의 복지수준을 향상시키기 위해 사용하기로 하였다.

④ 어느 피자 배달점에서 매상을 늘리기 위해 열 번 주문한 고객에게는 한 번의 공짜 주문이 가능하도록 하였다. 한편 이 피자 배달점에서는 이러한 방법을 통해 늘어난 이익금을 불우 이웃을 돕기 위해 성금으로 기탁하기로 하였다.

⑤ 어느 도시에서 자가용 승용차의 도심 진입을 억제하기 위해 현재 유일한 도심 진입로인 A터널에 한해서만 혼잡통행료 징수제도를 시행하기로 하였다. 한편 이 도시의 시장은 징수된 혼잡통행료를 새로운 도심 진입로인 B터널의 조속한 건설을 위하여 사용하기로 결정하였다.

정답해설

③ • (조건 1) : '고가 외제승용차 구매억제'라는 목표가 달성되면 될수록 세금수입이 적어져 '결식아동의 복지수준 향상'이라는 목표의 달성이 어려워지므로 (조건 1)을 충족한다.
  • (조건 2) : '결식아동의 복지수준 향상'이 달성된다고 해서 '고가의 외제승용차 구매억제'라는 목표달성이 저해되는 것은 아니므로 (조건 2)를 충족한다.

오답해설

① • (조건 1) : '담배소비억제'라는 목표가 달성되면 될수록 추가이익금이 적어져 '인체무해담배의 개발'이라는 목표의 달성은 요원해지므로 (조건 1)을 충족한다.
  • (조건 2) : '인체무해 담배의 개발'은 담배소비를 증가시켜 '담배소비억제'라는 첫 번째 목표 달성을 저해하므로 (조건 2)를 충족하지 못한다.
② • (조건 1) : '급행우편 배달수요 억제'라는 목표가 달성되면 될수록 할증금 수입이 적어져 '급행우편 서비스 수준 향상'이라는 목표의 달성은 어려워지므로 (조건 1)을 충족한다.
  • (조건 2) : '급행우편 서비스 수준향상'이 달성되면 관련 수요가 늘어 결국 '급행우편 배달수요 억제'라는 목표달성을 저해하므로 (조건 2)를 충족하지 못한다.
④ • (조건 1) : '피자매상 증진'이라는 목표가 달성되면 될수록 이익금이 증가해 '불우이웃돕기'라는 목표가 달성되므로 (조건 1)을 충족시키지 못한다.
  • (조건 2) : '불우이웃돕기'라는 목표가 달성되는 것은 '피자매상 증진'이라는 목표 달성에 저해가 되지 않으므로 (조건 2)를 충족시킨다.
⑤ • (조건 1) : '승용차의 도심진입억제'라는 목표가 달성되면 될수록 통행료 수입이 감소해 'B터널의 조속한 건설'이라는 목표 달성이 어려워지므로 (조건 1)을 충족시킨다.
  • (조건 2) : 'B터널의 조속한 건설'이라는 목표가 달성되면 도심진입이 용이하게 되어 '승용차의 도심진입억제'라는 목표 달성이 저해되므로 (조건 2)를 충족시키지 못한다.

정답 ③

PSAT

Public Service Aptitude Test

상황판단

PART

1

LEVEL
UP!

01 CHAPTER
LEVEL 1, 파악

01 법조문 제시형

문 1. 다음은 공공 기록물 관리 방식의 변경에 관한 내용이다. 이에 근거하여 추론할 때 가장 적절하지 <u>않은</u> 것은?

06 견습(인) 34번

1. 기록관리 대상을 공공기관의 기록물에서 국가적으로 보존가치가 있거나, 국민생활과 밀접한 관련이 있는 중요 공공 기록물로 확대하기로 하였다.
2. 지금까지 기록물을 자체적으로 영구 보존하던 정보기관과 군기관의 기록물은 최대 50년까지, 통일·외교·안보·수사 등 특수 분야의 기록물은 최대 30년까지 자체적으로 보관 활용한 후에 최종적으로는 국가기록원으로 기록을 이관하도록 의무화함으로써 국가기록의 통합관리체계를 강화하기로 하였다.
3. 지방자치에 부응한 분권적 지방기록물 관리체계 확립을 위하여 시·도에 영구보존시설·장비 및 전문 인력을 갖춘 지방기록문관리기관 설치를 의무화하기로 하였다.
4. 업무기반의 전자기록관리체계 구축을 위한 근거를 마련하게 되었다. 최종 결재문서와 함께 업무 과정상의 이력 기록까지도 기록으로 철저히 관리하며, 종이기록관리체계에서 전자기록관리체계로 전환하게 된다.
5. 국가기록의 통합관리를 위해 기록관리의 표준화 근거를 마련하게 되었다. 공공기관의 기록관리표준 준수의무 부여로 국가기록관리체계의 통합성을 유지하며, 기록관리 국가표준 제정으로 범국가적 기록정보 통합 활용체계 구축을 추진한다.
6. 기록정보의 적극적 공개를 위하여 비공개 기록물을 매5년마다 주기적으로 재분류하도록 하고, 생산년도 종료 후 30년 경과 시 자동공개를 원칙으로 하는 규정을 신설한다.
7. 비밀 기록의 체계적 관리를 위하여 중앙 기록물관리기관에 비밀 기록물의 생산·관리 현황 통보를 의무화한다.
8. 국가적으로 보존가치가 있는 영화 필름, 방송 프로그램 등의 수집근거를 마련한다.

① 지방자치단체의 기록물관리 역량이 강화될 것으로 보이며, 아울러 대국민 정보공개도 강화될 것이다.
② 정보기관과 군기관에서 생산된 기록물과 특수분야 기록물도 최종적으로 통합관리될 것이다.
③ 기록물 관리의 전자화로 인해 편리성과 능률성이 향상될 것으로 기대되지만, 다른 한편으로는 문서보안 등의 새로운 업무 영역이 중요시될 것이다.
④ 기존에 사용해 왔던 다양한 기록관리 양식에 대한 재검토가 필요하게 되었으며, 이러한 작업은 다양한 이해당사자의 협의를 통해 이루어져야 할 것이다.
⑤ 모든 공적 기록을 중앙 기록물관리기관인 국가기록원으로 이관하도록 함으로써 통합적 정보관리가 가능해진 대신 기록물 관리에 있어 기관별 업무 특성 반영은 기대할 수 없게 될 것이다.

문 2. 저작권법은 저작물*, 편집물*, 편집저작물* 등을 보호하기 위한 법률이다. 다음의 저작권법 규정에 의해서만 판단할 때, 아래 〈보기〉 중 저작권법에 의하여 보호되는 것으로만 모은 것은?

06 행시(출) 02번

제○○조 다음 각 호의 1에 해당하는 것은 이 법에 의한 보호를 받지 못한다.
1. 헌법·법률·조약·명령·조례 및 규칙
2. 국가 또는 지방자치단체의 고시·공고·훈령 그 밖의 이와 유사한 것
3. 법원의 판결·결정·명령 및 심판이나 행정심판절차 그 밖의 이와 유사한 절차에 의한 의결·결정 등
4. 국가 또는 지방자치단체가 작성한 것으로서 제1호 내지 제3호에 규정된 것의 편집물 또는 번역물
5. 사실의 전달에 불과한 시사보도

※ 1) 저작물 : 문학·학술 또는 예술의 범위에 속하는 창작물을 말함
　 2) 편집물 : 저작물이나 부호·문자·음성·음향·영상 그 밖의 형태로 자료(소재)의 집합물을 말하되, 데이터베이스를 포함함
　 3) 편집저작물 : 편집물로서 그 소재의 선택·배열 또는 구성에 창작성이 있는 것을 말함

〈보 기〉
ㄱ. 대법원장이 집필한 판례연구논문집
ㄴ. 공정거래위원회가 펴낸 심판결정 사례집
ㄷ. 헌법재판소 결정에 대한 일간지의 사설
ㄹ. 법제처가 간행한 대한민국 헌법의 영문 번역본
ㅁ. 수험생이 고시준비용으로 작성한 헌법판례 100선집

① ㄱ, ㄴ　　　　　　② ㄱ, ㄷ
③ ㄴ, ㅁ　　　　　　④ ㄷ, ㄹ
⑤ ㄹ, ㅁ

문 3. 아래 규정에 의해서만 판단할 때, 다음 중 가장 옳지 <u>않은</u> 것은?

> 제○○조 자기명의로 상행위를 하는 자를 상인이라 한다.
> 제○○조 ① 점포 기타 유사한 설비에 의하여 상인적 방법으로 영업을 하는 자는 상행위를 하지 아니하더라도 상인으로 본다.
> ② 회사는 상행위를 하지 아니하더라도 전항과 같다.
> 제○○조 회사라 함은 상행위 기타 영리를 목적으로 하여 설립한 사단[※]을 이른다.
> 제○○조 회사는 합명회사, 합자회사, 주식회사와 유한회사의 4종으로 한다.
> 제○○조 회사는 법인[※]으로 한다.

※ 1) 사단(社團) : 사람들의 결합체인 단체로서 개개의 구성원(사원)을 초월하여 독립한 단일체로 존재하고 활동하는 것
　 2) 법인(法人) : 원래 사람이 아니나 법률에 의하여 권리의무의 주체가 되는 존재

① 사단법인인 합명회사는 2인 이상의 사원으로 구성된다.
② 비영리사업을 목적으로 하는 회사는 인정되지 않는다.
③ 회사가 아닌 법인은 상행위를 하지 않으면 상인이 될 수 없다.
④ 상행위 이외의 영리를 목적으로 하는 합자회사는 사단법인이다.
⑤ 상행위 이외의 영리를 목적으로 하는 회사와 상행위를 하는 회사 모두 상인이다.

문 4. 다음의 법률규정을 근거로 판단할 때 옳지 <u>않은</u> 것은?

> 제○○조(실종의 선고) ① 부재자(不在者)의 생사가 5년간 분명하지 않은 때에는 법원은 이해관계인이나 검사의 청구에 의하여 실종선고를 하여야 한다.
> ② 침몰한 선박에 있던 자, 추락한 항공기에 있던 자, 전지(戰地)에 임한 자, 그 밖에 사망의 원인이 될 위난(危難)을 당한 자의 생사가 선박의 침몰 또는 항공기의 추락 후 6월간, 전쟁종지(戰爭終止) 후 또는 그 밖에 위난이 종료한 후 1년간 분명하지 않은 때에도 제1항과 같다.
> 제○○조(실종선고의 효과) 실종선고를 받은 자는 전조(前條)의 기간이 만료한 때에 사망한 것으로 본다.
> 제○○조(공시최고) 실종선고의 청구를 받은 가정법원은 6월 이상의 공고를 하여 부재자 및 부재자의 생사에 관하여 알고 있는 자에 대하여 신고하도록 공고하여야 한다.
> 제○○조(상속개시의 시점) 상속은 사망으로 인하여 개시된다.
> 제○○조(상속의 순위) ① 상속에 있어서는 다음 순위로 상속인이 된다.
> 1. 피상속인의 직계비속
> 2. 피상속인의 직계존속
> 3. 피상속인의 형제자매
> 4. 피상속인의 4촌 이내의 방계혈족
> ② 전항의 경우에 동순위의 상속인이 수인(數人)인 때에는 최근친(最近親)을 선순위로 하고 동친(同親) 등의 상속인이 수인(數人)인 때에는 공동상속인이 된다.
> ③ 태아는 상속순위에 관하여는 이미 출생한 것으로 본다.

※ 직계비속(直系卑屬)은 피상속인(사망한 자)의 자녀, 손자, 증손자 등을 말하며, 직계존속(直系尊屬)은 피상속인의 부모, 조부모, 외조부모 등을 의미한다. 그리고 방계혈족(傍系血族)은 피상속인의 숙부, 고모, 외숙부, 이모 등을 말함

① 갑이 사망한 경우, 사망신고를 한 때에 갑의 상속재산은 상속인에게 상속된다.
② 갑의 생사불명 상태가 일정기간 계속되어 가정법원으로부터 실종선고를 받은 경우, 갑의 상속재산은 상속인에게 상속된다.
③ 갑에게는 아버지 A, 자녀 B와 C가 있는데, 갑이 A보다 먼저 사망한 경우, 특별한 사정이 없는 한 갑의 상속재산은 A가 아니라 B와 C에게 상속된다.
④ 사망한 갑에게 자녀 A를 임신한 부인 B와 어머니 C가 있는 경우, A가 출생하면 C는 갑의 상속인이 될 수 없다.
⑤ 2001년 1월 10일 항공기 추락으로 행방불명된 갑에 대해 부인 A가 2006년 3월 15일 실종선고를 신청하여 법원이 2006년 9월 30일 실종선고를 한 경우, 갑은 2001년 7월 10일에 사망한 것으로 보게 된다.

제○○조(과세기준일) 종합부동산세의 과세기준일은 재산세의 과세기준일(6월 1일)로 한다.

제○○조(납세의무자) 과세기준일 현재 주택분 재산세의 납세의 무자로서 국내에 있는 재산세 과세대상인 주택의 공시가격을 합산한 금액(개인의 경우 세대별로 합산한 금액)이 10억 원을 초과하는 자는 종합부동산세를 납부할 의무가 있다.

제○○조(과세표준) 주택에 대한 종합부동산세의 과세표준은 납세의무자별로 주택의 공시가격을 합산한 금액에서 10억 원을 공제한 금액으로 한다.

제○○조(세율 및 세액)

① 주택에 대한 종합부동산세는 과세표준에 다음의 세율을 적용하여 계산한 금액을 그 세액으로 한다.

과세표준	세율
5억 원 이하	1천분의 10
5억 원 초과 10억 원 이하	1천분의 15
10억 원 초과 100억 원 이하	1천분의 20
100억 원 초과	1천분의 30

② 주택분 종합부동산세액을 계산함에 있어 2008년부터 2010년까지의 기간에 납세의무가 성립하는 주택분 종합부동산세에 대하여는 제1항의 규정에 의한 세율별 과세표준에 다음 각호의 연도별 적용비율과 제1항의 규정에 의한 세율을 곱하여 계산한 금액을 각각 당해 연도의 세액으로 한다.

1. 2008년 : 100분의 70
2. 2009년 : 100분의 80
3. 2010년 : 100분의 90

① 각각 단독세대주인 갑(공시가격 25억 원 주택소유)과 을(공시가격 30억 원 주택소유)이 2008년 5월 31일 혼인신고 하여 부부가 되었다. 만약 혼인하지 않았다면 갑과 을이 각각 납부하였을 2008년 종합부동산세액의 합계는 혼인 후 납부하는 세액과 동일하다.

② 2008년 12월 31일 현재 A의 세대별 주택공시가격의 합산액이 15억 원일 경우 재산변동이 없다면 다음 해의 종합부동산세액은 400만 원이다.

③ 종합부동산세를 줄이기 위해 주택을 처분하기로 결정하였다면, 당해 연도 6월 1일 이전에 처분하는 것이 유리하다.

④ 2008년부터 2010년까지의 적용비율을 점차적으로 상승시킴으로써 시행 초기에 나타날 수 있는 조세저항을 줄이려고 했다.

⑤ 종합부동산세를 줄이기 위해 기혼 무주택 자녀에게 주택을 증여하여 재산을 분할하는 일이 증가할 수 있다.

문 6. 다음 법률규정에 근거하여 〈보기 2〉에서 제시된 내용이 나타날 수 있는 상황을 〈보기 1〉에서 골라 바르게 연결한 것은?

07 행시(재) 28번

제○○조 국회는 재적의원 4분의 1 이상의 조사 요구가 있는 때에는 특별위원회 또는 상임위원회로 하여금 국정의 특정 사안에 관하여 조사를 시행하게 한다.

제○○조 의장은 조사요구서가 제출되면 지체 없이 본회의에 보고하고, 교섭단체 대표의원들과 협의하여 조사위원회를 구성한다. 조사위원회의 위원은 각 교섭단체 소속 의원 수의 비율에 따라 의장이 선임한다.

제○○조 국회가 폐회 또는 휴회 중일 때에는 조사요구서에 의하여 국회의 집회 또는 재개의 요구가 있는 것으로 본다.

제○○조 조사위원회는 조사계획서를 본회의에 제출하여 승인을 얻어 조사를 시행한다.

제○○조 본회의는 조사계획서를 검토한 다음 의결로 이를 승인하거나 반려한다.

제○○조 본회의에서는 재적의원 과반수의 출석과 출석의원 과반수의 찬성으로 의결한다.

제○○조 위원회가 감사 또는 조사와 관련된 서류제출요구를 하는 경우에는 재적위원 3분의 1 이상의 요구가 있어야 한다.

─〈보기 1〉─

상황 1 : 국회 내에서 여당, 제1야당, 제2야당이 각각 65%, 20%, 15%의 의석을 차지하고 있다.

상황 2 : 국회 내에서 여당, 제1야당, 제2야당이 각각 35%, 55%, 10%의 의석을 차지하고 있다.

상황 3 : 국회 내에서 여당, 제1야당, 제2야당이 각각 80%, 15%, 5%의 의석을 차지하고 있다.

※ 단, 국회의원들은 항상 소속정당의 당론에 따르고, 무효표와 기권은 없으며 3당이 모두 교섭단체를 구성하고 있음

─〈보기 2〉─

가. 여당만 반대하는 경우 국정조사위원회가 구성될 수 없다.

나. 제1야당만 찬성하는 경우 본회의에서 조사계획서가 반려될 수 있다.

다. 여당만 반대하는 경우 조사계획서가 반려될 수 있다.

라. 여당만 반대하는 경우 국회가 폐회 중일 때에도 위원회 활동을 위하여 국회를 재개할 수 있다.

마. 제1야당의 요구만으로 조사를 위한 서류제출요구를 할 수 있다.

① 가 – 상황 1, 2
② 나 – 상황 2, 3
③ 다 – 상황 1, 2
④ 라 – 상황 1, 2
⑤ 마 – 상황 2, 3

문 7. 다음은 모회사와 자회사 간의 주식소유의 금지 및 회사 상호간의 주식소유에 따른 의결권의 제한과 관련된 규정이다. 이러한 규정에 근거한 판단으로 옳지 <u>않은</u> 것은? 07 행시(재) 32번

> 제○○조 자회사는 '자기회사 발행주식 총수의 100분의 50을 초과하는 주식을 가진 회사(모회사)'의 주식을 취득할 수 없다.
> 제○○조 다른 회사 발행주식 총수의 100분의 50을 초과하는 주식을 모회사 및 자회사 또는 자회사가 가지고 있는 경우, 그 다른 회사는 그 모회사의 자회사로 본다.
> 제○○조 회사, 모회사 및 자회사 또는 자회사가 다른 회사 발행주식 총수의 10분의 1을 초과하는 주식을 가지고 있는 경우, 그 다른 회사가 가지고 있는 회사 또는 모회사의 주식은 의결권이 없다.

※ 발행주식 총수 : 회사가 실제로 발행한 주식의 총수

① A회사가 B회사 주식의 51%를 소유하고 있고 B회사도 C회사 주식의 51%를 소유하고 있는 경우, C회사는 A회사 주식을 취득하지 못한다.

② B회사 주식의 51%를 소유하고 있는 A회사가 B회사와 함께 소유하고 있는 C회사 주식의 합계가 C회사 주식의 51%인 경우, C회사는 A회사 주식을 취득하지 못한다.

③ A회사는 C회사 주식의 30%를 소유하고 C회사는 A회사 주식의 15%를 소유하는 경우, A회사와 C회사가 소유하는 상대방 회사의 주식은 각각 의결권이 없다.

④ A회사는 B회사 주식의 51%와 C회사 주식의 7%를 소유하고, B회사는 C회사 주식의 8%를 소유하는 경우, C회사가 소유하는 B회사 주식은 의결권이 없다.

⑤ A회사는 B회사 주식의 51%를 소유하고, B회사는 C회사 주식의 15%를 소유하는 경우, C회사가 소유하는 A회사 주식은 의결권이 없다.

문 8. 다음 법규정을 옳게 해석하거나 추론한 것을 〈보기〉에서 모두 고른 것은? 08 행시(조) 07번

> 제○○조 대통령·국무총리·국무위원·행정각부의 장·헌법재판소 재판관·법관·중앙선거관리위원회 위원·감사원장·감사위원 기타 법률이 정한 공무원이 그 직무집행에 있어서 헌법이나 법률을 위배한 때에는 국회는 탄핵의 소추를 의결할 수 있다.
> 제○○조 감사원은 원장을 포함한 5인 이상 11인 이하의 감사위원으로 구성한다.
> 제○○조 대통령의 국법상 행위는 문서로써 하며, 이 문서에는 국무총리와 관계 국무위원이 부서(副署)할 권한을 갖는다.
> 제○○조
> ① 국무위원은 국무총리의 제청으로 대통령이 임명한다.
> ② 국무총리는 국무위원의 해임을 대통령에게 건의할 수 있다.
> 제○○조
> ① 국무회의는 대통령·국무총리와 15인 이상 30인 이하의 국무위원으로 구성한다.
> ② 대통령은 국무회의의 의장이 되고, 국무총리는 부의장이 된다.

〈보 기〉

ㄱ. 국무회의의 최대 구성원 수와 감사원의 최대 구성원 수의 합은 41인이다.

ㄴ. 부도덕한 사생활이나 정치적 무능력으로 야기되는 행위 등은 대통령에 대한 탄핵사유가 된다.

ㄷ. 국무위원은 자신의 업무와 관련되는 대통령의 국정행위문서에 대한 부서를 거부할 수 있다.

ㄹ. 대통령이 국무위원을 임명하는 경우에는 국무총리의 제청이 있어야 하지만, 국무위원의 해임은 국무총리의 제청 없이 자유로이 할 수 있다.

ㅁ. 탄핵제도는 대통령을 비롯한 고위직 공직자에 대하여 책임을 추궁함으로써 헌법을 보호하는 기능을 한다고 볼 수 있다.

① ㄱ, ㄷ
② ㄴ, ㄹ
③ ㄴ, ㅁ
④ ㄱ, ㄷ, ㄹ
⑤ ㄷ, ㄹ, ㅁ

제○○조 중앙선거관리위원회는 비례대표 국회의원 선거에서 유효투표 총수의 100분의 3 이상을 득표하였거나 지역구 국회의원 총선거에서 5석 이상의 의석을 차지한 각 정당에 대하여 당해 의석할당정당이 비례대표 국회의원 선거에서 얻은 득표비율에 따라 비례대표 국회의원 의석을 배분한다.

제○○조 정당이 다음 각 호의 어느 하나에 해당하는 때에는 당해 선거관리위원회는 그 등록을 취소한다.

1. 최근 4년간 임기만료에 의한 국회의원 선거 또는 임기만료에 의한 지방자치단체의 장(長) 선거나 시·도의회 의원 선거에 참여하지 아니한 때

2. 임기만료에 의한 국회의원 선거에 참여하여 의석을 얻지 못하고 유효투표 총수의 100분의 2 이상을 득표하지 못한 때

제○○조 ① 의원이 의장으로 당선된 때에는 당선된 다음 날부터 그 직에 있는 동안은 당적을 가질 수 없다. 다만 국회의원 총선거에 있어서 공직선거법에 의한 정당추천후보자로 추천을 받고자 하는 경우에는 의원 임기만료일 전 90일부터 당적을 가질 수 있다.

② 제1항 본문의 규정에 의하여 당적을 이탈한 의장이 그 임기를 만료한 때에는 당적을 이탈할 당시의 소속 정당으로 복귀한다.

제○○조 비례대표 국회의원 또는 비례대표 지방의회의원이 소속 정당의 합당·해산 또는 제명 외의 사유로 당적을 이탈·변경하거나 2 이상의 당적을 가지고 있는 때에는 퇴직된다. 다만 비례대표 국회의원이 국회의장으로 당선되어 당적을 이탈한 경우에는 그러하지 아니하다.

① 비례대표 국회의원 甲은 국민들의 여론에 따라 소속 정당을 탈당하고 신생정당으로 옮겨 국회의원으로서의 활동을 계속하고 있다.

② A정당은 지난 달 비례대표 국회의원 선거에서 유효투표 총수의 2%를 득표하고 지역구 국회의원 총선거에서 4석을 차지하여 정당등록이 취소되었다.

③ 비례대표 국회의원 乙은 자신이 속한 정당의 당론과 반대되는 의견을 제시한다는 이유로 소속 정당으로부터 제명되었으나 국회의원직을 계속 유지하고 있다.

④ 국회의장은 당적을 보유할 수 없고 비례대표 국회의원은 당적이 변경되면 퇴직하여야 하기 때문에 비례대표 국회의원 丙은 국회의장으로 당선될 수 없다.

⑤ B정당은 비례대표 국회의원 선거에서 유효투표 총수의 3%를 획득하였으나 지역구 국회의원 선거에서 의석을 4석밖에 차지하지 못하였기 때문에 비례대표 국회의원 의석을 배분받지 못하였다.

제○○조(상호선정의 자유) 상인은 그 성명 기타의 명칭으로 상호(商號)를 정할 수 있다.

제○○조(상호등기의 효력) 타인이 등기한 상호는 동일한 특별시·광역시·시·군에서 동종영업의 상호로 등기하지 못한다.

제○○조(주체를 오인시킬 상호의 사용금지)

① 누구든지 부정한 목적으로 타인의 영업으로 오인할 수 있는 상호를 사용하지 못한다.

② 제1항의 규정에 위반하여 상호를 사용하는 자가 있는 경우에 이로 인하여 손해를 받을 염려가 있는 자 또는 상호를 등기한 자는 그 폐지를 청구할 수 있다.

③ 제2항의 규정은 손해배상의 청구에 영향을 미치지 아니한다.

④ 동일한 특별시·광역시·시·군에서 동종영업으로 타인이 등기한 상호를 사용하는 자는 부정한 목적으로 사용하는 것으로 추정한다.

※ 추정(推定)이란 어떤 사실에 대하여 반대증거가 없을 때 그 사실을 그대로 인정하는 것을 말함

① 서울특별시에 등기된 프랑스 음식점의 상호 '빠리지앤느'에서 힌트를 얻어 택배업에 사용할 목적으로 선정된 상호 '빠르지안니'는 서울특별시에서도 등기가 가능하다.

② 부정한 목적으로 甲의 영업이라고 오인될 수 있는 상호를 사용하는 乙에 대하여 상호의 부정사용으로 손해를 받을 염려가 있는 甲은 그 상호의 폐지를 청구할 수 있다.

③ 상호를 등기한 甲은 부정한 목적으로 甲의 영업이라고 오인될 수 있는 상호를 사용하는 乙에 대하여 상호의 부정사용으로 손해를 받을 염려가 없더라도 그 상호의 폐지를 청구할 수 있다.

④ 상호를 등기한 자는 동종영업을 하는 타인이 동일 지역에서 등기된 자신의 상호를 사용한 경우에 그 상호의 폐지 및 손해배상을 청구하기 위해서는 그의 부정한 목적을 증명하여야 한다.

⑤ 영업이 잘되고 있는 甲의 '미더'라는 상호가 아직 등기되지 않았음을 알고 乙이 '미더'라는 상호를 사용하여 甲의 영업을 방해하려고 그 상호를 등기한 경우, 이로 인해 손해를 입은 甲은 乙에 대하여 손해배상을 청구할 수 있다.

1. 누진계급의 구분 및 진급
   ① 교도소장은 수형자에 대한 단계별 처우를 위하여 수형자의 행형(行刑)성적에 따라 누진계급을 제1급, 제2급, 제3급, 제4급으로 구분한다.
   ② 신입수형자는 제4급에 편입하고 행형성적에 따라 단계별로 상위계급으로 진급시킨다.
   ③ 계급의 진급은 각 계급의 책임점수를 매월 소득점수로 모두 공제한 때에 이루어진다. 만약 책임점수를 공제하고 소득점수가 남아있는 경우에는 이를 다음 계급의 소득점수로 인정한다.
2. 책임점수 및 소득점수
   ① 각 계급의 책임점수는 집행할 형기를 월 단위로 환산하여 이에 수형자의 개선급 유형 및 범수(犯數)별 점수를 곱하여 얻은 수로 한다(책임점수=집행할 형기의 개월 수×개선급 유형 및 범수별 점수).
   ② 책임점수는 계급이 바뀔 때마다 잔여형기를 기준으로 다시 부여한다.
   ③ 개선급은 범죄성향의 강화와 개선정도에 따라 책임점수의 산정기준이 되는 분류급을 의미한다. 개선급 유형 및 범수별 점수는 다음과 같다.

〈개선급 유형 및 범수별 점수〉

개선급 유형		범수별 점수	
구분	판단기준	초범	2범 이상
A급	범죄성향이 강화되지 아니한 자로서 개선이 가능한 자	2점	2.5점
B급	범죄성향이 강화된 자로서 개선이 가능한 자	3점	3.5점
C급	범죄성향이 강화된 자로서 개선이 곤란한 자	4점	4.5점

   ④ 매월의 소득점수 산정은 소행점수, 작업점수, 상훈점수의 합산에 의한다.

──── 〈사 례〉 ────

초범인 갑은 법원에서 징역 5년 2개월 형을 선고받고 교도소에 수감되었다(잔여형기 5년). 그리고 교도소 심사에서 '범죄성향이 강화되지 아니한 자로서 개선이 가능한 자'라는 판정을 받았다. 갑이 12개월 만에 129점의 소득점수를 얻어 제3급으로 진급하였다면 제2급으로 진급하기 위해서는 앞으로 최소한 (　) 점을 더 획득하여야 한다.

① 81
② 87
③ 96
④ 111
⑤ 115

문 12. A국 내에 있던 B국 국적의 갑은 살인혐의로 A국의 형사 당국에 의해 체포되어 수감되었다. 다음 제시문은 A, B 양국이 모두 가입하고 있는 조약의 일부이다. 이를 근거로 판단했을 때 A국의 행위 중 조약상 절차 위반에 해당하지 <u>않는</u> 것은?

09 행시(극) 05번

파견국의 국민에 관련된 영사기능의 수행을 용이하게 할 목적으로 다음의 규정이 적용된다.
(a) 영사관원은 파견국의 국민과 자유로이 통신할 수 있으며 또한 접촉할 수 있다. 파견국의 국민은 파견국 영사관원과의 통신 및 접촉에 관하여 동일한 자유를 가진다.
(b) 파견국의 영사관할구역 내에서 파견국의 국민이 체포되는 경우, 재판에 회부되기 전에 구금 또는 유치되는 경우, 또는 기타의 방법으로 구속되는 경우에 해당 국민이 그 사실을 파견국의 영사기관에 통보할 것을 접수국에게 요청하면, 접수국의 권한 있는 당국은 지체 없이 통보하여야 한다. 체포, 구금, 유치 또는 구속되어 있는 자가 영사기관에 보내는 모든 통신은 동 당국에 의하여 지체 없이 전달되어야 한다. 동 당국은 본 규정에 따른 영사를 만날 수 있는 권리를 포함한 그의 권리를 당사자에게 지체 없이 통보하여야 한다.
(c) 영사관원은 구금, 유치 또는 구속되어 있는 파견국의 국민을 방문하고 동 국민과 면담하고 교신하며, 그의 법적 대리를 주선할 권리를 가진다.

① 갑이 교도소에서 자신의 구금상태를 알리고 도움을 요청하기 위해 A국 주재 B국 영사관에 보낸 편지를 송부하지 않은 행위
② 구금상태를 통보하는 것에 대한 갑의 요청이 없었기 때문에 이를 A국 주재 B국 영사관에 통보하지 않은 행위
③ A국 주재 B국 영사관원이 갑을 만나기 위해 교도소를 방문하는 것을 금지한 행위
④ 갑에게 A국 주재 B국 영사관원을 만날 수 있는 권리가 있음을 통보하지 아니한 행위
⑤ A국 주재 B국 영사관원이 갑을 위해 소송대리인을 주선하는 것을 제한하는 행위

다음 제시문을 근거로 판단할 때 금융기관 등이 의무적으로 해야 할 일이 <u>아닌</u> 것을 〈보기〉에서 모두 고르면?

09 행시(극) 24번

─ 〈혐의거래보고 기본체계〉 ─

1) 혐의거래보고의 대상

금융기관 등은 ① 원화 2천만 원 또는 외화 1만 달러 상당 이상의 거래로서 금융재산이 불법재산이거나 금융거래 상대방이 자금세탁행위를 하고 있다고 의심할 만한 합당한 근거가 있는 경우, ② 범죄수익 또는 자금세탁행위를 알게 되어 수사기관에 신고한 경우에는 의무적으로 금융정보분석원에 혐의거래보고를 하여야 한다.

의무보고대상거래를 보고하지 않을 경우에는 관련 임직원에 대한 징계 및 기관에 대한 과태료 부과 등 적절한 제재조치를 할 수 있다. 또한, 혐의거래 중 거래액이 보고대상 기준금액 미만인 경우에 금융기관은 이를 자율적으로 보고할 수 있다.

2) 혐의거래보고의 방법 및 절차

영업점직원은 업무지식과 전문성, 경험을 바탕으로 고객의 평소 거래상황, 직업, 사업내용 등을 고려하여 취급한 금융거래가 혐의거래로 의심되면 그 내용을 보고책임자에게 보고한다.

보고책임자는 특정금융거래정보보고 및 감독규정의 별지 서식에 의한 혐의거래보고서에 보고기관, 거래상대방, 의심스러운 거래내용, 의심스러운 합당한 근거, 보존하는 자료의 종류 등을 기재하여 온라인으로 보고하거나 문서로 제출하되, 긴급한 경우에는 우선 전화나 팩스로 보고하고 추후 보완할 수 있다.

─ 〈보 기〉 ─

ㄱ. A은행은 창구에서 3천만 원을 현금으로 인출하려는 고객의 금융재산이 불법재산이라고 의심할 만한 합당한 근거가 있어 혐의거래보고를 한다.

ㄴ. B은행이 자금세탁행위로 신고하여 검찰수사를 받고 있는 거래에 대하여 B은행은 혐의거래보고서를 금융정보분석원에 제출한다.

ㄷ. C은행은 10억 원을 해외송금하는 거래자에 대해 뚜렷이 의심할 만한 근거는 없으나 거액의 거래이므로 혐의거래보고를 한다.

ㄹ. D은행은 의심할 만한 합당한 근거가 있는 거래에 대해 혐의거래보고서를 완벽하게 작성하지 못했지만 신속한 조사를 위해 팩스로 검찰청에 제출한다.

ㅁ. E은행은 5백만 원을 현금으로 인출하는 거래에 대해 의심할 만한 합당한 근거를 찾고 혐의거래보고서를 금융정보분석원에 제출한다.

① ㄱ, ㄴ
② ㄷ, ㄹ
③ ㄴ, ㄹ, ㅁ
④ ㄴ, ㄷ, ㅁ
⑤ ㄷ, ㄹ, ㅁ

다음 규정을 근거로 판단할 때, '차'에 해당하는 것을 〈보기〉에서 모두 고르면?

11 민간(인) 03번

제00조(정의) 이 법에서 사용하는 용어의 정의는 다음과 같다.

1. '차'라 함은 다음의 어느 하나에 해당하는 것을 말한다.

가. 자동차

나. 건설기계

다. 원동기장치자전거

라. 자전거

마. 사람 또는 가축의 힘이나 그 밖의 동력에 의하여 운전되는 것. 다만, 철길이나 가설된 선에 의하여 운전되는 것과 유모차 및 보행보조용 의자차는 제외한다.

2. '자동차'라 함은 철길이나 가설된 선에 의하지 아니하고 원동기를 사용하여 운전되는 차(견인되는 자동차도 자동차의 일부로 본다)를 말한다.

3. '원동기장치자전거'라 함은 다음 각 목의 어느 하나에 해당하는 차를 말한다.

가. 이륜자동차 가운데 배기량 125cc 이하의 이륜자동차

나. 배기량 50cc 미만(전기를 동력으로 하는 경우에는 정격출력 0.59kW 미만)의 원동기를 단 차

─ 〈보 기〉 ─

ㄱ. 경운기

ㄴ. 자전거

ㄷ. 유모차

ㄹ. 기차

ㅁ. 50cc 스쿠터

① ㄱ, ㄴ
② ㄴ, ㄷ
③ ㄷ, ㄹ
④ ㄱ, ㄴ, ㅁ
⑤ ㄴ, ㄹ, ㅁ

문 15. 다음 규정을 근거로 판단할 때, 〈보기〉에서 옳은 것을 모두 고르면?　11 민간(인) 04번

제00조 ① 의회의 정기회는 법률이 정하는 바에 의하여 매년 1회 집회되며, 의회의 임시회는 대통령 또는 의회재적의원 4분의 1 이상의 요구에 의하여 집회된다.
② 정기회의 회기는 100일을, 임시회의 회기는 30일을 초과할 수 없다.
③ 대통령이 임시회의 집회를 요구할 때에는 기간과 집회요구의 이유를 명시하여야 한다.

제00조 의회는 헌법 또는 법률에 특별한 규정이 없는 한 재적의원 과반수의 출석과 출석의원 과반수의 찬성으로 의결한다. 가부동수(可否同數)인 때에는 부결된 것으로 본다.

제00조 의회에 제출된 법률안 및 기타의 의안은 회기 중에 의결되지 못한 이유로 폐기되지 아니한다. 다만, 의회의원의 임기가 만료된 때에는 그러하지 아니하다.

제00조 부결된 안건은 같은 회기 중에 다시 발의 또는 제출하지 못한다.

〈보 기〉

ㄱ. 甲의원이 임시회의 기간과 이유를 명시하여 집회요구를 하는 경우 임시회가 소집된다.
ㄴ. 정기회와 임시회 회기의 상한일수는 상이하나 의결정족수는 특별한 규정이 없는 한 동일하다.
ㄷ. 乙의원이 제출한 의안이 계속해서 의결되지 못한 상태에서 乙의원의 임기가 만료되면 이 의안은 폐기된다.
ㄹ. 임시회에서 丙의원이 제출한 의안이 표결에서 가부동수인 경우, 丙의원은 동일 회기 중에 그 의안을 다시 발의할 수 없다.

① ㄱ, ㄴ
② ㄱ, ㄷ
③ ㄴ, ㄹ
④ ㄱ, ㄷ, ㄹ
⑤ ㄴ, ㄷ, ㄹ

문 16. 다음 규정을 근거로 판단할 때, 〈보기〉에서 옳지 않은 것을 모두 고르면?(단, 각 회사는 상시 5명 이상의 근로자를 사용하고 있음을 전제로 함)　11 민간(인) 05번

제00조(해고 등의 제한) 사용자는 근로자에게 정당한 이유 없이 해고, 휴직, 정직, 전직, 감봉, 그 밖의 징벌(懲罰)을 하지 못한다.

제00조(경영상 이유에 의한 해고의 제한) ① 사용자가 경영상 이유에 의하여 근로자를 해고하려면 긴박한 경영상의 필요가 있어야 한다. 이 경우 경영 악화를 방지하기 위한 사업의 양도·인수·합병은 긴박한 경영상의 필요가 있는 것으로 본다.
② 제1항의 경우에 사용자는 해고를 피하기 위한 노력을 다하여야 하며, 합리적이고 공정한 해고의 기준을 정하고 이에 따라 그 대상자를 선정하여야 한다. 이 경우 남녀의 성을 이유로 차별하여서는 아니 된다.
③ 사용자는 제2항에 따른 해고를 피하기 위한 방법과 해고의 기준 등에 관하여 그 사업 또는 사업장에 근로자의 과반수로 조직된 노동조합이 있는 경우에는 그 노동조합(근로자의 과반수로 조직된 노동조합이 없는 경우에는 근로자의 과반수를 대표하는 자를 말한다)에 해고를 하려는 날의 50일 전까지 통보하고 성실하게 협의하여야 한다.
④ 사용자가 제1항부터 제3항까지의 규정에 따른 요건을 갖추어 근로자를 해고한 경우에는 정당한 이유가 있는 해고를 한 것으로 본다.

제00조(해고의 예고) 사용자는 근로자를 해고(경영상 이유에 의한 해고를 포함한다)하려면 적어도 30일 전에 예고를 하여야 하고, 30일 전에 예고를 하지 아니하였을 때에는 30일분 이상의 통상임금을 지급하여야 한다. 다만, 천재·사변, 그 밖의 부득이한 사유로 사업을 계속하는 것이 불가능한 경우 또는 근로자가 고의로 사업에 막대한 지장을 초래하거나 재산상 손해를 끼친 경우에는 그러하지 아니하다.

제00조(해고사유 등의 서면통지) ① 사용자는 근로자를 해고하려면 해고사유와 해고시기를 서면으로 통지하여야 한다.
② 근로자에 대한 해고는 제1항에 따라 서면으로 통지하여야 효력이 있다.

〈보 기〉

ㄱ. 부도위기에 직면한 甲회사가 근로자의 과반수로 조직된 노동조합이 있음에도 불구하고, 그 노동조합과 협의하지 않고 전체 근로자의 절반을 정리해고한 경우, 그 해고는 정당한 이유가 있는 해고이다.
ㄴ. 乙회사가 무단결근을 이유로 근로자를 해고하면서 그 사실을 구두로 통지한 경우, 그 해고는 효력이 있는 해고이다.
ㄷ. 丙회사가 고의는 없었으나 부주의로 사업에 막대한 지장을 초래한 근로자를 예고 없이 즉시 해고한 경우에는, 그 근로자에게 30일분 이상의 통상임금을 지불하지 않아도 된다.
ㄹ. 丁회사가 고의로 사업에 막대한 지장을 초래한 근로자를 해고하면서 그 사실을 서면으로 통지하지 않은 경우, 그 해고는 효력이 없다.

① ㄱ, ㄴ
② ㄱ, ㄹ
③ ㄷ, ㄹ
④ ㄱ, ㄴ, ㄷ
⑤ ㄴ, ㄷ, ㄹ

다음 규정을 근거로 판단할 때, 〈보기〉에서 옳은 것을 모두 고르면?
11 민간(인) 10번

제00조(성립) ① 정당은 중앙당이 중앙선거관리위원회에 등록함으로써 성립한다.
② 제1항의 등록에는 다음 각 호의 요건을 구비하여야 한다.
1. 정당은 5개 이상의 시 · 도당을 가져야 한다.
2. 시 · 도당은 각 1,000명 이상의 당원을 가져야 한다.
제00조(창당준비위원회) 정당의 창당활동은 발기인으로 구성하는 창당준비위원회가 한다.
제00조(창당준비위원회의 활동범위) ① 중앙당창당준비위원회는 중앙선거관리위원회에의 결성신고일부터 6월 이내에 한하여 창당활동을 할 수 있다.
② 중앙당창당준비위원회가 제1항의 기간 이내에 중앙당의 창당등록신청을 하지 아니한 때에는 그 기간만료일의 다음 날에 그 창당준비위원회는 소멸된 것으로 본다.
제00조(발기인) 창당준비위원회는 중앙당의 경우에는 200명 이상의, 시 · 도당의 경우에는 각 100명 이상의 발기인으로 구성한다.
제00조(등록신청) 창당준비위원회가 창당준비를 완료한 때에는 그 대표자는 관할 선거관리위원회에 정당의 등록을 신청하여야 한다.
제00조(등록의 취소) ① 정당이 다음 각 호의 어느 하나에 해당하는 때에는 당해 선거관리위원회는 그 등록을 취소한다.
1. 정당성립의 등록에 필요한 시 · 도당 수 및 시 · 도당의 당원 수의 요건을 구비하지 못하게 된 때. 다만, 요건의 흠결이 공직선거의 선거일 전 3월 이내에 생긴 때에는 선거일 후 3월까지, 그 외의 경우에는 요건 흠결 시부터 3월까지 그 취소를 유예한다.
2. 의회의원 총선거에 참여하여 의석을 얻지 못하고 유효투표 총수의 100분의 2 이상을 득표하지 못한 때

〈보 기〉

ㄱ. 2010년 2월 1일, 정치인 甲은 5개 시 · 도에서 600명의 발기인으로 구성된 창당준비위원회를 결성하고 신고한 뒤, 이들 시 · 도에서 총 4,000명의 당원을 모집하였고, 같은 해 7월 30일 중앙선거관리위원회에 등록을 신청하여 정당으로 성립되었다.
ㄴ. 2010년 3월 15일, 정치인 乙은 중앙당 300명, 5개 시 · 도에서 각각 150명의 발기인으로 창당준비위원회를 결성하고 신고한 뒤, 이들 시 · 도에서 각 2,000명씩 총 10,000명의 당원을 모집한 후, 같은 해 9월 30일 중앙선거관리위원회에 등록을 신청하여 정당으로 성립되었다.
ㄷ. 중앙선거관리위원회에 등록되어 활동해오던 정당 丙은 의회의원 총선거를 2개월 앞둔 시점에서 2개 도의 당원 수가 각각 2,000명에서 절반으로 줄어 선거 1개월 후에 등록이 취소되었다.
ㄹ. 중앙선거관리위원회에 등록되어 활동해오던 정당 丁은 최근에 실시되었던 의회의원 총선거에 참여하여 한 명의 후보도 당선시키지 못하였으나, 유효투표 총수인 1,000만 표 중 25만 표를 획득함으로써 등록이 유지되었다.

① ㄹ
② ㄱ, ㄴ
③ ㄴ, ㄷ
④ ㄷ, ㄹ
⑤ ㄱ, ㄴ, ㄹ

다음 규정을 근거로 판단할 때, 〈보기〉에서 옳은 것을 모두 고르면?
11 민간(인) 14번

제00조(감사) ① 감사는 총회에서 선임한다.
② 감사는 감사업무를 총괄하며, 감사결과를 총회에 서면으로 보고하여야 한다.
제00조(감사의 보조기구) ① 감사는 직무수행을 위하여 감사인과 직원으로 구성된 보조기구를 둔다.
② 단체장은 다음 각 호의 어느 하나에 해당하는 자를 감사인으로 임명할 수 있다.
1. 4급 이상으로 그 근무기간이 1년 이상이 경과된 자로서, 계약심사 · IT · 회계 · 인사분야 업무에서 3년 이상 근무한 경력이 있는 자
2. 공인회계사(CPA), 공인내부감사사(CIA) 또는 정보시스템감사사(CISA) 자격증을 갖고 있는 직원
③ 제2항에도 불구하고 다음 각 호의 결격사유 중 어느 하나에 해당하는 자는 감사인이 될 수 없다.
1. 형사처벌을 받은 자
2. 징계 이상의 처분을 받은 날로부터 3년이 경과되지 않은 자
④ 감사가 당해 감사업무에 필요하다고 인정할 때에는 소관부서장과 협의하여 그 소속 직원으로 하여금 감사업무를 수행하게 할 수 있다.

〈보 기〉

ㄱ. 계약심사 업무를 4년간 담당한 5급 직원 甲은 원칙적으로 감사인으로 임명될 수 있다.
ㄴ. 정보시스템감사사 자격증을 가지고 있고 규정에 정한 결격사유가 없는 경력 2년의 5급 직원 乙은 감사인으로 임명될 수 있다.
ㄷ. 2년 전 징계를 받은 적이 있고 공인내부감사사 자격증을 가지고 있는 직원 丙은 감사인으로 임명될 수 있다.
ㄹ. 감사는 인사부서장과 협의하여, 계약심사 업무를 2년간 담당하고 현재 인사부서에서 일하고 있는 5급 직원 丁으로 하여금 감사업무를 수행하게 할 수 있다.

① ㄱ, ㄴ
② ㄱ, ㄷ
③ ㄴ, ㄷ
④ ㄴ, ㄹ
⑤ ㄷ, ㄹ

문 19. 다음 규정을 근거로 판단할 때, 〈보기〉에서 옳은 것을 모두 고르면?

11 민간(인) 15번

제00조 ① 의회는 다음 각 호의 사유를 제외하고는 재적의원 과반수의 출석과 출석의원 과반수의 찬성으로 안건을 의결한다. 가부동수(可否同數)인 때에는 부결된 것으로 한다.
1. 국무총리 또는 국무위원의 해임 건의
2. 국무총리 · 국무위원 · 행정각부의 장 · 헌법재판소재판관 · 법관에 대한 탄핵소추
3. 대통령에 대한 탄핵소추
4. 헌법개정안
5. 의회의원 제명
6. 대통령이 재의를 요구한 법률안에 대한 재의결
② 제1항 제1호와 제2호는 재적의원 과반수의 찬성으로 의결한다.
③ 제1항 제3호, 제4호, 제5호는 재적의원 3분의 2 이상의 찬성으로 의결한다.
④ 제1항 제6호는 재적의원 과반수의 출석과 출석의원 3분의 2 이상의 찬성으로 의결한다.

〈보 기〉

ㄱ. 탄핵소추의 대상에 따라 탄핵소추를 의결하는데 필요한 정족수가 다르다.
ㄴ. 의회 재적의원 과반수의 찬성이 있더라도 의회는 직접 국무위원을 해임시킬 수 없다.
ㄷ. 의회의 의결정족수 중 대통령이 재의를 요구한 법률안을 의회가 재의결하는 데 필요한 의결정족수가 가장 크다.
ㄹ. 헌법개정안을 의회에서 의결하기 위해서는 의회 재적의원 과반수의 출석과 출석의원 과반수의 찬성을 요한다.

① ㄱ, ㄴ
② ㄴ, ㄷ
③ ㄷ, ㄹ
④ ㄱ, ㄴ, ㄷ
⑤ ㄴ, ㄷ, ㄹ

문 20. 법률안이 정부로 이송된 최초의 시점에서 판단할 때, 〈보기〉의 법률안이 확정되는 시점이 빠른 순서대로 바르게 나열한 것은?(단, 이송 시간은 고려하지 않음)

11 민간실험(발) 24번

제○○조 ① 국회에서 의결된 법률안은 정부에 이송되어 15일 이내에 대통령이 공포하며, 공포하는 즉시 그 법률안은 법률로서 확정된다.
② 대통령의 재의(再議)의 요구가 있을 때에는 국회는 재의에 붙이고, 재적의원과반수의 출석과 출석의원 3분의 2 이상의 찬성으로 전과 같은 의결을 그 법률안은 법률로서 확정된다.
③ 법률안이 정부에 이송된 지 15일 이내에 대통령이 공포하지 않거나 재의의 요구를 하지 아니한 때에도 그 법률안은 법률로서 확정된다.
④ 대통령은 제1항과 제2항의 규정에 의하여 확정된 법률을 지체 없이 공포하여야 한다. 제2항에 의하여 법률이 확정된 후 또는 제1항에 의한 확정법률이 정부에 이송된 후 5일 이내에 대통령이 공포하지 아니할 때에는 국회의장이 이를 공포한다.
⑤ 법률은 특별한 규정이 없는 한 공포한 날로부터 20일을 경과함으로써 효력을 발생한다.

〈보 기〉

ㄱ. 법률안이 정부에 이송된 후 10일 만에 대통령이 서명하여 즉시 공포한 경우
ㄴ. 법률안이 정부에 이송된 후 대통령이 공포도 하지 않고 국회에 재의를 요구하지도 않은 채 30일이 지난 경우
ㄷ. 법률안이 정부에 이송된 후 3일 만에 대통령이 국회로 보내어 재의를 요구하고, 국회가 그 날로부터 5일 만에 재적의원 과반수의 출석과 출석의원 3분의 2 이상의 찬성으로 재의결하여 정부로 다시 이송한 후, 5일 후에 대통령이 공포한 경우
ㄹ. 법률안이 정부에 이송된 후 10일 만에 대통령이 국회로 법률안을 보내서 재의를 요구하고, 그 날로부터 10일 만에 재적의원 과반수의 출석과 출석의원 3분의 2 이상의 찬성으로 재의결하여 정부로 다시 이송하고, 대통령이 이를 즉시 공포한 경우

① ㄱ, ㄴ, ㄷ, ㄹ
② ㄱ, ㄷ, ㄴ, ㄹ
③ ㄱ, ㄷ, ㄹ, ㄴ
④ ㄷ, ㄱ, ㄴ, ㄹ
⑤ ㄷ, ㄴ, ㄱ, ㄹ

다음 글에 근거할 때, 〈보기〉의 甲, 乙 각각의 부양가족 수가 바르게 연결된 것은?(단, 위 각 세대 모든 구성원은 주민등록표상 같은 주소에 등재되어 있고 현실적으로 생계를 같이하고 있음)

12 민간(인) 03번

부양가족이란 주민등록표상 부양의무자와 세대를 같이하는 사람으로서 해당 부양의무자의 주소에서 현실적으로 생계를 같이하는 다음 중 어느 하나에 해당하는 사람을 말한다.
1. 배우자
2. 본인 및 배우자의 60세(여성인 경우에는 55세) 이상의 직계존속과 60세 미만의 직계존속 중 장애의 정도가 심한 사람
3. 본인 및 배우자의 20세 미만의 직계비속과 20세 이상의 직계비속 중 장애의 정도가 심한 사람
4. 본인 및 배우자의 형제자매 중 장애의 정도가 심한 사람
※ '장애의 정도가 심한 사람'이란 다음 중 어느 하나에 해당하는 사람을 말함
  가. 장애등급 제1급부터 제6급까지
  나. 상이등급 제1급부터 제7급까지
  다. 장해등급 제1급부터 제6급까지

─〈보 기〉─

ㄱ. 부양의무자 甲은 배우자, 75세 아버지, 15세 자녀 1명, 20세 자녀 1명, 장애 6급을 가진 39세 처제 1명과 함께 살고 있다.
ㄴ. 부양의무자 乙은 배우자, 58세 장인과 56세 장모, 16세 조카 1명, 18세 동생 1명과 함께 살고 있다.

	甲	乙
①	4명	2명
②	4명	3명
③	5명	2명
④	5명	3명
⑤	5명	4명

문 22. 다음 〈약관〉의 규정에 근거할 때, 신용카드사용이 일시정지 또는 해지될 수 <u>없는</u> 경우는?

12 민간(인) 13번

─〈약 관〉─

제00조(회원의 종류) ① 회원은 본인회원과 가족회원으로 구분합니다.
② 본인회원이란 이 약관을 승인하고 당해 신용카드 회사(이하 '카드사'로 약칭함)에 신용카드(이하 '카드'로 약칭함)의 발급을 신청하여 카드사로부터 카드를 발급받은 분을 말합니다.
③ 가족회원이란 본인회원이 지정하고 대금의 지급 및 기타 카드사용에 관한 책임을 본인회원이 부담할 것을 승낙한 분으로서, 이 약관을 승인하고 카드사로부터 카드를 발급받은 분을 말합니다.
제00조(카드사용의 일시정지 또는 해지) ① 카드사는 다음 각 호의 1에 해당되는 회원에게 그 사유와 그로 인한 카드사용의 일시정지 또는 카드사와 회원 사이의 카드이용계약(이하 '계약'으로 약칭함)의 해지를 통보할 수 있습니다.
1. 입회신청서의 기재사항을 허위로 작성한 경우
2. 카드사용 대금을 3회 연속하여 연체한 경우
3. 이민, 구속, 사망 등으로 회원의 채무변제가 불가능하거나 현저히 곤란하다고 판단되는 경우
② 회원은 카드사에 언제든지 카드사용의 일시정지 또는 해지를 통보할 수 있습니다.
③ 본인회원은 가족회원의 동의 없이 가족회원의 카드사용의 일시정지 또는 해지를 통보할 수 있습니다.
④ 제1항부터 제3항의 일시정지 또는 해지는 상대방에게 통보한 때 그 효력이 발생합니다.
제00조(카드사의 의무 등) ① 회원이 최종 사용일로부터 1년 이상 카드를 사용하지 않은 경우 카드사는 전화, 서면, 전자우편(e-mail), 단문메시지서비스(SMS), 자동응답시스템(ARS) 등으로 회원의 계약 해지의사를 확인하여야 합니다.
② 제1항에 의해 회원이 전화, 서면, 전자우편, 단문메시지서비스, 자동응답시스템 등으로 해지의사를 밝히면 그 시점에 계약이 해지됩니다.

① 본인회원인 A가 가족회원인 딸 B의 동의 없이 B의 카드사용 해지를 카드사에 통보한 경우
② 가족회원인 C가 자신의 카드사용의 일시정지를 카드사에 통보한 경우
③ 카드사가 최근 1년간 카드사용 실적이 없는 회원 D에게 전화로 계약 해지의사를 묻자, D가 해지의사를 밝힌 경우
④ 카드사가 회원 E에게 2회의 카드사용 대금 연체 사실을 통보한 경우
⑤ 입회신청서를 허위로 기재한 회원 F에게 카드사가 그 사실과 카드사용의 일시정지를 통보한 경우

다음 A국의 법률을 근거로 할 때, ○○장관의 조치로 옳지 않은 것은?

제00조(출국의 금지) ① ○○장관은 다음 각 호의 어느 하나에 해당하는 사람에 대하여는 6개월 이내의 기간을 정하여 출국을 금지할 수 있다.

1. 형사재판에 계류 중인 사람
2. 징역형이나 금고형의 집행이 끝나지 아니한 사람
3. 1천만 원 이상의 벌금이나 2천만 원 이상의 추징금을 내지 아니한 사람
4. 5천만 원 이상의 국세·관세 또는 지방세를 정당한 사유 없이 그 납부기한까지 내지 아니한 사람

② ○○장관은 범죄 수사를 위하여 출국이 적당하지 아니하다고 인정되는 사람에 대하여는 1개월 이내의 기간을 정하여 출국을 금지할 수 있다. 다만 다음 각 호에 해당하는 사람은 그 호에서 정한 기간으로 한다.

1. 소재를 알 수 없어 기소중지결정이 된 사람 또는 도주 등 특별한 사유가 있어 수사진행이 어려운 사람 : 3개월 이내
2. 기소중지결정이 된 경우로서 체포영장 또는 구속영장이 발부된 사람 : 영장 유효기간 이내

① 사기사건으로 인해 유죄판결을 받고 현재 고등법원에서 항소심이 진행 중인 甲에 대하여 5개월간 출국을 금지할 수 있다.

② 추징금 2천 5백만 원을 내지 않은 乙에 대하여 3개월간 출국을 금지할 수 있다.

③ 소재를 알 수 없어 기소중지결정이 된 강도사건 피의자 丙에 대하여 2개월간 출국을 금지할 수 있다.

④ 징역 2년을 선고받고 그 집행이 끝나지 않은 丁에 대하여 3개월간 출국을 금지할 수 있다.

⑤ 정당한 사유 없이 2천만 원의 지방세를 납부기한까지 내지 않은 戊에 대하여 4개월간 출국을 금지할 수 있다.

다음 글을 근거로 판단할 때 옳은 것은?

법 제00조(정의) 이 법에서 "재외동포"란 다음 각 호의 어느 하나에 해당하는 자를 말한다.

1. 대한민국의 국민으로서 외국의 영주권(永住權)을 취득한 자 또는 영주할 목적으로 외국에 거주하고 있는 자(이하 "재외국민"이라 한다)
2. 대한민국의 국적을 보유하였던 자(대한민국정부 수립 전에 국외로 이주한 동포를 포함한다) 또는 그 직계비속(直系卑屬)으로서 외국국적을 취득한 자 중 대통령령으로 정하는 자(이하 "외국국적동포"라 한다)

시행령 제00조(재외국민의 정의) ① 법 제00조 제1호에서 "외국의 영주권을 취득한 자"라 함은 거주국으로부터 영주권 또는 이에 준하는 거주목적의 장기체류자격을 취득한 자를 말한다.

② 법 제00조 제1호에서 "영주할 목적으로 외국에 거주하고 있는 자"라 함은 해외이주자로서 거주국으로부터 영주권을 취득하지 아니한 자를 말한다.

제00조(외국국적동포의 정의) 법 제00조 제2호에서 "대한민국의 국적을 보유하였던 자(대한민국정부 수립 이전에 국외로 이주한 동포를 포함한다) 또는 그 직계비속으로서 외국국적을 취득한 자 중 대통령령이 정하는 자"란 다음 각 호의 어느 하나에 해당하는 자를 말한다.

1. 대한민국의 국적을 보유하였던 자(대한민국정부 수립 이전에 국외로 이주한 동포를 포함한다. 이하 이 조에서 같다)로서 외국국적을 취득한 자
2. 부모의 일방 또는 조부모의 일방이 대한민국의 국적을 보유하였던 자로서 외국국적을 취득한 자

① 대한민국 국민은 재외동포가 될 수 없다.

② 재외국민이 되기 위한 필수 요건은 거주국의 영주권 취득이다.

③ 할아버지가 대한민국 국적을 보유하였던 미국 국적자는 재외국민이다.

④ 대한민국 국민으로서 회사업무를 위해 중국출장 중인 사람은 외국국적동포이다.

⑤ 과거에 대한민국 국적을 보유하였던 자로서 현재 브라질 국적을 취득한 자는 외국국적동포이다.

다음 글을 근거로 판단할 때, 〈보기〉에서 인공임신중절 수술이 허용되는 경우만을 모두 고르면? 13 민간(인) 15번

법 제00조(인공임신중절수술의 허용한계) ① 의사는 다음 각 호의 어느 하나에 해당되는 경우에만 본인과 배우자(사실상의 혼인관계에 있는 사람을 포함한다. 이하 같다)의 동의를 받아 인공임신중절수술을 할 수 있다.
  1. 본인이나 배우자가 대통령령으로 정하는 우생학적(優生學的) 또는 유전학적 정신장애나 신체질환이 있는 경우
  2. 본인이나 배우자가 대통령령으로 정하는 전염성 질환이 있는 경우
  3. 강간 또는 준강간(準强姦)에 의하여 임신된 경우
  4. 법률상 혼인할 수 없는 혈족 또는 인척 간에 임신된 경우
  5. 임신의 지속이 보건의학적 이유로 모체의 건강을 심각하게 해치고 있거나 해칠 우려가 있는 경우
② 제1항의 경우에 배우자의 사망·실종·행방불명, 그 밖에 부득이한 사유로 동의를 받을 수 없으면 본인의 동의만으로 그 수술을 할 수 있다.
③ 제1항의 경우 본인이나 배우자가 심신장애로 의사표시를 할 수 없을 때에는 그 친권자나 후견인의 동의로, 친권자나 후견인이 없을 때에는 부양의무자의 동의로 각각 그 동의를 갈음할 수 있다.
시행령 제00조(인공임신중절수술의 허용한계) ① 법 제00조에 따른 인공임신중절수술은 임신 24주일 이내인 사람만 할 수 있다.
② 법 제00조 제1항 제1호에 따라 인공임신중절수술을 할 수 있는 우생학적 또는 유전학적 정신장애나 신체질환은 연골무형성증, 낭성섬유증 및 그 밖의 유전성 질환으로서 그 질환이 태아에 미치는 위험성이 높은 질환으로 한다.
③ 법 제00조 제1항 제2호에 따라 인공임신중절수술을 할 수 있는 전염성 질환은 풍진, 톡소플라즈마증 및 그 밖에 의학적으로 태아에 미치는 위험성이 높은 전염성 질환으로 한다.

─────〈보 기〉─────
ㄱ. 태아에 미치는 위험성이 높은 연골무형성증의 질환이 있는 임신 20주일 임산부와 그 남편이 동의한 경우
ㄴ. 풍진을 앓고 있는 임신 28주일 임산부가 동의한 경우
ㄷ. 남편이 실종 중인 상황에서 임신중독증으로 생명이 위험한 임신 20주일 임산부가 동의한 경우
ㄹ. 남편이 실업자가 되어 도저히 아이를 키울 수 없다고 판단한 임신 16주일 임산부와 그 남편이 동의한 경우

① ㄱ, ㄴ
② ㄱ, ㄷ
③ ㄴ, ㄹ
④ ㄱ, ㄷ, ㄹ
⑤ ㄴ, ㄷ, ㄹ

다음 글을 근거로 판단할 때, 〈보기〉에서 옳지 않은 것을 모두 고르면? 13 외교원(인) 27번

제1조(보물 및 국보의 지정) ① 문화재청장은 문화재위원회의 심의를 거쳐 유형문화재 중 중요한 것을 보물로 지정할 수 있다.
② 문화재청장은 제1항의 보물에 해당하는 문화재 중 인류문화의 관점에서 볼 때, 그 가치가 크고 유례가 드문 것을 문화재위원회의 심의를 거쳐 국보로 지정할 수 있다.
제2조(중요무형문화재의 지정) ① 문화재청장은 문화재위원회의 심의를 거쳐 무형문화재 중 중요한 것을 중요무형문화재로 지정할 수 있다.
② 문화재청장은 제1항에 따라 중요무형문화재를 지정하는 경우 해당 중요무형문화재의 보유자(보유단체를 포함한다. 이하 같다)를 인정하여야 한다.
③ 문화재청장은 제2항에 따라 인정한 보유자 외에 해당 중요무형문화재의 보유자를 추가로 인정할 수 있다.
④ 문화재청장은 제2항과 제3항에 따라 인정된 중요무형문화재의 보유자가 기능 또는 예능의 전수(傳授) 교육을 정상적으로 실시하기 어려운 경우 문화재위원회의 심의를 거쳐 명예보유자로 인정할 수 있다. 이 경우 중요무형문화재의 보유자가 명예보유자로 인정되면 그때부터 중요무형문화재 보유자의 인정은 해제된 것으로 본다.
제3조(보호물 또는 보호구역의 지정) ① 문화재청장은 제1조에 따른 지정을 할 때 문화재 보호를 위하여 특히 필요하면 이를 위한 보호물 또는 보호구역을 지정할 수 있다.
② 문화재청장은 인위적 또는 자연적 조건의 변화 등으로 인하여 조정이 필요하다고 인정하면 제1항에 따라 지정된 보호물 또는 보호구역을 조정할 수 있다.

─────〈보 기〉─────
ㄱ. 중요무형문화재 가운데 인류문화의 관점에서 볼 때, 그 가치가 크고 유례가 드물면 국보가 될 수 있다.
ㄴ. 중요무형문화재가 발생한 지역의 보호가 특별히 필요한 경우 해당 지역을 보호구역으로 지정할 수 있다.
ㄷ. 중요무형문화재 보유자는 전수교육을 정상적으로 실시할 수 있는 때에도 일정한 연령이 되면 명예보유자가 되고 중요무형문화재 보유자의 인정은 해제된다.
ㄹ. 문화재청장은 해당 중요무형문화재를 최고의 가치로 실현할 수 있는 사람을 선정하여 종목당 한 사람 또는 한 단체만을 중요무형문화재 보유자 또는 보유단체로 인정한다.

① ㄱ, ㄷ
② ㄴ, ㄹ
③ ㄷ, ㄹ
④ ㄱ, ㄴ, ㄷ
⑤ ㄱ, ㄴ, ㄷ, ㄹ

스프링클러설비를 설치해야 하는 곳은 다음과 같다.

1. 종교시설(사찰·제실·사당은 제외한다), 운동시설(물놀이형 시설은 제외한다)로서 수용인원이 100명 이상인 경우에는 모든 층

2. 판매시설, 운수시설 및 창고시설 중 물류터미널로서 다음의 어느 하나에 해당하는 경우에는 모든 층
   • 층수가 3층 이하인 건축물로서 바닥면적 합계가 6,000m² 이상인 것
   • 층수가 4층 이상인 건축물로서 바닥면적 합계가 5,000m² 이상인 것

3. 다음의 어느 하나에 해당하는 경우에는 모든 층
   • 의료시설 중 정신의료기관, 노인 및 어린이 시설로서 해당 용도로 사용되는 바닥면적의 합계가 600m² 이상인 것
   • 숙박이 가능한 수련시설로서 해당 용도로 사용되는 바닥면적의 합계가 600m² 이상인 것

4. 기숙사(교육연구시설·수련시설 내에 있는 학생 수용을 위한 것을 말한다) 또는 복합건축물로서 연면적 5,000m² 이상인 경우에는 모든 층

5. 교정 및 군사시설 중 다음의 어느 하나에 해당하는 경우에는 해당 장소
   • 보호감호소, 교도소, 구치소, 보호관찰소, 갱생보호시설, 치료감호시설, 소년원의 수용거실
   • 경찰서 유치장

① 경찰서 민원실
② 수용인원이 500명인 사찰의 모든 층
③ 연면적 15,000m²인 5층 복합건축물의 모든 층
④ 2층 건축물로서 바닥면적 합계가 5,000m²인 물류터미널의 모든 층
⑤ 외부에서 입주한 편의점의 바닥면적을 포함한 바닥면적 합계가 500m²인 정신의료기관의 모든 층

▫ 증여세의 납세의무자는 누구이며 부과대상은 무엇입니까?
   • 증여세는 타인으로부터 재산을 무상으로 받은 사람, 즉 수증자가 원칙적으로 납세의무를 부담합니다.
   • 또한 법인 아닌 사단·재단, 비영리법인은 증여세 납세의무를 부담합니다. 다만 증여받은 재산에 대해 법인세가 과세되는 영리법인은 증여세 납부의무가 없습니다.
   • 수증자가 국내거주자이면 증여받은 '국내외 모든 재산', 수증자가 국외거주자이면 증여받은 '국내소재 재산, 국외 예금과 국외 적금'이 증여세 부과대상입니다.

▫ 증여자가 예외적으로 수증자와 함께 납세의무를 부담하는 경우도 있습니까?
   • 수증자가 국외거주자인 경우, 증여자는 연대납세의무를 부담합니다.
   • 또한 수증자가 다음 중 어느 하나에 해당하는 경우에도 증여자는 연대납세의무를 부담합니다.
      – 수증자의 주소 또는 거소가 분명하지 아니한 경우로서 조세채권의 확보가 곤란한 경우
      – 수증자가 증여세를 납부할 능력이 없다고 인정되는 경우로서 체납처분을 하여도 조세채권의 확보가 곤란한 경우

〈보 기〉

ㄱ. 甲이 국내거주자 장남에게 자신의 강릉 소재 빌딩(시가 10억 원 상당)을 증여한 경우, 甲은 원칙적으로 증여세를 납부할 의무가 있다.

ㄴ. 乙이 평생 모은 재산 10억 원을 국내소재 사회복지법인 丙(비영리법인)에게 기부한 경우, 丙은 증여세를 납부할 의무가 있다.

ㄷ. 丁이 자신의 국외 예금(10억 원 상당)을 해외에 거주하고 있는 아들에게 증여한 경우, 丁은 연대납세의무를 진다.

ㄹ. 戊로부터 10억 원을 증여받은 국내거주자 己가 현재 파산상태로 인해 체납처분을 하여도 조세채권의 확보가 곤란한 경우, 己는 증여세 납부의무가 없다.

① ㄱ, ㄴ
② ㄱ, ㄷ
③ ㄴ, ㄷ
④ ㄴ, ㄹ
⑤ ㄷ, ㄹ

제00조(국민공천배심원단) ① 공정하고 투명한 국회의원 후보자 선발을 위하여 국민공천배심원단을 둔다.

② 국민공천배심원단은 국회의원 후보자 중 비전략지역 후보자를 제외한 전략지역 및 비례대표 후보자를 심사대상으로 한다.

제00조(지역구 국회의원 후보자의 확정) ① 지역구 국회의원 후보자는 공천위원회의 추천을 받아 최고위원회의 의결로 확정한다.

② 공천위원회는 후보자의 적격여부에 대한 심사를 거쳐 단수 후보자를 최고위원회에 추천하거나 복수의 후보자를 선정한다.

③ 공천위원회는 제2항에 따라 선정된 복수의 후보자를 대상으로 여론조사를 실시하여 결정된 단수 후보자를 최고위원회에 추천한다.

④ 국민공천배심원단은 공천위원회에서 추천한 전략지역 후보자에 대해 적격여부를 심사하여 부적격하다고 판단할 경우, 재적 3분의 2 이상의 의결로 최고위원회에 재의요구를 권고할 수 있다.

제00조(비례대표 국회의원 후보자 확정) 비례대표 국회의원 후보자는 공천위원회에서 지역 및 직역별로 공모를 실시한 후 후보자와 그 순위를 정하고, 국민공천배심원단의 심사를 거쳐 최고위원회의 의결로 확정한다.

① 국민공천배심원단은 비례대표 국회의원 후보자를 최종적으로 확정한다.

② 국민공천배심원단은 전략지역 국회의원 후보자를 추천할 수 있다.

③ 국민공천배심원단은 공천위원회가 추천한 비전략지역 국회의원 후보자에 대해 재의를 요구할 수 있다.

④ 최고위원회는 공천위원회의 추천을 받아 비전략지역 국회의원 후보자를 의결로 확정한다.

⑤ 전략지역 국회의원 후보자에 대하여 최고위원회에 재의요구를 권고할 수 있는 국민공천배심원단의 의결정족수는 재적 3분의 1 이상이다.

제00조 ① 개발부담금을 징수할 수 있는 권리(개발부담금 징수권)와 개발부담금의 과오납금을 환급받을 권리(환급청구권)는 행사할 수 있는 시점부터 5년간 행사하지 아니하면 소멸시효가 완성된다.

② 제1항에 따른 개발부담금 징수권의 소멸시효는 다음 각 호의 어느 하나의 사유로 중단된다.
1. 납부고지
2. 납부독촉
3. 교부청구
4. 압류

③ 제2항에 따라 중단된 소멸시효는 다음 각 호의 어느 하나에 해당하는 기간이 지난 시점부터 새로이 진행한다.
1. 고지한 납부기간
2. 독촉으로 재설정된 납부기간
3. 교부청구 중의 기간
4. 압류해제까지의 기간

④ 제1항에 따른 환급청구권의 소멸시효는 환급청구권 행사로 중단된다.

※ 1) 개발부담금이란 개발이익 중 국가가 부과·징수하는 금액을 말함
2) 소멸시효는 일정한 기간 권리자가 권리를 행사하지 않으면 권리가 소멸하는 것을 말함

〈보 기〉

ㄱ. 개발부담금 징수권의 소멸시효는 고지한 납부기간이 지난 시점부터 중단된다.

ㄴ. 국가가 개발부담금을 징수할 수 있는 때로부터 3년간 징수하지 않으면 개발부담금 징수권의 소멸시효가 완성된다.

ㄷ. 국가가 개발부담금을 징수할 수 있는 날로부터 2년이 경과한 후 납부의무자에게 납부고지하면, 개발부담금 징수권의 소멸시효가 중단된다.

ㄹ. 납부의무자가 개발부담금을 기준보다 많이 납부한 경우, 그 환급을 받을 수 있는 때로부터 환급청구권을 3년간 행사하지 않으면 소멸시효가 완성된다.

① ㄱ
② ㄷ
③ ㄱ, ㄹ
④ ㄴ, ㄷ
⑤ ㄴ, ㄹ

다음 글을 근거로 판단할 때, 재산등록 의무자(A~E)의 재산등록 대상으로 옳은 것은?

15 민간(인) 04번

재산등록 및 공개 제도는 재산등록 의무자가 본인, 배우자 및 직계존·비속의 재산을 주기적으로 등록·공개하도록 하는 제도이다. 이 제도는 재산등록 의무자의 재산 및 변동사항을 국민에게 투명하게 공개함으로써 부정이 개입될 소지를 사전에 차단하여 공직 사회의 윤리성을 높이기 위해 도입되었다.

• 재산등록 의무자 : 대통령, 국무총리, 국무위원, 지방자치단체장 등 국가 및 지방자치단체의 정무직 공무원, 4급 이상의 일반직·지방직 공무원 및 이에 상당하는 보수를 받는 별정직 공무원, 대통령령으로 정하는 외무공무원 등
• 등록대상 친족의 범위 : 본인, 배우자, 본인의 직계존·비속. 다만, 혼인한 직계비속인 여성, 외증조부모, 외조부모 및 외손자녀, 외증손자녀는 제외한다.
• 등록대상 재산 : 부동산에 관한 소유권·지상권 및 전세권, 자동차·건설기계·선박 및 항공기, 합명회사·합자회사 및 유한회사의 출자 지분, 소유자별 합계액 1천만 원 이상의 현금·예금·증권·채권·채무, 품목당 5백만 원 이상의 보석류, 소유자별 연간 1천만 원 이상의 소득이 있는 지식재산권

※ 1) 직계존속 : 부모, 조부모, 증조부모 등 조상으로부터 자기에 이르기까지 직계로 이어 내려온 혈족
2) 직계비속 : 자녀, 손자, 증손 등 자기로부터 아래로 직계로 이어 내려가는 혈족

① 시청에 근무하는 4급 공무원 A의 동생이 소유한 아파트
② 시장 B의 결혼한 딸이 소유한 1,500만 원의 정기예금
③ 도지사 C의 아버지가 소유한 연간 600만 원의 소득이 있는 지식재산권
④ 정부부처 4급 공무원 상당의 보수를 받는 별정직 공무원 D의 아들이 소유한 승용차
⑤ 정부부처 4급 공무원 E의 이혼한 전처가 소유한 1,000만 원 상당의 다이아몬드

다음 글을 근거로 판단할 때, 〈표〉의 ㉠~㉣에 들어갈 기호로 모두 옳은 것은?

15 민간(인) 16번

법 제○○조(학교환경위생 정화구역) 시·도의 교육감은 학교환경위생 정화구역(이하 '정화구역'이라 한다)을 절대정화구역과 상대정화구역으로 구분하여 설정하되, 절대정화구역은 학교출입문으로부터 직선거리로 50미터까지인 지역으로 하고, 상대정화구역은 학교경계선으로부터 직선거리로 200미터까지인 지역 중 절대정화구역을 제외한 지역으로 한다.
법 제△△조(정화구역에서의 금지시설) ① 누구든지 정화구역에서는 다음 각 호의 어느 하나에 해당하는 시설을 하여서는 아니된다.
1. 도축장, 화장장 또는 납골시설
2. 고압가스·천연가스·액화석유가스 제조소 및 저장소
3. 폐기물수집장소
4. 폐기물처리시설, 폐수종말처리시설, 축산폐수배출시설
5. 만화가게(유치원 및 대학교의 정화구역은 제외한다)
6. 노래연습장(유치원 및 대학교의 정화구역은 제외한다)
7. 당구장(유치원 및 대학교의 정화구역은 제외한다)
8. 호텔, 여관, 여인숙
② 제1항에도 불구하고 대통령령으로 정하는 구역에서는 제1항의 제2호, 제3호, 제5호부터 제8호까지에 규정된 시설 중 교육감이 학교환경위생정화위원회의 심의를 거쳐 학습과 학교보건위생에 나쁜 영향을 주지 아니한다고 인정하는 시설은 허용될 수 있다.
대통령령 제ㅁㅁ조(제한이 완화되는 구역) 법 제△△조 제2항에서 '대통령령으로 정하는 구역'이란 법 제○○조에 따른 상대정화구역(법 제△△조 제1항 제7호에 따른 당구장 시설을 하는 경우에는 정화구역 전체)을 말한다.

구역 시설	초·중·고등학교		유치원·대학교	
	절대정화구역	상대정화구역	절대정화구역	상대정화구역
폐기물 처리시설	×	×	×	×
폐기물 수집장소	×	△	×	△
당구장	㉠		㉢	
만화가게		㉡		
호텔				㉣

• × : 금지되는 시설
• △ : 학교환경위생정화위원회의 심의를 거쳐 허용될 수 있는 시설
• ○ : 허용되는 시설

	㉠	㉡	㉢	㉣
①	△	○	○	△
②	△	△	○	△
③	×	△	○	△
④	×	△	△	×
⑤	×	×	△	×

16 민간(5) 05번

제00조(물건의 공유) ① 물건이 지분에 의하여 여러 사람의 소유로 된 때에는 공유로 한다.

② 공유자의 지분은 균등한 것으로 추정한다.

제00조(공유지분의 처분과 공유물의 사용, 수익) 공유자는 자신의 지분을 다른 공유자의 동의 없이 처분할 수 있고 공유물 전부를 지분의 비율로 사용, 수익할 수 있다.

제00조(공유물의 처분, 변경) 공유자는 다른 공유자의 동의 없이 공유물을 처분하거나 변경하지 못한다.

제00조(공유물의 관리, 보존) 공유물의 관리에 관한 사항은 공유자의 지분의 과반수로써 결정한다. 그러나 보존행위는 각자가 할 수 있다.

제00조(지분포기등의 경우의 귀속) 공유자가 그 지분을 포기하거나 상속인 없이 사망한 때에는 그 지분은 다른 공유자에게 각 지분의 비율로 귀속한다.

〈보 기〉

ㄱ. 甲, 乙, 丙은 X에 대해 각자 1/3씩 지분을 갖는 것으로 추정된다.

ㄴ. 甲은 단독으로 X에 대한 보존행위를 할 수 있다.

ㄷ. 甲이 X에 대한 자신의 지분을 처분하기 위해서는 乙과 丙의 동의를 얻어야 한다.

ㄹ. 甲이 상속인 없이 사망한 경우, X에 대한 甲의 지분은 乙과 丙에게 각 지분의 비율에 따라 귀속된다.

① ㄱ, ㄴ

② ㄴ, ㄷ

③ ㄷ, ㄹ

④ ㄱ, ㄴ, ㄹ

⑤ ㄱ, ㄷ, ㄹ

문 34. 다음 A국의 규정을 근거로 판단할 때 옳은 것은?

16 민간(5) 15번

제00조 ① 법령 등을 제정 · 개정 또는 폐지(이하 "입법"이라 한다)하려는 경우에는 해당 입법안을 마련한 행정청은 이를 예고하여야 한다. 다만, 다음 각 호의 어느 하나에 해당하는 경우에는 예고를 하지 아니할 수 있다.

1. 신속한 국민의 권리 보호 또는 예측 곤란한 특별한 사정의 발생 등으로 입법이 긴급을 요하는 경우

2. 상위 법령 등의 단순한 집행을 위한 경우

3. 예고함이 공공의 안전 또는 복리를 현저히 해칠 우려가 있는 경우

② 법제처장은 입법예고를 하지 아니한 법령안의 심사요청을 받은 경우에 입법예고를 하는 것이 적당하다고 판단할 때에는 해당 행정청에 입법예고를 권고하거나 직접 예고할 수 있다.

제00조 ① 행정청은 입법안의 취지, 주요 내용 또는 전문(全文)을 관보 · 공보나 인터넷 · 신문 · 방송 등을 통하여 널리 공고하여야 한다.

② 행정청은 입법예고를 할 때에 입법안과 관련이 있다고 인정되는 중앙행정기관, 지방자치단체, 그 밖의 단체 등이 예고사항을 알 수 있도록 예고사항을 통지하거나 그 밖의 방법으로 알려야 한다.

③ 행정청은 예고된 입법안의 전문에 대한 열람 또는 복사를 요청받았을 때에는 특별한 사유가 없으면 그 요청에 따라야 하며, 복사에 드는 비용을 복사를 요청한 자에게 부담시킬 수 있다.

① 행정청은 신속한 국민의 권리 보호를 위해 입법이 긴급을 요하는 경우 입법예고를 하지 않을 수 있다.

② 행정청은 예고된 입법안 전문에 대한 복사 요청을 받은 경우 복사에 드는 비용을 부담하여야만 한다.

③ 행정청은 법령의 단순한 집행을 위해 그 하위 법령을 개정하는 경우 입법예고를 하여야만 한다.

④ 법제처장은 입법예고를 하지 않은 법령안의 심사를 요청받은 경우 그 법령안의 입법예고를 직접 할 수 없다.

⑤ 행정청은 법령을 폐지하는 경우 입법예고를 하지 않는다.

문 35. 다음 글을 근거로 판단할 때, 〈보기〉에서 규정을 위반한 행위만을 모두 고르면? 17 민간(나) 05번

제00조(청렴의 의무) ① 공무원은 직무와 관련하여 직접적이든 간접적이든 사례·증여 또는 향응을 주거나 받을 수 없다.
② 공무원은 직무상의 관계가 있든 없든 그 소속 상관에게 증여하거나 소속 공무원으로부터 증여를 받아서는 아니 된다.
제00조(정치운동의 금지) ① 공무원은 정당이나 그 밖의 정치단체의 결성에 관여하거나 이에 가입할 수 없다.
② 공무원은 선거에서 특정 정당 또는 특정인을 지지 또는 반대하기 위한 다음의 행위를 하여서는 아니 된다.
1. 투표를 하거나 하지 아니하도록 권유 운동을 하는 것
2. 기부금을 모집 또는 모집하게 하거나, 공공자금을 이용 또는 이용하게 하는 것
3. 타인에게 정당이나 그 밖의 정치단체에 가입하게 하거나 가입하지 아니하도록 권유 운동을 하는 것
③ 공무원은 다른 공무원에게 제1항과 제2항에 위배되는 행위를 하도록 요구하거나, 정치적 행위에 대한 보상 또는 보복으로서 이익 또는 불이익을 약속하여서는 아니 된다.
제00조(집단행위의 금지) ① 공무원은 노동운동이나 그 밖에 공무 외의 일을 위한 집단행위를 하여서는 아니 된다. 다만, 사실상 노무에 종사하는 공무원은 예외로 한다.
② 제1항 단서에 규정된 공무원으로서 노동조합에 가입된 자가 조합 업무에 전임하려면 소속 장관의 허가를 받아야 한다.

〈보 기〉

ㄱ. 공무원 甲은 그 소속 상관에게 직무상 관계 없이 고가의 도자기를 증여하였다.
ㄴ. 사실상 노무에 종사하는 공무원으로서 노동조합에 가입된 乙은 소속 장관의 허가를 받아 조합 업무에 전임하고 있다.
ㄷ. 공무원 丙은 동료 공무원 丁에게 선거에서 A정당을 지지하기 위한 기부금을 모집하도록 요구하였다.
ㄹ. 공무원 戊는 국회의원 선거기간에 B후보를 낙선시키기 위해 해당 지역구 지인들을 대상으로 다른 후보에게 투표하도록 권유 운동을 하였다.

① ㄱ, ㄴ
② ㄴ, ㄷ
③ ㄷ, ㄹ
④ ㄱ, ㄴ, ㄹ
⑤ ㄱ, ㄷ, ㄹ

문 36. 다음 글과 〈상황〉을 근거로 판단할 때, 〈보기〉에서 옳은 것만을 모두 고르면? 17 민간(나) 07번

제00조(우수현상광고) ① 광고에 정한 행위를 완료한 자가 수인(數人)인 경우에 그 우수한 자에 한하여 보수(報酬)를 지급할 것을 정하는 때에는 그 광고에 응모기간을 정한 때에 한하여 그 효력이 생긴다.
② 전항의 경우에 우수의 판정은 광고에서 정한 자가 한다. 광고에서 판정자를 정하지 아니한 때에는 광고자가 판정한다.
③ 우수한 자가 없다는 판정은 할 수 없다. 그러나 광고에서 다른 의사표시가 있거나 광고의 성질상 판정의 표준이 정하여져 있는 때에는 그러하지 아니하다.
④ 응모자는 제2항 및 제3항의 판정에 대하여 이의를 제기하지 못한다.
⑤ 수인의 행위가 동등으로 판정된 때에는 각각 균등한 비율로 보수를 받을 권리가 있다. 그러나 보수가 그 성질상 분할할 수 없거나 광고에 1인만이 보수를 받을 것으로 정한 때에는 추첨에 의하여 결정한다.

※ 현상광고 : 어떤 목적으로 조건을 붙여 보수(상금, 상품 등)를 지급할 것을 약속한 광고

〈상 황〉

A청은 아래와 같은 내용으로 우수논문공모를 위한 우수 현상광고를 하였고, 대학생 甲, 乙, 丙 등이 응모하였다.

우수논문공모

• 논문주제 : 청렴한 공직사회 구현을 위한 정책방안
• 참여대상 : 대학생
• 응모기간 : 2017년 4월 3일~4월 28일
• 제 출 처 : A청
• 수 상 자 : 1명(아래 상금 전액 지급)
• 상 금 : 금 1,000만 원정
• 특이사항
  - 논문의 작성 및 응모는 단독으로 하여야 한다.
  - 기준을 충족한 논문이 없다고 판정된 경우, 우수논문을 선정하지 않을 수 있다.

〈보 기〉

ㄱ. 우수논문의 판정은 A청이 한다.
ㄴ. 우수논문이 없다는 판정이 이루어질 수 있다.
ㄷ. 甲, 乙, 丙 등은 우수의 판정에 대해 이의를 제기할 수 있다.
ㄹ. 심사 결과 甲과 乙의 논문이 동등한 최고점수로 판정되었다면, 甲과 乙은 500만 원씩 상금을 나누어 받는다.

① ㄱ, ㄴ
② ㄱ, ㄷ
③ ㄷ, ㄹ
④ ㄱ, ㄴ, ㄹ
⑤ ㄴ, ㄷ, ㄹ

제00조(술에 취한 상태에서의 운전 금지) ① 누구든지 술에 취한 상태에서 자동차를 운전하여서는 아니 된다.

② 경찰공무원은 제1항을 위반하여 술에 취한 상태에서 자동차를 운전하였다고 인정할 만한 상당한 이유가 있는 경우에는 운전자가 술에 취하였는지를 호흡조사로 측정(이하 '음주측정'이라 한다)할 수 있다. 이 경우 운전자는 경찰공무원의 음주측정에 응하여야 한다.

③ 제1항을 위반하여 술에 취한 상태에서 자동차를 운전한 사람은 다음 각 호의 구분에 따라 처벌한다.

1. 혈중알코올농도가 0.2퍼센트 이상인 사람은 1년 이상 3년 이하의 징역이나 500만 원 이상 1천만 원 이하의 벌금

2. 혈중알코올농도가 0.1퍼센트 이상 0.2퍼센트 미만인 사람은 6개월 이상 1년 이하의 징역이나 300만 원 이상 500만 원 이하의 벌금

3. 혈중알코올농도가 0.05퍼센트 이상 0.1퍼센트 미만인 사람은 6개월 이하의 징역이나 300만 원 이하의 벌금

④ 다음 각 호의 어느 하나에 해당하는 사람은 1년 이상 3년 이하의 징역이나 500만 원 이상 1천만 원 이하의 벌금에 처한다.

1. 제3항에도 불구하고 제1항을 2회 이상 위반한 사람으로서 다시 술에 취한 상태에서 자동차를 운전한 사람

2. 술에 취한 상태에 있다고 인정할 만한 상당한 이유가 있는 사람으로서 제2항에 따른 경찰공무원의 음주측정에 응하지 아니한 사람

〈보 기〉

ㄱ. 혈중알코올농도 0.05퍼센트의 상태에서 운전하여 1회 적발된 행위는, 술에 취한 상태에서 운전을 하고 있다고 인정할 만한 상당한 이유가 있는 사람이 경찰공무원의 음주측정을 거부하는 행위보다 불법의 정도가 크다.

ㄴ. 술에 취한 상태에서 자동차를 운전하는 행위는 혈중알코올농도 또는 적발된 횟수에 따라 처벌의 정도가 달라질 수 있다.

ㄷ. 술에 취한 상태에서의 자동차 운전으로 2회 적발된 자가 다시 혈중알코올농도 0.15퍼센트 상태의 운전으로 적발된 경우, 6개월 이상 1년 이하의 징역이나 300만 원 이상 500만 원 이하의 벌금에 처해진다.

① ㄱ

② ㄴ

③ ㄱ, ㄷ

④ ㄴ, ㄷ

⑤ ㄱ, ㄴ, ㄷ

제00조(경계표, 담의 설치권) ① 인접하여 토지를 소유한 자는 공동비용으로 통상의 경계표나 담을 설치할 수 있다. 이 경우 그 비용은 쌍방이 절반하여 부담한다.

② 전항에도 불구하고 토지의 경계를 정하기 위한 측량비용은 토지의 면적에 비례하여 부담한다.

제00조(경계선 부근의 건축) ① 건물을 축조함에는 경계로부터 반미터 이상의 거리를 두어야 한다.

② 인접지소유자는 전항의 규정에 위반한 자에 대하여 건물의 변경이나 철거를 청구할 수 있다. 그러나 건축에 착수한 후 1년을 경과하거나 건물이 완성된 후에는 손해배상만을 청구할 수 있다.

제00조(차면시설의무) 경계로부터 2미터 이내의 거리에서 이웃 주택의 내부를 관망할 수 있는 창이나 마루를 설치하는 경우에는 적당한 차면(遮面)시설을 하여야 한다.

제00조(지하시설 등에 대한 제한) 우물을 파거나 용수, 하수 또는 오물 등을 저치(貯置)할 지하시설을 하는 때에는 경계로부터 2미터 이상의 거리를 두어야 하며, 지하실공사를 하는 때에는 경계로부터 그 깊이의 반 이상의 거리를 두어야 한다.

※ 1) 차면(遮面)시설 : 서로 안 보이도록 가리는 시설
2) 저치(貯置) : 저축하거나 저장하여 둠

〈상 황〉

• 甲과 乙은 1,000m²의 토지를 공동으로 구매하였다. 그리고 다음과 같이 A토지와 B토지로 나누어 A토지는 甲이, B토지는 乙이 소유하게 되었다.

A토지(면적 600m²)	B토지(면적 400m²)

• 甲은 A토지와 B토지의 경계에 담을 설치하고, A토지 위에 C건물을 짓고자 한다. 乙은 B토지를 주차장으로만 사용한다.

① 토지의 경계를 정하기 위해 측량을 하는 데 비용이 100만 원이 든다면 甲과 乙이 각각 50만 원씩 부담한다.

② 통상의 담을 설치하는 비용이 100만 원이라면 甲이 60만 원, 乙이 40만 원을 부담한다.

③ 甲이 B토지와의 경계로부터 반미터 이상의 거리를 두지 않고 C건물을 완성한 경우, 乙은 그 건물의 철거를 청구할 수 없다.

④ C건물을 B토지와의 경계로부터 2미터 이내의 거리에 축조한다면, 甲은 C건물에 B토지를 향한 창을 설치할 수 없다.

⑤ 甲이 C건물에 지하 깊이 2미터의 지하실공사를 하는 경우, B토지와의 경계로부터 2미터 이상의 거리를 두어야 한다.

제○○조 ① 지방자치단체의 장은 하수도정비기본계획에 따라 공공하수도를 설치하여야 한다.

② 시·도지사는 공공하수도를 설치하고자 하는 때에는 사업시행지의 위치 및 면적, 설치하고자 하는 시설의 종류, 사업시행기간 등을 고시하여야 한다. 고시한 사항을 변경 또는 폐지하고자 하는 때에도 또한 같다.

③ 시장·군수·구청장(자치구의 구청장을 말한다. 이하 같다)은 공공하수도를 설치하려면 시·도지사의 인가를 받아야 한다.

④ 시장·군수·구청장은 제3항에 따라 인가받은 사항을 변경하거나 폐지하려면 시·도지사의 인가를 받아야 한다.

⑤ 시·도지사는 국가의 보조를 받아 설치하고자 하는 공공하수도에 대하여 제2항에 따른 고시 또는 제3항의 규정에 따른 인가를 하고자 할 때에는 그 설치에 필요한 재원의 조달 및 사용에 관하여 환경부장관과 미리 협의하여야 한다.

제□□조 ① 공공하수도관리청(이하 '관리청'이라 한다)은 관할 지방자치단체의 장이 된다.

② 공공하수도가 둘 이상의 지방자치단체의 장의 관할구역에 걸치는 경우, 관리청이 되는 자는 제○○조 제2항에 따른 공공하수도 설치의 고시를 한 시·도지사 또는 같은 조 제3항에 따른 인가를 받은 시장·군수·구청장으로 한다.

※ 공공하수도 : 지방자치단체가 설치 또는 관리하는 하수도

① A자치구의 구청장이 관할구역 내에 공공하수도를 설치하려고 인가를 받았는데, 그 공공하수도가 B자치구에 걸치는 경우, 설치하려는 공공하수도의 관리청은 B자치구의 구청장이다.

② 시·도지사가 국가의 보조를 받아 공공하수도를 설치하려면, 그 설치에 필요한 재원의 조달 등에 관하여 환경부장관의 인가를 받아야 한다.

③ 시장·군수·구청장이 공공하수도 설치에 관하여 인가받은 사항을 폐지할 경우에는 시·도지사의 인가를 필요로 하지 않는다.

④ 시·도지사가 공공하수도 설치를 위해 고시한 사항은 변경할 수 없다.

⑤ 시장·군수·구청장이 공공하수도를 설치하려면 시·도지사의 인가를 받아야 한다.

제00조 ① 민사에 관한 분쟁의 당사자는 법원에 조정을 신청할 수 있다.

② 조정을 신청하는 당사자를 신청인이라고 하고, 그 상대방을 피신청인이라고 한다.

제00조 ① 신청인은 다음 각 호의 어느 하나에 해당하는 곳을 관할하는 지방법원에 조정을 신청해야 한다.

1. 피신청인의 주소지, 피신청인의 사무소 또는 영업소 소재지, 피신청인의 근무지

2. 분쟁의 목적물 소재지, 손해 발생지

② 조정사건은 조정담당판사가 처리한다.

제00조 ① 조정담당판사는 사건이 그 성질상 조정을 하기에 적당하지 아니하다고 인정하거나 신청인이 부당한 목적으로 조정신청을 한 것임을 인정하는 경우에는 조정을 하지 아니하는 결정으로 사건을 종결시킬 수 있다. 신청인은 이 결정에 대해서 불복할 수 없다.

② 조정담당판사는 신청인과 피신청인 사이에 합의가 성립되지 아니한 경우 조정 불성립으로 사건을 종결시킬 수 있다.

③ 조정담당판사는 신청인과 피신청인 사이에 합의된 사항이 조정조서에 기재되면 조정 성립으로 사건을 종결시킨다. 조정조서는 판결과 동일한 효력이 있다.

제00조 다음 각 호의 어느 하나에 해당하는 경우에는 조정신청을 한 때에 민사소송이 제기된 것으로 본다.

1. 조정을 하지 아니하는 결정이 있는 경우

2. 조정 불성립으로 사건이 종결된 경우

〈보 기〉

ㄱ. 신청인은 피신청인의 근무지를 관할하는 지방법원에 조정을 신청할 수 있다.

ㄴ. 조정을 하지 아니하는 결정을 조정담당판사가 한 경우, 신청인은 이에 대해 불복할 수 있다.

ㄷ. 신청인과 피신청인 사이에 합의된 사항이 기재된 조정조서는 판결과 동일한 효력을 갖는다.

ㄹ. 조정 불성립으로 사건이 종결된 경우, 사건이 종결된 때를 민사소송이 제기된 시점으로 본다.

ㅁ. 조정담당판사는 신청인이 부당한 목적으로 조정신청을 한 것으로 인정하는 경우, 조정 불성립으로 사건을 종결시킬 수 있다.

① ㄱ, ㄷ

② ㄴ, ㄹ

③ ㄱ, ㄷ, ㄹ

④ ㄱ, ㄷ, ㅁ

⑤ ㄴ, ㄹ, ㅁ

제○○조 이 법에서 '폐교'란 학생 수 감소, 학교 통폐합 등의 사유로 폐지된 공립학교를 말한다.

제△△조 ① 시·도 교육감은 폐교재산을 교육용시설, 사회복지시설, 문화시설, 공공체육시설로 활용하려는 자 또는 소득증대시설로 활용하려는 자에게 그 폐교재산의 용도와 사용 기간을 정하여 임대할 수 있다.

② 제1항에 따라 폐교재산을 임대하는 경우, 연간 임대료는 해당 폐교재산평정가격의 1천분의 10을 하한으로 한다.

제ㅁㅁ조 ① 제△△조 제2항에도 불구하고 시·도 교육감은 다음 각 호의 어느 하나에 해당하는 경우에는 폐교재산의 연간 임대료를 감액하여 임대할 수 있다.

1. 국가 또는 지방자치단체가 폐교재산을 교육용시설, 사회복지시설, 문화시설, 공공체육시설 또는 소득증대시설로 사용하려는 경우

2. 단체 또는 사인(私人)이 폐교재산을 교육용시설, 사회복지시설, 문화시설 또는 공공체육시설로 사용하려는 경우

3. 폐교가 소재한 시·군·구에 주민등록이 되어 있고 실제 거주하는 지역주민이 공동으로 폐교재산을 소득증대시설로 사용하려는 경우

② 전항에 따라 폐교재산의 임대료를 감액하는 경우 연간 임대료의 감액분은 다음 각 호에서 정한 바를 초과하지 아니하는 범위에서 정한다.

1. 교육용시설, 사회복지시설, 문화시설, 공공체육시설로 사용하는 경우 : 제△△조 제2항에 따른 연간 임대료의 1천분의 500

2. 소득증대시설로 사용하는 경우 : 제△△조 제2항에 따른 연간 임대료의 1천분의 300

〈보 기〉

ㄱ. 시·도 교육감은, 폐교가 소재하는 시·군·구에 거주하지 않으면서 폐교재산을 사회복지시설로 활용하려는 자에게 그 폐교재산을 임대할 수 있다.

ㄴ. 폐교재산평정가격이 5억 원인 폐교재산을 지방자치단체가 문화시설로 사용하려는 경우, 연간 임대료의 최저액은 250만 원이다.

ㄷ. 폐교가 소재한 군에 주민등록이 되어 있고 실제 거주하는 지역주민이 단독으로 폐교재산을 소득증대시설로 사용하려는 경우, 연간 임대료로 지불해야 할 최저액은 폐교재산평정가격의 0.7%이다.

ㄹ. 폐교재산을 활용하려는 자가 폐교 소재 지역주민이 아니어도 그 폐교재산을 공공체육시설로 사용할 수 있으나 임대료 감액은 받을 수 없다.

① ㄱ, ㄴ
② ㄱ, ㄷ
③ ㄱ, ㄴ, ㄹ
④ ㄱ, ㄷ, ㄹ
⑤ ㄴ, ㄷ, ㄹ

제○○조 ① 사업자는 소비자를 속이거나 소비자로 하여금 잘못 알게 할 우려가 있는 표시·광고 행위로서 공정한 거래질서를 해칠 우려가 있는 다음 각 호의 행위를 하거나 다른 사업자로 하여금 하게 하여서는 안 된다.

1. 거짓·과장의 표시·광고
2. 기만적인 표시·광고
3. 부당하게 비교하는 표시·광고
4. 비방적인 표시·광고

② 제1항을 위반하여 제1항 각 호의 행위를 하거나 다른 사업자로 하여금 하게 한 사업자는 2년 이하의 징역 또는 1억 5천만 원 이하의 벌금에 처한다.

제△△조 ① 공정거래위원회는 상품 등이나 거래 분야의 성질에 비추어 소비자 보호 또는 공정한 거래질서 유지를 위하여 필요한 경우에는 사업자가 표시·광고에 포함하여야 하는 사항(이하 '중요정보'라 한다)과 표시·광고의 방법을 고시할 수 있다.

② 공정거래위원회는 제1항에 따라 고시를 하려면 관계 행정기관의 장과 미리 협의하여야 한다. 이 경우 필요하다고 인정하면 공청회를 개최하여 사업자단체, 소비자단체, 그 밖의 이해관계인 등의 의견을 들을 수 있다.

③ 사업자가 표시·광고 행위를 하는 경우에는 제1항에 따라 고시된 중요정보를 표시·광고하여야 한다.

제ㅁㅁ조 ① 사업자가 제△△조 제3항을 위반하여 고시된 중요정보를 표시·광고하지 않은 경우에는 1억 원 이하의 과태료를 부과한다.

② 제1항에 따른 과태료는 공정거래위원회가 부과·징수한다.

〈보 기〉

ㄱ. 공정거래위원회가 중요정보 고시 여부를 결정함에 있어 상품 등이나 거래 분야는 고려의 대상이 아니다.

ㄴ. 사업자A가 다른 사업자B로 하여금 공정한 거래질서를 해칠 우려가 있는 비방적인 표시·광고를 하게 한 경우, 공정거래위원회는 사업자A에게 과태료를 부과한다.

ㄷ. 사업자가 표시·광고 행위를 하면서 고시된 중요정보를 표시·광고하지 않은 경우, 공정거래위원회는 5천만 원의 과태료를 부과할 수 있다.

ㄹ. 공정거래위원회는 소비자 보호를 위해 필요한 경우, 사업자가 표시·광고에 포함하여야 하는 사항과 함께 그 표시·광고의 방법도 고시할 수 있다.

① ㄱ, ㄴ
② ㄱ, ㄷ
③ ㄴ, ㄷ
④ ㄴ, ㄹ
⑤ ㄷ, ㄹ

제○○조 ① 무죄재판을 받아 확정된 사건(이하 '무죄재판사건'이라 한다)의 피고인은 무죄재판이 확정된 때부터 3년 이내에, 확정된 무죄재판사건의 재판서(이하 '무죄재판서'라 한다)를 법무부 인터넷 홈페이지에 게재하도록 해당 사건을 기소한 검사의 소속 지방검찰청에 청구할 수 있다.
② 피고인이 제1항의 무죄재판서 게재 청구를 하지 아니하고 사망한 때에는 그 상속인이 이를 청구할 수 있다. 이 경우 같은 순위의 상속인이 여러 명일 때에는 상속인 모두가 그 청구에 동의하였음을 소명하는 자료도 함께 제출하여야 한다.
③ 무죄재판서 게재 청구가 취소된 경우에는 다시 그 청구를 할 수 없다.
제□□조 ① 제○○조의 청구를 받은 날부터 1개월 이내에 무죄재판서를 법무부 인터넷 홈페이지에 게재하여야 한다.
② 다음 각 호의 어느 하나에 해당할 때에는 무죄재판서의 일부를 삭제하여 게재할 수 있다.
  1. 청구인이 무죄재판서 중 일부 내용의 삭제를 원하는 의사를 명시적으로 밝힌 경우
  2. 무죄재판서의 공개로 인하여 사건 관계인의 명예나 사생활의 비밀 또는 생명·신체의 안전이나 생활의 평온을 현저히 해칠 우려가 있는 경우
③ 제2항 제1호의 경우에는 청구인의 의사를 서면으로 확인하여야 한다.
④ 제1항에 따른 무죄재판서의 게재기간은 1년으로 한다.

① 무죄재판이 확정된 피고인 甲은 무죄재판이 확정된 때부터 3년 이내에 관할법원에 무죄재판서 게재 청구를 할 수 있다.
② 무죄재판이 확정된 피고인 乙이 무죄재판서 게재 청구를 취소한 후 사망한 경우, 乙의 상속인은 무죄재판이 확정된 때부터 3년 이내에 무죄재판서 게재 청구를 할 수 있다.
③ 무죄재판이 확정된 피고인 丙이 무죄재판서 게재 청구 없이 사망한 경우, 丙의 상속인은 같은 순위의 다른 상속인의 동의 없이 무죄재판서 게재 청구를 할 수 있다.
④ 무죄재판이 확정된 피고인 丁이 무죄재판서 게재 청구를 하면 그의 무죄재판서는 법무부 인터넷 홈페이지에 3년간 게재된다.
⑤ 무죄재판이 확정된 피고인 戊의 청구로 무죄재판서가 공개되면 사건 관계인의 명예를 현저히 해칠 우려가 있는 경우, 무죄재판서의 일부를 삭제하여 게재할 수 있다.

제00조(유치권의 내용) 타인의 물건 또는 유가증권을 점유한 자는 그 물건이나 유가증권에 관하여 생긴 채권이 변제기에 있는 경우에는 변제를 받을 때까지 그 물건 또는 유가증권을 유치할 권리가 있다.
제00조(유치권의 불가분성) 유치권자는 채권 전부의 변제를 받을 때까지 유치물 전부에 대하여 그 권리를 행사할 수 있다.
제00조(유치권자의 선관의무) ① 유치권자는 선량한 관리자의 주의로 유치물을 점유하여야 한다.
② 유치권자는 채무자의 승낙 없이 유치물의 사용, 대여 또는 담보제공을 하지 못한다. 그러나 유치물의 보존에 필요한 사용은 그러하지 아니하다.
제00조(경매) 유치권자는 채권의 변제를 받기 위하여 유치물을 경매할 수 있다.
제00조(점유상실과 유치권소멸) 유치권은 점유의 상실로 인하여 소멸한다.

※ 유치 : 물건 등을 일정한 지배 아래 둠

―〈상 황〉―

甲은 아버지의 양복을 면접시험에서 입으려고 乙에게 수선을 맡겼다. 수선비는 다음 날까지 계좌로 송금하기로 하고 옷은 일주일 후 찾기로 하였다. 甲은 수선비를 송금하지 않은 채 일주일 후 옷을 찾으러 갔고, 옷 수선을 마친 乙은 수선비를 받을 때까지 수선한 옷을 돌려주지 않겠다며 유치권을 행사하고 있다.

―〈보 기〉―

ㄱ. 甲이 수선비의 일부라도 지급한다면 乙은 수선한 옷을 돌려주어야 한다.
ㄴ. 甲이 수선한 옷을 돌려받지 못한 채 면접시험을 치렀고 이후 필요가 없어 옷을 찾으러 가지 않겠다고 한 경우, 乙은 수선비의 변제를 받기 위해 그 옷을 경매할 수 있다.
ㄷ. 甲이 수선을 맡긴 옷을 乙이 도둑맞아 점유를 상실하였다면 乙의 유치권은 소멸한다.
ㄹ. 甲이 수선비를 지급할 때까지, 乙은 수선한 옷을 甲의 승낙 없이 다른 사람에게 대여할 수 있다.

① ㄱ, ㄴ
② ㄱ, ㄹ
③ ㄴ, ㄷ
④ ㄷ, ㄹ
⑤ ㄴ, ㄷ, ㄹ

제00조 지방자치단체의 장은 행정재산에 대하여 그 목적 또는 용도에 장애가 되지 않는 범위에서 사용 또는 수익을 허가할 수 있다.

제00조 ① 행정재산의 사용·수익허가기간은 그 허가를 받은 날부터 5년 이내로 한다.

② 지방자치단체의 장은 허가기간이 끝나기 전에 사용·수익허가를 갱신할 수 있다.

③ 제2항에 따라 사용·수익허가를 갱신 받으려는 자는 사용·수익허가기간이 끝나기 1개월 전에 지방자치단체의 장에게 사용·수익허가의 갱신을 신청하여야 한다.

제00조 ① 지방자치단체의 장은 행정재산의 사용·수익을 허가하였을 때에는 매년 사용료를 징수한다.

② 지방자치단체의 장은 행정재산의 사용·수익을 허가할 때 다음 각 호의 어느 하나에 해당하면 제1항에도 불구하고 그 사용료를 면제할 수 있다.

1. 국가나 다른 지방자치단체가 직접 해당 행정재산을 공용·공공용 또는 비영리 공익사업용으로 사용하려는 경우
2. 천재지변이나 재난을 입은 지역주민에게 일정기간 사용·수익을 허가하는 경우

제00조 ① 지방자치단체의 장은 행정재산의 사용·수익허가를 받은 자가 다음 각 호의 어느 하나에 해당하면 그 허가를 취소할 수 있다.

1. 지방자치단체의 장의 승인 없이 사용·수익의 허가를 받은 행정재산의 원상을 변경한 경우
2. 해당 행정재산의 관리를 게을리하거나 그 사용 목적에 위배되게 사용한 경우

② 지방자치단체의 장은 사용·수익을 허가한 행정재산을 국가나 지방자치단체가 직접 공용 또는 공공용으로 사용하기 위하여 필요로 하게 된 경우에는 그 허가를 취소할 수 있다.

③ 제2항의 경우에 그 취소로 인하여 해당 허가를 받은 자에게 손실이 발생한 경우에는 이를 보상한다.

〈보 기〉

ㄱ. A시의 장은 A시의 행정재산에 대하여 B기업에게 사용허가를 했더라도 국가가 그 행정재산을 직접 공용으로 사용하기 위해 필요로 하게 된 경우, 그 허가를 취소할 수 있다.

ㄴ. C시의 행정재산에 대하여 C시의 장이 천재지변으로 주택을 잃은 지역주민에게 임시 거처로 사용하도록 허가한 경우, C시의 장은 그 사용료를 면제할 수 있다.

ㄷ. D시의 행정재산에 대하여 사용허가를 받은 E기업이 사용 목적에 위배되게 사용한다는 이유로 허가가 취소되었다면, D시의 장은 E기업의 손실을 보상하여야 한다.

ㄹ. 2014년 3월 1일에 5년 기한으로 F시의 행정재산에 대하여 수익허가를 받은 G가 허가 갱신을 받으려면, 2019년 2월 28일까지 허가 갱신을 신청하여야 한다.

① ㄱ, ㄴ

② ㄴ, ㄷ

③ ㄷ, ㄹ

④ ㄱ, ㄴ, ㄹ

⑤ ㄴ, ㄷ, ㄹ

제00조 ① 기획재정부장관은 각 국제금융기구에 출자를 할 때에는 국무회의의 심의를 거쳐 대통령의 승인을 받아 미합중국통화 또는 그 밖의 자유교환성 통화나 금(金) 또는 내국통화로 그 출자금을 한꺼번에 또는 분할하여 납입할 수 있다.

② 기획재정부장관은 제1항에 따라 내국통화로 출자하는 경우에 그 출자금의 전부 또는 일부를 국무회의의 심의를 거쳐 대통령의 승인을 받아 내국통화로 표시된 증권으로 출자할 수 있다.

제00조 ① 기획재정부장관은 전조(前條) 제2항에 따라 출자한 증권의 전부 또는 일부에 대하여 각 국제금융기구가 지급을 청구하면 지체 없이 이를 지급하여야 한다.

② 기획재정부장관은 제1항에 따른 지급의 청구를 받은 경우에 지급할 재원(財源)이 부족하여 그 청구금액의 전부 또는 일부를 지급할 수 없을 때에는 국무회의의 심의를 거쳐 대통령의 승인을 받아 한국은행으로부터 차입하여 지급하거나 한국은행으로 하여금 그 금액에 상당하는 증권을 해당 국제금융기구로부터 매입하게 할 수 있다.

〈상 황〉

기획재정부장관은 적법한 절차에 따라 A국제금융기구에 일정액을 출자한다.

〈보 기〉

ㄱ. 기획재정부장관은 출자금을 자유교환성 통화로 납입할 수 있다.

ㄴ. 기획재정부장관은 출자금을 내국통화로 분할하여 납입할 수 없다.

ㄷ. 출자금 전부를 내국통화로 출자하는 경우, 그중 일부액을 미합중국통화로 표시된 증권으로 출자할 수 있다.

ㄹ. 만약 출자금을 내국통화로 표시된 증권으로 출자한다면, A국제금융기구가 그 지급을 청구할 경우에 한국은행장은 지체 없이 이를 지급하여야 한다.

① ㄱ

② ㄴ

③ ㄱ, ㄹ

④ ㄷ, ㄹ

⑤ ㄴ, ㄷ, ㄹ

제00조 ① 재산명시절차의 관할법원은 재산명시절차에서 채무자가 제출한 재산목록의 재산만으로 집행채권의 만족을 얻기에 부족한 경우, 그 재산명시를 신청한 채권자의 신청에 따라 개인의 재산 및 신용에 관한 전산망을 관리하는 공공기관·금융기관·단체 등에 채무자 명의의 재산에 관하여 조회할 수 있다.
② 채권자가 제1항의 신청을 할 경우에는 조회할 기관·단체를 특정하여야 하며 조회에 드는 비용을 미리 내야 한다.
③ 법원이 제1항의 규정에 따라 조회할 경우에는 채무자의 인적사항을 적은 문서에 의하여 해당 기관·단체의 장에게 채무자의 재산 및 신용에 관하여 그 기관·단체가 보유하고 있는 자료를 한꺼번에 모아 제출하도록 요구할 수 있다.
④ 공공기관·금융기관·단체 등은 정당한 사유 없이 제1항 및 제3항의 조회를 거부하지 못한다.
⑤ 제1항 및 제3항의 조회를 받은 기관·단체의 장이 정당한 사유 없이 거짓 자료를 제출하거나 자료를 제출할 것을 거부한 때에는 결정으로 500만 원 이하의 과태료에 처한다.
제00조 ① 누구든지 재산조회의 결과를 강제집행 외의 목적으로 사용하여서는 안 된다.
② 제1항의 규정에 위반한 사람은 2년 이하의 징역 또는 500만 원 이하의 벌금에 처한다.

① 채무자 甲이 제출한 재산목록의 재산만으로 집행채권의 만족을 얻기 부족한 경우에는 재산명시절차의 관할법원은 직권으로 금융기관에 甲 명의의 재산에 관해 조회할 수 있다.
② 재산명시절차의 관할법원으로부터 채무자 명의의 재산에 관해 조회를 받은 공공기관은 정당한 사유가 있는 경우 이를 거부할 수 있다.
③ 채무자 乙의 재산조회 결과를 획득한 채권자 丙은 해당 결과를 강제집행 외의 목적으로도 사용할 수 있다.
④ 재산명시절차의 관할법원으로부터 채무자 명의의 재산에 관해 조회를 받은 기관의 장이 정당한 사유 없이 자료제출을 거부하였다면, 법원은 결정으로 500만 원의 벌금에 처한다.
⑤ 채권자 丁이 채무자 명의의 재산에 관한 조회를 신청할 경우, 조회에 드는 비용은 재산조회가 종료된 후 납부하면 된다.

문 1. 다음 제시문을 근거로 바르게 추론한 것을 〈보기〉에서 모두 고른 것은?

07 행시(재) 17번

국적은 국민이 되는 자격·신분을 의미하므로 대한민국 국적이 없는 자를 외국인이라고 한다. 국민은 국가의 항구적 소속원이므로 어느 곳에 있든지 그가 속하는 국가의 통치권에 복종할 의무를 부담한다. 국적은 국가와 그 구성원 간의 법적 유대이고 보호와 복종관계를 뜻하므로 이를 분리하여 생각할 수 없다. 국적은 성문의 법령을 통해서가 아니라 국가의 생성과 더불어 존재하는 것이므로, 헌법의 위임에 따라 국적법이 제정되며, 그 내용은 국가의 구성요소인 국민의 범위를 구체화, 현실화하는 사항을 규율하고 있다.

우리 헌법은 제헌헌법 이래로 "대한민국의 영토는 한반도와 그 부속도서로 한다"는 규정을 두고 있다. 대법원은 이를 근거로 하여 북한지역도 대한민국의 영토에 속하는 한반도의 일부를 이루는 것이어서 대한민국의 주권이 미치고, 북한주민도 대한민국 국적을 취득·유지하는 데 아무런 영향이 없는 것으로 해석하고 있다.

국적에 관한 임시조례(1948.5.11) 제2조 제1호는 조선인을 부친으로 하여 출생한 자는 조선 국적을 가지는 것으로 규정하고 있고, 제헌헌법은 제3조에서 "대한민국의 국민이 되는 요건을 법률로써 정한다"고 규정하면서 제100조에서 "현행 법령은 이 헌법에 저촉되지 아니하는 한 효력을 가진다"고 규정하고 있다. 따라서 조선인을 부친으로 하여 출생한 자는 비록 그가 북한법의 규정에 따라 북한 국적을 취득하였다고 하더라도, 위 임시조례의 규정에 따라 조선 국적을 취득하였다가 제헌헌법의 공포(1948.7.17)와 동시에 대한민국 국적을 취득하게 된다.

〈보 기〉

ㄱ. 북한지역에서 태어나고 자란 사람은 출생시기에 관계없이 처음부터 대한민국 국적을 취득한다.

ㄴ. 국적은 국가와 그 구성원 간의 법적 유대이고 보호와 복종관계를 뜻하므로, 북한지역에서 출생한 자를 대한민국 국민으로 보는 것은 국적법상 인정되지 않는다.

ㄷ. 우리 정부가 탈북자들에게 대한민국 국적을 부여하는 것은 현행 헌법상 가능한 조치이다.

ㄹ. 북한지역에도 대한민국의 주권이 미치지만 실효적 지배를 하고 있지 못하므로, 북한에서 출생하여 그 곳에서 생활하고 있는 사람은 대한민국 국민으로 볼 수 없다.

ㅁ. 대한민국 국민이 외국을 여행할 때에는 대한민국이 아니라 여행 중인 국가의 통치권에 복종하여야 한다.

① ㄱ
② ㄷ
③ ㄱ, ㄷ
④ ㄴ, ㄹ
⑤ ㄱ, ㄷ, ㅁ

문 2. 다음 글을 읽고 판단할 때 〈보기〉 중 옳은 것을 모두 고른 것은?

07 행시(재) 21번

이혼(離婚)은 완전·유효하게 성립한 혼인을 당사자 쌍방 또는 일방의 의사에 의하여 해소하는 제도이다. 이혼에는 협의상 이혼과 재판상 이혼이 있다. 협의상 이혼이란 부부의 합의에 의해 성립하는 이혼을 말한다. 협의상 이혼에 의해 혼인이 해소되기 위해서는 당사자 사이에 이혼의사가 합치되어야 하고, 가정법원의 확인을 받아 신고하여야 한다. 이혼하려는 자는 가정법원으로부터 확인서 등본을 교부 또는 송달 받은 날로부터 3월 이내에 그 등본을 첨부하여 신고인의 본적지 또는 주소지나 현재지에 이혼신고를 하여야 한다. 가정법원에 확인을 받은 후 신고하지 않고 3월을 경과한 때에는 그 확인은 효력을 상실한다.

한편 재판상 이혼은 당사자 일방의 청구로 법원이 판결에 의하여 혼인을 해소시키는 것을 말한다. 재판상 이혼은 당사자 일방의 이혼요구에 대해서 상대방이 이에 동의하지 않는 경우에 이혼을 용인하는 유일한 방법이다. 재판상 이혼의 원인으로는 ① 부정행위, ② 악의의 유기, ③ 배우자나 그 직계존속으로부터의 심히 부당한 대우, ④ 자기의 직계존속에 대한 배우자의 심히 부당한 대우, ⑤ 3년 이상의 생사불명, ⑥ 기타 혼인을 계속하기 어려운 중대한 사유 등이 있다. 여기서 부정한 행위란 배우자의 정조 의무에 충실하지 못한 일체의 행위를 포함하며, 이른바 간통보다는 넓은 개념이다. 악의의 유기란 배우자의 일방이 정당한 이유 없이 서로 동거·부양·협조하여야 할 부부로서의 의무를 일부라도 게을리한 경우를 말한다. 그 밖에 혼인을 계속하기 어려운 중대한 사유란 부부 간의 애정과 신뢰가 바탕이 되어야 할 혼인의 본질에 상응하는 부부의 공동 생활 관계가 회복될 수 없을 정도로 파탄되고, 그 혼인생활을 지속하는 것이 배우자 일방에게 참을 수 없는 고통이 되는 경우를 말한다.

〈보 기〉

ㄱ. 남편이 도박에 빠져 장기간 집에 들어오지 않았다면, 자기 부인에게 생활비를 빠짐없이 보내어 부양의무를 이행했더라도 악의의 유기에 해당한다.

ㄴ. 갑과 을이 이혼하기로 합의하고 법원으로부터 협의이혼의사 확인서등본을 교부받았더라도 이혼신고를 하지 않으면 이혼의 효력이 발생하지 않는다.

ㄷ. 혼인생활의 파탄을 초래할 만한 치유불능의 정신병, 과도한 신앙생활 등을 원인으로 하여 재판상 이혼을 청구할 수 없다.

ㄹ. 건강상·직업상·경제상 또는 자녀의 교육상 필요하여 별거하는 것은 악의의 유기에 해당하지 않는다.

ㅁ. 을의 남편 갑이 직장의 여직원과 불륜관계를 맺고 있어 을이 이혼을 제의하였으나 갑이 이혼에 응하지 않은 경우, 을은 이혼을 할 수 없다.

① ㄱ, ㄴ
② ㄷ, ㅁ
③ ㄱ, ㄴ, ㄹ
④ ㄱ, ㄷ, ㄹ
⑤ ㄱ, ㄴ, ㄹ, ㅁ

문 3. 다음 제시문을 근거로 판단할 때 甲의 행위가 '뇌물에 관한 죄'에 해당되지 <u>않는</u> 것은?

뇌물에 관한 죄는 공무원 또는 중재인이 그 직무에 관하여 뇌물을 수수(收受)·요구 또는 약속하는 수뢰죄와 공무원 또는 중재인에게 뇌물을 약속·공여(자진하여 제공하는 것)하거나 공여의 의사표시를 하는 증뢰죄를 포함한다. 뇌물에 관한 죄가 성립하기 위해서는 직무에 관하여 뇌물을 수수·요구 또는 약속한다는 사실에 대한 고의(故意)가 있어야 한다. 즉 직무의 대가에 대한 인식이 있어야 한다. 또한 뇌물로 인정되기 위해서는 그것이 직무에 관한 것이어야 하며, 뇌물은 불법한 보수이어야 한다. 여기서 '직무'란 공무원 또는 중재인의 권한에 속하는 직무행위 그 자체뿐만 아니라 직무와 밀접한 관계가 있는 행위도 포함하는 개념이다. 그리고 '불법한 보수'란 정당하지 않은 보수이므로, 법령이나 사회윤리적 관점에서 인정될 수 있는 정당한 대가는 뇌물이 될 수 없다. 그 밖에 '수수'란 뇌물을 취득하는 것을 의미하며, 수수라고 하기 위해서는 자기나 제3자의 소유로 할 목적으로 남의 재물을 취득할 의사가 있어야 한다. 한편 보수는 직무행위와 대가관계에 있는 것임을 요하고, 그 종류, 성질, 액수나 유형, 무형을 불문한다.

※ 중재인이란 법령에 의하여 중재의 직무를 담당하는 자를 말함. 예컨대 노동조합 및 노동관계조정법에 의한 중재위원, 중재법에 의한 중재인 등이 이에 해당함

① 甲은 대통령경제수석비서관으로 재직하면서 X은행장인 乙로부터 X은행이 추진 중이던 업무전반에 관하여 선처해 달라는 취지의 부탁을 받고 금전을 받았다.

② 甲은 각종 인·허가로 잘 알게 된 담당공무원 乙에게 건축허가를 해달라고 부탁하면서 술을 접대하였을 뿐만 아니라 乙이 윤락여성과 성관계를 맺을 수 있도록 하였다.

③ 경찰청 형사과 소속 경찰관 甲은 乙회사가 외국인 산업연수생에 대한 국내관리업체로 선정되도록 중소기업협동조합중앙회 회장 丙에게 잘 이야기해 달라는 부탁을 받고 乙로부터 향응을 제공받았다.

④ 자치단체장 甲은 해당 지방자치단체의 공사도급을 받으려는 건설업자 乙로부터 청탁과 함께 금품을 받아 이를 개인적인 용도가 아닌 부하직원의 식대, 휴가비와 자치단체의 홍보비 등으로 소비하였다.

⑤ 노동부 해외근로국장으로서 해외취업자 국외송출허가 업무를 취급하던 甲이 乙로부터 인력송출의 부탁과 함께 사례조로 받은 자기앞수표를 자신의 은행계좌에 예치시켰다가 그 뒤 후환을 염려하여 乙에게 반환하였다.

문 4. 다음 글의 내용과 부합하는 것을 〈보기〉에서 모두 고르면?

가. "회원이 카드를 분실하거나 도난당한 경우에는 즉시 서면으로 신고하여야 하고 분실 또는 도난당한 카드가 타인에 의하여 부정사용 되었을 경우에는 신고접수일 이후의 부정사용액에 대하여는 전액을 보상하나, 신고접수한 날의 전날부터 15일 전까지의 부정사용액에 대하여는 금 2백만 원의 범위 내에서만 보상하고, 16일 이전의 부정 사용액에 대하여는 전액 지급할 책임이 회원에게 있다."고 신용카드 발행회사 회원규약에 규정하고 있는 경우, 위와 같은 회원규약을 신의성실의 원칙에 반하는 무효의 규약이라고 볼 수 없다.

나. 카드의 월간 사용한도액이 회원 본인의 책임한도액이 되는 것은 아니므로 부정사용액 중 월간 사용한도액의 범위 내에서만 회원의 책임이 있는 것은 아니다.

다. 신용카드업법에 의하면 "신용카드가맹점은 신용카드에 의한 거래를 할 때마다 신용카드 상의 서명과 매출전표 상의 서명이 일치하는지를 확인하는 등 당해 신용카드가 본인에 의하여 정당하게 사용되고 있는지 여부를 확인하여야 한다."라고 규정하고 있다. 따라서 가맹점이 위와 같은 주의의무를 게을리하여 손해를 자초하거나 확대하였다면, 그 과실의 정도에 따라 회원의 책임을 감해 주는 것이 거래의 안전을 위한 신의성실의 원칙상 정당하다.

〈보 기〉

ㄱ. 신용카드사는 회원에 대하여 카드의 분실 및 도난 시 서면신고 의무를 부과하고, 부정사용액에 대한 보상액을 그 분실 또는 도난된 카드의 사용시기에 따라 상이하게 정할 수 있다.

ㄴ. 회원이 분실 또는 도난당한 카드가 타인에 의하여 부정사용 되었을 경우, 신용카드사는 서면으로 신고 접수한 날 이후의 부정사용액에 대한 보상액을 제한할 수 있다.

ㄷ. 카드의 분실 또는 도난 사실을 서면으로 신고 접수한 날의 전날까지의 부정사용액에 대해서는 자신의 월간 카드사용한도액의 범위를 초과하여 회원이 책임을 질 수 있다.

ㄹ. 신용카드가맹점이 신용카드의 부정사용 여부를 확인하지 않은 경우에는 가맹점 과실의 경중을 묻지 않고 회원의 모든 책임이 면제된다.

① ㄱ, ㄴ
② ㄱ, ㄷ
③ ㄴ, ㄷ
④ ㄴ, ㄹ
⑤ ㄷ, ㄹ

다음 글을 읽고 〈보기〉에서 옳은 것만을 모두 고르면?

10 행시(발) 15번

동산에 관한 소유권의 이전(양도)은 그 동산을 인도하여야 효력이 생긴다. 그러나 첫째, 양수인이 이미 동산을 점유한 때에는 당사자 사이에 의사표시의 합치만 있으면 그 효력이 생긴다. 둘째, 당사자 사이의 계약으로 양도인이 그 동산을 계속 점유하기로 한 때에는 양수인이 인도받은 것으로 본다. 셋째, 제3자가 점유하고 있는 동산에 관한 소유권을 이전하는 경우에는 양도인이 그 제3자에 대한 반환청구권을 양수인에게 양도함으로써 동산을 인도한 것으로 본다.

※ 인도(引渡) : 물건에 대한 점유의 이전, 즉 사실상 지배의 이전

〈보 기〉

ㄱ. 乙이 甲소유의 동산을 증여받아 소유하기 위해서는 원칙적으로 甲이 乙에게 그 동산에 대한 사실상 지배를 이전하여야 한다.

ㄴ. 乙이 甲소유의 동산을 빌려서 사용하고 있는 경우, 甲과 乙 사이에 그 동산에 대한 매매를 합의하더라도 甲이 현실적으로 인도하지 않으면 乙은 동산의 소유권을 취득할 수 없다.

ㄷ. 甲이 자신의 동산을 乙에게 양도하기로 하면서 乙과의 계약으로 자신이 그 동산을 계속 점유하고 있으면, 乙은 그 동산의 소유권을 취득할 수 없다.

ㄹ. 甲이 乙에게 맡겨 둔 자신의 동산을 丙에게 현실적으로 인도하지 않더라도 甲이 乙에 대한 반환청구권을 丙에게 양도함으로써 소유권을 丙에게 이전할 수 있다.

① ㄹ
② ㄱ, ㄴ
③ ㄱ, ㄹ
④ ㄴ, ㄷ
⑤ ㄱ, ㄷ, ㄹ

다음 글을 근거로 판단할 때, 국제형사재판소(ICC)가 재판관할권을 행사하기 위한 전제조건이 충족된 경우를 〈보기〉에서 모두 고르면?

11 민간(인) 19번

네덜란드의 헤이그에 위치한 국제형사재판소(International Criminal Court, 이하 'ICC'라 한다)는 4대 중대범죄인 대량학살, 인도주의(人道主義)에 반하는 범죄, 전쟁범죄, 침략범죄에 대한 개인의 책임을 묻고자 '국제형사재판소에 관한 로마규정'(이하 '로마규정'이라 한다)에 따라 2002년 7월 1일 설립되었다. 로마규정에 의하면 ICC는 위의 4대 중대범죄에 대해 재판관할권을 가진다.

ICC가 재판관할권을 행사하기 위해서는 다음의 전제조건이 충족되어야 한다. 즉, 범죄가 발생한 국가가 범죄발생 당시 ICC 재판관할권을 인정하고 있던 국가이거나, 범죄 가해자의 현재 국적국이 ICC 재판관할권을 인정한 국가이어야 한다.

〈보 기〉

ㄱ. ICC 재판관할권을 인정하지 않은 A국 정부는 자국 국민 甲이 ICC 재판관할권을 인정하고 있던 B국에서 인도주의에 반하는 범죄를 저지르고 자국으로 도망쳐 오자 그를 체포했지만, 범죄인 인도협정이 체결되어 있지 않다는 이유로 甲의 인도를 요구하는 B국의 요청을 거부했다.

ㄴ. ICC 재판관할권을 인정하지 않고 있는 C국의 국민인 乙은 ICC 재판관할권을 현재까지 인정하지 않고 있는 D국에 주둔 중인 E국의 군인들을 대상으로 잔혹한 전쟁범죄를 저질렀다. 위 전쟁범죄 발생 당시 E국은 ICC 재판관할권을 인정하고 있었다.

ㄷ. ICC 재판관할권을 인정해오던 F국은 최근 자국에서 발생한 인도주의에 반하는 범죄를 저지른 민병대 지도자 丙을 국제사회의 압력에 밀려 체포했지만, 별다른 이유를 제시하지 않은 채 丙에 대한 기소와 재판을 차일피일 미루고 있다.

ㄹ. 현재까지 ICC 재판관할권을 인정하지 않고 있는 G국의 대통령 丁은 자국에서 소수민족을 대량학살하였다. 그 후 丁이 학살당한 소수민족의 모국인 H국을 방문하던 중 ICC 재판관할권을 인정하는 H국 정부는 丁을 체포하였다.

① ㄱ, ㄴ
② ㄱ, ㄷ
③ ㄱ, ㄹ
④ ㄴ, ㄹ
⑤ ㄷ, ㄹ

다음 글을 근거로 판단할 때 옳지 <u>않은</u> 것은?

법원은 증인신문기일에 증인을 신문하여야 한다. 법원으로부터 증인출석요구를 받은 증인은 지정된 일시·장소에 출석할 의무가 있다. 증인의 출석을 확보하기 위해서 증인이 질병·관혼상제·교통기관의 두절·천재지변 등의 정당한 사유 없이 출석하지 않은 경우, 그 증인에 대해서는 아래의 일정한 제재가 뒤따른다.

첫째, 법원은 정당한 사유 없이 출석하지 아니한 증인에게 이로 말미암은 소송비용을 부담하도록 명하고, 500만 원 이하의 과태료를 부과하는 결정을 할 수 있다. 법원은 과태료결정을 한 이후 증인의 증언이나 이의 등에 따라 그 결정 자체를 취소하거나 과태료를 감할 수 있다.

둘째, 증인이 과태료결정을 받고도 정당한 사유 없이 출석하지 아니한 경우, 법원은 증인을 7일 이내의 감치(監置)에 처하는 결정을 할 수 있다. 감치결정이 있으면, 법원공무원 또는 국가경찰공무원이 증인을 교도소, 구치소, 경찰서 유치장에 유치(留置)함으로써 이를 집행한다. 증인이 감치의 집행 중에 증언을 한 때에는 법원은 바로 감치결정을 취소하고 그 증인을 석방하여야 한다.

셋째, 법원은 정당한 사유 없이 출석하지 아니한 증인을 구인(拘引)하도록 명할 수 있다. 구인을 하기 위해서는 법원에 의한 구속영장 발부가 필요하다. 증인을 구인하면 법원에 그를 인치(引致)하며, 인치한 때부터 24시간 내에 석방하여야 한다. 또한 법원은 필요한 경우에 인치한 증인을 교도소, 구치소, 경찰서 유치장에 유치할 수 있는데, 그 유치기간은 인치한 때부터 24시간을 초과할 수 없다.

※ 1) 감치(監置) : 법원의 결정에 의하여 증인을 경찰서 유치장 등에 유치하는 것
2) 유치(留置) : 사람이나 물건을 어떤 사람이나 기관의 지배 하에 두는 것
3) 구인(拘引) : 사람을 강제로 잡아 끌고 가는 것
4) 인치(引致) : 사람을 강제로 끌어 가거나 끌어 오는 것

① 증인 甲이 정당한 사유 없이 출석하지 아니한 경우, 법원은 구속영장을 발부하여 증인을 구인할 수 있다.

② 과태료결정을 받은 증인 乙이 증인신문기일에 출석하여 증언한 경우, 법원은 과태료결정을 취소할 수 있다.

③ 증인 丙을 구인한 경우, 법원은 증인신문을 마치지 못하더라도 인치한 때부터 24시간 이내에 그를 석방하여야 한다.

④ 7일의 감치결정을 받고 교도소에 유치 중인 증인 丁이 그 유치 후 3일이 지난 때에 증언을 했다면, 법원은 그를 석방하여야 한다.

⑤ 감치결정을 받은 증인 戊에 대하여, 법원공무원은 그를 경찰서 유치장에 유치할 수 없다.

다음 글을 근거로 판단할 때 옳은 것은?

첨단산업·지적소유권·건축공사·국제금융·파생상품 등 전문적 지식이 요구되는 민사소송사건에서는 전문심리위원제도를 활용할 수 있다. 이는 증거조사·화해 등 소송절차의 원활한 진행을 위한 것으로, 법원이 당해 사건의 관계전문가를 전문심리위원으로 재판절차에 참여시키고 그로부터 전문적 지식에 관해 조언을 받을 수 있도록 한 제도이다. 전문심리위원이 재판에 참여하면 당사자의 허위진술을 방지할 수 있으며, 그의 전문지식을 통해 사안을 밝힐 수 있기 때문에 감정을 할 때 소요되는 값비싼 감정료를 절감할 수 있는 등의 장점이 있다.

법원은 직권 또는 당사자의 신청에 따른 결정으로 1인 이상의 전문심리위원을 지정한다. 전문심리위원은 당해 소송절차에서 설명 또는 의견을 기재한 서면을 제출하거나, 변론기일 또는 변론준비기일에 출석하여 설명을 하거나 의견을 제시하는 등으로 재판절차에 참여한다. 그러나 전문심리위원은 증인이나 감정인이 아니기 때문에 그의 설명이나 의견은 증거자료가 아니다. 한편 전문심리위원이 당사자, 증인 또는 감정인 등 소송관계인에게 질문하기 위해서는 재판장의 허가를 얻어야 한다. 또한 전문심리위원은 재판부의 구성원이 아니므로 판결 내용을 정하기 위한 판결의 합의나 판결문 작성에는 참여할 수 없다.

법원은 상당한 이유가 있는 때에는 직권 또는 당사자의 신청에 의해 전문심리위원의 지정결정을 취소할 수 있다. 다만 당사자의 합의로 그 지정결정을 취소할 것을 신청한 때에는 법원은 그 결정을 취소하여야 한다. 한편 전문심리위원의 공정성을 확보하기 위해서, 전문심리위원이 당사자의 배우자가 되거나 친족이 된 경우 또는 그가 당해 사건에 관하여 증언이나 감정을 한 경우 등에는 법원이 그에 대한 별도의 조처를 하지 않더라도 그는 당연히 이후의 재판절차에 참여할 수 없게 된다.

① 소송당사자의 동의가 있으면 전문심리위원은 당사자에게 직접 질문할 수 있다.

② 전문심리위원은 판결 내용을 결정하기 위해 진행되는 판결의 합의에 참여할 수 있다.

③ 전문심리위원이 변론에서 행한 설명 또는 의견은 증거자료에 해당하기 때문에 법원은 그의 설명 또는 의견에 의거하여 재판하여야 한다.

④ 소송당사자가 합의하여 전문심리위원 지정결정의 취소를 신청한 경우일지라도 법원은 상당한 이유가 있으면 그 지정결정을 취소하지 않아도 된다.

⑤ 전문심리위원이 당해 사건에서 증언을 하였다면, 법원의 전문심리위원 지정결정 취소가 없더라도 그는 전문심리위원으로서 이후의 재판절차에 참여할 수 없게 된다.

13 외교원(인) 03번

디자인은 쉽게 모방할 수 있기 때문에 이를 방지하고 디자인을 창작한 자의 권리를 보호하기 위해, 우리나라는 디자인보호법을 두고 있다. 디자인보호법상 디자인이란 물품이나 물품의 부분 및 글자체의 형상·모양·색채 또는 이들을 결합한 것으로서 시각을 통하여 미감(아름답다든가 멋있다는 등의 느낌)을 일으키게 하는 것을 말한다. 따라서 이에 해당되지 않는 것은 디자인보호법을 통해 보호받을 수 없다.

한편 디자인을 보호하는 방법에는 특허권적 방법과 저작권적 방법이 있다. 특허권적 보호방법이란 법적으로 보호받기 위한 일정한 요건을 갖춘 디자인만을 특허청에 등록할 수 있고, 등록된 디자인에 대해서만 디자인권이라는 독점·배타적인 효력을 인정하는 방법을 말한다. 이 경우 디자인을 독자적으로 창작한 사람이라도 그 디자인에 대해서 타인이 이미 등록을 하였다면, 그는 특허청에 등록할 수 없을 뿐만 아니라 자신이 창작한 디자인을 사용하더라도 타인의 디자인권을 침해하는 것이 된다. 이와 달리 저작권적 보호방법이란 등록과 같은 방식을 갖추지 않더라도 법적으로 보호하는 방법을 말한다. 이 경우 타인이 이미 창작한 디자인과 동일한 디자인을 고안한 사람이라도 타인의 디자인을 모방하지 않은 경우라면, 자신이 고안한 디자인을 사용할 수 있으며 타인의 디자인권을 침해하는 것이 아니다.

우리나라 디자인보호법은 특허권적 보호방법을 취하며, 일본·미국 등도 마찬가지이다. 따라서 이들 국가에서 독점·배타적인 디자인권을 취득하고자 하는 사람은 해당 국가의 특허청에 디자인을 등록하여야 한다.

〈보 기〉

ㄱ. A가 자신이 창작한 디자인을 일본에서 독점·배타적으로 보호받기 위해서는 일본 특허청에 디자인 등록을 하여야 한다.

ㄴ. B가 아름다운 노래를 창작한 경우, 그 노래는 우리나라 디자인보호법에 따라 보호받을 수 있다.

ㄷ. C가 미국 특허청에 등록된 D의 디자인과 동일한 디자인을 독자적으로 창작하였더라도, 이를 미국에서 사용하면 D의 디자인권을 침해하는 것이 된다.

ㄹ. 독일인 E가 고안한 디자인과 동일한 디자인이 우리나라 특허청에 이미 등록되어 있더라도, E의 창작성이 인정되면 우리나라 특허청에 등록할 수 있다.

① ㄱ, ㄴ
② ㄱ, ㄷ
③ ㄴ, ㄹ
④ ㄱ, ㄷ, ㄹ
⑤ ㄴ, ㄷ, ㄹ

13 외교원(인) 04번

물건을 인도하여야 할 채무는 인도할 물건이 특정되어 있는가 여부에 따라 특정물인도 채무와 불특정물인도 채무로 나뉜다. 특정물인도 채무는 특정된 물건을 인도하여야 하는 채무이다. 예컨대 골동품 가게에서 골동품 X를 매수한 경우, 골동품 가게 주인은 매도인으로서 그 골동품 X를 인도할 채무를 부담한다.

불특정물인도 채무는 일정한 종류에 속하는 물건 중에서 일정량을 인도하여야 하는 채무이다. 예컨대 체육대회 도중 동네 가게에 전화하여 맥주 1상자를 주문한 경우, 가게 주인은 여러 맥주 상자 중 1상자를 인도할 채무를 부담한다.

한편 매수인은 매매대금을 지급하여야 하는데, 이때 매수인의 대금지급의무는 일종의 불특정물인도 채무이다.

〈법률규정〉

제00조 ① 채무의 성질 또는 당사자의 약정에 의해 변제장소가 정해지지 아니한 때에는 특정물인도 채무의 변제는 채권성립 당시에 그 물건이 있던 장소에서 하여야 한다.

② 제1항의 경우에 특정물인도 이외의 채무변제는 채권자의 현주소에서 하여야 한다.

제00조 매매 목적물의 인도와 동시에 대금을 지급할 경우에는 그 인도장소에서 이를 지급하여야 한다.

〈보 기〉

ㄱ. 甲이 쌀 1가마니를 전화로 乙에게 주문한 경우, 乙이 쌀 1가마니를 인도하여야 할 변제장소는 甲의 현주소이다.

ㄴ. 甲이 자기 집에 주차되어 있는 중고 자동차X를 乙에게 매도하기로 한 경우, 甲이 중고 자동차X를 인도하여야 할 변제장소는 乙의 현주소이다.

ㄷ. 甲이 乙로부터 외상으로 물건을 구입한 경우, 甲의 매매대금 지급장소는 乙의 현주소이다.

ㄹ. 甲이 자기 집에 보관하고 있는 중고 자전거Y를 乙에게 매도하면서 매매대금은 중고 자전거Y를 인도할 때 지급받기로 약정한 경우, 乙의 매매대금 지급장소는 甲의 집이다.

① ㄱ, ㄴ
② ㄱ, ㄷ
③ ㄴ, ㄹ
④ ㄱ, ㄷ, ㄹ
⑤ ㄴ, ㄷ, ㄹ

정부는 미술품 및 문화재를 소장한 자가 이를 판매해 발생한 이익에 대해 소정세율의 기타소득세를 부과하는 법률을 시행하고 있다. 이 법률에서는 '대통령령으로 정하는 서화(書畵)·골동품'으로 개당·점당 또는 조(2개 이상이 함께 사용되는 물품으로서 통상 짝을 이루어 거래되는 것을 말한다)당 양도가액이 6,000만 원 이상인 것을 과세 대상으로 규정하고 있다. 다만 양도일 현재 생존하고 있는 국내 원작자의 작품은 과세 대상에서 제외한다. 또한 국보와 보물 등 국가지정문화재의 거래 및 양도도 제외한다.

대통령령으로 정하는 서화·골동품이란 (i) 회화, 데생, 파스텔 (손으로 그린 것에 한정하며, 도안과 장식한 가공품은 제외한다) 및 콜라주와 이와 유사한 장식판, (ii) 판화·인쇄화 및 석판화의 원본, (iii) 골동품(제작 후 100년을 넘은 것에 한정한다)을 말한다.

법률에 따르면 대통령령으로 정하는 서화·골동품을 6,000만 원 이상으로 판매하는 경우, 양도차액의 80~90%를 필요경비로 인정하고, 나머지 금액인 20~10%를 기타소득으로 간주하여 이에 대해 기타소득세를 징수하게 된다. 작품의 보유 기간이 10년 미만일 때는 양도차액의 80%가, 10년 이상일 때는 양도차액의 90%가 필요경비로 인정된다. 기타소득세의 세율은 작품 보유기간에 관계 없이 20%이다. 예를 들어 1,000만 원에 그림을 구입하여 10년 후 6,000만 원에 파는 사람은 양도차액 5,000만 원 가운데 90%(4,500만 원)를 필요경비로 공제받고, 나머지 금액 500만 원에 대해 기타소득세가 부과된다. 따라서 결정 세액은 100만 원이다.

※ 양도가액이란 판매가격을 의미하며, 양도차액은 구매가격과 판매가격과의 차이를 말함

〈보 기〉

ㄱ. A가 석판화의 복제품을 12년 전 1,000만 원에 구입하여 올해 5,000만 원에 판매한 경우, 이에 대한 기타소득세 100만 원을 납부하여야 한다.

ㄴ. B가 보물로 지정된 고려 시대의 골동품 1점을 5년 전 1억 원에 구입하여 올해 1억 5,000만 원에 판매한 경우, 이에 대한 기타소득세 200만 원을 납부하여야 한다.

ㄷ. C가 현재 생존하고 있는 국내 화가의 회화 1점을 15년 전 100만 원에 구입하여 올해 1억 원에 판매한 경우, 이에 대한 기타소득세를 납부하지 않아도 된다.

ㄹ. D가 작년에 세상을 떠난 국내 화가의 회화 1점을 15년 전 1,000만 원에 구입하여 올해 3,000만 원에 판매한 경우, 이에 대한 기타소득세 40만 원을 납부하여야 한다.

① ㄱ, ㄴ
② ㄱ, ㄷ
③ ㄷ, ㄹ
④ ㄱ, ㄴ, ㄹ
⑤ ㄴ, ㄷ, ㄹ

• 소취하 : 소송진행 중 원고는 자신이 제기한 소(訴)를 취하할 수 있다. 다만 피고가 소송에서 변론을 하였을 때에는 피고의 동의를 얻어야 소취하를 할 수 있다. 소취하를 하면 소가 제기된 때로 소급하여 소송이 소멸된다. 원고는 판결이 선고되었어도 그 판결이 확정되기 전까지 언제든지 소취하를 할 수 있다. 따라서 원고는 1심 소송진행 중에 소취하를 할 수 있을 뿐만 아니라 항소심 소송진행 중에도 소취하를 할 수 있다. 원고가 항소심에서 소취하를 하면 1심의 소를 제기한 때로 소급하여 소송이 소멸된다. 따라서 현재 진행 중인 항소심이 종료될 뿐만 아니라 1심 소송결과 자체를 소멸시키기 때문에 항소의 대상이 되었던 1심 판결도 그 효력을 상실한다. 그 결과 소송 당사자 사이의 권리의무에 관한 분쟁은 해결되지 아니한 채 소송만 종료된다.

• 항소취하 : 1심 판결에 패소한 당사자는 항소(抗訴)를 제기할 수 있는데, 그 자를 '항소인'이라고 하고 항소의 상대방 당사자를 '피항소인'이라고 한다. 항소인은 항소심 판결이 선고되기 전까지만 항소취하를 할 수 있다. 피항소인의 동의는 필요하지 않다. 항소취하를 하면 항소가 제기된 때로 소급하여 항소가 소멸되고 항소심은 종료된다. 항소취하는 항소 제기시점으로 소급하여 항소만 소멸되기 때문에, 항소의 대상이 되었던 1심 판결의 효력은 유지되며 그 판결 내용대로 당사자 사이의 분쟁은 해결된다.

〈상 황〉

甲은 乙에게 1억 원을 빌려주었는데 갚기로 한 날짜가 지났는데도 乙이 갚지 않고 있다. 그래서 甲이 원고가 되어 乙을 피고로 하여 1억 원의 대여금반환청구의 소를 제기하였다. 1심 법원은 甲의 주장을 인정하여 甲의 승소판결을 선고하였고, 이에 대해 乙이 항소를 제기하여 현재 항소심이 진행 중이다.

① 항소심 판결이 선고된 후에는 乙은 항소취하를 할 수 없다.

② 항소심 판결이 선고되기 전에 甲은 乙의 동의 없이 항소취하를 할 수 있다.

③ 항소심 판결이 선고되기 전에 乙은 甲의 동의를 얻어야 소취하를 할 수 있다.

④ 항소취하가 유효하면 항소심이 종료되고, 甲의 乙에 대한 1심 승소판결의 효력은 소멸된다.

⑤ 소취하가 항소심에서 유효하게 이루어진 경우, 甲과 乙 사이의 대여금에 관한 분쟁에서 甲이 승소한 것으로 분쟁이 해결된다.

동산질권(動産質權)이란 채권자가 채권의 담보로서 채무자 또는 제3자가 제공한 동산을 유치(점유)할 수 있는 권리이다. 예컨대 A가 500만 원을 B에게 빌려주고 그 담보로 B소유의 보석을 받으면, B가 500만 원을 변제할 때까지 A는 그 보석을 보유한 채 되돌려 주지 않을 권리가 있다. 여기서 A처럼 질권을 취득한 채권자를 질권자라 하고, B처럼 채권담보로 동산을 제공한 채무자 또는 제3자를 질권설정자라 한다. 동산질권은 채무를 전부 변제한 때, 질권자가 담보목적물을 질권설정자에게 반환한 때 소멸한다.

한편 법인이나 상호등기를 한 사람(이하 '법인 등'이라 한다)이 채권자에게 채권의 담보로 동산을 제공한 경우에는 그 동산에 대해 채권자가 담보등기를 할 수 있다. 이와 같이 법인 등이 제공한 동산에 대해 담보목적으로 등기된 채권자의 권리를 동산담보권(動産擔保權)이라 한다. 동산담보권의 취득이나 소멸은 동산질권과 달리 담보등기부에 등기를 하여야 그 효력이 발생한다. 또한 동일한 동산에 설정된 동산담보권 상호간의 우선순위는 등기의 선후에 따른다. 그밖에 동산담보권자는 동산질권자와 마찬가지로 채권 전부를 변제받을 때까지 담보목적물 전부에 대하여 동산담보권을 행사할 수 있다.

① 甲이 乙소유의 동산에 대해 동산질권을 취득한 후, 그 동산을 乙에게 반환하면 甲의 동산질권은 소멸한다.

② 경찰관 乙이 채권자 甲에게 자신의 동산을 담보로 제공하기로 약정하더라도 甲은 동산담보권을 취득할 수 없다.

③ 상호등기를 한 乙이 채권자 甲에게 자신의 동산을 담보로 제공한 경우, 甲이 그 동산을 담보등기부에 등기하면 甲은 동산담보권을 취득한다.

④ 乙법인이 제공한 동산을 담보등기부에 등기하여 甲이 동산담보권을 취득한 후, 丙이 그 동산에 대해 동산담보권을 취득한 경우, 甲의 동산담보권이 丙의 동산담보권보다 우선한다.

⑤ 채권자 甲이 채무자 乙법인의 동산을 담보등기부에 등기하여 동산담보권을 취득한 후, 乙이 甲에게 채무 일부를 변제하면 변제액에 비례하여 甲은 동산의 일부에 대해 동산담보권을 행사할 수 있다.

금융기관은 현금(외국통화는 제외)이나 어음·수표와 같이 현금과 비슷한 기능의 지급수단(이하 '현금 등'이라 한다)으로 1거래일 동안 같은 사람 명의로 이루어진 금융거래를 통해 거래상대방에게 지급한 총액이 2,000만 원 이상 또는 영수(領收)한 총액이 2,000만 원 이상인 경우, 이러한 고액현금거래 사실을 관계기관에 보고하여야 한다. 다만 금융기관 사이 또는 금융기관과 국가·지방자치단체 사이에서 이루어지는 현금 등의 지급 또는 영수는 보고대상에서 제외된다.

이러한 고액현금거래 보고대상에는 금융기관 창구에서 이루어지는 현금거래뿐만 아니라 현금자동입출금기상에서의 현금입출금 등이 포함된다. 하지만 계좌이체, 인터넷뱅킹 등 회계상의 가치이전만 이루어지는 금융거래는 보고대상에 해당하지 않는다.

〈보 기〉

• A는 甲은행의 자기 명의 계좌에 100,000달러를 입금하고, 3,000만 원을 100만 원권 자기앞수표로 인출하였다.

• B는 乙은행의 자기 명의 계좌에서 세종시 세무서에서 부과된 소득세 3,000만 원을 계좌이체를 통해 납부하였다.

• C는 丙은행의 자기 명의 계좌에서 현금 1,500만 원을, 丙은행의 배우자 명의 계좌에서 현금 1,000만 원을 각각 인출하였다.

• D는 丁은행의 자기 명의 a, b계좌에서 현금 1,000만 원을 각각 인출하였다.

• E는 戊은행의 자기 명의 계좌에 현금 1,900만 원을 입금하고, 戊은행의 F 명의 계좌로 인터넷뱅킹을 통해 100만 원을 이체하였다.

① A, B

② A, D

③ A, B, D

④ B, C, E

⑤ C, D, E

다음 글을 근거로 판단할 때 옳은 것은? 15 민간(인) 17번

헌법 제29조 제1항은 "공무원의 직무상 불법행위로 손해를 받은 국민은 법률이 정하는 바에 의하여 국가 또는 공공단체에 정당한 배상을 청구할 수 있다. 이 경우 공무원 자신의 책임은 면제되지 아니한다."라고 규정하고 있다. 대법원은 이 헌법 조항의 의미에 대하여 다음과 같이 판단하였다.

[다수의견] 헌법 제29조 제1항은 공무원의 직무상 불법행위로 인하여 국가 등이 배상책임을 진다고 할지라도 그 때문에 공무원 자신의 민·형사책임이나 징계책임이 면제되지 아니한다는 원칙을 규정한 것이나, 그 조항 자체로 피해자에 대한 공무원 개인의 구체적인 손해배상책임의 범위까지 규정한 것으로 보기는 어렵다. 따라서 공무원이 직무수행 중 불법행위로 국민에게 손해를 입힌 경우에 국가 또는 공공단체가 국가배상책임을 부담하는 외에 공무원 개인도 고의 또는 중과실이 있는 경우에는 피해자에게 불법행위로 인한 손해배상책임을 진다고 할 것이다. 그러나 공무원에게 경과실만 있는 경우에는 공무원 개인은 피해자에게 손해배상책임을 부담하지 아니한다고 해석하여야 한다.

[별개의견] 헌법 제29조 제1항의 공무원의 책임은 직무상 불법행위를 한 그 공무원 개인의 불법행위책임임이 분명하다. 여기에서 말하는 불법행위의 개념은 법적인 일반개념으로서, 그것은 고의 또는 과실로 인한 위법행위로 타인에게 손해를 가한 것을 의미하고, 이때의 과실은 중과실과 경과실을 구별하지 않는다. 따라서 공무원의 경과실로 인한 직무상 불법행위의 경우에도, 국가 또는 공공단체의 책임은 물론, 공무원 개인의 피해자에 대한 손해배상책임도 면제되지 아니한다고 해석하는 것이, 우리 헌법의 관계 규정의 연혁에 비추어 그 명문에 충실한 것일 뿐만 아니라 헌법의 기본권 보장 정신과 법치주의의 이념에도 부응한다.

[반대의견] 헌법 제29조 제1항의 규정은 직무상 불법행위를 한 공무원 개인의 피해자에 대한 손해배상책임이 면제되지 아니한다는 것을 규정한 것으로 볼 수는 없고, 이는 다만 직무상 불법행위를 한 공무원의 국가 또는 공공단체에 대한 내부적 책임 등이 면제되지 아니한다는 취지를 규정한 것으로 보아야 한다. 따라서 공무원이 직무상 불법행위를 한 경우에 국가 또는 공공단체만이 피해자에 대하여 국가배상법에 의한 손해배상책임을 부담할 뿐, 공무원 개인은 고의 또는 중과실이 있는 경우에도 피해자에 대하여 손해배상책임을 부담하지 않는 것으로 보아야 한다.

① 공무원의 경과실로 인한 직무상 불법행위로 국민에게 손해가 발생한 경우, 공무원 개인이 피해자에게 배상책임을 지지 않는다는 것이 [다수의견]과 [별개의견]의 일치된 입장이다.

② 공무원의 경과실로 인한 직무상 불법행위로 국민에게 손해가 발생한 경우, 국가 또는 공공단체가 피해자에게 배상책임을 진다는 점에서는 [다수의견], [별개의견], [반대의견]의 입장이 모두 일치한다.

③ 공무원이 직무상 불법행위로 국민에게 손해배상책임을 지는 데 있어서, [다수의견]과 [반대의견]은 모두 경과실과 중과실을 구분하지 않는다.

④ 공무원의 중과실로 인한 직무상 불법행위로 국민에게 손해가 발생한 경우, 피해자에 대해서 뿐만 아니라 국가 또는 공공단체에 대한 공무원의 책임도 면제된다는 것이 [반대의견]의 입장이다.

⑤ 공무원의 고의 또는 중과실로 인한 직무상 불법행위로 국민에게 손해가 발생한 경우, 공무원 개인이 피해자에게 배상책임을 진다는 점에서는 [다수의견], [별개의견], [반대의견]의 입장이 모두 일치한다.

문 16. **다음 글의 (가)~(라)와 〈보기〉의 ㄱ~ㄹ을 옳게 짝지은 것은?** 14 민간(A) 06번

법의 폐지란 법이 가진 효력을 명시적·묵시적으로 소멸시키는 것을 말한다. 여기에는 4가지 경우가 있다.

(가) 법에 시행기간(유효기간)을 두고 있는 때에는 그 기간의 종료로 당연히 그 법은 폐지된다. 이렇게 일정기간 동안만 효력을 발생하도록 제정된 법을 '한시법'이라 한다.

(나) 신법에서 구법의 규정 일부 또는 전부를 폐지한다고 명시적으로 정한 때에는 그 규정은 당연히 폐지된다. 이러한 경우에 신법은 구법을 대신하여 효력을 갖는다.

(다) 동일 사항에 관하여 구법과 서로 모순·저촉되는 신법이 제정되면 그 범위 내에서 구법은 묵시적으로 폐지된다. 이처럼 신법은 구법을 폐지한다. 그러나 특별법은 일반법에 우선하여 적용되므로 신일반법은 구특별법을 폐지하지 못한다.

(라) 처음부터 일정한 조건의 성취, 목적의 달성을 위하여 제정된 법은 그 조건의 성취, 목적의 달성이나 소멸로 인해 당연히 폐지된다.

〈보 기〉

ㄱ. A법에는 "공포 후 2014년 12월 31일까지 시행한다"고 규정되어 있다.

ㄴ. "B법의 제00조는 폐지한다"는 규정을 신법C에 두었다.

ㄷ. D법으로 규율하고자 했던 목적이 완전히 달성되었다.

ㄹ. 동일 사항에 대하여, 새로 제정된 E법(일반법)에 F법(특별법)과 다른 규정이 있는 경우에는 F법이 적용된다.

	(가)	(나)	(다)	(라)
①	ㄱ	ㄴ	ㄷ	ㄹ
②	ㄱ	ㄴ	ㄹ	ㄷ
③	ㄴ	ㄱ	ㄷ	ㄹ
④	ㄴ	ㄹ	ㄷ	ㄱ
⑤	ㄷ	ㄴ	ㄹ	ㄱ

채무자가 고의 또는 과실로 인하여 채무의 내용에 따른 이행을 하지 않으면 채권자는 채무자에게 손해배상을 청구할 수 있다. 채권자가 채무불이행을 이유로 채무자로부터 손해배상을 받으려면 손해의 발생사실과 손해액을 증명하여야 하는데, 증명의 어려움을 해소하기 위해 손해배상액을 예정하는 경우가 있다.

손해배상액의 예정은 장래의 채무불이행 시 지급해야 할 손해배상액을 사전에 정하는 약정을 말한다. 채권자와 채무자 사이에 손해배상액의 예정이 있으면 채권자는 실손해액과 상관없이 예정된 배상액을 청구할 수 있지만, 실손해액이 예정액을 초과하더라도 그 초과액을 배상받을 수 없다. 그리고 손해배상액을 예정한 사유가 아닌 다른 사유로 발생한 손해에 대해서는 손해배상액 예정의 효력이 미치지 않는다. 따라서 이로 인한 손해를 배상받으려면 별도로 손해의 발생사실과 손해액을 증명해야 한다.

― 〈사 례〉 ―

甲과 乙은 다음과 같은 공사도급계약을 체결하였다.

- 계약당사자 : 甲(X건물 소유주) / 乙(건축업자)
- 계약내용 : X건물의 리모델링
- 공사대금 : 1억 원
- 공사기간 : 2015.10.1.~ 2016.3.31.
- 손해배상액의 예정 : 공사기간 내에 X건물의 리모델링을 완료하지 못할 경우, 지연기간 1일당 위 공사대금의 0.1%를 乙이 甲에게 지급

그런데 乙의 과실로 인해 X건물 리모델링의 완료가 30일이 지연되었고, 이로 인해 甲은 500만 원의 손해를 입었다. 또한 乙이 고의로 불량자재를 사용하여 부실공사가 이루어졌고, 이로 인해 甲은 1,000만 원의 손해를 입었다. 甲은 각각의 손해발생사실과 손해액을 증명하여 乙에게 손해배상을 청구하였다.

① 500만 원
② 800만 원
③ 1,300만 원
④ 1,500만 원
⑤ 1,800만 원

K국의 현행법상 상속인으로는 혈족상속인과 배우자상속인이 있다. 제1순위 상속인은 피상속인의 직계비속이며, 직계비속이 없는 경우 직계존속이 상속인이 된다. 태아는 사산되어 출생하지 못한 경우를 제외하고 상속인이 된다. 배우자는 직계비속과 동순위로 공동상속인이 되고, 직계비속이 없는 경우에 피상속인의 직계존속과 공동상속인이 되며, 피상속인에게 직계비속과 직계존속이 없으면 단독상속인이 된다. 현행 상속분 규정은 상속재산을 배우자에게 직계존속·직계비속보다 50%를 더 주도록 정하고 있다. 예를 들어 상속인이 배우자(X)와 2명의 자녀(Y, Z)라면, '1.5(X) : 1(Y) : 1(Z)'의 비율로 상속이 이루어진다.

그런데 K국에서는 부부의 공동재산 기여분을 보장하기 위한 차원에서 상속법 개정을 추진하고 있다. '개정안'은 상속재산의 절반을 배우자에게 우선 배분하고, 나머지 절반은 현행 규정대로 배분하는 내용을 골자로 한다. 즉, 피상속인이 사망하였을 경우 상속재산의 50%를 그 배우자에게 먼저 배분하고, 이를 제외한 나머지 50%에 대해서는 다시 현행법상의 비율대로 상속이 이루어진다.

― 〈상 황〉 ―

甲은 심장마비로 갑자기 사망하였다. 甲의 유족으로는 어머니 A, 배우자 B, 아들 C, 딸 D가 있고, B는 현재 태아 E를 임신 중이다. 甲은 9억 원의 상속재산을 남겼다.

① 현행법에 의하면, E가 출생한 경우 B는 30% 이하의 상속분을 갖게 된다.
② 개정안에 의하면, E가 출생한 경우 B는 6억 원을 상속받게 된다.
③ 현행법에 의하면, E가 사산된 경우 B는 3억 원을 상속받게 된다.
④ 개정안에 의하면, E가 사산된 경우 B는 4억 원을 상속받게 된다.
⑤ 개정안에 의하면, E의 사산 여부에 관계없이 B가 상속받게 되는 금액은 현행법에 의할 때보다 50% 증가한다.

토지와 그 정착물을 부동산이라 하고, 부동산 이외의 물건을 동산이라 한다. 계약(예 매매, 증여 등)에 의하여 부동산의 소유권을 취득하려면 양수인(예 매수인, 수증자) 명의로 소유권이전등기를 마쳐야 한다. 반면에 상속·공용 징수(강제수용)·판결·경매나 그 밖의 법률규정에 의하여 부동산의 소유권을 취득하는 경우에는 등기를 필요로 하지 않는다. 다만 등기를 하지 않으면 그 부동산을 처분하지 못한다. 한편 계약에 의하여 동산의 소유권을 취득하려면 양도인(예 매도인, 증여자)이 양수인에게 그 동산을 인도하여야 한다.

① 甲이 자신의 부동산 X를 乙에게 1억 원에 팔기로 한 경우, 乙이 甲에게 1억 원을 지급할 때 부동산 X의 소유권을 취득한다.

② 甲의 부동산 X를 경매를 통해 취득한 乙이 그 부동산을 丙에게 증여하고 인도하면, 丙은 소유권이전등기 없이 부동산 X의 소유권을 취득한다.

③ 甲이 점유하고 있는 자신의 동산 X를 乙에게 증여하기로 한 경우, 甲이 乙에게 동산 X를 인도하지 않더라도 乙은 동산 X의 소유권을 취득한다.

④ 甲의 상속인으로 乙과 丙이 있는 경우, 乙과 丙이 상속으로 甲의 부동산 X에 대한 소유권을 취득하려면 乙과 丙 명의로 소유권이전등기를 마쳐야 한다.

⑤ 甲과의 부동산 X에 대한 매매계약에 따라 乙이 甲에게 매매대금을 지급하였더라도 乙 명의로 부동산 X에 대한 소유권이전등기를 마치지 않은 경우, 乙은 그 소유권을 취득하지 못한다.

민사소송에서 당사자가 질병, 장애, 연령, 그 밖의 사유로 인한 정신적·신체적 제약으로 소송관계를 분명하게 하기 위하여 필요한 진술을 하기 어려운 경우가 있다. 이때 당사자는 법원의 허가를 받아 진술을 도와주는 사람(진술보조인)과 함께 출석하여 진술할 수 있는데, 이를 '진술보조인제도'라 한다. 이 제도는 말이 어눌하거나 말귀를 잘 알아듣지 못하는 당사자가 재판에서 받을 수 있는 불이익을 방지하기 위하여 그와 의사소통이 잘되는 사람이 법정에 출석하여 당사자를 보조하게 하는 것이다.

진술보조인이 될 수 있는 사람은 당사자의 배우자, 직계친족, 형제자매, 가족, 그 밖에 동거인으로서 당사자와의 생활관계에 비추어 충분한 자격이 인정되는 경우 등으로 제한된다. 이 제도를 이용하려는 당사자는 1심, 2심, 3심의 각 법원마다 서면으로 진술보조인에 대한 허가신청을 해야 한다. 법원은 이를 허가한 이후에도 언제든지 그 허가를 취소할 수 있다.

법원의 허가를 받은 진술보조인은 변론기일에 당사자 본인과 동석하여 당사자 본인의 진술을 법원과 상대방 당사자, 그 밖의 소송관계인이 이해할 수 있도록 중개하거나 설명할 수 있다. 이때 당사자 본인은 진술보조인의 중개 또는 설명을 즉시 취소할 수 있다. 한편, 진술보조인에 의한 중개 또는 설명의 정확성을 확인하기 위해 진술보조인에게 질문할 수 있는데 그 질문은 법원만이 한다. 진술보조인은 변론에서 당사자의 진술을 조력하는 사람일 뿐이다. 따라서 진술보조인은 당사자를 대신해서 출석하여 진술할 수 없고, 상소의 제기와 같이 당사자만이 할 수 있는 행위도 할 수 없다.

〈상 황〉

甲은 乙을 피고로 하여 A주택의 인도를 구하는 민사소송을 제기하였다. 한편, 乙은 교통사고를 당하여 현재 소송관계를 분명하게 하기 위하여 필요한 진술을 하기 어려운 상태에 있다. 이에 1심 법원은 乙로부터 진술보조인에 대한 허가신청을 받아 乙의 배우자 丙을 진술보조인으로 허가하였다. 1심 변론기일에 乙과 丙은 함께 출석하였다.

① 변론기일에 丙이 한 설명에 대한 정확성을 확인하기 위해 甲은 재판에서 직접 丙에게 질문할 수 있다.

② 변론기일에 丙이 한 설명은 乙을 위한 것이므로, 乙은 즉시라 할지라도 그 설명을 취소할 수 없다.

③ 1심 법원은 丙을 진술보조인으로 한 허가를 취소할 수 없다.

④ 1심 법원이 乙에게 패소판결을 선고한 경우 이 판결에 대해 丙은 상소를 제기할 수 없다.

⑤ 2심이 진행되는 경우, 2심 법원에 진술보조인에 대한 허가신청을 하지 않아도 丙의 진술보조인 자격은 그대로 유지된다.

주민투표제도는 주민에게 과도한 부담을 주거나 중대한 영향을 미치는 주요사항을 결정하는 과정에서 주민에게 직접 의사를 표시할 수 있는 기회를 주기 위해 2004년 1월 주민투표법에 의해 도입되었다. 주민투표법에서는 주민투표를 실시할 수 있는 권한을 지방자치단체장에게만 부여하고 있다. 한편 중앙행정기관의 장은 지방자치단체장에게 주민투표 실시를 요구할 수 있고, 지방의회와 지역주민은 지방자치단체장에게 주민투표 실시를 청구할 수 있다.

주민이 직접 조례의 제정 및 개폐를 청구할 수 있는 주민발의제도는 1998년 8월 지방자치법의 개정으로 도입되었다. 주민발의는 지방자치단체장에게 청구하도록 되어 있는데, 지방자치단체장은 청구를 수리한 날로부터 60일 이내에 조례의 제정 또는 개폐안을 작성하여 지방의회에 부의하여야 한다. 주민발의를 지방자치단체장에게 청구하려면 선거권이 있는 19세 이상 주민 일정 수 이상의 서명을 받아야 한다. 청구에 필요한 주민의 수는 지방자치단체의 조례로 정하되 인구가 50만 명 이상인 대도시에서는 19세 이상 주민 총수의 100분의 1 이상 70분의 1 이하의 범위 내에서, 그리고 그 외의 시·군 및 자치구에서는 19세 이상 주민 총수의 50분의 1 이상 20분의 1 이하의 범위 내에서 정하도록 하고 있다.

주민소환제도는 선출직 지방자치단체장 또는 지방의회의원의 위법·부당행위, 직무유기 또는 직권남용 등에 대한 책임을 묻는 제도로, 2006년 5월 지방자치법 개정으로 도입되었다. 주민소환 실시의 청구를 위해서도 주민소환에 관한 법률에 따라 일정 수 이상 주민의 서명을 받아야 한다. 광역자치단체장을 소환하고자 할 때는 선거권이 있는 19세 이상 주민 총수의 100분의 10 이상, 기초자치단체장에 대해서는 100분의 15 이상, 지방의회 지역구의원에 대해서는 100분의 20 이상의 서명을 받아야 주민소환 실시를 청구할 수 있다.

〈보 기〉

ㄱ. 주민투표법에서 주민투표를 실시할 수 있는 권한은 지방자치단체장만이 가지고 있다.

ㄴ. 인구 70만 명인 甲시에서 주민발의 청구를 위해서는 19세 이상 주민 총수의 50분의 1 이상 20분의 1 이하의 범위에서 서명을 받아야 한다.

ㄷ. 주민발의제도에 근거할 때 주민은 조례의 제정 및 개폐에 관한 사항을 지방의회에 대해 직접 청구할 수 없다.

ㄹ. 기초자치단체인 乙시의 丙시장에 대한 주민소환 실시의 청구를 위해서는 선거권이 있는 19세 이상 주민의 100분의 20 이상의 서명을 받아야 한다.

① ㄱ, ㄷ

② ㄱ, ㄹ

③ ㄴ, ㄷ

④ ㄱ, ㄴ, ㄹ

⑤ ㄴ, ㄷ, ㄹ

매매목적물에 하자가 있는 경우, 하자가 있는 사실을 과실 없이 알지 못한 매수인은 매도인에 대하여 하자담보책임을 물어 계약을 해제하거나, 손해배상을 청구할 수 있다. 이때 매도인이 하자를 알았는지 여부나 그의 과실 유무를 묻지 않는다. 매매목적물의 하자는 통상 거래상의 관념에 비추어 그 물건이 지니고 있어야 할 품질·성질·견고성·성분 등을 갖추지 못해서 계약의 적합성을 갖지 못한 경우를 말한다. 가령 진품인 줄 알고 매수한 그림이 위작인 경우가 그렇다. 매수인은 이러한 계약해제권·손해배상청구권을 하자가 있는 사실을 안 날로부터 6개월 내에 행사하여야 한다.

한편 계약의 중요 부분에 착오가 있는 경우, 착오에 중대한 과실이 없는 계약당사자는 계약을 취소할 수 있다. 여기서 착오는 계약을 맺을 때에 실제로 없는 사실을 있는 사실로 잘못 알았거나 아니면 실제로 있는 사실을 없는 사실로 잘못 생각하듯이, 계약당사자(의사표시자)의 인식과 그 실제 사실이 어긋나는 경우를 가리킨다. 가령 위작을 진품으로 알고 매수한 경우가 그렇다. 이러한 취소권을 행사하려면, 착오자(착오로 의사표시를 한 사람)가 착오 상태에서 벗어난 날(예 진품이 위작임을 안 날)로부터 3년 이내에, 계약을 체결한 날로부터 10년 이내에 행사하여야 한다. 착오로 인한 취소는 매도인의 하자담보책임과 다른 제도이다. 따라서 매매계약 내용의 중요 부분에 착오가 있는 경우, 매수인은 매도인의 하자담보책임이 성립하는지와 상관없이 착오를 이유로 매매계약을 취소할 수 있다.

〈상 황〉

2018년 3월 10일 매수인 甲은 매도인 乙 소유의 '나루터그림'을 과실 없이 진품으로 믿고 1,000만 원에 매매계약을 체결한 당일 그림을 넘겨받았다. 그 후 2018년 6월 20일 甲은 나루터그림이 위작이라는 사실을 알게 되었다.

① 2018년 6월 20일 乙은 하자를 이유로 甲과의 매매계약을 해제할 수 있다.

② 2019년 6월 20일 甲은 乙에게 하자를 이유로 손해배상을 청구할 수 있다.

③ 2019년 6월 20일 甲은 착오를 이유로 乙과의 매매계약을 취소할 수 없다.

④ 乙이 매매계약 당시 위작이라는 사실을 과실 없이 알지 못하였더라도, 2019년 6월 20일 甲은 하자를 이유로 乙과의 매매계약을 해제할 수 있다.

⑤ 乙이 위작임을 알았더라도 2019년 6월 20일 甲은 하자를 이유로 乙과의 매매계약을 해제할 수 없지만, 착오를 이유로 취소할 수 있다.

다음 글과 〈상황〉을 근거로 판단할 때, 〈보기〉에서 옳은 것만을 모두 고르면?

① ㄹ
② ㄱ, ㄴ
③ ㄱ, ㄹ
④ ㄴ, ㄷ
⑤ ㄷ, ㄹ

소송절차의 '정지'란 소송이 개시된 뒤 절차가 종료되기 전에 소송절차가 법률상 진행되지 않는 상태를 말한다. 여기에는 '중단'과 '중지'가 있다.

소송절차의 중단은 소송진행 중 당사자에게 소송을 수행할 수 없는 사유가 발생하였을 경우, 새로운 소송수행자가 나타나 소송에 관여할 수 있을 때까지 법률상 당연히 절차진행이 정지되는 것이다. 예컨대 당사자가 사망한 경우, 그 상속인이 소송을 수행할 수 있을 때까지 절차진행이 정지되며, 이후 상속인의 수계신청 또는 법원의 속행명령에 의해 중단이 해소되고 절차는 다시 진행된다. 다만 사망한 당사자에게 이미 변호사가 소송대리인으로 선임되어 있을 때는 변호사가 소송을 대리하는 데 지장이 없으므로 절차는 중단되지 않는다. 소송대리인인 변호사의 사망도 중단사유가 아니다. 당사자가 절차를 진행할 수 있기 때문이다.

소송절차의 중지는 법원이나 당사자에게 소송을 진행할 수 없는 장애가 생겼거나 진행에 부적당한 사유가 발생하여 법률상 당연히 또는 법원의 재판에 의하여 절차가 정지되는 것이다. 이는 새로운 소송수행자로 교체되지 않는다는 점에서 중단과 다르다. 소송절차의 중지에는 당연중지와 재판중지가 있다. 당연중지는 천재지변이나 그 밖의 사고로 법원이 직무수행을 할 수 없게 된 경우에 법원의 재판 없이 당연히 절차진행이 정지되는 것을 말한다. 이 경우 법원의 직무수행불능 상태가 소멸함과 동시에 중지도 해소되고 절차는 진행된다. 재판중지는 법원이 직무수행을 할 수 있지만 당사자가 법원에 출석하여 소송을 진행할 수 없는 장애사유가 발생한 경우, 예컨대 전쟁이나 그 밖의 사유로 교통이 두절되어 당사자가 출석할 수 없는 경우에 법원의 재판에 의해 절차진행이 정지되는 것을 의미한다. 이때는 법원의 취소재판에 의하여 중지가 해소되고 절차는 진행된다.

※ 수계신청 : 법원에 대해 중단된 절차의 속행을 구하는 신청

― 〈상 황〉 ―

원고 甲과 피고 乙 사이에 대여금반환청구소송이 A법원에서 진행 중이다. 甲은 변호사 丙을 소송대리인으로 선임하였지만, 乙은 소송대리인을 선임하지 않았다.

― 〈보 기〉 ―

ㄱ. 소송진행 중 甲이 사망하였다면, 절차진행은 중단되며 甲의 상속인의 수계신청에 의해 중단이 해소되고 절차가 진행된다.

ㄴ. 소송진행 중 丙이 사망하였다면, 절차진행은 중단되며 甲이 새로운 변호사를 소송대리인으로 선임하면 중단은 해소되고 절차가 진행된다.

ㄷ. 소송진행 중 A법원의 건물이 화재로 전소(全燒)되어 직무수행이 불가능해졌다면, 절차진행은 중단되며 이후 A법원의 속행명령이 있으면 절차가 진행된다.

ㄹ. 소송진행 중 乙이 거주하고 있는 장소에서만 발생한 지진으로 교통이 두절되어 乙이 A법원에 출석할 수 없는 경우, A법원의 재판에 의해 절차진행이 중지되며 이후 A법원의 취소재판에 의해 중지는 해소되고 절차가 진행된다.

문 1.　건설교통부는 최근 민간자본을 유치하여 사회 제반 인프라를 건설하고 운영하는 방식을 검토하고 있다. 민간자본 유치 방안에 대한 제시문의 내용과 부합하는 것을 〈보기〉에서 모두 고르면?

06 견습(인) 24번

〈민간자본 유치 방안〉

A안 : 민간사업자가 시설을 건설한 후 소유권을 정부에게 이전하는 대신에 민간사업자가 특정한 기간 동안 시설에 대한 무상 사용권을 취득하여 이를 운영하면서 사용료를 징수하여 투자금을 회수한다.
B안 : 민간사업자가 시설을 건설하여 소유권을 정부에게 이전하고, 정부가 시설을 운영하면서 민간사업자에게 투자에 대한 원리금을 분할 지급한다.
C안 : 민간사업자가 시설을 건설한 후 다른 민간 운영기업에게 임대하여 투자금을 회수한 뒤에는 그 시설의 소유권을 정부에게 이전한다.

〈보 기〉

ㄱ. 참여하는 민간사업자의 기준에서 보면 B안의 투자위험이 A안과 C안보다 높다.
ㄴ. B안의 시설운영자는 정부이고 A안과 C안의 시설운영자는 민간사업자이다.
ㄷ. B안은 A안이나 C안보다 정부예산 부담이 클 가능성이 높다.
ㄹ. 참여하는 민간사업자의 기준에서 보면 A안은 최종 수요자가 적거나 사용료 부과가 힘들어 투자비 회수가 어려운 시설에 적합한 방식인데 반하여, B안은 최종 수요자에게 사용료를 부과하여 투자비 회수가 비교적 용이한 시설에 적합한 방식이다.

① ㄱ, ㄴ
② ㄴ, ㄷ
③ ㄷ, ㄹ
④ ㄱ, ㄴ, ㄷ
⑤ ㄴ, ㄷ, ㄹ

문 2.　차량탑승자 K는 〈그림〉과 같이 지점 '가'에서 '나'까지 점선을 따라 이동하며 휴대전화로 통화 중이다. CDMA 방식의 휴대전화는 이동 중에 기지국과 통신을 하며 다음 기지국으로 이동시 통화가 원활히 이루어지도록 핸드오프(Handoff)라는 과정을 거친다. 아래 〈조건〉 하에서 지점 '가'에서 '나'까지 이동시 핸드오프는 어떤 식으로 이루어지는가?

06 행시(출) 40번

〈핸드오프의 종류〉

• 핸드오프 1(H1) : 기지국 내 섹터 간 이동 시 통화를 원활하게 유지시키기 위한 방식
• 핸드오프 2(H2) : 기지국 간 이동 시 통화에 아무런 지장이 없도록 해주는 방식
• 핸드오프 3(H3) : 이동하려는 기지국 통화영역에 이미 동일한 주파수가 이용되고 있는 경우 극히 짧은 시간동안 통화를 끊고 다른 주파수를 이용하는 방식

〈조 건〉

• K씨는 지점 '가'에서 주파수 F1을 사용하고 있다.
• 다른 휴대폰 사용자가 기지국 B의 섹터 a에서 주파수 F1을 사용 중이다.
• 동일 기지국 내에서는 동시에 같은 주파수를 사용할 수 없다.
• 각 기지국은 주파수 F1, F2, F3을 사용할 수 있다.
• 각 기지국에는 3개의 안테나가 있어 아래 그림처럼 3개의 섹터(a, b, c)를 120°씩 통신을 담당하고 있고, 원은 각 기지국의 서비스 범위를 의미한다.

〈그림〉 차량탑승자 K의 이동경로

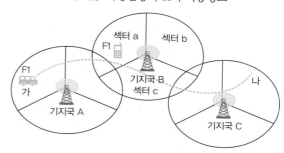

① H1 → H3 → H1 → H3 → H1
② H2 → H3 → H2 → H3 → H2
③ H1 → H3 → H1 → H2 → H1
④ H2 → H3 → H1 → H2 → H1
⑤ H1 → H2 → H1 → H2 → H1

다음 제시문의 내용과 일치하는 것을 〈보기〉에서 모두 고른 것은?

육조는 조선 시대에 국가의 정무를 나누어 맡아보던 이조, 호조, 예조, 병조, 형조, 공조에 대한 총칭이다. 별칭으로 육부 또는 육관으로 불리었다. 육조의 기능을 보면 이조는 주로 인사를 담당하였으며, 호조는 재정·경제와 호적 관리를, 예조는 과거 관리 및 일반 의례를 담당했고, 병조는 군제와 군사를, 형조는 형벌 및 재판과 노비문제를, 공조는 도로, 교량, 도량형 등을 관리했다.

육조는 각 조마다 정2품의 판서 1인, 종2품의 참판 1인, 정3품의 참의 1인, 정5품의 정랑이 2인에서 4인, 정6품의 좌랑이 2인에서 4인 등으로 구성되었다. 사무운영에서 일상적 업무처리는 정랑·좌랑이, 중대사 및 돌발적인 업무는 판서·참판·참의 등 당상관(정3품 이상)이 중심이 되어 처리했다.

육조의 서열은 1418년까지는 이, 병, 호, 예, 형, 공조의 순서였고, 이후에는 이, 호, 예, 병, 형, 공조의 순서가 되었다. 즉 조선 세종 이후 병조가 약화되고 재무를 다루던 호조와 의례를 다루던 예조가 강화되었다.

육조는 왕권 및 통치 구조와 연관되면서 수시로 그 세력이 조절되었지만, 법제적으로는 국정의 가장 중심이 되는 기관이었다. 육조의 정랑·좌랑은 임기를 마치면 승진되는 특혜를 받았으며, 이, 예, 병조의 정랑·좌랑은 문관만 재직할 수 있도록 되어 있었다.

〈보 기〉

ㄱ. 조선 시대에는 관료의 채용관련 업무와 관료의 승진·평가 업무를 한 부서에서 전담하지 않았다.

ㄴ. 조선 시대 군제와 군사를 담당하는 병조는 무관의 고유 업무 영역이었다.

ㄷ. 조선 시대 육조에는 18명의 당상관이 있었으며, 육관의 서열이 정해져 있었다.

ㄹ. 조선 초기에 비해 조선 후기에는 실학사상의 영향으로 호조의 역할이 강화되었다.

ㅁ. 조선 시대 당상관의 경우에는 임기제로 운영되고 있었다.

① ㄱ, ㄴ
② ㄱ, ㄷ
③ ㄴ, ㄷ
④ ㄴ, ㄹ
⑤ ㄹ, ㅁ

다음 제시문의 내용과 일치하는 것을 〈보기〉에서 모두 고른 것은?

유물(遺物)을 등록하기 위해서는 명칭을 붙인다. 이때 유물의 전반적인 내용을 알 수 있도록 하는 것이 바람직하다. 따라서 명칭에는 그 유물의 재료나 물질, 제작기법, 문양, 형태가 나타난다. 예를 들어 도자기에 청자상감운학문매병(靑瓷象嵌雲鶴文梅瓶)이라는 명칭이 붙여졌다면, '청자'는 재료를, '상감'은 제작기법을, '운학문'은 문양을, '매병'은 그 형태를 각각 나타낸 것이다. 이러한 방식으로 다른 유물에 대해서도 명칭을 붙이게 된다.

유물의 수량은 점(點)으로 계산한다. 작은 화살촉도 한 점이고 커다란 철불(鐵佛)도 한 점으로 처리한다. 유물의 파편이 여럿인 경우에는 일괄(一括)이라 이름 붙여 한 점으로 계산하면 된다. 귀걸이와 같이 쌍(雙)으로 된 것은 한 쌍으로 하고, 하나인 경우에는 한 짝으로 하여 한 점으로 계산한다. 귀걸이 한 쌍은, 먼저 그 유물번호를 적고 그 뒤에 각각 (2-1), (2-2)로 적는다. 뚜껑이 있는 도자기나 토기도 한 점으로 계산하되, 번호를 매길 때는 귀걸이의 예와 같이 하면 된다.

유물을 등록할 때는 그 상태를 잘 기록해 둔다. 보존상태가 완전한 경우도 많지만, 일부가 손상된 유물도 많다. 예를 들어 유물의 어느 부분이 부서지거나 깨졌지만 그 파편이 남아 있는 상태를 파손(破損)이라고 하고, 파편이 없는 경우를 결손(缺損)이라고 표기한다. 그리고 파손된 것을 붙이거나 해서 손질했을 때 이를 수리(修理)라 하고, 결손된 부분을 모조해 원상태로 재현했을 때는 복원(復原)이라는 용어를 사용한다.

〈보 기〉

ㄱ. 도자기 뚜껑의 일부가 손상되어 파편이 떨어진 유물의 경우, 뚜껑은 파편과 일괄하여 한 점이지만 도자기 몸체와는 별개이므로 전체가 두 점으로 계산된다.

ㄴ. 조선 시대 방패의 한 귀퉁이가 부서져나가 그 파편을 찾을 수 없다면, 수리가 아닌 복원의 대상이 된다.

ㄷ. 위 자료에 근거해 볼 때, 청자화훼당초문접시(靑瓷花卉唐草文皿)는 그 명칭에 비추어 청자상감운학문매병과 동일한 재료 및 문양을 사용하였으나, 그 제작기법과 형태에 있어서 서로 다른 것으로 추정된다.

ㄹ. 박물관이 소장하고 있는 한 쌍의 귀걸이 중 한 짝이 소실되는 경우에도 그 박물관 전체 유물의 수량이 줄어들지는 않을 것이다.

ㅁ. 일부가 결손된 철불의 파편이 어느 지방에서 발견되어 그 철불을 소장하던 박물관에서 함께 소장하게 된 경우, 그 박물관이 소장하는 전체 유물의 수량은 늘어난다.

① ㄱ
② ㄴ, ㄷ
③ ㄴ, ㄹ
④ ㄱ, ㄷ, ㅁ
⑤ ㄴ, ㄹ, ㅁ

유권자가 선거에서 정당에 대한 막연한 선호나 후보자의 이미지가 아니라 쟁점에 대한 의견을 토대로 하는 투표를 '쟁점투표'라고 한다. 쟁점투표가 가능하기 위해서는 몇 가지 전제조건이 충족되어야 한다. 우선 후보자들이 어떤 쟁점에 대해 뚜렷한 의견의 차이를 보여줘야 한다. 다음으로 유권자들은 그 쟁점에 대해 후보자들의 의견이 어떤 차이를 가지고 있는가를 명확히 알고 있어야 한다. 그러나 유권자가 쟁점투표를 하더라도 어떻게 투표할지를 결정하는가에 대해서는 두 가지 다른 관점이 있다.

먼저, 관점 I에 의하면 유권자는 자신과 가장 가까운 견해를 가진 후보자에게 한 표를 던진다. 예를 들어 사형제도에 대한 의견을 직선에 표시할 때 '적극반대'를 −5로, '적극찬성'을 +5로 놓는다고 가정한다. 0은 중도적 입장이며 숫자간 간격은 동일하다. 이때 유권자는 사형제도에 대한 자신과 후보자들의 입장을 직선(−5부터 +5 사이)에 위치시킬 수 있으며 직선상에서 자신과 가장 가까운 거리에 있는 의견을 가진 후보자를 선택한다.

반면, 관점 II에 의하면 유권자는 제일 먼저 후보자가 자신과 의견이 같은지의 여부(찬성인지, 반대인지)를 구별하고 다른 입장을 가진 후보자를 제외하는 절차를 거친다. 그 다음에 자신과 같은 의견을 가진 후보 중 그 쟁점에 대해 가장 명확하고 극단적인 입장을 가진 후보자를 선택한다.

〈사 례〉

유권자 A는 호주제가 존속되기를 희망하지만 그 희망은 그다지 강한 것은 아니다(+1). 반면, 유권자 B는 호주제가 폐지되기를 바라고 있다(−4). 선거에 출마한 후보자 갑은 호주제는 존속되어야 한다고 주장하며(+4), 후보자 을은 호주제의 존속을 강력히 주장한다(+5). 후보자 병은 호주제가 완전히 폐지되어야 한다고 주장하며(−5), 후보자 정은 호주제가 폐지되어야 하지만 좀 더 검토가 필요하다는 온건한 주장을 한다(−1).

① 관점 I에 의하면 A와 B 모두 정을 선택한다.
② 관점 I에 의하면 A는 갑을 선택하고 B는 을을 선택한다.
③ 관점 II에 의하면 A는 갑을 선택하고 B는 병을 선택한다.
④ A는 관점 I에 의하면 정을 선택하지만 관점 II에 의하면 을을 선택한다.
⑤ B는 관점 I에 의하면 병을 선택하지만 관점 II에 의하면 정을 선택한다.

녹색성장에서 중요시되고 있는 것은 신재생에너지 분야이다. 유망 산업으로 주목받고 있는 신재생에너지 분야는 국가의 성장동력으로 집중 육성될 필요가 있다. 우리 정부가 2030년까지 전체 에너지 중 신재생에너지의 비율을 11%로 확대하려는 것은 탄소배출량 감축과 성장동력 육성이라는 두 마리 토끼를 잡기 위한 전략이다. 우리나라에서 신재생에너지란 수소, 연료전지, 석탄가스화 복합발전 등의 신에너지와 태양열, 태양광, 풍력, 바이오, 수력, 지열, 폐기물 등의 재생가능에너지를 통칭해 부르는 용어이다. 2007년을 기준으로 신재생에너지의 구성비를 살펴보면 폐기물이 77%, 수력이 14%, 바이오가 6.6%, 풍력이 1.4%, 기타가 1%이었으며, 이들 신재생에너지가 전체 에너지에서 차지하는 비율은 2.4%에 불과했다.

따라서 정부는 '에너지 및 자원 사업 특별회계'와 '전력 기금'으로 신재생에너지 기술개발 지원사업을 확대할 필요가 있다. 특히 산업파급효과가 큰 태양광, 연료전지, 풍력 분야에 대한 국산화 지원과 더불어 예산 대비 보급효과가 큰 바이오 연료, 폐기물 연료 분야에 대한 지원을 강화하기 위한 정책도 개발되어야 한다. 이러한 지원정책과 함께 정부는 신재생에너지의 공급을 위한 다양한 규제정책도 도입해야 할 것이다.

① 환경보전을 위해 경제성장을 제한하고 삶의 질을 높여야 한다.
② 신에너지가 전체 에너지에서 차지하는 비율은 재생가능에너지보다 크다.
③ 2007년을 기준으로 폐기물을 이용한 에너지가 전체 에너지에서 차지하는 비율은 매우 낮다.
④ 정부는 녹색성장을 위해 규제정책을 포기하고 시장친화정책을 도입해야 한다.
⑤ 산업파급효과가 큰 에너지 분야보다 예산 대비 보급효과가 큰 에너지 분야에 대한 지원이 시급하다.

다음 글을 근거로 판단할 때, 옳지 <u>않은</u> 것은?

11 민간(인) 02번

훈민정음이란 우리말의 표기체계인 한글의 본래 이름이다. 한글의 제자원리에 대해 훈민정음 〈제자해(制字解)〉에는 "정음 28자는 각각 그 모양을 본떠 만들었다."고 기술되어 있는데, 이것을 『주역』의 천지인(天地人) 삼재(三才)와 음양오행원리로 설명할 수 있다. 즉 중성의 기본 모음자 'ㆍ'는 하늘의 둥근 모양을, 'ㅡ'는 땅의 평평한 모양을, 'ㅣ'는 사람이 서 있는 모양을 각각 본뜬 것이다. 하늘과 땅이 한 번 더 분화하면 사계절 모음이 나온다. 입안을 자연스레 오므리면 하늘 소리 'ㆍ'가, 입술을 둥글게 오므리면 겨울소리 'ㅗ'가 되고, 환하게 펴면 봄소리 'ㅏ'가 되니, 모두 양에 해당한다. 땅소리 'ㅡ'를 쭉 내밀면 여름소리 'ㅜ'가 되고, 어둡게 하면 가을소리 'ㅓ'가 되니, 모두 음에 해당한다. 음양오행 상으로 봄은 목, 여름은 화, 가을은 금, 겨울은 수이다.

자음 역시 오행설의 원리에 따라 만든 것이다. 기본 자음을 각각 오행에 대입하였으며, 나머지 자음은 이 기본자에 획을 더하여 만든 것이다. 오음(五音)은 오행의 상생순서에 따라 나온다. 축축하고 둥근 목구멍에서 물소리[水] 'ㅇ'이 나오면 뒤이어 혀뿌리에서 힘찬 나무소리[木] 'ㄱ'이 나오고, 이어서 혓바닥을 나불댈 때는 불소리[火] 'ㄴ'이 나오면, 입술이 합해져서 흙소리[土] 'ㅁ'이 된다. 마지막으로 이빨에 부딪혀나는 쇳소리[金] 'ㅅ'이 된다.

① 기본 자음은 ㄱ, ㄴ, ㅁ, ㅅ, ㅇ이다.

② 중성의 기본 모음자는 삼재에 근거하여 만든 것이다.

③ 오행의 상생순서는 수 → 목 → 화 → 토 → 금이다.

④ 자음 ㅇ과 모음 ㅓ는 계절상으로 겨울에 해당한다.

⑤ 한글 자음은 자음의 기본자와 그 기본자에 획을 더한 것으로 구성되어 있다.

다음 〈조건〉을 근거로 판단할 때, 〈보기〉에서 옳은 것을 모두 고르면?

11 민간(인) 07번

〈조 건〉

• 생산성 유형별로 일일 근로시간과 생산량은 다음과 같다.

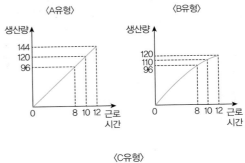

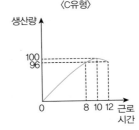

• 일일 기본 근로시간은 8시간이고, 일일 최대 4시간까지 초과 근무할 수 있다.

• 생산성 = 생산량/근로시간이다.

〈보 기〉

ㄱ. 기본 근로시간만 근무할 때, 세 가지 유형의 일일 생산성은 같다.

ㄴ. 초과근무 시간이 증가함에 따라 B유형의 생산성은 하락하지 않으나, C유형의 생산성은 하락한다.

ㄷ. B유형 근로자가 이틀 동안 10시간씩 근무하는 경우의 총생산량은 첫째 날 12시간, 둘째 날 8시간 근무하는 경우의 총생산량보다 많다.

ㄹ. 초과근무 시 최초 두 시간 동안의 생산성은 A유형 > B유형 > C유형 순으로 나타난다.

① ㄱ, ㄴ

② ㄱ, ㄷ

③ ㄴ, ㄹ

④ ㄱ, ㄷ, ㄹ

⑤ ㄴ, ㄷ, ㄹ

甲 : 한 사회에서 무엇이 옳은가는 그 사회의 도덕률에 의해 결정됩니다. 그런데 서로 다른 사회에는 서로 다른 도덕률이 존재하기 마련입니다. 이는 결국 어떤 특정 사회의 규칙이 다른 사회의 규칙보다 더 좋다고 판단할 수 있는 객관적인 기준이 없다는 것을 의미합니다. 또한 우리 사회의 도덕률이라고 해서 특별한 지위를 갖고 있는 것은 아니며, 많은 도덕률 중의 하나일 뿐임을 의미합니다. 무엇보다도 다른 사회 구성원의 행위를 우리 사회의 잣대로 판단하려 하는 것은 오만한 태도임을 기억해야 합니다. 따라서 우리는 다른 문화의 관습에 대해 관용적이고 개방적인 태도를 취해야 합니다.

乙 : 甲의 입장을 받아들이는 경우 다음과 같은 문제가 발생할 수 있습니다. 첫째, 우리는 더 이상 다른 사회의 관습이 우리 사회의 관습보다 도덕적으로 열등하다고 말할 수 없을 것입니다. 둘째, 다른 사회의 규칙을 비판하는 것이 허용되지 않을 뿐만 아니라 우리 사회의 규칙을 비판하는 것 또한 허용되지 않을 것입니다. 셋째, 어쩌면 가장 심각한 문제는 우리가 보편적 도덕과 도덕적 진보에 관한 일체의 믿음을 갖지 못하게 된다는 것입니다. 따라서 무조건적인 관용은 결코 바람직하지 않습니다.

〈보 기〉

ㄱ. 甲은 일부 이슬람 국가에서 여성들에게 운전면허증을 발급하지 않는 관습을 다른 국가가 비판하는 것이 옳지 않다고 주장할 것이다.

ㄴ. 乙은 싱가포르 정부가 절도죄로 체포된 자에게 태형(笞刑)을 가한 일을 야만적인 행위라며 비난한 미국정부의 행동을 정당하다고 옹호할 것이다.

ㄷ. 甲은 다른 사회의 문화에 대한 상대주의적 태도가 자국 문화의 절대적 우월성에 대한 믿음으로 이어질 것으로 본다.

ㄹ. 乙은 서로 다른 문화를 가진 사회들 간에 도덕적 수준의 차이가 존재할 수 있다고 본다.

① ㄱ, ㄴ
② ㄱ, ㄷ
③ ㄷ, ㄹ
④ ㄱ, ㄴ, ㄹ
⑤ ㄴ, ㄷ, ㄹ

소나무재선충은 매개충의 몸 안에 서식하다가 새순을 갉아 먹을 때 상처부위를 통하여 나무에 침입한다. 침입한 재선충은 빠르게 증식하여 수분과 양분의 이동통로를 막아 나무를 죽게 한다. 소나무재선충병에 걸린 나무는 치료약이 없어 잎이 붉은 색으로 변하면서 100% 고사한다. 주로 감염되는 수종은 소나무, 해송 및 잣나무 등이다.

소나무재선충병은 1988년 부산 금정산에서 처음 발생한 이후 계속 피해가 증가하여 총 67개의 시·군·구에서 발생하였다. 그러나 「소나무재선충병 방제특별법」이 시행된 2007년부터 피해가 급격히 감소하고 있는 추세이다. 피해면적은 2000년 1,677ha에서 2006년 최대 7,871ha로 급증하였는데 정부의 방역대책으로 2010년에는 3,547ha로 감소하였다. 감염목의 수도 2000년에 2만 8천 그루에서 2005년 최대 51만 그루로 급증하였지만 2010년에는 1만 6천 그루로 감소하였다. 정부는 2009년에 산림병해충 예찰·방제단을 조직하여 능동적 예찰·방제체계를 구축하였고, 2013년 완전방제를 목표로 선제적 완전방제 대책을 추진하고 있다.

소나무재선충병을 예방하기 위해서는 외관상 건강한 소나무에 아바멕틴 나무주사를 2년에 1회 실시한다. 소나무 잎의 상태를 육안으로 관찰하여 이상 징후가 있는 나무는 대상목에서 제외한다. 나무주사 방법 외에도 지상과 항공에서 약제를 살포하는 방법을 통해 방제를 할 수 있는데, 5월에서 8월 사이에 3~5회 정도 실시해야 한다.

① 소나무재선충병에 대처하기 위해서는 무엇보다도 사전예방이 중요하다.

② 소나무재선충은 2005년에 가장 넓은 지역에서 가장 많은 수목을 감염시켰다.

③ 소나무재선충병은 소나무에서만 발생하기 때문에 이 수종에 대한 관리가 매우 중요하다.

④ 나무주사를 놓기 직전에 소나무의 상태를 파악하기 위한 별도의 화학실험을 해야 한다.

⑤ 소나무재선충으로 인해 잎이 붉은 색으로 변색된 소나무도 나무주사를 통해서 소생시킬 수가 있다.

다음 글을 근거로 판단할 때, 연결이 서로 잘못된 것은? (단, 음식에서 언급되지 않은 재료는 고려하지 않음)

11 민간(인) 13번

　채식주의자 중에는 육류와 함께 계란, 유제품(치즈, 버터, 생크림 등) 및 생선조차 먹지 않는 사람이 있는가 하면 때로로 육식을 하는 채식주의자도 있다. 또한 채식이라고 하면 채소와 과일 등을 생각하기 쉽지만, 여기서 말하는 채식에는 곡물도 포함된다. 아래 표는 채식주의자의 유형별 특성을 분류한 것이다.

채식주의자의 유형	특성
과식(果食)주의자	모든 식물의 잎이나 뿌리는 섭취하지 않고, 오직 견과류나 과일 등 열매부분만을 먹는다.
순수 채식주의자	동물로부터 얻은 모든 것을 먹지 않고, 식물로부터 나온 것만을 먹는다.
우유 채식주의자	순수 채식주의자가 먹는 음식에 더하여, 유제품은 먹되 계란은 먹지 않는다.
난류(卵類) 채식주의자	순수 채식주의자가 먹는 음식에 더하여, 계란은 먹되 유제품은 먹지 않는다.
유란(乳卵) 채식주의자	순수 채식주의자가 먹는 음식에 더하여, 유제품과 계란도 먹으며, 우유도 먹는다.
생선 채식주의자	유란 채식주의자가 먹는 음식에 더하여, 생선도 먹는다.
준(準) 채식주의자	생선 채식주의자가 먹는 음식에 더하여, 육류도 그 양을 줄여가며 먹는다.

	채식주의자의 유형	음식
①	과식주의자	호두를 으깨어 얹은 모듬 생과일
②	우유 채식주의자	단호박 치즈오븐구이
③	난류 채식주의자	치즈계란토스트
④	유란 채식주의자	생크림을 곁들인 삶은 계란
⑤	생선 채식주의자 및 준 채식주의자	연어훈제구이

다음 글을 근거로 판단할 때, 〈보기〉에서 옳게 추론한 것을 모두 고르면?

11 민간(인) 21번

　종묘는 역대 왕들의 신위를 모시는 곳이었다. 『예기』에 따르면 조선은 원칙적으로 5묘제를 실시하도록 되어 있었다. 5묘제란 건국시조와 현재왕의 직계 선왕 4대의 신위를 종묘의 정전에 모시고 그 외 신위는 없애는 것을 말한다. 처음 종묘를 건축했을 당시 태조는 자신의 4대조(목조-익조-탁조-환조)까지 왕으로 추존(追尊)하고, 서쪽을 상석으로 하여 제1실에 목조를, 제2실에 익조의 신위를 모셨다. 태조가 승하하고 그의 신위가 종묘의 정전에 모셔지면서 비로소 5묘제가 시작되었다.

　세종은 제2대 정종이 승하하자 그 신위를 정전에 모시고, 5묘제로 모실 수 없는 첫 신위를 별도의 사당인 영녕전을 지어 그곳에 옮겨 모셨다. 그런 의미에서 조선왕조는 『예기』의 5묘제를 그대로 지키지 않은 셈이다. 한편 후대로 가면서 태종, 세종과 같이 위대한 업적을 남긴 왕의 신위를 그대로 정전에 두기 위해 건물을 일렬로 잇대어 증축하였다. 그 밖의 신주는 영녕전으로 옮겨 모셨다. 그 결과 종묘의 정전에는 19위의 왕과 30위의 왕후 신주가 모셔졌으며, 영녕전에는 정전에서 옮겨진 15위의 왕과 17위의 왕후 신주가 모셔졌다.

　신주의 봉안 순서는 정전의 경우 서쪽을 상석으로 하고, 제1실에 태조의 신위를 봉안한 이후, 그 신위는 옮겨지지 않았다. 영녕전에는 추존조(追尊祖)인 4왕(목조-익조-탁조-환조)을 정중앙에 모시고, 정전과 마찬가지로 서쪽을 상석으로 하여 차례대로 모셨다.

※ 1) 조선의 왕은 태조-정종-태종-세종-문종… 순임
　2) 신위(神位) : 신령이 의지할 자리
　3) 신주(神主) : 죽은 사람의 위(位)를 베푸는 나무 패

〈보 기〉
ㄱ. 정전에는 총 49위의 신주가 모셔져 있을 것이다.
ㄴ. 영녕전 서쪽 제1실에 익조의 신위가 모셔져 있을 것이다.
ㄷ. 시대가 지남에 따라 정전은 동쪽으로 증축되었을 것이다.
ㄹ. 종묘를 건축했을 당시 정전 서쪽 제3실에는 탁조의 신위를 모셨을 것이다.

① ㄱ, ㄴ
② ㄴ, ㄹ
③ ㄷ, ㄹ
④ ㄱ, ㄴ, ㄷ
⑤ ㄱ, ㄷ, ㄹ

다음 글의 A에 해당하는 것만을 〈보기〉에서 모두 고르면?

11 민간실험(발) 01번

(가) 어떤 사람의 행동이 제3자에게 의도하지 않은 혜택이나 손해를 가져다주면서 이에 대해 대가를 받지도 지불하지도 않을 때 발생하는 것을 외부효과라 한다. 이에는 부정적 외부효과와 긍정적 외부효과가 있다. 부정적 외부효과란 한 쪽의 행동이 다른 쪽에 비용을 발생시키는 것이고, 긍정적 외부효과란 한 쪽의 행동이 다른 쪽에 혜택을 발생시키는 것을 말한다.

(나) 정부는 직접 규제를 통해 사람들의 행동을 규제하기보다는 시장기능을 활용하는 간접 규제를 통해 민간의 사적 이익 동기와 사회적 효율이 일치되도록 한다. 예를 들어 부정적 외부효과에 대해서는 세금을 부과하고, 긍정적 외부효과에 대해서는 보조금을 지급할 수 있다. 부정적 외부효과를 시정하기 위한 과세를 (A)라고 한다. (A)의 이상적인 금액은 부정적 외부효과를 일으키는 행위에서 비롯되는 외부효과 비용과 같아야 한다. 정부가 직접 규제보다 (A)를 선호하는 이유는 민간에게 경제적 유인을 제공하여 낮은 비용으로 같은 수준의 결과를 얻을 수 있기 때문이다.

─〈보기〉─

ㄱ. 인체에 해로운 유기물질을 함유하고 있는 농약의 과용을 억제하기 위해 이러한 농약에 대한 세금을 인상하였다.

ㄴ. 특정 제품에 세금을 부과해도 수요가 변하지 않을 것이므로 재정 확충을 목적으로 그 제품에 대한 세금을 인상하였다.

ㄷ. 쓰레기 배출량을 줄이기 위해 쓰레기 배출량에 따라 오물세를 징수하였다.

ㄹ. 신기술 개발을 위해 새로 시설투자를 한 기업체에게 경비 보전을 위한 보조금을 지급하였다.

① ㄱ, ㄷ
② ㄱ, ㄹ
③ ㄴ, ㄷ
④ ㄴ, ㄹ
⑤ ㄱ, ㄴ, ㄷ

다음 글을 읽고 〈보기〉 중 A형 로비와 B형 로비에 해당되는 것을 옳게 연결한 것은?

11 민간실험(발) 02번

(가) A형 로비는 로비 주체가 의원이나 기타 의사결정권자들과 직접 접촉하여 자신들의 주장을 정부의 의사결정에 반영시키는 방식을 말한다. 이 유형의 로비활동의 핵심이 되는 것은 정보의 수집과 제공 및 영향력의 행사이다. 정보의 수집은 법안의 초안을 준비하고 있는 초기 단계에 이루어져야 효과적이다. 사전에 정보를 수집한 후에 이를 검토하여 법안이나 정책 관련 정보 및 자료를 의원이나 의원보좌관들에게 제공하고 설득해야 한다.

(나) B형 로비는 우선 로비 주체가 일반대중을 움직여서 의원들에게 유권자로서의 영향력을 행사하게 하는 방법이 있다. 의원들에게 편지를 쓰게 한다든다, 의원 사무실에 전화를 걸게 하는 방법이다. 시위나 데모를 하게 하는 것도 한 방법이다. 또 다른 방법으로는 언론을 통하여 여론을 조성하는 것이다. 신문에 기사화한다든가 유명한 컬럼니스트의 논단을 게재한다든가 신문의 사설로 어떤 법이나 정책이 자신에게 유리한 방향으로 결정되도록 여론을 유도하는 것이다.

─〈보기〉─

ㄱ. ○○협회는 LNG 저장탱크 인근에 거주하는 주민들에게 보조금 지급을 강제하는 법률제정의 움직임을 막기 위해 관련 전문학회 발표 연구보고서를 해당 상임위원회 소속 위원들에게 배포 · 설명하였다.

ㄴ. ○○모임은 독성물질과 발암물질 등을 다량 함유하고 있는 담배의 위해로부터 국민을 보호하기 위해 '담배제조 및 매매 금지 등에 관한 법률안'을 제정할 것을 신문의 독자의견란에 지속적으로 게재하였다.

ㄷ. 대형마트 규제운동본부는 본부 회의실에서 기자회견을 열고 "전국 240만 중소상인과 400만 종사자들을 살리기 위해서는 대형마트 진입을 규제해야 한다."고 주장하였다.

ㄹ. ○○노총은 '비정규직법 개정안에 대한 ○○노총 입장'이라는 보도자료를 배포하면서 "기간연장은 비정규직 보호법의 근본 취지에 역행하는 것이며 현행법의 정규직 전환 효과를 무력화하고 비정규직 확산만을 초래하기 때문에 반대한다."고 주장하였다.

ㅁ. ○○법률 제정에 반대하는 A는 친구를 통해 ○○법률 제정에 찬성하는 의원을 만나서 그 법률의 문제점을 설명하였다.

	A형 로비	B형 로비
①	ㅁ	ㄱ, ㄴ, ㄷ, ㄹ
②	ㄱ, ㄴ	ㄷ, ㄹ, ㅁ
③	ㄱ, ㅁ	ㄴ, ㄷ, ㄹ
④	ㄷ, ㄹ	ㄱ, ㄴ, ㅁ
⑤	ㄷ, ㅁ	ㄱ, ㄴ, ㄹ

다음 글에서 제시하고 있는 고령 인력에 대한 선입견이 잘못되었음을 보여주는 내용을 〈보기〉에서 모두 고르면?

11 민간실험(발) 03번

민간연구원에서 200여 국내 기업을 대상으로 조사한 결과, 경력직 채용에서 연령을 제한하는 기업이 51%인 것으로 나타났다. 연구원은 그 원인을 높은 인건비 부담을 피하기 위해 조기 퇴직을 유도하는 인사 관행과 고령 인력에 대한 선입견 때문이라고 지적하였다. 그리고 고령인력에 대하여 기업들이 가지고 있는 선입견은 첫째, 배우는 것을 싫어한다. 둘째 성과가 낮다. 셋째, 창의적이지 못하다. 넷째, 열정과 충성심이 적다. 다섯째, 체력 저하로 인하여 사고발생 확률이 높다는 점 등이다.

〈보 기〉

ㄱ. 최근 어느 학회에서 연령과 성과 간에 반비례 관계가 있다는 연구결과가 발표되었다.

ㄴ. 퇴직자협회는 신제품 아이디어의 80% 이상을 고령 인력이 창출하였다는 조사결과를 발표하였다.

ㄷ. A교수의 조사에 따르면, 일단 은퇴했던 고령자들은 가능하면 자신이 받는 연금으로 편안한 여생을 보내고 싶다는 응답 비율이 90%를 넘었다.

ㄹ. B교수는 나이와 안전사고 발생비율은 반비례하여 고령 인력일수록 안전사고 빈도가 줄어들었다는 연구결과를 발표하였다.

① ㄱ, ㄷ
② ㄱ, ㄹ
③ ㄴ, ㄷ
④ ㄴ, ㄹ
⑤ ㄱ, ㄴ, ㄹ

다음 글에 부합하지 <u>않는</u> 것은?

11 민간실험(발) 05번

1. 세금이 고지되기 전에 이용할 수 있는 제도 : 과세 전 적부심사제도

세무조사 후 과세할 내용을 미리 납세자에게 알려준 다음 납세자가 그 내용에 대하여 이의가 있을 때 과세의 옳고 그름에 대한 심사를 청구하게 하고, 심사결과 납세자의 주장이 타당하면 세금을 고지하기 전에 과세 관청이 자체적으로 시정하여 주는 제도이다. 과세전 적부심사를 청구하려면 세무조사결과통지서 또는 과세예고통지서를 받은 날로부터 20일 이내에 통지서를 보낸 세무서 또는 지방국세청에 청구서를 제출하여야 한다.

2. 세금이 고지된 후에 이용할 수 있는 제도
   가. 세무서 또는 지방국세청에 제기하는 '이의신청'
   나. 국세청에 제기하는 '심사청구'
   다. 재정경제부 국세심판원에 제기하는 '심판청구'
   라. 감사원에 제기하는 '감사원 심사청구'
   마. 행정소송법에 의하여 법원에 제기하는 '행정소송'

위와 같은 권리구제 절차를 밟고자 하는 경우에는 1단계로 이의신청·심사청구·심판청구·감사원 심사청구 중 하나의 방법을 선택하여 청구할 수 있으며, 1단계 절차에서 구제를 받지 못한 경우에 한하여 2단계로 법원에 행정 소송을 제기할 수 있다. 다만 '가'의 이의신청을 한 후 행정소송을 하는 경우에는 심사청구 또는 심판청구를 반드시 거쳐야만 한다. 세금이 고지된 이후의 구제 절차는 반드시 고지서 등을 받은 날 또는 세금 부과 사실을 안 날로부터 90일 이내에 청구서류를 제출해야 하며, 1단계 절차에서 권리 구제를 받지 못하여 행정소송을 제기하고자 하는 경우에는 결정통지서를 받은 날로부터 90일 이내에 서류를 제출하여야 한다.

① 세금고지서를 받고 90일 째 되는 날 국세청에 심사청구를 제기하였다.

② 세금고지서를 받고 60일 째 되는 날 지방국세청에 이의신청을 제기하였다.

③ 세금부과 사실을 안 날로부터 60일 째 되는 날 국세심판원에 심판청구를 제기하였다.

④ 세무조사결과통지서를 받고 열흘 째 되는 날 세무서에 과세전 적부심사청구를 제기하였다.

⑤ 세금부과 사실을 안 날로부터 80일 째 되는 날 곧바로 법원에 행정소송을 제기하였다.

다음 중 공인중개사 A의 예상이 적중되기 위해 필요한 상황으로 가장 적절한 것은?

11 민간실험(발) 06번

공인중개사 A는 작년 1월부터 자신의 사무실이 위치한 건물 1층에 세를 얻어 커피숍을 함께 운영하기 시작하였다. 비록 커피숍을 운영하여 얻은 이익은 공인중개사 업무를 통해 얻는 소득보다는 적었지만 A의 소득에 또 다른 큰 보탬이 되었다.

금년에도 A는 공인중개사 업무를 계속 수행하면서 커피숍을 운영하고 있는데 금년 3월부터 시작된 건물 앞 도로공사로 인해 6월 중순 현재까지 커피숍을 찾는 손님이 급격히 감소하여 커피숍 운영을 통해 오히려 금전적 손실을 입고 있다.

A는 올해의 소득이 작년보다는 적을 것으로 예상했다.

① 커피숍의 임대료가 올해 10% 인하되었다.
② 부동산 중개 건수가 작년보다 2배 증가하였다.
③ 건물 앞 도로공사가 금년 6월 말에 끝이 난다.
④ 공인중개사 사무실과 커피숍의 직원을 각각 한 명씩 해고하였다.
⑤ 올해의 공인중개사 업무 수익의 증가분이 커피숍 운영의 손실을 상쇄할 수 없다.

문 18. 다음 글을 읽고 〈보기〉에서 옳은 것을 모두 고르면?

11 민간실험(발) 10번

장애의 본질은 크게 3개의 모형으로 구분하여 설명될 수 있다. A 모형은 장애를 '생리적·정신적 결핍' 또는 '정상 기능으로부터의 부정적 변이' 등 '기능장애'로 간주한다. 이 모형에서 장애 문제의 소재는 바로 장애인에게 있다. 이 모형에 따르면 장애에 대한 대응방안은 장애인이 지닌 기능장애로부터 정상기능을 회복하는 것이다. B 모형은 장애를 '사회적으로 만들어진 현상'으로 본다. A 모형과 달리 장애문제의 소재는 장애인 개인이 아닌 장애인이 활동할 활동무대, 즉 불공평한 사회제도나 관행에 있다. 이 모형에 따르면, 이러한 문제에 대한 대응은 장애인 개인의 변화가 아니라 사회적 재설계, 즉 사회를 개조하는 것이다. 예컨대, 교통시설, 통신시설, 제도적 관행 등의 교정을 통해 장애인에 대한 장애물을 제거하는 것이다. C 모형은 장애를 불공평한 사회제도나 관행 중에서도 특히 '정치적 소외'의 결과로 간주한다. 이 모형은 장애 문제의 소재를 민주적 의사결정 절차 및 참여의 부재로 본다. 장애문제는 장애인의 민주적 의사결정과정에의 참여, 기본권 이외에 이들에 대한 특별한 권리 부여 등을 통해 해소될 수 있다고 주장한다.

〈보 기〉

ㄱ. 전 국민을 대상으로 1인 24시간 휠체어 장애체험 행사를 매년 개최하는 것은 A 모형에 부합한다.
ㄴ. 모든 도서관에 점자도서를 의무적으로 비치하는 것은 B 모형에 부합한다.
ㄷ. 국회의원 선거 시 장애인후보자 추천 보조금제도를 도입하는 것은 C 모형에 부합한다.
ㄹ. 육교를 없애고 횡단보도를 설치하는 것은 C 모형에 부합한다.

① ㄱ, ㄴ
② ㄱ, ㄹ
③ ㄴ, ㄷ
④ ㄱ, ㄷ, ㄹ
⑤ ㄴ, ㄷ, ㄹ

다음 글을 읽고 판단할 때, 적절한 것을 〈보기〉에서 모두 고르면?

11 민간실험(발) 11번

상수도 요금을 결정하는 방식은 다음의 A, B, C, D 4가지 방식이 존재한다.

A는 상수사용량에 관계없이 일정한 금액을 요금으로 부과하는 방식으로 수량이 풍부하던 19세기까지 선진국에서 많이 사용하던 방식이다. 이 방식은 요금징수가 편리하며 요금 체계가 단순하여 사용자의 이해나 적용의 측면에서 용이하고 재원 확보 확실성 등의 이점이 있다. 반면에 사용자가 일정한 금액만 지불하면 얼마든지 상수를 사용할 수 있으므로 필요 이상의 상수가 낭비되어 자원의 비효율적인 사용을 유발할 수 있는 단점이 있다.

B는 일정 사용 수준까지만 정액요금을 부과하고 그 이상을 초과하는 사용량에 대해서는 사용량에 비례하여 일정 요율을 적용하는 요금체계로서 현실적으로 가장 많이 적용되고 있는 체계이다. 여기에서의 정액요금은 기본요금 또는 최저요금이라고도 불리우며, 정액요금제와는 달리 일정 수준의 상수 사용량까지만 동일한 정액요금을 부과하는 방식이다.

C는 상수사용을 억제할 목적으로 상수 소비량이 증대할수록 단위당 적용요율이 상승하는 요금구조를 가지고 있으며, 개도국을 중심으로 가장 많이 적용되고 있는 방법이다. 이 요금제도는 소득이 많은 사용자들이 상수를 더 많이 소비할 것이라는 가정에 근거를 두고 상수 소비를 많이 할수록 보다 높은 단위당 요율이 적용된다.

D는 취수지점 또는 상수공급지점으로부터의 거리에 비례하여 요율에 차등을 두는 제도로 사용자에 도달하는 용수 비용에 따라 요율을 다르게 설정한다.

〈보 기〉

ㄱ. 물 절약을 유도하기 위해서는 A를 채택하지 않는 것이 바람직하다.
ㄴ. 생활필수적인 기본수량에 저렴한 정액요금을 부여하기 위해서는 B를 적용하는 것이 바람직하다.
ㄷ. 계층 간의 소득을 고려한다면 C를 적용하는 것이 바람직하다.
ㄹ. 소득차를 반영하려면 D를 적용하는 것이 바람직하다.

① ㄱ, ㄴ
② ㄴ, ㄷ
③ ㄷ, ㄹ
④ ㄱ, ㄴ, ㄷ
⑤ ㄴ, ㄷ, ㄹ

다음 〈상황〉을 근거로 판단할 때 甲과 乙회사가 취할 것으로 예상되는 행동을 〈보기〉에서 모두 고르면?

11 민간실험(발) 17번

〈상 황〉

甲은 乙회사에서 독보적인 기술을 개발하고 있다. 甲은 乙회사에 남아 지속적으로 기술을 개발하여 상품화하면 35억 원의 순이익을 얻을 수 있으며, 乙회사는 100억 원의 순이익을 얻을 수 있다. 그러나 甲이 회사를 떠나서 독자적인 개발을 하게 되면 乙회사와 경쟁하지 않을 수 없다. 甲이 회사를 떠나면 乙회사는 개발을 중지할 수도 있을 것이다. 이 경우 甲은 개발된 기술을 상품화하여 80억 원의 순이익을 올릴 수 있다. 乙회사는 아무 일도 하지 않았기 때문에 수입이 전혀 없다.

甲이 회사를 떠나더라도 乙회사는 유사한 기술을 개발해서 상품화할 수 있다. 乙회사가 유사한 기술을 개발해서 상품화하면, 甲은 乙회사와의 경쟁을 의식해서 기술개발을 중지할 수 있다. 이 경우 甲은 아무런 수익을 얻을 수 없고, 乙은 130억 원의 순이익을 얻게 된다. 그러나 甲이 적극적으로 기술개발과 상품화를 추진하여 개발된 상품을 乙회사보다 먼저 시장에 내놓을 수 있다. 이렇게 되면 甲은 40억 원의 순이익을 얻고, 乙회사는 110억 원의 순이익을 올린다. 甲이 기술은 개발하였으나 상품화를 늦추어 乙회사가 먼저 시장에 제품을 출시하면, 甲은 13억 원의 순이익을 얻고 乙회사는 120억 원의 순이익을 얻는다. 乙회사는 기술개발 능력이 甲보다 떨어지기 때문에 시장에 먼저 상품을 출시하느냐는 甲의 결정에 달려있다고 한다.

※ 1) 甲과 乙회사는 각자의 순이익을 극대화하려 함
　 2) 甲과 乙회사는 서로 협력하지 않고 의사결정을 하며, 각각의 의사 결정에 따라 순이익이 얼마나 발생할지 알고 있음

〈보 기〉

ㄱ. 甲의 퇴사 여부와 무관하게 乙회사는 개발된 기술을 상품화할 것이다.
ㄴ. 자신이 퇴사하면 乙회사가 기술을 개발할 것이기 때문에 甲은 乙회사에 남을 것이다.
ㄷ. 甲이 乙회사를 퇴사할 경우, 甲은 적극적으로 상품을 개발하여 시장에 乙회사보다 먼저 출시하려고 할 것이다.
ㄹ. 甲이 퇴사하는 것보다 퇴사하지 않는 것이 乙회사의 순이익을 증가시키므로 乙회사는 甲의 퇴사를 원하지 않을 것이다.

① ㄱ, ㄴ
② ㄱ, ㄷ
③ ㄱ, ㄹ
④ ㄴ, ㄷ
⑤ ㄴ, ㄷ, ㄹ

문 21. 올해는 1564년이고, 가장 최근에 치러진 소과(小科)는 1563년이었으며 대과(大科)는 1562년이었다. 다음 글을 읽고 판단할 때, 옳은 것은?

11 민간실험(발) 23번

시험제도, 즉 고시(考試)는 생원진사과, 문과와 무과 그리고 잡과 등이 있었다. 경학에 뛰어난 인재를 선발하는 생원과(生員科)와 문학적 재능이 뛰어난 인재를 뽑는 진사과(進士科)는 3년마다 각각 100명씩 선발했다. 이를 소과(小科) 혹은 사마시(司馬試)라고도 불렀다. 생원과 진사가 되면 바로 하급관원이 되기도 했지만, 그보다는 문과에 다시 응시하거나 성균관에 진학하는 경우가 더 많았다. 사마시는 1차 시험인 초시(初試)에서 7배수를 뽑았는데, 이는 각 도별 인구 비율로 강제 배분되었다. 그러나 2차 시험인 복시(覆試)에서는 도별 안배를 없애고 성적순으로 뽑았다.

고시 중에서 고급 문관을 선발하는 가장 경쟁률이 높고 비중이 큰 것을 문과(文科) 혹은 대과(大科)라고 불렀다. 문과는 3년마다 선발하는 정기 시험인 식년시(式年試)와 수시로 시험하는 별시(別試), 증광시(增廣試) 그리고 국가에 경사가 있을 때 시행하는 경과(慶科) 등이 있었다. 정기시험에는 1만 명 이상의 지원자들이 경쟁을 벌여 최종적으로 33명을 뽑는 데 초시에서는 7배수인 240명을 각 도의 인구 비율로 뽑았다. 그러나 2차 시험인 복시(覆試)에서는 도별 안배를 없애고 성적순으로 33명을 뽑았으며 궁궐에서 치르는 3차 시험인 전시(殿試)에서는 갑과 3인, 을과 7인 병과 23인의 등급을 정하여 그 등급에 따라 최고 6품에서 최하 9품의 품계를 받았다. 현직 관원인 경우는 현재의 직급에서 1~4계(階)를 올려주었다.

① 성균관에 입학할 수 있는 최대의 인원은 해마다 200명이다.

② 1560년에 한성부에 살던 정3품 관료의 아들 甲은 사마시 복시에 700등으로 합격하였다.

③ 정9품인 현직 관원 乙은 1559년에 문과 정기 시험에 응시하여 2차 시험에서 30등으로 합격하였다.

④ 진사(進士) 丙은 1547년에 사마시 초시를 합격하고 이후 6번이나 문과 정기 시험을 치렀다.

⑤ 현직관원인 丁은 왕세자의 탄생으로 경과(慶科)를 보아 33명을 뽑는 2차 시험에서 수석의 영광을 차지하였다.

문 22. 甲, 乙, 丙, 丁은 A국의 건강보험 가입자이다. 다음 글을 근거로 판단할 때, 〈보기〉에서 옳지 않은 것을 모두 고르면?

12 민간(인) 01번

A국의 건강보험공단(이하 '공단'이라 한다)이 제공하는 건강보험의 급여는 현물급여와 현금급여로 나눌 수 있다. 현물급여는 지정된 요양기관(병 · 의원)을 통하여 가입자 및 피부양자에게 직접 의료서비스를 제공하는 것으로, 요양급여와 건강검진이 있다. 요양급여는 가입자 및 피부양자의 질병 · 부상 · 출산 등에 대한 지정된 요양기관의 진찰, 처치 · 수술 기타의 치료, 재활, 입원, 간호 등을 말한다. 또한 공단은 질병의 조기 발견과 그에 따른 요양급여를 제공하기 위하여 가입자 및 피부양자에게 2년마다 1회 무료로 건강검진을 실시한다.

현금급여는 가입자 또는 피부양자가 긴급하거나 기타 부득이한 사유로 인하여 지정된 요양기관 이외의 의료기관에서 질병 · 부상 · 출산 등에 대하여 요양을 받은 경우와 요양기관 외의 장소에서 출산을 한 경우, 공단이 그 요양급여에 상당하는 금액을 가입자 또는 피부양자에게 요양비로 지급하는 것을 말한다. 이러한 요양비를 지급받기 위하여 요양을 제공받은 자는 요양기관이 발행한 요양비용명세서나 요양내역을 기재한 영수증 등을 공단에 제출하여야 한다. 또한 본인부담액보상금도 현금급여에 해당한다. 이는 전체 보험가입자의 보험료 수준별로 하위 50%는 연간 200만 원, 중위 30%는 연간 300만 원, 상위 20%는 연간 400만 원의 진료비를 초과하는 경우, 그 초과액을 공단이 부담하는 제도이다.

〈보 기〉

ㄱ. 甲의 피부양자는 작년에 이어 올해도 질병의 조기 발견을 위해 공단이 지정한 요양기관으로부터 건강검진을 무료로 받을 수 있다.

ㄴ. 乙이 갑작스러운 진통으로 인해 자기 집에서 출산한 경우, 공단으로부터 요양비를 지급받을 수 있다.

ㄷ. 丙이 혼자 섬으로 낚시를 갔다가 다리를 다쳐 낚시터에서 그 마을 주민으로부터 치료를 받은 경우, 공단으로부터 요양비를 지급받을 수 있다.

ㄹ. 상위 10% 수준의 보험료를 내고 있는 丁이 진료비로 연간 400만 원을 지출한 경우, 진료비의 일부를 공단으로부터 지원받을 수 있다.

① ㄱ, ㄴ

② ㄴ, ㄷ

③ ㄷ, ㄹ

④ ㄱ, ㄴ, ㄹ

⑤ ㄱ, ㄷ, ㄹ

다음 글을 근거로 판단할 때 옳은 것은? 12 민간(인) 02번

한복(韓服)은 한민족 고유의 옷이다. 삼국 시대의 사람들은 저고리, 바지, 치마, 두루마기를 기본적으로 입었다. 저고리와 바지는 남녀 공용이었으며, 상하귀천에 관계없이 모두 저고리 위에 두루마기를 덧입었다. 삼국 시대 이후인 남북국 시대에는 서민과 귀족이 모두 우리 고유의 두루마기인 직령포(直領袍)를 입었다. 그런데 귀족은 직령포를 평상복으로만 입었고, 서민과 달리 의례와 같은 공식적인 행사에는 입지 않았다. 고려 시대에는 복식 구조가 크게 변했다. 특히 귀족층은 중국옷을 그대로 받아들여 입었지만, 서민층은 우리 고유의 복식을 유지하여, 복식의 이중 구조가 나타났다. 조선 시대에도 한복의 기본 구성은 지속되었다. 중기나 후기에 들어서면서 한복 디자인은 한층 단순해졌고, 띠 대신 고름을 매기 시작했다. 조선 후기에는 마고자와 조끼를 입기 시작했는데, 조끼는 서양 문물의 영향을 받은 것이었다.

한편 조선 시대 관복에는 여러 종류가 있었다. 곤룡포(袞龍袍)는 임금이 일반 집무를 볼 때 입었던 집무복[상복 : 常服]으로, 그 흉배(胸背)에는 금색실로 용을 수놓았다. 문무백관의 상복도 곤룡포와 모양은 비슷했다. 그러나 무관 상복의 흉배에는 호랑이를, 문관 상복의 흉배에는 학을 수놓았다. 무관들이 주로 대례복으로 입었던 구군복(具軍服)은 무관 최고의 복식이었다. 임금도 전쟁 시에는 구군복을 입었는데, 임금이 입었던 구군복에만 흉배를 붙였다.

※ 흉배는 왕을 비롯한 문무백관이 입던 관복의 가슴과 등에 덧붙였던 사각형의 장식품임

① 남북국 시대의 서민들은 직령포를 공식적인 행사에도 입었다.
② 고려 시대에는 복식 구조가 크게 변하여 모든 계층에서 중국옷을 그대로 받아들여 입는 현상이 나타났다.
③ 조선 시대 중기에 들어서면서 고름을 매기 시작했고, 후기에는 서양 문물의 영향으로 인해 마고자를 입기 시작했다.
④ 조선 시대 무관이 입던 구군복의 흉배에는 호랑이가 수놓아져 있었다.
⑤ 조선 시대 문관의 경우 곤룡포와 비슷한 모양의 상복에 호랑이가 수놓아진 흉배를 붙였다.

다음 글을 근거로 판단할 때, 〈보기〉에서 옳은 것을 모두 고르면? 12 민간(인) 06번

• A학자는 청소년들이 폭력성이 강한 드라마를 자주 보면 폭력 성향이 강해지고, 이것이 청소년 폭력행위의 증가로 이어진다고 주장한다. 따라서 텔레비전에서 폭력성이 강한 드라마가 방영되는 것에 대해 심각한 우려를 표명하고 있다.
• B학자는 폭력성이 강한 드라마가 일부 청소년들 사이에서 인기가 높고, 청소년들의 폭력행위도 늘어나고 있다는 사실을 인식하고 있다. 하지만 폭력성향이 강한 청소년들은 폭력을 일삼는 드라마에 더 끌리는 경향이 있을 뿐, 이를 시청한다고 해서 청소년 폭력행위가 증가하는 것은 아니라고 주장한다.

〈보 기〉

ㄱ. A의 주장에 따르면, 텔레비전에서 폭력물을 방영하는 것을 금지한다면 청소년 폭력행위는 줄어들 것이다.
ㄴ. A의 주장에 따르면, 남성 청소년들은 여성 청소년들보다 폭력물에서 보이는 세계가 현실이라고 믿는 경향이 더 강하다.
ㄷ. B의 주장에 따르면, 폭력물을 자주 본다는 것은 강한 폭력성향의 원인이 아니라 결과이다.
ㄹ. A와 B의 주장에 따르면, 청소년 폭력성향과 폭력물 시청은 상관관계가 있다.

① ㄱ
② ㄱ, ㄷ
③ ㄴ, ㄹ
④ ㄱ, ㄷ, ㄹ
⑤ ㄴ, ㄷ, ㄹ

A국은 B국을 WTO협정 위반을 이유로 WTO 분쟁해결기구에 제소하였다. 다음 글을 근거로 판단할 때 옳은 것은?

일반적으로 상대 회원국의 조치가 WTO협정에 어긋난다고 판단하는 회원국은 먼저 상대 회원국과 '외교적 교섭'을 하고, 그래도 해결가능성이 보이지 않으면 WTO 분쟁해결기구에 제소한다. WTO 회원국 간의 분쟁은 분쟁해결기구에 의하여 처리되는데, 분쟁해결절차는 크게 '협의', '패널', '상소'로 이루어진다. WTO에 제소한 이후에도 양국은 우호적인 해결을 위하여 비공개로 60일 간의 협의를 가진다. 그 협의를 통해 분쟁이 해결되지 않은 경우, WTO에 제소한 국가가 패널설치를 요구하면 분쟁해결기구는 이를 설치한다.

분쟁해결기구는 충분한 자질을 갖춘 정부인사 또는 비정부인사를 패널위원으로 위촉하여야 하며, 분쟁당사국 국민은 분쟁당사국 사이에 별도의 합의가 없는 한 패널위원이 될 수 없다. 패널은 별도의 합의가 없으면 3인으로 구성된다. 패널은 분쟁사실, 관련 규정 적용가능성과 분쟁해결에 대한 제안을 수록한 패널보고서를 분쟁해결기구에 제출하고, 분쟁당사국이 분쟁해결기구에 상소의사를 통보하지 않는 한 패널보고서는 회원국 전체에 회람된 날로부터 60일 이내에 분쟁해결기구에서 채택된다.

상소기구는 패널보고서에서 다루어진 법률문제와 패널이 내린 법률해석만을 대상으로 심의한다. 상소기구보고서는 분쟁당사국의 참여 없이 작성되는데, 패널에서의 법률적 조사결과나 결론을 확정, 변경 또는 파기할 수 있다.

① 협의는 A국, B국 및 제3자가 공개적으로 진행한다.
② 패널위원은 원칙적으로 A국과 B국의 국민을 포함한 3인이다.
③ 패널보고서와 상소기구보고서는 분쟁당사국과 합의하여 작성된다.
④ A국은 협의를 통해 분쟁이 해결되지 않으면 분쟁해결기구에 패널설치를 요구할 수 있다.
⑤ B국이 패널보고서를 회람한 후 60일 이내에 상소의사를 통보하더라도 분쟁해결기구는 패널보고서를 채택하여야 한다.

다음 글에 근거할 때, 〈보기〉에서 옳지 않은 것을 모두 고르면?

청소년 비행의 원인을 설명하는 이론에는 다음과 같은 세 가지가 있다. A이론에서는 자기통제력이라는 내적 성향이 유년기의 문제행동, 청소년 비행뿐만 아니라 성인의 범죄도 설명할 수 있는 중요한 원인 중 하나라고 본다. 자기통제력은 부모의 양육에 의해 어릴 때 형성되는 것으로, 목표 달성을 위해 충동을 조절할 수 있는 능력, 유혹에 저항하는 능력, 만족을 지연할 수 있는 능력 등을 말한다.

B이론에서는 청소년의 연령에 따라 비행의 원인이 다르다고 주장하면서 부모의 양육 방법뿐만 아니라 비행친구와의 접촉 여부에 대해서도 주목한다. 이 이론은 청소년 시기를 초기(11~13세), 중기(14~16세), 후기(17~19세)로 구분하고, 초기에는 부모의 양육 방법 차이가 청소년 비행에 영향을 크게 미치지만 중기를 거쳐 후기에 이를수록 그 영향력은 작아진다고 주장한다. 반면 비행친구와의 접촉이 청소년 비행에 미치는 영향력의 정도는 상대적으로 초기보다는 중기를 거쳐 후기에 이를수록 커진다고 한다.

C이론 역시 부모의 양육 방법이 청소년 비행에 영향을 미치는 요인 중 하나라고 본다. 그런데 위의 이론들과 달리 C이론은 비행청소년을 '초기 진입자(early-starter)'와 '후기 진입자(late-starter)'로 구분하여 설명한다. 전자는 어려서부터 부모의 부적절한 양육 등으로 인해 문제성향과 문제행동을 보이는 청소년들을 지칭한다. 반면 후자는 어려서는 문제성향을 보이지는 않았으나, 성장 과정에서 비행친구와 접촉하면서 모방 등을 통해 청소년기에 일시적으로 비행을 저지르는 비행청소년들을 말한다.

〈보 기〉

ㄱ. A이론에서는 자기통제력이라는 내적 성향이 청소년 비행을 설명하는 주요 요인이라고 본다.
ㄴ. B이론에서는 청소년 비행에 있어 청소년의 연령과 비행친구의 영향력 간에는 반비례의 관계가 있다고 본다.
ㄷ. C이론에서는 모범생인 청소년도 고교시절 비행친구를 사귀게 되면, 성인이 되어서도 지속적으로 비행을 저지를 가능성이 높다고 본다.

① ㄱ
② ㄴ
③ ㄱ, ㄴ
④ ㄱ, ㄷ
⑤ ㄴ, ㄷ

승정원은 조선 시대 왕명 출납을 관장하던 관청으로 오늘날 대통령 비서실에 해당한다. 조선 시대 대부분의 관청이 왕−의정부−육조−일반 관청이라는 계통 속에 포함된 것과는 달리 승정원은 국왕 직속 관청이었다.

승정원에는 대통령 비서실장 격인 도승지를 비롯하여 좌승지, 우승지, 좌부승지, 우부승지, 동부승지를 각각 1인씩 두었는데, 이를 통칭 6승지라 부른다. 이들은 모두 같은 품계인 정3품 당상관이었으며, 6승지 아래에는 각각 정7품 주서 2인이 있었다. 통상 6승지는 분방(分房)이라 하여 부서를 나누어 업무를 담당하였는데, 도승지가 이방, 좌승지가 호방, 우승지가 예방, 좌부승지가 병방, 우부승지가 형방, 동부승지가 공방 업무를 맡았다. 이는 당시 중앙부처 업무 분담이 크게 육조(이조, 호조, 예조, 병조, 형조, 공조)로 나누어져 있었고, 경국대전 구성이 6전 체제로 되어 있던 것과도 맥을 같이 한다.

한편 6명의 승지가 동등하게 대우받는 것은 아니었다. 같은 승지라 하더라도 도승지는 다른 나머지 승지들과 대우가 달랐고, 좌승지 · 우승지와 좌부승지 · 우부승지 · 동부승지의 관청 내 위계질서 역시 현격한 차이가 있었다. 관청 청사에 출입할 때도 위계를 준수하여야 했고, 도승지가 4일에 한 번 숙직하는 반면 하위인 동부승지는 연속 3일을 숙직해야만 하였다.

주서는 고려 이래의 당후관(堂後官)을 개칭한 것으로 승정원을 통과한 모든 공사(公事)와 문서를 기록하는 것이 그 임무였다. 주서를 역임한 직후에는 성균관 전적이나 예문관 한림 등을 거쳐, 뒤에는 조선 시대 청직(淸職)으로 불리는 홍문관 · 사간원 · 사헌부 등의 언관으로 진출하였다가 승지를 거쳐 정승의 자리에 이르는 사람이 많았다. 따라서 주서의 자격 요건은 엄격하였다. 반드시 문과 출신자여야 하였고, 인물이 용렬하거나 여론이 좋지 않은 등 개인적인 문제가 있거나 출신이 분명하지 않은 경우에는 주서에 임명될 수 없었다.

① 승정원 내에는 총 2명의 주서가 있었다.
② 승정원 도승지와 동부승지의 품계는 달랐다.
③ 양반자제로서 무과 출신자는 주서로 임명될 수 없었다.
④ 좌부승지는 병조에 소속되어 병방 업무를 담당하였다.
⑤ 홍문원 · 사간원 등의 언관이 승진한 후 승정원 주서를 역임하는 사례가 많았다.

'피카레스크 소설'은 스페인만이 가진 독특한 문학 장르로 하류층의 삶을 소재로 해서 매우 현실적인 내용을 숨김없이 표현한다. 피카레스크 소설에서는 주인공을 '피카로'로 지칭하는데, 피카로는 장난꾸러기, 악동, 악당 등을 뜻하는 스페인어이다. 피카레스크 소설에서 주인공인 피카로는 항상 '나'의 시점에서 자신의 경험을 생생하게 서술한다. 주인공은 뚜렷한 직업이 없는 소년으로 구걸과 도둑질을 일삼으면서 양심의 가책 없이 다른 사람을 희생시켜 살아가다가 오히려 자신의 계략에 희생당하는 인물이다.

피카레스크 소설은 그 배경이 된 시대의 사회상, 특히 여러 계층의 사람들이 살아가는 모습을 생생하게 그려냄으로써 사실주의적 경향을 극명하게 보여준다. 피카레스크 소설은 다른 유럽 국가들에도 큰 영향을 끼쳐서 18, 19세기에 사실주의 소설이 발전하는 데 이바지했다.

피카레스크 소설 중 가장 대표적인 작품으로는 1554년에 쓰여진 작가 미상의 『라사리요 데 토르메스』가 있다. 이 소설은 출판되자마자 커다란 성공을 거두었으나, 그 속에 담긴 반(反)교회, 반(反)교권주의적인 내용 때문에 종교 재판소로부터 출판을 금지당하기도 했다. 한편 이 작품은 역사적 · 문화적 관점에서뿐만 아니라 심리학적 견지에서도 우수한 작품으로 평가받고 있으며 세계문학사상 최초의 근대 풍속소설로 꼽히고 있다.

〈보 기〉

ㄱ. 피카레스크 소설을 통해 그 배경이 된 시대의 생활상을 파악할 수 있다.
ㄴ. 피카레스크 소설 속에서 주인공은 자신의 경험을 1인칭 시점에서 이야기한다.
ㄷ. 피카레스크 소설은 주인공이 행복한 삶을 영위하는 것으로 결말지어진다.
ㄹ. 『라사리요 데 토르메스』는 종교 재판소의 금지로 인해 출판되지도 못한 채 구전으로만 전해져 내려왔다.

① ㄱ, ㄴ
② ㄱ, ㄷ
③ ㄴ, ㄹ
④ ㄷ, ㄹ
⑤ ㄴ, ㄷ, ㄹ

건축은 자연으로부터 인간을 보호하기 위한 인위적인 시설인 지붕을 만들기 위한 구축술(構築術)에서 시작되었다고 할 수 있다. 우리가 중력의 법칙이 작용하는 곳에 살고 있는 이상 지붕은 모든 건축에서 고려해야 할 필수적인 요소이다. 건축은 바닥과 벽 그리고 지붕의 세 요소로 이루어진다. 하지만 인류 최초의 건축 바닥은 지면이었고 별도의 벽은 없었다. 뾰족형이나 삼각형 단면 구조에 의해 이루어지는 지붕이 벽의 기능을 하였을 뿐이다.

그러나 지붕만 있는 건축으로는 넓은 공간을 만들 수 없다. 천장도 낮아서 공간의 효율성이 떨어지고 불편했다. 따라서 공간에 대한 욕구가 커지고 건축술이 발달하면서 건축은 점차 수직으로 선 구조체가 지붕을 받치는 구조로 발전하였다. 그로 인해 지붕의 처마는 지면에서 떨어질 수 있게 되었고, 수직의 벽도 출현하게 되었다. 수직 벽체의 출현은 건축의 발달 과정에서 획기적인 전환이었다. 이후 수직 벽체는 건축구조에서 가장 중요한 부분의 하나가 되었고, 그것을 만드는 재료와 방법에 따라서 다양한 구조와 형태의 건축이 출현하였다.

흙을 사용하여 수직 벽체를 만드는 건축 방식에는 항토(夯土)건축과 토담, 전축(塼築) 등의 방식이 있다. 항토건축은 거푸집을 대고 흙 또는 흙에 강회(생석회)와 짚여물 등을 섞은 것을 넣고 다져 벽을 만든 것이다. 토담 방식은 햇볕에 말려 만든 흙벽돌을 쌓아올려 벽을 만든 것이다. 그리고 전축은 흙벽돌을 고온의 불에 구워 만든 전돌을 이용해 벽을 만든 것이다.

항토건축은 기단이나 담장, 혹은 성벽을 만드는 구조로 사용되었을 뿐 대형 건축물의 구조방식으로는 사용되지 않았고, 토담 방식으로 건물을 지은 예는 많지 않았다. 한편 전축은 전탑, 담장, 굴뚝 등에 많이 활용되었고 조선 후기에는 화성(華城)의 건설에 이용되었다. 여름철에 비가 많고 겨울이 유난히 추운 곳에서는 수분의 침투와 동파를 막기 위해서 높은 온도에서 구워낸 전돌을 사용해야 했는데, 경제적인 부담이 커서 대량생산을 할 수 없었다.

〈보 기〉

ㄱ. 수직 벽체를 만들게 됨에 따라서 지붕만 있는 건축물보다는 더 넓은 공간의 건축물을 지을 수 있게 되었다.

ㄴ. 항토건축 방식은 대형 건축물의 수직 벽체로 활용되었을 뿐 성벽에는 사용되지 않았다.

ㄷ. 토담 방식은 흙을 다져 전체 벽을 만든 것으로 당시 대부분의 건축물에 활용되었다.

ㄹ. 화성의 건설에 이용된 전축은 높은 온도에서 구워낸 전돌을 사용한 것이다.

① ㄱ, ㄴ
② ㄱ, ㄹ
③ ㄴ, ㄷ
④ ㄱ, ㄷ, ㄹ
⑤ ㄴ, ㄷ, ㄹ

문 30. 다음 〈근대 문물의 수용 연대〉를 근거로 판단할 때, 〈A 사건〉이 발생한 해에 볼 수 있었던 광경으로 옳게 추론한 것은?

13 민간(인) 06번

〈근대 문물의 수용 연대〉

신문	한성순보(1883년 개간/1884년 폐간)
교통	철도 : 경인선(1899년), 경부선(1905년)
	전차 : 서대문~청량리(1898년)
의료	광혜원(1885년), 세브란스 병원(1904년)
건축	독립문(1897년), 명동성당(1898년)
전기통신	전신(1885년), 전등(1887년 경복궁 내), 전화(1896년)

〈A 사건〉

경복궁 내에 여러 가지 기계가 설치되었다. 궁내의 큰 마루와 뜰에 등롱(燈籠) 같은 것이 설치되어 서양인이 기계를 움직이자 연못의 물이 빨아 올려져 끓는 소리와 우렛소리와 같은 시끄러운 소리가 났다. 그리고 얼마 있지 않아 가지 모양의 유리에 휘황한 불빛이 대낮 같이 점화되어 모두가 놀라움을 금치 못했다. 궁궐에 있는 궁인들이 이 최초의 놀라운 광경을 구경하기 위해 내전 안으로 몰려들었다.

① 광혜원에서 전화를 거는 의사
② 독립문 준공식을 보고 있는 군중
③ 서대문에서 청량리 구간의 전차를 타는 상인
④ 〈A 사건〉을 보도한 한성순보를 읽고 있는 관리
⑤ 전신을 이용하여 어머니께 소식을 전하는 아들

'스마트 엔트리 서비스(Smart Entry Service)'는 대한민국 자동출입국심사시스템의 명칭으로, 사전에 여권정보와 바이오정보(지문, 안면)를 등록한 후 스마트 엔트리 서비스 게이트에서 이를 활용하여 출입국심사를 진행하는 첨단 시스템이다. 이 서비스 이용자는 출입국심사관의 대면심사를 대신하여 자동출입국심사대를 이용해 약 12초 이내에 출입국심사를 마칠 수 있다.

17세 이상의 주민등록증을 발급받은 대한민국 국민 및 국내체류 중인 등록외국인은 스마트 엔트리 서비스에 가입할 수 있다. 단, 복수국적인 대한민국 국민은 외국여권으로는 가입할 수 없다. 미국인의 경우 한·미 자동출입국심사서비스 상호이용 프로그램에 따라 국내체류 중인 등록외국인이 아니어도 가입이 가능하다.

스마트 엔트리 서비스 가입 희망자는 자동판독이 가능한 전자여권을 소지하여야 한다. 그리고 바이오정보로 본인 여부를 확인할 수 있도록 지문정보 취득 및 얼굴사진 촬영이 가능해야 한다. 따라서 지문의 상태가 좋지 않아 본인확인이 어려운 경우에는 가입이 제한된다. 대한민국 국민과 국내체류 중인 등록외국인은 스마트 엔트리 서비스 가입을 위한 수수료가 면제되고, 한·미 자동출입국심사서비스 상호이용 프로그램을 통해 스마트 엔트리 서비스에 가입하려는 미국인은 100달러의 수수료를 지불해야 한다.

가입 후, 스마트 엔트리 서비스 이용 중에 여권 또는 개인정보가 변경된 경우에는 등록센터를 방문하여 변경사항을 수정하여야 하며, 심사대에서 지문 인식이 불가능한 경우에는 등록센터를 방문하여 지문을 재등록하여야 한다. 스마트 엔트리 서비스에 가입한 사람은 출입국 시 스마트 엔트리 서비스 게이트 또는 일반심사대에서 심사를 받을 수 있고, 스마트 엔트리 서비스 게이트를 이용하는 경우에는 출입국심사인 날인이 생략된다.

① 복수국적인 대한민국 국민은 스마트 엔트리 서비스에 가입할 수 없다.
② 외국인의 경우 국내체류 중인 등록외국인 외에는 스마트 엔트리 서비스 가입이 불가능하다.
③ 스마트 엔트리 서비스에 가입한 자는 출입국 시 항상 스마트 엔트리 서비스 게이트에서 심사를 받아야 한다.
④ 한·미 자동출입국심사서비스 상호이용 프로그램을 통해 스마트 엔트리 서비스에 가입하려는 대한민국 국민은 100달러를 수수료로 지불해야 한다.
⑤ 스마트 엔트리 서비스 가입 후 여권을 재발급받아 여권정보가 변경된 경우, 이 서비스를 계속 이용하기 위해서는 등록센터를 방문하여 여권정보를 수정하여야 한다.

일반적으로 간단한 과학 기술 원리를 적용하여 저소득층의 기본적인 욕구를 충족시키는 제품을 개발하는 데 사용되는 기술을 '적정 기술' 혹은 '따뜻한 기술'이라고 한다. 이와 같은 적정 기술의 기원은 작고 지역적이며 시골의 필요를 충족시키고자 했던 간디의 물레에서 찾아볼 수 있다.

그러나 적정 기술이 반드시 첨단 기술을 배제하는 것은 아니다. 최근 영국에서는 최첨단 나노 기술을 적용하여 미세한 바이러스 입자까지 걸러내는 정수필터를 개발하였다. 이 정수필터를 장착한 물통은 2만 5천 리터의 물을 정수할 수 있는데, 이를 통해 하루에 단돈 0.5센트로 4명의 가족이 3년간 마실 수 있는 물을 확보할 수 있다. 어쩌면 이 물통의 보급이 아프리카에 우물을 파는 것보다 훨씬 적은 비용으로 더 많은 사람들에게 혜택을 줄 수 있을 것이다.

이러한 적정 기술은 세계의 빈곤 문제를 해결할 수 있는 하나의 대안이 될 수도 있다. 현재 세계의 지도자들이 논의하고 있는 불균형 발전의 문제는 충분히 의제화되어 있기도 하고, 그 원인에 대해서도 어느 정도 규명이 이루어지고 있다. 그러나 이러한 논의들은 하루 1달러 미만으로 매 순간 절망 속에서 살아가는 14억 인구가 당장 오늘의 생계유지와 더 나은 미래를 위해 무엇을 어떻게 해야 할 것인가에 관해서는 구체적이고 명확한 방안을 제시하지 못하고 있다. 하지만 적정 기술은 이러한 문제해결에 획기적인 수준에는 미치지 못하더라도 상당한 수준의 기여를 할 수 있다.

지금도 많은 과학자 혹은 공학자들이 연구실과 작업현장에서 수많은 적정 기술을 개발하여 이를 적용한 제품을 만들어 내고 있다. 그러나 문제는 대부분의 제품들이 온라인상이나 보고책자상에만 존재하고 있으며, 실용화되어 널리 쓰이고 있는 제품을 찾아보기가 매우 힘들다는 점이다. 대부분의 제품 개발자들은 다국적 기업에 비해 사업 규모나 유통 인프라가 매우 영세하여, 제품을 꼭 필요로 하는 사람들에게 구매의 기회조차 제공해 주지 못하기 때문이다.

① 적정 기술은 실제 활용의 측면에서 해결해야 할 과제가 있다.
② 적정 기술은 기술력이 앞선 다국적 기업에 의해 전적으로 개발되고 있다.
③ 첨단 기술은 단순하지 않기 때문에 적정 기술 개발에 적용되지 않는다.
④ 적정 기술은 빈곤과 불균형 문제의 해결보다는 현상과 원인을 규명한다는 점에서 더 의미가 있다.
⑤ 적정 기술은 자선의 목적으로 소외 지역에 무상 공급하는 제품에 적용되는 기술로 국한된다.

다음 글을 근거로 판단할 때, 〈보기〉에서 같이 사용하면 부작용을 일으키는 화장품의 조합만을 모두 고르면?

화장품 간에도 궁합이 있다. 같이 사용하면 각 화장품의 효과가 극대화되거나 보완되는 경우가 있는 반면 부작용을 일으키는 경우도 있다. 요즘은 화장품에 포함된 모든 성분이 표시되어 있으므로 기본 원칙만 알고 있으면 제대로 짝을 맞춰 쓸 수 있다.

- 트러블의 원인이 되는 묵은 각질을 제거하고 외부 자극으로부터 피부 저항력을 키우는 비타민 B 성분이 포함된 제품을 트러블과 홍조 완화에 탁월한 비타민 K 성분이 포함된 제품과 함께 사용하면, 양 성분의 효과가 극대화되어 깨끗하고 건강하게 피부를 관리하는데 도움이 된다.
- 일반적으로 세안제는 알칼리성 성분이어서 세안 후 피부는 약알칼리성이 된다. 따라서 산성에서 효과를 발휘하는 비타민 A 성분이 포함된 제품을 사용할 때는 세안 후 약산성 토너로 피부를 정리한 뒤 사용해야 한다. 한편 비타민 A 성분이 포함된 제품은 오래된 각질을 제거하는 기능도 있다. 그러므로 각질관리 제품과 같이 사용하면 과도하게 각질이 제거되어 피부에 자극을 주고 염증을 일으킨다.
- AHA 성분은 각질 결합을 느슨하게 해 묵은 각질이나 블랙헤드를 제거하고 모공을 축소시키지만, 피부의 수분을 빼앗고 탄력을 떨어뜨리며 자외선에 약한 특성도 함께 지니고 있다. 따라서 AHA 성분이 포함된 제품을 사용할 때는 보습 및 탄력 관리에 유의해야 하며 자외선 차단제를 함께 사용해야 한다.

〈보 기〉

ㄱ. 보습기능이 있는 자외선 차단제와 AHA 성분이 포함된 모공 축소 제품
ㄴ. 비타민 A 성분이 포함된 주름개선 제품과 비타민 B 성분이 포함된 각질관리 제품
ㄷ. 비타민 B 성분이 포함된 로션과 비타민 K 성분이 포함된 영양크림

① ㄱ
② ㄴ
③ ㄷ
④ ㄱ, ㄴ
⑤ ㄴ, ㄷ

다음 글을 근거로 추론할 때 옳은 것은?

미국인의 일상생활은 1919년 이후 꾸준히 변해왔다. 1919년 5월 어느 날 아침, 식탁에 앉은 스미스 씨의 복장만 보면 1930년이라고 착각할지도 모른다. 물론 눈썰미가 있는 사람이라면 스미스 씨의 바지통이 1930년보다 좁다는 것을 눈치챌 수도 있다. 이처럼 남성들의 패션은 빙하의 움직임처럼 느리게 변화한다.

이와는 달리 스미스 부인은 당시의 유행대로 발목 부분에서 오므라들고, 발목에서 10cm 올라가 있는 치마를 입고 있다. 부인은 패션잡지에서 "부르봉 왕조 이래 여자들이 이렇게 다리를 내놓았던 적은 없다"는 놀라운 이야기와 앞으로 치마 길이가 더욱 짧아질 것임을 전망하는 기사를 보았지만, 발목에서 10cm 위는 여전히 당시의 표준적인 치마 길이였다.

또한 스미스 부인은 지난 겨울 내내 끈으로 꼭 맞게 조인 워킹부츠 혹은 사슴 가죽을 부착한 에나멜 구두로 복사뼈를 감싸고 있었지만, 지금은 봄이라는 계절에 맞게 단화를 신고 단화 안에는 검은색 스타킹을 신었다. 스미스 부인은 황갈색 구두를 신을 때 황갈색 스타킹을 신는다.

1919년이면 화장은 매춘부들이나 하는 것이라는 고정관념이 희미해지고, 세련된 소녀들은 이미 대담하게 화장을 시작했을 때이다. 하지만 스미스 부인은 분을 바르는 정도로 얼굴 화장을 마무리하고, 색조 화장품은 사용하지 않았다. 가정교육을 잘 받은 스미스 부인 같은 여성들은 아직 '볼연지'라면 미간을 찌푸린다.

스미스 부인의 머리는 길다. 그래서 부인은 외출할 때에는 모자를 쓰고 긴머리를 머리 뒤쪽에 핀으로 단정하게 고정시키는 베일(veil)을 착용한다. 스미스 부인에게는 긴머리를 짧게 자른다는 것은 상상조차 할 수 없는 일이었다. 왜냐하면 당시에는 단발머리 여성이나 장발의 남성은 자유연애주의자까지는 아니더라도 급진적인 사상과 관련이 있다고 생각되었기 때문이다.

① 1919년과 1930년 사이에 미국 남성들의 바지 모양에는 약간의 변화가 있었다.
② 1919년의 여성들의 치마는 대체로 무릎을 드러내는 정도의 길이였다.
③ 스미스 부인은 외출을 할 때는 볼에 색조 화장을 하였을 것이다.
④ 긴 머리의 여성은 자유연애주의자의 대표적인 모습이었다.
⑤ 스미스 부인이 신은 단화는 황갈색이었다.

문 35. 다음 글을 근거로 판단할 때, 〈보기〉에서 옳은 것을 모두 고르면?

13 외교원(인) 02번

『경국대전』은 조선의 기본 법전으로 여러 차례의 개정 작업을 거쳐 1485년(성종 16년)에 최종본이 반포되었다. 경국대전은 6조(曹)의 직능에 맞추어 이(吏)·호(戶)·예(禮)·병(兵)·형(刑)·공(工)의 6전(典)으로 구성되어 있다.

『경국대전』에는 임금과 신하가 만나서 정사를 논의하는 조회제도의 기본 규정이 제시되어 있다. 조회에 대한 사항은 의례 관련 규정을 수록하고 있는 예전(禮典)의 조의(朝儀) 조항에 집약되어 있다. 조의는 '신하가 임금을 만나는 의식'을 의미한다. 아래 〈표〉는 『경국대전』 '조의'에 규정된 조회 의식의 분류와 관련 내용이다.

〈표〉『경국대전』의 조회 의식

분류	종류	시행일	장소	참여대상
대조 (大朝)	정실조하 (正室朝賀)	정삭(正朔), 동지(冬至), 탄일(誕日)	근정전 (勤政殿)	왕세자, 모든 관원, 제방객사 (諸方客使)
	삭망조하 (朔望朝賀)	매월 삭(朔)(1일)· 망(望)(15일)	근정전 (勤政殿)	왕세자, 모든 관원, 제방객사 (諸方客使)
상조 (常朝)	조참 (朝參)	매월 5·11· 21·25일	근정문 (勤政門)	모든 관원, 제방객사 (諸方客使)
	상참 (常參)	매일	사정전 (思政殿)	상참관 (常參官)

※ 1) '대조'는 특별한 시점에 시행되는 조회라는 의미이고, '상조'는 일상적인 조회라는 의미임
2) '제방객사'는 주변국 외교사절로서, '삭망조하'와 '조참'에는 경우에 따라 참석하였음

대조(大朝)의 범주에 해당하는 조회는 『경국대전』에 조하(朝賀)로 규정되어 있다. 조하는 축하를 모임의 목적으로 하는 의식이다. 정월 초하루, 해의 길이가 가장 짧아지는 동지 및 국왕의 생일 행사는 대조 중에서도 특별히 구분하여 3대 조회라고 지칭하고 의식의 규모도 가장 크다. 조하는 달의 변화에 따라 시행되기도 하였는데, 달의 변화를 기준으로 작성된 달력에 따라 매월 1일에 해당되는 삭일(朔日)과 보름달이 뜨는 망일(望日)에 시행되는 삭망조하가 그것이다.

〈보 기〉

ㄱ. 삭망조하는 달의 변화에 맞추어 시행되었다.
ㄴ. 정실조하의 참여대상 범위는 대체로 상참보다 넓다.
ㄷ. 한 해 동안 조회가 가장 많이 열리는 곳은 사정전이다.
ㄹ. 조선 시대 조회에 관한 사항은 공전(工典)의 의례 관련 규정에 집약되어 있다.

① ㄱ, ㄷ
② ㄴ, ㄹ
③ ㄱ, ㄴ, ㄷ
④ ㄱ, ㄴ, ㄹ
⑤ ㄴ, ㄷ, ㄹ

문 36. 다음 글을 근거로 추론할 때 옳은 것은?

13 외교원(인) 22번

성균관을 다른 말로 '반궁(泮宮)'이라 한다. 반궁이란 말의 유래는 중국 고대로 거슬러 올라간다. 주(周)나라 때 천자(天子)의 나라에 설립한 학교를 벽옹(辟雍)이라 하고, 제후의 나라에 설립한 학교를 반궁이라 하였다. 반궁이란 말은 '반수(泮水)'에서 온 말이다. 물론 여기서의 '궁(宮)'은 궁전이란 뜻이 아니고 단순히 건물이란 뜻이다. 이런 내력으로 인해 성균관과 관련된 곳에 흔히 '반(泮)'자를 붙였으니, 성균관 주위의 마을을 '반촌(泮村)'이라 하고 그 곳의 주민은 반민(泮民), 반인(泮人)이라 불렸던 것이다.

18세기의 저명한 문인이자 학자인 서명응이 쓴 『안광수전(安光洙傳)』에 반촌의 유래와 반촌 주민에 관한 소상한 언급이 나온다. 그에 따르면 반촌은 고려 말 문성공(文成公) 안향(安珦, 1243~1306)이 자기 집안의 노비 100여 명을 희사하여 성균감(성균관의 전신)을 부흥할 것을 도운 데서 비롯된다. 조선이 한양에 도읍을 정하고 성균관을 한양으로 옮기자 그 노비 자손들이 옮겨와 살면서 하나의 동리를 이루었다. 이 때문에 사람들이 그곳을 반촌이라 부르게 된 것이다.

반촌의 형성 유래가 이러했으므로, 반촌의 거주자 반인의 삶은 성균관과 불가분의 관계에 있었다. 성균관은 조선 시대 최고의 교육기관으로, 대사성 이하 관료조직과 교관 그리고 유생들이 있었다. 더욱이 성균관은 공자의 위패를 모신 대성전과 강의동인 명륜당 이외에도 학생들의 기숙사와 식당이 있었다. 이런 건물을 관리하고 학생들의 식사를 준비하려면 많은 사람이 필요하였고, 반인들은 바로 이 성균관의 잡역을 세습적으로 맡아보는 사람들이었던 것이다.

또한 반촌은 새로운 이념 서클의 온상 역할도 했다. 이승훈과 정약용 등은 당시 지방에서 새롭게 시작된 천주교 학습을 반촌에서 시도하다가, 척사(斥邪)파의 공격을 받고 지방으로 축출되기도 했다.

① 한양에 반촌이 형성된 것은 고려말기이다.
② 성균관이 쇠퇴한 시기에는 반인들의 삶에도 변화가 있었을 것이다.
③ 조선 시대에 천주교는 반촌을 중심으로 동심원 모양으로 확산되었음을 알 수 있다.
④ 성균관은 학생인 반인·유생을 비롯하여 대사성 이하 관료와 교관으로 이루어져 있었다.
⑤ 성균관을 반궁이라 부른 것은 조선을 천자의 나라로 본 당시의 관념을 반영한 것이다.

피부색은 멜라닌, 카로틴 및 헤모글로빈이라는 세 가지 색소에 의해 나타난다. 흑색 또는 흑갈색의 색소인 멜라닌은 멜라노사이트라 하는 세포에서 만들어지며, 계속적으로 표피세포에 멜라닌 과립을 공급한다. 멜라닌의 양이 많을수록 피부색이 황갈색에서 흑갈색을 띠고, 적을수록 피부색이 옅어진다. 멜라닌은 피부가 햇빛에 노출될수록 더 많이 생성된다. 카로틴은 주로 각질층과 하피의 지방조직에 존재하며, 특히 동양인의 피부에 풍부하여 그들의 피부가 황색을 띠게 한다. 서양인의 혈색이 분홍빛을 띠는 것은 적혈구 세포 내에 존재하는 산화된 헤모글로빈의 진홍색에 기인한다. 골수에서 생성된 적혈구는 산소를 운반하는 역할을 하는데, 1개의 적혈구는 3억 개의 헤모글로빈을 가지고 있으며, 1개의 헤모글로빈에는 4개의 헴이 있다. 헴 1개가 산소 분자 1개를 운반한다.

한편 태양이 방출하는 여러 파장의 빛, 즉 적외선, 자외선 그리고 가시광선 중 피부에 주된 영향을 미치는 것이 자외선이다. 자외선은 파장이 가장 길고 피부 노화를 가져오는 자외선 A, 기미와 주근깨 등의 색소성 질환과 피부암을 일으키는 자외선 B, 그리고 화상과 피부암 유발 위험을 지니며 파장이 가장 짧은 자외선 C로 구분된다. 자외선으로부터 피부를 보호하기 위해서는 자외선 차단제를 발라주는 것이 좋다. 자외선 차단제에 표시되어 있는 자외선 차단지수(sun protection factor : SPF)는 자외선 B를 차단해주는 시간을 나타낼 뿐 자외선 B의 차단 정도와는 관계가 없다. SPF 수치는 1부터 시작하며, SPF 1은 자외선 차단 시간이 15분임을 의미한다. SPF 수치가 1단위 올라갈 때마다 자외선 차단 시간은 15분씩 증가한다. 따라서 SPF 4는 자외선을 1시간 동안 차단시켜 준다는 것을 의미한다.

〈보 기〉

ㄱ. 멜라닌의 종류에 따라 피부색이 결정된다.
ㄴ. 1개의 적혈구는 산소 분자 12억 개를 운반할 수 있다.
ㄷ. SPF 50은 SPF 30보다 1시간 동안 차단하는 자외선 B의 양이 많다.
ㄹ. SPF 40을 얼굴에 한 번 바르면 10시간 동안 자외선 B의 차단 효과가 있다.

① ㄱ, ㄴ
② ㄱ, ㄷ
③ ㄴ, ㄹ
④ ㄱ, ㄷ, ㄹ
⑤ ㄴ, ㄷ, ㄹ

우리나라는 건국헌법 이래 문화국가의 원리를 헌법의 기본원리로 채택하고 있다. 우리 현행 헌법은 전문에서 '문화의 …(중략)… 영역에 있어서 각인(各人)의 기회를 균등히' 할 것을 선언하고 있을 뿐 아니라, 문화국가를 실현하기 위하여 보장되어야 할 정신적 기본권으로 양심과 사상의 자유, 종교의 자유, 언론·출판의 자유, 학문과 예술의 자유 등을 규정하고 있다. 개별성·고유성·다양성으로 표현되는 문화는 사회의 자율영역을 바탕으로 한다고 할 것이고, 이들 기본권은 견해와 사상의 다양성을 그 본질로 하는 문화국가원리의 불가결의 조건이라고 할 것이다.

문화국가원리는 국가의 문화국가실현에 관한 과제 또는 책임을 통하여 실현되므로 국가의 문화정책과 밀접한 관계를 맺고 있다. 과거 국가절대주의 사상의 국가관이 지배하던 시대에는 국가의 적극적인 문화간섭정책이 당연한 것으로 여겨졌다. 이와 달리 오늘날에는 국가가 어떤 문화현상에 대하여도 이를 선호하거나 우대하는 경향을 보이지 않는 불편부당의 원칙이 가장 바람직한 정책으로 평가받고 있다. 오늘날 문화국가에서의 문화정책은 그 초점이 문화 그 자체에 있는 것이 아니라 문화가 생겨날 수 있는 문화풍토를 조성하는 데 두어야 한다.

문화국가원리의 이러한 특성은 문화의 개방성 내지 다원성의 표지와 연결되는데, 국가의 문화육성의 대상에는 원칙적으로 모든 사람에게 문화창조의 기회를 부여한다는 의미에서 모든 문화가 포함된다. 따라서 엘리트문화뿐만 아니라 서민문화, 대중문화도 그 가치를 인정하고 정책적인 배려의 대상으로 하여야 한다.

〈보 기〉

ㄱ. 우리나라 건국헌법에서는 문화국가원리를 채택하지 않았다.
ㄴ. 문화국가원리에 의하면 엘리트문화는 정부의 정책적 배려대상이 아니다.
ㄷ. 다양한 문화가 생겨날 수 있는 문화풍토를 조성하는 정책은 문화국가원리에 부합한다.
ㄹ. 국가절대주의 사상의 국가관이 지배하던 시대에는 국가가 특정 문화만을 선호하여 지원할 수 있었다.

① ㄱ
② ㄴ
③ ㄱ, ㄷ
④ ㄷ, ㄹ
⑤ ㄱ, ㄷ, ㄹ

진경산수화(眞景山水畵)는 18세기 초반에 우리 실경(實景)을 많이 그렸던 겸재 정선(鄭敾)의 산수화를 대표로 하여, 이후 18세기 후반에 계속 그려진 우리 산천이 담긴 산수화를 지칭하는 말이다. 여기에서 사용된 '진경(眞景)'과 달리 '진경(眞境)'은 이전 시대의 기록에도 많이 나타나지만, 그 의미는 선경(仙境)의 뜻으로만 사용되었다. 여기에 새 의미를 부여한 사람은 실학자 이익이고, 경계 '경(境)'자 대신에 경치 '경(景)'자를 쓴 사람은 강세황이다. 실학자 이익은 실재하는 경물이라는 의미로서 진경(眞境)을 사용하였으며, 우리 산수를 실제로 마주 대하는 사실정신을 강조하여 선경의 탈속성(脫俗性)을 제거하였다. 이것이 18세기 후반 강세황에 의해 적극 수용되어 진경(眞景)이란 말로 자리 잡게 된 것이다.

실재하는 경치를 그린 예는 고려 시대나 조선 시대 초·중기에도 있었다. 그러나 우리 회화에서 '진경산수화'가 새로운 회화영역으로서 본격적으로 발전한 것은 중국의 남종화(南宗畵) 양식에 바탕을 두고 우리나라에 실재하는 경관을 특유의 화풍으로 그린 겸재 정선에게서 비롯되었다. 사전적 해석으로 진경(眞景)은 '실재하는 풍경'이라는 뜻의 실경(實景)을 말한다. 그러나 진(眞)이라는 한자는 『설문해자(說問解字)』에 따르면 '선인이 변형해 놓고 하늘에 오른 땅'이라는 뜻을 지닌다. 이로 보아 진경(眞景)은 실경으로서의 단순한 경치뿐만 아니라 선경(仙境)의 의미, 즉 이상 세계까지 내포하고 있음을 알 수 있다. 그러므로 진경(眞景)이라는 말을 조선 후기의 맥락에서 이해하자면 참된 경치, 마음 속 경치를 포함하며 경치의 본질 혹은 진실까지 포함한 넓은 개념으로 보면 된다. 따라서 진경산수화는 실경을 바탕으로 작가가 경치를 보고 느낀 감동과 환희까지 투영한 그림으로 보면 될 것이다.

─────〈보 기〉─────
ㄱ. 진경산수화는 중국 남종화 양식의 영향을 받았다.
ㄴ. 진경산수화는 이익에 의해 본격적으로 발전하기 시작하였다.
ㄷ. 진경산수화는 작가가 현실세계와 무관한 이상세계를 상상하여 그린 그림이다.
ㄹ. 선경(仙境)의 탈속성을 제거한 의미인 진경(眞景)이란 단어는 18세기 초반에 이미 정착되어 있었다.

① ㄱ
② ㄱ, ㄴ
③ ㄴ, ㄷ
④ ㄷ, ㄹ
⑤ ㄱ, ㄷ, ㄹ

최초의 자전거는 1790년 시브락 백작이 발명한 '셀레리페르'라는 것이 정설이다. 이후 1813년 만하임의 드라이스 폰 자이에르브론 남작이 '드레지엔'을 선보였다. 방향 전환이 가능한 핸들이 추가된 이 자전거는 1817년 파리 티볼리 정원의 구불구불한 길을 단번에 통과한 후 인기를 끌었다. 19세기 중엽에는 '벨로시페드'라는 자전거가 등장했는데, 이 자전거는 앞바퀴 쪽에 달려 있는 페달을 밟아 이동이 가능했다. 이 페달은 1861년 에르네스트 미쇼가 드레지엔을 수리하다가 아이디어를 얻어 발명한 것이었다.

자전거가 인기를 끌자, 1868년 5월 생클루드 공원에서는 처음으로 자전거 스피드 경주가 열렸다. 이 대회의 우승은 제임스 무어가 차지했다. 그는 다음 해 열린 파리-루앙 간 최초의 도로 사이클 경주에서도 우승했다.

이로부터 상당한 시일이 흐른 후 금속제 자전거가 등장했다. 1879년에는 큰 기어와 뒷바퀴 사이에 체인이 달린 자전거, 그리고 1885년에는 안전 커버가 부착되고 두 바퀴의 지름이 똑같은 자전거가 발명되었다. 1888년에는 스코틀랜드의 수의사 던롭이 공기 타이어를 고안했으며, 이후 19세기 말 유럽의 길거리에는 자전거가 붐비기 시작했다.

① 18세기에 발명된 셀레리페르는 핸들로 방향을 전환할 수 있었다.
② 벨로시페드의 페달은 드레지엔의 수리과정에서 얻은 아이디어를 바탕으로 발명되었다.
③ 대중적으로 자전거의 인기가 높아지자 19세기 초에 도로 사이클 경주가 개최되었다.
④ 최초의 자전거 스피드 경주에 사용된 자전거는 두 바퀴의 지름이 같았다.
⑤ 공기 타이어가 부착된 자전거가 체인을 단 자전거보다 먼저 발명되었다.

다음 글을 근거로 판단할 때, 〈보기〉에서 옳은 것만을 모두 고르면?

14 민간(A) 11번

1493년 콜럼버스에 의해 에스파냐에 소개된 옥수수는 16세기 초에는 카스티야, 안달루시아, 카탈류냐, 포르투갈에서 재배되었고, 그 후에 프랑스, 이탈리아, 판노니아, 발칸 지역 등으로 보급되었다. 그러나 이 시기에는 옥수수를 휴경지에 심어 사료로 사용하거나 가끔 텃밭에서 재배하는 정도였다. 따라서 옥수수는 주곡의 자리를 차지하지 못했다.

감자는 1539년 페루에서 처음 눈에 띄었다. 이 무렵 에스파냐를 통해 이탈리아에 전해진 감자는 '타르투폴로'라는 이름을 가지게 되었다. 감자를 식용으로 사용한 초기 기록 중 하나는 1573년 세비야 상그레 병원의 물품 구입 목록이다. 이후 독일과 영국에서 감자를 식용으로 사용한 사례가 간혹 있었지만, 18세기에 이르러서야 주곡의 자리를 차지하였다.

한편 18세기 유럽에서는 인구가 크게 증가하였고, 정치, 경제, 문화 등 모든 면에서 활기가 넘쳤다. 늘어난 인구를 부양하는 데 감자와 옥수수 보급이 기여하는 바가 컸다. 18세기 기록을 보면 파종량 대 수확량은 호밀의 경우 1 대 6인데 비해 옥수수는 무려 1 대 80이었다. 그렇지만 감자와 옥수수는 하층민의 음식으로 알려졌고, 더욱이 구루병, 결핵, 콜레라 등을 일으킨다는 믿음 때문에 보급에 큰 어려움이 있었다. 그러나 대규모 기근을 계기로 감자와 옥수수는 널리 보급되었다. 굶어죽기 직전의 상황에서 전통적인 미각을 고집할 이유가 없었으니, 감자와 옥수수 같은 고수확작물 재배의 증가는 필연적이었다.

〈보 기〉

ㄱ. 유럽에는 감자보다 옥수수가 먼저 들어왔을 것이다.
ㄴ. 유럽에서 감자와 옥수수를 처음으로 재배한 곳은 이탈리아였다.
ㄷ. 18세기에는 옥수수의 파종량 대비 수확량이 호밀보다 10배 이상 높았을 것이다.
ㄹ. 감자와 옥수수는 인구증가와 기근으로 유럽 전역에 확산되어 16세기에 주곡의 자리를 차지하였다.

① ㄱ, ㄴ
② ㄱ, ㄷ
③ ㄴ, ㄹ
④ ㄱ, ㄷ, ㄹ
⑤ ㄴ, ㄷ, ㄹ

다음 글을 근거로 추론할 때, 〈보기〉에서 옳은 것만을 모두 고르면?

14 민간(A) 12번

작위 등급을 5개로 하는 오등작제(五等爵制)는 중국 주나라와 당나라의 제도를 따른 것이다. 오등작제의 작위는 높은 순부터 공(公), 후(侯), 백(伯), 자(子), 남(男)으로 불렸다. 작위를 받으면 봉건귀족으로 인정되며 나라에서 주는 식읍(食邑)을 받기도 했다.

왕족이나 공신을 작위에 봉하는 봉작제(封爵制)는 고려 때 처음 들어왔다. 왕족은 공·후·백의 삼등작제를 사용한 것으로 보인다. 이와 달리 비왕족에 대해서는 오등작제를 사용하였다. 비왕족에 대한 오등작제가 제도적으로 완성된 것은 고려 문종 때로, 국공(國公)은 식읍 3,000호에 품계는 정2품으로, 군공(郡公)은 2,000호에 종2품으로, 현후(縣侯)는 식읍 1,000호, 현백(縣伯)은 700호, 개국자(開國子)는 500호에 품계는 셋 모두 정5품으로, 현남(縣男)은 300호에 종5품으로 하였다. 그러나 제도가 정한 대로 식읍을 주는 것은 아니었고 실제 받는 식읍은 달랐다.

조선 개국 후인 1401년 조선 태종은 명나라와의 관계를 고려하여 왕족인 공(公)을 부원대군(府院大君)으로, 공신인 후(侯)와 백(伯)을 각각 군(君)과 부원군(府院君)으로 바꾸도록 했다. 이후 1897년 조선이 대한제국으로 격상되었지만 여전히 군(君)으로 봉했다.

〈보 기〉

ㄱ. 조선 태종 시대의 공신은 부원군 작위를 받을 수 있었을 것이다.
ㄴ. 고려 문종 때 완성된 봉작제에 따르면 현후와 현백이 받는 품계는 달랐을 것이다.
ㄷ. 고려 문종 때 완성된 봉작제에 따라 종5품 품계와 식읍 300호로 정해진 현남 작위에 봉해진 사람은 왕족이었을 것이다.

① ㄱ
② ㄴ
③ ㄱ, ㄴ
④ ㄱ, ㄷ
⑤ ㄴ, ㄷ

다음 글을 근거로 판단할 때, 〈보기〉에서 옳은 것만을 모두 고르면?

14 민간(A) 13번

사람들은 검은 후추와 흰 후추를 서로 다른 종류라고 생각한다. 그런데 사실 검은 후추는 열매가 완전히 익기 전에 따서 건조시킨 것이다. 그래서 검은 후추열매의 외관은 주름져 있다. 반대로 흰 후추는 열매가 완전히 익었을 때 따서 따뜻한 물에 담가 과피와 과육을 제거한 것이다.

맛을 잘 아는 미식가는 후추를 가능하면 사용하기 직전에 갈아서 쓰곤 한다. 왜냐하면 후추는 통후추 상태로는 향미가 오랫동안 보존되지만 갈아놓으면 향미를 빨리 잃기 때문이다. 그 때문에 일반 가정의 식탁에도 후추 분쇄기가 놓이게 되었다.

후추는 열매에 들어있는 피페린이라는 성분 때문에 매운 맛이 난다. 피페린을 5~8% 함유하고 있는 검은 후추는 피페린의 함유량이 더 적은 흰 후추보다 매운 맛이 강하다. 반면 흰 후추는 매운 맛은 덜하지만 더 향기롭다.

〈보 기〉

ㄱ. 피페린이 4% 함유된 후추는 7% 함유된 후추보다 더 매울 것이다.

ㄴ. 흰 후추를 얻기 위해서는 후추열매가 완전히 익기 전에 수확해야 한다.

ㄷ. 더 매운 후추 맛을 원하는 사람은 흰 후추보다 검은 후추를 선택할 것이다.

ㄹ. 일반적으로 후추는 사용 직전에 갈아 쓰는 것이 미리 갈아놓은 것보다 향미가 더 강할 것이다.

① ㄱ, ㄴ
② ㄱ, ㄷ
③ ㄱ, ㄹ
④ ㄴ, ㄷ
⑤ ㄷ, ㄹ

다음 글을 근거로 판단할 때 옳지 않은 것은?

14 민간(A) 14번

우리는 영국의 빅토리아 시대에 보도된 불량식품에 관한 기사들을 읽을 때 경악하게 된다. 대도시의 빈곤층이 주식으로 삼았던 빵이나 그들이 마셨던 홍차도 불량식품 목록에서 예외가 아니었기 때문이다. 이는 유럽대륙이나 북아메리카에서도 흔히 볼 수 있었던 일로, 식품과 의약품의 성분에 관한 법률이 각국 의회에서 통과되어 이에 대한 제재가 이루어질 때까지 계속되었다. 예컨대 초콜릿의 경우 그 수요가 늘어나자 악덕 생산업자나 상인들의 좋은 표적이 되었다. 1815년 왕정복고 후 프랑스에서는 흙, 완두콩 분말, 감자 전분 등을 섞어 만든 초콜릿이 판매될 정도였다.

마침내 각국 정부는 대책을 세우게 되었다. 1850년 발간된 의학 잡지 『란세트』는 식품 분석을 위한 영국 위생위원회가 창설된다고 발표하였다. 이 위생위원회의 활동으로 그때까지 의심스러웠던 초콜릿의 첨가물이 명확히 밝혀지게 되었다. 그 결과 초콜릿 견본 70개 가운데 벽돌가루를 이용해 적갈색을 낸 초콜릿이 39개에 달한다는 사실이 밝혀졌다. 또한 대부분의 견본은 감자나 칡에서 뽑은 전분 등을 함유하고 있었다. 이후 영국에서는 1860년 식품의약품법이, 1872년 식품첨가물법이 제정되었다.

① 북아메리카에서도 불량식품 문제는 있었다.
② 영국 위생위원회는 1850년 이후 창설되었다.
③ 영국의 빅토리아 시대에 기사로 보도된 불량식품 중에는 홍차도 있었다.
④ 영국에서는 식품의약품법이 제정된 지 채 10년도 되지 않아 식품첨가물법이 제정되었다.
⑤ 영국 위생위원회의 분석 대상에 오른 초콜릿 견본 중 벽돌가루가 들어간 것의 비율이 50%를 넘었다.

1896년 『독립신문』 창간을 계기로 여러 가지의 애국가 가사가 신문에 게재되기 시작했는데, 어떤 곡조에 따라 이 가사들을 노래로 불렀는지는 명확하지 않다. 다만 대한제국이 서구식 군악대를 조직해 1902년 '대한제국 애국가'라는 이름의 국가(國歌)를 만들어 나라의 주요 행사에 사용했다는 기록은 남아 있다. 오늘날 우리가 부르는 애국가의 노랫말은 외세의 침략으로 나라가 위기에 처해 있던 1907년을 전후하여 조국애와 충성심을 북돋우기 위하여 만들어졌다.

1935년 해외에서 활동 중이던 안익태는 오늘날 우리가 부르고 있는 국가를 작곡하였다. 대한민국 임시정부는 이 곡을 애국가로 채택해 사용했으나 이는 해외에서만 퍼져 나갔을 뿐, 국내에서는 광복 이후 정부수립 무렵까지 애국가 노랫말을 스코틀랜드 민요에 맞춰 부르고 있었다. 그러다가 1948년 대한민국 정부가 수립된 이후 현재의 노랫말과 함께 안익태가 작곡한 곡조의 애국가가 정부의 공식 행사에 사용되고 각급 학교 교과서에도 실리면서 전국적으로 애창되기 시작하였다.

애국가가 국가로 공식화되면서 1950년대에는 대한뉴스 등을 통해 적극적으로 홍보가 이루어졌다. 그리고 「국기게양 및 애국가 제창 시의 예의에 관한 지시(1966)」 등에 의해 점차 국가의례의 하나로 간주되었다.

1970년대 초에는 공연장에서 본공연 전에 애국가가 상영되기 시작하였다. 이후 1980년대 중반까지 주요 방송국에서 국기강하식에 맞춰 애국가를 방송하였다. 주요 방송국의 국기강하식 방송, 극장에서의 애국가 상영 등은 1980년대 후반 중지되었으며 음악회와 같은 공연 시 애국가 연주도 이때 자율화되었다.

오늘날 주요 행사 등에서 애국가를 제창하는 경우에는 부득이한 경우를 제외하고 4절까지 제창하여야 한다. 애국가는 모두 함께 부르는 경우에는 전주곡을 연주한다. 다만, 약식 절차로 국민의례를 행할 때 애국가를 부르지 않고 연주만 하는 의전행사(외국에서 하는 경우 포함)나 시상식·공연 등에서는 전주곡을 연주해서는 안 된다.

① 1940년에 해외에서는 안익태가 만든 애국가 곡조를 들을 수 없었다.

② 1990년대 초반에는 국기강하식 방송과 극장에서의 애국가 상영이 의무화되었다.

③ 오늘날 우리가 부르는 애국가의 노랫말은 1896년 『독립신문』에 게재되지 않았다.

④ 시상식에서 애국가를 부르지 않고 연주만 하는 경우에는 전주곡을 연주할 수 있다.

⑤ 안익태가 애국가 곡조를 작곡한 해로부터 대한민국 정부 공식 행사에 사용될 때까지 채 10년이 걸리지 않았다.

청렴은 수령의 본분으로 모든 선(善)의 원천이며 모든 덕(德)의 근본이다. 청렴하지 않으면서 수령 노릇을 잘한 자는 없다. 『상산록』에 이런 말이 있다. "청렴에는 세 등급이 있다. 최상은 봉급 외에 아무것도 먹지 않고, 먹고 남은 것은 가져가지 않으며, 낙향할 때는 한 필의 말로 조촐하게 가니 이것이 '아주 옛날'의 청렴한 관리다. 그 다음은 봉급 외에는 명분이 바른 것만 먹고 바르지 않은 것은 먹지 않으며, 먹고 남은 것은 집으로 보내니 이것이 '조금 옛날'의 청렴한 관리다. 최하는 이미 규례(規例)가 된 것이라면 명분이 바르지 않아도 먹지만 규례가 되어 있지 않은 것은 먹지 않으며, 향임(鄕任)의 자리를 팔지 않고, 송사(訟事)와 옥사(獄事)를 팔아먹지 않으며, 조세를 더 부과하여 나머지를 착복하지 않으니 이것이 '오늘날'의 청렴한 관리다. 최상이 진실로 좋지만 그럴 수 없다면 그 다음 것도 좋다. 최하는 옛날 같으면 형벌에 처했을 것이니 선을 좋아하고 악을 부끄럽게 여기는 사람은 결코 그렇게 하지 않을 것이다."

하지만 청렴하다 하여도 과격한 행동과 각박한 정사(政事)는 인정에 맞지 않기 때문에 내치는 바이니 군자가 따를 바가 못 된다. 북제(北齊)의 수령이었던 고적사문은 성질이 꼿꼿하고 모질어 국가의 봉급도 받지 않았다. 사소한 잘못도 용서치 않고 모두 귀양을 보내고 선처를 호소하는 친척들까지 잡아 때려 원성만 더해 갔다. 임금이 이를 듣고 고적사문의 포악함이 사나운 맹수보다 더하다며 그를 파면했다.

※ 1) 규례(規例) : 일정한 규칙과 정해진 관례
   2) 향임(鄕任) : 좌수, 별감 등 향청의 직책

① 정사가 각박할지라도 청렴한 수령은 군자가 따를 만한 수령이다.

② 『상산록』에 따르면 청렴에는 세 등급이 있는데 '조금 옛날'의 청렴한 관리가 최상이다.

③ 『상산록』에 따르면 명분과 관계없이 규례가 된 것만 먹는 수령은 '오늘날'과 '아주 옛날' 모두 청렴한 관리로 여겨졌다.

④ 『상산록』은 '오늘날'의 청렴한 관리보다 '아주 옛날'의 청렴한 관리가 상대적으로 더 청렴하다고 평가했다.

⑤ 북제의 고적사문은 『상산록』의 청렴 등급으로 볼 때 '조금 옛날'의 청렴한 관리에 해당하므로 모범이 될 만한 수령이다.

방사선은 원자핵이 분열하면서 방출되는 것으로 우리의 몸속을 비집고 들어오면 인체를 구성하는 분자들에 피해를 준다. 인체에 미치는 방사선 피해 정도는 'rem'이라는 단위로 표현된다. 1rem은 몸무게 1g당 감마선 입자 5천만 개가 흡수된 양으로 사람의 몸무게를 80kg으로 가정하면 4조 개의 감마선 입자에 해당한다. 감마선은 방사선 중에 관통력이 가장 강하다. 체르노빌 사고 현장에서 소방대원의 몸에 흡수된 감마선 입자는 각종 보호장구에도 불구하고 400조 개 이상이었다.

만일 우리 몸이 방사선에 100rem 미만으로 피해를 입는다면 별다른 증상이 없다. 이처럼 가벼운 손상은 몸이 스스로 짧은 시간에 회복할 뿐만 아니라, 정상적인 신체 기능에 거의 영향을 미치지 않는다. 이 경우 '문턱효과'가 있다고 한다. 일정량 이하 바이러스가 체내에 들어오는 경우 우리 몸이 스스로 바이러스를 제거하여 질병에 걸리지 않는 것도 문턱효과의 예라 할 수 있다. 방사선에 200rem 정도로 피해를 입는다면 머리카락이 빠지기 시작하고, 몸에 기운이 없어지고 구역질이 난다. 항암 치료로 방사선 치료를 받는 사람에게 이런 증상이 나타나는 것을 본 적이 있을 것이다. 300rem 정도라면 수혈이나 집중적인 치료를 받지 않는 한 방사선 피폭에 의한 사망 확률이 50%에 달하고, 1,000rem 정도면 한 시간 내에 행동불능 상태가 되어 어떤 치료를 받아도 살 수 없다.

※ 모든 감마선 입자의 에너지는 동일함

〈보 기〉

ㄱ. 몸무게 120kg 이상인 사람은 방사선에 300rem 정도로 피해를 입은 경우 수혈이나 치료를 받지 않아도 사망할 확률이 거의 없다.

ㄴ. 몸무게 50kg인 사람이 500조 개의 감마선 입자에 해당하는 방사선을 흡수한 경우 머리카락이 빠지기 시작하고 구역질을 할 것이다.

ㄷ. 인체에 유입된 일정량 이하의 유해 물질이 정상적인 신체 기능에 거의 영향을 주지 않으면서 우리 몸에 의해 자연스럽게 제거되는 경우 문턱효과가 있다고 할 수 있다.

ㄹ. 체르노빌 사고 현장에 투입된 몸무게 80kg의 소방대원 A가 입은 방사선 피해는 100rem 이상이었다.

① ㄱ, ㄴ
② ㄴ, ㄷ
③ ㄱ, ㄴ, ㄹ
④ ㄱ, ㄷ, ㄹ
⑤ ㄴ, ㄷ, ㄹ

무궁화에 관한 가장 오래된 기록은 중국 동진시대의 문인 곽복이 쓴 『산해경』이라는 지리서에 있다. 이 책에는 "군자의 나라에 무궁화가 많은데 아침에 피고 저녁에 진다."는 기록이 남아 있다. 또한 중국의 고전 『고금기』에도 "군자의 나라는 지방이 천 리인데 무궁화가 많이 피었다."는 기록이 있다. 신라시대 최치원이 중국 당나라에 보낸 국서에는 신라를 근화향(槿花鄉), 즉 무궁화 나라로 표기하였으며, 고려 예종도 고려를 근화향이라 지칭하였다.

갑오개혁 이후 민중은 무궁화를 왕실의 꽃이 아닌 민중의 꽃으로 인식하였다. 일제가 국권을 강탈한 후에도 무궁화에 대한 민중의 사랑은 더욱 깊어졌다. 일제는 이러한 민중의 정서를 잘 알고 있었기에 무궁화를 말살하려 했다. 예를 들어 무궁화를 캐 온 학생에게 상을 주고, 무궁화를 캐낸 자리에는 벚꽃을 심었다. 또한 무궁화를 가까이에서 보면 눈에 핏발이 서고 만지면 부스럼이 생긴다는 유언비어를 퍼뜨리고, 무궁화를 보면 침을 뱉고 멀리 돌아가라고 가르쳤다.

이러한 핍박 속에서도 일부 단체나 학교는 무궁화를 겨레의 상징물로 사용하였다. 1937년 7월 31일 종로 파고다 공원에서 개최된 시국강연회에 참석한 조선소년군은 무궁화가 새겨진 스카프를 착용했다. 일제는 이것을 저항으로 해석하여 스카프를 압수하고 조선소년군 간부를 구금했다. 또한, 서울중앙학교는 모자에 무궁화를 새겼다가 문제가 되어 무궁화를 월계수로 대체하여야 했다.

① 일제는 무궁화 말살을 위해 학생들이 무궁화를 캐도록 유도했다.
② 민중의 무궁화에 대한 사랑은 일제가 국권을 강탈한 후 자연히 시들해졌다.
③ 최치원의 국서는 무궁화에 관한 가장 오래된 기록으로 신라를 근화향으로 표기했다.
④ 일제의 무궁화 말살 정책으로 무궁화를 구하기 어려워지자 모든 단체와 학교는 벚꽃을 겨레의 상징물로 사용했다.
⑤ 조선소년군은 시국강연회에 참석할 때 착용한 스카프에 무궁화가 새겨진 것이 문제가 되자 무궁화를 월계수로 대체했다.

다음 글을 근거로 판단할 때, 〈보기〉에서 옳은 것만을 모두 고르면?

15 민간(인) 12번

〈일월오봉도〉는 하늘과 땅, 다섯 개의 산봉우리로 상징되는 '삼라만상'과 해와 달로 표상되는 '음양오행'의 원리를 시각화한 것이다. 이는 각각 조선의 왕이 '통치하는 대상'과 '치세의 이데올로기'를 시각적으로 응축한 것이기도 하다. 조선 후기 대다수의 〈일월오봉도〉는 크기에 관계없이 다음과 같은 형식을 취한다. 화면(畵面)의 중앙에는 다섯 개의 봉우리 가운데 가장 큰 산봉우리가 위치하고 그 양쪽으로 각각 두 개의 작은 봉우리가 배치되어 있다. 해는 오른편에 위치한 두 작은 봉우리 사이의 하늘에, 달은 왼편의 두 작은 봉우리 사이의 하늘에 보름달의 형상으로 떠 있다. 화면의 양쪽 구석을 차지하고 있는 바위 위에 키 큰 적갈색 소나무 네 그루가 대칭으로 서 있다. 화면의 하단을 완전히 가로질러 채워진 물은 비늘 모양으로 형식화되어 반복되는 물결무늬로 그려져 있다.

〈일월오봉도〉는 왕이 정무를 보는 궁궐의 정전(正殿)뿐 아니라 왕이 참석하는 행사장에 임시로 설치된 어좌(御座)에도 배설(排設)되었으며 왕이 죽고 나면 그 시신을 모시던 빈전(殯殿)과 혼전(魂殿)에도 사용되었고 제사에 배향(配享)된 영정 초상 뒤에도 놓였다. 이는 〈일월오봉도〉가 살아 있는 왕을 위해서만이 아니라 왕의 사후에도 왕의 존재를 표상하기 위한 곳이라면 어디든 사용되었다는 것을 시사한다. 즉, 〈일월오봉도〉는 그 자체로 왕의 존재를 지시하는 동시에 왕만이 전유(專有)할 수 있는 것이었다.

※ 1) 배설(排設) : 의식에 쓰이는 도구들을 벌여 놓음
2) 빈전(殯殿) : 발인 때까지 왕이나 왕비의 관(棺)을 모시던 전각
3) 혼전(魂殿) : 임금이나 왕비의 국장 후에 위패를 모시던 전각
4) 배향(配享) : 종묘에 죽은 사람의 위패를 모심

〈보 기〉

ㄱ. 왕의 죽음과 관련된 장소에는 〈일월오봉도〉를 배치하지 않았다.
ㄴ. 조선 후기 대다수의 〈일월오봉도〉에서는 해가 달보다 오른쪽에 그려져 있다.
ㄷ. 〈일월오봉도〉는 왕비나 세자의 존재를 표상하기 위해 사용되었다.
ㄹ. 〈일월오봉도〉에서 다섯 개의 산봉우리는 왕을 나타내는 상징물이다.

① ㄴ
② ㄹ
③ ㄱ, ㄴ
④ ㄴ, ㄷ
⑤ ㄱ, ㄷ, ㄹ

다음 글을 근거로 판단할 때, 우리나라에서 기단을 표시한 기호로 모두 옳은 것은?

15 민간(인) 13번

기단(氣團)은 기온, 습도 등의 대기 상태가 거의 일정한 성질을 가진 공기 덩어리이다. 기단은 발생한 지역에 따라 분류할 수 있다. 대륙에서 발생하는 대륙성기단은 건조한 성질을 가지며, 해양에서 발생하는 해양성기단은 습한 성질을 갖는다. 또한 기단의 온도에 따라 한대기단, 열대기단, 적도기단, 극기단으로 나뉜다.

기단은 그 성질을 기호로 표시하기도 한다. 해양성기단은 알파벳 소문자 m을 기호 처음에 표기하고, 대륙성기단은 알파벳 소문자 c를 기호 처음에 표기한다. 이어서 한대기단은 알파벳 대문자 P로 표기하고, 열대기단은 알파벳 대문자 T로 표기한다. 예를 들어 해양성한대기단은 mP가 되는 것이다. 또한 기단이 이동하면서 나타나는 열역학적 특성에 따라 알파벳 소문자 w나 k를 마지막에 추가한다. w는 기단이 그 하층의 지표면보다 따뜻할 때 사용하며 k는 기단이 그 하층의 지표면보다 차가울 때 사용한다. 한편 적도기단은 E로, 북극기단은 A로 표시한다.

겨울철 우리나라에 영향을 주는 대표적인 기단은 시베리아기단으로 우리나라 지표면보다 차가운 대륙성한대기단이다. 북극기단이 우리나라에 영향을 주기도 하는데, 북극기단은 극기단의 일종으로 최근 우리나라 겨울철 혹한의 주범으로 지목되고 있다. 여름철에 우리나라에 영향을 주는 대표적 열대기단은 북태평양기단이다. 북태평양기단은 해수 온도가 높은 북태평양에서 발생하여 우리나라 지표면보다 덥고 습한 성질을 가져 고온다습한 날씨를 야기한다. 또 다른 여름철 기단인 오호츠크해기단은 해양성한대기단으로 우리나라 지표면보다 차갑고 습한 성질을 갖는다. 적도 지방에서 발생하여 북상하는 적도기단도 우리나라 여름철에 영향을 준다.

	시베리아기단	북태평양기단	오호츠크해기단
①	mPk	mTk	cPk
②	mPk	cTw	cPk
③	cPk	cTw	mPk
④	cPk	mTw	mTk
⑤	cPk	mTw	mPk

다음 글을 근거로 판단할 때 옳지 <u>않은</u> 것은?

1678년 영의정 허적(許積)의 제의로 상평통보(常平通寶)가 주조·발행되어 널리 유통된 이유는 다음과 같다. 첫째, 국내적으로 조정이 운영하는 수공업이 쇠퇴하고 민간이 운영하는 수공업이 발전함으로써 국내 시장의 상품교류가 확대되고, 1645년 회령 지방을 시초로 국경무역이 활발해짐에 따라 화폐의 필요성이 제기되었기 때문이다. 둘째, 임진왜란 이후 국가 재정이 궁핍하였으나 재정 지출은 계속해서 증가함에 따라 재원 마련의 필요성이 있었기 때문이다.

1678년에 발행된 상평통보는 초주단자전(初鑄單字錢)이라 불리는데, 상평통보 1문(개)의 중량은 1전 2푼이고 화폐 가치는 은 1냥을 기준으로 400문으로 정하였으며 쌀 1되가 4문이었다.

1679년 조정은 상평통보의 규격을 변경하였다. 초주단자전을 대신하여 당이전(當二錢) 또는 절이전(折二錢)이라는 대형전을 주조·발행하였는데, 중량은 2전 5푼이었고 은 1냥에 대한 공인 교환율도 100문으로 변경하였다.

1678년부터 1680년까지 상평통보 주조·발행량은 약 6만 관으로 추정되고 있다. 당이전의 화폐 가치는 처음에는 제대로 유지되었지만 조정이 부족한 재원을 마련하기 위해 발행을 증대하면서 1689년에 이르러서는 은 1냥이 당이전 400~800문이 될 정도로 그 가치가 폭락하였다. 1681년부터 1689년까지의 상평통보 주조·발행량은 약 17만 관이었다.

1752년에는 훈련도감, 어영청, 금위영 등 중앙의 3개 군사 부서와 지방의 통영에서도 중형상평통보(中型常平通寶)를 주조·발행하도록 하였다. 중형상평통보의 액면 가치는 당이전과 동일하지만 중량이 약 1전 7푼(1757년에는 1전 2푼)으로 당이전보다 줄어들고 크기도 축소되었다.

※ 1) 상평통보 묶음단위 : 1관=10냥=100전=1,000문

2) 중량단위 : 1냥=10전=100푼=1,000리$=\dfrac{1}{16}$근

① 초주단자전, 당이전, 중형상평통보 중 가장 무거운 것은 당이전이다.

② 은을 기준으로 환산할 때 상평통보의 가치는 경우에 따라 $\dfrac{1}{4}$ 이하로 떨어지기도 하였다.

③ 1678년부터 1689년까지 주조·발행된 상평통보는 약 2억 3,000만 문으로 추정된다.

④ 1678년을 기준으로 은 1근은 같은 해에 주조·발행된 상평통보 4,600문의 가치를 가진다.

⑤ 상품교류 및 무역 활성화뿐만 아니라 국가 재정상 필요에 따라 상평통보가 주조·발행되었다.

다음 글을 근거로 판단할 때 옳은 것은?

온돌(溫突)은 조선 시대 건축에서 가장 일반적으로 사용된 바닥구조로 아궁이, 고래, 구들장, 불목, 개자리, 바람막이, 굴뚝 등으로 구성된다.

아궁이는 불을 때는 곳이고, 고래는 아궁이에서 발생한 열기와 연기가 흐르는 곳이다. 고래는 30cm 정도의 깊이로 파인 여러 개의 골이고, 그 위에 구들장을 올려 놓는다. 아궁이에서 불을 지피면 고래를 타고 흐르는 열기와 연기가 구들장을 데운다. 고래 바닥은 아궁이가 있는 아랫목에서 윗목으로 가면서 높아지도록 경사를 주는데, 이는 열기와 연기가 윗목 쪽으로 쉽게 들어갈 수 있도록 하기 위한 것이다.

불목은 아궁이와 고래 사이에 턱이 진 부분으로 불이 넘어가는 고개라는 뜻이다. 불목은 아궁이 바닥과 고래바닥을 연결시켜서 고래로 가는 열기와 연기를 분산시킨다. 또한 아궁이에서 타고 남은 재가 고래 속으로 들어가지 못하도록 막아준다. 고래가 끝나는 윗목 쪽에도 바람막이라는 턱이 있는데, 이 턱은 굴뚝에서 불어내리는 바람에 의해 열기와 연기가 역류되는 것을 방지한다.

바람막이 뒤에는 개자리라 부르는 깊이 파인 부분이 있다. 개자리는 굴뚝으로 빠져 나가는 열기와 연기를 잔류시켜 윗목에 열기를 유지하는 기능을 한다. 개자리가 깊을수록 열기와 연기를 머금는 용량이 커진다.

① 아궁이는 불목과 개자리 사이에 있을 것이다.

② 고래 바닥은 아랫목에서 윗목으로 갈수록 낮아질 것이다.

③ 개자리가 깊을수록 윗목의 열기를 유지하기 어려울 것이다.

④ 불목은 아랫목 쪽에 가깝고, 바람막이는 윗목 쪽에 가까울 것이다.

⑤ 바람막이는 타고 남은 재가 고래 안에 들어가지 못하도록 하는 기능을 할 것이다.

16 민간(5) 02번

청백리(淸白吏)는 전통적으로 우리나라를 비롯한 동아시아 유교 문화권에서 청렴결백한 공직자를 지칭할 때 사용하는 말이다. 청백리를 선발하고 표창하는 제도는 중국에서 처음 시작되었다. 우리나라는 중국보다 늦었지만 이미 고려 때부터 이 제도를 도입한 것으로 보인다. 고려 인종 14년(1136년)에 청렴하고 절개 있는 사람들을 뽑아 벼슬을 준 기록이 있다.

조선 시대에는 국가에 의해 선발되어 청백리 대장에 이름이 올랐던 사람을 청백리라고 하였다. 정확히 구분하면 청백리는 작고한 사람들에 대한 호칭이었고, 살아 있을 때는 염근리(廉謹吏) 또는 염리(廉吏)라고 불렸다. 염근리로 선발된 사람은 청백리 대장에 수록되어 승진이나 보직에서 많은 특혜를 받았고, 죽은 후에는 그 자손들에게 벼슬이 내려지는 등 여러 혜택이 있었다. 반대로 부정부패한 관료는 탐관오리 또는 장리(贓吏)라고 불렸다. 탐관오리로 지목돼 탄핵되었거나 처벌받은 관리는 장리 대장에 수록되어 본인의 관직생활에 불이익을 받는 것은 물론이고, 그 자손들이 과거를 보는 것도 허용되지 않았다.

조선 시대에 청백리를 선발하는 방법은 일정하지 않았다. 일반적으로는 청백리를 선발하라는 임금의 지시가 있거나 신하의 건의가 있어 임금이 승낙을 하면 2품 이상의 관리나 감사가 대상자를 예조에 추천하였다. 예조에서 후보자를 뽑아 의정부에 올리면 의정부의 대신들이 심의하여 임금에게 보고하였다. 어떤 때는 사헌부, 사간원 등에서 후보자를 의정부에 추천하기도 하였다.

─〈보 기〉─

ㄱ. 동아시아 유교 문화권에서 청백리를 선발하는 제도는 고려에서 처음 시작되었을 것이다.

ㄴ. 조선 시대에 염근리로 선발된 사람은 죽은 후에 청백리라고 불렸을 것이다.

ㄷ. 조선 시대에 관리가 장리 대장에 수록되면 본인은 물론 그 자손까지 영향을 받았을 것이다.

ㄹ. 조선 시대에 예조의 추천을 받지 못한 사람은 청백리가 될 수 없었을 것이다.

① ㄱ
② ㄴ, ㄷ
③ ㄷ, ㄹ
④ ㄱ, ㄴ, ㄹ
⑤ ㄴ, ㄷ, ㄹ

16 민간(5) 03번

종래의 철도는 일정한 간격으로 된 2개의 강철레일 위를 강철바퀴 차량이 주행하는 것이다. 반면 모노레일은 높은 지주 위에 설치된 콘크리트 빔(beam) 위를 복렬(複列)의 고무타이어 바퀴 차량이 주행하는 것이다. 빔 위에 다시 레일을 고정하고, 그 위를 강철바퀴 차량이 주행하는 모노레일도 있다.

처음으로 실용화된 모노레일은 1880년경 아일랜드의 밸리뷰니온사(社)에서 건설한 것이었다. 1901년에는 현수장치를 사용하는 모노레일이 등장하였는데, 이 모노레일은 독일 부퍼탈시(市)의 전철교식 복선으로 건설되어 본격적인 운송수단으로서의 역할을 하였다. 그 후 여러 나라에서 각종 모노레일 개발 노력이 이어졌다.

제2차 세계대전이 끝난 뒤 독일의 알베그사(社)를 창설한 베너그렌은 1952년 1/2.5 크기의 시제품을 만들고, 실험과 연구를 거듭하여 1957년 알베그식(式) 모노레일을 완성하였다. 그리고 1958년에는 기존의 강철레일·강철바퀴 방식에서 콘크리트 빔·고무타이어 방식으로 개량하여 최고 속력이 80km/h에 달하는 모노레일이 등장하기에 이르렀다.

프랑스에서도 1950년 말엽 사페즈사(社)가 독자적으로 사페즈식(式) 모노레일을 개발하였다. 이것은 쌍레일 방식과 공기식 타이어차량 운용 경험을 살려 개발한 현수식 모노레일로, 1960년 오를레앙 교외에 시험선(線)이 건설되었다.

① 콘크리트 빔·고무타이어 방식은 1960년대까지 개발되지 않았다.
② 독일에서 모노레일이 본격적인 운송수단 역할을 수행한 것은 1950년대부터이다.
③ 주행에 강철바퀴가 이용되느냐의 여부에 따라 종래의 철도와 모노레일이 구분된다.
④ 아일랜드의 밸리뷰니온사는 오를레앙 교외에 전철교식 복선 모노레일을 건설하였다.
⑤ 베너그렌이 개발한 알베그식 모노레일은 오를레앙 교외에 건설된 사페즈식 모노레일 시험선보다 먼저 완성되었다.

2009년 미국의 설탕, 옥수수 시럽, 기타 천연당의 1인당 연평균 소비량은 140파운드로 독일, 프랑스보다 50%가 많았고, 중국보다는 9배가 많았다. 그런데 설탕이 비만을 야기하고 당뇨병 환자의 건강에 해롭다는 인식이 확산되면서 사카린과 같은 인공감미료의 수요가 증가하였다.

세계 최초의 인공감미료인 사카린은 1879년 미국 존스 홉킨스 대학에서 화학물질의 산화반응을 연구하다가 우연히 발견됐다. 당도가 설탕보다 약 500배 정도 높은 사카린은 대표적인 인공감미료로 체내에서 대사되지 않고 그대로 배출된다는 특징이 있다. 그런데 1977년 캐나다에서 쥐를 대상으로 한 사카린 실험 이후 유해성 논란이 촉발되었다. 사카린을 섭취한 쥐가 방광암에 걸렸기 때문이다. 그러나 사카린의 무해성을 입증한 다양한 연구결과로 인해 2001년 미국 FDA는 사카린을 다시 안전한 식품첨가물로 공식 인정하였고, 현재도 설탕의 대체재로 사용되고 있다.

아스파탐은 1965년 위궤양 치료제를 개발하던 중 우연히 발견된 인공감미료로 당도가 설탕보다 약 200배 높다. 그러나 아스파탐도 발암성 논란이 끊이지 않았다. 미국 암협회가 안전하다고 발표했지만 이탈리아의 한 과학자가 쥐를 대상으로 한 실험에서 아스파탐이 암을 유발한다고 결론 내렸기 때문이다.

① 사카린과 아스파탐은 설탕보다 당도가 높고, 사카린은 아스파탐보다 당도가 높다.

② 사카린과 아스파탐은 모두 설탕을 대체하기 위해 거액을 투자해 개발한 인공감미료이다.

③ 사카린은 유해성 논란으로 현재 미국에서는 더 이상 식품첨가물로 사용되지 않을 것이다.

④ 2009년 기준 중국의 설탕, 옥수수 시럽, 기타 천연당의 1인당 연평균 소비량은 20파운드 이상이었을 것이다.

⑤ 아스파탐은 암 유발 논란에 휩싸였지만, 2001년 미국 FDA로부터 안전한 식품첨가물로 처음 공식 인정받았다.

이슬람권 국가에서는 여성들이 베일을 쓴 모습을 흔히 볼 수 있다. 그런데 이슬람교 경전인 코란이 여성의 정숙함을 강조하지만, 베일로 얼굴을 감싸는 것을 의무로 규정하고 있는 것은 아니다. 겸허한 태도를 지키고 몸의 윤곽, 그것도 얼굴이 아니라 상반신을 베일로 가리라고 충고할 뿐이다. 베일로 얼굴을 감싸는 관습은 코란에 따른 의무기보다는, 예전부터 존재했던 겸허와 존중의 표시였다.

날씨가 더운 나라의 여성들도 베일을 착용하였는데, 남성에 대한 순종의 의미보다 햇볕이나 사막의 뜨거운 모래바람으로부터 얼굴을 보호하려는 것이 목적이었다. 이란의 반다르 에아바스에 사는 수니파 여성들은 얼굴 보호를 위해 자수 장식이 있는 두꺼운 면직물로 된 붉은색 마스크를 썼다. 이것도 이슬람 전통이 정착되기 전부터 존재했을 가능성이 크다. 사우디아라비아의 베두인족 여성들은 은과 진주로 장식한 천이나 가죽 소재의 부르카로 얼굴 전체를 감쌌다. 부르카 위에 다시 커다란 검은색 베일을 쓰기도 했다.

외부 침입이 잦은 일부 지역에서 베일은 낯선 이방인의 시선으로부터 자신을 보호하는 수단으로 사용됐다. 북아프리카의 투아레그족 남자들이 리탐이라고 부르는 남색의 면직물로 된 큰 베일을 썼던 것이 그 예이다. 전설에 따르면 전쟁에서 패하고 돌아온 투아레그족 남자들이 수치심 때문에 머리에 감았던 터번으로 얼굴을 가리고 다녔는데, 그 뒤로는 타인의 시선으로부터 자신을 보호하기 위해 계속해서 얼굴을 감싸게 되었다고 한다.

① 베일은 여성만 착용하는 것으로 남성에 대한 겸허의 의미를 담고 있었을 것이다.

② 반다르 에아바스 지역의 수니파 여성들은 은으로 장식한 가죽으로 얼굴을 감쌌을 것이다.

③ 이슬람권 여성이 베일로 얼굴을 감싸는 것은 코란의 의무규정으로부터 시작되었을 것이다.

④ 타인의 시선으로부터 자신을 보호하는 것도 사람들이 베일을 쓰는 이유 중 하나였을 것이다.

⑤ 사우디아라비아 베두인족 여성의 부르카와 북아프리카 투아레그족의 리탐은 모두 가죽 소재로 만들었을 것이다.

다음 글을 근거로 판단할 때 옳은 것은?

아파트를 분양받을 경우 전용면적, 공용면적, 공급면적, 계약
면적, 서비스면적이라는 용어를 자주 접하게 된다.

전용면적은 아파트의 방이나 거실, 주방, 화장실 등을 모두 포
함한 면적으로, 개별 세대 현관문 안쪽의 전용 생활공간을 말한
다. 다만 발코니 면적은 전용면적에서 제외된다.

공용면적은 주거공용면적과 기타공용면적으로 나뉜다. 주거공
용면적은 세대가 거주를 위하여 공유하는 면적으로 세대가 속한
건물의 공용계단, 공용복도 등의 면적을 더한 것을 말한다. 기타
공용면적은 주거공용면적을 제외한 지하층, 관리사무소, 노인정
등의 면적을 더한 것이다.

공급면적은 통상적으로 분양에 사용되는 용어로 전용면적과
주거공용면적을 더한 것이다. 계약면적은 공급면적과 기타공용
면적을 더한 것이다. 서비스면적은 발코니 같은 공간의 면적으
로 전용면적과 공용면적에서 제외된다.

① 발코니 면적은 계약면적에 포함된다.

② 관리사무소 면적은 공급면적에 포함된다.

③ 계약면적은 전용면적, 주거공용면적, 기타공용면적을 더한 것
이다.

④ 공용계단과 공용복도의 면적은 공급면적에 포함되지 않는다.

⑤ 개별 세대 내 거실과 주방의 면적은 주거공용면적에 포함된다.

다음 글을 근거로 판단할 때 옳은 것은?

우리나라는 1948년 7월 17일 공포된 제헌 헌법에서 처음으로
근대적인 지방자치제도의 도입 근거를 마련하였다. 이후 1949년
7월 4일 지방자치법이 제정되어 지방선거를 통해 지방의회를 구
성할 수 있게 되었다. 지방자치법의 주요 내용을 살펴보면 다음
과 같다. 첫째, 지방자치단체의 종류는 서울특별시와 도, 시·
읍·면으로 한다. 둘째, 의결기관과 집행기관을 따로 둔다. 셋
째, 지방자치단체장 중 서울특별시장과 도지사는 대통령이 임명
하고, 시·읍·면장은 지방의회가 선출한다. 넷째, 지방의회의
원은 임기 4년의 명예직으로 한다. 다섯째, 지방의회에는 지방자
치단체장에 대한 불신임권을, 지방자치단체장에게는 지방의회
해산권을 부여한다.

그러나 실제로 지방자치법에 따른 지방선거는 사회가 불안정
하다는 이유로 실시되지 못한 채 연기되었다. 이후 대통령은
1951년 12월 31일 헌법 개정과 함께 갑작스럽게 지방선거 실시
를 발표하였다. 이에 따라 전쟁 중인 1952년 4월 25일에 치안
불안 지역과 미수복 지역을 제외한 지역에서 시·읍·면의회 의
원선거를 실시하였고, 5월 10일에 서울특별시, 경기도, 강원도
등을 제외한 7개 도에서 도의회 의원선거를 실시하였다. 1953년
5월에는 선거를 치르지 못했던 지역에서 도의회의원을 선출하는
선거가 실시되었다.

1956년에는 지방자치법을 개정하여 시·읍·면장을 주민직선
을 통해 선출하도록 하였다. 이에 따라 같은 해 8월 8일 제2차
시·읍·면의회 의원선거와 동시에 최초로 주민직선에 의한
시·읍·면장 선거가 실시되었다. 그리고 8월 13일에는 서울특
별시의회 및 도의회 의원선거가 실시되었다. 4년 뒤인 1960년
12월에는 지방자치법을 다시 개정하고, 서울특별시장 및 도지사
도 주민직선제로 선출하도록 하였다. 이에 따라 같은 해 12월 12
일에 서울특별시의회 및 도의회 의원선거, 19일에 시·읍·면의
회 의원선거, 26일에 시·읍·면장 선거, 29일에 서울특별시장
및 도지사 선거가 실시되었다.

① 1949년 제정 당시 지방자치법에 따르면, 주민들이 지방자치단
체장을 직접 선출하도록 되어 있었다.

② 1949년 제정 당시 지방자치법에 따르면, 대통령이 시·읍·면
장을 지명하도록 되어 있었다.

③ 1952년에는 모든 지역에서 지방선거를 통해 지방의회의원이
선출되었다.

④ 1956년에는 지방선거를 통해 시·읍·면장이 처음으로 주민
에 의해 직접 선출되었다.

⑤ 1960년 12월에는 전국적으로 두 차례의 지방선거가 실시되었다.

17 민간(나) 02번

태어난 아기에게 처음 입히는 옷을 배냇저고리라고 하는데, 보드라운 신생아의 목에 거친 것이 닿지 않도록 깃 없이 만들어 '무령의(無領衣)'라고도 하였다. 배냇저고리는 대개 생후 삼칠일까지 입혔기 때문에 지역에 따라 '삼저고리', '이레안저고리' 등으로도 불리었다. 보통 저고리를 여미는 고름 대신 무명실 끈을 길게 달아 장수를 기원했는데, 이는 남아, 여아 모두 공통적이었다. 남자아기의 배냇저고리는 재수가 좋다고 하여 시험이나 송사를 치르는 사람이 부적같이 몸에 지니는 풍습이 있었다.

아기가 태어난 지 약 20일이 지나면 배냇저고리를 벗기고 돌띠저고리를 입혔다. 돌띠저고리에는 돌띠라는 긴 고름이 달려있는데 길이가 길어 한 바퀴 돌려 맬 수 있을 정도이다. 이런 돌띠저고리에는 긴 고름처럼 장수하기를 바라는 의미가 담겨있다.

백일에는 아기에게 백줄을 누빈 저고리를 입히기도 하였는데, 이는 장수하기를 바라는 의미를 담고 있다. 그리고 첫 생일인 돌에 남자아기에게는 색동저고리를 입히고 복건(幅巾)이나 호건(虎巾)을 씌우며, 여자아기에게는 색동저고리를 입히고 굴레를 씌웠다.

〈보 기〉

ㄱ. 배냇저고리는 아기가 태어난 후 약 3주간 입히는 옷이다.

ㄴ. 시험을 잘 보기 위해 여자아기의 배냇저고리를 몸에 지니는 풍습이 있었다.

ㄷ. 돌띠저고리와 백줄을 누빈 저고리에 담긴 의미는 동일하다.

ㄹ. 남자아기뿐만 아니라 여자아기에게도 첫 생일에는 색동저고리를 입혔다.

① ㄴ

② ㄱ, ㄴ

③ ㄱ, ㄷ

④ ㄱ, ㄹ

⑤ ㄱ, ㄷ, ㄹ

17 민간(나) 03번

지진의 강도는 '리히터 규모'와 '진도'로 나타낼 수 있다. 리히터 규모는 미국 지질학자인 찰스 리히터가 지진의 강도를 절대적 수치로 나타내기 위해 제안한 개념이다. 리히터 규모는 지진계에 기록된 지진파의 최대진폭을 측정하여 수학적으로 계산한 값이며, 지진이 발생하면 각 지진마다 고유의 리히터 규모 값이 매겨진다. 리히터 규모는 지진파의 최대 진폭이 10배가 될 때마다 1씩 증가하는데, 이때 지진에너지는 약 32배가 된다. 리히터 규모는 소수점 아래 한 자리까지 나타내는데, 예를 들어 'M5.6' 또는 '규모 5.6'의 지진으로 표시된다.

진도는 지진이 일어났을 때 어떤 한 지점에서 사람이 느끼는 정도와 건물의 피해 정도 등을 상대적으로 등급화한 수치로, 동일한 지진에 대해서도 각 지역에 따라 진도가 달라질 수 있다. 예를 들어, 어떤 지진이 발생했을 때 발생 지점에서 거리가 멀어질수록 진도는 낮게 나타난다. 또한 진도는 각 나라별 실정에 따라 다른 기준이 채택된다. 우리나라는 12단계의 '수정 메르칼리 진도'를 사용하고 있으며, 진도를 나타내는 수치는 로마 숫자를 이용하여 '진도 Ⅲ'과 같이 표시한다. 표시되는 로마 숫자가 클수록 지진을 느끼는 정도나 피해의 정도가 크다는 것을 의미한다.

〈보 기〉

ㄱ. M5.6인 지진을 진도로 표시하면 나라별로 다르게 표시될 수 있다.

ㄴ. M4.0인 지진의 지진파 최대 진폭은 M2.0인 지진의 지진파 최대 진폭의 100배이다.

ㄷ. 진도 Ⅱ인 지진이 일어났을 때, 어떤 한 지점에서 사람이 느끼는 정도와 건물의 피해 정도는 진도 Ⅳ인 지진의 2배이다.

ㄹ. M6.0인 지진의 지진에너지는 M3.0인 지진의 1,000배이다.

① ㄱ, ㄴ

② ㄱ, ㄷ

③ ㄴ, ㄷ

④ ㄴ, ㄹ

⑤ ㄷ, ㄹ

인류 역사상 불공정거래 문제가 나타난 것은 먼 옛날부터이다. 자급자족경제에서 벗어나 물물교환이 이루어지고 상업이 시작된 시점부터 불공정거래 문제가 나타났고, 법을 만들어 이를 규율하기 시작하였다. 불공정거래 문제가 법적으로 다루어진 것으로 알려진 최초의 사건은 기원전 4세기 아테네에서 발생한 곡물 중간상 사건이다. 기원전 388년 겨울, 곡물 수입 항로가 스파르타로부터 위협을 받게 되자 곡물 중간상들의 물량 확보 경쟁이 치열해졌고 입찰가격은 급등하였다. 이에 모든 곡물 중간상들이 담합하여 동일한 가격으로 응찰함으로써 곡물 매입가격을 크게 하락시켰고, 이를 다시 높은 가격에 판매하였다. 이로 인해 그들은 아테네 법원에 형사상 소추되어 유죄 판결을 받았다. 당시 아테네는 곡물 중간상들이 담합하여 일정 비율 이상의 이윤을 붙일 수 없도록 성문법으로 규정하고 있었으며, 해당 규정 위반 시 사형에 처해졌다.

곡물의 공정거래를 규율하는 고대 아테네의 성문법은 로마로 계승되어 더욱 발전되었다. 그리고 로마의 공정거래 관련법은 13세기부터 15세기까지 이탈리아의 우루비노와 피렌체, 독일의 뉘른베르크 등의 도시국가와 프랑스 등 중세 유럽 각국의 공정거래 관련법 제정에까지 영향을 미쳤다. 영국에서도 로마의 공정거래 관련법의 영향을 받아 1353년에 에드워드 3세의 공정거래 관련법이 만들어졌다.

〈보 기〉

ㄱ. 인류 역사상 불공정거래 문제는 자급자족경제 시기부터 나타났다.

ㄴ. 기원전 4세기 아테네의 공정거래 관련법에 규정된 최고형은 벌금형이었다.

ㄷ. 로마의 공정거래 관련법은 영국 에드워드 3세의 공정거래 관련법 제정에 영향을 미쳤다.

ㄹ. 기원전 4세기 아테네 곡물 중간상 사건은 곡물 중간상들이 곡물을 1년 이상 유통하지 않음으로 인해 발생하였다.

① ㄱ
② ㄷ
③ ㄱ, ㄴ
④ ㄴ, ㄹ
⑤ ㄷ, ㄹ

정책의 쟁점 관리는 정책 쟁점에 대한 부정적 인식을 최소화하여 정책의 결정 및 집행에 우호적인 환경을 조성하기 위한 행위를 말한다. 이는 정책 쟁점이 미디어 의제로 전환된 후부터 진행된다.

정책의 쟁점 관리에서는 쟁점에 대한 지식수준과 관여도에 따라 공중(公衆)의 유형을 구분하여 공중의 특성에 맞는 전략적 대응방안을 제시한다. 어떤 쟁점에 대해 지식수준과 관여도가 모두 낮은 공중은 '비활동 공중'이라고 한다. 그러나 쟁점에 대한 지식수준이 낮더라도 쟁점에 노출되어 쟁점에 대한 관여도가 높아지게 되면 이들은 '환기 공중'으로 변화한다. 이러한 환기 공중이 쟁점에 대한 지식수준까지 높아지면 지식수준과 관여도가 모두 높은 '활동 공중'으로 변하게 된다. 쟁점에 대한 지식수준이 높지만 관여도가 높지 않은 공중은 '인지 공중'이라고 한다.

인지 공중은 사회의 다양한 쟁점에 관한 지식을 가지고 있지만 적극적으로 활동하지 않아 이른바 행동하지 않는 지식인이라고도 불리는데, 이들의 관여도를 높여 활동 공중으로 이끄는 것은 매우 어렵다. 이 때문에 이들이 정책 쟁점에 긍정적 태도를 가지게 하는 것만으로도 전략적 성공이라고 볼 수 있다. 반면 환기 공중은 지식수준은 낮지만 쟁점 관여도가 높은 편이어서 문제해결에 필요한 지식을 얻게 된다면 활동 공중으로 변화한다. 따라서 이들에게는 쟁점에 대한 미디어 노출을 증가시키거나 다른 사람과 쟁점에 대해 토론하게 함으로써 지식수준을 높이는 전략을 취할 필요가 있다. 한편 활동 공중은 쟁점에 대한 지식수준과 관여도가 모두 높기 때문에 조직화될 개연성이 크고, 자신의 목적을 이루기 위해 시간과 노력을 아낌없이 투자할 자세가 되어 있다. 정책의 쟁점 관리를 제대로 하려면 이들이 정책을 우호적으로 판단할 수 있도록 하는 다양한 전략을 마련하여야 한다.

① 정책의 쟁점 관리는 정책 쟁점이 미디어 의제로 전환되기 전에 이루어진다.

② 어떤 쟁점에 대한 지식수준이 높지만 관여도가 낮은 공중을 비활동 공중이라고 한다.

③ 비활동 공중이 어떤 쟁점에 노출되면서 관여도가 높아지면 환기 공중으로 변한다.

④ 공중은 한 유형에서 다른 유형으로 변화할 수 없기 때문에 정책의 쟁점 관리를 할 필요가 없다.

⑤ 인지 공중의 경우, 쟁점에 대한 미디어 노출을 증가시키고 다른 사람과 쟁점에 대해 토론하게 만든다면 활동 공중으로 쉽게 변한다.

다음 글을 근거로 판단할 때 옳은 것은? 18 민간(가) 03번

다산 정약용은 아전의 핵심적인 직책으로 향승(鄕丞)과 좌수(座首), 좌우별감(左右別監)을 들고 있다. 향승은 지방관서장인 현령의 행정보좌역이고, 좌수는 지방자치기관인 향청의 우두머리로 이방과 병방의 직무를 관장한다. 좌우별감은 좌수의 아랫자리인데, 좌별감은 호방과 예방의 직무를 관장하고, 우별감은 형방과 공방의 직무를 관장한다.

다산은 향승이 현령을 보좌해야 하는 자리이기 때문에 반드시 그 고을에서 가장 착한 사람, 즉 도덕성이 가장 높은 사람에게 그 직책을 맡겨야 한다고 하였다. 또한 좌수는 그 자리의 중요성을 감안하여 진실로 마땅한 사람으로 얻어야 한다고 강조하였다. 좌수를 선발하기 위해 다산이 제시한 방법은 다음과 같다. 먼저 좌수후보자들에게 모두 종사랑(從仕郞)의 품계를 주고 해마다 공적을 평가해 감사나 어사로 하여금 식년(式年)에 각각 9명씩을 추천하게 한다. 그리고 그 가운데 3명을 뽑아 경관(京官)에 임명하면, 자신을 갈고 닦아 명성이 있고 품행이 바른 사람이 그 속에서 반드시 나올 것이라고 주장했다. 좌우별감을 선발할 때에도 역시 마땅히 쓸 만한 사람을 골라 정사를 의논해야 한다고 했다.

다산은 아전을 임명할 때, 진실로 쓸 만한 사람을 얻지 못하면 그저 자리를 채우기는 하되 정사는 맡기지 말라고 했다. 아울러 아첨을 잘하는 자는 충성스럽지 못하므로 이를 잘 살피도록 권고했다. 한편 다산은 문관뿐만 아니라 무관의 자질에 대해서도 언급하였다. 그에 따르면 무관의 반열에 서는 자는 모두 굳세고 씩씩해 적을 막아낼 만한 기색이 있는 사람으로 뽑되, 도덕성을 첫째의 자질로 삼고 재주와 슬기를 다음으로 해야 한다고 강조하였다.

※ 식년(式年) : 과거를 보는 시기로 정한 해

① 관직의 서열로 보면 좌우별감은 좌수의 상관이다.
② 다산이 주장하는 좌수 선발방법에 따르면, 향승은 식년에 3명의 좌수후보자를 추천한다.
③ 다산은 아전으로 쓸 만한 사람이 없을 때에는 자리를 채우지 말아야 한다고 하였다.
④ 다산은 경관 가운데 우수한 공적이 있는 사람에게 종사랑의 품계를 주어야 한다고 주장했다.
⑤ 다산은 무관의 자질로 재주와 슬기보다 도덕성이 우선한다고 보았다.

다음 글과 〈상황〉을 근거로 판단할 때, A복지관에 채용될 2명의 후보자는? 18 민간(가) 10번

A복지관은 청소년업무 담당자 2명을 채용하고자 한다. 청소년업무 담당자들은 심리상담, 위기청소년지원, 진학지도, 지역안전망구축 등 4가지 업무를 수행해야 한다. 채용되는 2명은 서로 다른 업무를 맡아 4가지 업무를 빠짐없이 분담해야 한다.

4가지 업무에 관련된 직무역량으로는 의사소통역량, 대인관계역량, 문제해결역량, 정보수집역량, 자원관리역량 등 5가지가 있다. 각 업무를 수행하기 위해서는 반드시 해당 업무에 필요한 직무역량을 모두 갖춰야 한다. 아래는 이를 표로 정리한 것이다.

업무	필요 직무역량
심리상담	의사소통역량, 대인관계역량
위기청소년지원	의사소통역량, 문제해결역량
진학지도	문제해결역량, 정보수집역량
지역안전망구축	대인관계역량, 자원관리역량

─〈상 황〉─

• A복지관의 채용후보자는 4명(甲, 乙, 丙, 丁)이며, 각 채용후보자는 5가지 직무역량 중 3가지씩을 갖추고 있다.
• 자원관리역량은 丙을 제외한 모든 채용후보자가 갖추고 있다.
• 丁이 진학지도업무를 제외한 모든 업무를 수행하려면, 의사소통역량만 추가로 갖추면 된다.
• 甲은 심리상담업무를 수행할 수 있고, 乙과 丙은 진학지도업무를 수행할 수 있다.
• 대인관계역량을 갖춘 채용후보자는 2명이다.

① 甲, 乙
② 甲, 丙
③ 乙, 丙
④ 乙, 丁
⑤ 丙, 丁

군국기무처는 1894년 7월 27일부터 같은 해 12월 17일까지 존속한 최고 정책결정 기관이었다. 1894년 7월 홍선대원군을 추대한 새로운 정권이 수립되자, 그 이전부터 논의되어 오던 제도개혁을 실시하고자 합의체 형식의 초정부적 정책결정 기구인 군국기무처를 구성하였다. 이 기구의 이름은 1882년부터 1883년까지 존속하였던 기무처의 이름을 따서 홍선대원군이 명명하였다.

군국기무처가 실제로 활동한 기간은 약 3개월이었다. 이 기간 중 군국기무처는 40회의 회의를 통해 약 210건의 의안을 심의하여 통과시켰는데, 그중에는 189개의 개혁의안도 포함되어 있다. 군국기무처가 심의하여 통과시킨 의안은 국왕의 재가를 거쳐 국법으로 시행하였는데, 그 가운데는 전제왕권의 제약이나 재정제도의 일원화뿐만 아니라, 양반·상인 등 계급의 타파, 공·사노비제의 폐지, 조혼의 금지, 과부의 재가 허용 등 조선사회의 경제·사회질서를 근본적으로 변혁시키는 내용도 있었다. 여기에는 1880년대 이래 개화운동에서 강조한 개혁안과 더불어 동학운동에서 요구한 개혁안이 포함되기도 하였다. 군국기무처가 추진한 이때의 개혁을 갑오개혁이라고 부른다.

그러나 군국기무처의 기능은 청일전쟁에서 일본이 최초의 결정적인 승리를 거둔 1894년 9월 중순 이후 서서히 약화되기 시작하였다. 청일전쟁의 초기에는 조선의 개혁정권에 대해 회유정책을 쓰며 군국기무처의 활동에 간섭을 하지 않았던 일본이 청일전쟁의 승리가 확실해지자 적극적인 개입정책을 쓰기 시작하였던 것이다. 일본 정부가 새로 임명한 주한공사 이노우에는 군국기무처를 자신이 추진하려는 일본의 제도적 개입의 방해물로 간주하여 11월 20일 고종에게 요구한 20개의 안건에 군국기무처의 폐지를 포함시켰다. 고종도 그의 전제왕권을 제약한 군국기무처의 존재를 탐탁지 않게 여기던 터였으므로 이 기구를 12월 17일 칙령으로 폐지하였다.

① 홍선대원군은 군국기무처를 칙령으로 폐지하였다.
② 군국기무처는 기무처의 이름을 따서 고종이 명명하였다.
③ 일본의 청일전쟁 승리가 확실해지면서 군국기무처의 기능은 더욱 강화되었다.
④ 군국기무처는 실제 활동 기간 동안 월 평균 210건 이상의 개혁의안을 통과시켰다.
⑤ 군국기무처가 통과시킨 의안에는 동학운동에서 요구한 개혁안이 담기기도 하였다.

조선 시대 임금에게 올리는 진지상을 수라상이라 하였다. 수라는 올리는 시간 순서에 따라 각각 조(朝)수라, 주(晝)수라, 석(夕)수라로 구분되고, 조수라 전에 밥 대신 죽을 주식으로 올리는 죽(粥)수라도 있었다. 수라상은 두 개의 상, 즉 원(元)반과 협(狹)반에 차려졌다.

수라 전후에 반과(盤果)상이나 미음(米飮)상이 차려지기도 했는데, 반과상은 올리는 시간 순서에 따라 조다(早茶), 주다(晝茶), 만다(晚茶), 야다(夜茶) 등을 앞에 붙여서 달리 불렀다. 반과상은 국수를 주식으로 하고, 찬과 후식류를 자기(磁器)에 담아 한 상에 차렸다. 미음상은 미음을 주식으로 하고, 육류 음식인 고음(膏飮)과 후식류를 한 상에 차렸다.

다음은 경복궁을 출발한 행차 첫째 날과 둘째 날에 임금에게 올리기 위해 차린 전체 상차림이다.

첫째 날		둘째 날	
장소	상차림	장소	상차림
노량참	조다반과	화성참	죽수라
노량참	조수라	화성참	조수라
시흥참	주다반과	화성참	주다반과
시흥참	석수라	화성참	석수라
시흥참	야다반과	화성참	야다반과
중로	미음		

① 행차 둘째 날에 협반은 총 1회 사용되었다.
② 화성참에서는 미음이 주식인 상이 차려지지 않았다.
③ 행차 첫째 날 낮과 둘째 날 낮에는 주수라가 차려지지 않았다.
④ 행차 첫째 날 밤과 둘째 날 밤에는 후식류를 자기에 담은 상차림이 있었다.
⑤ 국수를 주식으로 한 상은 행차 첫째 날과 둘째 날을 통틀어 총 5회 차려졌다.

다음 글을 근거로 판단할 때, 〈보기〉에서 옳은 것만을 모두 고르면?

19 민간(나) 14번

현대적 의미의 시력 검사법은 1909년 이탈리아의 나폴리에서 개최된 국제안과학회에서 란돌트 고리를 이용한 검사법을 국제 기준으로 결정하면서 탄생하였다. 란돌트 고리란 시력 검사표에서 흔히 볼 수 있는 C자형 고리를 말한다. 란돌트 고리를 이용한 시력 검사에서는 5m 거리에서 직경이 7.5mm인 원형 고리에 있는 1.5mm 벌어진 틈을 식별할 수 있는지 없는지를 판단한다. 5m 거리의 1.5mm이면 각도로 따져서 약 1′(1분)에 해당한다. 1°(1도)의 1/60이 1′이고, 1′의 1/60이 1″(1초)이다.

이 시력 검사법에서는 구분 가능한 최소 각도가 1′일 때를 1.0의 시력으로 본다. 시력은 구분 가능한 최소 각도와 반비례한다. 예를 들어 구분할 수 있는 최소 각도가 1′의 2배인 2′이라면 시력은 1.0의 1/2배인 0.5이다. 만약 이 최소 각도가 0.5′이라면, 즉 1′의 1/2배라면 시력은 1.0의 2배인 2.0이다. 마찬가지로 최소 각도가 1′의 4배인 4′이라면 시력은 1.0의 1/4배인 0.25이다. 일반적으로 시력 검사표에는 2.0까지 나와 있지만 실제로는 이보다 시력이 좋은 사람도 있다. 천문학자 A는 5″까지의 차이도 구분할 수 있었던 것으로 알려져 있다.

───── 〈보 기〉 ─────

ㄱ. 구분할 수 있는 최소 각도가 10′인 사람의 시력은 0.1이다.

ㄴ. 천문학자 A의 시력은 12인 것으로 추정된다.

ㄷ. 구분할 수 있는 최소 각도가 1.25′인 甲은 구분할 수 있는 최소 각도가 0.1′인 乙보다 시력이 더 좋다.

① ㄱ

② ㄱ, ㄴ

③ ㄴ, ㄷ

④ ㄱ, ㄷ

⑤ ㄱ, ㄴ, ㄷ

문 1. 다음 〈표〉에 따라 판단할 때, 〈보기〉의 내용 중 〈표〉의 운영방식에 부합하는 것을 모두 모든 것은?(책임운영기관인 A는 중앙행정기관인 B의 소속임) 06 행시(출) 03번

〈표〉 정부기관의 운영방식

구분	책임운영기관	중앙행정기관
설치근거	• 행정자치부장관이 소속 중앙행정기관의 장과 기획예산처장관의 의견을 들어 설치 • 소속 중앙행정기관의 장이 행정자치부장관과 협의하여 설치 가능	• 소속 중앙행정기관의 설치와 직무범위는 법률(정부조직법)로 규정
기관장 임용	• 소속 중앙행정기관이 공모 (계약직, 5년 범위 내 2년 임기 보장)	• 국무총리가 제청, 대통령이 임명
직원 임명권자	• 부(副)기관장은 소속 중앙행정기관장 • 그 밖에는 소속 책임운영기관장	• 3급 이상은 대통령 • 4급 이하는 소속 중앙행정기관장
직제 제·개정	• 소속 중앙행정기관장의 승인을 얻어 행정자치부와 협의하여 기본운영규정에 규정	• 소속 중앙행정기관의 장이 행정자치부장관에게 제출 • 소속 중앙행정기관의 장은 필요한 경우 직제시행규칙을 제·개정
정원관리	• 총 정원만 대통령령으로 규정 • 직급별 정원은 소속 중앙행정기관장의 승인을 얻어 기본운영규정에 규정	• 직급별 정원을 대통령령으로 규정
초과 수입금	• 직접·간접비용에 사용 가능	• 사용 불가

〈보기〉
ㄱ. A기관의 5급 사무관 정원은 B기관장의 승인을 받아 대통령령으로 규정되었다.
ㄴ. A기관은 국제협력실 신설을 위한 직제개정을 하고자 B기관장의 승인을 얻었다.
ㄷ. B기관의 김 사무관은 2005년도 상반기 중점사업 실적에 의한 초과 수입금을 하반기의 중점사업을 위하여 재투자하였다.
ㄹ. A기관 총무과 소속의 6급 박 주사는 A기관장의 임명을 받았다.

① ㄱ, ㄴ
② ㄱ, ㄷ
③ ㄴ, ㄷ
④ ㄴ, ㄹ
⑤ ㄷ, ㄹ

문 2. 정부는 공기업 지방 이전을 추진하면서, 갑, 을, 병 3개 도시에 이전되는 공기업의 수를 달리하는 네 개의 안을 아래의 〈표〉와 같이 마련하였다. 각 도시의 대표자들은 비교되는 두 안 중 자신의 도시에 더 많은 공기업을 이전하는 안에 투표한다고 가정한다. 다만, 두 안의 비교 시 자신의 도시로 이전할 공기업 수가 동일한 경우, 공기업이 여러 도시로 분산되는 안에 투표한다. 〈결정방식〉이 다음과 같을 때, 〈보기〉 중 올바른 것을 모두 고르면? 06 행시(출) 12번

〈표〉 도시별 공기업 배치안

도시 \ 대안	A안	B안	C안	D안
갑	2개	3개	0개	1개
을	2개	0개	0개	1개
병	0개	1개	4개	2개

〈결정방식〉
가. 투표는 다음 예시와 같은 방식으로 이루어진다.
　예 투표의 순서가 CDAB라면, 먼저 C와 D를 비교하여 선택된 안을 다시 A와 비교하고 여기서 선택된 안을 B와 비교하여 최종안을 선택한다.
나. 각 단계의 투표에서는 다수 도시의 표를 얻은 안이 선택된다.

〈보기〉
ㄱ. 투표순서가 BADC로 정해진다면 갑이 공기업을 유치하는 게 가장 유리하다.
ㄴ. 병이 4개의 공기업을 모두 유치할 수 있는 투표순서는 전혀 없다.
ㄷ. 투표순서를 CDAB로 하는 것보다 CDBA로 하는 것이 갑에게 더 유리하다.
ㄹ. 투표순서를 ACBD 또는 DBCA로 하면 갑과 을이 최소 1개 이상의 공기업을 유치할 수 있다.

① ㄱ, ㄴ
② ㄱ, ㄷ
③ ㄴ, ㄷ
④ ㄴ, ㄹ
⑤ ㄷ, ㄹ

문 3. Y국가에서는 대통령 선거에서 과반수 득표를 한 당선자가 나올 때까지 최하위 득표자를 제외하면서 투표를 계속 진행하는 방식의 선거제도를 두고 있다. 아래의 〈전제〉 하에서 나타날 수 있는 결과로 옳은 것은?

06 행시(출) 33번

〈전 제〉

• 1차 투표 결과, 후보 A, B, C, D의 득표율은 각각 33%, 28%, 21%, 16%이다.
• 유권자는 자신이 지지하는 후보가 탈락하지 않는 경우 지지 후보를 바꾸지 않는다.
• 후보 B와 C를 지지하는 유권자들의 이념적 성향이 유사하다. 따라서 두 후보 중 한 사람이 탈락하는 경우 탈락한 후보의 지지자는 모두 다음 투표에서 이념적 성향이 유사한 후보에게 투표한다.

① 1차 투표 이후 D후보를 지지하는 유권자의 선택과 상관없이 최종적으로 A후보가 선출된다.
② D후보를 지지하는 유권자의 75%가 1차 투표 이후 C후보를 지지한다면 최종적으로 C후보가 선출된다.
③ 1차 투표 이후 D후보를 지지하는 유권자가 모두 A후보를 지지하는 경우 2차 투표에서 A후보가 선출된다.
④ D후보를 지지하는 유권자가 1차 투표 이후 모두 기권한다면 2차 투표에서 당선자가 결정되어 3차 투표는 불필요하다.
⑤ 1차 투표 이후 D후보를 지지하는 유권자의 절반은 A후보를 그리고 절반은 B후보를 지지하는 경우 3차 투표는 불필요하다.

문 4. 아래의 정보만으로 판단할 때 기초생활수급자로 선정할 수 없는 경우는?

07 행시(재) 05번

가. 기초생활수급자 선정기준
• 부양의무자가 없거나, 부양의무자가 있어도 부양능력이 없거나 또는 부양을 받을 수 없는 자로서 소득인정액이 최저생계비 이하인 자
※ 부양능력 있는 부양의무자가 있어도 부양을 받을 수 없는 경우란, 부양의무자가 교도소 등에 수용되거나 병역법에 의해 징집·소집되어 실질적으로 부양을 할 수 없는 경우와 가족관계 단절 등을 이유로 부양을 거부하거나 기피하는 경우 등을 가리킴

나. 매월 소득인정액 기준
• 소득인정액=소득평가액+재산의 소득환산액
• 소득평가액=실제소득−가구특성별 지출비용
  (1) 실제소득 : 근로소득, 사업소득, 재산소득
  (2) 가구특성별 지출비용 : 경로연금, 장애수당, 양육비, 의료비, 중·고교생 입학금 및 수업료

다. 가구별 매월 최저생계비

(단위 : 만 원)

1인	2인	3인	4인	5인	6인
42	70	94	117	135	154

라. 부양의무자의 범위
• 수급권자의 배우자, 수급권자의 1촌의 직계혈족 및 그 배우자, 수급권자와 생계를 같이 하는 2촌 이내의 혈족

① 유치원생 아들 둘과 함께 사는 A는 재산의 소득환산액이 12만 원이고, 구멍가게에서 월 100만 원의 수입을 얻고 있으며, 양육비로 월 20만 원씩 지출하고 있다.
② 부양능력이 있는 근로소득 월 60만 원의 조카와 살고 있는 B는 실제소득 없이 재산의 소득환산액이 36만 원이며, 의료비로 월 30만 원을 지출한다.
③ 중학생이 된 두 딸을 혼자 키우고 있는 C는 재산의 소득환산액이 24만 원이며, 근로소득으로 월 80만 원이 있지만, 두 딸의 수업료로 각각 월 11만 원씩 지출하고 있다.
④ 외아들을 잃은 D는 어린 손자 두 명과 부양능력이 있는 며느리와 함께 살고 있다. D는 근로소득이 월 80만 원, 재산의 소득환산액이 48만 원이며, 의료비로 월 15만 원을 지출하고 있다.
⑤ 군대 간 아들 둘과 함께 사는 고등학생 딸을 둔 E는 재산의 소득환산액이 36만 원이며, 월 평균 60만 원의 근로소득을 얻고 있지만, 딸의 수업료로 월 30만 원을 지출하고 있다.

저소득층에게 법률서비스를 제공하는 정책을 구상 중이다. 정부는 (i) 자원봉사제도(무료로 법률자문을 하겠다고 자원하는 변호사를 활용), (ii) 유급법률구조제도(정부에서 법률구조공단 등의 기관을 신설하고 변호사를 유급으로 고용하여 법률서비스를 제공), (iii) 법률보호제도(정부가 법률서비스의 비용을 대신 지불) 등의 세 가지 정책대안 중 하나를 선택하려 한다.

이 정책대안을 비교하는 데 고려해야 할 정책목표는 (i) 비용의 저렴성, (ii) 접근용이성, (iii) 정치적 실현가능성, (iv) 법률서비스의 전문성이다. 각 정책대안과 정책목표의 관계를 정리하면 아래의 〈표〉와 같다. 각 대안이 정책목표를 달성하는 데 유리한 경우는 (+)로, 불리한 경우는 (−)로 표시한다. 단, 유·불리 정도는 동일하다. 정책목표에 대한 가중치의 경우, '0'은 해당 정책목표를 무시하는 것을, '1'은 해당 정책목표를 고려하는 것을 의미한다.

〈정책대안과 정책목표의 상관관계〉

정책목표	가중치		정책대안		
	A안	B안	자원봉사 제도	유급법률구조 제도	법률보호 제도
비용저렴성	0	0	+	−	−
접근용이성	1	0	−	+	−
정치적 실현성	0	0	+	−	+
전문성	1	1	−	+	−

〈보 기〉

ㄱ. 전문성 면에서는 유급법률구조제도가 자원봉사제도보다 더 좋은 정책대안으로 평가받게 된다.

ㄴ. A안의 가중치를 적용할 경우 유급법률구조제도가 가장 적절한 정책대안으로 평가받게 된다.

ㄷ. B안의 가중치를 적용할 경우 자원봉사제도가 가장 적절한 정책대안으로 평가받게 된다.

ㄹ. A안과 B안 중 어떤 것을 적용하더라도 정책대안 비교의 결과는 달라지지 않는다.

① ㄱ, ㄴ
② ㄱ, ㄹ
③ ㄴ, ㄷ
④ ㄱ, ㄴ, ㄹ
⑤ ㄴ, ㄷ, ㄹ

〈지체일수 산정방법〉

가. 계약기간 내에 준공검사요청서를 제출한 경우
- 계약기간 경과 후 검사에 불합격하여 보완지시를 한 경우, 보완지시일로부터 최종검사에 합격한 날까지를 지체일수로 산정
- 불합격판정으로 계약기간 내에 보완지시를 한 경우, 계약기간 다음 날부터 최종검사에 합격한 날까지 지체일수 산정

나. 계약기간을 경과하여 준공검사요청서를 제출한 경우
- 검사의 합격 여부 및 보완지시 여부에 관계없이 계약기간 다음 날부터 최종검사에 합격한 날까지를 지체일수에 산정

〈보 기〉

공공정보시스템을 구축하는 A사업의 계약기간은 2007년 1월 5일부터 2007년 11월 4일까지이다. 이 사업을 낙찰 받은 X사는 같은 해 10월 15일 준공검사 요청을 하여 준공검사를 받았으나 불합격 판정을 받았다. 보완지시를 받은 같은 해 10월 25일부터 보완작업을 수행하여 같은 해 11월 10일에 재검사를 요청하였다. 그리고 재검사를 거쳐 같은 해 11월 19일에 준공검사 합격통보를 받았다.

① 10월 25일~11월 10일
② 10월 25일~11월 19일
③ 11월 4일~11월 19일
④ 11월 5일~11월 19일
⑤ 11월 11일~11월 19일

갑 사업의 택지개발예정지구지정 기준일은 2002년 2월 20일이고, 최초 보상계획공고일은 2004년 7월 28일이다. 갑 사업으로 인한 이주대책 대상자와 그 대책 내용으로 옳은 것은? (단, 아래에서 주택의 소유자란 주택의 현재 소유자를 가리키며, 주택 소유자의 전입일은 해당 주택을 소유하게 된 시점과 같음. 또한 거주란 전입신고를 한 상태를 의미함)

- 기준일 이전부터 최초 보상계획공고일까지 사업지구 내에 허가주택을 소유하고 계속 그 주택에 거주한 자로서 당해 사업에 따라 그 주택이 철거되는 자는 이주자택지 또는 전용면적 $85m^2$ 이하 공공분양아파트 중 하나를 선택할 수 있다. 다만 그 주택을 계속 소유한 채 최초 보상계획공고일 전에 다른 곳으로 전출한 자는 전용면적 $85m^2$ 이하 공공분양아파트를 받을 수 있다.
- 기준일 이전부터 최초 보상계획공고일까지 사업지구 내에 무허가주택을 소유하고 계속하여 거주한 자로서 당해 사업에 따라 그 주택이 철거되는 자는 전용면적 $85m^2$ 이하 공공분양아파트를 받을 수 있다.
- 기준일 3개월 전부터 최초 보상계획공고일까지 계속하여 거주한 사업지구 내 허가주택의 세입자는 전용면적 $60m^2$ 이하 국민임대아파트 또는 주거이전비 중 하나를 선택할 수 있다.

※ 이주대책이란 공익사업의 시행으로 인하여 주거용 건축물을 제공함에 따라 생활의 근거를 상실하게 되는 자를 위하여 사업시행자에 의해 수립되는 대책임

① 전입일이 2002년 5월 4일이고, 전출일이 2005년 5월 18일인 무허가주택 소유자 A는 전용면적 $85m^2$ 이하 공공분양아파트를 받을 수 있다.

② 허가주택을 임차한 B의 전입일이 2001년 12월 30일이고, 전출일이 2004년 9월 19일인 경우, B는 전용면적 $60m^2$ 이하 국민임대아파트를 받을 수 있다.

③ 전입일이 2000년 4월 18일이고, 전출일이 2003년 8월 28일인 허가주택 소유자 C는 이주자택지를 받을 수 있다.

④ 전입일이 2000년 4월 6일이고, 전출일이 2004년 5월 23일인 허가주택 소유자 D는 전용면적 $85m^2$ 이하 공공분양아파트만 받을 수 있다.

⑤ 허가주택을 임차한 E의 전입일이 2001년 8월 18일이고, 전출일이 2004년 6월 30일인 경우, E는 주거이전비를 받을 수 있다.

다음 제시문을 근거로 판단할 때 〈보기〉에서 옳은 것을 모두 고른 것은?

체약국이 아닌 국가가 다자조약(多者條約)에 가입을 희망하면서 다자조약의 일부 규정에 대해 행한 유보선언에 대하여 모든 당사국이 전원 일치로 반대한 경우, 그 국가는 가입국이 되지 못한다. 다만 체약국 중 한 국가라도 유보에 동의하면, 유보에 동의한 국가(유보동의국)와 유보를 희망하는 국가(유보국) 사이에서 유보 내용이 조약에 반영된다.

반면 체약국 중 어떤 국가가 유보에 반대하면 유보를 반대한 국가(유보반대국)와 유보국 사이에서 조약은 일단 유보 없이 발효된다. 다만 이러한 유보반대국이 조약의 발효에도 명시적으로 반대하면, 유보국은 그 유보반대국과의 관계에서 당해 다자조약의 당사국이 되지 않는다.

A국, B국, C국이 체약국인 다자조약에 D국이 새로 가입하면서 제7조를 자국에 적용하지 않는다고 유보하였다. D국의 유보에 대하여 A국은 동의하였고, B국은 유보만 반대하였고, C국은 유보를 반대하면서 동시에 조약의 발효에도 명시적으로 반대하였다.

※ 조약의 유보란 조약의 서명·비준·수락·승인·가입 시에 특정 규정의 법적 효과를 배제하거나 변경하여 자국에 적용하려는 의사표시를 말함

〈보 기〉

ㄱ. D국과 B국, D국과 C국 간에는 조약이 적용된다.

ㄴ. D국과 A국 간에는 제7조가 적용되지 않는다.

ㄷ. A국과 C국 간에는 제7조가 적용되지 않는다.

ㄹ. D국과 A국 간에는 제7조가 적용되고, D국과 B국 간에는 조약이 적용되지 않는다.

ㅁ. B국과 C국 간에는 제7조가 적용되지 않는다.

① ㄱ

② ㄴ

③ ㄴ, ㄷ

④ ㄷ, ㄹ

⑤ ㄹ, ㅁ

〈A광역시 개인택시면허 발급 우선순위 규정〉

면허 대상	우선 순위	내용
택시 운전자	1	• 10년 이상 무사고자로서 A광역시 소재 동일회사에서 8년 이상 근속하여 운전 중인 자 • 17년 이상 무사고자로서 A광역시 소재 운수회사에서 10년 이상 운전 중인 자
	2	8년 이상 무사고자로서 A광역시 소재 동일회사에서 5년 이상 근속하여 운전 중인 자
	3	10년 이상 무사고자로서 A광역시 소재 동일회사에서 3년 이상 근속하여 운전 중인 자

① 개인택시면허 발급의 우선순위를 정함에 있어서, 위 규정은 개인택시운전에 필요한 법규 준수성, 숙련성, 무사고 운전경력 등을 평가하는 절대적 기준은 아니다.

② 개인택시면허를 발급받으려는 운전자는 근무하던 택시회사가 폐업할 경우 위의 규정으로 인해 피해를 입게 된다.

③ 직업에 종사하는 데 필요한 전문지식을 습득하기 위한 전문직업교육장을 임의로 선택하는 자유를 제한하는 규정이다.

④ 개인택시면허를 발급받으려는 운전자의 직장이동을 어렵게 하여 직업의 자유를 지나치게 제한하는 것이다.

⑤ 위 규정에 의하면 9년 무사고자로서 A광역시 소재 동일회사에서 4년 근속한 자가 우선순위 부여대상에서 제외되는 문제가 있다.

부산광역시 행정구역의 하나인 영도구는 2008년 1월 1일부터 신축되는 모든 건물의 주차장에 장애인을 위한 주차구역을 반드시 설치하도록 규정하였다. 또한 부산광역시는 2008년 1월 1일부터 신축되는 모든 건물의 출입구에 장애인을 위한 경사로를 설치할 것을 의무화하였다. 한편 경상남도는 2008년 1월 1일부터 신축되는 모든 건물의 엘리베이터 내에 장애인을 위한 점자 표시를 의무화하였다. 장애인을 위한 이러한 사회적 배려는 법으로 규정되기 이전부터 자율적으로 시행되어 왔다.

〈조 건〉

• 하위 행정구역에는 자신이 속해 있는 상위 행정구역의 규정이 적용된다.
• 건물 A는 출입구에 장애인을 위한 경사로가 설치되어 있다.
• 건물 A는 장애인을 위한 주차구역을 구비하고 있지 않다.
• 건물 A는 엘리베이터 내에 장애인을 위한 점자 표시가 되어 있다.
• 규정을 준수하지 않은 건물은 신축될 수 없다.

〈보 기〉

ㄱ. 만일 건물 A가 2008년 1월이 되기 전에 세워졌다면 그 건물은 영도구 안에 위치해 있다.
ㄴ. 만일 건물 A가 2008년 1월에 신축되었다면 위의 세 행정구역 중 어디에 위치해 있는지 알 수 없다.
ㄷ. 만일 건물 A가 2008년 3월에 신축되었다면 그 건물은 영도구 안에 위치해 있지 않다.
ㄹ. 영도구에 장애인을 위한 경사로가 설치되어 있는 건물은 2008년 1월 1일 이후에 신축된 것이다.
ㅁ. 영도구에서 2008년 1월 1일 이후에 신축된 모든 건물의 엘리베이터 내에는 점자 표시가 되어 있다.

① ㄱ, ㅁ
② ㄴ, ㄷ
③ ㄴ, ㄹ
④ ㄷ, ㄹ
⑤ ㄷ, ㅁ

문 11. 다음 〈표〉는 인터넷 쇼핑몰 이용약관의 주요내용이다. 아래 〈보기〉에서 (가), (나), (다), (라)를 구입한 쇼핑몰을 올바르게 연결한 것은?

09 행시(극) 17번

〈표〉 이용약관의 주요내용

쇼핑몰	주문 취소	환불	배송비	포인트 적립
A	주문 후 7일 이내 취소 가능	10% 환불수수료+ 송금수수료 차감	무료	구입금액의 3%
B	주문 후 10일 이내 취소 가능	환불수수료+ 송금수수료 차감	20만 원 이상 무료	구입금액의 5%
C	주문 후 7일 이내 취소 가능	환불수수료+ 송금수수료 차감	1회 이용 시 1만 원	없음
D	주문 후 당일에만 취소 가능	환불수수료+ 송금수수료 차감	5만 원 이상 무료	없음
E	취소 불가능	고객 귀책사유에 의한 환불 시에만 10% 환불수수료	1만 원 이상 무료	구입금액의 10%
F	취소 불가능	원칙적으로 환불 불가능 (사업자 귀책사유일 때만 환불 가능)	100g당 2,500원	없음

〈보 기〉

ㄱ. 철수는 부모님의 선물로 (가)를 구입하였는데, 판매자의 업무착오로 배송이 지연되어 판매자에게 전화로 환불을 요구하였다. 판매자는 판매금액 그대로를 통장에 입금해 주었고 구입 시 발생한 포인트도 유지하여 주었다.

ㄴ. 영희는 (나)를 구매할 때 배송료를 고려하여 한 가지씩 여러 번에 나누어 구매하기보다는 가능한 한 한꺼번에 주문하곤 하였다.

ㄷ. 인터넷 사이트에서 (다)를 20,000원에 주문한 민수는 다음날 같은 물건을 18,000원에 파는 가게를 발견하고 전날 주문한 물건을 취소하려 했지만 취소가 되지 않아 곤란을 겪은 적이 있다.

ㄹ. (라)를 10만 원에 구매한 철호는 도착한 물건의 디자인이 마음에 들지 않아 환불 및 송금수수료와 배송료를 감수하는 손해를 보면서도 환불할 수밖에 없었다.

	(가)	(나)	(다)	(라)
①	E	B	C	D
②	F	E	D	B
③	E	D	F	C
④	F	C	E	B
⑤	B	A	D	C

문 12. 다음은 프로야구 리그의 〈신인선수 선발규정〉과 〈리그 성적표〉이다. 이에 근거하였을 때 잘못 추론한 것은?

09 행시(극) 35번

〈신인선수 선발규정〉

구단 간의 전력 평준화를 통한 경기력 향상을 도모하기 위하여 신인선수 선발과정에서 하위구단에게 우선권을 부여한다. 구체적인 방식은 다음과 같다.

• 1순위 신인선발권 : 성적에 따라 각 구단에게 부여된 추첨표를 모두 하나의 추첨상자에 넣고, 1장을 추첨하여 당첨된 구단에게 준다.
• 2순위 신인선발권 : 1순위 당첨구단의 추첨표를 모두 제거한 후 1장을 추첨하여 당첨된 구단에게 준다.
• 3순위 신인선발권 : 1, 2순위 당첨구단의 추첨표를 모두 제거한 후 1장을 추첨하여 당첨된 구단에게 준다.
• 4순위 신인선발권 : 모든 추첨표를 제거한 후 1, 2, 3 순위 당첨구단을 제외한 나머지 구단에게 동일한 수의 추첨표를 부여하고, 1장을 추첨하여 당첨된 구단에게 준다.
• 5순위 신인선발권 : 4순위 당첨구단의 추첨표를 모두 제거하고 1장을 추첨하여 당첨된 구단에게 준다.
• 6순위 신인선발권 : 5순위까지 추첨되지 못한 구단에게 준다.
• 추첨표는 다음과 같이 부여한다.

전년순위	추첨표	금년순위	추첨표
1위	0장	1위	0장
2위	0장	2위	0장
3위	0장	3위	2장
4위	1장	4위	3장
5위	2장	5위	4장
6위	3장	6위	5장

〈리그 성적표〉

전년도		금년도	
순위	구단	순위	구단
1위	A	1위	A
2위	B	2위	C
3위	C	3위	D
4위	D	4위	B
5위	E	5위	F
6위	F	6위	E

① A구단은 1순위 신인선발권을 얻을 수는 없지만, 4순위 신인선발권을 얻을 확률은 $\frac{1}{3}$이다.

② B구단이 1순위 신인선발권을 얻을 확률은 D구단이 1순위 신인선발권을 얻을 확률과 같다.

③ C구단은 신인선발권 확보에서 A구단보다 유리한 입장에 있다.

④ E구단이 1순위 신인선발권을 얻게 된다면 F구단이 2순위 신인선발권을 얻을 확률은 50%를 넘는다.

⑤ E구단이나 F구단은 6순위 신인선발권을 얻을 가능성이 있다.

다음은 정부가 지원하는 '○○연구과제'를 수행할 연구자 선정 시의 가점 및 감점 기준이다. 고득점자 순으로 2명을 선정할 때 〈보기〉의 연구과제 신청자 중 선정될 자를 고르면?

10 행시(발) 13번

• 아래의 각 항목들은 중복 적용이 가능하며, 각자의 사전평가 점수에서 가감된다.

1. 가점 부여항목 (각 10점)

　가. 최근 2년 이내(이하 선정시점 기준)에 연구과제 최종 결과 평가에서 최우수 등급을 받은 자

　나. 최근 3년 이내에 국내외 과학기술논문색인지수(이하 'SCI'라 함) 논문을 게재한 실적이 있는 자

　다. 최근 3년 이내에 기술실시계약을 체결하여 받은 기술료 총액이 2천만 원 이상인 자

2. 감점 부여항목 (각 5점)

　가. 최근 2년 이내(이하 선정시점 기준)에 연구과제 최종 결과 평가에서 최하위 등급을 받은 자

　나. 최근 3년 이내에, 연구과제 선정 후 협약체결 포기 경력이 있는 자

　다. 최근 3년 이내에, 연구과제의 연구수행 도중 연구를 포기한 경력이 있는 자

─〈보 기〉─

ㄱ. 사전평가점수는 70점으로, 1년 전에 연구과제 최종 결과평가에서 최우수 등급을 부여받은 후, 2건의 기술실시계약을 체결하여 각각 1천 5백만 원을 받았다.

ㄴ. 사전평가점수는 80점으로, 2년 전에 연구과제를 중도 포기하였으나, 그로부터 1년 후 후속연구를 통해 SCI 논문을 게재하였다.

ㄷ. 사전평가점수는 75점으로, 1년 전에 연구과제 최종 결과평가에서 최우수 등급을 부여받았으나, 바로 그 해에 선정된 신규 연구과제의 협약체결을 포기하였다.

ㄹ. 사전평가점수는 90점으로, 3년 전에 연구과제 최종 결과평가에서 최우수 등급을 부여받았으나, 그로부터 1년 후에는 연구과제에 대한 중간평가에서 최하위 등급을 부여받았다.

※ 각 사례에서 시간은 '○○연구과제' 선정시점을 기준으로 함

① ㄱ, ㄴ
② ㄱ, ㄷ
③ ㄱ, ㄹ
④ ㄴ, ㄷ
⑤ ㄴ, ㄹ

다음은 ○○사의 〈여비규정〉과 〈국외여비정액표〉이다. 이 회사의 A 이사가 아래 여행일정에 따라 국외출장을 가는 경우, 총 일비, 총 숙박비, 총 식비는 각각 얼마인가?(다만 국가간 이동은 모두 항공편으로 함)

10 행시(발) 28번

─〈여비규정〉─

제00조(여비의 종류) 여비는 운임·일비·숙박비·식비·이전비·가족여비 및 준비금 등으로 구분한다.

제00조(여행일수의 계산) 여행일수는 여행에 실제로 소요되는 일수에 의한다. 국외여행의 경우에는 국내 출발일은 목적지를, 국내 도착일은 출발지를 여행하는 것으로 본다.

제00조(여비의 구분계산)

① 여비 각 항목은 구분하여 계산한다.

② 같은 날에 여비액을 달리하여야 할 경우에는 많은 액을 기준으로 지급한다. 다만 숙박비는 숙박지를 기준으로 한다.

제00조(일비·숙박비·식비의 지급)

① 국외여행자의 경우는 〈국외여비정액표〉에서 정하는 바에 따라 지급한다.

② 일비는 여행일수에 따라 지급한다.

③ 숙박비는 숙박하는 밤의 수에 따라 지급한다. 다만 항공편 이동 중에는 따로 숙박비를 지급하지 아니한다.

④ 식비는 여행일수에 따라 이를 지급한다. 다만 항공편 이동 중 당일의 식사 기준시간이 모두 포함되어 있는 경우는 식비를 제공하지 않는다.

⑤ 식사 시간은 현지 시각 08시(조식), 12시(중식), 18시(석식)를 기준으로 한다.

〈국외여비정액표〉

(단위 : 달러)

구분	국가등급	일비	숙박비	식비 (1일 기준)
이사	다	80	233	102
	라	70	164	85

〈A 이사의 여행일정〉

1일째 : (06 : 00) 출국

2일째 : (07 : 00) 갑국(다 등급지역) 도착 / (18 : 00) 만찬

3일째 : (09 : 00) 회의 / (15 : 00) 갑국 출국 / (17 : 00) 을국 (라 등급지역) 도착

4일째 : (09 : 00) 회의 / (18 : 00) 만찬

5일째 : (22 : 00) 을국 출국

6일째 : (20 : 00) 귀국

※ 시각은 현지 기준이고, 날짜변경선의 영향은 없는 것으로 가정함

	총 일비(달러)	총 숙박비(달러)	총 식비(달러)
①	440	561	374
②	440	725	561
③	450	561	374
④	450	561	561
⑤	450	725	561

다음은 근로장려금 신청자격 요건에 대한 정부제출안과 국회통과안의 내용이다. 이에 근거하여 〈보기〉에서 옳지 <u>않은</u> 것을 모두 고르면? 10 행시(발) 32번

요건	정부제출안	국회통과안
총소득	부부의 연간 총소득이 1,700만 원 미만일 것(총소득은 근로소득과 사업소득 등 다른 소득을 합산한 소득)	좌동
부양자녀	다음 항목을 모두 갖춘 자녀를 2인 이상 부양할 것 (1) 거주자의 자녀이거나 동거하는 입양자일 것 (2) 18세 미만일 것(단, 중증장애인은 연령제한을 받지 않음) (3) 연간 소득금액의 합계액이 100만 원 이하일 것	다음 항목을 모두 갖춘 자녀를 1인 이상 부양할 것 (1)~(3) 좌동
주택	세대원 전원이 무주택자일 것	세대원 전원이 무주택 자이거나 기준시가 5천만 원 이하의 주택을 한 채 소유할 것
재산	세대원 전원이 소유하고 있는 재산 합계액이 1억 원 미만일 것	좌동
신청 제외자	(1) 3개월 이상 국민기초생활보장급여 수급자 (2) 외국인(단, 내국인과 혼인한 외국인은 신청 가능)	좌동

〈보 기〉

ㄱ. 정부제출안보다 국회통과안에 의할 때 근로장려금 신청자격을 갖춘 대상자의 수가 더 줄어들 것이다.

ㄴ. 두 안의 총소득요건과 부양자녀요건을 충족하고, 소유재산이 주택(5천만 원), 토지(3천만 원), 자동차(2천만 원)인 A는 정부제출안에 따르면 근로장려금을 신청할 수 없지만 국회통과안에 따르면 신청할 수 있다.

ㄷ. 소득이 없는 20세 중증장애인 자녀 한 명만을 부양하는 B가 국회통과안에서의 다른 요건들을 모두 충족하고 있다면 B는 국회통과안에 의해 근로장려금을 신청할 수 있다.

ㄹ. 총소득, 부양자녀, 주택, 재산 요건을 모두 갖춘 한국인과 혼인한 외국인은 정부제출안에 따르면 근로장려금을 신청할 수 없지만 국회통과안에 따르면 신청할 수 있다.

① ㄱ, ㄴ
② ㄱ, ㄷ
③ ㄷ, ㄹ
④ ㄱ, ㄴ, ㄹ
⑤ ㄴ, ㄷ, ㄹ

A부처에서 갑, 을, 병, 정 4명의 직원으로부터 국외연수 신청을 받아 선발 가능성이 가장 높은 한 명을 추천하려는 가운데, 정부가 선발 기준 개정안을 내놓았다. 현행 기준과 개정안 기준을 적용할 때, 각각 선발 가능성이 가장 높은 사람은? 10 행시(발) 33번

〈선발 기준안 비교〉

구분	현행	개정안
외국어 성적	30점	50점
근무 경력	40점	20점
근무 성적	20점	10점
포상	10점	20점
계	100점	100점

※ 1) 근무 경력은 15년 이상이 만점 대비 100%, 10년 이상 15년 미만 70%, 10년 미만 50%임. 다만 근무 경력이 최소 5년 이상인 자만 선발 자격이 있음
2) 포상은 3회 이상이 만점 대비 100%, 1~2회 50%, 0회 0%임

〈A부처의 국외연수 신청자 현황〉

구분	갑	을	병	정
근무 경력	30년	20년	10년	3년
포상	2회	4회	0회	5회

※ 1) 외국어 성적은 갑과 을이 만점 대비 50%이고, 병이 80%, 정이 100%임
2) 근무 성적은 을만 만점이고, 갑·병·정 셋은 서로 동점이라는 사실만 알려져 있음

	현행	개정안
①	갑	을
②	갑	병
③	을	갑
④	을	을
⑤	을	정

문 17. 다음은 새로운 주소 부여 원칙이다. 이 원칙에 따를 경우 〈보기〉에서 옳은 것을 모두 고르면?

11 민간실험(발) 09번

- 주소 부여 원칙
  특별시 또는 광역시·도명＋시·군·구명＋도로명＋건물번호
- 도로명 부여 원칙
  – 대로 : 폭 8차선, 길이 4km 이상
  – 로 : 폭 2~7차선, 길이 2km 이상
  – 길 : 대로, 로 이외의 도로
- 건물번호 부여 원칙
  – 도로의 시작점에서 끝점까지 20미터 간격으로 도로의 왼쪽은 홀수번호, 오른쪽은 짝수번호로 기초번호를 부여
  – 해당 건축물의 주된 출입구가 접하고 있는 도로구간에 대하여 기초번호를 기준으로 건물번호를 부여(예 기초번호가 2면, 건물번호 2를 부여)

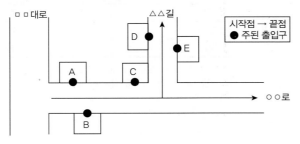

─────〈보 기〉─────
ㄱ. A 건물과 B 건물 사이의 도로폭은 D 건물과 E 건물 사이의 도로폭보다 넓다.
ㄴ. 건물번호가 홀수인 것은 A, C, D이다.
ㄷ. C 건물과 D 건물 주소상의 도로명은 다르다.
ㄹ. 출입구가 두 개 이상인 C 건물은 서로 다른 두 개 이상의 주소를 사용할 수 있다.

① ㄱ, ㄴ
② ㄱ, ㄷ
③ ㄴ, ㄷ
④ ㄷ, ㄹ
⑤ ㄱ, ㄴ, ㄷ

문 18. 다음 〈표〉를 근거로 판단할 때 〈보기〉의 사람들 중에서 총 청약 점수가 높은 순서대로 두 사람을 고르면?

11 민간실험(발) 12번

〈주택청약가점제도 개요〉

항목	세부항목	가점	가중치
청약자 연령	30세 미만	1	20
	30세 이상~35세 미만	2	
	35세 이상~40세 미만	3	
	40세 이상~45세 미만	4	
	45세 이상	5	
세대(世代) 구성	1세대	1	30
	2세대	2	
	3세대 이상	3	
자녀 수	1명	1	30
	2명	2	
	3명 이상	3	
무주택 기간 (주택소유자는 제외)	6개월 미만	1	32
	6개월 이상~3년 미만	2	
	3년 이상~5년 미만	3	
	5년 이상~10년 미만	4	
	10년 이상	5	

※ 총 청약 점수＝항목점수의 합, 항목점수＝가점×가중치

─────〈보 기〉─────
甲 : 무주택 기간이 8개월인 35세 독신세대주
乙 : 부모를 부양하고 있으며 내년 결혼을 앞두고 현재 자신이 소유하고 있는 주택을 늘리고자 하는 28세 여성
丙 : 무주택 기간이 8년이고 2명의 자녀를 둔 37세 무주택자
丁 : 부모, 아내, 아들(1명)과 같이 살고 있으며, 현재 자신이 소유하고 있는 주택을 늘리고자 하는 32세 남성

① 甲, 乙
② 甲, 丙
③ 乙, 甲
④ 丙, 丁
⑤ 丙, 乙

다음 글과 〈표〉에 근거하여 〈보기〉에서 올바른 것을 모두 고르면?

11 민간실험(발) 16번

비용편익분석의 기준에는 다음과 같은 3가지가 있다. 첫째, 최소비용기준은 일정 수준의 편익을 정해놓고, 이 수준에 도달하는 몇 개의 대안들의 비용을 비교하여 이 중 가장 적은 비용의 대안을 선택하는 것이다. 둘째, 최대편익기준은 비용의 최대한도를 정해놓고, 이 비용한도를 넘는 것을 제거한 후 최대편익을 발휘하는 대안을 선택하는 것이다. 셋째, 편익/비용 기준은 비용 대비 편익의 수준을 구하는 것으로 값이 클수록 효용이 높아진다.

〈5가지 대안의 비용과 편익〉

(단위 : 만 원)

대안	비용	편익
1안	550	4,000
2안	550	3,500
3안	700	4,000
4안	700	5,000
5안	800	6,500

〈보 기〉

ㄱ. 최소비용기준을 따르고 편익 수준을 4,000만 원 이상으로 잡을 경우, 1안을 선택해야 한다.

ㄴ. 최소비용기준을 따르고 편익 수준을 5,000만 원 이상으로 잡을 경우, 5안을 선택해야 한다.

ㄷ. 최대편익기준을 따르고 비용의 한도를 550만 원으로 잡을 경우, 1안을 선택해야 한다.

ㄹ. 최대편익기준을 따르고 비용의 한도를 700만 원으로 잡을 경우, 4안을 선택해야 한다.

ㅁ. 편익/비용의 기준으로만 볼 경우, 1안을 선택해야 한다.

① ㅁ

② ㄱ, ㄴ

③ ㄴ, ㅁ

④ ㄱ, ㄷ, ㄹ

⑤ ㄱ, ㄷ, ㄹ, ㅁ

Y부는 현재 각종의 민원업무를 처리하는 데 있어서 먼저 접수된 민원을 우선 처리하는 '선착순 우선 원칙'을 고수하고 있다. 그러나 일부 국민들은 처리기일이 적게 소요되는 민원을 처리기일이 오래 소요되는 민원보다 우선 처리하는 '짧은 사례 우선 원칙'을 채택하여야 한다고 주장하고 있다. 다음과 같은 〈상황〉을 근거로 판단할 때 〈보기〉에서 옳은 것을 모두 고르면?

11 민간실험(발) 19번

〈상 황〉

• 甲, 乙, 丙 3명의 민원인이 같은 날에 순서대로 각각 민원 A, B, C를 민원 담당자에게 접수하였다.

• 민원 담당자가 민원 A, B, C를 처리하는 데 필요한 소요일수는 각각 16일, 8일, 4일이다.

• 민원 담당자는 민원 A, B, C를 동시에 처리할 수 없고 한 번에 하나씩만 처리할 수 있다.

〈보 기〉

ㄱ. 선착순 우선 원칙에 의할 경우보다 짧은 사례 우선 원칙에 의할 경우 B가 완료되는 데 소요되는 기간은 $\frac{1}{2}$로 줄어든다.

ㄴ. 선착순 우선 원칙보다 짧은 사례 우선 원칙에 의할 경우 甲, 乙, 丙 모두 혜택을 볼 수 있다.

ㄷ. 민원담당자의 입장에서 보면 민원 A, B, C를 모두 처리하는 데 필요한 기간은 선착순 우선원칙에 의하는 것과 짧은 사례 우선 원칙에 의하는 것 사이에 차이가 없다.

ㄹ. 선착순 우선 원칙에 의할 경우와 짧은 사례 우선 원칙에 의할 경우 민원 C의 완료 기간은 총 24일 차이가 난다.

ㅁ. 민원인 甲, 乙, 丙이 접수한 민원이 처리에 들어갈 때까지 각 민원인이 대기한 기간을 합한 총 대기기간은 선착순 우선 원칙에 의할 경우와 짧은 사례 우선 원칙에 의할 경우 간에 차이가 없다.

① ㄱ, ㄴ, ㄹ

② ㄱ, ㄷ, ㄹ

③ ㄱ, ㄷ, ㅁ

④ ㄴ, ㄷ, ㅁ

⑤ ㄴ, ㄹ, ㅁ

한 선거구에 A, B, C, D, E 5명의 후보가 출마하여, 아래의 투표 방식에 따라 투표 결과를 얻었다. 다음 〈당선자 결정방식〉에 따를 때 당선자는?

11 민간실험(발) 22번

〈투표 방식과 투표 결과〉

• 유권자는 한 장의 투표용지에 가장 선호하는 1순위 후보 한 명과 다음으로 선호하는 2순위 후보 한 명을 기표한다.
• 유권자 1,000명이 모두 투표에 참여한 투표 결과를 정리하면 다음과 같다.

기표내용		투표자 수
1순위	2순위	
A	B	250
A	C	100
B	C	200
C	A	200
D	C	150
E	C	100

〈당선자 결정방식〉

1순위 표 과반수를 획득한 자를 당선자로 한다. 단, 1순위 표 과반수를 획득한 자가 없는 경우에는 다음에 의한다.
① 1순위 최소 득표자는 후보에서 제외된다. 이때 제외된 후보자가 획득한 표는 그 투표용지에 2순위로 기표된 후보에게 넘겨진다. 이 표들은 넘겨받은 후보의 1순위 표와 합산된다.
② 과반수 득표자가 나올 때까지 ①의 과정을 반복한다.

① A
② B
③ C
④ D
⑤ E

K사무관은 다음 〈기준〉과 〈현황〉에 근거하여 1억 원의 범죄 예방 예산을 A, B시에 배분하려고 한다. 다음 중 틀린 것은?

11 민간실험(발) 25번

〈기 준〉

• 평등성에 입각할 경우 A와 B시에 동등하게 배분한다.
• 인구 수에 입각할 경우 A와 B시의 인구비율에 따라 배분한다.
• 범죄발생 건수에 입각할 경우 A와 B시의 범죄발생 건수 비율에 따라 배분한다.
• 재정자립도에 입각할 경우 A와 B시의 재정자립도 비율에 따라 역으로 배분한다.
• 경찰관의 수에 입각할 경우 A와 B시의 경찰관 수 비율에 따라 배분한다.

〈현 황〉

• A시와 B시의 인구 비율－60 : 40
• A시와 B시의 범죄발생 건수 비율－25 : 75
• A시와 B시의 재정자립도 비율－70 : 30
• A시와 B시의 경찰관 수 비율－65 : 35

① A시의 경우만 볼 때, 어느 기준이 선정되는가에 따라 최고 4,000만 원까지 범죄예방 예산배분액의 차이가 날 수 있다.
② B시의 경우만 볼 때, 어느 기준이 선정되는가에 따라 최고 4,000만 원까지 범죄예방 예산배분액의 차이가 날 수 있다.
③ 평등기준을 제외하고, B시가 3번째로 선호하는 배분기준은 인구 수이다.
④ 평등기준을 제외하고, A시가 2번째로 선호하는 배분기준은 인구 수이다.
⑤ A시는 재정자립도를 기준으로 할 때, 가장 적은 예산을 배분받는다.

문 23.　다음 글을 근거로 판단할 때, 〈비행기 좌석표〉의 주어진 5개 좌석 중 생존가능성이 가장 높은 좌석은?

11 민간(인) 16번

A국 항공담당 부처는 비행기 화재사고 시 좌석에 따른 생존가능성을 조사하였다. 그 결과 다음과 같이 좌석의 조건에 따라 생존가능성이 다르게 나타났다.
- 각 비상구에서 앞뒤로 두 번째 열 이내에 앉은 승객은 그렇지 않은 승객에 비해 생존할 가능성이 높다.
- 복도(통로)측 좌석 승객이 창측 승객보다 생존할 가능성이 높다.
- 기내의 가운데 열을 기준으로 앞쪽과 뒤쪽으로 나누어 볼 때 앞쪽 승객이 뒤쪽 승객보다 생존할 가능성이 높다.

〈비행기 좌석표〉

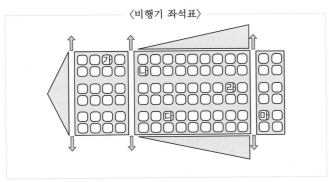

※ 화살표는 비상구를 나타내며, 그림의 왼쪽이 비행기의 앞쪽 방향임. 또한 비행기 좌석은 총 15열임

① 가
② 나
③ 다
④ 라
⑤ 마

문 24.　다음의 〈커피의 종류〉, 〈은희의 취향〉 및 〈오늘 아침의 상황〉으로 판단할 때, 오늘 아침에 은희가 주문할 커피는?

12 민간(인) 05번

〈커피의 종류〉

에스프레소		카페 아메리카노	
	• 에스프레소		• 에스프레소 • 따뜻한 물
카페 라떼		카푸치노	
	• 에스프레소 • 데운 우유		• 에스프레소 • 데운 우유 • 우유거품
카페 비엔나		카페 모카	
	• 에스프레소 • 따뜻한 물 • 휘핑크림		• 에스프레소 • 초코시럽 • 데운 우유 • 휘핑크림

〈은희의 취향〉
- 배가 고플 때에는 데운 우유가 들어간 커피를 마신다.
- 다른 음식과 함께 커피를 마실 때에는 데운 우유를 넣지 않는다.
- 스트레스를 받으면 휘핑크림이나 우유거품을 추가한다.
- 피곤하면 휘핑크림이 들어간 경우에 한하여 초코시럽을 추가한다.

〈오늘 아침의 상황〉
출근을 하기 위해 지하철을 탄 은희는 꽉 들어찬 사람들 사이에서 스트레스를 받으며 내리기만을 기다리고 있었다. 목적지에 도착한 은희는 커피를 마시며 기분을 달래기 위해 커피전문점에 들렀다. 아침식사를 하지 못해 배가 고프고 고된 출근길에 피곤하지만, 시간 여유가 없어 오늘 아침은 커피만 마실 생각이다. 그런데 은희는 요즘 체중이 늘어 휘핑크림은 넣지 않기로 하였다.

① 카페 라떼
② 카페 아메리카노
③ 카푸치노
④ 카페 모카
⑤ 카페 비엔나

　다음 글에 근거할 때, 〈보기〉의 암호문을 해석하여 찾아낸 원문으로 옳은 것은?　· 12 민간(인) 07번

아래의 〈암호표〉를 이용하여 암호문을 만드는 방법은 다음과 같다. 암호문은 암호화하고자 하는 원문의 알파벳과 암호 변환키의 알파벳을 조합하여 만든다. 먼저 원문 알파벳을 표의 맨 왼쪽 줄에서 찾고, 암호 변환키의 알파벳을 표의 맨 위쪽 줄에서 찾아 그 교차점에 있는 알파벳을 암호문으로 한다.

〈암호표〉

→ 암호 변환키

↓ 원 문	A	B	C	D	E	F	G	H	I	J	K	L	M	N
A	A	B	C	D	E	F	G	H	I	J	K	L	M	N
B	B	C	D	E	F	G	H	I	J	K	L	M	N	A
C	C	D	E	F	G	H	I	J	K	L	M	N	A	B
D	D	E	F	G	H	I	J	K	L	M	N	A	B	C
E	E	F	G	H	I	J	K	L	M	N	A	B	C	D
F	F	G	H	I	J	K	L	M	N	A	B	C	D	E
G	G	H	I	J	K	L	M	N	A	B	C	D	E	F
H	H	I	J	K	L	M	N	A	B	C	D	E	F	G
I	I	J	K	L	M	N	A	B	C	D	E	F	G	H
J	J	K	L	M	N	A	B	C	D	E	F	G	H	I
K	K	L	M	N	A	B	C	D	E	F	G	H	I	J
L	L	M	N	A	B	C	D	E	F	G	H	I	J	K
M	M	N	A	B	C	D	E	F	G	H	I	J	K	L
N	N	A	B	C	D	E	F	G	H	I	J	K	L	M

〈예 시〉

원문	F	A	C	E
암호 변환키	C	E	G	I
암호문	H	E	I	M

〈보 기〉

암호 변환키	BHEMGI
암호문	IBNMIE

① HIJACK
② HIDDEN
③ HANDLE
④ JINGLE
⑤ JACKIE

　A회사의 월차 및 월차수당에 관한 다음 글에 근거할 때 옳지 <u>않은</u> 것은?　· 12 민간(인) 21번

• 어느 월(月)에 12일 이상 근무한 근로자에게 1일의 유급휴일을 부여하며, 이를 '월차'라 한다. 월차는 발생 다음 월부터 같은 해 말일까지 사용할 수 있으며, 합산하여 사용할 수도 있다. 다만 해당 연도의 월차는 그 다음 해로 이월되지 않는다.

• 해당 연도 마지막 월까지 사용하지 않은 월차는 그 해 마지막 월의 급여 지급일에 월차 1일당 1일분의 급여로 지급하는데, 이를 '월차수당'이라 한다. 근로자가 퇴직하는 경우, 퇴직일까지 사용하지 않은 월차는 퇴직일에 월급여와 함께 월차수당으로 지급한다. 다만 매년 12월 또는 퇴직한 월의 근무로 인해 발생한 월차는 유급휴일로 사용할 수 없고, 월차수당으로만 지급한다.

※ '월'은 매월 1일부터 말일까지이며, '월급여'는 매월 말일에 지급함

① 甲이 7월 20일에 퇴직한다면 7월 말일에 월급여와 월차수당을 함께 지급받는다.

② 乙이 6월 9일에 퇴직한다면 6월의 근무로 발생한 6월분의 월차수당을 받을 수 없을 것이다.

③ 丙이 3월 12일 입사하여 같은 해 7월 20일에 퇴직할 때까지 결근 없이 근무하였다면 최대 4일의 월차를 사용할 수 있다.

④ 1월 초부터 같은 해 12월 말까지 결근 없이 근무한 근로자 丁은 최대 11일의 월차를 사용할 수 있다.

⑤ 9월 20일에 입사하여 같은 해 12월 31일까지 매월 발생된 월차를 한 번도 사용하지 않고 결근 없이 근무한 戊는 최대 3일분의 월차수당을 받을 수 있다.

문 27. 다음 글을 근거로 판단할 때, 〈보기〉의 甲~丁이 권장 시기에 맞춰 정기검진을 받는다면 첫 정기검진까지의 기간이 가장 적게 남은 사람부터 순서대로 나열한 것은?(단, 甲~丁은 지금까지 건강검진을 받은 적이 없음) 13 민간(인) 07번

암 검진은 암을 조기 발견하여 생존률을 높일 수 있기 때문에 매우 중요하다. 일반적으로 권장하는 정기검진의 시작 시기와 주기는 위암은 만 40세부터 2년 주기, 대장암은 만 50세부터 1년 주기, 유방암은 만 40세부터 2년 주기 등이다. 폐암은 흡연자인 경우 만 40세부터 1년 주기로, 비흡연 여성도 만 60세부터 검진을 받아야 한다. 간경변증을 앓고 있는 사람이거나 B형 또는 C형 간염 바이러스 보균자는 만 30세부터 6개월 간격으로 간암 정기검진을 받아야 한다.

그런데 많은 암환자들이 가족력을 가지고 있는 것으로 알려져 있다. 우리나라 암 사망 원인 1위인 폐암은 부모나 형제자매 가운데 해당 질병을 앓은 사람이 있으면 발병 확률이 일반인의 1.95배나 된다. 대장암 환자의 30%도 가족력이 있다. 부모나 형제자매 중에 한 명의 대장암 환자가 있으면 발병 확률은 일반인의 2~3배가 되고, 두 명이 있으면 그 확률은 4~6배로 높아진다. 우리나라 여성들이 많이 걸리는 유방암도 가족력이 큰 영향을 미친다. 따라서 가족력이 있으면 대장암은 검진 시기를 10년 앞당겨야 하며, 유방암도 검진 시기를 15년 앞당기고 검사 주기도 1년으로 줄여야 한다.

〈보 기〉

ㄱ. 매운 음식을 자주 먹는 만 38세 남성 甲의 위암 검진
ㄴ. 대장암 가족력이 있는 만 33세 남성 乙의 대장암 검진
ㄷ. 유방암 가족력이 있는 만 25세 여성 丙의 유방암 검진
ㄹ. 흡연자인 만 36세 여성 丁의 폐암 검진

① 甲, 乙, 丙, 丁
② 甲, 丙, 丁, 乙
③ 丙, 甲, 丁, 乙
④ 丙, 丁, 乙, 甲
⑤ 丁, 乙, 丙, 甲

문 28. 다음 글과 〈조건〉을 근거로 판단할 때, 2순위와 4순위가 옳게 짝지어진 것은? 13 민간(인) 08번

심야에 오토바이 폭주족들이 굉음을 내고 도로를 질주하여 주민들이 잠을 잘 수가 없다는 민원이 경찰청에 끊임없이 제기되고 있다. 경찰청은 이 문제를 해결하기 위해 대책을 논의하였다. 그 결과 안전그물 설치, 전담반 편성, CCTV 설치, 처벌 강화, 시민 자율방범의 5가지 대안을 마련하였고, 그 대안별 우선순위를 알고자 한다.

〈조 건〉

대안 평가기준	(ㄱ) 안전그물 설치	(ㄴ) 전담반 편성	(ㄷ) CCTV 설치	(ㄹ) 처벌 강화	(ㅁ) 시민자율 방범
효과성	8	5	5	9	4
기술적 실현가능성	7	2	1	6	3
경제적 실현가능성	6	1	3	8	1
행정적 실현가능성	6	6	5	5	5
법적 실현가능성	6	5	5	5	5

• 우선순위는 각 대안별 평가기준 점수의 합계가 높은 순으로 정한다.
• 합계점수가 같은 경우에는 법적 실현가능성 점수가 높은 대안이 우선순위가 높고, 법적 실현가능성 점수도 같은 경우에는 효과성 점수, 효과성 점수도 같은 경우에는 행정적 실현가능성 점수, 행정적 실현가능성 점수도 같은 경우에는 기술적 실현가능성 점수가 높은 대안 순으로 우선순위를 정한다.

	2순위	4순위
①	ㄱ	ㄴ
②	ㄴ	ㄹ
③	ㄹ	ㄴ
④	ㄹ	ㄷ
⑤	ㄹ	ㅁ

다음 글을 근거로 판단할 때, A~E 중 유통이력 신고 의무가 있는 사람은? 13 민간(인) 14번

甲국의 유통이력관리제도는 사회안전 및 국민보건을 위해 관세청장이 지정하는 수입물품(이하 "지정물품"이라 한다)에 대해 유통단계별 물품 거래내역(이하 "유통이력"이라 한다)을 추적·관리하는 제도이다. 유통이력에 대한 신고의무가 있는 사람은 수입자와 유통업자이며, 이들이 지정물품을 양도(판매, 재판매 등)한 경우 유통이력을 관세청장에게 신고하여야 한다. 지정물품의 유통이력 신고의무는 아래 〈표〉의 시행일자부터 발생한다.
• 수입자 : 지정물품을 수입하여 세관에 신고하는 자
• 유통업자 : 수입자로부터 지정물품을 양도받아 소매업자 또는 최종소비자에게 양도하는 자(도매상 등)
• 소매업자 : 지정물품을 최종소비자에게 판매하는 자
• 최종소비자 : 지정물품의 형체를 변형해서 사용하는 자를 포함하는 최종단계 소비자(개인, 식당, 제조공장 등)

〈표〉 유통이력 신고 대상물품

시행일자	지정물품
2009.8.1.	공업용 천일염, 냉동복어, 안경테
2010.2.1.	황기, 백삼, 냉동고추, 뱀장어, 선글라스
2010.8.1.	구기자, 당귀, 곶감, 냉동송어, 냉동조기
2011.3.1.	건고추, 향어, 활낙지, 지황, 천궁, 설탕
2012.5.1.	산수유, 오미자
2013.2.1.	냉동옥돔, 작약, 황금

※ 위의 〈표〉에서 제시되지 않은 물품은 신고의무가 없는 것으로 간주함

① 수입한 선글라스를 2009년 10월 안경전문점에 판매한 안경테 도매상 A
② 당귀를 수입하여 2010년 5월 동네 한약방에 판매한 한약재 전문 수입자 B
③ 구기자를 수입하여 2012년 2월 건강음료 제조공장에 판매한 식품 수입자 C
④ 도매상으로부터 수입 냉동복어를 구입하여 만든 매운탕을 2011년 1월 소비자에게 판매한 음식점 주인 D
⑤ 수입자로부터 냉동옥돔을 구입하여 2012년 8월 음식점에 양도한 도매상 E

다음 글을 근거로 판단할 때, 〈보기〉에서 옳지 않은 것만을 모두 고르면? 13 민간(인) 17번

맥아음료 중 일정 비율을 초과한 알코올을 함유하고 있는 것을 맥주라고 한다. 수입 맥아음료에 대한 관세율 및 주세율은 다음과 같다.
• 관세의 부과기준 및 관세율
  가. 알코올을 함유하지 않은 맥아음료(알코올 함유량 100분의 0.5 이하 포함) : 8%
  나. 맥주(알코올 함유량 100분의 0.5 초과) : 30%
• 주세의 부과기준 및 주세율
  알코올 함유량이 100분의 1 이상인 맥주 : 72%

〈보 기〉
ㄱ. 알코올 함유량이 1%인 수입 맥아음료는 30%의 관세와 72%의 주세를 모두 납부해야 한다.
ㄴ. 주세 납부 대상이지만 관세는 내지 않아도 되는 수입 맥아음료가 있다.
ㄷ. 알코올 함유량이 0.8%인 수입 맥아음료는 8%의 관세를 납부해야 한다.

① ㄱ
② ㄴ
③ ㄱ, ㄷ
④ ㄴ, ㄷ
⑤ ㄱ, ㄴ, ㄷ

다음 글을 근거로 판단할 때, 〈보기〉의 빈칸에 들어가는 것을 옳게 짝지은 것은?

13 민간(인) 21번

A국에서는 1~49까지 숫자를 셀 때 다음과 같은 명칭과 규칙을 사용한다. 1~5는 아래와 같이 표현한다.

$$1 \rightarrow tai$$
$$2 \rightarrow lua$$
$$3 \rightarrow tolu$$
$$4 \rightarrow vari$$
$$5 \rightarrow luna$$

6에서 9까지의 수는 위 명칭에 '새로운'이라는 뜻을 가진 'o'를 앞에 붙여 쓰는데, 6은 otai(새로운 하나), 7은 olua(새로운 둘), 8은 otolu(새로운 셋), …(으)로 표현한다.

10은 5가 두 개 더해진 것이므로 '두 개의 다섯'이란 뜻에서 lualuna(2×5), 15는 '세 개의 다섯'이란 뜻에서 toluluna(3×5), 20은 variluna(4×5), …(으)로 표현한다. 즉, 5를 포함하는 두 개 숫자의 곱이다.

11부터는 '더하기'라는 뜻을 가진 'i'를 중간에 넣고, 그 다음에 1~4 사이의 숫자 하나를 순서대로 넣어서 표현한다. 따라서 11은 lualuna i tai(2×5+1), 12는 lualuna i lua(2×5+2), …, 16은 toluluna i tai(3×5+1), 17은 toluluna i lua(3×5+2), …(으)로 표현한다.

〈보 기〉

ㄱ. 30은 ( )로 표현한다.
ㄴ. ovariluna i tolu는 숫자 ( )이다.

	ㄱ	ㄴ
①	otailuna	48
②	otailuna	23
③	lualualuna	48
④	tolulualuna	17
⑤	tolulualuna	23

다음 글을 근거로 판단할 때, 〈보기〉에서 옳은 것만을 모두 고르면?

13 민간(인) 24번

8개 국가의 장관이 회담을 위해 ○○에 모였다. 각국의 장관은 자신이 사용하는 언어로 의사소통을 하려고 한다. 그런데 회담이 갑자기 개최되어 통역관을 충분히 확보하지 못한 상황이다. 따라서 의사소통을 위해서는 여러 단계의 통역을 거칠 수도 있고, 2개 이상의 언어를 사용하는 장관이 통역관의 역할을 겸할 수도 있다.

현재 회담에 참여하는 장관과 배석 가능한 통역관은 다음과 같다.

장관	사용언어
A	네팔어
B	영어
C	우즈베크어, 러시아어
D	카자흐어, 러시아어
E	영어, 스와힐리어
F	에스파냐어
G	스와힐리어
H	한국어

통역관	통역 가능한 언어
甲	한국어, 우즈베크어
乙	영어, 네팔어
丙	한국어, 에스파냐어
丁	한국어, 영어, 스와힐리어

〈보 기〉

ㄱ. A장관이 F장관과 의사소통을 하기 위해서는 최소한 3명의 통역관이 배석하여야 한다.
ㄴ. 통역관이 丁밖에 없다면 H장관은 최대 3명의 장관과 의사소통을 할 수 있다.
ㄷ. 통역관 丁이 없으면 G장관은 어느 장관과도 의사소통을 할 수 없다.
ㄹ. 8명의 장관과 4명의 통역관이 모두 회담에 참석하면 모든 장관들은 서로 의사소통이 가능하다.

① ㄱ, ㄴ
② ㄱ, ㄷ
③ ㄱ, ㄴ, ㄹ
④ ㄱ, ㄷ, ㄹ
⑤ ㄴ, ㄷ, ㄹ

문 33.　지금은 금요일 17시 50분이다. 〈근로조건〉과 〈직원정보〉를 근거로 판단할 때, 甲회사 김과장이 18시부터 시작하는 시간 외 근로를 요청하면 오늘 내로 A프로젝트를 완수할 수 있는 직원은?

13 외교원(인) 14번

〈근로조건〉

가. 甲회사의 근로자는 09시에 근무를 시작해 18시에 마치며, 중간에 1시간 휴게시간을 갖는다. 근로시간은 휴게시간을 제외하고 1일 8시간, 1주 40시간이다.

나. 시간 외 근로는 1주 12시간을 초과하지 못한다. 단, 출산 이후 1년이 지나지 않은 여성에 대하여는 1일 2시간, 1주 6시간을 초과하는 시간 외 근로를 시키지 못한다.

다. 시간 외 근로를 시키기 위해서는 근로자 본인의 동의가 필요하다. 단, 여성의 경우에는 야간근로에 대해서 별도의 동의를 요한다.

※ 1) 시간 외 근로 : 〈근로조건〉 '가'의 근로시간을 초과하여 근로하는 것
2) 야간근로 : 22시에서 다음 날 06시 사이에 근로하는 것
3) 시간 외 근로시간에는 휴게시간은 없음

〈직원정보〉

이름	성별	이번 주 일일근로시간					소요시간	시간 외 근로 동의여부	야간근로 동의여부
		월	화	수	목	금			
김상형	남	8	8	8	8	8	5	×	–
전지연	여	–	10	10	10	8	2	○	×
차효인	여	9	8	13	9	8	3	○	○
조경은	여	8	9	9	9	8	5	○	×
심현석	남	10	11	11	11	8	1	○	–

※ 출산여부 : 전지연은 4개월 전에 둘째 아이를 출산하고 이번 주 화요일에 복귀하였고, 나머지 여성직원은 출산 경험이 없음

① 김상형, 차효인
② 차효인, 심현석
③ 차효인, 조경은
④ 전지연, 조경은
⑤ 전지연, 심현석

문 34.　다음 글을 근거로 판단할 때, 계통색명이 올바르게 표현된 것은?

13 외교원(인) 25번

색명은 관용색명과 계통색명으로 구분한다. 이 중 관용색명은 동식물, 광물 등으로부터 연상에 의해 떠올리는 색 표현 방법으로 병아리색, 황토색, 살구색, 장미색 등을 예로 들 수 있다. 계통색명은 유채색의 계통색명과 무채색의 계통색명으로 나뉜다. 계통색명은 기본색명 앞에 명도·채도에 관한 수식어와 색상에 관한 수식어를 붙여서 표현하는데, 다음과 같은 순서로 표기한다. 이때 사용되는 수식어는 필요에 따라 하나 혹은 둘을 기본색명 앞에 붙여 표기할 수 있고 그 순서는 바꿀 수 없다.

• 유채색의 계통색명 표기법

명도·채도에 관한 수식어	색상에 관한 수식어	기본색명

• 무채색의 계통색명 표기법

명도에 관한 수식어	색상에 관한 수식어	기본색명

• 기본색명

유채색	무채색
빨강, 주황, 노랑, 연두, 녹색, 청록, 파랑, 남색, 보라, 자주	흰색, 회색, 검정

• 유채색의 명도·채도에 관한 수식어, 무채색의 명도에 관한 수식어

수식어	구분
선명한	유채색
흐린	유채색
탁한	유채색
밝은	유채색, 무채색
(아주) 어두운	유채색, 무채색
진한	유채색
(아주) 연한	유채색

• 색상에 관한 수식어

수식어	적용하는 기본색명
빨강 띤	보라, 노랑, 흰색, 회색, 검정
노랑 띤	빨강, 녹색, 흰색, 회색, 검정
녹색 띤	노랑, 파랑, 흰색, 회색, 검정
파랑 띤	녹색, 보라, 흰색, 회색, 검정
보라 띤	파랑, 빨강, 흰색, 회색, 검정

※ 색상에 관한 수식어는 쓰임에 따라 예를 들어 '빨강 띤', '빨강 기미의', '빨강 끼의' 등으로 바꾸어 표현하거나 '빨강빛'으로 표현할 수 있음

① 진한 회색
② 보라빛 노랑
③ 선명한 파랑 띤 노랑
④ 빨강 기미의 밝은 보라
⑤ 아주 연한 노랑 끼의 녹색

문 35.

다음은 ○○기관의 제휴시설 안내 홈페이지의 일부인 〈호텔 상호 리스트〉와 〈지역별 리스트〉이다. 이를 근거로 추론할 때, 〈보기〉에서 옳지 **않은** 것을 모두 고르면? 13 외교원(인) 28번

〈호텔 상호 리스트〉

| 호텔 | 콘도미니엄 | 지역별 |

◇남송마리나피싱리조트(1) ◇남해스포츠파크 호텔(1) ◇노보텔 앰배서더(4)
◇대둔산관광호텔(1) ◇호텔인터시티(1) ◇신안비치호텔(1)
◇씨클라우드 호텔(1) ◇유성호텔(1) ◇켄싱턴호텔(2)
◇코모도호텔(1) ◇춘천세종호텔(1) ◇단양관광호텔(1)
◇호텔농심(1) ◇해운대그랜드호텔(1) ◇서울교육문화회관(1)
◇경주교육문화회관(1) ◇라마다프라자 제주호텔(1) ◇라마다호텔&스위트(2)
◇해운대 센텀호텔(1) ◇라마다송도호텔(1) ◇라마다플라자 광주호텔(1)
◇송도파크호텔(1) ◇더클래스300 호텔(1) ◇해남땅끝호텔(1)
◇한옥호텔 영산재(1) ◇여수엠블호텔(1)

숙소명	소재지	상세보기
남송마리나피싱리조트	경남 남해군 삼동면	[상세보기]

〈지역별 리스트〉

| 호텔 | 콘도미니엄 | 지역별 |

◇서울(5) ◇부산(7) ◇대구(1)
◇인천(2) ◇광주(1) ◇대전(2)
◇경기(5) ◇강원(15) ◇충북(4)
◇충남(3) ◇전북(3) ◇전남(9)
◇경북(3) ◇경남(4) ◇제주(5)

숙소명	소재지	상세보기
노보텔 앰배서더 강남지점	서울시 강남구	[상세보기]
노보텔 앰배서더 독산지점	서울시 금천구	[상세보기]
라마다호텔&스위트 남대문지점	서울시 중구	[상세보기]
라마다호텔&스위트 동대문지점	서울시 중구	[상세보기]
서울교육문화회관	서울시 서초구	[상세보기]

※ 1) ○○기관은 호텔과 콘도미니엄만을 제휴시설로 함
2) 호텔과 콘도미니엄 리스트에 동시에 포함되어 있는 제휴시설은 없음
3) 〈호텔 상호 리스트〉에서 지역명을 포함한 호텔은 그 해당 지역에 위치함

─── 〈보 기〉 ───
ㄱ. 기관과 제휴된 호텔 수와 콘도미니엄 수는 동일하다.
ㄴ. 하나의 시·도에 동일 상호를 사용하는 호텔이나 콘도미니엄은 없다.
ㄷ. 기관과 제휴된 호텔은 모두 호텔이라는 명칭을 사용한다.
ㄹ. 기관과 제휴된 콘도미니엄이 없는 시·도가 있다.

① ㄱ, ㄴ
② ㄷ, ㄹ
③ ㄱ, ㄴ, ㄷ
④ ㄱ, ㄴ, ㄹ
⑤ ㄴ, ㄷ, ㄹ

문 36.

다음 글을 근거로 판단할 때, A～G에게 기내식을 제공하는 순서로 옳은 것은? 13 외교원(인) 31번

- 기내식 종류별 제공 순서
  1. 어린이식사를 가장 먼저 제공한다.
     ※ 어린이식사는 미리 주문한 사람에 한하여 제공하며, 어린이와 동승한 자의 식사도 함께 제공함
  2. 특별식을 두 번째로 제공한다.
     ※ 특별식에는 채식, 저칼로리식, 저탄수화물식, 저염식이 있으며, 미리 주문한 사람에 한하여 제공함
  3. 일반식을 마지막으로 제공한다. 순서는 다음과 같다. 기체의 가장 앞쪽과 가장 뒤쪽부터 중간쪽 방향으로 제공한다. 단, 같은 열에서는 창가에서 내측 방향으로 제공한다.

- 탑승자 정보
  A : 어린이와 동승했으며 어린이식사를 미리 주문하였다.
  B : 특별식을 주문하지 않았으며, 동승한 친구는 자신이 먹을 채식을 미리 주문하였다.
  C : 혼자 탑승하였으며 특별식을 주문하지 않았다.
  D : 어린이와 동승하였으나 어린이식사를 주문하지 않았다.
  E : 혼자 탑승하였으며 저칼로리식을 미리 주문하였다.
  F : 성인인 친구와 동승하였으며 특별식을 주문하지 않았다.
  G : 혼자 탑승하였으며 특별식을 주문하지 않았다.

- 탑승자의 좌석 배치도

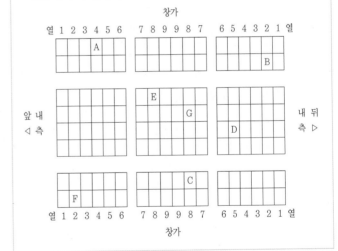

① A－B－E－F－D－C－G
② A－E－B－F－D－G－C
③ A－E－F－B－D－C－G
④ B－F－A－D－G－C－E
⑤ B－F－A－D－E－G－C

〈표〉

제품 \ 항목	가격 (원/개)	용량 (mL/개)	발림성	보습력	향
반짝이	63,000	75	★★★	★★★★	★★★
섬섬옥수	40,000	85	★★	★★★	★★
수분톡톡	8,900	80	★★★	★★★★	★★★
보드란	6,900	30	★★	★★★	★
솜구름	30,000	120	★★★	★★	★★★

※ 제품의 크기는 용량에 비례하고, ★이 많을수록 해당 항목이 우수함

〈선호기준〉

- 민주 : 난 손이 워낙 건조해서 무엇보다 보습력이 뛰어난 제품이 필요해. 그 다음으로는 산뜻하게 잘 발리는 제품이 좋아! 나머지는 아무래도 상관없어.
- 호성 : 난 발림성, 보습력, 향 모두 우수할수록 좋아. 그 다음으로는 제품가격이 낮으면 좋겠지!
- 유진 : 무조건 향이 좋아야지! 손을 움직일 때마다 풍기는 향이 사람의 기분을 얼마나 좋게 만드는지 알아? 향이 좋은 것 중에서는 부드럽게 잘 발리는 게 좋아! 그 다음으로는 가방에 넣어 다니려면 제품 크기가 작은 게 좋겠어.

	민주	호성	유진
①	수분톡톡	보드란	수분톡톡
②	수분톡톡	솜구름	반짝이
③	수분톡톡	수분톡톡	반짝이
④	반짝이	수분톡톡	보드란
⑤	반짝이	보드란	수분톡톡

〈사업설명서〉

총 지원금	2013년	14,000백만 원	2014년	13,000백만 원
지원 인원	2013년	3,000명	2014년	2,000명

사업 개요	시작 년도	1998년			
	추진 경위	IMF 대량실업사태 극복을 위해 출발			
	사업 목적	실업자에 대한 일자리 제공으로 생활안정 및 사회 안전망 제공			
	모집 시기	연간 2회(5월, 12월)			
근로 조건	근무 조건	월 소정 근로시간	112시간 이하	주당 근로일수	5일
	4대 사회 보험 보장 여부	국민연금 ○	건강보험 ○	고용보험 ○	산재보험 ○
참여자	주된 참여자	청년 (35세 미만)	중장년 (50~64세) ○	노인 (65세 이상)	여성 / 장애인
	기타	우대 요건	저소득층, 장기실업자, 여성가장 등 취업취약계층 우대	취업 취약계층 목표비율	70%

〈보 기〉

ㄱ. 2014년에는 2013년보다 총 지원금은 줄었지만 지원인원 1인당 평균 지원금은 더 많아졌다.

ㄴ. 저소득층, 장기실업자, 여성가장이 아니라면 이 사업에 참여할 수 없다.

ㄷ. 이 사업 참여자들은 4대 사회보험을 보장받지 못한다.

ㄹ. 이 사업은 청년층이 주된 참여자이다.

① ㄱ
② ㄱ, ㄴ
③ ㄴ, ㄷ
④ ㄷ, ㄹ
⑤ ㄱ, ㄷ, ㄹ

- A 평가

  평가의 대상은 총 사업비가 500억 원 이상인 사업 중 중앙정부의 재정지원(국비) 규모가 300억 원 이상인 신규사업으로 건설공사가 포함된 사업, 정보화 · 국가연구개발 사업, 사회복지 · 보건 · 교육 · 노동 · 문화 · 관광 · 환경보호 · 농림 · 해양수산 · 산업 · 중소기업 분야의 사업이다.

  단, 법령에 따라 설치하거나 추진하여야 하는 사업, 공공청사 신 · 증축사업, 도로 · 상수도 등 기존 시설의 단순개량 및 유지보수사업, 재해예방 및 복구지원 등으로 시급한 추진이 필요한 사업은 평가 대상에서 제외된다.

  ※ 법령 : 국회에서 제정한 법률과 행정부에서 제정한 명령(대통령령 · 총리령 · 부령)을 의미함

- B 평가

  신규사업의 시행이 환경에 미치는 영향을 미리 조사 · 예측 · 평가하는 것이다. 평가 대상은 도시개발사업, 도로건설사업, 철도건설사업(도시철도 포함), 공항건설사업이다.

- C 평가

  대량의 교통수요를 유발할 우려가 있는 신규사업을 시행할 경우, 미리 주변지역의 교통체계에 미치는 제반 영향을 분석 · 평가하여 이에 따른 대책을 강구하는 평가이다. 평가의 대상은 다음과 같다.

종류	기준
도시개발사업	부지면적 10만m² 이상
철도건설사업	정거장 1개소 이상, 총길이 5km 이상

〈사 례〉

甲 사업 : ○○광역시가 시행주체가 되어 추진하는 부지면적 12만 5천m²에 보금자리주택을 건설하는 신규 도시개발사업으로, 총사업비 520억 원 중 100억 원을 국비로, 420억 원을 시비로 조달함

乙 사업 : 최근 국회에서 제정한 '△△광역시 철도건설특별법률'에 따라 △△광역시에 정거장 7개소, 총길이 18km의 철도를 건설하는 신규사업으로, 총사업비 4,300억 원을 전액 국비로 지원받음

	甲 사업	乙 사업
①	2	2
②	2	3
③	3	1
④	3	2
⑤	3	3

다음 요건을 모두 갖춘 경우 사업자등록을 하여야 한다.

- 사업자이어야 한다.

  사업자란 사업목적이 영리이든 비영리이든 관계없이 사업상 독립적으로 재화 또는 용역을 공급하는 사람(법인 포함)을 말한다.

- 계속성 · 반복성을 가져야 한다.

  재화나 용역을 계속적이고 반복적으로 공급하여야 한다. 계속적이고 반복적인 공급이란 시간을 두고 여러 차례에 걸쳐 이루어지는 것을 말한다.

- 독립성을 가져야 한다.

  사업의 독립성이란 사업과 관련하여 재화 또는 용역을 공급하는 주체가 다른 사업자에게 고용되거나 종속되지 않은 경우를 말한다.

〈사 례〉

- 용돈이 필요하여 자신이 사용하던 200만 원 가치의 카메라 1대를 인터넷 중고매매 카페에 매물로 1회 등록한 甲
- 자사의 제품을 판매하기 위해 열심히 일하는 영업사원 乙
- 결식 어린이 돕기 성금 모금을 위하여 자원봉사자들이 직접 만든 공예품을 8년째 판매하고 있는 비영리법인 丙
- 자신이 개발한 발명품을 10년 동안 직접 판매하면서 생활비 정도를 벌고 있는 丁

① 甲, 乙
② 甲, 丙
③ 乙, 丙
④ 乙, 丁
⑤ 丙, 丁

문 41. 다음 〈기준〉과 〈현황〉을 근거로 판단할 때, 지방자치단체 A~D 중 중점관리대상만을 모두 고르면? 14 민간(A) 20번

─〈기 준〉─

• 지방재정위기 사전경보지표

(단위 : %)

지표 경보 구분	통합재정 수지적자 비율	예산대비 채무비율	채무 상환비 비율	지방세 징수액 비율	금고잔액 비율	공기업 부채비율
주의	25 초과 50 이하	25 초과 50 이하	12 초과 25 이하	25 이상 50 미만	10 이상 20 미만	400 초과 600 이하
심각	50 초과	50 초과	25 초과	25 미만	10 미만	600 초과

• 중점관리대상 지방자치단체 지정기준
  – 6개의 사전경보지표 중 '심각'이 2개 이상이면 중점관리대상으로 지정
  – '주의' 2개는 '심각' 1개로 간주

〈현 황〉

(단위 : %)

지표 지방 자치단체	통합재정 수지적자 비율	예산 대비 채무비율	채무 상환비 비율	지방세 징수액 비율	금고잔액 비율	공기업 부채비율
A	30	20	15	60	30	250
B	40	30	10	40	15	350
C	15	20	6	45	17	650
D	60	30	30	55	25	150

① A, C
② A, D
③ B, C
④ B, D
⑤ B, C, D

문 42. ○○시의 〈버스정류소 명칭 관리 및 운영계획〉을 근거로 판단할 때 옳은 것은?(단, 모든 정류소는 ○○시 내에 있음)

15 민간(인) 10번

〈버스정류소 명칭 관리 및 운영계획〉

□ 정류소 명칭 부여기준
• 글자 수 : 15자 이내로 제한
• 명칭 수 : 2개 이내로 제한
  – 정류소 명칭은 지역대표성 명칭을 우선으로 부여
  – 2개를 병기할 경우 우선순위대로 하되, ·으로 구분

우선 순위	지역대표성 명칭			특정법인(개인) 명칭	
	1	2	3	4	5
명칭	고유지명	공공기관, 공공시설	관광지	시장, 아파트, 상가, 빌딩	기타 (회사, 상점 등)

□ 정류소 명칭 변경 절차
• 자치구에서 명칭 부여기준에 맞게 홀수달 1일에 신청
  – 홀수달 1일에 하지 않은 신청은 그 다음 홀수달 1일 신청으로 간주
• 부여기준에 적합한지를 판단하여 시장이 승인 여부를 결정
• 관련기관은 정류소 명칭 변경에 따른 정비를 수행
• 관련기관은 정비결과를 시장에게 보고

명칭 변경 신청 (자치구)	▶	명칭 변경 승인 (시장)	▶	명칭 변경에 따른 정비 (관련기관)	▶	정비결과 보고 (관련기관)
홀수달 1일 신청		신청일 로부터 5일 이내		승인일 로부터 7일 이내		정비완료일로 부터 3일 이내

※ 단, 주말 및 공휴일도 일수(日數)에 산입하며, 당일(신청일, 승인일, 정비완료일)은 일수에 산입하지 않음

① 자치구가 7월 2일에 정류소 명칭 변경을 신청한 경우, ○○시의 시장은 늦어도 7월 7일까지는 승인 여부를 결정해야 한다.

② 자치구가 8월 16일에 신청한 정류소 명칭 변경이 승인될 경우, 늦어도 9월 16일까지는 정비결과가 시장에게 보고된다.

③ '가나시영3단지'라는 정류소 명칭을 '가나서점 · 가나3단지아파트'로 변경하는 것은 명칭 부여기준에 적합하다.

④ '다라중학교 · 다라동1차아파트'라는 정류소 명칭은 글자 수가 많아 명칭 부여기준에 적합하지 않다.

⑤ 명칭을 변경하는 정류소에 '마바구도서관 · 마바시장 · 마바물산'이라는 명칭이 부여될 수 있다.

문 43. 다음 글을 근거로 판단할 때, 사용자 아이디 KDHong의 패스워드로 가장 안전한 것은? 15 민간(인) 20번

- 패스워드를 구성하는 문자의 종류는 4가지로, 알파벳 대문자, 알파벳 소문자, 특수문자, 숫자이다.
- 세 가지 종류 이상의 문자로 구성된 경우, 8자 이상의 패스워드는 10점, 7자 이하의 패스워드는 8점을 부여한다.
- 두 가지 종류 이하의 문자로 구성된 경우, 10자 이상의 패스워드는 10점, 9자 이하의 패스워드는 8점을 부여한다.
- 동일한 문자가 연속되어 나타나는 패스워드는 2점을 감점한다.
- 아래 〈키보드〉 가로열 상에서 인접한 키에 있는 문자가 연속되어 나타나는 패스워드는 2점을 감점한다.
  예) $\begin{smallmatrix}^\wedge\\6\end{smallmatrix}$ 과 $\begin{smallmatrix}\&\\7\end{smallmatrix}$ 은 인접한 키로, 6과 7뿐만 아니라 ^와 7도 인접한 키에 있는 문자이다.
- 사용자 아이디 전체가 그대로 포함된 패스워드는 3점을 감점한다.
- 점수가 높을수록 더 안전한 패스워드이다.

※ 특수문자는 !, @, #, $, %, ^, &, *, (,) 뿐이라고 가정함

① 10H&20Mzw
② KDHong!
③ asjpeblove
④ SeCuRiTy*
⑤ 1249dhqtgml

문 44. 다음 글을 근거로 판단할 때, 〈사례〉의 '공공누리 마크' 이용 조건에 부합하는 甲의 행위는? 16 민간(5) 04번

K국 정부는 공공저작물 이용활성화를 위해 '공공누리'라는 표시기준을 정하였고, 공공저작물을 이용하는 사람이 그 이용조건을 쉽게 확인할 수 있도록 '공공누리 마크'를 만들었다. 그 의미는 아래와 같다.

공공누리 마크	이용조건의 의미
OPEN	• 공공저작물을 일정한 조건하에 자유롭게 이용할 수 있다.
출처표시	• 이용하는 공공저작물의 출처를 표시해야 한다. 예컨대 "본 저작물은 ○○공공기관에서 △△년 작성하여 개방한 ㅁㅁ저작물을 이용하였음"과 같이 출처를 표시해야 한다.
상업용금지	• 공공저작물의 상업적 이용은 금지되고 비상업적으로만 이용할 수 있다. • 이 마크가 표시되어 있지 않으면, 이용자는 해당 공공저작물을 상업적 및 비상업적으로 이용할 수 있다.
변경금지	• 공공저작물의 변경이 금지된다. 예컨대 공공저작물의 번역·편곡·변형·각색 등이 금지된다. • 이 마크가 표시되어 있지 않으면, 이용자는 해당 공공저작물의 내용이나 형식을 변경하여 이용할 수 있다.

〈사 례〉

甲은 환경관련 보고서(이하 '보고서')를 작성하기 위하여 A공공기관이 발간한 『환경백서』에 수록되어 있는 사진(이하 '사진저작물')과 그 설명문을 근거자료로 이용하고자 한다. 『환경백서』에는 다음과 같은 공공누리 마크가 표시되어 있다.

① 출처를 표시하지 않고 사진저작물과 그 설명문을 그대로 보고서에 수록하는 행위
② 사진저작물의 색상을 다른 색상으로 변형하여 이를 보고서에 수록하는 행위
③ 상업적인 목적으로 보고서를 작성하면서 출처를 표시하고 사진저작물과 그 설명문을 그대로 수록하는 행위
④ 비상업적인 목적으로 보고서를 작성하면서 사진저작물을 다른 사진과 합성하여 수록하는 행위
⑤ 출처를 표시하고 사진저작물의 설명문을 영어로 번역하여 그 사진저작물과 번역문을 보고서에 수록하는 행위

다음 글을 근거로 판단할 때 옳지 않은 것은?

16 민간(5) 25번

○○군에서는 관내 임업인 중 정부 보조금 지원 대상자를 선정하기 위하여 〈평가기준〉을 홈페이지에 게시하였다. 이에 임업인 甲, 乙, 丙, 丁이 관련 서류를 완비하여 보조금 지원을 신청하였으며, ○○군은 평가를 거쳐 〈선정결과〉를 발표하였다.

〈평가기준〉

구분	평가항목	배점기준		배점	평가자료
1	보조금 수급 이력	없음		40	정부 보유자료
		있음	3백만 원 미만	26	
			3백만 원 이상	10	
2	임산물 판매 규모	2천만 원 이상		30	2015년 연간 판매액 증빙자료
		1천만 원 이상 2천만 원 미만		25	
		5백만 원 이상 1천만 원 미만		19	
		5백만 원 미만		12	
3	전문 임업인	해당		10	군청 보유자료
		해당 없음		5	
4	임산물 관련 교육 이수	해당		10	이수증, 수료증
		해당 없음		5	
5	2015년 산림청 통계조사 표본농가	해당		10	산림청 보유자료
		해당 없음		7	

□ 선정기준 : 평가기준에 따른 총점이 가장 높은 임업인 1인
□ 임업인이 제출해야 할 서류
 • 2번 항목 : 2015년 임산물 판매 영수증, 세금계산서
 • 4번 항목 : 이수증 또는 수료증
□ 선정제외 대상 : 보조금을 부당하게 사용하였거나 관련 법령을 위반한 자
□ 동점 시 우선 선정기준
 1. 보조금 수급 이력 점수가 높은 자
 2. 임산물 판매규모 점수가 높은 자
 3. 연령이 높은 자

〈선정결과〉

임업인 \ 항목	1	2	3	4	5	총점	선정 여부
甲	40	25	10	5	7	87	×
乙	40	19	5	10	10	84	×
丙	40	19	10	5	10	84	○
丁	26	30	5	10	7	78	×

① 甲은 관련 법령을 위반한 적이 있을 것이다.
② 甲과 丁은 2015년 산림청통계조사 표본농가에 포함되지 않았을 것이다.
③ 乙이 관련 법령위반 경력이 없다면, 丙은 乙보다 연령이 높을 것이다.

④ 丁은 300만 원 이상에 해당되는 보조금 수급 이력 서류를 제출하였을 것이다.
⑤ 乙과 丁은 임산물 관련 교육 이수 사실 증명을 위해 이수증이나 수료증을 제출하였을 것이다.

다음 〈연구용역 계약사항〉을 근거로 판단할 때, 〈보기〉에서 옳은 것만을 모두 고르면?

17 민간(나) 04번

〈연구용역 계약사항〉

□ 과업수행 전체회의 및 보고
 • 참석대상 : 발주기관 과업 담당자, 연구진 전원
 • 착수보고 : 계약일로부터 10일 이내
 • 중간보고 : 계약기간 중 2회
  – 과업 진척상황 및 중간결과 보고, 향후 연구계획 및 내용 협의
 • 최종보고 : 계약만료 7일 전까지
 • 수시보고 : 연구 수행상황 보고 요청 시, 긴급을 요하거나 특이사항 발생 시 등
 • 전체회의 : 착수보고 전, 각 중간보고 전, 최종보고 전
□ 과업 산출물
 • 중간보고서 20부, 최종보고서 50부, 연구 데이터 및 관련 자료 CD 1매
□ 연구진 구성 및 관리
 • 연구진 구성 : 책임연구원, 공동연구원, 연구보조원
 • 연구진 관리
  – 연구 수행기간 중 연구진은 구성원을 임의로 교체할 수 없음. 단, 부득이한 경우 사전에 변동사유와 교체될 구성원의 경력 등에 관한 서류를 발주기관에 제출하여 승인을 받은 후 교체할 수 있음
□ 과업의 일반조건
 • 연구진은 연구과제의 시작부터 종료(최종보고서 제출)까지 과업과 관련된 제반 비용의 지출행위에 대해 책임을 지고 과업을 진행해야 함
 • 연구진은 용역완료(납품) 후라도 발주기관이 연구결과와 관련된 자료를 요청할 경우에는 관련 자료를 성실히 제출하여야 함

〈보 기〉

ㄱ. 발주기관은 연구용역이 완료된 후에도 연구결과와 관련된 자료를 요청할 수 있다.
ㄴ. 과업수행을 위한 전체회의 및 보고 횟수는 최소 8회이다.
ㄷ. 연구진은 연구 수행기간 중 책임연구원과 공동연구원을 변경할 수 없지만 연구보조원의 경우 임의로 교체할 수 있다.
ㄹ. 중간보고서의 경우 그 출력과 제본 비용의 지출행위에 대해 발주기관이 책임을 진다.

① ㄱ, ㄴ
② ㄱ, ㄷ
③ ㄱ, ㄹ
④ ㄴ, ㄷ
⑤ ㄷ, ㄹ

다음 글을 근거로 판단할 때, 〈보기〉에서 옳은 것만을 모두 고르면?

17 민간(나) 14번

A국과 B국은 대기오염 정도를 측정하여 통합지수를 산정하고 이를 바탕으로 경보를 한다.

A국은 5가지 대기오염 물질 농도를 각각 측정하여 대기환경지수를 산정하고, 그 평균값을 통합지수로 한다. 통합지수의 범위에 따라 호흡 시 건강에 미치는 영향이 달라지며, 이를 기준으로 그 등급을 아래와 같이 6단계로 나눈다.

〈A국 대기오염 등급 및 경보기준〉

등급	좋음	보통	민감군에게 해로움	해로움	매우 해로움	심각함
통합 지수	0~50	51~100	101~150	151~200	201~300	301~500
경보 색깔	초록	노랑	주황	빨강	보라	적갈
행동 지침	외부활동 가능		외부활동 자제			

※ 민감군 : 노약자, 호흡기 환자 등 대기오염에 취약한 사람

B국은 A국의 5가지 대기오염 물질을 포함한 총 6가지 대기오염 물질의 농도를 각각 측정하여 대기환경지수를 산정하고, 이 가운데 가장 높은 대기환경지수를 통합지수로 사용한다. 다만 오염물질별 대기환경지수 중 101 이상인 것이 2개 이상일 경우에는 가장 높은 대기환경지수에 20을 더하여 통합지수를 산정한다. 통합지수는 그 등급을 아래와 같이 4단계로 나눈다.

〈B국 대기오염 등급 및 경보기준〉

등급	좋음	보통	나쁨	매우 나쁨
통합지수	0~50	51~100	101~250	251~500
경보색깔	파랑	초록	노랑	빨강
행동지침	외부활동 가능		외부활동 자제	

〈보 기〉

ㄱ. A국과 B국의 통합지수가 동일하더라도, 각 대기오염 물질의 농도는 다를 수 있다.

ㄴ. B국의 통합지수가 180이라면, 6가지 대기오염 물질의 대기환경지수 중 가장 높은 것은 180 미만일 수 없다.

ㄷ. A국이 대기오염 등급을 '해로움'으로 경보한 경우, 그 정보만으로는 특정 대기오염 물질 농도에 대한 정확한 수치를 알 수 없을 것이다.

ㄹ. B국 국민이 A국에 방문하여 경보색깔이 노랑인 것을 확인하고 B국의 경보기준을 따른다면, 외부활동을 자제할 것이다.

① ㄱ, ㄴ
② ㄱ, ㄷ
③ ㄴ, ㄹ
④ ㄱ, ㄷ, ㄹ
⑤ ㄴ, ㄷ, ㄹ

문 48. 다음 글을 근거로 판단할 때, 2017학년도 A대학교 ○○학과 입학 전형 합격자는?

17 민간(나) 19번

• A대학교 ○○학과 입학 전형
  – 2017학년도 대학수학능력시험의 국어, 수학, 영어 3개 과목을 반영하여 지원자 중 1명을 선발한다.
  – 3개 과목 평균등급이 2등급(3개 과목 등급의 합이 6) 이내인 자를 선발한다. 이 조건을 만족하는 지원자가 여러 명일 경우, 3개 과목 원점수의 합산 점수가 가장 높은 자를 선발한다.

• 2017학년도 대학수학능력시험 과목별 등급－원점수 커트라인

(단위 : 점)

과목\등급	1	2	3	4	5	6	7	8
국어	96	93	88	79	67	51	40	26
수학	89	80	71	54	42	33	22	14
영어	94	89	85	77	69	54	41	28

※ 예를 들어, 국어 1등급은 100~96점, 국어 2등급은 95~93점

• 2017학년도 A대학교 ○○학과 지원자 원점수 성적

(단위 : 점)

지원자	국어	수학	영어
甲	90	96	88
乙	89	89	89
丙	93	84	89
丁	79	93	92
戊	98	60	100

① 甲
② 乙
③ 丙
④ 丁
⑤ 戊

문 49. 다음 글과 〈필요 물품 목록〉을 근거로 판단할 때, ○○부 아동방과후교육 사업에서 허용되는 사업비 지출품목만을 모두 고르면? 17 민간(나) 20번

> ○○부는 아동과후교육 사업을 운영하고 있다. 원칙적으로 사업비는 사용목적이 '사업 운영'인 경우에만 지출할 수 있다. 다만 다음 중 어느 하나에 해당하면 예외적으로 허용된다. 첫째, 품목당 단가가 10만 원 이하로 사용목적이 '서비스 제공'인 경우에 지출할 수 있다. 둘째, 사용연한이 1년 이내인 경우에 지출할 수 있다.

〈필요 물품 목록〉

품목	단가(원)	사용목적	사용연한
인형탈	120,000	사업 운영	2년
프로그램 대여	300,000	보고서 작성	6개월
의자	110,000	서비스 제공	5년
컴퓨터	950,000	서비스 제공	3년
클리어파일	500	상담일지 보관	2년
블라인드	99,000	서비스 제공	5년

① 프로그램 대여, 의자
② 컴퓨터, 클리어파일
③ 클리어파일, 블라인드
④ 인형탈, 프로그램 대여, 블라인드
⑤ 인형탈, 의자, 컴퓨터

문 50. 다음 글을 근거로 판단할 때, 甲연구소 신입직원 7명(A~G)의 부서배치 결과로 옳지 <u>않은</u> 것은? 17 민간(나) 23번

> 甲연구소에서는 신입직원 7명을 선발하였으며, 신입직원들을 각 부서에 배치하고자 한다. 각 부서에서 요구한 인원은 다음과 같다.

정책팀	재정팀	국제팀
2명	4명	1명

> 신입직원들은 각자 원하는 부서를 2지망까지 지원하며, 1, 2지망을 고려하여 이들을 부서에 배치한다. 먼저 1지망 지원부서에 배치하는데, 요구인원보다 지원인원이 많은 경우에는 입사성적이 높은 신입직원을 우선적으로 배치한다. 1지망 지원부서에 배치되지 못한 신입직원은 2지망 지원부서에 배치되는데, 이때 역시 1지망에 따른 배치 후 남은 요구인원보다 지원인원이 많은 경우 입사성적이 높은 신입직원을 우선적으로 배치한다. 1, 2지망 지원부서 모두에 배치되지 못한 신입직원은 요구인원을 채우지 못한 부서에 배치된다.
>
> 신입직원 7명의 입사성적 및 1, 2지망 지원부서는 아래와 같다. A의 입사성적만 전산에 아직 입력되지 않았는데, 82점 이상이라는 것만 확인되었다. 단, 입사성적의 동점자는 없다.

신입직원	A	B	C	D	E	F	G
입사성적	?	81	84	78	96	80	93
1지망	국제	국제	재정	국제	재정	정책	국제
2지망	정책	재정	정책	정책	국제	재정	정책

① A의 입사성적이 90점이라면, A는 정책팀에 배치된다.
② A의 입사성적이 95점이라면, A는 국제팀에 배치된다.
③ B는 재정팀에 배치된다.
④ C는 재정팀에 배치된다.
⑤ D는 정책팀에 배치된다.

다음 〈A도서관 자료 폐기 지침〉을 근거로 판단할 때 옳은 것은?

18 민간(가) 04번

─────── 〈A도서관 자료 폐기 지침〉 ───────

가. 자료 선정
도서관 직원은 누구든지 수시로 서가를 살펴보고, 이용하기 곤란하다고 생각되는 자료는 발견 즉시 회수하여 사무실로 옮겨야 한다.

나. 목록 작성
사무실에 회수된 자료는 사서들이 일차적으로 갱신 대상을 추려내어 갱신하고, 폐기 대상 자료로 판단되는 것은 폐기심의대상 목록으로 작성하여 폐기심의위원회에 제출한다.

다. 폐기심의위원회 운영
폐기심의위원회 회의(이하 '회의'라 한다)는 연 2회 정기적으로 개최한다. 회의는 폐기심의대상 목록과 자료의 실물을 비치한 회의실에서 진행되고, 위원들은 실물과 목록을 대조하여 확인하여야 한다. 폐기심의위원회는 폐기 여부만을 판정하며 폐기 방법의 결정은 사서에게 위임한다. 폐기 대상 판정시 위원들 사이에 이견(異見)이 있는 자료는 당해 연도의 폐기 대상에서 제외하고, 다음 연도의 회의에서 재결정한다.

라. 폐기 방법
(1) 기증 : 상태가 양호하여 다른 도서관에서 이용될 수 있다고 판단되는 자료는 기증 의사를 공고하고 다른 도서관 등 희망하는 기관에 기증한다.
(2) 이관 : 상태가 양호하고 나름의 가치가 있는 자료는 자체 기록보존소, 지역 및 국가의 보존전문도서관 등에 이관한다.
(3) 매각과 소각 : 폐지로 재활용 가능한 자료는 매각하고, 폐지로도 매각할 수 없는 자료는 최종적으로 소각 처리한다.

마. 기록 보존 및 목록 최신화
연도별로 폐기한 자료의 목록과 폐기 경위에 관한 기록을 보존하되, 폐기한 자료에 대한 내용을 도서관의 각종 현행자료 목록에서 삭제하여 목록을 최신화한다.

※ 갱신 : 손상된 자료의 외형을 수선하거나 복사본을 만듦

① 사서는 폐기심의대상 목록만을 작성하고, 자료의 폐기 방법은 폐기심의위원회가 결정한다.
② 폐기 대상 판정시 폐기심의위원들 간에 이견이 있는 자료의 경우, 바로 다음 회의에서 그 자료의 폐기 여부가 논의되지 않을 수 있다.
③ 폐기심의위원회는 자료의 실물을 확인하지 않고 폐기 여부를 판정할 수 있다.
④ 매각 또는 소각한 자료는 현행자료 목록에서 삭제하고, 폐기 경위에 관한 기록도 제거하여야 한다.
⑤ 사서가 아닌 도서관 직원은, 이용하기 곤란하다고 생각되는 자료를 발견하면 갱신하거나 폐기심의대상 목록을 작성하여야 한다.

문 52. 다음 글을 근거로 판단할 때, 〈보기〉에서 옳은 것만을 모두 고르면?

18 민간(가) 08번

소아기 예방접종 프로그램에 포함된 백신(A~C)은 지속적인 항체 반응을 위해서 2회 이상 접종이 필요하다.

최소 접종연령(첫 접종의 최소연령) 및 최소 접종간격을 지켰을 때 적절한 예방력이 생기며, 이러한 예방접종을 유효하다고 한다. 다만 최소 접종연령 및 최소 접종간격에서 4일 이내로 앞당겨서 일찍 접종을 한 경우에도 유효한 것으로 본다. 그러나 만약 5일 이상 앞당겨서 일찍 접종했다면 무효로 간주하고 최소 접종연령 및 최소 접종간격에 맞춰 다시 접종하여야 한다.

다음은 각 백신의 최소 접종연령 및 최소 접종간격을 나타낸 표이다.

종류	최소 접종연령	최소 접종간격			
		1, 2차 사이	2, 3차 사이	3, 4차 사이	4, 5차 사이
백신 A	12개월	12개월	–	–	–
백신 B	6주	4주	4주	6개월	–
백신 C	6주	4주	4주	6개월	6개월

다만 백신 B의 경우 만 4세 이후에 3차 접종을 유효하게 했다면, 4차 접종은 생략한다.

─────── 〈보 기〉 ───────

ㄱ. 만 2세가 되기 전에 백신 A의 예방접종을 2회 모두 유효하게 실시할 수 있다.
ㄴ. 생후 45개월에 백신 B를 1차 접종했다면, 4차 접종은 반드시 생략한다.
ㄷ. 생후 40일에 백신 C를 1차 접종했다면, 생후 60일에 한 2차 접종은 유효하다.

① ㄱ
② ㄴ
③ ㄷ
④ ㄱ, ㄴ
⑤ ㄱ, ㄷ

다음 글을 근거로 판단할 때 옳지 <u>않은</u> 것은?

정부는 저출산 문제 해소를 위해 공무원이 안심하고 일과 출산·육아를 병행할 수 있도록 관련 제도를 정비하여 시행 중이다.

먼저 임신 12주 이내 또는 임신 36주 이상인 여성 공무원을 대상으로 하던 '모성보호시간'을 임신 기간 전체로 확대하여 임신부터 출산 시까지 근무시간을 1일에 2시간씩 단축할 수 있게 하였다.

다음으로 생후 1년 미만의 영아를 자녀로 둔 공무원을 대상으로 1주일에 2일에 한해 1일에 1시간씩 단축근무를 허용하던 '육아시간'을, 만 5세 이하 자녀를 둔 공무원을 대상으로 1주일에 2일에 한해 1일에 2시간 범위 내에서 사용할 수 있도록 하였다. 또한 부부 공동육아 실현을 위해 '배우자 출산휴가'를 10일(기존 5일)로 확대하였다.

마지막으로 어린이집, 유치원, 초·중·고등학교에서 공식적으로 주최하는 행사와 공식적인 상담에만 허용되었던 '자녀돌봄휴가'(공무원 1인당 연간 최대 2일)를 자녀의 병원진료·검진·예방접종 등에도 쓸 수 있도록 하고, 자녀가 3명 이상일 경우 1일을 가산할 수 있도록 하였다.

① 변경된 현행 제도에서는 변경 전에 비해 '육아시간'의 적용 대상 및 시간이 확대되었다.

② 변경된 현행 제도에 따르면, 초등학생 자녀 3명을 둔 공무원은 연간 3일의 '자녀돌봄휴가'를 사용할 수 있다.

③ 변경된 현행 제도에 따르면, 임신 5개월인 여성 공무원은 산부인과 진료를 받기 위해 '모성보호시간'을 사용할 수 있다.

④ 변경 전 제도에서 공무원은 초등학교 1학년인 자녀의 병원진료를 위해 '자녀돌봄휴가'를 사용할 수 있었다.

⑤ 변경된 현행 제도에 따르면, 만 2세 자녀를 둔 공무원은 '육아시간'을 사용하여 근무시간을 1주일에 총 4시간 단축할 수 있다.

다음 〈상황〉과 〈목차〉를 근거로 판단할 때, 〈보기〉에서 옳은 것만을 모두 고르면?

〈상 황〉

• 책 A는 〈목차〉와 같이 구성되어 있고, 비어 있는 쪽은 없다.
• 책 A의 각 쪽은 모두 제1절부터 제14절까지 14개의 절 중 하나의 절에 포함된다.
• 甲은 3월 1일부터 책 A를 읽기 시작해서, 1쪽부터 마지막 쪽인 133쪽까지 순서대로 읽는다.
• 甲은 한번 읽기 시작한 절은 그날 모두 읽되, 하루에 최대 40쪽을 읽을 수 있다.
• 甲은 절 제목에 '과학' 또는 '정책'이 들어간 절을 하루에 한 개 이상 읽는다.

〈목 차〉

• 시민참여
제1절 시민참여의 등장 배경과 개념적 특성·····················1
제2절 과학기술정책의 특성과 시민참여······················4
제3절 결 론······················21

• 거버넌스 구조
제4절 서 론······················31
제5절 제3세대 과학기술혁신 정책이론과 거버넌스········34
제6절 과학기술정책의 거버넌스 구조분석 모형············49
제7절 결 론······················62

• 연구기관 평가지표
제8절 서 론······················65
제9절 지적자본의 개념과 성과평가로의 활용가능성········68
제10절 평가지표 전환을 위한 정책방향························89
제11절 결 론······················92

• 기초연구의 경제적 편익
제12절 과학기술연구와 경제성장 간의 관계················104
제13절 공적으로 투자된 기초연구의 경제적 편익···········107
제14절 맺음말 : 정책적 시사점·····························130

〈보 기〉

ㄱ. 3월 1일에 甲은 책 A를 20쪽 이상 읽는다.
ㄴ. 3월 3일에 甲이 제6절까지 읽었다면, 甲은 3월 5일까지 책 A를 다 읽을 수 있다.
ㄷ. 甲이 책 A를 다 읽으려면 최소 5일 걸린다.

① ㄱ
② ㄴ
③ ㄱ, ㄴ
④ ㄱ, ㄷ
⑤ ㄴ, ㄷ

다음 〈조건〉을 근거로 판단할 때, 〈보기〉에서 옳은 것만을 모두 고르면?

─────────〈조 건〉─────────

- 한글 단어의 '단어점수'는 그 단어를 구성하는 자음으로만 결정된다.
- '단어점수'는 각기 다른 자음의 '자음점수'를 모두 더한 값을 그 단어를 구성하는 자음 종류의 개수로 나눈 값이다.
- '자음점수'는 그 자음이 단어에 사용된 횟수만큼 2를 거듭제곱한 값이다. 단, 사용되지 않는 자음의 '자음점수'는 0이다.
- 예를 들어 글자 수가 4개인 '셋방살이'는 ㅅ 3개, ㅇ 2개, ㅂ 1개, ㄹ 1개의 자음으로 구성되므로 '단어점수'는 $2^3+2^2+2^1+2^1/4$의 값인 4점이다.

※ 의미가 없는 글자의 나열도 단어로 인정함

─────────〈보 기〉─────────

ㄱ. '각기'는 '논리'보다 단어점수가 더 높다.
ㄴ. 단어의 글자 수가 달라도 단어점수가 같을 수 있다.
ㄷ. 글자 수 4개인 단어의 단어점수는 250점을 넘을 수 없다.

① ㄴ
② ㄷ
③ ㄱ, ㄴ
④ ㄱ, ㄷ
⑤ ㄱ, ㄴ, ㄷ

다음 글을 근거로 판단할 때, 국제행사의 개최도시로 선정될 곳은?

甲사무관은 대한민국에서 열리는 국제행사의 개최도시를 선정하기 위해 다음과 같은 〈후보도시 평가표〉를 만들었다. 〈후보도시 평가표〉에 따른 점수와 〈국제해양기구의 의견〉을 모두 반영하여, 합산점수가 가장 높은 도시를 개최도시로 선정하고자 한다.

〈후보도시 평가표〉

구분	서울	인천	대전	부산	제주
1) 회의 시설 1,500명 이상 수용가능한 대회의장 보유 등	A	A	C	B	C
2) 숙박 시설 도보거리에 특급 호텔 보유 등	A	B	A	A	C
3) 교통 공항접근성 등	B	A	C	B	B
4) 개최 역량 대규모 국제행사 개최 경험 등	A	C	C	A	B

※ A : 10점, B : 7점, C : 3점

─────────〈국제해양기구의 의견〉─────────

- 외국인 참석자의 편의를 위해 '교통'에서 A를 받은 도시의 경우 추가로 5점을 부여해 줄 것
- 바다를 끼고 있는 도시의 경우 추가로 5점을 부여해 줄 것
- 예상 참석자가 2,000명 이상이므로 '회의 시설'에서 C를 받은 도시는 제외할 것

① 서울
② 인천
③ 대전
④ 부산
⑤ 제주

다음 글과 〈상황〉을 근거로 판단할 때, 〈보기〉에서 옳은 것만을 모두 고르면? 19 민간(나) 09번

K국에서는 모든 법인에 대하여 다음과 같이 구분하여 주민세를 부과하고 있다.

구분	세액(원)
• 자본금액 100억 원을 초과하는 법인으로서 종업원 수가 100명을 초과하는 법인	500,000
• 자본금액 50억 원 초과 100억 원 이하 법인으로서 종업원 수가 100명을 초과하는 법인	350,000
• 자본금액 50억 원을 초과하는 법인으로서 종업원 수가 100명 이하인 법인 • 자본금액 30억 원 초과 50억 원 이하 법인으로서 종업원 수가 100명을 초과하는 법인	200,000
• 자본금액 30억 원 초과 50억 원 이하 법인으로서 종업원 수가 100명 이하인 법인 • 자본금액 10억 원 초과 30억 원 이하 법인으로서 종업원 수가 100명을 초과하는 법인	100,000
• 그 밖의 법인	50,000

〈상 황〉

법인	자본금액(억 원)	종업원 수(명)
甲	200	?
乙	20	?
丙	?	200

〈보 기〉

ㄱ. 甲이 납부해야 할 주민세 최소 금액은 20만 원이다.

ㄴ. 乙의 종업원이 50명인 경우 10만 원의 주민세를 납부해야 한다.

ㄷ. 丙이 납부해야 할 주민세 최소 금액은 10만 원이다.

ㄹ. 甲, 乙, 丙이 납부해야 할 주민세 금액의 합계는 최대 110만 원이다.

① ㄱ, ㄴ

② ㄱ, ㄷ

③ ㄱ, ㄹ

④ ㄴ, ㄷ

⑤ ㄴ, ㄹ

다음 글을 근거로 판단할 때, 〈가락〉을 연주하기 위해 ⑭를 누른 상태로 줄을 퉁기는 횟수는? 19 민간(나) 15번

줄이 하나인 현악기가 있다. 이 악기는 줄을 누를 수 있는 지점이 ㉮부터 ㉺까지 총 11곳 있고, 이 중 어느 한 지점을 누른 상태로 줄을 퉁겨서 연주한다. ㉮를 누르고 줄을 퉁기면 A음이 나고, ⑭를 누르고 줄을 퉁기면 A음 보다 반음 높은 소리가 난다. 이런 식으로 ㉮~㉺순으로 누르는 지점을 옮길 때마다 반음씩 더 높은 소리가 나며, 최저 A음부터 최고 G음까지 낼 수 있다.

이들 음은 다음과 같은 특징이 있다.

• 반음 차이 두 개의 합은 한음 차이와 같다.

• A음보다 B음이, C음보다 D음이, D음보다 E음이, F음보다 G음이 한음 높고, 둘 중 낮은 음보다 반음 높은 음은 낮은 음의 이름 오른쪽에 #을 붙여 표시한다.

• B음보다 C음이, E음보다 F음이 반음 높다.

〈가 락〉

E D# E D# E B D C A A A B E G B C

① 0

② 1

③ 2

④ 3

⑤ 4

다음 글을 근거로 판단할 때, 방에 출입한 사람의 순서는?

방에는 1부터 6까지의 번호가 각각 적힌 6개의 전구가 다음과 같이 놓여있다.

	왼쪽 ←				→ 오른쪽	
전구 번호	1	2	3	4	5	6
상태	켜짐	켜짐	켜짐	꺼짐	꺼짐	꺼짐

총 3명(A~C)이 각각 한 번씩 홀로 방에 들어가 자신이 정한 규칙에 의해서만 전구를 켜거나 끄고 나왔다.

- A는 번호가 3의 배수인 전구가 켜진 상태라면 그 전구를 끄고, 꺼진 상태라면 그대로 둔다.
- B는 번호가 2의 배수인 전구가 켜진 상태라면 그 전구를 끄고, 꺼진 상태라면 그 전구를 켠다.
- C는 3번 전구는 그대로 두고, 3번 전구를 기준으로 왼쪽과 오른쪽 중 켜진 전구의 개수가 많은 쪽의 전구를 전부 끈다. 다만 켜진 전구의 개수가 같다면 양쪽에 켜진 전구를 모두 끈다.

마지막 사람이 방에서 나왔을 때, 방의 전구는 모두 꺼져 있었다.

① A－B－C
② A－C－B
③ B－A－C
④ B－C－A
⑤ C－B－A

다음 글을 근거로 판단할 때, 〈보기〉에서 옳은 것만을 모두 고르면?

K국의 「영유아보육법」은 영유아가 안전하고 쾌적한 환경에서 건강하게 성장할 수 있도록 다음과 같이 어린이집의 보육교사 최소 배치 기준을 규정하고 있다.

연령	보육교사 대 영유아비율
(1) 만 1세 미만	1:3
(2) 만 1세 이상 만 2세 미만	1:5
(3) 만 2세 이상 만 3세 미만	1:7

위와 같이 각 연령별로 반을 편성하고 각 반마다 보육교사를 배치하되, 다음 기준에 따라 혼합반을 운영할 수 있다.

혼합반 편성	보육교사 대 영유아비율
(1)과 (2)	1:3
(2)와 (3)	1:5
(1)과 (3)	편성 불가능

〈보 기〉

ㄱ. 만 1세 미만 영유아 4명, 만 1세 이상 만 2세 미만 영유아 5명을 보육하는 어린이집은 보육교사를 최소 3명 배치해야 한다.

ㄴ. 만 1세 이상 만 2세 미만 영유아 6명, 만 2세 이상 만 3세 미만 영유아 12명을 보육하는 어린이집은 보육교사를 최소 3명 배치해야 한다.

ㄷ. 만 1세 미만 영유아 1명, 만 2세 이상 만 3세 미만 영유아 2명을 보육하는 어린이집은 보육교사를 최소 1명 배치해야 한다.

① ㄱ
② ㄴ
③ ㄷ
④ ㄱ, ㄴ
⑤ ㄱ, ㄷ

다음 글과 〈상황〉을 근거로 판단할 때, 〈보기〉에서 옳은 것만을 모두 고르면?

19 민간(나) 20번

K대학교 교과목 성적 평정(학점)은 총점을 기준으로 상위 점수부터 하위 점수까지 A⁺, A⁰, B⁺~F 순으로 한다. 각 등급별 비율은 아래 〈성적 평정 기준표〉를 따르되, 상위 등급의 비율을 최대 기준보다 낮게 배정할 경우에는 잔여 비율을 하위 등급 비율에 가산하여 배정할 수 있다. 예컨대 A등급 배정 비율은 10~30%이나, 만일 25%로 배정한 경우에는 잔여 비율인 5%를 하위 등급 하나에 배정하거나 여러 하위 등급에 나누어 배정할 수 있다. 한편 A, B, C, D 각 등급 내에서 +와 0의 비율은 교수 재량으로 정할 수 있다.

〈성적 평정 기준표〉

등급	A		B		C		D		F
학점	A⁺	A⁰	B⁺	B⁰	C⁺	C⁰	D⁺	D⁰	F
비율 (%)	10~30		20~35		20~40		0~40		0~40

※ 평정대상 총원 중 해당 등급 인원 비율

〈상 황〉

〈△△교과목 성적산출 자료〉

성명	총점	순위	성명	총점	순위
양다경	99	1	양대원	74	11
이지후	97	2	권치원	72	12
이태연	93	3	김도윤	68	13
남소연	89	4	권세연	66	14
김윤채	86	5	남원중	65	15
엄선민	84	6	권수진	64	16
이태근	79	7	양호정	61	17
김경민	78	8	정호채	59	18
이연후	77	9	이신영	57	19
엄주용	75	10	전희연	57	19

※ 평정대상은 총 20명임

〈보 기〉

ㄱ. 평정대상 전원에게 C⁺ 이상의 학점을 부여할 수 있다.

ㄴ. 79점을 받은 학생이 받을 수 있는 가장 낮은 학점은 B⁰이다.

ㄷ. 5명에게 A등급을 부여하면, 최대 8명의 학생에게 B⁺학점을 부여할 수 있다.

ㄹ. 59점을 받은 학생에게 부여할 수 있는 학점은 C⁺, C⁰, D⁺, D⁰, F 중 하나이다.

① ㄱ, ㄴ

② ㄱ, ㄹ

③ ㄷ, ㄹ

④ ㄱ, ㄷ, ㄹ

⑤ ㄴ, ㄷ, ㄹ

문 1. A, B, C, D안 중에서 어떤 안을 채택하고 어떤 안을 폐기할지를 고려하고 있다. 결정과정에서 다음과 같은 조건들이 모두 충족되어야 한다. 다음 중 옳지 <u>않은</u> 것은? 06 견습(인) 10번

> (조건 1) A안을 채택하면, B안과 C안 중 적어도 하나를 폐기해야 한다.
> (조건 2) C안과 D안을 동시에 채택하면, B안은 폐기해야 한다.
> (조건 3) C안이나 B안을 채택하면, D안도 채택해야 한다.

① A안과 B안이 동시에 채택되면, D안도 같이 채택되어야 한다.
② A안이 채택되면, C안도 같이 채택될 수 있다.
③ B안이 채택되면, C안도 같이 채택될 수 있다.
④ A안과 B안이 모두 폐기되면, D안이 채택될 수 있다.
⑤ B안이 폐기되고 C안이 채택되면, A안이 채택될 수 있다.

문 2. ○○호텔은 지상 5층 건물이다. 각 층은 1인용 객실 하나와 2인용 객실 하나로 이루어져 있다. 1인용 객실은 1명만이 투숙할 수 있으며, 2인용 객실은 2명이 투숙하는 것이 원칙이나 1명이 투숙할 수도 있다. 현재 이 호텔에는 9명의 손님─A, B, C, D, E, F, G, H, I─이 투숙하고 있으며, 투숙 상황이 다음과 같을 때 참이 <u>아닌</u> 것은? 06 견습(인) 29번

> (가) B, E, G, H는 1인용 객실에 투숙하고 있다.
> (나) 2층 2인용 객실과 3층 1인용 객실에만 투숙객이 없다.
> (다) A와 C는 부부로 같은 객실에 투숙하고 있다. 또한 이들은 E보다 두 층 아래에 투숙하고 있다.
> (라) G와 I는 같은 층에 투숙하고 있다. 그리고 이들이 투숙하고 있는 층은 H보다 한 층 아래에 있다.

① A와 C는 I보다 위층에 투숙하고 있다.
② H는 B보다 아래층에 투숙하고 있다.
③ D는 B보다 위층에 투숙하고 있다.
④ F는 B보다 아래층에 투숙하고 있지 않다.
⑤ A와 C는 D보다 위층에 투숙하고 있지 않다.

문 3. UN사무국은 사무차장 A, 사무차장보 P, R, 외부심사위원 1, 2, 3, 4의 7명으로 이루어진 인사위원회를 〈그림〉과 같이 조직하였다. 이 인사위원회가 s, t, u, v, w, x, y, z 8명의 지원자 중 한 사람을 선택하는 과정은 다음과 같다. 인사위원의 선호도가 〈표〉와 같을 때 외부심사위원 2에게 추천된 지원자 중에서 사무차장의 최종선택 결과를 다르게 만들 수 있는 지원자 조합은? 06 견습(인) 33번

> 〈선택 과정〉
> 1. 외부심사위원은 추천된 2명 중에서 자신이 선호하는 지원자를 사무차장보에게 보고한다.
> 2. 사무차장보는 외부심사위원으로부터 보고받은 지원자 중 자신이 선호하는 지원자를 사무차장에게 보고한다.
> 3. 사무차장은 사무차장보로부터 보고받은 지원자 중 자신이 선호하는 지원자를 최종적으로 선택한다.

〈그림〉 인사위원회 조직도

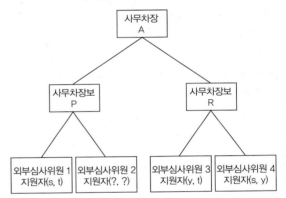

〈표〉 인사위원의 선호도

선호 순위	외부심사위원				사무차장보		사무 차장
	1	2	3	4	P	R	A
1위	u	z	y	x	u	v	u
2위	x	v	t	u	x	x	s
3위	v	u	z	s	w	y	w
4위	s	y	u	w	s	t	y
5위	t	t	v	y	t	u	z
6위	w	x	s	z	v	w	v
7위	y	s	w	t	z	s	x
8위	z	w	x	v	y	z	t

① (s, u)
② (s, y)
③ (t, x)
④ (u, v)
⑤ (w, z)

A, B, C, D국으로 구성된 국제기구가 있다. 이 기구의 상임이사국 선출과 관련하여 다음과 같은 사실이 알려졌다고 하자. 다음 〈보기〉 중 반드시 참이라고 보기 어려운 것을 모두 고르면?

06 행시(출) 08번

(사실 1) 각 회원국은 적어도 한 국가의 지지를 받는다.
(사실 2) 회원국은 다수의 국가를 지지할 수는 있으나 스스로를 지지할 수 없다.
(사실 3) 2개국 이상의 회원국이 지지하는 나라는 상임이사국이 된다.
(사실 4) A국은 B국을 지지하고 B국이 지지하는 국가도 지지하지만, B국은 A국을 지지하지 않는다.
(사실 5) C국과 D국은 상대방을 지지하지 않는다.

〈보 기〉

ㄱ. A국은 상임이사국이다.
ㄴ. C국의 지지를 받는 나라는 상임이사국이 된다.
ㄷ. B국이 D국을 지지하면, D국은 상임이사국이다.
ㄹ. B국이 C국을 지지하지 않는다면, A국도 C국을 지지하지 않는다.

① ㄱ, ㄴ
② ㄴ, ㄷ
③ ㄷ, ㄹ
④ ㄱ, ㄴ, ㄹ
⑤ ㄱ, ㄴ, ㄷ, ㄹ

문 5. 어느 부처의 시설과에 A, B, C, D, E, F의 총 6명의 직원이 있다. 이들 가운데 반드시 4명의 직원으로만 팀을 구성하여 부처회의에 참석해 달라는 요청이 있었다. 만일 E가 불가피한 사정으로 그 회의에 참석할 수 없게 된 상황에서 아래의 조건을 모두 충족시켜야만 한다면 몇 개의 팀이 구성될 수 있는가?

06 행시(출) 09번

(조건 1) A 또는 B는 반드시 참석해야 한다. 하지만 A, B가 함께 참석할 수 없다.
(조건 2) D 또는 E는 반드시 참석해야 한다. 하지만 D, E가 함께 참석할 수 없다.
(조건 3) 만일 C가 참석하지 않게 된다면 D도 참석할 수 없다.
(조건 4) 만일 B가 참석하지 않게 된다면 F도 참석할 수 없다.

① 0개 　　　　　② 1개
③ 2개 　　　　　④ 3개
⑤ 4개

문 6. 첨단도시육성사업의 시범도시로 A, B, C시가 후보로 고려되었다. 시범도시는 1개 도시만 선정될 수 있다. 시범도시 선정에 세 가지 조건(조건 1, 조건 2, 조건 3)이 적용되었는데, 이 중 조건 3은 알려지지 않았다. 최종적으로 A시만 선정될 수 있는 조건 3으로 적절한 것은?

06 행시(출) 10번

(조건 1) A시가 탈락하면 B시가 선정된다.
(조건 2) B시가 선정되면 C시는 탈락한다.

① A시나 B시 중 하나가 선정된다.
② A시나 C시 중 하나가 선정된다.
③ B시나 C시 중 하나가 탈락된다.
④ C시가 탈락되면 A시도 탈락된다.
⑤ A시가 탈락되면 C시도 탈락된다.

문 7. A, B, C, D, E, F의 여섯 나라가 있다. A국은 가능하면 다른 나라들을 침공하여 합병하고자 하지만 다음과 같은 제약이 있어 고민하고 있다. 이 경우 A국이 최대한으로 합병할 수 있는 나라(들)는?

06 행시(출) 29번

• B국과 C국은 서로 적대적이어서 연합할 수 없다.
• C국과 F국은 서로 적대적이어서 연합할 수 없다.
• D국과 F국은 서로 적대적이어서 연합할 수 없다.
• 세 나라가 연합하여야 다른 나라를 침공할 수 있다.
• 다른 나라에 의해 침공 받는 나라는 연합할 수 있는 나라가 있으면 최대한 연합하며, 두 나라가 연합할 경우 침공을 막을 수 있다.
• F국과 연합한 나라는 D국을 침공할 수 없다.
• E국은 중립국으로 어느 나라와도 연합하지 않고 또한 다른 나라가 침공할 수 없다.

① B
② C
③ F
④ B, F
⑤ C, F

문 8. 철학과 교수 7명(A~G)은 다음 〈조건〉에 따라 신학기 과목을 개설하려고 한다. 각 교수들의 강의 가능 과목이 〈보기〉와 같을 때 다음 중 옳지 <u>않은</u> 것은? 08 행시(조) 14번

〈조 건〉
- 학과장인 C는 한 과목만 가르칠 수 있다.
- 학과장인 C는 일주일에 하루만 가르칠 수 있다.
- 학과장 이외의 다른 교수들은 모두 두 과목씩 가르쳐야 한다.
- 윤리학과 논리학은 각각 적어도 두 강좌가 개설된다.
- 윤리학은 이틀에 나누어서 강의하며, 논리학도 마찬가지다.
- 윤리학과 논리학 이외에는 동일 과목이 동시에 개설될 수 없다.

〈보 기〉
- A : 논리학, 언어철학, 과학철학
- B : 희랍철학, 근세철학, 윤리학
- C : 과학철학, 논리학, 윤리학
- D : 인식론, 논리학, 형이상학
- E : 언어철학, 수리철학, 논리학
- F : 인식론, 심리철학, 미학
- G : 윤리학, 사회철학, 근세철학

① 학과장은 과학철학을 강의한다.
② 논리학은 최대 3강좌가 개설될 수 있다.
③ 인식론과 심리철학이 둘 다 개설될 수도 있다.
④ 형이상학이 개설되면 인식론은 개설될 수 없다.
⑤ 희랍철학과 사회철학이 둘 다 개설될 수도 있다.

문 9. A, B, C, D 4개의 밭이 나란히 있다. 첫 해에 A에는 장미, B에는 진달래, C에는 튤립을 심었고, D에는 아무 것도 심지 않았다. 그리고 2년차에는 C에 아무 것도 심지 않기로 하였다. 이 경우 다음 〈조건〉에 따를 때 3년차에 가능한 것은? 09 행시(극) 14번

〈조 건〉
- 한 밭에는 한 가지 꽃만 심는다.
- 심을 수 있는 꽃은 장미, 튤립, 진달래, 백합, 나팔꽃이다.
- 한 가지 꽃을 두 군데 이상 심으면 안 된다.
- 장미와 튤립을 인접해서 심으면 안 된다.
- 전 해에 장미를 심었던 밭에는 아무 것도 심지 않거나 진달래를 심고, 진달래를 심었던 밭에는 아무 것도 심지 않거나 장미를 심어야 한다(단, 아무 것도 심지 않았던 밭에는 그 전 해에 장미를 심었으면 진달래를, 진달래를 심었으면 장미를 심어야 함).
- 매년 한 군데 밭에만 아무 것도 심지 않아야 한다.
- 각각의 밭은 4년에 한 번만 아무 것도 심지 않아야 한다.
- 전 해에 심지 않은 꽃 중 적어도 한 가지는 심어야 한다.
- 튤립은 2년에 1번씩 심어야 한다.

	A	B	C	D
①	장미	진달래	튤립	심지 않음
②	심지 않음	진달래	나팔꽃	백합
③	장미	심지 않음	나팔꽃	튤립
④	심지 않음	진달래	백합	나팔꽃
⑤	장미	진달래	심지 않음	튤립

문 10. A, B, C, D 정책을 실시하려고 한다. 다음 〈조건〉을 근거로 비용 대비 효과가 가장 큰 정책실시 순서를 바르게 나열한 것은? 11 민간실험(발) 18번

〈조건 1〉

A, B, C, D 네 가지 개별 정책의 비용과 효과의 크기는 동일하다. 다만, 〈조건 2〉에 따라 달라질 수 있다.

〈조건 2〉

• A정책을 B정책 뒤에 실시하면 A정책의 효과가 절반으로 줄어든다.
• D정책을 A정책 전에 실시하면 D정책의 효과는 0이 된다.
• A정책과 B정책을 바로 이어서 실시하면 A정책과 B정책의 비용이 두 배가 된다.
• A정책과 C정책을 서로 인접하여 실시하면 A정책과 C정책의 효과가 절반으로 줄어든다.
• A정책과 D정책은 다른 정책 하나를 사이에 두고 실시하면 A정책과 D정책의 효과는 두 배가 된다.

① A-B-C-D
② A-C-D-B
③ B-C-D-A
④ C-A-D-B
⑤ D-B-C-A

문 11. 다음 〈조건〉을 근거로 판단할 때, A, B, C, D, E 5개 국가들 중 두 개 이상의 국가를 공격할 수 있는 국가들로 옳게 묶은 것은? 11 민간실험(발) 21번

〈조건 1〉
• A와 B는 민주주의 국가이다.
• B와 E, C와 D는 각각 동맹관계에 있다.
• D는 핵무기를 보유하고 있다.
• 군사력의 크기는 B>A=D>C>E이다.

〈조건 2〉
• 민주주의 국가는 서로 공격하지 않는다.
• 핵무기를 가진 국가는 공격받지 않는다.
• 동맹국은 서로 공격하지 않고, 동맹국이 다른 국가를 공격을 할 경우 동참하여야 한다.
• 연합군의 형성은 동맹국 간에 한한다.
• 자신보다 강한 국가를 단독으로 공격하지 않는다.

① A, B, C
② A, C, D
③ A, D, E
④ B, D, E
⑤ C, D, E

문 12. 다음 〈조건〉을 근거로 판단할 때, 초록 모자를 쓰고 있는 사람과 A 입장에서 왼편에 앉은 사람으로 모두 옳은 것은? 15 민간(인) 25번

〈조건〉
• A, B, C, D 네 명이 정사각형 테이블의 각 면에 한 명씩 둘러앉아 있다.
• 빨강, 파랑, 노랑, 초록 색깔의 모자 4개가 있다. A, B, C, D는 이 중 서로 다른 색깔의 모자 하나씩을 쓰고 있다.
• A와 B는 여자이고 C와 D는 남자이다.
• A 입장에서 왼편에 앉은 사람은 파란 모자를 쓰고 있다.
• B 입장에서 왼편에 앉은 사람은 초록 모자를 쓰고 있지 않다.
• C 맞은편에 앉은 사람은 빨간 모자를 쓰고 있다.
• D 맞은편에 앉은 사람은 노란 모자를 쓰고 있지 않다.
• 노란 모자를 쓴 사람과 초록 모자를 쓴 사람 중 한 명은 남자이고 한 명은 여자이다.

	초록 모자를 쓰고 있는 사람	A 입장에서 왼편에 앉은 사람
①	A	B
②	A	D
③	B	C
④	B	D
⑤	C	B

다음 글을 근거로 판단할 때, 〈보기〉에서 옳은 것만을 모두 고르면?

16 민간(5) 20번

甲과 乙이 '사냥게임'을 한다. 1, 2, 3, 4의 번호가 매겨진 4개의 칸이 아래와 같이 있다.

| 1 | 2 | 3 | 4 |

여기에 甲은 네 칸 중 괴물이 위치할 연속된 두 칸을 정하고, 乙은 네 칸 중 화살이 명중할 하나의 칸을 정한다. 甲과 乙은 동시에 자신들이 정한 칸을 말한다. 그 결과 화살이 괴물이 위치하는 칸에 명중하면 乙이 승리하고, 명중하지 않으면 甲이 승리한다.

예를 들면 甲이 1 2, 乙이 1 또는 2를 선택한 경우 괴물이 화살에 맞은 것으로 간주하여 乙이 승리한다. 만약 甲이 1 2, 乙이 3 또는 4를 선택했다면 괴물이 화살을 피한 것으로 간주하여 甲이 승리한다.

〈보 기〉

ㄱ. 괴물이 위치할 칸을 甲이 무작위로 정할 경우 乙은 1보다는 2를 선택하는 것이 승리할 확률이 높다.

ㄴ. 화살이 명중할 칸을 乙이 무작위로 정할 경우 甲은 2 3보다는 3 4를 선택하는 것이 승리할 확률이 높다.

ㄷ. 이 게임에서 甲이 선택할 수 있는 대안은 3개이고 乙이 선택할 수 있는 대안은 4개이므로 乙이 이기는 경우의 수가 더 많다.

---

① ㄱ
② ㄴ
③ ㄷ
④ ㄱ, ㄴ
⑤ ㄱ, ㄷ

다음 글을 근거로 판단할 때, B구역 청소를 하는 요일은?

19 민간(나) 07번

甲레스토랑은 매주 1회 휴업일(수요일)을 제외하고 매일 영업한다. 甲레스토랑의 청소시간은 영업일 저녁 9시부터 10시까지이다. 이 시간에 A구역, B구역, C구역 중 하나를 청소한다. 청소의 효율성을 위하여 청소를 한 구역은 바로 다음 영업일에는 하지 않는다. 각 구역은 매주 다음과 같이 청소한다.

• A구역 청소는 일주일에 1회 한다.
• B구역 청소는 일주일에 2회 하되, B구역 청소를 한 후 영업일과 휴업일을 가리지 않고 이틀간은 B구역 청소를 하지 않는다.
• C구역 청소는 일주일에 3회 하되, 그중 1회는 일요일에 한다.

---

① 월요일과 목요일
② 월요일과 금요일
③ 월요일과 토요일
④ 화요일과 금요일
⑤ 화요일과 토요일

문 1. 정부는 농산물 가격의 안정을 위해서 정부미를 방출할 계획이다. 정부미 방출 시 정부는 아래와 같은 공급절차를 적용한다. 다음 중 보관소에서 도시로 공급하는 정부미의 양을 바르게 제시한 것은?

06 견습(인) 31번

〈정부미 공급 절차〉

1. 수송 비용표에서 톤당 수송비가 가장 적은 경우를 골라 공급 및 수요 조건의 범위 내에서 가능한 한 많은 양을 할당한다.
2. 그 다음으로 톤당 수송비가 적은 경우를 골라 공급 및 수요 조건의 범위 내에서 가능한 한 많은 양을 할당한다.
3. 위 과정을 공급량과 수요량이 충족될 때까지 계속한다. 만일 두 개 이상의 경우에서 톤당 수송비가 같으면 더 많은 양을 할당할 수 있는 곳에 우선적으로 할당한다.

〈표 1〉 도시별 수요량과 보관소별 공급량

(단위 : 톤)

도시	수요량	보관소	공급량
A도시	140	서울보관소	120
B도시	300	대전보관소	200
C도시	60	부산보관소	180
합계	500	합계	500

〈표 2〉 톤당 수송비용

(단위 : 만 원)

구분	A도시	B도시	C도시
서울보관소	40	18	10
대전보관소	12	20	36
부산보관소	4	15	12

① 서울보관소는 A도시에 정부미 50톤을 공급한다.
② 서울보관소는 B도시에 정부미 60톤을 공급한다.
③ 대전보관소는 A도시에 정부미 100톤을 공급한다.
④ 대전보관소는 B도시에 정부미 140톤을 공급한다.
⑤ 부산보관소는 C도시에 정부미 10톤을 공급한다.

문 2. A는 잊어버린 네 자리 숫자의 비밀번호를 기억해 내려고 한다. 비밀번호에 대해서 가지고 있는 단서가 다음의 〈조건〉과 같을 때 사실이 <u>아닌</u> 것은?

07 행시(재) 34번

〈조 건〉

• 비밀번호를 구성하고 있는 어떤 숫자도 소수가 아니다.
• 6과 8 중에 단 하나만 비밀번호에 들어가는 숫자다.
• 비밀번호는 짝수로 시작한다.
• 골라 낸 네 개의 숫자를 큰 수부터 차례로 나열해서 비밀번호를 만들었다.
• 같은 숫자는 두 번 이상 들어가지 않는다.

① 비밀번호는 짝수이다.
② 비밀번호의 앞에서 두 번째 숫자는 4이다.
③ 위의 〈조건〉을 모두 만족시키는 번호는 모두 세 개가 있다.
④ 비밀번호는 1을 포함하지만 9는 포함하지 않는다.
⑤ 위의 〈조건〉을 모두 만족시키는 번호 중 가장 작은 수는 6410이다.

문 3. 다음 제시문의 내용을 근거로 판단할 때 〈그림〉에 대한 설명으로 적절하지 <u>않은</u> 것은?

08 행시(조) 17번

사회 네트워크란 '사람들이 연결되어 있는 관계망'을 의미한다. '중심성'은 한 행위자가 전체 네트워크에서 중심에 위치하는 정도를 표현하는 지표이다. 중심성을 측정하는 방법에는 여러 가지가 있는데, 대표적인 것으로 '연결정도 중심성'과 '근접 중심성'의 두 가지 유형이 있다.

'연결정도 중심성'은 사회 네트워크 내의 행위자와 직접적으로 연결되는 다른 행위자 수의 합으로 얻어진다. 이는 한 행위자가 다른 행위자들과 얼마만큼 관계를 맺고 있는가를 통하여 그 행위자가 사회 네트워크에서 중심에 위치하는 정도를 측정하는 것이다. 예를 들어 〈예시〉에서 행위자 A의 연결정도 중심성은 A와 직접 연결된 행위자의 숫자인 4가 된다.

'근접 중심성'은 사회 네트워크에서의 두 행위자 간의 거리를 강조한다. 사회 네트워크상의 다른 행위자들과 가까운 위치에 있다면 그들과 쉽게 관계를 맺을 수 있고 따라서 그만큼 중심적인 역할을 담당한다고 간주한다. 연결정도 중심성과는 달리 근접 중심성은 네트워크 내에서 직·간접적으로 연결되는 모든 행위자들과의 최단거리의 합의 역수로 정의된다. 이때 직접 연결된 두 점의 거리는 1이다. 예를 들어 〈예시〉에서 A의 근접 중심성은 $\frac{1}{6}$이 된다.

〈예 시〉

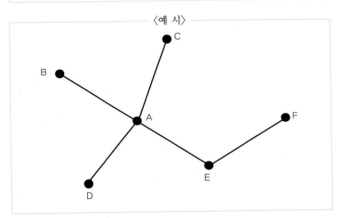

〈그 림〉

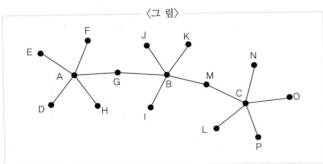

① 행위자 G의 근접 중심성은 $\frac{1}{37}$이다.

② 행위자 A의 근접 중심성은 행위자 B의 근접 중심성과 동일하다.

③ 행위자 G의 근접 중심성은 행위자 M의 근접 중심성과 동일하다.

④ 행위자 G의 연결정도 중심성은 행위자 M의 연결정도 중심성과 동일하다.

⑤ 행위자 A의 연결정도 중심성과 행위자 K의 연결정도 중심성의 합은 6이다.

문 4. 다음과 같은 방법으로 〈보기〉에 주어진 수열을 정렬할 때, 다섯 번째 교환이 이루어진 후의 수열은?

09 행시(극) 28번

인접한 두 숫자의 크기를 비교하여 교환하는 방식으로 정렬한다. 이때 인접한 두 숫자는 수열의 맨 앞부터 뒤로 이동하며 비교된다. 맨 마지막 숫자까지 비교가 이루어져 가장 큰 수가 맨 뒷자리로 이동하게 되면 한 라운드가 종료된다. 다음 라운드는 맨 뒷자리로 이동한 수를 제외하고 같은 방식으로 비교 및 교환이 이루어진다. 더 이상 교환할 숫자가 없을 때 정렬이 완료된다. 교환은 두 개의 숫자가 서로 자리를 맞바꾸는 것을 말한다.

〈예 시〉

다음은 '30 15 40 10'의 수열을 위의 방법으로 정렬한 것이다. 괄호는 각 단계에서 비교가 이루어지는 인접한 두 숫자를 나타낸다.

• 제1라운드

(30 15) 40 10 : 30>15 이므로 <u>첫 번째 교환</u>

15 (30 40) 10 : 40>30 이므로 교환이 이루어지지 않음

15 30 (40 10) : 40>10 이므로 <u>두 번째 교환</u>

15 30 10 40 : 가장 큰 수 40이 맨 마지막으로 이동

• 제2라운드(40은 비교 대상에서 제외)

(15 30) 10 <u>40</u> : 30>15 이므로 교환이 이루어지지 않음

15 (30 10) <u>40</u> : 30>10 이므로 <u>세 번째 교환</u>

15 10 30 <u>40</u> : 40을 제외한 수 중 가장 큰 수 30이 40 앞으로 이동

• 제3라운드(30, 40은 비교 대상에서 제외)

(15 10) <u>30</u> <u>40</u> : 15>10 이므로 <u>네 번째 교환</u>

10 15 <u>30</u> <u>40</u> : 정렬 완료

〈보 기〉				
37	82	12	5	56

① 5	12	37	56	82
② 37	12	82	5	56
③ 5	56	12	37	82
④ 12	37	5	56	82
⑤ 12	5	37	56	82

문 5.　다음 글과 〈상황〉을 읽고 추론한 것으로 항상 옳은 것을 〈보기〉에서 모두 고르면?

10 행시(발) 12번

어떤 단체의 회원들은 단체의 결정에 대하여 각기 다른 선호를 보인다. 단체에 매월 납부하는 회비의 액수를 정하는 문제에 대해서도 마찬가지이다. 단체의 목적 달성에는 동의하나 재정이 넉넉하지 않은 사람은 될 수 있으면 적은 회비를 부담하려 한다(소극적 회원). 반면, 목적 달성에 동의하고 재정 또한 넉넉한 사람은 오히려 회비가 너무 적으면 안 된다고 생각한다(적극적 회원).

따라서 단체가 회비의 액수를 결정할 때에는 각 회원이 선호하는 액수를 알아야 한다. 회원들은 저마다 선호하는 회비의 범위가 있다. 만약 단체가 그 범위 내에서 회비를 결정한다면 회비를 내고 단체에 남아 있겠지만, 회비가 그 범위를 벗어난다면 단체의 결정에 불만을 품고 단체를 탈퇴할 것이다. 왜냐하면 소극적 회원은 과중한 회비 부담을 감수하려 들지 않을 것이고, 적극적 회원은 회비가 너무 적어 단체의 목적 달성이 불가능하다고 볼 것이기 때문이다.

〈상 황〉

5명(A~E)의 회원으로 새롭게 결성된 이 단체는 10만 원에서 70만 원 사이의 일정 금액을 월 회비로 정하려고 한다. 각 회원이 선호하는 회비의 범위는 다음과 같다.

회원	범위
A	10만 원 이상~20만 원 미만
B	10만 원 이상~25만 원 미만
C	25만 원 이상~40만 원 미만
D	30만 원 이상~50만 원 미만
E	30만 원 이상~70만 원 미만

〈보 기〉

ㄱ. C가 원하는 범위에서 회비가 정해지면, 최소 2인이 단체를 탈퇴할 것이다.

ㄴ. D가 원하는 범위에서 회비가 정해지면, 최소 3인이 단체를 탈퇴할 것이다.

ㄷ. 회비가 일단 정해지면, 최소 2명 이상은 이 단체를 탈퇴할 것이다.

ㄹ. 회비를 20만 원으로 결정하는 경우와 30만 원으로 결정하는 경우 탈퇴할 회원 수는 같다.

① ㄱ, ㄴ

② ㄱ, ㄷ

③ ㄴ, ㄷ

④ ㄴ, ㄹ

⑤ ㄷ, ㄹ

문 6.　A, B 두 국가 간의 시차와 비행시간이 옳은 것은?

11 민간실험(발) 15번

〈A ↔ B 간의 운항 시간표〉

구간	출발시각	도착시각
A → B	09:00	15:00
B → A	18:00	08:00(다음날)

※ 1) 출발 및 도착시각은 모두 현지시각임
　 2) 비행시간은 A → B구간, B → A구간 동일함
　 3) A가 B보다 1시간 빠르다는 것은 A가 오전 5시일 때 B가 오전 4시임을 의미함

	시차	비행시간
①	A가 B보다 4시간 빠르다	10시간
②	A가 B보다 4시간 느리다	14시간
③	A가 B보다 2시간 빠르다	8시간
④	A가 B보다 2시간 빠르다	10시간
⑤	A가 B보다 3시간 느리다	14시간

문 7.　두 개의 직육면체 건물이 아래와 같다고 할 때, (나)건물을 페인트칠 하는 작업에 필요한 페인트는 최소 몇 통인가? (단, 사용되는 페인트 통의 용량은 동일함)

11 민간(인) 06번

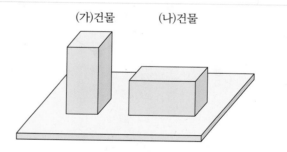

- (가)건물 밑면은 정사각형이며, 높이는 밑면 한 변 길이의 2배이다.
- (나)건물은 (가)건물을 그대로 눕혀놓은 것이다.
- 페인트는 각 건물의 옆면 4개와 윗면에 (가)와 (나)건물 모두 같은 방식으로 칠한다.
- (가)건물을 페인트칠 하는 작업에는 최소 36통의 페인트가 필요했다.

① 30통

② 32통

③ 36통

④ 42통

⑤ 45통

문 8.　A, B, C, D 네 팀이 참여하여 체육대회를 하고 있다. 다음 〈순위 결정 기준〉과 각 팀의 현재까지 〈득점 현황〉에 근거하여 판단할 때, 항상 옳은 추론을 〈보기〉에서 모두 고르면?

11 민간(인) 24번

〈순위 결정 기준〉

• 각 종목의 1위에게는 4점, 2위에게는 3점, 3위에게는 2점, 4위에게는 1점을 준다.
• 각 종목에서 획득한 점수를 합산한 총점이 높은 순으로 종합 순위를 결정한다.
• 총점에서 동점이 나올 경우에는 1위를 한 종목이 많은 팀이 높은 순위를 차지한다.
  – 만약 1위 종목의 수가 같은 경우에는 2위 종목이 많은 팀이 높은 순위를 차지한다.
  – 만약 1위 종목의 수가 같고, 2위 종목의 수도 같은 경우에는 공동 순위로 결정한다.

〈득점 현황〉

팀명\종목명	A	B	C	D
가	4	3	2	1
나	2	1	3	4
다	3	1	2	4
라	2	4	1	3
마	?	?	?	?
합계	?	?	?	?

※ 종목별 순위는 반드시 결정되고, 동순위는 나오지 않음

〈보 기〉

ㄱ. A팀이 종목 마에서 1위를 한다면 종합 순위 1위가 확정된다.
ㄴ. B팀이 종목 마에서 C팀에게 순위에서 뒤지면 종합 순위에서도 C팀에게 뒤지게 된다.
ㄷ. C팀은 종목 마의 결과와 관계없이 종합 순위에서 최하위가 확정되었다.
ㄹ. D팀이 종목 마에서 2위를 한다면 종합 순위 1위가 확정된다.

① ㄱ
② ㄹ
③ ㄱ, ㄴ
④ ㄴ, ㄷ
⑤ ㄷ, ㄹ

문 9.　甲과 乙이 아래 〈조건〉에 따라 게임을 할 때 옳지 않은 것은?

12 민간(인) 08번

〈조 건〉

• 甲과 乙은 다음과 같이 시각을 표시하는 하나의 시계를 가지고 게임을 한다.

0	9	:	1	5

• 甲, 乙 각자가 일어났을 때, 시계에 표시된 4개의 숫자를 합산하여 게임의 승패를 결정한다. 숫자의 합이 더 작은 사람이 이기고, 숫자의 합이 같을 때에는 비긴다.
• 甲은 반드시 오전 6시에서 오전 6시 59분 사이에 일어나고, 乙은 반드시 오전 7시에서 오전 7시 59분 사이에 일어난다.

① 甲이 오전 6시 정각에 일어나면, 반드시 甲이 이긴다.
② 乙이 오전 7시 59분에 일어나면, 반드시 乙이 진다.
③ 乙이 오전 7시 30분에 일어나고, 甲이 오전 6시 30분 전에 일어나면 반드시 甲이 이긴다.
④ 甲과 乙이 정확히 1시간 간격으로 일어나면, 반드시 甲이 이긴다.
⑤ 甲과 乙이 정확히 50분 간격으로 일어나면, 甲과 乙은 비긴다.

문 10.　다음은 9개 구역으로 이루어진 〈A지역〉과 그 지역을 구성하는 〈구역 유형별 유권자 수〉이다. A지역을 〈조건〉에 따라 유권자 수가 동일한 3개의 선거구로 나누려고 할 때 가능한 경우의 수는?

12 민간(인) 10번

〈A지역〉

〈구역 유형별 유권자 수〉

□	10명
▦	30명
▨	60명

〈조 건〉

같은 선거구에 속하는 구역들은 사각형의 한 변이 적어도 그 선거구에 속하는 다른 한 구역의 사각형의 한 변과 맞닿아 있어야 한다.

① 1가지
② 2가지
③ 3가지
④ 4가지
⑤ 5가지

다음 글을 근거로 판단할 때, 〈보기〉에서 옳은 것을 모두 고르면?

12 민간(인) 22번

- 첫차는 06:00에 출발하며, 24:00 이내에 모든 버스가 운행을 마치고 종착지에 들어온다.
- 버스의 출발지와 종착지는 같고 한 방향으로만 운행되며, 한 대의 버스가 1회 운행하는 데 소요되는 총 시간은 2시간이다. 이 때 교통체증 등의 도로사정은 고려하지 않는다.
- 출발지를 기준으로 시간대별 배차 간격은 아래와 같다. 예를 들면 평일의 경우 버스 출발지를 기준으로 한 버스 출발 시간은 …, 11:40, 12:00, 12:30,… 순이다.

구분	A시간대 (06:00~12:00)	B시간대 (12:00~14:00)	C시간대 (14:00~24:00)
평일	20분	30분	40분
토요일	30분	40분	60분
일요일 (공휴일)	40분	60분	75분

〈보 기〉

ㄱ. 공휴일인 어린이날에는 출발지에서 13:00에 버스가 출발한다.
ㄴ. 막차는 출발지에서 반드시 22:00 이전에 출발한다.
ㄷ. 일요일에 막차가 종착지에 도착하는 시간은 23:20이다.
ㄹ. 출발지에서 09:30에 버스가 출발한다면, 이 날은 토요일이다.

① ㄱ, ㄴ
② ㄱ, ㄷ
③ ㄷ, ㄹ
④ ㄱ, ㄴ, ㄹ
⑤ ㄴ, ㄷ, ㄹ

5명(A~E)이 다음 규칙에 따라 게임을 하고 있다. 4 → 1 → 1의 순서로 숫자가 호명되어 게임이 진행되었다면 네 번째 술래는?

12 민간(인) 25번

- A → B → C → D → E 순으로 반시계방향으로 동그랗게 앉아 있다.
- 한 명의 술래를 기준으로, 술래는 항상 숫자 3을 배정받고, 반시계방향으로 술래 다음 사람이 숫자 4를, 그 다음 사람이 숫자 5를, 술래 이전 사람은 숫자 2를, 그 이전 사람은 숫자 1을 배정받는다.
- 술래는 1~5의 숫자 중 하나를 호명하고, 호명된 숫자에 해당하는 사람이 다음 술래가 된다. 새로운 술래를 기준으로 다시 위의 조건에 따라 숫자가 배정되며 게임이 반복된다.
- 첫 번째 술래는 A다.

① A
② B
③ C
④ D
⑤ E

다음 〈규칙〉과 〈결과〉에 근거하여 판단할 때, 甲과 乙 중 승리한 사람과 甲이 사냥한 동물의 종류 및 수량으로 가능한 조합은?

13 민간(인) 09번

〈규 칙〉

- 이동한 거리, 채집한 과일, 사냥한 동물 각각에 점수를 부여하여 합계 점수가 높은 사람이 승리하는 게임이다.
- 게임시간은 1시간이며, 주어진 시간 동안 이동을 하면서 과일을 채집하거나 사냥을 한다.
- 이동거리 1미터당 1점을 부여한다.
- 사과는 1개당 5점, 복숭아는 1개당 10점을 부여한다.
- 토끼는 1마리당 30점, 여우는 1마리당 50점, 사슴은 1마리당 100점을 부여한다.

〈결 과〉

- 甲의 합계점수는 1,590점이다. 甲은 과일을 채집하지 않고 사냥에만 집중하였으며, 총 1,400미터를 이동하는 동안 모두 4마리의 동물을 잡았다.
- 乙은 총 1,250미터를 이동했으며, 사과 2개와 복숭아 5개를 채집하였다. 또한 여우를 1마리 잡고 사슴을 2마리 잡았다.

	승리한 사람	甲이 사냥한 동물의 종류 및 수량
①	甲	토끼 3마리와 사슴 1마리
②	甲	토끼 2마리와 여우 2마리
③	乙	토끼 3마리와 여우 1마리
④	乙	토끼 2마리와 여우 2마리
⑤	乙	토끼 1마리와 사슴 3마리

다음 〈상황〉과 〈대화〉를 근거로 판단할 때, 〈보기〉에서 옳은 것만을 모두 고르면?

13 민간(인) 16번

〈상 황〉

지구와 거대한 운석이 충돌할 것으로 예상되자, A국 정부는 인류의 멸망을 막기 위해 甲, 乙, 丙 세 사람을 각각 냉동캡슐에 넣어 보존하기로 했다. 운석 충돌 후 시간이 흘러 지구에 다시 사람이 살 수 있는 환경이 조성되자, 3개의 냉동캡슐은 각각 다른 시점에 해동이 시작되어 하루 만에 완료되었다. 그 후 甲, 乙, 丙 세 사람은 2120년 9월 7일 한 자리에 모여 다음과 같은 〈대화〉를 나누었다.

〈대 화〉

甲 : 나는 2086년에 태어났습니다. 19살에 냉동캡슐에 들어갔고, 캡슐에서 해동된 지는 정확히 7년이 되었어요.

乙 : 나는 2075년생입니다. 26살에 냉동캡슐에 들어갔고, 캡슐에서 해동된 것은 지금으로부터 1년 5개월 전입니다.

丙 : 난 2083년 5월 17일에 태어났어요. 21살이 되기 두 달 전에 냉동캡슐에 들어갔고, 해동된 건 일주일 전이에요.

※ 이들이 밝히는 나이는 만 나이이며, 냉동되어 있는 기간은 나이에 산입되지 않음

〈보 기〉

ㄱ. 甲, 乙, 丙이 냉동되어 있던 기간은 모두 다르다.

ㄴ. 대화를 나눈 시점에 甲이 丙보다 나이가 어리다.

ㄷ. 가장 이른 연도에 냉동캡슐에 들어간 사람은 甲이다.

① ㄱ

② ㄱ, ㄴ

③ ㄱ, ㄷ

④ ㄴ, ㄷ

⑤ ㄱ, ㄴ, ㄷ

문 15. 다음 〈상황〉에서 기존의 승점제와 새로운 승점제를 적용할 때, A팀의 순위로 옳게 짝지어진 것은?

13 민간(인) 20번

〈상 황〉

• 대회에 참가하는 팀은 총 13팀이다.

• 각 팀은 다른 모든 팀과 한 번씩 경기를 한다.

• A팀의 최종성적은 5승 7패이다.

• A팀과의 경기를 제외한 12팀 간의 경기는 모두 무승부이다.

• 기존의 승점제는 승리 시 2점, 무승부 시 1점, 패배 시 0점을 부여한다.

• 새로운 승점제는 승리 시 3점, 무승부 시 1점, 패배 시 0점을 부여한다.

	기존의 승점제	새로운 승점제
①	8위	1위
②	8위	8위
③	13위	1위
④	13위	5위
⑤	13위	13위

문 16. 다음 〈그림〉처럼 ⓟ가 1회 이동할 때는 선을 따라 한 칸 움직인 지점에서 우측으로 45도 꺾어서 한 칸 더 나아가는 방식으로 움직인다. 하지만 ⓟ가 이동하려는 경로상에 장애물(⊠)이 있으면 움직이지 못한다. 〈보기〉 A~E에서 ⓟ가 3회 이하로 이동해서 위치할 수 있는 곳만을 옳게 묶은 것은?

13 민간(인) 22번

〈그 림〉

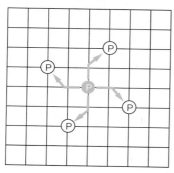

〈보 기〉

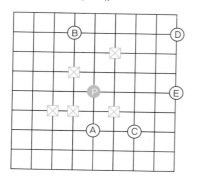

① A, B
② B, D
③ A, C, E
④ B, D, E
⑤ C, D, E

문 17. 다음 글과 〈표〉를 근거로 판단할 때, 여섯 사람이 서울을 출발하여 대전에 도착할 수 있는 가장 이른 예정시각은?(단, 다른 조건은 고려하지 않음)

14 민간(A) 22번

아래 여섯 사람은 서울 출장을 마치고 같은 고속버스를 타고 함께 대전으로 돌아가려고 한다. 고속버스터미널에는 은행, 편의점, 화장실, 패스트푸드점, 서점 등이 있다.

다음은 고속버스터미널에 도착해서 나눈 대화내용이다.

가은 : 버스표를 사야하니 저쪽 은행에 가서 현금을 찾아올게.

나중 : 그림 그 사이에 난 잠깐 저쪽 편의점에서 간단히 먹을 김밥이라도 사올게.

다동 : 그럼 난 잠깐 화장실에 다녀올게. 그리고 저기 보이는 패스트푸드점에서 햄버거라도 사와야겠어. 너무 배고프네.

라민 : 나는 버스에서 읽을 책을 서점에서 사야지. 그리고 화장실도 들러야겠어.

마란 : 그럼 난 여기서 바솜이랑 기다리고 있을게.

바솜 : 지금이 오전 11시 50분이니까 다들 각자 볼일 마치고 빨리 돌아와.

각 시설별 이용 소요시간은 은행 30분, 편의점 10분, 화장실 20분, 패스트푸드점 25분, 서점 20분이다.

〈표〉

서울 출발 시각	대전 도착 예정시각	잔여좌석 수
12:00	14:00	7
12:15	14:15	12
12:30	14:30	9
12:45	14:45	5
13:00	15:00	10
13:20	15:20	15
13:40	15:40	6
14:00	16:00	8
14:15	16:15	21

① 14:15
② 14:45
③ 15:00
④ 15:20
⑤ 16:15

다음 글을 근거로 판단할 때, 〈표〉의 화장 단계 중 7개만을 선택하였을 경우 甲의 최대 매력 지수는? 14 민간(A) 23번

- 아침마다 화장을 하고 출근하는 甲의 목표는 매력 지수의 합을 최대한 높이는 것이다.
- 화장 단계별 매력 지수와 소요 시간은 아래의 〈표〉와 같다.
- 20분 만에 화장을 하면 지각하지 않고 정시에 출근할 수 있다.
- 회사에 1분 지각할 때마다 매력 지수가 4점씩 깎인다.
- 화장은 반드시 '로션 바르기 → 수분크림 바르기 → 썬크림 바르기 → 피부화장 하기' 순으로 해야 하며, 이 4개 단계는 생략할 수 없다.
- 피부화장을 한 후에 눈썹 그리기, 눈화장 하기, 립스틱 바르기, 속눈썹 붙이기를 할 수 있으며, 이 중에서는 어떤 것을 선택해도 상관없다.
- 동일 화장 단계는 반복하지 않으며, 2개 이상의 화장 단계는 동시에 할 수 없다.

〈표〉

화장 단계	매력 지수(점)	소요 시간(분)
로션 바르기	2	1
수분크림 바르기	2	1
썬크림 바르기	6	1.5
피부화장 하기	20	7
눈썹 그리기	12	3
눈화장 하기	25	10
립스틱 바르기	10	0.5
속눈썹 붙이기	60	15

① 53점
② 61점
③ 76점
④ 129점
⑤ 137점

문 19. 다음 글을 근거로 판단할 때, 〈보기〉에서 옳은 것만을 모두 고르면?(단, 다른 조건은 고려하지 않음) 14 민간(A) 24번

다양한 무게의 짐 12개를 아래의 방법에 따라 최소 개수의 상자에 넣으려고 한다. 각각의 짐 무게는 아래와 같고, 좌측부터 순서대로 도착했다. 하나의 짐을 분리하여 여러 상자에 나누어 넣을 수 없으며, 포장된 상자에는 짐을 추가로 넣을 수 없다.

6, 5, 5, 4, 2, 3, 6, 5, 4, 5, 7, 8 (단위 : kg)

방법 1. 도착한 순서대로 짐을 상자에 넣는다. 짐을 상자에 넣어 10kg이 넘을 경우, 그 짐을 넣지 않고 상자를 포장한다. 그 후 짐을 다음 상자에 넣는다.

방법 2. 모든 짐을 무게 순으로 재배열한 후 무거운 짐부터 순서대로 상자에 넣는다. 짐을 상자에 넣어 10kg이 넘을 경우, 그 짐을 넣지 않고 상자를 포장한다. 그 후 짐을 다음 상자에 넣는다.

〈보 기〉

ㄱ. 방법 1과 방법 2의 경우, 필요한 상자의 개수가 다르다.
ㄴ. 방법 1의 경우, 10kg까지 채워지지 않은 상자들에 들어간 짐의 무게의 합은 50kg이다.
ㄷ. 방법 2의 경우, 10kg이 채워진 상자의 수는 2개이다.

① ㄴ
② ㄷ
③ ㄱ, ㄴ
④ ㄱ, ㄷ
⑤ ㄴ, ㄷ

문 20. 다음 〈규칙〉을 근거로 판단할 때, 〈보기〉에서 옳은 것만을 모두 고르면?

15 민간(인) 08번

〈규 칙〉

- △△배 씨름대회는 아래와 같은 대진표에 따라 진행되며, 11명의 참가자는 추첨을 통해 동일한 확률로 A부터 K까지의 자리 중에서 하나를 배정받아 대회에 참가한다.

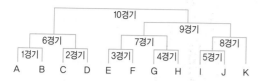

- 대회는 첫째 날에 1경기부터 시작되어 10경기까지 순서대로 매일 하루에 한 경기씩 쉬는 날 없이 진행되며, 매 경기에서는 무승부 없이 승자와 패자가 가려진다.
- 각 경기를 거듭할 때마다 패자는 제외시키면서 승자끼리 겨루어 최후에 남은 두 참가자 간에 우승을 가리는 승자 진출전 방식으로 대회를 진행한다.

〈보 기〉

ㄱ. 이틀 연속 경기를 하지 않으면서 최소한의 경기로 우승할 수 있는 자리는 총 5개이다.

ㄴ. 첫 번째 경기에 승리한 경우 두 번째 경기 전까지 3일 이상을 경기 없이 쉴 수 있는 자리에 배정될 확률은 50% 미만이다.

ㄷ. 총 4번의 경기를 치러야 우승할 수 있는 자리에 배정될 확률이 총 3번의 경기를 치르고 우승할 수 있는 자리에 배정될 확률보다 높다.

① ㄱ

② ㄴ

③ ㄷ

④ ㄱ, ㄷ

⑤ ㄴ, ㄷ

문 21. 다음 글을 근거로 판단할 때, 〈보기〉에서 방정식 $x^3+4x+2=0$의 표현으로 옳은 것만을 모두 고르면?

15 민간(인) 15번

과거에는 방정식을 현재의 표현 방식과는 다르게 표현하였다.

카르다노는 x를 reb^9라고 쓰고 x^3을 cub^9라고 했으며 +를 p:과 같이 써서 $x^3+6x=18$을

$$cub^9 p : 6reb^9\ ae\bar{q}\,lis\ 18$$

이라고 했다.

스테빈은 $x^3+3=2x+6$을

$$1^{③}+3\ egales\ a'\ 2^{①}+6$$

이라고 썼다. 여기서 $egales\ a'$는 =를 나타낸다.

기랄드는 x를 (1), x^2을 (2), x^3을 (3)과 같이 사용했다. 즉, $x^3+21x^2+4=0$을

$$1(3)+21(2)+4=0$$

이라고 쓴 것이다.

헤리옷은 $x^3+3x=0$을

$$xxx+3\cdot x=0$$

과 같이 표현했다.

〈보 기〉

ㄱ. 카르다노는 $cub^9 p : 4reb^9 p : 2\ ae\bar{q}\,lis\ 0$이라고 썼을 것이다.

ㄴ. 스테빈은 $1^{③}+4^{①}+2\ egales\ a' 0$이라고 썼을 것이다.

ㄷ. 기랄드는 $1(2)+4(1)+2=0$이라고 썼을 것이다.

ㄹ. 헤리옷은 $xxx+4\cdot x+2=0$이라고 썼을 것이다.

① ㄱ, ㄷ

② ㄴ, ㄹ

③ ㄱ, ㄴ, ㄷ

④ ㄱ, ㄴ, ㄹ

⑤ ㄴ, ㄷ, ㄹ

다음 글과 〈상황〉을 근거로 판단할 때, 주택(A~E) 중 관리 대상주택의 수는?

15 민간(인) 18번

○○나라는 주택에 도달하는 빛의 조도를 다음과 같이 예측한다.

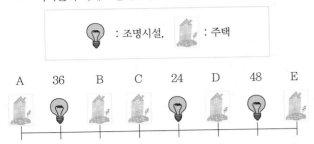

: 조명시설,   : 주택

A   36   B   C   24   D   48   E

1. 각 조명시설에서 방출되는 광량은 그림에 표시된 값이다.
2. 위 그림에서 1칸의 거리는 2이며, 빛의 조도는 조명시설에서 방출되는 광량을 거리로 나눈 값이다.
3. 여러 조명시설로부터 동시에 빛이 도달할 경우, 각 조명시설로부터 주택에 도달한 빛의 조도를 예측하여 단순 합산한다.
4. 주택에 도달하는 빛은 그림에 표시된 세 개의 조명시설에서 방출되는 빛 외에는 없다고 가정한다.

〈상 황〉

빛공해로부터 주민생활을 보호하기 위해, 주택에서 예측된 빛의 조도가 30을 초과할 경우 관리대상주택으로 지정한다.

① 1채
② 2채
③ 3채
④ 4채
⑤ 5채

다음 글을 근거로 판단할 때, 〈보기〉에서 옳은 것만을 모두 고르면?

15 민간(인) 22번

거짓말 탐지기는 진술 내용의 참, 거짓을 판단하는 장치이다. 거짓말 탐지기의 정확도(%)는 탐지 대상이 되는 진술이 참인 것을 참으로, 거짓인 것을 거짓으로 옳은 판단을 내릴 확률을 의미하며, 참인 진술과 거짓인 진술 각각에 대하여 동일한 정확도를 나타낸다. 甲이 사용하는 거짓말 탐지기의 정확도는 80%이다.

〈보 기〉

ㄱ. 탐지 대상이 되는 진술이 총 100건이라면, 甲의 거짓말 탐지기는 20건에 대하여 옳지 않은 판단을 내릴 가능성이 가장 높다.
ㄴ. 탐지 대상이 되는 진술 100건 가운데 참인 진술이 20건이라면, 甲의 거짓말 탐지기가 이 100건 중 참으로 판단하는 것은 총 32건일 가능성이 가장 높다.
ㄷ. 탐지 대상이 되는 진술 100건 가운데 참인 진술이 10건인 경우, 甲이 사용하는 거짓말 탐지기의 정확도가 높아진다면 이 100건 중 참으로 판단하는 진술이 많아진다.
ㄹ. 거짓말 탐지기의 정확도가 90%이고 탐지 대상이 되는 진술 100건 가운데 참인 진술이 10건인 경우, 탐지기가 18건을 참으로 판단했다면 그중 거짓인 진술이 9건일 가능성이 가장 높다.

① ㄱ, ㄴ
② ㄱ, ㄷ
③ ㄱ, ㄴ, ㄹ
④ ㄱ, ㄷ, ㄹ
⑤ ㄴ, ㄷ, ㄹ

문 24. 다음 글을 근거로 판단할 때 옳은 것은? 15 민간(인) 23번

ㅇㅇ리그는 10개의 경기장에서 진행되는데, 각 경기장은 서로 다른 도시에 있다. 또 이 10개 도시 중 5개는 대도시이고 5개는 중소도시이다. 매일 5개 경기장에서 각각 한 경기가 열리며 한 시즌당 각 경기장에서 열리는 경기의 횟수는 10개 경기장 모두 동일하다.

대도시의 경기장은 최대수용인원이 3만 명이고, 중소도시의 경기장은 최대수용인원이 2만 명이다. 대도시 경기장의 경우는 매 경기 60%의 좌석 점유율을 나타내고 있는 반면 중소도시 경기장의 경우는 매 경기 70%의 좌석 점유율을 보이고 있다. 특정 경기장의 관중 수는 그 경기장의 좌석 점유율에 최대수용인원을 곱하여 구한다.

① ㅇㅇ리그의 1일 최대 관중 수는 16만 명이다.

② 중소도시 경기장의 좌석 점유율이 10%p 높아진다면 대도시 경기장 한 곳의 관중 수보다 중소도시 경기장 한 곳의 관중 수가 더 많아진다.

③ 내년 시즌부터 4개의 대도시와 6개의 중소도시에서 경기가 열린다면 ㅇㅇ리그의 한 시즌 전체 누적 관중 수는 올 시즌 대비 2.5% 줄어든다.

④ 대도시 경기장의 좌석 점유율이 중소도시 경기장과 같고 최대 수용인원은 그대로라면, ㅇㅇ리그의 1일 평균 관중 수는 11만 명을 초과하게 된다.

⑤ 중소도시 경기장의 최대수용인원이 대도시 경기장과 같고 좌석 점유율은 그대로라면, ㅇㅇ리그의 1일 평균 관중 수는 11만 명을 초과하게 된다.

문 25. 다음 글을 근거로 판단할 때 ㅇㅇ년 8월 1일의 요일은? 15 민간(인) 24번

ㅇㅇ년 7월의 첫날 甲은 자동차 수리를 맡겼다. 甲은 그달 마지막 월요일인 네 번째 월요일에 자동차를 찾아가려 했으나, 사정이 생겨 그달 마지막 금요일인 네 번째 금요일에 찾아갔다.

※ 날짜는 양력 기준

① 월요일
② 화요일
③ 수요일
④ 목요일
⑤ 금요일

문 26. 다음 글과 〈상황〉을 근거로 판단할 때, 〈보기〉에서 옳은 것만을 모두 고르면? 16 민간(5) 09번

A국 사람들은 아래와 같이 한 손으로 1부터 10까지의 숫자를 표현한다.

숫자	1	2	3	4	5
펼친 손가락 개수	1개	2개	3개	4개	5개
펼친 손가락 모양					

숫자	6	7	8	9	10
펼친 손가락 개수	2개	3개	2개	1개	2개
펼친 손가락 모양					

〈상 황〉

A국에 출장을 간 甲은 A국의 언어를 하지 못하여 물건을 살 때 상인의 손가락을 보고 물건의 가격을 추측한다. A국 사람의 숫자 표현법을 제대로 이해하지 못한 甲은 상인이 금액을 표현하기 위해 펼친 손가락 1개당 1원씩 돈을 지불하려고 한다(단, 甲은 하나의 물건을 구매하며, 물건의 가격은 최소 1원부터 최대 10원까지라고 가정한다).

〈보 기〉

ㄱ. 물건의 가격과 甲이 지불하려는 금액이 일치했다면, 물건의 가격은 5원 이하이다.

ㄴ. 상인이 손가락 3개를 펼쳤다면, 물건의 가격은 최대 7원이다.

ㄷ. 물건의 가격과 甲이 지불하려는 금액이 8원 만큼 차이가 난다면, 물건의 가격은 9원이거나 10원이다.

ㄹ. 甲이 물건의 가격을 초과하는 금액을 지불하려는 경우가 발생할 수 있다.

① ㄱ, ㄴ
② ㄷ, ㄹ
③ ㄱ, ㄴ, ㄷ
④ ㄱ, ㄷ, ㄹ
⑤ ㄴ, ㄷ, ㄹ

다음 글을 근거로 판단할 때, 사자바둑기사단이 선발할 수 있는 출전선수 조합의 총 가짓수는?

16 민간(5) 10번

- 사자바둑기사단과 호랑이바둑기사단이 바둑시합을 한다.
- 시합은 일대일 대결로 총 3라운드로 진행되며, 한 명의 선수는 하나의 라운드에만 출전할 수 있다.
- 호랑이바둑기사단은 1라운드에는 甲을, 2라운드에는 乙을, 3라운드에는 丙을 출전시킨다.
- 사자바둑기사단은 각 라운드별로 이길 수 있는 확률이 0.6 이상이 되도록 7명의 선수(A~G) 중 3명을 선발한다.
- A~G가 甲, 乙, 丙에 대하여 이길 수 있는 확률은 다음 〈표〉와 같다.

〈표〉

선수	甲	乙	丙
A	0.42	0.67	0.31
B	0.35	0.82	0.49
C	0.81	0.72	0.15
D	0.13	0.19	0.76
E	0.66	0.51	0.59
F	0.54	0.28	0.99
G	0.59	0.11	0.64

① 18가지
② 17가지
③ 16가지
④ 15가지
⑤ 14가지

문 28. 다음 글과 〈상황〉을 근거로 판단할 때, 甲이 둘째 딸에게 물려 주려는 땅의 크기는?

16 민간(5) 18번

한 도형이 다른 도형과 접할 때, 안쪽에서 접하는 것을 내접, 바깥쪽에서 접하는 것을 외접이라고 한다. 이를테면 한 개의 원이 다각형의 모든 변에 접할 때, 그 다각형은 원에 외접한다고 하며 원은 다각형에 내접한다고 한다. 한편 원이 한 다각형의 각 꼭짓점을 모두 지날 때 그 원은 다각형에 외접한다고 하며, 다각형은 원에 내접한다고 한다. 정다각형은 반드시 내접원과 외접원을 가지게 된다.

〈상 황〉

甲은 죽기 전 자신이 가진 가로와 세로가 각각 100m인 정사각형의 땅을 다음과 같이 나누어 주겠다는 유서를 작성하였다.
"내 전 재산인 정사각형의 땅에 내접하는 원을 그리고, 다시 그 원에 내접하는 정사각형을 그린다. 그 내접하는 정사각형에 해당하는 땅을 첫째 딸에게 주고, 나머지 부분은 둘째 딸에게 물려준다."

① 4,000m²
② 5,000m²
③ 6,000m²
④ 7,000m²
⑤ 8,000m²

문 29. 다음 글을 근거로 판단할 때, 1단계에서 甲이 나눈 두 묶음의 구슬 개수로 옳은 것은?

16 민간(5) 21번

甲은 아래 세 개의 단계를 순서대로 거쳐 16개의 구슬을 네 묶음으로 나누었다. 네 묶음의 구슬 개수는 각각 1개, 5개, 5개, 5개이다.
- 1단계 : 16개의 구슬을 두 묶음으로 나누어, 한 묶음의 구슬 개수가 다른 묶음의 구슬 개수의 n배(n은 자연수)가 되도록 했다.
- 2단계 : 5개 이상의 구슬이 있던 한 묶음에서 다른 묶음으로 5개의 구슬을 옮겼다.
- 3단계 : 두 묶음을 각각 두 묶음씩으로 다시 나누어 총 네 묶음이 되도록 했다.

① 8개, 8개
② 11개, 5개
③ 12개, 4개
④ 14개, 2개
⑤ 15개, 1개

문 30. 다음 글을 근거로 판단할 때, 〈보기〉에서 옳은 것만을 모두 고르면?

16 민간(5) 23번

- '○○코드'는 아래 그림과 같이 총 25칸(5×5)으로 이루어져 있으며, 각 칸을 흰색으로 채우거나 검정색으로 채우는 조합에 따라 다른 코드가 만들어진다.

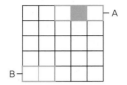

- 상단 오른쪽의 3칸(A)은 항상 '흰색-검정색-흰색'으로 ○○코드의 고유표시를 나타낸다.
- 하단 왼쪽의 2칸(B)은 코드를 제작한 지역을 표시하는 것으로 전 세계를 총 4개의 지역으로 분류하고, 甲 지역은 '흰색-흰색'으로 표시한다.

※ 코드를 회전시키는 경우는 고려하지 않음

〈보 기〉

ㄱ. 甲지역에서 만들 수 있는 코드 개수는 100만 개를 초과한다.
ㄴ. 甲지역에서 만들 수 있는 코드와 다른 지역에서 만들 수 있는 코드는 최대 20칸이 동일하다.
ㄷ. 각 칸을 기존의 흰색과 검정색뿐만 아니라 빨간색과 파란색으로도 채울 수 있다면, 만들 수 있는 코드 개수는 기존보다 100만 배 이상 증가한다.
ㄹ. 만약 상단 오른쪽의 3칸(A)도 다른 칸과 마찬가지로 코드 만드는 것에 사용토록 개방한다면, 만들 수 있는 코드 개수는 기존의 6배로 증가한다.

① ㄱ, ㄴ
② ㄱ, ㄷ
③ ㄴ, ㄹ
④ ㄱ, ㄷ, ㄹ
⑤ ㄴ, ㄷ, ㄹ

문 31. 다음 〈조건〉을 따를 때, 5에 인접한 숫자를 모두 더한 값은?(단, 숫자가 인접한다는 것은 숫자가 쓰인 칸이 인접함을 의미함)

16 민간(5) 24번

〈조 건〉

- 1~10까지의 자연수를 모두 사용하여, 〈숫자판〉의 각 칸에 하나의 자연수를 쓴다. 단, 6과 7은 〈숫자판〉에 쓰여 있다.
- 1은 소수와만 인접한다.
- 2는 모든 홀수와 인접한다.
- 3에 인접한 숫자를 모두 더하면 16이 된다.
- 5는 가장 많은 짝수와 인접한다.
- 10은 어느 짝수와도 인접하지 않는다.

※ 소수 : 1과 자신만을 약수로 갖는 자연수

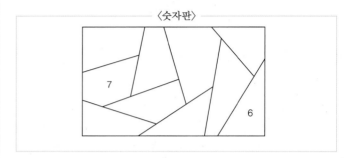

〈숫자판〉

① 22
② 23
③ 24
④ 25
⑤ 26

다음 글과 〈A여행사 해외여행 상품〉을 근거로 판단할 때, 세훈이 선택할 여행지는?

17 민간(나) 10번

> 인희 : 다음 달 셋째 주에 연휴던데, 그때 여행갈 계획 있어?
>
> 세훈 : 응, 이번에는 꼭 가야지. 월요일, 수요일, 금요일이 공휴일이잖아. 그래서 우리 회사에서는 화요일과 목요일에만 연가를 쓰면 앞뒤 주말 포함해서 최대 9일 연휴가 되더라고. 그런데 난 연가가 하루밖에 남지 않아서 그렇게 길게는 안 돼. 그래도 이번엔 꼭 해외여행을 갈 거야.
>
> 인희 : 어디로 갈 생각이야?
>
> 세훈 : 나는 어디로 가든 상관없는데 여행지에 도착할 때까지 비행기를 오래 타면 너무 힘들더라고. 그래서 편도 총비행시간이 8시간 이내면서 직항 노선이 있는 곳으로 가려고.
>
> 인희 : 여행기간은 어느 정도로 할 거야?
>
> 세훈 : 남은 연가를 잘 활용해서 주어진 기간 내에서 최대한 길게 다녀오려고 해. A여행사 해외여행 상품 중에 하나를 정해서 다녀올 거야.

〈A여행사 해외여행 상품〉

여행지	여행기간 (한국시각 기준)	총 비행시간 (편도)	비행기 환승 여부
두바이	4박 5일	8시간	직항
모스크바	6박 8일	8시간	직항
방콕	4박 5일	7시간	1회 환승
홍콩	3박 4일	5시간	직항
뉴욕	4박 5일	14시간	직항

① 두바이
② 모스크바
③ 방콕
④ 홍콩
⑤ 뉴욕

문 33. **다음 〈상황〉을 근거로 판단할 때, 짜장면 1그릇의 가격은?**

17 민간(나) 21번

〈상 황〉

- A중식당의 각 테이블별 주문 내역과 그 총액은 아래 〈표〉와 같다.
- 각 테이블에서는 음식을 주문 내역별로 1그릇씩 주문하였다.

〈표〉

테이블	주문 내역	총액(원)
1	짜장면, 탕수육	17,000
2	짬뽕, 깐풍기	20,000
3	짜장면, 볶음밥	14,000
4	짬뽕, 탕수육	18,000
5	볶음밥, 깐풍기	21,000

① 4,000원
② 5,000원
③ 6,000원
④ 7,000원
⑤ 8,000원

문 34. **다음 글과 〈표〉를 근거로 판단할 때, 백설공주의 친구 7명(A~G) 중 왕자의 부하는 누구인가?**

17 민간(나) 22번

- A~G 중 2명은 왕자의 부하이다.
- B~F는 모두 20대이다.
- A~G 중 가장 나이가 많은 사람은 왕자의 부하가 아니다.
- A~G 중 여자보다 남자가 많다.
- 왕자의 두 부하는 성별이 서로 다르고, 국적은 동일하다.

〈표〉

친구	나이	성별	국적
A	37살	?	한국
B	28살	?	한국
C	22살	여자	중국
D	?	여자	일본
E	?	?	중국
F	?	?	한국
G	38살	여자	중국

① A, B
② B, F
③ C, E
④ D, F
⑤ E, G

문 35. 다음 〈조건〉과 〈관광지 운영시간 및 이동시간〉을 근거로 판단할 때, 〈보기〉에서 옳은 것만을 모두 고르면? 17 민간(나) 25번

─────〈조 건〉─────
• 하루에 4개 관광지를 모두 한 번씩 관광한다.
• 궁궐에서는 가이드투어만 가능하다. 가이드투어는 10시와 14시에 시작하며, 시작 시각까지 도착하지 못하면 가이드투어를 할 수 없다.
• 각 관광에 소요되는 시간은 2시간이며, 관광지 운영시간 외에는 관광할 수 없다.

〈관광지 운영시간 및 이동시간〉

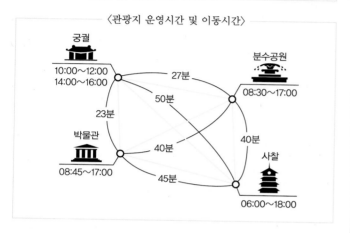

─────〈보 기〉─────
ㄱ. 사찰에서부터 관광을 시작해야 한다.
ㄴ. 마지막 관광을 종료하는 시각은 16시 30분 이후이다.
ㄷ. 박물관과 분수공원의 관광 순서가 바뀌어도 무방하다.

① ㄴ
② ㄷ
③ ㄱ, ㄴ
④ ㄱ, ㄷ
⑤ ㄱ, ㄴ, ㄷ

문 36. 다음 글을 근거로 판단할 때, 〈그림 2〉의 정육면체 아랫면에 쓰인 36개 숫자의 합은? 18 민간(가) 09번

정육면체인 하얀 블록 5개와 검은 블록 1개를 일렬로 붙인 막대를 30개 만든다. 각 막대의 윗면에는 가장 위에 있는 블록부터, 아랫면에는 가장 아래에 있는 블록부터 세어 검은 블록이 몇 번째 블록인지를 나타내는 숫자를 쓴다. 이런 규칙에 따르면 〈그림 1〉의 예에서는 윗면에 2를, 아랫면에 5를 쓰게 된다.

다음으로 검은 블록 없이 하얀 블록 6개를 일렬로 붙인 막대를 6개 만든다. 검은 블록이 없으므로 윗면과 아랫면 모두에 0을 쓴다.

이렇게 만든 36개의 막대를 붙여 〈그림 2〉와 같은 큰 정육면체를 만들었더니, 윗면에 쓰인 36개 숫자의 합이 109였다.

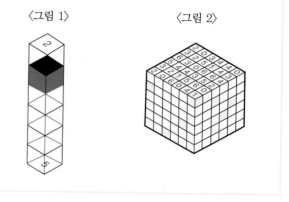

〈그림 1〉　　　〈그림 2〉

① 97
② 100
③ 101
④ 103
⑤ 104

다음 글을 근거로 판단할 때, 〈보기〉의 각 괄호 안에 들어갈 숫자의 합은?

18 민간(가) 17번

A부처와 B부처에 소속된 공무원 수는 각각 100명이고, 모두 소속된 부처에 있었다. 그런데 A부처는 국가 행사를 담당하게 되어 B부처에 9명의 인력지원을 요청하였다. B부처는 소속 공무원 100명 중 9명을 무작위로 선정해서 A부처에 지원 인력으로 보냈다. 얼마 후 B부처 역시 또 다른 국가 행사를 담당하게 되어 A부처에 인력지원을 요청하였다. A부처는 B부처로부터 지원받았던 인력을 포함한 109명 중 9명을 무작위로 선정해서 B부처에 지원 인력으로 보냈다.

〈보 기〉

ㄱ. A부처와 B부처 간 인력지원이 한 차례씩 이루어진 후, A부처에 B부처 소속 공무원이 3명 남아있다면 B부처에는 A부처 소속 공무원이 (   )명 있다.

ㄴ. A부처와 B부처 간 인력지원이 한 차례씩 이루어진 후, B부처에 A부처 소속 공무원이 2명 남아있다면 A부처에는 B부처 소속 공무원이 (   )명 있다.

① 5
② 8
③ 10
④ 13
⑤ 15

다음 글과 〈대화〉를 근거로 판단할 때 대장 두더지는?

18 민간(가) 20번

• 甲은 튀어나온 두더지를 뿅망치로 때리는 '두더지 게임'을 했다.
• 두더지는 총 5마리(A~E)이며, 이 중 1마리는 대장 두더지이고 나머지 4마리는 부하 두더지이다.
• 대장 두더지를 맞혔을 때는 2점, 부하 두더지를 맞혔을 때는 1점을 획득한다.
• 두더지 게임 결과, 甲은 총 14점을 획득하였다.
• 두더지 게임이 끝난 후 두더지들은 아래와 같은 〈대화〉를 하였다.

〈대 화〉

두더지 A : 나는 맞은 두더지 중에 가장 적게 맞았고, 맞은 횟수는 짝수야.
두더지 B : 나는 두더지 C와 똑같은 횟수로 맞았어.
두더지 C : 나와 두더지 A, 두더지 D가 맞은 횟수를 모두 더하면 모든 두더지가 맞은 횟수의 3/4이야.
두더지 D : 우리 중에 한 번도 맞지 않은 두더지가 1마리 있지만 나는 아니야.
두더지 E : 우리가 맞은 횟수를 모두 더하면 12번이야.

① 두더지 A
② 두더지 B
③ 두더지 C
④ 두더지 D
⑤ 두더지 E

다음 〈상황〉을 근거로 판단할 때, 〈보기〉에서 옳은 것만을 모두 고르면?
18 민간(가) 21번

─── 〈상 황〉 ───

- A위원회는 12명의 위원으로 구성되며, 위원 중에서 위원장을 선출한다.
- 12명의 위원은 자신을 제외한 11명 중 서로 다른 2명에게 1표씩 투표하여 최다 득표자를 위원장으로 결정한다.
- 최다 득표자가 여러 명인 경우 추첨을 통해 이들 중 1명을 위원장으로 결정한다.

※ 기권 및 무효표는 없음

─── 〈보 기〉 ───

ㄱ. 득표자 중 5표를 얻은 위원이 존재하고 추첨을 통해 위원장이 결정되었다면, 득표자는 3명 이하이다.
ㄴ. 득표자가 총 3명이고 그중 1명이 7표를 얻었다면, 위원장을 추첨으로 결정하지 않아도 된다.
ㄷ. 득표자 중 최다 득표자가 8표를 얻었고 추첨 없이 위원장이 결정되었다면, 득표자는 4명 이상이다.

① ㄴ
② ㄷ
③ ㄱ, ㄴ
④ ㄱ, ㄷ
⑤ ㄴ, ㄷ

문 40. 다음 글을 근거로 판단할 때, 〈보기〉에서 옳은 것만을 모두 고르면?
18 민간(가) 22번

- 甲시청은 관내 도장업체(A~C)에 청사 바닥(면적 : 60m²) 도장공사를 의뢰하려 한다.

〈관내 도장업체 정보〉

업체	1m²당 작업시간	시간당 비용
A	30분	10만 원
B	1시간	8만 원
C	40분	9만 원

- 개별 업체의 작업속도는 항상 일정하다.
- 여러 업체가 참여하는 경우, 각 참여 업체는 언제나 동시에 작업하며 업체당 작업시간은 동일하다. 이때 각 참여 업체가 작업하는 면은 겹치지 않는다.
- 모든 업체는 시간당 비용에 비례하여 분당 비용을 받는다. (예 A가 6분 동안 작업한 경우 1만 원을 받는다)

─── 〈보 기〉 ───

ㄱ. 작업을 가장 빠르게 끝내기 위해서는 A와 C에게만 작업을 맡겨야 한다.
ㄴ. B와 C에게 작업을 맡기는 경우, 작업 완료까지 24시간이 소요된다.
ㄷ. A, B, C에게 작업을 맡기는 경우, B와 C에게 작업을 맡기는 경우보다 많은 비용이 든다.

① ㄱ
② ㄴ
③ ㄷ
④ ㄱ, ㄴ
⑤ ㄴ, ㄷ

문 41. 다음 글을 근거로 판단할 때, 〈보기〉에서 옳은 것만을 모두 고르면?

18 민간(가) 24번

엘로 평점 시스템(Elo Rating System)은 체스 등 일대일 방식의 종목에서 선수들의 실력을 표현하는 방법으로 물리학자 아르파드 엘로(Arpad Elo)가 고안했다.

임의의 두 선수 X, Y의 엘로 점수를 각각 E_X, E_Y라 하고 X가 Y에게 승리할 확률을 P_{XY}, Y가 X에게 승리할 확률을 P_{YX}라고 하면, 각 선수가 승리할 확률은 다음 식과 같이 계산된다. 무승부는 고려하지 않으므로 두 선수가 승리할 확률의 합은 항상 1이 된다.

$$P_{XY} = \frac{1}{1 + 10^{-(E_X - E_Y)/400}}$$

$$P_{YX} = \frac{1}{1 + 10^{-(E_Y - E_X)/400}}$$

두 선수의 엘로 점수가 같다면, 각 선수가 승리할 확률은 0.5로 같다. 만약 한 선수가 다른 선수보다 엘로 점수가 200점 높다면, 그 선수가 승리할 확률은 약 0.76이 된다.

경기 결과에 따라 각 선수의 엘로 점수는 변화한다. 경기에서 승리한 선수는 그 경기에서 패배할 확률에 K를 곱한 만큼 점수를 얻고, 경기에서 패배한 선수는 그 경기에서 승리할 확률에 K를 곱한 만큼 점수를 잃는다(K는 상수로, 보통 32를 사용한다). 승리할 확률이 높은 경기보다 승리할 확률이 낮은 경기에서 승리했을 경우 더 많은 점수를 얻는다.

〈보 기〉

ㄱ. 경기에서 승리한 선수가 얻는 엘로 점수와 그 경기에서 패배한 선수가 잃는 엘로 점수는 다를 수 있다.

ㄴ. K=32라면, 한 경기에서 아무리 강한 상대에게 승리해도 얻을 수 있는 엘로 점수는 32점 이하이다.

ㄷ. A가 B에게 패배할 확률이 0.1이라면, A와 B의 엘로 점수 차이는 400점 이상이다.

ㄹ. A가 B에게 승리할 확률이 0.8, B가 C에게 승리할 확률이 0.8이라면, A가 C에게 승리할 확률은 0.9 이상이다.

① ㄱ, ㄴ
② ㄴ, ㄹ
③ ㄱ, ㄴ, ㄷ
④ ㄱ, ㄷ, ㄹ
⑤ ㄴ, ㄷ, ㄹ

문 42. 다음 〈재난관리 평가지침〉과 〈상황〉을 근거로 판단할 때 옳은 것은?

19 민간(나) 10번

〈재난관리 평가지침〉

□ 순위산정 기준
• 최종순위 결정
 – 정량평가 점수(80점)와 정성평가 점수(20점)의 합으로 계산된 최종점수가 높은 순서대로 순위 결정
• 동점기관 처리
 – 최종점수가 동점일 경우에는 정성평가 점수가 높은 순서대로 순위 결정

□ 정성평가 기준
• 지자체 및 민간분야와의 재난안전분야 협력(10점 만점)

평가	상	중	하
선정비율	20%	60%	20%
배점	10점	6점	3점

• 재난관리에 대한 종합평가(10점 만점)

평가	상	중	하
선정비율	20%	60%	20%
배점	10점	5점	1점

〈상 황〉

일부 훼손된 평가표는 아래와 같다(단, 평가대상기관은 5개이다).

평가\기관	정량평가 (80점 만점)	정성평가 (20점 만점)
A	71	20
B	80	11
C	69	11
D	74	
E	66	

① A기관이 2위일 수도 있다.
② B기관이 3위일 수도 있다.
③ C기관이 4위일 가능성은 없다.
④ D기관이 3위일 가능성은 없다.
⑤ E기관은 어떠한 경우에도 5위일 것이다.

다음 글과 〈상황〉을 근거로 판단할 때, 甲, 乙, 丙의 자동차 번호 끝자리 숫자의 합으로 가능한 최댓값은?

19 민간(나) 17번

- A사는 자동차 요일제를 시행하고 있으며, 각 요일별로 운행할 수 없는 자동차 번호 끝자리 숫자는 아래와 같다.

요일	월	화	수	목	금
숫자	1, 2	3, 4	5, 6	7, 8	9, 0

- 미세먼지 비상저감조치가 시행될 경우 A사는 자동차 요일제가 아닌 차량 홀짝제를 시행한다. 차량 홀짝제를 시행하는 날에는 시행일이 홀수이면 자동차 번호 끝자리 숫자가 홀수인 차량만 운행할 수 있고, 시행일이 짝수이면 자동차 번호 끝자리 숫자가 홀수가 아닌 차량만 운행할 수 있다.

〈상 황〉

A사의 직원인 甲, 乙, 丙은 12일(월)부터 16일(금)까지 5일 모두 출근했고, 12일, 13일, 14일에는 미세먼지 비상저감조치가 시행되었다. 자동차 요일제와 차량 홀짝제로 인해 자동차를 운행할 수 없는 경우를 제외하면, 3명 모두 자신이 소유한 자동차로 출근을 했다. 다음은 甲, 乙, 丙이 16일에 출근한 후 나눈 대화이다.

- 甲 : 나는 12일에 내 자동차로 출근을 했어. 따져보니 이번 주에 총 4일이나 내 자동차로 출근했어.
- 乙 : 저는 이번 주에 이틀만 제 자동차로 출근했어요.
- 丙 : 나는 이번 주엔 13일, 15일, 16일만 내 자동차로 출근할 수 있었어.

※ 甲, 乙, 丙은 자동차를 각각 1대씩 소유하고 있음

① 14
② 16
③ 18
④ 20
⑤ 22

다음 〈상황〉과 〈대화〉를 근거로 판단할 때 6월생은?

19 민간(나) 22번

〈상 황〉

- 같은 해에 태어난 5명(지나, 정선, 혜명, 민경, 효인)은 각자 자신의 생일을 알고 있다.
- 5명은 자신을 제외한 나머지 4명의 생일이 언제인지는 모르지만, 3월생이 2명, 6월생이 1명, 9월생이 2명이라는 사실은 알고 있다.
- 아래 〈대화〉는 5명이 한 자리에 모여 나눈 대화를 순서대로 기록한 것이다.
- 5명은 〈대화〉의 진행에 따라 상황을 논리적으로 판단하고, 솔직하게 대답한다.

〈대 화〉

민경 : 지나야, 네 생일이 5명 중에서 제일 빠르니?
지나 : 그럴 수도 있지만 확실히는 모르겠어.
정선 : 혜명아, 네가 지나보다 생일이 빠르니?
혜명 : 그럴 수도 있지만 확실히는 모르겠어.
지나 : 민경아, 넌 정선이가 몇 월생인지 알겠니?
민경 : 아니, 모르겠어.
혜명 : 효인아, 넌 민경이보다 생일이 빠르니?
효인 : 그럴 수도 있지만 확실히는 모르겠어.

① 지나
② 정선
③ 혜명
④ 민경
⑤ 효인

다음 글과 〈상황〉을 근거로 판단할 때 옳은 것은?

○○시는 A정류장을 출발지로 하는 40인승 시내버스를 운영하고 있다. 승객은 정류장에서만 시내버스에 승·하차할 수 있다. 또한 시내버스는 좌석제로 운영되어 버스에 빈 좌석이 없는 경우 승객은 더 이상 승차할 수 없으며, 탑승객 1인은 1개의 좌석을 차지한다.

한편 ○○시는 애플리케이션을 통해 시내버스의 구간별 혼잡도 정보를 제공한다. 탑승객이 0~5명일 때는 '매우쾌적', 6~15명일 때는 '쾌적', 16~25명일 때는 '보통', 26~35명일 때는 '혼잡', 36~40명일 때는 '매우혼잡'으로 표시된다.

구간별 혼잡도는 시내버스의 한 정류장에서 다음 정류장까지 탑승객의 수를 측정하여 표시한다. 예를 들어 'A-B' 구간의 혼잡도는 A정류장에서 출발한 후 B정류장에 도착하기 전까지 탑승객의 수에 따라 표시된다.

※ 버스기사는 고려하지 않음

─〈상 황〉─

A정류장에서 07:00에 출발한 시내버스의 〈승·하차내역〉과 〈구간별 혼잡도 정보〉는 다음과 같다.

〈승·하차내역〉

정류장	승차(명)	하차(명)
A	20	0
B	(㉠)	10
C	5	( )
D	( )	10
E	15	( )
F	0	( )

※ 승·하차는 동시에 이루어짐

〈구간별 혼잡도 정보〉

구간	표시
A-B	(㉡)
B-C	매우혼잡
C-D	매우혼잡
D-E	(㉢)
E-F	보통

① C정류장에서 하차한 사람은 아무도 없다.

② E정류장에서 하차한 사람은 10명 이하이다.

③ ㉠에 들어갈 수 있는 최솟값과 최댓값의 합은 55이다.

④ ㉡은 혼잡이다.

⑤ ㉢은 혼잡 또는 매우혼잡이다.

문 1. 지하철공사가 자동속도 조절기를 설치하기 위하여 두 회사의 제품 중 하나를 구입하려고 한다. 다음 〈보기〉의 설명 중 올바른 것을 모두 고르면? 06 견습(인) 12번

A회사의 자동속도 조절기는 선진국에서 완벽한 시험운전을 거쳤기 때문에 이미 실용화되어 있고 제품 가격은 14억 원이다. 이에 비해 B회사의 제품 가격은 10억 원으로 저렴하다. 그러나 실용화를 위한 완벽한 검증을 거치지 않았기 때문에 문제없이 운영될 수 있는 확률은 60%이고 결점이 발견될 확률은 40%이다. 결점이 발견되면 지급한 대금을 즉각 환불받을 수 있고 이 경우 지하철공사는 A회사의 제품을 구입할 수 있는데, 이때 지하철공사는 B회사의 제품의 반환과 신규구입의 지체에 따른 추가비용 3억 원을 부담하게 된다.

한편, 지하철공사는 B회사 제품이 시뮬레이션 검사에 합격하면 B회사 제품을 구입하고, 불합격하면 A회사 제품을 구입할 수 있다. 시뮬레이션 검사결과는 100% 신뢰할 수 있으며, 지하철공사는 기대비용*의 크기에 따라 구입을 결정한다.

〈보 기〉

ㄱ. 시뮬레이션 검사를 하지 않고 지하철공사가 B회사와 계약을 체결하게 될 때의 기대비용은 12.8억 원이다.

ㄴ. B회사 제품을 선택했다가 작동하지 않을 경우 A회사의 제품을 구입하는 데 드는 비용은 17억 원이다.

ㄷ. 지하철공사가 시뮬레이션 검사를 하지 않는다면 지하철공사는 A회사와 계약을 체결할 것이다.

ㄹ. 시뮬레이션 검사비용으로 지하철공사가 지불할 의사가 있는 최대값은 1.6억 원이다.

※ 기대비용 : 발생 가능한 비용 X와 Y가 있을 때 X의 발생확률이 p이고 Y의 발생확률이 q라면, 기대비용은 X×p+Y×q임

① ㄱ, ㄴ
② ㄱ, ㄷ
③ ㄷ, ㄹ
④ ㄱ, ㄴ, ㄷ
⑤ ㄴ, ㄷ, ㄹ

문 2. A, B, C, D가 퇴직할 때 받게 되는 연금액수는 근무연수와 최종평균보수월액에 의해 결정된다. 아래에 제시된 연금액수 산출방법을 따를 때 〈보기〉의 예상 중 옳은 것으로 묶은 것은?(다만 연금은 본인에게만 지급되며 물가는 변동이 없다고 가정함) 06 견습(인) 13번

연금액수 산출방법에는 월별연금 지급방식과 일시불연금 지급방식이 있다.
(1) 월별연금지급액＝최종평균보수월액×{0.5＋0.02×(근무연수－20)}(다만, 월별연금지급액은 최종평균보수월액의 80%를 초과할 수 없음)
(2) 일시불연금지급액＝(최종평균보수월액×근무연수×2)＋{최종평균보수월액×(근무연수－5)×0.1}

〈표〉 퇴직자 연금액수 산출자료

퇴직자	근무연수(년)	최종평균보수월액(만 원)
A	20	100
B	35	100
C	37	100
D	10	200

〈보 기〉

ㄱ. A가 100개월밖에 연금을 받을 수 없다면 월별연금보다 일시불연금을 선택하는 것이 유리할 것이다.

ㄴ. A의 일시불연금지급액은 D의 일시불연금지급액보다 많을 것이다.

ㄷ. B가 C보다 월별연금지급액을 40만 원 더 받게 될 것이다.

ㄹ. D가 월급에 변화 없이 10년을 더 근무한다면 D의 일시불연금지급액은 현재 받을 수 있는 일시불연금지급액의 두 배가 넘을 것이다.

① ㄱ, ㄴ
② ㄴ, ㄹ
③ ㄷ, ㄹ
④ ㄱ, ㄴ, ㄹ
⑤ ㄴ, ㄷ, ㄹ

H부처에서 업무추진력이 높은 서기관을 ○○프로젝트의 팀장으로 발탁하려고 한다. 성취행동 경향성이 높은 사람을 업무추진력이 높은 사람으로 규정할 때, 아래의 정의를 활용해서 〈보기〉의 서기관들을 업무추진력이 높은 사람부터 순서대로 바르게 나열한 것은? 08 행시(조) 09번

성취행동 경향성(TACH)의 강도는 성공추구 경향성(Ts)에서 실패회피 경향성(Tf)을 뺀 점수로 계산할 수 있다(TACH=Ts−Tf). 성공추구 경향성에는 성취동기(Ms)라는 잠재적 에너지의 수준이 영향을 준다. 왜냐하면 성취동기는 성과가 우수하다고 평가받고 싶어 하는 것으로 어떤 사람의 포부수준, 노력 및 끈기를 결정하기 때문이다. 어떤 업무에 대해서 사람들이 제각기 다양한 방식으로 행동하는 것은 성취동기가 다른 데도 원인이 있지만, 개인이 처한 환경요인이 서로 다르기 때문이기도 하다. 이 환경요인은 성공기대확률(Ps)과 성공결과의 가치(Ins)로 이루어진다. 즉 성공추구 경향성은 이 세 요소의 곱으로 결정된다(Ts=Ms×Ps×Ins).

한편 실패회피 경향성은 실패회피동기, 실패기대확률 그리고 실패결과의 가치의 곱으로 결정된다. 이 때 성공기대확률과 실패기대확률의 합은 1이며, 성공결과의 가치와 실패결과의 가치의 합도 1이다.

〈보 기〉

- A서기관은 성취동기가 3이고, 실패회피동기가 1이다. 그는 국제환경협약에 대비한 공장건설환경규제안을 만들었는데, 이 규제안의 실현가능성을 0.7로 보며, 규제안이 실행될 때의 가치를 0.2로 보았다.
- B서기관은 성취동기가 2이고, 실패회피동기가 1이다. 그는 도시고속화도로 건설안을 기획하였는데, 이 기획안의 실패가능성을 0.7로 보며, 도로건설사업이 실패하면 0.3의 가치를 갖는다고 보았다.
- C서기관은 성취동기가 3이고, 실패회피동기가 2이다. 그는 △△지역의 도심재개발계획을 주도하였는데, 이 계획의 실현가능성을 0.4로 보며, 재개발사업이 실패하는 경우의 가치를 0.3으로 보았다.

① A, B, C
② B, A, C
③ B, C, A
④ C, A, B
⑤ C, B, A

다음은 X공기업의 팀별 성과급 지급 기준이다. Y팀의 성과평가결과가 〈보기〉와 같다면 지급되는 성과급의 1년 총액은? 08 행시(조) 29번

[성과급 지급 방법]

가. 성과급 지급은 성과평가 결과와 연계함

나. 성과평가는 유용성, 안전성, 서비스 만족도의 총합으로 평가함. 단, 유용성, 안전성, 서비스 만족도의 가중치를 각각 0.4, 0.4, 0.2로 부여함

다. 성과평가 결과를 활용한 성과급 지급 기준

성과평가 점수	성과평가 등급	분기별 성과급 지급액	비고
9.0 이상	A	100만 원	성과평가 등급이 A이면 직전분기 차감액의 50%를 가산하여 지급
8.0 이상 9.0 미만	B	90만 원 (10만 원 차감)	
7.0 이상 8.0 미만	C	80만 원 (20만 원 차감)	
7.0 미만	D	40만 원 (60만 원 차감)	

〈보 기〉

구분	1/4 분기	2/4 분기	3/4 분기	4/4 분기
유용성	8	8	10	8
안전성	8	6	8	8
서비스 만족도	6	8	10	8

① 350만 원
② 360만 원
③ 370만 원
④ 380만 원
⑤ 390만 원

민법 제750조는 고의 또는 과실로 인한 위법행위로 타인에게 손해를 가한 자는 그 손해를 배상할 책임이 있다고 규정하고 있다. 고의로 인한 위법행위의 경우 손해배상책임이 있는 것은 당연하나, 과실의 경우에는 무엇을 기준으로 과실유무를 결정하느냐가 중요한 법정책적 과제가 된다. 일반적으로 민법 제750조에 대한 해석론을 보면, 과실유무의 판단은 일반인·보통인의 주의정도를 다하였는가 아닌가를 기준으로 하고 있다. 한마디로 동조의 과실은 개개인의 평상시의 주의정도를 기준으로 하는 구체적 과실이 아니라 일반인·보통인의 주의정도를 기준으로 하는 추상적 과실을 의미한다. 물론 이때의 일반인·보통인이란 당사자의 직업, 지위, 당해사건의 환경 등을 고려한 평균개념이다.

그러나 추상적인 기준을 보다 객관화할 수 있는 근거가 필요하다. 이에 판사 갑은 선창에 매어 두었던 배가 밧줄이 느슨해져 움직이는 바람에 옆에 있던 다른 배를 파손한 사건에서, 가해를 한 배의 소유자의 주의의무 정도를 판단하는 기준을 다음과 같이 제시했다.

소유자의 주의의무 정도를 판단하는 데에는 다음과 같은 세 가지 변수가 있다. (1) 그 배를 묶어 둔 밧줄이 느슨해져 다른 배에게 피해를 줄 확률(P), (2) 그러한 사건이 생길 때 다른 배에게 줄 피해의 정도(L), (3) 그러한 사건을 방지하기 위하여 사전조치를 하는 데 드는 비용(B)이 그것이다. 배 소유자의 과실로 인한 책임은 B 〈 PL 일 때 물을 수 있다.

〈보 기〉

ㄱ. B가 주의의무를 이행하는 데 드는 비용이라면, PL은 주의의무를 이행할 경우 방지할 수 있는 기대손실액이다.

ㄴ. 사고방지비용이 사고의 기대손실액(사고확률×사고피해금액)보다 작은데도 사고방지노력을 하지 아니한 경우에는 과실이 인정되지 않는다.

ㄷ. 갑에 의하면, 사고확률이 0.1%, 사고피해금액이 25,000원 그리고 사고방지비용이 50원인 경우 배 소유자의 과실이 인정되지 않는다.

ㄹ. 갑에 의하면, 한 사람의 과실유무를 판단하기 위해서는 그의 사고방지비용과 다른 사람의 사고방지비용을 비교해야 한다.

① ㄱ
② ㄱ, ㄷ
③ ㄴ, ㄹ
④ ㄱ, ㄷ, ㄹ
⑤ ㄴ, ㄷ, ㄹ

공무원연금관리공단에서는 여유자금 1억 원을 어떻게 투자해야 할 것인가를 결정해야 하는 문제에 직면해 있다. 공단재무담당자는 다음 표와 같은 몇 가지 투자대안을 가지고 있다. 투자에 따른 수익률(%)은 1년 동안의 일반적인 경제적 상황에 따라 달라지게 되는데, 경기침체확률은 0.1, 상승확률은 0.2, 안정확률은 0.7 정도 될 것으로 추정된다.

구분		경기에 따른 예상수익률		
		상승	안전	침체
대안	국채	7%	11%	12%
	지방채	8%	10%	13%
	부동산 펀드	8%	10%	14%
	주식	25%	9%	2%

〈보 기〉

ㄱ. 부동산 펀드의 기대수익률이 가장 높다.

ㄴ. 1년간 투자에 따른 국채의 기대수익금은 1,030만 원이다.

ㄷ. 1년간 투자에 따른 주식의 수익률이 부동산 펀드의 수익률보다 높다.

ㄹ. 1년간 투자에 따른 국채와 지방채 간의 기대수익금의 차이는 50만 원 미만이다.

ㅁ. 1년간 투자에 따른 기대수익금이 가장 높은 대안과 기대수익금이 가장 낮은 대안의 차이는 200만 원 이상이다.

① ㄱ, ㄴ
② ㄱ, ㅁ
③ ㄴ, ㄷ
④ ㄷ, ㄹ
⑤ ㄷ, ㅁ

문 7. 다음 글을 근거로 판단할 때, 〈보기〉에서 옳은 것을 모두 고르면?

11 민간(인) 17번

최근 가창력이 뛰어난 가수들이 매주 공연을 한 뒤, 청중 투표를 통해 탈락자를 결정하는 프로그램이 인기를 얻고 있다. 100명의 청중평가단이 가수 4명의 공연을 보고, 본인의 선호에 따라 가장 마음에 드는 가수 1명에게 투표를 한다. 이 결과를 토대로 득표수가 가장 적은 사람이 탈락하는 방식이다.

그러나 기존 투표 방식에 문제가 있다는 지적이 계속되자, 제작진은 가수 4명의 공연이 끝난 뒤 청중평가단에게 선호도에 따라 1위부터 4위까지의 순위를 매겨 제출하도록 하였다. 그 결과는 다음 표와 같다.

〈선호도 조사결과〉

(단위 : 명)

선호순위 \ 가수	1	2	3	4
A	10	50	30	10
B	20	30	20	30
C	30	10	20	40
D	40	10	30	20

※ 위 표의 청중평가단 선호순위는 어떤 투표방식 하에서도 동일하며, 청중평가단은 그 선호순위에 따라 투표함

〈보 기〉

ㄱ. 기존의 탈락자 선정방식은 청중평가단 선호도의 1순위만을 반영하기 때문에 다수의 청중평가단이 2순위로 선호하는 가수도 탈락할 수 있다.

ㄴ. 가장 선호하는 가수 한 명에게만 투표하는 기존의 방식을 그대로 적용하게 되면 탈락자는 A가 된다.

ㄷ. 4순위 표가 가장 많은 사람을 탈락시킬 경우, 탈락자는 C가 된다.

ㄹ. 가장 선호하는 가수 두 명의 이름을 우선순위 없이 적어서 제출하는 방식으로 투표할 경우, 최저득표자는 A가 된다.

① ㄱ, ㄴ

② ㄱ, ㄹ

③ ㄷ, ㄹ

④ ㄱ, ㄴ, ㄷ

⑤ ㄴ, ㄷ, ㄹ

문 8. A국에서는 부동산을 매매·상속 등의 방법으로 취득하는 사람은 취득세, 농어촌특별세, 등록세, 지방교육세를 납부하여야 한다. 다음 글을 근거로 할 때, 자경농민인 甲이 공시지가 3억 5천만 원의 농지를 상속받아 주변농지의 시가 5억 원으로 신고한 경우, 甲이 납부하여야 할 세금액은?(단, 신고불성실가산세, 상속세, 증여세 등은 고려하지 않음)

11 민간(인) 20번

〈부동산 취득시 납부하여야 할 세금의 산출방법〉

• 취득세는 부동산 취득 당시 가액에 2%의 세율을 곱하여 산정한다. 다만 자경농민이 농지를 상속으로 취득하는 경우에는 취득세가 비과세된다. 그리고 농어촌특별세는 결정된 취득세액에 10%의 세율을 곱하여 산정한다.

• 등록세는 부동산 취득 당시 가액에 0.8%의 세율을 곱하여 산정한다. 다만 자경농민이 농지를 취득하는 때 등록세의 세율은 상속의 경우 취득가액의 0.3%, 매매의 경우 1%이다. 그리고 지방교육세는 결정된 등록세액에 20%의 세율을 곱하여 산정한다.

• 부동산 취득 당시 가액은 취득자가 신고한 가액과 공시지가(시가표준액) 중 큰 금액으로 하며, 신고 또는 신고가액의 표시가 없는 때에는 공시지가를 과세표준으로 한다.

① 75만 원

② 126만 원

③ 180만 원

④ 280만 원

⑤ 1,280만 원

문 9.　다음 규정과 서울에서 대전으로 출장을 다녀온 〈甲의 지출내역〉에 근거하였을 때, 甲이 정산받는 여비의 총액은?

11 민간(인) 23번

제00조(여비의 종류) 여비는 운임·숙박비·식비·일비 등으로 구분한다.

1. 운임 : 여행 목적지로 이동하기 위해 교통수단을 이용함에 있어 소요되는 비용을 충당하기 위한 여비
2. 숙박비 : 여행 중 숙박에 소요되는 비용을 충당하기 위한 여비
3. 식비 : 여행 중 식사에 소요되는 비용을 충당하기 위한 여비
4. 일비 : 여행 중 출장지에서 소요되는 교통비 등 각종 비용을 충당하기 위한 여비

제00조(운임의 지급) ① 운임은 철도운임·선박운임·항공운임으로 구분한다.

② 국내 철도운임은 [별표 1]에 따라 지급한다.

제00조(일비·숙박비·식비의 지급) ① 국내 여행자의 일비·숙박비·식비는 [별표 1]에 따라 지급한다.

② 일비는 여행일수에 따라 지급한다.

③ 숙박비는 숙박하는 밤의 수에 따라 지급한다. 다만, 출장기간이 2일 이상인 경우에 지급액은 출장기간 전체의 총액한도 내 실비로 계산한다.

④ 식비는 여행일수에 따라 지급한다.

[별표 1] 국내 여비 지급표

(단위 : 원)

철도운임	선박운임	항공운임	일비 (1일당)	숙박비 (1박당)	식비 (1일당)
실비 (일반실)	실비 (2등급)	실비	20,000	실비 (상한액 : 40,000)	20,000

〈甲의 지출내역〉

(단위 : 원)

항목	1일차	2일차	3일차
KTX 운임(일반실)	20,000		20,000
대전 시내 버스요금	5,000	10,000	2,000
대전 시내 택시요금			10,000
식비	10,000	30,000	10,000
숙박비	45,000	30,000	

① 182,000원
② 187,000원
③ 192,000원
④ 230,000원
⑤ 235,000원

〈관세 관련 규정〉

• 물품을 수입할 경우 과세표준에 품목별 관세율을 곱한 금액을 관세로 납부해야 한다. 단, 과세표준이 15만 원 미만이고, 개인이 사용할 목적으로 수입하는 물건에 대해서는 관세를 면제한다.

• 과세표준은 판매자에게 지급한 물품가격, 미국에 납부한 세금, 미국 내 운송료, 미국에서 한국까지의 운송료를 합한 금액을 원화로 환산한 금액으로 한다. 단, 미국에서 한국까지의 운송료는 실제 지불한 운송료가 아닌 다음의 〈국제선편요금〉을 적용한다.

〈국제선편요금〉

중량	0.5kg~1kg미만	1kg~1.5kg미만
금액(원)	10,000	15,000

• 과세표준 환산 시 환율은 관세청장이 정한 '고시환율'에 따른다. (현재 고시환율 : ₩1,100/$)

〈甲의 구매 내역〉

한국에서 甲은 개인이 사용할 목적으로 미국 소재 인터넷 쇼핑몰에서 물품가격과 운송료를 지불하고 전자기기를 구입했다.

• 전자기기 가격 : $120
• 미국에서 한국까지의 운송료 : $30
• 지불 시 적용된 환율 : ₩1,200/$
• 전자기기 중량 : 0.9kg
• 전자기기에 적용되는 관세율 : 10%
• 미국 내 세금 및 미국 내 운송료는 없다.

① 142,000원
② 156,200원
③ 180,000원
④ 181,500원
⑤ 198,000원

문 11. 다음 글에 근거할 때, 甲이 내년 1월 1일부터 12월 31일까지 아래 작물(A~D)만을 재배하여 최대로 얻을 수 있는 소득은? 12 민간(인) 09번

甲은 각 작물별 재배 기간과 재배 가능 시기를 고려하여 작물 재배 계획을 세우고자 한다. 아래 〈표〉의 네 가지 작물 중 어느 작물이든 재배할 수 있으나, 동시에 두 가지 작물을 재배할 수는 없다. 또한 하나의 작물을 같은 해에 두 번 재배할 수도 없다.

〈표〉 작물 재배 조건

작물	1회 재배 기간	재배 가능 시기	1회 재배로 얻을 수 있는 소득
A	4개월	3월 1일~11월 30일	800만 원
B	5개월	2월 1일~11월 30일	1,000만 원
C	3개월	3월 1일~11월 30일	500만 원
D	3개월	2월 1일~12월 31일	350만 원

① 1,500만 원
② 1,650만 원
③ 1,800만 원
④ 1,850만 원
⑤ 2,150만 원

문 12. 甲이 다음의 〈조건〉과 〈기준〉에 근거할 때 구입할 컴퓨터는? 12 민간(인) 17번

〈조 건〉

항목 / 컴퓨터	램 메모리 용량 (Giga Bytes)	하드 디스크 용량 (Tera Bytes)	가격 (천 원)
A	4	2	500
B	16	1	1,500
C	4	3	2,500
D	16	2	2,500
E	8	1	1,500

〈기 준〉

- 컴퓨터를 구입할 때, 램 메모리 용량, 하드 디스크 용량, 가격을 모두 고려한다.
- 램 메모리와 하드 디스크 용량이 크면 클수록, 가격은 저렴하면 저렴할수록 선호한다.
- 각 항목별로 가장 선호하는 경우 100점, 가장 선호하지 않는 경우 0점, 그 외의 경우 50점을 각각 부여한다. 단, 가격은 다른 항목보다 중요하다고 생각하여 2배의 점수를 부여한다.
- 각 항목별 점수의 합이 가장 큰 컴퓨터를 구입한다.

① A
② B
③ C
④ D
⑤ E

문 13. 甲, 乙, 丙, 丁이 다음과 같은 경기를 하였을 때, 평균속력이 가장 빠른 사람부터 순서대로 나열한 것은? 12 민간(인) 19번

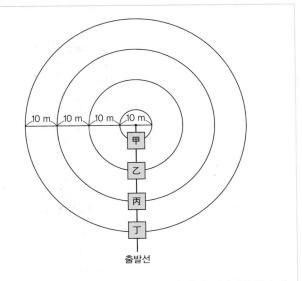

- 甲, 乙, 丙, 丁은 동심원인 위의 그림과 같이 일직선상의 출발선에서 경기를 시작한다.
- 甲, 乙, 丙, 丁은 위의 경기장에서 각자 자신에게 정해진 원 위를 10분 동안 걷는다.
- 甲, 乙, 丙, 丁은 정해진 원 이외의 다른 원으로 넘어갈 수 없다.
- 甲, 乙, 丙, 丁이 10분 동안에 각자 걸었던 거리는 다음과 같다.

甲	乙	丙	丁
7바퀴	5바퀴	3바퀴	1바퀴

① 乙, 丙, 甲, 丁
② 丙, 乙, 丁, 甲
③ 乙=丙, 甲=丁
④ 甲, 丁=乙, 丙
⑤ 甲, 丁, 乙, 丙

문 14. 甲은 ○○주차장에 4시간 45분간 주차했던 차량의 주차 요금을 정산하려고 한다. 이 주차장에서는 총 주차 시간 중 최초 1시간의 주차 요금을 면제하고, 다음의 〈주차 요금 기준〉에 따라 요금을 부과한다. 甲이 지불해야 할 금액은? 12 민간(인) 20번

〈주차 요금 기준〉

구분	총 주차 시간	
	1시간 초과~3시간인 경우	3시간 초과인 경우
요금	30분마다 500원	• 1시간 초과~3시간 : 30분마다 500원 • 3시간 초과 : 30분마다 2,000원

※ 주차 요금은 30분 단위로 부과되고, 잔여시간이 30분 미만일 경우 30분으로 간주함

① 5,000원
② 9,000원
③ 10,000원
④ 11,000원
⑤ 20,000원

문 15. 다음 글과 〈사례〉에 근거할 때, 〈보기〉의 금액으로 바르게 연결된 것은? 12 민간(인) 23번

감세에 따른 세수 감소 총액을 계산하는 방식은 다음과 같은 두 가지가 사용될 수 있다.
• A방식 : 감세안이 시행된 해부터 매년 전년도와 비교했을 때, 발생하는 감소분을 누적적으로 합계하는 방식
• B방식 : 감세안이 시행된 해의 직전 연도를 기준년도로 하여 기준년도와 비교했을 때, 매년 발생하는 감소분을 누적적으로 합계하는 방식

〈사 례〉

정부는 경기활성화를 위해 감세안을 만들어 2013년부터 시행하고자 한다. 감세 효과 파악을 위해 2015년까지 감세안에 따른 세수 변화 규모를 추산했다.

〈연도별 세수 총액〉

연도	세수 총액(단위 : 원)
2012	42조 5,000억
2013	41조 8,000억
2014	41조 4,000억
2015	41조 3,000억

〈보 기〉

ㄱ. A방식에 따라 계산한 2013년의 세수 감소액은?
ㄴ. B방식에 따라 계산한 2014년까지의 세수 감소 총액은?
ㄷ. A방식, B방식에 따라 각각 계산한 2015년까지의 세수 감소 총액의 차이는?

	ㄱ	ㄴ	ㄷ
①	3,000억 원	1조 1,000억 원	1조 2,000억 원
②	3,000억 원	1조 8,000억 원	1조 8,000억 원
③	7,000억 원	1조 1,000억 원	1조 2,000억 원
④	7,000억 원	1조 8,000억 원	1조 2,000억 원
⑤	7,000억 원	1조 8,000억 원	1조 8,000억 원

문 16. 다음 글을 근거로 판단할 때, 〈보기〉에서 옳은 것만을 모두 고르면?

13 민간(인) 25번

전 세계 벼 재배면적의 90%가 아시아에 분포한다. 현재 벼를 재배하는 면적을 나라별로 보면, 인도가 4,300헥타르로 가장 넓고, 중국이 3,300헥타르로 그 다음을 잇고 있으며, 인도네시아, 방글라데시, 베트남, 타이, 미얀마, 일본의 순으로 이어지고 있다. A국은 일본 다음이다.

반면 쌀을 가장 많이 생산하고 있는 나라는 중국으로 전 세계 생산량의 30%를 차지하고 있으며, 그 다음이 20%를 생산하는 인도이다. 단위면적당 쌀 생산량을 보면 A국이 헥타르당 5.0톤으로 가장 많고 일본이 헥타르당 4.5톤이다. A국의 단위면적당 쌀 생산량은 인도의 3배에 달하는 수치로 현재 A국의 단위면적당 쌀 생산능력은 세계에서 제일 높다.

〈보 기〉

ㄱ. 중국의 단위면적당 쌀 생산량은 인도의 약 2배이다.
ㄴ. 일본의 벼 재배면적이 A국보다 400헥타르가 크다면, 일본의 연간 쌀 생산량은 A국보다 많다.
ㄷ. 인도의 연간 쌀 생산량은 11,000톤 이상이다.

① ㄱ
② ㄴ
③ ㄷ
④ ㄱ, ㄴ
⑤ ㄴ, ㄷ

문 17. 다음 글과 〈상황〉을 근거로 판단할 때, 甲주식회사에 대한 부가가치세 과세표준액은?

13 외교원(인) 07번

수출하는 재화가 선박에 선적 완료된 날을 공급시기로 한다. 수출대금을 외국통화로 받는 경우에는 아래와 같이 환산한 금액을 부가가치세 과세표준액으로 한다.

• 공급시기 전에 환가한 경우
  수출재화의 공급시기 전에 수출대금을 외화로 받아 외국환 은행을 통하여 원화로 환가한 경우에는 환가 당일의 '적용환율'로 계산한 금액
• 공급시기 이후에 환가한 경우
  수출재화의 공급시기까지 외화로 받은 수출대금을 원화로 환가하지 않고 공급시기 이후에 외국환 은행을 통하여 원화로 환가한 경우 또는 공급시기 이후에 외화로 받은 수출대금을 외국환 은행을 통하여 원화로 환가한 경우에는 공급시기의 '기준환율'로 계산한 금액

〈상 황〉

甲주식회사는 미국의 A법인과 2월 4일 수출계약을 체결하였으며, 甲주식회사의 수출과 관련된 사항은 아래와 같다.
(1) 수출대금 : $50,000
(2) 2.4. : 수출선수금 $20,000를 송금받아 외국환 은행에서 환가
(3) 2.12. : 세관에 수출 신고
(4) 2.16. : 수출물품 선적 완료
(5) 2.20. : 수출대금 잔액 $30,000를 송금받아 외국환 은행에서 환가

〈외환시세〉

(단위 : 원/$)

일자	기준환율	적용환율
2.4.	960	950
2.12.	980	970
2.16.	1,000	990
2.20.	1,020	1,010

① 49,000,000원
② 49,030,000원
③ 49,200,000원
④ 49,300,000원
⑤ 49,600,000원

문 18. 다음 글을 근거로 판단할 때, 〈사례〉에서 발생한 슬기의 손익은?　　13 외교원(인) 10번

- 甲은행이 A가격(원/달러)에 달러를 사고 싶다는 의사표시를 하고, 乙은행이 B가격(원/달러)에 달러를 팔고 싶다고 의사표시를 하면, 중개인은 달러 고시 가격을 A/B로 고시한다.
- 만약 달러를 즉시 사거나 팔려면 그것을 팔거나 사려는 측이 제시하는 가격을 받아들일 수밖에 없다.
- 환전수수료 등의 금융거래비용은 없다.

〈사 례〉
- 현재 달러 고시 가격은 1204.00/1204.10이다. 슬기는 달러를 당장 사고 싶었고, 100달러를 바로 샀다.
- 1시간 후 달러 고시 가격은 1205.10/1205.20으로 움직였다. 슬기는 달러를 당장 팔고 싶었고, 즉시 100달러를 팔았다.

① 100원 이익
② 120원 이익
③ 200원 이익
④ 100원 손실
⑤ 200원 손실

문 19. 다음 글을 근거로 판단할 때, 〈사례〉의 甲국과 乙국의 한 선거구에서 당선에 필요한 최소 득표율은?　　14 민간(A) 19번

- 민주주의 국가는 대표를 선출하기 위한 다양한 형태의 선거제도를 운용하고 있다. 이 중 '제한 투표제'는 한 선거구에서 여러 명의 대표를 선출하는 제도이다. 이 제도에서 유권자는 해당 선거구의 의석 수보다 적은 수의 표를 갖게 된다. 예를 들어 한 선거구에서 4명의 대표를 선출한다면, 유권자에게 4표보다 적은 2표 혹은 3표를 부여하여 투표하도록 하는 제도이다.
- 학자 A는 이 같은 선거제도에서 당선에 필요한 최소 득표율을 다음 공식으로 구할 수 있다고 주장한다.

$$\text{최소 득표율}(\%) = \frac{\text{유권자 1인당 투표 수}}{\text{유권자 1인당 투표 수} + \text{선거구당 의석 수}} \times 100$$

〈사 례〉
- 甲국 : 한 선거구에서 3명의 의원을 선출하며, 유권자는 2표를 행사한다.
- 乙국 : 한 선거구에서 5명의 의원을 선출하며, 유권자는 3표를 행사한다.

	甲국	乙국
①	20%	32.5%
②	20%	37.5%
③	40%	27.5%
④	40%	32.5%
⑤	40%	37.5%

문 20. 다음 글을 근거로 판단할 때, 신장 180cm, 체중 85kg인 甲의 비만 정도를 옳게 짝지은 것은?　　14 민간(A) 21번

과다한 영양소 섭취와 적은 체내 에너지 소비로 인한 에너지 대사의 불균형으로 지방이 체내에 지나치게 축적되어 체중이 과다해지는 것을 비만이라 한다.

비만 정도를 측정하는 방법은 Broca 보정식과 체질량 지수를 이용하는 것이 대표적이다. Broca 보정식은 신장과 체중을 이용하여 비만 정도를 측정하는 간단한 방법이다. 이 방법에 의하면 신장(cm)에서 100을 뺀 수치에 0.9를 곱한 수치가 '표준체중(kg)'이며, 표준체중의 110% 이상 120% 미만의 체중을 '체중과잉', 120% 이상의 체중을 '비만'이라고 한다.

한편 체질량 지수는 체중(kg)을 '신장(m)'의 제곱으로 나눈 값을 의미한다. 체질량 지수에 따른 비만 정도는 다음 〈표〉와 같다.

〈표〉

체질량 지수	비만 정도
18.5 미만	저체중
18.5 이상~23.0 미만	정상
23.0 이상~25.0 미만	과체중
25.0 이상~30.0 미만	경도비만
30.0 이상~35.0 미만	중등도비만
35.0 이상	고도비만

	Broca 보정식	체질량 지수
①	체중과잉	경도비만
②	표준체중	정상
③	비만	과체중
④	체중과잉	정상
⑤	비만	경도비만

문 21. 다음 글과 〈상황〉을 근거로 판단할 때, 甲과 乙의 최대 배상금액으로 모두 옳은 것은?

15 민간(인) 09번

A국의 층간소음 배상에 대한 기준은 아래와 같다.

• 층간소음 수인(受忍)한도
 – 주간 최고소음도 : 55dB(A)
 – 야간 최고소음도 : 50dB(A)
 – 주간 등가소음도 : 40dB(A)
 – 야간 등가소음도 : 35dB(A)

• 층간소음 배상 기준금액 : 수인한도 중 하나라도 초과 시

피해기간	피해자 1인당 배상 기준금액
6개월 이내	500,000원
6개월 초과~1년 이내	650,000원
1년 초과~2년 이내	800,000원

• 배상금액 가산기준
 (1) 주간 혹은 야간에 최고소음도와 등가소음도가 모두 수인한도를 초과한 경우에는 30% 이내에서 가산
 (2) 최고소음도 혹은 등가소음도가 주간과 야간에 모두 수인한도를 초과한 경우에는 30% 이내에서 가산
 (3) 피해자가 환자, 1세 미만 유아, 수험생인 경우에는 해당 피해자 개인에게 20% 이내에서 가산

• 둘 이상의 가산기준에 해당하는 경우 기준금액을 기준으로 각각의 가산금액을 산출한 후 합산
 예 피해기간은 3개월이고, 주간의 최고소음도와 등가소음도가 수인한도를 모두 초과하였고, 피해자가 1인이며 환자인 경우 최대 배상금액 : 500,000원+(500,000원×0.3)+(500,000원×0.2)

※ 등가소음도 : 변동하는 소음의 평균치

─────── 〈상 황〉 ───────
• 아파트 위층에 사는 甲이 10개월 전부터 지속적으로 소음을 발생시키자, 아래층 부부는 문제를 제기하였다. 소음을 측정한 결과 주간과 야간 모두 최고소음도는 수인한도를 초과하지 않았으나, 주간 등가소음도는 45dB(A)였으며, 야간 등가소음도는 38dB(A)였다. 아래층 피해자 부부는 모두 가산기준 (3)에 해당되지 않는다.

• 아파트 위층에 사는 乙이 1년 6개월 전부터 야간에만 지속적으로 소음을 발생시키자, 아래층에 사는 가족은 문제를 제기하였다. 야간에 소음을 측정한 결과 등가소음도는 42dB(A)였으며, 최고소음도는 52dB(A)이었다. 아래층 피해자 가족은 4명이며, 그중 수험생 1명만 가산기준 (3)에 해당된다.

	甲	乙
①	1,690,000원	4,320,000원
②	1,690,000원	4,160,000원
③	1,690,000원	3,840,000원
④	1,300,000원	4,320,000원
⑤	1,300,000원	4,160,000원

문 22. 다음 글을 근거로 판단할 때 옳지 않은 것은?

16 민간(5) 22번

甲은 〈가격표〉를 참고하여 〈조건〉에 따라 동네 치킨가게(A~D)에서 치킨을 배달시켰다.

─────── 〈조 건〉 ───────
조건 1. 프라이드치킨, 양념치킨, 간장치킨을 한 마리씩 주문한다.
조건 2. 동일한 가게에 세 마리를 주문하지 않는다.
조건 3. 주문금액(치킨 가격+배달료)의 총 합계가 최소가 되도록 한다.

〈가격표〉
(단위 : 원)

동네 치킨 가게	치킨 가격(마리당 가격)			배달료	배달가능 최소금액
	프라이드 치킨	양념치킨	간장치킨		
A	7,000	8,000	9,000	0	10,000
B	7,000	7,000	10,000	2,000	5,000
C	5,000	8,000	8,000	1,000	7,000
D	8,000	8,000	8,000	1,000	5,000

※ 배달료는 가게당 한 번만 지불함

① A가게에는 주문하지 않았다.
② 총 주문금액은 23,000원이다.
③ 주문이 가능한 경우의 조합은 총 네 가지이다.
④ B가게가 휴업했더라도 총 주문금액은 달라지지 않는다.
⑤ '조건 2'를 고려하지 않는다면 총 주문금액은 22,000원이다.

다음 글과 〈상황〉을 근거로 판단할 때, A사무관이 3월 출장여비로 받을 수 있는 총액은?　　17 민간(나) 09번

- 출장여비 기준
  - 출장여비는 출장수당과 교통비의 합이다.
1) 세종시 출장
  - 출장수당 : 1만 원
  - 교통비 : 2만 원
2) 세종시 이외 출장
  - 출장수당 : 2만 원(13시 이후 출장 시작 또는 15시 이전 출장 종료 시 1만 원 차감)
  - 교통비 : 3만 원
- 출장수당의 경우 업무추진비 사용 시 1만 원이 차감되며, 교통 비의 경우 관용차량 사용 시 1만 원이 차감된다.

〈상 황〉

A사무관 3월 출장내역	출장지	출장 시작 및 종료 시각	비고
출장 1	세종시	14시~16시	관용차량 사용
출장 2	인천시	14시~18시	
출장 3	서울시	09시~16시	업무추진비 사용

① 6만 원
② 7만 원
③ 8만 원
④ 9만 원
⑤ 10만 원

다음 〈조건〉과 〈상황〉을 근거로 판단할 때, 甲이 향후 1년간 자동차를 유지하는 데 소요될 총비용은?　　17 민간(나) 18번

〈조 건〉

1. 자동차 유지비는 연 감가상각비, 연 자동차 보험료, 연 주유비 용으로 구성되며 그 외의 비용은 고려하지 않는다.
2. 연 감가상각비 계산 공식
   연 감가상각비＝(자동차 구매비용－운행가능기간 종료 시 잔존가치)÷운행가능기간(년)
3. 연 자동차 보험료

(단위 : 만 원)

구분		차종		
		소형차	중형차	대형차
보험가입 시 운전 경력	1년 미만	120	150	200
	1년 이상 2년 미만	110	135	180
	2년 이상 3년 미만	100	120	160
	3년 이상	90	105	140

※ 1) 차량 구매 시 보험 가입은 필수이며 1년 단위로 가입
　 2) 보험 가입 시 해당 차량에 블랙박스가 설치되어 있으면 보험료 10% 할인

4. 주유비용
   1리터당 10km를 운행할 수 있으며, 리터당 비용은 연중 내내 1,500원이다.

〈상 황〉

- 甲은 1,000만 원에 중형차 1대를 구입하여 바로 운행을 시작 하였다.
- 차는 10년 동안 운행가능하며, 운행가능기간 종료 시 잔존가 치는 100만 원이다.
- 자동차 보험 가입 시, 甲의 운전 경력은 2년 6개월이며 차에는 블랙박스가 설치되어 있다.
- 甲은 매달 500km씩 차를 운행한다.

① 192만 원
② 288만 원
③ 298만 원
④ 300만 원
⑤ 330만 원

다음 글을 근거로 판단할 때, 甲~戊 중 가장 많은 지원금을 받는 신청자는? 　18 민간(가) 18번

A국은 신재생에너지 보급 사업 활성화를 위하여 신재생에너지 설비에 대한 지원 내용을 공고하였다. 〈지원 기준〉과 〈지원 신청 현황〉은 아래와 같다.

〈지원 기준〉

구분		용량(성능)	지원금 단가
태양광	단독주택	2kW 이하	kW당 80만 원
		2kW 초과 3kW 이하	kW당 60만 원
	공동주택	30kW 이하	kW당 80만 원
태양열	평판형 · 진공관형	$10m^2$ 이하	m^2당 50만 원
		$10m^2$ 초과 $20m^2$ 이하	m^2당 30만 원
지열	수직밀폐형	10kW 이하	kW당 60만 원
		10kW 초과	kW당 50만 원
연료전지	인산형 등	1kW 이하	kW당 2,100만 원

- 지원금은 '용량(성능)×지원금 단가'로 산정
- 국가 및 지방자치단체 소유 건물은 지원 대상에서 제외
- 전월 전력사용량이 450kWh 이상인 건물은 태양열 설비 지원 대상에서 제외
- 용량(성능)이 〈지원 기준〉의 범위를 벗어나는 신청은 지원 대상에서 제외

〈지원 신청 현황〉

신청자	설비 종류	용량(성능)	건물 소유자	전월 전력사용량	비고
甲	태양광	8kW	개인	350kWh	공동주택
乙	태양열	$15m^2$	개인	550kWh	진공관형
丙	태양열	$5m^2$	국가	400kWh	평판형
丁	지열	15kW	개인	200kWh	수직밀폐형
戊	연료전지	3kW	개인	500kWh	인산형

① 甲
② 乙
③ 丙
④ 丁
⑤ 戊

다음 글과 〈상황〉을 근거로 판단할 때, 甲이 납부해야 할 수수료를 옳게 짝지은 것은? 　19 민간(나) 03번

특허에 관한 절차를 밟는 사람은 다음 각 호의 수수료를 내야 한다.

1. 특허출원료
   가. 특허출원을 국어로 작성된 전자문서로 제출하는 경우 : 매건 46,000원. 다만 전자문서를 특허청에서 제공하지 아니한 소프트웨어로 작성하여 제출한 경우에는 매건 56,000원으로 한다.
   나. 특허출원을 국어로 작성된 서면으로 제출하는 경우 : 매건 66,000원에 서면이 20면을 초과하는 경우 초과하는 1면마다 1,000원을 가산한 금액
   다. 특허출원을 외국어로 작성된 전자문서로 제출하는 경우 : 매건 73,000원
   라. 특허출원을 외국어로 작성된 서면으로 제출하는 경우 : 매건 93,000원에 서면이 20면을 초과하는 경우 초과하는 1면마다 1,000원을 가산한 금액
2. 특허심사청구료 : 매건 143,000원에 청구범위의 1항마다 44,000원을 가산한 금액

───── 〈상 황〉 ─────

甲은 청구범위가 3개 항으로 구성된 총 27면의 서면을 작성하여 1건의 특허출원을 하면서, 이에 대한 특허심사도 함께 청구한다.

	국어로 작성한 경우	외국어로 작성한 경우
①	66,000원	275,000원
②	73,000원	343,000원
③	348,000원	343,000원
④	348,000원	375,000원
⑤	349,000원	375,000원

다음 글을 근거로 판단할 때, 〈보기〉에서 옳은 것만을 모두 고르면?

甲은 결혼 준비를 위해 스튜디오 업체(A, B), 드레스 업체(C, D), 메이크업 업체(E, F)의 견적서를 각각 받았는데, 최근 생긴 B업체만 정가에서 10% 할인한 가격을 제시하였다. 아래 〈표〉는 각 업체가 제시한 가격의 총액을 계산한 결과이다(단, A~F 각 업체의 가격은 모두 상이하다).

〈표〉

스튜디오	드레스	메이크업	총액
A	C	E	76만 원
이용 안함	C	F	58만 원
A	D	E	100만 원
이용 안함	D	F	82만 원
B	D	F	127만 원

〈보 기〉

ㄱ. A업체 가격이 26만 원이라면, E업체 가격이 F업체 가격보다 8만 원 비싸다.

ㄴ. B업체의 할인 전 가격은 50만 원이다.

ㄷ. C업체 가격이 30만 원이라면, E업체 가격은 28만 원이다.

ㄹ. D업체 가격이 C업체 가격보다 26만 원 비싸다.

① ㄱ

② ㄴ

③ ㄷ

④ ㄴ, ㄷ

⑤ ㄷ, ㄹ

다음 글을 근거로 판단할 때, 〈상황〉의 ㉠과 ㉡을 옳게 짝지은 것은?

채용에서 가장 중요한 점은 조직에 적합한 인재의 선발, 즉 필요한 수준의 기본적 직무적성 · 태도 등 전반적 잠재력을 가진 지원자를 선발하는 것이다. 그러나 채용 과정에서 적합한 사람을 채용하지 않거나, 적합하지 않은 사람을 채용하는 경우도 있다. 적합한 지원자 중 탈락시킨 지원자의 비율을 오탈락률이라 하고, 적합하지 않은 지원자 중 채용한 지원자의 비율을 오채용률이라 한다.

〈상 황〉

甲회사의 신입사원 채용 공고에 1,200명이 지원하여, 이 중에 360명이 채용되었다. 신입사원 채용 후 조사해보니 1,200명의 지원자 중 회사에 적합한 지원자는 800명이었고, 적합하지 않은 지원자는 400명이었다. 채용된 360명의 신입사원 중 회사에 적합하지 않은 인원은 40명으로 확인되었다. 이에 따르면 오탈락률은 (㉠)%이고, 오채용률은 (㉡)%이다.

	㉠	㉡
①	40	5
②	40	10
③	55	10
④	60	5
⑤	60	10

02

CHAPTER
LEVEL 2, 집중

문 1. 다음 규정을 근거로 옳게 추론한 것을 〈보기〉에서 모두 고르면?

11 5급(발) 05번

헌법 제00조 ① 지방자치단체는 주민의 복리에 관한 사무를 처리하고 재산을 관리하며, 법령의 범위 안에서 자치에 관한 규정을 제정할 수 있다.
② 지방자치단체의 종류는 법률로 정한다.

헌법 제00조 ① 지방자치단체에 의회를 둔다.
② 지방의회의 조직 · 권한 · 의원선거와 지방자치단체장의 선임방법 기타 지방자치단체의 조직과 운영에 관한 사항은 법률로 정한다.

헌법 제00조 국회는 재적의원 과반수의 출석과 출석의원 과반수의 찬성으로 법률을 제정 · 개정할 수 있다.

지방자치법 제00조 지방의회는 매년 1회 그 지방자치단체의 사무에 대하여 시 · 도에서는 10일의 범위에서, 시 · 군 및 자치구에서는 7일의 범위에서 감사를 실시할 수 있다.

지방자치법 제00조 지방자치단체는 관할 구역의 자치사무와 법령에 따라 지방자치단체에 속하는 사무를 처리한다.

감사원법 제00조 ① 감사원은 다음 각 호의 사항을 검사한다.
1. 국가의 회계
2. 지방자치단체의 회계
② 감사원은 지방자치단체의 사무와 그에 소속한 지방공무원의 직무를 감찰한다.

※ 1) 지방자치단체에는 ① 광역지방자치단체(특별시 · 광역시 · 도 · 특별자치도), ② 기초지방자치단체(시 · 군 · 자치구) 등이 있음
2) 감사원의 감사권에는 회계검사권과 직무감찰권이 있음

〈보 기〉

ㄱ. 법률을 개정하여 현행 지방행정체계를 변경할 수 있다.

ㄴ. 중앙정부가 지방자치단체장을 임명할 수 있도록 법률로 정할 수 있다.

ㄷ. 시 · 군 및 자치구가 독자적으로 처리하기에 부적당한 사무는 법률로 광역지방자치단체의 사무로 정할 수 있다.

ㄹ. 지방의회가 감사를 실시한 지방자치단체의 사무를 감사원이 중복하여 감사할 수 있다.

ㅁ. 특정한 목적을 수행하기 위하여 필요하면 법률로 특별지방자치단체를 설치할 수 있다.

① ㄱ, ㄴ, ㄹ
② ㄱ, ㄷ, ㄹ
③ ㄱ, ㄴ, ㄷ, ㅁ
④ ㄴ, ㄷ, ㄹ, ㅁ
⑤ ㄱ, ㄴ, ㄷ, ㄹ, ㅁ

문 2. 甲은 2010.10.10. 인근 농업진흥지역 내의 A농지 2,000㎡를 주말영농을 하기 위하여 구입하였고, 2010.11.11. B농지 15,000㎡를 상속받았다. 다음 〈조건〉을 근거로 판단할 때 옳지 <u>않은</u> 것을 〈보기〉에서 모두 고르면?

11 5급(발) 08번

〈조 건〉

• 농업인이란 1,000㎡ 이상의 농지에서 농작물을 경작하는 자 또는 1년 중 90일 이상 농업에 종사하는 자를 말한다.

• 자기의 농업경영에 이용하거나 이용할 자가 아니면 농지를 소유하지 못한다. 예외적으로 ① 자기의 농업경영에 이용하지 않더라도 주말 · 체험영농을 하려는 자는 총 1,000㎡ 미만의 농지를 소유할 수 있다. ② 상속으로 농지를 취득한 자로서 농업경영을 하지 않는 자는 그 상속 농지 중에서 총 10,000㎡까지는 자기의 농업경영에 이용하지 않더라도 농지를 소유 및 제3자에게 임대할 수 있지만, 한국농촌공사에 위탁하여 임대하는 경우에는 20,000㎡까지 소유할 수 있다.

• 농지소유자가 정당한 사유 없이 그 농지를 주말 · 체험영농에 이용하지 않는 경우, 그 때부터 1년 이내에 그 농지를 처분하여야 한다. 또한 농지 소유 상한을 초과하여 농지를 소유한 것이 판명된 경우, 농지소유자는 그 때부터 1년 이내에 초과된 농지를 처분하여야 한다.

※ 1) 농업경영이란 농업인이나 농업법인이 자기의 계산과 책임으로 농업을 영위하는 것을 말함
2) 주말 · 체험영농이란 개인이 주말 등을 이용하여 취미생활이나 여가활동으로 농작물을 경작하는 것을 말함

〈보 기〉

ㄱ. 甲이 직장을 다니면서 A농지에 농작물을 직접 경작하는 경우, 농업인으로 볼 수 있다.

ㄴ. 甲이 정당한 사유 없이 A농지를 경작하지 않는 경우, 그 때부터 1년 이내에 A농지 전부를 처분하여야 한다.

ㄷ. 甲이 농업인 乙에게 B농지를 임대한 경우, B농지 전부를 처분하여야 한다.

ㄹ. 직장을 그만두고 귀농한 甲이 A농지에 농작물을 스스로 경작하고 B농지는 한국농촌공사에 임대한 경우, A · B 농지 모두를 계속 소유할 수 있다.

① ㄷ
② ㄹ
③ ㄱ, ㄴ
④ ㄷ, ㄹ
⑤ ㄱ, ㄴ, ㄹ

다음 규정을 근거로 판단할 때 기간제 근로자로 볼 수 있는 경우를 〈보기〉에서 모두 고르면?(단, 아래의 모든 사업장은 5인 이상의 근로자를 고용하고 있음)

제00조 ① 이 법은 상시 5인 이상의 근로자를 사용하는 모든 사업 또는 사업장에 적용한다. 다만 동거의 친족만을 사용하는 사업 또는 사업장과 가사사용인에 대하여는 적용하지 아니한다.
② 국가 및 지방자치단체의 기관에 대하여는 상시 사용하는 근로자의 수에 관계없이 이 법을 적용한다.
제00조 ① 사용자는 2년을 초과하지 아니하는 범위 안에서(기간제 근로계약의 반복갱신 등의 경우에는 계속 근로한 총 기간이 2년을 초과하지 아니하는 범위 안에서) 기간제 근로자※를 사용할 수 있다. 다만 다음 각 호의 어느 하나에 해당하는 경우에는 2년을 초과하여 기간제 근로자로 사용할 수 있다.
1. 사업의 완료 또는 특정한 업무의 완성에 필요한 기간을 정한 경우
2. 휴직 · 파견 등으로 결원이 발생하여 당해 근로자가 복귀할 때까지 그 업무를 대신할 필요가 있는 경우
3. 전문적 지식 · 기술의 활용이 필요한 경우와 박사 학위를 소지하고 해당 분야에 종사하는 경우
② 사용자가 제1항 단서의 사유가 없거나 소멸되었음에도 불구하고 2년을 초과하여 기간제 근로자로 사용하는 경우에는 그 기간제 근로자는 기간의 정함이 없는 근로계약을 체결한 근로자로 본다.

※ 기간제 근로자라 함은 기간의 정함이 있는 근로계약을 체결한 근로자를 말함

〈보 기〉
ㄱ. 甲회사가 수습기간 3개월을 포함하여 1년 6개월간 A를 고용하기로 근로계약을 체결한 경우
ㄴ. 乙회사는 근로자 E의 휴직으로 결원이 발생하여 2년간 B를 계약직으로 고용하였는데, E의 복직 후에도 B가 계속해서 현재 3년 이상 근무하고 있는 경우
ㄷ. 丙국책연구소는 관련 분야 박사학위를 취득한 C를 계약직(기간제) 연구원으로 고용하여 C가 현재 丙국책연구소에서 3년간 근무하고 있는 경우
ㄹ. 국가로부터 도급받은 3년간의 건설공사를 완성하기 위해 丁건설회사가 D를 그 기간 동안 고용하기로 근로계약을 체결한 경우

① ㄱ, ㄴ
② ㄴ, ㄷ
③ ㄱ, ㄷ, ㄹ
④ ㄴ, ㄷ, ㄹ
⑤ ㄱ, ㄴ, ㄷ, ㄹ

다음 규정을 근거로 판단할 때 허위표시나 과대광고에 해당하지 <u>않는</u> 것을 〈보기〉에서 모두 고르면?

제00조 ① 식품에 대한 허위표시 및 과대광고의 범위는 다음 각 호의 어느 하나에 해당하는 것으로 한다.
1. 질병의 치료와 예방에 효능이 있다는 내용의 표시 · 광고
2. 각종 감사장 · 상장 또는 체험기 등을 이용하거나 '인증' · '보증' 또는 '추천'을 받았다는 내용을 사용하거나 이와 유사한 내용을 표현하는 광고. 다만 중앙행정기관 · 특별지방행정기관 및 그 부속기관 또는 지방자치단체에서 '인증' · '보증'을 받았다는 내용의 광고는 제외한다.
3. 다른 업소의 제품을 비방하거나 비방하는 것으로 의심되는 광고나, 제품의 제조방법 · 품질 · 영양가 · 원재료 · 성분 또는 효과와 직접적인 관련이 적은 내용 또는 사용하지 않은 성분을 강조함으로써 다른 업소의 제품을 간접적으로 다르게 인식하게 하는 광고
② 제1항에도 불구하고 다음 각 호에 해당하는 경우에는 허위표시나 과대광고로 보지 않는다.
1. 일반음식점과 제과점에서 조리 · 제조 · 판매하는 식품에 대한 표시 · 광고
2. 신체조직과 기능의 일반적인 증진, 인체의 건전한 성장 및 발달과 건강한 활동을 유지하는 데 도움을 준다는 표시 · 광고
3. 제품에 함유된 영양성분의 기능 및 작용에 관하여 식품영양학적으로 공인된 사실

〈보 기〉
ㄱ. (○○삼계탕 식당 광고) "고단백 식품인 닭고기와 스트레스 해소에 효과가 있는 인삼을 넣은 삼계탕은 인삼, 찹쌀, 밤, 대추 등의 유효성분이 어우러져 영양의 균형을 이룬 아주 훌륭한 보양식입니다."
ㄴ. (○○라면의 표시 · 광고) "우리 회사의 라면은 폐식용유를 사용하지 않습니다."
ㄷ. (○○두부의 표시 · 광고) "건강유지 및 영양보급에 만점인 단백질을 많이 함유한 ○○두부"
ㄹ. (○○녹차의 표시 · 광고) "변비와 당뇨병 예방에 탁월한 ○○녹차"
ㅁ. (○○소시지의 표시 · 광고) "위해요소중점관리기준을 충족하는 업소에서 만든 식품의약품안전청 인증 ○○소시지"

① ㄱ, ㅁ
② ㄷ, ㅁ
③ ㄱ, ㄴ, ㄹ
④ ㄱ, ㄷ, ㅁ
⑤ ㄴ, ㄷ, ㄹ

문 5. 다음 규정을 근거로 판단할 때 옳은 것을 〈보기〉에서 모두 고르면?

11 5급(발) 28번

제00조 평온[1]·공연[2]하게 동산을 양수[3]한 자가 선의[4]이며 과실 없이 그 동산을 점유한 경우에는 양도인이 정당한 소유자가 아닌 때에도 즉시 그 동산의 소유권을 취득한다.

제00조 전조(前條)의 경우에 그 동산이 도품(盜品)이나 유실물(遺失物)인 때에는 피해자 또는 유실자는 도난 또는 유실한 날로부터 2년 내에 그 물건의 반환을 청구할 수 있다. 그러나 도품이나 유실물이 금전인 때에는 그러하지 아니하다.

제00조 양수인이 도품 또는 유실물을 경매나 공개시장에서 또는 같은 종류의 물건을 판매하는 상인으로부터 선의로 매수한 때에는 피해자 또는 유실자는 양수인이 지급한 대가를 변상하고 그 물건의 반환을 청구할 수 있다.

제00조 유실물은 법률에 정한 바에 의하여 공고한 후 1년 내에 그 소유자가 권리를 주장하지 않으면 습득자가 그 소유권을 취득한다.

※ 1) 평온(平穩) : 평상시의 상태
2) 공연(公然) : 불특정 또는 다수의 사람이 알 수 있는 상태
3) 양수(讓受) : 권리·재산 및 법률상의 지위 등을 남에게서 넘겨받음 ↔ 양도(讓渡)
4) 선의(善意) : 당해 사실을 모르고 있는 경우

〈보 기〉

ㄱ. A가 밤늦게 길을 가다가 MP3기기를 주웠는데 MP3기기의 소유자를 알 수 없는 경우, 습득자인 A가 공고 없이 MP3기기의 소유권을 취득한다.

ㄴ. A가 한 달 전에 잃어버린 자전거를 B가 평온·공연하게 선의이며 과실 없이 중고 자전거판매점에서 구입하여 타고 다니는 것을 알았을 경우, A는 B가 지급한 대가를 변상하고 자전거의 반환을 청구할 수 있다.

ㄷ. A가 3년 전에 도난당한 시계를 B가 정육점 주인 C로부터 선의취득한 경우, A는 B가 지급한 대가를 변상하고 시계의 반환을 청구할 수 있다.

ㄹ. A가 B소유의 카메라를 빌려 사용하고 있는 C로부터 평온·공연하게 선의이며 과실 없이 그 카메라를 구입하여 사용하고 있는 경우, A는 카메라의 소유자가 된다.

① ㄱ, ㄴ
② ㄱ, ㄷ
③ ㄴ, ㄷ
④ ㄴ, ㄹ
⑤ ㄷ, ㄹ

문 6. 다음 규정과 〈상황〉에 근거할 때, 옳은 것은?

12 5급(인) 05번

제00조(환경오염 및 예방 대책의 추진) 환경부장관 및 시장·군수·구청장 등은 국가산업단지의 주변지역에 대한 환경기초조사를 정기적으로 실시하여야 하며 이를 기초로 하여 환경오염 및 예방 대책을 수립·시행하여야 한다.

제00조(환경기초조사의 방법·시기 등) 전조(前條)에 따른 환경기초조사의 방법과 시기 등은 다음 각 호와 같다.
1. 환경기초조사의 범위는 지하수 및 지표수의 수질, 대기, 토양 등에 대한 계획·조사 및 치유대책을 포함한다.
2. 환경기초조사는 당해 기초지방자치단체장이 1단계 조사를 실시하고 환경부장관이 2단계 조사를 실시한다. 다만 1단계 조사결과에 의하여 정상지역으로 판정된 때는 2단계 조사를 실시하지 아니한다.
3. 제2호에 따른 1단계 조사는 그 조사 실시일 기준으로 매 3년마다 실시하고, 2단계 조사는 1단계 조사 판정일 이후 1월내에 실시하여야 한다.

〈상 황〉

甲시에는 A, B, C 세 개의 국가산업단지가 위치해 있다. 甲시 시장은 아래와 같이 세 개 단지의 주변지역에 대한 1단계 환경기초조사를 실시하였다. 2012년 1월 1일 현재, 기록되어 있는 실시일, 판정일 및 판정결과는 다음과 같다.

구분	1단계 조사 실시일	1단계 조사 판정일	판정 결과
A단지 주변지역	2011. 7. 1.	2011. 11. 30.	오염지역
B단지 주변지역	2009. 3. 1.	2009. 9. 1.	오염지역
C단지 주변지역	2010. 10. 1.	2011. 7. 1.	정상지역

① A단지 주변지역에 대하여 2012년에 환경부장관은 2단계 조사를 실시해야 한다.
② B단지 주변지역에 대하여 2012년에 甲시 시장은 1단계 조사를 실시해야 한다.
③ B단지 주변지역에 대하여 甲시 시장은 2단계 조사를 실시하였다.
④ C단지 주변지역에 대하여 환경부장관은 2011년 7월 중에 2단계 조사를 실시하였다.
⑤ C단지 주변지역에 대하여 甲시 시장은 2012년에 1단계 조사를 실시해야 한다.

다음 규정에 근거할 때, 옳지 <u>않은</u> 것을 〈보기〉에서 모두 고르면?

제00조 행정기관의 장은 민원사항을 접수·처리함에 있어서 민원인에게 소정의 구비서류 외의 서류를 추가로 요구하여서는 아니된다.

제00조 행정기관의 장은 민원인의 편의를 위하여 그 행정기관이 접수·교부하여야 할 민원사항을 다른 행정기관 또는 특별법에 의하여 설립되고 전국적 조직을 가진 법인 중 대통령령이 정하는 법인으로 하여금 접수·교부하게 할 수 있다.

제00조 행정기관의 장은 정보통신망을 이용하여 다른 행정기관 소관의 민원사무를 접수·교부할 수 있다.

제00조 행정기관의 장은 민원사항을 처리한 결과(다른 행정기관 소관의 민원사항을 포함한다)를 무인민원발급창구를 이용하여 교부할 수 있다.

제00조 행정기관의 장은 민원사무 처리상황의 확인·점검 등을 위하여 소속 공무원 중에서 민원사무심사관을 지정하여야 한다.

제00조 행정기관의 장은 민원 1회방문 처리제의 원활한 운영을 위하여 민원사무의 처리에 경험이 많은 소속 공무원을 민원후견인으로 지정하여 민원인 안내 및 민원인과의 상담에 응하도록 할 수 있다.

제00조 민원인은 대규모의 경제적 비용이 수반되는 민원사항의 경우에 한하여 행정기관의 장에게 정식으로 민원서류를 제출하기 전에 약식서류로 사전심사를 청구할 수 있다.

〈보 기〉

ㄱ. A시 시장은 B시 소관의 민원사항에 관해서는 무인민원발급창구를 통해 그 처리결과를 교부할 수 없다.

ㄴ. C시 시장은 정보통신망을 이용하여 D시 소관의 민원사무를 접수·교부할 수 있다.

ㄷ. 민원인은 소액의 경제적 비용이 소요되고 신속히 처리할 사안에 대하여 약식서류로 사전심사를 청구할 수 있다.

ㄹ. E시 시장은 민원인의 편의를 위하여 당해 시에만 소재하는 유명 서점을 지정하여 소관 민원사항을 접수·교부하게 할 수 있다.

ㅁ. F시 시장은 민원인에게 소정의 구비서류 이외의 서류 제출을 요구할 수 없다.

---

① ㄱ, ㄴ
② ㄱ, ㄹ
③ ㄱ, ㄷ, ㄹ
④ ㄴ, ㄷ, ㅁ
⑤ ㄴ, ㄹ, ㅁ

다음 규정에 근거할 때, 옳은 것을 〈보기〉에서 모두 고르면?

제00조(공공기관의 구분) ① 기획재정부장관은 공공기관을 공기업·준정부기관과 기타공공기관으로 구분하여 지정한다. 직원 정원이 50인 이상인 공공기관은 공기업 또는 준정부기관으로, 그 외에는 기타공공기관으로 지정한다.

② 기획재정부장관은 제1항의 규정에 따라 공기업과 준정부기관을 지정하는 경우 자체수입액이 총 수입액의 2분의 1 이상인 기관은 공기업으로, 그 외에는 준정부기관으로 지정한다.

③ 기획재정부장관은 제1항 및 제2항의 규정에 따른 공기업을 다음 각 호의 구분에 따라 세분하여 지정한다.

1. 시장형 공기업 : 자산규모가 2조 원 이상이고, 총 수입액 중 자체수입액이 100분의 85 이상인 공기업
2. 준시장형 공기업 : 시장형 공기업이 아닌 공기업

〈공공기관 현황〉

공공기관	직원 정원	자산규모	자체수입비율
A	80명	3조 원	85%
B	40명	1.5조 원	60%
C	60명	1조 원	45%
D	55명	2.5조 원	40%

※ 자체수입비율 : 총 수입액 대비 자체수입액 비율

〈보 기〉

ㄱ. 기관 A는 시장형 공기업이다.

ㄴ. 기관 B는 준시장형 공기업이다.

ㄷ. 기관 C는 기타공공기관이다.

ㄹ. 기관 D는 준정부기관이다.

---

① ㄱ, ㄴ
② ㄱ, ㄹ
③ ㄴ, ㄷ
④ ㄱ, ㄷ, ㄹ
⑤ ㄴ, ㄷ, ㄹ

문 9. 다음 글과 〈설문 결과〉에 근거하여 판단할 때 옳지 않은 것은? 13 5급(인) 07번

> A부는 민간고용서비스 종사자 교육 프로그램 운영을 계획 중이다. 교육내용을 선택하기 위해 민간고용서비스 종사자들에게 설문조사를 실시하여 보리치(Borich) 계수를 도출하였다. 보리치 계수가 높을수록 교육 우선순위는 높아진다.
>
> $$\text{보리치 계수} = \frac{\{\Sigma(\text{RCL} - \text{PCL}) \times \overline{\text{RCL}}\}}{N}$$

※ 1) RCL(Required Competence Level) : 필요한 역량수준
2) PCL(Present Competence Level) : 현재의 역량수준
3) $\overline{\text{RCL}}$: 필요한 역량수준의 평균값
4) N : 응답자 수

〈설문 결과〉

교육내용	$\Sigma(\text{RCL}-\text{PCL})$	$\overline{\text{RCL}}$	보리치 계수
교육·훈련상담	221	3.43	1.52
직업적응상담	205	3.45	1.41
직업진로선택상담	192	3.41	1.31
직업검사 실시 및 해석	241	3.25	1.57
취업지원프로그램 운영	301	3.32	2.00
취업지원프로그램 개발	300	3.30	1.98
채용행사 개최	236	2.93	1.38

※ N=500

① 교육 우선순위가 가장 높은 것은 '취업지원프로그램 운영'이다.

② 민간고용서비스 종사자들이 평균적으로 가장 높은 역량수준이 필요하다고 보는 것은 '직업적응상담'이다.

③ '채용행사 개최'는 필요한 역량수준과 현재의 역량수준의 차이가 '교육·훈련상담'보다 크므로 교육 우선순위도 '교육·훈련상담'보다 높다.

④ 민간고용서비스 종사자들은 평균적으로 '직업검사 실시 및 해석'보다 '취업지원프로그램 개발'에 필요한 역량수준이 더 높다고 보고 있다.

⑤ 민간고용서비스 종사자들은 평균적으로 '직업진로선택상담'에 필요한 역량수준이 '취업지원프로그램 운영'보다 높다고 생각하지만, 교육 우선순위는 '취업지원프로그램 운영'이 더 높다.

문 10. 다음 글을 근거로 판단할 때 옳은 것은? 15 5급(인) 08번

> 제00조(군위탁생의 임명) ① 군위탁생은 육군, 해군 및 공군(이하 '각군'이라 한다)에서 시행하는 전형과 해당 교육기관에서 시행하는 소정의 시험에 합격한 자 중에서 각군 참모총장의 추천에 의하여 국방부장관이 임명한다. 다만 부사관의 경우에는 각군 참모총장이 임명한다.
>
> ② 군위탁생은 임명권자의 허가 없이 교육기관을 옮기거나 전과(轉科)할 수 없다.
>
> 제00조(경비의 지급) ① 군위탁생에 대하여는 수학기간 중 입학금·등록금 기타 필요한 경비를 지급한다.
>
> ② 국외위탁생에 대하여는 왕복항공료 및 체재비를 지급하며, 6개월 이상 수학하는 국외위탁생에 대하여는 배우자 및 자녀의 왕복항공료, 의료보험료 또는 의료보조비, 생활준비금 및 귀국 이전비를 가산하여 지급할 수 있다. 이 경우 체재비의 지급액은 월 단위로 계산한다.
>
> 제00조(성적이 우수한 자의 진학 등) ① 국방부장관은 군위탁생으로서 소정의 과정을 우수한 성적으로 마친 자 중 지원자에 대하여는 소속군 참모총장의 추천에 의하여 해당 전공분야 또는 관련 학문분야의 상급과정에 진학하여 계속 수학하게 할 수 있다.
>
> ② 국방부장관은 군위탁생으로서 박사과정을 우수한 성적으로 마친 자 중 지원자에 대하여는 소속군 참모총장의 추천에 의하여 해당 전공분야 또는 관련분야의 실무연수를 하게 할 수 있다.

① 해군 장교가 군위탁생으로 추천받기 위해서는 해군에서 시행하는 전형과 해당 교육기관에서 시행하는 시험에 합격하여야 한다.

② 육군 부사관인 군위탁생이 다른 학교로 전학을 하기 위해서는 국방부장관의 허가를 받아야 한다.

③ 석사과정을 우수한 성적으로 마친 군위탁생은 소속군 참모총장의 추천이 없어도 관련 학문분야 박사과정에 진학하여 계속 수학할 수 있다.

④ 군위탁생의 경우 국내위탁과 국외위탁의 구별 없이 동일한 경비가 지급된다.

⑤ 3개월의 국외위탁교육을 받는 군위탁생은 체재비를 지급받을 수 없다.

문 11. 다음 글을 근거로 판단할 때, 〈보기〉에서 옳은 것만을 모두 고르면?

15 5급(인) 25번

제00조(기능) 대외경제장관회의(이하 '회의'라 한다)는 다음 각 호의 사항을 심의·조정한다.
1. 대외경제동향의 종합점검과 주요 대외경제정책의 방향설정 등 대외경제정책 운영 전반에 관한 사항
2. 양자·다자·지역간 또는 국제경제기구와의 대외경제협력·대외개방 및 통상교섭과 관련된 주요 경제정책에 관한 사항
3. 재정지출을 수반하는 각 부처의 대외경제 분야 주요 정책 또는 관련 중장기계획
4. 국내경제정책이 대외경제관계에 미치는 영향과 효과에 대한 사전검토에 관한 사항

제00조(회의의 구성 등) ① 회의는 기획재정부장관, 미래창조과학부장관, 외교부장관, 농림축산식품부장관, 산업통상자원부장관, 환경부장관, 국토교통부장관, 해양수산부장관, 국무조정실장, 대통령비서실의 경제수석비서관과 회의에 상정되는 안건을 제안한 부처의 장 및 그 안건과 관련되는 부처의 장으로 구성한다.
② 회의 의장은 기획재정부장관이다.
③ 회의 의장은 회의에 상정할 안건을 선정하여 회의를 소집하고, 이를 주재한다.
④ 회의 의장은 필요하다고 인정하는 경우 관계 부처 또는 관계 기관과 협의하여 안건을 상정하게 할 수 있다.

제00조(의견청취) 회의 의장은 회의에 상정된 안건의 심의를 위하여 필요하다고 인정되는 경우에는 해당 분야의 민간전문가를 회의에 참석하게 하여 의견을 들을 수 있다.

제00조(의사 및 의결정족수) ① 회의는 구성원 과반수의 출석으로 개의하고, 출석 구성원 3분의 2 이상의 찬성으로 의결한다.
② 회의 구성원이 회의에 출석하지 못하는 경우에는 그 바로 하위직에 있는 자가 대리로 출석하여 그 직무를 대행할 수 있다.

〈보 기〉

ㄱ. 회의 안건이 보건복지와 관련이 있더라도 보건복지부장관은 회의 구성원이 될 수 없다.
ㄴ. 회의 당일 해양수산부장관이 수산협력 국제컨퍼런스에 참석 중이라면, 해양수산부차관이 회의에 대신 출석할 수 있다.
ㄷ. 환경부의 A안건이 관계 부처의 협의를 거쳐 회의에 상정된 경우, 환경부장관이 회의를 주재한다.
ㄹ. 회의에 민간전문가 3명을 포함해 13명이 참석하였을 때 의결을 위해서는 최소 9명의 찬성이 필요하다.

① ㄱ
② ㄴ
③ ㄱ, ㄷ
④ ㄴ, ㄹ
⑤ ㄷ, ㄹ

문 12. 다음 글과 〈상황〉을 근거로 판단할 때, A지방자치단체 지방의회의 의결에 관한 설명으로 옳은 것은?

15 5급(인) 28번

제00조(의사정족수) ① 지방의회는 재적의원 3분의 1 이상의 출석으로 개의(開議)한다.
② 회의 중 제1항의 정족수에 미치지 못할 때에는 의장은 회의를 중지하거나 산회(散會)를 선포한다.

제00조(의결정족수) ① 의결사항은 재적의원 과반수의 출석과 출석의원 과반수의 찬성으로 의결한다.
② 의장은 의결에서 표결권을 가지며, 찬성과 반대가 같으면 부결된 것으로 본다.
③ 의장은 제1항에 따라 의결하지 못한 때에는 다시 그 일정을 정한다.

제00조(지방의회의 의결사항) 지방의회는 다음 사항을 의결한다.
1. 조례의 제정·개정 및 폐지
2. 예산의 심의·확정

※ 지방의회의원 중 사망한 자, 제명된 자, 확정판결로 의원직을 상실한 자는 재적의원에 포함되지 않음

〈상 황〉

• A지방자치단체의 지방의회 최초 재적의원은 111명이다. 그 중 2명은 사망하였고, 3명은 선거법 위반으로 구속되어 재판이 진행 중이며, 2명은 의회에서 제명되어 현재 총 104명이 의정활동을 하고 있다.
• A지방자치단체 ○○조례 제정안이 상정되었다.
• A지방자치단체의 지방의회는 의장을 포함한 53명이 출석하여 개의하였다.

① 의결할 수 없다.
② 부결된 것으로 본다.
③ 26명 찬성만으로 의결할 수 있다.
④ 27명 찬성만으로 의결할 수 있다.
⑤ 28명 찬성만으로 의결할 수 있다.

제00조(선거공보) ① 후보자는 선거운동을 위하여 책자형 선거
공보 1종을 작성할 수 있다.

② 제1항의 규정에 따른 책자형 선거공보는 대통령선거에 있어
서는 16면 이내로, 국회의원선거 및 지방자치단체의 장 선거에
있어서는 12면 이내로, 지방의회의원선거에 있어서는 8면 이내
로 작성한다.

③ 후보자는 제1항의 규정에 따른 책자형 선거공보 외에 별도의
점자형 선거공보(시각장애선거인을 위한 선거공보) 1종을 책자
형 선거공보와 동일한 면수 제약 하에서 작성할 수 있다. 다만,
대통령선거·지역구국회의원선거 및 지방자치단체의 장 선거의
후보자는 책자형 선거공보 제작 시 점자형 선거공보를 함께 작
성·제출하여야 한다.

④ 대통령선거, 지역구국회의원선거, 지역구지방의회의원선거
및 지방자치단체의 장 선거에서 책자형 선거공보(점자형 선거공
보를 포함한다)를 제출하는 경우에는 다음 각 호에 따른 내용(이
하 이 조에서 '후보자정보공개자료'라 한다)을 게재하여야 하며,
후보자정보공개자료에 대하여 소명이 필요한 사항은 그 소명자
료를 함께 게재할 수 있다. 점자형 선거공보에 게재하는 후보자
정보공개자료의 내용은 책자형 선거공보에 게재하는 내용과 똑
같아야 한다.

1. 재산상황
　후보자, 후보자의 배우자 및 직계존·비속(혼인한 딸과 외조
　부모 및 외손자녀를 제외한다)의 각 재산총액
2. 병역사항
　후보자 및 후보자의 직계비속의 군별·계급·복무기간·복
　무분야·병역처분사항 및 병역처분사유
3. 전과기록
　죄명과 그 형 및 확정일자

① 지역구지방의회의원선거에 출마한 A는 책자형 선거공보를 12
　면까지 가득 채워서 작성할 수 있다.

② 지역구국회의원선거에 출마한 B는 자신의 선거운동전략에 따
　라 책자형 선거공보 제작시 점자형 선거공보는 제작하지 않을
　수 있다.

③ 지역구지방의회의원선거에 출마한 C는 책자형 선거공보를 제
　출할 경우, 자신의 가족 중 15세인 친손녀의 재산총액을 표시
　할 필요가 없다.

④ 지역구국회의원선거에 출마한 D가 제작한 책자형 선거공보에
　는 D 본인과 자신의 가족 중 아버지, 아들, 손자의 병역사항을
　표시해야 한다.

⑤ 지역구국회의원선거에 출마한 E는 자신에게 전과기록이 있다
　는 사실을 공개하면 선거운동에 악영향을 미칠 것이라고 판단
　할 경우, 책자형 선거공보를 제작하지 않고 선거운동을 할 수
　있다.

제00조(범죄경력조회·수사경력조회 및 회보의 제한 등) 수사자
료표에 의한 범죄경력조회 및 수사경력조회와 그에 대한 회보는
다음 각 호의 어느 하나에 해당하는 경우에 그 전부 또는 일부에
대하여 조회 목적에 필요한 범위에서 할 수 있다.

1. 범죄 수사 또는 재판을 위하여 필요한 경우
2. 형의 집행 또는 사회봉사명령, 수강명령의 집행을 위하여 필
　요한 경우
3. 보호감호, 치료감호, 보호관찰 등 보호처분 또는 보안관찰업
　무의 수행을 위하여 필요한 경우
4. 수사자료표의 내용을 확인하기 위하여 본인이 신청하거나 외
　국 입국·체류 허가에 필요하여 본인이 신청하는 경우
5. 외국인의 귀화·국적회복·체류 허가에 필요한 경우
6. 각군 사관생도의 입학 및 장교의 임용에 필요한 경우
7. 병역의무 부과와 관련하여 현역병 및 사회복무요원의 입영(入
　營)에 필요한 경우
8. 공무원 임용, 인가·허가, 서훈(敍勳), 대통령 표창, 국무총리
　표창 등의 결격사유, 징계절차가 개시된 공무원의 구체적인 징
　계 사유(범죄경력조회와 그에 대한 회보에 한정한다) 또는 공
　무원연금 지급 제한 사유 등을 확인하기 위하여 필요한 경우

※ 회보 : 신청인의 요구에 대하여 조회 후 알려주는 것

① 외국인 A의 귀화 허가를 위하여 A의 범죄경력을 조회하는 행위

② 회사원 B에 대한 사회봉사명령 집행을 위하여 B에 대한 수사
　경력을 조회하는 행위

③ 퇴직공무원 C의 공무원연금 지급 제한 사유를 확인하기 위해
　C의 범죄경력을 조회하는 행위

④ 취업준비생 D의 채용에 참고하기 위하여 해당 사기업의 요청
　을 받아 D의 범죄경력을 조회하는 행위

⑤ 징계절차가 개시된 공무원 E의 구체적인 징계 사유를 확인하
　기 위하여 E의 범죄경력을 조회하는 행위

제00조(중재합의의 방식) ① 중재합의는 독립된 합의의 형식으로 또는 계약에 중재조항을 포함하는 형식으로 할 수 있다.
② 중재합의는 서면으로 하여야 한다.
③ 다음 각 호의 어느 하나에 해당하는 경우는 서면에 의한 중재합의로 본다.
  1. 당사자들이 서명한 문서에 중재합의가 포함된 경우
  2. 편지, 전보, 전신, 팩스 또는 그 밖의 통신수단에 의하여 교환된 문서에 중재합의가 포함된 경우
  3. 어느 한쪽 당사자가 당사자간에 교환된 문서의 내용에 중재합의가 있는 것을 주장하고 상대방 당사자가 이에 대하여 다투지 아니하는 경우
④ 계약이 중재조항을 포함한 문서를 인용하고 있는 경우에는 중재합의가 있는 것으로 본다. 다만, 그 계약이 서면으로 작성되고 중재조항을 그 계약의 일부로 하고 있는 경우로 한정한다.
제00조(중재합의와 법원에의 제소) ① 중재합의의 대상인 분쟁에 관하여 소(訴)가 제기된 경우에 피고가 중재합의가 있다는 항변(抗辯)을 하였을 때에는 법원은 그 소를 각하(却下)하여야 한다. 다만, 중재합의가 없거나 무효이거나 효력을 상실하였거나 그 이행이 불가능한 경우에는 그러하지 아니하다.
② 제1항의 소가 법원에 계속 중인 경우에도 중재판정부는 중재절차를 개시 또는 진행하거나 중재판정을 내릴 수 있다.

※ 1) 중재 : 당사자 간 합의로 선출된 중재인의 판정에 따른 당사자 간의 분쟁해결절차
  2) 각하 : 적법하지 않은 소가 제기된 경우 이를 배척하는 것

① 甲과 乙이 계약을 말로 체결하면서 중재조항을 포함한 문서를 인용한 경우, 중재합의가 있는 것으로 본다.
② 甲과 乙이 계약을 체결하면서 중재합의를 하고자 하는 경우, 계약에 중재조항을 포함시키지 않으면 안 된다.
③ 甲과 乙 사이에 교환된 문서의 내용에 중재합의가 있는 것을 甲이 주장하고 乙이 이에 대하여 다투지 아니하는 경우, 서면에 의한 중재합의로 본다.
④ 甲과 乙이 계약을 체결하면서 중재합의를 하였지만 중재합의의 대상인 계약에 관하여 소가 제기되어 법원에 계속 중인 경우, 중재판정부는 중재절차를 개시할 수 없다.
⑤ 甲과 乙이 계약을 체결하면서 중재합의를 하였으나 중재합의의 효력이 상실된 경우, 해당 계약에 관한 소가 제기되어 피고가 중재합의가 있다는 항변을 하면 법원은 그 소를 각하하여야 한다.

제00조(국고보조금의 계상) ① 국가는 정당에 대한 보조금으로 최근 실시한 임기만료에 의한 국회의원선거의 선거권자 총수에 보조금 계상단가를 곱한 금액을 매년 예산에 계상하여야 한다.
② 대통령선거, 임기만료에 의한 국회의원선거 또는 동시지방선거가 있는 연도에는 각 선거(동시지방선거는 하나의 선거로 본다)마다 보조금 계상단가를 추가한 금액을 제1항의 기준에 의하여 예산에 계상하여야 한다.
③ 제1항 및 제2항에 따른 보조금 계상단가는 전년도 보조금 계상단가에 전전년도와 대비한 전년도 전국소비자물가 변동률을 적용하여 산정한 금액을 증감한 금액으로 한다.
④ 중앙선거관리위원회는 제1항의 규정에 의한 보조금(이하 '경상보조금'이라 한다)은 매년 분기별로 균등분할하여 정당에 지급하고, 제2항의 규정에 의한 보조금(이하 '선거보조금'이라 한다)은 당해 선거의 후보자등록마감일 후 2일 이내에 정당에 지급한다.

〈상 황〉

• 2014년 실시된 임기만료에 의한 국회의원선거의 선거권자 총수는 3천만 명이었고, 국회의원 임기는 4년이다.
• 2015년 정당에 지급된 국고보조금의 보조금 계상단가는 1,000원이었다.
• 전국소비자물가 변동률을 적용하여 산정한 보조금 계상단가는 전년 대비 매년 30원씩 증가한다.
• 2016년에는 5월에 대통령선거가 있고 8월에 임기만료에 의한 동시지방선거가 있다. 각 선거의 한 달 전에 후보자등록을 마감한다.
• 2017년에는 대통령선거, 임기만료에 의한 국회의원선거 또는 동시지방선거가 없다.

① 309억 원
② 600억 원
③ 618억 원
④ 900억 원
⑤ 927억 원

문 17. 다음 〈A대학 학사규정〉을 근거로 판단할 때, 〈상황〉의 ㉠과 ㉡에 들어갈 기간으로 옳게 짝지은 것은? 17 5급(가) 06번

〈A대학 학사규정〉

제1조(목적) 이 규정은 졸업을 위한 재적기간 및 수료연한을 정하는 것을 목적으로 한다.

제2조(재적기간과 수료연한) ① 재적기간은 입학 시부터 졸업 시까지의 기간으로 휴학기간을 포함한다.

② 졸업을 위한 수료연한은 4년으로 한다. 다만 다음 각 호의 경우에는 수료연한을 달리할 수 있다.

1. 외국인 유학생은 어학습득을 위하여 수료연한을 1년 연장하여 5년으로 할 수 있다.

2. 특별입학으로 입학한 학생은 2년차에 편입되며 수료연한은 3년으로 한다. 다만 특별입학은 내국인에 한한다.

③ 수료와 동시에 졸업한다.

제3조(휴학) ① 휴학은 일반휴학과 해외 어학연수를 위한 휴학으로 구분한다.

② 일반휴학은 해당 학생의 수료연한의 2분의 1을 초과할 수 없으며, 6개월 단위로만 신청할 수 있다.

③ 해외 어학연수를 위한 휴학은 해당 학생의 수료연한의 2분의 1을 초과할 수 없으며, 1년 단위로만 신청할 수 있다.

〈상 황〉

• A대학의 학생이 재적할 수 있는 최장기간은 (㉠)이다.

• A대학에 특별입학으로 입학한 학생이 일반휴학 없이 재적할 수 있는 최장기간은 (㉡)이다.

	㉠	㉡
①	9년	4년
②	9년 6개월	4년
③	9년 6개월	4년 6개월
④	10년	4년 6개월
⑤	10년	5년

문 18. 다음 글을 근거로 판단할 때, 〈상황〉에서 제한보호구역으로 지정해야 하는 지역은? 17 5급(가) 13번

제00조(통제보호구역과 제한보호구역의 지정) ① 다음 각 호 중 어느 하나에 해당하는 경우 통제보호구역으로 지정한다.

1. 민간인통제선 이북(以北)지역

2. 제1호 외의 지역에 위치한 특별군사시설의 최외곽경계선으로부터 500미터 이내의 지역

② 통제보호구역이 아닌 지역으로 다음 각 호 중 어느 하나에 해당하는 경우 제한보호구역으로 지정한다.

1. 특별군사시설이 아닌 군사시설로서 군폭발물시설 · 군방공기지 · 군사격장 · 군훈련장의 경우, 당해 군사시설의 최외곽경계선으로부터 1킬로미터 이내의 지역

2. 특별군사시설이 아닌 군사시설로서 취락지역에 위치하는 제1호 이외의 군사시설의 경우, 당해 군사시설의 최외곽경계선으로부터 500미터 이내의 지역

〈상 황〉

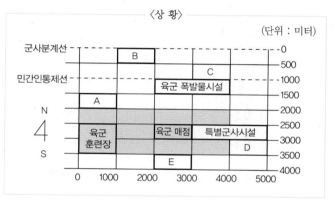

※ 음영으로 표시된 부분은 취락지역임

① A

② B

③ C

④ D

⑤ E

제00조 이 법에서 말하는 폐기물이란 쓰레기, 연소재, 폐유, 폐알칼리 및 동물의 사체 등으로 사람의 생활이나 사업활동에 필요하지 않게 된 물질을 말한다.

제00조 ① 도지사는 관할 구역의 폐기물을 적정하게 처리하기 위하여 환경부장관이 정하는 지침에 따라 10년마다 '폐기물 처리에 관한 기본계획'(이하 '기본계획'이라 한다)을 세워 환경부장관의 승인을 받아야 한다. 승인사항을 변경하려 할 때에도 또한 같다. 이 경우 환경부장관은 기본계획을 승인하거나 변경승인하려면 관계 중앙행정기관의 장과 협의하여야 한다.

② 시장 · 군수 · 구청장은 10년마다 관할 구역의 기본계획을 세워 도지사에게 제출하여야 한다.

③ 제1항과 제2항에 따른 기본계획에는 다음 각 호의 사항이 포함되어야 한다.

1. 관할 구역의 지리적 환경 등에 관한 개황
2. 폐기물의 종류별 발생량과 장래의 발생 예상량
3. 폐기물의 처리 현황과 향후 처리 계획
4. 폐기물의 감량화와 재활용 등 자원화에 관한 사항
5. 폐기물처리시설의 설치 현황과 향후 설치 계획
6. 폐기물 처리의 개선에 관한 사항
7. 재원의 확보계획

제00조 ① 환경부장관은 국가 폐기물을 적정하게 관리하기 위하여 전조 제1항에 따른 기본계획을 기초로 '국가 폐기물 관리 종합계획'(이하 '종합계획'이라 한다)을 10년마다 세워야 한다.

② 환경부장관은 종합계획을 세운 날부터 5년이 지나면 그 타당성을 재검토하여 변경할 수 있다.

① 재원의 확보계획은 기본계획에 포함되지 않아도 된다.

② A도 도지사가 제출한 기본계획을 승인하려면, 환경부장관은 관계 중앙행정기관의 장과 협의를 거쳐야 한다.

③ 환경부장관은 국가 폐기물을 적정하게 관리하기 위하여 10년마다 기본계획을 수립하여야 한다.

④ B군 군수는 5년마다 종합계획을 세워 환경부장관에게 제출하여야 한다.

⑤ 기본계획 수립 이후 5년이 경과하였다면, 환경부장관은 계획의 타당성을 재검토하여 계획을 변경하여야 한다.

제00조 다음 각 호의 어느 하나에 해당하는 자는 감사원에 감사를 청구할 수 있다.

1. 19세 이상으로서 300명 이상의 국민
2. 상시 구성원 수가 300인 이상으로 등록된 공익 추구의 시민단체. 다만 정치적 성향을 띠거나 특정 계층 또는 집단의 이익을 추구하는 단체는 제외한다.
3. 감사대상기관의 장. 다만 해당 감사대상기관의 사무처리에 관한 사항 중 자체감사기구에서 직접 처리하기 어려운 부득이한 사유가 있거나 자체감사기구가 없는 경우에 한한다.
4. 지방의회. 다만 해당 지방자치단체의 사무처리에 한한다.

제00조 ① 감사청구의 대상은 공공기관에서 처리한 사무처리가 다음 각 호의 어느 하나에 해당하는 사항으로 한다.

1. 주요 정책 · 사업의 추진과정에서의 예산낭비에 관한 사항
2. 기관이기주의 등으로 인하여 정책 · 사업 등이 장기간 지연되는 사항
3. 국가 행정 및 시책, 제도 등이 현저히 불합리하여 개선이 필요한 사항
4. 기타 공공기관의 사무처리가 위법 또는 부당행위로 인하여 공익을 현저히 해한다고 판단되는 사항

② 제1항의 규정에 불구하고 다음 각 호의 어느 하나에 해당하는 사항은 감사청구의 대상에서 제외한다.

1. 수사 중이거나 재판(헌법재판소 심판을 포함한다), 행정심판, 감사원 심사청구 또는 화해 · 조정 · 중재 등 법령에 의한 불복절차가 진행 중인 사항. 다만 수사 또는 재판, 행정심판 등과는 직접적인 관계없이 예산낭비 등을 방지하기 위한 긴급한 필요가 있다고 인정될 때에는 감사를 실시할 수 있다.
2. 수사 결과, 판결, 재결, 결정 또는 화해 · 조정 · 중재 등에 의하여 확정되었거나 형 집행에 관한 사항

※ 공공기관 : 중앙행정기관, 지방자치단체, 정부투자기관을 의미함

① A시 지방의회는 A시가 주요 사업으로 시행하는 노후수도설비 교체사업 중 발생한 예산낭비 사항에 대하여 감사를 청구할 수 있다.

② B정당의 사무총장은 C시청 별관신축공사 입찰시 담당공무원의 부당한 업무처리에 대하여 단독으로 감사를 청구할 수 있다.

③ D정부투자기관의 장은 해당 기관 직원과 특정 기업 간 유착관계에 대하여 자체감사기구에서 직접 처리할 수 있더라도 감사를 청구할 수 있다.

④ E시 지방의회는 E시 시장의 위법한 사무처리에 대하여 판결이 확정되었더라도 감사를 청구할 수 있다.

⑤ 민간 유통업체 F마트 사장은 농산물의 납품대가로 과도한 향응을 받은 담당직원의 위법행위에 대하여 감사를 청구할 수 있다.

다음 글을 근거로 판단할 때, 소장이 귀휴를 허가할 수 없는 경우는?(단, 수형자 甲~戊의 교정성적은 모두 우수하고, 귀휴를 허가할 수 있는 일수는 남아있음)

제00조 ① 교도소·구치소 및 그 지소의 장(이하 '소장'이라 한다)은 6개월 이상 복역한 수형자로서 그 형기의 3분의 1(21년 이상의 유기형 또는 무기형의 경우에는 7년)이 지나고 교정성적이 우수한 사람이 다음 각 호의 어느 하나에 해당하면 1년 중 20일 이내의 귀휴를 허가할 수 있다.
 1. 가족 또는 배우자의 직계존속이 위독한 때
 2. 질병이나 사고로 외부의료시설에의 입원이 필요한 때
 3. 천재지변이나 그 밖의 재해로 가족, 배우자의 직계존속 또는 수형자 본인에게 회복할 수 없는 중대한 재산상의 손해가 발생하였거나 발생할 우려가 있는 때
 4. 직계존속, 배우자, 배우자의 직계존속 또는 본인의 회갑일이나 고희일인 때
 5. 본인 또는 형제자매의 혼례가 있는 때
 6. 직계비속이 입대하거나 해외유학을 위하여 출국하게 된 때
 7. 각종 시험에 응시하기 위하여 필요한 때
② 소장은 다음 각 호의 어느 하나에 해당하는 사유가 있는 수형자에 대하여는 제1항에도 불구하고 5일 이내의 귀휴를 특별히 허가할 수 있다.
 1. 가족 또는 배우자의 직계존속이 사망한 때
 2. 직계비속의 혼례가 있는 때

※ 귀휴 : 교도소 등에 복역 중인 죄수가 출소하기 전에 일정한 사유에 따라 휴가를 얻어 일시적으로 교도소 밖으로 나오는 것을 의미함

① 징역 1년을 선고받고 4개월 동안 복역 중인 甲의 아버지의 회갑일인 경우
② 징역 2년을 선고받고 10개월 동안 복역 중인 乙의 친형의 혼례가 있는 경우
③ 징역 10년을 선고받고 4년 동안 복역 중인 丙의 자녀가 입대하는 경우
④ 징역 30년을 선고받고 8년 동안 복역 중인 丁의 부친이 위독한 경우
⑤ 무기징역을 선고받고 5년 동안 복역 중인 戊의 배우자의 모친이 사망한 경우

다음 글을 근거로 판단할 때 옳은 것은?

제00조 이 법은 법령의 공포절차 등에 관하여 규정함을 목적으로 한다.
제00조 ① 법률 공포문의 전문에는 국회의 의결을 받은 사실을 적고, 대통령이 서명한 후 대통령인을 찍고 그 공포일을 명기하여 국무총리와 관계 국무위원이 서명한다.
② 확정된 법률을 대통령이 공포하지 아니할 때에는 국회의장이 이를 공포한다. 국회의장이 공포하는 법률의 공포문 전문에는 국회의 의결을 받은 사실을 적고, 국회의장이 서명한 후 국회의장인을 찍고 그 공포일을 명기하여야 한다.
제00조 조약 공포문의 전문에는 국회의 동의 또는 국무회의의 심의를 거친 사실을 적고, 대통령이 서명한 후 대통령인을 찍고 그 공포일을 명기하여 국무총리와 관계 국무위원이 서명한다.
제00조 대통령령 공포문의 전문에는 국무회의의 심의를 거친 사실을 적고, 대통령이 서명한 후 대통령인을 찍고 그 공포일을 명기하여 국무총리와 관계 국무위원이 서명한다.
제00조 ① 총리령을 공포할 때에는 그 일자를 명기하고, 국무총리가 서명한 후 총리인을 찍는다.
② 부령을 공포할 때에는 그 일자를 명기하고, 해당 부의 장관이 서명한 후 그 장관인을 찍는다.
제00조 ① 법령의 공포는 관보에 게재함으로써 한다.
② 관보의 내용 및 적용 시기 등은 종이관보를 우선으로 하며, 전자관보는 부차적인 효력을 가진다.

※ 법령 : 법률, 조약, 대통령령, 총리령, 부령을 의미함

① 모든 법률의 공포문 전문에는 국회의장인이 찍혀 있다.
② 핵무기비확산조약의 공포문 전문에는 총리인이 찍혀 있다.
③ 지역문화발전기본법의 공포문 전문에는 대법원장인이 찍혀 있다.
④ 대통령인이 찍혀 있는 법령의 공포문 전문에는 국무총리의 서명이 들어 있다.
⑤ 종이관보에 기재된 법인세법의 세율과 전자관보에 기재된 그 세율이 다른 경우 전자관보를 기준으로 판단하여야 한다.

다음 글과 〈상황〉을 근거로 판단할 때 옳은 것은?

18 5급(나) 23번

제00조 ① 증인신문은 증인을 신청한 당사자가 먼저 하고, 다음에 다른 당사자가 한다.

② 재판장은 제1항의 신문이 끝난 뒤에 신문할 수 있다.

③ 재판장은 제1항과 제2항의 규정에 불구하고 언제든지 신문할 수 있다.

④ 재판장은 당사자의 의견을 들어 제1항과 제2항의 규정에 따른 신문의 순서를 바꿀 수 있다.

⑤ 당사자의 신문이 중복되거나 쟁점과 관계가 없는 때, 그 밖에 필요한 사정이 있는 때에 재판장은 당사자의 신문을 제한할 수 있다.

⑥ 합의부원은 재판장에게 알리고 신문할 수 있다.

제00조 ① 증인은 따로따로 신문하여야 한다.

② 신문하지 않은 증인이 법정 안에 있을 때에는 법정에서 나가도록 명하여야 한다. 다만 필요하다고 인정한 때에는 신문할 증인을 법정 안에 머무르게 할 수 있다.

제00조 재판장은 필요하다고 인정한 때에는 증인 서로의 대질을 명할 수 있다.

제00조 증인은 서류에 의하여 진술하지 못한다. 다만 재판장이 허가하면 그러하지 아니하다.

※ 당사자 : 원고, 피고를 가리킴

───〈상 황〉───

원고 甲은 피고 乙을 상대로 대여금반환청구의 소를 제기하였다. 이후 절차에서 甲은 丙을, 乙은 丁을 각각 증인으로 신청하였으며 해당 재판부(재판장 A, 합의부원 B와 C)는 丙과 丁을 모두 증인으로 채택하였다.

① 丙을 신문할 때 A는 乙보다 먼저 신문할 수 없다.

② 甲의 丙에 대한 신문이 쟁점과 관계가 없는 때, A는 甲의 신문을 제한할 수 있다.

③ A가 丁에 대한 신문을 乙보다 甲이 먼저 하게 하려면, B와 C의 의견을 들어야 한다.

④ 丙과 丁을 따로따로 신문해야 하는 것이 원칙이지만, B는 필요하다고 인정한 때 丙과 丁의 대질을 명할 수 있다.

⑤ 丙이 질병으로 인해 서류에 의해 진술하려는 경우 A의 허가를 요하지 않는다.

다음 글을 근거로 판단할 때 옳은 것은?

19 5급(가) 01번

제00조(문서의 성립 및 효력발생) ① 문서는 결재권자가 해당 문서에 서명(전자이미지서명, 전자문자서명 및 행정전자서명을 포함한다)의 방식으로 결재함으로써 성립한다.

② 문서는 수신자에게 도달(전자문서의 경우는 수신자가 지정한 전자적 시스템에 입력되는 것을 말한다)됨으로써 효력이 발생한다.

③ 제2항에도 불구하고 공고문서는 그 문서에서 효력발생 시기를 구체적으로 밝히고 있지 않으면 그 고시 또는 공고가 있은 날부터 5일이 경과한 때에 효력이 발생한다.

제00조(문서 작성의 일반원칙) ① 문서는 어문규범에 맞게 한글로 작성하되, 뜻을 정확하게 전달하기 위하여 필요한 경우에는 괄호 안에 한자나 그 밖의 외국어를 함께 적을 수 있으며, 특별한 사유가 없으면 가로로 쓴다.

② 문서의 내용은 간결하고 명확하게 표현하고 일반화되지 않은 약어와 전문용어 등의 사용을 피하여 이해하기 쉽게 작성하여야 한다.

③ 문서에는 음성정보나 영상정보 등을 수록할 수 있고 연계된 바코드 등을 표기할 수 있다.

④ 문서에 쓰는 숫자는 특별한 사유가 없으면 아라비아 숫자를 쓴다.

⑤ 문서에 쓰는 날짜는 숫자로 표기하되, 연·월·일의 글자는 생략하고 그 자리에 온점(.)을 찍어 표시하며, 시·분은 24시각제에 따라 숫자로 표기하되, 시·분의 글자는 생략하고 그 사이에 쌍점(:)을 찍어 구분한다. 다만 특별한 사유가 있으면 다른 방법으로 표시할 수 있다.

① 문서에 '2018년 7월 18일 오후 11시 30분'을 표기해야 할 때 특별한 사유가 없으면 '2018.7.18. 23:30'으로 표기한다.

② 2018년 9월 7일 공고된 문서에 효력발생 시기가 구체적으로 명시되지 않은 경우 그 문서의 효력은 즉시 발생한다.

③ 전자문서의 경우 해당 수신자가 지정한 전자적 시스템에 도달한 문서를 확인한 때부터 효력이 발생한다.

④ 문서 작성 시 이해를 쉽게 하기 위해 일반화되지 않은 약어와 전문용어를 사용하여 작성하여야 한다.

⑤ 연계된 바코드는 문서에 함께 표기할 수 없기 때문에 영상 파일로 처리하여 첨부하여야 한다.

〈○○도 지방보조금 관리규정〉

제00조(보조대상사업) 도는 도가 권장하는 사업으로서 지방보조금을 지출하지 아니하면 수행할 수 없는 사업(지방보조사업)인 경우 그 사업에 필요한 경비의 일부 또는 전부를 보조할 수 있다.

제00조(용도외 사용금지 등) ① 지방보조사업을 수행하는 자(이하 '지방보조사업자'라 한다)는 그 지방보조금을 다른 용도에 사용하여서는 아니된다.

② 지방보조사업자는 수익성 악화 등 사정의 변경으로 지방보조사업의 내용을 변경하거나 지방보조사업에 드는 경비의 배분을 변경하려면 도지사의 승인을 얻어야 한다. 다만 경미한 내용변경이나 경미한 경비배분변경의 경우에는 그러하지 아니하다.

③ 지방보조사업자는 수익성 악화 등 사정의 변경으로 그 지방보조사업을 다른 사업자에게 인계하거나 중단 또는 폐지하려면 미리 도지사의 승인을 얻어야 한다.

제00조(지방보조금의 대상사업과 도비보조율) 도지사는 시·군에 대한 보조금에 대하여는 보조금이 지급되는 대상사업·경비의 종목·도비보조율 및 금액을 매년 예산으로 정한다. 단, 지방보조금의 예산반영신청 및 예산편성에 있어서 지방보조사업별로 적용하는 도비보조율은 다음 각 호에서 정한 분야별 범위 내에서 정한다.

1. 보건·사회 : 총사업비의 30% 이상 70% 이하
2. 상하수·치수 : 총사업비의 30% 이상 50% 이하
3. 문화·체육 : 총사업비의 30% 이상 60% 이하

제00조(시·군비 부담의무) 시장·군수는 도비보조사업에 대한 시·군비 부담액을 다른 사업에 우선하여 해당연도 시·군 예산에 반영하여야 한다.

〈보 기〉

ㄱ. ○○도 지방보조사업자는 모든 경비배분이나 내용의 변경에 대해서 ○○도 도지사의 승인을 얻어야 한다.

ㄴ. ○○도 지방보조사업자가 수익성 악화를 이유로 자신이 수행하는 지방보조사업을 다른 사업자에게 인계하기 위해서는 미리 ○○도 도지사의 승인을 얻어야 한다.

ㄷ. ○○도 A시 시장은 도비보조사업과 무관한 자신의 공약사업 예산을 도비보조사업에 대한 시비 부담액보다 우선적으로 해당연도 A시 예산에 반영해야 한다.

ㄹ. ○○도 도지사는 지방보조금 지급대상사업인 '상하수도 정비사업(총사업비 40억 원)'에 대하여 최대 20억 원을 지방보조금 예산으로 정할 수 있다.

① ㄱ, ㄴ
② ㄱ, ㄷ
③ ㄴ, ㄷ
④ ㄴ, ㄹ
⑤ ㄷ, ㄹ

제00조(연구실적평가) ① 연구직으로 근무한 경력이 2년 이상인 연구사(석사 이상의 학위를 가진 사람은 제외한다)는 매년 12월 31일까지 그 연구실적의 결과를 논문으로 제출하여야 한다. 다만 연구실적 심사평가를 3번 이상 통과한 연구사는 그러하지 아니하다.

② 연구실적의 심사를 위하여 소속기관의 장은 임용권자 단위 또는 소속 기관 단위로 직렬별, 직류별 또는 직류 내 같은 업무분야별로 연구실적평가위원회를 설치하여야 한다.

③ 연구실적평가위원회는 위원장을 포함한 5명의 위원으로 구성한다. 위원장과 2명의 위원은 소속기관 내부 연구관 중에서, 위원 2명은 대학교수나 외부 연구기관·단체의 연구관 중에서 연구실적평가위원회를 구성할 때마다 임용권자가 임명하거나 위촉한다. 이 경우 위원 중에는 대학교수인 위원이 1명 이상 포함되어야 한다.

④ 연구실적평가위원회의 회의는 임용권자나 위원장이 매년 1월 중에 소집하고, 그 밖에 필요한 경우에는 수시로 소집한다.

⑤ 연구실적평가위원회의 표결은 무기명 투표로 하며, 재적위원 과반수의 찬성으로 의결한다.

※ 대학교수와 연구관은 겸직할 수 없음

① 개별 연구실적평가위원회는 최대 3명의 대학교수를 위원으로 위촉할 수 있다.

② 연구실적평가위원회 위원장은 소속기관 내부 연구관이 아닌 대학교수가 맡을 수 있다.

③ 연구실적평가위원회에 4명의 위원이 출석한 경우와 5명의 위원이 출석한 경우의 의결정족수는 같다.

④ 연구실적평가위원회 위원으로 위촉된 경력이 있는 사람을 재위촉하는 경우 별도의 위촉절차를 거치지 않아도 된다.

⑤ 석사학위 이상을 소지하지 않은 모든 연구사는 연구직으로 임용된 이후 5년이 지나면 석사학위를 소지한 연구사와 동일하게 연구실적 결과물 제출을 면제받는다.

제00조(사무의 관장) 시장(특별시장·광역시장은 제외한다. 이하 같다)·군수 및 자치구의 구청장은 이 법에 따른 본인서명사실확인서 및 전자본인서명확인서의 발급·관리 등에 관한 사무를 관장한다.

제00조(본인서명사실확인서의 발급 신청) ① 본인서명사실확인서를 발급받으려는 사람 중 다음 각 호의 어느 하나에 해당하는 사람은 시장·군수·구청장(자치구가 아닌 구의 구청장을 포함한다)이나 읍장·면장·동장(이하 '발급기관'이라 한다)을 직접 방문하여 발급을 신청하여야 한다.
1. 대한민국 내에 주소를 가진 국민
2. 대한민국 내에 주소를 가지지 아니한 국민
3. 「재외동포의 출입국과 법적 지위에 관한 법률」에 따라 국내거소신고를 한 재외국민
② 미성년자인 신청인이 제1항에 따라 본인서명사실확인서의 발급을 신청하려는 경우에는 법정대리인과 함께 발급기관을 직접 방문하여 법정대리인의 동의를 받아 신청하여야 한다.

제00조(전자본인서명확인서 발급시스템 이용의 승인) ① 민원인은 전자본인서명확인서 발급시스템을 이용하려는 경우에는 미리 시장·군수 또는 자치구의 구청장(이하 '승인권자'라 한다)의 승인을 받아야 한다.
② 제1항에 따라 승인을 받으려는 민원인은 승인권자를 직접 방문하여 이용 승인을 신청하여야 한다.
③ 미성년자인 민원인이 제2항에 따라 이용 승인을 신청하려는 경우에는 법정대리인과 함께 승인권자를 직접 방문하여 법정대리인의 동의를 받아 신청하여야 한다.

제00조(인감증명서와의 관계) 부동산거래에서 인감증명서 제출과 함께 관련 서면에 인감을 날인하여야 할 때에는 다음 각 호의 어느 하나에 해당하는 경우 인감증명서를 제출하고 관련 서면에 인감을 날인한 것으로 본다.
1. 본인서명사실확인서를 제출하고 관련 서면에 서명을 한 경우
2. 전자본인서명확인서 발급증을 제출하고 관련 서면에 서명을 한 경우

① 대구광역시 수성구 A동 주민 甲(30세)이 전자본인서명확인서 발급시스템을 이용하기 위해서는 미리 동장을 방문하여 이용 승인을 신청하여야 한다.
② 재외국민 乙(26세)이 「재외동포의 출입국과 법적 지위에 관한 법률」에 따라 국내거소신고를 하였다면 본인서명사실확인서 발급을 신청한 것으로 본다.
③ 본인서명사실확인서를 발급받은 바 있는 丙(17세)이 전자본인서명확인서 발급시스템 이용 승인을 신청하기 위해서는 법정대리인의 동의를 받지 않아도 된다.
④ 토지매매 시 인감증명서를 제출하고 관련 서면에 인감을 날인하여야 하는 경우, 본인서명사실확인서를 제출하고 관련 서면에 서명하는 것으로 대신할 수 있다.
⑤ 서울특별시 종로구 B동 주민 丁(25세)은 본인서명사실확인서를 발급받기 위하여 서울특별시장을 방문하여 전자본인서명확인서 발급시스템 이용 승인을 신청하여야 한다.

△△법 제◇◇조(학점의 인정 등) ① 전문학사학위과정 또는 학사학위과정을 운영하는 대학(이하 '대학'이라 한다)은 학생이 다음 각 호의 어느 하나에 해당하는 경우에 학칙으로 정하는 바에 따라 이를 해당 대학에서 학점을 취득한 것으로 인정할 수 있다.
1. 국내외의 다른 전문학사학위과정 또는 학사학위과정에서 학점을 취득한 경우
2. 전문학사학위과정 또는 학사학위과정과 동등한 학력·학위가 인정되는 평생교육시설에서 학점을 취득한 경우
3. 「병역법」에 따른 입영 또는 복무로 인하여 휴학 중인 사람이 원격수업을 수강하여 학점을 취득한 경우
② 제1항에 따라 인정되는 학점의 범위와 기준은 다음 각 호와 같다.
1. 제1항 제1호에 해당하는 경우: 취득한 학점의 전부
2. 제1항 제2호에 해당하는 경우: 대학 졸업에 필요한 학점의 2분의 1 이내
3. 제1항 제3호에 해당하는 경우: 연(年) 12학점 이내

제ㅁㅁ조(편입학 등) 학사학위과정을 운영하는 대학은 다음 각 호에 해당하는 학생을 편입학 전형을 통해 선발할 수 있다.
1. 전문학사학위를 취득한 자
2. 학사학위과정의 제2학년을 수료한 자

〈상 황〉
• A대학은 학칙을 통해 학점인정의 범위를 △△법에서 허용하는 최대 수준으로 정하고 있다.
• 졸업에 필요한 최소 취득학점은 A대학 120학점, B전문대학 63학점이다.
• 甲은 B전문대학에서 졸업에 필요한 최소 취득학점만으로 전문학사학위를 취득하였다.
• 甲은 B전문대학 졸업 후 A대학 3학년에 편입하였고 군복무로 인한 휴학 기간에 원격수업을 수강하여 총 6학점을 취득하였다.
• 甲은 A대학에 복학한 이후 총 30학점을 취득하였고, 1년 동안 미국의 C대학에 교환학생으로 파견되어 총 12학점을 취득하였다.

① 9학점
② 12학점
③ 15학점
④ 22학점
⑤ 24학점

다음 글과 〈상황〉을 근거로 판단할 때, A와 B의 값으로 옳게 짝지은 것은?   16 5급(4) 07번

○○국 법원은 손해배상책임의 여부 또는 손해배상액을 정할 때에 피해자에게 과실이 있으면 그 과실의 정도를 반드시 참작하여야 하는데 이를 '과실상계(過失相計)'라고 한다. 예컨대 택시의 과속운행으로 승객이 부상당하여 승객에게 치료비 등 총 손해가 100만 원이 발생하였지만, 사실은 승객이 빨리 달리라고 요구하여 사고가 난 것이라고 하자. 이 경우 승객의 과실이 40%이면 손해액에서 40만 원을 빼고 60만 원만 배상액으로 정하는 것이다. 이는 자기 과실로 인한 손해를 타인에게 전가하는 것이 부당하므로 손해의 공평한 부담이라는 취지에서 인정되는 제도이다.

한편 손해가 발생하였어도 손해배상 청구권자가 손해를 본 것과 같은 원인에 의하여 이익도 보았을 때, 손해에서 그 이익을 공제하는 것을 '손익상계(損益相計)'라고 한다. 예컨대 타인에 의해 자동차가 완전 파손되어 자동차 가격에 대한 손해배상을 청구할 경우, 만약 해당 자동차를 고철로 팔아 이익을 얻었다면 그 이익을 공제하는 것이다. 주의할 것은, 국가배상에 의한 손해배상금에서 유족보상금을 공제하는 것과 같이 손해를 일으킨 원인으로 인해 피해자가 이익을 얻은 경우이어야 손익상계가 인정된다는 점이다. 따라서 손해배상의 책임 원인과 무관한 이익, 예컨대 사망했을 경우 별도로 가입한 보험계약에 의해 받은 생명보험금이나 조문객들의 부의금 등은 공제되지 않는다.

과실상계를 할 사유와 손익상계를 할 사유가 모두 있으면 과실상계를 먼저 한 후에 손익상계를 하여야 한다.

〈상 황〉

○○국 공무원 甲은 공무수행 중 사망하였다. 법원이 인정한 바에 따르면 국가와 甲 모두에게 과실이 있고, 손익상계와 과실상계를 하기 전 甲의 사망에 의한 손해액은 6억 원이었다. 甲의 유일한 상속인 乙은 甲의 사망으로 유족보상금 3억 원과 甲이 개인적으로 가입했던 보험계약에 의해 생명보험금 6천만 원을 수령하였다. 그 밖에 다른 사정은 없었다. 법원은 甲의 과실을 [A]%, 국가의 과실을 [B]%로 판단하여 국가가 甲의 상속인 乙에게 배상할 손해배상금을 1억 8천만 원으로 정하였다.

	A	B
①	20	80
②	25	75
③	30	70
④	40	60
⑤	70	30

다음 글과 〈상황〉을 근거로 판단할 때 옳은 것은?   17 5급(가) 05번

저작자는 미술저작물, 건축저작물, 사진저작물(이하 "미술저작물 등"이라 한다)의 원본이나 그 복제물을 전시할 권리를 가진다. 전시권은 저작자인 화가, 건축물설계자, 사진작가에게 인정되므로, 타인이 미술저작물 등을 전시하기 위해서는 저작자의 허락을 얻어야 한다. 다만 전시는 일반인에 대한 공개를 전제로 하는 것이므로, 예컨대 가정 내에서 진열하는 때에는 저작자의 허락이 필요 없다. 또한 저작자는 복제권도 가지기 때문에 타인이 미술저작물 등을 복제하기 위해서는 저작자의 허락을 얻어야 한다. 그런데 저작자가 미술저작물 등을 타인에게 판매하여 소유권을 넘긴 경우에는 저작자의 전시권·복제권과 소유자의 소유권이 충돌하는 문제가 발생한다. 저작권법은 미술저작물 등의 전시·복제와 관련된 문제들을 다음과 같이 해결하고 있다.

첫째, 미술저작물 등의 원본의 소유자나 그의 허락을 얻은 자는 자유로이 미술저작물 등의 원본을 전시할 수 있다. 다만 가로·공원·건축물의 외벽 등 공중에게 개방된 장소에 항시 전시하는 경우에는 저작자의 허락을 얻어야 한다.

둘째, 개방된 장소에 항시 전시되어 있는 미술저작물 등은 제3자가 어떠한 방법으로든지 이를 복제하여 이용할 수 있다. 다만 건축물을 건축물로 복제하는 경우, 조각 또는 회화를 조각 또는 회화로 복제하는 경우, 미술저작물 등을 판매목적으로 복제하는 경우에는 저작자의 허락을 얻어야 한다.

셋째, 화가 또는 사진작가가 고객으로부터 위탁을 받아 완성한 초상화 또는 사진저작물의 경우, 화가 또는 사진작가는 위탁자의 허락이 있어야 이를 전시·복제할 수 있다.

〈상 황〉

• 화가 甲은 자신이 그린 「군마」라는 이름의 회화를 乙에게 판매하였다.
• 화가 丙은 丁의 위탁을 받아 丁을 모델로 한 초상화를 그려 이를 丁에게 인도하였다.

① 乙이 「군마」를 건축물의 외벽에 잠시 전시하고자 할 때라도 甲의 허락을 얻어야만 한다.
② 乙이 감상하기 위해서 「군마」를 자신의 거실 벽에 걸어 놓을 때는 甲의 허락을 얻어야 한다.
③ A가 공원에 항시 전시되어 있는 「군마」를 회화로 복제하고자 할 때는 乙의 허락을 얻어야 한다.
④ 丙이 丁의 초상화를 복제하여 전시하고자 할 때는 丁의 허락을 얻어야 한다.
⑤ B가 공원에 항시 전시되어 있는 丁의 초상화를 판매목적으로 복제하고자 할 때는 丙의 허락을 얻을 필요가 없다.

다음 글을 근거로 판단할 때, 〈상황〉의 ㉠에 들어갈 금액으로 옳은 것은? 17 5급(가) 26번

법원이 진행하는 부동산 경매를 통해 부동산을 매수하려는 사람은 법원이 정한 해당 부동산의 '최저가매각가격' 이상의 금액을 매수가격으로 하여 매수신고를 하여야 한다. 이때 신고인은 최저가매각가격의 10분의 1을 보증금으로 납부하여야 입찰에 참가할 수 있다. 법원은 입찰자 중 최고가매수가격을 신고한 사람(최고가매수신고인)을 매수인으로 결정하며, 매수인은 신고한 매수가격(매수신고액)에서 보증금을 공제한 금액을 지정된 기일까지 납부하여야 한다. 만일 최고가매수신고인이 그 대금을 기일까지 납부하지 않으면, 최고가매수신고인 외의 매수신고인은 자신이 신고한 매수가격대로 매수를 허가하여 달라는 취지의 차순위매수신고를 할 수 있다. 다만 차순위매수신고는 매수신고액이 최고가매수신고액에서 보증금을 뺀 금액을 넘어야 할 수 있다.

〈상 황〉

甲과 乙은 법원이 최저가매각가격을 2억 원으로 정한 A주택의 경매에 입찰자로 참가하였다. 甲은 매수가격을 2억 5천만 원으로 신고하여 최고가매수신고인이 되었다. 甲이 지정된 기일까지 대금을 납부하지 않은 경우, 乙이 차순위매수신고를 하기 위해서는 乙의 매수신고액이 최소한 (㉠)을 넘어야 한다.

① 2천만 원
② 2억 원
③ 2억 2천만 원
④ 2억 2천 5백만 원
⑤ 2억 3천만 원

다음 글을 근거로 판단할 때 옳은 것은? 18 5급(나) 21번

상훈법은 훈장과 포장을 함께 규정하고 있다. 훈장은 대한민국 국민이나 외국인으로서 대한민국에 뚜렷한 공로가 있는 자에게 수여한다. 훈장의 종류는 무궁화대훈장·건국훈장·국민훈장·무공훈장·근정훈장·보국훈장·수교훈장·산업훈장·새마을훈장·문화훈장·체육훈장·과학기술훈장 등 12종이 있다. 무궁화대훈장(무등급)을 제외하고는 각 훈장은 모두 5개 등급으로 나누어져 있고, 각 등급에 따라 다른 명칭이 붙여져 있다. 포장은 건국포장·국민포장·무공포장·근정포장·보국포장·예비군포장·수교포장·산업포장·새마을포장·문화포장·체육포장·과학기술포장 등 12종이 있고, 훈장과는 달리 등급이 없다.

훈장의 수여 여부는 서훈대상자의 공적 내용, 그 공적이 국가·사회에 미친 효과의 정도, 지위 및 그 밖의 사항을 참작하여 결정하며, 동일한 공적에 대하여는 훈장을 거듭 수여하지 않는다. 서훈의 추천은 원·부·처·청의 장, 국회사무총장, 법원행정처장, 헌법재판소사무처장, 감사원장, 중앙선거관리위원회 위원장 등이 행하되, 청의 장은 소속장관을 거쳐야 한다. 이상의 추천권자의 소관에 속하지 않는 서훈의 추천은 행정안전부장관이 행하고, 서훈의 추천을 하고자 할 때에는 공적 심사를 거쳐야 한다. 서훈대상자는 국무회의의 심의를 거쳐 대통령이 결정한다.

훈장은 대통령이 직접 수여함을 원칙으로 하나 예외적으로 제3자를 통해 수여할 수 있고, 훈장과 부상(금품)을 함께 줄 수 있다. 훈장은 본인에 한하여 종신 패용할 수 있고, 사후에는 그 유족이 보존하되 패용하지는 못한다. 훈장을 받은 자가 훈장을 분실하거나 파손한 때에는 유상으로 재교부 받을 수 있다.

훈장을 받은 자의 공적이 허위임이 판명된 경우, 훈장을 받은 자가 국가안전에 관한 죄를 범하고 형을 받았거나 적대지역으로 도피한 경우, 사형·무기 또는 3년 이상의 징역이나 금고의 형을 받은 경우에는 국무회의의 심의를 거쳐 서훈을 취소하고 훈장과 이에 관련하여 수여한 금품을 환수한다.

① 훈장의 명칭은 60개로 구분된다.
② 훈장과 포장은 등급별로 구분되어 있다.
③ 훈장을 받은 자가 사망하였다면 그 훈장은 패용될 수 없다.
④ 서훈대상자는 국회의 의결을 거쳐 대통령이 결정한다.
⑤ 훈장을 받은 자의 공적이 허위임이 판명되어 서훈이 취소된 경우, 훈장과 함께 수여한 금품은 그의 소유로 남는다.

기후변화란 자연적인 요인과 인위적인 요인에 의해 기후계가 점차 변화하는 것을 의미한다. IPCC※는 최근의 기후변화가 인간 활동에 의한 지구온난화 때문에 발생했을 가능성이 90%이며, 그 주요 원인은 화석연료의 과도한 사용으로 인한 온실가스 농도의 증가라고 밝히고 있다. 지구온난화에 가장 큰 영향을 미치는 6대 온실가스로는 이산화탄소(CO_2), 메탄(CH_4), 아산화질소(N_2O), 과불화탄소(PFC_s), 수불화탄소(HFC_s), 육불화황(SF_6)이 있다. 이 중 이산화탄소의 평균 농도는 산업혁명 전에는 약 280ppm이었으나, 2005년에는 379ppm으로 약 35.4%가 증가하였다.

한편 인공위성 관측자료(1979~2005년)에 의하면, 남극해 및 남극대륙 일부를 제외하고 전 지표면에서 온난화가 나타나고 있으며, 지난 20년 동안 육지의 온난화가 해양보다 빠르게 진행되어 왔다. 특히 온난화의 진행 정도는 북반구가 남반구에 비하여 훨씬 심하며, 북극지방의 평균온도 증가율은 지구 평균온도 증가율의 약 2배에 이르고 있다. 지난 43년 간(1961~2003년) 해수면은 연평균 0.17±0.05m, 해수온은 약 0.1℃ 상승한 것으로 관측되었다. 해수면 상승의 주요 원인으로는 해수 열팽창과 빙하 해빙을 들 수 있다. 강수의 경우 눈보다는 비가 많으며 폭우가 전 지역에서 증가하였고, 가뭄과 홍수 발생지역도 증가하는 추세이다.

※ IPCC(Intergovernmental Panel on Climate Change : 기후변화에 관한 정부간협의체)는 1988년 설립된 UN산하 국제기구로 지구적인 환경문제에 대처하기 위해 세계 각국 3,000여명의 전문가로 구성된 모임임

── 〈보 기〉 ──
ㄱ. 현재와 같은 온난화 추세가 지속되는 한, 북반구의 평균온도 변화는 남반구의 평균온도변화보다 더 클 수 있다.
ㄴ. 기후변화로 인한 육지의 생태계 변화는 해양의 생태계 변화보다 심하지 않을 것이다.
ㄷ. 산업혁명 이후 6대 온실가스 중에서 이산화탄소 농도의 증가율이 가장 크다.
ㄹ. 남극해의 평균온도 증가율은 지구 평균온도 증가율의 약 2배에 이르고 있다.

① ㄱ
② ㄱ, ㄷ
③ ㄴ, ㄹ
④ ㄷ, ㄹ
⑤ ㄱ, ㄴ, ㄹ

바이오 리파이너리(bio refinery)는 기존 산업 체계에서 원유가 담당하던 역할을 재생가능한 생물자원인 바이오매스(biomass)로 대체하려는 개념이다. 즉 지금까지 원유정제(oil refinery)를 통해 휘발유, 경유와 같은 연료와 수많은 화학제품을 생산했듯이, 바이오매스를 원료로 하는 바이오 리파이너리를 통해 바이오에탄올, 바이오디젤 등과 같은 연료와 바이오플라스틱 등의 각종 화학제품을 생산하려는 시도이다. 기존의 플라스틱과 달리 바이오플라스틱은 토양 속의 세균에 의해 분해되는 특성을 갖는다. 또한 태양열/태양광, 풍력, 지열 등과 같은 대체 에너지원들은 단순히 발전과 열 이용 측면에서 원유를 대체할 수 있는 수단인 점을 감안할 때 바이오 리파이너리는 훨씬 포괄적인 범위에서 원유를 대체할 수 있는 방식이다.

예를 들어 이러한 움직임이 가장 활발하게 나타나고 있는 ○○국에서는 최근 '바이오에너지와 바이오제품 비전'을 발표하면서 2030년까지 바이오연료는 연평균 15%, 바이오제품은 연평균 5.7%의 시장확대를 목표로 하는 '바이오 리파이너리 산업창출 장기전략'을 밝힌 바 있다. 또한 원유를 원료로 하여 생산되는 제품의 20%를 2020년까지, 50%를 2050년까지 바이오제품으로 대체할 계획을 밝혔다.

다만 바이오매스 자원은 매우 다양한 형태로 존재하므로 자원의 확보보다는 바이오매스를 이용한 원천기술 개발이 시급하다.

── 〈보 기〉 ──
ㄱ. 향후 대체 에너지원으로서 태양열/태양광, 풍력 등이 바이오에탄올과 바이오디젤 등보다 우위를 점할 것이다.
ㄴ. 원유가 원료인 제품을 점차 바이오제품으로 대체하여 향후 새로운 시장을 창출할 수 있다.
ㄷ. 바이오 리파이너리의 친환경기술은 원유정제기술을 발전시켰다.
ㄹ. 바이오매스 자원을 이용한 바이오 리파이너리 활용에 있어 새로운 자원 탐색이 시급하게 요구된다.

① ㄱ
② ㄴ
③ ㄷ
④ ㄱ, ㄹ
⑤ ㄴ, ㄷ

문 35. 다음 그림을 보고 옳게 판단한 것을 〈보기〉에서 모두 고르면?

11 5급(발) 26번

〈보 기〉

ㄱ. 현재는 석유와 천연가스 등 화석연료에서 수소를 얻고 있지만, 미래에는 재생에너지나 원자력을 활용한 수소제조법이 사용될 것이다.

ㄴ. 수소는 현재 제조 및 사용과정에서 온실가스를 발생시키지 않는 친환경에너지이며, 쉽게 구할 수 있는 물로부터 얻을 수 있다는 장점을 갖고 있다.

ㄷ. 수소저장기술은 기체나 액체 상태로 저장하는 방식과 고체(매체)로 저장하는 방식으로 나눌 수 있다.

ㄹ. 수소를 제조하는 기술에는 화석연료를 전기분해하는 방법과 재생에너지를 이용하여 물을 열분해하는 두 가지 방법이 있다.

ㅁ. 수소는 물, 석유, 천연가스 및 유기성 폐기물 등에 함유되어 있으므로, 다양한 원료로부터 생산할 수 있다는 장점을 갖고 있다.

① ㄱ, ㄴ, ㅁ
② ㄱ, ㄷ, ㄹ
③ ㄱ, ㄷ, ㅁ
④ ㄴ, ㄷ, ㅁ
⑤ ㄴ, ㄹ, ㅁ

문 36. 다음 글에 근거할 때, 옳게 추론한 것을 〈보기〉에서 모두 고르면?

12 5급(인) 01번

수원 화성(華城)은 조선의 22대 임금 정조가 강력한 왕도정치를 실현하고 수도 남쪽의 국방요새로 활용하기 위하여 축성한 것이었다. 규장각 문신 정약용은 동서양의 기술서를 참고하여 『성화주략』(1793년)을 만들었고, 이것은 화성 축성의 지침서가 되었다. 화성은 재상을 지낸 영중추부사 채제공의 총괄 하에 조심태의 지휘로 1794년 1월에 착공에 들어가 1796년 9월에 완공되었다. 축성과정에서 거중기, 녹로 등 새로운 장비를 특수하게 고안하여 장대한 석재 등을 옮기며 쌓는 데 이용하였다. 축성 후 1801년에 발간된 『화성성역의궤』에는 축성계획, 제도, 법식뿐 아니라 동원된 인력의 인적사항, 재료의 출처 및 용도, 예산 및 임금계산, 시공기계, 재료가공법, 공사일지 등이 상세히 기록되어 있어 건축 기록으로서 역사적 가치가 큰 것으로 평가되고 있다.

화성은 서쪽으로는 팔달산을 끼고 동쪽으로는 낮은 구릉의 평지를 따라 쌓은 평산성인데, 종래의 중화문명권에서는 찾아볼 수 없는 형태였다. 성벽은 서쪽의 팔달산 정상에서 길게 이어져 내려와 산세를 살려가며 쌓았는데 크게 타원을 그리면서 도시 중심부를 감싸는 형태를 띠고 있다. 화성의 둘레는 5,744m, 면적은 130ha로 동쪽 지형은 평지를 이루고 서쪽은 팔달산에 걸쳐 있다. 화성의 성곽은 문루 4개, 수문 2개, 공심돈 3개, 장대 2개, 노대 2개, 포(鋪)루 5개, 포(砲)루 5개, 각루 4개, 암문 5개, 봉돈 1개, 적대 4개, 치성 9개, 은구 2개의 시설물로 이루어져 있었으나, 이 중 수해와 전쟁으로 7개 시설물(수문 1개, 공심돈 1개, 암문 1개, 적대 2개, 은구 2개)이 소멸되었다. 화성은 축성 당시의 성곽이 거의 원형대로 보존되어 있다. 북수문을 통해 흐르던 수원천이 현재에도 그대로 흐르고 있고, 팔달문과 장안문, 화성행궁과 창룡문을 잇는 가로망이 현재에도 성안 도시의 주요 골격을 유지하고 있다. 창룡문·장안문·화서문·팔달문 등 4대문을 비롯한 각종 방어시설들을 돌과 벽돌을 섞어서 쌓은 점은 화성만의 특징이라 하겠다.

〈보 기〉

ㄱ. 화성은 축성 당시 중국에서 찾아보기 힘든 평산성의 형태로서 군사적 방어기능을 보유하고 있다.

ㄴ. 화성의 성곽 시설물 중 은구는 모두 소멸되었다.

ㄷ. 조선의 다른 성곽들의 방어시설은 돌과 벽돌을 섞어서 쌓지 않았을 것이다.

ㄹ. 화성의 축조와 관련된 기술적인 세부사항들은 『성화주략』보다는 화성 축성의 지침이 된 『화성성역의궤』에 보다 잘 기술되어 있을 것이다.

① ㄱ, ㄴ
② ㄴ, ㄹ
③ ㄷ, ㄹ
④ ㄱ, ㄴ, ㄷ
⑤ ㄱ, ㄷ, ㄹ

12 5급(인) 02번

클래식 음악에는 보통 'Op.'로 시작하는 작품번호가 붙는다. 이는 '작품'을 의미하는 라틴어 Opus의 약자에서 비롯되었다. 한편 몇몇 작곡가들의 작품에는 다른 약자로 시작하는 작품번호가 붙기도 한다. 예를 들면 하이든의 작품에는 통상적으로 'Hob.'로 시작하는 작품번호가 붙는다. 이는 네덜란드의 안토니 판 호보켄이 1957년과 1971년 하이든의 음악을 정리하여 낸 두 권의 카탈로그에서 유래한 것이다.

'RV.'는 Ryom-Verzeichnis(리옹번호를 뜻하는 독일어)의 약자이다. 이는 1977년 프랑스의 피터 리옹이 비발디의 방대한 작품들을 번호순으로 정리하여 출판한 목록에서 비롯되었다. 비발디의 작품에 대해서는 그 전에도 마르크 핀케를(P.)이나 안토니오 파나(F.)에 의한 번호목록이 출판되었으나, 리옹의 작품번호가 가장 포괄적이며 많이 쓰인다.

바흐 역시 작품마다 고유의 작품번호가 붙어 있는데 이것은 바흐의 작품을 구분하여 정리한 볼프강 슈미더에 의한 것이다. 'BWV'는 Bach-Werke-Verzeichnis(바흐의 작품번호를 뜻하는 독일어)의 첫 글자를 따온 것으로, 정리한 순서대로 아라비아 숫자가 붙어서 바흐의 작품번호가 되었다. 'BWV'는 총 1,080개의 바흐의 작품에 붙어 있다.

모차르트의 작품에 가장 빈번히 사용되는 'K.'는 오스트리아의 모차르트 연구가 루드비히 폰 쾨헬의 이니셜을 딴 것이다. 그는 총 626곡의 모차르트 작품에 번호를 매겼다. 'K.'는 종종 '쾨헬번호'라는 의미의 Köchel-Verzeichnis의 약자인 'KV.'로 표기되기도 한다.

'D.'로 시작하는 작품번호는 슈베르트에 관한 권위자인 오토 에리히 도이치의 이름을 따서 붙여진 것이다. 오스트리아의 음악 문헌학자이며 전기작가인 도이치는 연대순으로 총 998개의 슈베르트 작품에 번호를 매겼다.

──────────〈보 기〉──────────
ㄱ. 작품번호만 보아도 누구의 곡인지 알 수 있는 경우가 있다.
ㄴ. 비발디의 작품번호를 최초로 정리하여 출판한 사람은 피터 리옹이다.
ㄷ. 몇몇 작곡가들의 작품번호는 작품들을 정리한 사람 이름의 이니셜을 사용하기도 한다.
ㄹ. BWV293과 D.759라는 작품이 있다면 그것은 각각 바흐와 슈베르트의 작품일 것이다.

① ㄱ, ㄴ
② ㄱ, ㄹ
③ ㄴ, ㄷ
④ ㄱ, ㄷ, ㄹ
⑤ ㄴ, ㄷ, ㄹ

12 5급(인) 03번

미래사회는 노동력 부족을 경험할까? 바우만(Bauman)은 후기 산업사회가 "대규모 노동력을 필요로 하지 않으며, 노동력과 비용을 줄이면서 이익뿐 아니라 생산물 규모를 증대시키는 방법을 익혀왔다."고 단언하고 있다. 노동가능한 모든 사회구성원을 노동시장에 진입시키지 않고도, 안정적 고용을 담보하지 않고도 생산력의 증대가 가능하다는 것이다. A국도 예외가 아니다. A국 내의 전체 근로자 중 500인 이상 대규모 사업체에 고용되어 있는 근로자의 비율은 2001년 17.2%에서 2011년 8.7%로 불과 10년만에 절반 가까이 감소했다. 즉, 안정적이고 좋은 일자리를 제공하는 대규모 사업체의 고용비율이 급격히 감소하고 있다. 또한 지난 2006년부터 2010년까지의 소득 10분위별 고용증감 통계에 따르면, 고소득층과 저소득층의 일자리는 증가한 반면 중간소득층의 일자리는 8만 7천 개가 감소한 것으로 나타났다. 한편 언제든지 대체 가능한 저임금·비정규 일자리가 증가하였다.

──────────〈보 기〉──────────
ㄱ. 앞으로 심각한 노동력 부족 현상을 경험하게 될 것이다.
ㄴ. 500인 이상을 고용하고 있는 대규모 사업체의 수는 늘어나고 있다.
ㄷ. 생산력의 증대를 위해서는 안정적인 고용이 필수적인 조건이 되고 있다.
ㄹ. 저임금·비정규 일자리는 증가하였고, 중간소득층의 일자리는 감소하였다.

① ㄴ
② ㄹ
③ ㄱ, ㄴ
④ ㄷ, ㄹ
⑤ ㄱ, ㄷ, ㄹ

다음 글에 근거할 때, 옳지 <u>않은</u> 것을 〈보기〉에서 모두 고르면?

12 5급(인) 21번

조선 시대 사족(士族)은 그들의 위세를 과시하고 이익을 지켜 나가기 위한 조직을 만들어 나가는 데에 관심을 기울였다. 그들은 스스로 유향소(留鄕所)를 만들어 중앙정부가 군현에 파견한 수령을 견제하는 한편, 향리세력에 대한 우위를 확보하고 향촌민을 원활히 통제하고자 하였다. 이 때문에 조선 초기에 유향소의 사족이 과도하게 권익을 추구하다가 수령과 마찰을 빚는 경우가 많았다. 그래서 태종이 유향소를 혁파하자 수령과 향리의 비리와 탐학이 늘어나는 부작용이 발생했다. 이에 중앙정부는 서울에 경재소(京在所)란 통제기구를 마련한 뒤 유향소를 부활시키고, 유향소의 폐단을 막고자 노력하였다. 그런데 이번에는 유향소의 사족과 수령이 결탁하여 백성들을 괴롭히자 세조는 이를 구실로 다시 유향소를 혁파하였다.

유향소는 사림파가 중앙정계에 진출하는 성종 대에 다시 설치되었는데, 사족이 유향소를 통해 불효 등으로 향촌질서를 깨트리는 자들을 규율하는 데 중점을 두었다. 이는 사림파가 유향소를 통해 성리학적 질서를 확고히 하여 백성들을 다스리고, 이를 바탕으로 당시 집권세력인 훈구파에 대항하려는 것이었다. 하지만 사림파의 의도가 관철된 곳은 사림파의 세력이 강한 영남 일부 지역뿐이었고, 그 밖의 대부분 지역은 훈구파에 의해 좌지우지되었다. 훈구파가 유향소의 임원에 대한 인사권을 가진 경재소를 대부분 장악했기 때문이었다. 이로써 향촌자치는 중앙의 정치논리에 의해 쉽게 제약당할 수 있었다. 이렇게 되자 사림들은 그들이 세력기반으로 삼으려 했던 유향소를 혁파하자고 주장하였다. 그 대신 향약보급을 통해 향촌질서를 바로잡고자 하였다. 임진왜란 이후에는 수령권이 강화되면서 유향소의 지위가 격하되고, 그에 따라 이를 통할하던 경재소도 1603년 영구히 폐지되었다.

〈보 기〉

ㄱ. 사족은 유향소를 통해 향촌민을 통제하고자 하였다.
ㄴ. 유향소는 지방 사족 자치기구였기 때문에 중앙 정치권력과 무관하였다.
ㄷ. 경재소는 유향소를 혁파하기 위해 만들어졌다.
ㄹ. 유향소는 양반 중심의 신분질서에 기반하였기 때문에 조선 후기까지 안정적으로 유지되었다.

① ㄱ
② ㄴ, ㄷ
③ ㄷ, ㄹ
④ ㄱ, ㄴ, ㄹ
⑤ ㄴ, ㄷ, ㄹ

다음 글에 근거할 때, 甲의 관점에서 옳게 추론한 것을 〈보기〉에서 모두 고르면?

12 5급(인) 26번

• 세계 각국에서 상원의석을 지역별로 배분하는 방식은 크게 두 가지이다. 하나는 각 지역의 인구 수에 비례하여 의석을 배분하는 것이고, 다른 하나는 각 지역별로 의석을 균등하게 배분하는 것이다. 또한 상원의원을 선출하는 방식에도 두 가지가 있다. 하나는 주민들이 직접 선출하는 방식이고, 다른 하나는 지방의회 등이 선출하는 간접적인 방식이다. 甲은 의석 배분에서 인구비례가 엄격하게 반영될수록, 주민들에 의해 직접 선출되는 상원의원의 비율이 높을수록 더 민주적이라고 생각한다.

• X국 하원의원은 인구비례로 선출되는데 반해 상원의원은 모든 주에서 두 명씩 선출된다. 따라서 인구가 가장 많은 a주(인구 수 : 3,600만 명)와 가장 적은 b주(인구 수 : 60만 명)에서 똑같이 2명의 상원의원이 선출된다. 1913년 이전에는 주의회가 상원의원을 선출했으나 1913년 헌법 개정 이후에는 주민들이 직접 선출하고 있다. 반면, Y국의 상원의원은 인구의 95% 이상이 집중되어 있고 인구규모가 비슷한 c주, d주, e주, f주에서 각각 24명씩 선출되고, 나머지 g주, h주, i주에서 각각 1명씩 선출된다. Y국에서는 지방의회가 상원의원을 선출한다. Z국 상원의 경우 가장 많은 인구를 가진 주는 8명의 의원을 선출하고, 가장 적은 인구를 가진 주는 3명의 의원을 선출한다. 그밖의 주들은 인구규모에 따라 4~7명의 상원의원을 선출한다.

〈보 기〉

ㄱ. X국의 경우 1913년 헌법 개정 이후의 상원의원 선출방식은 그 이전의 선출방식보다 더 민주적이다.
ㄴ. Y국은 상원의원의 선출방식과 상원의석의 배분방식에서 X국보다 더 민주적이다.
ㄷ. 상원의석의 배분방식에서 Z국은 X국보다 더 민주적이다.
ㄹ. X국의 b주에서 선출되는 상원의원의 수를 a주에서 선출되는 상원의원 수보다 더 많게 하는 경우 현재의 의석배분방식보다 더 민주적이다.

① ㄱ, ㄴ
② ㄱ, ㄷ
③ ㄴ, ㄹ
④ ㄱ, ㄴ, ㄷ
⑤ ㄱ, ㄷ, ㄹ

꿀벌은 나무 둥지나 벌통에서 군집생활을 한다. 암컷인 일벌과 여왕벌은 침이 있으나 수컷인 수벌은 침이 없다. 여왕벌과 일벌은 모두 산란하지만 여왕벌의 알만이 수벌의 정자와 수정되어 암벌인 일벌과 여왕벌로 발달하고, 일벌이 낳은 알은 미수정란이므로 수벌이 된다. 여왕벌의 수정란은 3일 만에 부화하여 유충이 되는데 로열젤리를 먹는 기간의 정도에 따라서 일벌과 여왕벌로 성장한다.

꿀벌 집단에서 일어나는 모든 생태 활동은 매우 복잡하기 때문에 이를 이해하는 관점도 다르게 형성되었다. 꿀벌 집단을 하나로 모으는 힘이 일벌을 지배하는 전지적인 여왕벌에서 비롯된다는 믿음은 아리스토텔레스 시대부터 시작되어 오늘에 이르고 있다. 이러한 믿음은 여왕벌이 다수의 수벌을 거느리고 결혼비행을 하며 공중에서 교미를 한 후에 산란을 하는 모습에 연원을 두고 있다. 꿀벌 집단의 노동력을 유지하기 위하여 매일 수천여 개의 알을 낳거나, 다른 여왕벌을 키우지 못하도록 억제하는 것도 이러한 믿음을 강화시켰다. 또한 새로운 여왕벌의 출현으로 여왕벌들의 싸움이 일어나서 여왕벌을 중심으로 한 곳에 있던 벌떼가 다른 곳으로 옮겨가서 새로운 사회를 이루는 과정도 이러한 믿음을 갖게 하였다.

그러나 꿀벌의 모든 생태 활동이 이러한 견해를 뒷받침하는 것은 아니다. 요컨대 벌집의 실질적인 운영은 일벌에 의하여 집단적으로 이루어진다. 일벌은 꽃가루와 꿀 그리고 입에서 나오는 로열젤리를 유충에게 먹여서 키운다. 일벌은 꽃가루를 모으고, 파수병의 역할을 하며, 벌집을 새로 만들거나 청소하는 등 다양한 역할을 수행한다. 일벌은 또한 새로운 여왕벌의 출현을 최대한 억제하는 역할도 수행한다. 여왕벌에서 '여왕 물질'이라는 선분비물이 나오고 여왕벌과 접촉하는 일벌은 이 물질을 더듬이에 묻혀 벌집 곳곳에 퍼뜨린다. 이 물질의 전달을 통해서 여왕벌의 건재함이 알려져서 새로운 여왕벌을 키울 필요가 없다는 사실이 집단에게 알려지는 것이다.

① 사람이 꿀벌에 쏘였다면 그는 일벌이나 수벌에 쏘였을 것이다.
② 일벌은 암컷과 수컷으로 나누어지고 성별에 따라 역할이 나누어진다.
③ 수벌은 꿀벌 집단을 다른 집단으로부터 보호하는 파수병 역할을 한다.
④ 일벌이 낳은 알에서 부화된 유충이 로열젤리를 계속해서 먹으면 여왕벌이 된다.
⑤ 여왕 물질이라는 선분비물을 통하여 새로운 여왕벌의 출현이 억제된다.

조선 시대 재이(災異)는 재난(災難)과 변이(變異)의 합성어로서 재난보다 더 포괄적인 개념이다. 재이에는 가뭄, 홍수, 질병 등 인간에게 직접적인 상해를 입히는 재난과 괴이한 자연현상 뿐만 아니라 와언(訛言)이라 일컬어지는 유언비어와 같은 사회적 사건 역시 포함되었다.

조선 시대 지배계층은 재이에 대한 대응을 중요한 통치수단으로 삼았다. 유학의 재이론은 한나라 때 일식, 홍수, 지진 등의 재앙을 통치자의 실정(失政) 탓이라고 생각했던 것에서 연원했다. 예를 들면 지배계층이 실정하면 재이를 통해 국가가 패망에 이르게 될 것을 알려준다고 생각했다. 그러므로 재이론은 재난을 입은 피지배계층 뿐만 아니라 지배계층에게도 중요한 정치적 의미가 있었다.

기양의례(祈禳儀禮)는 재이에 대처하는 국가적 방식이었다. 기양의례에는 기우제(祈雨祭)와 여제(厲祭) 등이 있었다. 가뭄이 극심해지면 임금이 제주(祭主)가 되어 기우제를 지냈다. 이 때 임금은 하늘의 벌을 받아 비가 내리지 않는다 하여, 음식을 전폐하고 궁궐에서 초가로 거처를 옮기고 죄인을 석방하는 등의 조치를 취하기도 하였다. 이것은 비가 내리기를 기원하고 가뭄으로 흉흉한 민심을 안정시키고자 하는데 그 목적이 있었다. 한편 여제란 전염병이 발생했을 때 행했던 의례였다. 여제는 바이러스나 세균에 의한 전염을 이해하지 못했기 때문에 종교적으로 정화하기 위한 의례였다. 지배계층은 기양의례와 같은 정치적 제사를 통해 피지배계층의 고통을 외면하지 않고, 재이를 해결하고자 하는 의지를 드러냈다.

〈보 기〉
ㄱ. 조선 시대에 재난은 재이를 포괄하는 개념이었다.
ㄴ. 조선 시대 기우제는 민심을 안정시키기 위한 통치수단이기도 했다.
ㄷ. 재이론에 따르면 재이는 지배계층의 실정에 대한 경고적 의미가 있었다.
ㄹ. 조선 시대에 전염병이 발생했을 때 행하는 국가적 의례는 재이론을 바탕으로 시행했을 것이다.

① ㄱ
② ㄴ, ㄷ
③ ㄱ, ㄴ, ㄹ
④ ㄱ, ㄷ, ㄹ
⑤ ㄴ, ㄷ, ㄹ

『규합총서(1809)』에는 생선을 조리하는 방법으로 고는 방법, 굽는 방법, 완자탕으로 만드는 방법 등이 소개되어 있다. 그런데 통째로 모양을 유지시키면서 접시에 올리려면 굽거나 찌는 방법 밖에 없다. 보통 생선을 구우려면 긴 꼬챙이를 생선의 입부터 꼬리까지 빗겨 질러서 화로에 얹고 간접적으로 불을 쬐게 한다. 그러나 이런 방법을 쓰면 생선의 입이 원래 상태에서 크게 벗어나 뒤틀리고 만다.

당시에는 굽기보다는 찌기가 더욱 일반적이었다. 먼저 생선의 비늘을 벗겨내고 내장을 제거한 후 흐르는 물에 깨끗하게 씻는다. 여기에 소금으로 간을 하여 하루쯤 채반에 받쳐 그늘진 곳에서 말린다. 이것을 솥 위에 올린 시루 속에 넣고 약한 불로 찌면 식어도 그 맛이 일품이다. 보통 제사에 올리는 생선은 이와 같이 찌는 조리법을 이용했다. 이 시대에는 신분에 관계없이 유교식 제사가 집집마다 퍼졌기 때문에 생선을 찌는 조리법이 널리 받아들여졌다.

한편 1830년대 중반 이후 밀입국한 신부 샤를 달레가 집필한 책에 생선을 생으로 먹는 조선 시대의 풍습이 소개되어 있다. 샤를 달레는 "조선에서는 하천만 있으면 낚시하는 남자들을 많이 볼 수 있다. 그들은 생선 중 작은 것은 비늘과 내장을 정리하지 않고 통째로 먹는다."고 했다. 아마도 하천에 인접한 고을에서는 생으로 민물고기를 먹고 간디스토마에 걸려서 죽은 사람이 많았을 것이다. 하지만 간디스토마라는 질병의 실체를 알게 된 것은 일제 시대에 들어오고 나서다. 결국 간디스토마에 걸리지 않도록 하기 위해 행정적으로 낚시금지령이 내려지기도 했다. 생선을 생으로 먹는 풍습은 일제 시대에 사시미가 소개되면서 지속되었다. 그런데 실제로 일본에서는 잡은 생선을 일정 기간 숙성시켜서도 먹었다.

① 조선의 생선 조리법과 유교식 제사는 밀접한 관련이 있다.
② 일제 시대에 일본을 통해서 생선을 생으로 먹는 풍습이 처음 도입되었다.
③ 샤를 달레의 『규합총서』에 생선을 생으로 먹는 조선의 풍습이 소개되었다.
④ 조선 시대에는 생선을 통째로 접시에 올릴 수 없었기 때문에 굽기보다는 찌기를 선호하였다.
⑤ 1800년대 조선인은 간디스토마의 위험을 알면서도 민물고기를 먹었기 때문에 낚시금지령이 내려지기도 했다.

교정(矯正)에 대한 개념은 최협의(最狹義), 협의(狹義), 광의(廣義), 최광의(最廣義) 4가지로 나누어 설명할 수 있다.

최협의의 교정은 행형(行刑), 즉 형을 집행한다는 뜻이다. 형사절차에서 징역형, 금고형, 구류형 등을 받은 자(이른바 '수형자'를 말한다)에 대하여 형사재판의 결과대로 교정시설(교도소)에서 형을 집행하는 과정 중에 이루어지는 처우(處遇)를 말한다.

협의의 교정은 최협의의 교정에 형사피의자 또는 형사피고인에 대한 구속영장의 집행절차(이른바 '미결수용'을 말한다)를 추가한 것으로, 시설측면에서 보면 교정시설에서 이루어지는 수형자에 대한 교정과 구치소와 경찰서의 유치장에서 이루어지는 미결수용자에 대한 처우를 말한다.

광의의 교정은 협의의 교정에 구금성 보안처분을 포함한 것을 말한다. 구금성 보안처분에는 소년원 수용처분과 치료감호처분 등이 있다. 소년원 수용처분을 받은 자에 대한 처우로는 학과교육, 직업훈련, 교화활동 등이 있다.

최광의의 교정은 광의의 교정에 보호관찰, 갱생보호 등 사회 내 처우를 포함한 것을 말한다. 따라서 교도소나 소년원 출소 이후에 이루어지는 각종 갱생보호활동이나 사회복귀지원활동 및 재범예방활동도 여기에 해당한다.

① 교도소에서 만기출소한 자에 대한 갱생보호활동은 최광의의 교정 개념에 포함된다.
② 징역형을 선고 받고 교도소에 수용된 자에 대한 처우는 최협의의 교정 개념에 포함된다.
③ 수용된 소년을 대상으로 하는 소년원의 학과교육은 최광의의 교정 개념에 포함되지 않는다.
④ 구속 상태에서 법원의 재판을 받고 있는 자에 대한 각종 처우는 광의의 교정 개념에 포함된다.
⑤ 교도소에 수용되었다가 가석방된 자에 대한 보호관찰활동은 광의의 교정 개념에 포함되지 않는다.

과거에는 질병의 '치료'를 중시하였으나 점차 질병의 '진단'을 중시하는 추세로 변화하고 있다. 조기진단을 통해 질병을 최대한 빠른 시점에 발견하고 이에 따른 명확한 치료책을 제시함으로써 뒤늦은 진단 및 오진으로 발생하는 사회적 비용을 최소화하고 질병 관리능력을 증대시키고 있다. 조기진단의 경제적 효과는 실로 엄청난데, 관련 기관의 보고서에 의하면 유방암 치료비는 말기진단 시 60,000~145,000 달러인데 비해 조기진단 시 10,000~15,000 달러로 현저한 차이를 보인다. 또한 조기진단과 치료로 인한 생존율 역시 말기진단의 경우에 비해 4배 이상 증가한 것으로 밝혀졌다.

현재 조기진단을 가능케 하는 진단영상기기로는 X-ray, CT, MRI 등이 널리 쓰이고 있으며, 이 중 1985년에 개발된 MRI가 가장 최신장비로 손꼽힌다. MRI는 다른 기기에 비해 연골과 근육, 척수, 혈관 속 물질, 뇌조직 등 체내 부드러운 조직의 미세한 차이를 구분하고 신체의 이상 유무를 밝히는 데 탁월하여 현존하는 진단기기 중에 가장 성능이 좋은 것으로 평가받고 있다. 이러한 특징으로 인해 MRI는 세포 조직 내 유방암, 위암, 파킨슨병, 알츠하이머병, 다발성경화증 등의 뇌신경계 질환 진단에 많이 활용되고 있다.

전 세계적으로 MRI 관련 산업의 시장규모는 매년 약 42억~45억 달러씩 늘어나고 있다. 한국의 시장규모는 연간 8,000만~1억 달러씩 증가하고 있다. 현재 한국에는 약 800대의 MRI 기기가 도입돼 있다. 이는 인구 백만 명 당 16대꼴로 일본이나 미국에는 미치지 못하지만 유럽이나 기타 OECD 국가들에 뒤지지 않는 보급률이다.

〈보 기〉

ㄱ. 질병의 조기진단은 경제적 측면뿐만 아니라, 치료 효과 측면에서도 유리하다.

ㄴ. CT는 조기진단을 가능케 하는 진단영상기기로서, 체내 부드러운 조직의 미세한 차이를 구분하는 데 있어 다른 기기에 비해 더 탁월한 효과를 보여준다.

ㄷ. 한국의 MRI기기 보급률은 대부분의 OECD 국가들과 견줄 수 있는 정도이다.

ㄹ. 한국의 MRI 관련 산업 시장규모는 전 세계 시장규모의 3%를 상회하고 있다.

① ㄱ, ㄷ
② ㄱ, ㄹ
③ ㄴ, ㄷ
④ ㄴ, ㄹ
⑤ ㄱ, ㄷ, ㄹ

북독일과 남독일의 맥주는 맛의 차이가 분명하다. 북독일 맥주는 한마디로 '강한 맛이 생명'이라고 표현할 수 있다. 맥주를 최대한 발효시켜 진액을 거의 남기지 않고 당분을 낮춘다. 반면 홉(hop) 첨가량은 비교적 많기 때문에 '담백하고 씁쓸한', 즉 강렬한 맛의 맥주가 탄생한다. 이른바 쌉쌀한 맛의 맥주라고 할 수 있다. 이에 반해 19세기 말까지 남독일의 고전적인 뮌헨 맥주는 원래 색이 짙고 순하며 단맛이 감도는 특징이 있었다. 이 전통을 계승하여 만들어진 뮌헨 맥주는 홉의 쓴맛보다 맥아 본래의 순한 맛에 역점을 둔 '강하지 않고 진한' 맥주다.

옥토버페스트(Oktoberfest)는 맥주 축제의 대명사이다. 옥토버페스트의 기원은 1810년에 바이에른의 시골에서 열린 축제이다. 바이에른 황태자와 작센에서 온 공주의 결혼을 축하하기 위해 개최한 경마대회가 시초이다. 축제는 뮌헨 중앙역에서 서남서로 2km 떨어진 곳에 있는 테레지아 초원에서 열린다. 처음 이곳은 맥주와 무관했지만, 4년 후 놋쇠 뚜껑이 달린 도기제 맥주잔에 맥주를 담아 판매하는 노점상이 들어섰고, 다시 몇 년이 지나자 테레지아 왕비의 기념 경마대회는 완전히 맥주 축제로 변신했다.

축제가 열리는 동안 세계 각국의 관광객이 독일을 찾는다. 그래서 이 기간에 뮌헨에 숙박하려면 보통 어려운 게 아니다. 저렴하고 좋은 호텔은 봄에 이미 예약이 끝난다. 축제는 2주간 열리고 10월 첫째 주 일요일이 마지막 날로 정해져 있다.

뮌헨에 있는 오래된 6대 맥주 회사만이 옥토버페스트 축제장에 텐트를 설치할 수 있다. 각 회사는 축제장에 대형 텐트로 비어홀을 내는데, 두 곳을 내는 곳도 있어 텐트의 개수는 총 9~10개 정도이다. 텐트 하나에 5천 명 정도 들어갈 수 있고, 텐트 전체로는 5만 명을 수용할 수 있다. 이 축제의 통계를 살펴보면, 기간 14일, 전체 입장객 수 650만 명, 맥주 소비량 510만 리터 등이다.

① ○○년 10월 11일이 일요일이라면 ○○년의 옥토버페스트는 9월 28일에 시작되었을 것이다.

② 봄에 호텔 예약을 하지 않으면 옥토버페스트 기간에 뮌헨에서 호텔에 숙박할 수 없다.

③ 옥토버페스트는 처음부터 맥주 축제로 시작하여 약 200년의 역사를 지니게 되었다.

④ 북독일 맥주를 좋아하는 사람이 뮌헨 맥주를 '강한 맛이 없다'고 비판한다면, 뮌헨 맥주를 좋아하는 사람은 맥아가 가진 본래의 맛이야말로 뮌헨 맥주의 장점이라고 말할 것이다.

⑤ 옥토버페스트에서 총 10개의 텐트가 설치되고 각 텐트에서의 맥주 소비량이 비슷하다면, 2개의 텐트를 설치한 맥주 회사에서 만든 맥주는 하루에 평균적으로 약 7천 리터가 소비되었을 것이다.

봉수대 위에서 생활하면서 근무하는 요원으로 봉군(烽軍)과 오장(伍長)이 있었다. 봉군은 주야(晝夜)로 후망(堠望)을 게을리해서는 안 되는 고역을 직접 담당하였고, 오장은 대상(臺上)에서 근무하면서 봉군을 감시하는 임무를 맡았다.

경봉수는 전국의 모든 봉수가 집결하는 중앙봉수로서 서울에 위치하였고, 연변봉수는 해륙변경(海陸邊境)의 제1선에 설치한 것으로 그 임무수행이 가장 힘들었다. 내지봉수는 연변봉수와 경봉수를 연결하는 중간봉수로 수적으로 대다수였다.

『경국대전』에 따르면 연변봉수와 내지봉수의 봉군 정원은 매소(每所) 6인이었다. 오장의 정원은 연변봉수·내지봉수·경봉수 모두 매소 2인이었다. 봉군은 신량역천(身良役賤), 즉 신분상으로는 양인(良人)이나 국역담당에 있어서는 천인(賤人)이었다.

『대동지지』에 수록된 파발(擺撥)의 조직망을 보면, 서발은 의주에서 한성까지 1,050리의 직로(直路)에 기마통신(騎馬通信)인 기발로 41참(站)을 두었고, 북발은 경흥에서 한성까지 2,300리의 직로에 도보통신인 보발로 64참을 설치하였다. 남발은 동래에서 한성까지 920리의 직로에 보발로 31참을 설치하였다. 발군(撥軍)은 양인(良人)인 기보병(騎步兵)으로만 편성되었다. 파발은 긴급을 요하기 때문에 주야로 달렸다. 기발의 속도가 1주야(24시간)에 약 300리 정도로 중국의 400~500리보다 늦은 것은 산악이 많은 지형 때문이었다.

봉수는 경비가 덜 들고 신속하게 전달할 수 있는 장점이 있으나 적의 동태를 오직 봉수의 개수로만 전하기 때문에 그 내용을 자세히 전달할 수 없고 또한 비와 구름·안개로 인하여 판단이 곤란하고 중도에 단절되는 결점이 있었다. 반면에 파발은 경비가 많이 소요되고 봉수보다는 전달속도가 늦은 결점이 있으나 문서로 전달되기 때문에 보안유지는 물론 적의 병력 수·장비·이동상황 그리고 아군의 피해상황 등을 상세하게 전달할 수 있는 장점이 있었다.

―〈보기〉―

ㄱ. 『경국대전』에 따를 때 연변봉수의 근무자 정원은 총 6명이었을 것이다.

ㄴ. 발군의 신분은 봉군의 신분보다 낮았을 것이다.

ㄷ. 파발을 위한 모든 직로에 설치된 참과 참 사이의 거리는 동일했을 것이다.

ㄹ. 의주에서 한성까지 기발로 문서를 전달하는 데 통상 2주야가 걸렸을 것이다.

① ㄱ

② ㄴ, ㄷ

③ ㄱ, ㄴ, ㄹ

④ ㄴ, ㄷ, ㄹ

⑤ ㄱ, ㄴ, ㄷ, ㄹ

○○부는 2013년 11월 김치 담그는 비용을 지수화한 '김치지수'를 발표했다. 김치지수는 개별품목 가격이 아닌 김치재료를 포괄하는 비용을 지수화한 것이다. ○○부는 김치재료 13개 품목의 소매가격을 바탕으로 기준가격을 산출했다. 4인 가족 기준 13개 품목은 배추 20포기(60kg), 무 10개(18kg), 고춧가루 1.86kg, 깐마늘 1.2kg, 대파 2kg, 쪽파 2.4kg, 흙생강 120g, 미나리 2kg, 갓 2.6kg, 굴 2kg, 멸치액젓 1.2kg, 새우젓 1kg, 굵은소금 8kg이다.

○○부는 2008년부터 2012년 중 최고, 최저를 제외한 3개년의 평균비용을 김치지수 100으로 간주했다. 이를 바탕으로 산출한 이번 달의 김치지수는 91.3이며 김치를 담그는 비용은 19만 5,214원으로 집계됐다. 이는 김장철 기준으로 2009년 이후 가장 낮은 수준이다. 2008년부터 2012년 사이에 김치지수가 가장 높았던 시기는 배추파동이 있었던 2010년 10월로 152.6이었으며 김치를 담그는 비용은 32만 6,387원으로 평년 동월 대비 45.0% 증가한 것으로 나타났다. 또 연간 평균 김치지수가 가장 높았던 2012년의 김치지수는 113.5였다. 이는 고춧가루 가격이 연중 높은 수준을 유지하였고 배추 가격도 평년보다 높게 형성되었기 때문이다.

―〈보기〉―

ㄱ. 다른 조건이 동일하다면, 국내보다 저렴한 고춧가루를 대량으로 수입하여 고춧가루 소매가격이 하락하면 김치지수가 상승할 것이다.

ㄴ. 다른 조건이 동일하다면, 모든 해산물 및 해산물 가공제품의 소매가격이 상승할 경우 김치지수는 상승할 것이다.

ㄷ. 2008년부터 2012년 중 최고, 최저를 제외한 3개년의 김치를 담그는 평균 비용은 20만 원을 초과할 것이다.

① ㄱ

② ㄴ

③ ㄱ, ㄷ

④ ㄴ, ㄷ

⑤ ㄱ, ㄴ, ㄷ

헌법은 국민의 기본권을 보장하고 국가의 통치조직과 통치작용의 원리를 정하는 최고법이다. '헌법'이라는 용어는 영어의 'constitution', 'constitutional law'를 번역한 것이다. 근대 초기에 우리나라와 중국은 이 단어를 국제(國制), 헌장(憲章), 국헌(國憲) 등으로 다양하게 번역하였는데, 오늘날에는 공동체의 최고법규범을 지칭하는 용어로 사용하고 있다. 그런데 엄격히 보면 constitution은 일정한 구성체(공동체)를 의미하고, constitutional law는 그 구성체를 규율하는 최고의 법규범을 일컫는다. 따라서 헌법학에서 헌법이라는 용어는 문맥에 따라 이 둘 가운데 어느 하나를 지칭하기도 하고, 둘을 같이 지칭하기도 한다.

역사적으로 헌법이라는 단어의 어원은 중국 전국시대 문헌인 『국어』진어편(篇)의 '상선벌간 국지헌법야'(賞善罰姦 國之憲法也)라는 문장에서 찾아볼 수 있다. 또한『후한서』,『서경』,『예기』등 중국의 옛 문헌에도 헌법이라는 단어가 나타나는데, 여기에서 헌법은 모든 종류의 법을 통틀어 지칭하는 법의 통칭어이다. 우리나라에서는 법령을 통칭하는 '국제'(國制)라는 용어가 조선시대에 편찬된『고려사』에 보이고, 헌법이라는 말은 1884년 1월 30일 한성순보에 실린 '구미입헌정체'(歐美立憲政體)라는 글에서 오늘날 의미로 사용되었다. 헌법이라는 단어가 실정법에서 처음 사용된 것은 1919년 9월 11일 공포된『대한민국임시헌법』이다.

한편 헌법은 시대 흐름에 따라 고유한 의미의 헌법, 근대 입헌주의 헌법 등으로 나눌 수 있다. 고유한 의미의 헌법은 국가의 최고기관을 조직·구성하고, 이들 기관의 권한행사 방법, 국가기관의 상호관계 및 활동범위를 정한 기본법이다. 이러한 의미의 헌법은 국가가 존재하는 한 어떠한 형태로든 존재한다. 근대 입헌주의 헌법이란 개인의 자유와 권리를 보장하고, 권력분립에 의하여 국가권력의 남용을 억제하는 것을 내용으로 하는 헌법을 말한다.

① 개인의 자유를 보장하지 않은 헌법도 근대 입헌주의 헌법이라 할 수 있다.

② 고려사에 기록된 국제(國制)라는 용어는 오늘날 통용되는 헌법의 의미로 사용되었다.

③ 헌법학에서 사용하는 헌법이라는 용어는 최고의 법규범이 아닌 일정한 구성체를 지칭하기도 한다.

④ 근대 입헌주의 헌법과 비교할 때, 고유한 의미의 헌법은 국가권력의 조직·구성보다는 국가권력의 제한에 그 초점을 둔다고 할 수 있다.

⑤ 중국에서 헌법이라는 용어는 처음에는 최고법규범을 의미했지만, 현재는 다양한 종류의 법이 혼합된 형태를 의미하는 용어로 사용된다.

유럽인이 아프리카인을 포획하여 노예화한 것은 1441년 포르투갈인들이 모리타니아 해안에서 10명의 주민을 잡아간 때부터이다. 1519~1867년 기간 중 약 950만 명의 아프리카인이 노예무역을 통해 아메리카로 강제이주되었고, 이동 중 평균 사망률이 15%였음을 감안하면 강제로 아프리카를 떠난 노예의 수는 더 많았을 것이다. 이 기간 중 아프리카에서 노예포획이 가장 많이 이루어진 지역은 현재의 세네갈에서 카메룬에 이르는 해안 지역이고, 이렇게 포획된 노예는 브라질(21.4%), 자메이카(11.2%) 등으로 보내졌다.

브라질로 많은 노예가 보내진 이유는 16세기 후반 많은 노동력을 필요로 하는 사탕수수 농장이 이 지역에서 확대되었기 때문이다. 그 외 금광, 커피·담배·면화 재배농장에서도 아프리카 노예가 많이 활용되었다.

포획된 노예를 송출한 국가를 규모 순서로 나열하면 포르투갈, 영국, 프랑스, 에스파냐, 네덜란드 순이다. 노예무역은 영국의 왕립 아프리카 회사, 네덜란드의 서인도 회사, 프랑스의 기네아 회사 등 개인 사업자가 민간 자본을 모아서 운영하는 방식이었지만 국가의 지원을 절실히 필요로 하였다.

〈보 기〉

ㄱ. 1519~1867년 기간 동안 노예무역으로 자의에 반하여 아프리카를 떠난 노예는 1,100만 명 이상일 것이다.

ㄴ. 유럽에서 노예무역은 국가 독점 사업이었을 것이다.

ㄷ. 17세기 유럽 국가는 대부분의 노예를 자메이카로 보냈을 것이다.

ㄹ. 담배 재배 농업이 활발한 지역에서도 노예수요가 많았을 것이다.

① ㄱ

② ㄴ

③ ㄱ, ㄹ

④ ㄴ, ㄹ

⑤ ㄱ, ㄷ, ㄹ

다음 글을 근거로 추론할 때, 〈보기〉에서 옳은 것만을 모두 고르면?
15 5급(인) 09번

계산을 한다는 것은 인간 고유의 능력이다. 글자도 숫자도 없던 원시시대에는 몸의 일부분, 특히 손가락이나 손을 사용하여 계산했다. 따라서 원시인은 5를 '손'이라고, 10을 '양손' 혹은 '인간'이라고 이해하였다. 또한 산스크리트어로 5는 'pancha'라고 하는데, 이것은 페르시아어로 '손'을 나타내는 'pentcha'와 매우 유사하다.

원시인은 나뭇가지나 작은 돌멩이를 늘어놓고 계산하는 방법도 사용하였다. 라틴어의 'talea'는 작은 나뭇가지를 뜻하는데 이로부터 영어의 'tally'(계산, 총계)라는 단어가 생겼으며, 마찬가지로 'calculus'(조약돌)에서 영어의 'calculate'(계산하다)라는 단어가 생겼다.

손가락을 계산에 이용한 흔적은 현대에도 남아 있다. 시리아, 프랑스의 일부 지방에서는 지금까지도 5보다 큰 한자리 자연수 2개를 곱할 때 손가락을 사용한다. 예를 들어 8×7을 구하기 위해서는 왼손 손가락 세 개(8−5)를 굽히고 오른손 손가락 두 개(7−5)를 굽힌다. 이렇게 한 후에 굽힌 손가락의 수를 더하여 5를 구한 다음, 굽히지 않은 손가락의 수를 곱해 6을 구한다. 이렇게 계산한 두 수를 통해 56이란 답을 구한다.

〈보 기〉

ㄱ. '계산'이라는 단어는 계산을 하는 데 사용한 도구와 관련된 경우가 있다.
ㄴ. 원시인은 도구나 육체를 직접 사용하여 계산하였을 것이다.
ㄷ. 6×6을 계산하기 위하여 시리아, 프랑스 일부 지방의 손가락 곱셈 방법을 사용하려면 왼손 손가락 1개와 오른손 손가락 1개를 굽혀야 한다.

① ㄱ
② ㄴ
③ ㄱ, ㄷ
④ ㄴ, ㄷ
⑤ ㄱ, ㄴ, ㄷ

다음 글을 근거로 추론할 때, 언급된 작품 중 완성시점이 두 번째로 빠른 것은?
15 5급(인) 14번

반 고흐가 여동생 윌에게

재작년 누에넨에서 완성한 「감자 먹는 사람들」이 내가 그린 그림 중 제일 낫다고 생각해. 그 후로는 알맞은 모델을 구할 수 없었어. 그 대신 색채 문제를 고민할 기회를 가질 수 있었지.

작년에는 「장미와 해바라기가 있는 정물」을 완성하면서 분홍색, 노란색, 주황색, 찬란한 빨간색에 익숙해질 수 있었단다. 그 덕에 올 여름 「아시니에르의 음식점」을 완성하면서 과거보다 더 많은 색을 볼 수 있었어.

−1887년 여름−

반 고흐가 베르나르에게

이제 막 다 그린 「씨 뿌리는 사람」을 보내네. 태양만큼이나 환한 그림일세. 「별이 빛나는 밤」은 언제쯤이면 완성할 수 있을까? 완벽한 자연의 아름다움 앞에서 아무리 큰 무력감을 느끼더라도 우선 노력은 해야겠다고 다짐하네.

−1888년 6월−

반 고흐가 동생 테오에게

근래 아프기는 했지만 「수확하는 사람」을 드디어 완성했어. 수확하느라 뙤약볕에서 온 힘을 다하고 있는 흐릿한 인물에서 나는 죽음의 이미지를 발견하곤 해. 그래서 「씨 뿌리는 사람」과는 반대의 그림이라 해야겠지.

−1889년 9월 5일−

테오가 형 반 고흐에게

앵데팡당 전(展)이 열렸어. 올 초에 받은 형의 두 작품 「장미와 해바라기가 있는 정물」과 「별이 빛나는 밤」도 그곳에 전시되었어. 멀리서도 시선을 확 잡아끄는 아름다운 그림이야.

−1889년 9월 12일−

※ 단, 반 고흐의 작품은 위 글에 언급된 작품 외에는 없는 것으로 가정함

① 감자 먹는 사람들
② 별이 빛나는 밤
③ 수확하는 사람
④ 씨 뿌리는 사람
⑤ 장미와 해바라기가 있는 정물

인류가 카펫을 사용한 기간은 2,500년이 넘는다. 1949년 카자흐스탄의 파지릭 고분에서 기원전 4~5세기의 것으로 추정되는 카펫이 발굴되었다. 이 카펫은 인류가 발견한 최고(最古)의 것으로 높은 수준의 채색·직조 기술을 담고 있다.

카펫은 이슬람의 긴 역사와 삶의 애환, 무슬림의 예술성과 기술, 일상의 시간들이 축적되어 있는 종합 예술품이다. 이슬람교에서 우상숭배를 금지하면서 사람이나 동물을 형상화할 수 없게 되자 풀과 나무, 코란의 서체를 이용한 독특한 예술적 문양을 창출해냈다.

이슬람 카펫의 아름다움이 서구에 소개되어 각광을 받은 것은 베네치아 상인들 덕분이다. 베네치아는 유럽에 카펫을 소개하는 중요한 통로였다. 베네치아인들은 집안에 카펫을 깔거나 창문에 드리웠으며, 유람선을 카펫으로 치장했었다.

카펫은 디자인 예술이다. 디자인만 보고도 그것이 언제 어디서 생산된 것인지 알 수 있을 정도다. 페르시아와 인도에서는 꽃무늬 양식의 카펫이, 카프카스 및 중앙아시아의 투르크만 지역에서는 기하학적 무늬의 카펫이 주로 생산되었다. 터키에서는 두 가지 양식 모두 사용되었지만, 기하학적 무늬가 더 많이 애용되었다. 중국의 카펫에는 용이나 봉황, 간혹 도깨비 양식이 등장한다. 그런데 같은 디자인이라도 문화권에 따라 그 의미가 다르다. 예를 들어 중국에서 용은 황제를 상징하지만, 페르시아에서는 악마를, 인도에서는 죽음을 의미한다.

〈보 기〉

甲 : 우상숭배를 금지한 이슬람 국가에서 생산하고 있는 카펫의 문양은 식물과 동물, 코란의 서체 등 다양하군.

乙 : 베네치아 사람들은 카펫을 여러 용도로 활용했나봐.

丙 : 페르시아에서 생산된 카펫은 기하학적 무늬를 주로 사용했었구나.

丁 : 용이 그려진 카펫을 중국인이 호의로 선물했더라도 이를 받은 인도의 왕은 선물한 사람의 본래 의도를 오해할 수 있겠어.

① 甲
② 乙, 丁
③ 丙, 丁
④ 甲, 丙, 丁
⑤ 乙, 丙, 丁

조선 시대 신문고(申聞鼓)가 처음으로 등장한 것은 태종 1년인 1401년의 일이다. 태종과 신하들은 신문고가 백성들의 생각을 국왕에게 전달할 수 있는 통로로써 기능할 것으로 기대하였다. 그리고 신문고를 설치한 구체적인 이유로 2가지를 제시하였다. 하나는 억울한 일을 당한 백성들이 국왕에게 호소할 수 있는 길을 열어주는 것이었다. 다른 하나는 백성들이 신문고로 국왕에게 직접 호소할 수 있다는 점을 수령들이 두려워하여 마음을 다해 상세히 백성들의 호소를 살피도록 하기 위함이었다.

백성들이 신문고를 치는 이유는 무엇보다도 원통함과 억울함 때문이었다. 국왕이 신문고를 설치하면서 제시한 이유도 원통함과 억울함을 풀어주는 데 있었다. 『조선왕조실록』에 기록된 사례를 보면 자신이 소유한 노비를 위세 있는 사람에게 빼앗겼다고 신문고를 쳐서 호소하기도 하고, 노비 소유와 관련된 소송에서 관원이 잘못된 판결을 내렸다고 신문고를 두드리기도 하였다.

재상 하륜(河崙)은 신문고를 운영하는 몇 가지 원칙을 제시하였다. 그는 백성들의 호소가 '사실이면 들어주고, 거짓이면 벌을 내린다'는 점을 강조하였다. 그리고 신문고를 치려면 일정한 단계를 거쳐야 하는데 이를 건너뛰어도 벌을 주어야 한다고 하였다.

신문고를 치기 위한 단계는 다음과 같다. 우선, 한성부에 살고 있는 자는 한성부의 주무관청에 호소하고, 지방에 살고 있는 자는 수령에게 호소하는 단계를 거쳐야 했다. 그렇게 하여도 원통하고 억울함이 있으면 사헌부(司憲府)에 고소하고, 그래도 또 원통하고 억울함이 있으면 신문고를 칠 수 있었다. 신문고를 친 사람이 호소한 내용은 의금부의 당직 관리가 잘 정리하여 국왕에게 보고하였다. 그러나 역모를 꾀하여 장차 종묘사직(宗廟社稷)을 위태롭게 하거나 종친 등을 모해(謀害)하여 화란(禍亂)을 일으키려는 자를 고발하는 것이라면, 곧바로 신문고를 치는 것이 가능하였다.

① 노비 소유와 관련된 사적 분쟁 문제도 신문고를 통해 호소할 수 있었다.
② 한성부에 살고 있는 甲은 신문고를 치기 전까지 최소 3번의 단계를 거쳐야 했다.
③ 종묘사직의 안위에 대한 문제를 고발할 때에는 더욱 엄격한 단계를 거쳐야만 신문고를 칠 수 있었다.
④ 백성이 수령에게 억울함을 직접 호소할 수 있는 길을 열어주기 위해 태종 때 신문고가 모든 관아에 설치되었다.
⑤ 하륜은 백성들이 신문고를 적극 활용할 수 있도록 억울함을 호소하는 내용이 거짓이더라도 불이익을 주지 않아야 한다고 강조하였다.

○○국의 지방자치단체는 국가에 비해 재원확보능력이 취약하고 지역간 재정 불균형이 심한 편이다. 이에 따라 국가는 지방자치단체의 재정활동을 지원하고 지역간 재정 불균형을 해소하기 위해, 지방교부세와 국고보조금을 교부하고 있다.

지방교부세는 국가가 각 지방자치단체의 재정부족액을 산정해 국세로 징수한 세금의 일부를 지방자치단체로 이전하는 재원이다. 이에 비해 국고보조금은 국가가 특정한 행정업무를 지방자치단체로 하여금 처리하도록 하기 위해 지방자치단체에 지급하는 재원으로, 국가의 정책상 필요한 사업뿐만 아니라 지방자치단체가 필요한 사업을 지원하기 위한 것이다.

국고보조금의 특징은 다음과 같다. 첫째, 국고보조금은 매년 지방자치단체장의 신청에 의해 지급된다. 둘째, 국고보조금은 특정 용도 외의 사용이 금지되어 있다는 점에서 용도에 제한을 두지 않는 지방교부세와 다르다. 셋째, 국고보조금이 투입되는 사업에 대해서는 상급기관의 행정적·재정적 감독을 받게 되어 예산운용의 측면에서 지방자치단체의 자율성이 약화될 수 있다. 넷째, 국고보조금은 지방자치단체가 사업 비용의 일부를 부담해야 한다는 것이 전제 조건이다. 따라서 재정력이 양호한 지방자치단체의 경우는 국고보조사업을 수행하는 데 문제가 없으나, 재정력이 취약한 지방자치단체는 지방비 부담으로 인해 상대적으로 국고보조사업 신청에 소극적이다.

① 국가는 지방자치단체가 필요로 하는 사업에 용도를 지정하여 지방교부세를 지급한다.
② 국고보조금은 지방교부세에 비해 예산운용의 측면에서 지방자치단체의 자율성을 약화시킬 수 있다.
③ 지방자치단체의 R&D 사업에 지급된 국고보조금의 경우, 해당 R&D 사업 외의 용도로 사용될 수 있다.
④ 일반적으로 재정력이 취약한 지방자치단체는 재정력이 양호한 지방자치단체에 비해 국고보조사업 신청에 더 적극적이다.
⑤ 국고보조금은 지방자치단체가 필요로 하는 사업에는 지원되지 않기 때문에 지방자치단체간 재정불균형을 해소하는 기능은 없다.

정약용은 『목민심서』에서 흉작에 대비하여 군현 차원에서 수령이 취해야 할 대책에 대해 서술하였다. 그는 효과적인 대책으로 권분(勸分)을 꼽았는데, 권분이란 군현에서 어느 정도 경제력을 갖춘 사람들에게 곡식을 내놓도록 권하는 제도였다.

권분의 대상자는 요호(饒戶)라고 불렸다. 요호는 크게 3등(等)으로 구분되는데, 각 등은 9급(級)으로 나누어졌다. 상등 요호는 봄에 무상으로 곡물을 내놓는 진희(賑餼), 중등 요호는 봄에 곡물을 빌려주었다가 가을에 상환받는 진대(賑貸), 하등 요호는 봄에 곡물을 시가의 1/4로 판매하는 진조(賑糶)를 권분으로 행하였다. 정약용이 하등 요호 8, 9급까지 권분의 대상에 포함시킨 것은, 현실적으로 상등 요호와 중등 요호는 소수이고 하등 요호가 대다수이었기 때문이다.

상등 요호 1급의 진희량은 벼 1,000석이고, 요호의 등급이 2급, 3급 등으로 한 급씩 내려갈 때마다 벼 100석씩 감소하였다. 중등 요호 1급의 진대량은 벼 100석이고, 한 급씩 내려갈 때마다 벼 10석씩 감소하였다. 하등 요호 1급의 진조량은 벼 10석이고, 한 급씩 내려갈 때마다 벼 1석씩 감소하였다. 조선 시대 국법은 벼 50석 이상 권분을 행한 자부터 시상(施賞)할 수 있도록 규정하였는데 상등 요호들은 이러한 자격조건을 충분히 넘어섰고, 이들에게는 군역 면제의 혜택이 주어졌다.

〈조 건〉
• 조선 시대 벼 1석의 봄 시가 : 6냥
• 조선 시대 벼 1석의 가을 시가 : 1.5냥

〈보 기〉
ㄱ. 상등 요호 1급 甲에게 정해진 권분량과 하등 요호 9급 乙에게 정해진 권분량의 차이는 벼 999석이었을 것이다.
ㄴ. 중등 요호 6급 丙이 권분을 다한 경우, 조선 시대 국법에 의하면 시상할 수 없었을 것이다.
ㄷ. 중등 요호 7급 丁에게 정해진 권분량의 대여시점과 상환시점의 시가 차액은 180냥이었을 것이다.
ㄹ. 상등 요호 9급 戊에게 정해진 권분량의 권분 당시 시가는 1,200냥이었을 것이다.

① ㄱ, ㄴ
② ㄱ, ㄷ
③ ㄴ, ㄷ
④ ㄴ, ㄹ
⑤ ㄷ, ㄹ

무릇 오곡이란 백성들이 생존의 양식으로 의존하는 것이기에 군주는 식량 증산에 힘쓰지 않을 수 없고, 재물을 쓰는 데 절약하지 않을 수 없다.

오곡 가운데 한 가지 곡식이 제대로 수확되지 않으면 이것을 근(饉)이라 하고, 두 가지 곡식이 제대로 수확되지 않으면 이것을 한(旱)이라고 한다. 세 가지 곡식이 제대로 수확되지 않으면 이것을 흉(凶)이라고 한다. 또 네 가지 곡식이 제대로 수확되지 않으면 이것을 궤(饋)라고 하고, 다섯 가지 곡식 모두 제대로 수확되지 않으면 이것을 기(饑)라고 한다. 근이 든 해에는 대부(大夫) 이하 벼슬하는 사람들은 모두 봉록의 5분의 1을 감봉한다. 한이 든 해에는 5분의 2를 감봉하고, 흉이 든 해에는 5분의 3을 감봉하고, 궤가 든 해에는 5분의 4를 감봉하며, 기가 든 해에는 아예 봉록을 주지 않고 약간의 식량만을 지급할 뿐이다.

곡식이 제대로 수확되지 않으면 군주는 먹던 요리의 5분의 3을 줄이고, 대부들은 음악을 듣지 않으며, 선비들은 농사에 힘쓸 뿐 배우러 다니지 않는다. 군주는 조회할 때 입는 예복이 낡아도 고쳐 입지 않고, 사방 이웃 나라의 사신들에게도 식사만을 대접할 뿐 성대한 잔치를 베풀지 않는다. 또 군주가 행차할 때 수레를 끄는 말의 수도 반으로 줄여 두 마리만으로 수레를 끌게 한다. 길을 보수하지 않고, 말에게 곡식을 먹이지 않으며, 궁녀들은 비단옷을 입지 않는다. 이것은 식량이 부족함을 백성들에게 인식시키고자 함이다.

〈보 기〉

ㄱ. 대부 이하 벼슬하는 사람이 근(饉)이 들었을 때 받을 수 있는 봉록은 궤(饋)가 들었을 때 받을 수 있는 봉록의 4배일 것이다.

ㄴ. 오곡 모두 제대로 수확되지 않으면 대부 이하 벼슬하는 사람들은 봉록과 식량을 전혀 지급받지 못했을 것이다.

ㄷ. 곡식이 제대로 수확되지 않으면 군주가 행차할 때 탄 수레는 곡식을 먹인 말 두 마리가 끌었을 것이다.

ㄹ. 곡식이 제대로 수확되지 않으면 군주는 먹던 요리를 5분의 4로 줄였을 것이다.

① ㄱ

② ㄷ

③ ㄱ, ㄴ

④ ㄴ, ㄹ

⑤ ㄱ, ㄷ, ㄹ

○○시에서 택시기사 면허증을 취득하기 위해서는 약 2만 5천 개나 되는 도로와 수천 개의 주요 장소를 알고 있어야 한다. 이 모든 지식을 익히는 데에는 보통 3~4년의 교육 기간이 소요된다. 그리고 여러 번의 시험을 합격해야만 면허증을 취득할 수 있다. 신경학자들은 교육을 받아 시험에 합격한 집단, 교육은 받았지만 시험에는 불합격한 집단, 교육을 받지 않은 집단을 대상으로 뇌 해마의 성장을 비교하였다. 그 결과 교육을 받아 시험에 합격한 집단만 해마의 회색질이 증가함을 확인하였다. 연령, 학력, 지능에 있어서는 세 집단 간에 두드러진 차이가 없었다. 한편 교육을 받은 집단 간 비교에서 전체 교육 기간의 차이는 거의 없으나, 주당 교육 시간에는 차이가 현격했다. 시험에 합격한 사람들의 주당 교육 시간은 평균 34.5시간이었고, 시험에 불합격한 사람들의 경우에는 평균 16.7시간에 불과했다.

또 다른 실험에서는 참가자들을 두 그룹으로 나누어 아래의 단어 전체를 동시에 30초간 제시하였다.

던지다 ─ 망치 ─ 반짝이다 ─ 이순신 ─ 달리다 ─ 돌 ─ 생각하다 ─ 자동차 ─ 진드기 ─ 사랑하다 ─ 구름 ─ 마시다 ─ 보이다 ─ 책 ─ 불 ─ 뼈 ─ 먹다 ─ 유관순 ─ 바다 ─ 철

'그룹1'은 명사와 동사를 구분하고, '그룹2'는 명사와 동사를 구분하는 것뿐만 아니라 명사는 고유명사와 일반명사로 동사는 자동사와 타동사로 구분하도록 하였다. 다음날 모든 참가자에게 그들이 기억할 수 있는 단어를 모두 말하도록 한 결과, 상대적으로 복잡한 과제를 수행한 집단이 더 많은 단어를 기억하였다.

※ 해마 : 대뇌 변연계의 양 쪽 측두엽에 존재하며 기억을 담당

① 교육 시간이 길어질수록 뇌 해마의 회색질이 감소할 것이다.

② 단어 기억 실험에서 '그룹2'가 더 많은 단어를 기억했을 것이다.

③ 개인의 교육 수준보다 연령이 기억력에 미치는 영향이 더 클 것이다.

④ 선천적으로 기억력이 좋은 사람만 ○○시의 택시기사 면허시험에 통과하였을 것이다.

⑤ ○○시 택시기사 면허 시험에 합격한 집단의 전체 교육 기간 평균은 시험에 불합격한 집단의 평균보다 두 배 가량 길었을 것이다.

우매한 수령은 아전을 심복으로 여겨 밤중에 몰래 불러서 여러 가지 일을 의논한다. 아전이 그 수령에게 아첨하여 기쁘게 해주는 까닭은 전세(田稅)를 농간질하고 창고의 곡식을 가로채거나 송사(訟事)와 옥사(獄事)를 팔아서 그 뇌물을 빨아먹기 위한 것뿐이다.

대체적으로 참알(參謁)을 받는 수령은 조관(朝冠)을 착용하는데, 아전이 어찌 흰 옷과 베 띠를 착용하고 관정(官庭)에 들어올 수 있겠는가. 지금 경사(京司)에서 참알하는 서리(書吏)들은 모두 홍단령(紅團領)을 착용하는 것이 본연의 법도인 것이다. 다만, 상중(喪中)에 공무를 보러 나온 자는 검은 갓과 검은 띠를 착용함을 허락하되 관아에서 참알하는 것은 허락하지 말 것이며, 관아를 드나들면서 일을 품의(稟議)하도록 한다.

요즘 보면, 수령된 자가 아전들이 잔치를 열고 노는 것을 내버려 두니 아전들은 산을 오르고 물에 배를 띄우면서 노래와 춤추기를 번갈아 한다. 백성들은 이를 보고는 미워하기를 원수와 같이 한다. 즐기기는 아전이 하고 원망은 수령이 듣게 되니 또한 터무니없는 일이 아닌가. 마땅히 엄금해야 할 것이다. 혹시 한번쯤 바람 쐬고 싶은 생각이 들면 시절이 좋고 풍년이 든 때를 가려서 관아에 일도 적은 날, 흰 밥과 나물반찬을 준비해 가지고 산에 오르거나 물가에 가서 소박한 모임을 갖도록 해야 할 것이다.

아전들이나 하인들이 사사로이 서로 경계하고 타이르는 것을 반드시 다 금지할 필요는 없다. 그러나 곤장 10대 이상을 벌주는 일은 마땅히 품의한 다음에 시행하도록 해야 한다. 백성으로서 관아에 직접 딸려 있지 않은 자에게는 읍민(邑民)이나 촌민(村民)을 가리지 않고 매 한 대라도 허용하여서는 안 된다.

※ 1) 참알 : 조선 시대 벼슬아치가 그의 책임 벼슬아치를 뵙는 일
2) 경사 : 서울에 있던 관아를 통틀어 이르는 말
3) 홍단령 : 붉은 색 공복(公服)
4) 품의 : 웃어른이나 상사에게 글이나 말로 여쭈어 의논함

〈보 기〉

ㄱ. 흰 옷과 베 띠를 착용하고 경사에서 참알한 서리
ㄴ. 흉년에 사기진작을 위해 수시로 잔치를 열어 아전들을 격려한 수령
ㄷ. 아전이 잘못한 하인을 곤장으로 벌주는 모든 행위를 품의 없이 할 수 있도록 허락한 수령
ㄹ. 삼년상을 치르는 중 일을 품의하기 위해 검은 갓과 검은 띠를 착용하고 관아를 드나든 아전

① ㄱ
② ㄴ
③ ㄹ
④ ㄱ, ㄷ
⑤ ㄴ, ㄷ, ㄹ

유엔 식량농업기구(FAO)에 따르면 곤충의 종류는 2,013종인데, 그 중 일부가 현재 식재료로 사용되고 있다. 곤충은 병균을 옮기는 더러운 것으로 알려져 있지만 깨끗한 환경에서 사육된 곤충은 식용에 문제가 없다.

식용으로 귀뚜라미를 사육할 경우 전통적인 육류 단백질 공급원보다 생산에 필요한 자원을 절감할 수 있다. 귀뚜라미가 다른 전통적인 단백질 공급원보다 뛰어난 점은 다음과 같다. 첫째, 쇠고기 0.45kg을 생산하기 위해 필요한 자원으로 식용 귀뚜라미 11.33kg을 생산할 수 있다. 이것이 가능한 가장 큰 이유는 귀뚜라미가 냉혈동물이라 돼지나 소와 같이 체내 온도 유지를 위해 먹이를 많이 소비하지 않기 때문이다. 둘째, 식용 귀뚜라미 0.45kg을 생산하는 데 필요한 물은 감자나 당근을 생산하는 데 필요한 수준인 3.8ℓ이지만, 닭고기 0.45kg을 생산하려면 1,900ℓ의 물이 필요하며, 쇠고기는 닭고기의 경우보다 4배 이상의 물이 필요하다. 셋째, 귀뚜라미를 사육할 때 발생하는 온실가스의 양은 가축을 사육할 때 발생하는 온실가스 양의 20%에 불과하다.

현재 곤충 사육은 많은 지역에서 이루어지고 있지만, 식용 곤충의 공급이 제한적이고 사람들에게 곤충도 식량이 될 수 있다는 점을 이해시키는 데 어려움이 있다. 따라서 새로운 식용 곤충 생산과 공급방법을 확충하고 곤충 섭취에 대한 사람들의 거부감을 줄이는 방안이 필요하다.

현재 식용 귀뚜라미는 주로 분말 형태로 100g당 10달러에 판매된다. 이는 같은 양의 닭고기나 쇠고기의 가격과 큰 차이가 없다. 그러나 인구가 현재보다 20억 명 더 늘어날 것으로 예상되는 2050년에는 귀뚜라미 등 곤충이 저렴하게 저녁식사 재료로 공급될 것이다.

① 쇠고기 생산보다 식용 귀뚜라미 생산에 자원이 덜 드는 이유 중 하나는 귀뚜라미가 냉혈동물이라는 점이다.
② 현재 곤충 사육은 많은 지역에서 이루어지고 있지만, 식용으로 사용되는 곤충의 종류는 일부에 불과하다.
③ 식용 귀뚜라미와 동일한 양의 쇠고기를 생산하려면, 귀뚜라미 생산에 필요한 물보다 500배의 물이 필요하다.
④ 식용 귀뚜라미 생산에는 쇠고기 생산보다 자원이 적게 들지만, 현재 이 둘의 100g당 판매 가격은 큰 차이가 없다.
⑤ 가축을 사육할 때 발생하는 온실가스의 양은 귀뚜라미를 사육할 때의 5배이다.

판옥선은 조선 수군의 주력 군선(軍船)으로 왜구를 제압하기 위해 1555년(명종 10년) 새로 개발된 것이다. 종전의 군선은 갑판이 1층뿐인 평선인 데 비하여 판옥선은 선체의 상부에 상장(上粧)을 가설하여 2층 구조로 만든 배이다. 이 같은 구조로 되어 있기 때문에, 노를 젓는 요원인 격군(格軍)은 1층 갑판에서 안전하게 노를 저을 수 있고, 전투요원들은 2층 갑판에서 적을 내려다보면서 유리하게 전투를 수행할 수 있었다.

전근대 해전에서는 상대방 군선으로 건너가 마치 지상에서처럼 칼과 창으로 싸우는 경우가 흔했다. 조선 수군은 기본적으로 활과 화약무기 같은 원거리 무기를 능숙하게 사용했지만, 칼과 창 같은 단병무기를 운용하는 데는 상대적으로 서툴렀다. 이 같은 약점을 극복하고 조선 수군이 해전에서 승리하기 위해서는, 적이 승선하여 전투를 벌이는 전술을 막으면서 조선 수군의 장기인 활과 대구경(大口徑) 화약무기로 전투를 수행할 수 있도록 선체가 높은 군선이 필요했다.

선체 길이가 20~30m 정도였던 판옥선은 임진왜란 해전에 참전한 조선·명·일본의 군선 중 크기가 큰 편에 속한데다가 선체도 높았기 때문에 일본군이 그들의 장기인 승선전투전술을 활용하기 어렵게 하는 효과도 있었다. 이 때문에 임진왜란 당시 도승지였던 이항복은 "판옥선은 마치 성곽과 같다"라고 그 성능을 격찬했다. 판옥선은 1592년 발발한 임진왜란에서 일본의 수군을 격파하여 조선 수군이 완승할 수 있는 원동력이 되었다. 옥포해전·당포해전·한산해전 등 주요 해전에 동원된 군선 중에서 3척의 거북선을 제외하고는 모두가 판옥선이었다.

판옥선의 승선인원은 시대와 크기에 따라 달랐던 것으로 보인다. 『명종실록』에는 50여 명이 탑승했다고 기록되어 있는 반면에, 『선조실록』에 따르면 거북선 운용에 필요한 사수(射手)와 격군을 합친 숫자가 판옥선의 125명보다 많다고 되어 있어 판옥선의 규모가 이전보다 커진 것을 알 수 있다.

① 판옥선은 갑판 구조가 단층인 군선으로, 선체의 높이가 20~30m에 달하였다.

② 판옥선의 구조는 적군의 승선전투전술 활용을 어렵게 하여 조선 수군이 전투를 수행하는 데 유리하였을 것이다.

③ 『선조실록』에 따르면 판옥선의 격군은 최소 125명 이상이었다.

④ 판옥선은 임진왜란 때 일본의 수군을 격파하기 위해 처음 개발되었다.

⑤ 판옥선은 임진왜란의 각 해전에서 주력 군선인 거북선으로 대체되었다.

모든 신호등은 '신호운영계획'에 따라 움직인다. 신호운영계획이란 교차로, 횡단보도 등에 설치된 신호등의 신호순서, 신호시간, 신호주기 등을 결정하는 것이다. '신호순서'란 방향별, 회전별 순서를 말하고, '신호시간'이란 차량 또는 보행자 신호등이 켜진 상태로 지속되는 시간을 말하며, '신호주기'란 한 신호가 나오고 그 다음에 최초로 같은 신호가 나오기까지의 시간 간격을 말한다.

'횡단보도 보행시간'은 기본적으로 보행진입시간 (㉠)초에 횡단시간(횡단보도 1m당 1초)을 더하여 결정되는데, 예외적으로 보행약자나 유동인구가 많아 보행밀도가 높은 지역에서는 더 긴 횡단시간을 제공하기도 한다. 이에 따르면 길이가 32m인 횡단보도 보행시간은 원칙적으로 39초이지만, 어린이, 장애인 등 보행약자의 이동이 많아 배려가 필요한 장소에 설치된 횡단보도의 경우 '1m당 1초' 보다 완화된 '(㉡)m당 1초'를 기준으로 횡단시간을 결정하여, 32m 길이 횡단보도의 보행시간을 47초로 연장할 수 있다.

한편 신호가 바뀔 때 교통사고를 막기 위해서 '전(全)방향 적색신호', '한 박자 늦은 보행신호' 방식을 운영하기도 한다. 전방향 적색신호 방식은 차량 녹색신호가 끝나는 시점에 교차로에 진입한 차량이 교차로를 완전히 빠져나갈 때까지 다른 방향 차량이 진입하지 못하도록 1~2초 동안 모든 방향을 적색신호로 운영하는 방식이다. 한 박자 늦은 보행신호 방식은 차량 녹색신호가 끝나는 시점에 진입한 차량이 횡단보도를 완전히 통과하기 전에 보행자가 진입하지 못하도록 차량 녹색신호가 끝나고 1~2초 뒤에 보행 녹색신호가 들어오는 방식이다.

―――――〈보 기〉―――――

ㄱ. '한 박자 늦은 보행신호' 방식은 차량과 보행자 사이의 교통사고를 방지하기 위한 방식이다.

ㄴ. 어떤 교차로에는 모든 차량신호등이 적색이 되는 시점이 있다.

ㄷ. ㉠과 ㉡의 합은 8보다 크다.

① ㄱ

② ㄴ

③ ㄷ

④ ㄱ, ㄴ

⑤ ㄴ, ㄷ

꿀벌의 통신방법은 甲의 관찰에 의해 밝혀졌다. 그에 따르면 꿀벌이 어디에선가 꿀을 발견하면 벌집에 돌아와서 다른 벌들에게 그 사실을 알리는데, 이때 춤을 통하여 꿀이 있는 방향과 거리 및 꿀의 품질을 비교적 정확하게 알려준다.

꿀벌의 말에도 '방언'이 있어 지역에 따라 춤을 추는 방식이 다르다. 유럽 꿀벌의 경우 눕힌 8자형(○○) 모양의 춤을 벌집의 벽을 향하여 춘다. 이때 꿀이 발견된 장소의 방향은 [○○]자 모양의 가운데 교차점에서의 꿀벌의 움직임과 관련돼 있다. 예컨대 꿀의 방향이 태양과 같은 방향이면 아래에서 위로 교차점을 통과(◑◔)하고, 태양과 반대 방향이면 위에서 아래로 교차점을 통과(◐◐)한다.

벌집에서 꿀이 발견된 장소까지의 거리는 단위 시간당 춤의 횟수로 나타낸다. 예를 들어 유럽 꿀벌이 약 15초 안에 열 번 돌면 100m 가량, 여섯 번 돌면 500m 가량, 네 번 돌면 1.5km 정도를 나타내며, 멀게는 11km 정도의 거리까지 정확하게 교신할 수 있다. 또 같은 ○○자 모양의 춤을 활기차게 출수록 꿀의 품질이 더 좋은 것임을 말해 준다.

甲은 여러 가지 실험을 통해서 위와 같은 유럽 꿀벌의 통신방법이 우연적인 것이 아니고 일관성 있는 것임을 알아냈다. 예를 들면 벌 한 마리에게 벌집에서 2km 지점에 있는 설탕물을 맛보게 하고 벌집으로 돌려보낸 뒤 설탕물을 다른 곳으로 옮겼는데, 그래도 이 정보를 수신한 벌들은 원래 설탕물이 있던 지점 근방으로 날아와 설탕물을 찾으려 했다. 또 같은 방향이지만 원지점보다 가까운 1.2km 거리에 설탕물을 옮겨 놓아도 벌들은 그곳을 그냥 지나쳐 버렸다.

① 유럽 꿀벌이 고품질의 꿀을 발견하면 ○○자와 다른 모양의 춤을 춘다.
② 유럽 꿀벌이 춤으로 전달하는 정보는 꿀이 있는 방향과 거리 및 꿀의 양이다.
③ 유럽 꿀벌이 단위 시간당 춤을 추는 횟수가 적을수록 꿀이 있는 장소까지의 거리는 멀다.
④ 유럽 꿀벌이 ○○자 모양의 춤을 출 때, 꿀이 있는 방향이 태양과 반대 방향이면 교차점을 아래에서 위로 통과한다.
⑤ 유럽 꿀벌은 동료의 춤을 통해 꿀에 관한 정보를 전달받은 후 실제 꿀의 위치가 달라져도 방향만 같으면, 그 정보를 통하여 꿀이 있는 장소를 한 번에 정확히 찾을 수 있다.

甲국 의회는 상원과 하원으로 구성된다. 甲국 상원은 주(州)당 2명의 의원이 선출되어 총 60명으로 구성되며, 甲국 부통령이 의장이 된다. 상원의원의 임기는 6년이며, 2년마다 총 정원의 1/3씩 의원을 새로 선출한다.

甲국 상원은 대통령을 수반으로 하는 행정부에 대해 각종 동의와 승인의 권한을 갖는다. 하원은 국민을 대표하는 기관으로서 세금과 경제정책에 대한 권한을 가지는 반면, 상원은 각 주를 대표한다. 군대의 파병이나 관료의 임명에 대한 동의, 외국과의 조약에 대한 승인 등의 권한은 모두 상원에만 있다. 또한 상원은 하원에 대한 견제 역할을 담당하여 하원이 만든 법안을 수정하고 다시 하원에 되돌려 보내는 권한을 가지며, 급박한 사항에 대해서는 직접 마련한 법안을 먼저 제출하여 처리하기도 한다.

甲국 하원의원의 임기는 2년으로 선거 때마다 전원을 새로 선출한다. 하원의원의 수는 총 400명으로서 인구비례에 따라 각 주에 배분된다. 예를 들어 A주, B주, C주의 선출 정원이 각 1명으로 가장 적고, D주의 정원이 53명으로 가장 많다.

하원의원 선거는 2년마다 상원의원 선거와 함께 실시되며, 4년마다 실시되는 대통령 선거와 같은 해에 치러지는 경우가 있다. 대통령 선거와 일치하지 않는 해에 실시되는 하원의원 및 상원의원 선거를 통칭하여 '중간선거'라고 부르는데, 이 중간선거는 대통령의 임기 중반에 대통령의 국정수행에 대하여 유권자의 지지도를 평가하는 성격을 갖는다.

① 甲국 의회에 속한 D주 의원의 정원 총합은 55명이다.
② 甲국 의회의 상원은 스스로 법안을 제출하여 처리할 수 있다.
③ 甲국에는 상원의원의 정원이 하원의원의 정원보다 많은 주가 있다.
④ 甲국의 대통령 선거가 2016년에 실시되었다면, 그 이후 가장 빠른 '중간선거'는 2018년에 실시된다.
⑤ 같은 해에 실시되는 선거에 의해 甲국 상원과 하원의 모든 의석이 새로 선출된 의원으로 교체되는 경우도 있다.

여러분이 컴퓨터 키보드의 @ 키를 하루에 몇 번이나 누르는지 한번 생각해 보라. 아마도 이메일 덕분에 사용 빈도가 매우 높을 것이다. 이탈리아에서는 '달팽이', 네덜란드에서는 '원숭이 꼬리'라 부르고 한국에서는 '골뱅이'라 불리는 이 '앳(at)' 키는 한때 수동 타자기와 함께 영영 잊혀질 위기에 처하기도 하였다.

6세기에 @은 라틴어 전치사인 '*ad*'를 한 획에 쓰기 위한 합자(合字)였다. 그리고 시간이 흐르면서 @은 베니스, 스페인, 포르투갈 상인들 사이에 측정 단위를 나타내는 기호로 사용되었다. 베니스 상인들은 @을 부피의 단위인 암포라(amphora)를 나타내는 기호로 사용하였으며, 스페인과 포르투갈의 상인들은 질량의 단위인 아로바(arroba)를 나타내는 기호로 사용하였다. 스페인에서의 1아로바는 현재의 9.5kg에 해당하며, 포르투갈에서의 1아로바는 현재의 12kg에 해당한다. 이후에 @은 단가를 뜻하는 기호로 변화하였다. 예컨대 '복숭아 12개@1.5달러'로 표기한 경우 복숭아 12개의 가격이 18달러라는 것을 의미했다.

@ 키는 1885년 미국에서 언더우드 타자기에 등장하였고 20세기까지 자판에서 자리를 지키고 있었지만 사용 빈도는 점차 줄어들었다. 그런데 1971년 미국의 한 프로그래머가 잊혀지다시피 하였던 @ 키를 살려낸다. 연구개발 업체에서 인터넷상의 컴퓨터 간 메시지 송신기술 개발을 담당했던 그는 @ 키를 이메일 기호로 활용했던 것이다.

※ ad : 현대 영어의 'at' 또는 'to'에 해당하는 전치사

① 1960년대 말 @ 키는 타자기 자판에서 사라지면서 사용빈도가 점차 줄어들었다.

② @이 사용되기 시작한 지 1,000년이 넘었다.

③ @이 단가를 뜻하는 기호로 쓰였을 때, '토마토 15개@3달러'라면 토마토 15개의 가격은 45달러였을 것이다.

④ @은 전치사, 측정 단위, 단가, 이메일 기호 등 다양한 의미로 활용되어 왔다.

⑤ 스페인 상인과 포르투갈 상인이 측정 단위로 사용했던 1@는 그 질량이 동일하지 않았을 것이다.

공공성은 서구에서 유래된 '퍼블릭(public)'이나 '오피셜(official)'과 동아시아에서 전통적으로 사용해 온 개념인 '공(公)'이나 '공공(公共)'이 접합되어 이루어진 개념이다. 공공성 개념은 다음과 같은 세 가지 의미를 포괄하고 있다. 첫째, 어떤 사적인 이익이 아니라 공동체 전체의 이익과 관계된다는 의미이다. 둘째, 만인의 이익을 대표하여 관리하는 정통성을 지닌 기관이라는 의미가 있다. 셋째, 사사롭거나 편파적이지 않으며 바르고 정의롭다는 의미이다.

정도전의 정치사상에서 가장 인상적인 것은 정치권력의 사유화에 대한 강렬한 비판의식과 아울러 정치권력을 철저하게 공공성의 영역 안에 묶어두려는 의지이다. 또 그가 이를 위한 제도적 장치의 마련을 끊임없이 고민하였다는 사실도 확인되고 있다. 정도전은 정치공동체에서 나타나는 문제의 근저에 '자기 중심성'이 있고, 고려의 정치적 경험에서 자기 중심성이 특히 '사욕(私慾)'의 정치로 나타났다고 생각했다. 그리고 이로 인해 독선적인 정치와 폭정이 야기되었다고 보았다. 정도전은 이러한 고려의 정치를 소유 지향적 정치로 보았고, 이에 대한 대안으로 '공론'과 '공의'의 정치를 제시하였는데 이를 '문덕(文德)'의 정치라 불렀다.

공공성과 관련하여 고려와 조선의 국가 운영 차이를 가장 선명히 드러내는 것은 체계적인 법전의 유무이다. 고려의 경우는 각 행정부처들이 독자적인 관례나 규정에 따라서 통치를 하였을 뿐, 일관되고 체계적인 법전을 갖추고 있지 못하였다. 그래서 조선의 건국 주체는 중앙집권적인 국가운영체제를 확립하기 위해서 법체계를 갖추려고 했다. 이러한 노력을 통해 만든 최초의 법전이 정도전에 의해 편찬된 『조선경국전』이다. 이를 통해서 건국 주체는 자신이 세운 정치체제에 공공성을 부여하려고 하였다.

① 공공성에는 공동체 전체의 이익뿐만 아니라 이를 대표하여 관리하는 정통성을 지닌 기관이라는 의미도 포함되어 있다.

② 정도전은 고려의 정치에서 자기 중심성이 '사욕'의 정치로 나타났다고 보았다.

③ 고려 시대에는 각 행정부처의 관례나 규정이 존재하지 않아 '사욕'의 정치가 나타났다.

④ 정도전에게 '문덕'의 정치란 소유 지향적 정치의 대안이었다.

⑤ 정도전의 정치사상에서 공공성을 갖추기 위한 제도적 장치 마련은 중요한 의미를 지닌다.

다음 글을 근거로 판단할 때 옳은 것은?

오늘날에는 매우 다양한 모양의 바퀴가 사용되고 있는데, 통나무를 잘라 만든 원판 모양의 나무바퀴는 기원전 5000년경부터 사용된 것으로 추정된다. 이후 나무바퀴는 세 조각의 판자를 맞춘 형태로 진화했다. 현존하는 유물로는 기원전 3500년경에 제작된 것으로 추정되는 메소포타미아의 전차(戰車)용 나무바퀴가 가장 오래된 것이다.

바퀴가 처음부터 모든 문명에서 사용된 것은 아니다. 이집트에서는 피라미드를 만들 때 바퀴가 아닌 썰매를 사용했다. 잉카 원주민과 아메리카 원주민은 유럽인이 전파해주기 전까지 바퀴의 존재조차 몰랐다. 유럽인이 바퀴를 전해준 다음에도 아메리카 원주민들은 썰매를 많이 이용했다. 에스키모는 지금도 개가 끄는 썰매를 이용하고 있다.

바퀴가 수레에만 사용된 것은 아니다. 도자기를 만드는 데 사용하는 돌림판인 물레는 바퀴의 일종으로 우리나라에서는 4,000년 전부터 사용했다. 메소포타미아에서도 바퀴는 그릇을 빚는 물레로 쓰였다.

바퀴의 성능은 전쟁용 수레인 전차가 발달하면서 크게 개선되었다. 기원전 2000년경 히타이트족은 처음으로 바퀴살이 달린 바퀴를 전차에 사용하였다. 그 뒤 산업혁명기에 발명된 고무타이어가 바퀴에 사용되면서 바퀴의 성능은 한층 개선되었다. 1885년 다임러와 벤츠가 최초로 가솔린 자동차를 발명했다. 자동차용 공기압 타이어는 그로부터 10년 후 프랑스의 미쉘린 형제에 의해 처음으로 개발되었다. 1931년 미국 듀퐁사가 개발한 합성고무가 재료로 사용되면서 타이어의 성능은 더욱 발전하고 종류도 다양해졌다.

① 바퀴를 처음 만들고 사용한 사람은 기원전 3500년경 메소포타미아인이다.

② 19세기 초반부터 이미 자동차에 공기압 타이어가 사용되었다.

③ 전차의 발달과 고무타이어의 발명은 바퀴의 성능 개선에 기여했다.

④ 바퀴가 없었던 지역에 바퀴가 전해진 이후 그 지역에서 썰매는 사용되지 않았다.

⑤ 바퀴가 수레를 움직이는 것 외에 다른 용도로 사용되기 시작한 것은 산업혁명기 이후였다.

다음 글을 근거로 판단할 때, 〈보기〉에서 옳은 것만을 모두 고르면?

조선왕실의 음악 일체를 담당한 장악원(掌樂院)은 왕실의례에서 핵심적 역할을 수행하였다. 장악원은 승정원, 사간원, 홍문관, 예문관, 성균관, 춘추관과 같은 정3품 관청으로서, 『경국대전』에 의하면 2명의 당상관이 장악원 제조(提調)를 맡았고, 정3품의 정 1명, 종4품의 첨정 1명, 종6품의 주부 1명, 종7품의 직장 1명이 관리로 소속되어 있었다. 이들은 모두 음악 전문인이 아닌 문관 출신의 행정관리로서, 음악교육과 관련된 행정업무를 담당하였다. 이는 음악행정과 음악연주를 담당한 계층이 분리되어 있었다는 것을 의미한다.

궁중음악 연주를 담당한 장악원 소속 악공(樂工)과 악생(樂生)들은 행사에서 연주할 음악을 익히기 위해 정기적 또는 부정기적으로 연습하였다. 이 가운데 정기적인 연습은 특별한 사정이 없는 경우 매달 2자와 6자가 들어가는 날, 즉 2일과 6일, 12일과 16일, 22일과 26일의 여섯 차례에 걸쳐 이루어졌다. 그러한 이유에서 장악원 악공과 악생들의 습악(習樂)을 이륙좌기(二六坐起), 이륙회(二六會), 이륙이악식(二六肄樂式)과 같은 이름으로 불렀다. 이는 장악원의 정규적 음악이습(音樂肄習) 과정의 하나로 조선 시대의 여러 법전에 규정된 바에 따라 시행되었다.

조선 시대에는 악공과 악생의 음악연습을 독려하기 위한 여러 장치가 있었다. 1779년(정조 3년) 당시 장악원 제조로 있던 서명응이 정한 규칙 가운데에는 악공과 악생의 실력을 겨루어서 우수한 사람에게 상을 주는 내용이 있었다. 시험을 봐서 악생 중에 가장 우수한 사람 1인에게는 2냥(兩), 1등을 한 2인에게는 각각 1냥 5전(錢), 2등을 한 3인에게는 각각 1냥, 3등을 한 9인에게 각각 5전을 상금으로 주었다. 또 악공 중에서도 가장 우수한 사람 1인에게 2냥, 1등을 한 3인에게는 각각 1냥 5전, 2등을 한 5인에게는 각각 1냥, 3등을 한 21인에게 각각 5전을 상금으로 주었다. 악공 포상자가 더 많은 이유는 악공의 수가 악생의 수보다 많았기 때문이다. 1779년 당시의 악공은 168명, 악생은 90명이었다.

※ 10전(錢) = 1냥(兩)

〈보 기〉

ㄱ. 장악원에서는 특별한 사정이 없는 한 연간 최소 72회의 습악이 있었을 것이다.

ㄴ. 서명응이 정한 규칙에 따라 장악원에서 실시한 시험에서 상금을 받는 악공의 수는 상금을 받는 악생 수의 2배였다.

ㄷ. 『경국대전』에 따르면 장악원에서 음악행정 업무를 담당하는 관리들은 4명이었다.

ㄹ. 서명응이 정한 규칙에 따라 장악원에서 실시한 1회의 시험에서 악공과 악생들이 받은 총 상금액은 40냥 이상이었을 것이다.

① ㄱ, ㄴ   ② ㄱ, ㄷ

③ ㄷ, ㄹ   ④ ㄱ, ㄴ, ㄹ

⑤ ㄴ, ㄷ, ㄹ

하와이 원주민들이 사용하던 토속어는 1898년 하와이가 미국에 병합된 후 미국이 하와이 학생들에게 사용을 금지하면서 급격히 소멸되었다. 그러나 하와이 원주민들이 소멸된 토속어를 부활시키기 위해 1983년 '아하 푸나나 레오'라는 기구를 설립하여 취학 전 아동부터 중학생까지의 원주민들을 대상으로 집중적으로 토속어를 교육한 결과 언어 복원에 성공했다.

이러한 언어의 다양성을 지키려는 노력뿐만 아니라 언어의 통일성을 추구하려는 노력도 있었다. 안과의사였던 자멘호프는 유태인, 폴란드인, 독일인, 러시아인들이 서로 다른 언어를 사용함으로써 갈등과 불화가 생긴다고 판단하고 예외와 불규칙이 없는 문법과 알기 쉬운 어휘에 기초해 국제공통어 에스페란토를 만들어 1887년 발표했다. 그의 구상은 '1민족 2언어주의'에 입각하여 같은 민족끼리는 모국어를, 다른 민족과는 중립적이고 배우기 쉬운 에스페란토를 사용하자는 것이었다.

에스페란토의 문자는 영어 알파벳 26개 문자에서 Q, X, W, Y의 4개 문자를 빼고 영어 알파벳에는 없는 Ĉ, Ĝ, Ĥ, Ĵ, Ŝ, Ŭ의 6개 문자를 추가하여 만들어졌다. 문법의 경우 가급적 불규칙 변화를 없애고 각 어간에 품사 고유의 어미를 붙여 명사는 −o, 형용사는 −a, 부사는 −e, 동사원형은 −i로 끝낸다. 예를 들어 '사랑'은 amo, '사랑의'는 ama, '사랑으로'는 ame, '사랑하다'는 ami이다. 시제의 경우 어간에 과거형은 −is, 현재형은 −as, 미래형은 −os를 붙여 표현한다.

또한 1자 1음의 원칙에 따라 하나의 문자는 하나의 소리만을 내고, 소리 나지 않는 문자도 없으며, 단어의 강세는 항상 뒤에서 두 번째 모음에 있기 때문에 사전 없이도 쉽게 읽을 수 있다. 특정한 의미를 갖는 접두사와 접미사를 활용하여 많은 단어를 파생시켜 사용하므로 단어 암기를 위한 노력이 크게 줄어드는 것도 중요한 특징이다. 아버지는 patro, 어머니는 patrino, 장인은 bopatro, 장모는 bopatrino인 것이 그 예이다.

※ 에스페란토에서 모음은 A, E, I, O, U이며 반모음은 Ŭ임

─────〈보 기〉─────
ㄱ. 에스페란토의 문자는 모두 28개로 만들어졌다.
ㄴ. 미래형인 '사랑할 것이다'는 에스페란토로 amios이다.
ㄷ. '어머니'와 '장모'를 에스페란토로 말할 때 강세가 있는 모음은 같다.
ㄹ. 자멘호프의 구상에 따르면 동일한 언어를 사용하는 하와이 원주민끼리도 에스페란토만을 써야 한다.

① ㄱ, ㄷ
② ㄱ, ㄹ
③ ㄴ, ㄹ
④ ㄱ, ㄴ, ㄷ
⑤ ㄴ, ㄷ, ㄹ

〈A국의 비자면제협정 체결 현황〉

(2009. 4. 기준)

대상여권	국가(체류기간)
외교관	우크라이나(90일), 우즈베키스탄(60일)
외교관·관용	이집트(90일), 일본(3개월), 에콰도르(외교관 : 업무수행기간, 관용 : 3개월), 캄보디아(60일)
외교관·관용·일반	포르투갈(60일), 베네수엘라(외교관·관용 : 30일, 일반 : 90일), 영국(90일), 터키(90일), 이탈리아(90일), 파키스탄(3개월, 2008.10.1부터 일반 여권 소지자에 대한 비자면제협정 일시정지)

※ 1) 2009년 4월 이후 변동사항은 고려하지 않음
2) 상대국에 파견하는 행정원의 경우에는 관용 여권을 발급함
3) 면제기간은 입국한 날부터 기산(起算)함
4) 상기 협정들은 상호적인 규정임

① 희선 : 포르투갈인이 일반 여권을 가지고 2010년 2월 2일부터 같은 해 4월 6일까지 A국을 방문했을 때 비자를 발급받을 필요가 없었겠군.

② 현웅 : A국이 작년에 4개월 동안 우즈베키스탄에 행정원을 파견한 경우 비자를 취득해야 했지만, 같은 기간 동안 에콰도르에 행정원을 파견한 경우 비자를 취득할 필요가 없었겠군.

③ 유리 : 나는 일반 여권으로 2009년 5월 1일부터 같은 해 8월 15일까지 이탈리아에 비자 없이 체류했었고, 2010년 1월 2일부터 같은 해 3월 31일까지 영국에도 체류했었어.

④ 용훈 : 외교관 여권을 가지고 같은 기간을 A국에서 체류하더라도 이집트 외교관은 비자를 발급받아야 하지만, 파키스탄 외교관은 비자를 발급받지 않아도 되는 경우가 있겠군.

⑤ 예리 : 관용 여권을 가지고 2010년 5월 5일부터 같은 해 5월 10일까지 파키스탄을 방문했던 A국 국회의원은 비자를 취득해야 했었겠군.

김갑돌 2등서기관은 다음과 같이 기안문을 작성하였다. 담당과장 이을순이 이 기안문에 대해 언급한 내용 중 〈공문서 작성 및 처리지침〉에 어긋나는 것을 〈보기〉에서 모두 고르면?

12 5급(인) 08번

외교통상부

수신주	○○국 대사
경유	
제목	초청장 발송 협조

기획재정부가 「경제개발 경험공유 사업」의 일환으로 2012년 2월 1일 −2012년 2월 4일 개발도상국 공무원을 초청하여 특별 연수프로그램을 실시할 예정이라고 알려오면서 협조를 요청한 바, 첨부된 초청서한 및 참가신청서(원본 외교행낭편 송부)를 ○○국 재무부에 전달 바랍니다.

첨부 : 상기 초청서한 및 참가신청서 각 1부.

기안		전결
2등서기관 김갑돌		

〈공문서 작성 및 처리지침〉

- 숫자는 아라비아 숫자로 쓴다.
- 날짜는 숫자로 표기하되 연 · 월 · 일의 글자는 생략하고 그 자리에 온점을 찍어 표시한다.
- 본문이 끝나면 1자(2타) 띄우고 '끝.' 표시를 한다. 단, 첨부물이 있는 경우, 첨부 표시문 끝에 1자(2타) 띄우고 '끝.' 표시를 한다.
- 기안문 및 시행문에는 행정기관의 로고 · 상징 · 마크 또는 홍보문구 등을 표시하여 행정기관의 이미지를 높일 수 있도록 하여야 한다.
- 행정기관의 장은 문서의 기안 · 검토 · 협조 · 결재 · 등록 · 시행 · 분류 · 편철 · 보관 · 이관 · 접수 · 배부 · 공람 · 검색 · 활용 등 문서의 모든 처리절차가 전자문서시스템 또는 업무관리시스템상에서 전자적으로 처리되도록 하여야 한다.

※ 온점 : 가로쓰기에 쓰는 마침표

〈보 기〉

ㄱ. '끝.' 표시도 중요합니다. 본문 뒤에 '끝.'을 붙이세요.
ㄴ. 공문서에서 날짜 표기는 이렇게 하지 않아요. '2012년 2월 1일−2012년 2월 4일'을 '2012. 2. 1. −2012. 2. 4.'로 고치세요.
ㄷ. 오류를 수정하여 기안문을 출력해 오면 그 문서에 서명하여 결재하겠습니다.
ㄹ. 어! 로고가 빠졌네. 우리 부의 로고를 넣어주세요.

① ㄱ, ㄷ
② ㄱ, ㄹ
③ ㄴ, ㄹ
④ ㄱ, ㄴ, ㄷ
⑤ ㄴ, ㄷ, ㄹ

문 72. 다음 글과 〈○○시의 도로명 현황〉을 근거로 판단할 때, ○○시에서 발견될 수 있는 도로명은?

13 5급(인) 03번

도로명의 구조는 일반적으로 두 개의 부분으로 나누어지는데 앞부분을 전부요소, 뒷부분을 후부요소라고 한다.

전부요소는 대상물의 특성을 반영하여 이름붙인 것이며 다른 곳과 구분하기 위해 명명된 부분이다. 즉, 명명의 배경이 반영되어 성립된 요소로 다양한 어휘가 사용된다. 후부요소로는 '로, 길, 골목'이 많이 쓰인다.

그런데 도로명은 전부요소와 후부요소만 결합한 기본형이 있고, 후부요소에 다른 요소가 첨가된 확장형이 있다. 확장형은 후부요소에 '1, 2, 3, 4⋯' 등이 첨가된 일련번호형과 '동, 서, 남, 북, 좌, 우, 윗, 아래, 앞, 뒷, 사이, 안, 중앙' 등의 어휘들이 첨가된 방위형이 있다.

〈○○시의 도로명 현황〉

○○시의 도로명을 모두 분류한 결과, 도로명의 전부요소로는 한글고유어보다 한자어가 더 많이 발견되었고, 기본형보다 확장형이 많이 발견되었다. 확장형의 후부요소로는 일련번호형이 많이 발견되었고, 일련번호는 '로'와만 결합되었다. 그리고 방위형은 '골목'과만 결합되었으며 사용된 어휘는 '동, 서, 남, 북'으로만 한정되었다.

① 행복1가
② 대학2로
③ 국민3길
④ 덕수궁뒷길
⑤ 꽃동네중앙골목

문 73. 다음 글과 〈상황〉을 근거로 판단할 때, 甲이 납부하는 송달료의 합계는?

13 5급(인) 08번

송달이란 소송의 당사자와 그 밖의 이해관계인에게 소송상의 서류의 내용을 알 수 있는 기회를 주기 위해 법에 정한 방식에 따라 하는 통지행위를 말하며, 송달에 드는 비용을 송달료라고 한다. 소 또는 상소를 제기하려는 사람은, 소장이나 상소장을 제출할 때 당사자 수에 따른 계산방식으로 산출된 송달료를 수납은행(대부분 법원구내 은행)에 납부하고 그 은행으로부터 교부받은 송달료납부서를 소장이나 상소장에 첨부하여야 한다. 송달료 납부의 기준은 아래와 같다.

• 소 또는 상소 제기 시 납부해야 할 송달료

　가. 민사 제1심 소액사건 : 당사자 수×송달료 10회분

　나. 민사 제1심 소액사건 이외의 사건 : 당사자 수×송달료 15회분

　다. 민사 항소사건 : 당사자 수×송달료 12회분

　라. 민사 상고사건 : 당사자 수×송달료 8회분

• 송달료 1회분 : 3,200원

• 당사자 : 원고, 피고

• 사건의 구별

　가. 소액사건 : 소가 2,000만 원 이하의 사건

　나. 소액사건 이외의 사건 : 소가 2,000만 원을 초과하는 사건

※ 소가(訴價)라 함은 원고가 승소하면 얻게 될 경제적 이익을 화폐단위로 평가한 금액을 말함

─────────── 〈상 황〉 ───────────

甲은 보행로에서 자전거를 타다가 乙의 상품진열대에 부딪쳐서 부상을 당하였고, 이 상황을 丙이 목격하였다. 甲은 乙에게 자신의 병원치료비와 위자료를 요구하였다. 그러나 乙은 甲의 잘못으로 부상당한 것으로 자신에게는 책임이 없으며, 오히려 甲 때문에 진열대가 파손되어 손해가 발생했으므로 甲이 손해를 배상해야 한다고 주장하였다. 甲은 자신을 원고로, 乙을 피고로 하여 병원치료비와 위자료로 합계 금 2,000만 원을 구하는 소를 제기하였다. 제1심 법원은 증인 丙의 증언을 바탕으로 甲에게 책임이 있다는 乙의 주장이 옳다고 인정하여, 甲의 청구를 기각하는 판결을 선고하였다. 이 판결에 대해서 甲은 항소를 제기하였다.

① 76,800원

② 104,800원

③ 124,800원

④ 140,800원

⑤ 172,800원

문 74. 다음 〈연주 규칙〉에 근거할 때 옳지 <u>않은</u> 것은?

13 5급(인) 19번

─────────── 〈연주 규칙〉 ───────────

1～2구간의 흰 건반 10개만을 사용하여 '비행기'와 '학교종' 두 곡을 연주한다. 왼손과 오른손을 나란히 놓고, 엄지, 검지, 중지, 약지, 새끼 다섯 종류의 손가락을 사용한다. 손가락 번호와 일치하는 건반 한 개만 칠 수 있으며, 각 노래에 사용되는 음은 아래와 같다.

• 비행기 : 한 구간 내의 '도, 레, 미' 음만 사용

• 학교종 : 한 구간 내의 '도, 레, 미, 솔, 라' 음만 사용

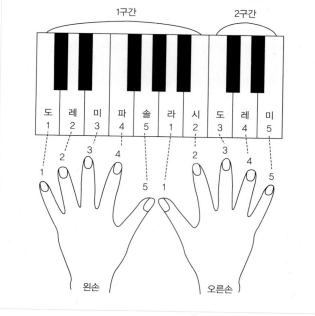

① '비행기'는 어느 구간에서 연주하든 같은 종류의 손가락을 사용한다.

② '비행기'는 어느 구간에서 연주하든 같은 번호의 손가락을 사용한다.

③ '학교종'을 연주할 때는 검지 손가락을 사용하지 않는다.

④ '비행기'는 한 손만으로도 연주할 수 있다.

⑤ '학교종'은 한 손만으로 연주할 수 없다.

문 75. 다음 〈쓰레기 분리배출 규정〉을 준수한 것은?

14 5급(A) 06번

〈쓰레기 분리배출 규정〉

- 배출 시간 : 수거 전날 저녁 7시~수거 당일 새벽 3시까지(월요일~토요일에만 수거함)
- 배출 장소 : 내 집 앞, 내 점포 앞
- 쓰레기별 분리배출 방법
  - 일반 쓰레기 : 쓰레기 종량제 봉투에 담아 배출
  - 음식물 쓰레기 : 단독주택의 경우 수분 제거 후 음식물 쓰레기 종량제 봉투에 담아서, 공동주택의 경우 음식물 전용 용기에 담아서 배출
  - 재활용 쓰레기 : 종류별로 분리하여 투명 비닐봉투에 담아 묶어서 배출
    ① 1종(병류)
    ② 2종(캔, 플라스틱, 페트병 등)
    ③ 3종(폐비닐류, 과자 봉지, 1회용 봉투 등)
    ※ 1종과 2종의 경우 뚜껑을 제거하고 내용물을 비운 후 배출
    ※ 종이류/박스/스티로폼은 각각 별도로 묶어서 배출
  - 폐가전 · 폐가구 : 폐기물 스티커를 부착하여 배출
- 종량제 봉투 및 폐기물 스티커 구입 : 봉투판매소

① 甲은 토요일 저녁 8시에 일반 쓰레기를 쓰레기 종량제 봉투에 담아 자신의 집 앞에 배출하였다.

② 공동주택에 사는 乙은 먹다 남은 찌개를 그대로 음식물 쓰레기 종량제 봉투에 담아 주택 앞에 배출하였다.

③ 丙은 투명 비닐봉투에 캔과 스티로폼을 함께 담아 자신의 집 앞에 배출하였다.

④ 丁은 사이다가 남아 있는 페트병을 투명 비닐봉투에 담아서 집 앞에 배출하였다.

⑤ 戊는 집에서 쓰던 냉장고를 버리기 위해 폐기물 스티커를 구입 후 부착하여 월요일 저녁 9시에 자신의 집 앞에 배출하였다.

문 76. 다음 〈배드민턴 복식 경기방식〉을 따를 때, 〈경기상황〉에 이어질 서브 방향 및 선수 위치로 가능한 것은?

14 5급(A) 11번

〈배드민턴 복식 경기방식〉

- 점수를 획득한 팀이 서브권을 갖는다. 다만 서브권이 상대팀으로 넘어가기 전까지는 팀 내에서 같은 선수가 연속해서 서브권을 갖는다.
- 서브하는 팀은 자신의 팀 점수가 0이거나 짝수인 경우는 우측에서, 점수가 홀수인 경우는 좌측에서 서브한다.
- 서브하는 선수로부터 코트의 대각선 위치에 선 선수가 서브를 받는다.
- 서브를 받는 팀은 자신의 팀으로 서브권이 넘어오기 전까지는 팀 내에서 선수끼리 서로 코트 위치를 바꾸지 않는다.

※ 좌측, 우측은 각 팀이 네트를 바라보고 인식하는 좌, 우임

〈경기상황〉

- 甲팀(A · B)과 乙팀(C · D)간 복식 경기 진행
- 3 : 3 동점 상황에서 A가 C에 서브하고 甲팀(A · B)이 1점 득점

점수	서브 방향 및 선수 위치	득점한 팀
3 : 3	D C / A B (화살표: A→C)	甲

①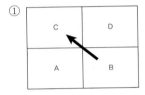

②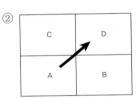

③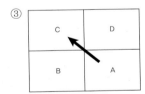

④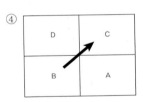

⑤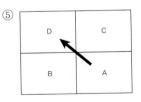

문 77. 다음 〈민간위탁 교육훈련사업 계약〉을 근거로 판단할 때, 〈보기〉에서 계약 위반행위만을 모두 고르면? 14 5급(A) 26번

〈민간위탁 교육훈련사업 계약〉

(가) 계약금액(사업비)은 7,000만 원이고, 계약기간은 1월 1일부터 12월 31일까지이다.

(나) 甲은 乙에게 사업비의 50%에 해당하는 금액을 반기(6개월)별로 지급하며, 乙이 청구한 날로부터 14일 이내에 지급하여야 한다.

(다) 乙은 하반기 사업비 청구 시 상반기 사업추진실적과 상반기 사업비 사용내역을 함께 제출하여야 하며, 甲은 이를 확인한 후 지급한다.

(라) 乙은 사업비를 위탁받은 교육훈련 이외의 다른 용도로 사용하여서는 안 된다.

(마) 乙은 상·하반기 사업비와는 별도로 매 분기(3개월) 종료 후 10일 이내에 관련 증빙서류를 구비하여 甲에게 훈련참여자의 취업실적에 따른 성과인센티브의 지급을 청구할 수 있다.

(바) 甲은 (마)에 따른 관련 증빙서류를 확인한 후 인정된 취업실적에 대한 성과인센티브를 취업자 1인당 10만 원씩 지급한다.

〈보 기〉

ㄱ. 乙은 9월 10일 교육훈련과 관련 없는 甲의 등산대회에 사업비에서 100만 원을 협찬하였다.

ㄴ. 乙은 1월 25일에 상반기 사업비 지급을 청구하였으며, 甲은 2월 10일에 3,500만 원을 지급하였다.

ㄷ. 乙은 8월 8일에 하반기 사업비 지급을 청구하면서 상반기 사업추진실적 및 사업비 사용내역을 제출하였다.

ㄹ. 乙은 10월 9일에 관련 증빙서류를 구비하여 성과인센티브의 지급을 청구하였으나, 甲은 증빙서류의 확인을 거부하고 지급하지 않았다.

① ㄱ, ㄷ
② ㄴ, ㄹ
③ ㄱ, ㄴ, ㄷ
④ ㄱ, ㄴ, ㄹ
⑤ ㄴ, ㄷ, ㄹ

문 78. 우주센터는 화성 탐사 로봇(JK3)으로부터 다음의 〈수신 신호〉를 왼쪽부터 순서대로 받았다. 〈조건〉을 근거로 판단할 때, JK3의 이동경로로 옳은 것은? 15 5급(인) 15번

〈수신 신호〉

010111, 000001, 111001, 100000

〈조 건〉

JK3은 출발 위치를 중심으로 주변을 격자 모양 평면으로 파악하고 있으며, 격자 모양의 경계를 넘어 한 칸 이동할 때마다 이동 방향을 나타내는 6자리 신호를 우주센터에 전송한다. 그 신호의 각 자리는 0 또는 1로 이루어진다. 전송 신호는 4개뿐이며, 각 전송 신호가 의미하는 이동 방향은 아래와 같다.

전송 신호	이동 방향
000000	북
000111	동
111000	서
111111	남

JK3이 보낸 6자리의 신호 중 한 자리는 우주잡음에 의해 오염된다. 이 경우 오염된 자리의 숫자 0은 1로, 1은 0으로 바뀐다.

※ JK3은 동서남북을 인식하고, 이 네 방향으로만 이동함

①
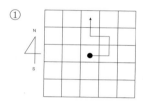

②
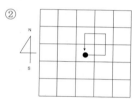

③
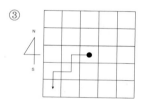

④
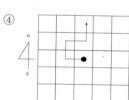

⑤
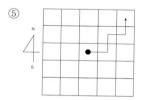

풍력발전기는 회전축의 방향에 따라 수평축 풍력발전기와 수직축 풍력발전기로 구분된다. 수평축 풍력발전기는 구조가 간단하고 설치가 용이하며 에너지 변환효율이 우수하다. 하지만 바람의 방향에 영향을 많이 받기 때문에 바람의 방향이 일정한 지역에만 설치가 가능하다. 수직축 풍력발전기는 바람의 방향에 영향을 받지 않아 바람의 방향이 일정하지 않은 지역에도 설치가 가능하며, 이로 인해 사막이나 평원에도 설치가 가능하다. 하지만 부품이 비싸고 수평축 풍력발전기에 비해 에너지 변환효율이 떨어진다는 단점이 있다.

甲사는 현재 4가지 모델의 풍력발전기를 생산하고 있다. 각 풍력발전기는 정격 풍속에서 최대 발전량에 도달하며, 가동이 시작되면 최소 발전량 이상의 전기를 생산한다. 각 풍력발전기의 특성은 아래 표와 같다.

모델명	U−50	U−57	U−88	U−93
시간당 최대 발전량(kW)	100	100	750	2,000
시간당 최소 발전량(kW)	20	20	150	400
발전기 높이(m)	50	68	80	84.7
회전축 방향	수직	수평	수직	수평

─〈상 황〉─

A국은 甲사의 풍력발전기를 X, Y, Z지역에 각 1기씩 설치할 계획이다. X지역은 산악지대로 바람의 방향이 일정하며, 최소 150kW 이상의 시간당 발전량이 필요하다. Y지역은 평원지대로 바람의 방향이 일정하지 않으며, 철새 보호를 위해 발전기 높이는 70m 이하가 되어야 한다. Z지역은 사막지대로 바람의 방향이 일정하지 않으며, 주민 편의를 위해 정격 풍속에서 600kW 이상의 시간당 발전량이 필요하다. 복수의 모델이 각 지역의 조건을 충족할 경우, 에너지 변환효율을 높이기 위해 수평축 모델을 설치하기로 한다.

	X지역	Y지역	Z지역
①	U−88	U−50	U−88
②	U−88	U−57	U−88
③	U−93	U−50	U−88
④	U−93	U−50	U−93
⑤	U−93	U−57	U−93

─〈조 건〉─

• 좀비 바이러스에 의해 甲국에 거주하던 많은 사람들이 좀비가 되었다. 건물에 갇힌 생존자들은 동, 서, 남, 북 4개의 통로를 이용해 5명씩 팀을 이루어 탈출을 시도한다. 탈출은 통로를 통해서만 가능하며, 한 쪽 통로를 선택하면 되돌아올 수 없다.

• 동쪽 통로에 11마리, 서쪽 통로에 7마리, 남쪽 통로에 11마리, 북쪽 통로에 9마리의 좀비들이 있다. 선택한 통로의 좀비를 모두 제거해야만 탈출할 수 있다.

• 남쪽 통로의 경우, 통로 끝이 막혀 탈출할 수 없지만 팀에 폭파전문가가 있다면 다이너마이트를 사용하여 막힌 통로를 뚫고 탈출할 수 있다.

• '전투'란 생존자가 좀비를 제거하는 것을 의미하며 선택한 통로에서 일시에 이루어진다.

• '전투능력'은 정상인 건강상태에서 해당 생존자가 전투에서 제거하는 좀비의 수를 의미하며, 질병이나 부상상태인 사람은 그 능력이 50% 줄어든다.

• 전투력 강화제는 건강상태가 정상인 생존자들 중 1명에게만 사용할 수 있으며, 전투능력을 50% 향상시킨다. 사용 가능한 대상은 의사 혹은 의사의 팀 내 구성원이다.

• 생존자의 직업은 다양하며, 아이(들)와 노인(들)은 전투능력과 보유품목이 없고 건강상태는 정상이다.

〈전투능력을 가진 생존자 현황〉

직업	인원	전투능력	건강상태	보유품목
경찰	1명	6	질병	−
사냥꾼	1명	4	정상	−
의사	1명	2	정상	전투력 강화제 1개
무사	1명	8	정상	−
폭파전문가	1명	4	부상	다이너마이트

탈출 통로	팀 구성 인원
① 동쪽 통로	폭파전문가−무사−노인(3)
② 서쪽 통로	사냥꾼−경찰−아이(2)−노인
③ 남쪽 통로	사냥꾼−폭파전문가−아이−노인(2)
④ 남쪽 통로	폭파전문가−사냥꾼−의사−아이(2)
⑤ 북쪽 통로	경찰−의사−아이(2)−노인

다음 〈맛집 정보〉와 〈평가 기준〉을 근거로 판단할 때, 총점이 가장 높은 음식점은?

16 5급(4) 18번

〈맛집 정보〉

평가 항목 음식점	음식 종류	이동 거리	가격 (1인 기준)	맛평점 (★ 5개 만점)	방 예약 가능 여부
자금성	중식	150m	7,500원	★★☆	○
샹젤리제	양식	170m	8,000원	★★★	○
경복궁	한식	80m	10,000원	★★★★	×
도쿄타워	일식	350m	9,000원	★★★★☆	×
광화문	한식	300m	12,000원	★★★★★	×

※ ☆은 ★의 반 개임

〈평가 기준〉

- 평가 항목 중 이동거리, 가격, 맛평점에 대하여 각 항목별로 5, 4, 3, 2, 1점을 각각의 음식점에 하나씩 부여한다.
  - 이동거리가 짧은 음식점일수록 높은 점수를 준다.
  - 가격이 낮은 음식점일수록 높은 점수를 준다.
  - 맛평점이 높은 음식점일수록 높은 점수를 준다.
- 평가 항목 중 음식종류에 대하여 일식 5점, 한식 4점, 양식 3점, 중식 2점을 부여한다.
- 방 예약이 가능한 경우 가점 1점을 부여한다.
- 총점은 음식종류, 이동거리, 가격, 맛평점의 4가지 평가항목에서 부여 받은 점수와 가점을 합산하여 산출한다.

① 자금성
② 샹젤리제
③ 경복궁
④ 도쿄타워
⑤ 광화문

다음 글을 근거로 판단할 때, A시가 '창의 테마파크'에서 운영할 프로그램은?

16 5급(4) 38번

A시는 학생들의 창의력을 증진시키기 위해 '창의 테마파크'를 운영하고자 한다. 이를 위해 다음과 같은 프로그램을 후보로 정했다.

분야	프로그램명	전문가 점수	학생 점수
미술	내 손으로 만드는 동물	26	32
인문	세상을 바꾼 생각들	31	18
무용	스스로 창작	37	25
인문	역사랑 놀자	36	28
음악	연주하는 교실	34	34
연극	연출노트	32	30
미술	창의 예술학교	40	25
진로	항공체험 캠프	30	35

- 전문가와 학생은 후보로 선정된 프로그램을 각각 40점 만점제로 우선 평가하였다.
- 전문가 점수와 학생 점수의 반영 비율을 3 : 2로 적용하여 합산한 후, 하나밖에 없는 분야에 속한 프로그램에는 취득점수의 30%를 가산점으로 부여한다.
- A시는 가장 높은 점수를 받은 프로그램을 최종 선정하여 운영한다.

① 연주하는 교실
② 항공체험 캠프
③ 스스로 창작
④ 연출노트
⑤ 창의 예술학교

다음 〈복약설명서〉에 따라 甲이 두 약을 복용할 때 옳은 것은?

〈복약설명서〉

1. 약품명 : 가나다정 2. 복용법 및 주의사항 • 식전 15분에 복용하는 것이 가장 좋으나 식전 30분부터 식사 직전까지 복용이 가능합니다. • 식사를 거르게 될 경우에 복용을 거릅니다. • 식이요법과 운동요법을 계속하고, 정기적으로 혈당(혈액 속에 섞여 있는 당분)을 측정해야 합니다. • 야뇨(夜尿)를 피하기 위해 최종 복용시간은 오후 6시까지로 합니다. • 저혈당을 예방하기 위해 사탕 등 혈당을 상승시킬 수 있는 것을 가지고 다닙니다.	1. 약품명 : ABC정 2. 복용법 및 주의사항 • 매 식사 도중 또는 식사 직후에 복용합니다. • 복용을 잊은 경우 식사 후 1시간 이내에 생각이 났다면 즉시 약을 복용하도록 합니다. 식사 후 1시간이 초과되었다면 다음 식사에 다음 번 분량만을 복용합니다. • 씹지 말고 그대로 삼켜서 복용합니다. • 정기적인 혈액검사를 통해서 혈중 칼슘, 인의 농도를 확인해야 합니다.

① 식사를 거르게 될 경우 가나다정만 복용한다.

② 두 약을 복용하는 기간 동안 정기적으로 혈액검사를 할 필요는 없다.

③ 저녁식사 전 가나다정을 복용하려면 저녁식사는 늦어도 오후 6시 30분에는 시작해야 한다.

④ ABC정은 식사 중에 다른 음식과 함께 씹어 복용할 수 있다.

⑤ 식사를 30분 동안 한다고 할 때, 두 약의 복용시간은 최대 1시간 30분 차이가 날 수 있다.

다음 글과 〈선거 결과〉를 근거로 판단할 때 옳은 것은?

○○국 의회의원은 총 8명이며, 4개의 선거구에서 한 선거구당 2명씩 선출된다. 선거제도는 다음과 같이 운용된다.

각 정당은 선거구별로 두 명의 후보 이름이 적힌 명부를 작성한다. 유권자는 해당 선거구에서 모든 정당의 후보 중 한 명에게만 1표를 행사하며, 이를 통해 개별 후보자의 득표율이 집계된다.

특정 선거구에서 각 정당의 득표율은 그 정당의 해당 선거구 후보자 2명의 득표율의 합이다. 예를 들어 한 정당의 명부에 있는 두 후보가 각각 30%, 20% 득표를 했다면 해당 선거구에서 그 정당의 득표율은 50%가 된다. 그리고 각 후보의 득표율에 따라 소속 정당 명부에서의 순위(1번, 2번)가 결정된다.

다음으로 선거구별 2개의 의석은 다음과 같이 배분한다. 먼저 해당 선거구에서 득표율 1위 정당의 1번 후보에게 1석이 배분된다. 그리고 만약 1위 정당의 정당 득표율이 2위 정당의 정당 득표율의 2배 이상이라면, 정당 득표율 1위 정당의 2번 후보에게 나머지 1석이 돌아간다. 그러나 1위 정당의 정당 득표율이 2위 정당의 정당 득표율의 2배 미만이라면 정당 득표율 2위 정당의 1번 후보에게 나머지 1석을 배분한다.

〈선거 결과〉

○○국의 의회의원선거 제1~4선거구의 선거 결과를 요약하면 다음과 같다. 수치는 선거구별 득표율(%)이다.

구분	제1선거구	제2선거구	제3선거구	제4선거구
A정당	41	50	16	39
1번 후보	30	30	12	20
2번 후보	11	20	4	19
B정당	39	30	57	28
1번 후보	22	18	40	26
2번 후보	17	12	17	2
C정당	20	20	27	33
1번 후보	11	11	20	18
2번 후보	9	9	7	15

① A정당은 모든 선거구에서 최소 1석을 차지했다.

② B정당은 모든 선거구에서 최소 1석을 차지했다.

③ C정당 후보가 당선된 곳은 제3선거구이다.

④ 각 선거구마다 최다 득표를 한 후보가 당선되었다.

⑤ 가장 많은 당선자를 낸 정당은 B정당이다.

다음 글과 〈설립위치 선정 기준〉을 근거로 판단할 때, A사가 서비스센터를 설립하는 방식과 위치로 옳은 것은?

17 5급(가) 30번

- 휴대폰 제조사 A는 B국에 고객서비스를 제공하기 위해 1개의 서비스센터 설립을 추진하려고 한다.
- 설립방식에는 (가)방식과 (나)방식이 있다.
- A사는 {(고객만족도 효과의 현재가치)−(비용의 현재가치)}의 값이 큰 방식을 선택한다.
- 비용에는 규제비용과 로열티비용이 있다.

구분		(가)방식	(나)방식
고객만족도 효과의 현재가치		5억 원	4.5억 원
비용의 현재 가치	규제 비용	3억 원 (설립 당해년도 만 발생)	없음
	로열티 비용	없음	− 3년간 로열티비용을 지불함 − 로열티비용의 현재가치 환산 : 설립 당해년도는 2억 원, 그 다음 해부터는 직전년도 로열티비용의 1/2씩 감액한 금액

※ 고객만족도 효과의 현재가치는 설립 당해년도를 기준으로 산정된 결과임

〈설립위치 선정 기준〉

- 설립위치로 B국의 甲, 乙, 丙 3곳을 검토 중이며, 각 위치의 특성은 다음과 같다.

위치	유동인구(만 명)	20~30대 비율(%)	교통혼잡성
甲	80	75	3
乙	100	50	1
丙	75	60	2

- A사는 {(유동인구)×(20~30대 비율)/(교통혼잡성)} 값이 큰 곳을 선정한다. 다만 A사는 제품의 특성을 고려하여 20~30대 비율이 50% 이하인 지역은 선정대상에서 제외한다.

	설립방식	설립위치
①	(가)	甲
②	(가)	丙
③	(나)	甲
④	(나)	乙
⑤	(나)	丙

다음 글을 근거로 판단할 때, 〈보기〉에서 옳은 것만을 모두 고르면?

18 5급(나) 25번

甲국의 공무원연금공단은 다음 기준에 따라 사망조위금을 지급하고 있다. 사망조위금은 최우선 순위의 수급권자 1인에게만 지급한다.

〈사망조위금 지급기준〉

사망자		수급권자 순위
공무원의 배우자·부모 (배우자의 부모 포함)·자녀	해당 공무원이 1인인 경우	해당 공무원
	해당 공무원이 2인 이상인 경우	1. 사망한 자의 배우자인 공무원 2. 사망한 자를 부양하던 직계비속인 공무원 3. 사망한 자의 최근친 직계비속인 공무원 중 최연장자 4. 사망한 자의 최근친 직계비속의 배우자인 공무원 중 최연장자 직계비속의 배우자인 공무원
공무원 본인		1. 사망한 공무원의 배우자 2. 사망한 공무원의 직계비속 중 공무원 3. 장례와 제사를 모시는 자 중 아래의 순위 　가. 사망한 공무원의 최근친 직계비속 중 최연장자 　나. 사망한 공무원의 최근친 직계존속 중 최연장자 　다. 사망한 공무원의 형제자매 중 최연장자

〈보 기〉

ㄱ. A와 B는 비(非)공무원 부부이며 공무원 C(37세)와 공무원 D(32세)를 자녀로 두고 있다. 공무원 D가 부모님을 부양하던 상황에서 A가 사망하였다면, 사망조위금 최우선 순위 수급권자는 D이다.

ㄴ. A와 B는 공무원 부부로 비공무원 C를 아들로 두고 있으며, 공무원 D는 C의 아내이다. 만약 C가 사망하였다면, 사망조위금 최우선 순위 수급권자는 A이다.

ㄷ. 공무원 A와 비공무원 B는 부부이며 비공무원 C(37세)와 비공무원 D(32세)를 자녀로 두고 있다. A가 사망하고 C와 D가 장례와 제사를 모시는 경우, 사망조위금 최우선 순위 수급권자는 C이다.

① ㄱ
② ㄴ
③ ㄷ
④ ㄱ, ㄴ
⑤ ㄱ, ㄷ

보름달 중에 가장 크게 보이는 보름달을 슈퍼문이라고 한다. 크게 보이는 이유는 달이 평소보다 지구에 가까이 있기 때문이다. 슈퍼문이 되려면 보름달이 되는 시점과 달이 지구에 가장 가까워지는 시점이 일치하여야 한다. 달의 공전 궤도가 완벽한 원이라면 지구에서 달까지의 거리가 항상 똑같을 것이다. 하지만 실제로는 타원 궤도여서 달이 지구에 가까워지거나 멀어지는 현상이 생긴다. 유독 달만 그런 것은 아니고 태양계의 모든 행성이 태양을 중심으로 타원 궤도로 돈다. 이것이 바로 그 유명한 케플러의 행성운동 제1법칙이다.

지구와 달의 평균 거리는 약 38만km인 반면 슈퍼문일 때는 그 거리가 35만 7,000km 정도로 가까워진다. 달의 반지름은 약 1,737km이므로, 지구와 달의 거리가 평균 정도일 때 지구에서 보름달을 바라보는 시각도는 0.52도 정도인 반면, 슈퍼문일 때는 시각도가 0.56도로 커진다. 반대로 보름달이 가장 작게 보일 때, 다시 말해 보름달이 지구에서 제일 멀 때는 그 거리가 약 40만km여서 보름달을 보는 시각도가 0.49도로 작아진다.

밀물과 썰물이 생기는 원인은 지구에 작용하는 달과 태양의 중력 때문인데, 달이 태양보다는 지구에 훨씬 더 가깝기 때문에 더 큰 영향을 미친다. 달이 지구에 가까워지면 평소 달이 지구를 당기는 힘보다 더 강하게 지구를 당긴다. 그리고 달의 중력이 더 강하게 작용하면, 달을 향한 쪽의 해수면은 평상시보다 더 높아진다. 실제 우리나라에서도 슈퍼문일 때 제주도 등 해안가에 바닷물이 평소보다 더 높게 밀려 들어와서 일부 지역이 침수 피해를 겪기도 했다.

한편 달의 중력 때문에 높아진 해수면이 지구와 함께 자전을 하다보면 지구의 자전을 방해하게 된다. 일종의 브레이크가 걸리는 셈이다. 이 때문에 지구의 자전 속도가 느려지게 되고 그 결과 하루의 길이에 미세하게 차이가 생긴다. 실제 연구 결과에 따르면 100만 년에 17초 정도씩 길어지는 효과가 생긴다고 한다.

※ 시각도 : 물체의 양끝에서 눈의 결합점을 향하여 그은 두 선이 이루는 각을 의미함

① 지구에서 태양까지의 거리는 1년 동안 항상 일정하다.
② 해수면의 높이는 지구와 달의 거리와 관계가 없다.
③ 달이 지구에서 멀어지면 궤도에서 벗어나지 않기 위해 평소보다 더 강하게 지구를 잡아당긴다.
④ 지구와 달의 거리가 36만km 정도인 경우, 지구에서 보름달을 바라보는 시각도는 0.49도보다 크다.
⑤ 지구가 자전하는 속도는 점점 빨라지고 있다.

• 甲부서에서는 2018년도 예산을 편성하기 위해 2017년에 시행되었던 정책(A~F)에 대한 평가를 실시하여, 아래와 같은 결과를 얻었다.

〈정책 평가 결과〉

(단위 : 점)

정책	계획의 충실성	계획 대비 실적	성과지표 달성도
A	96	95	76
B	93	83	81
C	94	96	82
D	98	82	75
E	95	92	79
F	95	90	85

• 정책 평가 영역과 각 영역별 기준 점수는 다음과 같다.
  – 계획의 충실성 : 기준 점수 90점
  – 계획 대비 실적 : 기준 점수 85점
  – 성과지표 달성도 : 기준 점수 80점
• 평가 점수가 해당 영역의 기준 점수 이상인 경우 '통과'로 판단하고 기준 점수 미만인 경우 '미통과'로 판단한다.
• 모든 영역이 통과로 판단된 정책에는 전년과 동일한 금액을 편성하며, 2개 영역이 통과로 판단된 정책에는 전년 대비 10% 감액, 1개 영역만 통과로 판단된 정책에는 15% 감액하여 편성한다. 다만 '계획 대비 실적' 영역이 미통과인 경우 위 기준과 상관없이 15% 감액하여 편성한다.
• 2017년도 甲부서의 A~F 정책 예산은 각각 20억 원으로 총 120억 원이었다.

① 전년과 동일한 금액의 예산을 편성해야 하는 정책은 총 2개이다.
② 甲부서의 2018년도 A~F 정책 예산은 전년 대비 9억 원이 줄어들 것이다.
③ '성과지표 달성도' 영역에서 '통과'로 판단된 경우에도 예산을 감액해야 하는 정책이 있다.
④ 예산을 전년 대비 15% 감액하여 편성하는 정책들은 모두 '계획 대비 실적' 영역이 '미통과'로 판단되었을 것이다.
⑤ 2개 영역이 '미통과'로 판단된 정책에 대해서만 전년 대비 2018년도 예산을 감액하는 것으로 기준을 변경하는 경우에는 총 1개의 정책만 감액해야 한다.

다음 글을 근거로 판단할 때, 甲이 구매해야 할 재료와 그 양으로 옳은 것은?

甲은 아내, 아들과 함께 짬뽕을 만들어 먹기로 했다. 짬뽕요리에 필요한 재료를 사기 위해 근처 전통시장에 들른 甲은 아래 〈조건〉을 만족하도록 재료를 모두 구매한다. 다만 짬뽕요리에 필요한 각 재료의 절반 이상이 냉장고에 있으면 그 재료는 구매하지 않는다.

〈조건〉
• 甲과 아내는 각각 성인 1인분, 아들은 성인 0.5인분을 먹는다.
• 매운 음식을 잘 먹지 못하는 아내를 고려하여 '고추'라는 단어가 들어간 재료는 모두 절반만 넣는다.
• 아들은 성인 1인분의 새우를 먹는다.

〈냉장고에 있는 재료〉
면 200g, 오징어 240g, 돼지고기 100g, 양파 100g, 청양고추 15g, 고추기름 100ml, 대파 10cm, 간장 80ml, 마늘 5g

〈짬뽕요리 재료(성인 1인분 기준)〉
면 200g, 해삼 40g, 소라 30g, 오징어 60g, 돼지고기 90g, 새우 40g, 양파 60g, 양송이버섯 50g, 죽순 40g, 고추기름 20ml, 건고추 8g, 청양고추 10g, 대파 10cm, 마늘 10g, 청주 15ml

① 면 200g
② 양파 50g
③ 새우 100g
④ 건고추 7g
⑤ 돼지고기 125g

다음 글을 근거로 판단할 때 옳은 것은?

전문가 6명(A~F)의 〈회의 참여 가능 시간〉과 〈회의 장소 선호도〉를 반영하여, 〈조건〉을 충족하는 회의를 월~금요일 중 개최하려 한다.

〈회의 참여 가능 시간〉

전문가 \ 요일	월	화	수	목	금
A	13:00~16:20	15:00~17:30	13:00~16:20	15:00~17:30	16:00~18:30
B	13:00~16:10	—	13:00~16:10	—	16:00~18:30
C	16:00~19:20	14:00~16:20	—	14:00~16:20	16:00~19:20
D	17:00~19:30	—	17:00~19:30	—	17:00~19:30
E	—	15:00~17:10	—	15:00~17:10	—
F	16:00~19:20	—	16:00~19:20	—	16:00~19:20

※ － : 참여 불가

〈회의 장소 선호도〉
(단위: 점)

장소 \ 전문가	A	B	C	D	E	F
가	5	4	5	6	7	5
나	6	6	8	6	8	8
다	7	8	5	6	3	4

〈조 건〉
• 전문가 A~F 중 3명 이상이 참여할 수 있어야 회의의 개최가 가능하다.
• 회의는 1시간 동안 진행되며, 회의 참여자는 회의 시작부터 종료까지 자리를 지켜야 한다.
• 회의 시간이 정해지면, 해당 일정에 참여 가능한 전문가들의 선호도를 합산하여 가장 높은 점수가 나온 곳을 회의 장소로 정한다.

① 월요일에는 회의를 개최할 수 없다.
② 금요일 16시에 회의를 개최할 경우 회의 장소는 '가'이다.
③ 금요일 18시에 회의를 개최할 경우 회의 장소는 '다'이다.
④ A가 반드시 참여해야 할 경우 목요일 16시에 회의를 개최할 수 있다.
⑤ C, D를 포함하여 4명 이상이 참여해야 할 경우 금요일 17시에 회의를 개최할 수 있다.

문 91. 다음 글을 근거로 판단할 때, 〈보기〉에서 옳은 것만을 모두 고르면?

19 5급(가) 23번

- 정부□□청사 신축 시 〈화장실 위생기구 설치기준〉에 따라 위생기구(대변기 또는 소변기)를 설치하고자 한다.
- 남자 화장실에는 위생기구 수가 짝수인 경우 대변기와 소변기를 절반씩 나누어 설치하고, 홀수인 경우 대변기를 한 개 더 많게 설치한다. 여자 화장실에는 모두 대변기를 설치한다.

〈화장실 위생기구 설치기준〉

기준	각 성별 사람 수(명)	위생기구 수(개)
A	1~9	1
	10~35	2
	36~55	3
	56~80	4
	81~110	5
	111~150	6
B	1~15	1
	16~40	2
	41~75	3
	76~150	4
C	1~50	1
	51~100	2
	101~150	3

〈보 기〉

ㄱ. 남자 30명과 여자 30명이 근무할 경우, A기준과 B기준에 따라 설치할 위생기구 수는 같다.

ㄴ. 남자 50명과 여자 40명이 근무할 경우, B기준에 따라 설치할 남자 화장실과 여자 화장실의 대변기 수는 같다.

ㄷ. 남자 80명과 여자 80명이 근무할 경우, A기준에 따라 설치할 소변기는 총 4개이다.

ㄹ. 남자 150명과 여자 100명이 근무할 경우, C기준에 따라 설치할 대변기는 총 5개이다.

① ㄱ, ㄴ
② ㄴ, ㄷ
③ ㄷ, ㄹ
④ ㄱ, ㄴ, ㄹ
⑤ ㄱ, ㄷ, ㄹ

문 92. 다음 글을 근거로 판단할 때, A학자의 언어체계에서 표기와 그 의미를 연결한 것으로 옳지 않은 것은?

19 5급(가) 27번

A학자는 존재하는 모든 사물들을 자연적인 질서에 따라 나열하고 그것들의 지위와 본질을 표현하는 적절한 기호를 부여하면 보편언어를 만들 수 있다고 생각했다.

이를 위해 A학자는 우선 세상의 모든 사물을 40개의 '속(屬)'으로 나누고, 속을 다시 '차이(差異)'로 세분했다. 예를 들어 8번째 속인 돌은 순서대로 아래와 같이 6개의 차이로 분류된다.

(1) 가치 없는 돌

(2) 중간 가치의 돌

(3) 덜 투명한 가치 있는 돌

(4) 더 투명한 가치 있는 돌

(5) 물에 녹는 지구의 응결물

(6) 물에 녹지 않는 지구의 응결물

이 차이는 다시 '종(種)'으로 세분화되었다. 예를 들어, '가치 없는 돌'은 그 크기, 용도에 따라서 8개의 종으로 분류되었다.

이렇게 사물을 전부 분류한 다음에 A학자는 속, 차이, 종에 문자를 대응시키고 표기하였다.

예를 들어, 7번째 속부터 10번째 속까지는 다음과 같이 표기된다.

7) 원소 : de

8) 돌 : di

9) 금속 : do

10) 잎 : gw

차이를 나타내는 표기는 첫 번째 차이부터 순서대로 b, d, g, p, t, c, z, s, n을 사용했고, 종은 순서대로 w, a, e, i, o, u, y, yi, yu를 사용했다. 따라서 'di'는 돌을 의미하고 'dib'는 가치 없는 돌을 의미하며, 'diba'는 가치 없는 돌의 두 번째 종을 의미한다.

① ditu – 물에 녹는 지구의 응결물의 여섯 번째 종
② gwpyi – 잎의 네 번째 차이의 네 번째 종
③ dige – 덜 투명한 가치 있는 돌의 세 번째 종
④ deda – 원소의 두 번째 차이의 두 번째 종
⑤ donw – 금속의 아홉 번째 차이의 첫 번째 종

문 93. 다음 글과 〈상황〉을 근거로 판단할 때, 출장을 함께 갈 수 있는 직원들의 조합으로 가능한 것은?　19 5급(가) 31번

A은행 B지점에서는 3월 11일 회계감사 관련 서류 제출을 위해 본점으로 출장을 가야 한다. 08시 정각 출발이 확정되어 있으며, 출발 후 B지점에 복귀하기까지 총 8시간이 소요된다. 단, 비가 오는 경우 1시간이 추가로 소요된다.

- 출장인원 중 한 명이 직접 운전하여야 하며, '운전면허 1종 보통' 소지자만 운전할 수 있다.
- 출장시간에 사내 업무가 겹치는 경우에는 출장을 갈 수 없다.
- 출장인원 중 부상자가 포함되어 있는 경우, 서류 박스 운반 지연으로 인해 30분이 추가로 소요된다.
- 차장은 책임자로서 출장인원에 적어도 한 명 포함되어야 한다.
- 주어진 조건 외에는 고려하지 않는다.

〈상 황〉

- 3월 11일은 하루 종일 비가 온다.
- 3월 11일 당직 근무는 17시 10분에 시작한다.

직원	직급	운전면허	건강상태	출장 당일 사내 업무
甲	차장	1종 보통	부상	없음
乙	차장	2종 보통	건강	17시 15분 계약업체 면담
丙	과장	없음	건강	17시 35분 고객 상담
丁	과장	1종 보통	건강	당직 근무
戊	대리	2종 보통	건강	없음

① 甲, 乙, 丙
② 甲, 丙, 丁
③ 乙, 丙, 戊
④ 乙, 丁, 戊
⑤ 丙, 丁, 戊

문 94. 다음 〈조건〉과 〈정보〉를 근거로 판단할 때, 곶감의 위치와 착한 호랑이, 나쁜 호랑이의 조합으로 가능한 것은?　14 5급(A) 35번

〈조 건〉

- 착한 호랑이는 2마리이고, 나쁜 호랑이는 3마리로 총 5마리의 호랑이(甲~戊)가 있다.
- 착한 호랑이는 참말만 하고, 나쁜 호랑이는 거짓말만 한다.
- 곶감은 꿀단지, 아궁이, 소쿠리 중 한 곳에만 있다.

〈정 보〉

甲 : 곶감은 아궁이에 있지.
乙 : 여기서 나만 곶감의 위치를 알아.
丙 : 甲은 나쁜 호랑이야.
丁 : 나는 곶감이 어디 있는지 알지.
戊 : 곶감은 꿀단지에 있어.

	곶감의 위치	착한 호랑이	나쁜 호랑이
①	꿀단지	戊	丙
②	소쿠리	丁	乙
③	소쿠리	乙	丙
④	아궁이	丙	戊
⑤	아궁이	甲	丁

다음 글을 근거로 판단할 때, 2017년 3월 인사 파견에서 선발될 직원만을 모두 고르면?

- △△도청에서는 소속 공무원들의 역량 강화를 위해 정례적으로 인사 파견을 실시하고 있다.
- 인사 파견은 지원자 중 3명을 선발하여 1년 간 이루어지고 파견 기간은 변경되지 않는다.
- 선발 조건은 다음과 같다.
  - 과장을 선발하는 경우 동일 부서에 근무하는 직원을 1명 이상 함께 선발한다.
  - 동일 부서에 근무하는 2명 이상의 팀장을 선발할 수 없다.
  - 과학기술과 직원을 1명 이상 선발한다.
  - 근무 평정이 70점 이상인 직원만을 선발한다.
  - 어학 능력이 '하'인 직원을 선발한다면 어학 능력이 '상'인 직원도 선발한다.
  - 직전 인사 파견 기간이 종료된 이후 2년 이상 경과하지 않은 직원을 선발할 수 없다.
- 2017년 3월 인사 파견의 지원자 현황은 다음과 같다.

직원	직위	근무 부서	근무 평정	어학 능력	직전 인사 파견 시작 시점
A	과장	과학기술과	65	중	2013년 1월
B	과장	자치행정과	75	하	2014년 1월
C	팀장	과학기술과	90	중	2014년 7월
D	팀장	문화정책과	70	상	2013년 7월
E	팀장	문화정책과	75	중	2014년 1월
F	—	과학기술과	75	중	2014년 1월
G	—	자치행정과	80	하	2013년 7월

① A, D, F
② B, D, G
③ B, E, F
④ C, D, G
⑤ D, F, G

다음 〈상황〉에 근거하여 〈점수표〉의 빈칸을 채울 때, 민경과 혜명의 최종점수가 될 수 있는 것은?

〈상 황〉

민경과 혜명은 0점, 3점, 5점이 그려진 과녁에 화살을 쏘아 과녁 맞히기를 하고 있다. 둘은 각각 10개의 화살을 쐈는데, 0점을 맞힌 화살의 개수만 〈점수표〉에 기록을 했다. 최종점수는 각 화살이 맞힌 점수의 합으로 한다. 둘이 쏜 화살 중 과녁 밖으로 날아간 화살은 하나도 없다. 이 때 민경과 혜명이 5점을 맞힌 화살의 개수는 동일하다.

〈점수표〉

점수	민경의 화살 수	혜명의 화살 수
0점	3	2
3점		
5점		

	민경의 최종점수	혜명의 최종점수
①	25	29
②	26	29
③	27	30
④	28	31
⑤	29	31

K부서는 승진후보자 3인을 대상으로 한 승진시험의 채점 방식에 대해 고민 중이다. 다음 〈자료〉와 〈채점 방식〉에 근거할 때 옳지 <u>않은</u> 것은?

13 5급(인) 32번

〈자 료〉

- K부서에는 甲, 乙, 丙 세 명의 승진후보자가 있으며 상식은 20 문제, 영어는 10문제가 출제되었다.
- 채점 방식에 따라 점수를 계산한 후 상식과 영어의 점수를 합산하여 고득점 순으로 전체 등수를 결정한다.
- 각 후보자들이 정답을 맞힌 문항의 개수는 다음과 같고, 그 이외의 문항은 모두 틀린 것이다.

과목 승진후보자	상식	영어
甲	14	7
乙	10	9
丙	18	4

〈채점 방식〉

- A 방식 : 각 과목을 100점 만점으로 하되 상식은 정답을 맞힌 개수 당 5점씩을, 영어는 정답을 맞힌 개수 당 10점씩을 부여함
- B 방식 : 각 과목을 100점 만점으로 하되 상식은 정답을 맞힌 개수 당 5점씩, 틀린 개수 당 −3점씩을 부여하고, 영어의 경우 정답을 맞힌 개수 당 10점씩, 틀린 개수 당 −5점씩을 부여함
- C 방식 : 모든 과목에 정답을 맞힌 개수 당 10점씩을 부여함

① A 방식으로 채점하면, 甲과 乙은 동점이 된다.
② B 방식으로 채점하면, 乙이 1등을 하게 된다.
③ C 방식으로 채점하면, 丙이 1등을 하게 된다.
④ C 방식은 다른 방식에 비해 상식 과목에 더 큰 가중치를 부여하는 방식이다.
⑤ B 방식에서 상식의 틀린 개수당 점수를 −5, 영어의 틀린 개수당 점수를 −10으로 한다면, 甲과 乙의 등수는 A 방식으로 계산한 것과 동일할 것이다.

문 98. 다음 글을 근거로 판단할 때, ⓐ 에 해당하는 값은?(단, 소수점 이하 반올림함)

14 5급(A) 04번

한 남자가 도심 거리에서 강도를 당했다. 그는 그 강도가 흑인 이라고 주장했다. 그러나 사건을 담당한 재판부가 당시와 유사 한 조건을 갖추고 현장을 재연했을 때, 피해자가 강도의 인종을 정확하게 인식한 비율이 80% 정도밖에 되지 않았다. 강도가 정 말로 흑인일 확률은 얼마일까?

물론 많은 사람들이 그 확률은 80%라고 말할 것이다. 그러나 실제 확률은 이보다 상당히 낮을 수 있다. 인구가 1,000명인 도 시를 예로 들어 생각해보자. 이 도시 인구의 90%는 백인이고 10%만이 흑인이다. 또한 강도짓을 할 가능성은 두 인종 모두 10%로 동일하며, 피해자가 백인을 흑인으로 잘못 보거나 흑인을 백인으로 잘못 볼 가능성은 20%로 똑같다고 가정한다. 이 같은 전제가 주어졌을 때, 실제 흑인강도 10명 가운데 (   )명만 정확 히 흑인으로 인식될 수 있으며, 실제 백인강도 90명 중 (   )명 은 흑인으로 오인된다. 따라서 흑인으로 인식된 (   )명 가운데 (   )명만이 흑인이므로, 피해자가 범인이 흑인이라는 진술을 했을 때 그가 실제로 흑인에게 강도를 당했을 확률은 겨우 (   ) 분의 (   ), 즉 약 ⓐ %에 불과하다.

① 18
② 21
③ 26
④ 31
⑤ 36

다음 글을 근거로 판단할 때, 〈보기〉에서 옳은 것만을 모두 고르면?

15 5급(인) 35번

> 甲은 정육면체의 각 면에 점을 새겨 게임 도구를 만들려고 한다. 게임 도구는 다음의 규칙에 따라 만든다.
> - 정육면체의 모든 면에는 반드시 점을 1개 이상 새겨야 한다.
> - 한 면에 새기는 점의 수가 6개를 넘어서는 안 된다.
> - 각 면에 새기는 점의 수가 반드시 달라야 할 필요는 없다.

〈보 기〉

ㄱ. 정육면체에 새긴 점의 총 수가 10개라면 점 6개를 새긴 면은 없다.

ㄴ. 정육면체에 새긴 점의 총 수가 21개인 방법은 1가지밖에 없다.

ㄷ. 정육면체에 새긴 점의 총 수가 24개라면 각 면에 새긴 점의 수는 모두 다르다.

ㄹ. 정육면체에 새긴 점의 총 수가 20개라면 3개 이하의 점을 새긴 면이 4개 이상이어야 한다.

① ㄱ
② ㄱ, ㄴ
③ ㄴ, ㄷ
④ ㄷ, ㄹ
⑤ ㄱ, ㄷ, ㄹ

다음 글과 〈3년간 인증대학 현황〉을 근거로 판단할 때, 〈보기〉에서 옳은 것만을 모두 고르면?(단, 다른 조건은 고려하지 않음)

16 5급(4) 16번

> - 대학의 외국인 유학생 관리 · 지원 체계 및 실적 등을 평가하여 인증을 부여하는 제도가 2013년에 처음 시행되었다.
> - 신규 인증을 신청한 대학이 1단계 핵심지표평가 및 2단계 현장평가 결과 일정 기준을 충족할 경우, 신규 인증대학으로 선정되고 인증의 유효기간은 3년이다.
> - 매년 2월 인증대학을 선정하며 인증은 당해 연도 3월 1일부터 유효하다.
> - 기존 인증대학에 대해서는 매년 2월 핵심지표평가만을 실시하고, 기준을 충족하지 못하는 경우 당해 연도 3월 1일부터 인증이 취소된다.
> - 인증이 취소된 대학은 그 다음 해부터 신규 인증을 신청하여 신규 인증대학으로 다시 선정될 수 있다.

〈3년간 인증대학 현황〉

구분	2013년 3월	2014년 3월	2015년 3월
신규 인증대학	12	18	21
기존 인증대학	−	10	25
합계	12	28	46

〈보 기〉

ㄱ. 2013년에 신규 인증대학으로 선정된 A대학이 2016년에 핵심지표평가만을 받는 경우는 없다.

ㄴ. 2015년 3월까지 인증대학으로 1번 이상 선정된 대학은 최대 51개이다.

ㄷ. 2015년 3월까지 인증대학으로 1번 이상 선정된 대학은 최소 46개이다.

ㄹ. 2016년 2월 현재 23개월 이상 인증을 유지하고 있는 대학은 25개이다.

① ㄱ, ㄷ
② ㄴ, ㄷ
③ ㄴ, ㄹ
④ ㄱ, ㄴ, ㄹ
⑤ ㄴ, ㄷ, ㄹ

다음 〈규칙〉을 근거로 판단할 때, 〈보기〉에서 옳은 것만을 모두 고르면?

16 5급(4) 33번

〈규 칙〉

- 직원이 50명인 A회사는 야유회에서 경품 추첨 행사를 한다.
- 직원들은 1명당 3장의 응모용지를 받고, 1~100 중 원하는 수 하나씩을 응모용지별로 적어서 제출한다. 한 사람당 최대 3장 까지 원하는 만큼 응모할 수 있고, 모든 응모용지에 동일한 수를 적을 수 있다.
- 사장이 1~100 중 가장 좋아하는 수 하나를 고르면 해당 수를 응모한 사람이 당첨자로 결정된다. 해당 수를 응모한 사람이 없으면 사장은 당첨자가 나올 때까지 다른 수를 고른다.
- 당첨 선물은 사과 총 100개이고, 당첨된 응모용지가 n장이면 당첨된 응모용지 1장당 사과를 $\frac{100}{n}$개씩 나누어 준다.
- 만약 한 사람이 2장의 응모용지에 똑같은 수를 써서 당첨된다면 2장 몫의 사과를 받고, 3장일 경우는 3장 몫의 사과를 받는다.

〈보 기〉

ㄱ. 직원 甲과 乙이 함께 당첨된다면 甲은 최대 50개의 사과를 받는다.

ㄴ. 직원 중에 甲과 乙 두 명만이 사과를 받는다면 甲은 최소 25개의 사과를 받는다.

ㄷ. 당첨된 수를 응모한 직원이 甲밖에 없다면, 甲이 그 수를 1장 써서 응모하거나 3장 써서 응모하거나 같은 개수의 사과를 받는다.

① ㄱ
② ㄷ
③ ㄱ, ㄴ
④ ㄱ, ㄷ
⑤ ㄴ, ㄷ

문 102. 다음 〈상황〉을 근거로 판단할 때, 36개의 로봇 중 가장 빠른 로봇 1, 2위를 선발하기 위해 필요한 최소 경기 수는?

16 5급(4) 36번

〈상 황〉

- 전국 로봇달리기 대회에 36개의 로봇이 참가한다.
- 경주 레인은 총 6개이고, 경기당 각 레인에 하나의 로봇만 배정할 수 있으나, 한 경기에 모든 레인을 사용할 필요는 없다.
- 배정된 레인 내에서 결승점을 먼저 통과하는 순서대로 순위를 정한다.
- 속력과 시간의 측정은 불가능하고, 오직 경기 결과에 의해서만 순위를 결정한다.
- 로봇별 속력은 모두 다르고 각 로봇의 속력은 항상 일정하다.
- 로봇의 고장과 같은 다른 요인은 경기 결과에 영향을 미치지 않는다.

① 7
② 8
③ 9
④ 10
⑤ 11

문 103. 다음 〈조건〉을 근거로 판단할 때, 〈보기〉에서 옳은 것만을 모두 고르면?

18 5급(나) 10번

─〈조 건〉─

- 인공지능 컴퓨터와 매번 대결할 때마다, 甲은 A, B, C 전략 중 하나를 선택할 수 있다.
- 인공지능 컴퓨터는 대결을 거듭할수록 학습을 통해 각각의 전략에 대응하므로, 동일한 전략을 사용할수록 甲이 승리할 확률은 하락한다.
- 각각의 전략을 사용한 횟수에 따라 각 대결에서 甲이 승리할 확률은 아래와 같고, 甲도 그 사실을 알고 있다.

〈전략별 사용횟수에 따른 甲의 승률〉

(단위 : %)

전략별 사용 횟수 / 전략종류	1회	2회	3회	4회
A전략	60	50	40	0
B전략	70	30	20	0
C전략	90	40	10	0

─〈보 기〉─

ㄱ. 甲이 총 3번의 대결을 하면서 각 대결에서 승리할 확률이 가장 높은 전략부터 순서대로 선택한다면, 3가지 전략을 각각 1회씩 사용해야 한다.

ㄴ. 甲이 총 5번의 대결을 하면서 각 대결에서 승리할 확률이 가장 높은 전략부터 순서대로 선택한다면, 5번째 대결에서는 B전략을 사용해야 한다.

ㄷ. 甲이 1개의 전략만을 사용하여 총 3번의 대결을 하면서 3번 모두 승리할 확률을 가장 높이려면, A전략을 선택해야 한다.

ㄹ. 甲이 1개의 전략만을 사용하여 총 2번의 대결을 하면서 2번 모두 패배할 확률을 가장 낮추려면, A전략을 선택해야 한다.

① ㄱ, ㄴ

② ㄱ, ㄷ

③ ㄴ, ㄹ

④ ㄱ, ㄷ, ㄹ

⑤ ㄴ, ㄷ, ㄹ

문 104. 다음 글을 근거로 판단할 때, 길동이가 오늘 아침에 수행한 아침 일과에 포함될 수 없는 것은?

19 5급(가) 30번

길동이는 오늘 아침 7시 20분에 기상하여, 25분 후인 7시 45분에 집을 나섰다. 길동이는 주어진 25분을 모두 아침 일과를 쉼 없이 수행하는 데 사용했다.

아침 일과를 수행하는 데 정해진 순서는 없으며, 같은 아침 일과를 두 번 이상 수행하지 않는다.

단, 머리를 감았다면 반드시 말리며, 각 아침 일과 수행 중에 다른 아침 일과를 동시에 수행할 수는 없다. 각 아침 일과를 수행하는 데 소요되는 시간은 아래와 같다.

아침 일과	소요 시간
샤워	10분
세수	4분
머리 감기	3분
머리 말리기	5분
몸치장 하기	7분
구두 닦기	5분
주스 만들기	15분
양말 신기	2분

① 세수

② 머리 감기

③ 구두 닦기

④ 몸치장 하기

⑤ 주스 만들기

녹색성장 추진의 일환으로 자전거 타기가 활성화되면서 자전거의 운동효과를 조사하였다. 다음의 〈조건〉을 근거로 판단할 때 〈보기〉에 제시된 5명의 운전자 중 운동량이 많은 순서대로 나열한 것은?

11 5급(발) 14번

〈조 건〉

자전거 종류	바퀴 수	보조바퀴 여부
일반 자전거	2개	없음
연습용 자전거	2개	있음
외발 자전거	1개	없음

- 운동량은 자전거 주행 거리에 비례한다.
- 같은 거리를 주행하여도 자전거에 운전자 외에 한 명이 더 타면 운전자의 운동량은 두 배가 된다.
- 보조바퀴가 달린 자전거를 타면 같은 거리를 주행하여도 운동량이 일반 자전거의 80%밖에 되지 않는다.
- 바퀴가 1개인 자전거를 타면 같은 거리를 주행하여도 운동량이 일반 자전거보다 50% 더 많다.
- 이외의 다른 조건은 모두 같다고 본다.

〈보 기〉

甲 : 1.4km의 거리를 뒷자리에 한 명을 태우고 일반 자전거로 주행하였다.

乙 : 1.2km의 거리를 뒷자리에 한 명을 태우고 연습용 자전거로 주행하였다.

丙 : 2km의 거리를 혼자 외발 자전거로 주행하였다.

丁 : 2km의 거리를 혼자 연습용 자전거로 주행한 후에 이어서 1km의 거리를 혼자 외발 자전거로 주행하였다.

戊 : 0.8km의 거리를 뒷자리에 한 명을 태우고 연습용 자전거로 주행한 후에 이어서 1.2km의 거리를 혼자 일반 자전거로 주행하였다.

① 丙>丁>甲>戊>乙
② 丙>丁>甲>乙>戊
③ 丁>丙>戊>甲>乙
④ 丁>甲>丙>乙>戊
⑤ 丁>丙>甲>戊>乙

다음 글과 〈사례〉를 근거로 판단할 때, 반납해야 할 경비가 가장 많은 사람부터 가장 적은 사람 순으로 바르게 나열된 것은?

14 5급(A) 29번

제00조 ① 임명권자는 전시·사변 등의 국가비상시에 군위탁생 중 군에 복귀시킬 필요가 있다고 인정되는 자에 대하여는 교육을 일시중지하거나 군위탁생 임명을 해임하여 원대복귀하게 할 수 있다.

② 각 군 참모총장은 군위탁생으로서 다음 각 호에 해당하는 자에 대하여 지급한 경비(이하 '지급경비')를 아래 〈표〉의 반납액 산정기준에 의하여 본인 또는 그의 연대보증인으로 하여금 반납하게 하여야 한다.

1. 소정의 과정을 마친 후 정당한 사유 없이 복귀하지 아니한 자
2. 수학 중 해임된 자(제1항의 경우를 제외한다)
3. 소정의 과정을 마친 후 의무복무기간 중에 전역 또는 제적 등의 사유가 발생하여 복무의무를 이행하지 아니한 자

〈표〉 반납액 산정기준

구분	반납액
1. 제2항 제1호 해당자	지급경비 전액
2. 제2항 제2호 해당자	지급경비 전액 (다만 질병이나 기타 심신장애로 인하여 수학을 계속할 수 없어 해임된 경우에는 지급경비의 2분의 1)
3. 제2항 제3호 해당자	지급경비 × $\dfrac{\text{의무복무 월수－복무 월수}}{\text{의무복무 월수}}$

〈사 례〉

A. 수학 중 성적불량으로 군위탁생 임명이 해임된 부사관(지급경비 1,500만 원)

B. 군위탁생으로 박사과정을 마친 후 정당한 사유 없이 복귀하지 아니한 장교(지급경비 2,500만 원)

C. 위탁교육을 마친 후 의무복무년수 6년 중 3년을 마치고 전역하는 장교(지급경비 3,500만 원)

D. 심신장애로 인하여 계속하여 수학할 수 없다고 인정되어 수학 중 군위탁생 임명이 해임된 부사관(지급경비 2,000만 원)

E. 국방부장관이 국가비상시에 군에 복귀시킬 필요가 있다고 인정하여 군위탁생 임명을 해임하여 원대복귀시킨 장교(지급경비 3,000만 원)

① B－C－A－D－E
② B－C－D－A－E
③ C－B－E－A－D
④ C－E－B－D－A
⑤ E－C－B－A－D

다음 〈조건〉을 근거로 판단할 때, 〈보기〉에서 옳은 것만을 모두 고르면?

15 5급(인) 10번

〈조 건〉

• A사와 B사는 신제품을 공동개발하여 판매한 총 순이익을 아래와 같은 기준에 의해 분배하기로 약정하였다.

(가) A사와 B사는 총 순이익에서 각 회사 제조원가의 10%에 해당하는 금액을 우선 각자 분배받는다.

(나) 총 순이익에서 위 (가)의 금액을 제외한 나머지 금액에 대한 분배기준은 연구개발비, 판매관리비, 광고홍보비 중 어느 하나로 결정하며, 각 회사가 지출한 비용에 비례하여 분배액을 정하기로 한다.

• 신제품 개발과 판매에 따른 비용과 총 순이익은 다음과 같다.

(단위 : 억 원)

구분	A사	B사
제조원가	200	600
연구개발비	100	300
판매관리비	200	200
광고홍보비	300	150
총 순이익	200	

〈보 기〉

ㄱ. 분배받는 순이익을 극대화하기 위한 분배기준으로, A사는 광고홍보비를, B사는 연구개발비를 선호할 것이다.

ㄴ. 연구개발비가 분배기준이 된다면, 총 순이익에서 B사가 분배받는 금액은 A사의 3배이다.

ㄷ. 판매관리비가 분배기준이 된다면, 총 순이익에서 A사와 B사가 분배받는 금액은 동일하다.

ㄹ. 광고홍보비가 분배기준이 된다면, 총 순이익에서 A사가 분배받는 금액은 B사보다 많다.

① ㄱ, ㄴ

② ㄱ, ㄷ

③ ㄱ, ㄹ

④ ㄴ, ㄹ

⑤ ㄷ, ㄹ

〈여성권익사업 보조금 지급 기준〉과 〈여성폭력피해자 보호시설 현황〉을 근거로 판단할 때, 지급받을 수 있는 보조금의 총액이 큰 시설부터 작은 시설 순으로 바르게 나열된 것은?(단, 4개 보호시설의 종사자에는 각 1명의 시설장(長)이 포함되어 있음)

15 5급(인) 12번

〈여성권익사업 보조금 지급 기준〉

1. 여성폭력피해자 보호시설 운영비
   • 종사자 1~2인 시설 : 240백만 원
   • 종사자 3~4인 시설 : 320백만 원
   • 종사자 5인 이상 시설 : 400백만 원
   ※ 단, 평가등급이 1등급인 보호시설에는 해당 지급액의 100%를 지급하지만, 2등급인 보호시설에는 80%, 3등급인 보호시설에는 60%를 지급함

2. 여성폭력피해자 보호시설 사업비
   • 종사자 1~3인 시설 : 60백만 원
   • 종사자 4인 이상 시설 : 80백만 원

3. 여성폭력피해자 보호시설 종사자 장려수당
   • 종사자 1인당 50백만 원
   ※ 단, 종사자가 5인 이상인 보호시설의 경우 시설장에게는 장려수당을 지급하지 않음

4. 여성폭력피해자 보호시설 입소자 간식비
   • 입소자 1인당 1백만 원

〈여성폭력피해자 보호시설 현황〉

보호시설	종사자 수(인)	입소자 수(인)	평가등급
A	4	7	1
B	2	8	1
C	4	10	2
D	5	12	3

① A-C-D-B

② A-D-C-B

③ C-A-B-D

④ D-A-C-B

⑤ D-C-A-B

문 109. 다음 글과 〈A기관 벌점 산정 기초자료〉를 근거로 판단할 때, 두 번째로 높은 벌점을 받게 될 사람은? 15 5급(인) 30번

A기관은 업무처리 시 오류 발생을 줄이기 위해 2015년 1월부터 벌점을 부과하여 인사고과에 반영하려 한다. 이를 위해 매달 직원별로 오류 건수를 조사하여 다음과 같은 〈벌점 산정 방식〉에 따라 벌점을 부과한다. 2015년 1월 한 달 동안 직원들의 업무처리 건수는 1인당 100건으로 동일하다.

〈벌점 산정 방식〉
• 일반 오류는 1건당 10점, 중대 오류는 1건당 20점씩 오류 점수를 부과하여 이를 합산한다.
• 전월 우수사원으로 선정된 경우, 합산한 오류 점수에서 80점을 차감하여 월별 최종 오류 점수를 계산한다.
• 벌점 부과 대상은 월별 최종 오류 점수가 400점 이상인 동시에 월별 오류 발생 비율이 30% 이상인 직원이다.
• 월별 최종 오류 점수 1점당 벌점 10점을 부과한다.

※ 오류발생비율(%)= $\dfrac{\text{오류 건수}}{\text{업무처리 건수}} \times 100$

〈A기관 벌점 산정 기초자료〉

(2015. 1. 1. ~ 2015. 1. 31.)

직원	오류 건수(건)		전월 우수사원 선정 여부
	일반 오류	중대 오류	
甲	5	20	미선정
乙	10	20	미선정
丙	15	15	선정
丁	20	10	미선정
戊	30	10	선정

① 甲
② 乙
③ 丙
④ 丁
⑤ 戊

문 110. 재적의원이 210명인 ○○국 의회에서 다음과 같은 〈규칙〉에 따라 안건 통과 여부를 결정한다고 할 때, 〈보기〉에서 옳은 것만을 모두 고르면? 16 5급(4) 13번

〈규 칙〉
• 안건이 상정된 회의에서 기권표가 전체의 3분의 1 이상이면 안건은 부결된다.
• 기권표를 제외하고, 찬성 또는 반대의견을 던진 표 중에서 찬성가 50%를 초과해야 안건이 가결된다.

※ 재적의원 전원이 참석하여 1인 1표를 행사하였고, 무효표는 없음

〈보 기〉
ㄱ. 70명이 기권하여도 71명이 찬성하면 안건이 가결된다.
ㄴ. 104명이 반대하면 기권표에 관계없이 안건이 부결된다.
ㄷ. 141명이 찬성하면 기권표에 관계없이 안건이 가결된다.
ㄹ. 안건이 가결될 수 있는 최소 찬성표는 71표이다.

① ㄱ, ㄴ
② ㄱ, ㄷ
③ ㄴ, ㄷ
④ ㄴ, ㄹ
⑤ ㄷ, ㄹ

다음 글을 근거로 판단할 때, 〈보기〉에서 옳은 것만을 모두 고르면?

16 5급(4) 24번

특정 물질의 치사량은 주로 동물 연구와 실험을 통해서 결정한다. 치사량의 단위는 주로 LD50을 사용하는데, 'LD'는 Lethal Dose의 약어로 치사량을 의미하고, '50'은 물질 투여시 실험 대상 동물의 50%가 죽는 것을 의미한다. 이런 이유로 LD50을 반수(半數) 치사량이라고도 한다. 일반적으로 치사량이란 '즉시' 생명을 앗아갈 수 있는 양을 의미하고 있으므로 '급성' 반수 치사량이 사실 정확한 표현이다. LD50 값을 표기할 때는 보통 실험 대상 동물의 몸무게 1kg을 기준으로 하는 mg/kg 단위를 사용한다.

독성이 강하다는 보톡스의 LD50 값은 1ng/kg으로 복어 독보다 1만 배 이상 강하다. 일상에서 쉽게 접할 수 있는 카페인의 LD50 값은 200mg/kg이며 니코틴의 LD50 값은 1mg/kg이다. 커피 1잔에는 평균적으로 150mg의 카페인이 들어 있으며 담배 한 개비에는 평균적으로 0.1mg의 니코틴이 함유되어 있다.

※ 1ng(나노그램) = 10^{-6}mg = 10^{-9}g

〈보 기〉

ㄱ. 복어 독의 LD50 값은 0.01mg/kg 이상이다.

ㄴ. 일반적으로 독성이 더 강한 물질일수록 LD50 값이 더 작다.

ㄷ. 몸무게가 7kg인 실험 대상 동물의 50%가 즉시 치사하는 카페인 투여량은 1.4g이다.

ㄹ. 몸무게가 60kg인 실험 대상 동물의 50%가 즉시 치사하는 니코틴 투여량은 1개비당 니코틴 함량이 0.1mg인 담배 60개비에 들어 있는 니코틴의 양에 상응한다.

① ㄱ, ㄴ

② ㄱ, ㄷ

③ ㄱ, ㄴ, ㄷ

④ ㄴ, ㄷ, ㄹ

⑤ ㄱ, ㄴ, ㄷ, ㄹ

문 112. **다음 〈지원계획〉과 〈연구모임 현황 및 평가결과〉를 근거로 판단할 때, 연구모임 A∼E 중 두 번째로 많은 총 지원금을 받는 모임은?**

17 5급(가) 08번

〈지원계획〉

• 지원을 받기 위해서는 한 모임당 6명 이상 9명 미만으로 구성되어야 한다.

• 기본지원금
한 모임당 1,500천 원을 기본으로 지원한다. 단, 상품개발을 위한 모임의 경우는 2,000천 원을 지원한다.

• 추가지원금
연구 계획 사전평가결과에 따라,'상' 등급을 받은 모임에는 구성원 1인당 120천 원을, '중' 등급을 받은 모임에는 구성원 1인당 100천 원을, '하' 등급을 받은 모임에는 구성원 1인당 70천 원을 추가로 지원한다.

• 협업 장려를 위해 협업이 인정되는 모임에는 위의 두 지원금을 합한 금액의 30%를 별도로 지원한다.

〈연구모임 현황 및 평가결과〉

모임	상품개발 여부	구성원 수	연구 계획 사전 평가결과	협업 인정 여부
A	○	5	상	○
B	×	6	중	×
C	×	8	상	○
D	○	7	중	×
E	×	9	하	×

① A

② B

③ C

④ D

⑤ E

다음 글을 근거로 판단할 때, A팀이 최종적으로 선택하게 될 이동수단의 종류와 그 비용으로 옳게 짝지은 것은?

17 5급(가) 10번

4명으로 구성된 A팀은 해외출장을 계획하고 있다. A팀은 출장지에서의 이동수단 한 가지를 결정하려 한다. 이 때 A팀은 경제성, 용이성, 안전성의 총 3가지 요소를 고려하여 최종점수가 가장 높은 이동수단을 선택한다.

• 각 고려요소의 평가결과 '상' 등급을 받으면 3점을, '중' 등급을 받으면 2점을, '하' 등급을 받으면 1점을 부여한다. 단, 안전성을 중시하여 안전성 점수는 2배로 계산한다(圆 안전성 '하' 등급 2점).

• 경제성은 각 이동수단별 최소비용이 적은 것부터 상, 중, 하로 평가한다.

• 각 고려요소의 평가점수를 합하여 최종점수를 구한다.

〈이동수단별 평가표〉

이동수단	경제성	용이성	안전성
렌터카	?	상	하
택시	?	중	중
대중교통	?	하	중

〈이동수단별 비용계산식〉

이동수단	비용계산식
렌터카	(렌트비＋유류비)×이용 일수 • 렌트비＝$50/1일(4인승 차량) • 유류비＝$10/1일(4인승 차량)
택시	거리 당 가격($1/1마일)×이동거리(마일) • 최대 4명까지 탑승가능
대중교통	대중교통패스 3일권($40/1인)×인원수

〈해외출장 일정〉

출장 일정	이동거리(마일)
11월 1일	100
11월 2일	50
11월 3일	50

	이동수단	비용
①	렌터카	$180
②	택시	$200
③	택시	$400
④	대중교통	$140
⑤	대중교통	$160

다음 글과 〈표〉를 근거로 판단할 때, 〈보기〉에서 옳은 것만을 모두 고르면?

17 5급(가) 27번

• 수현과 혜연은 결혼을 준비하는 예비부부이고, 결혼까지 준비해야 할 항목이 7가지 있다.

• 결혼 당사자인 수현과 혜연은 준비해야 할 항목들에 대해 선호를 가지고 있으며, 양가 부모 또한 선호를 가지고 있다. 이 때 '선호도'가 높을수록 우선순위가 높다.

• '선호도'는 '투입 대비 만족도'로 산출한다.

• '종합 선호도'는 각 항목별로 다음과 같이 산출한다.

$$종합\ 선호도 = \frac{\{(결혼\ 당사자의\ 만족도) + (양가\ 부모의\ 만족도)\}}{\{(결혼\ 당사자의\ 투입) + (양가\ 부모의\ 투입)\}}$$

〈표〉

항목	결혼 당사자		양가 부모	
	만족도	투입	만족도	투입
예물	60	40	40	40
예단	60	60	80	40
폐백	40	40	30	20
스튜디오 촬영	90	50	10	10
신혼여행	120	60	20	40
예식장	50	50	100	50
신혼집	300	100	300	100

〈보 기〉

ㄱ. 결혼 당사자와 양가 부모의 종합 선호도에 따른 우선순위 상위 3가지에는 '스튜디오 촬영'과 '신혼집'이 모두 포함된다.

ㄴ. 결혼 당사자의 우선순위 상위 3가지와 양가 부모의 우선순위 상위 3가지 중 일치하는 항목은 '신혼집'이다.

ㄷ. '예물'과 '폐백' 모두 결혼 당사자의 선호도보다 양가 부모의 선호도가 더 높다.

ㄹ. 양가 부모에게 우선순위가 가장 낮은 항목은 '스튜디오 촬영'이다.

① ㄱ, ㄴ

② ㄴ, ㄷ

③ ㄷ, ㄹ

④ ㄱ, ㄴ, ㄹ

⑤ ㄱ, ㄷ, ㄹ

- 주택을 소유하고 해당 주택에 거주하는 가구를 대상으로 주택 노후도 평가를 실시하여 그 결과(경·중·대보수)에 따라 아래와 같이 주택보수비용을 지원

〈주택보수비용 지원 내용〉

구분	경보수	중보수	대보수
보수항목	도배 혹은 장판	수도시설 혹은 난방시설	지붕 혹은 기둥
주택당 보수비용 지원한도액	350만 원	650만 원	950만 원

- 소득인정액에 따라 위 보수비용 지원한도액의 80~100%를 차등지원

구분	중위소득 25% 미만	중위소득 25% 이상 35% 미만	중위소득 35% 이상 43% 미만
지원율	100%	90%	80%

〈상 황〉

미란이는 현재 거주하고 있는 A주택의 소유자이며, 소득인정액이 중위소득 40%에 해당한다. A주택의 노후도 평가 결과, 지붕의 수선이 필요한 주택보수비용 지원 대상에 선정되었다.

① 520만 원

② 650만 원

③ 760만 원

④ 855만 원

⑤ 950만 원

- △△국 의회는 지역구의원과 비례대표의원으로 구성된다.
- 의회의원 선거에서 정당과 후보자는 선거방송을 실시할 수 있다. 선거방송은 방송광고와 방송연설로 이루어진다.
- 선거운동을 위한 방송광고는 비례대표의원 후보자를 추천한 정당이 방송매체별로 각 15회 이내에서 실시할 수 있으며, 1회 1분을 초과할 수 없다.
- 후보자는 방송연설을 할 수 있다. 비례대표의원 선거에서는 정당별로 비례대표의원 후보자 중에서 선임된 대표 2인이 각각 1회 10분 이내에서 방송매체별로 각 1회 실시할 수 있다. 지역구의원 선거에서는 각 후보자가 1회 10분 이내, 방송매체별로 각 2회 이내에서 실시할 수 있다.

〈상 황〉

- △△국 방송매체로는 텔레비전 방송사 1개, 라디오 방송사 1개가 있다.
- △△국 甲정당은 의회의원 선거에서 지역구의원 후보 100명을 출마시키고 비례대표의원 후보 10명을 추천하였다.

① 2,070분

② 4,050분

③ 4,070분

④ 4,340분

⑤ 5,225분

문 117. 다음 글을 근거로 판단할 때, 선수 A와 B의 '합계점수'를 더하면?

18 5급(나) 11번

스키점프는 스키를 타고 급경사면을 내려오다가 도약대에서 점프하여 날아가 착지하는 스포츠로, 착지의 기준점을 뜻하는 K점에 따라 경기 종목이 구분된다. 도약대로부터 K점까지의 거리가 75m 이상 99m 이하이면 '노멀힐', 100m 이상이면 '라지힐' 경기이다. 예를 들어 '노멀힐 K-98'의 경우 도약대로부터 K점까지의 거리가 98m인 노멀힐 경기를 뜻한다.

출전선수의 점수는 '거리점수'와 '자세점수'를 합산하여 결정되며, 이를 '합계점수'라 한다. 거리점수는 도약대로부터 K점을 초과한 비행거리 1m당 노멀힐의 경우 2점이, 라지힐의 경우 1.8점이 기본점수 60점에 가산된다. 반면 K점에 미달하는 비행거리 1m당 가산점과 같은 점수가 기본점수에서 차감된다. 자세점수는 날아가는 동안의 자세, 균형 등을 고려하여 5명의 심판이 각각 20점 만점을 기준으로 채점하며, 심판들이 매긴 점수 중 가장 높은 것과 가장 낮은 것을 각각 하나씩 제외한 나머지를 합산한 점수이다.

다음은 선수 A와 B의 경기 결과이다.

〈경기 결과〉

출전 종목	선수	비행거리 (m)	자세점수(점)				
			심판 1	심판 2	심판 3	심판 4	심판 5
노멀힐 K-98	A	100	17	16	17	19	17
라지힐 K-125	B	123	19	17	20	19.5	17.5

① 226.6

② 227

③ 227.4

④ 364

⑤ 364.4

문 118. 다음 〈상황〉을 근거로 판단할 때, 〈대안〉의 월 소요 예산 규모를 비교한 것으로 옳은 것은?

18 5급(나) 32번

〈상 황〉

• 甲사무관은 빈곤과 저출산 문제를 해결하기 위한 대안을 분석 중이다.

• 전체 1,500가구는 자녀 수에 따라 네 가지 유형으로 구분할 수 있는데, 그 구성은 무자녀 가구 300가구, 한 자녀 가구 600가구, 두 자녀 가구 500가구, 세 자녀 이상 가구 100가구이다.

• 전체 가구의 월 평균 소득은 200만 원이다.

• 각 가구 유형의 30%는 맞벌이 가구이다.

• 각 가구 유형의 20%는 빈곤 가구이다.

〈대 안〉

A안 : 모든 빈곤 가구에게 전체 가구 월 평균 소득의 25%에 해당하는 금액을 가구당 매월 지급한다.

B안 : 한 자녀 가구에는 10만 원, 두 자녀 가구에는 20만 원, 세 자녀 이상 가구에는 30만 원을 가구당 매월 지급한다.

C안 : 자녀가 있는 모든 맞벌이 가구에 자녀 1명당 30만 원을 매월 지급한다. 다만 세 자녀 이상의 맞벌이 가구에는 일률적으로 가구당 100만 원을 매월 지급한다.

① A<B<C

② A<C<B

③ B<A<C

④ B<C<A

⑤ C<A<B

문 119. 다음 〈통역경비 산정기준〉과 〈상황〉을 근거로 판단할 때, A사가 甲시에서 개최한 설명회에 쓴 총 통역경비는? 19 5급(가) 09번

〈통역경비 산정기준〉

통역경비는 통역료와 출장비(교통비, 이동보상비)의 합으로 산정한다.

• 통역료(통역사 1인당)

구분	기본요금 (3시간까지)	추가요금 (3시간 초과시)
영어, 아랍어, 독일어	500,000원	100,000원/시간
베트남어, 인도네시아어	600,000원	150,000원/시간

• 출장비(통역사 1인당)
  － 교통비는 왕복으로 실비 지급
  － 이동보상비는 이동 시간당 10,000원 지급

〈상 황〉

A사는 2019년 3월 9일 甲시에서 설명회를 개최하였다. 통역은 영어와 인도네시아어로 진행되었고, 영어 통역사 2명과 인도네시아어 통역사 2명이 통역하였다. 설명회에서 통역사 1인당 영어 통역은 4시간, 인도네시아어 통역은 2시간 진행되었다. 甲시까지는 편도로 2시간이 소요되며, 개인당 교통비는 왕복으로 100,000원이 들었다.

① 244만 원
② 276만 원
③ 288만 원
④ 296만 원
⑤ 326만 원

문 120. 다음 글을 근거로 판단할 때, 甲이 지불할 관광비용은? 19 5급(가) 28번

• 甲은 경복궁에서 시작하여 서울시립미술관, 서울타워 전망대, 국립중앙박물관까지 관광하려 한다. '경복궁 → 서울시립미술관'은 도보로, '서울시립미술관 → 서울타워 전망대' 및 '서울타워 전망대 → 국립중앙박물관'은 각각 지하철로 이동해야 한다.

• 입장료 및 지하철 요금

경복궁	서울시립미술관	서울타워 전망대	국립중앙박물관	지하철
1,000원	5,000원	10,000원	1,000원	1,000원

※ 지하철 요금은 거리에 관계없이 탑승할 때마다 일정하게 지불하며, 도보 이동 시에는 별도 비용 없음

• 관광비용은 입장료, 지하철 요금, 상품가격의 합산액이다.

• 甲은 관광비용을 최소화하고자 하며, 甲이 선택할 수 있는 상품은 다음 세 가지 중 하나이다.

상품	가격	혜택				
		경복궁	서울시립미술관	서울타워 전망대	국립중앙박물관	지하철
스마트 교통카드	1,000원	－	－	50% 할인	－	당일 무료
시티 투어A	3,000원	30% 할인	30% 할인	30% 할인	30% 할인	당일 무료
시티 투어B	5,000원	무료	－	무료	무료	－

① 11,000원
② 12,000원
③ 13,000원
④ 14,900원
⑤ 19,000원

다음 글과 〈표〉를 근거로 판단할 때, A사무관이 선택할 4월의 광고수단은? 19 5급(가) 29번

- 주어진 예산은 월 3천만 원이며, A사무관은 월별 광고효과가 가장 큰 광고수단 하나만을 선택한다.
- 광고비용이 예산을 초과하면 해당 광고수단은 선택하지 않는다.
- 광고효과는 아래와 같이 계산한다.

$$\text{광고효과} = \frac{\text{총 광고 횟수} \times \text{회당 광고 노출자 수}}{\text{광고비용}}$$

- 광고수단은 한 달 단위로 선택된다.

〈표〉

광고수단	광고 횟수	회당 광고노출자 수	월 광고비용 (천 원)
TV	월 3회	100만 명	30,000
버스	일 1회	10만 명	20,000
KTX	일 70회	1만 명	35,000
지하철	일 60회	2천 명	25,000
포털사이트	일 50회	5천 명	30,000

① TV

② 버스

③ KTX

④ 지하철

⑤ 포털사이트

03 CHAPTER
LEVEL 3, 단련

문 1. 2008년 1월 1일 A는 B와 전화통화를 하면서 자기 소유 X물건을 1억 원에 매도하겠다는 청약을 하고, 그 승낙 여부를 2008년 1월 15일까지 통지해 달라고 하였다. 다음 날 A는 "2008년 1월 1일에 했던 청약을 철회합니다."라고 B와 전화통화를 하였는데, 같은 해 1월 12일 B는 "X물건에 대한 A의 청약을 승낙합니다."라는 내용의 서신을 발송하여 같은 해 1월 14일 A에게 도달하였다. 다음 법 규정을 근거로 판단할 때, 옳은 것은?

08 행시(조) 15번

제○○조 ① 청약은 상대방에게 도달한 때에 효력이 발생한다.

② 청약은 철회될 수 없는 것이더라도, 철회의 의사표시가 청약의 도달 전 또는 그와 동시에 상대방에게 도달하는 경우에는 철회될 수 있다.

제○○조 청약은 계약이 체결되기까지는 철회될 수 있지만, 상대방이 승낙의 통지를 발송하기 전에 철회의 의사표시가 상대방에게 도달되어야 한다. 다만 승낙기간의 지정 또는 그 밖의 방법으로 청약이 철회될 수 없음이 청약에 표시되어 있는 경우에는 청약은 철회될 수 없다.

제○○조 ① 청약에 대한 동의를 표시하는 상대방의 진술 또는 그 밖의 행위는 승낙이 된다. 침묵이나 부작위는 그 자체만으로 승낙이 되지 않는다.

② 청약에 대한 승낙은 동의의 의사표시가 청약자에게 도달하는 시점에 효력이 발생한다. 청약자가 지정한 기간 내에 동의의 의사표시가 도달하지 않으면 승낙의 효력이 발생하지 않는다.

제○○조 계약은 청약에 대한 승낙의 효력이 발생한 시점에 성립된다.

제○○조 청약, 승낙, 그 밖의 의사표시는 상대방에게 구두로 통고된 때 또는 그 밖의 방법으로 상대방 본인, 상대방의 영업소나 우편주소에 전달된 때, 상대방이 영업소나 우편주소를 가지지 아니한 경우에는 그의 상거소(常居所)에 전달된 때에 상대방에게 도달된다.

※ 상거소라 함은 한 장소에 주소를 정하려는 의사 없이 상당기간 머무는 장소를 말함

① 계약은 2008년 1월 15일에 성립되었다.

② 계약은 2008년 1월 14일에 성립되었다.

③ A의 청약은 2008년 1월 2일에 철회되었다.

④ B의 승낙은 2008년 1월 1일에 효력이 발생하였다.

⑤ B의 승낙은 2008년 1월 12일에 효력이 발생하였다.

문 2. 다음 규정을 근거로 판단할 때 옳은 것을 〈보기〉에서 모두 고르면?

11 5급(발) 29번

제○○조 ① 모든 초등학교·중학교·고등학교 및 특수학교(이하 '학교'라 한다)에 두는 학교운영위원회(이하 '운영위원회'라 한다) 위원의 정수는 당해 학교의 학교운영위원회규정(이하 '위원회규정'이라 한다)으로 정한다.

② 학교에 두는 운영위원회 위원의 구성비율은 다음 각 호의 구분에 의한 범위 내에서 위원회규정으로 정한다.

1. 학부모위원 : 100분의 40~100분의 50

2. 교원위원 : 100분의 30~100분의 40

3. 지역위원(당해 학교가 소재하는 지역을 생활근거지로 하는 자로서 교육행정에 관한 업무를 수행하는 공무원, 당해 학교가 소재하는 지역을 사업활동의 근거지로 하는 사업자, 당해 학교를 졸업한 자, 기타 학교운영에 이바지하고자 하는 자를 말한다) : 100분의 10~100분의 30

③ 제2항의 규정에도 불구하고 전문계고등학교운영위원회 위원의 구성비율은 다음 각 호의 구분에 의한 범위 내에서 위원회규정으로 정한다. 이 경우 지역위원 중 2분의 1 이상은 제2항 제3호의 규정에 의한 사업자로 선출하여야 한다.

1. 학부모위원 : 100분의 30~100분의 40

2. 교원위원 : 100분의 20~100분의 30

3. 지역위원 : 100분의 30~100분의 50

제○○조 ① 학교의 장은 항상 운영위원회의 교원위원이 된다.

② 운영위원회에는 위원장 및 부위원장 각 1인을 두되, 교원위원이 아닌 위원 중에서 무기명투표로 선출한다.

제○○조 학교에 두는 운영위원회의 구성 및 운영에 관하여 이 법에서 규정하지 아니한 사항은 모두 시·도의 조례로 정한다.

〈보 기〉

ㄱ. 전교생이 549명인 초등학교의 학교운영위원회규정에 위원의 정수가 10명이라고 되어 있을 경우, 이 학교의 지역위원은 1명일 수 있다.

ㄴ. 학생 수가 1,500명인 전문계고등학교의 학교운영위원회규정에 위원의 정수가 15명이라고 되어 있을 경우, 해당 학교가 소재하는 지역을 사업활동의 근거지로 하는 사업자인 지역위원은 최소 2명에서 최대 7명이다.

ㄷ. 학교운영위원회 위원장의 연임허용 여부가 이 법에 규정되어 있지 않을 경우, 해당 시·도의 조례를 찾아보아야 한다.

ㄹ. 학교의 장은 운영위원회의 위원장이 될 수 없다.

---

① ㄱ, ㄷ   ② ㄴ, ㄹ

③ ㄱ, ㄴ, ㄹ   ④ ㄱ, ㄷ, ㄹ

⑤ ㄴ, ㄷ, ㄹ

다음 규정에 근거할 때, 수수료 총액이 가장 많은 것은?

제00조 특허출원 관련 수수료는 다음 각 호와 같다.
1. 특허출원료
   가. 출원서를 서면으로 제출하는 경우 : 매건 5만 8천 원(단, 출원서의 첨부서류 중 명세서, 도면 및 요약서의 합이 20면을 초과하는 경우 초과하는 1면마다 1천 원을 가산한다)
   나. 출원서를 전자문서로 제출하는 경우 : 매건 3만 8천 원
2. 출원인변경신고료
   가. 상속에 의한 경우 : 매건 6천 5백 원
   나. 법인의 분할 · 합병에 의한 경우 : 매건 6천 5백 원
   다. 「기업구조조정 촉진법」 제15조 제1항의 규정에 따른 약정을 체결한 기업이 경영정상화계획의 이행을 위하여 행하는 영업양도의 경우 : 매건 6천 5백 원
   라. 가목 내지 다목 외의 사유에 의한 경우 : 매건 1만 3천 원
제00조 특허권 관련 수수료는 다음 각 호와 같다.
1. 특허권의 실시권 설정 또는 그 보존등록료
   가. 전용실시권 : 매건 7만 2천 원
   나. 통상실시권 : 매건 4만 3천 원
2. 특허권의 이전등록료
   가. 상속에 의한 경우 : 매건 1만 4천 원
   나. 법인의 분할 · 합병에 의한 경우 : 매건 1만 4천 원
   다. 「기업구조조정 촉진법」 제15조 제1항의 규정에 따른 약정을 체결한 기업이 경영정상화계획의 이행을 위하여 행하는 영업양도의 경우 : 매건 1만 4천 원
   라. 가목 내지 다목 외의 사유에 의한 경우 : 매건 5만 3천 원
3. 등록사항의 경정 · 변경(행정구역 또는 지번의 변경으로 인한 경우 및 등록명의인의 표시변경 또는 경정으로 인한 경우는 제외한다) · 취소 · 말소 또는 회복등록료 : 매건 5천 원

① 특허출원 5건을 신청한 A가 사망한 후, A의 단독 상속인 B가 출원인을 변경하고자 할 때의 출원인변경신고료
② C가 자기 소유의 특허권 9건을 말소하는 경우의 등록료
③ D가 특허출원 1건에 대한 40면 분량의 특허출원서를 전자문서로 제출하는 경우의 특허출원료
④ E소유의 특허권 1건의 통상실시권에 대한 보존등록료
⑤ F주식회사가 G주식회사를 합병하면서 획득한 G주식회사 소유의 특허권 4건에 대한 이전등록료

다음 글을 근거로 판단할 때 옳은 것은?

○○법 제00조 ① 여행업, 관광숙박업, 관광객 이용시설업 및 국제회의업을 경영하려는 자는 특별자치도지사 · 시장 · 군수 · 구청장(자치구의 구청장을 말한다. 이하 같다)에게 등록하여야 한다.
② 카지노업을 경영하려는 자는 문화체육관광부장관의 허가를 받아야 한다.
③ 유원시설업 중 대통령령으로 정하는 유원시설업을 경영하려는 자는 특별자치도지사 · 시장 · 군수 · 구청장의 허가를 받아야 한다.
④ 제3항에 따른 유원시설업 외의 유원시설업을 경영하려는 자는 특별자치도지사 · 시장 · 군수 · 구청장에게 신고하여야 한다.
⑤ 관광극장유흥업, 한옥체험업, 외국인관광 도시민박업, 관광식당업, 관광사진업 및 여객자동차터미널시설업 등의 관광 편의시설업을 경영하려는 자는 특별시장 · 광역시장 · 도지사 · 특별자치도지사(이하 "시 · 도지사"라 한다) 또는 시장 · 군수 · 구청장의 지정을 받아야 한다.
⑥ 제5항의 시 · 도지사 또는 시장 · 군수 · 구청장은 대통령령이 정하는 바에 따라 관광 편의시설업의 지정에 관한 권한 일부를 한국관광공사, 협회, 지역별 · 업종별 관광협회 등에 위탁할 수 있다.
○○법 시행령 제00조 ① ○○법 제00조 제3항에서 "대통령령으로 정하는 유원시설업"이란 종합유원시설업 및 일반유원시설업을 말한다.
② ○○법 제00조 제4항에서 "제3항에 따른 유원시설업 외의 유원시설업"이란 기타 유원시설업을 말한다.
③ ○○법 제00조 제6항의 "관광 편의시설업"이란 관광식당업 · 관광사진업 및 여객자동차터미널시설업을 말한다.

① 청주시에서 관광극장유흥업을 경영하려는 자는 지역별 관광협회인 충청북도 관광협회에 등록하여야 한다.
② 제주특별자치도에서 관광숙박업을 경영하려는 자는 문화체육관광부장관에게 신고하여야 한다.
③ 서울특별시 종로구에서 한옥체험업을 경영하려는 자는 서울특별시 종로구청장이 위탁한 자로부터 지정을 받아야 한다.
④ 부산광역시 해운대구에서 카지노업을 경영하려는 자는 부산광역시장의 허가를 받아야 한다.
⑤ 군산시에서 종합유원시설업을 경영하려는 자는 군산시장의 허가를 받아야 한다.

- 상호를 양도하기 위해서는 영업을 폐지하여야 한다. 영업을 함께 양도하는 경우에도 상호를 양도할 수 있다.
- 영업주(상점주인)가 자신을 대신하여 물건을 판매할 지배인을 고용한 경우, 지배인은 물건을 판매하면서 영업주를 위하여 판매한다고 고객에게 표시하지 않아도 그 판매행위는 영업주가 한 행위와 같은 것으로 본다.
- 타인의 부탁을 받고 타인의 물건을 자신의 이름으로 직접 매매하고 그 대가를 받는 사람은, 그 물건을 매수한 사람에 대하여 매매로 인하여 발생하는 권리를 직접 취득하고 의무를 부담한다.
- 고객의 물건을 창고에 보관해 주고 대가를 받는 것을 영업으로 하는 사람이 그 보관 물건의 멸실이나 훼손으로 인하여 책임을 부담해야 하는 경우, 고객은 물건이 출고된 날로부터 1년 이내에 그 책임을 물을 수 있다.
- 합병을 하는 회사의 일방 또는 쌍방이 주식회사 또는 유한회사인 때에는 합병 후 존속하는 회사 또는 합병으로 인하여 설립되는 회사는 주식회사 또는 유한회사이어야 한다(회사의 종류에는 합명회사, 합자회사, 유한책임회사, 주식회사, 유한회사가 있다).

① 甲주식회사와 乙유한회사는 합병을 통해 두 회사를 모두 소멸시키고 새로운 丙합명회사를 설립할 수 있다.

② '진국설렁탕'이라는 명칭으로 식당을 운영해 온 甲은 자신이 영업을 계속하면서 '진국설렁탕'이라는 명칭을 乙에게 양도할 수 있다.

③ '안전창고'라는 명칭으로 물건보관의 영업을 해 온 甲은 乙의 물건을 보관하던 중 관리직원의 실수로 그 물건을 훼손했는데, 乙은 그 물건을 찾아갔다. 乙은 2년 뒤 甲에게 손해배상을 청구할 수 있다.

④ '명품가구대리점' 주인인 甲을 대신하여 가구를 판매하기 위해 고용된 지배인 乙은 甲이 주인이라는 것을 밝히지 않고 고객 丙과 침대 매매계약을 체결하면서 받은 계약금을 가지고 잠적하였다. 丙은 甲에게 잔금을 지급하면서 침대의 인도를 청구할 수 있다.

⑤ 甲은 乙에게 자신의 물건을 乙의 이름으로 팔아줄 것을 부탁하면서 물건 값의 5%를 수고의 대가로 지급하기로 하였다. 乙은 친구 丙을 믿고 매매계약을 체결한 후 대금도 받기 전에 먼저 甲의 물건을 넘겨주었다. 丙에게 물건대금의 지급을 청구할 수 있는 사람은 甲이다.

제00조(행정정보의 공표 등) ① 공공기관은 다음 각 호의 어느 하나에 해당하는 정보에 대해서는 공개의 구체적 범위와 공개의 주기·시기 및 방법 등을 미리 정하여 공표하고, 이에 따라 정기적으로 공개하여야 한다. 다만 제ㅁㅁ조 제1항 각 호의 어느 하나에 해당하는 정보에 대해서는 그러하지 아니하다.
1. 국민생활에 매우 큰 영향을 미치는 정책에 관한 정보
2. 국가의 시책으로 시행하는 공사(工事) 등 대규모 예산이 투입되는 사업에 관한 정보
3. 예산집행의 내용과 사업평가 결과 등 행정감시를 위하여 필요한 정보
② 공공기관은 제1항에 규정된 사항 외에도 국민이 알아야 할 필요가 있는 정보를 국민에게 공개하도록 적극적으로 노력하여야 한다.
제00조(공개대상 정보의 원문공개) 공공기관 중 중앙행정기관은 전자적 형태로 보유·관리하는 정보 중 공개대상으로 분류된 정보를 국민의 정보공개 청구가 없더라도 정보통신망을 활용한 정보공개시스템을 통하여 공개하여야 한다.
제ㅁㅁ조(비공개대상 정보) ① 공공기관이 보유·관리하는 정보는 공개대상이 된다. 다만 다음 각 호의 어느 하나에 해당하는 정보는 공개하지 아니할 수 있다.
1. 다른 법률 또는 법률에서 위임한 명령(국회규칙·대법원규칙·헌법재판소규칙·중앙선거관리위원회규칙·대통령령 및 조례로 한정한다)에 따라 비밀이나 비공개 사항으로 규정된 정보
2. 해당 정보에 포함되어 있는 성명·주민등록번호 등 개인에 관한 사항으로서 공개될 경우 사생활의 비밀 또는 자유를 침해할 우려가 있다고 인정되는 정보. 다만 다음 각 목에 열거한 개인에 관한 정보는 제외한다.
가. 법령에서 정하는 바에 따라 열람할 수 있는 정보
나. 공공기관이 공표를 목적으로 작성하거나 취득한 정보로서 사생활의 비밀 또는 자유를 부당하게 침해하지 아니하는 정보
다. 직무를 수행한 공무원의 성명·직위

〈보 기〉

ㄱ. 국민생활에 매우 큰 영향을 미치는 정책에 관한 정보는 모두 공개하여야 한다.

ㄴ. 헌법재판소규칙에서 비공개 사항으로 규정한 정보는 공개하지 아니할 수 있다.

ㄷ. 국가의 시책으로 시행하는 공사 등 대규모 예산이 투입되는 사업에 관한 직무를 수행한 공무원의 성명·직위는 공개할 수 있다.

① ㄱ
② ㄷ
③ ㄱ, ㄴ
④ ㄴ, ㄷ
⑤ ㄱ, ㄴ, ㄷ

〈규 정〉

제00조(용역발주의 방식) 연구비 총액 5,000만 원 이상의 연구용역은 경쟁입찰 방식을 따르되, 그 외의 연구용역은 담당자에 의한 수의계약 방식으로 발주한다.

제00조(용역방침결정서) 용역 발주 전에 담당자는 용역방침결정서를 작성하여 부서장의 결재를 받아야 한다.

제00조(책임연구원의 자격) 연구용역의 연구원 중에 책임연구원은 대학교수 또는 박사학위 소지자이어야 한다.

제00조(계약실시요청 공문작성) 연구자가 결정된 경우, 담당자는 연구용역 계약실시를 위해 용역수행계획서와 예산계획서를 작성하여 부서장의 결재를 받아야 한다.

제00조(보안성 검토) 담당자는 연구용역에 참가하는 모든 연구자들에게 보안서약서를 받아야 하며, 총액 3,000만 원을 초과하는 연구용역에 대해서는 감사원에 보안성 검토를 의뢰해야 한다.

제00조(계약실시요청) 담당자는 용역방침결정서, 용역수행계획서, 예산계획서, 보안성 검토결과를 첨부하여 운영지원과에 연구용역 계약실시요청 공문을 발송해야 한다.

제00조(계약의 실시) 운영지원과는 연구용역 계약실시를 요청받은 경우 지체 없이 계약업무를 개시하여야 하며, 계약과정에서 연구자와의 협의를 통해 예산계획서 상의 예산을 10% 이내의 범위에서 감액할 수 있다.

※ 수의계약 : 경매나 입찰에 의하지 않고, 임의로 적당한 상대방을 선택하여 체결하는 계약

① 甲부처는 연구비 총액 6,000만 원의 예산이 책정된 연구용역을 수의계약 방식으로 발주하였다.

② 박사학위 소지자 乙을 책임연구원으로 하고, 2인의 석사과정생을 연구원으로 하는 연구팀이 연구자로 선정되었다.

③ 계약체결과정에서 10%의 예산감액이 예상되어 丙사무관은 연구비 총액 5,500만 원의 연구용역을 수의계약 방식으로 발주하였다.

④ 丙사무관은 경쟁입찰 방식으로 발주하는 연구용역에 대하여 감사원에 보안성 검토를 의뢰하지 않았다.

⑤ 丙사무관은 수의계약 방식으로 용역계약이 체결될 때까지 용역수행계획서, 보안서약서, 예산계획서 등 총 3건을 작성하여 부서장의 결재를 받았다.

제00조(특허침해죄) ① 특허권을 침해한 자는 7년 이하의 징역 또는 1억 원 이하의 벌금에 처한다.

② 제1항의 죄는 고소가 있어야 한다.

제00조(위증죄) 이 법의 규정에 의하여 선서한 증인·감정인 또는 통역인이 특허심판원에 대하여 허위의 진술·감정 또는 통역을 한 때에는 5년 이하의 징역 또는 1천만 원 이하의 벌금에 처한다.

제00조(사위행위의 죄) 사위(詐僞) 기타 부정한 행위로써 특허청으로부터 특허의 등록이나 특허권의 존속기간의 연장등록을 받은 자 또는 특허심판원의 심결을 받은 자는 3년 이하의 징역 또는 2천만 원 이하의 벌금에 처한다.

제00조(양벌규정) 법인의 대표자나 법인 또는 개인의 대리인, 사용인, 그 밖의 종업원이 그 법인 또는 개인의 업무에 관하여 특허침해죄, 사위행위의 죄의 어느 하나에 해당하는 위반행위를 하면 그 행위자를 벌하는 외에 그 법인에게는 다음 각 호의 어느 하나에 해당하는 벌금형을, 그 개인에게는 해당 조문의 벌금형을 과(科)한다. 다만 법인 또는 개인이 그 위반행위를 방지하기 위하여 해당 업무에 관하여 상당한 주의와 감독을 게을리하지 아니한 경우에는 그러하지 아니하다.

1. 특허침해죄의 경우 : 3억 원 이하의 벌금

2. 사위행위죄의 경우 : 6천만 원 이하의 벌금

※ 사위(詐僞) : 거짓을 꾸미어 속임

〈상 황〉

개인 발명자 甲은 전자제품인 발명품 A에 대해서 특허권을 부여받았다. 한편 乙은 A에 대해 특허권이 부여된 것은 잘못이라고 주장하며, 특허심판원에 甲을 상대로 A에 관한 특허무효심판을 청구하였다. 당해 심판에서 선서한 감정인 丙은 甲의 발명품이 특허무효사유에 해당한다는 내용의 감정을 하였다. 그 후 당해 감정이 허위임이 밝혀지고 달리 특허무효사유가 없음을 이유로 특허심판원은 甲에 대한 특허권의 부여는 유효라고 심결하였고 이 심결이 확정되었다. 한편 전자제품 생산회사인 丁회사의 생산공장에 근무하는 戊는 그 공장에서 A를 무단으로 생산한 후 丁회사의 이름으로 이를 판매하였다.

① 甲의 고소가 있어야 丙이 위증죄로 처벌될 수 있다.

② 丙이 위증죄로 처벌되는 경우 1천만 원의 벌금형을 받을 수 있다.

③ 丙이 위증죄로 처벌되는 경우 양벌규정에 따라 乙에게 6천만 원의 벌금형이 부과될 수 있다.

④ 戊가 특허침해죄로 처벌되는 경우 벌금형의 상한은 3억 원이다.

⑤ 戊에 대해서 특허침해죄가 성립되지 않더라도 사용자의 관리책임을 이유로 丁회사에게 3억 원의 벌금형이 부과될 수 있다.

다음 글을 근거로 판단할 때 옳지 않은 것은?

제00조(예비이전후보지의 선정) ① 종전부지 지방자치단체의 장은 군 공항을 이전하고자 하는 경우 국방부장관에게 이전을 건의할 수 있다.

② 제1항의 건의를 받은 국방부장관은 군 공항을 이전하고자 하는 경우 군사작전 및 군 공항 입지의 적합성 등을 고려하여 군 공항 예비이전후보지(이하 '예비이전후보지'라 한다)를 선정할 수 있다.

제00조(이전후보지의 선정) 국방부장관은 한 곳 이상의 예비이전후보지 중에서 군 공항 이전후보지를 선정함에 있어서 군 공항 이전부지 선정위원회의 심의를 거쳐야 한다.

제00조(군 공항 이전부지 선정위원회) ① 군 공항 이전후보지 및 이전부지의 선정 등을 심의하기 위해 국방부에 군 공항 이전부지 선정위원회(이하 '선정위원회'라 한다)를 둔다.

② 위원장은 국방부장관으로 하고, 당연직위원은 다음 각 호의 사람으로 한다.

1. 기획재정부차관, 국토교통부차관
2. 종전부지 지방자치단체의 장
3. 예비이전후보지를 포함한 이전주변지역 지방자치단체의 장
4. 종전부지 및 이전주변지역을 관할하는 특별시장·광역시장 또는 도지사

③ 선정위원회는 다음 각 호의 사항을 심의한다.

1. 이전후보지 및 이전부지 선정
2. 종전부지 활용방안 및 종전부지 매각을 통한 이전주변지역 지원방안

제00조(이전부지의 선정) ① 국방부장관은 이전후보지 지방자치단체의 장에게 「주민투표법」에 따라 주민투표를 요구할 수 있다.

② 제1항의 지방자치단체의 장은 주민투표 결과를 충실히 반영하여 국방부장관에게 군 공항 이전 유치를 신청한다.

③ 국방부장관은 제2항에 따라 유치를 신청한 지방자치단체 중에서 선정위원회의 심의를 거쳐 이전부지를 선정한다.

※ 1) 종전부지 : 군 공항이 설치되어 있는 기존의 부지
   2) 이전부지 : 군 공항이 이전되어 설치될 부지

① 종전부지를 관할하는 광역시장은 이전부지 선정 심의에 참여한다.

② 국방부장관은 선정위원회의 심의를 거치지 않고 예비이전후보지를 선정할 수 있다.

③ 선정위원회는 군 공항이 이전되고 난 후에 종전부지를 어떻게 활용할 것인지에 대한 사항도 심의한다.

④ 종전부지 지방자치단체의 장은 주민투표를 거치지 않으면 국방부장관에게 군 공항 이전을 건의할 수 없다.

⑤ 예비이전후보지가 한 곳이라고 하더라도 선정위원회의 심의를 거쳐야 이전후보지로 선정될 수 있다.

다음 글을 근거로 판단할 때 옳은 것은?

제00조 ① 산지전용허가를 받으려는 자는 신청서를 다음 각 호의 구분에 따른 자(이하 '산림청장 등'이라 한다)에게 제출하여야 한다.

1. 산지전용허가를 받으려는 산지의 면적이 200만m^2 이상인 경우 : 산림청장
2. 산지전용허가를 받으려는 산지의 면적이 50만m^2 이상 200만m^2 미만인 경우
   가. 산림청장 소관인 국유림의 산지인 경우 : 산림청장
   나. 산림청장 소관이 아닌 국유림, 공유림 또는 사유림의 산지인 경우 : 시·도지사
3. 산지전용허가를 받으려는 산지의 면적이 50만m^2 미만인 경우
   가. 산림청장 소관인 국유림의 산지인 경우 : 산림청장
   나. 산림청장 소관이 아닌 국유림, 공유림 또는 사유림의 산지인 경우 : 시장·군수·구청장

② 산림청장 등은 제1항에 따라 산지전용허가 신청을 받은 때에는 허가대상 산지에 대하여 현지조사를 실시하여야 한다. 다만 산지전용타당성조사를 받은 경우에는 현지조사를 않고 심사할 수 있다.

③ 제1항의 신청서에는 다음 각 호의 서류를 첨부하여야 한다.

1. 사업계획서(산지전용의 목적, 사업기간 등이 포함되어야 한다) 1부
2. 허가신청일 전 2년 이내에 완료된 산지전용타당성조사 결과서 1부(해당자에 한한다)
3. 산지전용을 하고자 하는 산지의 소유권 또는 사용·수익권을 증명할 수 있는 서류 1부(토지등기사항증명서로 확인할 수 없는 경우에 한정한다)
4. 산림조사서 1부. 다만 전용하려는 산지의 면적이 65만m^2 미만인 경우에는 제외한다.

① 사유림인 산지 180만m^2에 대해 산지전용허가를 받으려는 甲은 신청서를 산림청장에게 제출해야 한다.

② 공유림인 산지 250만m^2에 대해 산지전용허가를 받으려는 乙은 신청서를 시·도지사에게 제출해야 한다.

③ 산지전용허가를 신청하는 丙은 토지등기사항증명서를 첨부하면 사업계획서를 제출하지 않아도 된다.

④ 산림청장 소관의 국유림 50만m^2에 대해 산지전용허가를 받으려는 丁은 산림조사서를 산림청장에게 제출해야 한다.

⑤ 산지전용허가를 받으려는 戊가 해당 산지에 대하여 허가신청일 1년 전에 완료된 산지전용타당성조사 결과서를 제출한 경우, '산림청장 등'은 현지조사를 않고 심사할 수 있다.

A국은 부동산 또는 부동산을 취득할 수 있는 권리의 매매계약을 체결한 경우, 매도인이 그 실제 거래가격을 거래계약 체결일부터 60일 이내에 관할관청에 신고하도록 신고의무를 ○○법으로 규정하고 있다. 그리고 이를 위반할 경우 다음의 기준에 따라 과태료를 부과한다.

○○법 제00조(과태료 부과기준) ① 신고의무를 게을리 한 경우에는 다음 각 호의 기준에 따라 과태료를 부과한다.

1. 신고기간 만료일의 다음 날부터 기산하여 신고를 하지 않은 기간(이하 '해태기간'이라 한다)이 1개월 이하인 경우
   가. 실제 거래가격이 3억 원 미만인 경우 : 50만 원
   나. 실제 거래가격이 3억 원 이상인 경우 : 100만 원
2. 해태기간이 1개월을 초과한 경우
   가. 실제 거래가격이 3억 원 미만인 경우 : 100만 원
   나. 실제 거래가격이 3억 원 이상인 경우 : 200만 원

② 거짓으로 신고를 한 경우에는 다음 각 호의 기준에 따라 과태료를 부과한다. 단, 과태료 산정에 있어서의 취득세는 매수인을 기준으로 한다.

1. 부동산의 실제 거래가격을 거짓으로 신고한 경우
   가. 실제 거래가격과 신고가격의 차액이 실제 거래가격의 20% 미만인 경우
      − 실제 거래가격이 5억 원 이하인 경우 : 취득세의 2배
      − 실제 거래가격이 5억 원 초과인 경우 : 취득세의 1배
   나. 실제 거래가격과 신고가격의 차액이 실제 거래가격의 20% 이상인 경우
      − 실제 거래가격이 5억 원 이하인 경우 : 취득세의 3배
      − 실제 거래가격이 5억 원 초과인 경우 : 취득세의 2배
2. 부동산을 취득할 수 있는 권리의 실제 거래가격을 거짓으로 신고한 경우
   가. 실제 거래가격과 신고가격의 차액이 실제 거래가격의 20% 미만인 경우: 실제 거래가격의 100분의 2
   나. 실제 거래가격과 신고가격의 차액이 실제 거래가격의 20% 이상인 경우: 실제 거래가격의 100분의 4

③ 제1항과 제2항에 해당하는 위반행위를 동시에 한 경우 해당 과태료는 병과한다.

〈상 황〉

• 매수인의 취득세는 실제 거래가격의 100분의 1이다.
• 甲은 X토지를 2018.1.15. 丙에게 5억 원에 매도하였으나, 2018.4.2. 거래가격을 3억 원으로 신고하였다가 적발되어 과태료가 부과되었다.
• 乙은 공사 중인 Y아파트를 취득할 권리인 입주권을 2018.2.1. 丁에게 2억 원에 매도하였으나, 2018.2.5. 거래가격을 1억 원으로 신고하였다가 적발되어 과태료가 부과되었다.

① 1,400만 원
② 2,000만 원
③ 2,300만 원
④ 2,400만 원
⑤ 2,500만 원

민사소송에서 판결은 다음의 어느 하나에 해당하면 확정되며, 확정된 판결에 대해서 당사자는 더 이상 상급심 법원에 상소를 제기할 수 없게 된다.

첫째, 판결은 선고와 동시에 확정되는 경우가 있다. 예컨대 대법원 판결에 대해서는 더 이상 상소할 수 없기 때문에 그 판결은 선고 시에 확정된다. 그리고 하급심 판결이라도 선고 전에 당사자들이 상소하지 않기로 합의하고 이 합의서를 법원에 제출할 경우, 판결은 선고 시에 확정된다.

둘째, 상소기간이 만료된 때에 판결이 확정되는 경우가 있다. 상소는 패소한 당사자가 제기하는 것으로, 상소를 하고자 하는 자는 판결문을 송달받은 날부터 2주 이내에 상소를 제기해야 한다. 이 기간 내에 상소를 제기하지 않으면 더 이상 상소할 수 없게 되므로, 판결은 상소기간 만료 시에 확정된다. 또한 상소기간 내에 상소를 제기하였더라도 그 후 상소를 취하하면 상소기간 만료 시에 판결은 확정된다.

셋째, 상소기간이 경과되기 전에 패소한 당사자가 법원에 상소포기서를 제출하면, 제출 시에 판결은 확정된다.

〈상 황〉

원고 甲은 피고 乙을 상대로 ○○지방법원에 매매대금지급청구소송을 제기하였다. ○○지방법원은 甲에게 매매대금지급청구권이 없다고 판단하여 2016년 11월 1일 원고 패소판결을 선고하였다. 이 판결문은 甲에게는 2016년 11월 10일 송달되었고, 乙에게는 2016년 11월 14일 송달되었다.

① 乙은 2016년 11월 28일까지 상소할 수 있다.
② 甲이 2016년 11월 28일까지 상소하지 않으면, 같은 날 판결은 확정된다.
③ 甲이 2016년 11월 11일 상소한 후 2016년 12월 1일 상소를 취하하였다면, 취하한 때 판결은 확정된다.
④ 甲과 乙이 상소하지 않기로 하는 내용의 합의서를 2016년 10월 25일 법원에 제출하였다면, 판결은 2016년 11월 1일 확정된다.
⑤ 甲이 2016년 11월 21일 법원에 상소포기서를 제출하면, 판결은 2016년 11월 1일 확정된 것으로 본다.

문 13. 다음 글에 부합하는 설명을 〈보기〉에서 모두 고르면?

11 5급(발) 22번

통제영 귀선(龜船)은 뱃머리에 거북머리를 설치하였는데, 길이는 4자 3치, 너비는 3자이고 그 속에서 유황·염초를 태워 벌어진 입으로 연기를 안개같이 토하여 적을 혼미케 하였다. 좌우의 노는 각각 10개씩이고 좌우 방패판에는 각각 22개씩의 포구멍을 뚫었으며 12개의 문을 설치하였다. 거북머리 위에도 2개의 포구멍을 뚫었고 아래에 2개의 문을 설치했으며 그 옆에는 각각 포구멍을 1개씩 내었다. 좌우 복판(覆板)에도 또한 각각 12개의 포구멍을 뚫었으며 귀(龜)자가 쓰여진 기를 꽂았다. 좌우 포판(鋪板) 아래 방이 각각 12간인데, 2간은 철물을 차곡차곡 쌓았고 3간은 화포·궁시·창검을 갈라두며 19간은 군사들이 쉬는 곳으로 사용했다. 왼쪽 포판 위의 방 한 간은 선장이 쓰고 오른쪽 포판 위의 방 한 간은 장령들이 거처하였다. 군사들이 쉴 때에는 포판 아래에 있고 싸울 때에는 포판 위로 올라와 모든 포구멍에 포를 걸어 놓고 쉴 새 없이 쏘아댔다.

전라좌수영 귀선의 치수, 길이, 너비 등은 통제영 귀선과 거의 같다. 다만 거북머리 아래에 또 귀두(鬼頭)를 붙였고 복판 위에 거북무늬를 그렸으며 좌우에 각각 2개씩의 문을 두었다. 거북머리 아래에 2개의 포구멍을 내었고 현판 좌우에 각각 10개씩의 포구멍을 내었다. 복판 좌우에 각각 6개씩의 포구멍을 내었고 좌우에 노는 각각 8개씩을 두었다.

〈보 기〉

ㄱ. 통제영 귀선의 포구멍은 총 72개이며 전라좌수영 귀선의 포구멍은 총 34개이다.

ㄴ. 통제영 귀선은 포판 아래 총 24간의 방을 두어 그 중 한 간을 선장이 사용하였다.

ㄷ. 두 귀선 모두 포판 위에는 쇠못을 박아두어 적군의 귀선 접근을 막았다.

ㄹ. 포를 쏘는 용머리는 두 귀선의 공통점으로 귀선만의 자랑이다.

ㅁ. 1인당 하나의 노를 담당할 경우 통제영 귀선은 20명, 전라좌수영 귀선은 16명의 노 담당 군사를 필요로 한다.

① ㄱ, ㄷ
② ㄱ, ㅁ
③ ㄷ, ㅁ
④ ㄱ, ㄴ, ㅁ
⑤ ㄴ, ㄷ, ㄹ

문 14. 다음 글에 근거할 때, 옳은 것을 〈보기〉에서 모두 고르면?

12 5급(인) 22번

○○연구재단은 지난 2000년부터 인문사회연구역량의 세부사업으로 12개의 사업을 추진하고 있는데, 그 중 하나로 학제 간 융합연구사업을 추진하고 있다. 학제 간 융합연구사업은 연구와 교육을 연계한 융합연구의 전문인력 양성을 주요 목적으로 하며, 인문사회분야와 이공계분야 간의 학제 간 융합연구를 지원대상으로 하고 있다. 연구지원 신청자격은 연구책임자를 포함한 6인 이상의 연구팀이나 사업단(센터)에 부여되며, 그 연구팀이나 사업단에는 동일 연구분야의 전공자 비율이 70%를 넘지 않아야 하는 동시에 2개 이상 연구분야의 전공자가 참여하는 것이 기본요건이다.

이와 같은 학제 간 융합연구 지원사업은 씨앗형 사업과 새싹형 사업으로 이원화되어 추진되고 있으나, 연구의 저변확대를 위해 씨앗형 사업에 중점을 두고 있다. 씨앗형 사업과 새싹형 사업은 기본적으로 연구자의 창의성을 장려한다는 목적으로 지원자들이 자유주제를 선정하여 신청하는 상향식 지원방식을 채택하고 있다. 그러나 새싹형 사업은 국가차원의 전략적 과제의 원활한 수행을 위해 지정과제 공모식의 하향식 연구지원방식도 포함하고 있다.

연구지원기간은 씨앗형 사업의 경우 1년으로 완료되며, 사업 완료 후 평가를 거쳐 새싹형 사업으로 진입할 수 있도록 하고 있다. 새싹형 사업은 최대 5년(기본 3년+추가 2년)간 연구지원을 하고 있다. 지난 2009년까지는 기본 3년의 연구수행결과에 대한 1단계 평가를 통해 강제탈락제도를 시행하여 왔으나, 2010년부터는 매년 연차평가를 실시하여 계속지원 여부를 결정하고 있다. 새싹형 사업의 연구지원방식은 씨앗형 사업완료 후 평가를 거쳐 새싹형 사업을 추진하는 방법과 씨앗형 사업을 거치지 않고 새싹형 사업을 바로 지원할 수 있는 방식을 취하고 있다. 학제간 융합연구사업의 선정평가는 씨앗형 사업과 새싹형 사업 모두 1단계 요건심사, 2단계 전공심사, 3단계 종합심사의 동일한 과정으로 구성되어 있다.

〈보 기〉

ㄱ. 철학 전공자 2명과 물리학 전공자 4명으로 구성된 연구팀은 학제간 융합연구사업을 신청할 수 있다.

ㄴ. 국가차원의 전략적 과제로서 생명공학의 사회적·윤리적 문제에 대한 지정과제 연구는 씨앗형 사업에 해당된다.

ㄷ. 2008년에 실시된 1단계 평가에서 탈락한 새싹형 사업 과제의 연구지원기간은 최소 5년이다.

ㄹ. 2011년에 실시된 연차평가에서 탈락한 새싹형 사업 과제의 연구지원기간은 1년일 수 있다.

ㅁ. 씨앗형 사업과 새싹형 사업의 선정평가는 모두 3단계로 이루어져 있다.

① ㄱ, ㄴ
② ㄴ, ㄹ
③ ㄱ, ㄷ, ㄹ
④ ㄱ, ㄹ, ㅁ
⑤ ㄴ, ㄷ, ㅁ

종묘(宗廟)는 조선 시대 역대 왕과 왕비, 그리고 추존(追尊)된 왕과 왕비의 신주(神主)를 봉안하고 제사를 지내는 왕실의 사당이다. 신주는 사람이 죽은 후 하늘로 돌아간 신혼(神魂)이 의지하는 것으로, 왕과 왕비의 사후에도 그 신혼이 의지할 수 있도록 신주를 제작하여 종묘에 봉안했다.

조선 왕실의 신주는 우주(虞主)와 연주(練主) 두 종류가 있는데, 이 두 신주는 모양은 같지만 쓰는 방식이 달랐다. 먼저 우주는 묘호(廟號), 상시(上諡), 대왕(大王)의 순서로 붙여서 썼다. 여기에서 묘호와 상시는 임금이 승하한 후에 신위(神位)를 종묘에 봉안할 때 올리는 것으로서, 묘호는 '태종', '세종', '문종' 등과 같은 추존 칭호이고 상시는 8글자의 시호로 조선의 신하들이 정해 올렸다.

한편 연주는 유명증시(有明贈諡), 사시(賜諡), 묘호, 상시, 대왕의 순서로 붙여서 썼다. 사시란 중국이 조선의 승하한 국왕에게 내려준 시호였고, 유명증시는 '명나라 왕실이 시호를 내린다'는 의미로 사시 앞에 붙여 썼던 것이었다. 하지만 중국 왕조가 명나라에서 청나라로 바뀐 이후에는 연주의 표기 방식이 바뀌었는데, 종래의 표기 순서 중에서 유명증시와 사시를 빼고 표기하게 되었다. 유명증시를 뺀 것은 더 이상 시호를 내려줄 명나라가 존재하지 않았기 때문이었고, 사시를 뺀 것은 청나라가 시호를 보냈음에도 불구하고 조선이 청나라를 오랑캐의 나라로 치부하여 그것을 신주에 반영하지 않았기 때문이었다.

〈조선 왕조와 중국의 명·청 시대 구분표〉

조선	태조 (太祖)	정종 (定宗)	태종 (太宗)	…	인조 (仁祖)	…	숙종 (肅宗)	…
중국	명(明)				청(淸)			

〈보 기〉

ㄱ. 중국이 태종에게 내린 시호가 '공정(恭定)'이고 태종의 상시가 '성덕신공문무광효(聖德神功文武光孝)'라면, 태종의 연주에는 '유명증시공정태종성덕신공문무광효대왕(有明贈諡恭定太宗聖德神功文武光孝大王)'이라고 쓰여 있을 것이다.

ㄴ. 중국이 태종에게 내린 시호가 '공정(恭定)'이고 태종의 상시가 '성덕신공문무광효(聖德神功文武光孝)'라면, 태종의 우주에는 '태종성덕신공문무광효대왕(太宗聖德神功文武光孝大王)'이라고 쓰여 있을 것이다.

ㄷ. 중국이 인조에게 내린 시호가 '송창(松窓)'이고 인조의 상시가 '헌문열무명숙순효(憲文烈武明肅純孝)'라면, 인조의 연주에는 '송창인조헌문열무명숙순효대왕(松窓仁祖憲文烈武明肅純孝大王)'이라고 쓰여 있을 것이다.

ㄹ. 숙종의 우주와 연주는 다르게 표기되어 있을 것이다.

① ㄱ, ㄴ
② ㄴ, ㄹ
③ ㄷ, ㄹ
④ ㄱ, ㄴ, ㄷ
⑤ ㄱ, ㄷ, ㄹ

물은 공기와 더불어 생명을 유지하는 데 필요한 가장 기본적인 요소로서 성인의 경우 체중의 약 60%를 차지하고 있다. 체내에서 물은 여러 가지 생리기능을 담당하는 용매로서 영양소를 운반하고, 체온조절을 하는 등 여러 기능을 수행한다.

사람은 물이 일정 비율 이상 부족하면 생명을 유지할 수 없다. 사람은 체내에 수분이 2%가 부족하면 심한 갈증을 느끼고, 5%가 부족하면 혼수상태에 빠지며, 12%가 부족하면 사망하게 된다. 따라서 우리의 몸은 항상 일정한 양의 수분을 보유하기 위해 수분배출량과 섭취량이 균형을 이루어야 한다. 성인의 경우, 1일 기준으로 700ml를 호흡으로, 200ml를 땀으로, 1,500ml를 소변으로, 100ml를 대변으로 수분을 배출하므로 우리는 그 만큼의 수분을 매일 섭취하여야 한다.

일반적으로 1일 수분섭취량의 약 30%는 음식을 통해 공급받는다. 우리가 매일 섭취하는 음식은 종류에 따라 수분함량이 다르다. 예를 들어 상추는 수분함량이 96%나 되지만 감자는 80%, 쌀밥은 66%, 버터는 20%이며 김은 10%에 불과하다.

※ 단, 물 1,000ml의 무게는 1,000g임

〈보 기〉

ㄱ. 60kg 성인의 경우, 체내에서 차지하는 수분의 무게는 약 36kg이다.

ㄴ. 80kg 성인의 경우, 체내에서 약 4,760ml의 수분이 부족하면 사망하게 된다.

ㄷ. 70kg 성인의 경우, 성인 1일 기준 수분배출량만큼의 수분이 부족하면 혼수상태에 빠질 수 있다.

ㄹ. 성인 1일 기준 수분배출량의 30%를 상추와 쌀밥만으로 섭취한다고 할 때, 상추 400g과 쌀밥 300g이면 충분하다.

① ㄱ, ㄴ
② ㄱ, ㄷ
③ ㄴ, ㄷ
④ ㄴ, ㄹ
⑤ ㄱ, ㄷ, ㄹ

다음 글을 근거로 판단할 때, 〈보기〉에서 옳은 것만을 모두 고르면?

15 5급(인) 22번

조선 시대 궁녀가 받는 보수에는 의전, 선반, 삭료 세 가지가 있었다. 『실록』에서 "봄, 가을에 궁녀에게 포화(布貨)를 내려주니, 이를 의전이라고 한다"라고 한 것처럼 '의전'은 1년에 두 차례 지급하는 옷값이다. '선반'은 궁중에서 근무하는 사람들에게 제공하는 식사를 의미한다. '삭료'는 매달 주는 봉급으로 곡식과 반찬거리 등의 현물이 지급되었다. 궁녀들에게 삭료 이외에 의전과 선반도 주었다는 것은 월급 이외에도 옷값과 함께 근무 중의 식사까지 제공했다는 것으로, 지금의 개념으로 본다면 일종의 복리후생비까지 지급한 셈이다.

삭료는 쌀, 콩, 북어 세 가지 모두 지급되었는데 그 항목은 공상과 방자로 나뉘어 있었다. 공상은 궁녀들에게 지급되는 월급 가운데 기본급에 해당하는 것이다. 공상은 모든 궁녀에게 지급되었으나 직급과 근무연수에 따라 온공상, 반공상, 반반공상 세 가지로 나뉘어 차등 지급되었다. 공상 중 온공상은 쌀 7두 5승, 콩 6두 5승, 북어 2태 10미였다. 반공상은 쌀 5두 5승, 콩 3두 3승, 북어 1태 5미였고, 반반공상은 쌀 4두, 콩 1두 5승, 북어 13미였다.

방자는 궁녀들의 하녀격인 무수리를 쓸 수 있는 비용이었으며, 기본급 이외에 별도로 지급되었다. 방자는 모두에게 지급된 것이 아니라 직급이나 직무에 따라 일부에게만 지급되었으므로, 일종의 직급수당 또는 직무수당인 셈이다. 방자는 온방자와 반방자 두 가지만 있었는데, 온방자는 매달 쌀 6두와 북어 1태였고 반방자는 온방자의 절반인 쌀 3두와 북어 10미였다.

〈보 기〉

ㄱ. 조선 시대 궁녀에게는 현물과 포화가 지급되었다.

ㄴ. 삭료로 지급되는 현물의 양은 온공상이 반공상의 2배, 반공상이 반반공상의 2배였다.

ㄷ. 반공상과 온방자를 삭료로 받는 궁녀가 매달 받는 북어는 45미였다.

ㄹ. 매달 궁녀가 받을 수 있는 가장 적은 삭료는 쌀 4두, 콩 1두 5승, 북어 13미였다.

① ㄱ, ㄴ

② ㄱ, ㄹ

③ ㄴ, ㄷ

④ ㄱ, ㄷ, ㄹ

⑤ ㄴ, ㄷ, ㄹ

甲위원회는 개방형직위 충원을 위해 인사담당부서에 후보자 명부를 요청하여 아래의 〈현황표〉를 작성하였다. 이 〈현황표〉를 보면, 홍보, 감사, 인사 등 모든 분야에서 다음 〈구성기준〉을 만족시키지 못하고 있다. 각 분야에 후보자를 추가하여 해당 분야의 〈구성기준〉을 충족시키는 것은?

10 행시(발) 09번

〈현황표〉

(단위 : 명)

구분		홍보	감사	인사
분야별 인원		17	14	34
연령	40대	7	4	12
	50대	10	10	22
성별	남자	12	10	24
	여자	5	4	10
직업 (직위)	공무원	10	8	14
	민간기업임원	7	6	20

〈구성기준〉

ㄱ. 분야별로 40대 후보자 수는 50대 후보자 수의 50% 이상이 되도록 한다.

ㄴ. 분야별로 여성비율은 분야별 인원의 30% 이상이 되도록 한다.

ㄷ. 분야별로 공무원과 민간기업임원 중 어느 한 직업(직위)도 분야별 인원의 60%를 넘지 않아야 한다.

① 감사분야에 40대 여성 민간기업임원 1명을 추가한다.

② 인사분야에 50대 여성 민간기업임원 2명을 추가한다.

③ 홍보분야에 40대 여성 공무원 2명과 50대 남성 공무원 1명을 추가한다.

④ 인사분야에 50대 여성 공무원 2명과 50대 남성 공무원 2명을 추가한다.

⑤ 감사분야에 40대 여성 민간기업임원 1명과 50대 남성 공무원 2명을 추가한다.

문 19.   다음 글에 근거할 때, 최우선 순위의 당첨 대상자는?

10 행시(발) 14번

보금자리주택 특별공급 사전예약이 진행된다. 신청자격은 사전예약 입주자 모집 공고일 현재 미성년(만 20세 미만)인 자녀를 3명 이상 둔 서울, 인천, 경기도 등 수도권 지역에 거주하는 무주택 가구주에게 있다. 청약저축통장이 필요 없고, 당첨자는 배점기준표에 의한 점수 순에 따라 선정된다. 특히 자녀가 만 6세 미만 영유아일 경우, 2명 이상은 10점, 1명은 5점을 추가로 받게 된다.

총점은 가산점을 포함하여 90점 만점이며 배점기준은 다음 〈표〉와 같다.

〈표〉 배점기준표

배점요소	배점기준	점수
미성년 자녀수	4명 이상	40
	3명	35
가구주 연령 · 무주택 기간	가구주 연령이 만 40세 이상이고, 무주택 기간 5년 이상	20
	가구주 연령이 만 40세 미만이고, 무주택 기간 5년 이상	15
	무주택 기간 5년 미만	10
당해 시 · 도 거주기간	10년 이상	20
	5년 이상~10년 미만	15
	1년 이상~5년 미만	10
	1년 미만	5

※ 다만 동점자인 경우 ① 미성년 자녀 수가 많은 자. ② 미성년 자녀 수가 같을 경우. 가구주의 연령이 많은 자 순으로 선정함

① 만 7세 이상 만 17세 미만인 자녀 4명을 두고, 인천에서 8년 거주하고 있으며, 14년 동안 무주택자인 만 45세의 가구주

② 만 19세와 만 15세의 자녀를 두고, 대전광역시에서 10년 이상 거주하고 있으며, 7년 동안 무주택자인 만 40세의 가구주

③ 각각 만 1세, 만 3세, 만 7세, 만 10세인 자녀를 두고, 서울에서 4년 거주하고 있으며, 15년 동안 무주택자인 만 37세의 가구주

④ 각각 만 6세, 만 8세, 만 12세, 만 21세인 자녀를 두고, 서울에서 9년 거주하고 있으며, 20년 동안 무주택자인 만 47세의 가구주

⑤ 만 7세 이상 만 11세 미만인 자녀 3명을 두고, 경기도 하남시에서 15년 거주하고 있으며, 10년 동안 무주택자인 만 45세의 가구주

문 20.   다음은 한미 자유무역협정(FTA)의 자동차 분야 내용이다. 다음을 근거로 할 때 〈보기〉에서 옳은 것을 모두 고르면?

10 행시(발) 29번

특별소비세(구매 시 부과)

차종 (cc)	경차	소형차	중형차	대형차
	800 이하	800 초과 ~1,600	1,600 초과 ~2,000	2,000 초과
현행 (가격기준)	면제	5%		10%
FTA (가격기준)	면제			단계적 인하※

※ 2,000cc 초과차량은 발효 시 8%로 인하. 3년 후 5%로 인하

자동차세(보유 시 부과)

차종 (cc)	경차	소형차		중형차	대형차
	800 이하	800 초과 ~1,000	1,000 초과 ~1,600	1,600 초과 ~2,000	2,000 초과
현행 (cc당)	80원	100원	140원	200원	220원
FTA (cc당)	80원		140원	200원	

※ 1) 세금은 특별소비세와 자동차세만 있다고 가정함
   2) 자동차세는 배기량(cc)에 의해서만 결정됨

〈보 기〉
ㄱ. 갑이 보유한 1천만 원 상당의 800cc 국산 경차에 대한 납세액은 한미 FTA 발효 후에도 변화가 없다.
ㄴ. 을이 1천 2백만 원 상당의 1,600cc 국산 신차를 구매한다면 한미 FTA 발효 전보다 발효 후에 구매하는 것이 세금부담이 작다.
ㄷ. 미국 F사의 3,000cc 신차를 구매하려던 병이 한미 FTA 발효 후로 구매를 늦추면, 현행보다 낮아진 특별소비세율을 적용받을 수 있다.
ㄹ. 정이 보유한 미국 G사의 3,500cc 차량에는 한미 FTA 발효 후에 세금 감면의 혜택이 없다.

① ㄱ, ㄴ
② ㄴ, ㄷ
③ ㄱ, ㄴ, ㄷ
④ ㄱ, ㄷ, ㄹ
⑤ ㄴ, ㄷ, ㄹ

문 21. 김 사무관은 소프트웨어(이하 S/W라 표기한다) '수출 중점대상 국가'를 선정하고자 한다. 다음 〈국가별 현황〉과 〈평가기준〉에 근거할 때, 옳은 것을 〈보기〉에서 모두 고르면?

12 5급(인) 18번

〈국가별 현황〉

| 국가명 | 시장매력도 | | | 정보화수준 | 접근가능성 |
	S/W시장규모 (백만 불)	S/W성장률 (%)	인구규모 (백만 명)	전자정부순위	S/W수출액 (백만 원)
A국	550	13.6	232	106	9,103
B국	333	8.7	3	82	2,459
C국	315	8.7	87	91	2,597
D국	1,706	8.2	27	95	2,777
E국	1,068	7.2	64	64	2,158

〈평가기준〉

- 국가별 종합점수는 시장매력도(30점 만점), 정보화수준(30점 만점), 접근가능성(40점 만점)의 합계(100점 만점)로 구하며, 종합점수가 높을수록 종합순위도 높다.
- 시장매력도 점수는 시장매력도가 가장 높은 국가에 30점, 가장 낮은 국가에 0점, 그 밖의 모든 국가에 15점을 부여한다. S/W시장규모가 클수록, S/W성장률이 높을수록, 인구규모가 클수록 시장매력도가 높다.
- 정보화수준 점수는 전자정부순위가 가장 높은 국가에 30점, 가장 낮은 국가에 0점, 그 밖의 모든 국가에 15점을 부여한다.
- 접근가능성 점수는 접근가능성이 가장 높은 국가에 40점, 가장 낮은 국가에 0점, 그 밖의 모든 국가에 20점을 부여한다. S/W수출액이 클수록 접근가능성이 높다.

〈보 기〉

- ㄱ. 정보화수준 점수는 E국이 30점, A국이 0점이고, 다른 국가들은 모두 15점이다.
- ㄴ. 접근가능성 점수는 A국이 30점, E국이 0점이고, 다른 국가들은 모두 15점이다.
- ㄷ. 시장매력도 점수를 S/W시장규모만을 고려하여 결정할 경우, A국과 D국의 종합점수는 동일하다.
- ㄹ. S/W시장규모가 10억 불 이상이면서 동시에 인구가 5천만 명 이상인 국가가 가장 매력적 시장이라는 결론이 났을 경우, E국이 선정된다.

① ㄱ, ㄴ
② ㄱ, ㄷ
③ ㄱ, ㄹ
④ ㄴ, ㄷ
⑤ ㄷ, ㄹ

문 22. 다음 〈화장품의 사용가능기한〉과 〈화장품의 제조번호 표기방식〉에 근거할 때, 사용가능기한이 지난 화장품은?(단, 2012년 2월 1일 현재를 기준으로 함)

12 5급(인) 29번

〈화장품의 사용가능기한〉

| 제품 유형 | 사용가능기한 | |
	개봉 전 (제조일로부터)	개봉 후 (개봉일로부터)
스킨	3년	6개월
에센스	3년	6개월
로션	3년	1년
아이크림	3년	1년
클렌저	3년	1년
립스틱	5년	1년

※ 두 가지 사용가능기한 중 어느 한 기한이 만료되면 사용가능기한이 지난 것으로 봄

〈화장품의 제조번호 표기방식〉

M0703520이라는 표기에서 07은 2007년을 뜻하고, 035는 2007년의 35번째 날, 즉 2월 4일 제조된 것을 뜻한다. 맨 마지막의 20은 생산라인 번호를 나타낸다.

① M1103530이라고 쓰여 있고 개봉된 립스틱
② M0903530이라고 쓰여 있고 개봉되지 않은 클렌저
③ M0902140이라고 쓰여 있고 개봉된 날짜를 알 수 없는 아이크림
④ M0904030이라고 쓰여 있고 2011년 100번째 되는 날 개봉된 로션
⑤ M0930750이라고 쓰여 있고 2011년의 325번째 되는 날 개봉된 스킨

사회통합프로그램이란 국내 이민자가 법무부장관이 정하는 소정의 교육과정을 이수하도록 하여 건전한 사회구성원으로 적응·자립할 수 있도록 지원하고 국적취득, 체류허가 등에 있어서 편의를 주는 제도이다. 프로그램의 참여대상은 대한민국에 체류하고 있는 결혼이민자 및 일반이민자(동포, 외국인근로자, 유학생, 난민 등)이다.

사회통합프로그램의 교육과정은 '한국어과정'과 '한국사회이해과정'으로 구성된다. 신청자는 우선 한국어능력에 대한 사전평가를 받고, 그 평가점수에 따라 한국어과정 또는 한국사회이해과정에 배정된다.

일반이민자로서 참여를 신청한 자는 사전평가 점수에 의해 배정된 단계로부터 6단계까지 순차적으로 교육과정을 이수하여야 한다. 한편 결혼이민자로서 참여를 신청한 자는 4~5단계를 면제받는다. 예를 들어 한국어과정 2단계를 배정받은 결혼이민자는 3단계까지 완료한 후 바로 6단계로 진입한다. 다만 결혼이민자의 한국어능력 강화를 위하여 2013년 1월 1일부터 신청한 결혼이민자에 대해서는 한국어과정 면제제도를 폐지하여 일반이민자와 동일하게 프로그램을 운영한다.

〈과정 및 이수시간〉

(2012년 12월 현재)

구분 \ 단계		1	2	3	4	5	6
과정		한국어					한국사회이해
		기초	초급 1	초급 2	중급 1	중급 2	
이수시간		15시간	100시간	100시간	100시간	100시간	50시간
사전평가점수	일반이민자	0점~10점	11점~29점	30점~49점	50점~69점	70점~89점	90점~100점
	결혼이민자	0점~10점	11점~29점	30점~49점	면제		50점~100점

① 2012년 12월에 사회통합프로그램을 신청한 결혼이민자 A는 한국어과정을 최소 200시간 이수하여야 한다.

② 2013년 1월에 사회통합프로그램을 신청하여 사전평가에서 95점을 받은 외국인근로자 B는 한국어과정을 이수하여야 한다.

③ 난민 인정을 받은 후 2012년 11월에 사회통합프로그램을 신청한 C는 한국어과정과 한국사회이해과정을 동시에 이수할 수 있다.

④ 2013년 2월에 사회통합프로그램 참여를 신청한 결혼이민자 D는 한국어과정 3단계를 완료한 직후 한국사회이해과정을 이수하면 된다.

⑤ 2012년 12월에 사회통합프로그램을 신청하여 사전평가에서 77점을 받은 유학생 E는 사회통합프로그램 교육과정을 총 150시간 이수하여야 한다.

• 납부번호 구성

납부번호는 4자리의 분류기호, 3자리의 기관코드, 4자리의 납부연월(납부기한 포함), 1자리의 결정구분코드, 2자리의 세목으로 구성된다. 납부연월은 납세의무자가 실제 납부하는 연도와 달을, 납부기한은 납세의무자가 납부하여야 할 연도와 달을 의미한다.

예시) 0000 － 000 － 0000 － 0 － 00
　　　분류기호　기관코드　납부연월　결정구분코드　세목

• 결정구분코드

항목	코드	내용
확정분 자진납부	1	확정신고, 전기신고 등 정기기간(예정, 중간예납 기간 제외)이 있는 모든 세목으로서 정상적인 자진신고납부분(수정신고분 제외)의 본세 및 그 부가가치세(코드 4의 원천분 자진납부 제외)
수시분 자진납부	2	코드 1의 확정분 자진납부, 코드 3의 예정신고 자진납부 및 코드 4의 원천분 자진납부 이외 모든 자진납부
중간예납 및 예정신고	3	예정신고 또는 중간예납 기간이 있는 모든 세목으로서 정상적인 자진신고납부분(수정신고분 제외)의 본세 및 그 부가가치세
원천분 자진납부	4	모든 원천세 자진납부분
정기분 고지	5	양도소득세 정기결정고지, 코드 1의 확정분 자진납부에 대한 무(과소)납부고지
수시분 고지	6	코드 5의 정기분 고지, 코드 7의 중간예납 및 예정고지를 제외한 모든 고지
중간예납 및 예정고지	7	법인세 및 종합소득세 중간예납고지, 부가가치세 예정고지, 코드 3의 중간예납 및 예정신고 자진납부에 대한 무(과소)납부고지

※ 1) 신고는 납세의무자가 법에서 정한 기한 내에 과세표준과 세액을 세무서에 알리는 것
2) 고지는 세무서장이 세액, 세목, 납부기한과 납부장소 등을 납세의무자에게 알리는 것

• 세목코드

• 세목	코드	세목	코드
종합소득세	10	양도소득세	22
사업소득세	13	법인세	31
근로소득세(갑종)	14	부가가치세	41
근로소득세(을종)	15	특별소비세	42
퇴직소득세	21	개별소비세	47

① 수정신고 자진납부분은 결정구분코드 2에 해당한다.

② 2011년 3월확정분 개별소비세를 4월에 자진신고 납부한 경우, 납부번호는 ××××－×××－1104－1－47이다.

③ 2010년 제1기 확정신고분 부가가치세를 당해 9월에 무납부 고지한 경우, 납부번호는 ××××－×××－1009－6－41이다.

④ 2012년 10월에 양도소득세를 예정신고 자진납부하는 경우, 납부번호의 마지막 7자리는 1210－3－22이다.

⑤ 2010년 2월에 2009년 갑종근로소득세를 연말정산하여 원천징수한 부분을 자진납부한 경우, 납부번호의 마지막 7자리는 1002－4－14이다.

다음 글과 〈상황〉에 근거할 때, 〈보기〉에서 옳은 것을 모두 고르면?

13 5급(인) 30번

공공도서관이 갖추어야 하는 시설과 도서관 자료의 구비 기준은 다음과 같다.

〈공공도서관 시설 및 도서관 자료 구비 기준〉

봉사대상 인구(명)	시설		도서관 자료	
	건물면적 (m²)	열람석 (석)	기본장서 (권)	연간증서 (권)
⋮	⋮	⋮	⋮	⋮
10만 이상 ~30만 미만	1,650 이상	350 이상	30,000 이상	3,000 이상
30만 이상 ~50만 미만	3,300 이상	800 이상	90,000 이상	9,000 이상
50만 이상	4,950 이상	1,200 이상	150,000 이상	15,000 이상

1. 봉사대상 인구란 도서관이 설치되는 해당 시의 인구를 말한다. 연간증서(年間增書)는 설립 다음 해부터 매년 추가로 늘려야 하는 장서로서 기본장서에 포함된다.

2. 전체 열람석의 10% 이상을 노인과 장애인 열람석으로 할당하여야 한다.

3. 공공도서관은 기본장서 외에 다음 각 목에서 정하는 자료를 갖추어야 한다.
   가. 봉사대상 인구 1천 명당 1종 이상의 연속간행물
   나. 봉사대상 인구 1천 명당 10종 이상의 시청각자료

〈상 황〉

○○부는 신도시인 A시에 2014년 상반기 개관을 목표로 공공도서관 건설을 추진 중이다. A시의 예상 인구 추계는 다음과 같다.

구분	2012년	2015년	2020년	2030년
예상 인구 (명)	13만	15만	30만	50만

※ 1) A시 도서관은 예정대로 개관함
2) 2012년 인구는 실제 인구이며, 인구는 해마다 증가한다고 가정함

〈보 기〉

ㄱ. A시 도서관 개관 시 확보해야 할 최소 기본장서는 30,000권이다.

ㄴ. A시의 예상 인구 추계자료와 같이 인구가 증가한다면, 2015년에는 노인 및 장애인 열람석을 2014년에 비해 35석 추가로 더 확보해야 한다.

ㄷ. A시의 예상 인구 추계자료와 같이 인구가 증가하고, 2015년~2020년에 매년 같은 수로 인구가 늘어난다면, 2018년에는 최소 240종 이상의 연속간행물과 2,400종 이상의 시청각자료를 보유해야 한다.

ㄹ. 2020년 실제 인구가 예상 인구의 80% 수준에 불과하다면, 개관 이후 2020년 말까지 추가로 보유해야 하는 총 연간증서는 최소 18,000권이다.

① ㄱ, ㄴ
② ㄱ, ㄷ
③ ㄴ, ㄹ
④ ㄱ, ㄷ, ㄹ
⑤ ㄴ, ㄷ, ㄹ

　○○국 친환경농산물의 종류는 3가지로, 인증기준에 부합하는 재배방법은 각각 다음과 같다. 1) 유기농산물의 경우 일정 기간(다년생 작물 3년, 그 외 작물 2년) 이상을 농약과 화학비료를 사용하지 않고 재배한다. 2) 무농약농산물의 경우 농약을 사용하지 않고, 화학비료는 권장량의 2분의 1 이하로 사용하여 재배한다. 3) 저농약농산물의 경우 화학비료는 권장량의 2분의 1 이하로 사용하고, 농약은 살포시기를 지켜 살포 최대 횟수의 2분의 1 이하로 사용하여 재배한다.

〈농산물별 관련 기준〉

종류	재배기간 내 화학비료 권장량 (kg/ha)	재배기간 내 농약살포 최대 횟수	농약 살포시기
사과	100	4	수확 30일 전까지
감귤	80	3	수확 30일 전까지
감	120	4	수확 14일 전까지
복숭아	50	5	수확 14일 전까지

※ 1ha=10,000㎡, 1t=1,000kg

〈보 기〉

ㄱ. 甲은 5㎢의 면적에서 재배기간 동안 농약을 전혀 사용하지 않고 20t의 화학비료를 사용하여 사과를 재배하였으며, 이 사과를 수확하여 무농약농산물 인증신청을 하였다.

ㄴ. 乙은 3ha의 면적에서 재배기간 동안 농약을 1회 살포하고 50kg의 화학비료를 사용하여 복숭아를 재배하였다. 하지만 수확시기가 다가오면서 병충해 피해가 나타나자 농약을 추가로 1회 살포하였고, 열흘 뒤 수확하여 저농약농산물 인증신청을 하였다.

ㄷ. 丙은 지름이 1km인 원 모양의 농장에서 작년부터 농약을 전혀 사용하지 않고 감귤을 재배하였다. 작년에는 5t의 화학비료를 사용하였으나, 올해는 전혀 사용하지 않고 감귤을 수확하여 유기농산물 인증신청을 하였다.

ㄹ. 丁은 가로와 세로가 각각 100m, 500m인 과수원에서 감을 재배하였다. 재배기간 동안 총 2회(올해 4월 말과 8월 초) 화학비료 100kg씩을 뿌리면서 병충해 방지를 위해 농약도 함께 살포하였다. 丁은 추석을 맞아 9월 말에 감을 수확하여 저농약농산물 인증신청을 하였다.

① ㄱ, ㄹ
② ㄴ, ㄷ
③ ㄱ, ㄴ, ㄹ
④ ㄱ, ㄷ, ㄹ
⑤ ㄴ, ㄷ, ㄹ

• 甲은 선박으로 '포항 → 울릉도 → 독도 → 울릉도 → 포항' 순으로 여행을 다녀왔다.

• '포항 → 울릉도' 선박은 매일 오전 10시, '울릉도 → 포항' 선박은 매일 오후 3시에 출발하며, 편도 운항에 3시간이 소요된다.

• 울릉도에서 출발해 독도를 돌아보는 선박은 매주 화요일과 목요일 오전 8시에 출발하여 당일 오전 11시에 돌아온다.

• 최대 파고가 3m 이상인 날은 모든 노선의 선박이 운항되지 않는다.

• 甲은 매주 금요일에 술을 마시는데, 술을 마신 다음날은 멀미가 심해 선박을 탈 수 없다.

• 이번 여행 중 甲은 울릉도에서 호박엿 만들기 체험을 했는데, 호박엿 만들기 체험은 매주 월·금요일 오후 6시에만 할 수 있다.

〈자료〉

㉠ : 최대 파고(단위 : m)

일	월	화	수	목	금	토
16	17	18	19	20	21	22
㉠ 1.0	㉠ 1.4	㉠ 3.2	㉠ 2.7	㉠ 2.8	㉠ 3.7	㉠ 2.0
23	24	25	26	27	28	29
㉠ 0.7	㉠ 3.3	㉠ 2.8	㉠ 2.7	㉠ 0.5	㉠ 3.7	㉠ 3.3

① 16일(일)~19일(수)
② 19일(수)~22일(토)
③ 20일(목)~23일(일)
④ 23일(일)~26일(수)
⑤ 25일(화)~28일(금)

문 28. 다음 〈국내 대학(원) 재학생 학자금 대출 조건〉을 근거로 판단할 때, 〈보기〉에서 옳은 것만을 모두 고르면?(단, 甲~丙은 국내 대학(원)의 재학생임)

19 5급(가) 03번

〈국내 대학(원) 재학생 학자금 대출 조건〉

구분		X학자금 대출	Y학자금 대출
신청 대상	신청 연령	35세 이하	55세 이하
	성적 기준	전 학기 12학점 이상 이수 및 평균 C학점 이상(단, 장애인, 졸업학년인 경우 이수학점 기준 면제)	직전 학기 12학점 이상 이수 및 평균 C학점 이상(단, 대학원생, 장애인, 졸업학년인 경우 이수학점 기준 면제)
	가구소득 기준	소득 1~8분위	소득 9, 10분위
	신용 요건	제한 없음	금융채무불이행자, 저신용자 대출 불가
대출 한도	등록금	학기당 소요액 전액	학기당 소요액 전액
	생활비	학기당 150만 원	학기당 100만 원
상환 사항	상환 방식 (졸업 후)	• 기준소득을 초과하는 소득 발생 이전 : 유예 • 기준소득을 초과하는 소득 발생 이후 : 기준소득 초과분의 20%를 원천 징수 ※ 기준소득 : 연 □천만 원	• 졸업 직후 매월 상환 • 원금균등분할상환과 원리금균등분할상환 중 선택

─────〈보 기〉─────

ㄱ. 34세로 소득 7분위인 대학생 甲이 직전 학기에 14학점을 이수하여 평균 B학점을 받았을 경우 X학자금 대출을 받을 수 있다.

ㄴ. X학자금 대출 대상이 된 乙의 한 학기 등록금이 300만 원일 때, 한 학기당 총 450만 원을 대출받을 수 있다.

ㄷ. 50세로 소득 9분위인 대학원생 丙(장애인)은 신용 요건에 관계없이 Y학자금 대출을 받을 수 있다.

ㄹ. 대출금액이 동일하고 졸업 후 소득이 발생하지 않았다면, X학자금 대출과 Y학자금 대출의 매월 상환금액은 같다.

① ㄱ, ㄴ
② ㄱ, ㄷ
③ ㄷ, ㄹ
④ ㄱ, ㄴ, ㄹ
⑤ ㄴ, ㄷ, ㄹ

문 29. 다음 글과 〈상황〉을 근거로 판단할 때, 〈보기〉에서 옳은 것만을 모두 고르면?

19 5급(가) 04번

'에너지이용권'은 에너지 취약계층에게 난방에너지 구입을 지원하는 것으로 관련 내용은 다음과 같다.

월별 지원금액	• 1인 가구 : 81,000원 • 2인 가구 : 102,000원 • 3인 이상 가구 : 114,000원
지원형태	신청서 제출 시 실물카드와 가상카드 중 선택 • 실물카드 : 에너지원(등유, 연탄, LPG, 전기, 도시가스)을 다양하게 구매 가능함. 단, 아파트 거주자는 관리비가 통합고지서로 발부되기 때문에 신청할 수 없음 • 가상카드 : 전기·도시가스·지역난방 중 택일. 매월 요금이 자동 차감됨. 단, 사용기간(발급일로부터 1개월) 만료 시 잔액이 발생하면 전기요금 차감
신청대상	생계급여 또는 의료급여 수급자로서 다음 각 호의 어느 하나에 해당하는 사람을 포함한 가구의 가구원 1. 1954.12.31. 이전 출생자 2. 2002.1.1. 이후 출생자 3. 등록된 장애인(1~6급)
신청방법	수급자 본인 또는 가족이 신청 ※ 담당공무원이 대리 신청 가능
신청서류	1. 에너지이용권 발급 신청서 2. 전기, 도시가스 또는 지역난방 요금고지서(영수증), 아파트 거주자의 경우 관리비 통합고지서 3. 신청인의 신분증 사본 4. 대리 신청일 경우 신청인 본인의 위임장, 대리인의 신분증 사본

─────〈상 황〉─────

甲~丙은 에너지이용권을 신청하고자 한다.

• 甲 : 3급 장애인, 실업급여 수급자, 1인 가구, 아파트 거주자
• 乙 : 2005.1.1. 출생, 의료급여 수급자, 4인 가구, 단독 주택 거주자
• 丙 : 1949.3.22. 출생, 생계급여 수급자, 2인 가구, 아파트 거주자

─────〈보 기〉─────

ㄱ. 甲은 에너지이용권 발급 신청서, 관리비 통합고지서, 본인 신분증 사본을 제출하고, 81,000원의 에너지이용권을 요금 자동 차감 방식으로 지급받을 수 있다.

ㄴ. 담당공무원인 丁이 乙을 대리하여 신청 서류를 모두 제출하고, 乙은 114,000원의 에너지이용권을 실물카드 형태로 지급받을 수 있다.

ㄷ. 丙은 도시가스를 선택하여 102,000원의 에너지이용권을 가상카드 형태로 지급받을 수 있으며, 이용권 사용기간 만료 시 잔액이 발생한다면 전기요금이 차감될 것이다.

① ㄱ   ② ㄴ
③ ㄷ   ④ ㄱ, ㄷ
⑤ ㄴ, ㄷ

다음 글을 근거로 판단할 때 옳은 것은? 19 5급(가) 24번

- 가뭄 예·경보는 농업용수 분야와 생활 및 공업용수 분야로 구분하여 발령한다.
- 예·경보 발령은 '주의', '심함', '매우심함' 3단계로 구분하며, '매우심함'이 가장 심각한 단계이다.
- 가뭄 예·경보는 다음에서 정한 날에 발령한다.
  - 주의 : 해당 기준에 도달한 매 월 10일
  - 심함 : 해당 기준에 도달한 매 주 금요일
  - 매우 심함 : 해당 기준에 도달한 매 일마다 수시

〈가뭄 예·경보 발령 기준〉

주의	농업용수	영농기(4~9월)에 저수지 저수율이 평년의 70% 이하 또는 밭 토양 유효수분율이 60% 이하에 해당되는 경우
	생활 및 공업용수	하천여유수량을 감량 공급하는 상황에서 현재 하천유지유량이 고갈되거나, 장래 1~3개월 후 하천 및 댐 등에서 농업용수 공급이 어려울 것으로 판단되는 경우
심함	농업용수	영농기(4~9월)에 저수지 저수율이 평년의 60% 이하 또는 밭 토양 유효수분율이 40% 이하에 해당되는 경우
	생활 및 공업용수	하천유지유량을 감량 공급하는 상황에서 현재 하천 및 댐 등에서 농업용수 공급이 부족하거나, 장래 1~3개월 후 생활 및 공업용수 공급이 어려울 것으로 판단되는 경우
매우 심함	농업용수	영농기(4~9월)에 저수지 저수율이 평년의 50% 이하 또는 밭 토양 유효수분율이 30% 이하에 해당되는 경우
	생활 및 공업용수	현재 하천 및 댐 등에서 농업용수, 생활 및 공업용수 공급이 부족하고, 장래 1~3개월 후 생활 및 공업용수 공급에도 차질이 발생할 것으로 판단되는 경우

※ 단, 상황이 여러 기준에 모두 해당되는 경우 더 심각한 단계에 해당되는 것으로 판단

① 영농기에 저수지 저수율이 평년의 50%라면 농업용수 가뭄 예·경보 기준의 심함에 해당한다.
② 영농기에 밭 토양 유효수분율이 70%일 경우 농업용수 가뭄 예·경보를 그 달 10일에 발령한다.
③ 하천유지유량을 감량 공급하는 상황에서 현재 하천 및 댐 등에서 농업용수 공급이 부족한 경우, 농업용수 가뭄 예·경보 기준의 심함에 해당한다.
④ 12월 23일 금요일에 저수지 저수율이 평년의 60% 이하이거나 밭 토양 유효수분율이 40% 이하이면 농업용수 가뭄 예·경보가 발령될 것이다.
⑤ 5월 19일 목요일에 생활 및 공업용수 가뭄 예·경보가 발령되었다면, 현재 하천 및 댐 등에서 농업용수, 생활 및 공업용수 공급이 부족하고, 장래 1~3개월 후 생활 및 공업용수 공급에도 차질이 발생할 것으로 판단되는 경우일 것이다.

문 31. **최 사무관은 조사비, 인건비, 재료비, 운영비, 홍보비, 잡비 등 총 6개 항목으로 나누어 연구용역비를 산출하였으나, 예산 담당 부서에서 다음과 같은 지침에 따른 예산 변경을 요구해 왔다. 이 지침에 근거해서 최 사무관이 내린 다음 판단 중 틀린 것은?** 06 행시(출) 28번

- 증액이 가능한 항목은 최대 2개이며, 적어도 3개 항목은 반드시 삭감하여야 한다.
- 어떤 항목은 증액이나 감액 없이 현상유지될 수 있다.
- 인건비와 조사비는 동시에 삭감하거나 동시에 증액하여야 한다.
- 재료비와 홍보비는 동시에 삭감할 수 없다.
- 운영비와 잡비는 동시에 증액할 수 없다.
- 재료비는 반드시 삭감하여야 한다.

① 잡비를 증액하면, 홍보비를 증액할 수 없다.
② 운영비를 증액하면, 조사비를 증액할 수 없다.
③ 홍보비를 증액하면, 인건비를 증액할 수 없다.
④ 인건비를 증액하면, 잡비를 반드시 삭감하여야 한다.
⑤ 조사비를 증액하면, 운영비를 반드시 삭감하여야 한다.

문 32. 다음 그림과 같이 각 층에 1인 1실의 방이 4개 있는 3층 호텔에 A~I 총 9명이 투숙해 있다. 주어진 〈조건〉하에서 반드시 옳은 것은?

08 행시(조) 34번

	301호	302호	303호	304호	
좌	201호	202호	203호	204호	우
	101호	102호	103호	104호	

〈조 건〉

- 각 층에는 3명씩 투숙해 있다.
- A의 바로 위에는 C가 투숙해 있으며, A의 바로 오른쪽 방에는 아무도 투숙해 있지 않다.
- B의 바로 위의 방에는 아무도 투숙해 있지 않다.
- C의 바로 왼쪽에 있는 방에는 아무도 투숙해 있지 않으며, C는 D와 같은 층에 인접해 있다.
- D는 E의 바로 아래의 방에 투숙해 있다.
- E, F, G는 같은 층에 투숙해 있다.
- G의 옆방에는 아무도 투숙해 있지 않다.
- I는 H보다 위층에 투숙해 있다.

① B는 101호에 투숙해 있다.

② D는 204호에 투숙해 있다.

③ F는 304호에 투숙해 있다.

④ G는 301호에 투숙해 있다.

⑤ A, C, F는 같은 열에 투숙해 있다.

문 33. 다음 글을 근거로 판단할 때, 〈보기〉에서 옳은 것만을 모두 고르면?

17 5급(가) 14번

- 甲과 乙은 다음 그림과 같이 번호가 매겨진 9개의 구역을 점령하는 게임을 한다.

1	2	3
4	5	6
7	8	9

- 게임 시작 전 제비뽑기를 통해 甲은 1구역, 乙은 8구역으로 최초 점령 구역이 정해졌다.
- 甲과 乙은 가위바위보를 해서 이길 때마다, 자신이 이미 점령한 구역에 상하좌우로 변이 접한 구역 중 점령되지 않은 구역 1개를 추가로 점령하여 자신의 구역으로 만든다.
- 만약 가위바위보에서 이겨도 더 이상 자신이 점령할 수 있는 구역이 없으면 이후의 가위바위보는 모두 진 것으로 한다.
- 게임은 모든 구역이 점령될 때까지 계속되며, 더 많은 구역을 점령한 사람이 게임에서 승리한다.
- 甲과 乙은 게임에서 승리하기 위하여 최선의 선택을 한다.

〈보 기〉

ㄱ. 乙이 첫 번째, 두 번째 가위바위보에서 모두 이기면 게임에서 승리한다.

ㄴ. 甲이 첫 번째, 두 번째 가위바위보를 이겨서 2구역과 5구역을 점령하고, 乙이 세 번째 가위바위보를 이겨서 9구역을 점령하면, 네 번째 가위바위보를 이긴 사람이 게임에서 승리한다.

ㄷ. 甲이 첫 번째, 세 번째 가위바위보를 이겨서 2구역과 4구역을 점령하고, 乙이 두 번째 가위바위보를 이겨서 5구역을 점령하면, 게임의 승자를 결정하기 위해서는 최소 2번 이상의 가위바위보를 해야 한다.

① ㄴ

② ㄷ

③ ㄱ, ㄴ

④ ㄱ, ㄷ

⑤ ㄴ, ㄷ

문 34. 甲, 乙, 丙, 丁이 공을 막대기로 쳐서 구멍에 넣는 경기를 하였다. 다음 〈규칙〉과 〈경기결과〉에 근거하여 판단할 때, 〈보기〉에서 옳은 것을 모두 고르면?   13 5급(인) 13번

〈규 칙〉

- 경기 참가자는 시작점에 있는 공을 막대기로 쳐서 구멍 안에 넣어야 한다. 참가자에게는 최대 3회의 기회가 주어지며, 공을 넣거나 3회의 기회를 다 사용하면 한 라운드가 종료된다.
- 첫 번째 시도에서 공을 넣으면 5점, 두 번째 시도에서 공을 넣으면 2점, 세 번째 시도에서 공을 넣으면 0점을 얻게 되며, 세 번째 시도에서도 공을 넣지 못하면 −3점을 얻게 된다.
- 총 2라운드를 진행하여 각 라운드에서 획득한 점수를 합산하여 높은 점수를 획득한 참가자 순서대로 우승, 준우승, 3등, 4등으로 결정한다.
- 만일 경기결과 동점이 나올 경우, 1라운드 고득점 순으로 동점자의 순위를 결정한다.

〈경기결과〉

아래는 네 명이 각 라운드에서 공을 넣기 위해 시도한 횟수를 표시하고 있다.

구분	1라운드	2라운드
甲	3회	3회
乙	2회	3회
丙	2회	2회
丁	1회	3회

〈보 기〉

ㄱ. 甲은 다른 선수의 경기결과에 따라 3등을 할 수 있다.
ㄴ. 乙은 다른 선수의 경기결과에 따라 준우승을 할 수 있다.
ㄷ. 丙이 우승했다면 1라운드와 2라운드 합쳐서 네 명이 구멍 안에 넣은 공은 최소 5개 이상이다.
ㄹ. 丁이 우승했다면 획득한 점수는 5점이다.

① ㄱ, ㄷ
② ㄴ, ㄷ
③ ㄱ, ㄹ
④ ㄱ, ㄴ, ㄹ
⑤ ㄴ, ㄷ, ㄹ

문 35. 다음 글을 근거로 판단할 때, 9월 17일(토)부터 책을 대여하기 시작한 甲이 마지막 편을 도서관에 반납할 요일은? (단, 다른 조건은 고려하지 않음)   14 5급(A) 18번

甲은 10편으로 구성된 위인전을 완독하기 위해 다음과 같이 계획하였다.

책을 빌리는 첫째 날은 한 권만 빌려 다음날 반납하고, 반납한 날 두 권을 빌려 당일 포함 2박 3일이 되는 날 반납한다. 이런 식으로 도서관을 방문할 때마다 대여하는 책의 수는 한 권씩 증가하지만, 대여 일수는 빌리는 책 권수를 n으로 했을 때 두 권 이상일 경우 (2n−1)의 규칙으로 증가한다.

예를 들어 3월 1일(월)에 1편을 빌렸다면 3월 2일(화)에 1편을 반납하고 그날 2, 3편을 빌려 3월 4일(목)에 반납한다. 4일에 4, 5, 6편을 빌려 3월 8일(월)에 반납하고 그날 7, 8, 9, 10편을 대여한다.

도서관은 일요일만 휴관하고, 이날은 반납과 대여가 불가능하므로 다음날인 월요일에 반납과 대여를 한다. 이 경우에 한하여 일요일은 대여 일수에 포함되지 않는다.

① 월요일
② 화요일
③ 수요일
④ 목요일
⑤ 금요일

문 36. 다음 글을 근거로 판단할 때 참말을 한 사람은?   16 5급(4) 32번

A동아리 5명의 학생 각각은 B동아리 학생들과 30회씩 가위바위보 게임을 했다. 각 게임에서 이길 경우 5점, 비길 경우 1점, 질 경우 −1점을 받는다. 게임이 모두 끝나자 A동아리 5명의 학생들은 자신이 얻은 합산 점수를 다음과 같이 말했다.

- 태우 : 내 점수는 148점이야.
- 시윤 : 내 점수는 145점이야.
- 성헌 : 내 점수는 143점이야.
- 빛나 : 내 점수는 140점이야.
- 은지 : 내 점수는 139점이야.
이들 중 한 명만이 참말을 하고 있다.

① 태우
② 시윤
③ 성헌
④ 빛나
⑤ 은지

다음 글을 근거로 판단할 때, 〈보기〉에서 옳은 것만을 모두 고르면?

18 5급(나) 31번

甲, 乙, 丙이 바둑돌을 손가락으로 튕겨서 목표지점에 넣는 게임을 한다. 게임은 총 5라운드까지 진행하며, 라운드마다 바둑돌을 목표지점에 넣을 때까지 손가락으로 튕긴 횟수를 해당 라운드의 점수로 한다. 각 라운드의 점수가 가장 낮은 사람이 해당 라운드의 1위가 되며, 모든 라운드의 점수를 합산하여 그 값이 가장 작은 사람이 게임에서 우승한다.

아래의 표는 각 라운드별로 甲, 乙, 丙의 점수를 기록한 것이다. 4라운드와 5라운드의 결과는 실수로 지워졌는데, 그 중 한 라운드에서는 甲, 乙, 丙 모두 점수가 같았고, 다른 한 라운드에서는 바둑돌을 한 번 튕겨서 목표지점에 넣은 사람이 있었다.

구분	1라운드	2라운드	3라운드	4라운드	5라운드	점수 합
甲	2	4	3			16
乙	5	4	2			17
丙	5	2	6			18

〈보 기〉

ㄱ. 4라운드와 5라운드만을 합하여 바둑돌을 튕긴 횟수가 가장 많은 사람은 甲이다.

ㄴ. 바둑돌을 한 번 튕겨서 목표지점에 넣은 사람은 乙이다.

ㄷ. 丙의 점수는 라운드마다 달랐다.

ㄹ. 만약 각 라운드에서 단독으로 1위를 한 횟수가 가장 많은 사람이 우승하는 것으로 규칙을 변경한다면, 丙이 우승한다.

① ㄱ, ㄴ
② ㄱ, ㄷ
③ ㄴ, ㄹ
④ ㄱ, ㄷ, ㄹ
⑤ ㄴ, ㄷ, ㄹ

다음 글을 근거로 판단할 때, 〈보기〉에서 옳은 것만을 모두 고르면?

18 5급(나) 33번

• 甲과 乙은 책의 쪽 번호를 이용한 점수 게임을 한다.
• 책을 임의로 펼쳐서 왼쪽 면 쪽 번호의 각 자리 숫자를 모두 더하거나 모두 곱해서 나오는 결과와 오른쪽 면 쪽 번호의 각 자리 숫자를 모두 더하거나 모두 곱해서 나오는 결과 중에 가장 큰 수를 본인의 점수로 한다.
• 점수가 더 높은 사람이 승리하고, 같은 점수가 나올 경우 무승부가 된다.
• 甲과 乙이 가진 책의 시작 면은 1쪽이고, 마지막 면은 378쪽이다. 책을 펼쳤을 때 왼쪽 면이 짝수, 오른쪽 면이 홀수 번호이다.
• 시작 면이나 마지막 면이 나오게 책을 펼치지는 않는다.

※ 1) 쪽 번호가 없는 면은 존재하지 않음
2) 두 사람은 항상 서로 다른 면을 펼침

〈보 기〉

ㄱ. 甲이 98쪽과 99쪽을 펼치고, 乙은 198쪽과 199쪽을 펼치면 乙이 승리한다.

ㄴ. 甲이 120쪽과 121쪽을 펼치고, 乙은 210쪽과 211쪽을 펼치면 무승부이다.

ㄷ. 甲이 369쪽을 펼치면 반드시 승리한다.

ㄹ. 乙이 100쪽을 펼치면 승리할 수 없다.

① ㄱ, ㄴ
② ㄱ, ㄷ
③ ㄱ, ㄹ
④ ㄴ, ㄷ
⑤ ㄴ, ㄹ

다음 글을 근거로 판단할 때, 〈보기〉에서 철수가 구매한 과일바구니를 확실히 맞힐 수 있는 사람만을 모두 고르면?

19 5급(가) 13번

- 철수는 아래 과일바구니(A~E) 중 하나를 구매하였다.
- 甲, 乙, 丙, 丁은 각자 철수에게 두 가지 질문을 하여 대답을 듣고 철수가 구매한 과일바구니를 맞히려 한다.
- 모든 사람은 〈과일바구니 종류〉와 〈과일의 무게 및 색깔〉을 정확히 알고 있으며, 철수는 거짓말을 하지 않는다.

〈과일바구니 종류〉

종류	바구니 색깔	바구니 구성
A	빨강	사과 1개, 참외 2개, 메론 1개
B	노랑	사과 1개, 참외 1개, 귤 2개, 오렌지 1개
C	초록	사과 2개, 참외 2개, 귤 1개
D	주황	참외 1개, 귤 2개
E	보라	사과 1개, 참외 1개, 귤 1개, 오렌지 1개

〈과일의 무게 및 색깔〉

구분	사과	참외	메론	귤	오렌지
무게	200g	300g	1,000g	100g	150g
색깔	빨강	노랑	초록	주황	주황

〈보 기〉

甲 : 바구니에 들어 있는 과일이 모두 몇 개니? 바구니에 들어 있는 과일의 무게를 모두 합치면 1kg 이상이니?

乙 : 바구니의 색깔과 같은 색깔의 과일이 포함되어 있니? 바구니에 들어 있는 과일이 모두 몇 개니?

丙 : 바구니에 들어 있는 과일이 모두 몇 개니? 바구니에 들어 있는 과일의 종류가 모두 다르니?

丁 : 바구니에 들어 있는 과일의 종류가 모두 다르니? 바구니에 들어 있는 과일의 무게를 모두 합치면 1kg 이상이니?

① 甲, 乙
② 甲, 丁
③ 乙, 丙
④ 甲, 乙, 丁
⑤ 乙, 丙, 丁

다음 글과 〈조건〉을 근거로 판단할 때, 처리공정 1회 가동 후 바로 생산된 물에는 A균과 B균이 리터(L)당 각각 몇 마리인가? (단, 다른 조건은 고려하지 않음)

14 5급(A) 14번

보란이와 예슬이는 주스를 제조하는 공장을 운영하고 있으며, 甲회사의 물과 乙회사의 물을 정화한 후 섞어서 사용한다. 甲회사의 물에는 A균이, 乙회사의 물에는 B균이 리터(L)당 1,000마리씩 균일하게 존재한다. A균은 70℃ 이상에서 10분간 가열하면 90%가 죽지만, B균은 40℃ 이상이 되면 즉시 10% 증식한다. 필터를 이용해 10분간 거르면 A균은 30%, B균은 80%가 걸러진다. 또한 자외선을 이용해 물을 10분간 살균하면 A균은 90%, B균은 80%가 죽는다.

〈물 처리공정〉
공정 (1) 甲회사의 물과 乙회사의 물을 각각 자외선을 이용하여 10분간 살균한다.
공정 (2-1) 甲회사의 물을 100℃ 이상에서 10분간 가열한다.
공정 (2-2) 乙회사의 물을 10분간 필터로 거른다.
공정 (3) 甲회사의 물과 乙회사의 물을 1 : 1의 비율로 배합한다.

〈조 건〉

- 물 처리공정 1회 가동시 (1)~(3)의 공정이 20분 동안 연속으로 이루어진다.
- 각각의 공정은 독립적이며, 서로 영향을 미치지 않는다.
- 공정 (2-1)과 공정 (2-2)는 동시에 이루어진다.
- 공정 (3)을 거친 물의 온도는 60℃이다.
- 모든 공정에서 물의 양은 줄어들지 않는다.
- 모든 공정에 소요되는 시간은 물의 양과는 상관관계가 없다.

	A균	B균
①	10	44
②	10	40
③	5	44
④	5	22
⑤	5	20

문 41. 다음 글과 〈2014년 아동안전지도 제작 사업 현황〉을 근거로 판단할 때, 〈보기〉에서 옳은 것만을 모두 고르면?

15 5급(인) 32번

가. 아동안전지도 제작은 학교 주변의 위험·안전환경 요인을 초등학생들이 직접 조사하여 지도화하는 체험교육과정이다. 관할행정청은 각 시·도 관내 초등학교의 30% 이상이 아동안전지도를 제작하도록 권장하는 사업을 실시하고 있다.

나. 각 초등학교는 1개의 아동안전지도를 제작하며, 이 지도를 활용하여 학교 주변의 위험환경을 개선한 경우 '환경개선학교'로 등록된다.

다. 1년 동안의 아동안전지도 제작 사업을 평가하기 위한 평가점수 산식은 다음과 같다.

$$평가점수 = 학교참가도 \times 0.6 + 환경개선도 \times 0.4$$

- 학교참가도 $= \dfrac{제작학교\ 수}{관내\ 초등학교\ 수 \times 0.3} \times 100$

  ※ 단, 학교참가도가 100을 초과하는 경우 100으로 간주

- 환경개선도 $= \dfrac{환경개선학교\ 수}{제작학교\ 수} \times 100$

〈2014년 아동안전지도 제작 사업 현황〉

(단위 : 개)

시	관내 초등학교 수	제작학교 수	환경개선학교 수
A	50	12	9
B	70	21	21
C	60	20	15

〈보 기〉

ㄱ. A시와 C시의 환경개선도는 같다.

ㄴ. 아동안전지도 제작 사업 평가점수가 가장 높은 시는 C시이다.

ㄷ. 2014년에 A시 관내 3개 초등학교가 추가로 아동안전지도를 제작했다면, A시와 C시의 학교참가도는 동일했을 것이다.

① ㄱ

② ㄴ

③ ㄷ

④ ㄱ, ㄴ

⑤ ㄱ, ㄷ

문 42. 다음 글을 근거로 판단할 때, 〈보기〉에서 옳은 것만을 모두 고르면?

18 5급(나) 12번

- 甲국의 1일 통관 물량은 1,000건이며, 모조품은 1일 통관 물량 중 1%의 확률로 존재한다.

- 검수율은 전체 통관 물량 중 검수대상을 무작위로 선정해 실제로 조사하는 비율을 뜻하는데, 현재 검수율은 10%로 전문 조사 인력은 매일 10명을 투입한다.

- 검수율을 추가로 10%p 상승시킬 때마다 전문 조사 인력은 1일당 20명이 추가로 필요하다.

- 인건비는 1인당 1일 기준 30만 원이다.

- 모조품 적발시 부과되는 벌금은 건당 1,000만 원이며, 이 중 인건비를 차감한 나머지를 세관의 '수입'으로 한다.

※ 검수대상에 포함된 모조품은 모두 적발되고, 부과된 벌금은 모두 징수됨

〈보 기〉

ㄱ. 1일 평균 수입은 700만 원이다.

ㄴ. 모든 통관 물량에 대해 전수조사를 한다면 수입보다 인건비가 더 클 것이다.

ㄷ. 검수율이 40%면 1일 평균 수입은 현재의 4배 이상일 것이다.

ㄹ. 검수율을 30%로 하는 방안과 검수율을 10%로 유지한 채 벌금을 2배로 인상하는 방안을 비교하면 벌금을 인상하는 방안의 1일 평균 수입이 더 많을 것이다.

① ㄱ, ㄴ

② ㄴ, ㄷ

③ ㄱ, ㄴ, ㄹ

④ ㄱ, ㄷ, ㄹ

⑤ ㄴ, ㄷ, ㄹ

다음 글을 근거로 판단할 때, 〈보기〉에서 옳은 것만을 모두 고르면?

- 甲회사는 A기차역에 도착한 전체 관객을 B공연장까지 버스로 수송해야 한다.
- 이때 甲회사는 아래 표와 같이 콘서트 시작 4시간 전부터 1시간 단위로 전체 관객 대비 A기차역에 도착하는 관객의 비율을 예측하여 버스를 운행하고자 한다. 단, 콘서트 시작 시간까지 관객을 모두 수송해야 한다.

시각	전체 관객 대비 비율(%)
콘서트 시작 4시간 전	a
콘서트 시작 3시간 전	b
콘서트 시작 2시간 전	c
콘서트 시작 1시간 전	d
계	100

- 전체 관객 수는 40,000명임
- 버스는 한 번에 대당 최대 40명의 관객을 수송함
- 버스가 A기차역과 B공연장 사이를 왕복하는 데 걸리는 시간은 6분임

※ 관객의 버스 승·하차 및 공연장 입·퇴장에 소요되는 시간은 고려하지 않음

〈보 기〉

ㄱ. a=b=c=d=25라면, 甲회사가 전체 관객을 A기차역에서 B공연장으로 수송하는 데 필요한 버스는 최소 20대이다.

ㄴ. a=10, b=20, c=30, d=40이라면, 甲회사가 전체 관객을 A기차역에서 B공연장으로 수송하는 데 필요한 버스는 최소 40대이다.

ㄷ. 만일 콘서트가 끝난 후 2시간 이내에 전체 관객을 B공연장에서 A기차역까지 버스로 수송해야 한다면, 이때 甲회사에게 필요한 버스는 최소 50대이다.

① ㄱ
② ㄴ
③ ㄱ, ㄴ
④ ㄱ, ㄷ
⑤ ㄴ, ㄷ

다음 글을 근거로 판단할 때, 甲이 구매하게 될 차량은?

甲은 아내 그리고 자녀 둘과 함께 총 4명이 장거리 이동이 가능하도록 배터리 완전충전시 주행거리가 200km 이상인 전기자동차 1대를 구매하려고 한다. 구매와 동시에 집 주차장에 배터리 충전기를 설치하려고 하는데, 배터리 충전시간(완속 기준)이 6시간을 초과하지 않으면 완속 충전기, 6시간을 초과하면 급속 충전기를 설치하려고 한다.

한편 정부는 전기자동차 활성화를 위하여 전기자동차 구매 보조금을 구매와 동시에 지원하고 있는데, 승용차는 2,000만 원, 승합차는 1,000만 원을 지원하고 있다. 승용차 중 경차는 1,000만 원을 추가로 지원한다. 배터리 충전기에 대해서는 완속 충전기에 한하여 구매 및 설치 비용을 구매와 동시에 전액 지원하며, 2,000만 원이 소요되는 급속 충전기의 구매 및 설치 비용은 지원하지 않는다.

이러한 상황을 감안하여 甲은 차량 A~E 중에서 실구매 비용(충전기 구매 및 설치 비용 포함)이 가장 저렴한 차량을 선택하려고 한다. 단, 실구매 비용이 동일할 경우에는 아래의 '점수 계산 방식'에 따라 점수가 가장 높은 차량을 구매하려고 한다.

차량	A	B	C	D	E
최고속도 (km/h)	130	100	120	140	120
완전충전시 주행거리 (km)	250	200	250	300	300
충전시간 (완속 기준)	7시간	5시간	8시간	4시간	5시간
승차 정원	6명	8명	2명	4명	5명
차종	승용	승합	승용 (경차)	승용	승용
가격(만 원)	5,000	6,000	4,000	8,000	8,000

- 점수 계산 방식
  - 최고속도가 120km/h 미만일 경우에는 120km/h를 기준으로 10km/h가 줄어들 때마다 2점씩 감점
  - 승차 정원이 4명을 초과할 경우에는 초과인원 1명당 1점씩 가점

① A
② B
③ C
④ D
⑤ E

PSAT

Public Service Aptitude Test

상황판단

PART 2

STEP UP!

01

CHAPTER

기출동형모의고사 1회

문 1. 다음 글을 근거로 추론할 때, 〈보기〉에서 옳은 것만을 모두 고르면?

14 민간(A) 04번

스위스에는 독일어, 프랑스어, 이탈리아어, 레토로만어 등 4개 언어가 공식어로 지정되어 있다. 스위스는 '칸톤'이라 불리는 20개의 주(州)와 6개의 '할프칸톤(半州)'으로 구성되어 있으며, 이들 지방자치단체들 간의 사회적·경제적 격차는 그다지 심하지 않고 완벽에 가까운 사회보장제도가 시행되고 있다.

연방국가인 스위스의 정치제도적 특징은 직접민주주의(국민발의와 국민투표)에 있다. 직접민주주의 제도를 통해 헌법이나 법률의 개정을 제안하거나 연방정부 또는 연방의회가 이미 인준한 헌법이나 법률조항을 거부하기도 한다. 안건도 매우 다양하여 출산보험 도입, 신예전투기 도입, 외국인의 귀화절차와 난민권, 알프스 산맥의 철도터널 신설, 쥐라 주의 독립문제 등을 대상으로 삼았다. 더 나아가 외교정책도 다루어졌는데 1986년에는 유엔가입 여부를 국민투표에 부쳤고, 그 결과 의회가 가결한 유엔 가입안을 부결시킨 적이 있다.

연방정부는 7인의 연방장관(4대 정당 대표와 3대 언어권 대표)으로 구성되며 모든 안건은 이들이 만장일치 혹은 압도적 다수로 결정한다. 따라서 국가수반이나 행정부의 수반은 없는 것과 다름없다. 이러한 제도는 타협이 이루어질 때까지 많은 시간이 소요되므로 시급한 문제의 처리나 위급상황 발생 시에는 문제점이 나타날 수 있다.

〈보 기〉

ㄱ. 스위스 국민은 어느 주에 살더라도 사회보장을 잘 받을 수 있을 것이다.

ㄴ. 스위스에서는 연방정부에서 결정된 사항을 국민투표에 부칠 수 없을 것이다.

ㄷ. 스위스는 독일, 프랑스, 이탈리아 등 강대국 사이에 위치하고 있기 때문에 국가수반은 강력한 리더십을 발휘할 것이다.

ㄹ. 스위스에서는 연방정부의 의사결정 방식으로 인해 국가의 중요 안건을 신속하게 결정하기 어려울 수 있다.

① ㄱ
② ㄴ
③ ㄱ, ㄷ
④ ㄱ, ㄹ
⑤ ㄷ, ㄹ

문 2. 다음 〈상황〉에서 A국가가 세운 협상 원칙에 부합하는 것만을 〈보기〉에서 모두 고르면?

11 민간실험(발) 07번

〈상 황〉

A국가와 B국가는 과거 한 차례 전쟁을 벌였던 경험이 있어 관계가 좋지 않다. 근래 A국가는 핵무기 개발을 시도하고 있다. 그리고 B국가는 정보통신 분야의 기술 개발을 토대로 비약적인 경제성장을 이룩하였다.

최근 세계 경제위기 상황에서 A국가가 경제 발전을 도모하고자 B국가에 관계 개선을 위한 회담을 제안하자, B국가는 A국가의 제안에 적극 호응하였다. 두 국가 중 A국가는 안보 분야에서 협상력이 강하나, 경제 분야에서는 약하다. 반면 B국가는 경제 분야에서 협상력이 강하고 안보 분야에서는 약하다.

제3국에서 개최된 1차 회담에서 B국가는 핵무기 개발 포기 등을 포함한 안보 분야의 매우 다양한 협상의제를 제시하였다.

그러나 서로 다른 이해관계 속에서 A국가와 B국가의 관계 개선 및 협력을 위한 1차 회담은 이렇다 할 결실을 맺지 못했다.

특히 핵무기 문제는 양측이 가장 첨예하게 대립하는 의제였다.

A국가는 향후 개최될 회담을 위하여 다음과 같은 협상 원칙을 세웠다.

• 협상의제가 여러 가지이므로 합의에 도달하기 쉬운 것부터 우선 협상한다.
• B국가의 회담대표와 친분이 두터운 인사에게 비공식 채널을 통한 협의를 맡긴다.
• 협상력이 강한 분야는 협상시한을 미리 확정한다.
• 협상력이 약한 분야는 지연 전략을 구사한다.

〈보 기〉

ㄱ. 핵무기 문제를 우선적으로 협상한다.

ㄴ. B국가의 회담대표와 유학 시절 절친했던 경제 전문가에게 비공식채널의 협의를 맡긴다.

ㄷ. 안보 분야의 협상시한을 결정하여 B국가에 통지한다.

ㄹ. 경제 분야의 핵심 의제는 전화 협상을 벌여서라도 신속히 해결한다.

① ㄱ, ㄷ
② ㄱ, ㄹ
③ ㄴ, ㄷ
④ ㄱ, ㄴ, ㄹ
⑤ ㄴ, ㄷ, ㄹ

다음 글을 근거로 판단할 때, 위계에 의한 공무집행방해죄에 해당하는 것을 〈보기〉에서 모두 고르면? 11 민간(인) 08번

A. 직무를 집행하는 공무원에 대하여 폭행 또는 협박한 자, 공무원에 대하여 그 직무상의 행위를 강요 또는 저지하거나 그 직(職)을 사퇴하게 할 목적으로 폭행 또는 협박한 자는 '공무집행방해죄'로 처벌된다. 여기서 직무란 공무원의 직무인 이상 그 종류 및 성질을 가리지 않는다. 다만 공무원의 직무는 적법한 것이어야 한다.

B. 위계(僞計)로써 공무원의 직무집행을 방해하는 자는 '위계에 의한 공무집행방해죄'로 처벌된다. 위계에 의한 공무집행방해죄도 공무집행방해죄와 마찬가지로 공무원의 적법한 직무집행의 보호를 그 목적으로 하지만, 그 행위수단이 '위계'라는 점에서 '폭행 또는 협박'을 그 행위수단으로 하는 공무집행방해죄와 구별된다. 여기에서 위계라 함은 사람을 착오에 빠지게 하는 기망이나 유혹 등 널리 사람의 판단을 그르치게 하는 술책을 말한다. 위계의 상대방에는 직무를 집행하는 공무원 외에 제3자도 포함된다. 따라서 제3자를 기망하여 공무원의 직무를 방해하는 경우도 당해 죄를 구성한다.

〈보 기〉

ㄱ. 시험감독자를 속이고 국가시행의 자동차운전면허시험에 타인을 대리하여 응시한 경우

ㄴ. 수산업협동조합 조합장이 조합관련 비리를 수사하고 있는 해양경찰서 경찰공무원에게 전화로 폭언하며 협박한 경우

ㄷ. 출입국관리공무원이 甲회사의 사업장 관리자를 기망하여 그 사업장에 진입한 후, 불법체류자 단속업무를 실시한 경우

ㄹ. 타인의 소변을 자신의 소변인 것으로 속여 수사기관에 건네주어 필로폰 음성반응이 나오게 한 경우

① ㄱ, ㄴ

② ㄱ, ㄹ

③ ㄴ, ㄷ

④ ㄷ, ㄹ

⑤ ㄱ, ㄷ, ㄹ

다음 〈설명〉을 근거로 〈수식〉을 계산한 값은? 16 민간(5) 08번

〈설 명〉

연산자 A, B, C, D는 다음과 같이 정의한다.

A : 좌우에 있는 두 수를 더한다. 단, 더한 값이 10 미만이면 좌우에 있는 두 수를 곱한다(예 2 A 3 = 6).

B : 좌우에 있는 두 수 가운데 큰 수에서 작은 수를 뺀다. 단, 두 수가 같거나 뺀 값이 10 미만이면 두 수를 곱한다.

C : 좌우에 있는 두 수를 곱한다. 단, 곱한 값이 10 미만이면 좌우에 있는 두 수를 더한다.

D : 좌우에 있는 두 수 가운데 큰 수를 작은 수로 나눈다. 단, 두 수가 같거나 나눈 값이 10 미만이면 두 수를 곱한다.

※ 연산은 '( )', '{ }'의 순으로 함

〈수 식〉

{(1 A 5) B (3 C 4)} D 6

① 10

② 12

③ 90

④ 210

⑤ 360

문 5. 다음 〈상황〉을 근거로 판단할 때, 준석이가 가장 많은 식물을 재배할 수 있는 온도와 상품가치의 총합이 가장 큰 온도는? (단, 주어진 조건 외에 다른 조건은 고려하지 않음) 17 민간(나) 08번

〈상 황〉

- 준석이는 같은 온실에서 5가지 식물(A~E)을 하나씩 동시에 재배하고자 한다.
- A~E의 재배가능 온도와 각각의 상품가치는 다음과 같다.

식물 종류	재배가능 온도(℃)	상품가치(원)
A	0 이상 20 이하	10,000
B	5 이상 15 이하	25,000
C	25 이상 55 이하	50,000
D	15 이상 30 이하	15,000
E	15 이상 25 이하	35,000

- 준석이는 온도만 조절할 수 있으며, 식물의 상품가치를 결정하는 유일한 것은 온도이다.
- 온실의 온도는 0℃를 기준으로 5℃ 간격으로 조절할 수 있고, 한 번 설정하면 변경할 수 없다.

	가장 많은 식물을 재배할 수 있는 온도	상품가치의 총합이 가장 큰 온도
①	15℃	15℃
②	15℃	20℃
③	15℃	25℃
④	20℃	20℃
⑤	20℃	25℃

문 6. 다음 〈규칙〉을 근거로 판단할 때, '도토리'와 '하트'를 각각 가장 많이 획득할 수 있는 꽃은? 13 민간(인) 10번

〈규 칙〉

- 게임 시작과 동시에 주어지는 12개의 물방울을 가지고 1시간 동안 한 종류만의 꽃을 선택하여 재배·수확을 반복한다.
- 12개의 물방울은 재배·수확이 끝나면 자동 충전된다.
- 꽃을 1회 재배·수확하기 위해서는 꽃 종류별로 각각 일정한 '재배·수확시간'과 '물방울'이 필요하다.
- 재배·수확된 꽃은 '도토리'나 '하트' 중 어느 하나를 선택하여 교환할 수 있다.
- 이외의 조건은 고려하지 않는다.

구분	재배·수확시간 (회당)	물방울 (송이당)	도토리 (송이당)	하트 (송이당)
나팔꽃	3분	2개	2개	1개
무궁화	5분	4개	3개	5개
수선화	10분	2개	5개	10개
장미	12분	6개	10개	15개
해바라기	20분	4개	25개	20개

예 나팔꽃 1송이를 재배·수확하는 데 필요한 물방울은 2개이므로 12개의 물방울로 3분 동안 6송이의 나팔꽃을 재배·수확하여 도토리 12개 또는 하트 6개로 교환할 수 있다.

	도토리	하트
①	해바라기	수선화
②	해바라기	해바라기
③	무궁화	장미
④	나팔꽃	해바라기
⑤	나팔꽃	수선화

문 7.   세 개의 군사기지 ㉮, ㉯, ㉰에서 각각 적기의 출현여부를 레이더를 통해 감시하고 그 결과를 다음과 같이 분류하였다.

- 실제로 적기가 출현한 경우
  1. 경보를 울림(적중)
  2. 경보를 울리지 않음(누락)
- 실제로 적기가 출현하지 않은 경우
  1. 경보를 울림(오경보)
  2. 경보를 울리지 않음(정기각)

아래 〈그림〉은 각 군사기지의 적중확률*과 오경보 확률*을 나타낸 것이다. 다음 〈보기〉에서 올바른 것을 모두 고른 것은?

06 견습(인) 11번

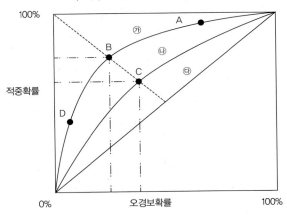

〈그림〉 적중 확률과 오경보 확률

※ 1) 적중확률(%) = $\dfrac{적중}{적중+누락} \times 100$

2) 오경보확률(%) = $\dfrac{오경보}{오경보+정기각} \times 100$

〈보 기〉

ㄱ. 적기가 실제 출현했을 경우 적중 확률이 40%라면 누락확률은 60%이다.
ㄴ. ㉮ 기지는 ㉯ 기지보다 적기출현 여부를 더 정확하게 판단하였다.
ㄷ. ㉮ 기지의 경우 적중에 대한 보상을 강화하였더니 A에서 D로 이동하였다.
ㄹ. 다른 조건이 동일하다면 C보다는 B가 바람직한 경우이다.

① ㄱ, ㄴ
② ㄷ, ㄹ
③ ㄱ, ㄴ, ㄹ
④ ㄴ, ㄷ, ㄹ
⑤ ㄱ, ㄴ, ㄷ, ㄹ

문 8.   다음 글을 근거로 판단할 때, 〈보기〉에서 옳은 것만을 모두 고르면?

13 민간(인) 11번

목련은 연꽃처럼 생긴 꽃이 나무에 달린다고 하여 목련(木蓮)이라 한다. 우리나라 원산(原産)의 목련을 포함한 대부분의 목련은 찬바람이 채 가시지도 않은 이른 봄에 잎이 돋아나는 것을 기다릴 새도 없이 어른 주먹만한 흰 꽃을 먼저 피우는데, 성급하게 핀 꽃 치고는 그 자태가 우아하고 향기 또한 그윽하다.

주위에 흔히 보이는 목련은 대개가 중국에서 들여온 백목련이다. 우리나라 원산의 목련은 꽃잎이 좁고 얇으며 꽃잎이 뒤로 젖혀질 만큼 활짝 핀다. 또 꽃잎 안쪽에 붉은 선이 있고 꽃받침이 뚜렷하게 구분된다. 반면 백목련은 꽃받침이 꽃잎처럼 변해 버려 구분하기 어려우며 꽃이 다 피어도 절반 정도밖에 벌어지지 않는다는 점에서 우리나라 원산의 목련과 다르다.

이외에도 일본에서 들여온 일본목련이 있다. 우리나라 원산의 목련과는 달리 잎이 핀 다음에 꽃이 피고, 잎과 꽃의 크기가 훨씬 크기 때문에 이 둘을 구별하는 데 어려움은 없다. 하지만 엉뚱하게도 일본목련을 우리나라에서 자라는 늘푸른나무인 후박나무로 잘못 알고 있는 경우가 많다. 일본인들은 일본목련을 그들 말로 '호오노끼'라 부르면서 한자로는 '후박(厚朴)'이라고 표기한다. 그런데 일본목련을 수입해 올 때 일본어의 한자이름만 보고 그대로 '후박나무'로 번역해 버린 탓에 이 같은 혼란이 생긴 것이다.

〈보 기〉

ㄱ. 백목련은 중국에서, 일본목련은 일본에서 들여왔다.
ㄴ. 백목련과 우리나라 원산의 목련은 꽃이 벌어지는 정도로 구별 가능하다.
ㄷ. 우리나라 원산의 목련은 꽃이 핀 다음에 잎이 핀다.
ㄹ. 우리나라의 늘푸른나무인 후박나무와 일본의 호오노끼는 같은 나무이다.

① ㄱ, ㄹ
② ㄴ, ㄷ
③ ㄴ, ㄹ
④ ㄱ, ㄴ, ㄷ
⑤ ㄱ, ㄷ, ㄹ

문 9. 다음 글을 근거로 판단할 때, 적극적 다문화주의 정책에 해당하는 것을 〈보기〉에서 모두 고르면? 11 민간(인) 12번

한 사회 내의 소수집단을 위한 정부의 정책 가운데 다문화주의 정책은 크게 소극적 다문화주의 정책과 적극적 다문화주의 정책으로 구분할 수 있다. 소극적 다문화주의 정책은 소수집단과 그 구성원들에 대한 차별적인 대우를 철폐하는 것이다. 한편 적극적 다문화주의 정책은 이와 다른 정책을 그 내용으로 하는데, 크게 다음 네 가지로 구성된다. 첫째, 소수집단의 고유한 관습과 규칙이 일반 법체계에 수용되도록 한다. 둘째, 소수집단의 원활한 사회진출을 위해 특별한 지원을 제공한다. 셋째, 소수집단의 정치참여의 기회를 확대시킨다. 넷째, 일정한 영역에서 소수집단에게 자치권을 부여한다.

〈보 기〉
ㄱ. 교육이나 취업에서 소수집단 출신에게 불리한 차별적인 규정을 폐지한다.
ㄴ. 의회의원 비례대표선거를 위한 각 정당명부에서 소수집단 출신 후보자의 공천비율을 확대한다.
ㄷ. 공무원 시험이나 공공기관 입사 시험에서 소수집단 출신에게 가산점을 부여한다.
ㄹ. 특정 지역의 다수 주민을 이루는 소수집단에게 그 지역의 치안유지를 위한 자치경찰권을 부여한다.

① ㄱ, ㄷ
② ㄴ, ㄷ
③ ㄴ, ㄹ
④ ㄱ, ㄴ, ㄹ
⑤ ㄴ, ㄷ, ㄹ

문 10. 다음 글을 근거로 판단할 때 옳은 것은? 17 민간(나) 12번

파스타(pasta)는 밀가루와 물을 주재료로 하여 만든 반죽을 소금물에 넣고 삶아 만드는 이탈리아 요리를 총칭하는데, 파스타 요리의 가장 중요한 재료인 면을 의미하기도 한다.

파스타는 350여 가지가 넘는 다양한 종류가 있는데, 형태에 따라 크게 롱(long) 파스타와 쇼트(short) 파스타로 나눌 수 있다. 롱 파스타의 예로는 가늘고 기다란 원통형인 스파게티, 넓적하고 얇은 면 형태인 라자냐를 들 수 있고, 쇼트 파스타로는 속이 빈 원통형인 마카로니, 나선 모양인 푸실리를 예로 들 수 있다.

역사를 살펴보면, 기원전 1세기경에 고대 로마시대의 이탈리아 지역에서 라자냐를 먹었다는 기록이 전해진다. 이후 기원후 9~11세기에는 이탈리아 남부의 시칠리아에서 아랍인들로부터 제조 방법을 전수받아 건파스타(dried pasta)의 생산이 처음으로 이루어졌다고 한다. 건파스타는 밀가루에 물만 섞은 반죽으로 만든 면을 말린 것인데, 이는 시칠리아에서 재배된 듀럼(durum) 밀이 곰팡이나 해충에 취약해 장기 보관이 어려웠기 때문에 저장 기간을 늘리고 수송을 쉽게 하기 위함이었다.

듀럼 밀은 주로 파스타를 만들 때 사용하는 특수한 품종으로 일반 밀과 여러 가지 측면에서 차이가 난다. 일반 밀이 강수량이 많고 온화한 기후에서 잘 자라는 반면, 듀럼 밀은 주로 지중해 지역과 같이 건조하고 더운 기후에서 잘 자란다. 또한 일반 밀로 만든 하얀 분말 형태의 고운 밀가루는 이스트를 넣어 발효시킨 빵과 같은 제품들에 주로 사용되고, 듀럼 밀을 거칠게 갈아 만든 황색의 세몰라 가루는 파스타를 만드는 데 적합하다.

① 속이 빈 원통형인 마카로니는 롱 파스타의 한 종류이다.
② 건파스타 제조 방법은 시칠리아인들로부터 아랍인들에게 최초로 전수되었다.
③ 이탈리아 지역에서는 기원전부터 롱 파스타를 먹은 것으로 보인다.
④ 파스타를 만드는 데 사용하는 세몰라 가루는 곱게 갈아 만든 흰색의 가루이다.
⑤ 듀럼 밀은 곰팡이나 해충에 강해 건파스타의 주재료로 적합하다.

문 11. 중소기업청은 우수 중소기업 지원자금을 5000억 원 한도 내에서 아래와 같은 〈지침〉에 따라 A, B, C, D기업에 배분하고자 한다. 각 기업별 지원 금액은? ^{06 행시(출) 13번}

─── 〈지 침〉 ───

가. 평가지표별 점수 부여 : 평가지표별로 1위 기업에게는 4점, 2위는 3점, 3위는 2점, 4위는 1점을 부여한다. 다만, 부채비율이 낮을수록 순위가 높으며, 나머지 지표는 클수록 순위가 높다.

나. 기업 평가순위 부여 : 획득한 점수의 합이 큰 기업 순으로 평가순위(1위~4위)를 부여한다.

다. 지원한도

　(1) 평가 순위 1위 기업에는 2000억 원, 2위는 1500억 원, 3위는 1000억 원, 4위는 500억 원까지 지원할 수 있다.

　(2) 각 기업에 대한 지원한도는 순자산의 2/3로 제한된다. 다만, 평가순위가 3위와 4위인 기업 중 부채비율이 400% 이상인 기업에게는 순자산의 1/2 만큼만 지원할 수 있다.

라. 지원요구금액이 지원한도보다 적은 경우에는 지원요구금액만큼만 배정한다.

〈표〉 평가지표와 각 기업의 순자산 및 지원요구금액

구분		A	B	C	D
평가 지표	경상이익률(%)	5	2	1.5	3
	영업이익률(%)	5	1	2	1.5
	부채비율(%)	500	350	450	300
	매출액증가율(%)	8	10	9	11
순자산(억 원)		2100	600	900	3000
지원요구금액(억 원)		2000	500	1000	1800

	A기업	B기업	C기업	D기업
①	1400	400	450	1800
②	1050	500	1000	1800
③	1400	400	500	2000
④	1050	500	450	2000
⑤	1400	500	450	1800

문 12. 다음 글과 〈상황〉을 근거로 판단할 때, 甲에게 가장 적절한 유연근무제는? ^{15 민간(인) 14번}

유연근무제는 획일화된 공무원의 근무형태를 개인·업무·기관별 특성에 맞게 다양화하여 일과 삶의 균형을 꾀하고 공직생산성을 향상시키는 것을 목적으로 하며, 시간제근무, 탄력근무제, 원격근무제로 나눌 수 있다.

시간제근무는 다른 유연근무제와 달리 주 40시간보다 짧은 시간을 근무하는 것이다. 수시로 신청할 수 있으며 보수 및 연가는 근무시간에 비례하여 적용한다.

탄력근무제에는 네 가지 유형이 있다. '시차출퇴근형'은 1일 8시간 근무체제를 유지하면서 출퇴근시간을 자율적으로 조정할 수 있다. 07:00~10:00에 30분 단위로 출근시간을 스스로 조정하여 8시간 근무 후 퇴근한다. '근무시간선택형'은 주 5일 근무를 준수해야 하지만 1일 8시간을 반드시 근무해야 하는 것은 아니다. 근무가능 시간대는 06:00~24:00이며 1일 최대 근무시간은 12시간이다. '집약근무형'은 1일 8시간 근무체제에 구애받지 않으며, 주 3.5~4일만을 근무한다. 근무가능 시간대는 06:00~24:00이며 1일 최대 근무시간은 12시간이다. 이 경우 정액급식비 등 출퇴근을 전제로 지급되는 수당은 출근하는 일수만큼만 지급한다. '재량근무형'은 출퇴근 의무 없이 프로젝트 수행으로 주 40시간의 근무를 인정하는 형태이며 기관과 개인이 협의하여 수시로 신청한다.

원격근무제에는 '재택근무형'과 '스마트워크근무형'이 있는데, 실시 1주일 전까지 신청하면 된다. 재택근무형은 사무실이 아닌 자택에서 근무하는 것이며, 초과근무는 불인정된다. 스마트워크근무형은 자택 인근의 스마트워크센터 등 별도 사무실에서 근무하며, 초과근무를 위해서는 사전에 부서장의 승인이 필요하다.

─── 〈상 황〉 ───

A부서의 공무원 甲은 유연근무제를 신청하고자 한다. 甲은 원격근무보다는 A부서 사무실에 출근하여 일하는 것을 원하며, 주 40시간의 근무시간은 지킬 예정이다. 이틀은 아침 7시에 출근하여 12시간씩 근무하고, 나머지 사흘은 5~6시간의 근무를 하고 일찍 퇴근하려는 계획을 세웠다.

① 근무시간선택형

② 시차출퇴근형

③ 시간제근무

④ 집약근무형

⑤ 재택근무형

다음 글을 근거로 판단할 때 옳은 것은? 17 민간(나) 16번

제00조(성년후견) ① 가정법원은 질병, 장애, 노령, 그밖의 사유로 인한 정신적 제약으로 사무를 처리할 능력이 지속적으로 결여된 사람에 대하여 본인, 배우자, 4촌 이내의 친족, 검사 또는 지방자치단체의 장의 청구에 의하여 성년후견개시의 심판을 한다.
② 성년후견인은 피성년후견인의 법률행위를 취소할 수 있다.
③ 제2항에도 불구하고 일용품의 구입 등 일상생활에 필요하고 그 대가가 과도하지 아니한 법률행위는 성년후견인이 취소할 수 없다.
제00조(피성년후견인의 신상결정) ① 피성년후견인은 자신의 신상에 관하여 그의 상태가 허락하는 범위에서 단독으로 결정한다.
② 성년후견인이 피성년후견인을 치료 등의 목적으로 정신병원이나 그 밖의 다른 장소에 격리하려는 경우에는 가정법원의 허가를 받아야 한다.
제00조(성년후견인의 선임) ① 성년후견인은 가정법원이 직권으로 선임한다.
② 가정법원은 성년후견인이 선임된 경우에도 필요하다고 인정하면 직권으로 또는 청구권자의 청구에 의하여 추가로 성년후견인을 선임할 수 있다.

① 성년후견인의 수는 1인으로 제한된다.
② 지방자치단체의 장은 가정법원에 성년후견개시의 심판을 청구할 수 있다.
③ 성년후견인은 피성년후견인이 행한 일용품 구입행위를 그 대가의 정도와 관계없이 취소할 수 없다.
④ 가정법원은 성년후견개시의 심판절차에서 직권으로 성년후견인을 선임할 수 없다.
⑤ 성년후견인은 가정법원의 허가 없이 단독으로 결정하여 피성년후견인을 치료하기 위해 정신병원에 격리할 수 있다.

다음 글을 근거로 판단할 때, A에 해당하는 숫자는? 16 민간(5) 17번

□ △△원자력발전소에서 매년 사용후핵연료봉(이하 '폐연료봉'이라 한다)이 50,000개씩 발생하고, 이를 저장하기 위해 발전소 부지 내 2가지 방식(습식과 건식)의 임시저장소를 운영
  1. 습식저장소
    - 원전 내 저장수조에서 물을 이용하여 폐연료봉의 열을 냉각시키고 방사선을 차폐하는 저장방식으로 총 100,000개의 폐연료봉 저장 가능
  2. 건식저장소
    • X 저장소
      - 원통형의 커다란 금속 캔에 폐연료봉을 저장하는 방식으로 총 300기의 캐니스터로 구성되고, 한 기의 캐니스터는 9층으로 이루어져 있으며, 한 개의 층에 60개의 폐연료봉 저장 가능
    • Y 저장소
      - 기체로 열을 냉각시키고 직사각형의 콘크리트 내에 저장함으로써 방사선을 차폐하는 저장방식으로 이 방식을 이용하여 저장소 내에 총 138,000개의 폐연료봉 저장 가능
□ 현재 습식저장소는 1개로 저장용량의 50%가 채워져 있고, 건식저장소 X, Y는 각각 1개로 모두 비어 있는 상황
□ 따라서 발생하는 폐연료봉의 양이 항상 일정하다고 가정하면, △△원자력발전소에서 최대 (A)년 동안 발생하는 폐연료봉을 현재의 임시저장소에 저장 가능

① 3
② 4
③ 5
④ 6
⑤ 7

문 15. 다음 〈축제 안내문〉과 〈조건〉을 근거로 판단할 때, 甲이 공연을 볼 수 있는 최대 일수는?

13 민간(인) 19번

〈축제 안내문〉

• 공연장소 : A도시 예술의 전당
• 축제기간 : 4월 1일부터 4월 14일까지
• 공연시간 : 오후 7시(공연 시작 이후 공연장 입장은 불가합니다)
• 참고사항 : 모든 곡은 〈작품별 공연개시일〉에 표시된 날부터 연속하여 총 3일 동안 공연되고, 브루크너의 곡은 하루만 공연됩니다.

〈작품별 공연개시일〉

4/1(월)	4/2(화)	4/3(수)	4/4(목)	4/5(금)	4/6(토)	4/7(일)
• 드보르작 -교향곡 제9번 • 베르디 -리골레토 서곡	• 쇼팽 -즉흥환상곡 • 드보르작 -교향곡 제8번	• 브람스 -바이올린 협주곡 • 생상스 -교향곡 제1번	• 파가니니 -바이올린협 주곡 제1번 • 베토벤 -전원교향곡	• 시벨리우스 -교향시 〈핀란디아〉 서곡 • 닐센 -오페라 〈사울과 다윗〉	• 바흐 -요한수난곡 • 베를리오즈 -환상교향곡	• 브람스 -교향곡 제3번 • 멘델스존 -엘리야

4/8(월)	4/9(화)	4/10(수)	4/11(목)	4/12(금)	4/13(토)	4/14(일)
• 베를리오즈 -로마의 카니발 서곡 • 라벨 -볼레로	• 비발디 -사계 중 봄 • 바그너 -탄호이저 서곡	• 슈만 -사육제 • 브람스 -교향곡 제2번	• 브람스 -교향곡 제11번 • 헨델 -스페인 칸타타	• 바흐 -브란덴부르 크협주곡 • 쇼팽 -야상곡	• 브루크너 -교향곡 제6번 • 브루크너 -교향곡 제3번	• 브루크너 -교향곡 제9번

〈조 건〉

• 甲은 매주 토요일 오후 2시에 B도시를 출발하여 주말을 A도시에서 보내고, 월요일 아침에 B도시로 돌아간다.
• 甲은 레슨이 있는 날을 제외하고 평일에는 B도시에서 오전 9시부터 오후 6시까지 수업을 듣는다.
• 레슨은 A도시에서 매주 수요일 오후 2시에 시작하여 오후 6시에 종료된다.
• 레슨 장소에서 예술의 전당까지 이동시간은 30분이며, B도시에서 예술의 전당까지 이동시간은 3시간이다.
• 甲은 베토벤 또는 브람스의 곡이 최소한 1곡이라도 공연되는 날짜에만 공연을 본다.

① 2일
② 3일
③ 4일
④ 5일
⑤ 6일

문 16. 다음 글을 근거로 판단할 때, 〈보기〉에서 옳은 것만을 모두 고르면?

18 민간(가) 19번

1부터 5까지 숫자가 하나씩 적힌 5장의 카드와 3개의 구역이 있는 다트판이 있다. 甲과 乙은 다음 방법에 따라 점수를 얻는 게임을 하기로 했다.

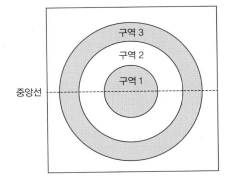

• 우선 5장의 카드 중 1장을 임의로 뽑고, 그 후 다트를 1차 시기와 2차 시기에 각 1번씩 총 2번 던진다.
• 뽑힌 카드에 적혀 있는 숫자가 '카드점수'가 되며 점수를 얻는 방법은 다음과 같다.

〈1차 시기 점수 산정 방법〉
- 다트가 구역1에 꽂힐 경우 : 카드점수×3
- 다트가 구역2에 꽂힐 경우 : 카드점수×2
- 다트가 구역3에 꽂힐 경우 : 카드점수×1
- 다트가 그 외 영역에 꽂힐 경우 : 카드점수×0

〈2차 시기 점수 산정 방법〉
- 다트가 다트판의 중앙선 위쪽에 꽂힐 경우 : 2점
- 다트가 다트판의 중앙선 아래쪽에 꽂힐 경우 : 0점

〈최종점수 산정 방법〉
- 최종점수 : 1차 시기 점수+2차 시기 점수

※ 다트판의 선에 꽂히는 경우 등 그 외 조건은 고려하지 않음

〈보 기〉

ㄱ. 甲이 짝수가 적힌 카드를 뽑았다면, 최종점수는 홀수가 될 수 없다.
ㄴ. 甲이 숫자 2가 적힌 카드를 뽑았다면, 가능한 최종점수는 8가지이다.
ㄷ. 甲이 숫자 4가 적힌 카드를, 乙이 숫자 2가 적힌 카드를 뽑았다면, 가능한 甲의 최종점수 최댓값과 乙의 최종점수 최솟값의 차이는 14점이다.

① ㄱ
② ㄷ
③ ㄱ, ㄴ
④ ㄱ, ㄷ
⑤ ㄴ, ㄷ

다음 글을 읽고 〈보기〉에서 틀린 것을 모두 고르면?

11 민간실험(발) 20번

정책결정을 위해서는 가능한 정책 대안을 탐색하고 평가하여 최적대안을 선정하는 과정을 거친다. 대안평가 시 甲이 어떠한 상황에서라도 대안 乙보다 더 바람직하거나 최소한 동등할 때, 대안 甲은 대안 乙을 지배한다고 한다.

그러나 만일 대안 甲과 乙 중 어느 대안도 다른 대안을 지배하지 못할 때, 이들 두 대안들은 모두 수용가능 행위들이라고 한다. 그리고 어느 한 대안이 다른 모든 대안을 지배할 때, 그 대안을 유일최적대안이라고 한다. 아래의 〈표〉는 정책대안 A, B, C, D의 상황별 결과를 나타내고 있다.

〈정책대안 A, B, C, D의 상황별 결과〉

구분		상황별 결과		
		상황 1	상황 2	상황 3
대안	A	45	43	−10
	B	42	46	−5
	C	40	46	−5
	D	35	35	0

─────────〈보 기〉─────────
ㄱ. 유일최적대안이 존재한다.
ㄴ. 대안 A는 대안 D를 지배한다.
ㄷ. 대안 B는 대안 C를 지배한다.
ㄹ. 대안 A와 대안 B는 모두 수용가능 행위들이다.
ㅁ. 대안 C와 대안 D는 모두 수용가능 행위들이다.

① ㄱ, ㄴ
② ㄱ, ㅁ
③ ㄴ, ㄷ
④ ㄷ, ㄹ
⑤ ㄹ, ㅁ

다음 글을 근거로 판단할 때, A시에서 B시까지의 거리는?

19 민간(나) 21번

甲은 乙이 운전하는 자동차를 타고 A시에서 B시를 거쳐 C시로 가는 중이었다. A, B, C는 일직선 상에 순서대로 있으며, 乙은 자동차를 일정한 속력으로 운전하여 도시 간 최단 경로로 이동했다. A시를 출발한지 20분 후 甲은 乙에게 지금까지 얼마나 왔는지 물어보았다.

"여기서부터 B시까지 거리의 딱 절반만큼 왔어."라고 乙이 대답하였다.

그로부터 75km를 더 간 후에 甲은 다시 물어보았다.

"C시까지는 얼마나 남았지?"

乙은 다음과 같이 대답했다.

"여기서부터 B시까지 거리의 딱 절반만큼 남았어."

그로부터 30분 뒤에 甲과 乙은 C시에 도착하였다.

① 35km
② 40km
③ 45km
④ 50km
⑤ 55km

다음 글을 근거로 판단할 때, 〈보기〉에서 옳은 것을 모두 고르면?

11 민간(인) 22번

○○축구대회에는 모두 32개 팀이 참가하여 한 조에 4개 팀씩 8개 조로 나누어 경기를 한다. 각 조의 4개 팀이 서로 한 번씩 경기를 하여 승점-골득실차-다득점-승자승-추첨의 순서에 의해 각 조의 1, 2위 팀이 16강에 진출한다. 각 팀은 16강에 오르기까지 총 3번의 경기를 치르게 되며, 매 경기마다 승리한 팀은 승점 3점을 얻게 되고, 무승부를 기록한 팀은 승점 1점, 패배한 팀은 0점을 획득한다.

그중 1조에 속한 A, B, C, D팀은 현재까지 각 2경기씩 치렀으며, 그 결과는 A : B=4 : 1, A : D=1 : 0, B : C=2 : 0, C : D=2 : 1이었다. 아래의 표는 그 결과를 정리한 것이다. 내일 각 팀은 16강에 오르기 위한 마지막 경기를 치르는데, A팀은 C팀과, B팀은 D팀과 경기를 갖는다.

〈마지막 경기를 남겨 놓은 각 팀의 전적〉

구분	승	무	패	득/실점	승점
A팀	2	0	0	5/1	6
B팀	1	0	1	3/4	3
C팀	1	0	1	2/3	3
D팀	0	0	2	1/3	0

〈보 기〉

ㄱ. A팀이 C팀과의 경기에서 이긴다면, A팀은 B팀과 D팀의 경기 결과에 상관없이 16강에 진출한다.

ㄴ. A팀이 C팀과 1:1로 비기고 B팀이 D팀과 0:0으로 비기면 A팀과 B팀이 16강에 진출한다.

ㄷ. C팀과 D팀이 함께 16강에 진출할 가능성은 전혀 없다.

ㄹ. D팀은 마지막 경기의 결과에 관계없이 16강에 진출할 수 없다.

① ㄱ, ㄴ
② ㄱ, ㄹ
③ ㄷ, ㄹ
④ ㄱ, ㄴ, ㄷ
⑤ ㄴ, ㄷ, ㄹ

다음 글과 〈상황〉을 근거로 판단할 때, 甲국 A정당 회계책임자가 2011년 1월 1일부터 2012년 12월 31일까지 중앙선거관리위원회에 회계보고를 한 총 횟수는?

13 민간(인) 23번

법 제00조 정당 회계책임자는 중앙선거관리위원회에 다음 각 호에 정한 대로 회계보고를 하여야 한다.

1. 공직선거에 참여하지 아니한 연도
   매년 1월 1일부터 12월 31일까지의 정치자금 수입과 지출에 관한 회계보고는 다음 연도 2월 15일에 한다.

2. 공직선거에 참여한 연도
   가. 매년 1월 1일부터 선거일 후 20일까지의 정치자금 수입과 지출에 관한 회계보고는 당해 선거일 후 30일(대통령선거는 40일)에 한다.
   나. 당해 선거일 후 21일부터 당해 연도 12월 31일까지의 정치자금 수입과 지출에 관한 회계보고는 다음 연도 2월 15일에 한다.

〈상 황〉

• 甲국의 A정당은 위 법에 따라 정치자금 수입과 지출에 관한 회계보고를 했다.

• 甲국에서는 2010년에 공직선거가 없었고, 따라서 A정당은 공직선거에 참여하지 않았다.

• 甲국에서는 2011년 12월 5일에 대통령선거를, 2012년 3월 15일에 국회의원 총선거를 실시하였고, 그 밖의 공직선거는 없었다.

• 甲국의 A정당은 2011년 대통령선거에 후보를 공천해 참여하였고, 2012년 국회의원 총선거에도 후보를 공천해 참여하였다.

① 3회
② 4회
③ 5회
④ 6회
⑤ 7회

甲 주식회사의 감사위원회는 9인으로 구성되어 있다. 다음 〈법률 규정〉에서 밑줄 친 부분에 해당하는 자를 〈보기〉에서 모두 고르면?

10 행시(발) 24번

〈법률 규정〉

감사위원회는 3인 이상의 이사로 구성한다. 다만 <u>다음 각호에 해당하는 자</u>가 위원의 3분의 1을 넘을 수 없다.
1. 회사의 업무를 담당하는 이사 및 피용자(고용된 사람) 또는 선임된 날부터 2년 이내에 업무를 담당한 이사 및 피용자이었던 자
2. 최대 주주가 자연인인 경우 본인, 배우자 및 직계존·비속
3. 최대 주주가 법인인 경우 그 법인의 이사, 감사 및 피용자
4. 이사의 배우자 및 직계존·비속
5. 회사의 모회사 또는 자회사의 이사, 감사 및 피용자
6. 회사와 거래관계 등 중요한 이해관계에 있는 법인의 이사, 감사 및 피용자
7. 회사의 이사 및 피용자가 이사로 있는 다른 회사의 이사, 감사 및 피용자

〈보 기〉

ㄱ. 甲 주식회사 최대 주주 A의 법률상의 배우자
ㄴ. 甲 주식회사와 하청계약을 맺고 있는 乙 주식회사의 감사 B
ㄷ. 甲 주식회사 영업과장 C의 자녀
ㄹ. 甲 주식회사 자재부장 D가 이사로 있는 丙 주식회사의 총무과장 E
ㅁ. 甲 주식회사의 모회사인 丁 주식회사의 최대 주주 F

① ㄱ, ㄴ
② ㄴ, ㄷ
③ ㄱ, ㄴ, ㄹ
④ ㄴ, ㄷ, ㄹ
⑤ ㄷ, ㄹ, ㅁ

문 22. 다음 글을 근거로 판단할 때, B 전시관 앞을 지나가거나 관람한 총 인원은?

14 민간(A) 25번

• 전시관은 A → B → C → D 순서로 배정되어 있다. 〈행사장 출입구〉는 아래 그림과 같이 두 곳이며 다른 곳으로는 출입이 불가능하다.
• 관람객은 〈행사장 출입구〉 두 곳 중 한 곳으로 들어와서 시계 반대 방향으로 돌며, 모든 관람객은 4개의 전시관 중 2개의 전시관만을 골라 관람한다.
• 자신이 원하는 2개의 전시관을 모두 관람하면 그 다음 만나게 되는 첫 번째 〈행사장 출입구〉를 통해 나가기 때문에, 관람객 중 일부는 반 바퀴를, 일부는 한 바퀴를 돌게 되지만 한 바퀴를 초과해서 도는 관람객은 없다.
• 〈행사장 출입구〉 두 곳을 통해 행사장에 입장한 관람객 수의 합은 400명이며, 이 중 한 바퀴를 돈 관람객은 200명이고 D 전시관 앞을 지나가거나 관람한 인원은 350명이다.

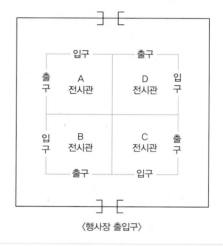

〈행사장 출입구〉

① 50명
② 100명
③ 200명
④ 250명
⑤ 350명

다음 글을 읽고, 〈보기〉의 A, B, C에 해당하는 금액은?

10 행시(발) 27번

카지노를 경영하는 사업자는 아래의 징수비율에 해당하는 금액(납부금)을 '관광진흥개발기금'에 내야 한다. 만일 납부기한까지 납부금을 내지 않으면, 체납된 납부금에 대해서 100분의 3에 해당하는 가산금이 1회에 한하여 부과된다(다만 가산금에 대한 연체료는 없다).

〈납부금 징수비율〉

• 연간 총매출액이 10억 원 이하인 경우 : 총매출액의 100분의 1
• 연간 총매출액이 10억 원을 초과하고 100억 원 이하인 경우 : 1천만 원+(총매출액 중 10억 원을 초과하는 금액의 100분의 5)
• 연간 총매출액이 100억 원을 초과하는 경우 : 4억 6천만 원+(총매출액 중 100억 원을 초과하는 금액의 100분의 10)

────〈보 기〉────

카지노 사업자 甲의 연간 총매출액은 10억 원, 사업자 乙의 경우는 90억 원, 사업자 丙의 경우는 200억 원이다.

• 甲이 납부금 전액을 체납했을 때, 체납된 납부금에 대한 가산금은 (A)만 원이다.
• 乙이 기한 내 납부금으로 4억 원만을 낼 때, 체납된 납부금에 대한 가산금은 (B)만 원이다.
• 丙이 기한 내 납부금으로 14억 원만을 낼 때, 체납된 납부금에 대한 가산금은 (C)만 원이다.

	A	B	C
①	30	30	180
②	30	30	3,180
③	30	180	180
④	180	30	3,180
⑤	180	180	3,180

문 24. **아래의 제시문을 읽고 〈표〉의 선호를 가진 사람들이 투표할 경우 나타날 수 있는 결과로 옳은 것은?**

07 행시(재) 29번

'투표거래'란 과반수를 달성하지 못하는 집단이 과반수를 달성하기 위하여 표(vote)를 거래하는 것을 말한다. 예를 들어 갑, 을, 병 세 사람이 대안을 선택하는 경우를 생각해 보자. 하나의 대안을 대상으로 과반수 투표를 하는 경우 갑, 을, 병 세 사람은 모두 자신에게 돌아오는 순편익이 양(+)의 값을 갖는 대안에만 찬성한다. 그러나 투표거래를 하는 경우에는 자신이 원하는 대안이 채택되는 대가로 순편익이 양(+)의 값을 갖지 않는 대안을 지지할 수 있다. 즉, 갑은 자신이 선호하는 대안을 찬성해 준 을에게 그 대가로 자신은 선호하지 않으나 을이 선호하는 대안을 찬성해 주는 것이 투표거래이다.

〈표〉

대안 \ 순편익	대안 A	대안 B	대안 C	대안 D	대안 E
갑의 순편익	200	−40	−120	200	−40
을의 순편익	−50	150	−160	−110	150
병의 순편익	−55	−30	400	−105	−120
전체 순편익	95	80	120	−15	−10

① 투표거래를 하지 않는 과반수 투표의 경우에도 대안 A, B, C는 채택될 수 있다.
② 갑과 을이 투표거래를 한다면 대안 A와 대안 C가 채택될 수 있다.
③ 갑, 을, 병이 투표거래를 한다면 대안 A, B, C, D, E가 모두 채택될 수 있다.
④ 대안 D와 대안 E가 채택되기 위해서는 을과 병이 투표거래를 해야 한다.
⑤ 대안 A와 대안 E가 채택되는 것은 전체 순편익의 차원에서 가장 바람직하지 못하다.

다음 법 조항에 근거할 때 허용될 수 있는 행위는?

06 견습(인) 38번

제8조(소유제한 등) ① 방송사업자가 주식을 발행하는 경우에는 기명식으로 하여야 한다.

② 누구든지 대통령령이 정하는 특수한 관계에 있는 자(이하 "특수관계자"라 한다)가 소유하는 주식 또는 지분을 포함하여 지상파방송사업자 및 종합편성 또는 보도에 관한 전문편성을 행하는 방송채널사용사업자의 주식 또는 지분 총수의 100분의 30을 초과하여 소유할 수 없다. 다만, 다음 각 호의 1에 해당하는 경우에는 그러하지 아니하다.

1. 국가 또는 지방자치단체가 방송사업자의 주식 또는 지분을 소유하는 경우
2. 특별법에 의하여 설립된 법인이 방송사업자의 주식 또는 지분을 소유하는 경우
3. 종교의 선교를 목적으로 하는 방송사업자에 출자하는 경우

③ 제2항의 규정에도 불구하고 '독점규제 및 공정거래에 관한 법률' 제2조 제2호의 규정에 의한 기업집단 중 자산총액 등 대통령령이 정하는 기준에 해당하는 기업집단에 속하는 회사(이하 "대기업"이라 한다)와 그 계열회사(특수관계자를 포함한다) 또는 '정기간행물의 등록에 관한 법률'에 의한 일간신문이나 '뉴스통신진흥에 관한 법률'의 규정에 의한 뉴스통신(이하 "뉴스통신"이라 한다)을 경영하는 법인(특수관계자를 포함한다)은 지상파방송사업 및 종합편성 또는 보도에 관한 전문편성을 행하는 방송채널사용사업을 겸영하거나 그 주식 또는 지분을 소유할 수 없다.

④ '정기간행물의 등록에 관한 법률'에 의한 일간신문이나 뉴스통신을 경영하는 법인은 종합유선방송사업자 및 위성방송사업자에 대하여, 대기업과 그 계열회사를 경영하는 법인은 위성방송사업자에 대하여 각각 그와 특수관계자가 소유하는 주식 또는 지분을 포함하여 당해 방송사업자의 주식 또는 지분 총수의 100분의 33을 초과하여 소유할 수 없다.

① 대기업의 지상파방송사업 주식 15% 취득
② 일간신문 경영 법인의 종합편성 방송채널사용사업 겸영
③ 뉴스통신 경영 법인의 지상파방송사업 겸영
④ 일간신문 경영 법인의 위성방송사업 주식 35% 취득
⑤ 대기업의 종합유선방송사업자 주식 35% 취득

02

기출동형모의고사 2회

문 1. 다음 글과 〈상황〉을 근거로 판단할 때 옳은 것은?

19 민간(나) 02번

제00조 이 법에서 사용하는 용어의 뜻은 다음과 같다.
1. '자연장(自然葬)'이란 화장한 유골의 골분(骨粉)을 수목·화초·잔디 등의 밑이나 주변에 묻어 장사하는 것을 말한다.
2. '개장(改葬)'이란 매장한 시신이나 유골을 다른 분묘에 옮기거나 화장 또는 자연장하는 것을 말한다.

제00조 ① 사망한 때부터 24시간이 지난 후가 아니면 매장 또는 화장을 하지 못한다.

② 누구든지 허가를 받은 공설묘지, 공설자연장지, 사설묘지 및 사설자연장지 외의 구역에 매장하여서는 안 된다.

제00조 ① 매장(단, 자연장 제외)을 한 자는 매장 후 30일 이내에 매장지를 관할하는 시장·군수·구청장(이하 '시장 등'이라 한다)에게 신고하여야 한다.

② 화장을 하려는 자는 화장시설을 관할하는 시장 등에게 신고하여야 한다.

③ 개장을 하려는 자는 다음 각 호의 구분에 따라 시신 또는 유골의 현존지(現存地) 또는 개장지(改葬地)를 관할하는 시장 등에게 각각 신고하여야 한다.
1. 매장한 시신 또는 유골을 다른 분묘로 옮기거나 화장하는 경우 : 시신 또는 유골의 현존지와 개장지
2. 매장한 시신 또는 유골을 자연장하는 경우 : 시신 또는 유골의 현존지

제00조 ① 국가, 시·도지사 또는 시장 등이 아닌 자는 가족묘지, 종중·문중묘지 등을 설치·관리할 수 있다.

② 제1항의 묘지를 설치·관리하려는 자는 해당 묘지 소재지를 관할하는 시장 등의 허가를 받아야 한다.

─〈상 황〉─
甲은 90세의 나이로 2019년 7월 10일 아침 7시 A시에서 사망하였다. 이에 甲의 자녀는 이미 사망한 甲의 배우자 乙의 묘지(B시 소재 공설묘지)에서 유골을 옮겨 가족묘지를 만드는 것을 포함하여 장례에 대하여 논의하였다.

① 甲을 2019년 7월 10일 매장할 수 있다.

② 甲을 C시 소재 화장시설에서 화장하려는 경우, 그 시설을 관할하는 C시의 장에게 신고하여야 한다.

③ 甲의 자녀가 가족묘지를 설치·관리하려는 경우, 그 소재지의 관할 시장 등에게 신고하여야 한다.

④ 甲의 유골의 골분을 자연장한 경우, 자연장지 소재지의 관할 시장에게 2019년 8월 10일까지는 허가를 받아야 한다.

⑤ 乙의 유골을 甲과 함께 D시 소재 공설묘지에 합장하려는 경우, B시의 장과 D시의 장의 허가를 각각 받아야 한다.

문 2. 다음 글을 근거로 판단할 때, 〈보기〉에서 옳은 것만을 모두 고르면?

15 민간(인) 02번

조선 시대 복식은 신분과 직업에 따라 다르게 규정되었다. 상민들은 흰색 두루마기만 입을 수 있었던 데 비해 중인들은 청색 도포를 입고 다녔다. 조선 시대 백관들의 공복(公服) 규정에 따르면, 중인의 경우 정3품은 홍포(紅袍)에 복두(幞頭)를 쓰고, 협지금(荔枝金)띠를 두르고 흑피화(黑皮靴)를 신었다. 4품 이하는 청포(青袍)에 흑각(黑角)띠를 둘렀고, 7품 이하는 녹포(綠袍)에 흑피화(黑皮靴)를 신었다.

여자들의 복장은 남편의 벼슬이나 본가의 신분에 따라 달랐다. 조선 후기로 오면서 서울의 높은 양반집 여자들은 외출할 때 남자들과 내외하기 위해 장옷을 썼는데 중인 이하의 여자들은 장옷 대신 치마를 썼다. 또 양반집 여자들은 치마를 왼쪽으로 여며 입었는데 상민이 그렇게 입으면 망신을 당하고 쫓겨났다고 한다.

조선 시대 공복에는 아청(鴉青), 초록, 목홍(木紅) 등의 색을 사용했다. 『경국대전』에 따르면 1470년대에는 경공장에서 청색 물을 들이는 장인이 30여 명에 달할 만큼 청색 염색이 활발했다. 남색 역시 많이 사용되었다. 『임원십육지』에 따르면 6~7월에 쪽잎을 따서 만든 즙으로 남색 물을 들였다. 쪽잎으로 만든 남색 염료는 햇빛에 강해 색이 잘 변하지 않는 성질이 있어서 세계적으로 많이 사용되었다. 이 염료는 조선 초기까지는 사용이 드물었으나 조선 중기에 염료의 으뜸으로 등장했다가 합성염료의 출현으로 다시 왕좌에서 물러나게 되었다.

─〈보 기〉─
ㄱ. 조선 후기에 중인 여자들은 외출할 때 장옷을 썼다.
ㄴ. 1470년대에 청색 염색이 활발했음을 보여주는 기록이 『경국대전』에 남아 있다.
ㄷ. 조선 시대 정3품에 해당하는 중인들은 규정에 따라 청포에 흑각띠를 두르고 흑피화를 신었다.
ㄹ. 조선에서는 합성염료의 출현 이후에도 초봄에 쪽잎을 따서 만든 남색 염료가 합성염료보다 더 많이 사용되었다.

① ㄱ
② ㄴ
③ ㄱ, ㄷ
④ ㄴ, ㄹ
⑤ ㄷ, ㄹ

문 3. 다음 법규정에 근거할 때 〈보기〉에서 옳은 내용을 모두 고른 것은?

'08 행시(조) 04번

제○○조 혼인은 가족관계등록법에 정한 바에 의하여 신고함으로써 그 효력이 생긴다.

제○○조 부부 사이에 체결된 재산에 관한 계약은 부부가 그 혼인관계를 해소하지 않는 한 언제든지 부부의 일방이 이를 취소할 수 있다. 그러나 제3자의 권리를 해하지 못한다.

제○○조 혼인성립 전에 그 재산에 관하여 약정한 때에는 혼인 중에 한하여 이를 변경하지 못한다. 그러나 정당한 사유가 있는 때에는 법원의 허가를 얻어 변경할 수 있다.

〈보 기〉

ㄱ. 약혼자 A와 B가 가족관계등록법에서 정한 절차에 따라 혼인 신고를 하면 아직 혼례식을 올리지 않았더라도 법률상 부부가 된다.

ㄴ. A는 혼인 5주년을 기념하는 의미로 자기가 장래 취득할 부동산을 배우자 B의 명의로 등기하기로 약정하였지만, 마음이 바뀌면 혼인 중에는 이 약정을 언제든지 취소할 수 있다.

ㄷ. B는 배우자 A에게 자기 소유의 주택을 증여하였는데, A가 친구 C에게 이 주택을 매도하여 소유권을 이전하였더라도 그 증여계약을 취소하면 B는 C에게 그 주택의 반환을 청구할 수 있다.

ㄹ. 혼인 후 사이가 좋을 때에 A가 배우자 B에게 자기 소유의 주택을 증여했으나, 이혼을 한 현재는 이전의 증여계약을 취소하고 주택반환을 청구할 수 없다.

ㅁ. 약혼자 A와 B가 혼인 후 B의 재산을 A가 관리하기로 합의를 하였다면, 아직 혼인신고 이전이더라도 법원의 허가 없이는 합의내용을 변경할 수 없다.

※ 배우자란 혼인신고를 한 부부의 일방(한쪽)을 말함

① ㄱ, ㄷ
② ㄴ, ㅁ
③ ㄱ, ㄴ, ㄹ
④ ㄱ, ㄴ, ㅁ
⑤ ㄷ, ㄹ, ㅁ

문 4. 다음은 어느 변호사의 글이다. 이 변호사의 입장을 지지해 주는 것을 〈보기〉에서 모두 고르면?

11 민간실험(발) 04번

현행 변호사법에서는 원칙적으로 변호사만이 원고를 대리하여 소송을 수행할 수 있도록 하고 있다. 그러나 A 국회의원은 소송 가액* 2천만 원 이하의 소액사건의 경우에 법무사도 소송을 대리할 수 있도록 소액사건심판법의 개정안을 제출하였다. 개정안의 취지는 민사사건 중에서 상당수가 서민들의 민생분쟁인 소액사건임을 고려하여 서민들이 소액사건에서 좀 더 저렴한 수임료를 지급하고 법률서비스를 제공받을 수 있도록 한다는 것이다. 이 개정안은 그 취지에도 불구하고 다음과 같은 문제가 있다.

먼저 법무사법과 소액사건심판법 개정안이 소액사건을 '간단한' 소송사건이라고 접근하고 있는 점에 동의할 수 없다. 법률가라면 누구든지 소송가액이 적은 소송이 필연적으로 간단한 소송이라고 생각하지 않는다. 그리고 개정안을 발의한 의원들의 주장과 달리 국민들이 진정으로 원하는 것은 소송에서의 충실한 주장과 증명이다. 제대로 된 법률교육을 이수하지 않은 법무사, 변리사, 노무사, 세무사 등 유사직연 종사자에게 소송 대리권을 부여하게 되면 궁극적으로 국민들에게 도움이 되지 않는다. 변호사가 과다한 수임료를 받는다는 주장도 타당하지 않다. 변호사의 수임료는 사건의 난이도와 사건처리에 소요되는 시간 및 비용, 당사자의 경제적 이익이나 경제적 부담능력 등을 기준으로 변호사와 의뢰인이 적당한 선에서 결정한다. 변호사가 도시에 편중되어 있어 국민의 변호사 접근권이 막혀 있다는 주장도 사실과 다르다. 변호사가 비약적으로 많아졌다는 사실을 고려한다면 법률수요가 있는 곳에 변호사가 당연히 찾아갈 것이기 때문이다.

※ 소송가액 : 원고가 청구하는 금액

〈보 기〉

ㄱ. 변호사가 많지 않은 지역은 법률수요가 많지 않은 지역이다.
ㄴ. 사건의 난이도는 수임료의 결정에 영향을 미친다.
ㄷ. 법무사는 변호사보다 더 넓은 지역에 분포되어 있다.
ㄹ. 법무사의 경우에 변호사보다 제대로 된 법률교육을 받지 않았다.
ㅁ. 소액사건의 경우 의뢰인들은 양질의 법률서비스보다 저렴한 수임료의 법률서비스를 원한다.

① ㄱ, ㄷ
② ㄱ, ㄴ, ㄹ
③ ㄱ, ㄴ, ㅁ
④ ㄴ, ㄷ, ㄹ
⑤ ㄷ, ㄹ, ㅁ

다음 〈표〉를 근거로 할 때, 〈보기〉에서 옳은 것을 모두 고르면?

〈표〉 원산지 표시방법

구분	표시방법
(가) 돼지고기, 닭고기, 오리고기	육류의 원산지 등은 국내산과 수입산으로 구분하고, 다음 항목의 구분에 따라 표시한다. 1) 국내산의 경우 괄호 안에 '국내산'으로 표시한다. 다만 수입한 돼지를 국내에서 2개월 이상 사육한 후 국내산으로 유통하거나, 수입한 닭 또는 오리를 국내에서 1개월 이상 사육한 후 국내산으로 유통하는 경우에는 '국내산'으로 표시하되, 괄호 안에 축산물명 및 수입국가명을 함께 표시한다. 예 삼겹살(국내산), 삼계탕 국내산(닭, 프랑스산), 훈제오리 국내산(오리, 일본산) 2) 수입산의 경우 수입국가명을 표시한다. 예 삼겹살(독일산) 3) 원산지가 다른 돼지고기 또는 닭고기를 섞은 경우 그 사실을 표시한다. 예 닭갈비(국내산과 중국산을 섞음)
(나) 배달을 통하여 판매·제공되는 닭고기	1) 조리한 닭고기를 배달을 통하여 판매·제공하는 경우, 그 조리한 음식에 사용된 닭고기의 원산지를 포장재에 표시한다. 2) 1)에 따른 원산지 표시는 위 (가)의 기준에 따른다. 예 찜닭(국내산), 양념치킨(브라질산)

※ 수입국가명은 우리나라에 축산물을 수출한 국가명을 말함

〈보 기〉

ㄱ. 국내산 돼지고기와 프랑스산 돼지고기를 섞은 돼지갈비를 유통할 때, '돼지갈비(국내산과 프랑스산을 섞음)'로 표시한다.

ㄴ. 덴마크산 돼지를 수입하여 1개월 간 사육한 후 그 삼겹살을 유통할 때, '삼겹살 국내산(돼지, 덴마크산)'으로 표시한다.

ㄷ. 중국산 훈제오리를 수입하여 2개월 후 유통할 때, '훈제오리 국내산(오리, 중국산)'으로 표시한다.

ㄹ. 국내산 닭을 이용하여 양념치킨으로 조리한 후 배달 판매할 때, '양념치킨(국내산)'으로 표시한다.

① ㄱ, ㄴ
② ㄱ, ㄹ
③ ㄴ, ㄷ
④ ㄱ, ㄷ, ㄹ
⑤ ㄴ, ㄷ, ㄹ

다음 글을 근거로 판단할 때, 〈보기〉에서 옳은 것만을 모두 고르면?

□ 사업개요
1. 사업목적
- 취약계층 아동에게 맞춤형 통합서비스를 제공하여 아동의 건강한 성장과 발달을 도모하고, 공평한 출발기회를 보장함으로써 건강하고 행복한 사회구성원으로 성장할 수 있도록 지원함

2. 사업대상
- 0세~만 12세 취약계층 아동
  ※ 1) 0세에는 출생 이전의 태아와 임산부를 포함
  2) 초등학교 재학생이라면 만 13세 이상도 포함

□ 운영계획
1. 지역별 인력구성
- 전담공무원 : 3명
- 아동통합서비스 전문요원 : 4명 이상
  ※ 아동통합서비스 전문요원은 대상 아동 수에 따라 최대 7명까지 배치 가능

2. 사업예산
- 시·군·구별 최대 3억 원(국비 100%) 한도에서 사업 환경을 반영하여 차등지원
  ※ 단, 사업예산의 최대 금액은 기존사업지역 3억 원, 신규사업지역 1억 5천만 원으로 제한

〈보 기〉

ㄱ. 임신 6개월째인 취약계층 임산부는 사업대상에 해당되지 않는다.

ㄴ. 내년 초등학교 졸업을 앞둔 만 14세 취약계층 학생은 사업대상에 해당한다.

ㄷ. 대상 아동 수가 많은 지역이더라도 해당 사업의 전담공무원과 아동통합서비스 전문요원을 합한 인원은 10명을 넘을 수 없다.

ㄹ. 해당 사업을 신규로 추진하고자 하는 △△시는 사업예산을 최대 3억 원까지 국비로 지원받을 수 있다.

① ㄱ, ㄴ
② ㄱ, ㄹ
③ ㄴ, ㄷ
④ ㄴ, ㄹ
⑤ ㄷ, ㄹ

제00조(국회의 정기회) 정기회는 매년 9월 1일에 집회한다. 그러나 그 날이 공휴일인 때에는 그 다음날에 집회한다.

제00조(국회의 임시회) ① 임시회의 집회요구가 있을 때에는 의장은 집회기일 3일 전에 공고한다. 이 경우 둘 이상의 집회요구가 있을 때에는 집회일이 빠른 것을 공고하되, 집회일이 같은 때에는 그 요구서가 먼저 제출된 것을 공고한다.

② 국회의원총선거 후 최초의 임시회는 의원의 임기개시 후 7일째에 집회한다.

제00조(연간 국회운영기본일정 등) ① 의장은 국회의 연중 상시 운영을 위하여 각 교섭단체대표의원과의 협의를 거쳐 매년 12월 31일까지 다음 연도의 국회운영기본일정을 정하여야 한다. 다만, 국회의원 총선거 후 처음 구성되는 국회의 당해 연도의 국회운영기본일정은 6월 30일까지 정하여야 한다.

② 제1항의 연간 국회운영기본일정은 다음 각 호의 기준에 따른다.

1. 매 짝수월(8월·10월 및 12월을 제외한다) 1일(그 날이 공휴일인 때에는 그 다음날)에 임시회를 집회한다. 다만, 국회의원총선거가 있는 월의 경우에는 그러하지 아니하다.

2. 정기회의 회기는 100일, 제1호의 규정에 의한 임시회의 회기는 매 회 30일을 초과할 수 없다.

─────〈상 황〉─────
• 국회의원총선거는 4년마다 실시하며, 그 임기는 4년이다.
• 제△△대 국회의원총선거는 금년 4월 20일(수)에 실시되며 5월 30일부터 국회의원의 임기가 시작된다.

① 제△△대 국회의 첫 번째 임시회는 4월 27일에 집회한다.

② 올해 국회의 정기회는 9월 1일에 집회하여 12월 31일에 폐회한다.

③ 내년도 국회의 회기는 정기회와 임시회의 회기를 합하여 연간 130일을 초과할 수 없다.

④ 내년 4월 30일에 임시회의 집회요구가 있을 때에는 국회의장의 임시회 집회공고 없이 5월 1일에 임시회가 집회된다.

⑤ 제△△대 국회의 의장은 각 교섭단체대표의원과의 협의를 거쳐 내년도 국회운영기본일정을 올해 12월 31일까지 정해야 한다.

헌법재판소가 위헌으로 결정한 법률 또는 법률조항은 그 위헌결정이 있는 날부터 효력을 상실한다. 그러나 위헌으로 결정된 형벌에 관한 법률 또는 법률조항(이하 '형벌조항'이라고 함)은 소급하여 그 효력을 상실한다. 이는 죄형법정주의 원칙에 의할 때, 효력이 상실된 형벌조항에 따라 유죄의 책임을 지는 것은 타당하지 않다는 점을 고려한 것이다.

그러나 위헌인 형벌조항에 대해서 일률적으로 해당 조항의 제정 시점까지 소급효를 인정하는 것은 문제가 있다. 왜냐하면 헌법재판소가 기존에 어느 형벌조항에 대해서 합헌결정을 하였지만 그 후 시대 상황이나 국민의 법감정 등 사정변경으로 위헌결정을 한 경우, 해당 조항의 제정 시점까지 소급하여 그 효력을 상실하게 하여 과거에 형사처벌을 받은 사람들까지도 재심을 청구할 수 있게 하는 것은 부당하기 때문이다. 따라서 위헌으로 결정된 형벌조항에 대해서 종전에 합헌결정이 있었던 경우에는 그 결정이 선고된 날의 다음 날로 소급하여 효력을 상실하는 것으로 규정함으로써 그 소급효를 제한한다. 이러한 소급효 제한의 취지로 인해 동일한 형벌조항에 대해서 헌법재판소가 여러 차례 합헌결정을 한 때에는 최후에 합헌결정을 선고한 날의 다음 날로 소급하여 그 형벌조항의 효력이 상실되는 것으로 본다.

한편, 헌법재판소의 위헌결정이 내려진 형벌조항에 근거하여 유죄의 확정판결을 받은 사람은 '무죄임을 확인해 달라.'는 취지의 재심청구가 인정된다. 또한 그 유죄판결로 인해 실형을 선고받고 교도소에서 복역하였던 사람은 구금일수에 따른 형사보상금 청구가 인정되며, 벌금형을 선고받아 이를 납부한 사람도 형사보상금 청구가 인정된다.

※ 소급효 : 법률이나 판결 등의 효력이 과거 일정 시점으로 거슬러 올라가서 미치는 것

─────〈상 황〉─────
1953. 9. 18.에 제정된 형법 제241조의 간통죄에 대해서, 헌법재판소는 1990. 9. 10., 1993. 3. 31., 2001. 10. 25., 2008. 10. 30.에 합헌결정을 하였지만, 2015. 2. 26.에 위헌결정을 하였다. 다음과 같이 형사처벌을 받았던 甲, 乙, 丙은 재심 청구와 형사보상금 청구를 하였다.

甲 : 2007. 10. 1. 간통죄로 1년의 징역형이 확정되어 1년간 교도소에서 복역하였다.

乙 : 2010. 6. 1. 간통죄로 징역 1년과 집행유예 2년을 선고받고, 교도소에서 복역한 바 없이 집행유예기간이 경과되었다.

丙 : 2013. 8. 1. 간통죄로 1년의 징역형이 확정되어 1년간 교도소에서 복역하였다.

※ 집행유예 : 유죄판결을 받은 사람에 대하여 일정 기간 형의 집행을 유예하고, 그 기간을 무사히 지내면 형의 선고는 효력을 상실하는 것으로 하여 실형을 과하지 않는 제도

① 甲의 재심청구는 인정되나 형사보상금 청구는 인정되지 않는다.

② 乙의 재심청구와 형사보상금 청구는 모두 인정된다.

③ 乙의 재심청구는 인정되나 형사보상금 청구는 인정되지 않는다.

④ 丙의 재심청구와 형사보상금 청구는 모두 인정되지 않는다.

⑤ 丙의 재심청구는 인정되나 형사보상금 청구는 인정되지 않는다.

문 9.   다음 〈측량학 수업 필기〉를 근거로 판단할 때, 〈예제〉의 괄호 안에 들어갈 수는?
18 민간(가) 07번

〈측량학 수업 필기〉

축척 : 실제 수평 거리를 지도상에 얼마나 축소해서 나타냈는지를 보여주는 비율. 1/50,000, 1/25,000, 1/10,000, 1/5,000 등을 일반적으로 사용함

예 1/50,000은 실제 수평 거리 50,000cm를 지도상에 1cm로 나타냄

등고선 : 지도에서 표고가 같은 지점들을 연결한 선
　　　　표준 해면으로부터 지표의 어느 지점까지의 수직 거리

축척 1/50,000 지도에서는 표고 20m마다, 1/25,000 지도에서는 표고 10m마다, 1/10,000 지도에서는 표고 5m마다 등고선을 그림

예 축척 1/50,000 지도에서 등고선이 그려진 모습

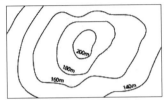

경사도 : 어떤 두 지점 X와 Y를 잇는 사면의 경사도는 다음의 식으로 계산

$$경사도 = \frac{두\ 지점\ 사이의\ 표고\ 차이}{두\ 지점\ 사이의\ 실제\ 수평\ 거리}$$

〈예 제〉

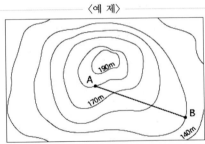

위의 지도는 축척 1/25,000으로 제작되었다. 지도상의 지점 A와 B를 잇는 선분을 자로 재어 보니 길이가 4cm였다. 이때 두 지점 A와 B를 잇는 사면의 경사도는 ( )이다.

① 0.015
② 0.025
③ 0.03
④ 0.055
⑤ 0.7

문 10.   다음 숫자 배열 (가)~(다)의 공통적인 특성만을 〈보기〉에서 모두 고르면?
14 민간(A) 10번

(가) 2, 3, 6, 7, 8
(나) 1, 4, 5, 6, 9
(다) 6, 5, 8, 3, 9

〈보 기〉

ㄱ. 홀수 다음에 홀수가 연이어 오지 않는다.
ㄴ. 짝수 다음에 짝수가 연이어 오지 않는다.
ㄷ. 동일한 숫자는 반복하여 사용되지 않는다.
ㄹ. 어떤 숫자 바로 다음에는 그 숫자의 배수가 오지 않는다.

① ㄱ, ㄴ
② ㄴ, ㄷ
③ ㄴ, ㄹ
④ ㄷ, ㄹ
⑤ ㄱ, ㄷ, ㄹ

다음 글을 읽고 추론한 것으로 옳지 <u>않은</u> 것은?

10 행시(발) 11번

甲, 乙, 丙은 같은 과목을 수강하고 있다. 이 과목의 성적은 과제 점수와 기말시험 점수를 합산하여 평가한다. 과제에 대한 평가방법은 다음과 같다. 강의에 참여하는 학생은 5명으로 구성된 팀을 이루어 과제를 발표해야 한다. 교수는 과제 발표의 수준에 따라 팀점수를 정한 후, 이 점수를 과제 수행에 대한 기여도에 따라 참여한 학생들에게 나누어준다. 이때 5명의 학생에게 모두 서로 다른 점수를 부여하되, 각 학생 간에는 2.5점의 차이를 둔다. 기말시험의 성적은 60점이 만점이고, 과제 점수는 40점이 만점이다.

과제 점수와 기말시험 점수를 합산하여 총점 95점 이상을 받은 학생은 A+ 등급을 받게 되고, 90점 이상 95점 미만은 A 등급을 받는다. 마이너스(−) 등급은 없으며, 매 5점을 기준으로 등급은 한 단계씩 떨어진다. 예컨대 85점 이상 90점 미만은 B+, 80점 이상 85점 미만은 B 등급이 되는 것이다.

甲, 乙, 丙은 다른 2명의 학생과 함께 팀을 이루어 발표를 했는데, 팀점수로 150점을 받았다. 그리고 기말고사에서 甲은 53점, 乙은 50점, 丙은 46점을 받았다.

① 甲은 최고 B+에서 최저 C+ 등급까지의 성적을 받을 수 있다.

② 乙은 최고 B에서 최저 C 등급까지의 성적을 받을 수 있다.

③ 丙은 최고 B에서 최저 C 등급까지의 성적을 받을 수 있다.

④ 乙의 기여도가 최상위일 경우 甲과 丙은 같은 등급의 성적을 받을 수 있다.

⑤ 甲의 기여도가 최상위일 경우 乙과 丙은 같은 등급의 성적을 받을 수 있다.

다음은 신라 시대의 골품제도에 관한 어느 사학자의 주장이다. 이를 근거로 판단할 때, 〈보기〉에서 옳지 <u>않은</u> 것을 모두 고르면?

12 민간(인) 12번

신라 시대의 신분제도인 골품제도는 왕족을 대상으로 한 골제(骨制)와 그 외의 사람을 대상으로 한 두품제(頭品制)로 구성되었다. 골족(骨族)은 성골(聖骨)과 진골(眞骨)로 구분되었으며, 성골은 골족 가운데서도 왕이 될 수 있는 최고의 신분이었다. 진골 역시 왕족으로서 신라 지배계층의 핵심을 이루면서 모든 정치적 실권을 장악하고 있었다.

두품층은 6두품에서 1두품까지 있었는데 숫자가 클수록 신분이 높았고, 6두품에서 4두품까지는 상위 신분층이었다. 이 가운데 6두품은 진골에 비해 관직 진출 및 신분상의 제약이 강했지만, 전체적으로는 득난(得難)으로 불릴 정도로 귀성(貴姓)이었다. 5두품과 4두품에 대한 기록은 거의 전해지지 않으나, 국가기관의 잡다한 실무는 이들에 의해 이루어졌던 것으로 보인다. 골품에 따른 신분 등급은 고정된 것이 아니어서, 진골의 신분이었다가도 경우에 따라서는 한 등급 강등되어 6두품이 되는 사례도 있었다. 한편 3두품 이하에 대한 기록은 없는데, 아마도 율령반포 초기에 일반 평민의 신분을 삼분(三分)하였다가 현실적으로 구분할 필요성이 거의 없게 되자 소멸된 것으로 보인다.

골품제도에서 가장 큰 특징은 신분에 따라 맡을 수 있는 관등에 상한이 있었다는 점이다. 신라 17개 관등 가운데 제1관등인 이벌찬(伊伐湌)에서 제5관등인 대아찬(大阿湌)까지는 진골만이 맡을 수 있었고, 두품층은 대아찬 이상의 관등에 올라갈 수 없었다. 6두품에서 4두품까지는 제6관등인 아찬(阿湌)에서 제17관등인 조위(造位)까지의 관직을 가질 수 있었다. 두품층은 골품제의 신분에 따라 관등이 제한되는 것에 불만이 많았다. 이를 무마하기 위해 상한 관등에 몇 개의 관등을 더 세분해서 두는 중위제(重位制)가 실시되었으나, 골품제 자체의 신분제적 성격이 변화하지는 않았다.

〈보 기〉

ㄱ. 4두품은 상위 신분층에 해당하였지만 5두품보다는 낮은 신분층이었다.

ㄴ. 진골이 오를 수 있는 최고 관등은 이벌찬이었다.

ㄷ. 골품제도에 불만을 지닌 사람을 위한 제도가 마련되기도 하였다.

ㄹ. 성골·진골은 왕족이었기 때문에 신분이 강등되는 경우는 없었다.

① ㄱ

② ㄹ

③ ㄱ, ㄴ

④ ㄴ, ㄷ

⑤ ㄷ, ㄹ

조선 시대 지방행정제도는 기본적으로 8도(道) 아래 부(府), 대도호부(大都護府), 목(牧), 도호부(都護府), 군(郡), 현(縣)을 두는 체제였다. 이들 지방행정기관은 6조(六曹)를 중심으로 한 중앙행정기관의 지시를 받았으나 중앙행정기관의 완전한 하부 기관은 아니었다. 지방행정기관도 중앙행정기관과 같이 왕에 직속되어 있었기 때문에 중앙행정기관과 의견이 다르거나 쟁의가 있을 때는 왕의 재결을 바로 품의(稟議)할 수 있었다.

지방행정기관의 장으로는 도에 관찰사(觀察使), 부에 부윤(府尹), 대도호부에 대도호부사(大都護府使), 목에 목사(牧使), 도호부에 도호부사(都護府使), 군에 군수(郡守), 그리고 현에 현감(縣監)을 두었다. 관찰사는 도의 행정·군사·사법에 관한 전반적인 사항을 다스리고, 관내의 지방행정기관장을 지휘·감독하는 일을 하였다. 제도 시행 초기에 관찰사는 순력(巡歷)이라 하여 일정한 사무소를 두지 않고 각 군·현을 순례하면서 지방행정을 감시하였으나, 나중에는 고정된 근무처를 가지게 되었다. 관찰사를 제외한 지방행정기관장은 수령(首領)으로 통칭되었는데, 이들 역시 행정업무와 함께 일정한 수준의 군사·사법업무를 같이 담당하였다.

중앙에서는 파견한 지방행정기관장에 대한 관리와 감독을 철저히 했다. 권력남용 등의 부조리나 지방세력과 연합하여 독자 세력으로 발전하는 것을 막기 위한 조치였다. 일례로 관찰사의 임기를 360일로 제한하여 지방토호나 지방영주로 변질되는 것을 막고자 하였다.

〈보 기〉

ㄱ. 조선 시대 지방행정기관은 왕의 직속기관이었을 것이다.
ㄴ. 지방행정기관의 우두머리라는 의미에서 관찰사를 수령이라고 불렀을 것이다.
ㄷ. 군수와 현감은 행정업무뿐만 아니라 군사업무와 사법업무도 담당했을 것이다.
ㄹ. 관찰사의 임기를 제한한 이유 중 하나는 지방세력과 연합하여 독자세력으로 발전하는 것을 막으려는 것이었다.

① ㄱ, ㄴ
② ㄱ, ㄹ
③ ㄴ, ㄷ
④ ㄱ, ㄷ, ㄹ
⑤ ㄴ, ㄷ, ㄹ

국회의원 선거는 목적에 따라 총선거, 재선거, 보궐선거 등으로 나누어진다. 대통령제 국가에서는 의원의 임기가 만료될 때 총선거가 실시된다. 반면 의원내각제 국가에서는 의원의 임기가 만료될 때뿐만 아니라 의원의 임기가 남아 있으나 총리(수상)에 의해 의회가 해산된 때에도 총선거가 실시된다.

대다수의 국가는 총선거로 전체 의원을 동시에 새롭게 선출하지만, 의회의 안정성과 연속성을 고려하여 전체 의석 중 일부만 교체하기도 한다. 이러한 예는 미국, 일본, 프랑스 등의 상원선거에서 나타나는데, 미국은 임기 6년의 상원의원을 매 2년마다 1/3씩, 일본은 임기 6년의 참의원을 매 3년마다 1/2씩 선출한다. 프랑스 역시 임기 6년의 상원의원을 매 3년마다 1/2씩 선출한다.

재선거는 총선거가 실시된 이후에 당선 무효나 선거 자체의 무효 사유가 발생하였을 때 다시 실시되는 선거를 말한다. 예를 들어 우리나라에서는 선거 무효 판결, 당선 무효, 당선인의 임기 개시 전 사망 등의 사유가 있는 경우에 재선거를 실시한다.

보궐선거는 의원이 임기 중 직책을 사퇴하거나 사망하는 등 부득이한 사유로 의정 활동을 수행할 수 없는 경우에 이를 보충하기 위해 실시되는 선거이다. 다수대표제를 사용하는 대부분의 국가는 보궐선거를 실시하는 반면, 비례대표제를 사용하는 대부분의 국가는 필요시 의원직을 수행할 승계인을 총선거 때 함께 정해 두어 보궐선거를 실시하지 않는다.

〈보 기〉

ㄱ. 일본 참의원의 임기는 프랑스 상원의원의 임기와 같다.
ㄴ. 미국은 2년마다 전체 상원의원을 새로 선출한다.
ㄷ. 우리나라에서는 국회의원 당선인이 임기 개시 전 사망한 경우 재선거가 실시된다.
ㄹ. 다수대표제를 사용하는 대부분의 국가에서는 의원이 임기 중 사망하였을 때 보궐선거를 실시한다.

① ㄱ, ㄴ
② ㄱ, ㄷ
③ ㄴ, ㄹ
④ ㄱ, ㄷ, ㄹ
⑤ ㄴ, ㄷ, ㄹ

문 15. 정부포상 대상자 추천의 제한요건에 관한 다음 규정을 근거로 판단할 때, 2011년 8월 현재 정부포상 대상자로 추천을 받을 수 있는 자는?

11 민간(인) 18번

1) 형사처벌 등을 받은 자
　가) 형사재판에 계류 중인 자
　나) 금고 이상의 형을 받고 그 집행이 종료된 후 5년을 경과하지 아니한 자
　다) 금고 이상의 형의 집행유예를 받은 경우 그 집행유예의 기간이 완료된 날로부터 3년을 경과하지 아니한 자
　라) 금고 이상의 형의 선고유예를 받은 경우에는 그 기간 중에 있는 자
　마) 포상추천일 전 2년 이내에 벌금형 처벌을 받은 자로서 1회 벌금액이 200만 원 이상이거나 2회 이상의 벌금형 처분을 받은 자
2) 공정거래관련법 위반 법인 및 그 임원
　가) 최근 2년 이내 3회 이상 고발 또는 과징금 처분을 받은 법인 및 그 대표자와 책임 있는 임원(단, 고발에 따른 과징금 처분은 1회로 간주)
　나) 최근 1년 이내 3회 이상 시정명령 처분을 받은 법인 및 그 대표자와 책임 있는 임원

① 금고 1년 형을 선고 받아 복역한 후 2009년 10월 출소한 자
② 2011년 8월 현재 형사재판에 계류 중인 자
③ 2010년 10월 이후 현재까지, 공정거래관련법 위반으로 3회 시정명령 처분을 받은 기업의 대표자
④ 2010년 1월, 교통사고 후 필요한 구호조치를 하지 않아 500만 원의 벌금형 처분을 받은 자
⑤ 2009년 7월 이후 현재까지, 공정거래관련법 위반으로 고발에 따른 과징금 처분을 2회 받은 기업

문 16. 甲은 키보드를 이용해 숫자를 계산하는 과정에서 키보드의 숫자 배열을 휴대폰의 숫자 배열로 착각하고 숫자를 입력하였다. 휴대폰과 키보드의 숫자 배열이 다음과 같다고 할 때, 〈보기〉에서 옳은 것을 모두 고르면?

12 민간(인) 18번

〈휴대폰의 숫자 배열〉

1	2	3
4	5	6
7	8	9
@	0	#

〈키보드의 숫자 배열〉

7	8	9
4	5	6
1	2	3
	0	·

〈보 기〉

ㄱ. '46×5'의 계산 결과는 옳게 산출되었다.
ㄴ. '789+123'의 계산 결과는 옳게 산출되었다.
ㄷ. '159+753'의 계산 결과는 옳게 산출되었다.
ㄹ. '753+951'의 계산 결과는 옳게 산출되었다.
ㅁ. '789−123'의 계산 결과는 옳게 산출되었다.

① ㄱ, ㄴ, ㄷ
② ㄱ, ㄴ, ㄹ
③ ㄱ, ㄷ, ㅁ
④ ㄴ, ㄷ, ㄹ
⑤ ㄴ, ㄹ, ㅁ

다음 글과 〈평가 결과〉를 근거로 판단할 때, 〈보기〉에서 옳은 것만을 모두 고르면?

16 민간(5) 19번

X국에서는 현재 정부 재정지원을 받고 있는 복지시설(A~D)을 대상으로 다섯 가지 항목(환경개선, 복지관리, 복지지원, 복지성과, 중장기 발전계획)에 대한 종합적인 평가를 진행하였다.

평가점수의 총점은 각 평가항목에 대해 해당 시설이 받은 점수와 해당 평가항목별 가중치를 곱한 것을 합산하여 구하고, 총점 90점 이상은 1등급, 80점 이상 90점 미만은 2등급, 70점 이상 80점 미만은 3등급, 70점 미만은 4등급으로 한다.

평가 결과, 1등급 시설은 특별한 조치를 취하지 않으며, 2등급 시설은 관리 정원의 5%를, 3등급 이하 시설은 관리 정원의 10%를 감축해야 하고, 4등급을 받으면 정부의 재정지원도 받을 수 없다.

〈평가 결과〉

평가항목(가중치)	A시설	B시설	C시설	D시설
환경개선(0.2)	90	90	80	90
복지관리(0.2)	95	70	65	70
복지지원(0.2)	95	70	55	80
복지성과(0.2)	95	70	60	60
중장기 발전계획(0.2)	90	95	50	65

〈보 기〉

ㄱ. A시설은 관리 정원을 감축하지 않아도 된다.

ㄴ. B시설은 관리 정원을 감축해야 하나 정부의 재정지원은 받을 수 있다.

ㄷ. 만약 평가항목에서 환경개선의 가중치를 0.3으로, 복지성과의 가중치를 0.1로 바꾼다면 C시설은 정부의 재정지원을 받을 수 있다.

ㄹ. D시설은 관리 정원을 감축해야 하고 정부의 재정지원도 받을 수 없다.

① ㄱ, ㄴ

② ㄴ, ㄹ

③ ㄷ, ㄹ

④ ㄱ, ㄴ, ㄷ

⑤ ㄱ, ㄷ, ㄹ

다음 글과 〈보기〉의 내용이 부합하는 것만을 모두 고르면?

10 행시(발) 21번

해양환경보호를 위한 전문가 그룹의 최근 보고서에 의하면 전 세계 해양오염의 발생원인은 육상기인(起因) 77%, 해상기인 12%, 육상폐기물의 해양투기 10% 등이다. 육상기인의 약 60%는 육상으로부터의 직접유입이고, 약 40%는 대기를 통한 유입이다. 육상폐기물 해양투기의 대부분은 항로 확보 및 수심유지를 위한 준설물질이 차지하고 있다. 반면에 우리나라의 경우에는 하수오니(오염물질을 포함한 진흙), 축산분뇨 등 유기물질의 해양투기량이 준설물질의 투기량을 훨씬 능가하고 있는 실정이다.

국제사회는 1970년대부터 이미 육상폐기물 해양투기규제협약과 선박으로부터의 해양오염방지협약 등 국제협약을 발효하여 해양오염에 대한 문제의식을 고취시켰다. 또한 1990년대에 접어들면서 육상기인 오염에 대하여 그 중요성을 인식하고 '육상활동으로부터 해양환경보호를 위한 범지구적 실천기구'를 발족하여 육상기인 오염에 대한 관리를 강화하고 있다.

우리나라에서는 1977년 해양오염방지법을 제정하여 주로 선박 및 해양시설로부터의 해양오염을 규제해 왔으며, 1995년 씨프린스 호 사고 이후로는 선박기름 유출사고 등에 대비한 방제능력을 강화해 왔다. 1996년 해양수산부 설치 이후에는 보다 적극적인 해양환경보호활동에 나섰다. 또한 해양환경관리법을 제정하여 해양환경의 종합적 관리기반을 구축할 수 있도록 입법체계 정비를 추진하였으며, 오염된 해역에 대한 오염총량관리제의 도입도 추진하였다.

〈보 기〉

ㄱ. 우리나라의 육상폐기물 해양투기 중 항로 확보 등을 위한 준설물질의 해양투기 비율이 높으므로 이에 대한 대책 마련이 우선적으로 필요하다.

ㄴ. 세계적으로 해양오염을 야기하는 오염원을 보면, 대기를 통해 해양으로 유입되는 육상기인의 비율이 육상폐기물 해양투기의 비율보다 크다.

ㄷ. 우리나라에서는 해양수산부 설치 이전에는 관련법이 없었으므로 선박으로부터의 해양오염방지협약 등 국제협약을 직접 적용하여 해양환경을 관리했다.

ㄹ. 우리나라에서는 육상기인 해양오염이 유류오염사고로 인한 해양오염보다 심하다.

① ㄱ

② ㄴ

③ ㄱ, ㄴ

④ ㄴ, ㄹ

⑤ ㄴ, ㄷ, ㄹ

다음 글을 근거로 추론할 때 옳지 <u>않은</u> 것은?

중세 이래의 꿈이었던 인도 항해가 바스쿠 다 가마(Vasco da Gama) 이후 가능해지자 포르투갈은 아시아 해양 세계로 진입하였다. 인도양을 중심으로 한 상업 체계는 무역풍과 몬순 때문에 이미 오래전부터 상당히 규칙적인 틀이 만들어져 있었다. 지중해를 잇는 아덴−소팔라−캘리컷을 연결하는 삼각형이 서쪽에 형성되었는데 이것은 전적으로 아랍권의 것이었다. 여기에 동쪽의 말라카가 연결되어 자바, 중국, 일본, 필리핀 등지에 이르는 광범위한 공간이 연결된다. 한편 서쪽의 상업권에서 홍해 루트와 페르시아만 루트가 뻗어나가서 지중해권과도 연결된다.

포르투갈은 인도양 세계 전체를 상대로 보면 보잘것없는 세력에 불과했지만, 대포를 앞세워 아시아를 포함한 주요 거점 지역들을 무력으로 장악해 나갔다. 이런 성과를 얻기 위해 포르투갈은 엄청난 비율의 인력 유출을 감내해야 했다. 16세기 포르투갈의 해외 유출인구는 10만 명으로 추산되는데, 이는 포르투갈 전체 인구의 10%에 해당한다. 이것은 남자 인구로만 본다면 35%의 비중이었다. 외국에 나간 사람들 가운데 많은 수가 사망했는데 각 세대마다 남자 인구 7~10%가 희생되었다. 이런 정도로 큰 희생을 치러가며 해외 사업을 벌인 경우는 역사상 많지 않았다.

포르투갈의 아시아 교역에서는 후추 등 향신료의 비중이 가장 컸다. 포르투갈 상인들은 후추를 얻기 위해 인도로 구리를 가져가서 거래를 했는데, 구리 무게의 2.5~4배에 해당하는 후추를 살 수 있었다. 포르투갈의 해외 교역은 사실상 후추 등 향신료 교역이었으나, 후추 산지들이 매우 넓게 분포해 있어서 독점은 불가능하였다. 그러나 포르투갈 상인들이 유럽으로 들여온 후추의 양은 결코 적은 것이 아니었다. 포르투갈은 모두 12만 톤의 후추를 유럽에 들여왔다. 특히 1500~1509년 기간에 매년 7~8척의 배들이 3,000톤의 후추를 들여왔는데, 이는 당시 전 세계 생산량의 1/3에 해당한다.

① 16세기 포르투갈의 전체 인구는 약 100만 명이었을 것이다.

② 16세기 초 포르투갈은 매년 10만 명이 해외에 나가 3,000톤의 후추를 유럽에 들여왔다.

③ 인도양을 중심으로 하는 상업 체계의 규칙적인 틀은 바스쿠 다 가마의 인도 항해 이전에 형성되었다.

④ 16세기에 포르투갈은 후추 등 향신료의 아시아 무역에서 상권을 장악하기 위해서 군사력을 사용했을 것이다.

⑤ 포르투갈이 12만 톤의 후추를 유럽에 들여올 때 구리를 대금으로 지급했다면, 최소 3만 톤의 구리가 필요했을 것이다.

다음 〈정렬 방법〉을 근거로 판단할 때, 〈정렬 대상〉에서 두 번째로 위치를 교환해야 하는 두 수로 옳은 것은?

─── 〈정렬 방법〉 ───

아래는 정렬되지 않은 여러 개의 서로 다른 수를 작은 것에서 큰 것 순으로 정렬하는 방법이다.

(1) 가로로 나열된 수 중 가장 오른쪽의 수를 피벗(pivot)이라 하며, 나열된 수에서 제외시킨다.

　예 나열된 수가 5, 3, 7, 1, 2, 6, 4라고 할 때, 4가 피벗이고 남은 수는 5, 3, 7, 1, 2, 6이다.

(2) 피벗보다 큰 수 중 가장 왼쪽의 수를 찾는다.

　예 5, 3, 7, 1, 2, 6에서는 5이다.

(3) 피벗보다 작은 수 중 가장 오른쪽의 수를 찾는다.

　예 5, 3, 7, 1, 2, 6에서는 2이다.

(4) (2)와 (3)에서 찾은 두 수의 위치를 교환한다.

　예 5와 2를 교환하여(첫 번째 위치 교환) 2, 3, 7, 1, 5, 6이 된다.

(5) 피벗보다 작은 모든 수가 피벗보다 큰 모든 수보다 왼쪽에 위치할 때까지 (2)~(4)의 과정을 반복한다.

　예 2, 3, 7, 1, 5, 6에서 7은 피벗 4보다 큰 수 중 가장 왼쪽의 수이며, 1은 피벗 4보다 작은 수 중 가장 오른쪽의 수이다. 이 두 수를 교환하면(두 번째 위치 교환) 2, 3, 1, 7, 5, 6이 되어, 피벗 4보다 작은 모든 수는 피벗 4보다 큰 모든 수보다 왼쪽에 있다.

⋮

(후략)

─── 〈정렬 대상〉 ───
15, 22, 13, 27, 12, 10, 25, 20

① 15와 10

② 20과 13

③ 22와 10

④ 25와 20

⑤ 27과 12

다음 글을 근거로 판단할 때, 〈보기〉에서 옳은 것만을 모두 고르면?

18 민간(가) 23번

- 손글씨 대회 참가자 100명을 왼손으로만 필기할 수 있는 왼손잡이, 오른손으로만 필기할 수 있는 오른손잡이, 양손으로 모두 필기할 수 있는 양손잡이로 분류하고자 한다.
- 참가자를 대상으로 아래 세 가지 질문을 차례대로 하여 해당하는 참가자는 한 번만 손을 들도록 하였다.
  [질문 1] 왼손으로만 필기할 수 있는 사람은?
  [질문 2] 오른손으로만 필기할 수 있는 사람은?
  [질문 3] 양손으로 모두 필기할 수 있는 사람은?
- 양손잡이 중 일부는 제대로 알아듣지 못해 질문 1, 2, 3에 모두 손을 들었고, 그 외 모든 참가자는 올바르게 손을 들었다.
- 질문 1에 손을 든 참가자는 16명, 질문 2에 손을 든 참가자는 80명, 질문 3에 손을 든 참가자는 10명이다.

〈보 기〉

ㄱ. 양손잡이는 총 10명이다.
ㄴ. 왼손잡이 수는 양손잡이 수보다 많다.
ㄷ. 오른손잡이 수는 왼손잡이 수의 6배 이상이다.

① ㄱ
② ㄴ
③ ㄱ, ㄴ
④ ㄱ, ㄷ
⑤ ㄴ, ㄷ

다음 글을 근거로 판단할 때, 재생된 곡의 순서로 옳은 것은?

17 민간(나) 24번

- 찬우는 A, B, C, D 4개의 곡으로 구성된 앨범을 감상하고 있다. A는 1분 10초, B는 1분 20초, C는 1분 00초, D는 2분 10초간 재생되며, 각각의 곡 첫 30초는 전주 부분이다.
- 재생순서는 처음에 설정하여 이후 변경되지 않으며, 찬우는 자신의 선호에 따라 곡당 1회씩 포함하여 설정하였다.
- 한 곡의 재생이 끝나면 시차 없이 다음 곡이 자동적으로 재생된다.
- 마지막 곡 재생이 끝나고 나면 첫 곡부터 다시 재생된다.
- 모든 곡은 처음부터 끝까지 건너뛰지 않고 재생된다.
- 찬우는 13시 20분 00초부터 첫 곡을 듣기 시작했다.
- 13시 23분 00초에 C가 재생되고 있었다.
- A를 듣고 있던 어느 한 시점부터 3분 00초가 되는 때에는 C가 재생되고 있었다.
- 13시 45분 00초에 어떤 곡의 전주 부분이 재생되고 있었다.

① A－B－C－D
② B－A－C－D
③ C－A－D－B
④ D－C－A－B
⑤ D－C－B－A

사슴은 맹수에게 계속 괴롭힘을 당하자 자신을 맹수로 바꾸어 달라고 산신령에게 빌었다. 사슴을 불쌍하게 여긴 산신령은 사슴에게 남은 수명 중 n년(n은 자연수)을 포기하면 여생을 아래 5가지의 맹수 중 하나로 살 수 있게 해주겠다고 했다.

사슴으로 살 경우의 1년당 효용은 40이며, 다른 맹수로 살 경우의 1년당 효용과 그 맹수로 살기 위해 사슴이 포기해야 하는 수명은 아래의 〈표〉와 같다. 예를 들어 사슴의 남은 수명이 12년일 경우 사슴으로 계속 산다면 12×40=480의 총 효용을 얻지만, 독수리로 사는 것을 선택한다면 (12−5)×50=350의 총 효용을 얻는다.

사슴은 여생의 총 효용이 줄어드는 선택은 하지 않으며, 포기해야 하는 수명이 사슴의 남은 수명 이상인 맹수는 선택할 수 없다. 1년당 효용이 큰 맹수일수록, 사슴은 그 맹수가 되기 위해 더 많은 수명을 포기해야 한다. 사슴은 자신의 남은 수명과 〈표〉의 '?'로 표시된 수를 알고 있다.

〈표〉

맹수	1년당 효용	포기해야 하는 수명(년)
사자	250	14
호랑이	200	?
곰	170	11
악어	70	?
독수리	50	5

─〈보 기〉─

ㄱ. 사슴의 남은 수명이 13년이라면, 사슴은 곰을 선택할 것이다.

ㄴ. 사슴의 남은 수명이 20년이라면, 사슴은 독수리를 선택하지는 않을 것이다.

ㄷ. 호랑이로 살기 위해 포기해야 하는 수명이 13년이라면, 사슴의 남은 수명에 따라 사자를 선택했을 때와 호랑이를 선택했을 때 여생의 총 효용이 같은 경우가 있다.

① ㄴ

② ㄷ

③ ㄱ, ㄴ

④ ㄴ, ㄷ

⑤ ㄱ, ㄴ, ㄷ

- LOFI(Little Out From Inside)는 한 지역 내에서 생산된 제품이 그 지역 내에서 소비된 비율을 의미한다. LOFI가 75% 이상이면 해당 지역은 독립적인 시장으로 본다.

- A도, B도, C도, D도에는 각각 자도(自道)소주인 a소주, b소주, c소주, d소주를 생산하는 회사가 도별로 1개씩만 있다. 각 회사는 소주를 해당 도 내에서만 생산하지만, 판매는 다른 도에서도 할 수 있다.

- 다음 그림은 전체 지역의 지난 1년 간 도별 소주 생산량과 각 도 사이의 물류량을 표시한 것이다. 동그라미 안의 숫자는 각 도별 소주 생산량을 의미하고, 화살표는 이동의 방향을 나타낸다. 그리고 화살표 옆의 숫자는 소주의 이동량을 의미한다. 예를 들어 A도에서 B도를 향한 화살표의 40은 a소주의 이동량을 나타낸다.

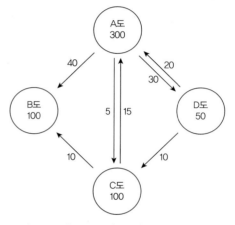

- 다만 D도의 d소주가 A도를 거쳐 B도에서 판매되는 것과 같이 2번 이상의 이동은 일어날 수 없다. 또한 1년간 생산된 소주는 그 해에 모두 소비된다고 가정한다. 이 경우 자도소주의 LOFI를 구하는 공식은 다음과 같다.

$$\text{LOFI}_{\text{자도소주}}(\%) = \frac{\text{해당 도내 자도소주 소비량}}{\text{해당 도의 자도소주 생산량}} \times 100$$

─〈보 기〉─

ㄱ. A도에서는 소주의 생산량보다 소비량이 더 많다.

ㄴ. A도와 B도가 하나의 도라면, 그 도는 독립적인 시장으로 볼 수 있다.

ㄷ. C도는 독립적인 시장으로 볼 수 없다.

① ㄱ

② ㄴ

③ ㄷ

④ ㄱ, ㄴ

⑤ ㄴ, ㄷ

문 25. 다음 제시문의 내용에 근거할 때, 각 가족들이 현재 경작할 수 있는 토지[田]의 면적을 잘못 계산한 것은?

08 행시(조) 30번

- 모든 호주(戶主)는 국가로부터 영업전(永業田) 20무(畝)를 지급받았다. 이 영업전은 상속이 가능하였다. 단, 상속의 결과 영업전이 20무를 초과하는 경우 초과분은 국가가 환수하였다.
- 신체 건강한 남자는 18세가 되면 구분전(口分田) 80무를 지급받았다. 상속이 가능했던 영업전과 달리 구분전은 노동력의 감퇴 또는 상실에 따라 국가의 환수 대상이 되었다. 즉 60세가 되면 국가가 구분전의 절반을 환수하였고, 사망하면 나머지 절반도 마저 환수하였다.
- 18세 이상의 성인 남자일지라도 심각한 신체장애로 노동력의 일부를 상실한 경우에는 구분전을 40무만 지급받았다.
- 17세 미만의 남자이지만 호주인 경우에는 구분전 40무를 지급받았다.
- 여자는 원칙적으로 구분전의 수전(授田) 대상이 아니었지만, 남편이 사망한 과부에게만은 구분전 30무를 지급하였다.

① 작년에 화재로 부모를 잃어 호주가 된 12세의 A는 5세 위의 누나와 함께 살고 있다. → 60무

② 60세 되던 해에 전염병이 창궐한 탓에 아내와 아들 부부를 잃은 올해 70세의 호주 B는 17세 된 손자와 15세 된 손녀를 데리고 산다. → 60무

③ 작년에 동갑내기 남편을 잃어 호주가 된 40세의 C는 21세의 아들과 함께 사는데, 이 아들은 선천적인 신체장애로 남들만큼 일하지 못한다. → 70무

④ 올해 30세인 호주 D는 신체 건강한 남자로서 10년 전에 결혼하였으며 그의 부모는 모두 오래 전에 사망하였다. 그의 슬하에는 17세 미만인 아들 둘과 딸 둘이 있다. → 100무

⑤ 올해 55세인 호주 E는 아내와 장성한 아들 둘을 데리고 사는데 큰 아들은 24세, 작은 아들은 20세이다. 두 아들은 모두 신체 건강하지만 아직 결혼을 하지 못했다. → 260무

MEMO

2023
최신개정판

[해설편]

인사혁신처 주관 국가직 7급 전직렬 / NCS 공기업 / 대통령경호처 경호공무원 7급 공채 대비

Public Service Aptitude Test

7급 PSAT

상황판단

SD PSAT연구소 편저

필수기출
500제
+ 최신기출

SD에듀
(주)시대고시기획

정답 및 해설편

PSAT

Public Service Aptitude Test

상황판단

PART
1
LEVEL UP!

CHAPTER

01

LEVEL 1, 파악

01 법조문 제시형

01	02	03	04	05	06	07	08	09	10
⑤	②	③	①	①	④	④	⑤	③	④
11	12	13	14	15	16	17	18	19	20
②	②	⑤	④	⑤	④	①	④	①	④
21	22	23	24	25	26	27	28	29	30
①	④	⑤	⑤	②	⑤	③	③	④	②
31	32	33	34	35	36	37	38	39	40
④	②	④	①	⑤	①	②	③	⑤	①
41	42	43	44	45	46	47			
①	⑤	⑤	③	①	①	②			

01 정답 ⑤

정답해설

⑤ 2.에서 정보기관과 군기관의 기록물은 최대 50년까지, 통일 · 외교 · 안보 · 수사 등 특수 분야의 기록물은 최대 30년까지 자체적으로 보관 활용한 후에 최종적으로 국가기록원으로 기록을 이관하도록 하였다는 점에서 기관별 업무 특성이 반영되었다고 볼 수 있다. 따라서 옳지 않은 내용이다.

오답해설

① 3.에서 각 시 · 도에 영구보존시설 · 장비 및 전문 인력을 갖춘 지방 기록물관리기관 설치를 의무화하기로 하였다고 하였으며 6.에서 기록정보의 적극적 공개를 위한 규정을 정비하였다는 점에서 알 수 있는 내용이다.

② 2.에서 정보기관과 군기관의 기록물은 최대 50년까지 자체적으로 보관 활용한 후에 최종적으로는 국가기록원으로 기록을 이관하도록 의무화하였다는 점에서 알 수 있는 내용이다.

③ 4.에서 업무기반의 전자기록관리체계 구축을 위한 근거를 마련하였다는 점에서 알 수 있는 내용이다.

④ 5.에서 국가기록의 통합관리를 위해 기록관리의 표준화 근거를 마련하게 되었다는 점에서 알 수 있는 내용이며 이를 위해서는 다양한 이해당사자의 협의가 필요할 것이라는 것을 추론할 수 있다.

02 정답 ②

정답해설

ㄱ. 법원의 판례 자체는 저작권법의 보호를 받지 못하지만 이를 대법원장이 연구한 판례연구논문집은 저작권법의 보호를 받는다.

ㄷ. 헌법재판소 결정 자체는 저작권법의 보호를 받지 못하지만 이에 대한 일간지의 사설은 저작권법의 보호를 받는다.

오답해설

ㄴ. 국가(공정거래위원회)가 작성한 것으로서 심판결정을 편집한 것이므로 저작권법의 보호를 받지 못한다.

ㄹ. 국가(법제처)가 작성한 것으로서 헌법의 번역물이므로 저작권법의 보호를 받지 못한다.

ㅁ. 수험생이 작성한 것이지만 그 내용은 헌법 판례를 그대로 수록한 것에 지나지 않으므로 헌법 판례가 저작권법의 보호를 받는지의 여부를 판단하면 되는데 헌법 판례는 저작권법의 보호를 받지 못한다고 규정되어 있다.

03 정답 ③

정답해설

③ 회사는 상행위를 하지 아니하더라도 상인으로 본다고 하였으므로 옳지 않은 내용이다.

오답해설

① 사단은 사람들의 결합체라고 하였기 때문에 합명회사는 최소 2인 이상의 사원으로 구성되어 옳은 내용이다.

② 회사란 상행위 기타 영리를 목적으로 하는 사단을 말한다고 하였으므로 옳은 내용이다.

④ 회사는 법인으로 한다고 하면서 상행위 기타 영리를 목적으로 하여 설립한 사단이라고 하였으므로 옳은 내용이다.

⑤ 상행위를 하는 자는 상인이라고 하였고, 회사는 상행위를 하지 아니하더라도 상인으로 본다고 하였으므로 옳은 내용이다.

04 정답 ①

정답해설

① 제4조에서 '상속은 사망으로 인하여 개시된다'고 하였으므로 옳지 않은 내용이다.

오답해설

② 제2조에서 '실종선고를 받은 자는 전조의 기간이 만료한 때에 사망한 것으로 본다'고 하였으므로 실종선고를 받은 때 상속인에게 상속된다는 것을 알 수 있다. 따라서 옳은 내용이다.

③ 제5조 제1항에서 피상속인의 직계존속의 순위는 피상속인의 직계비속의 순위에 밀리므로 옳은 내용이다.

④ 제5조 제3항에서 '태아는 상속순위에 관하여는 이미 출생한 것으로 본다'고 하였으므로 옳은 내용이다.

⑤ 제1조 제2항과 제2조에서 '실종선고를 받은 자는 항공기의 추락 후 6월의 기간이 만료한 때에 사망한 것으로 본다'고 하였으므로 옳은 내용이다.

05

정답해설

① 혼인을 한 경우와 하지 않은 경우를 비교하면 다음과 같다.
- 혼인을 한 경우 : (25억＋30억－10억)×20/1,000×70/100＝6,300만 원
- 혼인을 하지 않은 경우 : {(25억－10억)＋(30억－10억)}×20/1,000× 70/100＝4,900만 원

따라서 두 경우에 납부하는 세액이 다르므로 옳지 않은 내용이다.

오답해설

② (15억－10억)×10/1,000×80/100＝400만 원이므로 옳은 내용이다.

③ 종합부동산세의 과세기준일이 6월 1일이므로 그 이전에 주택을 처분하였다면 해당 주택에 대한 종합부동산세가 부과되지 않는다. 따라서 옳은 내용이다.

④ 2008년 70%, 2009년 80%, 2010년 90%로 적용비율을 점진적으로 상향시켜 시행 초기의 조세저항을 줄이고자 하였으므로 옳은 내용이다.

⑤ 종합부동산세의 세율이 누진세 구조이므로 재산을 분할할 경우 과세표준이 낮아지는 효과가 있다. 따라서 옳은 내용이다.

06

정답해설

④ 라 : 재적의원 4분의 1 이상의 조사 요구가 있는 때에 위원회 활동을 위하여 국회를 개회할 수 있으므로 야당들의 의석점유율이 25%를 넘는 상황을 찾으면 되며, 상황 1과 2가 이에 해당한다.

오답해설

① 가 : 국정조사위원회가 구성되기 위해서는 재적의원 4분의 1 이상의 조사 요구가 있어야 한다. 그런데 여당만 반대하는 경우 국정조사위원회가 구성될 수 없다면 여당의 의석점유율이 75%를 넘는 상황을 찾으면 되며, 상황 3이 이에 해당한다.

② 나 : 본회의에서 조사계획서가 통과되기 위해서는 재적의원 과반수의 출석과 출석의원 과반수의 찬성이 필요하다. 따라서 제1야당만 찬성할 때 조사계획서가 반려되는 경우는 제1야당의 의석점유율이 과반수가 되지 않는 상황을 찾으면 되며, 상황 1과 3이 이에 해당한다.

③ 다 : 위 '나'와 같은 논리로 여당의 의석점유율이 과반수를 넘는 상황 1과 3이 이에 해당한다.

⑤ 마 : 서류제출요구를 위해서는 재적위원 3분의 1 이상의 요구가 있어야 하는데 제1야당의 요구만으로 요구하기 위해서는 제1야당의 의석점유율이 33%이상이 되어야 한다. 이에 해당하는 것은 상황 2이다.

07

정답해설

④ B회사가 C회사 주식의 8%를 가지고 있는 것 이외에 C회사와 B회사 간의 관계에 영향을 주는 요소는 없으므로 C회사가 소유하는 B회사 주식은 의결권이 있다. 다만, 이 문제와는 달리 A와 C의 관계를 따지는 경우라면 의결권에 제한이 있게 된다. 따라서 옳은 내용이다.

오답해설

① 제2조에서 자회사(B)가 다른 회사(C) 발행주식 총수의 100분의 50을 초과하여 가지고 있다면 그 다른 회사(C)는 그 모회사(A)의 자회사(C)로 본다고 하였다. 그리고 제1조에서 자회사(C)는 모회사(A)의 주식을 취득할 수 없다고 하였으므로 옳은 내용이다.

② 모회사(A)와 자회사(B)가 다른 회사(C)의 발행주식 총수의 100분의 50을 초과하여 가지고 있는 경우 그 다른 회사(C)는 모회사(A)의 자회사(C)로 본다고 하였다. 그리고 제1조에서 자회사(C)는 모회사(A)의 주식을 취득할 수 없다고 하였으므로 옳은 내용이다.

③ 회사(A, C)가 다른 회사(C, A) 발행주식총수의 10분의 1을 초과하는 주식을 가지고 있는 경우 그 다른 회사가 가지고 있는 회사의 주식은 의결권이 없다고 하였으므로 옳은 내용이다.

⑤ 자회사(B)가 다른 회사(C) 발행주식 총수의 10분의 1을 초과하는 주식을 가지고 있는 경우, 그 다른 회사(C)가 가지고 있는 모회사(A)의 주식은 의결권이 없으므로 옳은 내용이다.

08

정답해설

ㄷ. 제3조에서 문서에는 국무총리와 관계국무위원이 부서할 권한을 갖는다고 하였으므로 부서를 거부할 권한도 있다고 볼 수 있다. 따라서 옳은 내용이다.

ㄹ. 제4조에서 국무위원은 국무총리의 제청으로 대통령이 임명하는 것이고, 국무총리는 국무위원의 해임을 대통령에게 건의할 수 있다고 하였다. 즉, 대통령이 국무위원을 해임하기 위해서 반드시 국무총리의 건의가 있어야 하는 것은 아니므로 옳은 내용이다.

ㅁ. 제1조에서 대통령 등의 고위직 공직자가 그 직무집행에 있어서 헌법이나 법률을 위배한 때에 탄핵 소추를 의결할 수 있다고 하였다. 즉, 탄핵이라는 제도를 통해 직무집행에 있어서 헌법이나 법률을 준수할 것으로 요구하고 있는 것이므로 옳은 내용이다.

오답해설

ㄱ. 제5조에서 국무회의의 최대 구성원 수는 32인이고, 제2조에서 감사원의 최대 구성원 수는 11인이므로 둘의 합은 43인이다. 따라서 옳지 않은 내용이다.

ㄴ. 제1조에서 대통령이 그 직무집행에 있어서 헌법이나 법률을 위배한 때에 국회는 탄핵의 소추를 의결할 수 있다고 하였으므로 옳지 않은 내용이다.

정답해설

③ 제4조에서 '비례대표 국회의원이 소속 정당의 합당·해산 또는 제명 외의 사유로 당적을 이탈한 때에는 퇴직된다'고 하였으므로 제명된 때에는 의원직을 유지하게 됨을 알 수 있다. 따라서 옳은 내용이다.

오답해설

① 제4조에서 '비례대표 국회의원이 소속 정당의 합당·해산 또는 제명 외의 사유로 당적을 이탈한 때에는 퇴직된다'고 하였으므로 스스로 탈당한 경우에는 의원직을 유지할 수 없음을 알 수 있다. 따라서 옳지 않은 내용이다.

② 제2조 2항의 '임기만료에 의한 국회의원 선거에 참여하여 의석을 얻지 못하고 유효투표 총수의 100분의 2 이상을 득표하지 못한 때'에 해당하지 않으므로 옳지 않은 내용이다.

④ 제4조에서 '비례대표 국회의원이 국회의장으로 당선되어 당적을 이탈한 경우에는 퇴직되지 않는다'고 하였으므로 옳지 않은 내용이다.

⑤ 제1조에서 열거한 '유효투표 총수의 100분의 3 이상 득표'와 '5석 이상의 의석'이라는 조건은 둘 중 하나만 충족시키면 되는 것이다. 따라서 옳지 않은 내용이다.

정답해설

④ 제3조 제4항에서 '동일한 지역에서 동종영업으로 타인이 등기한 상호를 사용하는 자는 부정한 목적으로 사용하는 것으로 추정한다'고 하였으므로 타인이 등기한 상호를 사용하는 자가 '부정한 목적으로 사용하는 것이 아니라는 점'을 증명해야 한다. 따라서 옳지 않은 내용이다.

오답해설

① 제2조에서 '타인이 등기한 상호는 동일한 특별시에서 동종영업의 상호로 등기하지 못한다'고 하였는데, '빠르지안니'는 택배업에 사용할 목적이어서 영업의 종류가 다르므로 옳은 내용이다.

②, ③ 제3조 제2항에서 '부정한 목적으로 타인의 영업으로 오인할 수 있는 상호를 사용한 경우에 이로 인하여 손해를 받을 염려가 있는 자 또는 상호를 등기한 자는 그 폐지를 청구할 수 있다'고 하였으므로 옳은 내용이다.

⑤ 제3조 제2항에서 상호의 폐지를 청구할 수 있는 자로 '손해를 받을 염려가 있는 자' 또는 '상호를 등기한 자'를 들고 있으나 제3항에서 '제2항의 규정은 손해배상의 청구에 영향을 미치지 아니한다'고 하여 이에 해당하지 않더라도 손해배상을 청구할 수 있음을 알 수 있다. 따라서 옳은 내용이다.

정답해설

② 갑의 개선급 유형은 A급이고 초범이므로 범수별 점수는 2점이다. 따라서 처음 제4급에 편입되었을 때의 책임점수는 120점(=60개월×2점)이므로 제4급에서 제3급으로 진급하기 위해 120점을 얻어야 한다는 것을 알 수 있다. 그리고 제3급에서 제2급으로 진급하기 위해서 필요한 책임점수는 96점(=48개월×2점)인데 현재 9점(=129점−120점)이 남아있는 상태이므로 앞으로 최소한 87점을 얻어야 한다.

정답해설

② (b)에 의하면 '해당 국민이 구금되었다는 사실을 파견국의 영사기관에 통보할 것을 접수국에게 요청하면, 접수국의 권한 있는 당국은 지체없이 통보하여야 한다'고 하였으므로 해당 국민이 요청하지 않은 상태에서 파견국에 통보하지 않은 행위는 절차 위반에 해당하지 않는다.

오답해설

① (b)에 의하면 '구금되어 있는 자가 영사기관에 보내는 모든 통신은 동 당국에 의하여 지체 없이 전달되어야 한다'고 하였으므로 절차 위반에 해당한다.

③ (c)에 의하면 '영사관원은 구금, 유치 또는 구속되어 있는 파견국의 국민을 방문하고 동 국민과 면담하고 교신할 권리를 가진다'고 하였으므로 절차 위반에 해당한다.

④ (b)에 의하면 '동 당국은 본 규정에 따른 영사를 만날 수 있는 권리를 포함한 그의 권리를 당사자에게 지체 없이 통보하여야 한다'고 하였으므로 절차 위반에 해당한다.

⑤ (c)에 의하면 '영사관원은 구금, 유치 또는 구속되어 있는 파견국 국민의 법적 대리를 주선할 권리를 가진다'고 하였으므로 절차 위반에 해당한다.

정답해설

ㄷ. 원화 2천만 원을 넘는 거래라고 하더라도 금융자산이 불법재산이거나 금융거래 상대방이 자금세탁행위를 하고 있다고 의심할 만한 합당한 근거가 없다면 의무적으로 혐의거래보고를 할 의무는 없다.

ㄹ. 혐의거래보고는 금융정보분석원에 하는 것이므로 검찰청에 제출하는 것은 의무사항이 아니다.

ㅁ. 혐의거래 중 거래액이 보고대상 기준금액(원화 2천만 원 또는 외화 1만 달러) 미만인 경우에 금융기관은 이를 자율적으로 보고할 수 있다고 하였으므로 의무사항이 아니다.

오답해설

ㄱ. 원화 2천만 원 이상의 거래로서 금융재산이 불법재산이라고 의심할 만한 합당한 근거가 있는 경우에는 의무적으로 혐의거래보고를 해야 한다.

ㄴ. 범죄수익 또는 자금세탁행위를 알게 되어 수사기관에 신고한 경우에는 의무적으로 금융정보분석원에 혐의거래보고를 하여야 한다.

정답해설

ㄱ. 경운기는 제2호에 의해 차에 해당한다.
ㄴ. 자전거는 제1호 라목에 의해 차에 해당한다.
ㅁ. 50cc 스쿠터는 제3호 가목에 의해 차에 해당한다.

오답해설

ㄷ. 유모차는 제1호 마목에 의해 차에 해당하지 않는다.
ㄹ. 기차는 제1호 마목에 의해 차에 해당하지 않는다.

15 정답 ⑤

정답해설

- ㄴ. 정기회의 회기는 100일을. 임시회의 회기는 30일을 초과할 수 없으나 의결 정족수는 특별한 규정이 없는 한 재적의원 과반수의 출석과 출석의원 과반 수의 찬성이므로 옳은 내용이다.
- ㄷ. 의회의원의 임기가 만료된 때에는 제출된 의안은 폐기된다고 하였으므로 옳 은 내용이다.
- ㄹ. 표결에서 가부동수가 된 경우에는 부결된 것으로 보며, 부결된 안건은 같은 회기 중에 다시 발의할 수 없다고 하였으므로 옳은 내용이다.

오답해설

- ㄱ. 임시회는 대통령 또는 의회재적의원 4분의 1 이상의 요구에 의해 집회된다 고 하였으므로 옳지 않은 내용이다.

> **합격자의 SKILL**
>
> 법조문 유형의 경우 이와 같이 각각의 조문에 제목이 없이 '00조'라고만 주 어지는 형태가 상당히 많이 출제되고 있다. 이러한 경우는 시각적으로 구분 해주기 위해 '00조' 부분에 동그라미를 쳐두고 문제를 푸는 것이 상당히 도 움이 된다. 가능하다면 각 조별로 키워드 하나씩을 뽑아 동그라미를 쳐두는 것이 좋다. 그것이 결국 각 조문의 제목이 되는 것이다.

16 정답 ④

정답해설

- ㄱ. 경영상 이유에 의하여 근로자를 해고하는 경우 근로자의 과반수로 조직된 노동조합이 있는 경우에는 그 노동조합에 해고를 하려는 날의 50일 전까지 통보하고 성실하게 협의하여야 하므로 선택지의 사례는 정당한 이유가 있는 해고에 해당하지 않는다.
- ㄴ. 사용자는 근로자를 해고하려면 해고사유와 해고시기를 서면으로 통지하여야 한다고 하였으므로 구두로 통지한 해고는 효력이 없는 해고이다.
- ㄷ. 해고 30일 전에 예고하지 않았지만 30일분 이상의 통상임금을 지급하지 않 아도 되는 경우는 근로자가 고의로 사업에 막대한 지장을 초래하거나 재산 상 손해를 끼친 경우이다. 하지만 선택지의 사례에서는 고의는 없었다고 하 였으므로 30일분 이상의 통상임금을 지불해야 한다.

오답해설

- ㄹ. 어떠한 경우라도 근로자를 해고하려면 해고사유와 해고시기를 서면으로 통 지해야 한다. 고의로 사업에 막대한 지장을 초래한 것은 30일분 이상의 통 상임금을 지급하지 않아도 되는 사유에 해당할 뿐이다.

> **합격자의 SKILL**
>
> 4번과 달리 각각의 조문에 제목이 붙어있는 형태이다. 이러한 경우는 대개 조문의 길이가 길게 출제되는 것이 보통이므로 이 조문들을 찬찬히 읽으면 서 이해하는 것은 거의 도움이 되지 않는다. 제목을 체크해두고 그 제목을 통해서 법이 어떻게 구성되어 있는지 자기 나름대로의 스토리를 머릿속에 넣은 후에 선택지를 보기 바란다. 흔히들 제목에 체크하는 것 까지만 하고 그 제목을 통해서 법이 어떻게 구성되어 있는지를 머릿속에 넣지 않고 풀이 하는 경우가 많은데 그것은 별 효과가 없다.

17 정답 ①

정답해설

- ㄹ. 의회의원 총선거에 참여하여 의석을 얻지 못하고 유효투표 총수의 100분의 2 이상을 득표하지 못한 때 등록이 취소된다. 그러나 선택지의 경우는 유효 투표 총수 기준은 충족하였으므로 등록이 유지된다.

오답해설

- ㄱ. 시·도당은 각 1,000명 이상의 당원을 가져야 하므로 총 5,000명 이상의 당 원을 가져야 정당으로 성립될 수 있다. 그러나 4,000명의 당원을 모집하여 이에 미달하므로 정당으로 성립되지 못한다.
- ㄴ. 창당준비위원회의 결성신고일부터 6개월 이내에 창당등록신청을 하여야 하 나 선택지의 경우는 6개월을 초과한 상태이므로 정당으로 성립되지 못한다.
- ㄷ. 정당성립에 필요한 요건의 흠결이 공직선거의 선거일 전 3월 이내에 생긴 때에는 선거일 후 3월까지 그 취소를 유예하므로 선거 1개월 후에는 등록이 취소되지 않는다.

18 정답 ④

정답해설

- ㄴ. 정보시스템감사사(CISA) 자격증을 가지고 있는 직원은 법 소정의 결격사유만 없다면 경력기간과 직급에 상관없이 감사인으로 임명될 수 있다.
- ㄹ. 당해 감사업무에 필요하다고 인정할 때에는 소관부서장과 협의하여 소속 직 원으로 하여금 감사업무를 수행하게 할 수 있으므로 옳은 내용이다.

오답해설

- ㄱ. 계약심사 경력기간은 충족하고 있으나 4급 이상이어야 감사인으로 임명될 수 있으므로 옳지 않은 내용이다.
- ㄷ. 징계 처분을 받은 날로부터 3년이 경과하지 않은 자는 감사인이 될 수 없으 므로 옳지 않은 내용이다.

19 정답 ①

정답해설

- ㄱ. 제2호에 따르면 국무총리·국무위원·행정각부의 장·헌법재판소재판관· 법관에 대한 탄핵소추에는 재적의원 과반수의 찬성으로 의결한다. 하지만 대 통령에 대한 탄핵소추는 제3호에 따라 재적의원 3분의 2 이상의 찬성으로 의결하므로 탄핵소추의 대상에 따라 의결정족수는 다르다.
- ㄴ. 제1호에 의하면 의회는 국무위원의 해임을 건의할 수 있을 뿐 직접 해임시 킬 수는 없으므로 옳은 내용이다.

오답해설

- ㄷ. 대통령이 재의를 요구한 법률안을 의회가 재의결하는 데 필요한 의결정족수 는 재적의원 과반수의 출석과 출석의원 3분의 2 이상의 찬성이다. 반면, 대 통령에 대한 탄핵소추, 헌법개정안, 의회의원 제명에 대해서는 재적의원 3분 의 2 이상이 필요하므로 재의요구 법률안의 재의결에 필요한 의결정족수보 다 더 크다.
- ㄹ. 제3항에 의하면 헌법개정안을 의결하기 위해서는 재적의원 3분의 2 이상의 찬성이 필요하다.

정답해설

ㄱ. 제1항에서 '15일 이내에 대통령이 공포하며, 공포하는 즉시 그 법률안은 법률로서 확정된다'고 하였으므로 10일이 지난 날 법률로 확정된다.

ㄷ. ㄹ. 제2항에서 '대통령의 재의의 요구가 있을 때에는 재적의원과반수의 출석과 출석의원 3분의 2 이상의 찬성으로 전과 같은 의결을 하면 그 법률안은 법률로서 확정된다'고 하였으므로 재의를 요구하는데 걸린 3일(10일)과, 국회에서 의결되기까지의 시간인 5일(10일)을 더한 8일(20일)이 지난 날 법률로 확정된다. 이 경우 대통령의 공포를 언제 했는지는 무관하다.

ㄴ. 제3항에서 '정부에 이송된 지 15일 이내에 대통령이 공포하지 않거나 재의의 요구를 하지 아니한 때에도 그 법률안은 법률로서 확정된다'고 하였으므로 15일이 지난 날 법률로 확정된다.

정답해설

ㄱ. 甲의 부양가족
- 배우자
- 75세 아버지(본인의 60세 이상인 직계존속)
- 15세 자녀(본인의 20세 미만인 직계비속)
- 장애 6급을 가진 39세 처제(배우자의 형제자매 중 장애의 정도가 심한 사람)

ㄴ. 乙의 부양가족
- 배우자
- 56세 장모(배우자의 55세 이상인 직계존속)

따라서 甲의 부양가족은 4명이고, 乙의 부양가족은 2명이다.

정답해설

④ 카드사용 대금을 3회 연속하여 연체한 경우에만 카드이용계약의 해지를 통보할 수 있다. 따라서 옳지 않은 내용이다.

오답해설

① 본인회원은 가족회원의 동의 없이 가족회원의 일시정지 또는 해지를 통보할 수 있다고 하였으므로 B의 카드사용이 해지될 수 있다.

② 회원은 카드사에 언제든지 카드사용의 일시정지 또는 해지를 통보할 수 있다고 하였고 여기서의 회원에는 본인회원인지 가족회원인지를 구분하지 않으므로 C의 카드사용이 해지될 수 있다.

③ 회원이 최종 사용일로부터 1년 이상 카드를 사용하지 않은 경우 카드사는 전화 등으로 회원의 계약 해지의사를 확인하여야 하며, 이에 대해 회원이 해지의사를 밝히면 그 시점에 계약이 해지될 수 있다.

⑤ 입회신청서의 기재사항을 허위로 작성한 경우 계약의 해지를 통보할 수 있다고 하였으므로 이 사유로 해당 회원의 카드사용을 일시정지 또는 해지할 수 있다.

정답해설

⑤ 5천만 원 이상의 지방세를 정당한 사유 없이 그 납부기한까지 내지 아니한 사람에게는 6개월 이내의 기간을 정하여 출국을 금지할 수 있다고 하였으나 선택지의 사례는 2천만 원의 지방세를 납부기한까지 내지 아니한 경우이므로 옳지 않은 내용이다.

오답해설

① 형사재판에 계류 중인 사람에 대해서는 6개월 이내의 기간을 정하여 출국을 금지할 수 있다고 하였으므로 옳은 내용이다.

② 2천만 원 이상의 추징금을 내지 아니한 사람에 대해서는 6개월 이내의 기간을 정하여 출국을 금지할 수 있다고 하였으므로 옳은 내용이다.

③ 소재를 알 수 없어 기소중지결정이 된 사람에게는 3개월 이내의 기간을 정하여 출국을 금지할 수 있다고 하였으므로 옳은 내용이다.

④ 징역형의 집행이 끝나지 아니한 사람에게는 6개월 이내의 기간을 정하여 출국을 금지할 수 있다고 하였으므로 옳은 내용이다.

정답해설

⑤ 시행령 제00조 제1호에서 대한민국의 국적을 보유하였던 자로서 외국국적을 취득한 자를 외국국적동포라고 규정하고 있다. 따라서 선택지의 사례는 외국국적동포에 해당한다.

오답해설

① 법 제00조 제1호에서 '대한민국의 국민으로서' 외국의 영주권을 취득한 자 또는 영주할 목적으로 외국에 거주하고 있는 자를 재외동포로 보고 있다. 따라서 옳지 않은 내용이다.

② 법 제00조 제1호에서 재외국민이 되기 위해서는 외국의 영주권을 취득했거나 영주할 목적으로 외국에 거주하고 있어야 한다고 하였으므로 반드시 영주권을 가지고 있어야 하는 것은 아니다.

③ 시행령 제00조 제2호에서 조부모의 일방이 대한민국의 국적을 보유하였던 자로서 외국국적을 취득한 자를 외국국적동포라고 하였다. 따라서 선택지의 사례는 재외국민이 아닌 외국국적동포에 해당한다.

④ 법 제00조 제2호에서 외국국적동포는 대한민국의 국적을 보유하였던 자 중 일정한 조건을 충족시키는 경우에 해당한다고 규정하고 있다. 하지만 선택지의 사례는 현재 대한민국의 국적을 보유하고 있는 상황이므로 이에 해당하지 않는다.

합격자의 SKILL

법률과 시행령이 같이 제시되는 경우는 법률의 특정 용어를 시행령에서 세부적으로 규정하는 것이 일반적이다. 그런데 주의할 점은, 시행령의 내용에는 선택지에서 다뤄지지 않는 부분까지 규정하고 있는 경우가 많다는 점이다. 따라서 시행령을 체크할 때에는 전체 내용을 정리하려고 하지 말고 법률의 어느 용어가 시행령에서 구체화되었는지만 체크하고 넘어가는 것이 효과적이다.

25

정답해설

시행령 제1항에 따라 임신기간이 24주를 넘는 ㄴ을 제외하고 나머지 선택지를 판단해보자.
- ㄱ. 태아에 미치는 위험성이 높은 연골무형성증은 시행령 제2항에 따라 인공임신중절수술이 가능한 질환이며 임산부 본인과 배우자가 모두 동의하였으므로 허용된다.
- ㄷ. 임신중독증으로 인해 임신의 지속이 임산부의 건강을 심각하게 해치고 있는 상황은 법 제1항 제5호에 해당한다. 또한 남편이 실종된 경우에는 법 제2항에 의하여 임산부 본인의 동의만으로 중절수술이 가능하므로 선택지의 사례는 수술이 허용된다.

오답해설

- ㄹ. 경제적인 사유는 중절수술이 가능한 경우에 해당하지 않으므로 남편의 동의 여부와 무관하게 허용되지 않는다.

26
정답 ⑤

정답해설

- ㄱ. 제1조 제2항에서 '문화재청장은 제1항의 보물에 해당하는 문화재 중 인류문화의 관점에서 볼 때, 그 가치가 크고 유례가 드문 것을 문화재위원회의 심의를 거쳐 국보로 지정할 수 있다'고 하였으므로 옳지 않은 내용이다.
- ㄴ. 제3조 제1항에서 보호구역의 지정은 보물 및 국보로 지정하는 경우에 한하는 것이라고 하였으므로 옳지 않은 내용이다.
- ㄷ. 제2조 제4항에 의하면 '전수교육을 정상적으로 실시하기 어려운 경우 문화재위원회의 심의를 거쳐 명예보유자로 인정할 수 있다'고 하였으므로 옳지 않은 내용이다.
- ㄹ. 제2조 제3항에서 '문화재청장은 인정한 보유자 외에 해당 중요무형문화재의 보유자를 추가로 인정할 수 있다'고 하였으므로 옳지 않은 내용이다.

27
정답 ③

정답해설

③ 복합건축물로서 연면적 5,000㎡ 이상인 경우는 모든 층에 스프링클러설비를 설치해야 한다. 따라서 해당 건축물은 설치대상에 해당한다.

오답해설

① 경찰서 유치장은 설치대상이지만 경찰서 민원실은 설치 대상이 아니다.
② 수용인원이 100명 이상인 종교시설은 원칙적으로 설치대상이지만 사찰은 제외이므로 설치 대상이 아니다.
④ 물류터미널로서 3층 이하인 경우에는 바닥면적 합계가 6,000㎡ 이상인 경우에 설치를 해야 하지만 해당 건축물의 바닥면적은 이에 미치지 못하므로 설치 대상이 아니다.
⑤ 정신의료기관의 경우 해당 용도로 사용되는 바닥면적의 합계가 600㎡ 이상인 경우에 설치대상이다. 그러나 해당 시설은 바닥면적의 합계가 이에 미치지 못할 뿐만 아니라 편의점이 해당 용도로 사용되는 시설에 포함된다고 볼 수도 없으므로 설치 대상이 아니다.

합격자의 SKILL

상황판단 영역에서 자주 만나는 유형의 조문형태이다. 이런 조문은 처음부터 끝까지 꼼꼼히 본 후에 풀어서도 안 되지만 그렇다고 전체를 가볍게 스캔하며 읽어서도 안 된다. 이러한 유형은 원칙 항목의 중요 단어에 확실하게 표시해두고 선택지를 보면서 역으로 찾아가야 한다. 즉, 2번의 경우 '물류터미널' 한 단어만 체크해두고 그 아래의 3층 이하, 4층 이상 이러한 것은 먼저 보지 말라는 것이다. 어차피 선택지에서 묻는 것은 그중 하나에 그칠 것이고 또 그것을 미리 읽는다고 해서 법조문이 확실히 정리가 되지도 않는다.

28
정답 ③

정답해설

- ㄴ. 비영리법인이 재산을 무상으로 받은 경우 납세의무가 있다. 따라서 丙은 납세의무가 있다.
- ㄷ. 수증자가 국외거주자인 경우, 증여자는 연대납세의무를 진다. 따라서 아들은 납세의무자이며 丁은 이에 대한 연대납세의무를 진다.

오답해설

- ㄱ. 증여세 납세의무자는 원칙적으로 수증자이므로 甲은 원칙적으로는 납세의무가 없다.
- ㄹ. 수증자가 증여세를 납부할 능력이 없다고 인정되는 상황에서는 수증자와 함께 증여자가 연대납세의무를 진다. 따라서 己가 납부능력이 없다고 하여 납세의무가 사라지는 것이 아니고 그 납세의무에 보충적으로 戊가 연대납세의무를 지는 것이다.

합격자의 SKILL

등장인물이 많이 나오는 문제는 많은 수험생들이 실수하기 쉬운 유형이다. 시간제한 없이 차근차근 풀 때는 당연히 틀리지 않겠지만 극도의 긴장감 속에서 치러지는 실전에서는 터무니없는 실수로 인해 당락이 뒤바뀌곤 한다. 이것은 단순히 연습만으로는 부족하며, '등장인물이 많이 나오는 문제는 실수하지 않는다'와 같이 구체적인 목표와 유형을 머릿속에 심어놓아야 한다. 그렇지 않으면 똑같은 실수는 계속 반복된다.

29
정답 ④

정답해설

④ 해당 지역이 전략지역, 비전략지역인지를 구분하지 않고 지역구 국회의원 후보자는 공천위원회의 추천을 받아 최고위원회의 의결로 확정된다.

오답해설

① 비례대표 국회의원 후보자를 최종적으로 확정하는 것은 최고위원회이며, 국민공천배심원단은 심사를 할 뿐이다.
② 국민공천배심원단은 공천위원회에서 추천한 전략지역 후보자에 대해 심사한다. 즉, 추천은 공천위원회가 심사는 국민공천배심원단이 하는 것이다.
③ 국민공천배심원단이 재의를 요구할 수 있는 것은 전략지역 후보자이며 비전략지역후보자에 대한 권한은 없다.
⑤ 국민공천배심원단이 재의요구를 권고할 수 있는 정족수는 재적 3분의 2이다. 따라서 옳지 않다.

30 정답 ②

정답해설
ㄷ. 개발부담금을 징수할 수 있는 날로부터 5년이 경과하지 않기 때문에 소멸 시효는 완성되지 않은 상태이며, 납부고지는 개발부담금 징수권 소멸시효의 중단사유이므로 납부고지와 함께 소멸시효는 중단된다.

오답해설
ㄱ. 고지한 납부기간이 지난 시점부터 중단되었던 시효가 다시 진행되는 것이지 중단되는 것이 아니다.
ㄴ. 징수권의 소멸시효는 5년이다. 따라서 옳지 않은 내용이다.
ㄹ. 환급청구권은 행사할 수 있는 시점부터 5년간 행사하지 않으면 소멸시효가 완성되므로 옳지 않은 내용이다.

31 정답 ④

정답해설
④ 직계비속(혼인한 직계비속인 여성은 제외)이 보유한 자동차는 재산등록 대상에 해당한다.

오답해설
① 동생은 등록대상 친족에 포함되지 않으므로 재산등록대상이 아니다.
② 혼인한 직계비속인 여성은 등록대상 친족에 포함되지 않으므로 재산등록대상이 아니다.
③ 소유자별 연간 1천만 원 이상의 소득이 있는 지식재산권이 등록대상 재산이므로 선택지의 사례는 이에 해당하지 않는다.
⑤ 현재의 배우자만 해당되며 이혼한 전처는 배우자에 해당하지 않으므로 재산등록 대상에 해당하지 않는다.

32 정답 ②

정답해설
㉠ 당구장은 유치원 및 대학교의 정화구역에 설치하는 것이 아닌 한 설치가 금지되나 심의를 거치는 경우에 한해 가능하다. 여기서 주의할 것은 다른 시설과 달리 당구장의 경우는 심의만 통과한다면 대통령령에 의해 상대·절대정화구역을 따지지 않고 모든 정화구역에서 설치가 가능하다는 사실이다.
㉡ 만화가게는 상대정화구역에 설치하는 경우에 한해 심의를 거쳐 설치할 수 있는 시설이다.
㉢ 유치원 및 대학교의 정화구역에 설치하는 당구장은 금지시설이 아니므로 절대정화구역이라 하더라도 설치 가능하다.
㉣ 호텔은 상대정화구역에 설치하는 경우에 한해 심의를 거쳐 설치할 수 있는 시설이다.

33 정답 ④

정답해설
ㄱ. 공유자의 지분은 균등한 것으로 추정한다고 하였으므로 옳은 내용이다.
ㄴ. 공유물의 보존행위는 각자가 할 수 있다고 하였으므로 옳은 내용이다.
ㄹ. 공유자가 상속인 없이 사망한 때에는 그 지분은 다른 공유자에게 각 지분의 비율로 귀속한다고 하였으므로 옳은 내용이다.

오답해설
ㄷ. 조문에서 자신의 지분을 다른 공유자의 동의 없이 처분할 수 있다고 하였으므로 옳지 않은 내용이다. 여기서 주의할 것은, 공유물 자체를 처분하는 것은 다른 공유자의 동의가 있어야 한다는 것이다. 이런 식으로 비슷한 표현을 사용하나 효과 내지는 조건이 반대로 나타나는 법조문이 종종 등장하므로 주의하도록 하자.

34 정답 ①

정답해설
① 신속한 국민의 권리 보호 또는 예측 곤란한 특별한 사정의 발생 등으로 입법이 긴급을 요하는 경우에는 예고를 하지 아니할 수 있다고 하였으므로 옳은 내용이다.

오답해설
② 행정청은 예고된 입법안의 전문에 대한 복사를 요청받았을 때에는 그 비용을 복사를 요청한 자에게 부담시킬 수 있다고 하였으므로 옳지 않은 내용이다.
③ 상위 법령 등의 단순한 집행을 위한 경우에는 예고를 하지 아니할 수 있다고 하였으므로 옳지 않은 내용이다.
④ 법제처장은 입법예고를 하지 아니한 법령안의 심사 요청을 받은 경우에 입법예고를 하는 것이 적당하다고 판단할 때에는 해당 행정청에 입법예고를 권고하거나 직접 예고할 수 있다고 하였으므로 옳지 않은 내용이다.
⑤ 법령 등을 제정·개정 또는 폐지하려는 경우에는 해당 입법안을 마련한 행정청은 이를 예고하여야 한다고 하였으므로 옳지 않은 내용이다.

35 정답 ⑤

정답해설
ㄱ. 공무원은 직무상의 관계가 있든 없든 그 소속 상관에게 증여하거나 소속 공무원으로부터 증여를 받아서는 아니 된다고 하였으므로 규정을 위반한 행위이다.
ㄷ. 공무원은 선거에서 특정 정당을 지지하기 위해 기부금을 모집 또는 모집하게 하는 행위를 하여서는 아니 된다고 하였으므로 규정을 위반한 행위이다.
ㄹ. 공무원은 선거에서 특정인을 반대하기 위해 투표를 하거나 하지 아니하도록 권유 운동을 하여서는 아니 된다고 하였으므로 규정을 위반한 행위이다.

오답해설
ㄴ. 사실상 노무에 종사하는 공무원은 노동운동이나 그 밖에 공무 외의 일을 위한 집단행위를 할 수 있다. 또한, 이들 중 노동조합에 가입된 자가 소속 장관의 허가를 받았다면 조합 업무에 전임할 수 있다고 하였으므로 규정을 위반하지 않은 행위이다.

> **합격자의 SKILL**
>
> 상황판단에서는 법령이나 조약을 구체적으로 제시하고 이를 해석할 수 있는지, 혹은 사례에 적용할 수 있는지를 묻는 문제가 다수 출제된다. 법조문에 익숙하지 않은 수험생에게는 이 유형의 문제를 처음 접했을 때에는 어렵게 느껴질 수도 있지만, 자세히 들여다보면 법조문 문제 역시 형태를 달리한 '내용일치 문제'에 해당한다. 오히려 일반적인 텍스트와 달리 법조문은 구조가 짜임새 있기 때문에 익숙해지면 더 쉽게 답을 찾을 수 있는 유형이기도 하다.

정답해설

ㄱ. 우수의 판정은 광고에서 정한 자가 하지만 광고에서 판정자를 정하지 아니한 때에는 광고자가 판정한다고 하였다. 제시된 공모전에는 별도의 판정자를 정하고 있지 않으므로 광고자인 A청이 우수논문의 판정을 한다.

ㄴ. 광고에서 다른 의사표시가 있다면 우수한 자가 없다는 판정도 가능하다. 제시된 공모전은 '기준을 충족한 논문이 없다고 판정된 경우, 우수논문을 선정하지 않을 수 있다.'고 명시하고 있으므로 우수논문이 없다는 판정이 가능하다.

오답해설

ㄷ. 응모자는 우수의 판정 혹은 우수한 자가 없다는 판정에 대해 이의를 제기하지 못한다고 하였으므로 옳지 않은 내용이다.

ㄹ. 광고에서 1인만이 보수를 받을 것으로 정한 때에는 추첨에 의해서 결정한다. 제시된 공모전은 수상자를 1명으로 명시하고 있으므로 균등한 비율로 나누어 받는 것이 아니라 추첨을 통해 한 사람에게 모든 상금을 지급해야 한다.

정답해설

ㄴ. 제3항에서 혈중알코올농도에 따라 처벌의 정도가 다르게 규정되어 있으며, 제4항 제1호에서는 음주운전금지를 2회 이상 위반한 사람이 다시 음주운전을 할 경우에는 처벌이 가중된다고 하고 있으므로 옳은 내용이다.

오답해설

ㄱ. 혈중알코올농도 0.05퍼센트의 상태에서 운전하여 1회 적발되었을 때는 6개월 이하의 징역이나 300만 원 이하의 벌금이 부과되며, 술에 취한 상태에 있다고 인정할 만한 상당한 이유가 있는 사람으로서 경찰공무원의 음주측정에 응하지 아니한 사람에게는 1년 이상 3년 이하의 징역이나 500만 원 이상 1천만 원 이하의 벌금에 처한다고 하였으므로 후자의 불법의 정도가 크다고 볼 수 있다.

ㄷ. 제4항 제1호에 해당하여 1년 이상 3년 이하의 징역이나 500만 원 이상 1천만 원 이하의 벌금에 처해지므로 옳지 않은 내용이다.

정답해설

③ 건물을 축조함에는 경계로부터 반미터 이상의 거리를 두어야 하며, 이를 위반한 자에 대하여 인접지소유자는 건물의 변경이나 철거를 청구할 수 있다. 그러나 건물이 완성된 이후에는 손해배상만을 청구할 수 있다고 하였으므로 옳은 내용이다.

오답해설

① 토지의 경계를 정하기 위한 측량비용은 토지의 면적에 비례하여 부담한다고 하였으므로 전체 100만 원인 측량비용은 A토지의 소유자인 甲이 60%인 60만 원을, B토지의 소유자인 乙이 40%인 40만 원을 부담해야 한다. 따라서 옳지 않은 내용이다.

② 담을 설치하는 비용은 쌍방이 절반하여 부담한다고 하였으므로 전체 100만 원의 담 설치 비용은 甲과 乙이 각각 50만 원씩 부담해야 하므로 옳지 않은 내용이다.

④ 경계로부터 2미터 이내의 거리에서 이웃 주택의 내부를 관망할 수 있는 창이나 마루를 설치하는 경우에는 적당한 차면시설을 하여야 한다고 하였다. 따라서 차면시설이 되어 있다면 창을 설치할 수 있는 것이므로 옳지 않은 내용이다.

⑤ 지하실공사를 하는 때에는 경계로부터 그 깊이의 반 이상의 거리를 두어야 한다고 하였다. 따라서 깊이 2미터의 지하실공사를 한다면 인접토지인 B토지와의 경계로부터 1미터 이상의 거리를 두면 되므로 옳지 않은 내용이다.

정답해설

⑤ 제○○조 제3항에 의하면 시장·군수·구청장이 공공하수도를 설치하려면 시·도지사의 인가를 받아야 한다고 하였으므로 옳은 내용이다.

오답해설

① 제ㅁㅁ조 제2항에 의하면 공공하수도가 둘 이상의 지방자치단체의 장의 관할구역에 걸치는 경우, 관리청이 되는 자는 공공하수도 설치의 고시를 한 시·도지사 또는 인가를 받은 시장·군수·구청장으로 한다고 하였다. 따라서 해당 공공하수도의 관리청은 B자치구의 구청장이 아닌 A자치구의 구청장이다.

② 제○○조 제5항에 의하면 시·도지사가 국가의 보조를 받아 설치하고자 하는 공공하수도에 대하여 고시 또는 인가를 하고자 할 때에는 환경부장관의 승인이 아닌 협의가 필요하다고 하였다. 따라서 옳지 않은 내용이다.

③ 제○○조 제4항에 의하면 시장·군수·구청장이 인가받은 사항을 폐지하려면 시·도지사의 인가를 받아야 한다고 하였으므로 옳지 않은 내용이다.

④ 제○○조 제2항에 의하면 고시한 사항을 변경하고자 하는 때에도 해당 내용을 고시하여야 한다고 하였으므로 변경이 가능함을 전제하고 있다. 따라서 옳지 않은 내용이다.

합격자의 SKILL

이와 같이 별다른 특성이 없는 법조문은 수험생의 입장에서 참 곤혹스러운 유형이라고 할 수 있다. 차근차근 읽어가기도 그렇고 선택지부터 보기에도 그런 애매한 유형인데, 이런 유형을 만나면 각 조문의 '주체'가 무엇인가와 익숙한 법률용어들이(이 문제의 경우는 고시, 인가 등)에만 체크해두고 선택지로 넘어가는 것이 좋다. 특성이 없는 조문이라는 것은 결국 출제의 포인트가 한정적이라는 얘기인데, 결국 그것은 주체와 법률용어를 섞어놓는 것 이외에는 별다른 포인트가 없다는 의미가 된다. 이런 유형을 풀 때 가장 위험한 것은 처음부터 차근차근 숙지하며 읽어가는 것이다. 하나하나의 조문이 별개의 내용으로 구성되어 있는 편이 대부분이며 따라서 흐름을 잡기가 쉽지 않아 괜한 시간낭비가 될 가능성이 높기 때문이다.

정답해설

ㄱ. 신청인은 다음 각 호의 어느 하나에 해당하는 곳을 관할하는 지방법원에 조정을 신청해야 하며 그 세부 항목의 하나로 피신청인의 근무지를 들고 있으므로 옳은 내용이다.

ㄷ. 조정담당판사는 신청인과 피신청인 사이에 합의된 사항이 조정조서에 기재되면 조정 성립으로 사건을 종결시키며, 이 조정조서는 판결과 동일한 효력이 있다고 하였으므로 옳은 내용이다.

오답해설

ㄴ. 조정담당판사는 조정을 하지 아니하는 결정으로 사건을 종결시킬 수 있으나 신청인은 이 결정에 대해서 불복할 수 없다고 하였으므로 옳지 않은 내용이다.

ㄹ. 다음 각 호의 어느 하나에 해당하는 경우에는 조정신청을 한 때에 민사소송이 제기된 것으로 본다고 하였으며 그 세부 항목의 하나로 조정 불성립으로 사건이 종결된 경우를 들고 있으므로 옳지 않은 내용이다.

ㅁ. 조정담당판사는 신청인이 부당한 목적으로 조정신청을 한 것임을 인정하는 경우에는 조정을 하지 아니하는 결정으로 사건을 종결시킬 수 있다고 하였다. 여기서 조정을 하지 아니하는 결정은 조정 불성립과는 다른 개념이므로 옳지 않은 내용이다.

41
정답 ①

정답해설

ㄱ. 거주지 제한이 있는 것은 제ㅁㅁ조의 임대료 감액에 대한 사항이다. 선택지의 경우는 임대료의 감액이 아닌 임대의 가능 여부를 묻고 있으므로 제ㅁㅁ조가 아닌 제△△조가 적용되는데 제△△조는 거주지 제한 조건이 없으므로 옳은 내용이다.

ㄴ. 연간 임대료는 해당 폐교재산평정가격의 1천분의 100이 하한이므로 평정가격이 5억 원일 때 500만 원이 된다. 다만, 지방자치단체가 폐교재산을 문화시설로 사용하려는 경우에는 이 임대료의 1천분의 500까지 감액할 수 있으므로 연간 임대료의 최저액은 250만 원이다.

오답해설

ㄷ. 연간 임대료로 지불해야 할 최저액이 폐교재산평정가액의 0.7%이 되기 위해서는 해당 시설이 제ㅁㅁ조 제2항 제2호에 해당해야 한다. 그런데 선택지의 사례는 지역주민이 단독으로 폐교재산을 소득증대시설로 사용하려고 하는 상황이기에 이에 해당하지 않는다.

ㄹ. 제ㅁㅁ조 제1항 제2호에 의하면 단체 또는 사인이 폐교재산을 공공체육시설로 사용하려는 경우에는 연간 임대료를 감액하여 임대할 수 있다고 하였으므로 옳지 않은 내용이다.

합격자의 SKILL

이와 같이 세부적인 항목이 제시되는 법조문은 세부적인 내용은 일단은 읽지 말고 선택지를 판단할 때 찾아가는 식으로 풀이해야 한다. 단, 그 세부항목들이 어떤 것에 대한 것인지, 즉 상위범주에 대해서는 확실하게 정리를 하고 선택지를 읽어야 한다.

42
정답 ⑤

정답해설

ㄷ. 제ㅁㅁ조 제1항에 의해 사업자가 표시 · 광고행위를 하면서 고시된 중요정보를 표시 · 광고하지 않은 경우에는 1억 원 이하의 과태료를 부과한다고 하였다. 따라서 1억 원 이하인 5천만 원의 과태료를 부과하는 것이 가능하다. 또한 제2항에 공정거래위원회가 과태료를 부과한다고 하였으므로 옳은 내용이다.

ㄹ. 제△△조 제1항에서 공정거래위원회는 소비자 보호를 위해 필요한 경우에는 중요정보와 함께 표시 · 광고의 방법을 고시할 수 있다고 하였으므로 옳은 내용이다.

오답해설

ㄱ. 제△△조 제1항에서 공정거래위원회는 상품 등이나 거래분야의 성질에 비추어 소비자 보호 등을 위하여 필요한 경우는 중요정보를 고시할 수 있다고 하였으므로 옳지 않은 내용이다.

ㄴ. 제ㅇㅇ조 제1항과 제2항에 의해 사업자가 다른 사업자로 하여금 거래질서를 해칠 우려가 있는 비방적인 표시 · 광고를 한 경우에는 2년 이하의 징역 또는 1억 5천만 원 이하의 벌금에 처한다고 하였다. 과태료와 벌금을 바꿔놓고 출제하는 것은 매우 자주 출제되는 포인트이니만큼 절대로 틀려서는 안 될 것이다.

43
정답 ⑤

정답해설

⑤ 제ㅁㅁ조 제2항 제2호에 의하면 무죄재판서의 공개로 인하여 사건 관계인의 명예나 사생활의 비밀 또는 생명 · 신체의 안전이나 생활의 평온을 현저히 해칠 우려가 있는 경우라면 무죄재판서의 일부를 삭제하여 게재할 수 있다고 하였으므로 옳은 내용이다.

오답해설

① 제ㅇㅇ조 제1항에 의하면 무죄재판을 받아 확정된 사건의 피고인은 무죄재판이 확정된 때부터 3년 이내에 무죄재판서를 게재하도록 해당 사건을 기소한 검사의 소속 지방검찰청에 청구할 수 있으므로 옳지 않은 내용이다.

② 제ㅇㅇ조 제3항에 의하면 무죄재판서 게재 청구가 취소된 경우에는 다시 그 청구를 할 수 없다고 하였으므로 옳지 않은 내용이다.

③ 제ㅇㅇ조 제2항에 의하면 무죄재판서 게재 청구를 하지 아니하고 사망한 때에는 그 상속인이 이를 청구할 수 있는데, 같은 순위의 상속인이 여러 명일 때에는 상속인 모두가 그 청구에 동의하였음을 소명하는 자료도 함께 제출하여야 하므로 옳지 않은 내용이다.

④ 제ㅁㅁ조 제4항에 의하면 무죄재판서의 게재기간은 1년으로 한다고 하였으므로 옳지 않은 내용이다.

합격자의 SKILL

이 문제와 같이 선택지에 불필요한 단서 내지는 수식어구가 포함된 경우가 꽤 자주 출제된다. 수험생들을 혼란에 빠뜨릴 목적이 노골적으로 드러난 유형인데 이런 선택지들은 이후에 분석할 때는 별것 아니게 느껴지지만 시험장에서는 매우 부담스럽게 다가오기 마련이다. 때문에 조문을 너무 깊이 있게 읽지 말라는 것이다. 예를 들어 제ㅇㅇ조 제3항의 경우는 "취소된 경우는 할 수 없다"와 같이 간결하게 정리하는 습관을 들여야 한다. 그 앞에 있는 수식어구는 선택지를 판단하는 과정에서 읽는 것이 바람직하다. 즉 처음에는 뼈대만 추리고 살은 나중에 붙여야 한다.

44

정답 ③

정답해설

ㄴ. 결국 甲은 乙에게 수선으로 인한 채무를 변제하지 않겠다고 하는 것이므로 유치권자 乙은 채권의 변제를 받기 위하여 해당 옷을 경매할 수 있다.

ㄷ. 유치권은 점유의 상실로 인하여 소멸한다고 하였으므로 옳은 내용이다.

오답해설

ㄱ. 유치권자는 채권 전부의 변제를 받을 때까지 유치물 전부에 대하여 그 권리를 행사할 수 있다고 하였다. 따라서 수선비의 일부만 지급받은 경우 수선한 옷을 돌려줄 의무는 없다.

ㄹ. 유치권자는 채무자의 승낙 없이 유치물의 사용, 대여 또는 담보제공을 하지 못한다고 하였으므로 乙이 수선한 옷을 타인에게 대여하기 위해서는 甲의 승낙이 있어야 한다.

45

정답 ①

정답해설

ㄱ. 지방자치단체의 장은 사용ㆍ수익을 허가한 행정재산을 국가나 지방자치단체가 직접 공용 또는 공공용으로 사용하기 위하여 필요로 하게 된 경우에는 그 허가를 취소할 수 있다고 하였으므로 옳은 내용이다.

ㄴ. 지방자치단체의 장은 행정재산의 사용ㆍ수익을 허가하였을 때에는 매년 사용료를 징수하여야 하나 천재지변이나 재난을 입은 지역주민에게 일정기간 사용ㆍ수익을 허가하는 경우에는 사용료를 면제할 수 있다. 따라서 옳은 내용이다.

오답해설

ㄷ. 지방자치단체의 장이 허가를 취소할 경우 손실이 발생한 자에게 보상해야 하는 경우는 국가나 지방자치단체가 직접 공용 또는 공공용으로 사용하기 위하여 필요로 하게 된 경우이다. 행정재산을 그 사용 목적에 위배되게 사용한 경우는 취소대상에만 해당될 뿐 손실을 보상해야 하는 경우에 해당하지 않는다.

ㄹ. 수익허가를 갱신 받으려는 자는 수익허가기간이 끝나기 1개월 전에 지방자치단체의 장에게 갱신을 신청하여야 한다. 따라서 허가 종료일인 2019년 2월 28일의 1개월 전인 1월 31일까지 신청하여야 한다.

합격자의 SKILL

법조문형 문제는 시간이 무한정 주어진다면 모든 수험생이 다 풀 수 있는 문제이다. 하지만 현실은 그렇지 않기에 어느 정도의 요령이 필요하다. 예를 들어 제3조 제2항 같은 경우는 '면제할 수 있다.'라는 단어 하나만 잡고 곧바로 다음 제4조로 넘어가야 한다. 세부적인 내용은 천천히 읽는다고 해서 모두 외워지는 것도 아니고 실제 선택지에서는 그중 한 개만 다뤄지기 때문이다. 선택지를 보고 역으로 올라오라는 의미는 바로 이런 세부사항을 처리하는 방법을 의미하는 것이지, 조문 자체를 아예 읽지도 않고 선택지부터 보라는 의미가 아니다.

46

정답 ①

정답해설

ㄱ. 기획재정부 장관은 각 국제금융기구에 출자를 할 때에 미합중국통화 또는 그 밖의 자유교환성 통화나 금 또는 내국통화로 납입할 수 있다고 하였으므로 옳은 내용이다.

오답해설

ㄴ. 기획재정부 장관은 출자금을 한꺼번에 또는 분할하여 납입할 수 있다고 하였으므로 옳지 않은 내용이다.

ㄷ. 출자금을 내국통화로 출자하는 경우 그 출자금의 전부 또는 일부를 내국통화로 표시된 증권으로 출자할 수 있다고 하였으므로 옳지 않은 내용이다.

ㄹ. 기획재정부장관은 출자한 증권의 전부 또는 일부에 대하여 각 국제금융기구가 지급을 청구하면 지체 없이 이를 지급하여야 한다고 하였다. 즉, 한국은 행장이 아니라 기획재정부장관이므로 옳지 않은 내용이다.

47

정답 ②

정답해설

② 재산명시절차의 관할법원으로부터 조회를 받은 공공기관은 정당한 사유 없이 조회를 거부하지 못한다고 하였으므로 정당한 사유가 있다면 이를 거부할 수 있다고 하였으므로 옳은 내용이다.

오답해설

① 재산명시절차의 관할법원은 재산명시를 신청한 채권자의 신청에 따라 공공기관 등에 채무자 명의의 재산에 관하여 조회할 수 있으므로, 직권으로 조회할 수 있다는 것은 옳지 않은 내용이다.

③ 누구든지 재산조회의 결과를 강제집행 외의 목적으로 사용해서는 안 된다고 하였으므로 옳지 않은 내용이다.

④ 조회를 받은 기관 등의 장이 정당한 사유 없이 자료제출을 거부한 때에는 법원은 결정으로 500만 원 이하의 과태료에 처한다고 하였으므로 옳지 않은 내용이다.

⑤ 채권자가 조회신청을 할 경우에는 조회에 드는 비용을 미리 내야 한다고 하였으므로 옳지 않은 내용이다.

합격자의 SKILL

심화된 법률지식을 가지고 있을 필요는 없지만 일부 용어들은 출제의 포인트로 자주 등장하므로 미리 익혀두면 좋다. 예를 들어 이 문제에서 등장한 직권 vs 신청. 벌금 vs 과태료와 같은 용어들은 일단 문제에 등장하면 체크를 해두는 것이 좋다. 난도가 낮은 문제일수록 이런 경향이 강하다.

01	02	03	04	05	06	07	08	09	10
②	③	③	②	③	②	⑤	⑤	②	④
11	12	13	14	15	16	17	18	19	20
④	①	⑤	②	②	②	③	②	⑤	④
21	22	23							
①	⑤	①							

01 정답 ②

정답해설

ㄷ. '조선인을 부친으로 하여 출생한 자는 비록 그가 북한법의 규정에 따라 북한 국적을 취득하였다고 하더라도, 위 임시조례의 규정에 따라 조선 국적을 취득하였다가 제헌헌법의 공포(1948.7.17.)와 동시에 대한민국 국적을 취득하게 된다'라고 하였으므로 옳은 내용이다.

오답해설

ㄱ. 대한민국 수립(1948년) 이전에 북한 지역에서 태어난 사람은 '국적에 관한 임시조례'에 의해 먼저 조선의 국적을 취득했다가 1948년 이후에 다시 대한민국 국적을 취득하게 되므로 '출생시기에 관계없이 처음부터 대한민국 국적을 취득하는 것'이 아니다. 따라서 옳지 않은 내용이다.

ㄴ, ㄹ. 북한지역도 대한민국의 영토에 속하는 한반도의 일부를 이루는 것이어서 대한민국의 주권이 미치고, 북한주민도 대한민국 국적을 취득·유지하는 데 아무런 영향이 없는 것으로 해석하고 있으므로 옳지 않은 내용이다.

ㅁ. '국민은 국가의 항구적 소속원이므로 어느 곳에 있든지 그가 속하는 국가의 통치권에 복종할 의무를 부담한다'라고 하였으므로 대한민국 국민은 다른 나라에서도 대한민국에 복종할 의무를 지닌다. 따라서 옳지 않은 내용이다.

02 정답 ③

정답해설

ㄱ. 도박에 빠져 장기간 집에 들어오지 않았다는 것은 배우자의 일방이 정당한 이유 없이 서로 동거·부양·협조하여야 할 부부로서의 의무를 일부라도 게을리 한 것으로 볼 수 있기 때문에 악의의 유기에 해당한다. 따라서 옳은 내용이다.

ㄴ. 가정법원의 확인을 받은 후 신고하지 않고 3월을 경과한 때에는 그 확인은 효력을 상실한다고 하였으므로 옳은 내용이다.

ㄹ. 건강상·직업상·경제상 또는 자녀의 교육상 필요하여 별거하는 것은 정당한 이유에 의한 별거이기 때문에 악의의 유기에 해당하지 않는다. 따라서 옳은 내용이다.

오답해설

ㄷ. 혼인생활의 파탄을 초래할 만한 치유불능의 정신병 등은 혼인의 본질에 상응하는 부부의 공동생활 관계가 회복될 수 없을 정도로 파탄되고, 그 혼인생활을 지속하는 것이 배우자 일방에게 참을 수 없는 고통이 되는 경우에 해당하므로 재판상 이혼을 청구할 수 있다. 따라서 옳지 않은 내용이다.

ㅁ. 배우자의 불륜은 부정행위에 해당하므로 재판상 이혼을 청구할 수 있다. 따라서 옳지 않은 내용이다.

03 정답 ③

정답해설

③ 외국인 산업연수생에 대한 국내관리업체로 선정되도록 하는 것과 경찰관의 업무는 서로 연관관계가 없어 직무에 관하여 뇌물을 수수한 것으로 볼 수 없으므로 뇌물에 관한 죄에 해당하지 않는다.

오답해설

① 업무전반에 관하여 선처해 달라는 취지의 부탁을 받고 금전을 받은 것은 대통령경제수석비서관의 직무에 관하여 금품을 수수한 것이므로 뇌물에 관한 죄에 해당한다.

② 각종 인·허가로 잘 알게 된 담당공무원에게 건축허가를 해달라고 부탁한 것은 직무에 관하여 금품을 수수한 것이며, 술접대 등을 제공한 것은 법령이나 사회윤리적 관점에서 인정될 수 있는 정당한 대가가 아니므로 뇌물에 관한 죄에 해당한다.

④ 해당 지방자치단체의 공사도급을 받으려는 건설업자가 해당 자치단체장에게 금품을 제공한 것은 직무에 관하여 금품을 수수한 것이며, 이는 개인적인 용도가 아닌 곳에 사용했다 하더라도 변경되는 것이 아니다. 따라서 뇌물에 관한 죄에 해당한다.

⑤ 해외취업자 국외송출허가 업무를 취급하던 자가 인력송출의 부탁과 함께 사례조로 금품을 받은 것은 직무에 관하여 금품을 수수한 것이며, 이는 이후 반환을 했다하더라도 뇌물 수수 행위 자체에 영향을 주는 것은 아니다. 따라서 뇌물에 관한 죄에 해당한다.

04 정답 ②

정답해설

ㄱ. 회원이 카드를 분실하거나 도난당한 경우에는 즉시 서면으로 신고하여야 하고, 이 카드가 부정사용되었을 경우에는 신고접수일 이후, 신고접수한 날의 전날부터 15일까지, 16일 이전으로 차등하여 보상액을 정할 수 있다고 하였으므로 옳은 내용이다.

ㄷ. 카드의 월간 사용한도액이 회원 본인의 책임한도액이 되는 것은 아니므로 부정사용액 중 월간 사용한도액의 범위 내에서만 회원의 책임이 있는 것은 아니라고 하였으므로 옳은 내용이다.

오답해설

ㄴ. 분실 또는 도난당한 카드가 타인에 의하여 부정사용되었을 경우에는 신고접수일 이후의 부정사용액에 대하여는 전액을 보상한다고 하였으므로 옳지 않은 내용이다.

ㄹ. 가맹점이 주의의무를 게을리하여 손해를 자초하거나 확대하였다면, 그 과실의 정도에 따라 회원의 책임을 감면해 주는 것이 거래의 안전을 위한 신의성실의 원칙상 정당하다고 하였으므로 옳지 않은 내용이다.

정답해설

ㄱ. 동산에 관한 소유권의 이전은 그 동산을 인도하여야 효력이 생기는데, 각주에서 인도란 사실상 지배의 이전이라고 하였으므로 옳은 내용이다.

ㄹ. 제3자가 점유하고 있는 동산에 관한 소유권을 이전하는 경우, 양도인이 그 제3자에 대한 반환청구권을 양수인에게 양도함으로써 동산을 인도한 것으로 본다고 하였으므로 옳은 내용이다.

오답해설

ㄴ. 양수인이 이미 동산을 점유한 때에는 당사자 사이에 의사표시의 합치만 있으면 그 효력이 생긴다고 하였으므로 옳지 않은 내용이다.

ㄷ. 당사자 사이의 계약으로 양도인이 그 동산을 계속 점유하기로 한 때에는 양수인이 인도받은 것으로 본다고 하였으므로 옳지 않은 내용이다.

정답해설

사례가 복잡하게 구성되어 있으나 범죄가 발생한 국가, 범죄 가해자의 국적만 구분하면 쉽게 판단할 수 있다. ○, ×는 인정여부이며, 선택지의 사례들이 모두 4대 중대범죄에 해당하므로 범죄발생국가와 가해자 국적 중 하나라도 ○에 해당되면 재판관할권을 행사할 수 있다.

구분	범죄종류	범죄발생국가	가해자국적	재판관할권 행사가능 여부
ㄱ	인도주의위반	B(○)	A(×)	행사가능
ㄴ	전쟁범죄	D(×)	C(×)	행사불가능
ㄷ	인도주의위반	F(○)	F(○)	행사가능
ㄹ	대량학살	G(×)	G(×)	행사불가능

▶ **합격자의 SKILL**

이 문제와 같이 문제의 논점을 흐리는 허수정보들이 포함된 경우는 최대한 빨리 문제를 단순화 시켜야 한다. 각 선택지의 스토리에 매몰되어버리면 정작 필요한 자료가 무엇인지를 놓칠 수밖에 없다.

정답해설

⑤ 감치결정이 있으면 법원공무원이 증인을 교도소, 구치소, 경찰서 유치장에 유치함으로써 이를 집행한다고 하였으므로 옳지 않은 내용이다.

오답해설

① 법원은 정당한 사유 없이 출석하지 아니한 증인을 구인하도록 명할 수 있으며, 이를 위해서는 법원에 의한 구속영장 발부가 필요하다고 하였으므로 옳은 내용이다.

② 과태료결정을 한 이후 증인의 증언이 있을 경우 그 결정 자체를 취소하거나 과태료를 감할 수 있다고 하였으므로 옳은 내용이다.

③ 증인을 구인하면 법원에 그를 인치하며, 인치한 때부터 24시간 내에 석방하여야 한다고 하였으므로 옳은 내용이다.

④ 증인이 감치의 집행 중에 증언을 한 때에는 법원은 바로 감치결정을 취소하고 그 증인을 석방하여야 한다고 하였으므로 옳은 내용이다.

정답해설

⑤ 전문심리위원이 당해 사건에서 증언이나 감정을 한 경우에는 법원이 별도의 조처를 하지 않더라도 이후의 재판절차에 참여할 수 없다. 따라서 옳은 내용이다.

오답해설

① 당사자, 증인 또는 감정인 등 소송관계인에게 질문하기 위해서는 재판장의 허가를 얻어야 한다고 하였으므로 소송당사자의 동의가 있었는지의 여부는 영향을 주지 않는다.

② 전문심리위원은 재판부의 구성원이 아니어서 판결 내용을 정하기 위한 판결의 합의에 참여할 수 없다고 하였으므로 옳지 않은 내용이다.

③ 전문심리위원은 증인이나 감정인이 아니기 때문에 그의 설명이나 의견은 증거자료가 아니다. 따라서 법원은 그의 설명, 의견에 구속받지 않는다.

④ 당사자의 합의로 전문심리위원의 지정결정을 취소할 것을 신청한 경우라면 법원은 그 결정에 따라야 하므로 옳지 않은 내용이다.

정답해설

ㄱ. 일본도 우리나라와 마찬가지로 특허권적 보호방법을 취한다고 하였으므로, 일본에서 독점·배타적인 디자인권을 취득하고자 하는 사람은 해당 국가의 특허청에 디자인을 등록하여야 한다. 따라서 옳은 내용이다.

ㄷ. 미국도 우리나라와 마찬가지로 특허권적 보호방법을 취하고 있으므로 타인이 이미 특허청에 등록한 것이라면 자신이 독자적으로 동일한 디자인을 창작하였더라도 디자인권을 침해하는 것이 된다. 따라서 옳은 내용이다.

오답해설

ㄴ. 디자인보호법의 보호를 받기 위해서는 시각을 통하여 미감을 일으키게 하는 것이어야 하므로 옳지 않은 내용이다.

ㄹ. 타인이 이미 창작한 디자인과 동일한 디자인을 고안한 사람이라도 타인의 디자인을 모방하지 않은 경우라면, 자신이 고안한 디자인을 사용할 수 있으며 타인의 디자인권을 침해하는 것이 아니라고 보는 입장은 저작권적 보호방법에 해당한다. 우리나라는 특허권적 보호방법을 취하고 있으므로 옳지 않은 내용이다. 또 우리나라의 특허청에 등록되어 있다면 그 특허권자의 국적은 관계가 없다.

정답해설

ㄱ. 제1조 제2항에서 특정물인도 이외의 채무변제는 채권자(甲)의 현주소에서 하여야 한다고 하였으므로 옳은 내용이다.

ㄷ. ㄱ에서 설명한 것과 같이 특정물인도 이외의 채무변제는 채권자(乙)의 현주소에서 하여야 한다고 하였으므로 옳은 내용이다.

ㄹ. 제2조에서 매매 목적물의 인도와 동시에 대금을 지급할 경우에는 그 인도장소(甲의 집)에서 이를 지급하여야 한다고 하였으므로 옳은 내용이다.

오답해설

ㄴ. 제1조 제1항에서 특정물(중고자동차)인도 채무의 변제는 채권성립 당시에 그 물건이 있던 장소(甲의 집)에서 하여야 한다고 하였으므로 옳지 않은 내용이다.

11 정답 ④

정답해설

ㄱ. 대통령령으로 정하는 서화·골동품에는 석판화의 원본이 포함되고 복제품은 해당사항이 없으므로 옳지 않은 내용이다.

ㄴ. 국보와 보물 등 국가지정문화재의 거래 및 양도는 과세대상이 아니라고 하였으므로 옳지 않은 내용이다.

ㄹ. 점당 양도가액이 6,000만 원 이상인 것을 과세 대상으로 규정하고 있으므로 옳지 않은 내용이다.

오답해설

ㄷ. 양도일 현재 생존하고 있는 국내 원작자의 작품은 과세 대상에서 제외한다고 하였으므로 옳은 내용이다.

12 정답 ①

정답해설

① 항소인은 항소심 판결이 선고되기 전까지만 항소취하를 할 수 있다고 하였으므로 옳은 내용이다.

오답해설

②, ③ 항소취하 시에 피항소인(甲)의 동의가 필요하지 않다고 하였지 항소인(乙)의 동의가 필요하지 않은 것은 아니므로 옳지 않은 내용이다.

④ 항소취하는 항소 제기시점으로 소급하여 항소만 소멸되기 때문에, 항소의 대상이 되었던 1심 판결의 효력은 유지된다고 하였으므로 옳지 않은 내용이다.

⑤ 항소심에서 소취하를 하면 1심의 소를 제기한 때로 소급하여 소송이 소멸된다. 그 결과 소송당사자 사이의 권리의무에 관한 분쟁은 해결되지 아니한 채 소송만 종료된다고 하였으므로 옳지 않은 내용이다.

13 정답 ⑤

정답해설

⑤ 동산담보권자는 채권 전부를 변제받을 때까지 담보목적물 전부에 대하여 동산담보권을 행사할 수 있다고 하였으므로 옳지 않은 내용이다.

오답해설

① 동산질권은 질권자가 담보목적물을 질권설정자에게 반환한 때 소멸한다고 하였으므로 옳은 내용이다.

② 동산담보권은 법인이나 상호등기를 한 사람이 채권자에게 채권의 담보로 동산을 제공한 경우에 해당되는 것이므로 옳은 내용이다.

③ 동산담보권은 담보등기부에 등기를 하여야 그 효력이 발생한다고 하였으므로 옳은 내용이다.

④ 동일한 동산에 설정된 동산담보권 상호간의 우선순위는 등기의 선후에 따른다고 하였으므로 옳은 내용이다.

14 정답 ②

정답해설

A : 2,000만 원 이상의 현금을 지급하였으므로 보고 대상에 해당한다.

D : 같은 사람 명의로 이루어진 금융거래의 총액이 2,000만 원 이상이므로 보고대상에 해당한다.

오답해설

B : 계좌이체로 인한 금융거래는 보고대상에 해당하지 않는다.

C : 같은 사람 명의로 이루어진 금융거래의 총액이 2,000만 원 이상이어야 하므로 보고대상에 해당하지 않는다.

E : 전체 거래액은 2,000만 원이지만 그 중 100만 원은 인터넷뱅킹을 통한 것이므로 보고대상에 해당하지 않는다.

15 정답 ②

정답해설

② [다수의견], [별개의견], [반대의견] 모두 국가 또는 공공단체가 피해자에게 배상을 진다는 점은 인정하고 있으므로 옳은 내용이다.

오답해설

① [다수의견]은 '고의 또는 중과실이 있는 경우' 피해자에게 불법행위로 인한 손해배상책임을 진다는 것이며, [별개의견]은 '중과실과 경과실을 구분하지 않고' 손해배상책임을 진다는 것이다. 따라서 경과실로 인한 직무상 불법행위에 대해 배상책임이 면제된다는 것은 [별개의견]에만 해당되고 [다수의견]에는 해당하지 않는다.

③ [다수의견]은 경과실과 중과실을 구분하나 [반대의견]은 공무원이 손해배상책임을 지지 않는다는 입장이므로 옳지 않은 내용이다.

④ [반대의견]은 피해자에 대해서는 손해배상 책임을 부담하지 않지만, 국가 또는 공공단체에 대한 공무원의 내부적 책임은 면제되지 아니한다는 입장이므로 옳지 않다.

⑤ [다수의견]과 [별개의견]은 공무원 개인이 피해자에게 배상책임을 지는 입장이지만, [반대의견]은 피해자에게 직접 배상책임을 지지 않는다는 입장이므로 옳지 않다.

16 정답 ②

정답해설

ㄱ. A법에 시행기간을 명시적으로 규정하고 있으므로 (가)의 한시법에 해당한다.

ㄴ. 신법C에서 B법의 일부 조항을 폐지한다고 명시적으로 정하였으므로 (나)에 해당한다.

ㄷ. D법이 일정한 목적을 위해 제정되었고 그 목적이 달성되어 폐지되므로 (라)에 해당한다.

ㄹ. 동일한 사항에 대하여 구법과 서로 저촉되는 신법이 제정된 경우 신법이 우선하는 것이 원칙이나, 이 둘이 특별법과 일반법의 관계인 경우에는 기존의 특별법이 계속 적용되게 된다. 이는 (다)에 해당하는 내용이다.

정답해설

주어진 〈사례〉를 손해배상액의 예정이 있는 사항과 예정이 없는 사항으로 나누어 살펴보자.

ⅰ) 손해배상액의 예정이 있는 사항

리모델링 공사가 지연될 경우 1일당 10만 원씩 지급하기로 사전에 예정되어 있으므로 30일간의 지연에 따른 300만 원의 배상액을 청구할 수 있다. 여기서 실제 손해액이 500만 원이지만 예정액이 미리 정해져 있는 경우에는 그 초과액을 배상받을 수는 없다는 점에 유의하여야 한다.

ⅱ) 손해배상액의 예정이 없는 사항

고의로 불량자재를 사용하여 부실공사가 이루어졌으므로 손해배상청구의 요건을 충족한다. 이를 청구하기 위해서는 별도로 손해의 발생사실과 손해액을 증명하여야 하나, 〈사례〉에서는 이를 증명하였다고 하였으므로 손해액 1,000만 원 전액을 청구할 수 있다.

따라서 甲이 乙에게 지급을 청구하여 받을 수 있는 최대 손해배상액은 ⅰ)과 ⅱ)를 합산한 금액인 1,300만 원이다.

정답해설

제시된 가족관계를 정리하면 다음과 같다.

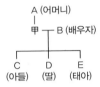

A (어머니) — 甲 — B (배우자) — C (아들), D (딸), E (태아)

② 개정안에 의할 경우 E가 출생한 경우에 B는 상속재산의 절반(4.5억 원)을 우선 배분받고, 거기에 더해 잔여분인 4.5억 원의 1/3(1.5억 원)을 추가로 받게 된다. 따라서 B는 총 6억 원을 상속받게 되므로 옳은 내용이다.

오답해설

① 현행법에 의할 때 E가 출생한 경우에 상속비율은 B(1.5), C(1), D(1), E(1)이므로 B의 상속비율은 1.5/4.5=1/3가 되어 30% 이상의 상속분을 갖게 된다. 따라서 옳지 않다.

③ 현행법에 의할 때 E가 사산된 경우 E는 상속인이 되지 못하므로 B는 직계비속인 C, D와 함께 공동상속인이 되며, 상속비율은 B(1.5), C(1), D(1)이 된다. 따라서 B의 상속분은 9억 원×1.5/3.5≒3.8억 원이다.

④ 개정안에 의할 경우 B는 상속재산의 절반을 우선 배분받으므로 상속분은 4.5억 원 이상이 되므로 옳지 않다. 구체적으로 구해보면 4.5억 원+(4.5억 원×1.5/3.5)≒6억 원으로 계산된다.

⑤ E가 출생한 경우를 먼저 살펴보면 선택지 ①(3억 원)과 ②(6억 원)에서 살펴본 것과 같이 증가율은 50%를 훨씬 넘는다. 또한 E가 사산한 경우도 선택지 ③(약 3.8억 원)과 ④(약 6억 원)에서 살펴본 바와 같이 증가율은 50%를 상회한다. 따라서 옳지 않다.

합격자의 SKILL

위에서 풀이한 바와 같이 선택지 ④는 별도의 계산 없이 정오판별이 가능했으나 바로 다음의 ⑤를 위해서는 결국 구해야 함을 알 수 있었다. 최근에는 이와 같이 결국은 모두를 계산하게끔 하는 문제가 종종 출제되는 경향이 있으나, 모든 문제가 다 그런 것은 아니므로 일단 계산 없이 정오판별이 가능한 것 먼저 체크하도록 하자. 결과적으로 이 문제의 정답은 이 모든 것을 모두 계산할 필요 없이 ②에서 결정되었다.

정답해설

⑤ 乙이 매매를 통해 부동산 X의 소유권을 취득하려면 乙의 명의로 소유권이전등기를 마쳐야 한다. 따라서 매매대금의 지급과는 무관하게 乙의 명의로 소유권이전등기를 마치지 않은 경우, 乙은 부동산 X에 대한 소유권을 취득하지 못한다.

오답해설

① 계약에 의하여 부동산의 소유권을 취득하려면 양수인 명의로 소유권이전등기를 마쳐야 하므로 乙이 매매로 인해 획득한 부동산 X의 소유권을 취득하려면 乙의 명의로 소유권이전등기가 마쳐져야 한다. 따라서 옳지 않은 내용이다.

② 丙이 증여로 인해 획득한 부동산 X의 소유권을 취득하려면 丙의 명의로 소유권이전등기가 마쳐져야 하므로 옳지 않은 내용이다.

③ 증여에 의하여 동산의 소유권을 취득하려면 양도인이 양수인에게 그 동산을 인도하여야 하므로 옳지 않은 내용이다.

④ 상속으로 인해 부동산의 소유권을 취득하는 경우에는 등기를 필요로 하지 않는다. 따라서 乙과 丙의 명의로 소유권이전등기를 해야 하는 것은 아니다. 다만, 등기를 하지 않으면 그 부동산을 처분하지 못할 뿐이다.

합격자의 SKILL

이른바 법학교과서형 문제이며 매년 2~3문제는 꼭 출제되는 유형이다. 이 유형은 제시문의 형태를 띠고 있으나 실상은 법률형 문제와 동일하다. 따라서 법률형 문제에서 주로 출제되는 스킬, 특히 예외규정에 대한 포인트는 이 유형에서도 여전히 유효하다.

정답해설

④ 진술보조인은 변론에서 당사자의 진술을 조력하는 사람일 뿐이므로 당사자를 대신해서 출석하여 진술할 수 없고, 상소의 제기와 같이 당사자만이 할 수 있는 행위도 할 수 없다고 하였으므로 옳은 내용이다.

오답해설

① 진술보조인에 의한 중개 또는 설명의 정확성을 확인하기 위해 진술보조인에게 질문할 수 있는데 그 질문은 법원만이 한다고 하였다. 따라서 진술보조인 丙에게 직접 질문할 수 있는 것은 법원이지 甲이 아니다.

② 당사자 본인은 진술보조인의 중개 또는 설명을 즉시 취소할 수 있다고 하였으므로 乙은 진술보조인 丙의 진술을 즉시 취소할 수 있다.

③ 법원은 진술보조인을 허가한 이후에도 언제든지 그 허가를 취소할 수 있다고 하였으므로 옳지 않은 내용이다.

⑤ 진술보조인 제도를 이용하려는 당사자는 1심, 2심, 3심의 각 법원마다 서면으로 진술보조인에 대한 허가신청을 해야 한다고 하였으므로 옳지 않은 내용이다.

21 정답 ①

ㄱ. 주민투표법에서는 주민투표를 실시할 수 있는 권한을 지방자치단체장에게만 부여하고 있다고 하였으므로 옳은 내용이다.

ㄷ. 주민이 직접 조례의 제정 및 개폐를 청구할 수 있는 주민발의는 지방자치단체장에게 청구하도록 되어 있다고 하였으므로 옳은 내용이다.

ㄴ. 주민발의 청구에 필요한 주민의 수는 지방자치단체의 조례로 정하되 인구가 50만 명 이상인 대도시에서는 19세 이상 주민 총수의 <u>100분의 1 이상 70분의 1 이하의 범위</u> 내에서 정하도록 하고 있다. 甲시의 인구는 70만 명이어서 이 조항의 적용대상이므로 옳지 않은 내용이다.

ㄹ. 기초자치단체장을 소환하기 위해서는 선거권이 있는 19세 이상 주민 총수의 <u>100분의 15 이상</u>의 서명을 받아야 한다고 하였으므로 옳지 않은 내용이다.

22 정답 ⑤

⑤ 하자로 인한 매매계약 해제권은 매수자에게 있지만 착오로 인한 해제는 계약당사자 모두가 가능하다. 또한 2019년 6월 20일은 하자로 인한 계약해제를 할 수 있는 6개월이 지난 시점이므로 하자를 이유로는 매매계약을 해제할 수 없지만, 착오를 이유로 계약을 해제할 수 있는 기간에는 해당하므로 옳은 내용이다.

① 하자담보책임을 물어 계약을 해제할 수 있는 권리는 매수인에게 있는 것이지 매도인이 가지고 있는 것이 아니므로 옳지 않다.

② 하자로 인한 손해배상청구권은 하자가 있다는 사실을 안 날로부터 6개월 내에 행사하여야 한다. 하지만 2019년 6월 20일은 하자가 있다는 사실을 알게 된 날(2018년 6월 20일)로부터 1년이 지난 시점이므로 옳지 않다.

③ 착오를 이유로 한 계약취소는 착오에서 벗어난 날로부터 3년 이내에 행사하여야 하는데 2019년 9월 20일은 이 기간 내에 있으므로 매매계약을 취소할 수 있다. 따라서 옳지 않은 내용이다.

④ 하자로 인한 계약해제는 하자가 있다는 사실을 안 날로부터 6개월 내에 행사하여야 하는데 2019년 6월 20일은 이 기간이 지난 상태이므로 매매계약을 해제할 수 없다. 따라서 옳지 않다.

설명문의 형식으로 구성된 법조문 유형의 문제는 단순히 내용을 이해하고 끝날 것이 아니라 글 자체를 법조문의 형태로 재구성하며 문제를 풀이할 수 있어야 한다. 예를 들어 첫단락을 1조, 두 번째 단락을 2조와 같이 내용을 분리해서 읽어야 한다는 것이다. 그렇게 하면 불필요한 수식어구들이 사라지면서 핵심적인 내용만 남게 되는데, 이렇게 풀이할 수 있으려면 상당히 많은 연습이 있어야 가능하다.

23 정답 ①

ㄹ. 당사자가 법원에 출석하여 소송을 진행할 수 없는 장애사유가 발생한 경우 법원의 재판에 의해 절차진행이 중지되며(재판중지), 이후 취소재판에 의해 중지가 해소되고 절차가 진행된다고 하였으므로 옳은 내용이다.

ㄱ. 사망한 당사자에게 이미 변호사가 소송대리인으로 선임되어 있을 때는 변호사가 소송을 대리하는 데 지장이 없으므로 절차는 중단되지 않는다고 하였다. 따라서 옳지 않은 내용이다.

ㄴ. 소송대리인인 변호사가 사망한 경우 당사자가 절차를 진행할 수 있기 때문에 중단사유가 되지 않는다. 따라서 옳지 않은 내용이다.

ㄷ. 천재지변이나 그 밖의 사고로 법원이 직무수행을 할 수 없게 된 경우에 별도의 법원의 재판없이 소송절차는 당연히 중지된다(당연중지). 따라서 옳지 않은 내용이다.

01	02	03	04	05	06	07	08	09	10
②	③	②	③	④	③	④	④	④	①
11	12	13	14	15	16	17	18	19	20
③	⑤	①	③	④	⑤	⑤	③	④	②
21	22	23	24	25	26	27	28	29	30
③	③	①	④	④	⑤	③	①	②	⑤
31	32	33	34	35	36	37	38	39	40
⑤	①	②	①	③	②	③	④	①	②
41	42	43	44	45	46	47	48	49	50
②	①	⑤	④	⑤	④	⑤	①	①	⑤
51	52	53	54	55	56	57	58	59	60
④	④	②	⑤	①	④	③	④	⑤	①
61	62	63	64	65	66	67			
②	③	⑤	②	⑤	①	②			

01

정답 ②

정답해설

ㄴ. B안은 정부가 시설을 운영한다고 하였고, A안은 시설을 건설한 민간사업자가, C안은 시설을 임차한 다른 민간사업자가 시설을 운영하므로 옳은 내용이다.

ㄷ. B안은 시설 운용에 따른 수익의 발생여부와 무관하게 정해진 원리금을 분할 지급해야 하므로 정부예산의 부담이 커질 가능성이 높다. 따라서 옳은 내용이다.

오답해설

ㄱ. A안과 C안은 모두 운영시 발생하는 수익금을 통해 투자금을 회수하는 방식인데 반해 B안은 수익금과는 무관하게 정부에서 정해진 원리금을 지급하는 방식이다. 따라서 B안의 투자위험이 A안과 C안보다 낮으므로 옳지 않은 내용이다.

ㄹ. 반대로 되어있다. B안의 경우가 최종 수요자가 적거나 사용료 부과가 힘들어 투자비 회수가 어려운 시설에 적합한 반면, A안은 최종 수요자에게 사용료를 부과하여 투자비 회수가 비교적 용이한 시설에 적합한 방식이다. 따라서 옳지 않은 내용이다.

02

정답 ③

정답해설

기지국 A의 섹터a에서 섹터b로 이동할 때 'H1', 기지국 A의 섹터b와 기지국 B의 섹터a가 겹치는 부분으로 이동할 때 'H3', 기지국 B의 섹터a에서 섹터c로 이동할 때 'H1', 기지국 B의 섹터c에서 기지국 C의 섹터a로 이동할 때 'H2', 기지국 C의 섹터a에서 섹터b로 이동할 때 'H1'의 과정을 거친다.

03

정답 ②

정답해설

ㄱ. 이조는 주로 인사를 담당하였지만 예조에서는 과거 관리의 업무를 담당하고 있었으므로 옳은 내용이다.

ㄷ. 당상관은 정3품 이상의 판서, 참판, 참의를 지칭하는데 각 조마다 정2품의 판서 1인, 종2품의 참판 1인, 정3품의 참의 1인 등으로 구성되었다고 하였으므로 육조에 속한 당상관은 18명임을 알 수 있다. 또한 육관은 육조의 별칭이고, 육조의 서열은 1418년까지는 이, 병, 호, 예, 형, 공조의 순서였고, 이후에는 이, 호, 예, 병, 형, 공조의 순서가 되었다고 하였으므로 옳은 내용이다.

오답해설

ㄴ. 병조의 정랑 · 좌랑은 문관만 재직할 수 있도록 되어 있었다고 하였으므로 옳지 않은 내용이다.

ㄹ. 조선 후기에 호조의 역할이 강화된 것은 맞지만 이것이 실학사상의 영향인지는 제시문을 통해 알 수 없는 내용이다.

ㅁ. 육조의 정랑과 좌랑은 임기제로 운영되었으나 당상관이 어떠했는지는 제시문을 통해서는 알 수 없는 내용이다.

04

정답 ③

정답해설

ㄴ. 결손된 부분을 모조해 원상태로 재현했을 때는 복원이라고 하였으므로 옳은 내용이다.

ㄹ. 귀걸이와 같이 쌍으로 된 것은 한 쌍으로 하고, 하나인 경우에는 한 짝으로 하여 한 점으로 한다고 하였으므로 귀걸이 중 한 짝이 소실되었더라도 여전히 한 점으로 계산될 것이다. 따라서 옳은 내용이다.

오답해설

ㄱ. 뚜껑이 있는 도자기나 토기는 한 점으로 계산한다고 하였으므로 옳지 않은 내용이다.

ㄷ. '청자(재료)/화훼(제작기법)/당초문(문양)/접시(형태)'와 '청자(재료)/상감(제작기법)/운학문(문양)/매병(형태)'은 재료만 동일하고 제작기법, 문양, 형태가 모두 다르므로 옳지 않은 내용이다.

ㅁ. 유물의 파편이 여럿인 경우에는 일괄이라 이름 붙여 한 점으로 계산하면 된다고 하였으므로 옳지 않은 내용이다.

05

정답 ④

정답해설

후보자와 유권자 각각의 입장을 정리하면 다음과 같다.

-5	-4	-3	-2	-1	0	1	2	3	4	5
	B					A				
병				정					갑	을

따라서 관점 Ⅰ에 의하면 A는 '정'을, B는 '병'을 선택하고, 관점 Ⅱ에 의하면 A는 '을'을, B는 '병'을 선택할 것이다.

06

정답해설

③ 폐기물이 신재생에너지에서 차지하는 비중은 77%로 매우 크지만 신재생에너지가 전체 에너지에서 차지하는 비중이 2.4%에 불과하므로 옳은 내용이다.

오답해설

① 신재생에너지 분야를 육성하는 이유는 탄소배출량 감축으로 대표되는 환경보전의 측면과 성장동력 육성이라는 경제성장의 측면을 모두 지니고 있기 때문이다.

② 전체 에너지에서 차지하는 비율을 비교한다는 것은 결국 신에너지와 재생가능에너지 중 어느 것의 비율이 더 큰지를 판단하는 것과 같다. 그런데 신재생에너지의 구성요소 중 재생에너지에 속하는 폐기물이 77%를 차지하고 있어서 나머지를 고려할 필요 없이 재생에너지의 비율이 더 크다는 것을 알 수 있다.

④ 제시문의 말미에 정부가 신재생에너지의 공급을 위한 다양한 규제정책을 도입해야 한다고 주장하고 있으므로 옳지 않은 내용이다.

⑤ 산업파급효과가 큰 분야에 대한 지원과 더불어 예산 대비 보급효과가 큰 분야에 대한 지원이 강화되어야 한다고 하였다. 즉, 어느 하나가 우위에 있어야 한다는 것은 아니다.

07

정답해설

④ 자음 ㅇ은 물소리 즉 水에 해당하므로 겨울에 해당하나 모음 ㅓ는 가을 소리라고 하였으므로 옳지 않은 내용이다.

오답해설

① 기본 자음을 각각 오행에 대입하여 오음이 나온다고 하면서 ㄱ, ㄴ, ㅁ, ㅅ, ㅇ을 기본 자음으로 소개하였으므로 옳은 내용이다.

② 중성의 기본 모음자 'ㆍ'은 하늘의 둥근 모양을, 'ㅡ'는 땅의 평평한 모양을, 'ㅣ'는 사람이 서 있는 모양을 본뜬 것이라고 하면서 천지인의 삼재와 연결시켰으므로 옳은 내용이다.

③ 오음은 오행의 상생순서에 따라 나온다고 하였는데 물소리[水] → 나무소리[木] → 불소리[火] → 흙소리[土] → 쇳소리[金]의 순서로 설명하였으므로 옳은 내용이다.

⑤ 한글 자음은 기본 자음을 각각 오행에 대입한 후 나머지 자음은 이 기본자에 획을 더하여 만든 것이라고 하였으므로 옳은 내용이다.

08

정답해설

문제에서 제시한 '생산성'이라는 개념은 결국 그래프상에서 원점과 해당 점을 연결한 직선의 기울기임을 알 수 있다. 아래에서는 이에 기초하여 풀이하도록 한다.

ㄱ. 기본 근로시간(8시간)을 근무한 경우 각 유형별 생산량은 모두 96으로 동일하므로 기울기 역시 동일하다. 따라서 세 가지 유형의 일일 생산성은 모두 같다.

ㄷ. B유형 근로자가 이틀 동안 10시간씩 근무하는 경우는 하루 110씩 총 220의 생산량을 기록하게 되지만, 첫째 날은 12시간, 둘째 날은 8시간을 근무하는 경우는 120+96=216의 생산량을 기록하게 되어 전자가 더 크다.

ㄹ. 초과근무 시 최초 두 시간 동안의 생산성을 직접 계산할 필요 없이 분모가 되는 근로시간이 모두 2시간으로 동일하므로 2시간 동안의 생산량을 비교하면 된다. 따라서 생산성은 A유형>B유형>C유형의 순으로 나타난다.

오답해설

ㄴ. 초과근무 시간이 증가함에 따라 원점과 해당 점을 연결한 기울기는 B유형과 C유형 모두 완만해지고 있으므로 모두 생산성이 하락함을 알 수 있다.

09

정답해설

ㄱ. 甲은 어떤 특정 사회의 규칙이 다른 사회의 규칙보다 더 좋다고 판단할 수 있는 객관적인 기준이 없다고 하면서 다른 사회의 행위를 우리의 잣대로 판단해서는 안 된다고 하였으므로 옳은 내용이다.

ㄴ. 乙은 무조건적인 관용은 결코 바람직하지 않으며 보편적인 도덕 내지는 도덕적 진보에 근거하여 다른 사회의 규칙을 비판하는 것은 허용되어야 한다는 의미로 甲의 입장을 비판하고 있으므로 옳은 내용이다.

ㄹ. 乙은 甲의 입장을 받아들일 경우 더 이상 다른 사회의 관습이 우리 사회의 관습보다 도덕적으로 열등하다고 말할 수 없을 것이라고 하였다. 이는 뒤집어 말하면 우리 사회의 관습보다 열등한 다른 사회의 관습이 있다는 것을 전제하므로 옳은 내용이다.

오답해설

ㄷ. 甲은 우리 사회의 도덕률이라고 해서 특별한 지위를 갖고 있는 것이 아니라고 하였으므로 옳지 않은 내용이다.

10

정답해설

① 소나무재선충병에 걸린 나무는 치료약이 없어 잎이 붉은 색으로 변하면서 100% 고사한다고 하였다. 즉 치료법이 없으므로 사전예방이 가장 중요하다고 할 수 있다.

오답해설

② 가장 넓은 지역에 소나무재선충병이 걸린 것은 2006년(7,871ha)이며, 가장 많은 수목이 감염된 것은 2005년(51만 그루)이다. 따라서 옳지 않다.

③ 소나무재선충병은 소나무, 해송, 잣나무 등이 감염된다고 하였으므로 소나무에서만 발생한다는 것은 잘못된 설명이다.

④ 아바멕틴 나무주사를 놓기전에 소나무 잎의 상태를 육안으로 관찰한다고 하였으므로 옳지 않은 설명이다.

⑤ 나무주사는 소나무재선충병을 예방하기 위한 것이지 치료가 목적이 아니다. ①에서 언급한 것처럼 소나무재선충병은 치료가 불가능하다.

11

정답해설

③ 난류 채식주의자는 식물로부터 나온 것들과 계란만 먹는데 치즈는 유제품에 해당하여 난류 채식주의자가 먹지 않는 음식이다. 따라서 옳지 않다.

오답해설

① 과식주의자는 견과류나 과일 등 열매 부분만 먹는데 호두와 과일 모두 여기에 해당하므로 올바르게 연결된 것이다.

② 우유 채식주의자는 식물로부터 나온 것들과 유제품만 먹는데 호박과 치즈 모두 여기에 해당하므로 올바르게 연결된 것이다.

④ 유란 채식주의자는 식물로부터 나온 것들과 계란, 유제품, 우유를 먹는데 생크림과 계란은 모두 여기에 해당하므로 올바르게 연결된 것이다.

⑤ 생선 채식주의자 및 준 채식주의자는 모두 생선을 먹는데 연어는 이에 해당하므로 올바르게 연결된 것이다.

12

정답해설

ㄱ. 종묘의 정전에는 19위의 왕과 30위의 왕후 신주가 모셔졌다고 하였으므로 총 49위의 신주가 모셔져 있을 것이다.

ㄷ. 처음 종묘를 건축했을 당시 서쪽을 상석으로 하는 구조였으며 이후 건물을 일렬로 잇대어 증축하였다고 하였다. 제1실에 태조의 신위를 봉안한 이후에도 그 신위는 옮겨지지 않았다고 하였으므로 서쪽이 상석인 구조는 그대로 유지되었음을 알 수 있으며 따라서 증축의 방향은 동쪽이 되었을 것이다.

ㄹ. 서쪽을 상석으로 하여 제1실에 목조를, 제2실에 익조의 신위를 모셨다고 하였으므로 그 다음 제3실에는 탁조의 신위를 모셨을 것이다.

오답해설

ㄴ. 영녕전에는 추존조인 4왕의 신위를 정중앙에 모시고 정전과 마찬가지로 서쪽으로 상석으로 하여 차례대로 모셨다고 하였으므로 서쪽 1실에는 목조의 신위를 모셨을 것이다.

13

정답해설

ㄱ. 농작물의 재배에 이익을 가져다주기 위해 사용한 농약이 이를 섭취한 사람에게 해로운 영향을 끼치게 되는 것은 부정적 외부효과에 해당하며, 이를 시정하기 위한 과세는 A이다.

ㄷ. 쓰레기 배출로 인해 제3자에게 의도하지 않은 손해를 발생시키는 것을 방지하기 위한 것이므로 A에 해당한다.

오답해설

ㄴ. A를 부과하는 이유는 수요에 변화를 가져와 부정적 외부효과를 시정하기 위함인데 수요에 변화가 없는 경우에 A를 부과하는 것은 목표한 효과를 거두지 못하므로 A에 해당하지 않는다.

ㄹ. A는 부정적 외부효과를 시정하기 위함인데 선택지는 긍정적 외부효과를 촉진시키기 위한 보조금을 부과하는 것이므로 A에 해당하지 않는다.

14

정답해설

ㄱ. 해당 상임위원회 소속 의원들과 접촉하는 것이므로 A형 로비에 해당한다.

ㄴ, ㄹ. 언론을 통하여 여론을 조성하는 것이므로 B형 로비에 해당한다.

ㄷ. 기자회견을 통하여 여론을 유도하려는 것이므로 B형 로비에 해당한다.

ㅁ. 법률 제정에 찬성하는 의원과 접촉하는 것이므로 A형 로비에 해당한다.

15

정답해설

ㄴ. 고령인력은 창의적이지 못하다는 선입견을 반박하고 있으므로 옳은 내용이다.

ㄹ. 고령인력은 체력 저하로 인하여 사고발생 확률이 높다는 선입견을 반박하고 있으므로 옳은 내용이다.

오답해설

ㄱ. 고령인력에 대한 선입견은 성과가 낮다는 것인데, 선택지의 내용은 이같은 내용을 지지하고 있으므로 옳지 않은 내용이다.

ㄷ. 고령인력은 배우는 것을 싫어하고 열정이 적다는 선입견을 지지하고 있으므로 옳지 않은 내용이다.

16

정답해설

⑤ 행정소송은 이의신청 등의 1단계 절차에서 구제를 받지 못한 경우에 한하여 2단계로 법원에 행정 소송을 제기할 수 있다고 하였으므로 옳지 않은 내용이다.

오답해설

①, ②, ③ 이의신청·심사청구·심판청구·감사원 심사청구 중 하나의 방법을 선택하여 청구할 수 있으며, 세금이 고지된 이후의 구제 절차는 반드시 고지서 등을 받은 날 또는 세금부과 사실을 안 날로부터 90일 이내에 청구서류를 제출해야 한다고 하였으므로 옳은 내용이다.

④ 과세전 적부심사를 청구하려면 세무조사결과통지서 또는 과세예고통지서를 받은 날로부터 20일 이내에 통지서를 보낸 세무서 또는 지방국세청에 청구서를 제출하여야 한다고 하였으므로 옳은 내용이다.

17

정답해설

⑤ 커피숍 운영의 손실이 공인중개사 업무 수익의 증가본을 넘어선다면 올해의 소득이 작년보다 감소할 것으로 예상되므로 옳은 내용이다.

오답해설

① 커피숍의 임대료가 10% 인하되었다면 올해의 소득이 작년보다는 늘어야 하므로 옳지 않은 내용이다.

② 부동산 중개 건수가 작년보다 2배 증가되었다면 소득이 작년보다는 늘어야 하므로 옳지 않은 내용이다.

③ 도로공사가 끝이 난다면 커피숍을 찾는 손님이 늘 것임을 예상할 수 있어 소
　득이 작년보다는 늘 것으로 예상되므로 옳지 않은 내용이다.

④ 직원을 해고하였다면 그에 따른 인건비 절감효과로 인해 소득이 작년보다는
　늘어야 하므로 옳지 않은 내용이다.

18　　　　　　　　　　　　　　　　　　　　정답 ③

정답해설

ㄴ. 장애인이 활동할 활동무대에 초점을 맞추고 있으며 장애인 개인의 변화가
　아니라 사회를 개조하는 것에 초점을 맞춘 것이므로 B 모형에 해당한다.

ㄷ. 장애인의 민주적 의사결정과정에의 참여 등을 통해 장애 문제를 해결하려는
　입장이므로 C 모형에 해당한다.

오답해설

ㄱ, ㄹ. 장애인이 활동할 활동무대(교통시설 등)에 초점을 맞추고 있으며 장애인
　개인의 변화가 아니라 사회를 개조하는 것에 초점을 맞춘 것이므로 B모형에
　해당한다.

19　　　　　　　　　　　　　　　　　　　　정답 ④

정답해설

ㄱ. A는 상수사용량에 관계없이 일정한 금액을 요금으로 부과하는 것이므로 물
　절약을 유도하기 위해서는 A를 채택하지 않는 것이 바람직하다. 따라서 옳
　은 내용이다.

ㄴ. B는 일정 사용수준(생활필수적인 기본수량)까지만 정액요금을 부과하고 그
　이상을 사용하는 경우 사용량에 비례하여 일정 요율을 적용하는 것이므로
　옳은 내용이다.

ㄷ. C는 소득이 많은 사용자들이 상수를 더 많이 소비할 것이라는 가정에 근거
　를 두고 상수 소비를 많이 할수록 보다 높은 단위당 요율이 적용된다고 하였
　으므로 옳은 내용이다.

오답해설

ㄹ. ㄷ에서 언급한 것처럼 소득에 따른 차등을 두는 효과를 가져올 수 있는 요금
　제도는 C이므로 옳지 않은 내용이다.

20　　　　　　　　　　　　　　　　　　　　정답 ②

정답해설

ㄱ. 乙회사가 개발된 기술을 상품화하지 않는다면 그 기술과 관련된 수입을 전
　혀 얻을 수 없는데 반해, 상품화할 경우 최악의 경우에도 100억 원의 수익을
　얻을 수 있기 때문에 甲의 퇴사여부와 무관하게 개발된 기술을 상품화 할
　것이므로 옳은 내용이다.

ㄷ. 甲이 퇴사할 경우 적극적으로 상품을 개발하여 시장에 乙회사보다 먼저 출
　시하는 경우 甲은 40억 원의 순이익을 얻지만 상품화를 늦출 경우는 13억
　원의 순이익을 얻고, 기술개발을 중지하는 경우는 아무런 수익을 얻을 수 없
　으므로 적극적으로 시장에 乙회사보다 먼저 출시하려고 할 것이다.

오답해설

ㄴ. ㄱ에서 乙회사는 甲의 퇴사여부와 무관하게 기술을 개발한다고 하였고, 이
　상황에서 甲이 적극적으로 기술개발과 상품화를 추진하면 40억 원의 순이
　익을 얻을 수 있다고 하였다. 그런데 회사에 남아있을 때의 순이익이 35억
　원으로 40억 원보다 작으므로 옳지 않은 내용이다.

ㄹ. 甲이 퇴사하지 않는 경우 乙회사의 순이익은 100억 원인데 반해, 甲이 퇴사
　할 경우 乙회사가 얻게 되는 순이익은 최소 110억 원, 최대 130억 원이므로
　乙회사는 甲의 퇴사를 원할 것이다.

21　　　　　　　　　　　　　　　　　　　　정답 ③

정답해설

③ 가장 최근에 실시된 문과는 1562년이었으므로 1559년에도 문과 정기시험
　이 있었을 것이며, 2차 시험인 복시에서는 33명을 뽑았다고 하였으므로 옳
　은 내용이다.

오답해설

① 생원과 진사 중에서 성균관에 진학하는 경우가 더 많았다는 것 이외에는 성
　균관의 입학에 대한 언급을 찾을 수 없으므로 옳지 않은 내용이다.

② 사마시 초시에서 7배수인 700명을 뽑았으며 복시에서는 성적순으로 100명
　을 뽑았으므로 옳지 않은 내용이다.

④ 가장 최근에 실시된 소과는 1563년이었는데, 소과는 3년마다 열리므로 16
　년 전인 1547년에는 소과가 열리지 않았다. 따라서 옳지 않은 내용이다.

⑤ 33명을 뽑는 것은 정기시험인 식년시에 해당하는 것이며, 경과에 대해서는
　언급되지 않았으므로 옳지 않은 내용이다.

22　　　　　　　　　　　　　　　　　　　　정답 ⑤

정답해설

ㄱ. 가입자 및 피부양자에게 2년마다 1회 무료로 건강검진을 실시한다고 하였으
　므로 甲의 피부양자는 2년 연속으로 무료 건강검진을 받을 수 없다.

ㄷ. 이 선택지는 아래의 선택지 ㄴ과 비교하여 판단하는 것이 좋다. ㄷ은 ㄴ과
　다르게 출산이 아닌 경우의 요양비 지급은 지정된 요양기관 이외의 의료기
　관에서 요양을 받은 경우에만 해당한다. 따라서 丙마을 주민으로부터 치료
　를 받은 경우는 요양비를 지급받을 수 없다.

ㄹ. 상위 20%는 연간 400만 원의 진료비를 초과하는 경우, 그 초과액을 공단이
　부담한다고 하였다. 따라서 상위 10% 수준의 보험료를 내고 있는 丁이 진료
　비로 연간 400만 원을 지출한 경우는 초과액이 없으므로 공단으로부터 지
　원받을 수 있는 금액이 없다.

오답해설

ㄴ. 가입자 또는 피부양자가 긴급하거나 기타 부득이한 사유로 인하여 요양기관
　외의 장소에서 출산을 한 경우, 공단이 그 요양급여에 상당하는 금액을 가입
　자 또는 피부양자에게 요양비로 지급하는 것을 현금급여라고 하였다. 선택
　지의 내용은 乙이 갑작스러운 진통으로 인해(긴급한 사유) 자기 집에서(요양
　기관 외의 장소) 출산한 경우에 해당하므로 공단으로부터 요양비를 지급받
　을 수 있다.

23

정답해설

① 귀족은 직령포를 평상복으로만 입었고, 서민과 달리 의례와 같은 공식적인 행사에는 입지 않았다고 하였다. 따라서 서민들은 공식적인 행사에서도 직령포를 입었음을 추론할 수 있다.

오답해설

② 고려 시대에는 복식 구조가 크게 변했는데 특히 귀족층은 중국옷을 그대로 받아들여 입었지만, 서민층은 우리 고유의 복식을 유지하여, 복식의 이중 구조가 나타났다고 하였다. 따라서 모든 계층에서 중국옷을 그대로 받아들여 입었던 것은 아니다.

③ 중기나 후기에 들어서면서 띠 대신 고름을 매기 시작했으며, 후기에는 마고자와 조끼를 입기 시작했는데 조끼는 서양 문물의 영향을 받은 것이라고 하였다. 하지만 마고자에 대해서는 그러한 언급이 없으므로 옳지 않은 내용이다.

④ 임금이 입었던 구군복에만 흉배를 붙였다고 하였으므로 다른 무관들이 입던 구군복에는 흉배가 붙여져 있지 않았을 것이다.

⑤ 문무백관의 상복도 곤룡포와 모양은 비슷했으나 무관 상복의 흉배에는 호랑이를, 문관 상복의 흉배에는 학을 수놓았다고 하였으므로 옳지 않은 내용이다.

24

정답해설

ㄱ. A학자는 폭력성이 강한 드라마를 자주 보면 폭력성향이 강해지고 이것이 청소년 폭력행위의 증가로 이어진다고 하였다. 따라서 텔레비전에서 폭력물을 방영하는 것을 금지한다면 청소년의 폭력성향이 강해지지 않을 것이며 결국 청소년 폭력행위도 줄어들 것이라는 것을 추론할 수 있다.

ㄷ. B는 폭력성향이 강한 청소년들이 폭력을 일삼는 드라마에 더 끌리는 경향이 있을 것이라고 하였으므로 폭력물을 보는 것은 폭력성향의 결과라고 볼 수 있다.

ㄹ. A는 폭력성이 강한 드라마가 폭력성향을 강하게 만든다고 보았으며, B는 그와 반대로 폭력성향이 강한 청소년이 폭력성이 강한 드라마를 시청한다고 보고 있다. 즉, 둘의 의견은 서로 방향성은 반대이지만 청소년의 폭력성향과 폭력물의 시청에 상관관계가 있다는 점에서는 일치한다.

오답해설

ㄴ. A의 주장에 남성과 여성의 성별 차이에 대한 것은 포함되어 있지 않으므로 알 수 없는 내용이다.

25

정답해설

④ 비공개로 진행되는 60일간의 협의를 통해 분쟁이 해결되지 않은 경우 WTO에 제소한 국가가 패널설치를 요구하면 분쟁해결기구가 이를 설치한다고 하였으므로 옳은 내용이다.

오답해설

① WTO에 제소한 이후에도 양국은 우호적인 해결을 위하여 비공개로 60일간의 협의를 가진다고 하였으므로 옳지 않은 내용이다.

② 패널은 별도의 합의가 없으면 3인으로 구성되며 분쟁당사국 국민은 분쟁당사국 사이에 별도의 합의가 없는 한 패널위원이 될 수 없다고 하였으므로 옳지 않은 내용이다.

③ 패널보고서 작성에 분쟁당사국과의 합의가 필요하다는 내용은 언급되어 있지 않으며, 상소기구보고서는 분쟁당사국의 참여 없이 작성된다고 명시되어 있으므로 옳지 않은 내용이다.

⑤ 패널보고서는 분쟁당사국이 분쟁해결기구에 상소의사를 통보하지 않는한 분쟁해결기구에서 채택된다고 하였으므로 옳지 않은 내용이다.

26

정답해설

ㄴ. B이론에서는 비행친구와의 접촉이 청소년 비행에 미치는 영향력의 정도는 상대적으로 초기(11~13세)보다는 중기를 거쳐 후기(17~19세)에 이를수록 커진다고 하였으므로 청소년의 연령과 비행친구의 영향력 간에는 비례의 관계가 있다고 볼 수 있다. 따라서 옳지 않은 내용이다.

ㄷ. C이론에서의 '후기 진입자'는 어려서는 문제성향을 보이지는 않았으나, 성장 과정에서 비행친구와 접촉하면서 모방 등을 통해 청소년기에 일시적으로 비행을 저지르는 비행청소년들을 말한다. 따라서 이들은 청소년기를 벗어난 성인기에는 비행을 저지를 가능성이 낮다고 할 수 있으므로 옳지 않은 내용이다.

오답해설

ㄱ. A이론에서는 자기통제력이라는 내적 성향이 청소년 비행뿐만 아니라 성인의 범죄도 설명할 수 있는 중요한 원인 중 하나라고 보고 있으므로 옳은 내용이다.

27

정답해설

③ 주서의 자격 요건은 엄격하였는데 그중 하나가 반드시 문과 출신자여야 한다는 것이었으므로 옳은 내용이다.

오답해설

① 승지 아래에는 정7품 주서 2인이 있었다고 하였고 승지는 총 6명(6승지)이므로 승정원 내에는 총 12명의 주서가 있었으므로 옳지 않다.

② 승정원에는 도승지를 필두로 좌승지, 우승지, 좌부승지, 우부승지, 동부승지 이렇게 6승지가 있었는데 이들은 모두 같은 품계인 정3품 당상관이었으므로 옳지 않다.

④ 좌부승지가 병방의 업무를 담당했다는 것이지 소속이 병조라는 것이 아니다. 좌부승지를 포함한 6승지는 모두 승정원에 속해있는 관리들이다.

⑤ 주서를 역임한 직후에는 성균관 전적이나 예문관 한림 등을 거쳐, 뒤에는 홍문관 · 사간원 · 사헌부 등의 언관으로 진출하였다고 하였다. 선택지의 내용은 이를 반대로 서술한 것이므로 옳지 않다.

28

정답해설

ㄱ. 피카레스크 소설은 배경이 된 시대의 사회상을 생생하게 그려냄으로써 사실
주의적 경향을 극명하게 보여주었다고 하였으므로 옳은 내용이다.

ㄴ. 피카레스크 소설의 주인공인 피카로가 '나'의 시점, 즉 1인칭 시점에서 자신
의 경험을 서술했다고 하였으므로 옳은 내용이다.

오답해설

ㄷ. 주인공인 피카로는 양심의 가책 없이 다른 사람을 희생시켜 살아가다가 오
히려 자신의 계략에 희생당하는 인물이라고 하였으므로 행복한 삶과는 거리
가 멀다.

ㄹ. 『라사리요 데 토르메스』는 출판은 되었으나 교회를 반대하는 내용을 다루고
있었기 때문에 종교 재판소로부터 출판이 금지된 것이다. 오히려 출판 당시에
는 커다란 성공을 거두었다고 하였으므로 옳지 않은 내용이다.

29
정답 ②

정답해설

ㄱ. 지붕만 있는 건축으로는 넓은 공간을 만들 수 없는데, 공간에 대한 욕구가
커지고 건축술이 발달하면서 수직 벽체가 발전하였다고 하였다. 즉 수직 벽
체는 기존의 지붕 있는 건축이 가지고 있던 단점인 좁은 공간의 문제를 해
결하기 위한 것이었으므로 옳은 내용이라고 볼 수 있다.

ㄹ. 전축은 흙벽돌을 고온의 불에 구워 만든 전돌을 이용해 벽을 만든 것이며,
화성의 건설에 이용되었다고 하였으므로 옳은 내용이다.

오답해설

ㄴ. 항토건축은 대형 건축물의 구조방식으로 사용되지 않았으나 기단이나 담장,
혹은 성벽을 만드는 구조로는 사용되었다고 하였다. 선택지의 내용은 이와
반대이므로 옳지 않다.

ㄷ. 흙을 다져 벽을 만드는 것은 항토건축이며, 토담 방식으로 건물을 지은 예는
많지 않았다고 하였으므로 옳지 않은 내용이다.

30
정답 ⑤

정답해설

제시된 〈A사건〉은 1887년 경복궁 내에 설치된 전등에 관한 내용이므로 1887년
에 가능한 사건을 찾으면 된다.

⑤ 전신은 1885년에 개통되어 1887년 당시에도 이용이 가능했을 것이므로 옳
은 내용이다.

오답해설

① 전화는 1896년에 설치되었으므로 옳지 않다.

② 독립문 준공은 1897년이므로 옳지 않다.

③ 서대문에서 청량리 구간의 전차는 1898년에 개통되었으므로 옳지 않다.

④ 한성순보는 1883년에 개간하여 이듬해인 1884년에 폐간하였으므로 1887
년의 사건은 보도할 수 없다.

31
정답 ⑤

정답해설

⑤ 여권 또는 개인정보가 변경된 경우에는 등록센터를 방문하여 변경사항을 수
정하여야 한다고 하였으므로 옳은 내용이다.

오답해설

① 복수국적인 대한민국 국민은 외국여권으로는 스마트 엔트리 서비스에 가
입할 수 없다고 하였으나, 가입자체가 안되는 것인지는 알 수 없다.

② 미국인의 경우 한·미 자동출입국심사서비스 상호이용 프로그램에 따라 국
내체류 중인 등록외국인이 아니더라도 가입이 가능하다.

③ 스마트 엔트리 서비스에 가입한 사람은 스마트 엔트리 서비스 게이트 또는
일반심사대에서 심사를 받을 수 있다고 하였으므로 옳지 않은 내용이다.

④ 미국인에 한해 100달러를 지불하는 것이고 한국인의 경우는 수수료가 면제
된다.

합격자의 SKILL

쉬운 지문이지만 이 지문에는 문제화되지 않은 많은 출제포인트들이 숨겨
져 있다. 이런 유형의 지문에서는 대상 중 조건에 맞는 항목, 요건, 예외가
존재하는지, 생략된 것은 없는지 등을 꼼꼼하게 따져봐야 한다. 예를 들어,
얼굴사진 촬영에 관한 부분은 지문 전체를 통틀어 단 한 번밖에 등장하지
않았는데 이것이 선택지에 등장했을 때 곧바로 찾는 것은 쉽지 않다. 또한,
스마트 엔트리 서비스를 이용하는 사람은 출입국 심사인 날인이 생략된다
고 하였을 경우 얼핏 보면 맞는 것처럼 보이지만 만약 이 사람이 일반심사
대를 이용했다면 생략되지 않는다.

32
정답 ①

정답해설

① 제시문의 마지막에 적정 기술 개발자들은 사업 규모나 유통 인프라가 영세
하기 때문에 이것이 현실적으로 제품을 꼭 필요로 하는 사람들에게 제공되
지 못한다고 하였다. 따라서 적정 기술이 실제로 활용되기 위해서는 이 문제
가 먼저 해결되어야 한다.

오답해설

② ①의 해설에서 적정 기술은 영세한 규모의 개발자들에 의해 개발되고 있다
고 하였으므로 옳지 않은 내용이다.

③ 나노 기술을 적용한 정수필터의 사례에서 적정 기술이 반드시 첨단 기술을
배제하는 것은 아니라고 하였으므로 옳지 않은 내용이다.

④ 반대로 되어 있다. 현재 불균형 발전의 문제는 충분히 의제화되어 있고 그 원
인도 어느 정도 규명되어 있다고 하였으나 해결을 위한 구체적인 방안은 제
시하지 못하고 있다고 하였다.

⑤ 나노 기술을 적용한 정수 필터는 하루에 0.5센트로 4명의 가족이 3년간 마실
수 있는 물을 확보할 수 있다고 하였으므로 적정 기술이 반드시 무상으로 공
급되어야 하는 것은 아니다.

33 정답 ②

ㄴ. 비타민 A 성분이 포함된 제품은 오래된 각질을 제거하는 기능이 있으며, 비타민 B 성분 역시 묵은 각질을 제거하는 기능이 있다. 따라서 이 둘을 같이 사용할 경우 과도하게 각질이 제거되어 피부에 자극을 주고 염증을 일으키게 된다.

ㄱ. AHA 성분은 피부의 수분을 빼앗고 자외선에 약한 특성을 지니고 있기 때문에 이를 보완하기 위해 보습기능이 있는 자외선 차단제를 사용하는 것이 도움이 된다. 따라서 부작용을 일으키는 것과는 거리가 멀다.

ㄷ. 첫 번째 예시에서 비타민 B 성분이 포함된 제품을 비타민 K 성분이 포함된 제품과 함께 사용하면 양 성분의 효과가 극대화된다고 하였으므로 부작용을 일으키는 것과는 거리가 멀다.

34 정답 ①

① 1919년 어느 날 스미스 씨의 바지통이 1930년보다 좁다는 것을 눈치챌 수도 있다고 하였으므로 옳은 내용이다.

② 스미스 부인은 발목에서 10cm 올라가 있는 치마를 입고 있었고, 발목에서 10cm 위는 당시의 표준적인 치마길이라고 하였으므로 옳지 않은 내용이다.

③ 스미스 부인은 분을 바르는 정도로 얼굴 장을 마무리하고, 색조 화장품은 사용하지 않았다고 하였으므로 옳지 않은 내용이다.

④ 단발머리 여성이나 장발의 남성은 자유연애주의자까지는 아니더라도 급진적인 사상과 관련이 있다고 생각되었다고 하였으므로 옳지 않은 내용이다.

⑤ 지금은 봄이라는 계절에 맞게 단화를 신고 단화 안에는 검은색 스타킹을 신었으며, 스미스 부인은 황갈색 구두를 신을 때 황갈색 스타킹을 신는다고 하였으므로 옳지 않은 내용이다.

35 정답 ③

ㄱ. 조하는 달의 변화에 따라 시행되기도 하였는데, 달의 변화를 기준으로 작성된 달력에 따라 매월 1일에 해당되는 삭일과 보름달이 뜨는 망일에 시행되는 삭망조하가 그것이라고 하였으므로 옳은 내용이다.

ㄴ. 정실조하의 참여대상은 왕세자, 모든 관원, 제방객사인데 반해, 상참의 참여대상은 상참관이므로 옳은 내용이다.

ㄷ. 사정전에서 열리는 조회는 상참인데, 상참은 매일 열린다고 하였으므로 옳은 내용이다.

ㄹ. 조회에 대한 사항은 '예전'의 '조의조항'에 집약되어 있다고 하였으므로 옳지 않은 내용이다.

36 정답 ②

② 반촌의 거주자 반인의 삶은 성균관과 불가분의 관계에 있었다고 하였으므로 옳은 내용이다.

① 조선이 한양에 도읍을 정하고 성균관을 한양으로 옮기자 그 노비 자손들이 옮겨와 살면서 하나의 동리를 이루었는데 이 때문에 사람들이 그 곳을 반촌이라 부르게 되었다고 하였으므로 옳지 않은 내용이다.

③ 이승훈과 정약용 등이 천주교 학습을 반촌에서 시도하다가 축출되었다고 하였다. 선택지에서 '동심원 모양'을 언급한 것은 '서클'을 글자 그대로 해석한 것일 뿐이다. 따라서 옳지 않은 내용이다.

④ 성균관은 대사성 이하 관료조직과 교관 그리고 유생들이 있었다. 반인은 성균관의 잡역을 세습적으로 맡아보는 사람들일 뿐 이들이 성균관의 일원인 것은 아니므로 옳지 않은 내용이다.

⑤ 천자의 나라에 설립한 학교를 벽옹이라 하고, 제후의 나라에 설립한 학교를 반궁이라 하였다는 점에서 옳지 않은 내용이다.

37 정답 ③

ㄴ. 1개의 적혈구는 3억 개의 헤모글로빈을 가지고 있으며 1개의 헤모글로빈에는 4개의 헴이 있다. 그리고 헴 1개가 산소 분자 1개를 운반한다고 하였다. 따라서 1개의 적혈구에는 12억 개의 헴이 있으며 이 12억 개의 헴은 산소 분자 12억 개를 운반하므로 옳은 내용이다.

ㄹ. SPF 40은 자외선 차단 시간이 15분×40=600분(10시간)이므로 옳은 내용이다.

ㄱ. 피부색은 멜라닌, 카로틴 및 헤모글로빈이라는 세 가지 색소에 의해 나타나는 것이지 멜라닌의 종류에 의해 결정되는 것이 아니다. 더구나 제시문에서는 멜라닌의 종류에 대한 내용은 언급되고 있지도 않다. 따라서 옳지 않은 내용이다.

ㄷ. SPF는 자외선 B를 차단해주는 시간을 나타낼 뿐 차단 정도(양)와는 관계가 없다고 하였으므로 옳지 않은 내용이다.

38 정답 ④

ㄷ. 문화정책의 초점을 문화 그 자체가 아니라 문화가 생겨날 수 있는 문화풍토를 조성하는 데 두어야 한다고 하였으므로 옳은 내용이다.

ㄹ. 과거 국가절대주의 사상의 국가관이 지배하던 시대에는 국가의 적극적인 문화간섭정책이 당연한 것으로 여겨졌다고 하였으므로 옳은 내용이다.

ㄱ. 우리나라는 건국헌법 이래 문화국가의 원리를 헌법의 기본원리로 채택하고 있다고 하였으므로 옳지 않은 내용이다.

ㄴ. 문화국가원리는 엘리트문화뿐만 아니라 서민문화, 대중문화도 그 가치를 인정하고 정책적인 배려의 대상으로 하여야 한다고 하였으므로 옳지 않은 내용이다.

39 　　　　　　　　　　　　　　　　정답 ①

ㄱ. 진경산수화가 본격적으로 발전한 것이 중국의 남종화 양식에 바탕을 두고 우리나라에 실재하는 경관을 그린 정선부터라고 하였으므로 옳은 내용이다.

ㄴ. 이익은 진경에 새로운 의미를 부여했을 뿐이며 진경산수화를 본격적으로 발전시킨 것은 정선이라고 볼 수 있으므로 옳지 않은 내용이다.

ㄷ. 진경산수화는 실경을 바탕으로 작가가 경치를 보고 느낀 것까지 포함한 넓은 개념이라고 하였으므로 현실세계와 무관하다고 한 것은 잘못된 내용이다.

ㄹ. 선경의 탈속성을 제거한 의미인 진경이라는 단어는 18세기 후반 강세황에 의해 적극 수용되었다고 하였으므로 옳지 않은 내용이다.

40 　　　　　　　　　　　　　　　　정답 ②

② 1861년 에르네스트 미쇼가 드레지엔을 수리하다가 아이디어를 얻어 페달을 발명하였다고 하였으므로 옳은 내용이다.

① 방향 전환이 가능한 핸들이 추가된 자전거는 1813년 만하임의 드라이스 폰 자이에르브론 남작이 선보인 드레지엔이므로 옳지 않은 내용이다.

③ 최초의 도로 사이클 경주는 생클루드 공원에서 최초의 자전거 스피드 경주가 열린 1868년 다음 해인 1869년에 개최되었으므로 옳지 않은 내용이다.

④ 최초의 자전거 스피드 경주가 열린 것은 1868년이고, 두 바퀴의 지름이 똑같은 자전거가 발명된 것은 1885년이다. 따라서 선후관계가 바뀌었다.

⑤ 공기 타이어가 고안된 것은 1888년이지만 체인을 단 자전거가 발명된 것은 1879년이므로 옳지 않다.

41 　　　　　　　　　　　　　　　　정답 ②

ㄱ. 옥수수가 유럽에 소개된 것은 1493년이고, 감자가 소개된 것은 1539년 무렵이므로 감자보다 옥수수가 먼저 유럽에 들어왔다. 따라서 옳은 내용이다.

ㄷ. 18세기 기록에서 호밀의 파종량 대 수확량의 비율이 1대 6이라고 한 데에 반해, 옥수수는 1대 80이라고 하였으므로 옥수수의 비율이 10배 이상 높다는 것을 알 수 있다.

ㄴ. 옥수수는 콜럼버스에 의해 에스파냐에 소개되었다고 하였고, 감자도 에스파냐를 통해 이탈리아에 전해졌다고 하였으므로 두 작물 모두 에스파냐에서 처음 재배한 것으로 판단할 수 있다. 따라서 옳지 않은 내용이다.

ㄹ. 인구의 증가와 기근이 발생한 것은 18세기 이후의 사실이다. 따라서 두 작물이 주곡의 자리를 차지한 것은 16세기가 아니라 18세기라고 볼 수 있다.

42 　　　　　　　　　　　　　　　　정답 ①

ㄱ. 조선 태종은 공신인 '백'을 '부원군'으로 바꾸었다고 언급하고 있으므로 옳은 내용이다.

ㄴ. '현후'와 '현백'이 받게 되는 식읍은 다르게 되는 것이 원칙이었지만 품계는 정5품으로 동일했다. 따라서 옳지 않다.

ㄷ. 종5품 품계와 식읍 300호를 받는 것은 '현남'인데 '현남' 작위를 받은 사람은 왕족이 아닌 비왕족에 해당하는 사람이다. 따라서 옳지 않다.

43 　　　　　　　　　　　　　　　　정답 ⑤

ㄷ. 선택지 ㄱ과 연결된 선택지이다. ㄱ에서 언급한 것처럼 검은 후추가 매운 맛이 더 강하므로 옳은 내용이다.

ㄹ. 통후추 상태로는 향미가 오랫동안 보존되지만 갈아놓으면 향미를 빨리 잃게 된다고 하였으므로 옳은 내용이다.

ㄱ. 피페린을 5~8% 함유하고 있는 검은 후추는 피페린의 함유량이 더 적은 흰 후추보다 매운 맛이 강하다고 하였다. 따라서 매운 맛을 결정하는 것은 피페린의 함유량임을 알 수 있으므로 옳지 않은 내용이다.

ㄴ. 흰 후추는 열매가 완전히 익은 후에 따서 따뜻한 물에 담가 과피와 과육을 제거한 것이라고 하였으므로 옳지 않은 내용이다.

44 　　　　　　　　　　　　　　　　정답 ④

④ 영국에서 식품의약품법이 제정된 것은 1860년이고, 식품첨가물법이 제정된 것은 1872년이므로 둘 사이의 간격은 10년이 넘는다. 따라서 옳지 않다.

① 불량식품 문제는 유럽대륙이나 북아메리카에서도 흔히 볼 수 있었던 일이라고 하였으므로 옳은 내용이다.

② 1850년 발간된 의학잡지 '란세트'에서 식품 분석을 위한 영국 위생위원회가 창설된다고 발표하였으므로 옳은 내용이다.

③ 빅토리아시대에 보도된 불량식품 기사들에는 빵이나 홍차가 등장하였다는 언급에서 옳은 내용이라고 할 수 있다.

⑤ 초콜릿 견본 70개 가운데 벽돌가루가 들어간 것의 비율이 50%를 넘기 위해서는 이 수치가 35개 이상이어야 하는데 실제 조사결과 벽돌가루를 이용해 적갈색을 낸 초콜릿이 39개에 달하였다. 따라서 옳은 내용이다.

정답해설

③ 오늘날 우리가 부르는 애국가의 노랫말은 외세의 침략으로 나라가 위기에 처해 있던 1907년을 전후하여 조국애와 충성심을 북돋우기 위하여 만들어졌다고 하였다. 따라서 1896년 독립신문에서는 게재될 수 없었다.

오답해설

① 1935년 안익태가 작곡한 애국가는 대한민국 임시정부가 애국가로 채택해 사용했으나 이는 해외에서만 퍼져나가 있었다. 따라서 옳지 않은 내용이다.
② 주요 방송국의 국기강하식 방송. 극장에서의 애국가 상영 등은 1980년대 후반 중지되었으므로 옳지 않은 내용이다.
④ 약식절차로 국민의례를 행할 때 애국가를 부르지 않고 연주만 하는 의전행사나 시상식·공연 등에서는 전주곡을 연주해서는 안 된다고 하였으므로 옳지 않은 내용이다.
⑤ 안익태가 애국가 곡조를 작곡한 해는 1935년인데 이것이 현재의 노랫말과 함께 정부의 공식 행사에 사용된 것은 1948년이므로 10년 이상의 간격이 존재한다. 따라서 옳지 않은 내용이다.

합격자의 SKILL

흔히 연도가 제시된 글은 연도를 중심으로 읽어야 한다는 일종의 원칙 같은 것이 있다. 물론 어느 정도는 맞는 말이지만 이 문제와 같이 제시문 전체가 연도로 도배가 되어 있다시피 한 경우는 예외이다. 즉, 연도가 머릿속에서 정리가 가능한 양을 넘어선다면 이는 연도 중심의 독해가 아니라 내용 중심의 독해를 해야 한다. 굳이 이런 당연한 이야기를 하는 이유는 수험생들 사이에는 이런 풀이법을 너무 기계적으로 받아들이는 경우가 많기 때문이다. 풀이법이라는 것은 어디까지나 표준화된 유형으로 출제되었을 경우에 적용 가능한 것이지 그것이 변형되었을 때에는 풀이법도 바뀌어야 한다.

정답해설

④ '최상(아주 옛날)이 진실로 좋지만 그럴 수 없다면 그 다음 것(조금 옛날)도 좋다'고 하였으나 '오늘날'은 최하에 해당하여 옛날 같으면 형벌에 처했을 것이라고 하였다. 따라서 '아주 옛날'의 청렴한 관리가 '오늘날'의 청렴한 관리보다 더 청렴하다고 평가했음을 알 수 있다.

오답해설

① 청렴하다 하여도 과격한 행동과 각박한 정사는 인정에 맞지 않아 군자가 따를 바가 못 된다고 하였으므로 옳지 않은 내용이다.
② '최상이 진실로 좋지만 그럴 수 없다면 그 다음 것도 좋다'고 하며 '아주 옛날'의 청렴한 관리가 최상이고 그 다음은 '조금 옛날'의 청렴한 관리라고 하였다.
③ 명분과 관계없이 규례가 된 것만 먹는 것은 '오늘날'의 청렴한 관리에 해당하며, '아주 옛날'의 청렴한 관리는 봉급 외에는 아무것도 먹지 않았다. 따라서 '아주 옛날'에는 청렴한 관리로 여겨지지 않았다.
⑤ 고적사문은 봉급도 받지 않았다고 하였으므로 '아주 옛날'의 청렴한 관리에 가깝지만 각박한 정사는 인정에 맞지 않아 군자가 따를 바가 못된다고 하였으므로 모범이 되지 못한다.

정답해설

ㄴ. 몸무게 80kg인 사람에게 4조 개의 감마선 입자가 흡수된 것이 1rem이므로, 몸무게 50kg인 사람에게 1rem은 2.5조 개의 감마선 입자가 흡수된 것이라는 것을 알 수 있다. 선택지에서는 500조 개의 감마선 입자가 흡수되었다고 하였으므로 결국 이 사람은 200rem의 피해를 입었다. 따라서 머리카락이 빠지기 시작하고 구역질을 할 것이다.
ㄷ. 가벼운 손상은 몸이 스스로 짧은 시간에 회복할 뿐만 아니라. 정상적인 신체 기능에 영향을 미치지 않으며 이를 '문턱 효과'가 있다고 하였으므로 옳은 내용이다.
ㄹ. 몸무게 80kg인 사람이 4조 개의 감마선 입자를 흡수한 것이 1rem이므로 400조 개 이상의 감마선을 흡수한 체르노빌 사고 현장의 소방대원은 100rem 이상의 피해를 입었다고 할 수 있다.

오답해설

ㄱ. 방사선에 300rem 정도의 피해를 입었다면 수혈이나 집중적인 치료를 받지 않는 한 방사선 피폭에 의한 사망 확률이 50%에 달한다고 하였으므로 옳지 않은 내용이다.

합격자의 SKILL

1rem은 몸무게 1g당 감마선 입자 5천만 개가 흡수된 것을 의미하므로 몸무게에 따라 1rem에서 흡수된 감마선 입자의 양은 다르기 마련이다. 선택지 ㄱ은 이를 혼동하게끔 몸무게가 별도로 주어졌으나 이미 300rem이라는 수치가 주어졌으므로 결국 몸무게에 관한 정보는 무의미한 것임을 알 수 있다. 이와 동일한 문제는 출제되지 않겠지만 이러한 아이디어를 활용한 문제는 얼마든지 출제 가능하므로 정리해두기 바란다.

정답해설

① 일제는 무궁화를 캐 온 학생에게 상을 주고, 무궁화를 캐낸 자리에는 벚꽃을 심었다고 하였으므로 옳은 내용이다.

오답해설

② 일제가 국권을 강탈한 후에도 무궁화에 대한 민중의 사랑은 더욱 깊어졌다고 하였으므로 옳지 않은 내용이다.
③ 무궁화에 관한 가장 오래된 기록은 중국 동진시대의 문인 곽복이 쓴 『산해경』이라는 지리서이므로 옳지 않은 내용이다.
④ 일제의 핍박 속에서도 일부 단체나 학교는 무궁화를 겨레의 상징물로 사용하였다고 하였다. 따라서 모든 단체와 학교가 벚꽃을 겨레의 상징물로 사용한 것은 아니다.
⑤ 조선소년군은 무궁화가 새겨진 스카프를 착용했는데 일제는 이것을 저항으로 해석하여 스카프를 압수했다고만 되어 있다. 무궁화를 월계수로 대체한 것은 서울중앙학교의 예이다.

49 정답 ①

정답해설

ㄴ. 해는 오른편에 위치한 두 작은 봉우리 사이의 하늘에, 달은 왼편의 두 작은 봉우리 사이의 하늘에 떠 있다고 하였다. 따라서 해가 달보다 오른쪽에 그려져 있음을 알 수 있다.

오답해설

ㄱ. 왕이 죽고 나면 그 시신을 모시던 빈전과 혼전에도 사용되었고 제사에 배향된 영정 초상 뒤에도 놓았다고 하였으므로 옳지 않은 내용이다.

ㄷ. 일월오봉도는 그 자체로 왕의 존재를 지시하는 동시에 왕만이 전유할 수 있는 것이라고 하였으므로 옳지 않은 내용이다.

ㄹ. 다섯 개의 산봉우리는 '삼라만상'을 시각화한 것이며, 이는 왕이 '통치하는 대상'을 의미한다.

50 정답 ⑤

정답해설

ⅰ) 시베리아기단(cPk)
  • 대륙성기단이므로 소문자 c를 기호 처음에 표기한다.
  • 다음으로 한대기단이므로 대문자 P를 표기한다.
  • 마지막으로 기단이 지표면보다 차가우므로 소문자 k를 표기한다.

ⅱ) 북태평양기단(mTw)
  • 해양성기단이므로 소문자 m을 기호 처음에 표기한다.
  • 다음으로 열대기단이므로 대문자 T를 표기한다.
  • 마지막으로 기단이 지표면보다 따뜻하므로 소문자 w를 표기한다.

ⅲ) 오호츠크해기단(mPk)
  • 해양성기단이므로 소문자 m을 기호 처음에 표기한다.
  • 다음으로 한대기단이므로 대문자 P를 표기한다.
  • 마지막으로 기단이 지표면보다 차가우므로 소문자 k를 표기한다.

51 정답 ④

정답해설

④ 1678년에 발행된 초주단자전의 가치는 은 1냥을 기준으로 400문이었다. 그런데 각주에서 1냥은 1/16근이라고 하였으므로 1근은 16냥으로 변환할 수 있다. 따라서 1678년을 기준으로 은 1근은 6,400문의 가치를 가지는 것으로 계산된다.

오답해설

① 초주단자전의 중량은 1전 2푼, 당이전의 중량은 2전 5푼, 중형상평통보의 중량은 약 1전 7푼이므로 가장 무거운 것은 당이전이다.

② 1679년 당이전 발행 당시 은 1냥에 대한 공인 교환율이 100문이었고, 이후 이 가치는 제대로 유지되었다. 하지만 1689년에 이르러서는 은 1냥이 당이전 400~800문이 될 정도로 그 가치가 폭락하였다고 하였으므로 상평통보의 가치는 경우에 따라 1/4~1/8까지 떨어지기도 하였음을 알 수 있다.

③ 1678년부터 1680년까지 주조 · 발행된 상평통보는 약 6만 관이고, 1681년부터 1689년까지는 17만 관이므로 이 기간 전체의 기간 동안 주조 · 발행된 상평통보는 23만 관이다. 그런데 각주에서 1관은 1,000문이라고 하였으므로 23만 관을 문으로 변환하면 약 2억 3천만 문으로 계산할 수 있다.

⑤ 제시문에서 상평통보가 널리 유통된 이유를 국내 시장의 상품교류 확대, 국경무역의 활성화, 국가 재원 마련 등으로 언급하고 있다.

> **합격자의 SKILL**
>
> 각주는 크게 3종류로 나눌 수 있는데 첫 번째는 평소 사용하지 않는 어려운 용어들을 풀어서 설명해주는 것이고 두 번째는 이 문제와 같이 특정한 정보를 제공하는 것이다. 통상 전자의 경우는 선택지를 판단하는데 결정적인 영향을 미치지는 않지만 후자는 핵심이 되는 정보인 경우가 많다. 마지막 유형은 그야말로 이의제기를 방지하기 위해 단서를 제공하는 것인데 이것은 정답을 선택하는 데에 거의 영향을 주지는 않는다.

52 정답 ④

정답해설

④ 불목은 아랫목에 있는 아궁이와 고래 사이에 위치한 부분이고, 바람막이는 고래가 끝나는 부분인 윗목 쪽에 위치한 것이기에 옳은 진술이다.

오답해설

① 세 번째 단락에서 불목은 아궁이와 고래 사이에 턱이 진 부분이라고 언급되어 있으므로 옳지 않은 진술이다.

② 고래바닥은 아궁이가 있는 아랫목에서 윗목으로 가면서 높아지도록 경사를 주었다고 하였으므로 옳지 않은 내용이다.

③ 개자리가 깊을수록 열기와 연기를 머금는 용량이 커진다고 하였으므로 옳지 않은 내용이다.

⑤ 바람막이는 굴뚝에서 불어내리는 바람에 의해 열기와 연기가 역류되는 것을 방지하는 것이다. 타고 남은 재가 고래 안에 들어가지 못하도록 하는 기능을 하는 것은 불목이다.

53 정답 ②

정답해설

ㄴ. 살아있을 때 염근리 또는 염리로 불렸던 사람이 사망하면 이들을 청백리라고 불렀다고 하였으므로 옳은 내용이다.

ㄷ. 탐관오리로 지목돼 탄핵되었거나 처벌받은 관리는 장리 대장에 수록되어 본인의 관직생활에 불이익을 받는 것은 물론이고, 그 자손들이 과거를 보는 것도 허용되지 않았다고 하였으므로 옳은 내용이다.

오답해설

ㄱ. 청백리를 선발하고 표창하는 제도는 중국에서 처음 시작되었다고 하였으므로 옳지 않은 내용이다.

ㄹ. 의정부에 올라가는 청백리 후보자 명단은 예조에서 올리는 것과 사헌부, 사간원 등에서 올리는 것으로 나누어볼 수 있다. 따라서 예조의 추천을 받지 못했더라도 사헌부 등에서 추천을 받을 수 있으므로 옳지 않은 내용이다.

정답해설

⑤ 베너그렌이 개발한 알베그식 모노레일은 1957년에 완성되었고, 사페즈식 모노레일 시험선은 1960년에 오를레앙 교외에 건설되었으므로 옳은 내용이다.

오답해설

① 세 번째 단락에서 기존의 강철레일·강철바퀴 방식에서 콘크리트 빔·고무타이어 방식으로 개량된 것이 1958년이라고 언급하였기에 옳지 않은 진술이다.

② 두 번째 단락의 독일 부퍼탈시의 사례에서 1901년에 본격적인 운송수단으로서의 역할을 하였다고 언급하고 있기 때문에 옳지 않은 진술이다.

③ 첫 번째 단락에서 빔 위에 다시 레일을 고정하고, 그 위를 강철바퀴 차량이 주행하는 형식도 있다고 한 것에서 옳지 않은 진술임을 알 수 있다.

④ 밸리뷰니온사가 건설한 것은 1880년경 설치된 것이며, 오를레앙 교외에 설치된 것은 사페즈사가 개발하여 1960년 건설된 것이다.

정답해설

④ 외부 침입이 잦은 일부 지역에서 베일은 낯선 이방인의 시선으로부터 자신을 보호하는 수단으로 사용됐다고 하였으므로 옳은 내용이다.

오답해설

① 베일을 착용하는 이유는 남성에 대한 순종의 의미보다 햇볕이나 사막의 뜨거운 모래바람으로부터 얼굴을 보호하려는 것이 목적이라고 하였으므로 옳지 않은 내용이다.

② 반다르 에아바스에 사는 수니파 여성들은 얼굴보호를 위해 자수 장식이 있는 두꺼운 면직물로 된 붉은색 마스크를 썼다고 하였으며, 은으로 장식한 천이나 가죽으로 얼굴을 감싼 것은 사우디아라비아의 베두인족 여성들이므로 옳지 않은 내용이다.

③ 이슬람교 경전인 코란이 여성의 정숙함을 강조하지만, 베일로 얼굴을 감싸는 것을 의무로 규정하고 있는 것은 아니라고 하였으므로 옳지 않은 내용이다.

⑤ 사우디아라비아 베두인족 여성의 부르카는 가죽 소재로 만들어져 있으나 북아프리카 투아레그족의 리탐은 남색의 면직물이라고 하였으므로 옳지 않은 내용이다.

정답해설

① 사카린은 당도가 설탕보다 약 500배 정도 높다고 하였고, 아스파탐은 당도가 설탕보다 약 200배 높다고 하였다. 따라서 사카린과 아스파탐 모두 설탕보다 당도가 높고 그중에서도 사카린의 당도가 더 높으므로 옳은 내용이다.

오답해설

② 사카린은 미국 존스 홉킨스 대학에서 화학물질의 산화반응을 연구하다가 우연히 발견되었으며, 아스파탐 역시 위궤양 치료제를 개발하던 중 우연히 발견되었으므로 옳지 않은 내용이다.

③ 미국 FDA는 사카린을 다시 안전한 식품첨가물로 공식 인정하였고, 현재도 설탕의 대체재로 사용되고 있으므로 옳지 않은 내용이다.

④ 중국의 연평균 소비량이 20파운드라고 하더라도 그 9배는 180파운드로 미국의 소비량인 140파운드보다 훨씬 크다. 따라서 중국의 소비량은 20파운드에 미치지 못한다.

⑤ 2001년 미국 FDA로부터 안전한 식품첨가물로 인정받은 것은 사카린이며, 아스파탐은 미국 암협회가 안전하다고 발표했을 뿐 여전히 발암성 논란이 끊이지 않고 있으므로 옳지 않은 내용이다.

정답해설

주어진 내용을 표로 정리하면 다음과 같다.

계약면적※		
공급면적		기타공용면적
전용면적	공용면적	
전용면적	주거공용면적	기타공용면적

※ 서비스면적은 전용면적과 공용면적에 포함되지 않으므로 결과적으로 계약면적에 포함되지 않음

③ 계약면적은 공급면적과 기타공용면적을 더한 것이고 공급면적은 전용면적과 주거공용면적의 합이므로 올바른 판단이다.

오답해설

① 발코니 면적은 서비스면적에 해당하는데 위 표에 의하면 서비스면적은 계약면적에 포함되지 않는다고 하였으므로 옳지 않은 내용이다.

② 관리사무소 면적은 기타공용면적에 해당하는데 위 표에 의하면 이는 공급면적에 포함되지 않으므로 옳지 않은 내용이다.

④ 공용계단과 공용복도의 면적은 주거공용면적에 해당하는데 이는 위의 표에 의하면 공급면적에 해당하므로 옳지 않은 내용이다.

⑤ 개별 세대 내 거실과 주방의 면적은 전용면적에 해당하므로 주거공용면적에는 포함되지 않는다. 따라서 옳지 않은 내용이다.

합격자의 SKILL

이 문제와 같이 어떤 항목에 대한 구성요소를 세부적으로 설명하는 경우는 위와 같이 간략하게 도식화를 시켜보는 것이 좋다. 도식화에 걸리는 시간이 아까울 수도 있으나 도식화만 제대로 되어있다면 선택지의 정오를 판단하는 데 걸리는 시간은 수초에 불과해지므로 크게 보면 이득이 될 수 있다.

58

정답해설

④ 1956년 8월 8일 제2차 시 · 읍 · 면의회 의원선거와 동시에 최초로 주민 직선에 의한 시 · 읍 · 면장 선거가 실시되었다고 하였으므로 옳은 내용이다.

오답해설

①, ② 지방자치단체장 중 서울특별시장과 도지사는 대통령이 임명하고, 시 · 읍 · 면장은 지방의회가 선출한다고 하였으므로 옳지 않은 내용이다.

③ 1952년 4월 25일에 치안 불안 지역과 미수복 지역을 제외한 지역에서 시 · 읍 · 면의회 의원선거를 실시하였고, 5월 10일에 서울특별시, 경기도, 강원도 등을 제외한 7개 도에서 도의회 의원선거를 실시하였다고 하였으므로 모든 지역에서 지방의회의원이 선출된 것은 아니라는 것을 알 수 있다.

⑤ 마지막 문단을 통해 12월에는 12일, 19일, 26일, 29일 모두 네 차례의 선거가 실시되었다는 것을 알 수 있다.

59
정답 ⑤

정답해설

ㄱ. 아기가 태어난 지 약 20일이 지나면 배냇저고리를 벗고 돌띠저고리를 입혔다는 부분을 통해 알 수 있는 내용이다.

ㄷ. 돌띠저고리와 백줄을 누빈 저고리는 모두 장수하기를 바라는 의미를 지니고 있으므로 옳은 내용이다.

ㄹ. 첫 생일인 돌에 남자아기에게는 색동저고리를 입히고 복건이나 호건을 씌우며, 여자아기에게는 색동저고리를 입히고 굴레를 씌웠다고 하였다. 따라서 남자아기와 여자아기 모두 첫 생일에 색동저고리를 입혔다는 것을 알 수 있다.

오답해설

ㄴ. 남자아기의 배냇저고리는 재수가 좋다고 하여 시험을 치르는 사람이 부적같이 몸에 지니는 풍습이 있었다고 하였으므로 옳지 않은 내용이다.

60
정답 ①

정답해설

ㄱ. 진도는 각 나라별 실정에 따라 다른 기준이 채택된다고 하였으므로 옳은 내용이다.

ㄴ. 리히터 규모는 지진파의 최대 진폭이 10배가 될 때마다 1씩 증가한다고 하였으므로 M4.0인 지진의 지진파 최대 진폭은 M2.0인 지진의 지진파 최대 진폭의 10^2인 100배임을 알 수 있다.

오답해설

ㄷ. 표시되는 로마 숫자가 클수록 지진을 느끼는 정도나 피해의 정도가 크다는 것을 의미하므로 진도 Ⅱ의 지진보다 진도 Ⅳ의 지진이 피해 정도가 더 크다는 것을 알 수 있다. 따라서 옳지 않은 내용이다.

ㄹ. 리히터 규모가 1씩 증가할 때 지진에너지가 32배가 되므로 리히터 규모가 3.0만큼 증가했다면 지진에너지는 32^3배(1,000배 보다는 훨씬 크다)만큼 증가함을 알 수 있다.

내용일치 문제가 ㄱ, ㄴ, ㄷ, ㄹ처럼 선택형 문제로 출제되는 경우, 소거법을 이용해서 빠르게 해결할 수 있지만 이때에는 실수의 가능성을 염두에 두어야 한다. 예를 들어 이 문제의 ㄷ을 보면 제시문에서는 그 피해 정도를 '상대적으로 등급화한 수치'라고 하였을 뿐 구체적인 수치에 대해서는 언급하지 않았다. 따라서 만약 진도 Ⅱ와 진도 Ⅳ의 서술 순서가 반대로 되어 있었다 하더라도 그 값이 2배인지 알 수 없다. 또한 ㄹ에서도 묻는 것이 진폭이 아닌 지진에너지인 것을 놓치지 말아야 한다. 숫자에 집중하여 빠르게 풀다 보면 실수하기 쉬운 유형이다.

61
정답 ②

정답해설

ㄷ. 영국에서도 로마의 공정거래 관련법의 영향을 받아 1353년에 에드워드 3세의 공정거래 관련법이 만들어졌다고 하였으므로 옳은 내용이다.

오답해설

ㄱ. 인류 역사상 불공정거래 문제가 나타난 것은 자급자족경제에서 벗어나 물물교환이 이루어지고 상업이 시작된 시점부터라고 하였으므로 옳지 않은 내용이다.

ㄴ. 아테네는 곡물 중간상들이 담합하여 일정 비율 이상의 이윤을 붙일 수 없도록 성문법으로 규정하고 있었으며, 해당 규정 위반 시 사형에 처해졌다고 하였으므로 사형도 규정되어 있었음을 알 수 있다. 따라서 옳지 않은 내용이다.

ㄹ. 곡물 중간상 사건은 모든 곡물 중간상들이 담합하여 동일한 가격으로 응찰함으로써 곡물 매입가격을 크게 하락시킨 후에, 이를 다시 높은 가격에 판매한 것을 말한다. 중간상들이 곡물을 1년 이상 유통하지 않은 것은 아니다.

62
정답 ③

정답해설

③ 지식수준과 관여도가 모두 낮은 공중을 '비활동 공중'이라고 하는데 이들이 쟁점에 노출되어 쟁점에 대한 관여도가 높아지게 되면 '환기 공중'으로 변화한다고 하였으므로 옳은 내용이다.

오답해설

① 정책의 쟁점 관리는 정책 쟁점이 미디어 의제로 전환된 후부터 진행되므로 옳지 않다.

② '비활동 공중'은 어떤 쟁점에 대해 지식수준과 관여도가 모두 낮은 공중을 말하며, 쟁점에 대한 지식수준이 높지만 관여도가 낮은 공중은 '인지 공중'이다.

④ 공중은 정책의 쟁점관리 전략에 따라 다른 유형으로 변화할 수 있다.

⑤ 인지 공중의 관여도를 높여 활동 공중으로 이끄는 것이 매우 어렵기 때문에 이들이 정책 쟁점에 긍정적 태도를 가지게 하는 것만으로도 전략적 성공이라고 하였다. 따라서 옳지 않은 내용이다.

63

정답해설

⑤ 다산은 무관의 반열에 서는 자는 도덕성을 첫째의 자질로 삼고 재주와 슬기를 다음으로 해야 한다고 하였으므로 옳은 내용이다.

오답해설

① 좌우별감은 좌수의 아랫자리라고 하였으므로 옳지 않은 내용이다.

② 감사나 어사로 하여금 식년에 각각 9명의 좌수후보자를 추천한다고 하였으므로 옳지 않은 내용이다.

③ 다산은 아전을 임명할 때, 진실로 쓸 만한 사람을 얻지 못하면 그저 자리를 채우기는 하되 정사는 맡기지 말라고 하였으므로 옳지 않은 내용이다.

④ 좌수후보자들에게 모두 종사랑의 품계를 주고 감사나 어사로 하여금 이들 중 9명씩을 추천하게 한 후에 그중 3명을 뽑아 경관에 임명한다고 하였으므로 옳지 않은 내용이다.

64

정답해설

ⅰ) 먼저 세 번째 상황에서 丁이 의사소통역량만 갖추고 있으면 진학지도업무를 제외한 모든 업무를 수행할 수 있다고 하였다. 따라서, 丁은 대인관계역량, 문제해결역량, 자원관리역량을 가지고 있다는 것을 확인할 수 있다.

ⅱ) 다음으로 네 번째 상황에서 甲이 심리상담업무를 수행할 수 있다고 하였으므로 의사소통역량과 대인관계역량을 가지고 있음을 알 수 있으며, 乙과 丙은 진학지도에 필요한 문제해결역량과 정보수집역량을 가지고 있음을 확인할 수 있다.

ⅲ) 두 번째 상황에서는 丙을 제외한 모든 채용후보자가 자원관리역량을 갖추고 있다고 하였으므로 위 ⅱ)와 연결하여 甲이 의사소통역량, 대인관계역량, 자원관리역량을 가지고 있고 乙은 문제해결역량, 정보수집역량, 자원관리역량을 가지고 있음을 알 수 있다.

ⅳ) 이제 보유하고 있는 역량이 확정되지 않은 丙을 살펴보면, ⅱ)에서 丙은 문제해결역량과 정보수집역량을 가지고 있다고 하였고, 자원관리역량은 丙이 가지고 있지 않으며, 대인관계역량을 갖춘 후보자가 2명(이미 甲과 丁으로 확정됨)이라고 하였으므로 丙이 가진 역량은 문제해결역량, 정보수집역량, 의사소통역량임을 알 수 있다.

이를 표로 정리해보면 다음과 같다.

구분	보유역량	가능업무
甲	의사소통, 대인관계, 자원관리	심리상담, 지역안전망구축
乙	문제해결, 정보수집, 자원관리	진학지도
丙	의사소통, 문제해결, 정보수집	위기청소년지원, 진학지도
丁	대인관계, 문제해결, 자원관리	지역안전망구축

따라서 서로 다른 업무를 맡아 4가지 업무를 빠짐없이 분담하기 위해서는 甲과 丙이 채용되어야 한다.

65

정답해설

⑤ 군국기무처가 통과시킨 의안에는 1880년대 이래 개화운동에서 강조한 개혁안과 더불어 동학운동에서 요구한 개혁안이 포함되기도 하였다고 하였으므로 옳은 내용이다.

오답해설

① 고종은 이노우에 공사가 요구한 군국기무처의 폐지를 12월 17일 칙령의 형식으로 실시하였으므로 옳지 않은 내용이다.

② 군국기무처의 이름은 1882년부터 1883년까지 존속하였던 기무처의 이름을 따서 흥선대원군이 명명하였으므로 옳지 않은 내용이다.

③ 군국기무처의 기능은 청일전쟁에서 일본이 최초의 결정적인 승리를 거둔 1894년 9월 중순 이후 서서히 약화되기 시작하였으므로 옳지 않은 내용이다.

④ 군국기무처가 3개월 동안 통과시킨 개혁의안이 210건이므로 월 평균 70건의 의안을 통과시켰다.

66

정답해설

① 협반은 수라상을 차리는 두 개의 상 중 하나인데 둘째 날에 수라는 총 3회 차려졌으므로 협반 역시 3회 사용되었을 것이다. 따라서 옳지 않다.

오답해설

② 화성참은 둘째 날의 일정인데 상차림표에 미음은 등장하지 않는다. 미음은 첫째 날 중로에서만 차려졌으므로 옳은 내용이다.

③ 첫째 날과 둘째 날 낮에는 모두 주다반과만 차려졌음을 알 수 있으므로 옳은 내용이다.

④ 후식류를 자기에 담아 차린 것은 반과상인데 첫째 날 밤에는 시흥참에서, 둘째 날에는 화성참에서 야다반과가 차려졌으므로 옳은 내용이다.

⑤ 국수를 주식으로 하는 것은 반과상인데 첫째 날에는 조다반, 주다반, 야다반과가 차려졌고, 둘째 날에는 주다반과, 야다반과가 차려져 총 5회 차려졌다. 따라서 옳은 내용이다.

67

정답해설

ㄱ. 구분 가능한 최소 각도가 1′ 일 때의 시력이 1.00이고 2′일 때의 시력이 $1/2(=0.5)$이므로 구분 가능한 최소 각도가 10′이라면 시력은 $1/10(=0.1)$이다.

ㄴ. 구분 가능한 최소 각도가 $(1/2)'$일 때의 시력이 2.00이고 5″는 $(5/60)'=(1/12)'$이므로 천문학자 A의 시력은 12로 추정할 수 있다.

오답해설

ㄷ. 구분할 수 있는 최소 각도가 작을수록 시력이 더 좋은 사람이다. 따라서 乙의 시력이 甲보다 더 좋다.

01	02	03	04	05	06	07	08	09	10
④	④	②	④	④	④	④	②	③	②
11	12	13	14	15	16	17	18	19	20
③	③	③	③	④	④	⑤	④	④	②
21	22	23	24	25	26	27	28	29	30
③	⑤	②	③	①	①	③	④	③	④
31	32	33	34	35	36	37	38	39	40
①	③	②	⑤	③	③	③	①	①	⑤
41	42	43	44	45	46	47	48	49	50
⑤	②	①	③	④	①	④	②	④	⑤
51	52	53	54	55	56	57	58	59	60
②	①	④	①	③	②	③	⑤	③	①
61									
④									

01

정답 ④

정답해설

ㄴ. 책임운영기관이 직제개정을 하기 위해서는 소속 중앙행정기관장의 승인을 얻어야 하므로 옳은 내용이다.

ㄹ. 책임운영기관의 부기관장을 제외한 나머지 직원은 해당 책임운영기관장이 임명하므로 옳은 내용이다.

오답해설

ㄱ. 책임운영기관의 직급별 정원은 소속 중앙행정기관장의 승인을 얻어 기본운영규정에 규정하므로 옳지 않은 내용이다.

ㄷ. 중앙행정기관은 초과 수입금을 사용할 수 없으므로 옳지 않은 내용이다.

02

정답 ④

정답해설

ㄴ. '병'이 4개의 공기업을 모두 유치하기 위해서는 C안이 채택되어야 하는데, C안은 '병'을 제외한 나머지 도시들이 모두 찬성하지 않는 대안이어서 채택될 수 없다. 따라서 옳은 내용이다.

ㄹ. 투표순서를 ACBD로 진행할 경우 D안이 채택되고, DBCA로 진행할 경우 A안이 채택되는데 D안과 A안 모두 '갑'과 '을'에 최소 1개 이상의 공기업을 배치하는 것이므로 옳은 내용이다.

오답해설

ㄱ. 투표순서가 BADC로 정해지는 경우, B안-A안을 비교하여 B안을 선택하고, 다음으로 B안-D안을 비교하여 D안을, D안-C안을 비교하여 최종적으로 D안을 채택하게 된다. 그런데 D안의 경우는 '갑'에 1개의 공기업만 배치하는 것이어서 가장 유리한 대안이 아니다. 따라서 옳지 않은 내용이다.

ㄷ. 투표순서를 CDAB로 진행할 경우 B안이 채택되고, CDBA로 진행할 경우 A안이 채택되는데 B안은 '갑'에 3개의 공기업을 배치하는 것이고, A안은 2개의 공기업을 배치하는 것이므로 '갑'에 유리한 것은 CDAB의 순서로 투표를 진행하는 것이다. 따라서 옳지 않은 내용이다.

03

정답 ②

정답해설

② D후보를 지지하는 유권자들 중 C후보를 지지하지 않는 4명의 유권자들이 A, B 중 어느 후보를 지지하더라도 C가 선출되는 것에는 변함이 없으므로 옳은 내용이다.

구분	A	B	C	D
1차 투표	33	28	21	16(탈락)
2차 투표	33~37	28(탈락)~32	33	12(C), 4(A, B)
3차 투표	33~37	C지지	61~65	12(C), 4(A, B)

오답해설

① D후보를 지지하는 유권자들이 C후보를 지지하는 경우 C후보가 선출되므로 옳지 않은 내용이다.

구분	A	B	C	D
1차 투표	33	28	21	16(탈락)
2차 투표	33	28(탈락)	37	C지지
3차 투표	33	C지지	65	C지지

③ 2차투표에서도 A후보는 과반수 득표를 하지 못하므로 옳지 않은 내용이다.

구분	A	B	C	D
1차 투표	33	28	21	16(탈락)
2차 투표	49	28	21(탈락)	A지지

④ 2차투표에서 과반수 득표(41표 이상)을 얻은 후보가 없으므로 옳지 않은 내용이다.

구분	A	B	C	D
1차 투표	33	28	21	16(탈락)
2차 투표	33	28	21	기권

⑤ 2차투표에서 과반수 득표(50표 이상)을 얻은 후보가 없으므로 옳지 않은 내용이다.

구분	A	B	C	D
1차 투표	33	28	21	16(탈락)
2차 투표	41	36	21	8(A), 8(B)

04

정답 ④

정답해설

④ 부양능력이 있는 며느리와 함께 살고 있으므로 기초생활수급자 선정기준에 해당되지 않는다.

오답해설

① A의 소득인정액은 (100만 원-20만 원)+12만 원=92만 원인데, 이는 3인 가구의 최저생계비인 94만 원보다 적으므로 기초생활수급자에 해당한다.

② B의 소득인정액은 (0원−30만 원)+36만 원=6만 원인데, 이는 1인 가구의 최저생계비인 42만 원보다 적으므로 기초생활수급자에 해당한다.(가구 수 산정시 부양의무자가 아닌 조카는 제외하였다.)

③ C의 소득인정액은 (80만 원−22만 원)+24만 원=82만 원인데, 이는 3인 가구의 최저생계비인 94만 원보다 적으므로 기초수급자에 해당한다.

⑤ E의 소득인정액은 (60만 원−30만 원)+36만 원=66만 원인데, 이는 2인 가구의 최저생계비인 70만 원보다 적으므로 기초수급자에 해당한다.

05 정답 ④

정답해설

ㄱ. 전문성 면에서 유급법률구조제도는 (+)로, 자원봉사제도는 (−)로 나타나고 있으므로 옳은 내용이다.

ㄴ. A안은 접근용이성과 전문성만을 고려하는 것인데, 유급법률구조제도는 이 두 목표가 (+)로 나타나고 있으므로 옳은 내용이다.

ㄹ. A안과 B안 중 어떤 것을 적용하더라도 '유급법률구조제도'가 채택되므로 옳은 내용이다.

오답해설

ㄷ. B안은 전문성만을 고려하는 것인데, 자원봉사제도는 (−)로 나타나고 있고 유급법률구조제도가 (+)로 나타나고 있으므로 옳지 않은 내용이다.

06 정답 ④

정답해설

X사가 준공검사를 요청한 시기가 계약기간 내인 2007년 10월 15일이므로 가 항목에 해당하며 이후 불합격판정을 받아서 계약기간 내인 2007년 10월 25일에 보완지시를 받았으므로 계약기간 다음날(2007년 11월 5일)부터 최종검사에 합격한 날짜(2007년 11월 19일)까지가 지체 기간에 해당한다.

07 정답 ④

정답해설

④ D는 '그 주택을 계속 소유한 채 최초 보상계획공고일 전에 다른 곳으로 전출한 자'에 해당하므로 전용면적 85m² 이하 공공분양아파트를 받을 수 있다. 따라서 옳은 내용이다.

오답해설

① A의 전입일(2002년 5월 4일)이 기준일(2002년 2월 20일)보다 늦으므로 대상자가 될 수 없다. 따라서 옳지 않은 내용이다.

② B의 전입일(2001년 12월 30일)이 기준일 3개월 전(2001년 11월 20일)보다 늦으므로 대상자가 될 수 없다. 따라서 옳지 않은 내용이다.

③ C의 전출일(2003년 8월 28일)이 최초 보상계획공고일(2004년 7월 28일)보다 앞서므로 대상자가 될 수 없다. 따라서 옳지 않은 내용이다.

⑤ E의 전출일(2004년 6월 30일)이 최초 보상계획공고일(2004년 7월 28일)보다 앞서므로 대상자가 될 수 없다. 따라서 옳지 않은 내용이다.

08 정답 ②

정답해설

ㄴ. A국은 D국의 유보에 동의하였으므로 D국과 A국 간에는 제7조가 적용되지 않는다. 따라서 옳은 내용이다.

오답해설

ㄱ. B국은 D국의 유보에만 반대하였으므로 B국와 D국 간에는 제7조가 적용되지 않을 뿐 나머지 조약은 적용된다. 한편 C국은 D국의 유보뿐만 아니라 조약의 발효에도 명시적으로 반대하였으므로 C국과 D국 간의 관계에서 D국은 조약의 당사국이 되지 않는다. 따라서 옳지 않은 내용이다.

ㄷ. ㅁ. A국, B국, C국은 기존의 체약국들이므로 제7조의 적용에 장애가 되는 것이 없다. 따라서 옳지 않은 내용이다.

ㄹ. ㄴ에서 설명한 것과 같이 D국과 A국 간에는 제7조가 적용되지 않고, B국도 제7조의 유보에 반대하였으므로 D국과 B국 간에는 제7조를 제외한 나머지 조약은 적용된다.

09 정답 ③

정답해설

③ 제시된 규정은 설사 운수회사를 전문직업교육장으로 본다고 하더라도 자신이 원하는 운수회사에 취업하는 것을 막고 있는 것이 아니므로 옳지 않은 내용이다.

오답해설

① A광역시의 규정을 살펴보면 근속기간 조건과 무사고기간 조건으로 구성되어 있음을 알 수 있는데 이 조건들은 단순히 특정 기간 이상 무사고 상태를 유지하고 있기만 하면 되는 것이며 그로 인해 법규 준수성, 숙련성 등이 뛰어나다는 것을 알려주는 것은 아니므로 옳은 내용이다.

② '동일회사에서 ~년 이상 근속하여 운전 중인 자'로 명시되어 있기 때문에 만약 근무하던 택시회사가 폐업할 경우 피해를 입을 가능성이 존재한다. 따라서 옳은 내용이다.

④ '17년 이상 무사고자로서 A광역시 소재 운수회사에서 10년 이상 운전 중인 자'라는 규정을 두어 이를 보완하고 있기는 하지만 '동일회사에서 ~년 이상 근속하여 운전 중인 자'라는 조건으로 인해 타회사로의 이직이 어려워질 가능성이 있다고 판단할 수 있으므로 옳은 내용이다.

⑤ 2순위를 부여받기 위해서는 8년 이상 무사고자로서 A광역시 조새 동일회사에서 5년 이상 근속하여 운전 중이어야 하는데, 선택지의 경우는 근속기간 조건을 만족하고 있지 못하므로 옳은 내용이다.

10 정답 ②

정답해설

ㄴ. 2008년 1월 이후 영도구에 신축되는 모든 건물에는 장애인을 위한 주차구역을 설치해야 하므로 건물 A가 영도구에 위치해 있지 않다는 것은 추론할 수 있다. 하지만 경사로(부산광역시), 점자표시(경상남도)가 모두 설치되어 있으므로 이 두 지역 중 어느 지역에 위치한 것인지는 알 수 없다. 따라서 옳은 내용이다.

ㄷ. 2008년 1월 이후 영도구에 신축되는 모든 건물에는 장애인을 위한 주차구역을 설치해야 하는데 건물 A에는 장애인을 위한 주차구역이 설치되어 있지 않다. 따라서 옳은 내용이다.

11   정답 ③

정답해설

(가) 포인트 적립제도가 없는 C, D, F를 제외하면 A, B, E가 남는데 이 중에서 판매자의 귀책사유가 있을 때에 환불수수료가 없는 곳은 E뿐이다.
(나) 배송비가 없는 A와 무게에 따라 배송비가 부과되는 F를 제외하면 B, C, D가 남으며 현재의 상태에서는 더 이상 판단할 수 없다.
(다) 이미 확정된 E를 제외하고 주문 취소가 불가능 한 것은 F뿐이므로 (다)는 F와 연결된다.
(라) 10만 원 어치의 물건을 구매하는 경우 A와 D는 배송비가 무료이므로 이를 제외한 B와 C가 가능하다.
따라서 이를 만족하는 것은 ③뿐이다.

12   정답 ③

정답해설

③ C구단은 전년 3위, 금년 2위로 A구단과 마찬가지로 추첨표를 받지 못한다. 따라서 옳지 않은 내용이다.

오답해설

① A구단은 전년과 금년 모두 1위를 차지하여 1~3순위 신인선발권 추첨표를 받지 못한다. 하지만 4순위 신인선발권 추첨에는 3개팀이 참여하게 되므로 이때의 확률은 1/3이다. 따라서 옳은 내용이다.
② B구단이 받은 추첨표는 3장(금년 4위)이고, D구단이 받은 추첨표도 3장(전년 4위, 금년 3위)이므로 옳은 내용이다.
④ 전체 추첨표 20장 중 E구단이 가졌던 7장이 제거되면 2순위 신인 선발권 추첨시 남은 추첨표는 13장이며, 그 중 F구단의 추첨표가 7장이므로 F구단이 2순위 신인 선발권을 얻을 확률은 약 54%(=7/13)이다. 따라서 옳은 내용이다.
⑤ 1~3순위 추첨에서 B구단, D구단, (E와 F 중 한 구단)이 당첨된다면 4~6순위 추첨은 A, C, (E와 F 중 한 구단)이 참여한 상황에서 진행되게 된다. 따라서 E구단이나 F구단은 6순위 신인선발권을 얻을 가능성이 있다. 따라서 옳은 내용이다.

13   정답 ③

정답해설

ㄱ. 70점+10점(최근 2년 이내 최종결과평가 최우수 등급)+10점(최근 3년 이내 기술실시계약 체결 후 받은 기술료 총액이 2천만 원 이상)=90점
ㄹ. 90점(가점, 감점 부여항목 없음)

오답해설

ㄴ. 80점-5점(최근 3년 이내 협약체결 포기 경력)+10점(최근 3년 이내 SCI 논문 게재)=85점
ㄷ. 75점+10점(최근 2년 이내 최종결과평가 최우수 등급)-5점(최근 3년 이내 협약체결 포기 경력)=80점

14   정답 ③

정답해설

(단위 : 달러)

구분	일비	숙박비	식비
1일째	80	-(항공이동)	-(항공이동)
2일째	80	233	102
3일째	80(많은 금액 기준)	164	102
4일째	70	164	85
5일째	70	-(항공이동)	85
6일째	70	-(항공이동)	-(항공이동)
합계	450	561	374

15   정답 ④

정답해설

ㄱ. 부양자녀 요건과 주택요건의 경우 국회통과안이 정부제출안에 비해 더 완화되어 있으므로 옳지 않은 내용이다.
ㄴ. 재산요건에 의하면 정부제출안과 국회통과안 모두 세대원 전원이 소유하고 있는 재산 합계액이 1억 원 미만일 것을 요구한다. 하지만 A의 재산의 합이 1억 원이어서 어느 안에 의하든 신청할 수 없다. 따라서 옳지 않은 내용이다.
ㄹ. 정부제출안과 국회통과안 모두 내국인과 혼인한 외국인은 신청 가능하므로 옳지 않은 내용이다.

오답해설

ㄷ. 국회통과안의 부양자녀요건에 따르면 (1)~(3)을 모두 갖춘 자녀를 1인 이상 부양하면 되므로 근로장려금을 신청할 수 있다. 따라서 옳은 내용이다.

16

정답해설

근무 경력이 5년에 미달하는 정을 제외하고 나머지 3명의 직원에 대해 각각의 기준을 적용하면 다음과 같다.

구분	현행			개정안		
	갑	을	병	갑	을	병
외국어 성적	15	15	24	25	25	40
근무 경력	40	40	28	20	20	14
근무 성적	A	20	A	A	10	A
포상	5	10	0	10	20	0
계	60+A	85	52+A	55+A	75	54+A

그런데, 근무 성적은 을만 만점이라고 하였으므로 A는 20(개정안 10)보다 작을 수밖에 없다. 따라서 어느 기준을 적용하더라도 총점이 가장 높은 을의 선발 가능성이 가장 높다.

17

정답해설

ㄱ. A건물과 B건물 사이의 도로는 ㅇㅇ로이므로 폭 2~7차선의 도로이며, D건물과 E건물 사이의 도로는 △△길이므로 폭 1차선의 도로임을 알 수 있다. 따라서 옳은 내용이다(엄밀히 말해 '길'에 폭 9차선 이상인 경우도 해당할 수 있기 때문에 문제에서 도로는 최대 8차선까지만 존재한다는 단서가 주어지는 것이 바람직하다).
ㄴ. 도로의 시작점에서 끝점까지 도로의 왼쪽은 홀수번호로 부여한다고 하였으므로 옳은 내용이다.
ㄷ. 해당 건축물의 주된 출입구가 접하고 있는 도로구간에 대하여 건물번호를 부여한다고 하였으므로 옳은 내용이다.

오답해설

ㄹ. 출입구가 여러 개라도 주된 출입구가 접하고 있는 도로구간에 대하여 건물번호를 부여하므로 옳지 않은 내용이다.

18

정답해설

각각의 총 청약점수를 계산하면 다음과 같다.

구분	청약자 연령	세대구성	자녀 수	무주택 기간	총 청약점수
甲	60	30	0	64	154
乙	20	60	0	0	80
丙	60	60	60	128	308
丁	40	90	30	0	160

따라서 총 청약점수가 높은 두 사람은 丁과 丙이다.

19

정답해설

ㄱ. 편익 수준을 4,000만 원 이상으로 잡을 경우 1, 3, 4, 5안이 이에 해당되는데, 이 중 가장 적은 비용의 대안이 1안이므로 옳은 내용이다.
ㄷ. 비용의 한도를 550만 원으로 잡을 경우, 1, 2안이 이에 해당되는데, 1안의 편익이 더 높으므로 옳은 내용이다.
ㄹ. 비용의 한도를 700만 원으로 잡을 경우 1, 2, 3, 4안이 이에 해당되는데, 이 중 4안의 편익이 가장 높으므로 옳은 내용이다.

오답해설

ㄴ. 편익 수준을 5,000만 원 이상으로 잡을 경우 4, 5안이 이에 해당되는데, 이 중 가장 적은 비용의 대안이 4안이므로 옳지 않은 내용이다.
ㅁ. 편익/비용의 기준으로 볼 때, 1~4안은 최대 70정도에 그치지만 5안은 약 80으로 계산되므로 옳지 않은 내용이다.

20

정답해설

ㄱ. 선착순 우선원칙에 의할 경우 민원 B가 완료되는 데 소요되는 기간은 24일인 반면, 짧은 사례 우선원칙에 의할 경우 12일이므로 옳은 내용이다.
ㄷ. 민원담당자의 입장에서는 어떤 원칙을 채택하든 전체 업무를 처리하는데 소요되는 시간은 28일로 동일하므로 옳은 내용이다.
ㄹ. 아래 ㄴ에서 설명한 것처럼 丙의 민원 C는 24일이 단축되므로 옳은 내용이다.

오답해설

ㄴ. 짧은 사례 우선원칙에 의할 경우 ㄱ에서 살펴본 것처럼 乙은 12일이 단축되고, 丙은 24일이 단축되지만 甲은 12일이 더 소요되므로 옳지 않은 내용이다.
ㅁ. 선착순 우선원칙에 의할 경우의 총 대기기간은 40일(=0일+16일+24일)인 반면, 짧은 사례 우선원칙에 의할 경우는 16일(=0일+4일+12일)이므로 옳지 않은 내용이다.

21

정답해설

• 1단계 : 1순위 최다 투표자는 A(350표)인데, 이는 과반수에 미치지 못하므로 다음 단계로 넘어간다.
• 2단계 : 1단계의 최소득표자는 E(100표)인데, 이는 그 투표용지에 2순위로 기표된 C에 합산된다. 따라서 A(350표), C(300표), B(200표), D(150표)가 되는데 여전히 A의 득표수가 과반수에 미치지 못하므로 다음 단계로 넘어간다.
• 3단계 : 2단계의 최소득표자는 D(150표)인데, 이는 그 투표용지에 2순위로 기표된 C에 합산된다. 따라서 C(450표), A(350표), B(200표)가 되는데 여전히 C의 득표수가 과반수에 미치지 못하므로 다음 단계로 넘어간다.
• 4단계 : 3단계의 최소득표자는 B(200표)인데, 이는 그 투표용지에 2순위로 기표된 C에 합산된다.
따라서 C(650표), A(350표)가 되어 과반수를 획득한 C가 당선된다.

22 정답 ⑤

⑤ A시는 범죄발생 건수 비율을 기준으로 할 때, 가장 적은 예산을 배분받으므로 옳지 않은 내용이다.

① A시의 경우 범죄발생 건수 비율로 배분할 때 2,500만 원을 받는 것이 최저액이며, 경찰관 수 비율로 배분할 때 6,500만 원을 받는 것이 최고액이므로 옳은 내용이다.

② B시의 경우 경찰관 수 비율로 배분할 때 3,500만 원을 받는 것이 최저액이며, 범죄발생 건수 비율로 배분할 때 7,500만 원을 받는 것이 최고액이므로 옳은 내용이다.

③ B시가 선호하는 배분 기준을 순위가 높은 것부터 순서대로 나열하면 범죄발생 건수 비율, 재정자립도 비율, 인구 비율, 경찰관 수 비율이므로 옳은 내용이다.

④ A시가 선호하는 배분 기준을 순위가 높은 것부터 순서대로 나열하면 경찰관 수 비율, 인구비율, 재정자립도 비율, 범죄발생 건수 비율이므로 옳은 내용이다.

23 정답 ②

첫 번째 조건에서 비상구 앞뒤로 두 번째 열 이내에 앉은 승객을 찾아보면 '가, 나, 라, 마'가 있으며, 여기에 두 번째 조건인 복도(통로)측 좌석을 선별하면 '나, 라, 마'를 확인할 수 있다. 이제 여기에 마지막 조건을 대입해보면 비행기의 앞쪽 방향에 위치한 승객은 '나'이므로 생존가능성이 가장 높은 좌석은 '나'임을 알 수 있다.

24 정답 ③

〈오늘 아침의 상황〉 중 〈은희의 취향〉과 관련된 부분을 뽑아내면 다음과 같다.

• 스트레스를 받음
• 배가 고픔
• 피곤한 상황
• 커피만 마심
• 휘핑크림은 넣지 않음

먼저, 스트레스를 받았다고 하였으므로 휘핑크림이나 우유거품을 추가해야 하나 마지막 조건에서 휘핑크림을 넣지 않는다고 하였으므로 우유거품만을 추가함을 알 수 있다. 또한 배가 고픈 상황이므로 데운 우유가 들어간 커피를 마시게 된다. 따라서 이 모두를 포함한 카푸치노를 주문할 것임을 추론할 수 있다.

25 정답 ①

주어진 보기와 암호문을 통해 역으로 원문을 추론할 수 있다. 먼저 암호 변환키 B열에서 암호문이 I로 나오는 것은 H이므로 원문의 첫 단어는 H가 된다. 이와 같은 방식으로 암호 변환키 H열에서 암호문이 B로 나오는 것은 I, 변환키 E에서 암호문이 N으로 나오는 것은 J이므로 같은 방식으로 나머지 암호문을 분석해보면 정답은 HIJACK이 됨을 알 수 있다.

26 정답 ①

① 甲이 7월 20일에 퇴직한다면 퇴직일인 7월 20일에 해당 월의 급여와 사용하지 않은 월차에 대한 월차수당을 함께 지급받게 된다.

② 乙이 6월 9일에 퇴직한다면, 乙은 12일 이상 근무하지 않은 것이 되어 월차가 발생하지 않는다. 따라서 乙은 6월분의 월차수당을 받을 수 없다.

③ 丙이 월차를 받을 수 있는 기간은 3월부터 6월까지의 4개월이며, 퇴직월인 7월은 월차수당으로만 받을 수 있다. 따라서 丙이 사용할 수 있는 월차는 최대 4일이다.

④ 12월의 근무로 인해 발생한 월차는 월차수당으로만 지급하므로 丁은 1월부터 11월까지의 근무에 대한 최대 11일의 월차를 사용할 수 있다.

⑤ 戊의 입사일이 9월 20일이므로 9월의 근무일은 12일에 미치지 못한다. 따라서 10월부터 12월까지의 3개월간의 근무에 대한 총 3일분의 월차수당을 받을 수 있다. 만약 월차를 최대로 사용한다면 2일의 월차와 1일분의 월차수당을 받을 수 있을 것이다.

27 정답 ③

ㄱ. 甲이 매운 음식을 자주 먹는 것이 위암 검진 시작 시기와 주기에 영향을 미치는 사항은 아니므로 만 40세가 되는 2년 후에 위암 검진을 받아야 한다.

ㄴ. 乙은 대장암 가족력이 있으므로 정상적인 검진 시기에서 10년을 앞당긴 만 40세부터 1년 주기로 검진을 받아야 한다. 따라서 乙은 만 40세가 되는 7년 후에 대장암 검진을 받아야 한다.

ㄷ. 丙은 유방암 가족력이 있으므로 정상적인 검진 시기에서 15년을 앞당긴 만 25세부터 2년 주기로 검진을 받아야 한다. 그런데 丙은 올해가 만 25세이므로 올해 곧바로 정기검진을 받아야 한다.

ㄹ. 丁은 흡연자이므로 만 40세부터 1년 주기로 폐암 검진을 받아야 한다. 따라서 丁은 만 40세가 되는 4년 후에 폐암 검진을 받아야 한다.

따라서 첫 정기검진까지의 기간이 가장 적게 남은 사람부터 순서대로 나열하면 丙(0년) – 甲(2년) – 丁(4년) – 乙(7년)이다.

28

정답해설

각 대안별 평가점수의 합계를 구하면 다음과 같으며, 따라서 2순위는 ㄱ과 ㄹ, 4순위는 ㄴ과 ㄷ 중 한 개가 차지하게 된다.

ㄱ	ㄴ	ㄷ	ㄹ	ㅁ
33	19	19	33	18

그런데 ㄱ과 ㄹ은 총점은 동일하지만 법적 실현가능성 점수에서 ㄱ이 앞서므로 1순위는 ㄱ, 2순위는 ㄹ이 되며, ㄴ과 ㄷ은 총점뿐만 아니라 법적 실현가능성 점수, 효과성 점수까지 동일하므로 행정적 실현가능성에서 앞서는 ㄴ이 3순위, ㄷ이 4순위가 된다.

29

정답 ③

정답해설

③ 식품 수입자는 신고의무가 있으며 구기자는 2010.8.1. 이후 유통된 경우 신고대상이다. 선택지의 사례는 이에 해당하므로 식품 수입자 C는 유통이력 신고의무가 있다.

오답해설

① 안경테 도매상은 유통업자에 해당하고 선글라스는 2010.2.1. 이후 유통된 경우 신고대상이다. 하지만 선택지의 사례는 이보다 앞선 시기에 이루어진 것이므로 신고대상에 포함되지 않는다.

② 한약재 수입자는 신고의무가 있으나 당귀는 2010.8.1. 이후 유통된 경우 신고대상이다. 하지만 선택지의 사례는 이보다 앞선 시기에 이루어진 것이므로 신고대상에 포함되지 않는다.

④ 소비자에게 매운탕을 판매하는 음식점 주인은 소매업자에 해당하며, 소매업자는 유통이력 신고의무가 없다.

⑤ 도매상은 신고의무가 있으며 냉동옥돔은 2013.2.1. 이후 유통된 경우 신고대상이다. 하지만 선택지의 사례는 이보다 앞선 시기에 이루어진 것이므로 신고대상에 포함되지 않는다.

30

정답 ④

정답해설

ㄴ. 주세가 부과된다는 것은 해당 음료의 알코올 함유량이 100분의 1 이상이라는 의미인데, 알코올 함유량이 100분의 0.5를 초과하는 음료는 맥주로 분류되어 30%의 관세가 같이 부과된다. 따라서 주세의 납부 대상이지만 관세의 납부 대상이 아닌 음료는 존재하지 않는다.

ㄷ. 알코올 함유량이 100분의 0.5를 초과한다면 이는 맥주에 해당하여 30%의 관세가 부과된다. 따라서 옳지 않다.

오답해설

ㄱ. 알코올 함유량이 100분의 0.5를 초과하는 경우 30%의 관세가 부과되며, 이와 별도로 알코올 함유량이 100분의 1 이상인 경우 72%의 주세가 부과된다. 따라서 옳은 내용이다.

31

정답 ①

정답해설

ㄱ. 5의 배수는 A×5로 표현되므로 30은 6×5, 즉 여섯 개의 다섯으로 바꿔서 나타낼 수 있다. 이에 따라 30은 otailuna(6×5)로 표현된다.

ㄴ. 중간에 i가 들어있다는 것은 i의 앞과 뒤를 더한 숫자라는 것을 의미하므로 ovariluna i tolu는 ovari+tolu로 나타낼 수 있다. 여기서 ovari는 다시 o+vari로 분해되어 9임을 알 수 있고, ovari+luna는 ㄱ에서 살펴본 것과 같은 논리로 아홉 개의 다섯으로 해석할 수 있으므로 45임을 알 수 있다. 여기에 i 뒤의 tolu(3)을 더하면 결과적으로 해당되는 숫자는 48이 된다.

32

정답 ③

정답해설

ㄱ. 네팔어를 사용하는 A장관과 에스파냐어를 사용하는 F장관이 의사소통을 하기 위해서는 네팔어와 에스파냐어를 모두 통역 가능한 통역관이 있어야 하나 그렇지 않은 상황이다. 따라서 A(네팔어) → 통역관 乙(네팔어, 영어) → 통역관 丁(영어, 한국어) → 통역관 丙(한국어, 에스파냐어) → F(에스파냐어)의 과정을 거쳐야 하므로 최소 3명의 통역관이 필요하다.

ㄴ. 통역관 丁은 한국어, 영어, 스와힐리어를 통역 가능하므로 한국어를 사용하는 H장관은 이 언어들을 사용하는 장관들과만 의사소통이 가능하다. 따라서 B(영어), E(영어, 스와힐리어), G(스와힐리어)의 3명과 대화가 가능하다.

ㄹ. 장관 D가 사용하는 카자흐어와 러시아어를 제외한 나머지 언어는 4명의 통역관을 통해 통역이 가능하다. 또한 장관 C가 통역관 역할을 겸한다면 러시아어를 매개로 하여 D가 다른 장관들과 의사소통을 하는 것을 가능하게 할 수 있다. 따라서 결과적으로 모든 장관들이 서로 의사소통이 가능하게 된다.

오답해설

ㄷ. 장관 E가 통역관의 역할을 하게 될 경우 영어를 매개로 하여 다른 장관(예를 들어 B)와 대화할 수 있으며 다른 통역관까지 참여한다면 더 많은 장관들과도 대화할 수 있다.

33

정답 ②

정답해설

먼저 시간 외 근로를 동의하지 않은 김상형을 제외하면 ①을 소거할 수 있으며, 출산이후 1년이 지나지 않은 전지연은 이미 1주 동안 6시간의 시간 외 근로를 하였으므로 제외하여 ④, ⑤를 소거할 수 있다. 이제 남은 것은 ②와 ③뿐인데 조경은의 경우 A프로젝트를 완수하기 위해 5시간이 소요되어 야간근로가 필요한 상황이지만 여성의 경우 야간근로에 대해 별도의 동의를 요한다고 하였으므로 제외한다. 따라서 답은 ②가 된다.

34 정답 ⑤

⑤ 명도 · 채도에 관한 수식어(아주 연한), 색상에 관한 수식어(노랑 끼의), 녹색(유채색)의 순서를 올바르게 지켰으므로 옳은 표현이다.

① 회색은 무채색인데, '진한'이라는 수식어는 유채색에 붙이는 수식어이므로 옳지 않은 표현이다.
② '보라 띤(보라빛)'은 노랑에는 적용하지 못하는 수식어이므로 옳지 않은 표현이다.
③ '파랑 띤'은 노랑에는 적용하지 못하는 수식어이므로 옳지 않은 표현이다.
④ 유채색의 명도 · 채도에 관한 수식어(밝은)와 색상에 관한 수식어(빨강 기미의)는 나열하는 순서를 바꿀 수 없으므로 옳지 않은 표현이다.

35 정답 ③

ㄱ. 기관과 제휴된 호텔과 콘도미니엄의 수는 69개인데, 그 중 호텔은 31개이고 콘도미니엄은 38개이므로 옳지 않은 내용이다.
ㄴ. 노보텔 앰배서더의 예를 들면 서울시 강남구와 금천구에 위치하고 있으므로 옳지 않은 내용이다.
ㄷ. 남송마리나피싱리조트 등 호텔이라는 이름을 사용하고 있지 않은 시설이 존재하므로 옳지 않은 내용이다.

ㄹ. 서울의 예를 들면 제시된 노보텔 앰배서더 등은 모두 호텔로 분류되고 있으므로 콘도미니엄은 없다는 것을 알 수 있다. 따라서 옳은 내용이다.

36 정답 ③

어린이 식사를 미리 주문한 A에게 가장 먼저 제공하고, 저칼로리식(특별식)을 미리 주문한 E에게 두 번째로 제공한다. 다음으로는 좌측 2열 창가에 있는 F, 우측 2열 창가에서 두 번째에 있는 B, 중앙 5열에 있는 D, 좌측 8열 창가에서 두 번째에 있는 C, 중앙 8열에 있는 G의 순으로 제공한다.

37 정답 ③

• 민주 : 보습력이 가장 뛰어난 것은 반짝이와 수분톡톡인데, 둘다 발림성도 별이 3개로 동일하다. 따라서 민주는 반짝이와 수분톡톡 어느 것을 선택해도 무방하다.
• 호성 : 발림성, 보습력, 향이 모두 우수한 것은 반짝이와 수분톡톡인데, 이 중 제품 가격이 낮은 것은 수분톡톡이므로 호성은 수분톡톡을 선택한다.
• 유진 : 향이 가장 좋은 것은 반짝이, 수분톡톡, 솜구름인데, 이들 모두 발림성도 별이 3개로 동일하다. 마지막으로 이 들 중 제품 크기가 가장 작은 것은 용량이 가장 작은 반짝이이므로 유진은 반짝이를 선택한다.

38 정답 ①

ㄱ. 총 지원금은 2013년 14,000백만 원에서 2014년 13,000백만 원으로 1,000백만 원 줄었지만 지원 인원 1인당 평균 지원금은 2013년 약 470여만 원에서 2014년 650만 원으로 많아졌으므로 옳은 내용이다.

ㄴ. 저소득층 등 취업취약계층을 우대한다는 것이지 이에 해당하지 않으면 참여를 못 하는 것이 아니다. 이 계층의 참여목표비율이 70%이라고 한 점에서도 확인할 수 있는 내용이다.
ㄷ. 근로조건 항목에서 4대 사회보험을 보장한다고 하였으므로 옳지 않은 내용이다.
ㄹ. 참여자 항목에서 주된 참여자는 중장년(50~64세)으로 명시하고 있으므로 옳지 않은 내용이다.

39 정답 ①

각 사업별로 평가대상 여부를 판단해보면 다음과 같다.
• 甲사업
 − A평가 : 총사업비가 520억 원이어서 이 기준에는 포함되나 국비지원 규모가 100억 원에 불과하여 기준에 미달된다. 따라서 A평가의 대상이 아니다.
 − B평가 : 도시개발사업은 B평가의 대상에 포함된다.
 − C평가 : 부지면적이 12만 5천㎡이어서 기준에 포함되므로 C평가의 대상에 해당한다.
• 乙사업
 − A평가 : 법령에 따라 추진되는 사업이므로 A평가의 대상이 아니다.
 − B평가 : 철도건설사업은 B평가의 대상에 포함된다.
 − C평가 : 정거장이 7개소이고, 총길이가 18km이어서 기준에 포함되므로 C평가의 대상에 해당한다.
따라서 甲, 乙사업 모두 B, C 두 개의 평가를 받아야 한다.

40 정답 ⑤

• 丙 : 8년째 판매하고 있으므로 계속성 · 반복성 조건을 충족하며, 영리 여부를 따지지 않고 재화(공예품)를 판매하고 있으므로 사업자 조건도 충족한다. 마지막으로 다른 사업자에게 고용 · 종속되어 있다는 언급이 없으므로 독립성 조건도 충족한다. 따라서 丙은 사업자등록 대상이다.
• 丁 : 10년 동안 판매하고 있으므로 계속성 · 반복성 조건을 충족하며, 영리 여부를 따지지 않고 재화(발명품)를 판매하고 있으므로 사업자 조건도 충족한다. 마지막으로 다른 사업자에 고용 · 종속되어 있다는 언급이 없으므로 독립성 조건도 충족한다. 따라서 丁은 사업자등록 대상이다.

• 甲 : 중고거래를 1회만 하였으므로 계속성 · 반복성을 가지지 않는다. 따라서 사업자등록 대상이 아니다.
• 乙 : 영업사원은 회사에 고용되어 일하는 사람이므로 독립성 요건을 충족하지 못한다. 따라서 사업자등록 대상이 아니다.

41

정답해설

제시된 〈기준〉에 따라 각 지방자치단체의 사전경보상태를 정리하면 다음과 같다.

구분	통합재정 수지적자 비율	예산대비 채무비율	채무상환비 비율	지방세 징수액비율	금고잔액 비율	공기업 부채비율
A	주의		주의			
B	주의	주의		주의	주의	
C				주의	주의	심각
D	심각	주의	심각			

따라서 중점관리대상은 주의가 4개(=심각 2개)인 B와, 주의 2개(=심각 1개)와 심각 1개인 C, 심각 2개와 주의 1개인 D임을 알 수 있다.

42

정답 ②

정답해설

② 8월 16일에 신청한 경우 9월 1일에 신청한 것으로 보므로 6일까지 시장의 승인이 있어야 하며, 관련기관의 정비는 13일에 완료, 정비결과는 16일까지 시장에게 보고되어야 한다.

오답해설

① 홀수달 1일에 하지 않은 신청은 그 다음 홀수달 1일 신청한 것으로 간주하므로 7월 2일에 정류소 명칭 변경을 신청한 경우 9월 6일까지는 승인 여부를 결정해야 한다.

③ 아파트 명칭은 4순위에 해당하며, 서점 등 기타의 명칭은 5순위이므로 '가나 3단지아파트 · 가나서점'으로 변경해야 한다.

④ 전체 글자 수는 15자 이내로 제한하므로 '다라중학교 · 다라동1차아파트'(13자)는 명칭 부여기준에 적합하다.

⑤ 글자 수는 15자 이내이지만 명칭 수를 2개 이내로 제한한다는 규정이 있으므로 올바르지 않은 명칭이다.

합격자의 SKILL

각주에서 당일은 일수에 산입하지 않는다는 조건이 주어졌다. 이를 '초일 불산입'이라고 하는데, 이런 조건이 주어질 경우에는 복잡하게 생각하지 말고 그냥 기간을 더해주면 된다.

43

정답 ①

정답해설

점수부여기준에 따라 각각의 선택지에 대해 점수를 계산하면 다음과 같다.

구분	패스워드	글자수 (3)	글자수 (2)	동일 문자	인접키	아이디	점수
①	10H&20Mzw	10		0	0	0	10
②	KDHong!	8		0	0	-3	5
③	asjpeblove		10	0	-2	0	8
④	SeCuRiTy*	10		0	-2	0	8
⑤	1249dhqtgml		10	0	-2	0	8

따라서 점수가 가장 높은 ①이 가장 안전하다.

44

정답 ③

정답해설

③ 상업용 이용을 금지하고 있지 않고 있으며, 출처표시 및 변경금지 조건을 모두 준수하고 있으므로 조건에 부합한다.

오답해설

① 출처표시를 요구하고 있으나 이를 위배(출처 미표시)하였으므로 조건에 위배된다.

② 변경금지를 요구하고 있으나 이를 위배(변형)하였으므로 조건에 위배된다.

④ 변경금지를 요구하고 있으나 이를 위배(합성)하였으므로 조건에 위배된다.

⑤ 변경금지를 요구하고 있으나 이를 위배(번역)하였으므로 조건에 위배된다.

합격자의 SKILL

문제에서 다루어지지는 않았지만 맨 위에 제시된 OPEN 마크의 경우, 무조건 자유롭게 이용할 수 있는 것이 아니라 '일정한 조건'하에 자유롭게 이용할 수 있는 것임에 주의해야 한다. 이 유형의 문제는 얼마든지 변형하여 출제 가능하므로 자기 나름대로의 풀이법을 정리해두길 바란다.

45

정답 ④

정답해설

④ 제시문에 의하면 임업인은 2번 항목인 2015년 임산물 판매 영수증과 세금계산서, 4번 항목인 교육 이수증 또는 수료증만 제출하면 된다. 따라서 1번 항목인 보조금 수급 이력 서류는 제출할 필요가 없다.

오답해설

① 총점만을 놓고 볼 때 甲이 87점으로 최고점을 기록하여 선정이 되어야 하나 그렇지 않았다는 것은 보조금을 부당하게 사용하였거나 관련 법령을 위반한 적이 있었다는 것을 의미한다. 그런데 항목 1에서 얻은 점수가 40점이라는 것은 보조금 수급 이력이 없었다는 것을 의미하므로 보조금을 부당하게 사용한 적은 없었다고 볼 수 있다. 따라서 갑은 관련 법령을 위반한 적이 있었을 것이다.

② 항목 5에서 甲과 丁 모두 7점을 받았다는 것은 두 명 모두 표본농가에 포함되지 않았다는 것을 의미한다.

③ 乙과 丙의 총점이 84점으로 동일하나 최종적으로 丙이 선정되었으므로 동점 시 우선 선정기준을 확인해보면 다음과 같다.
  ⅰ) 보조금 수급 이력 점수 : 두 사람 모두 40점으로 동일하여 다음 기준에 의해 판단한다.
  ⅱ) 임산물 판매규모 점수 : 두 사람 모두 19점으로 동일하여 다음 기준에 의해 판단한다.
  ⅲ) 연령 : 최종적으로 丙이 선정되었으므로 丙이 乙보다 나이가 많음을 알 수 있다.

⑤ 乙과 丁은 모두 4번 항목에서 10점을 획득했기 때문에 교육을 이수했음을 알 수 있고, 이를 인정받기 위해서는 이수증 또는 수료증을 제출해야 하므로 옳은 내용임을 알 수 있다.

합격자의 SKILL

④는 전형적인 함정 선택지다. 이 문제에서는 표 아래의 내용이 동일한 글씨체로 들어가 있었기에 판단이 가능했지만 이것이 각주의 형식으로 주어졌다면 상당히 많은 수험생들이 함정에 걸렸을 문제이다. 혼자 이 문제를 풀어볼 때는 어떻게 이런 실수를 할 수 있을까 의문을 가질 것이다. 그러나 이 문제는 25번이며, 특히나 바로 앞에 있는 고난도 문제들에서 고전했던 수험생들 중 이 문제를 침착하게 풀 수 있었던 사람은 그리 많지 않았을 것이다.

정답해설

ㄱ. 연구진은 용역완료(납품) 후에라도 발주기관이 연구결과와 관련된 자료를 요청할 경우에는 관련 자료를 성실히 제출해야 한다고 하였으므로 옳은 내용이다.

ㄴ. 전체회의는 착수보고 전 1회, 각 중간보고 전 1회(총 2회), 최종보고 전 1회이므로 4회 열리게 되며, 보고 횟수는 전체 회의 이후에 모두 진행하므로 역시 4회이다. 따라서 수시보고가 없다면 최소 총 8회의 전체회의 및 보고가 이뤄지게 된다.

오답해설

ㄷ. 연구보조원도 연구진의 구성원에 포함되며, 연구 수행기간 중 연구진은 구성원을 임의로 교체할 수 없다고 하였으므로 옳지 않은 내용이다.

ㄹ. 연구진은 연구과제의 시작부터 종료(최종보고서 제출)까지 과업과 관련된 제반 비용의 지출행위에 대해 책임을 지고 과업을 진행해야 한다고 하였으므로 중간보고서의 출력과 제본 비용의 지출행위 역시 연구진이 책임을 져야 한다.

정답해설

ㄱ. A국은 대기환경지수의 평균값을 통합지수로 사용하지만, B국은 대기환경지수 중 가장 높은 값을 통합지수로 사용하며 세부적으로 들어가면 산정 방식 자체가 크게 다르다. 따라서 두 나라의 통합지수가 동일하더라도 각 대기오염물질의 농도는 다를 수 있다.

ㄷ. A국은 5가지 대기오염 물질 농도를 각각 측정하여 대기환경지수를 산정하고, 그 평균값을 통합지수로 하므로 단순히 등급이 '해로움'으로 나타났다고 하더라도 그 정보만으로는 특정 물질의 농도에 대한 정확한 수치를 알 수 없다.

ㄹ. A국은 경보색깔이 노랑인 경우 외부활동이 가능하나, B국은 외부활동을 자제해야 한다. 따라서 A국에 방문하여 B국의 기준을 따른다면 외부활동을 자제할 것이므로 옳은 내용이다.

오답해설

ㄴ. B국의 경우 오염물질별 대기환경지수 중 101 이상인 것이 2개 이상일 경우에는 가장 높은 대기환경지수에 20을 더하여 통합지수를 산정한다고 하였다. 만약 B국 대기환경지수 중 101 이상인 것이 2개 이상이고 가장 높은 것이 160이라면 B국의 통합지수는 180이 되므로 옳지 않은 내용이다.

합격자의 SKILL

선택지 ㄹ의 경우 선택지가 혼동하기 쉽게 되어있으나 결국은 B국의 경보 기준에 따라 판단하기만 하면 되는 것이다. 생각해보면 아무것도 아닌 것이지만 이렇게 한번 꼬아놓은 문장은 시험장에서 실수하기 좋다. 따라서 선택지를 읽었을 때 해석과정에서 약간이라도 혼동이 있었다면 곧바로 정오를 판단하지 말고 다시 한번 그 의미를 정확하게 확정지은 후에 판단하기 바란다.

정답해설

주어진 자료를 정리하면 다음과 같다.

구분	국어	수학	영어	등급의 합	원점수 합
甲	3	1	3	7	
乙	3	1	2	6	267
丙	2	2	2	6	266
丁	4	1	2	7	
戊	1	4	1	6	258

3개 과목 등급의 합이 6 이내인 자를 선발한다고 하였으므로 甲과 丁은 불합격하며, 이 조건을 만족하는 자가 여러 명일 경우, 3개 과목 원점수의 합산 점수가 가장 높은 자를 선발한다고 하였으므로 乙이 합격한다.

정답해설

ⅰ) 사용목적이 '사업 운영'인 경우에 지출할 수 있다고 하였으므로 '인형탈' 품목에 사업비 지출이 허용된다.

ⅱ) 품목당 단가가 10만 원 이하로 사용목적이 '서비스 제공'인 경우에 지출할 수 있다고 하였으므로 '블라인드' 품목에 사업비 지출이 허용된다.

ⅲ) 사용연한이 1년 이내인 경우에 지출할 수 있다고 하였으므로 '프로그램 대여' 품목에 사업비 지출이 허용된다.

정답해설

⑤ 정책팀이 요구한 인원은 2명이나 1지망에서 정책팀을 지원한 F가 먼저 배치된 상태이므로 남은 자리는 한 자리뿐임을 알 수 있다. 그런데 D보다 점수가 높은 A와 G가 모두 2지망으로 정책팀을 지원한 상황이어서 어느 상황에서도 D가 정책팀에 배치될 수는 없음을 알 수 있다. 따라서 옳지 않다.

오답해설

① A의 입사성적이 90점이라면 국제팀을 1지망으로 선택한 또 다른 직원인 G(93점)보다 점수가 낮으므로 국제팀에는 배치될 수 없다. 그러나 G를 제외한 나머지 직원만을 놓고 볼 때 정책팀에 지원한 직원(A, C, D, F)중 A의 성적이 가장 높으므로 A는 2지망인 정책팀에 배치된다.

② ①과 반대로 A의 입사성적이 95점이라면 G(93점)보다 점수가 높으므로 국제팀에 배치된다.

③ B의 점수가 81점에 불과하여 1지망인 국제팀에는 배치될 수 없으나 재정팀의 요구인원과 지원인원이 4명으로 모두 동일하므로 어떤 상황이든 B는 재정팀에 배치된다.

④ 재정팀의 요구인원은 4명인데 반해 1지망에 재정팀을 지원한 직원은 2명(C와 E)뿐이어서 C는 재정팀에 배치된다.

이러한 유형의 문제에서 가장 중요한 것은 최대한 후보군을 좁히는 것이다. 만약 이러한 과정 없이 7명 모두에 대한 경우의 수를 따진다면 상당히 많은 시간이 소요될 것이며, 그 과정에서 실수할 가능성도 높다. 이 문제의 경우 C, E, F는 어떤 경우든 1지망에서 원한 부서로 배치되게 된다. 또한 국제팀에는 A 혹은 G 둘 중 한 명이 배치될 수밖에 없는 것도 후보군을 좁히는 데 큰 힌트가 될 것이다.

51

정답 ②

정답해설

② 다 항목에서 폐기 대상 판정 시 위원들 사이에 이견이 있는 자료는 당해 연도의 폐기 대상에서 제외하고 다음 연도의 회의에서 재결정한다고 하였다. 그런데 폐기심의위원회의 회의는 연 2회 정기적으로 개최한다고 하였으므로, 만약 그 해의 첫 번째 정기회의에서 폐기 대상으로 논의되었다면 그 해의 두 번째 정기회의가 아닌 그 다음해의 정기회의에서 재결정하게 된다. 따라서 옳은 내용이다.

오답해설

① 다 항목에서 폐기심의위원회는 폐기 여부만을 판정하며 폐기 방법의 결정은 사서에게 위임한다고 하였으므로 옳지 않은 내용이다.
③ 폐기심의위원회의 위원들은 실물과 목록을 대조하여 확인하여야 한다고 하였으므로 옳지 않은 내용이다.
④ 매각과 소각은 폐기 방법의 하나이고 마 항목에서 폐기한 자료는 현행자료목록에서 삭제하되, 폐기한 자료의 목록과 폐기 경위에 관한 기록을 보존한다고 하였으므로 옳지 않은 내용이다.
⑤ 가 항목에서 도서관 직원은 이용하기 곤란하다고 생각되는 자료는 발견 즉시 회수하여 사무실로 옮겨야 한다고 하였다. 그리고 그 자료를 사서들이 추려낸 후 폐기 대상 자료로 판단되는 것을 폐기심의대상 목록으로 작성하는 것이므로 옳지 않은 내용이다.

52

정답 ①

정답해설

ㄱ. 백신 A의 최소 접종연령이 12개월이므로 만 1세가 되는 12개월이 되는 날 1차 백신을 맞고, 2차 백신은 최소 접종간격인 12개월이 지난날인 만 2세가 되는 날보다 4일 이내로 앞당겨서 맞는다면 만 2세가 되기 전에 백신 A의 예방접종을 2회 모두 실시할 수 있다.

오답해설

ㄴ. 생후 45개월에 백신 B를 1차 접종하고 2차와 3차 접종을 최소 접종간격(각 4주, 합 8주)에 맞춰 마쳤다면 3차 접종을 생후 48개월이 되기 전에 마칠 수 있게 된다. 따라서 이 경우에는 만 4세 이후에 3차 접종을 유효하게 하지 않은 것이 되므로 4차 접종을 생략할 수 없다.
ㄷ. 백신 C의 최소 접종연령이 6주, 즉 42일이어서 40일에 1차 접종을 한 경우는 4일 이내로 앞당겨서 일찍 접종을 한 경우에 해당하여 유효하다. 그러나 2차 접종은 1차 접종 후 4주, 즉 28일 이후에 해야 하므로 최소한 생후 68일 이후에 맞아야 하나 선택지의 생후 60일은 5일 이상 앞당겨서 접종한 경우에 해당하여 무효처리된다.

53

정답 ④

정답해설

④ 변경 전에는 '자녀돌봄휴가'를 사용할 수 있는 사유가 초·중·고등학교에서 공식적으로 주최하는 행사와 공식적인 상담에 국한되었던 반면, 변경 후에는 자녀의 병원진료 등에도 쓸 수 있도록 하였으므로 옳지 않은 내용이다.

오답해설

① 변경 전에는 생후 1년 미만의 영아를 자녀로 둔 공무원만 대상이었으나 변경 후에는 만 5세 이하 자녀를 둔 공무원으로 확대되었으며, 시간도 1일 1시간에서 1일 2시간으로 늘어났다.
② 변경 전에는 자녀의 수에 관계없이 공무원 1인당 연간 최대 2일의 '자녀돌봄휴가'를 사용할 수 있을 뿐이었지만 변경 후에는 자녀가 3명 이상일 경우 1일을 가산한 3일까지 사용할 수 있게 하였으므로 옳은 내용이다.
③ 변경 전에는 '모성보호시간'이 적용되는 기간에 제한이 있었지만 변경 후에는 이를 임신 기간 전체로 확대하였으므로 임신 중인 여성 공무원은 임신 개월수에 관계없이 '모성보호시간'을 사용할 수 있다.
⑤ 변경 후에는 만 5세 이하 자녀를 둔 공무원은 1주일에 2일에 한해 1일에 2시간 범위 내에서 '육아시간'을 사용할 수 있도록 하였으므로 1주일에 총 4시간의 '육아시간'을 사용하여 근무시간을 단축할 수 있다.

제도의 변경을 다루는 유형의 문제는 어떤 식으로 선택지가 구성되든지 간에 정답은 변경 후를 다룬 것이 될 수밖에 없다. 물론 이 문제와 같이 변경 후의 내용만을 묻는 경우보다는 변경 전과 후를 비교하는 경우가 더 많이 출제되고는 있으나 그 경우에도 포인트는 변경 후의 내용이다. 만약 시간이 부족하여 선택지를 모두 판단할 수 없는 상황이라면 이 점을 잘 활용하기 바란다.

54

정답 ①

정답해설

ㄱ. 甲은 절 제목에 '과학' 또는 '정책'이 들어간 절을 하루에 한 개 이상 읽는다고 하였으므로 최소한 2절까지는 읽어야 한다. 2절은 20페이지까지이므로 옳은 내용임을 알 수 있다.

오답해설

ㄴ. 3월 3일에 甲이 6절까지, 즉 61페이지까지 읽었다면 4일에는 10절까지 읽을 수 있다. 왜냐하면 하루에 최대로 읽을 수 있는 분량이 40페이지인데 11절의 끝이 103페이지여서 읽는 것이 불가능하기 때문이다. 그렇다면 5일에는 11절부터, 즉 92페이지부터 읽기 시작하는 것이 되는데 책의 마지막 쪽이 133페이지여서 하루에 최대로 읽을 수 있는 분량을 넘어선다. 따라서 3월 5일까지 다 읽는 것은 불가능하다.
ㄷ. 1일차에 4절(33페이지)까지, 2일차에 8절(67페이지)까지, 3일차에 12절(106페이지)까지, 4일차에 133페이지까지 읽는 경우가 가능하므로 甲이 책 A를 다 읽는 데 소요되는 최소한의 시간은 4일이 됨을 알 수 있다.

문제 초반에 제시된 '133쪽'이라는 정보를 놓치고 풀이한 수험생이 의외로 많았던 문제이다. 문제를 집중해서 풀다보면 시야가 좁아지기 마련인데 핵심적인 정보인 〈목차〉에 집중하다보니 '133쪽'이라는 정보를 놓친 것이다. 상황판단에서는 이렇게 정보가 분산되어 제시되는 경우가 상당히 많다. 자료가 여러 개 주어졌다면 의식적으로 초반에 중요한 정보가 하나쯤은 심어져 있다는 것을 생각하자.

55 정답 ③

정답해설

ㄱ. '각기'는 ㄱ이 3회 사용되어 단어점수는 $2^3/1=8$이며, '논리'는 ㄴ이 2회 사용되었고 ㄹ이 1회 사용되어 $(2^2+2^1)/2=3$이므로 옳은 내용이다.

ㄴ. 예를 들어 '글자'의 단어점수는 $(2^1+2^1+2^1)/3=2$이며, '곳'의 단어점수 역시 $(2^1+2^1)/2=2$이다. 즉 단어의 글자 수와 자음점수가 달라도 단어점수가 같을 수 있다.

오답해설

ㄷ. 글자 수가 4개인 단어 중 단어점수가 최대로 나오는 경우는 '난난난난'과 같이 하나의 자음이 총 8회 나오는 경우이다. 이 경우의 단어점수는 $2^8=256$이므로 250점을 넘을 수 있으므로 옳지 않은 내용이다.

> ▎**합격자의 SKILL**
>
> 규칙의 난도를 떠나서 규칙 자체가 생소한 경우에는 이 문제와 같이 마지막에 실제 적용례를 들어주는 것이 일반적이다. 사례가 주어진 문제라면 굳이 고집스럽게 원칙만 들여다보지 말고 사례를 통해 직관적으로 규칙을 이해하는 것이 더 효율적이다. 의외로 사례를 안 들여다보고 주어진 조건만으로 풀이하려는 고집 센 수험생들이 상당히 많은데 합격하지 않으면 그런 고집은 아무도 알아주지 않는다.

56 정답 ②

정답해설

먼저, 회의시설에서 C를 받은 도시는 제외한다고 하였으므로 대전과 제주를 제외한 서울과 인천, 부산만을 놓고 판단하자.

구분	서울	인천	부산
회의 시설	10	10	7
숙박 시설	10	7	10
교통	7	10	7
개최 역량	10	3	10
* 가산점	–	10	5
합산점수	37	40	39

따라서 합산점수가 가장 높은 인천이 개최도시로 선정된다.

57 정답 ③

정답해설

ㄱ. 甲의 자본금액이 200억 원이므로 아무리 종업수가 적더라도 '자본금액 50억 원을 초과하는 법인으로서 종업원 수가 100명 이하인 법인'이 납부해야 하는 20만 원 이상은 납부해야 한다. 따라서 옳은 내용이다.

ㄹ. 甲의 자본금액이 100억 원을 초과한다면 50만 원을 납부해야 하며, 乙의 종업원수가 100명을 초과한다면 10만 원을, 丙의 자본금액이 100억 원을 초과한다면 50만 원을 납부해야 하므로 이들 금액의 합계는 110만 원이다.

오답해설

ㄴ. 乙의 자본금이 20억 원이고 종업원이 50명이라면 '그 밖의 법인'에 해당하여 5만 원을 납부해야 하므로 옳지 않다.

ㄷ. 丙의 종업원수가 200명이나 자본금이 10억 원 이하라면 '그 밖의 법인'에 해당하여 5만 원을 납부해야 하므로 옳지 않다.

58 정답 ⑤

정답해설

규칙에 맞추어 음과 악기의 지점을 연결하면 다음과 같다.

㉮	㉯	㉰	㉱	㉲	㉳	㉴	㉵	㉶	㉷	㉸
A		B	C		D		E	F		G

따라서 ㉲에 해당하는 음은 E이고, 〈가락〉에 E는 4회 나오므로 ㉲도 4회 눌러야 한다.

59 정답 ③

정답해설

③ B–A–C

전구번호	1	2	3	4	5	6
상태	○	○	○	×	×	×
B	○	×	○	○	×	○
A	○	×	×	○	×	×
C	×	×	×	×	×	×

오답해설

① A–B–C

전구번호	1	2	3	4	5	6
상태	○	○	○	×	×	×
A	○	○	×	×	×	×
B	○	×	×	○	×	○
C	○	×	×	×	×	×

② A–C–B

전구번호	1	2	3	4	5	6
상태	○	○	○	×	×	×
A	○	○	×	×	×	×
C	×	×	×	×	×	×
B	×	○	×	○	×	○

④ B–C–A

전구번호	1	2	3	4	5	6
상태	○	○	○	×	×	×
B	○	×	○	○	×	○
C	○	×	×	×	×	×
A	○	×	×	×	×	×

⑤ C–B–A

전구번호	1	2	3	4	5	6
상태	○	○	○	×	×	×
C	×	×	×	×	×	×
B	×	○	○	○	×	○
A	×	○	×	○	×	×

생소한 유형의 문제를 시험장에서 만났을 때 뭔가 원칙을 찾아내기 위해 시간을 허비하는 경우가 있다. 이 시험은 주관식 시험이 아니기에 최대한 선택지를 활용하여 직접 대입하는 것이 효율적이다. 실제로 위와 같이 정리해보면 생각보다 시간소모가 별로 없다는 것을 확인할 수 있다.

60 정답 ①

정답해설

ㄱ. 개별반 편성 시 만 1세 미만 4명에는 보육교사 2명, 만 1세 이상 만 2세 미만 5명에는 보육교사 1명이 필요하여 총 3명이 필요하다. 혼합반 편성 시에는 영유아가 9명이므로 보육교사 3명이 필요하여 어떤 경우이든 최소 3명의 보육교사가 필요함을 알 수 있다.

오답해설

ㄴ. 개별반 편성 시 만 1세 이상 만 2세 미만 6명에는 보육교사 2명, 만 2세 이상 만 3세 미만 12명에는 보육교사 2명이 필요하여 총 4명이 필요하다. 혼합반 편성 시에는 영유아가 18명이므로 보육교사 4명이 필요하여 어떤 경우이든 최소 4명의 보육교사가 필요함을 알 수 있다.

ㄷ. 개별반 편성 시 만 1세 미만 1명에게는 보육교사 1명, 만 2세 이상 만 3세 미만 2명에도 보육교사 1명이 필요하여 총 2명이 필요하다. 이 그룹은 혼합반 편성이 불가능하므로 최소 2명의 보육교사가 필요함을 알 수 있다.

61 정답 ④

정답해설

먼저 주어진 〈기준표〉의 수치가 비율을 인원수로 변환하여 판단하도록 하자. 각 등급별 세부학점은 교수 재량으로 정할 수 있으므로 여기서는 감안하지 않는다.

등급	A	B	C	D	F
인원 수	2~6	4~7	4~8	0~8	0~8

ㄱ. D와 F등급의 최소비율이 각각 0%이므로 모든 학생들에게 C등급 이상을 부여할 수 있으며 C등급 내에서 C^+와 C^0의 비율은 교수 재량이므로 C등급에 해당하는 모든 학생들에게 C^+를 부여하는 것도 가능하다.

ㄷ. A등급에 최대로 할당가능한 인원이 6명인데 만약 이보다 1명 적은 5명을 할당했다면 이 1명을 B등급에 배정할 수 있다. 따라서 B등급에 할당할 수 있는 최대 인원수는 8명이 되며, B등급 내에서 B^+를 부여할 것인지의 여부는 교수의 재량이므로 이 8명 모두에게 B^+를 부여할 수 있다.

ㄹ. 59점을 받은 학생은 18등을 기록한 정호채 학생인데 이 학생이 받을 수 있는 최고등급을 살펴보면 다음과 같다. 만약 A와 B등급에 최대 기준치만큼 배정한다면 13등까지 배정되게 되어 이 학생은 다음 등급인 C등급을 받을 수 있고, C등급 내에서 C^+와 C^0 중 어느 학점을 부여할 것인지는 교수의 재량이므로 이 학생은 C^+와 C^0 모두 받을 수 있다. 또한 C등급을 최소 인원인 4명만 할당하면 D등급을 받을 수 있고(D^+와 D^0 모두 받을 수 있음), D등급에서 최소 인원인 0명을 할당하면 F등급도 받을 수 있다. 따라서 59점을 받은 정호채 학생이 받을 수 있는 등급은 C^+, C^0, D^+, D^0, F이므로 옳다.

오답해설

ㄴ. 79점을 받은 학생은 7등을 기록한 이태근 학생이다. 만약 A등급과 B등급에 각각 최소기준인 2명과 4명을 할당한다면 이 학생은 C등급으로 밀려날 수 있으므로 옳지 않다.

01	02	03	04	05	06	07	08	09	10
③	③	①	④	②	②	⑤	④	③	②
11	12	13	14						
②	④	①	①						

01

정답 ③

정답해설

주어진 조건을 기호화하면 다음과 같다.

• Ao → (B× ∨ C×)
• (Co ∧ Do) → B×
• (Ao ∨ Bo) → Do

③ 〈조건 2〉의 대우명제가 Bo → (C× ∨ D×)이고, 조건3에서 Bo → Do를 도출할 수 있으므로 B안을 채택하면 반드시 C안은 폐기해야 한다. 따라서 옳지 않은 내용이다.

오답해설

① 〈조건 3〉이 참이면 (Ao ∧ Bo) → Do도 반드시 참이 되므로 옳은 내용이다.
② 〈조건 1〉이 참이라고 해서 Ao → Co이 거짓이 되는 것은 아니므로 옳은 내용이다.
④ 주어진 조건이 모두 참이라고 해도 (A× ∧ B×) → Do이 거짓이 되는 것은 아니므로 옳은 내용이다.
⑤ 주어진 조건이 모두 참이라고 해도 (B× ∧ Co) → Ao이 거짓이 되는 것은 아니므로 옳은 내용이다.

02

정답 ③

정답해설

먼저 (가)와 (나)를 반영한 투숙 상황을 정리하면 다음과 같다.

구분	1인실	2인실
	B, E, G, H	A, C, D, F, I
5층		
4층		
3층	×	
2층		×
1층		

다음으로 (다)를 반영하면 아래의 경우만 가능하다는 것을 알 수 있다.

구분	1인실	2인실
	B, E, G, H	A, C, D, F, I
5층	E	
4층		
3층	×	A, C
2층		×
1층		

이제 여기에 (라)를 반영하면 다음의 경우만 가능하다는 것을 알 수 있다.

구분	1인실	2인실
	B, E, G, H	A, C, D, F, I
5층	E	
4층		
3층	×	A, C
2층	H	×
1층	G	I

마지막으로 남은 손님들을 배치하면 다음의 경우가 가능함을 알 수 있다.

구분	1인실	2인실
	B, E, G, H	A, C, D, F, I
5층	E	D/F
4층	B	F/D
3층	×	A, C
2층	H	×
1층	G	I

③ B는 4층 1인실에 투숙 중이고 D는 4층 2인실 또는 5층 2인실에 투숙 중이므로 두 손님이 같은 층에 투숙할 수도 있다. 따라서 옳지 않은 내용이다.

오답해설

① A와 C는 3층 2인실에 투숙 중이고 I는 1층 2인실에 투숙 중이므로 옳은 내용이다.
② H는 2층 1인실에 투숙 중이고 B는 4층 1인실에 투숙 중이므로 옳은 내용이다.
④ B는 4층 1인실에 투숙 중이고 F는 4층 2인실 또는 5층 2인실에 투숙 중이므로 옳은 내용이다.
⑤ A와 C는 3층 2인실에 투숙 중이고 D는 4층 2인실 또는 5층 2인실에 투숙 중이므로 옳은 내용이다.

03

정답 ①

정답해설

① 외부심사위원 1은 s를, 외부심사위원 2는 u를 사무차장보 P에게 보고할 것이다. 다음으로 사무차장보 P는 u를 사무차장 A에게 보고할 것이다. 또한 외부심사위원 3은 y를, 외부심사위원 4는 s를 보고하여 사무차장보 R은 y를 사무차장 A에게 보고하게 되어 사무차장의 최종선택은 지원자 u가 된다.

오답해설

②, ③, ④, ⑤를 위 ①과 같은 풀이과정을 거쳐 판단해보면 지원자 s가 선택된다.

04

정답해설

ㄱ. A국이 C국이나 D국 중 하나의 국가의 지지만 받는다면 A국은 상임이사국이 될 수 없으므로 옳지 않은 내용이다.

ㄴ. C국이 A국만 지지하는 경우 A국은 하나의 국가의 지지만 받게 되므로 A국은 상임이사국이 될 수 없다. 따라서 옳지 않은 내용이다.

ㄹ. B국이 D국을 지지하므로 A국은 C국을 지지한다. 따라서 옳지 않은 내용이다.

오답해설

ㄷ. A국은 B국이 지지하는 국가를 지지한다고 하였으므로 B국이 D국을 지지하면 A국도 D국을 지지하게 되어 D국은 최소 2개국의 지지를 받게 된다. 따라서 옳은 내용이다.

05

정답해설

먼저 문제에서 E가 참석할 수 없다고 하였고 (조건 2)에서 D 또는 E는 반드시 참석해야 해야 한다고 하였으므로 D는 반드시 참석한다는 것을 알 수 있다.

다음으로 (조건 1)에서 A와 B가 함께 참석할 수는 없지만 둘 중 한 명은 반드시 참석해야 한다고 하였으므로 (A, D)와 (B, D)의 조합이 가능함을 알 수 있다. 그리고 (조건 3)을 대우명제로 바꾸면 'D가 참석한다면 C도 참석한다'가 되므로 (A, D, C)와 (B, D, C)의 조합이 가능함을 알 수 있다.

그런데 마지막 (조건 4)에서 B가 참석하지 않으면 F도 참석하지 못한다고 하였으므로 (A, D, C)의 조합은 가능하지 않다는 것을 알 수 있다(4명의 직원으로 팀을 구성해야 하기 때문). 따라서 가능한 팀의 조합은 (B, D, C, F)의 1개라는 것을 알 수 있다.

06

정답해설

제시된 조건을 기호화하면 다음과 같다.

• A× → B○

• B○ → C×

따라서 이 둘을 결합하면 'A× → B○ → C×'를 도출할 수 있으며 이의 대우명제는 'C○ → B× → A○'로 나타낼 수 있다. 따라서 C시가 채택되면 B시는 채택되지 않지만 A시는 채택되는 상황이 되어 A와 C가 모두 채택되게 된다. 이를 해결하기 위해서는 A시나 C시 중 하나가 선정된다는 조건이 필요하다. 왜냐하면, A시나 C시 중 하나가 선정된다는 조건이 추가되었을 때 C가 채택된다면 A도 채택되어 모순이 발생하므로 결국은 A만 선정되기 때문이다.

07

정답해설

각국을 합병할 수 있는 가능성을 정리하면 다음과 같다.

• B국 : (A국+C국+D국) vs (B국+F국)의 경우가 가능하므로 합병할 수 없다.

• C국 : (A국+B국+D국)이 연합하면 C국은 연합할 수 있는 국가가 없으므로 합병이 가능하다.

• D국 : A국이 F국과 연합하면 D국을 침공할 수 없고, 남은 B국과 C국은 서로 적대관계이므로 (A국+B국+C국)의 연합이 불가능하다. 따라서 합병할 수 없다.

• F국 : (A국+B국+D국)이 연합하면 F국은 연합할 수 있는 국가가 없으므로 합병이 가능하다.

따라서 A국이 합병할 수 있는 나라는 C국과 F국이다.

08

정답해설

학과장인 C는 한 과목만 가르칠 수 있으며, 일주일에 하루만 가르칠 수 있다고 하였으므로 논리학과 윤리학은 불가능하다. 따라서 C는 과학철학을 가르칠 수 있다. 그런데 윤리학과 논리학 이외에는 동일 과목이 동시에 개설될 수 없으므로 A의 과학철학은 개설될 수 없다. 따라서 A는 논리학과 언어철학을 가르치게 된다. 이제 E를 살펴보면 위와 같은 논리로 언어철학은 개설될 수 없으므로 E는 수리철학과 논리학을 가르치게 된다. 또한 윤리학은 적어도 두 강좌가 개설된다고 하였으므로 B와 G 모두 윤리학을 가르쳐야 함을 알 수 있다. 여기서 지금까지의 내용을 정리하면 다음과 같다.

• A : 논리학, 언어철학

• B : 윤리학, (희랍철학 or 근세철학)

• C : 과학철학

• D : (인식론, 논리학, 형이상학 중 2과목)

• E : 수리철학, 논리학

• F : (인식론, 심리철학, 미학 중 2과목)

• G : 윤리학, (사회철학 or 근세철학)

④ D가 형이상학과 인식론을 강의하고 F가 심리철학과 미학을 강의하는 경우가 가능하므로 옳지 않은 내용이다.

오답해설

① 위에서 학과장 C는 과학철학을 강의한다고 하였으므로 옳은 내용이다.

② D가 논리학을 강의하게 될 경우 논리학은 A, D, E 등 3강좌가 개설될 수 있으므로 옳은 내용이다.

③ F가 인식론과 심리철학을 강의하고, D가 논리학과 형이상학을 강의하는 경우가 가능하므로 옳은 내용이다.

⑤ B가 윤리학과 희랍철학을 강의하고, G가 윤리학과 사회철학을 강의하는 경우가 가능하므로 옳은 내용이다. 이 경우 근세철학은 개설되지 않게 된다.

09

정답해설

주어진 조건을 토대로 가능한 상황을 정리해보면 다음과 같다.

구분	A	B	C	D
첫 해	장미	진달래	튤립	×
둘째 해	진달래	장미	×	나팔꽃 or 백합
셋째 해(1)	장미	×	튤립, (나팔꽃 or 백합)	
셋째 해(2)	×	진달래	튤립, (나팔꽃 or 백합)	

따라서 3년 차에 가능한 것은 ③이다.

10 정답 ②

먼저 마지막 조건에서 A정책과 D정책 사이에 다른 정책 하나를 두면 두 정책의 효과가 두 배가 된다고 하였으므로 A( )D 또는 D( )A의 경우가 가능하나, 두 번째 조건에서 D정책이 A정책 전에 실시될 경우 D정책의 효과가 0이 된다고 하였으므로 A( )D의 경우만 가능함을 알 수 있다.

다음으로 세 번째 조건에서 A정책과 B정책을 바로 이어서 실시하면 A정책과 B정책의 비용이 두 배가 된다고 하였으므로 A( )DB가 가능함을 알 수 있으며, 남은 C를 ( )안에 집어넣어 A-C-D-B의 순서를 끌어낼 수 있다.

여기서 중요한 것은, 세 번째 조건의 효과는 비용이 두 배가 된다는 것이지만, 네 번째 조건은 효과가 절반으로 줄어든다는 것이어서 세 번째 조건이 더 안좋은 결과를 가져온다는 것이다. 따라서 둘 다 바람직하지 않은 상황이지만 그 중에서 차선인 세 번째 조건을 먼저 배제한 것이다.

11 정답 ②

- A : B불가능(민주주의 국가), C가능, D불가능(핵무기 보유), E가능 → 2개 국가 공격가능
- B : A불가능(민주주의 국가), C가능, D불가능(핵무기 보유), E불가능(동맹관계) → 1개 국가 공격가능
- C : A가능(D와 연합하여 공격), B가능(D와 연합하여 공격), D불가능(핵무기 보유), E가능 → 3개 국가 공격가능
- D : A가능, B가능(C와 연합하여 공격), C불가능(동맹관계), E가능 → 3개 국가 공격가능
- E : A불가능(B와 연합은 가능하지만 B는 민주주의 국가인 A를 공격하지 않음), B불가능(동맹관계), C가능(B와 연합하여 공격), D불가능(핵무기 보유) → 1개 국가 공격가능

따라서 두 개 이상의 국가를 공격할 수 있는 국가들은 A, C, D이다.

12 정답 ④

주어진 조건을 살펴보면 명확하게 고정되는 경우는 A 왼편에 앉은 사람이 파란 모자를 쓰고 있다는 것과 C 맞은편에 앉은 사람이 빨간 모자를 쓰고 있다는 것이다. 따라서 이 두 조건을 먼저 표시하면 다음의 두 가지의 경우로 나누어 볼 수 있다.

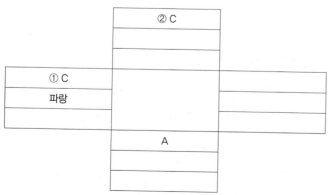

먼저 C가 A의 왼쪽에 앉게 되는 경우를 살펴보면 이는 다시 B와 D가 어디에 앉느냐에 따라 다음의 ⅰ)과 ⅱ) 두 가지로 나누어 볼 수 있으며 각각에 대해 살펴보면 다음과 같다.

ⅰ)

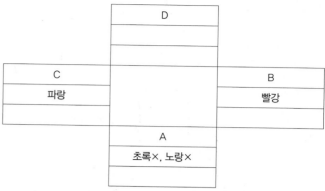

이 경우는 A와 D에 초록, 노랑 모자를 쓴 사람이 앉아야 하지만 A는 이 둘 모두에 해당하지 않는다는 모순된 결과가 나온다. 따라서 성립하지 않는 경우이다.

ⅱ)

	B	
C		D
파랑, 노랑×		초록×, 빨강
	A	

이 경우는 A와 B에 노랑과 초록 모자를 쓴 사람이 앉아야 한다. 그런데 A와 B는 여자라는 조건과 노란 모자와 초록 모자 중 한 명만 여자라는 조건은 서로 모순되는 상황이다. 따라서 이 역시 성립하지 않는다.

다음으로 C가 A의 맞은 편에 앉는 경우를 생각해보면, 역시 다음의 ⅲ)과 ⅳ) 두 가지의 경우로 나누어 볼 수 있다.

ⅲ)

	C	
	초록× → 노랑	
	남자	
B		D
파랑, 노랑×		초록
여자		남자
	A	
	빨강	
	여자	

이 경우는 노란 모자와 초록 모자(C와 D) 중 한 명은 남자, 나머지 한 명은 여자라는 조건에 위배되므로 성립하지 않는다.

iv)

	C	
	노랑	
	남자	

D		B
파랑		노랑× → 초록
남자		여자

	A	
	초록×, 빨강	
	여자	

마지막으로 이 경우는 주어진 조건을 모두 만족하고 있는 상황이다. 따라서 초록 모자를 쓰고 있는 사람은 B이고, A의 입장에서 왼편에 앉은 사람은 D이다.

13

정답해설

ㄱ. 甲이 선택할 수 있는 칸의 조합은 ①-②, ②-③, ③-④의 세 가지인데, 乙이 ①을 선택할 경우 승리할 수 있는 경우는 ①-②에 괴물이 위치하는 경우 하나뿐이어서 확률은 1/3이다. 하지만 ②를 선택할 경우 승리할 수 있는 경우는 ①-②, ②-③에 괴물이 위치하는 경우 두 가지이므로 확률은 2/3이다. 따라서 ②를 선택할 경우에 승리할 확률이 더 높다.

오답해설

ㄴ. 甲이 ②-③을 선택했을 경우, 乙이 ① 또는 ④를 선택했을 때에 甲이 승리하고, ② 또는 ③을 선택했을 때에 乙이 승리한다. 따라서 甲이 승리할 확률은 2/4이다. 이는 甲이 ③-④를 선택했을 때도 동일하게 적용되며 따라서, 甲이 ②-③을 선택하든 ③-④를 선택하든 甲이 승리할 확률은 동일하다.

ㄷ. 甲이 ①-②를 선택했다고 가정할 때 乙이 선택할 수 있는 경우는 ①, ②, ③, ④의 총 4개다. 이 중 ① 또는 ②를 선택했다면 乙이 승리하는 것이고 ③ ④를 선택했다면 甲이 승리하는 것이 되어 甲이 승리하는 경우와 乙이 승리하는 경우가 각각 2가지로 동일하다. 이는 甲이 ② ③을 선택하는 경우, ③ ④를 선택하는 경우에도 마찬가지여서 전체적으로 甲과 乙이 승리하는 경우는 6가지로 동일하다.

합격자의 SKILL

경우의 수를 따져 확률을 구하는 문제는 중요 테마 중 하나이다. 이 문제에서도 알 수 있듯이 이러한 유형은 전혀 어렵게 출제되지 않고 단순히 경우의 수를 얼마나 정확하게 나누어 내느냐가 관건인 문제이다. ㄱ과 ㄴ의 경우 '甲(乙)이 무작위로 정할 경우'라는 말에 멈칫한 수험생들이 많았다. 앞서 언급했듯이 중요한 것은 '경우의 수'를 나누는 것이다. ㄱ은 문제에서 경우의 수를 2개로 나누어주었고 ㄴ도 마찬가지로 경우의 수를 제시했다. 문제의 풀이는 여기서 시작하면 된다. 앞에 쓰여 있는 말은 그 다음에 판단하자.

14

정답해설

먼저 청소 횟수가 가장 많은 C구역을 살펴보면, 이틀을 연달아 같은 구역을 청소하지 않는다고 하였으므로 다음의 경우만 가능함을 알 수 있다.

일	월	화	수	목	금	토
C		C	×		C	

다음으로 B구역을 살펴보면, B구역은 청소를 한 후 이틀간은 청소를 할 수 없다고 하였으므로 토요일은 불가능함을 알 수 있다. 만약 토요일에 B구역을 청소하면 남은 1회는 월요일 혹은 목요일에 진행해야 하는데 어떤 경우이든 다음 청소일과의 사이에 이틀을 비우는 것이 불가능하기 때문이다.

일	월	화	수	목	금	토
C	B	C	×	B	C	

그렇다면 남은 A구역은 토요일에 청소하는 것으로 확정되어 다음과 같은 일정표가 만들어지게 된다.

일	월	화	수	목	금	토
C	B	C	×	B	C	A

따라서, B구역 청소를 하는 요일은 월요일과 목요일이다.

01	02	03	04	05	06	07	08	09	10
②	③	②	⑤	②	①	②	②	③	②
11	12	13	14	15	16	17	18	19	20
④	③	①	①'	③	②	③	③	⑤	③
21	22	23	24	25	26	27	28	29	30
④	②	③	③	⑤	③	④	②	⑤	②
31	32	33	34	35	36	37	38	39	40
⑤	①	③	③	④	③	①	①	⑤	②
41	42	43	44	45					
②	⑤	④	②	⑤					

01　정답 ②

[정답해설]

먼저 톤당 수송비가 가장 적은 경우인 부산보관소에서 A도시로 140톤의 정부미를 방출한 이후의 상황은 다음과 같다.

도시	수요량	보관소	공급량
A도시	0	서울보관소	120
B도시	300	대전보관소	200
C도시	60	부산보관소	40

그 다음으로 톤당 수송비가 적은 경우인 서울보관소에서 C도시로 60톤의 정부미를 방출한 이후의 상황은 다음과 같다.

도시	수요량	보관소	공급량
A도시	0	서울보관소	60
B도시	300	대전보관소	200
C도시	0	부산보관소	40

이제 3곳의 보관소에 남아있는 정부미가 300톤이고 B도시의 수요량이 300톤이므로 각 보관소에 남아있는 정부미를 모두 B도시로 방출하면 공급 절차가 마무리 된다.

따라서 이를 바르게 제시한 것은 ②이다.

02　정답 ③

[정답해설]

첫 번째 조건을 통해 비밀번호를 구성하고 있는 숫자는 0, 1, 4, 6, 8, 9 중 4개임을 알 수 있으며, 두 번째 조건을 통해 이 숫자들을 0, 1, 4, (6 or 8), 9로 다시 정리할 수 있다. 그런데 세 번째 조건에서 비밀번호는 짝수로 시작한다고 하였고, 네 번째 조건에서 큰 수부터 차례로 나열했다고 하였으므로 9는 포함되지 않는다는 것을 알 수 있다. 따라서 가능한 비밀번호는 8410과 6410이다.

③ 8410과 6410 두 개의 번호가 조건을 만족시킨다고 하였으므로 옳지 않은 내용이다.

[오답해설]

① 8410과 6410 모두 짝수이므로 옳은 내용이다.

② 두 숫자 모두 두 번째 숫자가 4이므로 옳은 내용이다.

④ 8410과 6410 모두 1은 포함하지만 9는 포함하지 않으므로 옳은 내용이다.

⑤ 8410과 6410중 작은 수는 6410이므로 옳은 내용이다.

03　정답 ②

[정답해설]

② 직접 구하지 않더라도 A와 B는 좌우의 연결이 서로 상이하므로 근접 중심성이 같을 수는 없을 것이다. 직접 구해보면 A는 1/43, B는 1/33으로 서로 일치하지 않으므로 옳지 않은 내용이다.

[오답해설]

① 먼저 A와 연결된 (D, E, F, H)의 합은 9이고, B와 연결된 (I, J, K, M)의 합도 9, C와 연결된 (L, N, O, P)의 합은 19이므로 행위자 G의 근접 중심성은 1/37이다. 따라서 옳은 내용이다.

③, ④ G와 M은 서로 연결된 점의 배치가 대칭구조를 가지고 있으므로 근접 중심성과 연결정도 중심성 모두 동일하다. 따라서 옳은 내용이다.

⑤ 행위자 A의 연결정도 중심성은 5이고, 행위자 K는 1이므로 둘의 합은 6이다. 따라서 옳은 내용이다.

04　정답 ⑤

[정답해설]

• 1라운드

(37 82) 12 5 56 : 82>37 이므로 교환이 이루어지지 않음

37 (82 12) 5 56 : 82>12 이므로 첫 번째 교환

37 12 (82 5) 56 : 82>5 이므로 두 번째 교환

37 12 5 (82 56) : 82>56 이므로 세 번째 교환

37 12 5 56 82 : 가장 큰 수 82가 맨 마지막으로 이동

• 2라운드(82는 비교대상에서 제외)

(37 12) 5 56 82 : 37>12 이므로 네 번째 교환

12 (37 5) 56 82 : 37>5 이므로 다섯 번째 교환

12 5 37 56 82 : 다섯 번째 교환이 이루어진 후의 수열

05　정답 ②

[정답해설]

ㄱ. C가 원하는 범위에서 회비가 정해지면, A와 B가 탈퇴하므로 옳은 내용이다.

ㄷ. 각 회원들의 선호 범위를 수직선에 표시해보면 (A, B)와 (C, D, E)는 두 그룹 사이에 서로 중복되는 부분이 존재하지 않음을 알 수 있다. 즉, 각 회원들의 선호를 최대한 충족시킨다고 하더라도 4명이 만족하는 금액(1명만이 탈퇴하는 금액)은 존재하지 않으므로 옳은 내용이다.

[오답해설]

ㄴ. D가 원하는 범위에서 회비가 정해지면 A와 B가 탈퇴하므로 옳지 않은 내용이다.

ㄹ. 회비를 20만 원으로 결정하는 경우 A, C, D, E가 탈퇴하며, 30만 원으로 결정하는 경우 A, B가 탈퇴하므로 옳지 않은 내용이다.

만약 A가 B보다 1시간 빠르다면 A에서 B까지의 실제 비행시간은 7시간 즉, 표에 제시된 시간을 토대로 계산한 6시간에 1시간을 더한 것이 되므로 이를 일반화하면 A가 B보다 x시간 빠르다면 실제 비행시간은 6시간+x가 된다. 이를 반대로 생각하면 B에서 A까지의 실제 비행시간은 표에 제시된 14시간에서 x시간을 뺀 시간이라는 것을 추론할 수 있다. 그런데 각주2)에서 비행시간은 A → B구간과 B → A구간이 동일하다고 하였으므로 $6+x=14-x$의 식을 도출할 수 있으며 이를 통해 x는 4시간임을 알 수 있다. 따라서 A가 B보다 4시간 빠르다는 것과 실제 비행시간은 10시간이라는 것을 알 수 있다.

07 정답 ②

정답해설

(가)의 건물 윗면의 면적을 A라하면 옆면의 면적은 그의 2배인 2A가 됨을 알 수 있다. 이를 이용해서 풀이하면 다음과 같다.
(가)의 페인트칠 면적 : A+(2A×4)=9A (나)의 페인트칠 면적 : 2A+(2A×3)=8A가 된다. 따라서 (나)건물을 페인트칠 하는 작업에 필요한 페인트 양을 X라고 할 때, 9A : 36통=8A : X통이며, X는 32통이 된다.

▶ **합격자의 SKILL**

이 문제에서 혼동하지 않아야 할 부분은 '최소 36통'이라는 부분이다. 그 의미는 다른 것이 아니고 허드레로 사용된 페인트가 전혀 없다면 36통으로 전체 면적을 다 칠할 수 있다는 의미이며 이는 뒤집어 말하면 36통이 해당 면적을 칠하는 데 필요한 최소한의 페인트라는 것을 의미한다. 문제를 푸는 데에는 영향이 없으나 이 부분에 어떤 다른 의미가 숨어있지 않을까 고민할 수 있어 부연해둔다.

08 정답 ②

정답해설

ㄹ. A팀이 종목 마에서 1위를 하더라도 D가 2위를 한다면 둘은 총점이 15점으로 같게 된다. 하지만 1위 종목은 2개로 동일하더라도 2위 종목에서 D가 2개로 A의 1개보다 더 많으므로 D가 종합 순위 1위가 된다.

오답해설

ㄱ. 위의 ㄹ의 해설에서 알 수 있이 D팀이 종목 마에서 2위를 한다면 D가 종합 순위 1위가 확정되므로 옳지 않은 내용이다.
ㄴ. 만약 C팀이 1위를 차지하고 B팀이 2위를 차지한다면 둘은 총점이 12점으로 같게 된다. 하지만 1위 종목은 1개로 동일하더라도 2위 종목이 B가 2개로 C의 1개보다 더 많으므로 B가 C보다 순위가 더 높게 된다.
ㄷ. ㄴ과 달리 C가 종목 마에서 1위를 차지하고 B팀이 3위를 차지한다면 C의 총점은 12점인데 반해 B는 11점에 그치게 되므로 C의 순위가 더 높게 된다.

09 정답 ③

정답해설

③ 乙이 오전 7시 30분에 일어난다면 4개의 숫자의 합은 10이 되며, 甲이 오전 6시 29분에 일어난다면 숫자의 합이 17이 되어 乙이 이기게 된다. 따라서 반드시 甲이 이기는 것은 아니다.

오답해설

① 甲이 오전 6시 정각에 일어난다면 4개의 숫자의 합은 6이 되며, 乙은 7시 이후에 일어나므로 6보다 작은 수가 나올 수 없다. 따라서 반드시 甲이 이기게 된다.
② 乙이 오전 7시 59분에 일어난다면 4개의 숫자의 합은 21이 되며, 갑이 아무리 늦게 일어난다고 하여도 6시 59분이어서 숫자의 합이 20을 넘을 수 없다. 따라서 반드시 乙이 지게 된다.
④ 甲과 乙이 정확히 1시간 간격으로 일어난다면 둘이 일어나는 분단위 숫자가 동일하다는 것을 의미한다. 따라서 일어나는 시간이 1시간 빠른 甲이 항상 이기게 된다.
⑤ 甲과 乙이 정확히 50분 간격으로 일어난다는 것은 분단위만 놓고 봤을 때 甲이 乙보다 항상 10분씩 늦는다는 것을 의미한다. 즉, 분단위 숫자 2개의 숫자의 합은 甲이 1만큼 크다는 것인데 시간은 甲이 乙보다 1시간 빠르게 되어 시간단위 숫자 2개의 숫자의 합은 乙이 1만큼 크게 된다. 따라서 甲과 乙의 4개의 숫자의 합은 항상 같을 수밖에 없으며 규칙에 따라 이들은 비기게 된다.

10 정답 ②

정답해설

먼저 전체 유권자 수가 210명이므로 3개의 선거구는 각각 70명의 유권자로 이루어지게끔 구성되어야 함을 알 수 있다. 이를 유형별로 분류된 구역을 근거로 배정하면 9개의 선거구는 (10명-60명), (10명-60명), (30명-10명-10명-10명)의 세 그룹으로 나누어지는 경우만 가능하므로 이를 토대로 가능한 경우의 수를 살펴보도록 하자.
편의상 (10명-60명)으로 묶인 그룹들은 전자를 Ⅰ, 후자를 Ⅱ라 표시하면, 다음의 4가지의 경우가 가능하다. 아무 표시가 되어 있지 않은 곳은 10명으로 구성된 구역이다.

ⅰ)

Ⅰ	Ⅰ	
	Ⅱ	Ⅱ

ⅱ)

Ⅰ	Ⅰ	
		Ⅱ
		Ⅱ

ⅲ)

Ⅰ		
Ⅰ		
	Ⅱ	Ⅱ

iv)

I		
I		II
		II

여기서 ii)와 iii)의 경우 같은 선거구에 속하는 구역들은 사각형의 한 변이 그 선거구에 속하는 다른 구역의 사각형의 한 변과 맞닿아 있어야 한다는 조건을 충족하지 못한다. 따라서 가능한 경우는 i)과 iv)의 두 가지뿐이다.

11 정답 ④

정답해설

ㄱ. 공휴일의 경우 A시간대가 총 360분이므로 이는 40분×9로 나타낼 수 있다. 따라서 A시간대의 막차는 12:00에 출발하게 되며, B시간대의 배차간격이 60분이므로 다음 버스는 13:00에 출발하게 된다.

ㄴ. 요일에 관계없이 막차는 24:00 이전에 종착지에 도착해야 하므로 2시간의 총 운행 소요시간을 감안할 때 막차가 출발지에서 출발하는 시간은 22:00 이전이어야 한다.

ㄹ. 06:00부터 09:30까지의 시간간격이 3시간 30분이고 이를 분단위로 환산하면 210분이다. 그리고 각각의 배차간격인 20, 30, 40분 중 210의 약수가 되는 것은 토요일의 배차간격인 30분 하나뿐이기 때문에 출발지에서 9시 30분에 버스가 출발한다면 이 날은 토요일일 것이다.

오답해설

ㄷ. 일요일의 경우 A시간대는 ㄱ과 동일한 논리가 적용되어 A시간대의 막차는 12:00에 출발하게 되며, B시간대는 총 120분인데 배차간격이 60분이므로 B시간대의 막차는 14:00에 출발하게 된다. 이제 C시간대를 살펴보면, 배차간격이 75분이므로 6번째 출발하는 버스가 450분 후. 즉 21시 30분에 출발하게 되며 이 차량이 종착지에 들어오는 시간은 23시 30분이 된다. 그런데 남은 시간과 배차 간격을 감안한다면 이 버스가 막차가 될 수밖에 없다.

합격자의 SKILL

이와 같이 시간단위와 분단위가 같이 등장하는 경우는 모든 데이터를 분단위로 변환하여 판단하는 것이 효율적이다. 시간을 따질 때 소수점이 나타나는 경우 혼동이 올 수 있기 때문이다. 따라서 A시간대는 360분. B시간대는 120분, C시간대는 600분으로 변환한 이후에 문제를 푸는 것이 좋다.

12 정답 ③

정답해설

A∼E 각각에 배정된 숫자가 게임이 진행됨에 따라 어떻게 변화하는지를 정리하면 다음과 같다.

구분	A	B	C	D	E
1st	3	4	5	1	2
2nd	2	3	4	5	1
3rd	4	5	1	2	3
4th			3		

따라서 규칙에 의해 게임이 진행되었을 때 네 번째 술래는 C임을 알 수 있다.

13 정답 ①

정답해설

甲과 乙의 합계점수를 구체적으로 살펴보면,
甲의 합계점수는 1,590점인 반면, 乙의 합계점수는 1,560점(=1,250+10+50+50+200)이므로 승리자는 甲이다.
여기서 甲의 합계점수를 세부적으로 살펴보면, 이동거리에 따른 점수 1,400점과 사냥으로 인한 점수 190점으로 이루어졌음을 확인할 수 있는데, 선택지에서 이를 충족하는 것은 토끼 3마리와 사슴 1마리로 구성된 ①만이 가능하다. ②는 사냥으로 인한 점수가 160점에 불과하여 가능하지 않다.

합격자의 SKILL

'가능한' 경우를 묻는 문제의 경우 굳이 백지에서 문제를 풀어내려 하지 말고 선택지를 직접 적용해 풀이하는 것이 더 효율적이다. 수험생들 중에는 평소 복습을 할 때에는 선택지 없이 백지상태에서 풀어보고 실전에서는 선택지를 이용하려는 경우가 종종 있는데 이는 바람직하지 못하다.

14 정답 ①

정답해설

주어진 자료를 표로 정리하면 다음과 같다. 단, 편의상 간격은 년 혹은 년. 개월로 표기한다.

구분	태어난 때	간격 1	들어간 때	간격 2	해동된 때	간격 3
甲	2086	19년	2105	8년	2113	7년
乙	2075	26년	2101	18년 4개월	2119.4	1년 5개월
丙	2083.5.17	20년 10개월	2104.3.17	16년 5개월	2120.8.31	1주일

ㄱ. 위의 표에서 냉동되어 있던 기간은 간격 2에 해당하며 이에 따르면 세 사람이 냉동되어 있던 기간은 모두 다르다.

오답해설

ㄴ. 조건에서 냉동되어 있던 기간은 나이에 산입되지 않는다고 하였으므로 대화 시점의 나이는 간격 1과 간격 3을 더한 것이 된다. 따라서 甲은 26살임에 반해, 丙은 21살이 되지 않은 상태이므로 甲이 丙보다 나이가 많다.

ㄷ. 위의 표에 따르면 가장 먼저 냉동캡슐에 들어간 사람은 乙(2101년)이다. 따라서 옳지 않다.

합격자의 SKILL

이 문제의 경우는 대화에서 주어진 수치들이 같은 형식으로 주어져 있었기 때문에 풀이가 간단했지만 만약 '태어난 해－들어갈 때의 나이－해동된 기간'의 형태가 아니었다면 꽤나 애를 먹었을 법한 문제이다. 오히려 실전에서는 이런 문제를 더 자주 접하게 되는데, 그럴 때에는 가장 많이 겹치는 기준으로 정리해보고 그것이 여의치 않다면 첫 번째 조건에 맞추어 표를 만드는 것이 가장 효율적이다.

15

정답해설

A팀의 최종성적이 5승 7패이고, 나머지 팀들 간의 경기는 모두 무승부였다고
하였으므로 이를 토대로 팀들의 최종전적을 정리한 후 승점을 계산하면 다음과
같다.

구분	최종전적	기존 승점	새로운 승점
A팀	5승 0무 7패	10	15
7팀	1승 11무 0패	13	14
5팀	0승 11무 1패	11	11

따라서 A팀은 기존의 승점제에 의하면 최하위인 13위이며, 새로운 승점제에 의
하면 1위를 차지한다.

16

정답 ②

정답해설

A~E 중 ℗를 3회 이하로 이동해서 위치할 수 있는 곳은 B와 D뿐이며 그 경로
를 그림에 표시하면 다음과 같다. 나머지 A, C, E는 주어진 조건을 따를 경우 3
회 이하로 이동하여 위치할 수 없다.

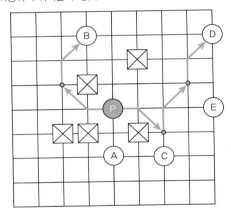

17

정답 ③

정답해설

고속버스터미널에서 각자의 일정을 마치는 데 얼마의 시간이 걸리는지를 파악
하여 구할 수 있다.

- 가은 : 은행(30분)
- 나중 : 편의점(10분)
- 다동 : 화장실(20분), 패스트푸드점(25분)
- 라민 : 서점(20분), 화장실(20분)

마란과 바솜은 별도의 일정이 없으므로 위 네 명 중 가장 시간이 많이 소요되는
다동(45분)에 도착할 때까지 기다려야 버스에 탑승할 수 있다. 따라서 11시 50
분에서 45분이 경과한 12시 35분 이후에 출발할 수 있다. 그런데 〈표〉에 의하
면 12시 45분에 출발하는 버스는 잔여좌석 수가 5석에 불과해 여섯 사람이 모
두 탑승할 수 없다. 따라서 이들이 가장 이른 시간에 탑승할 수 있는 버스는 13
시 정각에 출발하는 버스이므로 대전에 도착할 수 있는 가장 이른 시간은 15시
정각이다.

18

정답 ③

정답해설

편의상 표의 순서대로 단계를 구분한다고 하면 1단계부터 4단계까지는 필수적
으로 진행해야 하는 것이고, 4단계까지의 매력 지수는 30점, 총 10.5분이 소요
된다. 그리고 전체 8단계 중 7단계만을 선택한다고 하였으므로 순차적으로 하
나씩 제거하며 판단해보면 다음과 같다.

생략단계	감점 전 점수	소요 시간	감점	매력지수
눈썹 그리기	125	36	-64	61
눈화장 하기	112	29	-36	76
립스틱 바르기	127	38.5	-72	55
속눈썹 붙이기	77	24	-16	61

따라서 甲의 최대 매력 지수는 눈화장 하기를 생략한 상황에서 얻은 76점이다.

> **합격자의 SKILL**
>
> 간혹, 립스틱 바르기의 감점 점수가 74점이 아니냐는 질문을 받는다. 물론 비
> 례관계를 이용한다면 0.5분 지연에 따른 2점 감점이 타당할 수 있으나 이 문
> 제에서는 매력 지수가 비례적으로 차감된다는 언급이 주어져 있지 않다. 모
> 든 문제는 주어진 자료 내에서 해결해야 함을 잊지 말기 바란다.

19

정답 ⑤

정답해설

제시된 방법 1과 방법 2에 따라 짐들을 분류하면 다음과 같다.

- 방법 1: (6), (5,5), (4,2,3), (6), (5,4), (5), (7), (8)
- 방법 2

  먼저, 무게 순으로 재배열하면 8, 7, 6, 6, 5, 5, 5, 5, 4, 4, 3, 2이며,
  이를 방법 2에 따라 분류하면 (8), (7), (6), (6), (5,5), (5,5), (4,4), (3,2)가 된다.

ㄴ. 방법 1에서 10kg까지 채워지지 않은 상자는 (6), (4,2,3), (6), (5,4), (5), (7), (8)
   의 6개이며 이들에 들어간 짐의 무게의 합은 총 50kg이므로 옳은 내용이다.

ㄷ. 방법 2에서 10kg이 채워진 상자는 (5,5), (5,5)의 두 개이므로 옳은 내용이다.

오답해설

ㄱ. 위에서 분류한 것과 같이 방법 1과 방법 2 모두 8개의 상자에 넣을 수 있으
   므로 옳지 않다.

20

정답 ③

정답해설

ㄷ. 총 4번의 경기를 치러야 우승할 수 있는 자리는 E~J까지의 6개이고, 총 3번
   의 경기를 치르고 우승할 수 있는 자리는 A~D, K의 5개이므로 전자에 배정
   될 확률이 더 높다.

오답해설

ㄱ. 대진표 상에서 우승을 하기 위해 최소한으로 치러야 하는 경기는 3경기이
   며, 이에 해당하는 자리는 A~D, K이다. 그러나 K는 8경기를 승리한 이후 다
   음날 곧바로 9경기를 치르게 되므로 조건에 부합하지 않는다. 따라서 총 4
   개만 해당한다.

ㄴ. 첫 번째 경기에 승리한 경우 두 번째 경기 전까지 3일 이상을 경기 없이 쉴
   수 있는 자리는 A~F까지의 6개로 전체 11개의 50%를 넘는다. 따라서 옳지
   않다.

정답 ④

정답해설

ㄱ. 카르다노는 x^3을 cub⁹, +를 p:로 나타내고 x는 reb⁹, =는 aeɑilis로 표시한다.

따라서 $x^3+4x+2=0$은 'cub⁹ p: 4reb⁹ p: 2 aeɑilis 0'으로 나타낼 수 있다.

ㄴ. 스테빈은 x의 제곱수를 동그라미 속에 넣어서 표현하였고 =은 egales á로 표시한다.

따라서 $x^3+4x+2=0$은 '1③+4①+2 egales á 0'으로 나타낼 수 있다.

ㄹ. 헤리옷은 x^3을 xxx로 표시하며 $4x$를 $4 \cdot x$로 나타낸다.

따라서 $x^3+4x+2=0$은 '$xxx+4 \cdot x+2=0$'으로 나타낼 수 있다.

오답해설

ㄷ. 기랄드는 x^3을 (3)로 표시한다.

따라서 $x^3+4x+2=0$은 '1(3)+4(1)+2=0'으로 나타낼 수 있으므로 옳지 않다.

22

정답 ②

정답해설

각각의 주택에 도달하는 빛의 조도를 계산하면 다음과 같다.

A	(36/2)+(24/8)+(48/12)=18+3+4=25
B	(36/2)+(24/4)+(48/8)=18+6+6=30
C	(36/4)+(24/2)+(48/6)=9+12+8=29
D	(36/8)+(24/2)+(48/2)=4.5+12+24=40.5
E	(36/12)+(24/6)+(48/2)=3+4+24=31

주택에서 예측된 빛의 조도가 30을 초과하는 곳은 D, E의 두 곳이므로 관리대상주택은 총 2채이다.

23

정답 ③

정답해설

ㄱ. 제시문에 언급된 정확도에 대한 정의를 구체적인 수치로 나타낸 것뿐이다. 따라서 진술이 총 100건이라면 80건은 옳은 판단을 내리고, 20건에 대해서는 옳지 않은 판단을 내릴 것으로 예측할 수 있다.

ㄴ. 거짓말 탐지기의 정확도가 80%이므로, 참인 진술 20건을 참으로 판정하는 것이 16건, 거짓으로 판정하는 것이 4건이다. 그리고 거짓인 진술 80건을 거짓으로 판정하는 것이 64건, 참으로 판정하는 것이 16건이다. 따라서 참으로 판정하는 것은 16건+16건=32건임을 알 수 있다.

ㄹ. 아래의 ㄷ과 같이 정확도가 90%라면, 참인 진술 10건 중 참으로 판단하는 것이 9건, 거짓인 진술 90건 중 참으로 판단하는 것이 9건이 되어 총 18건을 참으로 판단할 것으로 예측할 수 있다.

오답해설

ㄷ. 참인 진술이 10건인 경우 거짓말 탐지기의 정확도가 낮은 경우라면 실제 참인 진술을 참으로 판정하는 건수가 작아지지만 실제 거짓이지만 참으로 판정하는 건수가 많아지므로 전체적으로는 참으로 판정하는 건수가 많아진다. 하지만 정확도가 높아진다면 실제 참인 진술을 참으로 판정하는 건수는 늘어나지만, 실제 거짓인 진술을 참으로 판정하는 건수가 훨씬 더 적어지므로 전체적으로는 참으로 판정하는 건수가 적어지게 되며 10건에 수렴하게 된다.

24

정답 ③

정답해설

③ 각 경기장에서 열리는 경기의 횟수는 모두 동일하다고 하였으므로 각 경기장의 한 경기당 관중 수를 모두 합한 수치로 판단해도 결과는 동일하다. 이에 따르면 올 시즌 관중 수는 대도시 9만 명(=3만 명×60%×5곳), 중소도시 7만 명(=2만 명×70%×5곳), 총 16만 명으로 계산된다. 그런데, 만약 내년 시즌부터 경기가 열리는 장소가 대도시가 4곳, 중소도시가 6곳으로 변화된다면 대도시의 관중 수는 7.2만 명(=3만 명×60%×4곳), 중소도시의 관중 수는 8.4만 명(=2만 명×70%×6곳), 총 15.6만 명이 되어 올해에 비해 4천 명이 줄어들게 된다. 이를 올시즌 대비 감소율로 나타내면 2.5%가 되므로 옳은 내용이 된다.

오답해설

① 1일 최대 관중 수를 기록하기 위해서는 5경기 모두 대도시에서 열려야 한다. 따라서 이때의 최대 관중 수는 (3만 명×60%)×5곳=9만 명이 된다.

② 중소도시 경기장의 좌석 점유율이 10%p 높아진다면 관중 수는 2만 명×80%=1.6만 명이지만 대도시 경기장의 관중 수는 ①에서 살펴본 것처럼 3만 명×60%=1.8만 명이므로 여전히 대도시 경기장의 관중 수가 더 많다.

④ 1일 평균 관중 수는 대도시 경기장에서 5경기 모두가 진행되는 경우와 중소도시 경기장에서 5경기가 진행되는 경우의 평균으로 구할 수 있다. 만약 대도시에서 5경기 모두가 진행된다면 1일 관중 수는 (3만 명×0.7)×5=10.5만 명이며, 중소도시에서 모두 열리는 경우는 이보다 작을 수밖에 없다. 따라서 둘의 평균은 11만 명에 미칠 수 없다.

⑤ ④와 같은 논리로 계산해보면, 대도시 경기장에서 5경기 모두가 진행되는 경우 1일 관중 수는 9만 명이고 중소도시에서 진행되는 경우도 10.5만 명에 그친다. 따라서 11만 명에는 미칠 수 없다.

합격자의 SKILL

선택지 ③의 경우 전체 누적관중 수를 구하기 위해서는 각 경기장별로 시즌 중 1경기만 진행된다고 가정하고 계산하면 편리하다. 조건에서 각 경기장에서 열리는 횟수가 모두 동일하다고 하였기 때문인데, 구체적인 수치를 구하더라도 그 수치 간의 비율은 변하지 않는다. 이러한 접근법을 이용한 문제들이 다수 출제되고 있으므로 꼭 정리해두기 바란다.

정답해설

이 문제는 마지막 월요일과 마지막 금요일이 같은 주인지 여부로 경우의 수를 나누어 볼 수 있다. 먼저 월요일과 금요일이 같은 주에 있는 경우를 살펴보면 다음과 같다.

일	월	화	수	목	금	토
						1
–	–	–	–	–	–	–
–	–	–	–	–	–	–
–	○	–	–	–	○	–
30						

위의 경우가 주어진 조건을 만족하는 상황의 달력이다. 그러나 7월은 31일까지 있는 것에 반해 이 경우는 30일까지만 가능하므로 결국 두 요일은 다른 주에 있다고 판단할 수 있다.

일	월	화	수	목	금	토
×	×	–	–	–	–	–
–	–	–	–	–	–	–
–	–	–	–	–	–	–
–	–	–	–	–	○	–
–	○	–	–	–	×	×

두 번째 표는 두 요일이 다른 주에 있는 상황이며 현재는 25일만 채워져 있는 상태이기 때문에 6일이 더 필요하다. 그런데 조건을 만족할 수 있는 빈칸이 6개이므로 이 칸들이 모두 채워져야 7월 한 달이 완성됨을 알 수 있다. 결국 7월 1일은 화요일이고 31일은 목요일임을 알 수 있다. 따라서 8월 1일은 금요일이다.

정답해설

ㄱ. 5원까지는 펼친 손가락의 개수와 실제 가격이 동일하지만 6원부터는 둘이 일치하지 않는다. 따라서 옳은 진술이다.

ㄴ. 펼친 손가락의 개수가 3개라면 숫자는 3 혹은 7이므로 물건의 가격은 최대 7원임을 알 수 있다.

ㄷ. 물건의 가격이 최대 10원이라고 하였으므로, 물건의 가격과 甲이 지불하려는 금액이 8원만큼 차이가 나는 경우는 상인이 손가락 2개를 펼쳤을 때 지불해야 하는 금액이 10원인 경우와 손가락 1개를 펼쳤을 때 지불해야 하는 금액이 9원인 경우뿐이다.

오답해설

ㄹ. 5원까지는 실제 가격과 지불하려는 금액이 일치하므로 문제가 되지 않으며, 그 이후인 6원부터는 펼친 손가락의 개수가 6개 이상일 경우는 없으므로 역시 물건의 가격을 초과하는 금액을 지불하는 경우는 생기지 않는다.

정답해설

사자바둑기사단은 각 라운드별로 이길 수 있는 확률이 0.6 이상이 되도록 3명을 선발한다고 하였으므로 이를 기준으로 판단해보도록 하자.

ⅰ) 1라운드

甲을 상대로 승률이 0.6 이상인 선수는 C와 E뿐이므로 2가지의 경우가 존재한다. 따라서 이후의 라운드는 이 2가지의 경우의 수로 나누어 판단한다.

ⅱ) 1라운드에서 C가 출전하는 경우

2라운드에서 가능한 경우는 A와 B가 출전하는 것이며, 이 경우 각각에 대해 3라운드에서 D, F, G가 출전할 수 있으므로 6가지 경우의 수가 존재한다.

ⅲ) 1라운드에서 E가 출전하는 경우

2라운드에서 가능한 경우는 A, B, C가 출전하는 것이며, 이 경우 각각에 대해 3라운드에서 D, F, G가 출전할 수 있으므로 9가지의 경우의 수가 존재한다.

따라서 ⅱ)와 ⅲ)의 경우의 수를 합하면 총 15가지의 경우의 수가 존재함을 알 수 있다.

정답해설

〈상황〉에서 제시된 甲의 유언을 그림으로 나타내면 다음과 같다.

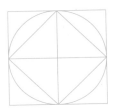

여기서 甲의 땅은 가장 바깥의 정사각형으로 나타낼 수 있는데 이 정사각형은 가로와 세로가 각각 100m이므로 甲소유의 땅의 면적은 10,000㎡임을 알 수 있다. 그런데 이 정사각형은 밑변 50m, 높이 50m인 삼각형 8개로 나눌 수 있으며, 안쪽의 사각형은 이 삼각형 4개로 이루어졌다는 사실을 확인할 수 있다. 따라서 안쪽의 사각형의 면적은 전체 면적의 절반인 5,000㎡가 되며 이 부분을 첫째 딸에게 나누어준다고 하였으므로, 나머지 절반인 5,000㎡가 둘째 딸의 몫임을 알 수 있다.

정답해설

선택지에서 이미 5개의 경우의 수가 주어졌으므로 이를 통해 판단해보도록 하자. 먼저, 3단계를 거친 후에 각각 5-5-5-1의 묶음으로 구슬이 나누어졌고 그 직전 단계인 2단계를 통한 결과가 두 묶음으로 나누어졌다고 하였다. 따라서 2단계를 거친 결과는 10-6 이외의 다른 경우가 존재하지 않는다는 것을 알 수 있다. 그런데 이 10-6의 조합은 1단계를 거친 묶음을 5개 이상의 구슬이 있던 한 묶음에서 다른 묶음으로 5개의 구슬을 옮긴 것이다. 따라서 선택지 중 이것이 가능한 경우는 15개가 있던 묶음에서 5개를 다른 묶음으로 보내 10-6의 조합이 만들어지는 ⑤뿐이다. 이를 그림으로 나타내면 다음과 같다.

30 정답 ②

정답해설

ㄱ. 주어진 블록에서 A와 B로 미리 할당되지 않은 칸이 총 20개이고 각 칸은 흰색이나 검정색으로 채울 수 있으므로 가능한 코드의 수는 $2^{20} = (1,024)^2$이다. 이는 100만 개를 초과하는 수치이므로 옳은 내용이다.

ㄷ. ㄱ과 같은 논리로 가능한 코드의 수는 $4^{20} (= 2^{40})$으로 나타낼 수 있는데 이는 $(2^{20})^2$로 변형할 수 있다. ㄱ에서 기존에 가능한 코드의 수가 2^{20} 즉, 100만 이상이라고 하였으므로 $(2^{20})^2$는 (백만 이상)×(백만 이상)으로 나타낼 수 있다. 따라서 만들 수 있는 코드의 개수는 기존보다 백만 배 이상 증가하므로 옳은 내용이다.

오답해설

ㄴ. A와 B로 지정되지 않은 20칸은 다른 지역에서 만든 것과 동일할 수 있으며, A의 3칸 역시 코드가 같다면 같게 나타날 수 있다. 또한 B도 (검정색-흰색), (흰색-검정색)의 지역코드를 가지는 지역이 존재하며 이 경우 1칸이 역시 흰색으로 같을 수 있으므로 최대 24칸이 동일할 수 있게 된다.

ㄹ. 오른쪽 3칸이 코드를 위해 개방된다면 추가되는 경우의 수는 8가지이다. 즉, 기존의 코드 각각에 대해 8가지의 코드가 추가되는 것이므로 새로운 경우의 수는 $2^{20} \times 8$로 나타낼 수 있다. 따라서 만들 수 있는 코드 개수는 기존의 8배로 증가하므로 옳지 않은 내용이다.

합격자의 SKILL

ㄱ의 경우 2^{20}을 구하면 1,048,5760이지만 현실적으로 이를 실전에서 직접 구할 수는 없다. 물론 2^{10}이 1,024라는 것을 미리 알고 있었다면 이를 이용하여 100만을 넘는다는 것을 알아낼 수 있기는 하다. 출제자도 ㄴ과 ㄷ이 아님을 확정하면 곧바로 정답을 고를 수 있게 출제했던 것으로 보이지만 매끄럽지 못했던 문제라고 생각된다. 그러나 자료해석영역을 위해서 이 기회에 2^{10}이 1,024라는 것과 2^{20}이 100만을 넘는다는 것은 정리해두도록 하자.

31 정답 ⑤

정답해설

i) 여러 가지 조건 중 가장 확정적인 단서를 제공하는 세 번째 조건을 먼저 확인해보자. 2는 모든 홀수와 인접한다고 하였으므로 이미 고정되어 있는 7을 포함해 총 5개의 칸과 접하고 있는 칸을 찾아야 한다. 이를 찾으면 아래 그림과 같다.

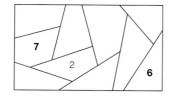

ii) 다음으로 마지막 조건을 확인해보면 10은 어느 짝수와도 인접하지 않는다고 하였으므로 가능한 칸은 좌측 상단에 위치한 빈칸뿐이다. 이에 따라 2를 둘러싼 빈칸이 7을 제외하고는 모두 홀수임을 알 수 있으며, 아직 할당이 되지 않은 4와 8이 6에 접한 칸에 배치되는 것 또한 확인할 수 있다.

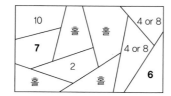

iii) 이제 두 번째 조건을 확인해보면 홀수인 1은 소수와만 인접한다고 하였으므로 2를 둘러싸고 있는 칸 중에서 10이 들어갈 수 있는 곳은 좌측 모서리의 빈칸뿐임을 알 수 있다.

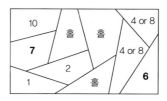

iv) 다음으로 다섯 번째 조건을 확인해보면 홀수인 5는 가장 많은 짝수와 인접한다고 하였다. 그런데 홀수가 들어갈 수 있는 세 개의 칸 중에서 아래 그림에서 5가 표시된 부분은 3개의 짝수와 접하지만 나머지 두 칸은 2개의 짝수와 접하는 것을 확인할 수 있다.

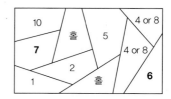

v) 남은 네 번째 조건을 확인해보면 홀수인 3에 인접한 숫자를 모두 더하면 16이라고 하였다. 그런데 아래 그림에서 A칸에 3이 들어갈 경우 인접한 숫자들의 합이 24가 되어 조건을 만족하지 못한다. 따라서 3이 들어갈 곳은 B가 되며, A는 9가 들어가게 된다.

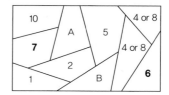

vi) 또한 B에 3이 들어갈 경우 3에 인접한 숫자들의 합이 16이라는 조건에 의해 아직 확정되지 못한 4와 8 역시 아래의 자리에 각각 위치하게 된다.

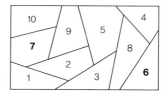

vii) 따라서 5에 인접한 숫자를 모두 더한 값은 2+3+9+4+8=26이 된다.

32

정답해설

ⅰ) 먼저 편도 총비행시간이 8시간 이내이면서 직항 노선이 있는 곳을 살펴보면 두바이, 모스크바, 홍콩으로 후보군을 압축할 수 있다.

ⅱ) 다음으로 연가가 하루밖에 남지 않은 상황에서 최대한 길게 휴가를 다녀오기 위해서는 화요일 혹은 목요일 중 하루를 연가로 사용해야 하는데 어떤 경우이든 5일의 연휴가 가능하게 된다. 따라서 세훈은 두바이(4박 5일), 모스크바(6박 8일), 홍콩(3박 4일) 중 모스크바는 연휴 기간을 넘어서므로 제외하고 두바이와 홍콩 중 여행 기간이 더 긴 두바이로 여행을 다녀올 것이다.

33

정답 ③

정답해설

먼저, 각 테이블의 메뉴구성을 살펴보면 전체 메뉴는 5가지이며 각 2그릇씩 주문이 되었다는 것을 알 수 있다. 즉, 1번부터 5번까지의 주문 총액을 2로 나누어 주면 전체 메뉴의 총합을 알 수 있다는 것이다. 실제로 구해보면 테이블 1~5까지의 총합은 90,000원이며 이것을 2로 나눈 45,000원이 전체 메뉴의 총합이 됨을 알 수 있다.

여기서 테이블 1부터 3까지만 따로 떼어놓고 본다면 다른 것은 모두 1그릇씩이지만 짜장면만 2그릇이 됨을 알 수 있다. 이를 돌려 생각하면 테이블 1~3까지의 총합(=51,000원)과 45,000원의 차이가 바로 짜장면 1그릇의 가격이 된다는 것이다. 따라서 짜장면 1그릇의 가격은 6,000원임을 알 수 있다.

합격자의 SKILL

이러한 문제를 보고 가장 먼저 떠오르는 것은 연립방정식을 이용하여 푸는 것이다. 하지만 PSAT의 상황판단에서 단순히 연립방정식을 이용해 특정 변수의 값을 구하라는 문제를 출제할 리는 없다는 것을 생각해본다면 반드시 다른 방법이 있을 것이라는 의문을 가져야 한다. 물론 실전에서 이러한 접근법이 떠오르는 것은 하루아침에 이루어지지 않는다. 평소 문제를 풀 때 단순히 산수만으로 풀이해야 하는 것은 없다는 생각을 의식적으로 가지고 접근하는 습관이 필요하다.

34

정답 ③

정답해설

ⅰ) 먼저 두 번째 조건을 통해 D~F가 모두 20대임을 알 수 있으며 따라서 A~G 중 나이가 가장 많은 사람은 G라는 것을 확인할 수 있다. 따라서 세 번째 조건에 의해 G는 왕자의 부하가 아니다.

ⅱ) 다음으로 네 번째 조건을 살펴보면, 이미 C, D, G의 3명이 여자인 상황에서 남자가 여자보다 많다고 하였으므로 A, B, E, F의 4명이 모두 남자임을 알 수 있다. 여기까지의 내용을 정리하면 다음과 같다.

친구	나이	성별	국적
A	37살	남자	한국
B	28살	남자	한국
C	22살	여자	중국
D	20대	여자	일본
E	20대	남자	중국
F	20대	남자	한국
G	38살	여자	중국

ⅲ) 마지막 조건을 살펴보면, 일단은 국적이 동일한 2명이 왕자의 부하이므로 단 한 명인 일본인 D는 부하가 될 수 없으며, 왕자의 두 부하는 성별이 서로 다르다고 하였는데 한국인 A, B, F는 모두 남자이므로 역시 부하가 될 수 없다. 마지막으로 남은 C와 E가 중국 국적이면서 성별이 다른 상황이므로 이들이 왕자의 부하임을 알 수 있다.

합격자의 SKILL

조건들을 판단할 때 이른바 스캐닝 작업(전체를 눈으로 훑어보는 작업)을 하지 않는 수험생이라면 첫 줄부터 하나씩 체크하며 진행하는 것이 일반적이다. 하지만 거의 대부분의 문제들은 중반 이후에 확정적인 조건이 반드시 주어진다. 이 문제의 경우는 네 번째 조건 즉, 여자보다 남자가 많다는 조건이 바로 그것이다. 물론 이 문제의 경우 난도가 높지 않기에 큰 차이가 없었지만 난도가 조금이라도 올라간다면 그 차이는 상당히 크게 나타난다. 반드시 스캐닝 작업을 하는 습관을 들이자.

35

정답 ④

정답해설

궁궐의 가이드투어 시작 시간이 10시와 14시이므로 이 두 가지의 경우를 나누어 살펴보자.

ⅰ) 10시에 궁궐 관광을 시작하는 경우 – 불가능

분수공원과 박물관의 운영 시작 시간이 각각 8시 30분과 8시 45분이어서 해당 시설의 관광을 마치고 나면 10시를 넘어선다. 따라서 이들 어느 곳도 궁궐보다 먼저 일정을 시작할 수 없다. 그렇다면 남은 경우는 사찰을 가장 먼저 방문하고 10시에 궁궐 관광을 시작하여 12시에 마치는 것인데, 이 경우 박물관과 분수공원 중 어느 곳을 먼저 방문하더라도 총 이동시간(63분 혹은 67분)을 감안하면 마지막 방문지의 관광을 17시 이전에 마치는 것이 불가능하다. 따라서 10시에 궁궐 관광을 시작하는 경우는 가능하지 않다.

ⅱ) 14시에 궁궐 관광을 시작하는 경우 – 가능

이 경우는 16시에 궁궐 관광을 마치게 되어 이동시간을 감안하면 이 이후에는 다른 관광을 할 수 없다. 따라서 궁궐 관광 이전에 나머지 3곳의 관광을 마쳐야 하는데 분수공원 혹은 박물관을 첫 일정으로 잡는 경우는 이동시간과 소요시간을 고려할 때 14시까지 궁궐에 도착하는 것이 불가능하게 된다. 따라서 첫 일정은 사찰이 되어야 하며 마지막 일정은 궁궐 관광이 되어야 한다. 이 경우 두 번째와 세 번째 일정에 포함되는 분수공원과 박물관 관광은 어느 곳을 먼저 방문해도 무방하다.

ㄱ. 위에서 살펴본 것과 같이 사찰을 가장 첫 방문지로 선택해야 시간 내에 모든 일정을 소화할 수 있으므로 옳은 내용이다.

ㄷ. 박물관과 분수공원은 두 번째와 세 번째 일정에 포함되나 방문 순서가 바뀌어도 14시에 궁궐 관광을 시작하는 데 무리가 없으므로 관광 순서는 바뀌어도 무방하다.

오답해설

ㄴ. 마지막 관광은 궁궐 관광이 되어야 하므로 16시 정각에 모든 일정이 마무리된다.

정답해설

블록 6개를 붙인 경우에는 검은 블록이 어디에 위치하고 있든지 위아래의 숫자의 합이 7이 될 수밖에 없다. 따라서 하얀 블록만으로 이루어진 막대기 6개를 제외한 30개의 막대기의 위아래의 숫자의 합은 210이 되어야 한다. 그런데 윗면에 쓰인 숫자의 합이 109라고 하였으므로 아랫면에 쓰인 숫자의 합은 101이 됨을 알 수 있다.

정답해설

먼저, 제시문의 첫 번째 인원변동 후 각 부처의 인원 구성을 살펴보면 다음과 같다.

A부처	B부처
109명	91명
A소속 : 100명	A소속 : 0명
B소속 : 9명	B소속 : 91명

ㄱ. 첫 번째의 인원변동 후 A부처의 인원은 109명(A부처 소속 100명, B부처 소속 9명)이며, B부처의 인원은 91명(A부처 소속 0명, B부처 소속 91명)이 된다. 이 상태에서 두 번째 인원변동이 진행되면 두 부처의 인원은 모두 100명으로 동일해지는데, 보기 ㄱ에서 A부처에 B부처 소속 공무원이 3명 남아있다고 하였으므로 A부처는 A부처 소속 97명, B부처 소속 3명으로 구성되어 있음을 알 수 있으며, 이는 A부처에서 B부처로 보낸 9명 중 3명은 A부처 소속이었다는 것을 알 수 있다. 따라서 B부처의 인원구성은 A부처 소속 3명, B부처 소속 97명임을 알 수 있다.

A부처	B부처
100명	100명
A소속 : 97명	A소속 : 3명
B소속 : 3명	B소속 : 97명

ㄴ. 첫 번째의 인원변동 후 A부처의 인원은 109명(A부처 소속 100명, B부처 소속 9명)이며, B부처의 인원은 91명(A부처 소속 0명, B부처 소속 91명)이 된다. 이 상태에서 두 번째 인원변동이 진행되면 두 부처의 인원은 모두 100명으로 동일해지는데, 보기 ㄴ에서 B부처에 A부처 인원이 2명이라고 하였으므로 B부처는 A부처 소속 2명, B부처 소속 98명으로 구성되어 있음을 알 수 있으며, 이는 A부처에서 B부처로 보낸 9명 중 2명은 A부처 소속이었다는 것을 의미한다. 따라서 A부처의 인원구성은 A부처 소속 98명, B부처 소속 2명임을 알 수 있다.

A부처	B부처
100명	100명
A소속 : 98명	A소속 : 2명
B소속 : 2명	B소속 : 98명

따라서 합은 5이다.

정답해설

ⅰ) 게임 결과 총 14점을 획득하였고 두더지를 맞힌 횟수를 모두 더하면 12번이므로 대장 두더지 2번, 부하 두더지 10번을 맞혔음을 알 수 있다.

ⅱ) 먼저 A는 대장이든 부하든 상관없이 2번 맞았다고밖에 볼 수 없다. 왜냐하면, 대장 두더지가 2번 맞은 것이 확정된 상황에서 만약 A가 2번이 아닌 다른 짝수 횟수만큼(예 4번) 맞았다고 한다면 A는 맞은 두더지 중에 가장 적게 맞은 것이 아니기 때문이다. A는 '맞은 두더지 중'에 가장 적게 '맞았다'는 부분을 통해 0이 될 수도 없다.

ⅲ) 또한 한 번도 맞지 않은 두더지가 1마리라는 점에서 B와 C는 모두 0이 아님을 알 수 있으며 D 역시 자신의 발언을 통해 0이 아님을 확정할 수 있다. 따라서 한 번도 맞지 않은 두더지는 E이다.

ⅳ) 다음으로 A, C, D가 맞은 횟수의 합이 9이므로 이를 만족하는 경우를 따져보면 다음과 같다.

A	B	C	D	E	합
2		2	5	0	
2		3	4	0	
2		4	3	0	
2		5	2	0	

ⅴ) 또한, B와 C가 같다는 조건과 전체 맞은 횟수의 합이 12라는 점을 고려하면 아래의 표와 같이 정리할 수 있다.

A	B	C	D	E	합
2	2	2	5	0	11(×)
2	3	3	4	0	12
2	4	4	3	0	13(×)
2	5	5	2	0	14(×)

ⅵ) 위의 표에서 두 번째 경우만 모든 조건을 충족하며 이 중 2번 맞은 것은 A뿐이므로 A가 대장 두더지임을 알 수 있다.

정답해설

먼저 12명의 위원이 1인당 2표씩 투표하므로 총 투표 수는 24표가 되며, 위원 1인이 얻을 수 있는 최대 득표 수는 11표라는 것을 확정하고 선택지를 분석해보자.

ㄴ. 득표자가 총 3명이고 그 중 1명이 7표를 얻었다면, 잔여 투표 수는 17표(= 24표 - 7표)가 되는데, 17표는 홀수이므로 동일한 수의 합으로 구할 수 없다. 따라서 나머지 2명은 다른 득표 수를 가질 수밖에 없으므로 누가 몇 표로 최다 득표자가 되느냐에 상관없이 추첨은 이루어지지 않는다. 만약 7표를 가진 사람이 2명이라고 하더라도 나머지 한 사람이 10표를 얻은 것이 되므로 이들을 위한 투표가 이루어지지 않는다.

ㄷ. 최다 득표자가 8표를 얻었다면, 잔여 투표 수는 16표가 되는데, 추첨이 없으면서 8표 득표자가 최다 득표자가 되기 위해서는 나머지 위원들이 7표 이하를 얻어야 한다. 그런데 7표 이하의 득표만으로 16표를 만들기 위해서는 최소 3명이 필요하게 되어 전체 득표자는 4명 이상이 되게 된다.

위원1	위원2	위원3	위원4
8표	7표	7표	2표
위원장	최소 3명 이상 필요		

③, ④ 위의 표에서 보듯, D기관이 80점 이상을 얻는 경우가 3가지나 존재하므로 이 경우에 해당한다면 D가 3위, C는 4위를 차지하게 된다. 따라서 옳지 않다.

43

[정답해설]

주어진 〈상황〉을 토대로 가능한 상황을 정리하면 다음과 같다.

i) 甲 : 12일을 포함하여 총 4일을 운행하기 위해서는 홀짝제가 적용되는 3일 중 하루를 운행하지 않아야 한다. 따라서 甲은 13일을 제외한 운행했음을 알 수 있다. 그렇다면 甲의 차량은 짝수차량이라는 것을 알 수 있으며 15일과 16일에도 운행을 하였으므로 끝자리 숫자는 8, 0은 아니라는 것을 끌어낼 수 있다. 따라서 甲의 차량은 2, 4, 6 중 하나의 숫자로 끝나는 차량임을 알 수 있다.

ii) 乙 : 운행이 가능한 날은 모두 자신의 자동차로 출근했다고 하였으므로 12~14일 중 하루는 반드시 운행을 했을 것이다. 모든 숫자는 홀수와 짝수 둘 중 하나에 포함되기 때문이다. 결국 乙은 13일에 운행했을 것이다. 나머지 하루는 15일 혹은 16일인데 15일에 운행을 하고 16일에 하지 않았다면 끝자리 숫자는 9일 것이며, 15일에 운행을 하지 않고 16일에 운행을 했다면 끝자리 숫자는 7이 될 것이다.

iii) 丙 : 13일에 운행을 했다는 부분에서 홀수차량임을 알 수 있으며 15, 16일에 운행했다는 부분에서 끝자리가 7, 9가 아님을 알 수 있다. 따라서 丙의 차량은 1, 3, 5 중 하나의 숫자로 끝나는 차량임을 알 수 있다.

	12	13	14	15	16	끝자리
甲	○	×	○	○	○	2, 4, 6
乙	×	○	×	둘 중 하루		7, 9
丙	×	○	×	○	○	1, 3, 5

따라서, 끝자리 숫자의 합의 최댓값은 6+9+5=20이다.

44

[정답해설]

주어진 질문과 대답을 순서대로 살펴보면 다음과 같다.

i) 민경과 지나 : 생일이 5명 중에서 가장 빠를 가능성이 있다고 하였으므로 지나의 생일은 3월이 되어야 한다. 다만 다른 3월생의 날짜를 알지 못하므로 가장 빠른지의 여부를 확신하지 못하는 것이다.

ii) 정선과 혜명 : 앞의 대화에서 지나가 3월생이라고 하였는데 정선의 생일이 그보다 빠를 가능성이 있다고 하였다. 따라서 나머지 3월생은 혜명이 된다.

iii) 지나와 민경 : 이제 남은 자리는 6월(1명)과 9월(2명)이다. 만약 민경이 6월 생이라면 나머지 정선과 효인은 9월이 되어야 하므로 몇 월생인지는 알 수 있다. 하지만 그렇지 않다고 하였으므로 민경은 9월생이 되어야 한다.

iv) 혜명과 효인 : 민경이 9월생인데 효인은 자신이 민경보다 생일이 빠른지를 확신할 수 없다고 하였다. 만약 효인이 6월생이었다면 당연히 자신의 생일이 빠르다는 것을 알 수 있지만 그렇지 않다고 하였으므로 효인은 9월생이어야 한다.

v) 따라서 남은 6월생의 자리에는 정선이 들어가게 된다.

45

[정답해설]

〈구간별 혼잡도 정보〉는 결국 해당 정류장의 승하차가 완료된 인원을 통해 알 수 있는 정보이다. 따라서 이를 반영하여 표를 정리하면 다음과 같다. 계산과정에서 일시적으로 40명을 초과하는 탑승인원이 산출될 수 있으나 승하차가 동시에 이루어진다는 전제에 따라 곧바로 조정되므로 이 부분은 무시하도록 한다.

정류장	승차(명)	하차(명)	승하차 후(명)
A	20	0	20
B	(㉠)	10	36~40
C	5	( )	36~40
D	( )	10	( )
E	15	( )	16~25
F	0	( )	( )

이제 정류장별로 차례로 빈칸을 채워보자.

i) B정류장 : A정류장 출발 시 20명이었던 인원에서 10명이 하차하였고 승차가 완료된 인원이 36~40명이 되어야 하므로 승차인원은 26~30명의 범위 안에 있어야 한다.

ii) C정류장 : B정류장 출발 시 36~40명이 탑승하고 있었고 C정류장에서 5명이 승차하였다. 따라서 하차인원을 감안하지 않으면 탑승자는 41~45명인데, 하차인원을 감안한 인원수가 36~40명이므로 하차인원은 1~9명의 범위 안에 있어야 한다.

iii) D정류장 : C정류장 출발 시 36~40명이 탑승하고 있었고 D정류장에서 10명이 하차하였다. 따라서 승차인원을 감안하지 않으면 탑승자는 26~30명인데, 이 버스의 승차정원이 40명이므로 승차인원은 0~14명의 범위 안에 있어야 한다. 따라서 승하차인원을 모두 감안한 탑승인원은 26~40명이다.

iv) E정류장 : D정류장 출발 시 26~40명이 탑승하고 있었고 E정류장에서 15명이 탑승하였다. 따라서 하차인원을 감안하지 않으면 탑승자는 41~55명인데, 하차인원을 감안한 인원수가 16~25명이므로 하차인원은 16~39명의 범위 안에 있어야 한다.

⑤ iii)에서 D정류장의 승하차인원을 모두 감안한 탑승인원은 26~40명이라고 하였으므로 제시문의 기준에 의해 '혼잡' 또는 '매우 혼잡'으로 표시된다.

[오답해설]

① ii)에서 하차인원은 1~9명의 범위 안에 있어야 한다고 하였으므로 옳지 않다.

② iv)에서 하차인원은 16~39명의 범위 안에 있어야 한다고 하였으므로 옳지 않다.

③ i)에서 승차인원은 26~30명의 범위 안에 있어야 한다고 하였으므로 최솟값과 최댓값의 합은 56이다.

④ A정류장 승하차 후 탑승인원이 20명이므로 제시문의 기준에 의해 '보통'으로 표시된다.

01	02	03	04	05	06	07	08	09	10
①	②	⑤	②	②	②	④	③	⑤	③
11	12	13	14	15	16	17	18	19	20
④	①	③	③	⑤	④	①	①	⑤	①
21	22	23	24	25	26	27	28		
①	③	⑤	②	④	④	②	⑤		

01　　정답 ①

정답해설

ㄱ. (10억 원×0.6)+(17억 원×0.4)=12.8억 원이므로 옳은 내용이다.

ㄴ. B회사 제품의 반환과 신규구입의 지체에 따른 추가비용 3억 원+A회사의 제품 가격 14억 원=17억 원이므로 옳은 내용이다.

오답해설

ㄷ. 시뮬레이션 검사를 하지 않는다면 기대비용의 크기에 따라 구입을 결정하게 되는데 A회사 제품의 기대비용은 14억 원이고, B회사 제품의 기대비용은 12.8억 원이므로 기대비용이 작은 B회사와 계약을 체결할 것이다. 따라서 옳지 않은 내용이다.

ㄹ. 시뮬레이션을 하는 이유는 B회사 제품이 가진 불확실성 때문인데 만약 시뮬레이션에 드는 비용과 B회사 제품의 가격을 합한 금액이 확실한 A회사의 제품을 구입하는 비용보다 크다면 굳이 시뮬레이션을 하지 않고 A회사의 제품을 구입하게 될 것이다. 따라서 시뮬레이션 검사비용의 최댓값은 14억 원과 12.8억 원의 차이인 1.2억 원이므로 옳지 않은 내용이다.

02　　정답 ②

정답해설

ㄴ. D의 일시불연금지급액 : (200만 원×10×2)+{200만 원×(10−5)×0.1}=4,100만 원

A의 일시불연금지급액은 아래 ㄱ에서 구한 것과 같이 4,150만 원이므로 옳은 내용이다.

ㄹ. 현재 D의 일시불연금지급액은 위 ㄴ에서 구하였으므로 10년 더 근무하는 경우의 지급액을 구해보면 (200만 원×20×2)+{200만 원×(10−5)×0.1}이다. 그런데 { }안의 산식을 살펴보면 현재는 (10−5)가 곱해지는데 반해, 10년 더 근무할 경우에는 (20−5)가 곱해지므로 전체값은 2배 이상이 될 것이라는 것을 추론할 수 있다. 따라서 옳은 내용이다.

오답해설

ㄱ. A의 월별연금지급액 : 100만 원×{0.5+0.02×(20−20)}=50만 원. 따라서 100개월 동안 5,000만 원을 받게 된다.

A의 일시불연금지급액 : (100만 원×20×2)+{100만 원×(20−5)×0.1}=4,150만 원

따라서 월별연금을 선택하는 것이 유리하므로 옳지 않은 내용이다.

ㄷ. B의 월별연금지급액 : 100만 원×{0.5+0.02×(35−20)}=80만 원

C의 근무연수가 B보다 2년 더 많으므로 80만 원보다는 많을 것이라는 것을 알 수 있으나 월별연금지급액은 최종평균보수월액의 80%를 초과할 수 없다고 하였으므로 B와 동일한 80만 원을 받게 되므로 옳지 않은 내용이다.

03　　정답 ⑤

정답해설

각 서기관의 성취행동 경향성의 강도를 구하면 다음과 같다.

• A서기관 : (3×0.7×0.2)−(1×0.3×0.8)=0.18

• B서기관 : (2×0.3×0.7)−(1×0.7×0.3)=0.21

• C서기관 : (3×0.4×0.7)−(2×0.6×0.3)=0.48

따라서 업무추진력이 높은 사람부터 순서대로 나열하면 C, B, A이다.

04　　정답 ②

정답해설

각 분기별 성과평가 점수를 계산하면 다음과 같다.

• 1/4분기 : (8×0.4)+(8×0.4)+(6×0.2)=7.6

• 2/4분기 : (8×0.4)+(6×0.4)+(8×0.2)=7.2

• 3/4분기 : (10×0.4)+(8×0.4)+(10×0.2)=9.2

• 4/4분기 : (8×0.4)+(8×0.4)+(8×0.2)=8.0

이를 통해 각 분기별 성과급을 계산해보면, 1/4분기에 지급되는 성과급은 80만 원, 2/4분기는 80만 원, 4/4분기는 90만 원이며, 3/4분기는 100만 원에 직전분기 차감액(20만 원)의 50%를 가산한 110만 원이다. 따라서 지급되는 성과급의 1년 총액은 360만 원이다.

05　　정답 ②

정답해설

ㄱ. P는 다른 배에게 피해를 줄 확률이고, L은 다른 배에게 줄 피해의 정도이므로 PL은 예상되는 기대손실액을 의미한다. 따라서 B가 주의의무를 이행하는 데 드는 비용이라면, PL은 주의의무를 이행할 경우 방지할 수 있는 기대손실액으로 볼 수 있으므로 옳은 내용이다.

ㄷ. 사고확률이 0.1%이고 사고피해금액이 25,000원이라면 기대손실액(PL)은 25원이 되는데, 사고방지비용(B)이 50원이라면 PL＜B의 관계가 되어 배 소유자의 과실로 인한 책임을 물을 수 없다. 따라서 옳은 내용이다.

오답해설

ㄴ. 사고방지비용(B)이 기대손실액(PL)보다 작은 상황에서 사고방지노력을 하지 않았다면 과실로 인한 책임을 물을 수 있다고 하였으므로 옳지 않은 내용이다.

ㄹ. 갑은 과실유무를 판단하기 위해 기대손실액(PL)과 본인의 사고방지비용을 비교해야 한다고 하였으므로 옳지 않은 내용이다.

정답 ②

각 투자대안에 따른 기대수익금을 계산해보면 다음과 같다.

구분	경기에 따른 예상수익금			합계
	상승(0.2)	안정(0.7)	침체(0.1)	
국채	140만 원	770만 원	120만 원	1,030만 원
지방채	160만 원	700만 원	130만 원	990만 원
부동산 펀드	160만 원	700만 원	140만 원	1,000만 원
주식	500만 원	630만 원	20만 원	1,150만 원

ㄱ. 기대수익률이 가장 높은 것은 주식(11.5%)이므로 옳지 않은 내용이다.

ㅁ. 기대수익금이 가장 높은 대안(주식, 1,150만 원)과 가장 낮은 대안(지방채, 990만 원)의 차이는 160만 원이므로 옳지 않은 내용이다.

오답해설

ㄴ. 국채의 기대수익금은 1,030만 원이므로 옳은 내용이다.

ㄷ. 주식의 수익률은 11.5%이며, 부동산 펀드의 수익률은 10%이므로 옳은 내용이다.

ㄹ. 국채(1,030만 원)와 지방채(990만 원)간의 기대수익금의 차이는 40만 원이므로 옳은 내용이다.

07 정답 ④

정답해설

ㄱ, ㄴ. 기존의 선정방식에서는 1순위 선호도가 제일 낮은 A가 탈락하게 되는데, A는 2순위에서는 가장 선호하는 가수이다. 따라서 ㄱ과 ㄴ 모두 옳은 내용이다.

ㄷ. 4순위 표가 가장 많은 가수는 C이므로 C가 탈락하게 된다.

오답해설

ㄹ. 가장 선호하는 가수 두 명을 우선순위 없이 제출하는 방식이라면 1순위와 2순위의 인원수를 더한 값을 비교하면 되므로 이 값이 가장 적은 가수는 C(40)가 된다.

08 정답 ③

정답해설

• 취득가액은 신고가액과 공시지가 중 큰 금액으로 하므로 5억 원이 된다.

• 취득세 : 甲은 자경농민이고 농지를 상속으로 취득하는 경우에는 취득세가 비과세된다고 하였으므로 납부할 취득세액은 없다. 또한 농어촌특별세 역시 납부할 금액이 없다.

• 등록세 : 자경농민이 농지를 상속으로 취득하는 경우에는 취득가액의 0.3%를 등록세액으로 하므로 납부할 등록세액은 150만 원이다. 또한 지방교육세는 등록세액의 20%이므로 30만 원이 된다.

• 따라서 甲이 납부하여야 할 세금은 총 180만 원이다.

09 정답 ⑤

정답해설

• 운임 : 철도운임은 일반실 기준으로 실비로 지급하므로 총 40,000원이 지급된다.

• 일비 : 출장지에서 소요되는 교통비 등을 일비로 지급하나 일비는 실비가 아닌 1일당 20,000원을 지급하므로 총 60,000원이 지급된다.

• 식비 : 식비는 1일당 20,000원을 일수에 따라 지급하므로 총 60,000원이 지급된다.

• 숙박비 : 2박 이상이므로 출장기간 전체의 총액한도(80,000원)내에서 실비로 지급한다. 따라서 75,000원이 지급되며 결과적으로 甲은 총 235,000원을 정산받는다.

합격자의 SKILL

숙박비의 경우 '출장기간 전체의 총액한도 내 실비'를 지급한다고 하였으므로 1일당 40,000원이 넘는다고 하더라도 총액기준(이 문제의 경우 80,000원)을 충족하면 해당 실비를 모두 지급한다.

10 정답 ③

정답해설

ⅰ) 면세여부 확인

– 과세표준 : ($120×1,100원)+10,000원=142,000원

– 15만 원 미만이고 개인 甲이 사용할 목적으로 수입하는 것이므로 면세이다.

ⅱ) 나머지 지출액

– 전자기기 가격 : $120×1,200원=144,000원

– 운송비 : $30×1,200원=36,000원

따라서 甲이 전자기기 구입으로 지불한 총 금액은 180,000원이다.

11 정답 ④

정답해설

먼저 가장 많은 소득을 얻을 수 있는 A와 B를 재배할 경우 총 1,800만 원을 얻을 수 있다는 것을 알 수 있다. 이제 다른 조합을 통해 1,800만 원 이상의 소득을 얻을 수 있는지의 여부를 확인해보자.

먼저 A, B, C를 재배하는 것은 전체 재배기간이 12개월이어서 불가능하다. 재배 가능 시기가 2월부터여서 실제 가능한 재배기간이 11개월이기 때문이다. 이와 같은 논리로 A, B, D를 재배하는 것도 불가능하며 A, C, D의 경우는 전체 소득이 1,650만 원이므로 A, B를 재배하는 것보다 못한 결과를 가져온다.

이제 남은 것은 B, C, D이며 2~6월에 B를 재배하고, 7~9월에 C를, 10~12월에 D를 재배하는 것이 가능하며 이때의 전체 소득은 1,850만 원이어서 A와 B를 재배하는 경우의 소득인 1,800만 원을 넘어선다. 따라서 최대로 얻을 수 있는 소득은 1,850만 원이 된다.

12

정답해설

각각의 컴퓨터에 대해 〈기준〉에 따라 점수를 부여하면 다음과 같다.

항목 컴퓨터	램 메모리 용량	하드 디스크 용량	가격	총점
A	0	50	200	250
B	100	0	100	200
C	0	100	0	100
D	100	50	0	150
E	50	0	100	150

각 항목별 점수의 합이 가장 큰 컴퓨터를 구입한다고 하였으므로 甲은 A컴퓨터를 구입하게 된다.

13

정답 ③

정답해설

걸었던 시간이 10분으로 모두 동일하고, 평균속력의 구체적인 수치를 구하는 것이 아니라 4명의 대소비교만 하면 되는 것이므로 걸었던 거리만 구한 후 비교하면 된다. 또한 원주의 길이는 (지름×π)이나, π 역시 모든 항목에 곱해지는 것이므로 결국 이 문제는 지름×바퀴수의 대소비교로 정리할 수 있다.
이에 따르면 甲은 10×7=70, 乙은 30×5=150, 丙은 50×3=150, 丁은 70×1=700이므로 이들을 대소관계에 따라 순서대로 나열하면 乙=丙, 甲=丁이 된다.

14

정답 ③

정답해설

총 주차 시간이 3시간을 초과하므로 2단계로 나누어 계산하면 다음과 같다.
ⅰ) 주차 시작~3시간 : 첫 1시간을 제외한 나머지 2시간(30분×4)에 해당하는 주차비 2,000원(500원×4)이 발생한다.
ⅱ) 3시간~주차 종료 : 잔여시간이 30분 미만일 경우 30분으로 간주한다고 하였으므로 요금부과 기준시간은 1시간 45분이 아니라 2시간으로 산정된다. 따라서 주차비 8,000원(2,000원×4)이 발생한다. 결과적으로 총 주차 요금은 10,000원이다.

15

정답 ⑤

정답해설

ㄱ. A방식에 따르면 2012년과 비교했을 때 2013년의 세수액의 감소분을 계산하면 되므로 42조 5,000억−41조 8,000억=7,000억 원이 된다.
ㄴ. B방식에 따르면 2012년이 기준년도가 되며, 2013년의 감소액은 7,000억 원, 2012년의 감소액은 11,000억 원이 되어 이의 누적액은 1조 8천억 원이 된다.
ㄷ. A방식에 따른 2015년까지의 세수 감소액은 7,000억 원(2013년분)+4,000억 원(2014년분)+1,000억 원(2015년분)=1조 2천억 원이며, B방식에 따른 2015년까지의 세수 감소액은 7,000억 원(2013년분)+11,000억 원(2014년분)+12,000억 원(2015년분)=3조 원이다. 따라서 이 둘의 차이는 1조 8천억 원이 된다.

16

정답 ④

정답해설

ㄱ. 계산의 편의를 위해 중국의 생산량을 30으로, 인도의 생산량을 20으로 놓으면, 중국의 단위면적당 쌀 생산량은 30/3,300, 인도는 20/4,300으로 나타낼 수 있다. 이를 비교하기 위해 양변에 100을 곱한 후 비교하면 중국은 10/11, 인도는 약 10/22로 나타낼 수 있으며, 따라서 중국이 인도보다 2배 정도 크다는 것을 확인할 수 있다.
ㄴ. A국과 일본의 단위면적당 쌀 생산량을 수식으로 나타내면 아래와 같다.
A국의 단위면적당 쌀 생산량=(A국의 연간 쌀 생산량/A)=5.0
일본의 단위면적당 쌀 생산량={일본의 연간 쌀 생산량/(A+400)}=4.5
이를 정리하면 다음과 같이 나타낼 수 있다.
A국의 연간 쌀 생산량=5A
일본의 연간 쌀 생산량=4.5A+1,800
이 둘의 대소를 비교하기 위해 일본의 연간 쌀 생산량에서 A국의 연간 쌀 생산량을 빼면 −0.5A+1,800을 구할 수 있다.
여기서 일본의 벼 재배면적이 중국의 벼 재배면적보다 적으므로 A+400헥타르는 3,300헥타르보다 적을 것이고 A는 2,900헥타르보다 적다는 것을 알 수 있다. 따라서 −0.5A+1,800은 양수가 될 수밖에 없으며 이를 통해 일본의 쌀 생산량은 A국에 비해 많다는 것을 알 수 있다.

오답해설

ㄷ. A국의 단위면적당 쌀 생산량이 5.0톤이고 인도가 이의 1/3인 약 1.7톤이므로 이는 (인도의 연간 쌀 생산량/4,300≒1.7)으로 나타낼 수 있다. 이를 통해 인도의 연간 쌀 생산량을 계산하면 약 7,300톤으로 11,000톤에 한참 미치지 못한다.

▶ 합격자의 SKILL

선택지 ㄴ과 같이 미지수가 포함된 두 수치의 대소비교가 필요한 경우 두 산식을 차감하여 이의 부호를 확인하는 것이 가장 정확한 방법이다. 물론, 임의의 수를 대입하여 계산하는 방법도 있을 수 있으나 분기점을 기준으로 대소관계가 바뀌는 경우도 존재할 수 있으므로 가급적 위와 같이 판단하는 것을 추천한다.

17

정답 ①

정답해설

제시된 거래의 공급시기는 선적일인 2.16.이므로 선적일 전과 후로 나누어 판단해보자.
• 2.4. 송금분 : 20,000달러×950(환가 당일의 적용환율)=19,000,000원
• 2.16. 송금분 : 30,000달러×1,000(공급 시기의 기준환율)=30,000,000원
따라서 甲주식회사에 대한 부가가치세 과세표준액은 49,000,000원이다.

18

정답 ①

정답해설

첫 번째 사례에서 슬기가 달러를 사기 위해 지불한 금액은 100달러×1204.10=120,410원이고 두 번째 사례에서 달러를 팔고 받은 금액은 100달러×1205.10=120,510원이므로 100원의 이익을 얻었다.

19
정답 ⑤

주어진 산식에 따라 두 나라의 최소 득표율을 계산하면 다음과 같다.

- 甲국 : 2/(2+3)=40%
- 乙국 : 3/(3+5)=37.5%

20
정답 ①

甲의 신장이 180cm이고, 체중이 85kg이라는 정보를 활용하여 두 방법을 적용하면 다음과 같다.

- Broca 보정식에 의한 표준체중(kg)이 (180－100)×0.9＝72kg이다. 그런데 甲의 체중(85kg)은 표준체중의 약 118%이므로 '체중과잉'에 해당한다.
- 체질량 지수를 구하면 $85/(1.8)^2$로 계산되며 이는 약 26 정도이다. 따라서 '경도비만'에 해당한다.

21
정답 ①

ⅰ) 甲의 최대 배상금액
- 피해기간기준 : 650,000원
- 가산기준 (2) : 650,000원×30%
- 피해자가 아래층 부부(2명)이므로 甲의 최대 배상금액은 {650,000원＋(650,000원×30%)}×2＝1,690,000원이다.

ⅱ) 乙의 최대 배상금액
- 피해기간기준 : 800,000원
- 가산기준 (1) : 800,000원×30%
- 가산기준 (3) : 800,000원×20%
- 피해자는 4인이며 이 중 1명이 수험생이므로 乙의 최대 배상금액은 [{800,000원＋(800,000원×30%)}×4]＋(800,000원×20%)＝4,320,000원이다.

22
정답 ③

③ 조건을 모두 만족하고 주문이 가능한 경우는 총 세 가지이므로 옳지 않은 내용이다[하단의 ⅱ)참조].

① A가게는 배달가능 최소금액이 10,000원이고 조건 2에서 동일한 가게에 세 마리를 주문하지 않는다고 하였다. 따라서 甲이 A가게에서 치킨을 주문한다면 2종류의 치킨을 한 마리씩 주문하는 경우이어야 한다. 그런데 A가게에서 금액이 낮은 2종류의 치킨(프라이드, 양념)을 주문한다면 비용은 15,000원이 되는데 이를 C가게에서 주문할 경우에는 14,000원(배달료 포함)으로도 가능하다. 따라서 두 경우 모두 남은 간장치킨을 D가게에서 주문한다고 할 때 A가게에서 주문하는 경우의 비용이 더 많게 되어 A가게에서 주문할 이유가 없어진다. 따라서 옳은 내용이다.

위의 ①에서 A가게에서 주문하지 않는 것이 확정되었으므로 B, C, D가게에서 주문하는 경우를 살펴보자. 그런데 C가게의 경우 배달가능최소금액이 7,000원이어서 한 마리만 사는 것이 불가능하다. 따라서 B, C, D가게 각각에서 한 마리씩 사는 경우는 배제한다. 그렇다면 어느 가게에서든 2마리를 사는 경우가 존재하게 되는데, 이를 경우의 수로 나누어 생각해보면 다음과 같다.

ⅰ) B에서 2마리를 사는 경우(25,000원)

    B : 프라이드치킨(7,000원)＋양념치킨(7,000원)＋2,000원＝16,000원

    C(또는 D) : 간장치킨(8,000원)＋1,000원＝9,000원

ⅱ) C에서 2마리를 사는 경우(23,000원)

프라이드	양념	간장	배달료	주문금액
C	C	D	2,000	23,000
C	B	C	3,000	
C	D	C	2,000	

ⅲ) D에서 2마리를 사는 경우(26,000원)

    B : 간장치킨을 제외한 나머지 중 한 마리 7,000원＋배달료 2,000원＝9,000원

    C : 1마리만 사는 것이 불가능하므로 배제

    D : 간장치킨을 포함하여 16,000원＋배달료 1,000원＝17,000원

② 위에서 살펴본 것처럼 조건을 모두 만족하는 경우는 ⅱ)뿐이며 이때의 총 주문금액은 23,000원이므로 옳은 내용이다.

④ 위 ⅱ)의 표에서 볼 수 있듯이 B가 휴업을 했다면 C－C－D, C－D－C의 조합으로 주문하면 되므로 총 주문금액은 달라지지 않는다.

⑤ 동일한 가게에서 세 마리를 주문하지 않는다는 조건 2를 고려하지 않는다면 C가게에서 세 마리 모두를 주문하는 것이 주문금액을 최소화시키는 것이며 그때의 주문금액은 22,000원이므로 옳은 내용이다.

23
정답 ⑤

각각의 출장별로 나누어 출장여비를 계산하면 다음과 같다.

구분	출장수당	교통비	차감	출장여비
출장 1	1만 원	2만 원	1만 원(관용차량 사용)	2만 원
출장 2	2만 원	3만 원	1만 원(13시 이후 시작)	4만 원
출장 3	2만 원	3만 원	1만 원(업무추진비 사용)	4만 원

따라서 A사무관이 출장여비로 받을 수 있는 총액은 10만 원이다.

합격자의 SKILL

'출장비, 여행경비' 등을 계산하는 문제는 상황판단영역에서 매년 적어도 한 문제 이상 출제되는데, 비슷한 유형으로 '놀이공원이나 박물관 입장료 계산, 식당이나 카페의 메뉴 가격 계산' 등이 출제되고 있다. 이러한 유형은 계산하는 데 시간이 오래 걸릴 뿐만 아니라 장소, 시간, 추가비용, 예외 조건 등이 항목별로 모두 다르고 복잡해서 조금만 방심해도 실수하기 쉽다. 따라서 효율적인 시간 관리를 위해 이러한 유형의 문제는 일단 패스하고 시간이 남는다면 마지막에 풀이하는 것이 좋다.

24

정답해설

甲이 향후 1년간 자동차를 유지하는 데 소요될 총비용을 세분화하면 다음과 같다.

- 감가상각비 : (1,000만 원−100만 원)÷10년=90만 원
- 자동차보험료 : 120만 원×90%=108만 원(블랙박스 설치로 인한 10% 할인 반영)
- 주유비용 : 매달 500km를 운행하므로 매월 50리터의 기름이 소모된다. 따라서 주유비용은 50리터×1,500원×12개월=90만 원으로 계산된다.
- 1년간 총 유지비용 : 90만 원+108만 원+90만 원=288만 원

합격자의 SKILL

언어논리영역과 달리 상황판단이나 자료해석영역에서 모든 문제를 시간 내에 정확하게 풀 수 있는 이른바 "PSAT형 인간"은 극소수에 불과하다. 애초에 PSAT이 그러한 능력을 요구하는 시험도 아니므로 답을 정확하게 맞힌다거나 고득점을 받는 것을 목표로 하기보다는, 주어진 시간 안에 내가 이 문제를 풀 수 있는지 혹은 풀지 못하는지를 빠르게 판단하는 것이 차선의 전략이다. 이 문제를 굳이 분류하자면 단순한 계산문제에 해당한다. 그러나 사칙연산에 약한 수험생에게는 시간을 잡아먹는 문제가 될 수 있고, 평소에 조건이나 단서를 놓치는 등의 실수가 잦은 수험생에게는 오답을 체크할 확률이 높은 문제이다. 따라서 평소 기출문제를 최대한 많이 풀어 자신의 강점과 약점을 파악한 후, 풀 수 없는 문제는 패스하고 풀 수 있는 문제에 집중하여 정답률을 높이는 것이 핵심 전략이라고 할 수 있다.

25

정답해설

먼저 국가 및 지방자치단체 소유 건물은 지원 대상에서 제외한다고 하였으므로 丙은 지원대상에서 제외되며, 전월 전력사용량이 450kWh 이상인 건물은 태양열 설비 지원 대상에서 제외되므로 乙 역시 제외된다. 마지막으로 용량(성능)이 〈지원 기준〉의 범위를 벗어나는 신청은 지원 대상에서 제외된다고 하였으므로 戊도 제외된다.

따라서, 지원금을 받을 수 있는 것은 甲과 丁이며 이들의 지원금을 계산하면 다음과 같다.

甲 : 8kW×80만 원=640만 원

丁 : 15kW×50만 원=750만 원

26

정답해설

제시된 〈상황〉에서는 전자문서가 아닌 서면으로 제출하였으므로 특허출원료 산정시 '나'와 '라' 조항이 적용된다.

i) 국어로 작성한 경우
- 특허출원료 : 66,000원+(7×1,000원)=73,000원
- 특허심사청구료 : 143,000원+(44,000×3)=275,000원
- 수수료 총액 : 348,000원

ii) 외국어로 작성한 경우
- 특허출원료 : 93,000원+(7×1,000원)=100,000원
- 특허심사청구료 : 275,000원
- 수수료 총액 : 375,000원

27

정답해설

ㄴ. 네 번째와 다섯 번째의 조합에서, D+F=82만 원, B+D+F=127만 원임을 알 수 있으며 두 식을 차감하면 B=45만 원임을 알 수 있다. B업체는 정가에서 10% 할인한 가격이므로 원래의 가격은 50만 원이었음을 알 수 있다.

오답해설

ㄱ. 첫 번째와 두 번째의 조합에서, A업체의 가격이 26만 원이라면 C+E=76만 원, C+F=58만 원임을 알 수 있으며 두 식을 차감하면 E−F=18만 원임을 알 수 있다. 즉, E업체의 가격이 F업체의 가격보다 18만 원 비싸므로 옳지 않다.

ㄷ. 두 번째의 조합에서, C업체의 가격이 30만 원이라면 F업체의 가격은 28만 원임을 알 수 있다. 그런데 문제의 단서에서 각 업체의 가격이 모두 상이하다고 하였으므로 F업체의 가격은 28만 원은 아니라는 것을 알 수 있다. 따라서 옳지 않다.

ㄹ. 첫 번째와 세 번째의 조합에서, A+C+E=76만 원, A+D+E=100만 원임을 알 수 있으며 두 식을 차감하면 C−D=−24만 원임을 알 수 있다. 즉, D업체의 가격이 C업체의 가격보다 24만 원이 비싸므로 옳지 않다.

합격자의 SKILL

연립방정식을 응용한 문제로서, 두 식을 서로 차감하여 변수의 값을 찾아내는 유형이다. 최근에는 연립방정식 자체를 풀이하게 하는 경우보다 이와 같이 식과 식의 관계를 통해 문제를 풀어야 하는 경우가 종종 출제된다. 가장 중요한 것은 변수의 수를 최소화시키는 것이며 이 문제가 가장 전형적인 형태라고 할 수 있다. 유형 자체를 익혀두도록 하자.

28

정답해설

주어진 〈상황〉을 벤다이어그램으로 나타낸 후 계산하면 다음과 같다.

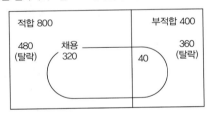

ㄱ 오탈락률 : 480/800=60%

ㄴ 오채용률 : 40/400=10%

합격자의 SKILL

항목의 수가 3개 이하로 주어진 경우에는 벤다이어그램으로 정리하는 것이 바람직하며, 그 이상으로 늘어나는 경우는 논리식을 구성하는 방법을 통해 접근해야 한다. 그러나 일부 조건의 경우는 벤다이어그램 혹은 논리식 그 어느 것으로도 표현할 수 없는 것이 등장할 수 있다. 간혹 일부 수험서에서는 이런 것들을 복잡한 논리식으로 표현하게끔 하고 있으나 바람직하지 못한 형태다. 일단, 그 조건을 제외한 나머지를 통해 조건을 간결하게 정리한 후 해당 조건을 언어적으로 풀이하는 것이 가장 효율적이다.

02

CHAPTER

LEVEL 2, 집중

01	02	03	04	05	06	07	08	09	10
⑤	①	③	④	④	②	③	②	③	①
11	12	13	14	15	16	17	18	19	20
②	①	⑤	④	③	⑤	②	①	②	②
21	22	23	24	25	26	27	28	29	30
①	④	②	①	④	③	④	①	①	④
31	32	33	34	35	36	37	38	39	40
⑤	③	①	②	③	④	②	④	⑤	②
41	42	43	44	45	46	47	48	49	50
⑤	⑤	①	③	①	④	⑤	④	③	③
51	52	53	54	55	56	57	58	59	60
⑤	⑤	②	①	②	⑤	①	②	③	③
61	62	63	64	65	66	67	68	69	70
②	④	③	⑤	①	③	③	①	①	④
71	72	73	74	75	76	77	78	79	80
①	②	④	②	⑤	⑤	④	①	③	②
81	82	83	84	85	86	87	88	89	90
③	①	③	⑤	②	①	④	②	⑤	⑤
91	92	93	94	95	96	97	98	99	100
④	②	④	②	⑤	③	②	④	①	③
101	102	103	104	105	106	107	108	109	110
⑤	②	②	①	⑤	①	①	①	⑤	⑤
111	112	113	114	115	116	117	118	119	120
③	④	⑤	①	③	③	③	②	④	②
121									
⑤									

01
정답 ⑤

정답해설

각 조의 순서에 따라 임의로 숫자를 매겨 풀이한다.
ㄱ. 헌법 제1조 제2항에서 '지방자치단체의 종류는 법률로 정한다'고 하였으므로 옳은 내용이다.
ㄴ. 헌법 제2조 제2항에서 '지방자치단체장의 선임방법은 법률로 정한다'고 하였으므로 옳은 내용이다.
ㄷ. 지방자치법 제2조에서 '지방자치단체는 관할 구역의 자치사무와 법령에 따라 지방자치단체에 속하는 사무를 처리한다'고 하였으므로 옳은 내용이다.
ㄹ. 감사원법 제1조 제2항에서 '감사원은 지방자치단체의 사무와 그에 소속한 지방 공무원의 직무를 감찰한다'고 하였을 뿐 별다른 제한은 없으므로 옳은 내용이다.
ㅁ. 헌법 제1조 제2항에서 '지방자치단체의 종류는 법률로 정한다'고 하였을 뿐 별다른 제한은 없으므로 옳은 내용이다.

02
정답 ①

정답해설

ㄷ. '상속 농지 중에서 총 10,000㎡까지는 자기의 농업경영에 이용하지 않더라도 제3자에게 임대할 수 있다'고 하였으므로 옳지 않은 내용이다.

오답해설

ㄱ. '농업인이란 1,000㎡ 이상의 농지에서 농작물을 경작하는 자 또는 1년 중 90일 이상 농업에 종사하는 자를 말한다'고 하였는데, A농지의 면적은 2,000㎡고 甲이 농작물을 직접 경작한다고 하였으므로 甲은 농업인에 해당한다. 따라서 옳은 내용이다.
ㄴ. '농지소유자가 정당한 사유 없이 그 농지를 주말 · 체험 영농에 이용하지 않는 경우, 그 때부터 1년 이내에 그 농지를 처분하여야 한다'고 하였으므로 옳은 내용이다.
ㄹ. A농지는 甲의 농업경영에 직접 이용되므로 소유가능하며, B농지도 한국농촌공사에 임대하여 20,000㎡까지 소유가능하므로 옳은 내용이다.

03
정답 ③

정답해설

각 조의 순서에 따라 임의로 숫자를 매겨 풀이한다.
ㄱ. 제2조 제1항에서 '사용자는 2년을 초과하지 아니하는 범위 안에서 기간제 근로자를 사용할 수 있다'고 하였으므로 A는 기간제 근로자에 해당한다.
ㄷ. 제2조 제1항 제3호에서 '전문적 지식 · 기술의 활용이 필요한 경우와 박사 학위를 소지하고 해당 분야에 종사하는 경우'는 2년을 초과하여 기간제 근로자로 사용할 수 있다고 하였으므로 C는 기간제 근로자에 해당한다.
ㄹ. 제2조 제1항 제1호에서 '사업의 완료 또는 특정한 업무의 완성에 필요한 기간을 정한 경우'는 2년을 초과하여 기간제 근로자로 사용할 수 있다고 하였으므로 D는 기간제 근로자에 해당한다.

오답해설

ㄴ. 제1조 제1항 제2호에서 2년을 초과하여 기간제 근로자로 사용할 수 있는 경우는 '휴직 · 파견 등으로 결원이 발생하여 당해 근로자가 복귀할 때까지 그 업무를 대신할 필요가 있는 경우'이다. 즉, 복직 후에 계속해서 근무하는 것은 이에 해당하지 않으므로 B는 기간제 근로자에 해당하지 않는다.

04

정답해설

ㄱ, ㄷ. 제2항 제2호의 '신체조직과 기능의 일반적인 증진, 인체의 건전한 성장 및 발달과 건강한 활동을 유지하는 데 도움을 준다는 표시ㆍ광고'와 제2항 제3호의 '제품에 함유된 영양성분의 기능 및 작용에 관하여 식품 영양학적으로 공인된 사실'은 허위표시나 과대광고로 보지 않는다고 하였다.

ㅁ. 제1항 제2호에서 중앙행정기관 등에서 '인증'ㆍ'보증'을 받았다는 내용의 광고는 허위표시 및 과대광고에 해당하지 않는다고 하였다.

오답해설

ㄴ. 제1항 제3호에서 '사용하지 않은 성분을 강조함으로써 다른 업소의 제품을 간접적으로 다르게 인식하게 하는 광고'는 허위표시 및 과대광고에 해당된다고 하였다.

ㄹ. 제1항 제1호에서 '질병의 치료와 예방에 효능이 있다는 내용의 표시ㆍ광고'는 허위표시나 과대광고에 해당한다고 하였다.

05

정답해설

각 조의 순서에 따라 임의로 숫자를 매겨 풀이한다.

ㄴ. 제3조에서 '양수인이 경매, 공개시장 등에서 선의로 매수한 때에는 피해자 또는 유실자는 양수인이 지급한 대가를 변상하고 그 물건의 반환을 청구할 수 있다'고 하였으므로 옳은 내용이다.

ㄹ. 제1조에서 '평온ㆍ공연하게 동산을 양수한 자가 선의이며 과실 없이 그 동산을 점유한 경우에는 양도인이 정당한 소유자가 아닌 때에도 즉시 그 동산의 소유권을 취득한다'고 하였으므로 옳은 내용이다.

오답해설

ㄱ. 제4조에서 '유실물은 법률에 정한 바에 의하여 공고한 후 1년 내에 그 소유자가 권리를 주장하지 않으면 습득자가 그 소유권을 취득한다'고 하였으므로 옳지 않은 내용이다.

ㄷ. 제2조에서 '피해자 또는 유실자는 도난 또는 유실한 날로부터 2년 내에 그 물건의 반환을 청구할 수 있다'고 하였으므로 옳지 않은 내용이다.

06

정답해설

② 1단계 조사는 조사 실시일 기준으로 매 3년마다 실시한다고 하였으므로 2012.3.1.에 실시해야 한다. 따라서 옳은 내용이다.

오답해설

① 2단계 조사는 1단계 조사 판정일 이후 1월 내에 실시하여야 한다고 하였으므로 2011.12.31. 전에 실시하여야 한다. 따라서 옳지 않은 내용이다.

③ 2단계 조사는 환경부장관이 실시하는 것이므로 옳지 않은 내용이다.

④ 1단계 조사결과에 의하여 정상지역으로 판정된 때는 2단계 조사를 실시하지 아니한다고 하였으므로 옳지 않은 내용이다.

⑤ 1단계 조사는 조사 실시일 기준으로 매 3년마다 실시한다고 하였으므로 2013.10.1.에 실시해야 한다. 따라서 옳지 않은 내용이다.

07

정답해설

각 조의 순서에 따라 임의로 숫자를 매겨 풀이한다.

ㄱ. 제4조에서 '행정기관의 장은 민원사항을 처리한 결과(다른 행정기관 소관의 민원사항을 포함한다)를 무인민원발급창구를 이용하여 교부할 수 있다'고 하였으므로 옳지 않은 내용이다.

ㄷ. 제7조에서 '민원인은 대규모의 경제적 비용이 수반되는 민원사항의 경우에 한하여 행정기관의 장에게 정식으로 민원서류를 제출하기 전에 약식서류로 사전심사를 청구할 수 있다'고 하였으므로 옳지 않은 내용이다.

ㄹ. 제2조에서 '행정기관의 장은 민원사항을 다른 행정기관 또는 특별법에 의하여 설립되고 전국적 조직을 가진 법인 중 대통령령이 정하는 법인으로 하여금 접수ㆍ교부하게 할 수 있다'고 하였는데 당해 시에만 소재하는 유명 서점은 이에 해당하지 않으므로 옳지 않은 내용이다.

오답해설

ㄴ. 제3조에서 '행정기관의 장은 정보통신망을 이용하여 다른 행정기관 소관의 민원사무를 접수ㆍ교부할 수 있다'고 하였으므로 옳은 내용이다.

ㅁ. 제1조에서 '행정기관의 장은 민원사항을 접수ㆍ처리함에 있어서 민원인에게 소정의 구비서류 외의 서류를 추가로 요구하여서는 아니된다'고 하였으므로 옳은 내용이다.

08

정답해설

ㄱ. 기관 A는 직원 정원이 50인 이상이므로 공기업 또는 준정부기관이며, 자체수입액이 총수입액의 2분의 1 이상이므로 공기업으로 분류한다. 그리고 자산규모가 2조 원 이상이고, 총 수입액 중 자체수입액이 100분의 85 이상이므로 시장형 공기업으로 분류한다. 따라서 옳은 내용이다.

ㄹ. 기관 D는 직원 정원이 50인 이상이므로 공기업 또는 준정부기관이며, 자체수입액이 총수입액의 2분의 1에 미달하므로 준정부기관이다. 따라서 옳은 내용이다.

오답해설

ㄴ. 기관 B는 직원 정원이 50인에 미달하므로 기타공공기관이다. 따라서 옳지 않은 내용이다.

ㄷ. 기관 C는 직원 정원이 50인 이상이므로 공기업 또는 준정부기관으로 분류한다. 따라서 옳지 않은 내용이다.

09

정답해설

③ '채용행사 개최'(236)에 필요한 역량수준과 현재의 역량수준의 차이가 '교육ㆍ훈련상담'(221)보다 큰 것은 맞지만 교육 우선순위를 판단하는 보리치 계수는 '채용행사 개최'(1.38)가 '교육ㆍ훈련상담'(1.52)보다 작으므로 옳지 않은 내용이다.

오답해설

① '취업지원프로그램 운영'의 보리치 계수가 2.00으로 가장 높으므로 옳은 내용이다.

② RCT값이 가장 큰 것은 '직업적응상담'(3.45)이므로 옳은 내용이다.

④ '직업검사 실시 및 해석'의 $\overline{RCT}$값은 3.250이고, '취업지원프로그램 개발'의 $\overline{RCT}$값은 3.300이므로 옳은 내용이다.

⑤ '직업진로선택상담'의 $\overline{RCL}$값은 3.41이고 '취업지원프로그램 운영'의 $\overline{RCL}$값은 3.32로 전자가 더 크지만, 교육 우선순위를 판단하는 보리치 계수는 '직업진로선택상담'이 1.31, '취업지원프로그램 운영'이 2.00이므로 후자가 더 크다. 따라서 옳은 내용이다.

10

정답 ①

정답해설

각 조의 순서에 따라 임의로 숫자를 매겨 풀이한다.
① 제1조 제1항에서 '군위탁생은 각군에서 시행하는 전형과 해당 교육기관에서 시행하는 소정의 시험에 합격한 자 중에서 각군 참모총장의 추천에 의하여 국방부장관이 임명한다'고 하였으므로 옳은 내용이다.

오답해설

② 제1조에서 '부사관인 군위탁생은 각군 참모총장이 임명하고, 군위탁생은 임명권자의 허가 없이 교육기관을 옮길 수 없다'고 하였으므로 육군 부사관인 군위탁생이 전학을 하기 위해서는 육군 참모총장의 허가가 필요함을 알 수 있다. 따라서 옳지 않은 내용이다.
③ 제3조 제1항에서 '군위탁생으로서 소정의 과정을 우수한 성적으로 마친 자 중 지원자에 대하여는 소속군 참모총장의 추천에 의하여 관련 학문분야의 상급과정에 진학하여 계속 수학하게 할 수 있다'고 하였으므로 옳은 내용이다.
④ 제2조 제1항에서 '군위탁생에 대하여는 수학기간 중 입학금·등록금 기타 필요한 경비를 지급한다'고 하였고 제2항에서는 국외위탁생에게 추가로 지급하는 경비들을 나열하고 있다. 따라서 국내위탁생과 국외위탁생에게 지급되는 경비가 다르므로 옳은 내용이다.
⑤ 제2조 제2항에서 국외위탁생에게 지급되는 왕복항공료와 체재비는 수학하는 기간에 관계없이 지급하는 것임을 알 수 있으므로 옳은 내용이다.

11

정답 ②

정답해설

각 조의 순서에 따라 임의로 숫자를 매겨 풀이한다.
ㄴ. 제4조 제2항에서 '회의 구성원이 회의에 출석하지 못하는 경우에는 그 바로 하위직에 있는 자가 대리로 출석하여 그 직무를 대행할 수 있다'고 하였으므로 옳은 내용이다.

오답해설

ㄱ. 제2조에서 제1항에서 '회의는 기획재정부장관 등과 회의에 상정되는 안건을 제안한 부처의 장 및 그 안건과 관련되는 부처의 장으로 구성한다'고 하였으므로 옳지 않은 내용이다.
ㄷ. 제2조 제2항과 제3항에서 '회의 의장은 기획재정부장관이고, 회의 의장은 회의에 상정할 안건을 선정하여 회의를 소집하고, 이를 주재한다'고 하였으므로 옳지 않은 내용이다.
ㄹ. 제2조 제1항에서 민간전문가는 회의의 구성원이 아님을 알 수 있으므로 정족수 산정 시 출석자 수는 10명으로 계산해야 한다. 그리고 제4조 제1항에서 '회의는 출석 구성원 3분의 2 이상의 찬성으로 의결한다'고 하였으므로 최소 7명 이상의 찬성이 필요하다. 따라서 옳지 않은 내용이다.

12

정답 ①

정답해설

각 조의 순서에 따라 임의로 숫자를 매겨 풀이한다.
최초 재적의원이 111명이지만 사망한 사람(2명)과 제명된 사람(2명)을 제외한 107명이 현재의 재적의원이며, 의장을 포함한 53명이 출석한 상태이다. 먼저, 제1조 제1항에서 '지방의회는 재적의원 3분의 1 이상의 출석으로 개의한다'고 하였으므로 36명 이상이 출석하면 개의할 수 있다. 따라서 의사정족수는 충족하였다. 다음으로, 제2조 제1항에서 '의결사항은 재적의원 과반수의 출석과 출석의원 과반수의 찬성으로 의결한다'고 하였으므로 54명의 출석이 필요하다. 그런데 현재 출석한 의원은 의장을 포함한 53명이므로 의결정족수를 충족하지 못한다. 따라서 의결할 수 없다.

13

정답 ⑤

정답해설

⑤ 제1항에서 '후보자는 선거운동을 위하여 책자형 선거공보 1종을 작성할 수 있다'고 하였으므로 반드시 작성해야 하는 것은 아니다. 따라서 옳은 내용이다.

오답해설

① 제2항에서 '책자형 선거공보는 지방의회의원선거에 있어서는 8면 이내로 작성한다'고 하였으므로 옳지 않은 내용이다.
② 제3항에서 '지역구국회의원선거의 후보자는 책자형 선거공보 제작 시 점자형 선거공보를 함께 작성·제출하여야 한다'고 하였으므로 옳지 않은 내용이다.
③ 제4항 제1호에서 '지역구국회의원선거의 후보자는 후보자의 직계비속(혼인한 딸과 외손자녀를 제외한다)의 재산총액을 게재해야 한다'고 하였으므로 옳지 않은 내용이다.
④ 제4항 제2호에서 '지역구국회의원선거의 후보자는 후보자와 직계비속의 병역사항을 게재해야 한다'고 하였으므로 직계존속의 병역사항은 해당되지 않는다. 따라서 옳지 않은 내용이다.

14

정답 ④

정답해설

④ 제시된 법에서 언급하고 있지 않으므로 허용되지 않는 행위이다.

오답해설

① 제5호에서 '외국인의 귀화·국적회복·체류 허가에 필요한 경우'를 명시하고 있으므로 허용되는 행위이다.
② 제2호에서 '형의 집행 또는 사회봉사명령, 수강명령의 집행을 위하여 필요한 경우'를 명시하고 있으므로 허용되는 행위이다.
③ 제8호에서 '공무원연금 지급 제한 사유 등을 확인하기 위하여 필요한 경우'를 명시하고 있으므로 허용되는 행위이다.
⑤ 제8호에서 '징계절차가 개시된 공무원의 구체적인 징계 사유(범죄경력조회와 그에 대한 회보에 한정한다)'를 명시하고 있으므로 허용되는 행위이다.

15

정답해설

각 조의 순서에 따라 임의로 숫자를 매겨 풀이한다.

③ 제1조 제3항 제3호에서 '어느 한쪽 당사자가 당사자 간에 교환된 문서의 내용에 중재합의가 있는 것을 주장하고 상대방 당사자가 이에 대하여 다투지 아니하는 경우는 서면에 의한 중재합의로 본다'고 하였으므로 옳은 내용이다.

오답해설

① 제1조 제4항에서 '계약이 중재조항을 포함한 문서를 인용하고 있는 경우에는 중재합의가 있는 것으로 본다. 다만, 그 계약이 서면으로 작성되고 중재조항을 그 계약의 일부로 하고 있는 경우로 한정한다'고 하였으므로 옳지 않은 내용이다.

② 제1조 제1항에서 '중재합의는 독립된 합의의 형식으로 또는 계약에 중재조항을 포함하는 형식으로 할 수 있다'고 하였으므로 옳지 않은 내용이다.

④ 제2조 제2항에서 제1항의 소가 법원에 계속 중인 경우에도 중재판정부는 중재절차를 개시 또는 진행하거나 중재판정을 내릴 수 있다'고 하였으므로 옳지 않은 내용이다.

⑤ 제2조 제1항에서 '중재합의가 없거나 무효이거나 효력을 상실하였거나 그 이행이 불가능한 경우에는 법원은 그 소를 각하하지 않는다'고 하였으므로 옳지 않은 내용이다.

16
정답 ⑤

정답해설

- 경상보조금 : 3,000만 명×1,030원
- 선거보조금 : 3,000만 명×1,030원×2

따라서 2016년 정당에 지급할 국고보조금의 총액은 927억 원(=3,000만 명×1,030원×3)이다.

17
정답 ②

정답해설

- ㉠ : 제2조 제2항에 의해 졸업을 위한 수료연한은 4년이지만 외국인 유학생의 경우 수료연한을 1년 연장하여 5년으로 할 수 있다. 또한 제3조 제2항에 의해 일반휴학은 최대 2년 6개월까지 가능하고 제3조 제3항에 의해 해외 어학연수를 위한 휴학은 2년까지 가능하므로 A대학의 학생이 재적할 수 있는 최장기간은 '9년 6개월'이다.

- ㉡ : 제2조 제2항 제2호에 의해 특별입학으로 입학한 학생의 수료연한은 3년으로 하며, 제3조 제3항에 의해 해외 어학연수를 위한 휴학은 1년까지 가능하므로 특별입학으로 입학한 학생이 일반휴학 없이 재적할 수 있는 최장기간은 4년이다.

18
정답 ①

정답해설

- A : 제2항 제1호의 군훈련장의 최외곽경계선으로부터 1킬로미터 이내의 지역에 해당하므로 제한보호구역으로 지정한다.
- B, C : 제1항 제1호의 민간인통제선 이북지역에 해당하므로 통제보호구역으로 지정한다.

- D : 제1항 제2호의 특별군사시설의 최외곽경계선으로부터 500미터 이내의 지역에 해당하므로 통제보호구역으로 지정한다.
- E : 제1항과 제2항 모두에 해당하지 않으므로 통제보호구역 또는 제한보호구역으로 지정하지 않는다.

19
정답 ②

정답해설

각 조의 순서에 따라 임의로 숫자를 매겨 풀이한다.

② 제2조 제1항에서 '도지사는 환경부장관이 정하는 지침에 따라 10년마다 기본계획을 세워 환경부장관의 승인을 받아야 하며, 환경부장관은 기본계획을 승인하려면 관계 중앙행정기관의 장과 협의하여야 한다'고 하였으므로 옳은 내용이다.

오답해설

① 제2조 제3항에서 '기본계획에는 다음 각 호의 사항이 포함되어야 한다'고 하면서 그 중 하나로 제7호 '재원의 확보계획'을 들고 있다. 따라서 옳지 않은 내용이다.

③ 제3조 제1항에서 '환경부장관은 국가 폐기물을 적정하게 관리하기 위하여 기본계획을 기초로 종합계획을 10년마다 세워야 한다'고 하였으므로 옳지 않은 내용이다.

④ 제2조 제2항에서 '시장·군수·구청장은 10년마다 관할 구역의 기본계획을 세워 도지사에게 제출하여야 한다'고 하였으므로 옳지 않은 내용이다.

⑤ 제3조 제2항에서 '환경부장관은 종합계획을 세운 날부터 5년이 지나면 그 타당성을 재검토하여 변경할 수 있다'고 하였으므로 옳지 않은 내용이다.

20
정답 ①

정답해설

각 조의 순서에 따라 임의로 숫자를 매겨 풀이한다.

① 제1조에서 '다음 각 호의 어느 하나에 해당하는 자는 감사원에 감사를 청구할 수 있다'고 하였고 그 중 하나로 '지방의회. 다만 해당 지방자치단체의 사무처리에 한한다'고 하고 있다. 또한 제2조 제1항에서 '감사청구의 대상은 공공기관에서 처리한 사무처리가 다음 각 호의 어느 하나에 해당하는 사항으로 한다'고 하였고 그 중 하나로 '주요 정책·사업의 추진과정에서의 예산낭비에 관한 사항'을 들고 있으므로 옳은 내용이다.

오답해설

② 제1조에서 감사원에 감사를 청구할 수 있는 자를 들면서 '다만, 정치적 성향을 띄거나 특정 계층 또는 집단의 이익을 추구하는 단체는 제외한다'고 하였으므로 옳지 않은 내용이다.

③ 제1조에서 감사원에 감사를 청구할 수 있는 자를 들면서 '감사대상기관의 장. 다만 해당 감사대상기관의 사무처리에 관한 사항 중 자체감사기구에서 직접 처리하기 어려운 부득이한 사유가 있거나 자체감사기구가 없는 경우에 한한다'고 하였으므로 옳지 않은 내용이다.

④ 제2조 제2항에서 '판결 등에 의하여 확정된 사항'은 감사청구의 대상에서 제외된다고 하였으므로 옳지 않은 내용이다.

⑤ 제1조에서 감사원에 감사를 청구할 수 있는 자를 들고 있으나 여기에 민간 유통업체 F마트의 사장은 포함되지 않으므로 옳지 않은 내용이다.

21　정답 ①

① 제1항에 의하면 귀휴는 6개월 이상 복역한 수형자에 한하고 제2항의 예외사항에도 해당하지 않으므로 소장은 甲에게 귀휴를 허가할 수 없다.

② 乙은 6개월 이상 복역한 수형자로서 형기의 3분의 1 이상(8개월 이상)이 지났으며 제1항 제5호의 '본인 또는 형제자매의 혼례가 있는 때'에 해당하므로 소장은 乙에게 귀휴를 허가할 수 있다.

③ 丙은 6개월 이상 복역한 수형자로서 형기의 3분의 1 이상(40개월 이상)이 지났으며 제1항 제6호의 '직계비속이 입대하거나 해외유학을 위하여 출국하게 된 때'에 해당하므로 소장은 丙에게 귀휴를 허가할 수 있다.

④ 丁은 6개월 이상 복역한 수형자로서 복역기간이 7년 이상이 지났으며 제1항 제1호의 '가족 또는 배우자의 직계존속이 위독한 때'에 해당하므로 소장은 丁에게 귀휴를 허가할 수 있다.

⑤ 戊는 6개월 이상 복역한 수형자이지만 복역기간이 7년을 넘지 않아 제1항에 의해서는 귀휴대상에 해당하지 않는다. 하지만 제2항 제1호의 '배우자의 직계존속이 사망한 때'에 해당하므로 소장은 戊에게 귀휴를 허가할 수 있다.

22　정답 ④

④ 제4조에서 '대통령령 공포문의 전문에는 대통령이 서명한 후 대통령인을 찍고 그 공포일을 명기하여 국무총리와 관계 국무위원이 서명한다.'고 하였으므로 대통령인이 찍힌 법령에는 국무총리의 서명이 들어간다. 따라서 옳은 내용이다.

① 제2조에서 '일반적인 법률 공포문의 전문에는 대통령인을 찍지만 국회의장이 공포하는 법률의 공포문 전문에는 국회의장이 서명한 후 국회의장인을 찍는다'고 하였으므로 옳지 않은 내용이다.

② 제3조에서 '조약 공포문의 전문에는 대통령인을 찍는다'고 하였으므로 옳지 않은 내용이다.

③ ①에서 서술한 것과 같이 법률 공포문의 전문에는 대통령인 혹은 국회의장인을 찍는다고 하였으므로 옳지 않은 내용이다.

⑤ 제6조에서 '관보의 내용은 종이관보를 우선으로 하며, 전자관보는 부차적인 효력을 가진다'고 하였으므로 옳지 않은 내용이다.

23　정답 ②

각 조의 순서에 따라 임의로 숫자를 매겨 풀이한다.

② 제1조 제5항에서 '당사자의 신문이 쟁점과 관계가 없는 때에 재판장은 당사자의 신문을 제한할 수 있다'고 하였으므로 옳은 내용이다.

① 제1조 제4항에서 '재판장은 신문의 순서를 바꿀 수 있다'고 하였으므로 옳지 않은 내용이다.

③ 제1조 제4항에서 '재판장은 당사자의 의견을 들어 신문의 순서를 바꿀 수 있다'고 하였다. 그런데 B와 C는 당사자가 아닌 합의부원이므로 옳지 않은 내용이다.

④ 제2조 제1항에서 '증인은 따로따로 신문하여야 한다'고 하였고 제3조에서 '재판장은 필요하다고 인정한 때에는 증인 서로의 대질을 명할 수 있다'고 하였다. 그런데 B는 재판장이 아니므로 옳지 않은 내용이다.

⑤ 제4조에서 '증인은 서류에 의하여 진술하지 못한다. 다만 재판장이 허가하면 그러하지 아니하다'고 하였으므로 옳지 않은 내용이다.

24　정답 ①

각 조의 순서에 따라 임의로 숫자를 매겨 풀이한다.

① 제2조(문서 작성의 일반원칙) 제5항에서 '문서에 쓰는 날짜는 숫자로 표기하되, 연·월·일의 글자는 생략하고 그 자리에 온점(.)을 찍어 표시하며, 시·분은 24시각제에 따라 숫자로 표기하되, 시·분의 글자는 생략하고 그 사이에 쌍점(:)을 찍어 구분한다'고 하였다. 따라서 2018년 7월 18일 오후 11시 30분을 '2018.7.18. 23:30'으로 표기하는 것은 옳은 내용이다.

② 제1조(문서의 성립 및 효력발생) 제3항에서 '공고문서는 그 문서에서 효력발생시기를 구체적으로 밝히고 있지 않으면 그 고시 또는 공고가 있은 날부터 5일이 경과한 때에 효력이 발생한다'고 하였다. 따라서 옳지 않은 내용이다.

③ 제1조(문서의 성립 및 효력발생) 제2항에서 '전자문서의 경우는 수신자가 전자적 시스템에 입력됨으로써 효력이 발생한다'고 하였다. 따라서 옳지 않은 내용이다.

④ 제2조(문서 작성의 일반원칙) 제2항에서 '문서의 내용은 간결하고 명확하게 표현하고 일반화되지 않은 약어와 전문용어 등의 사용을 피하여 이해하기 쉽게 작성하여야 한다'고 하였다. 따라서 옳지 않은 내용이다.

⑤ 제2조(문서 작성의 일반원칙) 제3항에서 '문서에는 음성정보나 영상정보 등을 수록할 수 있고 연계된 바코드 등을 표기할 수 있다'고 하였다. 따라서 옳지 않은 내용이다.

25　정답 ④

각 조의 순서에 따라 임의로 숫자를 매겨 풀이한다.

ㄴ. 제2조(용도외 사용금지 등) 제3항에서 '지방보조사업자는 수익성 악화 등 사정의 변경으로 그 지방보조사업을 다른 사업자에게 인계하거나 중단 또는 폐지하려면 미리 도지사의 승인을 얻어야 한다'고 하였으므로 옳은 내용이다.

ㄹ. 제3조(지방보조금의 대상사업과 도비보조율)에서 '도지사는 지방보조금의 예산반영신청 및 예산편성에 있어서 상하수·치수사업에 있어서는 총사업비의 30% 이상 50% 이하의 범위 내에서 도비보조율을 정한다'고 하였다. 이에 따르면 총사업비가 40억 원인 '상하수도 정비사업'에 대해서는 이의 50%인 최대 20억 원을 지방보조금 예산으로 정할 수 있으므로 옳은 내용이다.

ㄱ. 제2조(용도외 사용금지 등) 제2항에서 '지방보조사업자는 수익성 악화 등 사정의 변경으로 지방보조사업의 내용을 변경하거나 지방보조사업에 드는 경비의 배분을 변경하려면 도지사의 승인을 얻어야 한다. 다만 경미한 내용변경이나 경미한 경비배분변경의 경우에는 그러하지 아니하다'고 하였으므로 옳지 않은 내용이다.

ㄷ. 제4조(시·군비 부담의무) 시장·군수는 도비보조사업에 대한 시·군비 부담액을 다른 사업에 우선하여 해당연도 시·군 예산에 반영하여야 한다'고 하였으므로 옳지 않은 내용이다.

26

정답해설

③ 제5항에서 '연구실적평가위원회의 표결은 무기명 투표로 하며, 재적위원 과반수의 찬성으로 의결한다'고 하였으므로 출석자 수의 변화는 의결정족수에 영향을 주지 않는다. 따라서 옳은 내용이다.

오답해설

① 제3항에서 '위원 2명은 대학교수나 외부 연구기관·단체의 연구관 중에서 임명하거나 위촉하며 위원 중에는 대학교수인 위원이 1명 이상 포함되어야 한다'고 하였으므로 옳지 않은 내용이다.
② 제3항에서 '위원장과 2명의 위원은 소속기관 내부 연구관 중에서 임명한다'고 하였으므로 옳지 않은 내용이다.
④ 제3항에서 '연구실적평가위원회를 구성할 때마다 위원을 위촉한다'고 하였을 뿐 별도의 예외규정은 없으므로 옳지 않은 내용이다.
⑤ 제1항에 따르면 석사학위가 없는 근무 경력 2년 이상인 연구사는 연구실적의 결과를 논문으로 제출하여야 하나 연구실적 심사평가를 3번 이상 통과한 연구사는 그러하지 아니하다고 하였다. 따라서 임용된 이후 5년의 경력만으로는 연구실적 결과물 제출을 면제받지 못하므로 옳지 않은 내용이다.

27

정답해설

각 조의 순서에 따라 임의로 숫자를 매겨 풀이한다.
④ 제4조(인감증명서와의 관계)에 의하면 '부동산거래에서 인감증명서 제출과 함께 관련 서면에 인감을 날인하여야 하는 경우 중 본인서명사실확인서를 제출하고 관련 서면에 서명을 한 경우에는 인감증명서를 제출하고 관련 서면에 인감을 날인한 것으로 본다'고 하였으므로 옳은 내용이다.

오답해설

① 제3조(전자본인서명확인서 발급시스템 이용의 승인) 제1항에 의하면 '민원인은 전자본인서명확인서 발급시스템을 이용하려는 경우에는 미리 시장·군수 또는 자치구의 구청장의 승인을 받아야 한다'고 하였으므로 옳지 않은 내용이다.
② 제2조(본인서명사실확인서의 발급 신청) 제1항에 의하면 '본인서명사실확인서를 발급받으려는 사람 중 「재외동포의 출입국과 법적 지위에 관한 법률」에 따라 국내거소신고를 한 재외국민은 발급기관을 직접 방문하여 발급을 신청하여야 한다'고 하였으므로 옳지 않은 내용이다.
③ 제2조(본인서명사실확인서의 발급 신청) 제2항에 의하면 '미성년자인 신청인이 본인서명사실확인서의 발급을 신청하려는 경우에는 법정대리인과 함께 발급기관을 직접 방문하여 법정대리인의 동의를 받아 신청하여야 한다'고 하였으므로 옳지 않은 내용이다.
⑤ 제2조(본인서명사실확인서의 발급 신청) 1항에 의하면 '본인서명사실확인서를 발급받으려는 사람 중 대한민국 내에 주소를 가진 국민은 발급기관을 직접 방문하여 발급을 신청하여야 한다'고 하였는데, 제1조(사무의 관장)에서는 '특별시장은 제외한다'고 하였으므로 옳지 않은 내용이다.

28

정답해설

甲이 취득한 학점을 정리하면 다음과 같다.
• B전문대학에서 취득한 학점 : 63
• 편입 후 군복무로 인한 휴학 기간 중 원격수업 수강으로 취득한 학점 : 6
• A대학 복학 후 취득한 학점 : 30
• C대학에 교환학생으로 파견되어 취득한 학점 : 12
따라서 甲이 취득한 학점은 총 111학점이며 A대학 졸업에 필요한 최소 취득학점이 120학점이므로 총 9학점이 추가로 필요하다.

29

정답해설

과실상계를 할 사유와 손익상계를 할 사유가 모두 있으면 과실상계를 먼저 한 후에 손익상계를 하여야 한다고 하였다. 따라서 최종적으로 乙이 받게 될 1억 8천만 원에 손익상계액인 3억 원을 더한 4억 8천만 원이 과실상계후의 금액임을 알 수 있다. 이에 의한다면 전체 6억 원 중 1억 2천만 원이 甲의 과실로 인한 상계액이므로 甲의 과실을 20%, 국가의 과실을 80%로 계산할 수 있다.

30

정답해설

④ '화가가 고객으로부터 위탁을 받아 완성한 초상화의 경우 화가는 위탁자(丁)의 허락이 있어야 이를 전시·복제할 수 있다'고 하였으므로 옳은 내용이다.

오답해설

① '미술저작물의 원본의 소유자가 가로·공원·건축물의 외벽 등 공중에게 개방된 장소에 항시 전시하는 경우에는 저작자(甲)의 허락을 얻어야 한다'고 하였으므로 '잠시' 전시하는 경우는 해당하지 않는다. 따라서 옳지 않은 내용이다.
② '전시는 일반인에 대한 공개를 전제로 하는 것이므로 예컨대 가정 내에서 진열하는 때에는 저작자(甲)의 허락이 필요 없다'고 하였으므로 옳지 않은 내용이다.
③, ⑤ '개방된 장소에 항시 전시되어 있는 미술저작물 등은 제3자가 어떠한 방법으로든지 이를 복제하여 이용할 수 있으나 회화를 회화로 복제하는 경우, 미술저작물 등을 판매목적으로 복제하는 경우에는 저작자(甲, 丙)의 허락을 얻어야 한다'고 하였으므로 옳지 않은 내용이다.

31

정답해설

⑤ 甲이 지정된 기일까지 대금을 납부하지 않아 乙이 차순위매수신고를 하는 상황이다. 이 경우 차순위매수신고는 매수신고액이 최고가매수신고액에서 보증금을 뺀 금액을 넘어야 하는데, 甲의 최고가매수신고액은 2억 5천만 원이고, 보증금은 최저가매각가격(2억 원)의 10%인 2천만 원이므로 乙의 매수신고액은 최소 2억 3천만 원을 넘어야 한다.

32 정답 ③

정답해설

③ '훈장은 본인에 한하여 종신 패용할 수 있고, 사후에는 그 유족이 보존하되 패용하지는 못한다'고 하였으므로 옳은 내용이다.

오답해설

① '무궁화대훈장을 제외하고는 11종의 각 훈장은 모두 5개 등급으로 나누어져 있고, 각 등급에 따라 다른 명칭이 붙여져 있다'고 하였으므로 훈장의 명칭은 56개로 구분된다. 따라서 옳지 않은 내용이다.

② '포장은 총 12종이 있고, 훈장과는 달리 등급이 없다'고 하였으므로 옳지 않은 내용이다.

④ '서훈대상자는 국무회의의 심의를 거쳐 대통령이 결정한다'고 하였으므로 옳지 않은 내용이다.

⑤ '훈장을 받은 자의 공적이 허위임이 판명된 경우 국무회의의 심의를 거쳐 서훈을 취소하고 훈장과 이에 관련하여 수여한 금품을 환수한다'고 하였으므로 옳지 않은 내용이다.

33 정답 ①

정답해설

ㄱ. '온난화의 진행 정도는 북반구가 남반구에 비하여 훨씬 심하며, 북극지방의 평균온도 증가율은 지구 평균온도 증가율의 약 2배에 이르고 있다'고 하였으므로 옳은 내용이다.

오답해설

ㄴ. '지난 20년 동안 육지의 온난화가 해양보다 빠르게 진행되어 왔다'고 하였으므로 옳지 않은 내용이다.

ㄷ. '이산화탄소의 평균 농도가 산업혁명 전과 비교했을 때 약 35.4%가 증가하였다'고 하였을 뿐 이것이 6대 온실가스 중에서 가장 큰 증가율을 보인 것인지는 알 수 없다. 따라서 옳지 않은 내용이다.

ㄹ. '북극지방의 평균온도 증가율은 지구 평균온도 증가율의 약 2배에 이르고 있다'고 하였으므로 옳지 않은 내용이다.

34 정답 ②

정답해설

ㄴ. '2030년까지 바이오 제품은 연평균 5.7%의 시장확대를 목표로 하고 있다'고 한 부분과 '원유를 원료로 하여 생산되는 제품의 20%를 2020년까지, 50%를 2050년까지 바이오제품으로 대체할 계획을 밝혔다'고 한 부분을 통해 알 수 있는 내용이다. 따라서 옳은 내용이다.

오답해설

ㄱ. '태양열/태양광, 풍력, 지열 등과 같은 대체 에너지원들보다 바이오 리파이너리를 통해 생산된 바이오 에탄올, 바이오 디젤이 훨씬 포괄적인 범위에서 원유를 대체할 수 있다'고는 하였으나 어느 것이 우위를 차지할 것인지에 대해서는 언급하고 있지 않다. 따라서 옳지 않은 내용이다.

ㄷ. '지금까지 원유정제를 통해 휘발유, 경유와 같은 연료와 수많은 화학제품을 생산했듯이, 바이오 리파이너리를 통해 바이오 에탄올 등의 연료와 각종 화학제품을 생산할 수 있다'고 하였다. 즉, 바이오 리파이너리의 친환경 기술이 원유정제기술을 발전시킨 것이 아니라고 볼 수 있으므로 옳지 않은 내용이다.

ㄹ. '바이오매스 자원은 매우 다양한 형태로 존재하므로 자원의 확보보다는 바이오매스를 이용한 원천기술 개발이 시급하다'고 하였으므로 옳지 않은 내용이다.

35 정답 ③

정답해설

ㄱ. 현재는 천연가스, 석탄, 석유 등 화석연료에서 수소를 얻고 있으나 미래에는 물에서 원자력에너지와 재생에너지를 이용해 수소를 얻을 것으로 예상되므로 옳은 내용이다.

ㄷ. 수소는 '기체/액체 수소저장' 방식과 '고체(매체) 수소저장' 방식으로 저장할 수 있으므로 옳은 내용이다.

ㅁ. 수소는 물, 석유와 같은 화석연료, 유기성 폐기물 등에서 얻을 수 있으므로 옳은 내용이다.

오답해설

ㄴ. 물로부터 수소를 얻을 수 있는 것은 현재가 아니라 미래에 가능하다. 따라서 옳지 않은 내용이다.

ㄹ. 수소를 제조하는 기술에는 화석연료를 열분해, 가스화 하는 방법과 재생에너지를 이용해 물을 전기분해하거나, 원자력에너지를 이용해 물을 열화학분해하는 방법이 있으므로 옳지 않은 내용이다.

36 정답 ④

정답해설

ㄱ. '화성은 서쪽으로는 팔달산을 끼고 동쪽으로는 낮은 구릉의 평지를 따라 쌓은 평산성인데, 종래의 중화문명권에서는 찾아볼 수 없는 형태였다'고 하였고, '창룡문 등 4대문을 비롯한 각종 방어시설들이 있었다'고 하였으므로 옳은 내용이다.

ㄴ. '화성의 성곽은 문루 4개~은구 2개의 시설물로 이루어져 있었으나, 이 중 수해와 전쟁으로 7개 시설물(수문 1개~은구 2개)이 소멸되었다고 하였으므로 옳은 내용이다.

ㄷ. '창룡문·장안문·화서문·팔달문 등 4대문을 비롯한 각종 방어시설들을 돌과 벽돌을 섞어서 쌓은 점은 화성만의 특징이라 하겠다'고 하였으므로 옳은 내용이다.

오답해설

ㄹ. '정약용은 동서양의 기술서를 참고하여 성화주략(1793년)을 만들었고, 이것은 화성 축성의 지침서가 되었다'고 하였으므로 옳지 않은 내용이다.

37 정답 ④

정답해설

ㄱ. '몇몇 작곡가들의 작품에는 다른 약자로 시작하는 작품번호가 붙기도 한다'고 하였으므로 옳은 내용이다.

ㄷ. 모차르트, 슈베르트의 작품번호는 각각 'K.', 'D.' 등 작품들을 정리한 사람 이름의 이니셜을 사용하였으므로 옳은 내용이다.

ㄹ. 'BWV', 'D.'는 각각 바흐와 슈베르트의 작품번호에 붙어 있는 것이므로 옳은 내용이다.

ㄴ. '비발디의 작품에 대해서는 그 전에도 마르크 핀케를(P.)이나 안토니오 파나(F.)에 의한 번호목록이 출판되었으나, 리옹의 작품번호가 가장 포괄적이며 많이 쓰인다'고 하였으므로 피터 리옹이 최초는 아니다. 따라서 옳지 않은 내용이다.

38 정답 ②

ㄹ. '고소득층과 저소득층의 일자리는 증가한 반면 중간 소득층의 일자리는 8만 7천 개가 감소한 것으로 나타났다'고 하였으므로 옳은 내용이다.

ㄱ. '노동가능한 모든 사회구성원을 노동시장에 진입시키지 않고도 생산력의 증대가 가능하다'고 하였으므로 오히려 노동력 과잉 현상이 나타날 가능성이 높다. 따라서 옳지 않은 내용이다.
ㄴ. '500인 이상 대규모 사업체에 고용되어 있는 근로자의 비율이 10년 만에 절반 가까이 감소했다'고 하였을 뿐 500인 이상 대규모 사업체의 수에 대해서는 알 수 없다. 따라서 옳지 않은 내용이다.
ㄷ. '안정적 고용을 담보하지 않고도 생산력의 증대가 가능하다'고 하였으므로 옳지 않은 내용이다.

39 정답 ⑤

ㄴ. '사족은 유향소를 만들어 중앙정부가 군현에 파견한 수령을 견제하였다'고 하였으므로 옳지 않은 내용이다.
ㄷ. '중앙정부는 서울에 경재소란 통제기구를 마련한 뒤 유향소를 부활시키고, 유향소의 폐단을 막고자 노력하였다'고 하였으므로 옳지 않은 내용이다.
ㄹ. '임진왜란 이후에는 수령권이 강화되면서 유향소의 지위가 격하되었다'고 하였으므로 옳지 않은 내용이다.

ㄱ. '조선 시대 사족은 스스로 유향소를 만들어 향촌민을 원활히 통제하고자 하였다'고 하였으므로 옳은 내용이다.

40 정답 ②

ㄱ. X국의 상원의원은 1913년 헌법 개정 이전에는 주의회가 선출했으나 이후에는 주민들이 직접 선출하고 있으므로 더 민주적이다. 따라서 옳은 내용이다.
ㄷ. X국은 모든 주에서 2명의 상원의원을 선출하지만 Z국은 가장 많은 인구를 가진 주는 8명, 가장 적은 인구를 가진 주는 3명을 선출하고 그 밖의 주들은 인구규모에 따라 4~7명의 상원의원을 선출한다고 하였다. 따라서 Z국이 더 민주적이므로 옳은 내용이다.

ㄴ. Y국은 상원의원을 지방의회에서 선출하며, 인구규모가 비슷한 주에서 각각 24명씩을 선출하고 나머지 주에서는 각각 1명씩을 선출하고 있어 어느 정도 인구비례가 반영되고 있는 반면, X국은 상원의원을 주민들이 직접 선출하지만 모든 주에서 2명씩 선출하고 있어 인구비례가 제대로 반영되지 못하고 있다. 따라서 X국과 Y국 중 하나가 다른 하나에 비해 더 민주적이라고 판단하기 어려우므로 옳지 않은 내용이다.
ㄹ. 의석배분에서 인구 비례가 엄격하게 반영될수록 더 민주적이라고 볼 수 있는데 X국의 b주(인구 수 : 60만 명)에서 선출되는 상원의원의 수를 a주(인구 수 : 3,600만 명)보다 더 많게 한다면 오히려 인구 수와 의석 수가 반비례하는 결과를 가져온다. 따라서 옳지 않은 내용이다.

41 정답 ⑤

⑤ '여왕벌에서 여왕 물질이라는 선분비물이 나오고 여왕벌과 접촉하는 일벌은 이 물질을 더듬이에 묻혀 벌집 곳곳에 퍼뜨린다. 이 물질의 전달을 통해서 여왕벌의 건재함이 알려져서 새로운 여왕벌을 키울 필요가 없다는 사실이 집단에게 알려지는 것이다'라고 하였으므로 옳은 내용이다.

① '암컷인 일벌과 여왕벌은 침이 있으나 수컷인 수벌은 침이 없다'고 하였으므로 옳지 않은 내용이다.
② '암컷인 일벌'이라고 하였으므로 옳지 않은 내용이다.
③ '일벌은 꽃가루를 모으고, 파수병의 역할을 하며'라고 하였으므로 옳지 않은 내용이다.
④ '일벌이 낳은 알은 미수정란이므로 수벌이 된다'고 하였으므로 옳지 않은 내용이다.

42 정답 ⑤

ㄴ. 가뭄이 극심해지면 임금이 제주가 되어 기우제를 지냈는데, 이것은 비가 내리기를 기원하고 가뭄으로 흉흉한 민심을 안정시키고자 하는데 그 목적이 있었다고 하였으므로 옳은 내용이다.
ㄷ. 유학의 재이론은 한나라 때 일식, 홍수, 지진 등의 재앙을 통치자의 실정 탓이라고 생각했던 것에서 연원했다고 하였으므로 옳은 내용이다.
ㄹ. 기양의례는 재이에 대처하는 국가적 방식이며 이에는 기우제와 여제 등이 있었는데, 그중 여제란 전염병이 발생했을 때 행했던 의례라고 하였으므로 옳은 내용이다.

ㄱ. 조선 시대 재이는 재난과 변이의 합성어로서 재난보다 더 포괄적인 개념이라고 하였으므로 옳지 않은 내용이다.

43

정답해설

① '신분에 관계없이 유교식 제사가 집집마다 퍼졌기 때문에 생선을 찌는 조리법이 널리 받아들여졌다'고 하였으므로 옳은 내용이다.

오답해설

② '1830년대 중반 이후 밀입국한 신부 샤를 달레가 집필한 책에 생선을 생으로 먹는 조선시대의 풍습이 소개되어 있다'고 하였으므로 옳지 않은 내용이다.

③ 규합총서는 1809년에 쓰여진 책이고, 샤를 달레가 입국한 것은 1830년대 중반 이후이므로 샤를 달레가 규합총서를 집필했을 가능성은 없다고 보아야 한다. 따라서 옳지 않은 내용이다.

④ '통째로 모양을 유지시키면서 접시에 올리려면 굽거나 찌는 방법 밖에 없다'고 하였으므로 두 방법 모두 생선을 통째로 올릴 수 있다. 단지, 굽는 방법을 사용할 경우 생선의 입이 뒤틀리는 문제가 있을 뿐이므로 옳지 않은 내용이다.

⑤ '간디스토마라는 질병의 실체를 알게 된 것은 일제 시대에 들어오고 나서다'라고 하였으므로 옳지 않은 내용이다.

44

정답 ③

정답해설

③ 소년원 수용처분을 받은 자에 대한 학교교육은 광의의 교정에 포함되는데 최광의의 교정은 광의의 교정을 포괄하는 것이므로 옳지 않은 내용이다.

오답해설

① 최광의의 교정에는 교도소나 소년원 출소 이후에 이루어지는 각종 갱생보호활동이 포함된다고 하였으므로 옳은 내용이다.

② 최협의의 교정은 징역형 등을 받은 자에 대하여 형사재판의 결과대로 교정시설(교도소)에서 형을 집행하는 과정 중에 이루어지는 처우를 말한다고 하였으므로 옳은 내용이다.

④ 협의의 교정은 최협의의 교정에 형사피의자 또는 형사피고인에 대한 구속영장의 집행절차를 추가한 것이고, 광의의 교정은 협의의 교정을 포괄하는 것이므로 옳은 내용이다.

⑤ 교도소나 소년원 출소 이후에 이루어지는 각종 갱생보호활동이나 사회복귀 지원활동 및 재범예방활동은 최광의의 교정에 포함되므로 광의의 교정 개념에는 포함되지 않는다. 따라서 옳은 내용이다.

45

정답 ①

정답해설

ㄱ. 질병의 조기진단을 통해 뒤늦은 진단 및 오진으로 발생하는 사회적 비용을 최소화할 수 있고, 생존율 역시 말기진단의 경우에 비해 4배 이상 증가하였다고 하였으므로 옳은 내용이다.

ㄷ. 현재 한국에는 약 800대의 MRI기기가 도입돼 있으며 이는 인구 백만 명 당 16대꼴이다. 이는 유럽이나 기타 OECD 국가들에 뒤지지 않는 보급률이라고 하였으므로 옳은 내용이다.

오답해설

ㄴ. CT가 조기진단을 가능케 하는 진단영상기기인 것은 맞으나 다른 기기에 비해 부드러운 조직의 미세한 차이를 구분하고 신체의 이상 유무를 밝히는데 탁월한 것은 MRI이므로 옳지 않은 내용이다.

ㄹ. 제시문을 통해서는 전 세계와 한국의 MRI 산업 시장규모가 매년 얼마나 늘어나고 있는지만 알 수 있을 뿐, 현재의 시장규모가 어느 정도인지는 알 수 없으므로 옳지 않은 내용이다.

46

정답 ④

정답해설

④ '남독일의 뮌헨 맥주는 홉의 쓴맛보다 맥아 본래의 순한 맛에 역점을 둔 강하지 않고 진한 맥주다'라고 하였으므로 옳은 내용이다.

오답해설

① '축제는 2주간 열리고 10월 첫째 주 일요일이 마지막 날로 정해져 있다'고 하였다. 그런데 10월 11일이 일요일이라면 그 전주인 10월 첫째주 일요일은 10월 4일이 되므로 2주간의 축제기간을 만족시키려면 9월 21일에 축제가 시작되어야 한다. 따라서 옳지 않은 내용이다.

② '축제 기간에 뮌헨에 숙박하려면 보통 어렵게 아니며, 저렴하고 좋은 호텔은 봄에 이미 예약이 끝난다'고 하였다. 즉, 저렴하고 좋은 호텔이 아니라면 호텔에 숙박할 수도 있으므로 옳지 않은 내용이다.

③ '옥토버페스트는 1810년 바이에른 황태자와 작센에서 온 공주의 결혼을 축하하기 위해 개최한 경마대회가 시초이다'라고 하였으므로 옳지 않은 내용이다.

⑤ 14일 동안 총 10개의 텐트에서 510만 리터의 맥주가 소비되었으므로 2개의 텐트를 설치한 맥주 회사에서 만든 맥주는 하루에 평균적으로 약 7만 3천 리터{(=510만 리터/14)×(2/10)}가 소비되었을 것이므로 옳지 않은 내용이다.

47

정답 ⑤

정답해설

ㄱ. 봉수에서 근무하는 요원은 봉군과 오장이 있었는데, 『경국대전』에 따르면 연변봉수의 봉군 정원은 매소 6인이고, 오장의 정원은 매소 2인이라고 하였다. 따라서 연변봉수의 근무자 정원은 8명이므로 옳지 않은 내용이다.

ㄴ. 봉군은 신량역천, 즉 신분상으로는 양인이나 국역담당에 있어서는 천인이었다고 하였고, 발군은 양인인 기보병으로만 편성되었다고 하였으므로 옳지 않은 내용이다.

ㄷ. 제시문에서는 북발은 2,300리의 직로에 보발로 64참을 설치하였고, 남발은 920리의 직로에 보발로 31참을 설치하였다고 하였다. 그러나 이것만으로는 참과 참 사이의 거리를 판단할 수 없고 평균거리를 측정해보아도 둘은 같지 않으므로 옳지 않은 내용이다.

ㄹ. 의주에서 한성까지가 1,050리이고 1주야에 약 300리 정도로 달렸다고 하였으므로 약 3.5주야가 소요되었을 것이므로 옳지 않은 내용이다.

48 　　　　　　　　　　　　　　　　　　　정답 ④

ㄴ. 김치지수의 구성요소에는 멸치액젓과 새우젓이 포함되어 있으며 이것들은 해산물 가공제품에 해당한다. 따라서 모든 해산물 및 해산물 가공제품의 소매가격이 상승할 경우 김치지수는 상승할 것이다.

ㄷ. 김치지수가 100일 때의 비용이 2008년부터 2012년 중 최고, 최저를 제외한 3개년의 김치를 담그는 평균 비용이다. 따라서 '91.3 : 195, 214 = 100 : x'의 비례식을 풀면 는 약 213,000원으로 계산되므로 옳은 내용이다.

ㄱ. 김치지수의 구성요소에는 고춧가루가 포함되어 있으므로 고춧가루의 소매가격이 하락한다면 김치지수는 하락한다. 따라서 옳지 않은 내용이다.

49 　　　　　　　　　　　　　　　　　　　정답 ③

③ 헌법학에서 헌법이라는 용어는 문맥에 따라 일정한 구성체(공동체)를 의미하거나 그 구성체를 규율하는 최고의 법규범이라는 의미로 사용되기도 한다고 하였으므로 옳은 내용이다.

① '근대 입헌주의 헌법이란 개인의 자유와 권리를 보장하고, 권력분립에 의하여 국가권력의 남용을 억제하는 것을 내용으로 하는 헌법을 말한다'고 하였으므로 옳지 않은 내용이다.

② 고려사에 기록된 '국제'라는 용어는 법령을 통칭하는 것이고, 오늘날 통용되는 헌법의 의미로 처음 사용된 것은 1884년 1월 30일 한성순보에 실린 '구미입헌정체'에서 사용된 것이다.

④ '고유한 의미의 헌법은 국가의 최고기관을 조직·구성하고, 이들 기관의 권한행사 방법, 국가기관의 상호관계 및 활동범위를 정한 기본법'이라고 하였으므로 옳지 않은 내용이다.

⑤ 중국의 옛 문헌에서 사용되는 헌법이라는 단어는 모든 종류의 법을 통틀어 지칭하는 것이었지만, 오늘날에는 공동체의 최고법규범을 지칭하는 용어로 사용하고 있으므로 옳지 않은 내용이다.

50 　　　　　　　　　　　　　　　　　　　정답 ③

ㄱ. '1519～1867년 기간 중 약 950만 명의 아프리카인이 노예무역을 통해 아메리카로 강제이주되었고, 이동 중 평균 사망률이 15%였다'고 하였으므로 실제 이동한 아프리카인은 약 1,110만 명{(=950만 명×100/85)}으로 추산된다. 따라서 옳은 내용이다.

ㄹ. '금광, 커피·담배·면화 재배농장에서도 아프리카 노예가 많이 활용되었다'고 하였으므로 옳은 내용이다.

ㄴ. '노예무역은 개인 사업자가 민간 자본을 모아서 운영하는 방식이었지만 국가의 지원을 절실히 필요로 하였다'고 하였으므로 옳지 않은 내용이다.

ㄷ. '1519～1867년 기간 중 아프리카에서 포획된 노예들은 브라질(21.4%), 자메이카(11.2%) 등으로 보내졌다'고 하였을 뿐 17세기만을 한정하여 언급한 부분은 없다. 따라서 옳지 않은 내용이다.

51 　　　　　　　　　　　　　　　　　　　정답 ⑤

ㄱ. 영어의 tally(계산)라는 단어는 라틴어에서 작은 나뭇가지를 뜻하는 talea에서 생겼으며, calculate(계산하다)라는 단어는 조약돌을 뜻하는 calculus에서 생겼으므로 옳은 내용이다.

ㄴ. 원시시대에는 몸의 일부분, 특히 손가락이나 손을 사용하여 계산하였고, 나뭇가지나 작은 돌멩이를 늘어놓고 계산하는 방법도 사용하였다고 하였으므로 옳은 내용이다.

ㄷ. 프랑스의 일부 지방에서는 5보다 큰 한자리 자연수 2개를 곱할 때 손가락을 사용하는데, 이에 따르면 6×6을 구하기 위해서는 왼손 손가락 한 개(6-5)를 굽히고, 오른손 손가락 한 개(6-5)를 굽혀 2를 구한 다음, 굽히지 않은 손가락을 곱해 16을 구한 후 십의 자리에 2를 더해 36을 구한다. 따라서 옳은 내용이다.

52 　　　　　　　　　　　　　　　　　　　정답 ⑤

각 편지의 내용을 토대로 각 작품의 완성시점을 정리하면 다음과 같다.

- 1887년 여름의 편지 : 감자먹는 사람들(1885년), 장미와 해바라기가 있는 정물(1886년), 아시니에르의 음식점(1887년)
- 1888년 6월의 편지 : 씨 뿌리는 사람(1888년), 별이 빛나는 밤(1888년 6월 이후)
- 1889년 9월 5일의 편지 : 수확하는 사람(1889년)
- 1889년 9월 12일의 편지 : 별이 빛나는 밤(늦어도 1889년 초, 씨 뿌리는 사람과 수확하는 사람 사이)

따라서 언급된 작품을 완성시점에 따라 정리하면 '감자먹는 사람들(1885년)-장미와 해바라기가 있는 정물(1886년)-아시니에르의 음식점(1887년)-씨 뿌리는 사람(1888년)-별이 빛나는 밤-수확하는 사람(1889년)'이므로 완성시점이 두 번째로 빠른 것은 '장미와 해바라기가 있는 정물'이다.

53 　　　　　　　　　　　　　　　　　　　정답 ②

乙. '베네치아인들은 집안에 카펫을 깔거나 창문에 드리웠으며, 유람선을 카펫으로 치장했었다'고 하였으므로 옳은 내용이다.

丁. '중국에서 용은 황제를 상징하지만, 인도에서는 죽음을 의미한다'고 하였으므로 옳은 내용이다.

甲. '이슬람교에서 우상숭배를 금지하면서 사람이나 동물을 형상화할 수 없게 되자 풀과 나무, 코란의 서체를 이용한 독특한 예술적 문양을 창출해냈다'고 하였으므로 옳지 않은 내용이다.

丙. '페르시아와 인도에서는 꽃무늬 양식의 카펫이, 카프카스 및 중앙아시아의 투르크만 지역에서는 기하학적 무늬의 카펫이 주로 생산되었다'고 하였으므로 옳지 않은 내용이다.

54

정답해설

① 『조선왕조실록』에 기록된 사례를 보면 노비 소유와 관련된 소송에서 관원이 잘못된 판결을 내렸다고 신문고를 두드리기도 하였다'고 하였으므로 옳은 내용이다.

오답해설

② '한성부에 살고 있는 자는 산성부의 주무관청에 호소하고, 그렇게 하여도 원통하고 억울함이 있으면 사헌부에 고소하고, 그래도 또 원통하고 억울함이 있으면 신문고를 칠 수 있었다'고 하였으므로 2번의 단계를 거쳐야 했다. 따라서 옳지 않은 내용이다.

③ '역모를 꾀하여 장차 종묘사직을 위태롭게 하는 경우는 곧바로 신문고를 치는 것이 가능하였다'고 하였으므로 옳지 않은 내용이다.

④ '신문고를 설치한 이유로 억울한 일을 당한 백성들이 국왕에게 호소할 수 있는 길을 열어주는 것이었다'고 하였으므로 옳지 않은 내용이다.

⑤ '하륜은 신문고를 운영하는 원칙을 제시하였는데 그중 백성들의 호소가 사실이면 들어주고 거짓이면 벌을 내린다는 점을 강조하였다'고 하였으므로 옳지 않은 내용이다.

55

정답 ②

정답해설

② '국고보조금이 투입되는 사업에 대해서는 상급기관의 행정적 · 재정적 감독을 받게 되어 예산운용의 측면에서 지방자치단체의 자율성이 약화될 수 있다'고 하였으므로 옳은 내용이다.

오답해설

① '국고보조금은 특정용도 외의 사용이 금지되어 있다는 점에서 용도에 제한을 두지 않는 지방교부세와 다르다'고 하였으므로 옳지 않은 내용이다.

③ '국고보조금은 특정용도 외의 사용이 금지되어 있다'고 하였으므로 옳지 않은 내용이다.

④ '재정력이 취약한 지방자치단체는 지방비 부담으로 인해 상대적으로 국고보조사업 신청에 소극적이다'고 하였으므로 옳지 않은 내용이다.

⑤ '국가는 지방자치단체의 재정활동을 지원하고 지역 간 재정불균형을 해소하기 위해, 지방교부세와 국고보조금을 교부하고 있다'고 하였으므로 옳지 않은 내용이다.

56

정답 ⑤

정답해설

ㄷ. 중등 요호 7급의 권분량은 벼 40석이고, 벼 1석의 봄, 가을 시가의 차이가 4.5냥이므로 丁의 권분량의 대여시점과 상환시점의 시가 차액은 180냥(= 40석×4.5냥)이다. 따라서 옳은 내용이다.

ㄹ. 상등 요호 9급의 권분량은 벼 200석이고, 상등 요호는 봄에 무상으로 곡물을 내놓기 때문에 봄을 기준으로 시가를 산정해야 한다. 따라서 1,200냥(= 200석×6냥)이다.

오답해설

ㄱ. 상등 요호 1급에게 정해진 권분량은 벼 1,000석이고, 하등 요호 9급에게 정해진 권분량은 벼 2석이므로 둘의 차이는 벼 998석이다. 따라서 옳지 않은 내용이다.

ㄴ. 중등 요호 6급의 권분량은 벼 50석이고, 조선시대 국법은 벼 50석 이상 권분을 행한 자 부터 시상할 수 있도록 규정하였으므로 옳지 않은 내용이다.

57

정답 ①

정답해설

ㄱ. 대부 이하 벼슬하는 사람들은 근이 든 해에는 모두 봉록의 5분의 1을 감봉한다고 하였고, 궤가 든 해에는 5분의 4를 감봉한다고 하였다. 따라서 근이 든 해에는 5분의 4만큼의 봉록을 받으며, 궤가 든 해에는 5분의 1만큼의 봉록을 받아 전자가 후자의 4배일 것이다. 따라서 옳은 내용이다.

오답해설

ㄴ. '다섯 가지 곡식 모두 제대로 수확되지 않으면 이것을 기라고 한다'고 하였고, '기가 든 해에는 아예 봉록을 주지 않고 약간의 식량만을 지급할 뿐이다'라고 하였으므로 옳지 않은 내용이다.

ㄷ. '군주가 행차할 때 수레를 끄는 말의 수도 반으로 줄여 두 마리만으로 수레를 끌게 한다'고 하였다. 이어지는 문장에 '말에게 곡식을 먹이지 않으며'라는 내용이 나오지만, 수레를 끄는 말에게 먹이를 먹이지 않았다는 것인지는 알 수 없으므로 옳지 않은 내용이다.

ㄹ. '곡식이 제대로 수확되지 않으면 군주는 먹던 요리의 5분의 3을 줄였다'고 하여 5분의 2만을 먹었을 것이므로 옳지 않은 내용이다.

58

정답 ②

정답해설

② 단어 기억 실험에서 '그룹2'가 더 복잡한 과제를 수행했으며, 상대적으로 복잡한 과제를 수행한 집단이 더 많은 단어를 기억하였다고 하였으므로 옳은 내용이다.

오답해설

① 시험에 합격한 집단만 해마의 회색질이 증가하였고, 시험에 합격한 사람들의 주당 교육 시간이 평균 34.5시간으로 불합격한 사람들에 비해 훨씬 많다고 하였다. 따라서 교육 시간이 길어질수록 뇌 해마의 회색질이 증가했을 것이라는 것을 추론할 수 있다. 따라서 옳지 않은 내용이다.

③ 연령, 학력, 지능에 있어서는 세 집단 간에 두드러진 차이가 없었다고 하였으므로 옳지 않은 내용이다.

④ 주당 교육시간이 긴 집단이 시험에 합격했다는 내용만 알 수 있을 뿐 선천적인 기억력에 대한 내용은 알 수 없으므로 옳지 않은 내용이다.

⑤ 교육을 받은 집단 간 비교에서 전체 교육 기간의 차이는 거의 없으나 주당 교육 시간에는 차이가 현격했다고 하였으므로 옳지 않은 내용이다.

59

정답 ③

정답해설

ㄹ. '상중에 공무를 보러 나온 자는 검은 갓과 검은 띠를 착용함을 허락하되 관아에서 참알하는 것은 허락하지 말 것이며, 관아를 드나들면서 일을 품의하도록 한다'라고 하였으므로 허용될 수 있는 행동이다.

74 PART 1 LEVEL UP!

ㄱ. '경사에서 참알하는 서리들은 모두 홍단령(붉은 색 공복)을 착용하는 것이 본 연의 법도인 것이다'라고 하였으므로 허용되지 않는 행동이다.

ㄴ. '시절이 좋고 풍년이 든 때를 가려서 관아에 일도 적은 날, 흰 밥과 나물반찬을 준비해 가지고 산에 오르거나 물가에 가서 소박한 모임을 갖도록 해야 할 것이다'라고 하였으므로 허용되지 않는 행동이다.

ㄷ. '곤장 10대 이상을 벌주는 일은 마땅히 품의한 다음에 시행하도록 해야 한다'고 하였으므로 허용되지 않는 행동이다.

60 정답 ③

③ '식용 귀뚜라미 0.45kg을 생산하는 데 필요한 물은 3.8ℓ이고, 닭고기 0.45kg을 생산하는 데 필요한 물은 1,900ℓ, 그리고 쇠고기는 닭고기의 경우보다 4배 이상의 물(=7,600ℓ)이 필요하다'고 하였다. 따라서 식용 귀뚜라미와 동일한 양의 쇠고기를 생산하기 위해 필요한 물은 귀뚜라미 생산에 필요한 물의 500배를 훨씬 넘으므로(약 2,000배) 옳은 내용이다.

① '귀뚜라미가 냉혈동물이라 돼지나 소와 같이 체내 온도 유지를 위해 먹이를 많이 소비하지 않는다'고 하였으므로 옳은 내용이다.

② '현재 곤충 사육은 많은 지역에서 이루어지고 있지만, 식용 곤충의 공급은 제한적이다'고 하였으므로 옳은 내용이다.

④ '쇠고기 0.45kg을 생산하기 위해 필요한 자원으로 식용 귀뚜라미 11.33kg을 생산할 수 있다'고 하였고 '식용 귀뚜라미는 주로 분말 형태로 100g당 10달러에 판매된다. 이는 같은 양의 닭고기나 쇠고기의 가격과 큰 차이가 없다'고 하였으므로 옳은 내용이다.

⑤ '귀뚜라미를 사육할 때 발생하는 온실가스의 양은 가축을 사육할 때 발생하는 온실가스 양의 20%에 불과하다'고 하였으므로 옳은 내용이다.

61 정답 ②

② '판옥선은 선체도 높았기 때문에 일본군이 그들의 장기인 승선전투전술을 활용하기 어렵게 하는 효과도 있었다'고 하였으므로 옳은 내용이다.

① '판옥선은 선체의 상부에 상장을 가설하여 2층 구조로 만든 배'라고 하였고, 선체의 높이가 아닌 길이가 20~30m 정도라고 하였으므로 옳지 않은 내용이다.

③ '선조실록에 따르면 거북선 운용에 필요한 사수와 격군을 합친 숫자가 판옥선의 125명보다 많다'라고 하였을 뿐 이를 통해 판옥선의 격군을 유추하기는 어렵다. 따라서 옳지 않은 내용이다.

④ '판옥선은 왜구를 제압하기 위해 1555년(명종 10년) 새로 개발된 것이다'고 하였으므로 옳지 않은 내용이다.

⑤ '옥포해전·당포해전·한산해전 등 주요 해전에 동원된 군선 중에서 3척의 거북선을 제외하고는 모두가 판옥선이었다'고 하였으므로 옳지 않은 내용이다.

62 정답 ④

ㄱ. '한 박자 늦은 보행신호' 방식은 차량 녹색신호가 끝나는 시점에 진입한 차량이 횡단보도를 완전히 통과하기 전에 보행자가 진입하지 못하도록 차량 녹색신호가 끝나고 1~2초 뒤에 보행 녹색 신호가 들어오는 방식이므로 옳은 내용이다.

ㄴ. '전방향 적색신호 방식'은 차량 녹색신호가 끝나는 시점에 교차로에 진입한 차량이 교차로를 완전히 빠져나갈 때까지 다른 방향 차량이 진입하지 못하도록 1~2초 동안 모든 방향을 적색신호로 운영하는 방식이므로 옳은 내용이다.

ㄷ. 횡단보도 1m당 1초인 상황에서 길이가 32m인 횡단보도 보행시간이 39초라고 하였으므로 보행진입시간(㉠)은 7초임을 알 수 있다. 그리고 완화된 기준이 적용되는 상황에서 길이가 32m인 횡단보도 보행시간이 47초라고 하였으므로 보행진입시간 7초를 제외한 40초 동안 32m를 건너는 것으로 결정됨을 알 수 있다. 따라서 ㉡은 0.8(=32/40)임을 알 수 있으며 이에 따라 ㉠과 ㉡의 합은 7.8로 계산되므로 옳지 않은 내용이다.

63 정답 ③

③ '유럽 꿀벌이 약 15초 안에 열 번 돌면 100m 가량, 여섯 번 돌면 500m 가량, 네 번 돌면 1.5km 정도를 나타낸다'고 하였으므로 옳은 내용이다.

① '○○자 모양의 춤을 활기차게 출수록 꿀의 품질이 더 좋은 것임을 말해준다'고 하였으므로 꿀의 양에 관한 정보는 전달하지 않는다. 따라서 옳지 않은 내용이다.

② '춤을 통하여 꿀이 있는 방향과 거리 및 꿀의 품질을 비교적 정확하게 알려준다'고 하였으므로 옳지 않은 내용이다.

④ '꿀의 방향이 태양과 반대 방향이면 위에서 아래로 교차점을 통과한다'고 하였으므로 옳지 않은 내용이다.

⑤ '같은 방향이지만 원지점보다 가까운 1.2km 거리에 설탕물을 옮겨 놓아도 벌들은 그 곳을 그냥 지나쳐 버렸다'고 하였으므로 옳지 않은 내용이다.

64 정답 ⑤

⑤ 상원의원은 2년마다 총 정원의 1/3씩 새로 선출한다고 하였으므로 옳지 않은 내용이다.

① '甲국 상원은 주당 2명의 의원이 선출되며'라고 하였고, 'D주의 하원의원의 정원은 53명으로 가장 많았다'라고 하였으므로 총 55명이다. 따라서 옳은 내용이다.

② '상원은 급박한 사항에 대해서는 직접 마련한 법안을 먼저 제출하여 처리하기도 한다'라고 하였으므로 옳은 내용이다.

③ 각 주의 상원의원은 2명씩인데, A주, B주, C주의 하원의원은 1명씩이므로 옳은 내용이다.

④ 하원의원 선거는 2년마다 상원의원 선거와 함께 실시되며, 대통령 선거와 일치하지 않는 해에 실시되는 하원의원 및 상원의원 선거를 통칭하여 '중간선거'라고 한다. 따라서 甲국의 대통령 선거가 2016년에 실시되었다면 그 이후 가장 빠른 '중간선거'는 2018년에 실시되므로 옳은 내용이다.

65
정답 ①

정답해설

① '20세기 자판에서 자리를 지키고 있었지만 사용 빈도는 점차 줄어들었다'라고 하였으므로 옳지 않은 내용이다.

오답해설

② '6세기에 @은 라틴어 전치사인 'ad'를 한 획에 쓰기 위한 합자였다'라고 하였으므로 옳은 내용이다.
③ '복숭아 12개@1.5달러'로 표기한 경우 복숭아 12개의 가격이 18달러라고 하였으므로 '토마토 15개@3달러'라면 토마토 15개의 가격은 45달러였을 것이다. 따라서 옳은 내용이다.
④ @은 라틴어 전치사, 베니스·스페인·포르투갈의 측정단위, 단가, 현대의 이메일 기호 등으로 사용된다고 하였으므로 옳은 내용이다.
⑤ '스페인에서의 1아로바는 현재의 9.5kg에 해당하며, 포르투갈에서의 1아로바는 현재의 12kg에 해당한다'고 하였으므로 옳은 내용이다.

66
정답 ③

정답해설

③ '고려의 경우는 각 행정부처들이 독자적인 관례나 규정에 따라서 통치를 하였을 뿐, 일관되고 체계적인 법전을 갖추고 있지 못하였다'고 하였으므로 옳지 않은 내용이다.

오답해설

① '공공성 개념은 첫째, 어떤 사적인 이익이 아니라 공동체 전체의 이익과 관계된다는 의미이다. 둘째, 만인의 이익을 대표하여 관리하는 정통성을 지닌 기관이라는 의미가 있다'고 하였으므로 옳은 내용이다.
② '정도전은 정치공동체에서 나타나는 문제의 근저에 '자기중심성'이 있고, 고려의 정치적 경험에서 자기중심성이 특히 '사욕'의 정치로 나타났다고 생각했다'고 하였으므로 옳은 내용이다.
④ '정도전은 이러한 고려의 정치를 소유 지향적 정치로 보았고, 이에 대한 대안으로 '공론'과 '공의'의 정치를 제시하였는데 이를 '문덕'의 정치라 불렀다'고 하였으므로 옳은 내용이다.
⑤ '정도전은 정치권력을 철저하게 공공성의 영역 안에 묶어두려는 의지를 보였으며 이를 위해 제도적 장치의 마련을 끊임없이 고민하였다'고 하였으므로 옳은 내용이다.

67
정답 ③

정답해설

③ '바퀴의 성능은 전쟁용 수레인 전차가 발달하면서 크게 개선되었고, 산업혁명기에 발명된 고무타이어가 바퀴에 사용되면서 바퀴의 성능은 한층 개선되었다'고 하였으므로 옳은 내용이다.

오답해설

① 메소포타미아의 전차용 나무바퀴는 기원전 3,500년경에 제작된 것으로 추정되는 현존하는 가장 오래된 유물일 뿐, 그것을 통해 메소포타미아인이 바퀴를 처음 만들고 사용한 사람이라는 것은 알 수 없다. 따라서 옳지 않은 내용이다.
② '1885년 다임러와 벤츠가 최초로 가솔린 자동차를 발명했다. 자동차용 공기압 타이어는 그로부터 10년 후 프랑스의 미쉘린 형제에 의해 처음으로 개발되었다'고 하였으므로 자동차용 공기압 타이어가 사용된 것은 19세기 후반이다. 따라서 옳지 않은 내용이다.
④ '유럽인이 바퀴를 전해준 다음에도 아메리카 원주민들은 썰매를 많이 이용했다. 에스키모는 지금도 개가 끄는 썰매를 이용하고 있다'고 하였으므로 옳지 않은 내용이다.
⑤ '바퀴가 수레에만 이용된 것은 아니다. 도자기를 만드는 데 사용하는 돌림판은 물레는 바퀴의 일종으로 우리나라에서는 4,000년 전부터 사용했다'고 하였으므로 옳지 않은 내용이다.

68
정답 ①

정답해설

ㄱ. '정기적인 연습은 특별한 사정이 없는 경우 매달 2자와 6자가 들어가는 날, 즉 2일과 6일, 12일과 16일, 22일과 26일의 여섯 차례에 걸쳐 이루어졌다'고 하였으므로 연간 최소 72회(=12개월×6회) 습악이 있었을 것이다. 따라서 옳은 내용이다.
ㄴ. 서명응이 정한 규칙에 따르면 장악원에서 실시한 시험에서 상금을 받는 악공의 수는 30명(=1+3+5+21)이고, 악생의 수는 15명(=1+2+3+9)이므로 옳은 내용이다.

오답해설

ㄷ. 경국대전에 의하면 2명의 당상관, 정3품의 정 1명, 종4품의 첨정 1명, 종6품의 주부 1명, 종7품의 직장 1명이 관리로 소속되어 있었다고 하였으므로 총 6명의 관리가 있었다. 따라서 옳지 않은 내용이다.
ㄹ. 서명응이 정한 규칙에 따르면 악생이 받는 상금은 총 12냥 5전이고, 악공이 받는 상금은 총 22냥이므로 둘의 합은 34냥 5전으로 40냥에 미치지 못한다. 따라서 옳지 않은 내용이다.

69
정답 ①

정답해설

ㄱ. 에스페란토의 문자는 영어 알파벳 26개 문자에서 4개의 문자를 빼고 6개를 추가하여 만들어졌다고 하였으므로 28개임을 알 수 있다. 따라서 옳은 내용이다.
ㄷ. 단어의 강세는 항상 뒤에서 두 번째 모음에 있다고 하였으므로 '어머니'를 나타내는 patrino는 'i'에, 장모를 나타내는 bopatrino 역시 'i'에 강세가 있음을 알 수 있다. 따라서 옳은 내용이다.

오답해설

ㄴ. 명사인 '사랑'은 어간에 명사 고유의 어미인 −o를 붙여 amo로 표현한다고 하였으므로 '사랑'의 어간은 am임을 알 수 있으며, 미래 시제의 경우는 어간에 −os를 붙인다고 하였으므로 '사랑할 것이다'는 amos로 표현한다는 것을 알 수 있다. 따라서 옳지 않은 내용이다.
ㄹ. 자멘호프에 따르면 같은 민족끼리는 모국어를, 다른 민족과는 에스페란토를 사용하자고 하였으므로 옳지 않은 내용이다.

70 정답 ④

④ 90일과 3개월은 다른 개념이다. 만약 체류한 기간이 7~9월이라면 개월 수로는 3개월이지만 날 수로는 92일이다. 따라서 옳은 내용이다.

오답해설

① 포르투갈은 비자 없이 60일간 머무를 수 있는데 선택지의 사례는 60일을 초과하므로 별도의 비자를 발급받아야 한다. 따라서 옳지 않은 내용이다.

② 우즈베키스탄을 비자 없이 방문하기 위해서는 외교관 여권이 필요하므로, 행정원이 방문하는 경우는 체류기간에 관계없이 비자를 취득해야 한다. 그리고 에콰도르를 행정원이 비자없이 방문할 수 있는 기간은 관용여권의 경우 3개월이므로 별도의 비자를 발급받아야 한다. 따라서 옳지 않은 내용이다.

③ 일반여권으로 이탈리아에 비자 없이 체류할 수 있는 기간은 90일인데, 선택지의 사례는 이를 초과하므로 옳지 않은 내용이다. 반면 영국의 경우는 체류기간이 90일을 초과하지 않으므로 가능한 상황이다.

⑤ 일반 여권소지자에 대한 비자면제협정만 일시정지되었고, 관용여권으로 파키스탄에 3개월 이내 체류할 경우는 비자가 필요하지 않으므로 옳지 않은 내용이다.

71 정답 ①

정답해설

ㄱ. '첨부물이 있는 경우. 첨부 표시문 끝에 1자(2타)를 띄우고 '끝.' 표시를 한다'고 하였으므로 옳지 않은 내용이다.

ㄷ. '문서의 모든 처리절차가 전자문서시스템 또는 업무관리시스템상에서 전자적으로 처리되도록 하여야 한다'고 하였으므로 문제에 서명한다는 것은 옳지 않은 내용이다.

오답해설

ㄴ. '날짜는 숫자로 표기하되 연·월·일의 글자는 생략하고 그 자리에 온점을 찍어 표시한다'고 하였으므로 옳은 내용이다.

ㄹ. '기안문에는 행정기관의 로고·상징·마크 또는 홍보문구 등을 표시하여 행정기관의 이미지를 높일 수 있도록 하여야 한다'고 하였으므로 옳은 내용이다.

72 정답 ②

정답해설

② 확장형에 해당하며 일련번호가 '로'와만 결합되었으므로 옳은 도로명이다.

오답해설

①, ③ 확장형에서 일련번호는 '로'와만 결합된다고 했으므로 옳지 않은 도로명이다.

④, ⑤ 방위형에서 어휘는 '동, 서, 남, 북'으로만 한정되고 '골목'과만 결합되었다고 하였으므로 옳지 않은 도로명이다.

73 정답 ④

정답해설

제시된 상황의 소는 2,000만 원을 구하는 것이므로 소액사건에 해당한다. 이에 따라 각 심급별 송달료를 계산하면 다음과 같다.

- 민사 제1심 소액사건 : 2명×3,200원×10회=64,000원
- 민사 항소사건 : 2명×3,200원×12회=76,800원

따라서 甲이 납부하는 송달료의 합계는 140,800원이다.

74 정답 ②

정답해설

② 아래 ①에서 설명한 것에 따르면 1구간에서는 1, 2, 3번 손가락을 사용하고, 2구간에서는 3, 4, 5번 손가락을 사용하므로 옳지 않은 내용이다.

오답해설

① 1구간에서 '비행기'를 연주할 경우 새끼(1), 약지(2), 중지(3) 손가락을 사용하고, 2구간에서 연주할 경우 중지(3), 약지(4), 새끼(5) 손가락을 사용하므로 옳은 내용이다.

③, ⑤ '학교종'은 '솔'로 인해 1구간에서만 연주가 가능한데, 이 경우 새끼(1), 약지(2), 중지(3), 왼쪽 엄지(5), 오른쪽 엄지(1)을 사용하므로 검지는 사용하지 않는다. 따라서 옳은 내용이다.

④ '비행기'는 왼손 1, 2, 3번 손가락만으로도 연주가 가능하고, 오른손 3, 4, 5번 손가락만으로도 연주가 가능하므로 옳은 내용이다.

75 정답 ⑤

정답해설

⑤ 폐가전은 폐기물 스티커를 부착하여 수거 전날 저녁 7시~수거 당일 새벽 3시에 배출하면 되므로 규정을 준수하였다.

오답해설

① 수거 전날 저녁 7시~수거 당일 새벽 3시에 배출해야 하는데, 일요일은 수거하지 않으므로 규정을 준수하지 않았다.

② 공동주택의 경우 음식물 쓰레기는 음식물 전용용기에 담아서 배출하여야 하므로 규정을 준수하지 않았다.

③ 캔은 2종 재활용 쓰레기이고 스티로폼은 별도로 묶어서 배출하여야 하므로 규정을 준수하지 않았다.

④ 페트병은 2종 재활용 쓰레기인데 2종은 뚜껑을 제거하고 내용물을 비운 후 배출하여야 하므로 규정을 준수하지 않았다.

76 정답 ⑤

정답해설

A가 서브를 하고 득점하였으므로 A가 계속 서브한다. 그리고 서브를 받는 팀은 자신의 팀으로 서브권이 넘어오기 전까지는 팀 내에서 선수끼리 서로 코트 위치를 바꾸지 않는다고 하였으므로 C와 D의 위치는 변하지 않는다. 또 팀 점수가 0이거나 짝수인 경우는 우측에서 서브한다고 하였는데, 甲팀의 점수가 4점이므로 우측에서 서브한다.

77 정답 ④

정답해설

ㄱ. (라)에서 사업비를 위탁받은 교육훈련 이외의 다른 용도로 사용하여서는 안 된다고 하였으므로 계약 위반행위에 해당한다.

ㄴ. (나)에서 청구된 사업비는 청구한 날로부터 14일 이내에 지급하여야 한다고 하였으므로 2월 8일까지 지급되어야 한다. 따라서 계약 위반행위에 해당한다.

ㄹ. (바)에서 성과인센티브와 관련된 증빙서류를 확인한 후 인정된 취업실적에 대한 성과인센티브를 지급한다고 하였다. 그런데 甲이 증빙서류의 확인을 거부하고 지급하지 않았으므로 계약 위반행위에 해당한다.

오답해설

ㄷ. (다)에서 하반기 사업비 청구 시 상반기 사업추진실적과 상반기 사업비 사용내역을 함께 제출하여야 한다고 하였으므로 계약 위반행위에 해당하지 않는다.

78 정답 ①

정답해설

JK3이 보낸 6자리의 신호 중 한 자리는 우주잡음에 의해 오염된다고 하였다. 이에 따라 우주센터가 받았어야 할 정확한 신호를 정리하면 000111, 000000, 111000, 000000임을 알 수 있다. 따라서 JK3는 동 – 북 – 서 – 북의 순으로 이동했으므로 이를 만족하는 ①이 옳다는 것을 알 수 있다.

79 정답 ③

정답해설

- X지역 : 바람의 방향이 일정하므로 수평축, 수직축 풍력발전기가 모두 설치 가능하며, 최소 150kW 이상의 시간당 발전량이 필요하므로 U–88, U–93의 설치가 가능하다. 그런데 복수의 모델이 조건을 충족할 경우 수평축 모델을 설치하기로 하였으므로 U–93을 설치한다.
- Y지역 : 바람의 방향이 일정하지 않으므로 수직축 풍력발전기만 설치 가능하며, 발전기 높이가 70m 이하가 되어야 하므로 U–50을 설치한다.
- Z지역 : 바람의 방향이 일정하지 않으므로 수직축 풍력발전기만 설치 가능하며, 최대 발전량이 600kW 이상이 되어야 하므로 U–88을 설치한다.

80 정답 ②

정답해설

② 사냥꾼의 전투능력은 4이고, 경찰은 질병이 있어 전투능력이 3으로 떨어지므로 전체의 전투능력은 7이다. 그런데 서쪽 통로에는 7마리의 좀비가 있으므로 탈출이 가능하다.

오답해설

① 폭파전문가는 부상 중이어서 전투능력이 2로 떨어지며, 무사의 전투능력은 8이므로 전체의 전투능력은 10이다. 그런데 동쪽 통로에는 11마리의 좀비가 있으므로 탈출이 불가능하다.

③ 사냥꾼의 전투능력은 4이고, 폭파전문가의 전투능력은 2이므로 전체의 전투능력은 6이다. 그런데 남쪽 통로에는 11마리의 좀비가 있으므로 탈출이 불가능하다.

④ 폭파전문가는 부상 중이어서 전투능력이 2로 떨어지며, 사냥꾼의 전투능력은 4이나 의사가 가진 전투력 강화제를 이용해 전투능력을 6으로 올릴 수 있다. 또한 의사의 전투능력은 2이므로 전체의 전투능력은 10이 되나, 남쪽 통로에는 11마리의 좀비가 있으므로 탈출이 불가능하다.

⑤ 경찰은 질병이 있어 전투능력이 3으로 떨어지며, 의사의 전투능력은 2이나 자신이 가진 전투력 강화제를 이용해 전투능력을 3으로 올릴 수 있으므로 전체의 전투능력은 6이 된다. 그런데 북쪽 통로에는 9마리의 좀비가 있으므로 탈출이 불가능하다.

81 정답 ③

정답해설

각 음식점을 〈평가 기준〉에 맞춰 순위를 매겨 총점을 계산하면 다음과 같다.

구분	음식종류	이동거리	가격	맛평점	예약가능	총점
자금성	2	4	5	1	+1점	13
상젤리제	3	3	4	2	+1점	13
경복궁	4	5	2	3	–	14
도쿄타워	5	1	3	4	–	13
광화문	4	2	1	5	–	12

따라서 총점이 가장 높은 것은 경복궁(14점)이다.

82 정답 ①

정답해설

① 연주하는 교실 : {(34×3)+(34×2)}×1.3=221점

오답해설

② 항공체험 캠프 : {(30×3)+(35×2)}×1.3=208점

③ 스스로 창작 : {(37×3)+(25×2)}×1.3=209.3점

④ 연출노트 : {(32×3)+(30×2)}×1.3=202.8점

⑤ 창의 예술학교 : {(40×3)+(25×2)}=170점

83 정답 ③

정답해설

③ '가나다정'의 경우 최종 복용시간은 야뇨를 피하기 위해 오후 6시까지로 한다고 하였으며, 식전 30분부터 복용이 가능하다고 하였으므로 늦어도 오후 6시 30분에는 저녁식사를 시작해야 한다.

오답해설

① '가나다정'은 식사를 거르게 될 경우에 복용을 거른다고 하였으므로 옳지 않은 내용이다.

② '가나다정'의 경우 정기적으로 혈당을 측정해야 한다고 하였으며, 'ABC정'도 정기적인 혈액검사를 통해 혈중 칼슘, 인의 농도를 확인해야 한다고 하였으므로 옳지 않은 내용이다.

④ 'ABC정'은 씹지 말고 그대로 삼켜서 복용한다고 하였으므로 옳지 않은 내용이다.

⑤ 식전 30분에 '가나다정'을 복용하고 30분 동안 식사한 후에, 식사 1시간 후에 ABC정을 복용할 수 있다. 이러한 경우라면 두 약의 복용시간은 2시간 차이가 나므로 옳지 않은 내용이다.

정답해설

제시문에 따라 〈선거 결과〉를 정리해보면 다음과 같다.

구분	제1선거구	제2선거구	제3선거구	제4선거구
A정당	41	50	16	39
1번 후보	㉚	㉚	12	⑳
2번 후보	11	20	4	19
B정당	39	30	57	28
1번 후보	㉒	⑱	㊵	26
2번 후보	17	12	⑰	2
C정당	20	20	27	33
1번 후보	11	11	20	⑱
2번 후보	9	9	7	15

⑤ 가장 많은 당선자를 낸 정당은 B정당(4명)이므로 옳은 내용이다.

오답해설

① A정당은 제3선거구를 제외한 선거구에서 1석씩을 차지하였으므로 옳지 않은 내용이다.

② B정당은 제4선거구를 제외한 선거구에서 최소 1석씩을 차지하였으므로 옳지 않은 내용이다.

③ C정당 후보가 당선된 곳은 제4선거구(1번 후보)이므로 옳지 않은 내용이다.

④ 제4선거구의 경우는 B정당의 1번 후보가 최다 득표를 하였으나 당선되지 못하였으므로 옳지 않은 내용이다.

정답해설

- 설립방식
  - (가)방식 : 5억 원−3억 원=2억 원
  - (나)방식 : 4.5억 원−(2억 원+1억 원+0.5억 원)=1억 원

따라서 (가)방식을 채택한다.

- 설립위치

20~30대 비율이 50% 이하인 乙지역을 제외하고 계산하면 다음과 같다.

  - 甲 : (80×0.75)/3=20
  - 丙 : (75×0.6)/2=22.5

따라서, 丙지역을 선택한다.

정답해설

ㄱ. 사망자가 공무원(C, D)의 부모이며, 해당 공무원이 C와 D의 2명인 경우에 해당한다. 이 경우 1순위 수급권자는 사망한 자의 배우자인 공무원이지만 B는 비공무원이므로 2순위 수급권자인 사망한 자를 부양하던 직계비속인 공무원인 D가 최우선 순위 수급권자에 해당한다. 따라서 옳은 내용이다.

오답해설

ㄴ. 사망자가 공무원(A, B)의 자녀이면서 공무원(D)의 배우자이므로 해당 공무원이 3명인 경우에 해당한다. 이 경우 1순위 수급권자는 사망한 자의 배우자인 공무원이므로 D가 최우선 순위 수급권자에 해당한다. 따라서 옳지 않은 내용이다.

ㄷ. 사망자가 공무원 본인이므로 1순위 수급권자는 사망한 공무원의 배우자이므로 B가 최우선 순위 수급권자에 해당한다. 따라서 옳지 않은 내용이다.

정답해설

④ '슈퍼문일 때는 지구와 달의 거리가 35만 7,000km 정도로 가까워지는데 이때의 시각도는 0.56도로 커진다'고 하였고 '지구와 달의 거리가 40만km로 가장 멀어질 때에는 시각도가 0.49도로 작아진다'고 하였다. 따라서 지구와 달의 거리가 36만km 정도인 경우, 지구에서 보름달을 바라보는 시각도는 0.49도보다 크다는 것을 알 수 있으므로 옳은 내용이다.

오답해설

① '태양계의 모든 행성이 태양을 중심으로 타원 궤도로 돈다'고 하였으므로 옳지 않은 내용이다.

②, ③ '달이 지구에 가까워지면 평소 달이 지구를 당기는 힘보다 더 강하게 지구를 당긴다. 그리고 달의 중력이 더 강하게 작용하면, 달을 향한 쪽의 해수면은 평상시보다 더 높아진다'고 하였으므로 옳지 않은 내용이다.

⑤ '달의 중력 때문에 높아진 해수면이 지구와 함께 자전을 하다보면 지구의 자전을 방해하게 되어 지구의 자전 속도가 느려지게 된다'고 하였으므로 옳지 않은 내용이다.

정답해설

먼저 각 정책들의 평가 결과와 예산 감소액을 정리하면 다음과 같다.

정책	계획의 충실성	계획 대비 실적	성과지표 달성도	예산 감소액
A	O	O	×	2억 원
B	O	×	O	3억 원
C	O	O	O	−
D	O	×	×	3억 원
E	O	O	×	2억 원
F	O	O	O	−

② 각 정책별 예산 감소액을 모두 더하면 10억 원이므로 옳지 않은 내용이다.

오답해설

① 전년과 동일한 금액의 예산을 편성해야 하는 정책은 C와 F의 2개이므로 옳은 내용이다.

③ B정책의 경우 '성과지표 달성도' 영역에서 통과로 판단되었지만 예산 감소액이 3억 원이므로 옳은 내용이다.

④ 예산을 전년 대비 15% 감액하여 편성하는 정책은 B와 D인데, 이들 모두 '계획 대비 실적' 영역이 미통과로 판단되었으므로 옳은 내용이다.

⑤ 2개 영역이 '미통과'로 판단된 정책에 대해서만 전년 대비 2018년도 예산을 감액하는 것으로 기준을 변경하는 경우에는 D 정책만 감액해야 하므로 옳은 내용이다.

89

정답해설

⑤ 돼지고기는 2.5인분인 225g(=90×2.5)이 필요한데. 이미 냉장고에 100g의 돼지고기가 있는 상태이므로 125g을 추가로 구매해야 한다.

오답해설

① 면은 2.5인분인 500g(=200×2.5)이 필요한데. 이미 냉장고에 200g의 면이 있는 상태이므로 300g을 추가로 구매해야 한다.

② 양파는 2.5인분인 150g(=60×2.5)이 필요한데. 이미 냉장고에 필요량의 절반이 넘는 100g의 양파가 있는 상태이므로 추가도 구매하지 않는다.

③ 새우는 3인분인 120g(=40×3)이 필요한데. 냉장고에 새우가 없는 상태이므로 120g을 구매해야 한다.

④ 건고추는 1.5인분인 12g(=8×1.5)이 필요한데. 냉장고에 건고추가 없는 상태이므로 12g을 구매해야 한다.

90

정답해설

⑤ 금요일 17:00~18:00에 회의를 개최하는 경우 A, B, C, D, F가 참여 가능하므로 옳은 내용이다.

오답해설

① 월요일에는 17:00~19:20분 사이에 C, D, F가 참여 가능하므로 옳지 않은 내용이다.

② 금요일 16시에 회의를 개최할 경우 A, B, C, F가 참여 가능하므로 이들의 선호도를 판단해보면 다음과 같다.
- 가 : 5+4+5+5=19점
- 나 : 6+6+8+8=28점
- 다 : 7+8+5+4=24점

따라서 '나'에서 회의가 열리게 되므로 옳지 않은 내용이다.

③ 금요일 18시에 회의를 개최할 경우 C, D, F가 참여 가능하므로 이들의 선호도를 판단해보면 다음과 같다.
- 가 : 5+6+5=16점
- 나 : 8+6+8=22점
- 다 : 5+6+4=15점

따라서 '나'에서 회의가 열리게 되므로 옳지 않은 내용이다.

④ 목요일 16:00~17:00 사이에는 A와 E만 참여 가능하므로 회의를 개최할 수 없으므로 옳지 않은 내용이다.

91

정답해설

ㄱ. A기준에 따르면 남자 30명이 근무하는 경우 위생기구는 2개가 설치되어야 하므로 소변기와 대변기를 각각 1개씩 설치해야 하며, 여자 30명이 근무하는 경우 위생기구는 2개가 설치되어야 하며 모두 대변기로 설치해야 한다. B기준에 따르면 남자 30명이 근무하는 경우 위생기구는 2개가 설치되어야 하므로 소변기와 대변기를 각각 1개씩 설치해야 하며, 여자 30명이 근무하는 경우 위생기구는 2개가 설치되어야 하며 모두 대변기로 설치하여야 한다. 따라서 옳은 내용이다.

ㄴ. B기준에 따르면 남자 50명이 근무하는 경우 위생기구는 3개가 설치되어야 하므로 소변기 1개와 대변기 2개를 설치해야 하며, 여자 40명이 근무할 경우 위생기구는 2개가 설치되어야 하며 모두 대변기로 설치하여야 한다. 따라서 옳은 내용이다.

ㄹ. C기준에 따르면 남자 150명이 근무하는 경우 위생기구는 4개가 설치되어야 하므로 소변기 2개와 대변기 2개를 설치해야 하며, 여자 100명이 근무하는 경우 위생기구는 3개가 설치되어야 하며 모두 대변기로 설치하여야 한다. 따라서 옳은 내용이다.

오답해설

ㄷ. A기준에 따르면 남자 80명이 근무하는 경우 위생기구는 4개가 설치되어야 하므로 소변기 2개와 대변기 2개를 설치해야 하며, 여자 80명이 근무할 경우 위생기구는 4개가 설치되어야 하며 모두 대변기로 설치되어야 한다. 따라서 옳지 않은 내용이다.

92

정답해설

② gwpyi : gw(잎), p(네 번째 차이), yi(여덟 번째 종)

오답해설

① ditu : di(돌), t(물에 녹는 지구의 응결물), u(여섯 번째 종)

③ dige : di(돌), g(덜 투명한 가치 있는 돌), e(세 번째 종)

④ deda : de(원소), d(두 번째 차이), a(두 번째 종)

⑤ donw : do(금속), n(아홉 번째 차이), w(첫 번째 종)

93

정답해설

④ 乙, 丁, 戊 : 丁이 운전을 하고, 乙의 차장이고, 부상 중인 사람이 없기 때문에 17:00에 도착하므로 丁의 당직 근무에도 문제가 없다. 따라서 가능한 조합이다.

오답해설

① 甲, 乙, 丙 : 甲이 부상인 상태이므로 B지점에 17시 30분에 도착하는데 乙이 17시 15분에 계약업체 면담이 진행될 예정이므로 가능하지 않은 조합이다.

② 甲, 丙, 丁 : 甲이 부상인 상태이므로 B지점에 17시 30분에 도착하는데 丁이 17시 10분부터 당직 근무가 예정되어 있으므로 가능하지 않은 조합이다.

③ 乙, 丙, 戊 : 1종 보통 운전면허를 소지하고 있는 사람이 없으므로 가능하지 않은 조합이다.

⑤ 丙, 丁, 戊 : 책임자로서 차장직급이 한명은 포함되어야 하므로 가능하지 않은 조합이다.

(정답해설)

② 곶감이 소쿠리에 있다면 甲과 戊는 거짓말을 한 것이므로 나쁜 호랑이고, 丙은 참말을 하였으므로 착한 호랑이가 된다. 그런데 乙과 丁의 경우는 둘 중 하나는 참말, 하나는 거짓말의 관계만 성립하면 되므로 가능한 조합이다.

(오답해설)

① 곶감이 꿀단지에 있다면 甲은 거짓말을 한 것이므로 나쁜 호랑이가 되고, 丙과 戊는 참말을 하였으므로 착한 호랑이가 된다. 착한 호랑이는 2마리라고 하였으므로, 乙과 丁은 나쁜 호랑이가 된다. 丙을 나쁜 호랑이라고 하였으므로 가능하지 않다.

③ ②에서 언급한 것과 같이 곶감이 소쿠리에 있다면 乙은 丁과 반대이기만 하면 되지만, 丙은 참말을 하였으므로 착한 호랑이가 된다. 따라서 가능하지 않다.

④ 곶감이 아궁이에 있다면 甲은 참말을 한 것이므로 착한 호랑이이고, 丙과 戊는 거짓말을 하였으므로 나쁜 호랑이가 된다. 따라서 가능하지 않다.

⑤ ④에서 언급한 것과 같이 곶감이 아궁이에 있다면 甲은 착한 호랑이인데, 乙은 자신만 곶감의 위치를 안다고 하였으므로 乙은 거짓말을 하고 있는 것이어서 나쁜 호랑이가 되며, 반대로 丁은 乙과 반대가 되어야 하므로 착한 호랑이가 된다. 따라서 가능하지 않다.

(정답해설)

주어진 조건을 정리하면 다음과 같다.

- A → (C∨F), B → G
- ∼(D∧E)
- A∨C∨F
- ∼A
- (B∨G) → D
- ∼C

⑤ 주어진 조건을 모두 만족하므로 옳다.

(오답해설)

① A는 근무 평정이 70점 이하여서 선발될 수 없으므로 옳지 않다.

② 과학기술과 직원인 C 또는 F 중 최소한 1명은 선발되어야 하므로 옳지 않다.

③ B가 선발될 경우 G도 같이 선발되어야 하므로 옳지 않다.

④ C는 직전 인사 파견 기간이 종료된 후 2년 이상 경과하지 않아 선발될 수 없으므로 옳지 않다.

(정답해설)

민경과 혜명이 5점을 맞힌 화살의 개수를 A라 하면, 다음과 같은 점수표를 만들 수 있다.

점수	민경의 화살 수	혜명의 화살 수
0점	3	2
3점	7−A	8−A
5점	A	A

따라서 민경의 최종점수는 21+2A가 되어 홀수임을 알 수 있고, 혜명의 최종점수는 24+2A가 되어 짝수임을 알 수 있다. 또한 둘의 최종점수의 차이는 3점임을 알 수 있다. 따라서 이를 만족하는 경우는 ③뿐이다.

(정답해설)

각 방식별로 甲~丙이 얻게 되는 점수를 정리하면 다음과 같다.

구분	A 방식	B 방식	C 방식
甲	140점	107점	210점
乙	140점	105점	190점
丙	130점	94점	220점

② B 방식으로 채점하면 甲이 107점으로 1등을 하게 되므로 옳지 않은 내용이다.

(오답해설)

① A 방식으로 채점하면 甲과 乙 모두 140점을 얻게 되므로 옳은 내용이다.

③ C 방식으로 채점하면 丙이 220점으로 1등을 하게 되므로 옳은 내용이다.

④ A 방식과 B 방식은 상식 1문제에 5점, 영어 1문제에 10점을 부과하나 C 방식은 두 과목 모두 10점씩 부과하여 앞서의 두 방식에 비해 상식에 더 많은 가중치가 주어지게 된다. 따라서 옳은 내용이다.

⑤ B 방식에서 상식의 틀린 개수당 점수를 −5, 영어의 틀린 개수당 점수를 −10으로 할 경우 甲과 乙은 80점, 丙은 60점을 얻게 되므로 甲과 乙 모두 공동 1위가 되어 A 방식으로 계산한 것과 동일하게 된다. 따라서 옳은 내용이다.

(정답해설)

흑인을 백인으로 잘못 볼 가능성이 20%이므로, 실제 흑인강도 10명 가운데 (8)명만 정확히 흑인으로 인식될 수 있으며, 실제 백인강도 90명 중 (18)명은 흑인으로 오인된다. 따라서 흑인으로 인식된 (26)명 가운데 (8)명만이 흑인이므로, 피해자가 범인이 흑인이라는 진술을 했을 때 그가 실제로 흑인에게 강도를 당했을 확률은 겨우 (26)분의 (8), 약 (31)%에 불과하다.

(정답해설)

ㄱ. 만약 점 6개를 새긴 면이 존재한다면 나머지 5개의 면에 점 4개가 새겨져야 하는데, 이는 모든 면에 반드시 점을 1개 이상 새겨야 한다는 조건에 위배된다. 따라서 옳은 내용이다.

(오답해설)

ㄴ. (3, 3, 3, 3, 4, 5), (4, 4, 4, 4, 4, 1) 등의 경우가 존재하므로 옳지 않은 내용이다.

ㄷ. (4, 4, 4, 4, 4, 4) 등의 경우가 존재하므로 옳지 않은 내용이다.

ㄹ. (6, 6, 5, 1, 1, 1) 등의 경우가 존재하므로 옳지 않은 내용이다.

100

정답해설

ㄴ. 연도별로 인증대학을 구분해보면, 2013년에 12개 대학이 인증을 받았으며, 2014년에는 기존의 대학 중 2개 대학의 인증이 취소되었고, 신규로 18개 대학이 인증을 받았다. 그리고 2015년에는 기존의 대학 중 3개 대학의 인증이 취소되었고, 신규로 21개 대학이 인증을 받았다. 이때 인증대학으로 1번 이상 선정된 대학의 수가 최대가 되기 위해서는 신규로 인증된 대학들 중 이전에 인증을 받았다가 취소된 적이 없는 경우여야 한다. 따라서 최댓값은 51개(=12+18+21)이므로 옳은 내용이다.

ㄹ. 2016년 2월 현재 23개월 이상 인증을 유지하고 있는 대학들은 2015년 3월의 기존 인증대학인데 이 대학이 총 25개이므로 옳은 내용이다.

오답해설

ㄱ. A대학이 2014년에 인증이 취소된 후 2015년에 다시 인증을 신청하여 신규 인증대학으로 선정되었다면 2016년 2월에는 기존 인증대학에 해당하여 핵심지표평가만을 받게 된다. 따라서 옳지 않은 내용이다.

ㄷ. 2015년에 인증을 받은 21개 대학 중 2014년에 인증이 취소되었다가 2015년에 다시 인증을 받은 대학이 존재한다면 그만큼 1번 이상 선정된 대학의 수는 줄어들게 된다. 따라서 2014년에 인증이 취소된 2개 대학이 모두 2015년에 인증을 받았다고 가정한다면 최솟값은 49개가 된다.

101

정답해설

ㄴ. 甲이 1장만 당첨되고, 乙이 응모한 3장 모두가 당첨되는 경우에 甲이 받는 사과의 개수가 최소가 된다. 이 경우에 甲은 25개(=100/4×1)의 사과를 받게 되므로 옳은 내용이다.

ㄷ. 당첨된 직원이 한 명 뿐이라면 그 직원이 모든 사과(100개)를 받게 되므로 옳은 내용이다.

오답해설

ㄱ. 甲이 응모한 3장 모두가 당첨되고 乙이 1장만 당첨된 경우에 甲이 받는 사과의 개수가 최대가 된다. 이 경우에 甲은 75개(=100/4×3)의 사과를 받게 되므로 옳지 않은 내용이다.

102

정답해설

먼저 36개의 로봇을 6개조로 나누어 경기를 진행하면 총 6경기(1~6경기)가 진행되는데, 각 조별로 3위 이하를 차지한 로봇들은 전체 로봇의 순위에서도 3위 이하를 차지할 수밖에 없다. 따라서 이들은 이후에도 고려할 필요가 없다. 다음으로 각 조별로 1위를 차지한 6개의 로봇이 참여하는 경기(7경기)를 진행하여 1위와 2위를 결정한다. 마지막으로 7경기의 1위를 차지한 로봇이 원래 속해있던 조의 2위와 7경기의 2위와의 경기(8경기)를 진행하게 되면 가장 빠른 로봇 1위와 2위를 결정할 수 있게 된다.

103

정답해설

ㄱ. 첫 번째 대결에서는 C전략의 승률이 가장 높으므로(60-70-90, A-B-C 순. 이하 동일) C전략을 선택하며 두 번째 대결에서는 B전략의 승률이 가장 높으므로(60-70-40) B전략을 선택한다. 마지막으로 세 번째 대결에서는 A전략의 승률이 가장 높으므로(60-30-40) A전략을 선택한다. 따라서 3가지 전략을 각각 1회씩 사용해야 하므로 옳은 내용이다.

ㄷ. 1개의 전략만을 사용하는 경우의 승률을 계산해보면 다음과 같다.
- A전략 : 0.6×0.5×0.4=0.12
- B전략 : 0.7×0.3×0.2=0.042
- C전략 : 0.9×0.4×0.1=0.036

따라서 A전략을 선택해야 하므로 옳은 내용이다.

오답해설

ㄴ. 위 ㄱ과 같은 논리로 판단해보면 네 번째 대결에서는 A, 다섯 번째 대결에서는 A 또는 C전략을 사용하게 된다. 따라서 옳지 않은 내용이다.

ㄹ. 2번 모두 패배할 확률을 계산해보면 다음과 같다.
- A전략 : 0.4×0.5=0.2
- B전략 : 0.3×0.7=0.21
- C전략 : 0.1×0.6=0.06

따라서 C전략을 선택해야 하므로 옳지 않은 내용이다.

104

정답해설

이 문제는 각각의 일과를 수행할 수 있는지를 살펴보는 것보다 해당 일과가 포함될 경우 남은 시간으로 다른 일과들을 수행할 수 있는지를 살펴보는 것이 편리하다. 이에 따르면 '세수'(4분)를 포함시킬 경우 남은 시간은 21분인데 다른 일과에 소요되는 시간들(10, 8, 7, 5, 15, 2)의 조합으로는 21을 만들어낼 수 없다. 여기서 머리 감기(3분)와 머리 말리기(5분)는 항상 같이 진행해야 하므로 둘의 합인 8분으로 판단해야 함에 주의하자.

105

정답해설

각 운전자의 운동량을 계산해보면 다음과 같다.
- 甲 : 1.4×2=2.8
- 乙 : 1.2×2×0.8=1.92
- 丙 : 2×1.5=3
- 丁 : (2×0.8)+(1×1.5)=3.1
- 戊 : (0.8×2×0.8)+1.2=2.48

따라서 5명의 운전자를 운동량이 많은 순서대로 나열하면 丁>丙>甲>戊>乙이다.

정답해설

- A : 제2항 제2호의 '수학 중 해임된 자'에 해당하므로 지급경비 1,500만 원을 모두 반납해야 한다.
- B : 제2항 제1호의 '소정의 과정을 마친 후 정당한 사유 없이 복귀하지 아니한 자'에 해당하므로 지급경비 2,500만 원을 모두 반납해야 한다.
- C : 제2항 제3호의 '소정의 과정을 마친 후 의무복무기간 중에 전역 또는 제적 등의 사유가 발생하여 복무의무를 이행하지 아니한 자'에 해당하므로 지급경비 중 1,750만 원{=3,500×(6−3)/6}을 반납해야 한다.
- D : 2항 2호의 '수학 중 해임된 자'에 해당하나 심신장애로 인하여 해임된 경우에는 지급경비의 2분의 1을 반납해야 한다고 하였으므로 1,000만 원을 반납해야 한다.
- E : 제2항 제2호에서 국가비상시에 군에 복귀시킬 필요가 있다고 인정하여 군위탁생 임명을 해임한 경우는 지급경비를 반납하지 않는다고 하였으므로 반납해야 할 경비는 0원이다.

따라서 반납해야 할 경비가 가장 많은 사람부터 가장 적은 사람 순으로 나열하면 B−C−A−D−E이다.

107 정답 ①

정답해설

A사와 B사의 각 비용의 분배비율은 다음과 같다.

구분	A사	B사
연구개발비	1/4	3/4
판매관리비	1/2	1/2
광고홍보비	2/3	1/3

ㄱ. 분배받는 순이익을 극대화하기 위해서는 각 회사별로 분배비율이 가장 높은 것을 선택하면 되므로 A사는 광고홍보비, B사는 연구개발비를 선호할 것이다. 따라서 옳은 내용이다.
ㄴ. 연구개발비가 분배기준이 된다면 B사가 분배받는 금액은 150억 원{=60억 원+(120억 원×3/4)}이고 A사가 분배받는 금액은 50억 원이므로 옳은 내용이다.

오답해설

ㄷ. 판매관리비의 분배비율은 두 회사가 동일하지만 (가)에서 규정하고 있는 '제조원가의 10%'는 두 회사가 다르므로 옳지 않은 내용이다.
ㄹ. 광고홍보비가 분배기준이 된다면 A사가 분배받는 금액은 100억 원{=20억 원+(2/3)}이고 B회사 역시 100억 원을 분배받으므로 둘은 동일하다. 따라서 옳지 않은 내용이다.

108 정답 ①

정답해설

각 시설별 보조금의 총액을 계산하면 다음과 같다.

(단위 : 백만 원)

구분	운영비	사업비	장려수당	간식비	총액
A	320	80	200	7	607
B	240	60	100	8	408
C	256	80	200	10	546
D	240	80	200	12	532

따라서 지급받을 수 있는 보조금의 총액이 큰 시설부터 나열하면 A−C−D−B이다.

109 정답 ⑤

정답해설

주어진 자료를 토대로 직원들의 오류 점수와 벌점을 정리하면 다음과 같다.

구분	오류 점수	벌점
甲	450점{=(10×5)+(20×20)}	없음(오류발생비율 25%)
乙	500점{=(10×10)+(20×20)}	5,000점
丙	370점{=(10×15)+(20×15)−80}	없음(오류점수 400점 미만)
丁	400점{=(10×20)+(20×10)}	4,000점
戊	420점{=(10×30)+(20×10)−80}	4,200점

따라서 두 번째로 높은 벌점을 받게 될 사람은 戊이다.

110 정답 ⑤

정답해설

ㄷ. 141명이 찬성하고 남은 69명이 모두 기권을 하여도 기권표가 전체의 3분의 1인 70명 이상이 되지 않고, 모두 반대를 한다고 해도 찬성표가 50%를 초과하는 상황이므로 안건은 가결된다. 따라서 옳은 내용이다.
ㄹ. 기권표가 전체의 3분의 1 이상이면 안건이 부결되므로 기권표는 최대 69명까지만 가능하며, 이 상황에서 찬성표가 71표가 나올 경우 반대 70표보다 많아 안건이 가결된다. 따라서 최소 찬성표는 71표이므로 옳은 내용이다.

오답해설

ㄱ. 70명이 기권하였다면 전체 210명 중 3분의 1 이상이 기권한 것이어서 안건이 부결되므로 옳지 않은 내용이다.
ㄴ. 104명이 반대하고 기권을 한 사람도 하지 않은 상태에서 나머지 106명이 모두 찬성했다면 안건이 가결되므로 옳지 않은 내용이다.

111
정답 ③

정답해설

ㄱ. LD50값이 높을수록 독성이 낮아진다는 것에 유의하여 계산해보자. 보톡스의 LD50값이 1ng/kg($=10^{-6}$mg/kg)이므로 이보다 1만 배($=10^{-4}$) 큰 값은 10^{-2}($=0.01$)mg/kg임을 알 수 있다. 따라서 옳은 내용이다.

ㄴ. ㄱ에서 언급한 것처럼 LD50값이 높다는 것은 치사량에 이르기 위해서는 그만큼 더 많은 양을 투입해야 한다는 의미이므로 독성이 약하다는 것을 의미한다. 따라서 옳은 내용이다.

ㄷ. 카페인의 LD50값은 200mg/kg인데, 이를 몸무게가 7kg인 대상에 대입하면 1,400mg($=1.4$g)가 됨을 알 수 있으므로 옳은 내용이다.

오답해설

ㄹ. 몸무게 60kg인 실험 대상 동물에 대한 니코틴의 LD50값은 60($=1\times60$)mg이며 이와 같은 양의 니코틴을 얻기 위해서는 담배 600개비가 필요하다(담배 1개비당 니코틴 함량이 0.1mg임에 주의하자). 따라서 옳지 않은 내용이다.

112
정답 ④

정답해설

모임당 구성원 수가 6명 이상 9명 미만인 경우에 해당되지 않는 A모임과 E모임을 제외하고 나머지 모임을 판단해보자.

• B모임 : 1,500천 원+(100천 원×6)=2,100천 원
• C모임 : {1,500천 원+(120천 원×8)}×1.3=3,198천 원
• D모임 : 2,000천 원+(100천 원×7)=2,700천 원

따라서 두 번째로 많은 총지원금을 받는 모임은 D모임이다.

113
정답 ⑤

정답해설

경제성 점수를 부여하기 위해 각 이동수단별 최소비용을 계산하면 다음과 같다.

• 렌터카 : (50달러+10달러)×3일=180달러(하)
• 택시 : 1달러×200마일=200달러(중)
• 대중교통 : 40달러×4명=160달러(상)

이를 반영하여 〈이동수단별 평가점수표〉를 작성하면 다음과 같다.

구분	경제성	용이성	안전성	총점
렌터카	2	3	2	7
택시	1	2	4	7
대중교통	3	1	4	8

따라서 총점이 가장 높은 대중교통을 이용하게 되며, 이때의 비용은 160달러이다.

114
정답 ①

정답해설

제시된 자료를 통해 종합 선호도를 구하면 다음과 같다.

구분	결혼 당사자	양가 부모	종합 선호도
예물	1.5	1	1.25
예단	1	2	1.4
폐백	1	1.5	1.17
스튜디오 촬영	1.8	1	1.67
신혼여행	2	0.5	1.4
예식장	1	2	1.5
신혼집	3	3	3

ㄱ. 종합 선호도에 따른 우선순위 상위 3가지는 '신혼집', '스튜디오 촬영', '예식장'이므로 옳은 내용이다.

ㄴ. 결혼 당사자의 우선순위 상위 3가지는 '신혼집', '신혼여행', '스튜디오 촬영'이며, 양가 부모의 우선순위 상위 3가지는 '신혼집', '예식장', '예단'이므로 옳은 내용이다.

오답해설

ㄷ. 예물은 결혼 당사자의 선호도(1.5)가 양가 부모의 선호도(1)보다 높지만, 폐백은 결혼 당사자의 선호도(1)보다 양가 부모의 선호도(1.5)가 높으므로 옳지 않은 내용이다.

ㄹ. 양가 부모에게 우선순위가 가장 낮은 항목은 '신혼여행'(0.5)이므로 옳지 않은 내용이다.

115
정답 ③

정답해설

A주택의 지붕의 수선이 필요하다고 하였으므로 대보수에 해당하여 주택당 보수비용 지원한도액은 950만 원인데, 미란의 소득인정액은 중위소득 40%에 해당하여 지원율을 감안한 지원액은 760만 원($=950$만 원×80%)이다.

116
정답 ③

정답해설

• 방송광고 : 15회×1분×2매체=30분
• 방송연설(비례대표의원) : 10분×2매체×2명=40분
• 방송연설(지역구의원) : 10분×2매체×2회×100명=4,000분

따라서 甲정당과 그 소속 후보자들이 최대로 실시할 수 있는 선거방송 시간의 총합은 4,070분이다.

117
정답 ③

정답해설

③ A, B 각각의 점수를 계산해보면 다음과 같다.

• A : 거리점수 : 60+(2×2)=64
  자세점수 : 17+17+17=51, 따라서 합산점수는 115점이다.
• B : 거리점수 : 60+(−1.8×2)=56.4
  자세점수 : 19+19.5+17.5=56, 따라서 합산점수는 112.4점이다.

따라서 A와 B의 합계점수는 227.4점이다.

118

정답해설

먼저 각 가구 유형별로 맞벌이 가구와 빈곤 가구의 수를 정리하면 다음과 같다.

구분	맞벌이 가구	빈곤 가구	합계
무자녀 가구	90	60	300
한 자녀 가구	180	120	600
두 자녀 가구	150	100	500
세 자녀 가구	30	20	100
합계	450	300	1,500

- A안 : (200만 원×25%)×300가구=15,000만 원
- B안 : (10만 원×600가구)+(20만 원×500가구)+(30만 원×100가구)= 19,000만 원
- C안 : (30만 원×180가구)+(30만 원×2명×150가구)+(100만 원×30가구) =17,400만 원

따라서 월 소요 예산 규모는 A<C<B이다.

119

정답해설

④ 통역사 1인당 통역경비를 계산하면 다음과 같다.
- 영어 통역사 : 500,000원(기본요금)+100,000원(추가요금)+100,000원(교통비)+40,000원(이동보상비)=740,000원
- 인도네시아어 통역사 : 600,000원(기본요금)+100,000원(교통비)+40,000원(이동보상비)=740,000원

각 언어별 통역사는 2명씩이므로 총 통역경비는 2,960,000원이다.

120

정답해설

② 각각의 경우에 지출해야 하는 관광비용을 정리하면 다음과 같다.
- 스마트 교통카드를 구입한 경우 : 1,000원(카드가격)+1,000원(경복궁)+5,000원(미술관)+5,000원(전망대)+1,000원(박물관)=13,000원
- 시티투어 A를 구입한 경우 : 3,000원(시티투어A)+700원(경복궁)+3,500원(미술관)+7,000원(전망대)+700원(박물관)=14,900원
- 시티투어 B를 구입한 경우 : 5,000원(시티투어B)+0원(경복궁)+5,000원(미술관)+0원(전망대)+0원(박물관)+2,000원(지하철)=12,000원

따라서 甲이 관광비용을 최소화하기 위해서는 시티투어 B를 구입해야 하며 그 때의 관광비용은 12,000원이다.

121

정답해설

⑤ KTX는 광고비용이 월 3천만 원을 초과하므로 제외하고 나머지 광고수단들의 광고효과를 계산하면 다음과 같다.
- TV : (3회×100만 명)/30,000천 원=0.1
- 버스 : (1×30×10만 명)/20,000천 원=0.15
- 지하철 : (60×30×2,000명)/25,000천 원=0.144
- 포털사이트 : (50×30×5,000명)/30,000천 원=0.25

따라서 A사무관은 광고효과가 가장 큰 포털사이트를 광고수단으로 선택한다.

CHAPTER 03
LEVEL 3, 단련

01	02	03	04	05	06	07	08	09	10
②	④	⑤	⑤	④	④	②	②	④	⑤
11	12	13	14	15	16	17	18	19	20
④	④	②	④	①	①	④	①	①	②
21	22	23	24	25	26	27	28	29	30
③	③	⑤	③	④	①	④	①	⑤	⑤
31	32	33	34	35	36	37	38	39	40
①	④	④	③	①	④	③	②	①	④
41	42	43	44						
⑤	③	⑤	①						

01 정답 ②

정답해설

각 조의 순서에 따라 임의로 숫자를 매겨 풀이한다.

② 제2조에서 '승낙기간이 지정되어 있는 경우 청약은 철회될 수 없다'고 하였으므로 A가 1월 2일에 한 청약철회는 효력이 없는 것이다. 그리고 제3조 제2항에서 '청약에 대한 승낙은 동의의 의사표시가 청약자에게 도달하는 시점에 효력이 발생한다고 하였으므로 B의 승낙은 1월 14일에 효력이 발생한 것이다. 마지막으로 제4조에서 계약은 청약에 대한 승낙의 효력이 발생한 시점에 성립된다고 하였으므로 이 계약은 1월 14일에 성립되었다고 볼 수 있다.

02 정답 ④

정답해설

각 조의 순서에 다라 임의로 숫자를 매겨 풀이한다.

ㄱ. 학부모위원이 5명, 교원위원이 4명이라면 지역위원은 1명일 수 있으므로 옳은 내용이다.

ㄷ. 제3조에서 '학교에 두는 운영위원회의 구성 및 운영에 관하여 이 법에서 규정하지 아니한 사항은 모두 시·도의 조례로 정한다'고 하였으므로 옳은 내용이다.

ㄹ. 제2조 제1항에서 '학교의 장은 항상 운영위원회의 교원위원이 된다'고 하였고 2항에서 '운영위원회에는 위원장 및 부위원장 각 1인을 두되, 교원위원이 아닌 위원 중에서 무기명투표로 선출한다'고 하였으므로 옳은 내용이다.

오답해설

ㄴ. 위원의 정수가 15명인 경우 지역위원은 4.5명~7.5명의 범위 내에서 정하여야 하는데 사람의 수는 정수로만 판단할 수 있으므로 5명~7명의 범위 내에서 정하여야 한다. 그런데 이 중 2분의 1이상은 '해당 학교가 소재하는 지역을 사업활동의 근거지로 하는 사업자'로 선정해야 한다고 하였으므로 최소 3명(수치상으로는 2.5명), 최대 7명을 선정할 수 있다. 따라서 옳지 않은 내용이다.

03 정답 ⑤

정답해설

⑤ 합병에 의한 특허권의 이전등록료는 건당 14,000원이므로 수수료 총액은 56,000원(=14,000×4)이다.

오답해설

① 상속에 의한 출원인변경신고료는 건당 6,500원이므로 수수료 총액은 32,500원(=6,500원×5)이다.

② 특허권의 말소등록료는 건당 5,000원이므로 수수료 총액은 45,000원(=5,000원×9)이다.

③ 특허출원서를 전자문서로 제출하는 경우 특허출원료는 건당 38,000원이므로 수수료 총액은 38,000원이다.

④ 특허권의 통상실시권에 대한 보존등록료는 건당 43,000원이므로 수수료 총액은 43,000원이다.

04 정답 ⑤

정답해설

⑤ 법 제00조 제3항과 시행령 제00조 제1항에서 '종합유원시설업을 경영하려는 자는 특별자치도지사·시장·군수·구청장의 허가를 받아야 한다'고 하였으므로 옳은 내용이다.

오답해설

①, ③ 법 제00조 제5항에서 '관광극장유흥업, 한옥체험업을 경영하려는 자는 특별시장·광역시장·도지사·특별자치도지사 또는 시장·군수·구청장의 지정을 받아야 한다'고 하였고, 제6항에서 이들이 지역별 관광협회 등에 권한 일부를 위탁할 수 있다고 하였다. 즉 권한이 위탁되었다고 하더라도 일부에 국한된 것이며 지정을 받아야 하는 것이지 등록을 해야 하는 것은 아니므로 옳지 않은 내용이다.

② 법 제00조 제1항에서 '관광숙박업을 경영하려는 자는 특별자치도지사·시장·군수·구청장에게 등록하여야 한다'고 하였으므로 옳지 않은 내용이다.

④ 법 제00조 제2항에서 '카지노업을 경영하려는 자는 문화체육관광부장관의 허가를 받아야 한다'고 하였으므로 옳지 않은 내용이다.

05 정답 ④

정답해설

④ '영업주(상점주인)가 자신을 대신하여 물건을 판매할 지배인을 고용한 경우, 지배인은 물건을 판매하면서 영업주를 위하여 판매한다고 고객에게 표시하지 않아도 그 판매행위는 영업주가 한 행위와 같은 것으로 본다'고 하였으므로 옳은 내용이다.

① '합병을 하는 회사의 일방이 주식회사 또는 유한회사인 때에는 합병 후 존속하는 회사 또는 회사 합병으로 인하여 설립되는 회사는 주식회사 또는 유한회사이어야 한다'고 하였으므로 옳지 않은 내용이다.

② '상호를 양도하기 위해서는 영업을 폐지하여야 하고, 영업을 함께 양도하는 경우에도 상호를 양도할 수 있다'고 하였으므로 옳지 않은 내용이다.

③ '고객의 물건을 창고에 보관해 주고 대가를 받는 것을 영업으로 하는 사람이 그 보관 물건의 멸실이나 훼손으로 인하여 책임을 부담해야 하는 경우, 고객은 물건이 출고된 날로부터 1년 이내에 그 책임을 물을 수 있다'고 하였으므로 옳지 않은 내용이다.

⑤ '타인의 부탁을 받고 타인의 물건을 자신의 이름으로 직접 매매하고 그 대가를 받는 사람은, 그 물건을 매수한 사람에 대하여 매매로 인하여 발생하는 권리를 직접 취득하고 의무를 부담한다'고 하였으므로 丙에게 물건대금의 지급을 청구할 수 있는 사람은 乙이다. 따라서 옳지 않은 내용이다.

06 정답 ④

각 조의 순서에 따라 임의로 숫자를 매겨 풀이한다.

ㄴ. 제3조 제1항 제1호에서 '헌법재판소규칙에 따라 비밀이나 비공개 사항으로 규정된 정보는 공개하지 아니할 수 있다'고 하였으므로 옳은 내용이다.

ㄷ. 제3조 제1항 제2호에서 '직무를 수행한 공무원의 성명·직위'는 비공개대상 정보의 예외로 규정하고 있으므로 옳은 내용이다.

ㄱ. 제1조 제1항에서 '국민생활에 매우 큰 영향을 미치는 정책에 관한 정보'는 정기적으로 공개해야 하지만, 제3조에 해당하는 경우는 그러하지 아니하다고 하였으므로 옳지 않은 내용이다.

07 정답 ②

각 조의 순서에 따라 임의로 숫자를 매겨 풀이한다.

② 제3조에서 책임연구원은 대학교수 또는 박사학위 소지자이어야 한다고 하였으나 연구원에 대해서는 그러한 제한이 없으므로 위반행위에 해당하지 않는다.

①, ③ 제1조에서 연구비 총액 5,000만 원 이상의 연구용역은 경쟁입찰 방식을 따라야 한다고 하였고 이는 이후 과정에서 감액이 가능하다고 하여 달라지는 것이 아니므로 위반행위에 해당한다.

④ 제5조에서 총액 3,000만 원을 초과하는 연구용역에 대해서는 감사원에 보안성 검토를 의뢰해야 한다고 하였고, 제1조에서 총액 5,000만 원 이상의 연구용역은 경쟁입찰 방식을 따라야 한다고 하였으므로 위반행위에 해당한다.

⑤ 용역수행계획서와 예산계획서는 부서장의 결재를 받아야 하지만 보안서약서는 결재를 받아야 하는 서류가 아니며 계약실시요청 시 첨부하여야 하는 것은 보안성 검토결과이다. 따라서 위반행위에 해당한다.

08 정답 ②

각 조의 순서에 따라 임의로 숫자를 매겨 풀이한다.

② 제2조에서 위증죄에 대해서는 5년 이하의 징역 또는 1천만 원 이하의 벌금에 처한다고 하였으므로 옳은 내용이다.

① 위증죄를 적용함에 있어 고소가 필요한지의 여부는 언급되고 있지 않으므로 옳지 않은 내용이다.

③ 제4조에서 위증죄는 양벌규정의 대상이 되는 죄에 해당하지 않으므로 옳지 않은 내용이다.

④ 제4조의 양벌규정에서 '그 개인에게는 해당 조문의 벌금형을 과한다'고 했으므로 제1조 제1항에 따라 '특허권을 침해한 자는 7년 이하의 징역 또는 1억 원 이하의 벌금에 처한다'고 하였으므로 옳지 않은 내용이다.

⑤ 제4조의 양벌규정이 적용되기 위해서는 해당 개인에 대해서 특허침해죄, 또는 사위행위의 죄가 성립하여야 한다. 따라서 옳지 않은 내용이다.

09 정답 ④

각 조의 순서에 따라 임의로 숫자를 매겨 풀이한다.

④ 제1조 제1항에서 '종전부지 지방자치단체의 장은 군 공항을 이전하고자 하는 경우 국방부장관에게 이전을 건의할 수 있다'고만 하였을 뿐 별다른 절차를 언급하고 있지 않고 있으므로 주민투표는 거치지 않아도 된다. 따라서 옳지 않은 내용이다.

① 제3조에서 군 공항 이전후보지 및 이전부지의 선정 등을 심의하기 위해 국방부에 군 공항 이전부지 선정위원회를 두며, 당연직위원에 종전부지를 관할하는 광역시장이 포함되어 있으므로 옳은 내용이다.

② 제1조에서 '종전부지 지방자치단체의 건의를 받은 국방부장관은 군사작전 및 군 공항 입지의 적합성 등을 고려하여 군 공항 예비이전후보지를 선정할 수 있다'고만 하였고 별다른 절차를 언급하고 있지 않으므로 선정위원회의 심의를 거치지 않아도 된다고 볼 수 있다. 따라서 옳은 내용이다.

③ 제3조 제3항에서 '선정위원회는 종전부지 활용방안 및 종전부지 매각을 통한 이전주변지역 지원방안을 심의한다'고 하였으므로 옳은 내용이다.

⑤ 제2조에서 '국방부장관은 한 곳 이상의 예비이전후보지 중에서 군 공항 이전후보지를 선정함에 있어서 군 공항 이전부지 선정위원회의 심의를 거쳐야 한다'고 하였으므로 옳은 내용이다.

10 정답 ⑤

각 조의 순서에 따라 임의로 숫자를 매겨 풀이한다.

⑤ 제3항 제2호에서 허가신청일 2년 이내에 완료된 산지전용타당성조사결과서를 제출한 경우는 제2항의 '산지전용타당성조사를 받은 경우에는 현지조사를 않고 심사할 수 있다'고 하였으므로 옳은 내용이다.

① 제1항 제2호에서 산지전용허가를 받으려는 산지의 면적이 50만m² 이상 200만m² 미만인 경우 그 산지가 사유림이라면 시·도지사에게 신청서를 제출해야 한다고 하였으므로 옳지 않은 내용이다.

② 제1항 제1호에서 산지전용허가를 받으려는 산지의 면적이 200만㎡ 이상인 경우에는 산림청장에게 신청서를 제출해야 한다고 하였으므로 옳지 않은 내용이다.

③ 제3항 제1호에서 신청서에는 사업계획서 1부를 첨부해야 한다고만 하고 있을 뿐 이에 대한 예외사항은 규정되어있지 않으므로 옳지 않은 내용이다.

④ 제3항 제4호에서 전용하려는 산지의 면적이 65만㎡ 미만인 경우에는 산림조사서의 제출을 면제한다고 하였으므로 옳지 않은 내용이다.

11
정답 ④

정답해설

④ 甲과 乙에게 각각 부과된 과태료를 구하면 다음과 같다.

- 甲 : 해태기간이 1개월 이하이고 실제 거래가격이 3억 원 이상에 해당하므로 100만 원이 부과되며, 실제 거래가격과 신고가격의 차액이 실제 거래가격의 20% 이상에 해당하므로 취득세(500만 원)의 3배인 1,500만 원이 부과된다. 따라서 甲에게 부과된 과태료는 1,600만 원이다.

- 乙 : 부동산을 취득할 수 있는 권리의 실제 거래가격을 거짓으로 신고한 경우에 해당하며 실제 거래가격과 신고가격의 차액이 실제 거래가격의 20% 이상에 해당하므로 실제 거래가격의 4%인 800만 원이 부과된다.

따라서 甲과 乙에게 부과된 과태료의 합은 2,400만 원이다.

12
정답 ④

정답해설

④ '당사자들이 상소하지 않기로 합의하고 이 합의서를 법원에 제출할 경우, 판결은 선고 시에 확정된다'고 하였으므로 옳은 내용이다.

오답해설

① '상소는 패소한 당사자가 제기하는 것'이라고 하였으므로 甲이 제기할 수 있다. 따라서 옳지 않은 내용이다.

② 甲에게 판결문이 11월 10일에 송달되어, 상소를 하려면 2주 내에 상소를 제기해야 한다. 즉, 11월 24일까지 상소를 제기하지 않으면 같은 날 판결이 확정되므로 옳지 않은 내용이다.

③ 상소를 취하하면 상소기간 만료 시에 판결이 확정된다. 따라서 11월 11일에 상소하고 12월 1일에 상소를 취하하면, 상소기간 만료일인 11월 24일에 판결이 확정되므로 옳지 않은 내용이다.

⑤ 상소기간 만료 전인 11월 21일에 상소포기서를 제출하면 제출 시에 판결이 확정되어 제출일인 11월 21일에 판결이 확정되므로 옳지 않은 내용이다.

13
정답 ②

정답해설

ㄱ. 통제영 귀선의 포구멍은 좌우 방패판 각각 22개(총 44개), 거북머리 위의 2개, 2개의 문 옆에 1개씩(총 2개), 좌우 복판에 각각 12개(총 24개)이므로 72개이다. 그리고 전라좌수영 귀선의 포구멍은 거북머리 아래의 2개, 현판 좌우 각각 10개(총 20개), 복판 좌우 각각 6개(총 12개)이므로 34개이다. 따라서 옳은 내용이다.

ㅁ. 통제영 귀선은 좌우에 노를 각각 10개씩 설치했다고 하였으므로 총 20명이 필요하고, 전라좌수영 귀선은 좌우에 각각 8개씩 설치했다고 하였으므로 총 16명이 필요하다. 따라서 옳은 내용이다.

오답해설

ㄴ. 선장이 쓰는 방은 왼쪽 포판 위에 있으므로 옳지 않은 내용이다.

ㄷ. 포판 위에 쇠목을 박아두었다는 내용은 제시문을 통해서는 알 수 없으므로 옳지 않은 내용이다.

ㄹ. 용머리를 제시문의 거북머리로 이해할 경우, 통제영 귀선의 거북머리 위에 2개의 포구멍이 있었고, 전라좌수영 귀선 거북머리 아래에 2개의 포구멍이 있었다는 점에서 포를 쏘는 곳이었음은 추론할 수 있다. 하지만 그것이 귀선만의 특징인지는 알 수 없으므로 옳지 않은 내용이다.

14
정답 ④

정답해설

ㄱ. 연구지원 신청자격은 연구책임자를 포함한 6인 이상의 연구팀에 부여되며, 그 연구팀에는 동일 연구분야의 전공자 비율이 70%를 넘지 않아야 하는 동시에 2개 이상 연구분야의 전공자가 참여하는 것이 기본요건이므로 옳은 내용이다.

ㄹ. 2010년부터는 매년 연차평가를 실시하여 계속지원 여부를 결정하고 있다고 하였으므로 옳은 내용이다.

ㅁ. 씨앗형 사업과 새싹형 사업 모두 1단계 요건심사, 2단계 전공심사, 3단계 종합심사의 동일한 과정으로 구성되어 있다고 하였으므로 옳은 내용이다.

오답해설

ㄴ. '새싹형 사업은 국가차원의 전략적 과제의 원활한 수행을 위해 지정과제 공모식의 하향식 연구지원방식도 포함하고 있다'고 하였으므로 옳지 않은 내용이다.

ㄷ. 2009년까지는 기본 3년의 연구수행결과에 대한 1단계 평가를 통해 강제탈락제도를 시행하여 왔다고 하였으므로 옳지 않은 내용이다.

15
정답 ①

정답해설

ㄱ. 태종 대는 중국이 명나라 때였으므로 '유명증시'를 맨 앞에 붙였으며, 그 다음으로 중국이 내려준 시호인 사시인 '공정', 묘호 '태종', 상시 '성덕신공문무광효'를 붙여서 쓴 후 마지막에 '대왕'을 붙였다. 따라서 옳은 내용이다.

ㄴ. 우주는 묘호, 상시, 대왕의 순서로 붙여서 썼으므로 묘호 '태종', 상시 '성덕신공문무광효'를 붙여서 쓴 후 마지막에 '대왕'을 붙였다. 따라서 옳은 내용이다.

오답해설

ㄷ. 인조 사후는 청나라로 바뀐 이후이므로 중국이 인조에게 내린 시호는 사용하지 않았다. 따라서 인조의 연주는 '인조헌문열무명숙순효대왕'이 될 것이므로 옳지 않은 내용이다.

ㄹ. 우주는 묘호, 상시, 대왕의 순서로 붙여서 썼으며, 청나라 이후의 연주는 명나라 시절의 유명증시와 사시를 뺀 묘호, 상시, 대왕의 순서로 붙여서 썼으므로 둘은 동일하게 표시되어 있을 것이다. 따라서 옳지 않은 내용이다.

정답 ②

정답해설

ㄱ. 성인의 경우 체중의 약 60%를 물이 차지하고 있으므로 60kg 성인의 경우, 체내에서 차지하는 수분의 무게는 약 36kg이다. 따라서 옳은 내용이다.

ㄷ. 70kg 성인의 체중에서 차지하는 수분의 무게는 약 42kg인데, 이 중 5%인 2.1kg이 부족하면 혼수상태에 빠지게 된다. 그런데 성인 1일 기준 수분배출량은 2.5kg(=0.7+0.2+1.5+0.1)이므로 이만큼의 수분이 배출되면 혼수상태에 빠지게 될 것이다. 따라서 옳은 내용이다.

오답해설

ㄴ. 80kg 성인의 체중에서 차지하는 수분의 무게는 약 48kg인데, 이 중 12%인 5.76kg이 부족하면 사망에 이르게 된다. 그리고 5.76kg을 변환하면 5,760ml이므로 4,760ml의 수분이 부족해진다고 해서 사망하게 되는 것은 아니다. 따라서 옳지 않은 내용이다.

ㄹ. 성인 1일 기준 수분배출량의 30%는 0.75kg(=2.5×0.3)인데, 상추 400g과 쌀밥 300g을 섭취하는 경우 이에 포함된 수분은 0.7kg보다 작으므로 옳지 않은 내용이다.

---

17   정답 ④

정답해설

ㄱ. 조선 시대 궁녀가 받는 보수에는 의전, 선반, 삭료의 세 가지가 있다고 하였는데, 이 중 봄, 가을에 궁녀에게 포화를 내려주는 것을 의전이라고 하고, 곡식과 반찬거리 등의 현물로 지급되는 매달 주는 봉급을 삭료라고 하였으므로 옳은 내용이다.

ㄷ. 반공상으로 지급되는 북어는 1태 5미이고, 온방자로 지급되는 북어는 1태인데, 반방자는 온방자의 절반이라고 하면서 북어 10미를 지급하였으므로 1태는 20미임을 알 수 있다. 따라서 반공상과 온방자를 통해 받는 2태 5미는 45미를 의미하므로 옳은 내용이다.

ㄹ. 궁녀는 공상과 방자를 받게 되는데, 공상 중 가장 적은 것은 반반공상(쌀 4두, 콩 1두 5승, 북어 13미)이고, 방자는 지급되지 않는 경우도 있기 때문에 공상 중 반반공상에 해당하는 삭료가 궁녀가 받을 수 있는 가장 적은 삭료임을 알 수 있다. 따라서 옳은 내용이다.

오답해설

ㄴ. 온공상과 반공상, 반반공상을 비교해볼 때 온공상은 반공상의 2배가 아니고, 반공상도 반반공상의 2배가 아니므로 옳지 않은 내용이다.

---

18   정답 ①

정답해설

① 세 기준을 모두 충족한다.

감사	총원	연령		성별		직업(직위)	
		40대	50대	남자	여자	공무원	민간기업
현재	14	4	10	10	4	8	6
추가후	15	5	10	10	5	8	7

오답해설

② ㄱ, ㄴ기준은 충족하나 ㄷ기준을 충족하지 않는다.

인사	총원	연령		성별		직업(직위)	
		40대	50대	남자	여자	공무원	민간기업
현재	34	12	22	24	10	14	20
추가	36	12	24	24	12	14	22

③ ㄱ, ㄴ기준은 충족하나, ㄷ기준을 충족하지 않는다.

홍보	총원	연령		성별		직업(직위)	
		40대	50대	남자	여자	공무원	민간기업
현재	17	7	10	12	5	10	7
추가	20	9	11	13	7	13	7

④ ㄴ, ㄷ기준은 충족하나 ㄱ기준을 충족하지 않는다.

인사	총원	연령		성별		직업(직위)	
		40대	50대	남자	여자	공무원	민간기업
현재	34	12	22	24	10	14	20
추가	38	12	26	26	12	14	24

⑤ ㄴ, ㄷ기준은 충족하나, ㄱ기준을 충족하지 않는다.

감사	총원	연령		성별		직업(직위)	
		40대	50대	남자	여자	공무원	민간기업
현재	14	4	10	10	4	8	6
추가	17	5	12	12	5	10	7

---

19   정답 ①

정답해설

① 40점(미성년 자녀 4명 이상)+15점(5년 이상~10년 미만 거주)+20점(만 45세, 무주택 기간 14년)=75점. 75점을 얻은 경우가 ①, ③, ⑤이므로 동점자 처리 기준을 적용해야 한다. 먼저 이 중 미성년 자녀 수가 많은 자는 ①과 ③이며, 이 둘 중 연령이 많은 가구주는 ①이므로 최우선 순위로 당첨된다.

오답해설

② 수도권 지역에 거주하는 무주택 가구주가 아니므로 신청자격이 없다.

③ 40점(미성년 자녀 4명 이상)+10점(1년 이상~5년 미만 거주)+15점(만 37세, 무주택 기간 15년)+10점(6세 미만 영유아 2명)=75점

④ 35점(미성년 자녀 3명)+15점(1년 이상~5년 미만 거주)+20점(만 47세, 무주택 기간 20년)=70점

⑤ 35점(미성년 자녀 3명)+20점(10년 이상 거주)+20점(만 45세, 무주택 기간 10년)=75점

---

20   정답 ③

정답해설

ㄱ. 800cc인 경차의 경우 FTA가 발효되어도 특별소비세와 자동차세 세율에 변화가 없으므로 옳은 내용이다.

ㄴ. 1,600cc인 국산 신차의 경우 자동차세의 세율은 FTA 발효 전과 후가 동일하지만 특별소비세의 경우 FTA 발효 후에는 면제되므로 옳은 내용이다.

ㄷ. 2,000cc 초과차량의 특별소비세율은 FTA 발효 시 8%로, 3년 후 5%로 인하한다고 하였으므로 옳은 내용이다.

오답해설

ㄹ. 보유 시 부과되는 자동차세의 경우 FTA 발효 후 세율이 cc당 200원으로 인하되므로 옳지 않은 내용이다.

---

21   정답 ③

정답해설

ㄱ. 정보화수준 점수는 전자정부순위로 판단하므로 순위가 가장 높은 E국이 30점, 가장 낮은 A국이 0점이고, 다른 국가들은 모두 15점이다. 따라서 옳은 내용이다.

ㄹ. S/W시장규모가 10억 불 이상이면서 인구가 5천만 명 이상인 국가는 E국뿐이므로 E국의 시장매력도 점수는 30점이 되어 종합점수는 60점이 된다. 그런데 시장매력도를 제외한 나머지 항목의 점수의 합이 가장 큰 A국(40점)이 시장매력도에서 얻을 수 있는 최대 점수가 15점에 불과하므로 E국의 종합점수가 가장 높게 된다. 따라서 옳은 내용이다.

오답해설

ㄴ. 접근가능성 점수는 S/W수출액으로 판단하므로 수출액이 가장 많은 A국이 40점, 가장 작은 E국이 0점이고 나머지 국가들은 모두 20점이다. 따라서 옳지 않은 내용이다.

ㄷ. 시장매력도 점수를 S/W시장규모만을 고려하여 결정할 경우 A국의 종합점수는 85점이고, D국은 60점이므로 옳지 않은 내용이다.

---

22   정답 ③

정답해설

이 문제의 모든 해설은 초일산입(첫날을 포함하는 것)을 기준으로 하였으나 이것이 정답을 판별하는 데에 영향을 주지는 않는다.

③ 2009년 1월 21일 제조된 아이크림이며 미개봉상태라고 하더라도 2012년 1월 20일에 사용가능기한이 지났다. 더구나 선택지에서는 이미 개봉된 상태라고 하였으므로 이보다 사용가능기한이 더 빠를 것이다.

오답해설

① 2011년 2월 4일 제조된 립스틱이며 제조일에 곧바로 개봉했다고 하더라도 2012년 2월 3일까지는 사용가능하다.

② 2009년 2월 4일 제조된 클렌저이며 개봉되지 않았으므로 2012년 2월 3일까지는 사용가능하다.

④ 2009년 40번째 되는 날 제조된 로션이므로 미개봉상태라면 2012년 39번째 되는 날까지는 사용이 가능하나 2011년 100번째 되는 날 개봉되었으므로 이보다 앞선 2012년 99번째 되는 날까지 사용이 가능하다.

⑤ 2009년 307번째 되는 날 제조된 스킨이므로 미개봉상태라면 2012년 306번째 되는 날까지는 사용이 가능하나 2011년 325번째 되는 날 개봉되었으므로 이보다 앞선 2012년 4월말 경(6개월 후)까지 사용이 가능하다.

---

23   정답 ⑤

정답해설

⑤ 사전평가에서 77점을 받았다면 '한국어 중급 2과정'(100시간)에 배정되며, 이 과정을 이수한 후 '한국사회이해과정'(50시간)을 이수하여야 한다. 따라서 옳은 내용이다.

오답해설

① A의 사전평가점수가 50점 이상이라면 '한국어과정' 4단계 또는 5단계부터 시작하면 되지만 A는 결혼이민자이므로 4단계와 5단계를 면제받아 곧바로 '한국사회이해과정'으로 진입하게 된다. 따라서 A가 이수해야 할 '한국어과정'시간은 최소 0시간이므로 옳지 않은 내용이다.

② 사전평가에서 95점을 받은 경우는 '한국사회이해과정'으로 곧바로 진입하게 되므로 옳지 않은 내용이다.

③ 일반이민자로서 참여를 신청한 자는 사전평가 점수에 의해 배정된 단계로부터 6단계까지 순차적으로 교육과정을 이수하여야 한다고 하였으므로 옳지 않은 내용이다.

④ 결혼이민자에 대한 '한국어과정' 면제제도는 2013년 1월 1일부터 폐지되었으므로 옳지 않은 내용이다.

---

24   정답 ③

정답해설

③ 확정신고분(코드 1)의 자진납부에 대한 무납부고지의 결정구분코드는 '5'이므로 옳지 않은 내용이다.

오답해설

① 코드 1~4가 납부에 대한 것인데, 코드 1과 코드 3에서는 수정신고분을 명시적으로 제외하고 있으며 코드 4는 원천세에 해당하는 것이므로 남은 코드 2가 수정신고 자진납부분에 해당한다. 따라서 옳은 내용이다.

② 납세의무자가 실제 납부하는 연도와 달이 2011년 4월이므로 납부연월은 '1104'이고, 확정분 자진납부에 해당하므로 결정구분코드는 '1', 세목은 개별소비세이므로 '47'이다. 따라서 옳은 내용이다.

④ 납부연월은 '1210'이고, 예정신고 자진신고납부분의 결정구분코드는 '3', 세목은 양도소득세이므로 '22'이다. 따라서 옳은 내용이다.

⑤ 납부연월은 '1002'이고 원천세 자진납부분의 결정구분코드는 '4', 세목은 갑종근로소득세이므로 '14'이다. 따라서 옳은 내용이다.

---

25   정답 ④

정답해설

ㄱ. A시의 2012년 인구는 13만 명이고, 2015년 예상인구는 15만 명인데 각주에서 인구는 해마다 증가한다고 하였으므로 A시 도서관이 실제 개관하게 될 2014년 상반기 A시의 인구는 13만 명 이상~15만 명 미만의 범위 내에 있음을 알 수 있다. 그런데 봉사대상 인구가 10만 이상~30만 미만인 경우 기존장서는 30,000권 이상이라고 하였으므로 옳은 내용이다.

ㄷ. A시의 인구가 2015년~2020년에 매년 같은 수로 늘어난다면 2018년 A시의 인구는 24만 명이 된다. 그리고 공공도서관은 봉사대상 인구 1천 명당 1종 이상의 연속간행물, 10종 이상의 시청각자료를 보유해야 한다고 하였으므로 각각 최소 240종 이상, 2,400종 이상을 보유해야 한다. 따라서 옳은 내용이다.

ㄹ. 2020년 실제 인구가 예상 인구의 80% 수준인 24만 명이라면, 이때의 연간 증서는 3,000권 이상이 된다. 따라서 6년 동안 매년 3,000권 이상씩 추가로 보유해야 하므로 총 연간증서는 최소 18,000권이다. 따라서 옳은 내용이다.

오답해설

ㄴ. 봉사대상 인구가 10만 명 이상~30만 명 미만이라면 열람석은 350석 이상이어야 하고, 이 중 10% 이상을 노인과 장애인 열람석으로 할당하여야 한다. 그런데 2014년 개관 시와 2015년 모두 인구가 이 범위 내에 존재하므로 열람석은 350석 이상만 충족하면 되며 추가로 열람석을 확보해야 할 필요는 없다. 따라서 옳지 않은 내용이다.

26 정답 ①

정답해설

ㄱ. 5km²은 500ha이므로 5km²의 면적에서 사과를 재배할 경우의 화학비료 권장량은 50t(=500ha×100kg/ha)이다. 그런데 甲은 농약은 전혀 사용하지 않았고 화학비료만 20t 사용했다고 하였으므로 권장량의 1/2에 미치지 못한다. 따라서 무농약농산물 인증이 가능하다.

ㄹ. 가로 100m, 세로 500m인 과수원의 면적은 5ha이므로 이 과수원의 화학비료 권장량은 600kg(=5ha×120kg/ha)이다. 그런데 丁은 총 200kg의 화학비료를 사용하였으므로 권장량의 1/2에 미치지 못한다. 또한, 감의 농약 살포 최대횟수는 4회인데 丁은 2회 살포하여 최대 횟수의 1/2이하라는 조건도 충족하고 있으며, 살포 시기도 수확 14일 이전이라는 조건을 충족하고 있다. 따라서 저농약농산물 인증이 가능하다.

오답해설

ㄴ. 3ha의 면적에서 복숭아를 재배할 경우의 화학비료 권장량은 150kg(=3ha×50kg/ha)인데, 乙의 화학비료 사용량은 50kg에 불과하여 권장량의 1/2에 미치지 못한다. 하지만 수확 10일전에 농약을 살포하여 기준이 되는 시기(수확 14일 전까지만 허용)를 충족하지 못하였으므로 저농약농산물 인증이 불가능하다.

ㄷ. 유기농산물 인증을 받기 위해서는 일정 기간(다년생 작물 3년, 그 외 작물 2년) 이상을 농약과 화학비료를 사용하지 않아야 한다. 하지만 丙은 1년 내에 화학비료를 사용하였으므로 기준을 충족하지 못한다. 따라서 유기농산물 인증이 불가능하다.

27 정답 ④

정답해설

④ 23일(일) 오전 10시에 포항을 출발하여 오후 1시에 울릉도에 도착한 후, 24일(월) 오후 6시에 호박엿 만들기 체험에 참여한다. 그리고 25일(화) 오전 8시부터 오전 11시까지 독도 여행을 진행한 후 26일(수) 오후 3시에 울릉도를 출발 오후 6시에 포항에 도착하는 일정의 여행이 가능하다.

오답해설

① 이 기간 중 독도 여행이 가능한 날은 18일(화)뿐인데 이날은 파고가 3.2m이어서 모든 노선의 선박이 운행되지 않는다. 따라서 불가능한 일정이다.

② 21일(금)에 술을 마신 관계로 22일(토)에 선박을 탈 수 없어 포항으로 귀환이 불가능하다.

③ 이 기간 중 독도 여행이 가능한 날은 20일(목)뿐인데 해당 시간대에는 포항에서 울릉도로 가는 선박에 있는 상황이므로 불가능한 일정이다.

⑤ 28일(금)에 파고가 3.7m이어서 모든 노선의 선박이 운행되지 않는다. 따라서 포항으로 귀환이 불가능하다.

28 정답 ①

정답해설

ㄱ. 甲은 신청 연령 기준인 35세 이하에 해당하며, 성적 기준인 직전 학기 12학점 이상 이수 및 평균 C학점 이상 조건도 충족하고, 가구 소득 기준인 1~8분위에 해당하므로 X학자금 대출을 받을 수 있다. 따라서 옳은 내용이다.

ㄴ. X학자금 대출은 학기당 등록금 소요액 전액과 학기당 생활비 150만 원까지 대출이 가능하므로 乙의 한 학기 등록금이 300만 원이라면, 한 학기당 총 450만 원을 대출받을 수 있다. 따라서 옳은 내용이다.

오답해설

ㄷ. Y학자금 대출은 금융채무불이행자 또는 저신용자인 경우에는 대출이 불가능하므로 옳지 않은 내용이다.

ㄹ. X학자금 대출은 졸업 후 기준소득을 초과하는 소득 발생 이전에는 상환이 유예되지만, Y학자금 대출은 소득과 무관하게 졸업 직후 매월 상환해야 하므로 두 대출의 매월 상환금액은 다를 수 있다. 따라서 옳지 않은 내용이다.

29 정답 ⑤

정답해설

ㄴ. 乙은 의료급여 수급자이면서 2002.1.1. 이후 출생자이므로 신청 대상자에 해당하며, 단독주택 거주자이므로 실물카드의 신청이 가능하다. 그리고 3인 이상 가구에 해당하므로 114,000원을 지급받을 수 있으므로 옳은 내용이다.

ㄷ. 丙은 생계급여 수급자이고 1954.12.31. 이전 출생자이므로 신청 대상자에 해당하지만 아파트 거주자이므로 실물카드의 신청은 불가능하여 가상카드 형식의 지원을 받을 수 있다. 가상카드 형식은 매월 요금이 차감되는 방식이나 사용기간 만료 시 잔액이 발생하면 전기요금이 차감되며, 2인 가구에 해당하므로 102,000원을 지급받을 수 있다. 따라서 옳은 내용이다.

오답해설

ㄱ. '에너지이용권'의 신청 대상은 생계급여 또는 의료급여 수급자인데 甲은 실업급여 수급자이므로 이에 해당하지 않는다. 따라서 옳지 않은 내용이다.

30 정답 ⑤

정답해설

⑤ 10일 혹은 금요일이 아닌 목요일에 생활 및 공업용수 가뭄 예·경보가 발령되었다면 매우 심함에 해당하는 경우라는 것이며, 이는 현재 하천 및 댐 등에서 농업용수, 생활 및 공업용수 공급이 부족하고 장래 1~3개월 후 생활 및 공업용수 공급에도 차질이 발생할 것으로 판단되는 경우에 해당하므로 옳은 내용이다.

오답해설

① 영농기에 저수지 저수율이 평년의 50%라면 가뭄 예·경보 발령 기준의 매우 심함에 해당하므로 옳지 않은 내용이다.

② 영농기에 밭 토양 유효수분율이 70%일 경우에는 가뭄 예·경보 발령 기준에 해당하지 않으므로 옳지 않은 내용이다.

③ 하천유지유량을 감량 공급하는 상황에서 현재 하천 및 댐 등에서 농업용수 공급이 부족한 경우, 생활 및 공업용수 가뭄 예·경보 기준의 심함에 해당하므로 옳지 않은 내용이다.

④ 농업용수 가뭄 예·경보 발령은 영농기(4~9월)에 저수지 저수율이나 밭 토양 유효수분율을 기준으로 발령되는 것이므로 옳지 않은 내용이다.

31
정답 ①

정답해설

선택지별로 가능한 상황을 정리하면 아래와 같다.

구분	조사비	인건비	재료비	운영비	홍보비	잡비
①	삭감	삭감	삭감	증액/유지	증액	증액
②	증액	(증액불가)	삭감	증액		
③	(증액불가)	증액	삭감		증액	
④	증액	증액	삭감	삭감	유지	삭감
⑤	증액	증액	삭감	삭감		삭감

① 위 표와 같은 상황이 가능하므로 옳지 않은 내용이다.

오답해설

② 운영비와 조사비를 모두 증액할 경우 인건비와 조사비는 동시에 증액/감액하여야 한다는 조건과 증액이 가능한 항목이 최대 2개라는 조건에 위배되므로 옳은 내용이다.

③ 홍보비와 인건비를 모두 증액할 경우 인건비와 조사비는 동시에 증액/감액하여야 한다는 조건과 증액이 가능한 항목이 최대 2개라는 조건에 위배되므로 옳은 내용이다.

④ 인건비를 증액할 경우 위 표와 같이 잡비를 반드시 삭감해야 하므로 옳은 내용이다.

⑤ 조사비를 증액할 경우 위 표와 같이 운영비를 반드시 삭감해야 하므로 옳은 내용이다.

32
정답 ④

정답해설

가장 먼저 확정지어야 할 것은 첫 번째 조건으로 인해 E, F, G가 3층에 투숙해야 한다는 점이며 이를 시작점으로 하여 나머지 조건을 정리하면 다음의 2가지 경우가 가능하다. 이와 같은 유형의 문제는 확정되는 내용(이 문제에서는 E, F, G가 3층에 투숙한다는 것)을 누가 빨리 찾아내느냐가 관건이다.

• 〈경우 1〉

G		F	E
I		C	D
H	B	A	

• 〈경우 2〉

G			E	F
	C	D	I	
B	A			

④ 어느 경우에도 G는 301호에 투숙하게 되므로 반드시 옳다.

오답해설

①, ③ 〈경우 2〉에만 해당되므로 반드시 옳은 것은 아니다.

②, ⑤ 〈경우 1〉에만 해당되므로 반드시 옳은 것은 아니다.

33
정답 ④

정답해설

ㄱ. 乙이 첫 번째와 두 번째 가위바위보에서 모두 이겨 각각 5번과 2번을 점령하는 경우 이후 甲이 세 번째와 네 번째에서 모두 이겨 4번과 7번을 점령한다 하더라도 세 개의 구역을 점령하는 것이 최대이므로 乙이 승리하게 된다. 따라서 옳은 내용이다.

ㄷ. 이 상황에서는 甲이 (3번, 7번) 혹은 (3번, 6번)을 점령하거나 乙이 (6번, 7번) 혹은 (6번, 3번)을 점령하여야 승자가 결정되므로 최소 2번 이상의 가위바위보를 해야 한다. 따라서 옳은 내용이다.

오답해설

ㄴ. 만약 甲이 네 번째 가위바위보를 승리하여 6번을 점령하면 乙이 최대로 점령할 수 있는 것은 총 4개의 구역을 점령하는데 그치므로 甲이 승리하게 된다. 하지만 乙이 네 번째 가위바위보를 승리하였다고 하더라도 여전히 甲이 승리하는 길(예를 들어, 乙이 6번을 점령하고 이후에 甲이 3번, 4번을 점령하는 경우)이 열려있으므로 옳지 않은 내용이다.

34
정답 ③

정답해설

1라운드와 2라운드의 결과를 토대로 각 참여자가 얻을 수 있는 점수를 정리하면 다음과 같다.

구분	1라운드	2라운드	총점
甲	-3, 0	-3, 0	-6, -3, 0
乙	2	-3, 0	-1, 2
丙	2	2	4
丁	5	-3, 0	2, 5

ㄱ. 丁(5점), 丙(4점), 甲(0점), 乙(-1점)의 경우가 가능하므로 옳은 내용이다.

ㄹ. 丙이 4점을 얻은 것이 확정되어 있으므로 丁이 우승할 수 있는 경우는 5점을 얻는 경우뿐이다. 따라서 옳은 내용이다.

오답해설

ㄴ. 丁이 5점을 얻었다면 丙(4점)이 2위로 확정되므로 乙과 丁이 모두 2점을 얻은 경우를 살펴보자. 이 경우에는 丙이 4점으로 1위가 되고 乙과 丁이 2점으로 동점이 되지만, 동점인 경우는 1라운드 고득점 순으로 순위를 결정한다고 하였으므로 丁(1라운드 5점)이 乙(1라운드 2점)에 앞서게 된다. 따라서 乙이 준우승을 할 수 있는 경우는 없으므로 옳지 않은 내용이다.

ㄷ. ㄴ에서 살펴본 것처럼 丙이 우승했다면 丁이 2점을 얻어야 하는데 이렇게 되기 위해서는 丁이 2라운드에서 공을 넣지 못해야 한다. 따라서 이 경우 가능한 최솟값은 甲(0개), 乙(1개), 丙(2개), 丁(1개)의 합인 4개이므로 옳지 않은 내용이다.

정답해설

달력을 그려 판단해보면 다음과 같다.

일	월	화	수	목	금	토
						9.17 1권 대여
	9.19 1권 반납 2, 3권 대여		9.21 2, 3권 반납 4~6권 대여			
	9.26 4~6권 반납 7~10권 대여					
	10.3 7~10권 반납					

따라서 마지막 편을 반납할 요일은 월요일이다.

정답해설

제시문을 근거로 점수를 계산하는 공식을 도출해보면 임을 알 수 있다(단 x는 승 수, y는 무승부 수, z는 패 수, $x+y+z=30$, x와 y와 z는 모두 0 이상 30 이하의 정수). 따라서 이 산식을 통해 가능한 경우의 수를 따져보면 다음과 같다.

x(승 수)	y(무승부 수)	z(패 수)	합산 점수
29	1	0	146점
29	0	1	144점
28	2	0	142점
28	1	1	140점
28	0	2	138점

30승인 경우(150점)와 27승 이하(138점 이하)인 경우는 합산점수가 5명이 진술한 점수의 범위를 벗어나므로 생략하였다. 위 표에 의하면 빛나가 진술한 140점만 가능한 상황임을 알 수 있다.

정답해설

주어진 자료를 정리하면 다음과 같다.

구분	1~3라운드의 합	4~5라운드의 합	점수 합
甲	9	7	16
乙	11	6	17
丙	13	5	18

4~5라운드의 경우 한 라운드에서는 3명의 점수가 같았고, 다른 한 라운드에서는 1점을 얻은 사람이 있었다고 하였다. 따라서 4~5라운드의 합이 가장 작은 丙이 1점을 얻은 사람이라는 점을 추론할 수 있다. 따라서 이를 근거로 자료를 다시 정리하면 다음과 같다.

구분	1라운드	2라운드	3라운드	4라운드	5라운드	점수 합
甲	2	4	3	4	3	16
乙	5	4	2	4	2	17
丙	5	2	6	4	1	18

단, 4라운드와 5라운드의 점수의 순서는 바뀌어도 무방하다.

ㄱ. 4라운드와 5라운드의 합이 가장 많은 것은 甲(7회)이므로 옳은 내용이다.

ㄷ. 丙의 점수는 5점-2점-6점-4점-1점의 순으로 나타나고 있으므로 옳은 내용이다.

ㄹ. 각각 단독으로 1위를 한 횟수는 甲이 1회(1라운드), 乙이 1회(3라운드), 丙이 2회(2라운드, 5라운드)이므로 옳은 내용이다.

오답해설

ㄴ. 바둑돌을 한 번 튕겨서 목표지점에 넣은 사람은 1점을 얻은 丙이므로 옳지 않은 내용이다.

정답해설

ㄴ. 甲과 乙이 펼치는 쪽 번호는 (1,2,0)과 (1,2,1)으로 동일하여 무승부가 되므로 옳은 내용이다.

ㄹ. 乙이 100쪽을 펼쳤다면 나오는 쪽은 100쪽과 101쪽이 되므로 乙의 점수는 2점(1+1)이 된다. 만약 이 상황에서 乙이 승리하기 위해서는 甲이 1점을 얻어야 하는데 각 자리의 숫자를 더하거나 곱한 것이 1점이 되는 경우는 1쪽뿐이다. 그런데 시작 면이 나오게 책을 펼치지는 않는다고 하였으므로 옳은 내용이다.

오답해설

ㄱ. 甲의 경우 98쪽은 각 자리 숫자의 합이 17이고, 곱이 72인 반면, 99쪽은 합이 18이고, 곱이 81이므로 81을 본인의 점수로 할 것이다. 乙의 경우 198쪽은 각 자리의 숫자의 합이 18이고, 곱이 72인 반면, 199쪽은 합이 19, 곱이 81이므로 역시 81을 본인의 점수로 할 것이다. 따라서 무승부가 되어 옳지 않은 내용이다.

ㄷ. 甲이 369쪽을 펼치면 나오는 쪽은 368쪽과 369쪽인데, 이 경우 甲의 점수는 369의 각 자리 숫자의 곱인 162가 된다. 그런데 예를 들어 乙이 378쪽과 379쪽을 펼친다면 乙의 점수는 189점이 되어 甲보다 크다. 따라서 옳지 않은 내용이다.

39 정답 ①

정답해설

먼저, 제시된 자료를 정리하면 다음과 같다.

구분	바구니 색깔	과일의 개수	무게	바구니와 같은 색 과일	같은 종류의 과일
A	빨강	4	1.8kg	사과	참외(2)
B	노랑	5	0.85kg	참외	귤(2)
C	초록	5	1.1kg	없음	사과(2), 참외(2)
D	주황	3	0.5kg	귤	귤(2)
E	보라	4	0.75kg	없음	없음

- 甲 : 첫 번째 질문에서 과일이 3개라면 D이고, 4개라면 (A, E), 5개라면 (B, C)로 판별할 수 있다. 그리고 두 번째 질문을 통해 (A, E), (B, C)를 판별할 수 있다.
- 乙 : 첫 번째 질문에서 (A, B, D)와 (C, E)를 판별할 수 있으며, 두 번째 질문을 통해 (A, B, D)는 (4개, 5개, 3개)로, (C, E)는 (5개, 4개)로 판별할 수 있다.

오답해설

- 丙 : 첫 번째 질문에서 과일이 3개라면 D이고, 4개라면 (A, E), 5개라면 (B, C)로 판별할 수 있다. 그러나 두 번째 질문을 통해서는 (A, E)와 (B, C)가 각각 판별되지 않는다.
- 丁 : 첫 번째 질문에서 (A, B, C, D)와 E를 판별할 수 있으며 두 번째 질문을 통해 (A, C)와 (B, D)로 분류할 수는 있으나 이들 각각을 판별할 수 없다.

40 정답 ④

정답해설

각 공정후 잔존 세균량을 정리하면 다음과 같다.

구분	A균	B균
공정 진행 전	1,000마리	1,000마리
공정 (1) 후	100마리	200마리
공정 (2-1) 후	10마리	–
공정 (2-2) 후	–	40마리
공정 (3) 후	10마리	44마리(10% 증식)

공정 (3)을 거친 물의 양은 2L이므로, 1L당 A균은 5마리, B균은 22마리가 존재하고 있음을 알 수 있다.

41 정답 ⑤

정답해설

- ㄱ. A시의 환경개선도는 $75(=9/12×100)$이고, C시의 환경개선도도 $75(=15/20×100)$이므로 옳은 내용이다.
- ㄷ. A의 제작학교 수가 12개에서 15로 늘어나면 학교참가도는 $100\{=15/(50×0.3)×100\}$이 되고, C의 학교참가도도 100(산식을 그대로 적용한 수치는 100을 넘지만 $\{=20/(60×0.3)×100\}$, 100을 초과하는 경우 100으로 간주한다는 조건에 의해 100으로 간주)이므로 옳은 내용이다.

오답해설

- ㄴ. 각 시별 아동안전지도 제작 사업 평가점수를 계산하면 다음과 같다.

구분	학교참가도	환경개선도	평가점수
A	$80\{=12/(50×0.3)×100\}$	$75(=9/12×100)$	$78\{=(80×0.6)+(75×0.4)\}$
B	$100\{=21/(70×0.3)×100\}$	$100(=21/21×100)$	100
C	$111\{≒20/(60×0.3)×100\}$ • 조건에 의해 100으로 간주	$75(=15/20×100)$	$90\{=(100×0.6)+(75×0.4)\}$

따라서 평가점수가 가장 높은 도시는 B이므로 옳지 않은 내용이다.

42 정답 ③

정답해설

- ㄱ. 甲국의 1일 통관 물량은 1,000건이며, 모조품은 이 중 1%의 확률로 존재한다고 하였고, 현재 검수율은 10%인 상태이다. 따라서 현재 적발될 수 있는 모조품은 $1건(=1,000×0.1×0.01)$이므로 하루에 벌금으로 얻는 금액은 1,000만 원이다. 그리고 현재 전문 조사 인력 10명에 대한 인건비가 300만 원$(=30만 원×10명)$이므로 1일 평균 수입은 700만 원$(=1,000만 원-300만 원)$이다. 따라서 옳은 내용이다.
- ㄴ. 모든 통관 물량에 대해 전수조사를 한다는 것은 검수율이 100%가 된다는 것인데, 이 경우 모조품은 1%의 확률인 10건이 존재하게 되어 하루에 벌금으로 얻는 금액은 1억 원$(=1,000만 원×10건)$이 된다. 그리고 전문 조사 인력은 180명이 충원되어 총 190명이 되어야 하는데 이 경우 인건비는 5,700만 원$(=30만 원×190명)$이 되어 1일 평균 수입은 4,300만 원$(=1억 원-5,700만 원)$이 된다. 따라서 수입(4,300만 원)보다 인건비(5,700만 원)가 더 크므로 옳은 내용이다.
- ㄹ. 검수율을 30%로 올릴 경우 하루에 벌금으로 얻는 금액은 3,000만 원이고, 인건비는 1,500만 원이 되어 총 수입은 1,500만 원이 된다. 한편 검수율을 10%로 유지한 채 벌금을 2배로 인상하는 경우 벌금으로 얻는 금액은 2,000만 원이고, 인건비는 300만 원 그대로이므로 총 수입은 1,700만 원이 되어 후자가 더 크다. 따라서 옳은 내용이다.

오답해설

- ㄷ. 검수율을 40%로 올릴 경우 하루에 벌금으로 얻는 금액은 4,000만 원이고, 인건비는 2,100만 원$(=70명×30만 원)$이 되어 수입은 1,900만 원이 된다. 하지만 이는 현재(700만 원)의 3배에는 미치지 못하므로 옳지 않은 내용이다.

정답해설

ㄴ. 이 상황에서는 가장 많은 인원을 수송해야 하는 시간대에 필요한 버스의 수를 구해야 한다. 그런데 d=40이라고 하였으므로 콘서트 시작 1시간 전에 가장 많은 인원을 수송해야 함을 알 수 있으며 구체적으로는 이 시간대에 16,000명(=40,000×40%)를 수송해야 한다. 따라서 이 시간대에 필요한 버스의 수는 최소 40대(=16,000/400)이므로 옳은 내용이다.

ㄷ. 2시간 이내에 40,000명을 수송하기 위해서는 시간당 20,000명을 수송해야 함을 알 수 있으며 이를 위해서는 최소 50대(=20,000/400)의 버스가 필요하므로 옳은 내용이다.

오답해설

ㄱ. a=b=c=d=25인 경우, 1시간마다 10,000명(=40,000×25%)의 관객을 수송해야 하는데 버스 한 대가 한 시간에 수송할 수 있는 인원은 400명(=40명×10번)이므로 1시간 동안 10,000명의 관객을 수송하려면 최소 25대(=10,000/400)가 필요하므로 옳지 않은 내용이다.

정답해설

먼저, 승차 정원이 2명인 C를 제외하고 각 차량별 실구매 비용을 정리하면 다음과 같다.

구분	차량 가격	구매 보조금	충전기 순비용	실구매 비용
A	5,000만원	2,000만원	2,000만원	5,000만원
B	6,000만원	1,000만원	0원	5,000만원
D	8,000만원	2,000만원	0원	6,000만원
E	8,000만원	2,000만원	0원	6,000만원

실구매 비용이 가장 저렴한 차량이 A와 B이므로 이들의 점수를 '점수 계산 방식'에 의해 계산해보면 다음과 같다

구분	최고속도 기준	승차 정원 기준	총점
A	0	+2	+2
B	−4	+4	0

따라서 총점이 높은 A자동차를 구매하게 된다.

PSAT

Public Service Aptitude Test

상황판단

PART
2
STEP
UP!

CHAPTER
01 기출동형모의고사 1회

01	02	03	04	05	06	07	08	09	10
④	③	②	①	③	⑤	③	④	⑤	③
11	12	13	14	15	16	17	18	19	20
①	①	②	⑤	④	④	①	③	④	②
21	22	23	24	25					
③	④	①	③	⑤					

01
정답 ④

정답해설

ㄱ. 스위스 지방자치단체들 간의 사회적 · 경제적 격차는 그다지 심하지 않고 완벽에 가까운 사회보장제도가 시행되고 있다고 하였으므로 추론 가능한 내용이다.

ㄹ. 스위스는 만장일치 혹은 압도적 다수를 의사결정방식으로 채택하고 있는데 이러한 제도는 타협이 이루어질 때까지 많은 시간이 소요되어 시급한 문제의 처리가 어렵다고 하였으므로 추론 가능한 내용이다.

오답해설

ㄴ. 직접민주주의 제도를 통해 연방정부 또는 연방의회가 이미 인준한 헌법이나 법률조항을 거부하기도 한다고 하였으므로 옳지 않은 내용이다.

ㄷ. 연방정부를 구성하는 7인의 연방장관이 모든 안건을 만장일치 혹은 압도적 다수로 결정하기 때문에 국가수반이나 행정부의 수반이 없는 것과 다름없다고 하였으므로 옳지 않은 내용이다.

02
정답 ③

정답해설

ㄴ. B국가의 회담대표와 친분이 두터운 인사에게 비공식 채널을 통한 협의를 맡긴다고 하였으므로 옳은 내용이다.

ㄷ. A국은 안보 분야에서 협상력이 강한데, 협상력이 강한 분야는 협상시한을 미리 확정한다고 하였으므로 옳은 내용이다.

오답해설

ㄱ. 핵무기 문제는 양측이 가장 첨예하게 대립하는 의제인데, 합의에 도달하기 쉬운 것부터 우선 협상한다고 하였으므로 옳지 않은 내용이다.

ㄹ. A국은 경제분야에서 협상력이 약한데, 협상력이 약한 분야는 지연 전략을 구사한다고 하였으므로 옳지 않은 내용이다.

03
정답 ②

정답해설

ㄱ. 제3자인 시험감독자를 기망하여 국가의 자동차운전면허시험업무를 방해하였으므로 위계에 의한 공무집행방해죄에 해당한다.

ㄹ. 수사기관을 기망하여 수사기관의 필로폰 검사를 방해하였으므로 위계에 의한 공무집행방해죄에 해당한다.

오답해설

ㄴ. 조합관련 비리의 수사라는 직무를 집행하는 해양경찰서 공무원을 협박하는 경우는 위계에 의한 공무집행방해죄에는 해당하지 않는다.

ㄷ. 위계에 의하든 아니든 공무집행방해죄가 성립하려면 공무원의 직무를 방해하는 결과를 가져와야 한다. 하지만 이 사례의 경우는 사업장 관리자의 직무를 방해했을지언정 공무원의 직무가 방해받은 것이 아니므로 공무집행방해 내지는 위계에 의한 공무집행방해에 해당하지 않는다.

04
정답 ①

정답해설

주어진 〈수식〉을 각주에 있는 순서에 따라 계산하기 위해 A, C, B, D의 순서로 풀이해보자.

ⅰ) (1 A 5)=더한 값이 10 미만이면 두 수를 곱한다고 하였으므로 5가 된다.

ⅱ) (3 C 4)=두 수를 곱한다고 하였으므로 12가 된다.

ⅲ) (5 B 12)=큰 수에서 작은 수를 뺀 값이 10 미만이므로 두 수를 곱한 60이 된다.

ⅳ) (60 D 6)=큰 수를 작은 수로 나누라고 하였으므로 10이 된다.

합격자의 SKILL

이와 같이 규칙을 완전히 새로 규정하고 그것을 적용하는 유형은 규칙 자체를 처음부터 이해하려고 하면 곤란하다. 이 문제는 규칙 자체가 매우 쉬운 것이었지만 그렇지 않은 경우에는 규칙을 이해하는 데 너무 많은 시간을 소모하기 마련이다. 따라서 처음 읽을 때에는 흐름만 파악하고 선택지를 직접 대입하면서 풀이하는 것이 좋다. 또한 규칙이 난해한 경우에는 예를 제시하는 경우도 있는데 그런 경우는 제시된 예를 먼저 보면서 규칙을 역으로 파악하는 전략도 필요하다.

05

정답해설

선택지에서 가능한 범위의 수들을 제시하고 있으므로 제시된 수치들을 직접 이용해 풀이하도록 한다.

ⅰ) 가장 많은 식물을 재배할 수 있는 온도 : 15℃에서는 A, B, D, E 네 종류의 식물을 재배할 수 있으며, 20℃에서는 A, D, E 세 종류의 식물을 재배할 수 있으므로 가장 많은 식물을 재배할 수 있는 온도는 15℃이다.

ⅱ) 상품가치의 총합이 가장 큰 온도 : 15℃에서는 A, B, D, E 네 종류의 식물을 재배할 수 있어 상품가치는 85,000원이고, 20℃에서는 A, D, E 세 종류의 식물을 재배할 수 있어 이때의 상품가치는 60,000원이다. 마지막으로 25℃에서는 C, D, E 세 종류의 식물만 재배할 수 있으나 이때의 상품가치는 100,000원에 달해 상품가치의 총합이 가장 큰 온도임을 알 수 있다.

> **합격자의 SKILL**
>
> 상품가치의 총합을 구하는 두 번째 항목의 경우 센스가 있는 수험생이라면 가장 상품가치가 큰 C와 E를 포함시키는 온도를 선택했을 것이다. 이것에는 어떤 이론적인 근거가 있지는 않지만 문제를 출제하는 입장에서는 가장 큰 값을 가지는 것들을 포함시키게끔 출제하는 경향이 있다. 실전에서 문제 풀이 시간이 부족한 경우에는 이런 감각을 이용해 푸는 것도 실력이다.

06

정답 ⑤

정답해설

주어진 수치가 많아 혼란스러울 수 있으나 결국 알아야 할 것은 '1시간당 몇 송이'의 꽃을 재배할 수 있는지이다. 따라서, 각각의 꽃에 대해 이 수치를 계산한 후에 송이당 도토리(하트)를 곱하면 된다.

구분	1시간당 수확횟수	회당 수확한 꽃송이	1시간당 수확한 꽃송이
나팔꽃	20	6	120
무궁화	12	3	36
수선화	6	6	36
장미	5	2	10
해바라기	3	3	9

이 수치를 근거로 각각의 꽃과 교환할 수 있는 도토리는 나팔꽃이 240개로 가장 많으며, 하트는 수선화가 360개로 가장 많다.

> **합격자의 SKILL**
>
> 이 문제와 같이 '~당' 수치를 구해야 하는 경우가 매우 자주 출제된다(예 1km당 투입비용, 1인당 소모칼로리 등). 이러한 문제를 접하면 가장 먼저 해야 할 일은 중심이 되는 기준값이 무엇인지를 파악하는 것이다. 이 부분만 확실하게 파악되면 그 뒤의 단계는 단순한 곱셈에 불과하므로 시간을 좀 더 쓰더라도 기준값을 정확하게 잡아내기 바란다. 고득점자들은 단순히 한 문제를 몇 분에 풀어야 하는 수준이 아니라 풀이과정에서 어느 부분에 더 많은 시간을 투입할 것인지까지를 따지는 전략을 세우고 시험장에 들어간다.

07

정답 ③

정답해설

ㄱ. 각주에서 누락 확률은 '100－적중 확률'임을 알 수 있으므로 적중 확률이 40%라면 누락 확률은 60%이다. 따라서 옳은 내용이다.

ㄴ. 적기출현 여부를 정확하게 판단한다는 것은 적중 확률이 높거나 오경보 확률이 낮은 것을 의미한다. 그런데 ㉮기지와 ㉯기지는 같은 적중 확률일 때 ㉮기지의 오경보 확률이 낮았고, 같은 오경보 확률일 때 ㉮기지의 적중 확률이 높았다. 따라서 옳은 내용이다.

ㄹ. 실제로 적기가 출현하지 않았음에도 경보를 울린 경우에는 실질적인 피해는 없는 반면, 적기가 출현했음에도 경보가 울리지 않았다면 실질적인 피해가 발생한다. 따라서 적중 확률이 높은 B가 더 바람직한 경우이므로 옳은 내용이다.

오답해설

ㄷ. ㉮기지의 경우 적중에 대한 보상을 강화했다면 A점에서 적중 확률이 더 높아지므로 그래프 상에서 우상방으로 이동해야 한다. 따라서 옳지 않은 내용이다.

08

정답 ④

정답해설

ㄱ. 주위에 흔히 보이는 목련의 대부분이 중국에서 들어온 백목련이라고 한 부분, 백목련과 우리나라의 목련 이외에 일본에서 들어온 일본목련이 있다고 한 부분을 통해 알 수 있는 내용이다.

ㄴ. 우리나라 원산의 목련은 꽃잎이 뒤로 젖혀질 만큼 활짝 피는 데 반해, 백목련은 꽃이 다 피어도 절반 정도밖에 벌어지지 않는다고 하였으므로 옳은 내용이다.

ㄷ. 우리나라 원산의 목련은 이른 봄에 잎이 돋아나는 것을 기다릴 새도 없이 흰 꽃을 먼저 피운다고 하였으므로 옳은 내용이다.

오답해설

ㄹ. 일본의 호오노끼를 한자로 후박이라고 표현한 것일 뿐, 이것과 우리의 후박나무는 전혀 다르다.

09

정답 ⑤

정답해설

ㄴ. 소수집단의 정치참여 기회를 확대하는 것은 적극적 다문화주의 정책에 해당한다.

ㄷ. 소수집단의 원활한 사회진출을 위해 가산점을 부여하는 것은 적극적 다문화주의 정책에 해당한다.

ㄹ. 소수집단에게 자치권을 부여하는 것은 적극적 다문화주의 정책에 해당한다.

오답해설

ㄱ. 소수집단에 대한 차별적인 규정을 폐지하는 것은 소극적 다문화주의 정책에 해당한다.

10

정답해설

③ 기원전 1세기경에 고대 로마시대의 이탈리아 지역에서 롱 파스타의 일종인 라자냐를 먹었다는 기록이 전해진다고 하였으므로 옳은 내용이다.

오답해설

① 쇼트 파스타의 예로 속이 빈 원통형인 마카로니를 들고 있으므로 옳지 않은 내용이다.
② 기원후 9~11세기에 이탈리아 남부의 시칠리아에서 아랍인들로부터 제조방법을 전수받아 건파스타의 생산이 처음으로 이루어졌다고 하였으므로 옳지 않은 내용이다.
④ 듀럼 밀을 거칠게 갈아 만든 황색의 세몰라 가루는 파스타를 만드는 데 적합하다고 하였으므로 옳지 않은 내용이다.
⑤ 시칠리아에서 재배된 듀럼 밀이 곰팡이나 해충에 취약해 장기 보관이 어려웠기 때문에 저장기간을 늘리고 수송을 쉽게 하기 위해 건파스타를 만들었다고 하였으므로 옳지 않은 내용이다.

11

정답해설

각 기업의 점수와 지원액을 정리하면 다음과 같다.

구분		A	B	C	D
평가지표	경상이익률	4	2	1	3
	영업이익률	4	1	3	2
	부채비율	1	3	2	4
	매출액증가율	1	3	2	4
	총점(순위)	10(2위)	9(3위)	8(4위)	13(1위)
순자산(억 원)		2,100	600	900	3,000
지원한도(억 원)		1,400	400	450	2,000
지원요구금액(억 원)		2,000	500	1,000	1,800
지원금액(억 원)		1,400	400	450	1,800

12

정답해설

일단 甲은 주 40시간의 근무시간은 지킬 예정이고 사무실에 출근하여 일하려고 하므로 시간제근무와 원격근무제는 제외된다. 또한 주 5일은 근무할 예정이기 때문에 집약근무형은 제외되며 요일별로 근무시간이 다르기 때문에 시차출퇴근형이 아닌 근무시간선택형을 선택해야 한다.

13

정답해설

② 가정법원은 본인, 배우자, 4촌 이내의 친족, 검사 또는 지방자치단체의 장의 청구에 의하여 성년후견개시의 심판을 한다고 하였으므로 옳은 내용이다.

오답해설

① 가정법원은 성년후견인이 선임된 경우에도 필요하다고 인정하면 직권으로 또는 청구권자의 청구에 의하여 추가로 성년후견인을 선임할 수 있다고 하였으므로 그 수가 1인으로 제한되는 것은 아니다.
③ 일용품의 구입 등 일상생활에 필요하고 그 대가가 과도하지 아니한 법률행위는 성년후견인이 취소할 수 없다고 하였으므로 대가의 정도에 따라 취소할 수도 있다. 따라서 옳지 않은 내용이다.
④ 성년후견인은 가정법원이 직권으로 선임한다고 하였으므로 옳지 않은 내용이다.
⑤ 성년후견인은 가정법원이 직권으로 선임하고, 성년후견인이 피성년후견인을 치료 등의 목적으로 정신병원이나 그 밖의 다른 장소에 격리하려는 경우에는 가정법원의 허가를 받아야 한다고 하였으므로 옳지 않은 내용이다.

14

정답해설

발생한 사용후핵연료봉을 저장하는 순서가 따로 정해져 있는 것이 아니므로 전체 저장소에 저장 가능한 용량을 구한 후 이를 50,000으로 나누어주면 된다.

> ⅰ) 습식저장소 : 100,000개
> ⅱ) 건식저장소-X : 300×9×60 = 162,000개
> ⅲ) 건식저장소-Y : 138,000개

따라서 저장소 3곳의 저장용량을 모두 합하면 400,000개이다. 그런데 이미 습식저장소 저장용량의 50%인 50,000개가 채워져 있는 상태이므로 현재 비어있는 저장용량은 총 350,000개이다. 결론적으로 한 해에 발생하는 사용후핵연료봉이 50,000개이므로 최대 7년 동안 발생하는 폐연료봉을 현재의 임시저장소에 저장 가능하다.

15

정답해설

조건을 정리하면 이동시간과 관련된 조건과 작품에 관련된 조건으로 나눌 수 있다.

먼저 이동시간과 관련한 조건을 먼저 살펴보면, 평일의 경우 수요일을 제외한 나머지 요일은 모두 B도시에서 수업을 듣는데 수업을 마치는 시간이 오후 6시여서 공연 시작시간 이전까지 A도시 예술의 전당에 도착하지 못한다. 따라서 평일 중 공연관람이 가능한 날은 4/3(수)와 4/10(수)이다.

주말의 경우는 토요일 오후 2시에 B도시를 출발한다고 하였고 이동시간이 3시간이라고 하였으므로 공연장소에 오후 5시에 도착하게 된다. 따라서 4/6~7, 13~14일 모두가 가능하다.

다음으로 작품에 관련된 조건을 위에서 추려진 날짜에 대입해보면 3일과 7일, 10일의 경우 브람스의 작품이 연주되므로 관람이 가능하다. 그리고 4일부터 6일까지 베토벤의 전원교향곡이 연주되므로 6일 역시 관람이 가능하며, 11일부터 13일까지 브람스의 교향곡 제11번이 연주되므로 13일 역시 관람이 가능하다.

그러나, 14일의 경우는 이전 3일간의 일정을 모두 고려하더라도 베토벤 또는 브람스의 곡이 연주되지 않으므로 관람이 불가능하다. 따라서 甲이 공연을 볼 수 있는 날은 3, 6, 7, 10, 13일의 5일이다.

> 합격자의 SKILL
>
> 만약, 조건이 변경되어 공연 시작 이후에도 공연장 입장이 가능하고 공연 종료시간이 별도로 주어졌다면 문제의 난도는 상당히 올라가게 될 것이다. 즉, 원래 문제에서는 큰 비중을 차지하지 않았던 네 번째 조건이 매우 중요하게 다뤄지는 것이다. 이와 같이 문제의 조건이 달라짐에 따라 문제가 어떻게 변모하는지를 살펴본다면 문제를 보는 시각이 한층 넓어지게 될 것이다.

16

정답해설

ㄱ. 甲이 짝수가 적힌 카드를 뽑았다면 1차 시기에서 얻을 수 있는 점수는 무조건 짝수가 된다. 짝수에 어떠한 수를 곱하더라도 그 수는 짝수가 되기 때문이다. 그리고 2차 시기에서는 2점 혹은 0점을 얻는 경우만 존재하므로 1차 시기에서 얻은 짝수 점수에 2점 내지는 0점을 더한 최종 점수는 홀수가 될 수 없다.

ㄷ. 甲이 4가 적힌 카드를 뽑고 1차 시기에서 던진 다트가 구역 1에 꽂힐 경우 12점을 얻게 되며 2차 시기에서 중앙선 위쪽에 꽂힐 경우 2점을 얻게 되어 최종 점수는 14점이 가능하다. 반면 乙이 1차 시기에서 던진 다트가 구역 1 이외에 꽂히고 2차 시기에서는 중앙선 아래쪽에 꽂힌다면 최종 점수는 0점이 되게 된다. 따라서 이의 차이는 14점이다.

오답해설

ㄴ. 甲이 숫자 2가 적힌 카드를 뽑았다면 1차 시기에서 얻을 수 있는 점수는 (6, 4, 2, 0)이고 여기에 2차 시기의 (2, 0)을 더한 최종 점수는 (8, 6, 4, 2, 0)의 다섯 가지의 경우가 존재하게 되므로 옳지 않다.

17

정답해설

ㄱ. 유일최적대안이란 어느 한 대안이 다른 모든 대안을 지배하는 경우를 말하는데, 주어진 대안들 중에는 그러한 대안이 존재하지 않으므로 옳지 않은 내용이다.

ㄴ. 대안 A는 대안 D에 대해 상황 1, 2에서는 바람직하지만 상황 3에서는 반대의 상황이므로 옳지 않은 내용이다.

오답해설

ㄷ. 대안 B와 대안 C는 상황2와 3의 결과는 동일하지만 상황1은 대안 B가 더 바람직하므로 대안 B가 대안 C를 지배한다고 볼 수 있다. 따라서 옳은 내용이다.

ㄹ. 상황1에서는 대안 A가, 상황 2, 3에서는 대안 B가 더 바람직하므로 어느 한 대안이 다른 대안을 지배하지 못한다. 따라서 옳은 내용이다.

ㅁ. 상황1, 2에서는 대안 C가, 상황3에서는 대안 D가 더 바람직하므로 어느 한 대안이 다른 대안을 지배하지 못한다. 따라서 옳은 내용이다.

18

정답해설

주어진 상황을 그림으로 정리하면 다음과 같다.

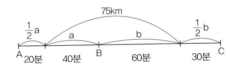

여기서 중요한 것은 첫 번째 대화지점부터 B까지의 소요시간이 40분이고, B부터 두 번째 대화지점까지의 소요시간이 60분이라는 점이다. 이는 이 자동차가 '일정한 속력'으로 달린다는 정보를 이용해 추론 가능하다. 즉, 속력이 일정할 때에는 거리가 2배 늘어나면 소요시간도 2배 늘어나게 되는 것이다. 그림에서 볼 수 있듯이 75km를 이동하는 데 100분이 소요되었으므로 A에서 B까지의 소요시간인 60분간 이동한 경우에는 45km를 이동했음을 알 수 있다.

> 합격자의 SKILL
>
> 거리, 위치 등 공간적인 개념을 다루는 문제는 말로 문제를 이해하려고 하기보다는 위와 같이 그림으로 그려 직관적으로 판단하는 것이 좋다. 단, 그림을 그릴 때 기준에 일관성이 있어야 한다. 통상 이러한 문제는 주어지는 자료가 많은 편인데 어느 부분은 시간단위로, 다른 부분은 분단위로 제시된 경우에 이것을 하나로 통일하는 것이 좋다는 의미이다. 풀이하면서 바꾸면 된다고 생각할 수 있으나 실전에서는 말처럼 쉽지 않다. 따라서 그림으로 정리가 끝난 후에는 기계적인 풀이만 할 수 있게끔 정리하는 것이 좋다.

정답해설

ㄱ. A팀이 C팀과의 경기에서 이긴다면 A팀은 승점 9점이 되며, 나머지 경기에서 B팀이 D팀을 꺾는다고 해도 B팀의 승점은 6점에 그치므로 A팀의 1위 자리에는 영향을 주지 않는다. 따라서 A팀은 다른 경기결과에 무관하게 16강에 진출한다.

ㄴ. 잔여 경기가 모두 비기는 것으로 끝나는 경우의 결과는 다음과 같다.

구분	승	무	패	득/실점	승점
A팀	2	1	0	6/2(+4)	7
B팀	1	1	1	3/4(−1)	4
C팀	1	1	1	3/4(−1)	4
D팀	0	1	2	1/3(−2)	1

따라서 A팀이 1위가 되며, B팀과 C팀은 승점 4점으로 동률이 된다. 그런데 B와 C는 득점과 실점이 동일하므로 결국 승자승 원칙에 의해 B팀이 2위로 16강에 진출하게 된다(이미 B는 C에게 2 : 0으로 승리한 바 있다).

ㄷ. C팀과 D팀이 함께 16강에 진출한다는 것은 결국 A와 B가 모두 탈락한다는 것을 의미한다. 하지만 D팀이 남은 경기에서 얻을 수 있는 승점은 3점에 불과한 반면, A팀은 이미 6점을 얻은 상태이다. 따라서 어떠한 경우에도 C와 D가 같이 16강에 진출할 수 없다.

오답해설

ㄹ. 만약 D팀이 마지막 경기에서 B팀에 승리를 거두고 A팀이 C팀에 승리를 거둔다면 B, C, D팀은 모두 승점이 3점으로 동일하게 된다. 그런데 만약 A팀이 C팀을 1골차 이상으로 이기고, D팀이 B팀을 역시 1골차 이상으로 이긴다면 골득실에 의해 D팀이 조2위로 16강에 진출할 수 있다.

정답해설

ⅰ) 2010년분 : 선거에 참여하지 않았으므로 다음 해인 2011.2.15.에 보고한다.

ⅱ) 2011년분 : 대통령선거에 참여하였으므로 두 기간으로 나누어 보고한다.
- 2011.1.1.~12.25. : 2012.1.14.에 보고
- 2011.12.26.~12.31. : 2012.2.15.에 보고

ⅲ) 2012년분 : 국회의원 총선거에 참여하였으므로 두 기간으로 나누어 보고한다.
- 2012.1.1.~4.4. : 2012.4.14.에 보고
- 2012.4.5.~12.31. : 2013.2.15.에 보고

따라서 A정당은 2011년 1월 1일부터 2012년 12월 31일까지의 기간 동안 총 4번의 회계보고를 하였다.

정답해설

ㄱ. 제2호의 '최대 주주가 자연인 경우 본인, 배우자 및 직계존ㆍ비속'에 해당한다.

ㄴ. 제6호의 '회사와 거래관계 등 중요한 이해관계에 있는 법인의 이사, 감사 및 피용자'에 해당한다.

ㄹ. 제7호의 '회사의 이사 및 피용자가 이사로 있는 다른 회사의 이사, 감사 및 피용자'에 해당한다.

오답해설

ㄷ. 제1호의 '회사의 업무를 담당하는 이사 및 피용자'는 해당하지만 피용자의 자녀는 해당되지 않는다.

ㅁ. 제5호의 '회사의 모회사의 이사, 감사 및 피용자'는 해당하지만 모회사의 최대 주주는 해당되지 않는다.

정답해설

이 문제에서 가장 먼저 인식해야 할 것은 관람객이 어느 전시관을 가는지가 중요한 것이 아니라 어떠한 동선을 가지고 움직이는지가 중요하다는 것이다. 그렇다면 어느 출입구로 들어와 어느 출입구로 나가는지를 따져 총 4가지의 경우로 나눌 수 있을 것이다. 문제에서 D전시관 앞을 지나간 인원이 제시되어 있는 상태에서 B전시관 앞을 지나간 인원을 구해야 하므로 이를 같이 고려한다.

편의를 위해 상단의 출입구를 (가)라 하고 하단의 출입구를 (나)라 부른다면 아래와 같이 정리할 수 있다.

구분	인원수	D 통과 여부	B 통과 여부
(가) → (가)		○	○
(나) → (나)		○	○
(가) → (나)		×	○
(나) → (가)		○	×

먼저 전체 인원이 400명인데 D를 통과한 인원이 350명이라고 하였으므로 D를 통과하지 않은 (가) → (나) 코스를 이용한 인원은 50명임을 알 수 있다. 다음으로 한 바퀴를 돈 인원이 200명이라고 하였으므로 (가) → (가) 코스와 (나) → (나) 코스를 이용한 인원의 합이 200명임을 알 수 있다. 따라서 마지막 남은 (나) → (가) 코스의 인원은 전체 400명과의 차이인 150명임을 알 수 있다.

구분	인원수	D 통과 여부	B 통과 여부
(가) → (가)	200	○	○
(나) → (나)		○	○
(가) → (나)	50	×	○
(나) → (가)	150	○	×

결과적으로 B를 통과한 인원은 전체 400명 중 B를 통과하지 않은 인원의 수를 차감한 수이므로 정답은 250명이 된다.

합격자의 SKILL

쉽게 아이디어가 떠오르지 않는 문제이다. 이런 문제일수록 상황판단 풀이의 기본 원칙에 충실할 필요가 있다. 경우의 수는 최소화할 것, 문제에서 제시하는 수치는 모두 활용할 것 등이 그 예이다.

23

정답해설

- A : 甲이 납부해야 할 납부금은 1천만 원이며, 이를 모두 체납했다고 하였으므로 체납된 납부금에 대한 가산금은 30만 원(=1천만 원×3%)이다.
- B : 乙이 납부해야 할 납부금은 4억 1천만 원인데 4억 원만을 냈다고 하였으므로 체납된 납부금은 1천만 원이다. 따라서 체납된 납부금에 대한 가산금은 30만 원(=1천만 원×3%)이다.
- C : 丙이 납부해야 할 납부금은 14억 6천만 원인데 14억 원만을 냈다고 하였으므로 체납된 납부금은 6천만 원이다. 따라서 체납된 납부금에 대한 가산금은 180만 원(=6천만 원×3%)이다.

24

정답해설

③ 갑과 을이 투표거래를 한다면 대안 A, B, D, E가 선택될 수 있고 갑 혹은 을과 병이 투표거래를 한다면 대안 C도 선택될 수 있으므로 옳은 내용이다.

오답해설

① 대안 A, B, C 모두 찬성은 1명, 반대가 2명씩 존재하여 과반수 투표를 할 경우 어느 것도 채택되지 못하므로 옳지 않은 내용이다.
② 갑이 원하는 대안은 A, D이고, 을이 원하는 대안은 B, E이어서 이들이 투표거래를 한다고 해도 대안 C는 선택되지 않을 것이므로 옳지 않은 내용이다.
④ 대안 D와 E가 채택되기 위해서는 갑과 을이 투표거래를 해야 하므로 옳지 않은 내용이다.
⑤ 가장 바람직하지 못한 경우는 순편익이 음(-)의 값을 갖는 대안 D와 E가 선택되어 전체 순편익이 -25가 되는 경우이다. 따라서 옳지 않은 내용이다.

25

정답해설

⑤ 제3항에서 대기업은 지상파방송사업 및 종합편성 또는 전문편성을 행하는 방송채널사용사업을 경영하는 사업자의 지분을 소유할 수 없다고 하였으나 종합유선방송사업자의 지분을 소유할 수 없는 것은 아니므로 허용되는 행위이다.

오답해설

① 제3항에서 대기업은 지상파방송사업자의 주식 또는 지분을 소유할 수 없다고 하였으므로 허용되지 않는다.
② 제3항에서 일간신문을 경영하는 법인은 종합편성 방송채널사용사업을 경영할 수 없다고 하였으므로 허용되지 않는다.
③ 제3항에서 뉴스통신을 경영하는 법인은 지상파방송사업을 경영할 수 없다고 하였으므로 허용되지 않는다.
④ 제4항에서 일간신문을 경영하는 법인은 위성방송사업자에 대하여 100분의 33을 초과하여 소유할 수 없다고 하였으므로 허용되지 않는다.

02 CHAPTER
기출동형모의고사 2회

01	02	03	04	05	06	07	08	09	10
②	②	③	②	②	③	⑤	③	③	②
11	12	13	14	15	16	17	18	19	20
②	②	④	④	⑤	①	①	②	②	⑤
21	22	23	24	25					
③	⑤	④	②	③					

01   정답 ②

정답해설

② 화장을 하려는 자는 화장시설을 관할하는 시장(C시의 장) 등에게 신고하여야 하므로 옳은 내용이다.

오답해설

① 사망한 때부터 24시간이 지난 후가 아니면 매장 또는 화장을 하지 못하므로 옳지 않은 내용이다.

③ 가족묘지를 설치·관리하려는 자는 해당 묘지 소재지를 관할하는 시장 등의 허가를 받아야지 신고를 해야 하는 것이 아니므로 옳지 않은 내용이다.

④ 매장을 한 자는 시장 등에게 신고하여야 하지만 자연장은 제외된다고 하였으므로 옳지 않은 내용이다.

⑤ 먼저 乙의 유골을 개장하여야 하므로 유골의 현존지 또는 개장지(B시)의 시장 등에게 신고하여야 하며, 다음으로 D시 소재 공설묘지에 합장하기 위해서는 매장지를 관할하는 시장 등(D시의 장)에게 신고하여야 한다. 즉 허가가 아니라 신고를 하여야 하므로 옳지 않은 내용이다.

02   정답 ②

정답해설

ㄴ. 『경국대전』에 따르면 1470년대에는 경공장에서 청색 물을 들이는 장인이 30여 명에 달할 만큼 청색 염색이 활발했다고 하였으므로 옳은 내용이다.

오답해설

ㄱ. 중인 이하의 여자들은 장옷 대신 치마를 썼다고 하였으므로 옳지 않은 내용이다.

ㄷ. 중인의 경우 정3품은 홍포에 복두를 쓰고, 협지금띠를 두르고 흑피화를 신었다고 하였으므로 옳지 않은 내용이다. 청포에 흑각띠를 두른 것은 4품 이하에 해당한다.

ㄹ. 조선 중기에 염료의 으뜸으로 등장했다가 합성염료의 출현으로 다시 왕좌에서 물러나게 되었다고 하였으므로 옳지 않은 내용이다.

03   정답 ③

정답해설

ㄱ. 제1조에서 '혼인은 가족관계등록법에 정한 바에 의하여 신고함으로써 그 효력이 생긴다'고 하였으므로 옳은 내용이다.

ㄴ, ㄹ. 제2조에서 '부부 사이에 체결된 재산에 관한 계약은 부부가 그 혼인관계를 해소하지 않는 한 언제든지 부부의 일방이 이를 취소할 수 있다'고 하였으므로 옳은 내용이다.

오답해설

ㄷ. 제2조에서 '그러나 제3자의 권리를 해하지 못한다'고 하였으므로 옳지 않은 내용이다.

ㅁ. 제3조에서 '혼인성립 전에 그 재산에 관하여 약정한 때에는 혼인 중에 한하여 이를 변경하지 못한다'고 하였으므로 옳지 않은 내용이다.

04   정답 ②

정답해설

ㄱ. 법률수요가 있는 곳에 변호사가 당연히 찾아갈 것이라고 하였으므로 변호사의 입장을 지지한다.

ㄴ. 변호사의 수임료는 사건의 난이도와 사건처리에 소요되는 시간 및 비용, 당사자의 경제적 이익이나 경제적 부담능력을 기준으로 변호사와 의뢰인이 적당한 선에서 정한다고 하였으므로 변호사의 입장을 지지한다.

ㄹ. 제대로 된 법률교육을 이수하지 않은 법무사, 변리사, 노무사, 세무사 등 유사직역 종사자에게 소송대리권을 부여하게 되면 궁극적으로 국민들에게 도움이 되지 않는다고 하였으므로 변호사의 입장을 지지한다.

오답해설

ㄷ. 제시문에서 언급되지 않은 내용이므로 변호사의 입장과 무관하다.

ㅁ. 국민들이 진정으로 원하는 것은 소송에서의 충실한 주장과 증명이라고 하였으므로 변호사의 입장과 반대되는 내용이다.

05   정답 ②

정답해설

ㄱ. 돼지고기, 닭고기, 오리고기의 경우, 원산지가 다른 돼지고기 또는 닭고기를 섞은 경우에는 그 사실을 표시한다고 하였다. 따라서 국내산 돼지고기와 프랑스산 돼지고기를 섞은 돼지갈비를 유통할 때에는 국내산과 프랑스산이 섞여 있다는 사실을 표시해야 하므로 옳게 표시한 것이다.

ㄹ. 조리한 닭고기를 배달을 통하여 판매하는 경우, 그 조리한 음식에 사용된 닭고기의 원산지를 포장재에 표시한다고 하였다. 그런데, 선택지의 양념치킨은 국내산 닭을 이용하였으므로 '국내산'으로 표기할 수 있다. 따라서 옳은 내용이다.

오답해설
ㄴ. 수입한 돼지를 국내에서 2개월 이상 사육한 후 국내산으로 유통하였다면
'국내산'으로 표시하고 괄호 안에 축산물명 및 수입국가명을 함께 표시한다
고 하였다. 그런데 선택지의 덴마크산 돼지는 국내에서 1개월 간 사육한 것
이어서 2개월에 미치지 못하므로 '국내산'으로 표기할 수 없고 '삼겹살(덴마
크산)'으로 표기해야 한다.

ㄷ. 수입한 오리고기를 '국내산'으로 표기하기 위해서는 국내에서 1개월 이상 사
육해야 한다. 그런데 선택지의 중국산 훈제오리는 그러한 과정이 없었으므
로 '국내산'으로 표기할 수 없고 '훈제오리(중국산)'으로만 표기해야 한다.

06 정답 ③

정답해설
ㄴ. 원칙적으로는 만 12세까지의 취약계층 아동이 사업대상이지만 해당 아동이
초등학교 재학생이라면 만 13세 이상도 포함한다고 하였으므로 해당 학생
은 사업대상에 해당한다.

ㄷ. 지역별로 전담공무원을 3명, 아동통합서비스 전문요원을 최대 7명까지 배치
가능하다고 하였으므로 전체 인원은 최대 10명까지 배치 가능하다.

오답해설
ㄱ. 사업대상의 각주에서 0세는 출생 이전의 태아와 임산부를 포함한다고 하였
으므로 임신 6개월째인 취약계층 임산부는 사업대상에 포함된다.

ㄹ. 원칙적인 지원 한도는 3억 원이나 신규사업지역일 경우에는 1억 5천만 원
으로 제한한다고 하였으므로 옳지 않은 내용이다.

07 정답 ⑤

정답해설
⑤ 의장은 각 교섭단체대표의원과의 협의를 거쳐 매년 12월 31일까지 다음 연
도의 국회운영기본일정을 정하여야 한다고 하였으므로 옳은 내용이다.

오답해설
① 제△△대 국회의 첫 번째 임시회는 의원의 임기개시 후 7일째에 집회한다고
하였다. 따라서 임기 시작일인 5월 30일로부터 7일째 되는 날인 6월 6일에
집회하여야 하나 6일은 현충일이어서 그 다음날인 7일에 집회하여야 한다.

② 정기회의 회기는 100일을 초과할 수 없다. 그런데 9월 1일부터 12월 31일까
지의 기간은 100일을 초과하므로 옳지 않은 내용이다.

③ 정기회의 회기는 100일, 2, 4, 6월에 의무적으로 열리는 임시회의 회기는 30
일을 초과할 수 없으므로 법규정에 의한 회기는 총 190일을 초과할 수 없다.
그러나 집회요구가 있을 경우 얼마든지 임시회의 개회가 가능하므로 실제
일수는 이를 초과할 수 있다.

④ 4월 30일에 임시회의 집회요구가 있을 때에는 3일 전인 27일에 의장이 공고
한 후 30일에 개회된다. 따라서 옳지 않은 내용이다.

08 정답 ③

정답해설
간통죄에 대해 최후의 합헌결정이 선고된 날이 2008.10.30.(이하 기준일이라 한
다)이므로 그 이전과 이후로 나누어서 판단하면 된다.

③ 乙의 확정판결일이 2010.6.1.이므로 기준일 이후이다. 따라서 乙의 재심청구
는 인정되나 실제로 복역했거나 벌금형을 선고받은 것이 아니기에 형사보상
금 청구는 인정되지 않는다.

오답해설
① 甲의 확정판결일이 2007.10.1.이므로 기준일보다 앞선다. 따라서 甲의 재심
청구와 형사보상금 청구 모두 인정되지 않는다.

② ③에서 언급한 것처럼 乙의 재심청구는 인정되나 형사보상금 청구는 인정되
지 않는다.

④, ⑤ 丙의 확정판결일이 2013.8.1.이므로 기준일 이후이다. 따라서 丙의 재심
청구는 인정되며, 실제 교도소에서 복역하였으므로 형사보상금 청구도 인정
된다.

09 정답 ③

정답해설
축척의 기준단위가 cm이기 때문에 계산된 수치들을 cm로 변환하면 다음과 같다.
ⅰ) 두 지점 사이의 표고 차이 : 180m−150m=30m=3,000cm
ⅱ) 두 지점 사이의 실제 수평거리 : 25,000×4=100,000cm
따라서 A와 B를 잇는 사면의 경사도는 3,000/100,000=0.03이다.

10 정답 ②

정답해설
ㄴ, ㄷ. (가)~(다) 모두에 해당하는 공통적인 특성이다.

오답해설
ㄱ. (다)의 경우 3 다음에 9가 연이어 배치되어 있기 때문에 옳지 않다.

ㄹ. (가)의 경우 3 다음에 60이 연이어 배치되어 있기 때문에 옳지 않다.

합격자의 SKILL

매우 쉬운 문제이며 이러한 문제가 다시 출제될 가능성은 없다. 하지만 이
문제에서 생각해 볼 것은 이러한 유형의 문제가 나왔을 때 어느 순서로 푸
느냐이다. 정답은 선택지의 내용을 주어진 자료에 직접 대입하여 성립 여부
를 따져보는 것이다. 물론 자료에서 원칙을 도출해낼 수도 있다.

11

정답해설

팀 점수로 150점을 받았으며 5명의 학생 간에 2.5점의 차이를 둔다고 하였으므로 각 학생이 받게 되는 점수는 25, 27.5, 30, 32.5, 35점이다.

② 乙의 기말고사 점수는 50점이고 과제 점수는 25~35점을 받을 수 있으므로 총점은 75~85점을 받을 수 있다. 따라서 최고 B+에서 최저 C+ 등급까지의 성적을 받을 수 있으므로 옳지 않은 내용이다.

오답해설

① 甲의 기말고사 점수는 53점이고 과제 점수는 25~35점을 받을 수 있으므로 총점은 78~88점을 받을 수 있다. 따라서 최고 B+에서 최저 C+ 등급까지의 성적을 받을 수 있으므로 옳은 내용이다.

③ 丙의 기말고사 점수는 46점이고 과제 점수는 25~35점을 받을 수 있으므로 총점은 71~81점을 받을 수 있다. 따라서 최고 B에서 최저 C 등급까지의 성적을 받을 수 있으므로 옳은 내용이다.

④ 乙의 기여도가 1위이고 甲이 5위, 丙이 2위라면 甲은 78점(=53+25), 丙은 78.5점(=46+32.5)이므로 둘 다 C+를 받을 수 있다. 따라서 옳은 내용이다.

⑤ 甲의 기여도가 1위이고 乙이 5위, 丙이 2위라면 乙은 75점(=50+25), 丙은 78.5점(=46+32.5)이므로 둘 다 C+를 받을 수 있다. 따라서 옳은 내용이다.

12

정답해설

ㄹ. 골품에 따른 신분 등급은 고정된 것이 아니어서, 진골의 신분이었다가도 경우에 따라서는 한 등급 강등되어 6두품이 되는 사례도 있었다고 하였으므로 옳지 않은 내용이다.

오답해설

ㄱ. 6두품에서 4두품까지는 상위 신분층이라고 하였고 숫자가 클수록 신분이 높았다고 하였으므로 옳은 내용이다.

ㄴ. 진골만이 맡을 수 있는 관등은 제1관등인 이벌찬부터 제5관등인 대아찬까지였으므로 옳은 내용이다.

ㄷ. 두품층이 골품제의 신분에 따라 관등이 제한되는 것에 불만이 많았으며 이를 무마하기 위해 상한 관등에 몇 개의 관등을 더 세분해서 두는 중위제가 실시되었다고 하였으므로 옳은 내용이다.

13

정답해설

ㄱ. 지방행정기관은 중앙행정기관의 완전한 하부 기관은 아니었으며, 중앙행정기관과 같이 왕에 직속되어 있었다고 하였으므로 옳은 내용이다.

ㄷ. 수령으로 통칭되던 군수와 현감은 행정업무와 함께 일정한 수준의 군사·사법업무를 같이 담당하였다고 하였으므로 옳은 내용이다.

ㄹ. 관찰사의 임기를 360일로 제한한 것은 지방세력과 연합하여 지방토호나 지방영주와 같은 독자세력으로 변질되는 것을 막고자 함이라고 하였으므로 옳은 내용이다.

오답해설

ㄴ. 관찰사를 제외한 지방행정기관장을 수령으로 통칭하였다고 하였으므로 옳지 않은 내용이다.

14

정답해설

ㄱ. 일본 참의원의 임기는 6년이고, 프랑스 상원의원의 임기도 6년이므로 옳은 내용이다.

ㄷ. 우리나라에서는 선거 무효 판결, 당선 무효, 당선인의 임기 개시 전 사망 등의 사유가 있는 경우에 재선거를 실시한다고 하였으므로 옳은 내용이다.

ㄹ. 의원이 임기 중 사망하였을 때 실시하는 선거가 보궐선거인데 다수대표제를 사용하는 대부분의 국가에서는 보궐선거를 실시한다고 하였으므로 옳은 내용이다.

오답해설

ㄴ. 미국은 임기 6년의 상원의원을 매 2년마다 1/3씩 선출하므로 옳지 않은 내용이다.

15

정답해설

⑤ 2) 가)에 의하면 2년 이내 3회 이상 고발 또는 과징금 처분을 받은 법인은 대상자가 될 수 없다. 하지만 선택지의 사례에서 해당 기간의 처분횟수는 최대 2회에 불과하여 대상자가 될 수 있다.

오답해설

① 1) 나)에 의하면 금고 이상의 형을 받고 그 집행이 종료된 후 5년이 경과하지 않은 자는 대상자가 될 수 없다. 그런데 선택지의 사례에서는 2009년 10월에 출소하였다고 하였으므로 아직 5년이 경과하지 않았다. 따라서 대상자로 추천을 받을 수 없다.

② 1) 가)에 의하면 형사재판에 계류 중인 자는 추천을 받을 수 없다.

③ 2) 나)에 의하면 최근 1년 이내 3회 이상 시정명령 처분을 받은 법인의 대표자는 대상자가 될 수 없다.

④ 1) 마)에 의하면 2년 이내에 벌금형 처벌을 받은 자로서 1회 벌금액이 200만 원 이상인 경우 대상자가 될 수 없다.

16

정답해설

ㄱ. 456은 키보드와 휴대폰 어느 배열을 선택하더라도 동일한 키가 사용된다. 따라서 옳은 내용이다.

ㄴ. 키보드의 789는 휴대폰의 123이고, 키보드의 123은 휴대폰의 789이다. 이 둘을 더하는 경우 덧셈의 전항과 후항의 순서만 달라질 뿐이므로 둘은 같은 결과를 가져온다. 따라서 옳은 내용이다.

ㄷ. 키보드의 159는 휴대폰의 753이고, 키보드의 753은 휴대폰의 159이다. 위의 ㄴ과 같은 논리로 이 둘을 합한 것은 같은 결과를 가져온다. 따라서 옳은 내용이다.

오답해설

ㄹ. 키보드의 753은 휴대폰의 159이고, 키보드의 951은 휴대폰의 357이다. 이 숫자들의 경우는 위와 달리 키보드와 휴대폰 각각의 숫자가 완전히 달라지므로 둘을 합한 결과값은 달라지게 된다. 따라서 옳지 않은 내용이다.

ㅁ. 키보드의 789는 휴대폰의 123이고, 키보드의 123은 휴대폰의 789이다. ㄴ과 달리 이 둘을 빼는 경우 결과값은 달라지게 되므로 옳지 않은 내용이다.

17 정답 ①

정답해설

ㄱ. A시설은 모든 평가항목의 점수가 90점 이상이므로 가중치와 무관하게 전체 가중평균은 90점 이상으로 나타나게 된다. 따라서 A시설은 1등급을 받게 되어 정원 감축을 포함한 특별한 조치를 취하지 않아도 된다.

ㄴ. 정부의 재정지원을 받지 못하는 것은 가중평균값이 70점 미만인 4등급 시설이다. 그런데 B시설은 모든 평가항목의 점수가 70점 이상이어서 가중치와 무관하게 최소 3등급을 받을 수 있다. 또한, 정원 감축을 하지 않아도 되는 것은 1등급 시설뿐인데, 직접 계산을 해보지 않더라도 3개의 항목에서 얻은 70점이 각각 0.2의 가중치를 가지고 있어서 전체 가중평균값은 90을 넘지 않을 것이라는 것은 쉽게 알 수 있다. 따라서 옳은 내용이다.

오답해설

ㄷ. 아무리 환경개선 항목의 가중치를 0.1만큼 올린다고 하더라도 나머지 4개 항목(가중치 0.7)의 평가점수가 최대 65점에 머무르고 있어 전체 가중평균을 70점 이상으로 올리는 것은 불가능하다. 실제로 두 항목의 가중치의 변화로 인한 가중평균의 변화값을 계산해보면 $(80 \times 0.1) - (60 \times 0.1)$이 되어 2점의 변화만 가져온다. 따라서 옳지 않은 내용이다.

ㄹ. 다섯 개 항목의 가중치가 모두 동일하므로 단순히 평가점수의 합으로 판단해도 무방하다. 이를 계산하면 365점으로 3등급 하한선에 해당하는 350점을 초과한다. 따라서 D시설은 3등급을 받게 되어 정원의 10%를 감축하여야 하나, 정부의 재정지원은 받을 수 있다. 따라서 옳지 않은 내용이다.

18 정답 ②

정답해설

ㄴ. 전 세계 해양오염의 발생원인은 육상기인 77%, 육상폐기물의 해양투기 10% 등으로 나타났으므로 옳은 내용이다.

오답해설

ㄱ. 우리나라의 경우에는 하수오니, 축산분뇨 등 유기물질의 해양투기량이 준설물질의 투기량을 훨씬 능가하고 있으므로 옳지 않은 내용이다.

ㄷ. 우리나라에서는 1977년 해양오염방지법을 제정하여 주로 선박 및 해양시설로부터의 해양오염을 규제해 왔으며, 1996년 해양수산부 설치 이후에는 보다 적극적인 해양환경보호활동에 나섰다고 하였으므로 옳지 않은 내용이다.

ㄹ. 우리나라의 육상기인 해양오염과 유류오염사고로 인한 해양오염에 대한 내용은 언급되어 있지 않으므로 옳지 않은 내용이다.

19 정답 ②

정답해설

② 16세기 초 포르투갈이 매년 3,000톤의 후추를 유럽으로 들여온 것은 맞지만 16세기 전체를 통틀어 포르투갈의 해외 유출인구가 10만 명이라고 한 것이지, 매년 10만 명이라고 한 것은 아니므로 옳지 않은 내용이다.

오답해설

① 16세기 포르투갈의 해외 유출인구는 10만 명으로 추산되는데, 이는 포르투갈 전체 인구의 10%에 해당한다고 하였으므로 당시 포르투갈의 전체 인구는 약 100만 명이었을 것이다. 따라서 옳은 내용이다.

③ 인도양을 중심으로 한 상업 체계는 무역풍과 몬순 때문에 이미 오래전부터 상당히 규칙적인 틀이 만들어져 있었다고 하였으므로 옳은 내용이다.

④ 포르투갈의 아시아 교역에서는 후추 등 향신료의 비중이 가장 컸는데, 당시 포르투갈은 대포를 앞세워 아시아를 포함한 주요 거점 지역들을 무력으로 장악해 나갔다고 하였으므로 옳은 내용이다.

⑤ 포르투갈 상인들은 구리 무게의 2.5~4배에 해당하는 후추를 살 수 있었다고 하였으므로 12만 톤의 후추를 유럽에 들여오기 위해서 최소 3만 톤(=12만 톤÷4)의 구리가 필요했을 것이다. 따라서 옳은 내용이다.

20 정답 ⑤

정답해설

〈정렬 대상〉에서 피벗은 20이므로 피벗보다 큰 수 중 가장 왼쪽의 수는 22이고, 피벗보다 작은 수 중 가장 오른쪽의 수는 10이다. 따라서 첫 번째 교환 후의 상태는 15, 10, 13, 27, 12, 22, 25가 된다. 이제 이 과정을 반복하면, 피벗보다 큰 수 중 가장 왼쪽의 수는 27이고, 작은 수 중 가장 오른쪽의 수는 12이다. 따라서 27과 12가 교환된다.

21 정답 ③

정답해설

주어진 질문들에 대해 참가자들이 모두 제대로 손을 들었다면 질문 1, 2, 3에 손을 든 참가자 수의 합이 전체 참가자인 100명이 되어야 한다. 그러나 실제 손을 든 참가자 수의 합은 106명으로 6명이 초과되는 상황인데, 제시문에서는 그 이유가 양손잡이 중 일부가 모든 질문에 손을 들었기 때문이라고 하였다. 그렇다면 질문 1과 2에(질문 3의 경우는 옳게 든 것이므로) 모두 손을 들었던 양손잡이는 3명이라는 사실을 알 수 있으며 따라서 올바르게 손을 들었다면 왼손잡이는 13명, 오른손잡이는 77명, 양손잡이는 10명이라고 판단할 수 있다.

ㄱ. 양손잡이는 10명이라고 하였으므로 옳은 내용이다.

ㄴ. 왼손잡이는 13명, 양손잡이는 10명이라고 하였으므로 옳은 내용이다.

오답해설

ㄷ. 오른손잡이는 77명이고 왼손잡이 수의 6배는 78명이므로 옳지 않은 내용이다.

22 　　　　　　　　　　　　　　　　　　　　정답 ⑤

정답해설

ⅰ) 주어진 조건에서 A를 듣고 있던 어느 한 시점부터 3분 00초가 되는 때에는 C가 재생되고 있었다고 하였으므로 ②와 같이 A와 C가 서로 연달아서 재생될 수는 없다. 또한, ③과 ④에서는 A를 듣고 있던 어느 한 시점부터 C가 재생될 때는 3분 00초 이상이 걸리므로 ②, ③, ④는 정답이 될 수 없음을 알 수 있다.

ⅱ) 한 번 반복에 걸리는 시간은 5분 40초이므로 전곡이 네 번 반복되면 13시 42분 40초가 된다. '13시 45분 00초에 어떤 곡의 전주가 흐르고 있었다.'는 조건은 결국 첫 플레이가 시작된 후 2분 20초 후에 전주 부분이 연주되고 있다는 것과 같은 의미이다. 이를 ①과 ⑤에 대입하면 D-C-B-A만이 주어진 조건을 만족하는 순서임을 알 수 있다.

23 　　　　　　　　　　　　　　　　　　　　정답 ④

정답해설

ㄴ. 사슴의 남은 수명이 20년인 경우, 사슴으로 계속 살아갈 경우의 총 효용은 $20 \times 40 = 800$인 반면, 독수리로 살 경우의 효용은 $(20-5) \times 50 = 750$이다. 사슴은 총 효용이 줄어드는 선택은 하지 않는다고 하였으므로 독수리를 선택하지는 않을 것이다.

ㄷ. 사슴의 남은 수명을 X라 할 때, 사자를 선택했을 때의 총 효용은 $250 \times (X-14)$이며, 호랑이를 선택했을 때의 총 효용은 $200 \times (X-13)$이다. 이 둘을 연립하면 X 즉 사슴의 남은 수명이 18년일 때 둘의 총 효용이 같게 되므로 옳은 내용이다.

오답해설

ㄱ. 사슴의 남은 수명이 13년인 경우, 사슴으로 계속 살아갈 경우의 총 효용은 $13 \times 40 = 520$인 반면, 곰으로 살 경우의 효용은 $(13-11) \times 170 = 3400$이다. 사슴은 총 효용이 줄어드는 선택은 하지 않는다고 하였으므로 곰을 선택하지는 않을 것이다.

24 　　　　　　　　　　　　　　　　　　　　정답 ②

정답해설

ㄴ. A도와 B도가 하나의 도라면 이 도의 총 소주 생산량은 400이 된다. 또한 외부 유출량은 35, 외부 유입량은 45이므로 총 소비량은 410이 되는데 이 중 45는 다른 도에서 생산된 소주이므로 자도에서 생산된 소주 소비량은 365임을 알 수 있다. 따라서 이 도의 LOFI는 $(365/400) \times 100 ≒ 91\%$이므로 독립적인 시장으로 볼 수 있다.

오답해설

ㄱ. A도의 소주 생산량은 300이며, 외부 유출량은 75, 외부 유입량은 35이므로 총 소비량은 260임을 알 수 있다. 따라서 A도는 소주의 생산량이 소비량보다 더 많으므로 옳지 않은 내용이다.

ㄷ. C도의 소주 생산량은 100이며, 외부 유출량은 25, 외부 유입량은 15이므로 총 소비량은 90임을 알 수 있다. 그런데 이 중 15는 다른 도에서 생산된 소주이므로 자도에서 생산된 소주 소비량은 75임을 알 수 있다. 따라서 이 도의 LOFI는 $(75/100) \times 100 = 75\%$이므로 독립적인 시장으로 볼 수 있다.

합격자의 SKILL

이 문제는 상황판단에서 출제되었지만 전체적인 아이디어는 자료해석에서도 얼마든지 활용가능한 문제이다. 특히 자도소주 소비량을 구하는 부분은 혼동하기 쉬우므로 이번 기회에 계산이 진행되는 과정을 확실하게 정리해 두기 바란다.

25 　　　　　　　　　　　　　　　　　　　　정답 ③

정답해설

③ 영업전 20무와 과부에게 지급하는 구분전 30무, 장애가 있는 아들의 구분전 40무를 합쳐 90무를 경작할 수 있으므로 옳지 않은 내용이다.

오답해설

① 상속받은 영업전 20무와 17세 미만 호주에게 지급되는 구분전 40무를 합쳐 60무를 경작할 수 있으므로 옳은 내용이다.

② 영업전 20무와 구분전 40무(60세가 넘어 절반이 환수된 상태)를 합쳐 60무를 경작할 수 있으므로 옳은 내용이다.

④ 영업전 20무와 구분전 80무를 합쳐 100무를 경작할 수 있으므로 옳은 내용이다.

⑤ 영업전 20무와 구분전 80무, 두 아들의 구분전 160무(80무×2명)를 합쳐 260무를 경작할 수 있으므로 옳은 내용이다.

MEMO

좋은 책을 만드는 길
독자님과 함께하겠습니다.

도서나 동영상에 궁금한 점, 아쉬운 점, 만족스러운 점이
있으시다면 어떤 의견이라도 말씀해 주세요.
SD에듀는 독자님의 의견을 모아 더 좋은 책으로 보답하겠습니다.

www.sdedu.co.kr

2023 7급 PSAT 상황판단 필수기출 500제 + 최신기출

개정3판1쇄 발행	2023년 01월 05일 (인쇄 2022년 09월 23일)
초 판 발 행	2020년 06월 05일 (인쇄 2020년 04월 20일)
발 행 인	박영일
책 임 편 집	이해욱
편 저	SD PSAT연구소
편 집 진 행	김수영 · 한성윤
표지디자인	박종우
편집디자인	김예슬 · 채현주
발 행 처	(주)시대고시기획
출 판 등 록	제 10-1521호
주 소	서울시 마포구 큰우물로 75 [도화동 538 성지 B/D] 9F
전 화	1600-3600
팩 스	02-701-8823
홈 페 이 지	www.sdedu.co.kr
I S B N	979-11-383-3353-5 (13350)
정 가	26,000원

7급 PSAT

상황판단

필수기출 500제
+ 최신기출

[해설편]

7급 PSAT

상황판단

필수기출 500제
+ 최신기출